AE.32

La marque typographique de Vérard,
qui manquait à la fin du tome II,
a été refaite par le procédé Pilinski.
(Mai 1869.)

(Hain, 1772)

R.
63.

465

E liure de politiques daristote

R. 50.

Le prologue du translateur du liure de politiques

Tressouuerain et tresexcellēt prince Charles p la grace de dieu Roy de frāce. Nicolas oresme doiē de vostre eglise de rouen vre humble chapellain honneur obedience et subiection. Tresredoubte seigneur selō ce que dit la saincte escripture. Cor regis i manu domini est. quocunqz voluerit inclinabit illud. Cest a dire. Le cueur du roy est en la main de nostreseigneur. il le eclinera la ou il vouldra. Et dōcques benoist soit dieu car il a se vostre noble cueur encline a faire mettre en langaige francois la science de politiques. De laquelle dit hugues de saint victor, Politica est que reipublice curā sustinēs cunctorū saluti sue prudētie solertia iusticie quoqz libra et fortitudinis stabilitate ac temperantie pacientia medetur. Et ipsa dicat de semet. Per me reges regnāt, et legū conditores iusta decernūt. Politique est celle q̄ soustient la cure de la chose publique que par la industrie de sa vaillance et prudēce ou pouoir de sa iustice et par la constāce et fermete de sa fortitude et par la pacience de son attrēpance dōne mediane au salut de tous. En tant quelle peut dire de sopmesmes. par moy les roys regnent. et ceulx q̄ sont les roys decernēt et determinēt par moy quelles choses sont iustes. Et ainsi cōme par la science et art de medicine les corps sont mis et gardez en sante selō la possibilite de nature: sēblablement par la prudence et industrie qui est explicquee et descripte en ceste doctrine: les polices ont este istituees, gardees et reformees et les royaulmes et princeps maintenuz tāt cōme estoit possible. Car les choses humaines ne sōt pas perpetuelles. et par elle scet len comment on doit disposer les gens a tresbonne police et les faire bons ace par nature et par acoustūmance et p discipline. Et de ceulx quil ne peuēt estre telz ou quil ne sont telz sen scet p elle comment sen les doit gouuerner par aultres polices au mieulx que il est possible selon sa nature des regiōs et des peuples: et selon leurs meurs. Et dōcques de toutes les sciences mondaines cest la pricipal et la plus digne et la plus prouffitable. Et est proprement appartenāt aux princes et pour ce elle est dicte architetonique cest a dire princesse sur toutes. Et se aucūs ont bien gouuerne sans ce que ilz eussent liures de politiques: neātmoins il conuenoit que ilz eussent escripz en leurs cueurs les principes cōmandemens ou reglez de ceste science Mais aussi comme en art de medecine et en autres: semblablemēt en art de gouuerner princeps doctrine ordōnee et escripte fait grant apde. et sont par ce les prīces faiz plus saiges. Et peut sen dire delle. Audiens sapiens sapientior erit. Le saige q̄ le oira sera p ce plus saige. Et pour ce plusieurs grees et latins ont eȳ de ce composez escriptures appellez liures de polices ou de la chose publique. ētre lesquelz

a.ii

Reliure serrée

Le prologue du translateur du liure de politiques

Tressouuerain et tresexcellẽt prince Charles p la grace de dieu Roy de france. Nicolas oresme doiẽ de vostre eglise de rouen trẽ humble chapellain honneur obedience et subiection. Tresredoubte seigneur selõ ce que dit la saincte escripture. Cor regis in manu domini est. quocunq3 voluerit inclinabit illud. Cest a dire. Le cueur du roy est en la main de nostreseigneur. il le enclinera la ou il vouldra. Et dõcques benoist soit dieu car il a de vostre noble cueur encline a faire mettre en langaige francois la scieñce de politiques. de laquelle dit hugues de saint victor Politica est que reipublice curã sustinẽs cunctorũ saluti sue prudẽtie solertia iusticie quoq3 libra et fortitudinis stabilitate ac temperantie pacientia medet Vt ipsa dicat de semet. Per me reges regnãt, et legũ conditores iusta decernũt. Politique est celle q̃ soustient la cure de la chose publique que par la industrie de sa vaillance et prudẽce ou pouoir de sa iustice et par la constãce et fermete de sa fortitude ct par la pacience de son attrẽpance dõne medicine au salut de tous. En tant quelle peut dire de sopmesmes. par moy les roys regnent. ct ceulx q̃ sont les roys decernẽt et determinẽt par moy quelles choses sont iustes. Et ainsi cõme par la science et art de mediane les corps sont mis et gardez en sante selõ la possibilite de nature: sẽblablement

par la prudence et industrie qui est expliquee et descripte en ceste doctrine: les polices ont este istituees, gardees et reformees ct les royaulmes et princeps maintenuz tãt cõme estoit possible. Car les choses humaines ne sõt pas perpetuelles. et par elle scet len comment on doit disposer les gens a tresbonne police et les faire bons ace par nature et par acoustumance et p disciplìne. Et de ceulx quil ne peuẽt estre telz ou quil ne sont telz len scet p elle comment len les doit gouverner par aultres polices au mieulx que il est possible selon la nature des regiõs et des peuples: et selon leurs meurs. Et doncques de toutes les sciences mondaines cest la pricipal ct la plus digne et la plus proufficable. Et est proprement appartenãt aux princes et pour ce elle est dicte architetonique cest a dire princesse sur toutes. Et se aucũs ont bien gouuerne sans ce que ilz eussent liures de politiques: neãtmoins il conuenoit que ilz eussent escripts en leurs cueurs les principes cõ mandemens ou regles de ceste science Mais aussi comme en art de medecine et en autres: semblablemẽt en art de gouuerner princeps doctrine ordõnee et escripte fait grant ayde. ct sont par ce les prĩces faiz plus saiges. Et peut len dire delle. Audiens sapiens sapientior erit. Le saige q̃ la orra sera p ce plus saige. Et pour ce pluseurs grecs et latins ont cy de ce composee escriptures appellez liures de polices ou de la chose publique. ẽtre lesquelz

a.ii

Aristote est le plus renomme, lequel selon ce que dit eustrace escripst z traicta des sciences practiques et des speculatiues semble que il ne fist ou composa oncques euure de meilleur diligence que cest liure. et peut assez apparoir tant par le proces et p̄ ses tiltres des chapitres et par la table des notables qui sont apres tant par ung petit liure de la vie daristote ou quel est dit comment quant le grant roy alexandre qui se gouuernoit par le conseil de luy alla en sa ieunesse en perse. Aristote en alant auecques luy composa une hystoire de deux cens et s. polices. Item cōme il est escript apres au roy alexandre ou liure appelle Liber de regno. ou quel il luy enseignoit comment il deuoit regner. et que par ce le roy fut moult anime a bien faire en tant que le iour que il nauoit bien fait a aucun il disoit ie nay pas au iourduy regne cōme roy. Item illecques est dit comment apres ce que Aristote eut fait plusieurs liures il escript dernierement lystoire des polices Cestassauoir ce liure ou quel sont mises et recitees plusieurs polices des citez et des philosophes mesmemēt ou second liure ou quel il commence a determiner de cōmunicacion politique.

¶ Or auons doncques que cest liure est de la meilleur science mondaine q̄ puisse estre. Et fut fait par le plus saige pur philosophe q̄ oncques fust, dont il soit memoire, et a grant diligence et en son parfait aage: et cōme la principal et final de ses euures.

Et pour ce par lespace de Mil et six cens ans et plus en toutes loys et sectez, et par tout le monde a este plus accepte et en plus grande auctorite que quelcōque autre escripture de polices mondaines. et est ainsy comme ung liure de loys presque natureles vniuerseles et perpetueles et ce par quoy toutes aultres loys p̄ticulieres localez ou temporelez sont ordonneez institueez modereez interpreteez corrigeez ou mueez: et sur ce sont fondees Et pour ce tresexcellant prince que ainsi comme dit tulles en son liure de achademicques, ses choses pesantes et de grāde autorite sont delectables et agreables a gens ou langaige de leurs pays ay ie cest liure qui fut fait en grec, et apres translate en latin de vostre commandement de latin translate en francoys, expose diligēment et mis dobscurete en clarte soubz vostre correction au bien de tous z a lōneur de dieu Amen

Len peut veoir par les materes traictees en cest liure par les tiltres des chapitres de chascun liure particulier ey mis au commencement

¶ Item par la table des notables de tous les liures ensiuiāt aussy apres par lordre de la b c

Item par lexposicion des fors motz ou estranges semblablemēt mise apres par ledit ordre.

Item pour bien et facilemēt entēdre cest liure sçauoir la significaciō de ces quatre motz. Aristocracie/ commune police/ democracye/ et oligarchie/ lesquelz sont propres a ceste science

Item fault noter que quant en aucune glose est cote seulement le chapitre fault entendre que cest de ce liure mesmes ou quel est telle cotacion. Mais quant ce est en vng autre liure il dit ainsi comme il est dit ou iiii. ou v. liure au vi. ou septiesme chapitre.

Cy commence la table des chapitres contenus en ce present volume de politiques/ du premier liure/ du second du tiers/ du quart et du quint
Et premierement au premier liure
Au premier chapitre il propose son intencion et traicte principalement des communitez quilz sont parties de cite fueillet premier
Du second chapitre/ en mettant son intencion il traicte en general de communite appellee cite. fueillet iii.
Au tiers chapitre il tracte en general des parties de maison/ et en especial du serf. fueillet v.
Au quart cha. il traicte assauoir mō se aucun est serf par nature se. vii.
Au quint cha. il monstre se aucunes gens sont serfs selon nature fueillet viii.
Au vi. chapi. il traicte lopinion de ceulx qui tiennent que nul nest serf p̄ nature. fueillet. ix.

Au vii. chapitre il monstre que princey politique et princey depoticque ne sont pas vng mesmes princey et quil nest pas vray que tout princey soit dune espece sicomme aucuns disopēt fueillet xii

Au viii chapitre il determine de possession/ et propose questions/ et met plusieurs manieres comment bestes et hommes acquierent les biens fueillet xv

Au ix chapitre il traicte plus especialement des manieres comment gens acquierent leurs viures. &c. xvi

Au x chapitre il determine de pecuniatiue et monstre comme elle fut introduicte et trouuee. se xvii

Au xi. chapitre que pecuniatiue est sans ferme et infinie. fueillet xix

Au xii chapitre il respond a vne question deuant opposee/ et traicte de plusieurs pecuniatiues fueillet xxi.

Au xiii. chapitre il determine de vsaige de pecuniatiue. fueillet xxiii.

Au xiiii. chapitre il met aucuns enseignemens prouffitables aux pecuniatiues dessusdictes fueillet xxiiii

a. iii.

Au xve cha. il determine de deux cõ
binacions quilz sont en maison: ceſt
aſſauoir du mary a la femme, et du
pere au filz fueillet　　　　xxv

Au xvie. cha. il traicte ceſte queſtion
aſſauoir mõ ſe les ſubgectz doiuent
auoir aucunes vertus
fueillet　　　　　　　　　xxvii.

Au xviie cha. il fait queſtiõ aſſauoir
mõ ſe les ouuriers des artifices, ou
meſtiers doiuent auoir aucunes ver
tus. fueillet　　　　　　　xxix

Au xviiie. chapitre il ſe excuſe de ce
quil ne parle plus quant a preſent
de deux combinacions dont il a dit
au xv. chapitre. fueillet　　　xxx

¶ Ly finit la table du premier liure
de politiques, et senſupt cy apres
la table du ſecond

Au premier chapitre du ſecond liure
Ariſtote met ſon intencion et recite la
loy ou ordonnãce de Socrates le phi
loſophe. fueillet　　　　　xxxi.

Au ſecond chapitre il reprouue par
raiſons la cauſe pour quoy Socrates
diſoit que il eſt bon que toutes choſes
ſoient communes. fueillet　xxxi

Au tiers chapitre il mõſtre par troys
rayſons que cité ne ſeroit pas parfai
tement vne, par la loy que met So

crates que tout ſoit commun
fueillet　　　　　　　　xxxiii.

Au quart chapitre il dit des inconue
niens de la loy Socrates.
fueillet　　　　　　　　xxxiiii.

Au ve. chapitre il reprouue lopiniõ
de Socrates quant a la communion
ou communite des poſſeſſions et mõ
ſtre que telle loy eſt inconueniente
fueillet　　　　　　　　xxxvi

Au vie chapitre il reprouue enſemble
la communion des femmes et des
poſſeſſions par troys rayſons
fueillet　　　　　　　　xxxvii

Au viie. chapitre il enſeigne et mon
ſtre que la loy de ſocrates deſſuſdicte
eſt inſufficiente. fe.　　　xxxix.

Au viiie. chapitre il monſtre la non
ſouffiſance de la police Socrates par
quatre rayſons. fueillet　　xl

Au ixe. chapi. il reprouue les autres
loyx de ſocrates. fueillet　　xli

Au dixieſme chapitre il reprouue la
police ſocrates quant a lordonnance
de la cité. fueillet　　　　xliiii.

A lonzieſme chapitre il reprouue la
police dung autre appelle felleas
fueillet　　　　　　　　xlvi

Au douzieſme chapitre il monſtre la
nõſuffiſance de la police felleas par

especial quãt est a lordonnance des
possessions. fueillet	plviii.

Au viiie chapitre il recite loix et ordõnances dung autre preudomme ap-
pelle ppodamus. fe	pl ix.

Au viiiie chapitre il reprouue la poli-
ce de ppodamus. fe.	l.

Au pve chapitre il reprouue en espeti-
al vne des loix ppodamus, et traicte
la question de la mutacion des loix
fueillet	li.

Au pvie chapitre il traicte de la police de lacedemone quant aux choses
quilz sont des atoyens. fueillet
	liii.

Au pviie chapitre il reprouue la police de lacedemone quant a ce qui
touche les princes

Au pviiie chapitre il reprouue la police de lacedemone quant aux citoiẽs
fueillet	lviii.

Au pixe chapitre il recite la police de
crete en la comparant a celle de lace-
demone. fueillet	lix.

Au ppe chapitre il improuue la poli-
ce de crete. fe.	lxi.

Au ppie chapitre il traicte de la poli-
ce de calcedone. fueillet	lxii.

Au ppiie chapitre il parle daulcuns
q̃ instituerent loix et polices. fe. lxiiii.

¶ Cy finit la table du second liure
de politiques, et sensupt celle du
tiers.

Au premier chapitre du tiers liure il
enquiert que est citoien, et determine
a quoy est cite. fueillet	lxvii.

Au second chapitre il reprouue vne
maniere de prendre cest nom atoyen,
et traicte aucuns doubtes en ceste
matiere. fueillet	lxix.

Au tiers chapitre il traicte par quoy
et comment cite doit estre dicte vne,
ou faicte autre et muee ou variee
fueillet	lxxi.

Au quart chapitre il traicte ceste question se par vne mesme vertu vng
est bon homme et bon citoien
fueillet	lxxiii.

Au ve chapitre il traicte ceste questiõ
assauoir mon se le prince et le subgect
doiuent auoir vne vertu ou vne sa-
ence. fueillet	lxxv.

Au vie chapi. il traicte vng doubte
de la diffinicion de cytoien mise ou
premier chapitre. fue	lxxvii.

Au viie chapitre il monstre en general que des polices les vnes sõt droictes les autres non droictes
fueillet	lxxix.

Au viiie chapitre il diuise les vi. especes generaulx de police. fe. lxxxi.

Au ix chapitre il traicte vng doubte
pour declairer aucunes choses deuãt
dictes. fueillet	lxxxii.

Au ĳe. chapitre il mõstre que les loix ou droiz de oligarchie et democracye sont iustes tellement quellement, et non pas simplement.
fueillet lxxxiii
Au xie chapitre il mõstre pour quelle fin cite est establie, et quelles loix sõt proprement iustes. fe. lxxxiiii

Au xiie. chapi. il fait question quelle chose doit auoir la seigneurie de la cite. fueillet lxxxvi

Au xiiie chapitre il traicte ceste question laquelle est mieulx ou que la multitude ayt dominacion, ou vng petit nombre de gens vertueux
fueillet lxxxvii.

Au xiiiie chapitre il traicte ceste question assauoir mon se ce est bien que toute la multitude ayt lelection et la correction des princes. fe xc.

Au xve. chapi. il enquiert selon quel espces ou surmontement de bien len doibt distribuer les princes, et reprouue de ce vne opinion. feul. xcii

Au xvie chapitre il touche et dispute des choses a quoy len doit regarder en distribucion de princeps
fueillet xciiii.
Au xviie chapitre il soult et respond a sa question ou disputacion deuant mise. fueillet xcvi

Au xviiie chapitre il monstre cõmẽt len met hors des citez ceulx qui ont excellence de puissance oultre les autres. fueillet xcvii

Au xixe chapitre il monstre comment ceulx qui excedent ou sont excellẽces en puissance politique sont mis hors des citez iustement ou iniustemeut
fueillet xcviii

Au xxe chapitre il commence a determiner de royaulme et met en general quatre especes de police royal
fueillet Cent

Au xxie chapitre il recapitule par autre ordre les especes dessusdictes et adiouste la quinte, et les ramaine a deux especes. fe Liii.

Au xxiie chapitre il propose sil vault mieulx estre gouuerne par vng tres bon roy que par bonnne loy
fueillet Lvi
Au xxiiie. chapit. il traicte se mieulx est dauoir roy par election ou par succession. fe. Lvii

¶ Il declaire apres et determine par quelles voies on peut venir a tenir royaulmes. fueillet Lxi.

Au xxiiiie. chapitre il determine principalement vne question proposee ou xxiie chapitre, et tient que il vault mieulx estre gouuerne par bonne loy que par bon roy.
fueillet Lxiiii

Au xxve chap. il argue que il vault mieulx que plusieurs tiennēt le princep que vng seul. fe.   L.v.ij
Au xxvie cha. il determine la verite et monstre comme diuerses polices cō petent a diuerses gens. fe.   L.xx

¶ Cy finit la table du tiers liure de politiques.

¶ Cy commence la table du quart liure.

Au premier chapitre est monstré quelles choses sont a considerer en toute ceste science. fueillet   L.xxij.
Au second chapitre il traite de quelle chose il a parle deuant, et met de quelles choses len doit parler apres. fueillet   L.xxiiij
Au tiers chap. il monstre les causes par quoy les polices sont plusieurs fueillet   L.xx v
Au quart chap. il oste vng erreur, et met la propre differēce entre democracie et oligarchie. fe.   L.xx vj
Au ve cha. il monstre que les especes generaulx de police deuāt mises sont diuisees en plusieurs especes plus especiaulx. fueillet   L.xx viij.
Au vie cha. il monstre que de democracie plusieurs especes sont, et met quantes ilz sont. fe.   L.xxix
Au viie cha. il declaire les causes de la derniere espece de democracie. fueillet   L.xxxi.

Au viiie chapitre il determine principalement des especes de oligarchie fueillet   L.xxxij.
Au ixe cha. il met de democracie iiij. especes autremēt que deuant fueillet   L.xxxiiij
Au xe cha. il met aucunemēt par autre maniere que deuāt les especes d'oligarchie. fueillet   L.xxxv
Au xie cha. il met les especes d'aristocrachie. fueillet   L.xxxvi.
Au xiie cha. il determine d'une espece de police appellee par se commun nō police. fe   L.xxxvij.
Au xiiie cha. il monstre cōment ceste police doit estre instituee. fe.   L.xl.
Au xiiiie cha. il determine de tyrānie fueillet   L.xlj.
Au xve cha. il enquiert quelle police est meilleur pour plusieurs citez fueillet   L.xlij
Au xvie cha. il prouue par aucuns signes son propos. fe.   L.xlvj
Au xviie cha. il enquiert quelle police est expediente a aucunes gens, et quelle a autres et a quelles gens fueillet   L.xlviij.
Au xviiie cha. il declaire encore cōmēt len doit faire mixtion de oligarchie et de democracie fueillet   L.l.
Au xixe chapitre il determine d'une partie de police appelle consiliatiue fueillet   L.lij.
Au xxe. chapitre il mōstre en ceste matiere quelles choses sont expedientes en diuerses polices. fe   L.liij.

Au xxi. chapitre il determine de la p̄-
tie de la police appellee principatiue.
fueillet   C.liiii.
Au xxii. chapitre il traicte de l'institucion de princep. fe   C.lvii.
Les manieres de faire les princeps ou
officiers en sa police par designer
fueillet   C.lviii.
Au xxiii. chap. il traicte du mē bre de
la police appellé indicatif. fe. C. lix.
S'ensuiuent apres les combinacions
des polices par figure. fe.   Clxi
(Cy finit la table du quart liure
de politiques et commence la table du v. liure
Au premier chapitre il propose son in
tencion, et met la racine et le principe
original des transmutacions et corrupcions des polices, et les manieres
des transmutacions. fe.   Clxi
Au second cha. il declaire plusaplain
la cause principal de sedicion
fueillet   Clxiiii
Au iii. cha. il met en general les causes et les principes de sediciōs et trāmutacions de polices. f.   Clxvi
Au quart chapitre il declaire en particulier les sept causes de sediciō ocul
te fueillet   C. lxvi
Au v. chap. il desclaire les causes de
transmutacion de polices sans sedici
on oculte. fueillet   C lxix
Au vi. cha. il monstre comment les
sedicions de petit commēcemēt vien
nent en croissance et sont faictes grā
des. fueillet   C. lxxi
Au vii. cha. il declaire aucunes manieres de mutaciō de polices. f. clxxii

Au viii. chapitre il monstre en espā-
les causes des transmutacions de de
mocracie. fueillet   C. lxxiii
Au ix. cha. il monstre comment anciennement democracie estoit plus com
munement muee en tyrannie.
fueillet   Clxxiiii
Au x. cha. dit en especial plusieurs
causes et manieres des transmutacions d'oligarchie fe   Clxxvi
Au xi. cha. il met encor autres causes
et autres manieres de trāsmutaciōs
de oligarchies. fe.   Clxxviii
Au xii. cha. il met les causes especiales des transmutacions des pol. ces
aristocratiques. fe   Clxxx.
Au xiii. chapit. il met les causes des
trāsmutacions de aristocrachie mixte de cōmune police. fe   C lxxxi
Au xiiii. cha. il commence a traicter de
la saluacion des polices et met a ce
certaines regles generales.
feuillet   Clxxxiii
Au xv. cha. il met autres regles especiales pour la saluacion des polices. fueillet   C. lxxxv
Au xvi. chap. il met autres regles
pour la saluacion des polices
fueillet   C. lxxxvi
Au xvii. cha. pour la saluacion des
polices il met encor regles propres
pour les gens princes. fe. Clxxxviii
Au xviii. cha. il met encor autres enseignemens pour la saluacion de democracie et de oligarchie
fueillet   C. xc.
Au xix. cha. il comence a determiner
des corrupcions et des saluaciōs des

monarchies, et met le commencemēt
et les differences des monarchies
fueillet　　　　　　C.pcii
Au ppe. chap. il declaire quel regard
ou habitude ont les monarchies
aux autres polices. fueillet
　　　　　　　　　C.pciiii.
Au ppie. chapitre il met en general
les pīcipes de corrupciō des monar
chies, et declaire ceulx quilz sont pour
iniustices. fueillet　　　C.pcv
Au ppiie. chapitre il declaire troys
autres causes ou principez de la cor
rupciō des monarchies. fe. Cpcvii
Au ppiiie. chapitre il determine en es
pecial de la corrupciō ou destruction
de tyrannie fueillet　　C.pcviii.
Au ppiiiie. chapit. il determine en es
pecial de corrupciō de royaulme
fueillet　　　　　　　CC.
Au ppve chapitre il determine de la
saluaciō des royaulmes
fueillet　　　　　　　CCi.
Au ppvie chapitre il traicte de la sal
uacion des tyrannies selon vne ma
niere. fueillet　　　　　CCv
Au ppviie chapit. il met autres cau
telles et condicions de tyrannie au
regard dautres polices
fueillet　　　　　　　CCvii.
Au ppviiie chapitre il ramaine tou
tes les cautelles dessusdictez en gene
ral en troys fins. fueillet　CCviii

Au ppixe. chapitre il commence a
traicter dune autre maniere de sal
uacion de tyrannie, et met les cau

telles quil regardent pecunes
fueillet　　　　　　　CCix

Au ppxe. chapitre il met autres cau
telles quilz regardēt la personne du
tyrant. fueillet　　　　CCx

Au ppxie chap. il met autres reigles
ou cautelles communes a royaulme
et a tyrannie, et aucunes pl9 propres
aux tyrans. fueillet　　CCxi.

Au ppxiie chapitre il traicte de la du
racion de tyrannies iouxtes les cau
telles dessus mises. fueillet. CCxiii

Au ppxiiie chapitre il respond a lopi
nion de platon quant a la transmu
tacion des monarchies
fueillet　　　　　　　CCxv

Au ppxiiiie chapitre il reprouue lopi
nion de platon quant a la transmu
tacion des autres polices
fueillet　　　　　　　CCxvii

¶Cy finit la table des cinq premiers
liures de politiques daristote.

¶ La table des notables pour les premier iie iiie iiiie et Ve liures de politiques
Et fault noter pour bien entendre ladite table des notables cy apres mise que
pour ce que aucunesfois lesditz notables sont espandus par my les chapitres et
aucunesfois soubz autres motz. Et pour ce renuoie seulement ladite tabble au
fueillet ou est le comencement ou sa plus part dicelluy chapitre.

Action	Gens darmes	parler
adulateur	gent de mer	pasteurs
aristocracie	gens de mestier	pechie
assemblee	gent sacerdotal	policie
auarice	gentillesse	policie deglise
astrologie	gouuernement	policie tresbonne
Benefices	grece	populaires possessions
bien commun	gaing	poures gens
Cautelles	guerre	pourete prince
champ de bataille	heritaige	prince sacerdotal
cite	Infortune	princep prouffit
citoien	iniures	promocion
concile	iniustice	prosperite
conuersacion	Juge	punicion
contemplacion	iurece	puissance
conuict	iurisdiction	puissant
correction	Justice	Region
cruesetes	Loix	responses des dieux
cultiuement diuin	legislateur	richesses
cultiueurs de terres	legistes	riches gens
Demagognes	libertes	Roy
democracie	Mariages	royaulme
despendre	mentir	romains
destitucion	miracle	Sacrifice
destruction	misere	sedicion
discipline	moies en richesses	Serfz
droit	monarchie	seruitute
Egipte	monnoie	seruise
election	multiplicacion de peuple	solitaire
enfans		Sort
entichir	multitude	Tyrannie
estranges	multitude denfans	tyrant
exaction	musique	translacion de princeps
excellence	Negligence	transmutacion de policies
faitz darmes	nouuellete	Vertueuses gens
felicite	Office	Vie actiue
fleur de lis	oligarchie	Vie contemplatiue
fornicacion	ordonnance	Viure delectablement

⁋La table des notables en recueillant les motz dessusditz et les autres sont aux fors motz apres

⁋Adulateurs
Coment adulateurs ou flateurs seulent decepuoir ses princes et les peuples ou quint liure ou viie chap fueillet Clxxi
Comment telz gens ont grande puissance vers les tyrans et vers aucunes comunitez du peuple ou quart liure ou viie chap. se Lxxxii
Et ou quint liure ou xxviie chap fueillet CCvii

Comment telz gens induisent et esmeuuent les princes a faire iniustement contre les peuples Et meuuet et induisent les peuples a faire liustement contre les princes ou quart liure ou viie cha. se Lxxxii.
Aristocracie

Aristocracie est police en laquelle vng petit nombre de gens vertueulx tiennent les princeps au prouffit comun sicome il appert ou tiers liure au viii chap. fueillet lxxxii
Et plus a plain en la table de lexposition des fors motz
Cinq causes de transmutation de aristocracie ou quint liure au viie cha fueillet Clxx.

Plusieurs causes et manieres de transmutations de aristocracies mixtes

Et de commune police, ou quint liure ou viiie chapitre,
fueillet Clxxxi
⁋Astrologie
De astrologie indicatiue ou pmier liure ou viie chap. fueillet xviii.

⁋Auarice
Comment et pour quoy auarice est infinie ou pmier liure ou en le xi. cha fueillet xx

Que len ne doit riens faire pour le beau parler ne pour le conseil de ceulx qui tendent principalement a eulx enrichir ou quint liure ou viiie chap fueillet Clxxxiiii.
⁋Benefices

Comment princeps et offices et benefices doiuent estre distribues, Et a quelles choses en doit regarder en les distribuant ou tiers liure ou vve cha fueillet xciii
Comment regarder a faueur de signage ou dautre prochainete en telle distribution est abusion et inconueniet ou tiers liure ou vve chap fueillet xciiii.
Que cellup qui de deux souffisans prefere a escient le moins souffisant a vng benefice fait iniustice ou tiers liure ou vve chap. se xciiii
⁋Que il ne sensuit pas que cellup qui recoit le benefice soit pour ce

B.i

iniuste ou tiers liure ou xv̈e chapitre
fueillet   pciii.
Que ce est mal que vng homme ayt
plusieurs grans benefices ou tiers
liure ou pixe cha. fe   pcip

℩ Bien commun
Pour quelle cause et comment len est
negligent du bien cōmun ou second
liure ou tiers chapitre
fueillet   ppviii.
Amer pouoir vouloir et scauoir faire
le bien publicque ne souffist pas si auec
ques ce les princes ne ont vertus mo
rales ou quint liure ou xv̈iie chap
fueillet   Clxxpip

℩ Cautelles
Aucunes cautelles olygarchiques
ou quart liure ou ppe cha.
fueillet   Cliiii
xxiiii. cautelles pour maintenir tyrā
nie par violence ou quint liure ou
ppv̈ie cha. fueillet
Et ou xxviiie cha. fe   CCv̈i
Comment ces cautelles tēdent a trois
fins. vne est que les subgectz soient
non sachans: lautre est que ilz ne se
confient les vngs aux autres. La
tierce que ilz soient non puissans
ou quint liure ou ppviiie cha
fueillet   CCviii
xv̈v̈. cautelles pour maintenir tyrā
nie par fraude ou quit liure ou ppip
ou pppe et ou pppie chapz
fueillet   CCip et
Aucunes causes expedientes et im
posantes exactions ou quint liure
ou pppiie chap. fe   CCpiii.

℩ Champ de bataille
Le champ de bataille et de purgaciōs
publiques ou quart liure ou ppiiie
chap. fueillet   Clp

℩ Cite
A quelles choses doit regarder qui
fonde vne cite ou second liure ou ipe
chap. fe   plip
Quant vne cite peut depecier les cō
tractz ou conuenāces publiques qui
estoient faiz deuant ou tiers liure
ou second cha. fueillet   lxp
Et en la fin du tiers chap
fueillet   lxpiii.
Quāt len peut dire dune cite ou dūg
royaulme que ce est vng mesme qui
estoit deuant, et quant len peut dire
que non ou tiers liure ou iiie chapitre
fueillet   lxpii
Quant len peut dire que daucune ac
tion ou operation que ce est le fait de
la cite et dung royaulme aussi ou iiie
liure ou second cha. fe   lxp

En quantes manieres est dicte cite,
ou tiers liure ou iiie chap
Et briefuement tout le chapitre est
notable, et contient aucunes choses
qui par aduenture pourroient estre
applicquees a la police de leglise
Que cite est cōmunite de gens qui
sont francs ou tiers liure ou viiie cha
fueillet   lxxpip
Pour quelle fin cite est ordōnee ou
tiers liure en le vie cha
fueillet   lxxpvi

℩ Que aucune cite ou multitude
est naturellement telle que ce nest

pas iuste chose ne expediēte que vng seul soit leur seigneur ou leur roy ou tiers liure ou xxvie chap
fueillet   Lxxi
Que cest chose indigne et impossible par nature que aise soit serue ou iiiie liure ou quint chap.
fueillet   Lxxix

℄Cytoien
Comment cellup qui a obtenu estre price ou cytoien iniustemēt est cytoien selon verite: ou tiers liure au second chap. fueillet   lxx
Que gens dartifice ou de mestier ne doiuēt pas gouuerner la cite ne estre cytoiens en bōne police ou tiers liure ou vie cha. fueillet   lxxviii
Et de ce fut dit ou second liure ou viiie. cha. fe   l.
Quelles gens sont cytoiens en bōne police et quelles non ou tiers liure ou vie cha. fe   lxxviii
Que la principale condicion qui fait toute police tresbonne estre et seure ou durable en son espece est que les cytoiens soient moiens, cest a dire que les vngs ne soient pas plus riches ne plus poures que les autres excessiuement, mais en proporcion moienne ou quart liure au xvie cha.
fueillet   Lxlvi

℄Conseruation de police
La somme des enseignemēs qui font a la cōseruation et a la garde des polices autres que monarchies est xxxvi
Et est recueillie ou quint liure en glose en la fin du xviiie cha.
fueillet   Lxci

℄Correction
Quelle multitude peut corrigier les faiz des princes et quelle nō et de quels princes et pour quelles causes: ou tiers liure ou viiiie chap.
fueillet   Lxxxviii
Comment aucuns sont qui ne peuēt estre disciplinez ne faiz bons ou quit liure ou xxxiiie chap
fueillet   CLxv
Vne question morale assauoir mon lequel est plus fort a corrigier ou cellup qui est enclin a mal par nature, ou cellup qui est enclin a ce par coustume ou quint liure ou xxxiiie. chap.
fueillet   CLxv

℄Corruptions de polices
Comment plusieurs polices et cites ont este destruictes et les princes deceuz par le beau parler daucuns ou quint liure ou ixe chap.
fueillet   CLxxv
Commēt bonnes polices sont aucunesfoiz corrompuez par mauuaises gens qui ont aucunesfoiz apparence destrebons et sont ypocrites: ou quit liure ou xiie cha.
fueillet   CLxxxi
Et des especes de polices et de leurs transmutations sera dit apres de chūne en son lieu

℄Cultiuement diuin
Comment en vne espece de royaume les roys auoient domination sur les choses appartenans aux dieux ou tiers liure ou xxe cha. fe   Lii
Que en vne autre espece de royaume les roys du bon temps ancien ne
g.ii

auoyent nulle seignourie sur les substances ou facultez des prestres ou
tiers liure ou xxe chapitre
fueillet	Liii.
Que ces bons roys ordonnoient des
choses appartenans aux dieux & instituoient les prieres ou tiers liure ou
xxie chap. fueillet	Liii
⁋ De magogue
De magogue cest mot est expose en
la seconde table les de magognes esmeuuent et induisent les peuples cōtre les princes aussi comme les adulateurs induisent les princes contre les
peuples ou quart liure ou viie chap.
fueillet	Lxxxii.
De la maniere des demagogues ou
quint liure au viiie chapitre
fueillet	Lxxxiiii.
⁋ Democracie
Democracie est plus seure, et sont en
elle moins de sedicions ou est moins
sedicieuse que nest olygarchie ou quit
liure ou second cha. fe	Clxv
⁋ Despendre
Comment ce est bien de ordonner sur
peines & faire loix que chun ne despē-
de pas le sien a sa voulente ou quint
liure ou xviiie cha. fe	Cxci
⁋ Destituer
Que se aucun estoit esleu hastiuemēt
a tresgrans honneurs il nest pas expedient de le abeisser soudainement,
mais de degre en degre Et est a entendre se il ny auoit cas criminel ou
quint liure ou xve chap
⁋ Destructions

Des deluges et destructiōs et des re-
parations et des reformations des
peuples ou second liure ou xve chap
fueillet	lii.
Comment plusieurs citez ont este destruictez et plusieurs regions pour ce
que len ya receu gens estranges a habiter ou quint liure ou ve chap
fueillet	Clxv
Que plusieurs polices et citez ont
este destruictez et les princes aussy
par beau parler daucuns ou quint
liure ou ixe cha. fe	Clxv
Commēt aucunes loix semblent bonnes pour aucunes polices par lesquel
les telles polices sont destruictes ou
quint liure ou xviie chap
fueillet	Clxxxix
⁋ Discipline
Quelle discipline ou science le prince
doit sauoir et quelles luy sont impertinētes ou tiers liure ou quart chap.
fueillet	lxxiii
Que aucuns sont qui ne peuent estre
disciplines ne fait bōs ou quint liure
ou xxiiie chap. fe	CCxvi
⁋ Droit
Du droit que aucun peut auoir a vn
royaulme ou second liure ou xxie cha
fueillet	lviii
Du droit naturel que hōme a sur les
bestes souuaiges ou pmier liure ou
ixe cha. fe	xvi
Quelz droitz coustumes ou vsaiges
sont iustes aucunemēt et iniustes sōt
simplemēt ou tiers liure ou ve chap
fueillet	lxxxiiii

Du droit du roy sur les subgectz/ ou tiers liure ou xxie chapitre fueillet Liiii.
Par quelles loix len peut auoir droit a estre roy ou tiers liure ou xxiiie cha fueillet Lix
Et de ce appert sur ce mot roy.
⸿ Election
Comment roy doit estre fait par election de personne/ ou par election de lignage Et en quelle maniere ⁊ par quelles loix ou second liure ou xxie cha. fueillet xliiii
Que en election de princes ⁊ dofficiers len doit plus regarder a vertu que a richesses ou second liure ou xxie chap fueillet xliii
Quelle multitude doit auoir dominacion sur les elections des princes et sur les corrections de leurs faitz et quelle non/et sur quelz princes et sur quelz non ⁊ pour quelle cause ou tiers liure ou piiie cha. fe pá
Question assauoir mon se il vault mieulx auoir roy par election de lignage ou tiers liure ou xviiie chap fueillet Lix
Que election faicte par faueur de lignage ou de nation ⁊c. est chose olygarchique ou quart liure ou viiie cha. fe Lxxviii
Que election faicte par sort est moit mauuaise que nest election faicte par mauuaise science ou quint liure ou quint chapitre fueillet Lxix

⸿ Enrichir

Des meurs de ceulx qui sont nouuellement enrichis ou quart liure ou vii chap. fe Lxxxviii
Que les loix doiuent estre telles que nul ne se puisse escroistre ou enrichir oultre proporcion et mesure deue ou quint liure ou xve chap fueillet Lxxxvi
⸿ Estranges gens
Comment plusieurs citez ⁊ regions ont este destruictez par gens estrāges que len auoit receu pour habiter en telz lieux ou quint liure ou ve. chap. fueillet Lxx
⸿ Exactions
Aucunes cautelles expediētez en mettant exactions ou quint liure ou xxxiie chap. fueillet LCviii
⸿ Faiz darmes.
Recitation de ce que ung peuple apres ce que il eust este exercite en armes et en guerres il getta hors ses princes ou quint liure ou viiie chap. fueillet Lxxxii
⸿ Felicite
De troys manieres de felicite des quelles Virgile met vne ou quart liure ou ve cha. fueillet Cliii
⸿ Gens darmes.
Que gens darmes ne doiuent pas estre sans femmes ou second liure ou xvie chap. fe lv

Que gēs darmes ōt plusieurs belles vertus ou second liure ou xviie cha. fueillet lv
⸿ Que au commencement len ne sauoit ordonner gens darmes/et qui

g.iii

premierement trouua la maniere ou
quart liure ou xviiie chap
Fueillet lix
Coment ce nest pas chose commune
que vng homme soit bon aux armes
et grant rhetoricien ou grant langai
gier ou quint liure ou ixe cha.
Fueillet Clxxv

Coment olygarchie est souuent muee
en temps de guerre pour ce que il con
uient que ses subgectz soient armes,
ou quint liure en se xi chap
Fueillet Clxxix

❧ Gens de mestier
Que gens de mestier ne doiuent pas
auoir le gouuernement de la cite ou
second liure ou viiie cha
Fueillet xlix

❧ Gent sacerdotal
Coment en la police dune isle appel
lee delphos vidret plusieurs maulx
pour loccision dun prestre ou quint li
ure ou vie cha. fe Clxxi.

❧ Gentillesse
Quelle chose est gentillesse, et dont
elle vient ou premier liure ou sixte
cha. fueillet xi
Et ou quart liure ou viie cha.
Fueillet Lxxviii
Que gens de mestier ne doiuent pas
auoir le gouuernement de la cite ou
second liure ou viiie cha. fe l.

❧ Heritaige
Que len ne doibt pas donner grant
douaire ne vendre son heritaige, ou
second liure ou xvie chap
Fueillet liiii

Que la loy nest pas bonne qui met
que chun puisse faire son testament de
son heritaige ou le vendre a sa voulen
te ou second liure ou xvie chap
Fueillet liiii
Coment il est expedient en aucunes
polices que nul ne puisse donner son
heritaige et que heritaige succede par
lignage ou quint liure ou xvie chap
Fueillet Clxxvii

Les troys causes pour quoy len fait
iniures et les remedes encontre ou se
cond liure en le vie. chapitre
Fueillet xlvii

Que iniustice qui porte armes est tres
cruelle: Et pour ce homme separe de
loy et de iustice est pire que nulle beste
Car il est arme de subtilite et de force
ou premier liure ou second chap
Fueillet .iii.
Et de ce soubz ce st mot benefice
Quelles choses doiuent demourer en
larbitracion des princes et des iuges
et quelles non, ou tiers liure ou xxiii
et xxve chap fueilletz Lxv. et xx.

❧ Yuresse
Assauoir mon se pour iniures gens
yures doiuent estre plus punis ou
moins que gens sobres ou second li
ure au xxiiie cha. fe lxv.
Que offices de grande iurisdicion ne
doiuent pas estre commises a vie
ou second liure ou xviie chapitre
Fueillet lvii

❧ Justice

Que homme separé de iustice est pire que autre beste ou premier liure ou iie chapitre fe.   xxix.

Que en toute communicacion conuiet auoir aucune iustice au moins telle quelle ou tiers liure ou xe chapitre fueillet   lxxxiiii.

¶Loix
Pour quoy et quāt et comment len doit les loix muer ou non muer ou second liure ou xve cha. fueillet   lii

Que la loy nest pas bonne qui met que chūn puisse son heritaige donner ou faire de ce son testament a sa voulente ou second liure ou xvie cha. fueillet   liiii

Recitations des loix que mist licurgus ou second liure ou xviie chap fueillet   liiii

Que len doit auoir loix pour les iugemens ou second liure ou xxe chap. fueillet   lxi

Par quelles loix vne persōne a droit a vng royaulme, ou second liure ou xxie cha. fueillet   lxii

Et de ce plus a plain ou tiers liure ou xviiie cha. fueillet   lix

Quelles loix sont iustes simplemēt et iustes ancunement ou tiers liure ou xe cha. fueillet   lxxxiiii

Quelles loix vsaiges ou coustumes sont iustes simplement ou tiers liure en le xie cha. fueillet   lxxxv

Par quelles gens les loix doibuent estre mises ou tiers liure ou xiiie cha fueillet   xc

Commēt les loix sont par dessus les princes et non pas les princes sur les loix: Et comment les loix ont plus grande dominacion que les princes, ou tiers liure ou xiiie chapitre fueillet   xc

Que nulle chose ne doit demourer en larbitration ou voulente des princes ou des iuges laquelle peut estre bonnement determinée par loy ou tiers liure ou xiiie cha. fe   xc

Au prouffit de qui les loix doibuent estre mises ou tiers liure ou xviie cha fueillet   xcvi

Par quelles loix len peut auoir droit et estre roy ou tiers liure ou xviiie cha fueillet   lix

Que mieulx est estre gouuerné par bonne loy que par bon prince Et comment ce doit estre entendu ou tiers liure ou xviiie cha fueillet   lxv

Commēt les loix doiuent estre mises selon les polices conformes aux polices: Et non pas les polices selon les loix ou quart liure au premier chap. fueillet   lxxxiii

Et ou tiers liure au xiiiie cha. fueillet   xc

Que la ou les loix ne ont dominaciō ce nest pas proprement police ou iiiie liure au viie cha. fe   lxxxii

Que les legislateurs doiuent oyr le peuple quāt ilz veullent mettre loix ou quart liure au xviie chap fueillet   loix

Que les loix doiuent estre telles que
nul ne se puisse enrichir oultre mesure
deue ou quart liure ou xve chapitre
fueillet c. lviii.
Comment pour la surte ou permanen
ce daucunes polices il conuient en
forcier ou affeblir les loix ou quint li
ure ou xviie chapitre. fueillet
c. lxxix
Comment aucunes loix semblent bon
nes pour aucunes polices par lesquel
les telles polices sont destruictes, ou
quint liure ou xviie cha. fueillet
c. lxxxix.
Que ce est bien de mettre loy que chun
ne puisse pas le sien despedre a sa vo
lunte ou quint liure ou xviiie chap.
fueillet c. xc.

℃ Legislateur
Comment le legislateur doit pourue
oir tellement que les vertueux ou bons
aient facultez pour viure honneste
ment sans ce que ilz leur conuienne
faire euures seruiles, ou second liure
ou xxie cha. fue. foii.
Comment le legislateur au commen
cement doit pourueoir et faire telles
ordonnances que nul ne se puisse trop
escroistre ne deuenir trop grant ou ve
liure ou quart chapitre. fueillet
c. lxvii

℃ Legiste.
Reprobacion de lerreur daucuns legi
stes ou quint liure ou xxve chapitre
fueillet c.c ii.
Et de ce ou viie liure ou ve chap. fe
sept et huit en la response du ixe ar
gument

℃ Liberte et seruitute.
De liberte et seruitute, et dont vint
seruitute et comment aucuns sont
serfs de nature et aucuns francs, et
pour quoy ou premier liure ou pmier
et ou quart et ou quint chapitres
fueillet i. vii. (& viii
De liberte et de seruitute ou premier
liure ou viiie chapitre. fe viii.

℃ Misere
Comment nature donne a home des
sa natiuite plusieurs deffaultes et
impotences ou miseres pour tresbon
ne fin et pour le mieulx ou premier li
ure ou viie chap. fe viii.

℃ Moyens en richesses.
La principal chose qui fait toute poli
ce estre bonne en son espece et seure et
durable est que ses cytoiens soient mo
iens sans ce que les vngs excedent
trop les autres en richesses Mais en
proporcion moienne Et tant sont pl9
loing de ce moien, de tant est la police
moins bonne ou quart liure ou xvi
chapitre. fe c. xlvii. et xvii chap
fueillet c. xlix
Que les gens moiens en richesses
sont les plus loyaulx ou quart liure
ou xvii chap. fe c. l.
Item a ce propos fait vne belle simi
litude de musique qui est ou second li
ure en se xie chap. fe xlvi.
Item encor appert par vne belle con
sideracion qui compare sa police et ses
parties a vng corps et a ses membres
ou quint liure ou quart chapitre. fe
lxvii
Et de ce ou quint liure ou viie cha.

fueillet   Lxxii.
¶Monarchie
Comment plusieurs du lignaige des
monarches et plusieurs des ducs ou
cappitaines de leur ost leur ont oste
leur monarchie pour ce que les monarches viuoient delicieusement et
estoient negligens du gouuernement
ou quint liure ou xxiie chapitre. se
                            Lxcviii

¶Monnoie
Comment et pour quoy monnoie fut
trouuee et a bonne fin et que elle doit
estre establee ou pmier liure ou ve cha.
fueillet   xvii
Comment acquisicion de monnoye
par change est abus et Une maniere
de Usure ou premier liure en le vie
cha. se   xix
De change et de mutacion de monnoies et de Usure ou pmier liure ou
viie chap. se   xxi
¶Multiplicacion de peuple
Pour quelle cause et quelle maniere
len peut faire que le peuple ne se mul
tiplie pas excessiuement ou second li
ure ou ix. cha. se   xlii
Et de ce est touche ou xvi. et xvii.
chap. du second. se   liiii. et lv.
Item de ce soubz cest mot multitude
denfans.
¶Multitude
Se mieulx est que en toute cite la mul
titude ayt dominacion ou ung petit
nombre et coment et pour quelle cau
se ou tiers liure ou viii. cha. fueillet
                            lxxviii

Quelle multitude doit auoir dominacion sur les elections et sur les cor
rections des princes et quelle non et
sur quelz princeps et sur quelz non et
pour quoy ou tiers liure ou xiiii. cha
fueillet   xc.
Quelz perilz peuent aduenir de bail-
ser a aucune multitude telle auctorite ou tiers liure ou xiiii. et ou xvii.
chap. se   xc. et Lvii
Quelle multitude doit auoir dominacion et quelle non, et en quelles cho
ses et en quelles non ou tiers liure
ou xvii. cha. se   xcvi
Que aucune cite ou multitude est na
turellement telle que ce ne seroit pas
iuste chose ne expediete que ung seul
fust leur seigneur ou tiers liure ou
xxvi. cha. se   Cxi
Et de ce est touche ou xxviii. chapi.
fueillet   Cxv
Comment aucune multitude est naturellement disposee a ce quelle soit
gouuernee par une police et autre
multitude par autre police ou tiers
liure ou xxvi cha. se   Cxi
Comment aucun bon homme peut
estre tel que selon iustice il doit estre
roy de toute une multitude ou pais
Et ung lignage que il est royal selo
iustice et que a tel roy et de tel lignage tous de telle multitude doibuent
obeir ou tiers liure ou xxvi. chap.
fueillet   Cxi
¶Multitude denfans
Comment ce nest pas bien dauoir
tresgrãt multitude denfans ou secod
liure ou ix. chap. fueillet xlii

⊏Musique

Une belle similitude de musique ou second liure en le vie cha. fe.   xlvi

⊏Negligence

Pour quelle cause len est negligent du bien comun, ou second liure ou tiers cha. fueillet   xxxiii

Comment plusieurs monarches ont perdu leurs princeps par estre negligens du gouuernement ou quint liure ou xxiie cha. fe.   Cxcviii

⊏Nouuelleté

Comment c'est grant peril de muer riens en la police et de faire nouuelleté, ou quint liure ou viiie cha. fe.   Clxxi

⊏Office

Comment nature ne fait pas une chose, ou ung homme pour moult d'offices aussi comme estoit le glaiue Delphique, mais fait ung pour une office ou pour peu, et autre pour autre ou premier liure ou premier chap. fueillet   i

Que offices de grandes iurisdicions ne doiuent pas estre comis a vie, ou second liure ou xviie chapitre fueillet   lvii

Que en election de princes et d'officiers len doit plus regarder a vertus que a richesses ou second liure ou xxi chap. fe   lxii

A quelle chose len doibt regarder en distribuant offices, ou tiers liure ou xve cha. fe.   xciii

Comment regarder a aultres choses est abusurez et iniustes ou tiers liure ou xve cha. fe   xciiii

Comment les princes et officiers honorables doiuent estre fais de riches hommes, et que ilz ne doiuent prendre es offices nul emolument: ou bien petit

Et quon leur doit faire certains honneurs a ce ordonnez ou quint liure ou xvie cha. fe.

⊏Olygarchie

Aucunes cautelles olygarchiques ou quart liure ou xxe chapitre fueillet   Cliiii

xv. manieres de causes de mutacion olygarchiques ou quint liure ou ve. en le vie cha. fe. Clxxvii. et c. lxxviii

Comment olygarchie est souuent muee ou deffaicte en temps de guerre pour ce que il conuient que les subgetz soient armez ou quint liure en le vie chap. fueillet   clxxviii

⊏Parler

Comment anciennement les gens ne scauoient coulourer ne polir leur parler ou quint liure ou ixe chap. fueillet   Clxxiiii

Comment ce n'est pas chose commune que ung homme soit bon aux armes et grant rhetoricien ou tresbel parlant ou quint liure ou ixe chapitre fueillet   Clxxv

Que plusieurs polices et citez ont este destruictes par le beau parler d'aucuns ou quint liure ou xe chapitre fueillet   Clxxvi

Que len ne doit rien faire pour le beau parler ne pour le conseil de ceulx qui tendent principalement a leur promocion ou quint liure ou xiii chap fueillet   Clxxxi

⊏Pechié

Assauoir mon se vng pechie mendre peult iustement estre plus pugny que vng plus grant/ou second liure/ou xviiie chap. fe lxv

¶ Police
Souuent quant gens viles sont fais seigneurs de grandes choses ilz blessent moult la police et ont blechie en lacedemone ou second liure ou xviiie chap. fe lvii
Comment les polices sont diuisees en six especes generales ou tiers liure en le viiie cha. fe lxxii
Que len doit tellement instituer la police que nul ne se puisse trop enrichir/ et comment ce peut estre fait iustement ou tiers liure ou xixe chapitre fueillet vcix
Comment aucune multitude est naturellement disposee a ce quelle soit gouuernee par vne police Et autre multitude a estre gouuernee par autre police ou tiers liure du xxvie cha fueillet lxxvi
Comment le legislateur doit considerer troys degrez de bonne police ou quart liure au premier chapitre fueillet lxxviii
Que les loix doiuent estre mises conformes aux polices et non pas les polices conformes aux loix ou quart liure ou premier chapitre fueillet lxxviii
Et ou tiers liure au viiie cha. fueillet lxxxvii
Que la ou les loix nont dominacion: ce nest pas proprement police ou quart liure au viie cha. fe lxxxii

La principal condicion qui fait toute police estre bonne en son espece et seure et durable/ou quart liure ou xve. et xvie cha. fe Cliii. Clvi
Et de ce soubz cest mot moiens richesses
Vne cause pour quoy les bonnes polices vont en empirant/au quart liure ou xvie cha. fe Clvi
Comment de tant comme les gens sont plus loing du moyen/en richesses, de tant est sa police moins bonne ou pire ou quart liure au xve cha. fe. Cliii
Quelle police est expediente a vne gent et quelle a autre/et a quelles gens ou quart liure au xviie ca. fe. Clix
Que toute police tant est mieulx mixte et plus moiene de tant est plus durable ou quart liure au xviie cha fueillet Clix
Que les polices sont plus destruictes par gens tresriches que p les poures ou quart liure au xviie cha. fueillet Clix
Comment se en institution dune police a este deffaulte au commencement cest impossible que mal nen vienne en sa fin/ou quint liure ou second cha fueillet Clxv

Vne belle consideracion comment la police est vng corps/et comment vng membre de la police ne doit pas estre plus grant que lautre excessiuement ne attraire a soy trop de nourrissement car autremet elle ne peut durer longuement ou quint liure du quart chapitre. fe Clxvii

Que la police moienne est plus sans
sedicion que ne sont les autres ou ѵe
liure ou ѵiiѥ chapitre
fueillet   C lxvii
Que plusieurs polices ont este destrui
ctes par le beau parler daucuns, ou
quint liure ou ixѥ cha. fe   C lxxv
et par gens qui apperent bons et sont
mauuais ou quint liure ou vii. chap
fueillet   C lxxv
Comment cest peril de muer rien en
bonne police ou quint liure ou viiiѥ.
cha. fueillet   C lxxviii
Que ce est bon dauoir doubte de la
perturbacion de la police ou quint liure ou viiiѥ cha. fueillet   C lxxviii
Comment en aucunes polices est expe
dient que nul ne puisse donner son he
ritaige ou quint liure ou xѵiѥ chap.
fueillet   C lxxxvii
Que enforcier ou enfeblir les loix est
expedient pour la surte daucunes po
lices ou quint liure ou xѵiiѥ chapitre
fueillet   C lxxxix
Que aucunes polices sont destruictes
par aucunes loix qui semblent estre
bonnes pour elles, ou quint liure ou
xѵiiѥ cha. fueillet   C lxxxix
La somme des enseignemens pour
garder polices autres que monarchies est xxxѵi. et est recueillie ou ѵe
liure en la fin du xѵiiiѥ chapitre
fueillet   C xc

(¶Police deglise
Aulcunes choses notables lesquelles
par aduenture pourroient estre appliquees a la police de leglise ou tiers liure ou tiers cha. fueillet   lxxi.

Comment len pourroit sauoir se la po
lice de leglise est muee ou non ou iiiiѥ
liure en le ѵiiiѥ cha. fe   C lxxxiii
Assauoir mon se selon ceste science la
police de leglise est seine et durable ou
quart liure ou ѵiѥ cha. fe.   C lxxvi
Que les princes de leglise doiuent sou
uerainement garder que leur gouuernement ne decline en aucune condicion
de olygarchie potestatiue ne de tyran
nie ou quart liure ou ѵѥ et ou ixѥ.
chap. fueilletz   C lxxv. et C lii.
Assauoir mon se la police de leglise
est muee ou quint liure ou viiiѥ cha.
fueillet   C lxxxiii

(¶Police tresbonne
Que moult de gens et moult de citez
ne pourroient estre gouuernez par po
lice tresbonne ou quart liure au premier cha. fueillet   C lxxiii
Que royaulme est police tresbonne et
tressaine ou quart liure ou second
cha. fueillet   C lxxiiii

Et de ce soubz cest mot citoien

(¶Populaires
Comment les populaires quant ilz se
sentent les plus fors veullent auoir
la dominacion ou quint liure ou ѵiiѥ.
cha. fueillet   C lxxii

(¶Possessions
Comment ce seroit tresmal que les pos
sessions fussent communes ou second li
ure ou quint cha. fe.   C lix
Que les possessions des citoiens ne
doiuent pas estre equales Et est mon
stre par vne belle consideracion selon
vne similitude de musique quelle inequalite et quelle mesure doit estre en

telles possessiõs ou second liure; en le
ixe cha. fe. xlvi
Et de ce soubz cest mot moiens en
richesses
Commẽt trop grande inequalite de
possessions se elle estoit doit estre mo
deree Et comment ce peut iestre iuste
ment fait ou tiers liure ou xixe chap
fueillet xcviii
Commẽt anciennemẽt rentes estoiẽt
ordõnees pour les sacrifices ou secõd
liure ou viiie et ou xixe chapitre
fueilletz l. q lxi
Et ou quint liure au viiie chap
fueillet Clxxiiii
Comment mauuaises gẽs voulioent
appetisser celles rẽtes ou quint liure
au viiie cha. fe. Clxxiiii

¶ Poures gens
Comment les poures et les serfz sont
souuent rebellions contre les grans,
en temps de fortunes et de guerres
ou second liure ou xvie chapitre
fueillet liiii.
Lõment cest grant maistrise de tenir
les gens et les serfz en subiection q en
amour ou second liure ou xvie chap
fueillet liiii
Comment cest mal et peril de mettre
poures gẽs es grans offices ou secõd
liure ou xviie. fe. lvii
Que les richez sont meilleurs que ne
sont les poures, et est a entendre de
riches moiẽnemẽt: ou quart liure ou
viie cha. fe. Cxxxvii.
Comment selon vne consideracion
vraie cest inconueniẽt que aucune
partie de la cõmunite ou aucun estat

soit simplement de poures gens, ou
quart liure ou xviie cha. fe. Cxvi
De la police de sainte eglise selõ celle
consideration par raison et par expe
rience ou quart liure ou xviie cha.
fueillet Cxlvi

¶ Prince
En quel lieu doit estre la maison du
prince ou second liure ou ixe cha.
fueillet xlii
Comment cellup qui a obtenu a estre
prince iniustemẽt est prince selon veri
te ou tiers liure ou second cha. fe. lxx
Quelles disciplines le prince doit sa
uoir, et quelle discipline ou ars ou sci
ences luy sont impertinẽtes ou tiers
liure ou quart cha. fe. lxxiiii
Que le prince doit auoir este subgect
ou tiers liure ou quart q ou quit cha
fueillet lxxviii q lxxv
Et ou viie liure ou xxixe cha
Quelle prudence le prince doit auoir
et quelle prudence est necessaire aux
subiectz et quelle nõ, et quelle opiniõ
ou tiers liure ou quint cha. fe. lxxv
Que le bon prince doit mieulx aimer
le prouffit de ses subiectz que le sien
propre ou tiers liure ou viie chap
fueillet lxxix.
Lõmẽt anciẽnemẽt estre prince estoit
labour sans prouffit Et pour ce ilz
estoiẽt princes en temps et lun apres
lautre ou iiie li. ou viie cha. fe. lxxix
Quelle multitude doit auoir domi
nacion sur les elections des princes q
sur les corrections de leurs faiz et sur
quelz princes ou tiers liure ou viiie.
Chapitre. fueillet xc.

Quelles choses doiuent demourer en larbitration des princes et des iuges et quelles non ou tiers liure ou viiie et xxiiie chap. fe. xc. Lxb. ⁊ Lxv

Aucunes choses desquelles se doiuēt garder tous bons princes et/mesmement ceulx de leglise ou quart liure au ve cha. fe. Lxxxv

Des princes qui se attribuent pleine poste ⁊ contre raison et cōment ceulx qui a ce les conferent ne ayment pas le princey ou quart liure au ve chap. fueillet Lxxxv

Et est touchie au viiie cha. fueillet Lxxxiii

Des princes qui tiennēt que tout est leur ou quart liure au ve ca. f. Lxliii

Des princes deglise ou quart liure ou xxie cha. fe Clv

Et ou xxiie cha. fe Clvii

Que les princes ne doiuent nul promouuoir de petit estat a tresgrant sans tresgrande cause et euidente et nō pas soudainemēt/ ne destituer soudainement ou quint liure ou xv. chap. fe Clxxv

Que les princes doiuent auoir vertus morales ou quint liure au xviie cha. fe Clxxix

C Princey

Comment princey tant est meilleur et plus noble/comme les subgectz sont meilleurs et plus nobles ou premier liure ou quart cha. fe vii

Comment aucun princey despotique est iuste et aucun nō/ou tiers liure ou vii. cha. fe lxix

Cōmēt princeys et offices publiques

doiuent estre distribuez ou tiers liure ou xv. cha. fe xciii.

Que tous bons princes gouuernent au prouffit cōmun et a ce tendēt principalement et plus que a leur propre prouffit ou tiers liure au viiie cha et en plusieurs autres lieux. f. lxxxii

C Promotion

Que nul ne doit estre soudainement promeu a tresgrāt estat ne soudainement deprime sans tresuidēte cause ou quint liure ou xve ca. fe. Clxxv

C Punition

Ung exēple que seneques a mōstrer que le roy ou le prince ne doit pas faire grandes punicions sans cōseil, ou tiers liure ou viiie ca. fe. lxxxviii

C Puissance

Commēt en quelzconques polices ce nest pas expedient que ung subgect ou plusieurs soient excedens oultre les autres en puissance politique/ ou tiers liure ou xviiie chap. fe. xcvii

Que ceulx meuuent ⁊ font les sedicions qui sont deuenus puissans de nouuel ou quint liure au quart chap fueillet Clxvii

Comment le legislateur au cōmencement doit pouruoir a faire telles ordonnances que nul ne puisse deuenir ou soy faire tresgrant ⁊ trespuissant ou quint liure ou quart cha fueillet Clxvii

Et ou tiers liure ou xix. chapitre fueillet xcviii

Et en quelle maniere ce peut estre iustement fait. Que len souloit faire de telz trespuissans,et cōment len tes

souloit bānir/ et exēples a ce ou tiers
liure ou xviiiᵉ cha. fe   xcvii
Comment telle chose peut estre faicte
iustement ou iniustement: et exēples
a ce ou tiers liure ou xixᵉ cha
fueillet   xcviii
Combien grāde doit estre la puissan
ce du roy ou tiers liure ou xxviiiᵉ cha.
fueillet   Cix
Tout ce est a entendre de puissance
damis et de richesses mais vne autre
puissance est laquelle aucuns princes
se dict auoir de leur droit et laquelle
en ceste saiēce est aucunesfoiz appellee
potentat et aucunesfoiz poste olygar
chique ou tyrannique. Et de ce ou
tiers liure ou xxiᵉ cha. fe   Ciii
Et ou quart liure ou xᵉ chap
fueillet   Cxxxv
Et ou quint liure ou quart et ou
viiiᵉ chapitres. fe   Clxvii. et c lxxxi
De ce soubz cest mot puissance

C Region
Commēt vng legislateur diuisoit
la region en trois parties dont vne
estoit sacree et attribuee aux dieux
ou second liure ou viiiᵉ chap
fueillet   l.

C Richesses
La fable du roy midas a monstrer
quelles richesses sont naturelles, et
quelles nō ou pmier liure ou xᵉ chap
fueillet   xv
Comment les richesses cōmunes de
la cite doiuent estre moderees et com
ment ce est aucunesfoiz peril quant
elles sont trop grandes ou second li
ure ou viiᵉ cha. fe   xlix

C Riches gens
Que les riches gens sont meilleurs
que ne sont les poures/et cest a enten
dre de riches moiennement ou quart
liure ou viiᵉ chap. fe   Lxxxvii.
Que les polices sont plus destruictez
par tresriches que par autres ou iiiiᵉ
liure ou xxiiiᵉ chap. fe   Cxix.
Des meurs de ceulx qui sont nouuel
lemēt deuenus riches ou quart liure
ou viiᵉ chap. fe   Lxxxvii
Comment les princes et officiers des
offices honnorables doiuēt estre faiz
de riches hommes ou quint liure ou
xviᵉ chap. fe   Lxxxvii
Que au cōmencemēt les citez estoiēt
gouuerneez par roys, ou pmier liure
au pmier chapitre. fe   i.
Aucunes condiciōs de roy et de quel
les gens et de quelle nature il doit
estre ou pmier liure ou xvᵉ chap
fueillet   xxv.

Comment roy doit estre fait roy par
election de personne/ou par election
de lignaige/et en quelle maniere et p
quelles loyx ce doit estre fait. Et du
droit que aucun peut auoir a vng
royaulme ou second liure ou xxiᵉ
chap. fueillet   lxii.
Et de ce plus aplain ou xxviiiᵉ chap.
ou tiers liure fueillet   Cix

Comment excellence de vertu practi
que et de prudence et nō pas de vertu
contemplatiue ou de sapiēce est reqse
en roy ou tiers liure ou vixᵉ chap
fueillet   xcviii

Commēt en vne espece du royaulme les roys auoient dominacion sur les choses appartenās auꝑ dieuꝑ ou iiiͤ liure ou ꝑꝑͤ cha. fe Li

Que les roys sont gardez par leurs gens et subgectz/ et les tyrans p gēs estranges ou tiers liure ou ꝑꝑͤ chaꝓ. fueillet Li

Et ou quint liure ou ꝑꝑͤ cha. fueillet Lꝑvĩ

Comment en vne autre espece de royaulme les roys du bon temps anciē nauoient nulles seignouries sur les substances et facultez de la gent sacerdotal ou tiers liure ou ꝑꝑͤ cha. fueillet Li.

Et de ce ou quart liure au ꝑꝑͥͤ chaꝓ fueillet Lĩv

Que telz roys ordōnoient des choses appartenans auꝑ dieuꝑ τ auꝑ sacrifices τ instituoiēt la gent sacerdotal ou tiers liure au ꝑꝑͥͤ cha. fueillet Liii.

Comment telz furent faiz roys pour tresgrans benefices que ilz auoient faiz au peuple ou tiers liure ou ꝑꝑͤ chaꝓ. fe Li.

Et ou ꝑꝑͥͤ chaꝓ. fe Liii

Comment ce qui est escript ou pmier liure des roys du droit du roy fut dit par reprouche: Et est vng droit iniuste τ tyrannique ou tiers liure ou ꝑꝑͥͤ cha. fe Liii.

Assauoir mon se mieulx vault auoir roy par election ou par succession de lignage ou tiers liure au ꝑꝑiiiͤ chaꝓ fueillet Liꝑ

Par quelles loiꝑ len doit auoir droit a estre roy ou tiers liure ou ꝑꝑiiiͤ chapitre fe Liꝑ

Quelles gens ont droit a ce que ilz soient roys ou tiers liure ou ꝑꝑviͤ chaꝓ. fe Lꝑꝑi

Et ou viiͤ liure ou viͤ et ou ꝑꝑiꝑͤ. chapitres

De quelles gens le roy doit estre ou tiers liure ou ꝑꝑiii. cha. fe Liꝑ

Quelles personnes peuent succeder a royaulme et quelles nō ou tiers liure ou ꝑꝑiiiͤ cha. fueillet Liꝑ

Combien grāde doit estre sa puissance du roy ou tiers liure ou ꝑꝑiii. chaꝓ fueillet Liꝑ

Que mieulꝑ est estre gouuerne par bonne loy que par bon roy Et comment ce doit estre entendu ou tiers liure au ꝑꝑiiiͤ chaꝓ. fe Lꝑvĩ.

Commēt aucune cite ou multitude est naturellement telle que ce nest pas iuste chose ne expediēte que vng seul soit leur roy ou tiers liure ou ꝑꝑviͤ. chaꝓ. fe Lꝑꝑi

Et fut touchie ou viiiͤ chaꝓ fueillet v.

Comment aucun homme est tel que selon iustice il doit estre roy de toute vne multitude cite ou pais et vng lignage tel que selō iustice il est royal Et que a tel homme et de tel lignage tous generalement doiuent obeir ou tiers liure ou ꝑꝑ viͤ chapitre fueillet Lꝑꝑi

Et ou viiͤ liure ou viͤ chaꝓ. fueillet

Commēt roy fut iadis institue pour garder les nobles contre les populaires: Et tyrant au cōtraire ou quint liure ou xixe chap̄. fe   Lxcii
Que les premiers tyrans vindrent des roys qui muerent leur gouuernement ou quint liure ou xixe. chap̄. fueillet   Lxxi.
De cinq causes pour quoy au cōmencement aucuns estoient faiz roys ou quint liure ou xxe chap̄ fueillet   Lxxiii.
Cōment roy tend a bien et a exces de honneur ⁊ est garde p̄ les siens mais tyrant tend a delectatiōs corporelles et a exces de pecunes et est garde par gens estranges ou quint liure ou xxe chap̄. fe   Lxxiii
Que le roy est garde de son peuple ou quint liure ou xxe chap̄ fueillet   Lxxiii.
Quelle excellēce le roy doit auoir ou quint liure ou xxiiiechap̄ fueillet   LLi
Et ou viie liure ou xixe cha fueillet
Et ou sixte chap̄. fueillet
Et illecques mesmes que telle excellence nest pas commune
Item de Roy soubz cest mot prince
Et soubz cest mot royaume
☙Royaulme
Du droit que aucū peut auoir a ung royaulme et par quelles loix ou secōd liure ou xxie chap̄.fe   lxii
Et plus a plain ou tiers liure ou xviiie cha. fe   Lix.
Quant len peut dire dun royaulme que ce est ung mesme qui estoit deuāt Et len peut dire que non ou tiers liure ou second ou au tiers chap̄ fueilletz   lxx ⁊ lxxi.
Quāt len peut dire dune action que cest le fait du royaulme, et quant len peut dire que nō ou tiers liure ou second chap̄. fe   lxx
De plusieurs especes de royaulme ou tiers liure ou xxe chap̄ fueillet   Li
Et de ce soubz cest mot roy

De cinq manieres de venir a royaulme tenir et lesquelles sont iustes ou expedientes et lesquelles non, ⁊ pour quoy et comment ou tiers liure ou xxiiie chap̄.fe   Lix
Que royaume est police tresbonne et tresdiuine ou quart liure ou second chap̄. fe   Lxxiiii
Que royaulme est plus corrompu de soymesmes que par cause qui soit dehors ou quint liure ou xviiie cha. fueillet   Lxcix
En quelle maniere len peut faire ung royaulme longuement durer et ung bel exemple a propos du roy theopompe ou quint liure ou xxde chap̄. fe   LLii
☙Rommains
Une cause de la destruction du prīcepdes rommains ou tiers liure ou viiie cha. fueillet   xc.
Et de ce ou quart liure ou ve chap̄ fueillet   Lxxxv
Et de ce ou quint liure ou xxde

chapitre fueillet　　　　LCii
Sacrifices
Que anciennement rentes estoient or
donneez pour les sacrifices ou quint
liure au viiie cha. fe　　　　Clxxiiii
Et de ce sur cest mot cultiuement di
uin, et sur ce mot gent sacerdotal
Sedicion
Quelle chose est sedicion, et vne forte
question ou est conclud que nul ne
doit faire sedicion ou quint liure ou
pmier chap fueillet　　　　Clxii
Et de ce en le pie cha. fe　　Clxxviii
Que en democracie sont moins de se
dicions que en olygarchie ou quint
liure ou second cha. fe　　　Clxv
Comment sedicions sont faictes con
tre les princes pour iniures quilz sont
aux subgectz ou pour ce que ilz les
grieuent, ou pour ce que ilz distri
buent mal les honneurs et offices
ou quint liure ou quart chap
fueillet　　　　　　　　　Clxvii
Que ceulx meuuent et sont comune
ment les sedicions qui sont deuenus
puissans de nouuel ou quint liure
ou quart cha. fe　　　　Clxvii
Que la police moienne est plus sans
sedicion que ne sont les autres ou
quint liure ou viie cha. fe　　Clxxii
Serfz
Comment aucuns sont serfz par na
ture ou pmier liure ou pmier et ou
quint chaps. fe　　　　i. et viii
Des serfz et des subgectz quelz ilz
doiuent estre ou pmier liure ou xvie.
chap. fueillet　　　　　　　xxvii
Coment cest iuste chose que telz seruēt

et leur est expedient, ou premier liure
ou quint cha. fueillet　　　　viii
Que les serfz font rebellion contre
leurs seigneurs en temps de infor
tunes et de guerres ou second liure
ou vie cha. fe　　　　　　liiii
Comment aucuns sont serfz selon sa
loy et par violence ou pmier liure ou
sexte cha. fueillet　　　　　x
Que cest chose indigne et impossible
par nature que cite soit serue ou iiiie.
liure ou quint cha. fe　　　Clxviii
Coment cest grant maistrise de tenir
les serfz en subgection et en amour
ou second liure ou xvie cha
fueillet　　　　　　　　　liiii
Solitaire
De vie solitaire et comment homme
est naturellement enclin a vie ciuile,
ou pmier liure ou second cha
fueillet　　　　　　　　　v
Tyrannie
Que tyrannie est transgression de
royaume et est monarchie au prouffit
du monarche ou tiers liure au viiie.
chap. fueillet　　　　　　lxxxii
Trois especes de tyrannie ou quart
liure ou viiie cha. fe　　　　Cli
Quelle espece de tyrannie est incorri
gible et pour quelles causes ou
quart liure ou viiiie chap. fe Cli
Pour quoy tyranie ne peut longue
ment durer ou quart liure ou viiii.
cha. fueillet　　　　　　　Cli
Et de ce ou quint liure ou xxxiie
chap. fe　　　　　　　　CLviii
De quatre manieres de commancer
tyrannie ou quint liure ou vie chap

fueillet   Cxci
Que tyrannies auoient este plus cōmunes deuāt le temps dariſtote que
elles neſtoient en ſon temps et pour
quelles causes ou quint liure au viii
chap. fueillet   Clxxiiii
Les causes et les manieres de corruption de tyrannie ou quint liure ou
xxiiie chap. se   CCii
Que ceulx qui cōmencent ou acquierent puncep tyrannique se gardent
mieulx que ne font ceulx qui ont tel
puncep par succeſſion ou quart liure
ou xxiiie cha. se   Cix
Comment tyrannies ſont gardees p
deux manieres trescontraires. Une
eſt en enforcant la tyrannie, et lautre
en la relachant. Une par violence:
et lautre plus par fraude ou quint
liure ou xxvie cha. se   CCvi
De xviii. cautelles de maintenir tyrannie par violence ou quint liure
ou xxvie et ou xxviie chaps
fueillet   CCvi et CCvii
Commēt toutes ces cautelles tendēt
a trois fins ou quint liure ou xxviii
chap. se   CCviii
Et de ce soubz cest mot cautelle
De xx v. cautelles pour maintenir
tyrannie par fraude ou quint liure
ou xxixe et ou xxxe chaps
fueilletz   CCix et Cx
Les causes pour quoy tyrannie ne
peut longuement durer et pour quoy
les vnez durent plus et les autres
moins ou quint liure xxxiie chap
fueillet   CCxiii
Et de ce ou quart liure ou viiie chap

fueillet   Cxl
Tyrant
Que les cytoiens gardēt par armes
les roys: Et gens eſtranges gardēt
les tyrans ou tiers liure ou xxe chap
fueillet   Cl.
Que adulateurs ont grāde puiſſance vers les tyrans ou quart liure
ou viie chap
fueillet   Clxxxii
De vi. condicions de tyrant ou quiſt
liure ou xxe chap. fueillet Cxciiii

Et de tyrant soubz cest mot
tyrannie
Tranſmutations de polices.
Cōment les polices ſont tranſmuez
aucunesfoiz par violence et aucuneſfoiz par fallace ou fraude ou quint
liure ou viie chap
fueillet   Clxxii
Item de tranſmutations et coruptā-
ons et saluations des polices par
tout le quint liure
Vertueuſes gens
Que le legiſlateur doit pouruoir cōmēt les vertueulx aient faculte pour
viure honneſtement sans ce que il cō-
uienne quilz facent euures seruiles
ou second liure ou xxie. chapitre
fueillet   Liii.

¶ Sensuit le repertoire des capitres du premier second tiers quart et quint liures de politiques Et premier fueillet blanc dessus ledit liure

a
A tressouuerain
Item pour bien
b i
La table des
pas iuste
du droit
que home
fueillet
a ii
En ce p̃mier
chascune telle
marchander et
leur que home
b i
pas quil ait
ceulx qui ont
propos par ce
confondit
c i
homes et pour
emẽt pour
tacions de mõ
ner la maison
d i
autre Car
plaine seigneurie
ple ie ne se
& les vertus
e i
ce quil fault
me lautre
miliaritez
nerations ou
f i
mays pose
cultiueurs des
Car separemẽt

aultre mangiere
g i
sedicions
appelle cõmune.
telle police
ou despecement
h
seroit traicter
plusieurs q̃ ont
police et cestoit
de la cite
i.
nement de la
auns en ce
Et ioupte ce
len pourroit
k
a pal estoit
Et ce fait
dignes &
Mais il est
l
princes eyment
dit de monos
Doncques en
de proportion
m
getter tout seul
correction des
digne dauoir
partie cest
n
a parler
fut Ung prince
puissans homes
Glo. semble
o

ment et
multitude
en arbitraige
des biens de la
p
rusalem
see et tournee
Car aussi cõme
Affin queilz
q
a gens francs
Glo. Ce fut
ou il doiuẽt
Et auecques
r
Appareiller a
aux armes
die cooperaciõs
estre gouuerne
s
police et ne sont
doulce et par
ou quelles soiẽt
iugemens il est
t
serfz et des
des polices
faicte ou peu
Car auecques
v
de guerre
Teṽ. A ceste
qui ayent
deulx soient
x
me dist est
ce ilz sont plus
phete que il

soient Mesme
p
Glo. Et fut
cite appellee
nous auons
Teṽ. Item
z
Apres il
du policeine
selection
&
pedite tous
police en oly
sicomme
doit faire
?
ou xxe
Teṽte. La
roys tendent
apres. Teṽte
aa
grãt et a mesure
dement dire
tout a sa plaine
muet chapitre
bb
Item il est
pour les cours
strant que
que il face

❡ Le premier liure de politiques   i.

❡ En ce premier chapitre il propo
se son intention et traicte principalement des communitez qui sont parti
es de cite.

Nous veons que
toute cite est vne
communite. Et
toute communi-
te est instituee et
establie et ordon
nee pour la gra-
ce et a la fin daucun bien ❡ Car tou
tes gens font les choses que ilz euuret
pour aucune chose laquelle leur sem
ble estre bien ❡ Glose. ❡ Combien
que ce soit bien selon verite ou bien tant
seulement selon apparence.
❡ Texte ❡ Et pource est manife
ste que tous en faisant toute pieceurent et
entendent et regardent a aucun bien.
Et doncques la communite qui est
mesmement principale par dessus tou
tes et qui comprent et contient tou
tes les aultres communitez qui sont
partie delles elle coniecture, et prent
pour fin le tresprincipal bien de tous
❡ Et ceste communite cest elle qui
est appellee cite et communication po
litique ❡ Glo. ❡ Et doncques
aussi comme elle contient toutes les au
tres communitez q sont parties del
les et sans elle sicomme il fut dit au
vii. chapitre du viii. dethiques
Semblablement le bien et la fin pour
quoy et a quoy elle est ordonnee con-

tient les fins des autres et par conse
quent il est plus principal et plus di
uin Car sicomme il fut dit ou pmier
chapitre dethiques tant est vng bien
plus comun de tant est plus diuin et
amable ❡ Apres il fait comparaison
de cite autres coitez et premierement
il oste vne erreur ❡ Te

❡ Et quelcunques gens cuident
que princey ou gouuernement politique et royal princey et gouuerne
ment yconomique et despetique soiet
vng mesme gouuernement ilz ne dient pas bien ❡ Glose.
❡ Princey politique et royal sont sus
vne grant multitude ou communite
et se different ❡ Car princey royal est
souueraine et princey politique est de
soubz princey royal sus vne cite et pa
is et selon les coustumes et les loix du pa
is Mais princey q est en vng hostel
du pere vers femme et enfans est pri
cey paternel, et le princey quil a vers
ses seruans est dit despotique et tout
ensemble Cestassauoir le princey ou
gouuernement que le pere ou son lieu
tenant a vers femme et enfans et ser
uans est dit yconomique. ❡ Apres
il specifie leur entention ❡ Te

❡ Car ilz cuident que les gou
uernemens dessusdictz different en
ce tant seulement que vng est de plus
grant multitude que lautre et que ilz
ne different pas en espece et en manie
re de gouuernement, mais ilz dient
que se vng peu de gens sont en vng
hostel cest gouuernement paternel

a.i.

Et se ilz sont en plus grant nombre en vng hostel cest gouuernement pconomicque/mais silz sont encores en plus grant nōbre/et en plusieurs hostelz ou maisons cest gouuernement royal ou politique/aussy cōe se il ny eust aucūe difference entre vng grāt hostel et vne petite cite ne entre gouuernement pollitique et royal Car vug homme a la sonneraine presidēce cest princey roial/mais quāt il gouuerne selon les parolles de la discipline cest adire selon les loiz de la cite et il est en partie tenāt princey et en partie subiect soubz le roy adoncques est princey politique ·G. Et pour ce vouloiēt ilz dire que tel princey ne differe pas en espece cōe vng cheual et ane ou couleur verte et blāche Mais que ilz different seulement en quantite come vng giant cheual et vng petit. T. Mais ces choses ne sōt pas vraies et ce que nous disons sera fait manifeste selon la voye et art que nous dirons maintenāt Car aussi cōe il est en autres choses quiconques veult auoir cōgnoissāce dauaune chose pposee il puiēt diuisemēt pſiderer les parties de celle chose et ainsi proceder iusques aux parties qui ne sont pas cōposees car elles sont les trespetites et minimes parties de tout ainsi cōpose G. Et il est dit ou premier de phisique que adonc cōgnoissōs nous vne chose quāt nous sauons desquelles et de quātes parties elle est. T. Et en ceste maniere se nous pſiderons desquelles choses vne cite est cōposee ou cōposte nous verriōs mieulx oes gouuernemēs dessusdiatz quelz ilz sont et cōmēt ilz differēt ensēble Et verriōs aussi si nous pourrions prēdre et dire aucune chose artificieusemēt et prpmēt des gouuernemēs dessusdiatz Car se aucun auoit veu et pſidere les choses cōme elles sōt nees et cōment elles viēnēt aissemēt de leur mecmēt a donc en la maniere que il est en autres choses il pourroit en cestes icy trouuer et entēdre tresbiē la verite. G. Sicōe en grāmaire q veult cōgnoistre la nature de vne oraisō il pſidere desquelles et de quātes pties ou dictiōs elle est et apres de chascune dictiō de quātes et quelles sillabes est et apres de chascune sillabe de quātes et de quelles lettres elle est Et illecques cesse. ¶ Car les lettres sont les premieres et les minimes parties doraison Et pour ce sont ilz appellez elsemēs Et sēblable chose est en nostre propos. Di est dōcques necessite de cōbiner et mettre pdictemēt les parties q̄ ne peuēt bōnement estre sans estre ensēble Cest assauoir hōme et fēme masle et femelle q sōt cōbinez ēsēble pour grace et affin de generaciō Et ceste chose nest pas en hūaine espece p electiō ou de pure voulente/mais est chose naturelle que homme appete laisser apres soy telle chose cōme il est es autres bestes et es plantes. G. Quāt a celles plātes q̄ viēnēt les vnes des autres Car en chascũe telle sont adioictes les vertus de masles et femelles selon ce dit on que les arbres se plaignent Et doncques bien que la combination de homme et de femme soit p electiõ et voluntaire neantmoins elle a son commencement et sa pmiere naissance de nature Et est ordonnee affin de sauuer et continuer humaine espece Apres il met vne autre obinatiõ. T. Et des hom̄es ung est p nature seigneur et ung a paulte, ſaulte si est subgect p nature G. Ceste chose a pparaistra plus a plain apres en cest cha. Et plus escoires ou iii. ou iiii. cha. T. Car cellui qui peult deuant veoir en sa pensee ce que est affaire il est de nature pricipaulte. mais celui q̃ ne peult telles choses faire et peult ouurer de corps il est subgect et serf de nature Et pour ceste chose ou distinction est expediente et au seigneur et au serf. G. Car cellui q̃ peult veoir p son bon entendement quelles choses sont affaire il ne les pourroit pas toutes executer Et pource est il expedient a lui que ilz soient faictes p autres a q̃ il les commande et diuise Et celluy q̃ a force et habilite de corps et peult labourer corporellement et est rude dentement et ne scet veoir que appartient affaire ou conuient il est expedient pour luy que aucun luy moustre que il doit faire et comande que a lui obeisse. T. Et donc estre fem̄e et estre serf sõt choses differētes p nature. G. Pource que la fem̄e est ordõnee de nature pour generation et nest pas robuste ne forte pour labeur corporel et le serf est ordõne p nature pour porter labeur de corps. T. Car

nature ne fait nulle telle comme les feures q̃ figurēt arain et sont pour lepõ ure homme vne glaiue delphique G Delphos est vne isle la ou estoit vng solempnel temple de apolle et ou auoit grant pelerinage Et pres du temple se faisoit ou vendoit vne maniere de couteaulx desquelz l'en pouoit coupper et limer et partir et faire plusieurs besoignes et estoit pour les poures qui ne pouoient pas acheter coteaux et limes et marteaulx et tant dinstrumens T. Mais nature fait et ordõne vne chose a vng office Et en ceste maniere chascune chose qui est comme instrumēt de nature parfeta tresbien son fait par ce quelle ne seruira pas a moult choses mais a vne. G. Et pource nature nordõna pas femme pour generation et pour seruitude et semblablement nature ne fait pas souuent vng homme qui souffise a diuerses offices aussi le glaiue delphique deuant dit mais elle fait les vngs habiles pour estre seigneurs et les autres pour estre serfs. Et des seigneurs elle fait les vngs habilles a vne science et les autres a autres Et cest chose tresexpediente pour nature humaine sicõe il sera dit apres. T. Mais entre les barbaris ilz ont tout en vne ordre fem̄e et serf G. Ilz sont de telle fem̄e leur serf Et est a dire que quãs sont dis barbarins non pas simplement et absoluement mais au regart daultr̃ sicomme sont ceulx daucun lointain pais ou estrãge langaige Mais aut̃es sont barbaris simplement et sont gens de mal

a.ii.

uaise nature et de maluaise querfati-
on pour cause du regart que leur regi
on ou ciel sicôme sont ceulx des extre
mitez de terre habitable selon tholos
mee et hali. Ou pour cause de maul
uaise acoustumãce et de maluais gou
uernemēt et de ce fut dit ou premier c.
du vii. dethiques en texte et glose. Et
pource est leur police desordônee. Et
ceulx sõt participans en telles meurs
detestables qui se tiēnet auecques ceulx
que ilz cuidēt ses mieulx fortunez et
variēt quãt fortune varie. Car sicôme
dit titus liuius. Barbaria animi est
cū fortuna mutare sidē. Muer sa foy
quãt fortune se mue vient de couraige
barbarique. T. Et la cause est que
ilz nont pas entre eulx aucū q̃ soit pri
ce selõ vertu. G. Mais entre telz gēs
ses plus fors de corps ou ce plus mal
uais ont prīcep et seigneurie. Et les
pl' sages et meilleurs deussēt estre pri
ces selon nature cõe dit est. T. Mais
entre eulx est faicte cõicatiõ de serue
et de serf. G. Cest adire quilz vsēt de
leurs fēmes cõe de leurs serf et la sõt
serue. T. Et pource diēt les poetes
que il ē biẽ cõuenable que les grecs ai
ent princep et seigneurie sur les bar
barins aussi cõe se ce fust vne mesme
chose selõ nature estre barbarin et estre
serf. G. Car en tel tẽps les grecs estoi
ent saiges et prudens et les barbaris
sõt fors et folz. Apres il descent a pro
pos. T. Et donques des ii. cõmūitez
dessusdictes ē faicte la pmiere maisõ
G. Elle est dicte premiere selõ ordre
de nature et est de ii. cõitez ou cõicati

ons. Vne est dicte de mary et de la fẽ
me q̃ est dicte nupciaf et lautre est du
seigneur et du serf q̃ est dicte depotic
que et sõt les cõications de iii. psõnes
T. Et pource disoi t biẽ esiodus en
parlãt cõe poete que en vne maison
le seigneur q̃ est comme le pmier et la
femme et le buef pour arer. Car aux
poures maisons le beuf est ou lieu
du ministre de serf. G. Et pource dis
et aucūs en maniere de prouerbe lais
se viure ce poure homme et sa beste et
aps ces ii. cõicatiõs dessusdcez ē de la
tierce q̃ est dicte paternel et ē entre les
parens et les enfans et adõc est la mai
son parfaicte. T. Et doncques est vne
cõite q̃ ē establie selõ nature pour cõi
quer ensēble chascun iour cotidienne
mēt. G. En faiz q̃ aduiēnēt to9 les
iours sicõme boire et menger coucher
etc. T. Et pource vng philosophe
appellé siarondas appelloit ceulx q̃
sont dune maison omossiphios cest a
dire gēs dun potage. Glose. Car en
griec omos cest vng et siphos cest po
taige. T. Et vng autre appelle epi
menides qui estoit de la cite de tixes
les appelloit omosiapnes. Cest adire
gens dune fumee. Glo. Car en griec
omo cest vng siapnos cest fumee. T.
Mais la pmiere cõicatiõ qui est de
plusieurs maisons et q̃ nest pour vsa
ge cotidien ceste est true. Glo. Ce sont
plusieurs maisons voisines qui ne
muniquēt pas ensēble en fais cotidi
ens comme sont menger et boire mais
ilz communiquēt en autres faitz qui
sont en temps conuenables, comme

marchander et tractie du bien commun et de telles choses ⁊ ⁊c. C'est assavoir que rue semble mesmement selon nature estre la voisinite de maisons de ceulx que len dit estre nourriz dung lait ⁊ qui sont enfans de ungs parens et les enfans de leurs enfans. G. Car quant les enfans dune maison sont multipliez ⁊ par creuz ilz se departent Et sont plusieurs maisons et en ceste maniere sont leurs enfans et leurs nepueux. Et pource selon ordre de nature voisinite de gens dung lignage vint dune maison par propagation ⁊ par generation qui est naturelle et dont communication de voisinete est naturelle. T. Et pource les citez estoient premierement gouvernees par roy et estoit une cite faicte de ceulx qui estoient subiectz a ung roy Car toute maison est gouverne par le plus ancien. G. C'est assavoir par le pere de la famille qui est plus ancien Et presque tel le plus sage selon le commun cours Car lescripture dit que aux anciens est sagesse Et pour ce dit aristote ou tiers de thopiques que nulz nelit les ieunes pour estre ducz. Car il nappert pas quilz soient saiges. T. Et pource semblent ceulx qui estoient dung voisine pour quelz estoient dung linage avoient ung dentre eulx ancien ⁊ sage qui les gouvernoit et c'est ce que dit omerus le poete Car chascun pere de famile et tous ceulx establissoient loix a leurs enfans et a leurs femmes Car anciennement ilz estoient une maison sa laultre la et aucuns par rues ⁊

par petis villages ou hainiaulx, ⁊ non pas en grans citez Et estoit ung aussi tost roy en sa maison et lautre dune petite ville ou dune rue et lautre de plusieurs villages prouchains Et encores seroit il ainsi se une terre qui avoit este faicte inhabitable recommencoit estre habitable Et pource appert que princey royal vint et descendit de princey paternel et que aussi come le pere est sur les choses qui sont en communication domestiques ⁊ cotidianes semblablement est le roy au regart des choses qui sont en communication civile Et qui nest pas cotidianne Et de ce fut touche en le viii. Ethiques ou pviii. chapitre. T. Item pour ce dient tous les dieux sont gouvernez par roy. G. Les paiens disoient que iupiter ou ioviis estoit roy des dieux come nous disons que le dieu est roy des angelz. T. Car les gens mesmes sont gouvernez par roy aucune de present et les autres le furent anciennement Et en telle maniere que les gens attribuent aux dieux leurs figures et leurs similitudes semblables ilz attribuent aux dieux la maniere de vivre. G. Car ilz figuroient leurs dieux a ymages a semblance dommes Et aussi disoient il que le gouvernement des dieux et celluy des hommes doivent estre semblables Et doncques len doit avoir roy.

⁋ Du second chapitre en mettant son intencion il traicte en general de communite appellee cite

a.iii.

Et la comunuite parfaicte qui est composee de plusieurs rues est cite. Glo. Car aussi cōe rue est de plusieurs maisons ainsi est cite de plusieurs rues. Et sicomme il fut touchie en la glose du cha. pcedēt le mary et la fēme le serf τ les ēfās sōt pmieres pties de cōite. Aussi cōe les lettres en grāmaire sōt les pmieres pties des motz. Ité du mary et de la fēme est faicte vne cōite τ du seigneur τ du serf vne autre τc. En la maniere que des lettres sont faictes les sillabes. Ité des cōitez dessusd.ctez ē pstitue maison en sa maniere que des sillabes est faicte diction. Ité de plusieurs maisōs est faicte vne rue cōe de plusieurs dictiōs ē faicte oraison. Ité de plusieurs rues est faicte cite cōe de plusieurs petites oraisōs est faicte vne oraisō pplete τ pfaicte selō rhetorique. T. Et est pfaicte par ce quelle a terme τ pplissemēt de toute souffisance pour vie humaine sicōe il sera dit apres τ fut pmieremēt faicte cite pour grace τ affin de vivre. Glo. Pour auoir les choses necessaires a vivre. Te. Et auecques ce elle est pour grace τ affin de bie viure. Glo. Selon les loix τ selō vertu. Apres il monstre cōe cite est cōite naturelle p raisōs. T. Et pource toute cite ē chose q est par naire. Car les pmieres cōitez sont par nature. G. Cest assauoir maison et rue si cōe il est dit ou cha. pcedent. T. Et cite est la fin des pmieres cōitez. G. Car pour cite sont

ordonnees τ affin de bien vivre comme dit est. T. Et la fin des choses q sont par nature est p nature. Car de chascūe chose nous disons que cest sa fin par nature quāt la generatiō delle est parfaicte sicōe dung homme ou dūg cheual ou dune maison ou dūg autre edifice. Glo. Car cest la fin de tout ce que est deuant la generation de la chose et en nostre propos p voye de generation toutes cōitez parciales tendent par nature a cōite de cite qui est cōite parfaicte et doncques est elle naturelle. Apres il met vne autre raisō a prouuer cite ou que estre en cite est fin naturelle. T. Ité la chose est fin. Et ē ce pour sa grace de quoy les autres choses sont laquelle ē tres bonne et par soy souffisāte de vie tres bonne et doncques est elle fin. Glo.

Cest assauoir naturellemēt et telle souffisāce est en cōite de cite cōe dit est τ sicomme elle peult estre selon nature. Apres il pcsud τ monstre p ii. raisons que hōme ē naturellemēt chose ciuille. Cest a dire que il ē ordonne de nature a viure en cōmunite ciuille. T. Et p ce il appt maisestemēt que cite est vne des choses q sont par nature. G. Et par psequēt hōe est chose ciuile par nature. Car cite ē cōmunite des hommes. τ si lē disoit que chose naturelle doit estre commune a toutes τ aucūs hommes sont solitaires τ non ciuilz il oste ceste doubte. Te. Et cestui q ē inciuil par nature τ non pas par fortune il ē maluais ou il ē meil

¶ Le premier liure de politiques　iiii.

leur que home. Et celui q̃ est inciuil
q̃ ne querse auecques les autres en sa
cõmuite ⁊ est solitaire non par fortune
cõe seroit vng qui seroit en prison ou
en exil mais est solitaire p nature ou
par inclination naturelle q̃ est aussi
cõe vne nature Et telle chose peult
estre pour vne de ii. causes Cest assa
uoir ou par speculation ⁊ cõtẽplatiõ
des choses diuines cõe furent iadis
aucũs saincts heremites appellez di
uins heroiques ⁊ telz sont ditz meil
leurs que homes sicõe il fut dit ⁊ mõ
stre ou xiiii. c. Du p Ðethiques mais
toutesuoies ne sõt pas simplemẽt so
litaires Car telle vie est trop forte Et
ne peult bõnement estre cõtinuee en bõ
ne action Car sicõe dit sainct ieros me
In solitudine cito subrepit superbia.
En vie solitaire tost sengẽdre orgueil
Et pource telz gens ont mestier das
mis auecques les quelz ilz querset si
cõe il fut dit ou vii. cha. du ix. de thi
ques ou autremẽt peult estre vng hõ
me inciuil pour la sauuegete de sa na
ture ou pour maluaise acoustumãce
Et tout ainsi cõe le pmier est meilleur
que homme cõe dit est aussi lautre pi
re ⁊ est bestial sicõe il fut dit ou vii. des
th. ques ou pmier ⁊ en le vi. cha. sur
nature humaine cõe par sa bonte est
cestui lautre est desoubz p sa malice
⁊. Et est du maluais solitaire en
sa maniere que homerus le poete des
cript q̃ dit que il est maldit ⁊ ne peult
estre en cõpaignie ⁊ est illegal sãs soy ⁊
sãs foy tresinique ⁊ tresperuers Et
Soncques aueques ce il est tel p sa na

ture corrũpue que il a desir ⁊ affectiõ
a bataille ⁊ affaire mal ⁊ est sãs iug
⁊ sans obedience Et est de luy entre
les hommes cõe il est entre les oyseaux
de ceulx q̃ sont solitaires ⁊ viuẽt de
propre ⁊ de rapine. Et telz furẽt p auẽ
ture aucũs geans dont les histoires
plẽt Et est assauoir que celle inclina
tion a sauuaige ⁊ celle corruption de
nature vient de malice de cõplection q̃
est pour la desordõnãce ⁊ desattrẽpe
de pays de la natiuite sicomme il est
aux extremitez de terre habitable se
lon tholomee ⁊ haly cõe dit est ou cha.
pced est en esse est en terre attrẽpe p au
cune maluaise occasion ⁊ pource telz
gẽs sont monstrez et telle souuagete
peult estre acquise ⁊ p mauuaise nour
titure ⁊ p acoustumãce Et la pfecti
on de plus grãt noblesse de cõitation
humaine est en ptiaper es diuins sa
crifices sicõme tousiours a este en to9
loys ou sectes ⁊ policies et sera dit ou
vii. liure Et iouxte ce est recite en listoi
re de iules cesar comme cestoit es grãt
peine destre priue de telle cõmunicati
on Et comme par ce sen estoit esche
ue de toute autre communication et
estoit ce que nous disons excõmuni
cation q̃ signifie estre hors de cõmuni
cation Et selon les droix canons ce
est tresgrãt peine Et cest signe que cõ
munication politique est tresnaturele
et tresconuenable a humaine creatu
re et pource ceulx q̃ sont sauuages et
solitaires sont aussi comme excõmu
niez de nature ce cest par la malice de
leur cõplection ou comme excõmu

a iiii.

niez de dieu si est par leur pechie ou en peine de leur pechie sicomme fust en pm a tousiours et nabugodonosor par vii. ans Et pource dit lescripture. Ve soli Et des sa pmiere creatiõ dit dieu que ce nestoit pas bien que home fust seul. Apres il met sa seconde raisõ a prouuer que homme est naturellemēt ciuil. ¶ Ité que hõme soit ciuil ou que hõmes soiēt par nature fais pour couurser ensēble pl' que ne sõt quelcōques mouches q̃ font miel ou quelconques autres bestes q̃ võt et fixquētēt ensēble il appert encores plus par ce que nous disons Car sicõe nous disons nature ne fait riens pour neãt mais tousiours elle euure pour certaine fin Et hõe a de nature la propriete laquelle est par ser Et ceste propriete il a par dessus toutes autres bestes. Glo. Et se aucuns oyseaux foimet voix semblable toutesuoyes ilz ne se entēdēt pas Et nest pas parolle fors par similitude cōme vng pmage seroit appelle hõe. Tex. Car simple voix laquelle nest parolle est signe tāt seulemēt de chose delectable ou triste. G. Ou des passions a ce apptenātes cōe sont ire paour et esperāce. T. Et pour ce les bestes mutes ont voix Car sa nature delles est venue a perfection sique a ce quelles ont sēs et appartenāce de tristece et de delectacion Et ceste chose signifie il lun a lautre p' voix Mais parole est en mostrant ou pour monstrer quelle chose è pferete et vtile et quelle chose è nuisible Et p' ce se suit il quelle è pour monstrer quelle chose è iuste et quelle è iniuste. G. Car par iustice les choses pferetes ou vtiles et les choses nuisibles ou penibles sont mises en equalite et proportion deue sicõme il appt ou proces du quit dethiques ¶Tex. Car les autres choses deuāt dictes apptiēnent aux bestes. G. Cest assauoir cognoissāce de chose triste ou delectable ¶Mais auoir sēs et cognoissāce de biē et de mal de iuste et de iniuste et de telles autres choses cest chose propre seulemēt a hõe Et la cōmunication seulement que les hommes ont en telles choses Cest ce qui les fait habiter et couurser ensēble en maison et en cité. Et homme a parolle par nature et parolle è ordonne par nature a celle edicacion a uille dont est hõme p' nature ordonné a celle cōmunication ¶Apres il monstre que cite est premiere selon nature que nest maison et que nest homme et cest a entendre en voie en ordre de perfection et non pas en voye de generation ¶Tex. ¶Et cite est premierement que nest maison ou quelconques de nous Car il est necessaire que le tout soit premier que sa partie Glo. ¶En voye de perfection comme dit è Car nature a sõ regart ou entēcion premieremēt et principalemēt a tout que a sa partie Et auecques ce il met autre raison.

¶Texte. ¶Car se le tout ou quant le tout est peri ou corrumpu comme vng homme adonc le poing nest poigne sa main nest mai sinon par equiuocation ou similitude aussi cōme seroit

❡ Le premier liure de politiques   8.

vng point ou vne main de pierre,
car telle est la mai corrũpue ou mor
te pource que toutes choses sont diffi
nies et dictes telles simplemẽt quant
ilz ont leur propre euure τ leur propre
vertu. Et donc puis quilz nont pl9
euure ne leur vertu len ne doibt pas
dire que ce soit celle mesme, sicõe poig
ou main, ne mais tant seulemẽt par
similitude par equiuocation. Et dõc
est il manifeste que cite est chose pmi
ere par nature que nest vng hõe quel
conques, car vng hõe separe de cõite
nest pas par soy souffisant. G. Car il
ne peut tout par soy faire ou exercer τ
euure ne vertu propre a hõe, τ pour
ce dit lescripture. De soli. Et des la
pmiere creatiõ dist dieu que ce nestoit
pas bien que hõe fust seul. T. Et sẽ
blablement est il des aultres parties
au regart de leur tout. G. Car aussy
cõe la main ne peut estre vraye main
se elle nest en hõe sẽblablemẽt hõme
nest pas proprement hõe sil nest en cõ
munite. Et pource dit tulles que no9
ne fusmes pas nez pour no9 mesmes
seulement, mais pour ceulx de nostre
lignage pour nostre cite τ pour nr̃e
pais. T. Mais celuy qui ne peut cõ
quer auillement ou celluy qui na me
stier pource quil est bien par soy souffi
sant nul tel hõe nest partie de cõite.
Et pource conuient il que tel hõme
soit beste ou dieu. Glo. Car se par la
peruersite de luy il ne peut auiuer a
uecques aucuns Il est comme beste
sauuage, τ cellup qui peut bien cõ
uerser auillement, mais pour cause

de contemplation il est separe de la cõ
munite et est content pour sa vie de
peu de chose, laquelle il peut trouuer
ou faire pour vng petit de labeur de
corps sans aide dautruy tel homme
est p soy souffisant et est cõe vng dieu
ou diuin, sicomme furẽt aucuns her
mites comme il est dit deuant. Apres
il parle de sinstitution de cite.
Tex. ❡ Et doncques tous ont for
te inclination et par nature, τ telle cõ
munication ciuile. Glo. ❡ En la
maniere que tous ont deux mains τ
deux pieds par nature τ de commun
cours combien que aucuns ne les ai
ent pas, mais ilz sõt monstres τ hors
de nature. Et en la maniere que to9
ont inclination a vertu selon bonne
nature τ vertu est parfaicte par acou
stumance, sicomme il fut dit au pre
mier chapitre du second dethiques,
semblablement tous ont inclination
naturelle a communication ciuile et
elle est parfaicte par industrie humai
ne. Tex. ❡ Et celuy qui premier sta
blit et institua telle communication
il fut cause de tresgrans biẽs, car aus
si comme homme qui est pfait en biẽ
et en vertu est le tresmeilleur de tou
tes choses qui ont vie mortelle en tel
le maniere quant il est separe de loy τ
iustice. Cest le plus maluais de tou
tes telles choses. et la cause est, car in
iustice qui est armee ou q̃ a armes est
frescruelle. Et lõe des leure quil naist
il naist arme et a ses armes de pruden
ce, cestadire et a effendre de industrie
τ dengin, τ a pseẽmẽt les armes de

Ceuillet.

vertu, cestassauoir de force et de vertu corporelle desquelles puissances il peut mesmement vser vers choses abstraites. G. Cestassauoir a bien ou a mal ou a choses abstraires, cestadire contraires a bien et a vertu, a quoy home est naturellement enclin selon entendement. T. Et pource tel home qui est separe de loy et de iustice il est inique, trespuers effrene et tressauuaige sans vertu. G. Cest quant il a lapetit irascible qui est corrumpu en sup et pource il est trescruel et sans pitie. T. Et est tresmaluais et enclin a luxure deshonnestement et a gloutonnie et a deuourer. G. Cest quant a lappetit concupiscible qui est corrupu. T. Mais par iustice home est dit ou ramene a bien et est ciuil. G. Car aussi come vng home est reduit de maladie a sante naturelle par medecine que aucu tems a estre inuisible par malice il est ramene a ciuilite naturelle par iustice. Et ce preuue il apres par signe de la signification des noz grecs. T. Et ce peut apparoir, car dishepa est ordre de coite ciuile et diliep, cest iugement de chose iuste ou de droit. G. Aussi come de tel ordre et tel iugement fussent choses prochaines. Or auons doncques que par coication ciuile les gens sont faiz tresbons et que sans elle ilz sont tresmaluais Et pource nous est donne a entendre que ceste sciece est bone, car elle traicte de telle coite, et la fi du prohesme de ce liure.

Au tiers cha. il traicte en general des pties de maison, et le espat du serf.

Pource que il est manifeste de quelles parties cite est apposee il est necessaire que nous dions premierement de pconomie. G. Cest art est industrie de gouuerner vne maison, et les apptenances de celle, et de ce il determine en ce premier liure entant come appartient a son propos principal, Mais il en parle plus particulierement en vng autre petit liure appelle pconomie. T. Car toute cite est apposee de maisons et maisons sont les pties desquelles elle est apposee et constituee, et maison pfaicte est de serfs et de fracs Et pource que chascune chose apposee quant a estre cogneue doit estre quise en ses trespetites pties, et les premieres, et trespetites parties de maison sont le seigneur et le serf. Item le mary et la feme, Item le pere et le filz donc quilz il psideer de ces trops combinations, cestassauoir de chascune que cest et de quelle maniere elle doit estre, et de ces trops combinations vne est dicte despotique, et est celle que du seigneur a son serf de sa maison Et lautre cestassauoir combination ou coniugation domes et de femes nest pas nomee, et peut estre dicte nupcial. Elle nest pas nomee en grec, mais nous lappellons mariage. T. Et la tierce peut estre dicte telle cestadire faiseresse de filz. G. Cest la coducation qui est du pere aux enfans T. Et doc ces troys combinations sont les pmieres pties de maison. G. Apres il met la quarte. T. Item vne autre ptie de maison qui seble estre a aucus pconomie, et aux autres seble que seit et la plus grāt partie, mais nous cō siderōs apres coment il est de ceste cho se, et ie dy que ceste partie est appellee t3imasticque Cestadire tresoriere ou peccuniatiue. G. La partie de maisō qui est au procurer acquerir garder et gouuerner les choses dehors come sont peccunes et richesses. T.e. Or disons donc premieremēt de celle qui est appellee despotique et du seigneur et du serf, affin que nous puissons veoir et scauoir tout ce que est couenable, et la necessite de telle chose. Glo. Cestassa uoir de la seigneurie et du gouuerne ment de ses serfs. T.ep. Et affin que nous tēptons et essaions se nous pour rions prēdre de ses choses pour les sca uoir, et pour dire delles mieulx que feson les oppinions qui sōt a psēt. G. Apres il racōte les oppiniōs des aul tres. T. Car il sēble a aucūs que des potique est vne sciēce, et quelle est vne mesme chose, scauoir gouuerner son serf et son hostel, et vne cite et vng roy aume. T. Mais il sēble aux aultres que despotique ou auoir serf est chose hors nature et que par soy est ordōne que vng hōme est franc et lautre est serf. G. Cestassauoir par soy de bas taille ou de guerie par laquelle celuy qui est prins est serf et le suy garde tres bien sa vie, et pource est dit serf deser uer, cestadire de garder. T. Et dient que p nature ou de nature entre franc et serf na nulle difference, et pource di ent ilz que estre serf nest pas chose iu ste, mais est chose violente. G. Apres il determine la verite. Nous dirons

donc que possession est vne ptie de mai son et art et industrie de gouuerner possessions est vne partie diconompe pource que sen ne peut viure en mai son sans les choses necessaires a vie humaie, car en la maniere que en cer tains ars il cōuient auoir instrumēs cōuenables se sen doibt parfaire son euure. Semblablement a celluy qui est pconomicque et gouuerneur dostel, ou de maison sont necessaires certais instrumēs. G. Car ainsi cōe il couient au feure marteler, et au charpentier charpenter hache. Semblablement a cel luy qui gouuerne vng hostel il lui cō uient possessions cōe instrumēs neces saires a son fait, il met vne diuision de instrumēs. Tep. Mais de instru mens les vngs sont sans ame et les autres ont ame, sicōe en la nef se gou uernail est vng instrument sans ame Mais celuy q est en la pmiere ptie de la nef et qui obeist au gouuerneur ou patrō de la nef a ame, car en tous cas le ministre ou le varlet e en espece ou en maniere de instrumēs. G. Mais sen meut p sa main linstrumēt qui est sās ame, et sen meut le ministre pour luy cōmāder. T. Et en ceste maniere la chose possisse est vng instrumēt ne cessaire a vie, et possessiō est vne mul titude de telz instrumens, et le serf est chose possisse et qui a ame. G. Et se lict ou la robe sont istrumēs sās ame T. Et tout ministre e vng istrumēt q e deuāt les aultres istrumēs. G. Car le maistre cōmāde au ministre et vse de luy par cōmādemēt, et le ministre meut les autres instrumēs cōe sont le martel ou le lit. ꝛc. T. Ce se chascun des autres instrumēs quant on luy pmande eust apperceuāce et peust parfaire sō euure en la maniere que len dit dune pmage laquelle fist dedalus. G. Ce fut vng subtil ouurier ⁊ fist vng pmage, lequel pour vif argent ⁊ par aymant et autres choses se mouuoit quāt dedalus vouloit ⁊ sēbloit quil fust vif. T. Du cōe faisoient les treuꝭ ou trepiez de vulcam desquelz dit le poete que ilz faisoiēt de seur bōgre vne ptēcaon diuine. G. Les anciens paiēs disoient que vulcam estoit le dieu du feu, ⁊ en son temple auoit certains instrumēs faiz par subtil artifice tellemēt que il sembloit que ilz se meussent par eux mesmes quāt on faisoit le sacrifice. T. Et semblablemēt se les pignes helaine pignassent p eulx mesmes ⁊ les arches de viotles sonnassent p eulx mesmes ⁊ ainsi des autres instrumēs, pour certain il ne fut nul mestier es maistres de telz ars dauoir ministres ou varletz ne aux seigneurs dauoir serfs. G. Car se le maistre de faire vng edifice pmandoit au marteau ⁊ lui disoit taille ceste pierre ⁊ le martel le fist ne quiendroit autre masson. Et se le seigneur de lostel pmandoit a sa charette va querir du bois, ⁊ celle acōplissoit le cōmandement il ne quiendroit auoir nul charretier. ꝛc. Apres il met vne autre diuision dinstrumens ⁊ vne pclusion. G. Et les choses q̄ sōt dictes des instrumēs de telz ars se sōt instrumēs factis, mais la chose possisse et qui est propremēt istrumēt de maisō ē instrumēt actif. G. Instrumēt factif est par quoy est fait aucune chose aultre que lusaige de tel instrumēt, sicōe par le martel lē fait les clous. Et instrumēt actif est dont il nest riē fait fors pour lusaige, sicōe sont vngs grans. T. Car dun paigne est faicte aultre chose que nest luser ou lusage du paigne, cestassauoir le drap, mais du lit ou vestemēt riens nest fait fors seulemēt lusage. G. Apres il met a se la secōde raison. T. Itē pource que actiō ⁊ factiō different en espece. G. Car faction ⁊ opation p laquelle on euure ē matiere dehors, sicōe doler ou forger Et actiō ē opatiō q̄ demeure a celuy q̄ euure, ⁊ apptient a sa vie, sicōe soy garder de faim ⁊ de froit ⁊ de soif. T. Et lune et lautre ont necessite dinstrumēs dōc quiēt il que leurs istrumēs aiēt telle differēce Et vie ou cōuersacion domestique est action, ⁊ nō pas faction, ⁊ pource le serf est mistre des choses qui sont apptenātes a actiō. G. Apres il met cōe le serf se a au regart de son seigneur. T. Et doit len sauoir que sa chose possisse au regart du possesseur ē ainsi cōe la ptie ē au regart de son tout, car la chose qui est la ptie dun tout nest pas seulemēt dicte ptie de son tout, mais auec ce elle est siplemēt dautre ⁊ rē de son tout, ⁊ sēblablemēt il est de la chose possisse. G. Car de ce liure ie puis dire cest mō liure ⁊ puis dire absolumēt ce est mien. T. ⁊c. Et pource le seigneur et le seigneur de son serf seulement mais ce serf il est serf de son seigneur, et auec ce il est simplement sien. G. Le serf peut dire de son seigneur il est mon seigneur Mais il ne peut pas dire il est mien. Et le seigneur peut dire de son serf il est mon serf, et peut dire simplement il est mien. Et pource dit sainct paoul. Seruus dño sup stat aut cadit. Et apres il adiouste ce dont peut estre prise la diffinitio. T. Et dont il est manifeste p ce que dit est quelle est la nature de serf et quelle est sa vertu ou son fait ou office, car celluy qui p nature nest pas sien ou de suy mesmes, Mais est hõe dautre cestuy est serf p nature et est hõe de autre. G. Tel est celui qui est de rude entendemẽt et de petit engin et qui ne sauroit soy gouuerner. T. Et quiconque est chose possible ou qui est serf dautre il est hõme dautre et chose possisse entant cõe telle cest instrument actif separe. G. Selon ce que dit est et par ce les docteurs forment la diffinicion de serf en disant que serf est instrument anime ou qui a ame, actif et separe et hõme dautre Et premieremẽt en ceste diffinicion instrument cest le genre. Item par ce quil est dit quil a ame, il differe des instrumens des ars ou des mestiers cõe sont les instrumẽs du charpentier ou du feure. Itẽ par ce quil est dit separe il differe des parties conioinctes cõe sont les mains qui peuent estre dictes instrumens conioinctes. Item par ce quil est dit hõe il differe des bestes mues qui seruent come font les beufs et lasne. Item par ce quil est dit dautre il differe du filz ou de celluy qui est frãc et qui fait euure seruile de son bon gre.

⸿ Au quart chapitre il traicte assauoir mon aucun est serf par nature.

Apres ce que dit est couient considerer assauoir mon se aucũ est par nature tel Cestassauoir serf ou non, et assauoir mon se cest plus digne chose et plus iuste de aucũ que il serue ou non ou se toute seruitude est hors de nature. G. Car se toute seruitude est hors nature ou contre nature nul ne seroit serf de nature et ne seroit iuste ne digne chose que aucun fust serf. Apres il determine la verite de la premiere de ces deux questios T. Et nest pas fort a cognoistre par raison la verite de ceste chose, et de la prendre p les choses qui sont faictes et q aduienẽt. G. Apres il met iiii. suppositios. T. Premiere suposiciõ Car auoir princey et estre subiect nest pas seulemẽt chose necessaire, mais est expediẽte. G. Il peut estre ainsy expose que celle chose e bõne a cõmunication hũaine, et auec ce elle e profitable Itẽ il peut estre expose aisy que telle chose neust p as cõmẽcemẽt p necessite Mais e expediẽte a nature hũaine quãt a cõite, et ceste suposicion regarde de la seconde question, car p cil se suit que cest iuste chose quauctl soit subiect Apres il met la seconde suposlacion. T. Item tantost de sa natiuite aucũs sont sepez et diuisez en cõdicions cõt les vngs aspres ou habiles a ce

Feuillet.

que ilz soient subiectz ⁊ les aultres a auoir princey ⁊ dnation. G. Et se regarde la pmiere question. Car ce qui est de natiuite est de nature Apres il met la tierce suposicioõ. T. Moult de speces de princeps sõt ⁊ de subiectiõs ou de ceulx q̃ ont princep ⁊ de ceulx q̃ sont subgeitz entãt cõe telz. G. Car le pncep que se mary a sur sa fẽme est dune espece ou maniere ⁊ cellup que le seigneur a sur son serf est dautre, et celui que le roy a sur son peuple ẽ auesi cõe il fut dit au piiii. c. du 8iii. Seth.
Apres il met la quatte suposicion T. Itẽ tousioue le princep est meilleur qui est de meilleurs subgeitz, si cõe pncep sur hõe est meilleur que nest pncep sur bestes. Et sa cause est que feuute q̃ est faicte des meilleurs en tãt cõe telz est la meilleur et p tout la ou a vng princep ⁊ lautre est subgect cest selõ auclc euute apptenãte a eux. G. Car se prince cõmãde et se subiect obeist quãt a aucune operatiõ Et donc de tant cõe lopperatiõ ẽ meilleur de tãt ẽ la dilatiõ meilleur ⁊ tousieurs ses opations des meilleurs sont les meilleurs Et par ce appert que plus digne et plus excellẽte chose est estre prince ⁊ seigneur sur bõs que sur maluais, ⁊ sur nobles que sur non nobles ⁊ sur frãcs que sur serfs. Et pource tirãnie est ville seigneurie, car en telle tous ses subiectz sont serfs. Apres il preuue son propos par raison. T. Or disons donc que quelconques choses sont õstituees ou õposees de plusieurs ⁊ q̃ sont faictes ou desquelles est

faicte aucune chose, cõe pose que ses pties soiẽt õioinctes, si cõe sont les pties du corps ou quilz soiẽt diuisees si cõe les pties dun ost en toutes telles choses nous verrons que lũe a este pricep, et que lautre est subgect. Glo.
Apres il monstre ce que dit est par induction en iiii. manieres de choses T. Et premieremẽt ceste ordonnãce est en choses qui ont ame ⁊ vie non pas vne propre a elles, mais comme cõmune a toute nature, car aux choses qui ne prtiãpet pas en vie ou qui ne viuent pas sen treuue que aucune en a princep sur aucũ, si comme il est ẽ armonie. G. Par ce peut estre entendue cõcorde et consonãce de plusieurs sons ensẽble Car a son principal qui est apelle teneur tous les aultres doiuent obeir et soy õfermer en iuste mesure ⁊ proporciõ. Itẽ par ceste amitie peut estre entendue lopperation ⁊ õsonãce des elemens ⁊ seigneurie ⁊ aussi comme princep sur autres et est appelle elemẽt pdominãt. T. Mais pa tauẽtiue telles choses appartenãtes a consideration estrãge de nostre propos. G. Apres il met la seconde partie de son induction. T. Itẽ toute chose qui a vie sensitiue est constituee dame ⁊ de corps, comme de ses premieres parties. G. Sont dictes premieres non pas par vope de generation, mais par voie de resoluciõ, et pource quelles sont ses plus principales. T. Et de ces ii. pties lũe, cest lame q̃ tiẽt p nate le pricep et seigneurie, ⁊ lautre cestassauoir le corps est

subiecté. ¶ Glose. Et pource que il pourroit sembler a aucuns que telle chose nest pas naturelle, pource que il nest pas ainsy en tous, il adiouste apres et dit. Tex. Quant est adiuger de ce qui est selon nature, nous deuons plus principalement entendre a regarder aux choses qui sont bien ordonnees selon nature et non pas aux choses corrumpues. Et pource a ce propos nous deuons considerer hōe qui est tresbien disposé selon corps et selon ame. G. Qui est sain et bien complexionné en corps et en ame vertueux. T. Car en tel la chose dessusdicte est manifeste. Glo. Cestassauoir que lame a seigneurie sur le corps. T. Car en ceulx qui sont maluais pestilliens et mal disposes ou mal habituez on voit bien que le corps a princep et seigneurie sur lame, pource que ilz sont disposez et ordonnes maluaisement et hors nature. G. Et par ce ilz quierēt le proffit et delice du corps non pas de lame. T. Et si cōe nous auons dit premierement len doit considerer en hōe princep despotieque et princep politicque. G. Les deux princeps furēt touchees au premier chapitre et princep despoticque est du seigneur sur son serf. Car en grec despotes cest seigneur de la chose de laquelle il peut dire ce est mié. Et de princep politique il fut dit au premier cha. ¶ Et ces deux princeps qui sont propremēt en cōite politique ilz sont en vng hōe par similitude. Tex. Et lame a sur le corps dōnatiō et princep despotique. G. Car aussi cōe le serf en ce que il peut faire est du tout en obeissance du seigneur et ne peut resister ne contrarier semblablemēt est le corps et les mēbres au regart de lame. T. Et lentendemēt a princep et dōnation politique et royal sur lappetit. G. Car aussi cōe les cytoiēs q sont franc peuēt non obeir au prince sēblēt lappetit peu desobeir a lentendemēt ou a raison. Et la cause de la differēce des susdicte est, car le corps ou les mēbres cōe sont les mains sont meuz de lame seulemēt, mais lappetit ou voulente est aucunesfois meu dentendemēt et de raison. Et aucunesfois de la sensualite cōe seroit par concupiscence, et pource nest il pas du tout subgect a raison. T. Et en ces choses est manifeste que cest selon nature et est expedient que le corps soit gouuerné de lame, et que la partie ou appetit passible, cestadire a tiquel sont les passions gouuerné dentendemēt et de la partie qui a en soy raison. Car se ces choses estoient par equal ou au contraire ce seroit chose nupsible a toutes elles. G. Cestadire que se lame et raison estoiēt despareil ou subgetz au corps a raison et a lappetit, ce seroit grant nupsance a lame et au corps a raison et a lappetit. ¶ Apres il met la tierce partie de son induction. ¶ Tex. ¶ Item len treuue sēblablement princey et subiection en hōe et en aultres bestes priuees sont selon nature plus dignes que les bestes sauuages.

Et toutes telles bestes priuees mieulx est pour elles que elles soient gouuernees par homme que autrement Car par ce ilz acquierent et obtiennent leur salut corporel ¶ Glose. ¶ Si comme les vaches et les gelines et telles bestes et dont il leur est expedient selon nature que ilz soient en gouuernement et subgection domme. ¶Apres il met la quarte partie de son induction ¶ Tex. ¶ Item sçauoir deuons nous que en ceste maniere se a le masculin au regart du femenin, car par nature le masle ou masculin est le meilleur et le femenin est le moins bon Et par nature lun a princey et lautre est subgect ¶ Glo. ¶Apres il concluds son propos ¶ Tex. ¶ Et cest chose necessaire que il soit en hommes en ceste maniere ¶ Glo. ¶ Cest assauoir que par nature les vngs soient seigneurs, et les autres soient subgectz en la maniere que seigneurie et subiection est es choses deuant touchees.

¶ Au quint chapitre il monstre se aucunes gens sont serfs selon nature.

Comme ainsi soit que naturelement lame a aucunement seigneurie sur le corps et homme que beste donc sensuit il que tous ceulx qui different des autres de tant comme lame differe du corps et comme homme differe des bestes que telz soient seigneurs des autres. ¶ Glo.
¶ Len ne doit pas entendre que homs different de lautre precisement de tant comme le corps differe de lame ou homme de beste Mais la difference est aucunement semblable pour sey celle ce de raison que homme a au regart de lautre en tant que il doit estre seigneur de lautre Et pour ce dit salmon Qui stultus est seruiet sapienti. ¶ Le foul doit seruir au saige ¶ Et tulles en vng liure appelle paradoxes met ceste conclusion. Omnes sapientes liberos esse et omnes stultos seruos ¶ Il dit que tous sages sont francs, et tous folz sont serfs Et tous ceulx sont ainsi disposez Cestassauoir a ce que autres soient seigneurs sur eulx desquelz leur vtute pricipal est vsage de corps Et est la plus tresbonne chose que puisse auoir deulx ¶ Glo. ¶ Car ilz sont fors de corps et rudes dengin
¶ Tex. ¶ Et ceste gent sont serfs par nature et en mieulx pour eulx que ilz soient gouuernez par tel princey ou seigneurie se les causes dessusdictes sont ceables Car cellui est serf par nature qui peult estre dautre Et pour ce est il homme dautruy ¶ Glo.
¶ Car tel homme ne se pourroit bien gouuerner par soy ou par sa raison Mais il est bien gouuerne par autre
¶Apres il met difference en homme serf et bestes. ¶ Texte. ¶ Et tel serf comunique en raison seulement entant comme il a sens delle receuoir dautre par enseignement, mais non

pas quil ait raison de soy mesme Et les autres bestes nont nul sentement de raisõ Mais ilz seruent et obeissẽt pour causes daucunes passions

¶Glo. Side par paour de peine ou par esperance dauoir a mẽger ou telle chose Car ilz ont memoire des peines ou tristeces et delectacions passees ¶Tex ¶Et quãt a looportunite de proffit ou de subsister il a peu de variacion ou de differẽce entre eulx Car par tous deulx est faicte aide quãt aux choses necessaires au corps humain Cest assauoir p̃ les serfs et par les bestes domestiques ou priuees. ¶Glo. ¶Et pour ce les met lescripture en ung reng ou ordre laquelle dit Cibaria et virga et onus asino panis et disciplina et op̃ seruo A lasne a menger et la verge se fais a serf se pain et discipline et eu ure Di auons dõcques la condicion des serfs selon leur ame. ¶Apres il met la condicion de eulx selõ le corps

¶Tex ¶Et nature veult faire differens les corps des francs des corps des serfs Car elle fait les corps des serfs robustes et fors et couenables a lusaige necessaire a quoy ilz sont ordonnez ¶Glo ¶Cõe a fouir et houer ¶Tex ¶Et les corps des francs sont droitz et gentemẽt formez Et sont inutiles a celles operatiõs seruiles mais ilz sont aptes et utiles aux operaciõs de vie ciuiles Et cestui qui est franc par nature est ainsy deuise et ainsi ordonne que il est habi

le et aportuite et de guerre et de paix
¶Glo ¶Car il est agille ou viste et legier de corps et si est de noble engin Et ce que est dit cõme nature forme le corps des serfs des francs Il est a entendre quãt au plus et de commun cours Car elle fault aucũefois Et pource dit il apres ¶Tex

¶Mais touteffois aduient le contraire et que aucuns qui ont ame de serfs ont corps de francs Et les autres ont ames des francs et ont les corps formez cõe serfs ¶Glo.¶Len doit sauoir que la partie intellectiue depent en son operation de la partie sensitiue sicomme il appt ou tiers liure de lame et la partie sensitiue est aucunement corporelle Et pource ceulx qui sont bien composez de corps de hors et dedens ilz sont abiles a sciences et a vertus Mais aucuns sõt beaux et bien formez par dehors qui ont les membres ou partie dedens cõme sõt le cueur et le ceruel de maluaise complexiõ ou mal figurez ou mal formez et telz sont mal abiles a bien et sont enclins a maluaises inclinations et ymaginations et a maluaises affections et autres sont au contraire qui ont aucunes defauttes ou laidure es membres de hors mais les membres dedens q̃ sont principaulx et qui ministrent de plus pres a lin, tellectiue ilz les ont bien disposez Et semble que telz aiẽt corps de serfs et ilz sont francs selõ lame et simplemẽt par nature Toutesuoyes ceulx
B.i.

q̄ sōt francs par nature se peuēt faire serfs et meschans par mauuaise acoustumāce Et au contraire les serfs se peuent faire francs pource que tous ont liberte et franchise de voulente Et pour ce dist on que ypocras auoit laide et mauuaise philosomie / mais par raison sefforcēt de resister et dacquerir vertu. ¶ Apres il preuue ce qui auoit dit quant a la differēc des corps ¶ Tex ¶ Et que les corps de francs sont differēs des corps des serfs il est manifeste par ce que aucūs sont differens des autres seulement en beaute de corps autant cōme les ymages de dieu ¶ Glo ¶ Sicōme len diroit daucuns tresbeaulx que ilz semblent angelz ¶ Tex. ¶ Len seult dire que tous autres qui sont grādement differens et bien loing de celle beaulte sont dignes de seruir a ceulx qui sont ainsi tresbeaulx ¶ Glo
¶ Pource disoit le poete Spēs priami digna est imperio La beaulte de priame est digne de princep ¶ Texte ¶ Et se celle chose estoit veritable quant au corps pour certain encores est ce mouſt plus iuste que il soit ainsi determine quāt a lame ¶ Glo
¶ Cestassauoir que ceulx qui ont excellence en beaulte de corps doiuēt estre seigneurs encores ceulx qui ont excellēce en la beaulte de lame(tex) vertu se doiuēt mieulx estre de tant que lame est meilleur que le corps ¶ Tex.
¶ Mais lexcellence de la beaulte de lame ne peult pas sēblablemēt ne si legierement estre cōgneue cōme celle du corps ¶ Glo ¶ Et pource le cōmun et les populaires iugent plus pour la beaulte du corps et telle chose ¶ Apres il recapitule les deux principales conclusions du cha. precedent et de cestui ¶ Tex ¶ Et donc ques est manifeste que par nature les vngs sont francs et les autres serfs et a ceulx leur est expedient que ilz seruent et est chose iuste

¶ Du vi. chapitre il traicte lopinion de ceulx qui tiēnēt que nul nest serf par nature.

Ce nest pas fort a veoir que ceulx qui dient et mettent les opinions ptraires dient bien en aucune maniere ¶ Glo ¶ Cestassauoir ceulx qui dient que seruitude nest pas selon nature et que elle nest pas iuste ¶ Tex. ¶ Car seruir et serf estre est dit en deux manieres Car sās la premiere dessus mise que est selon inclination naturelle aucun est dit serf en seruant selon la loy Et ceste loy est vne prouulgation sa quelle est dit que cestui q̄ est vaincu et prins en bataille ē serf de ceulx qui ont victoire ¶ Glo. ¶ Et pource que toutes gens vsent de ceste loy on dit quelle vient du droit qui est appellé .ius genciū. ¶ Apres il en quiert ce ceste loy est iuste ou nō. ¶ Texte. ¶ Et moult de ceulx qui ont tracte des loix sicõment vng apelle rethera ont escript que tel loy ou droit est tresinique et non iuste. Auſſi comme se vne chose estoit que cellui qui seuffre violance fust par ce fait serf et subgect de cellui q̃ peult faire telle violence et qui est meilleur et excede de laulte seulement en puissãce et non en autre bien et par ce semble a aucuns que ce soit iuste et aux autres semble autrement. Et mesmemẽt les saiges sont de ce la discort. Et la cause de ceste dubitacion ou doubte et q̃ fait varier les parolles des saiges en ceste matiere est ceste. Car ce qui est par aucune maniere de vertu.

(Glo. (Sicõe par prudẽce ou par bõne constance ou par fortitude.

(Texte. (Se telle vertu bien a effect sans empeſchemẽt de infortune elle peut faire souffrir violẽce mesmemẽt pource que cellui qui a victoire est en excellence daucũ bien sur laute partie auſſi cõe se celle violence jẽblast estre non pas sans vertu.

(Glo. (En ne fait pas doubte que en bonne guerre ceulx ne soient les plus vaillans qui ont victoire par leur proesce et non pas par fortune sicomme tempeste de temps. Mais la doubte est assauoir se pource est iuste chose que cellui ẽ prins par eulx soit serf. Et pource dit il apres.

(Tex. (Mais la dõubte est seulemẽt se la loy dessusdicte est iuste (Glose (Qui dit que celui qui est prins en guerre doit estre serf. (Texte.

(Et pource il semble a aucuns que le droit ou le iuste de ceste loy est tant seulement par la violance.

(Glo. (Il veult dire que elle fut introduitte en faueur de ceulx qui auroient victoire affin que par ce chascũ eust meilleur volente de soy combatre pour le bien publique.

(Tex. (Et il semble aux autres que auecques ce il y a raison de iustice. Car le meilleur doibt estre prince et seigneur. (Glo.

(Et ilz dient que cellui qui a victoire est meilleur adõcques doit estre laultre serf et subgect. Et pource disoit salomon. Manus fortiũ dominabitur que autem remissa est tributis seruiet. La main des fors aura seigneurie et celle que est remise et feible seruira par tribuz.

(Texte (Et dient que pose que leurs raisons feuſſent teues encoes les autres qui sont au contraire nõt pas probabilite que tousiours il ne conuiengne pour le mieulx que cellup ait princey et seigneurie q̃ est le plus vaillant selon vertu et puiſſance (Glose (Et est a entẽdre de la vertu par quoy il a victoire. Mais albert expose ceste clause autrement. Et veult dire que lintẽtion des philosophes dessusditz estoit que cellup qui a vertu moral (Et qui est le meilleur doibt auoir seigneurie combien que il naip pas victoire. Et pource disoient ilz que les

b ii

raisons contraires ne sont pas prouuables Mais il nest pas grant force laquelle opposition soit tenue
¶Apres il soult la question.
¶Tex. ¶Et affin que nous determinons de tout ceste doubte len doibt sauoir que aucuns considerans a ce qui est aucunement iuste / sicomme il est possible pource que la loy est aucunement iuste ilz tiennēt et dient que la seruitude qui est selon bataille est selon droit Mais ilz dient quelle nest pas du tout simplement iuste. ¶Glo ¶Len doibt sauoir que combien que il soit certain dáucuns que ilz sont naturellement serfs et ne pourroient et ne sauroient estre seigneurs Toutesuoyes quant au plus telle est incertaine Car communement les condicions des personnes sont ou non possibles ou fortes a congnoistre Et pource loy humaine ne peult quāt a ce mettre rigle en toꝰ cas certaine Mais elle ordonna que ceulx qui sont prins en bataille soiēt serfs Car comme il fut dit victoire ē en tel cas par aucune vertu et ē mieulx y a cellup qui est prins que il soit garde sif que il fust mort Et pource il dit serfa seruando qui signifie garder et aussi est expedient pour celluy qui le prent Et pource se publique bien comme il fut dit deuant Et ceste loy qui regarde quant au plus comment que elle soit vniuerselle elle ē iuste quāt au plus Car pour aucun vice ilz ont deserui telle pugniti-

on mais elle nest pas iuste vniuersellement en chascun cas et le monstre a pres premierement par deux raisons
¶Tex.
¶Car premierement il peult estre que le commencement et la cause pour quoy aucuns sont guerre nest pas iuste. ¶Glose ¶Donc ques se ilz prennent aucuns la seruitude qui vient de ce nest pas iuste.
¶Apres il met la seconde raison.
¶Texte ¶Item nul ne diroit celui estre serf iustement lequel est indigne destre serf /et qui diroit autrement et que tel fust iustement serf il sensuiuroit que ceulx peussent estre serfs qui sont de tresbon lignage et tresnoble et que les filz de telz gens feussent serfs Car ilz seroient filz des serfs se les parens auoient este vendus quant ilz auroient este preus en bataille ¶Glose
¶Apres il preuue son dit parce que son dit communement de seruitude.
¶Tex. ¶Et pource ne les veullēt pas appeller serfs telz nobles hommes quant ilz sont prins Mais ilz les appellent barbares Et parce ilz ne veullent autre chose dire fors que tel barbarin est serf par nature et cest ce que nous auons dit au commencemennt Car il est necessaire que des le commencement et de la natiuite les vngs soient serfs les autres non ¶Glo
¶Sicomme il fut dit ou quart chapitre ¶Apres il monstre son

propos par ce que lon dit communement de liberte. ¶Tex. ¶Et en ceste maniere dit on de liberte ou de noblesse ¶Car les nobles ne sõt pas nobles seulement quant ilz sont en leur puissance et en leur pays Mais ilz sont reputez nobles par tout en quelconque pays que itz soient mais les barbarins ne sont reputes ne nobles ne francs fors seulement en leur maison ou pays et tellement quellement Aussi comme se les vngs fussẽt simplement nobles ou francs Et les autres se fussent non pas simplemẽt mais aucunement secundũ quid

¶Tex. ¶Comme sont les barbarins car ilz sont ordonnez naturellemẽt a seruitudes mais en leur maisõ ilz ne seruent pas de fait cest seulement par default de ce que ilz ne ont pas seigneur franc En la maniere que disoit Herditus le poete en son eglogue cest adire ou liure qui tracte des miseres daucuns la ou il demandoit par admiration ha disoit il qui diroit que cellui fust digne destre fait serf qui est engendre et descendu de deux diuines ¶Glose ¶Ilz appellent diuins ceulx qui estoient nobles et tresexcellens en bien en vertu et doncques estoit son entencion que nul ne doit estre dit serf qui est de telz gens yssu tant de par pere cõme de par mere ¶Texte ¶Et pource ilz ne veullent autre chose dire fors que seruitude et liberte et estre nobles ou non nobles sont choses q̃ sont determinees par vertu et p ma lice. ¶Glo. ¶Car selon verite les bons sont nobles et les maluais non nobles Et pource dit vng poete Nobilitas sola est animũ que moribus ornat ¶Il nest noblesse fors de bonnes meurs ¶Et nostre seigneur dit en sescripture Qui autem contempnunt me erunt innobiles

¶Tex. ¶Et pource vient ilz aussi comme de homme vient homme et des bestes viennent bestes En telle maniere des bons parens vient le bon filz ¶Glo. ¶Cest la cause et commencement dont vient premierement noblesse de lignage ou gentillesse Et sont deux raisons par quoy communement les enfans des bons sont bons Vne est car sont souuent semblables a leurs parens de complexion et forme de corps et en meurs Car sicomme dit aristote ou liure appelle philosonomie Anime sequitur corpora Les ames ensuiuẽt les corps Et cest ẽtẽdre quãt a inclinatiõ et nõ pas quant a necessite Sicõme il fut dit ou quint chapitre en glose Lautre raison est car les enfans des bons et nobles sont nourris plus ordonnement et mieulx introduictz en bonnes acoustumances que les autres et pour ces deux raisons noblesse de lignage est signe de vraye noblesse ¶Si continue par succession en vng lignaige ilz sont fais riches par prudence et par bonne acquisicion Et fois ilz sont preferez deuant au

b .iii.

Feuillet.

tres en honneur se ses autres choses sont pareilles tant pource que le doit presumer que ilz sont meilleurs se Il nappert du contraire tant pour leur richesse que pour leur apparēce Car cōme il fut dit ou viiicha. De thiques plusieurs bonnes besoignes sont faictes par amis par puissance & par richesse ciuille Et pource disoit moyse deutronomii primo aux filz dysrael. Tuli de tribubus vestris viros sapientes & nobiles & constitui eos principes tribunos &c. Jay prins dit il des saiges & des nobles & les ay constituez princes es lignees

Tex. Et nature veult ce faire mais il aduient maintesfois quelle ne peult Glo

Cestassauoir pour aucun empechement Car aussi comme aucūe fois vng bel engendre vng laict & vng grant vng petit, aussi vient dung bon vng qui est maluais selon inclination de nature ou qui est fait tel par mauuaise acoustumance Et de ce dit aristote ou secōd de rethorique que les nobles lignages deffaillent aucunesfois et en descend gens de petite valeur et superflues qui forlignent Et dit que comme es regions fertilite habondance de biens dure p vng temps & se passe ainsi il est de noblesse de lignage, et tel lignage quāt il a empire ainsi lescripture la compa raige a vne plante & vne vigne qui se abatardist & sauua gist qui souloit porter bon fruit & se porte maluais &

amer Item aucunesfois au contraire des mauuais parens / vien nent enfans qui sont bons & par inclinacion ou par acoustumance Et peut vng linage commencer estre fait noble Et pource comme dit seneque. Communement chascun soit toy soit serf a aucun de ses predecesseurs & antecesseurs & nobles et non nobles & riches et poures et francs et serfs Et dit que fortune ou temps passe a maintesfois tourne tel linage puis dessus puis dessoubz. Item telle no blesse de lignage dure vne fois plus autre moins & aucunesfois treslonguement Et de ce iay trouue en vo stre eglise de Rouen vng histoire qui met la genealogie du roy descoce quil saume lan de grace Mil L.lxxx vi. iusques a noe & a iaphet son filz.
Item est assauoir que aucunesfois vng lignaige se fait appeller noble tant seulement pour violence ou par puissance et tyrannie et ce nest vraye noblesse ne nul signe de tres vraye noblesse

Item il appert par ce que dit est que combien que les gens puissent estre recommandez pour noblesse de lignage sicomme nous voyons plusieurs fois es legendes des saincts Toutesfois cest noblesse seulemēt en telle maniere comme beaute de viure est sante Car cest signe de noblesse et nest pas vraie noblesse Et pour ce nul ne se doibt de ce glorifier Car cōme dit quintilian Non satis suorum confondit titulis meritorum qui de aliena sibi querit claritate suffragiū Il ne se confie pas asses de ses merites qui quiert suffrage dautrui noblesse. Car se la vraye noblesse de vtu nest en lui il se donneroit gloire du bien dautrui Lequel bien ne se peult faire noble sicomme dit boece Et aussi dit vng poete vng ver comun ❡ Nobilitas sola est animum que moribus ornat. ❡ Il nest vraye noblesse fors des bonnes meurs

❡ Item se le contraire de vraye noblesse appert en aucuns qui soit de noble lignage Il est trop plus a blasmer et diffamer que vng autre ne seroit Car il forligne et monstre quil est mal engendre et de malle heure ne quant si belle lignee fault et est empire et avortee en lui ou par luy Car aussi comme est belle chose et bien a recommander de commencer vng noble lignage semblablement au contraire cest chose vile et vituperable de telle noblesse desperier et desfaire et pource aucuns rommains ne deussent pas prendre gloire de ce que ilz sont de signage de sapion ou cathon au cesar, mais leur est grant honte et grant vergongne quant la noble seigneurie que telz hommes auoient acquise par leur bon sens et par tresgrant vertu ceulx icy ou leurs predecesseurs les ont perdues par les vices contraires ❡ Apres il parle encore de seruitude

❡ Tex. ❡ Or appert que

la doubte que aucuns faisoient qui disoient que seruitude est hors nature et aucune raison et que aucuns sont desquelz les vngs sont serfs et les autres francs non pas par nature

❡ Glo. ❡ Mais par loy ou par violence ou par fortune.

❡ Texte.

❡ Et aucuns sont desquelz il determine par nature que les vngs sont francs et les autres sont serfs

❡ Glose. ❡ Et peult apparoir de plusieurs clerement par la figure de leurs corps et par la rudesse de leur entendement

❡ Texte ❡ De ceulx cy il est expedient a eulx que ilz seruent et aux autres que ilz aient seigneurie et ce est chose iuste Et conuient que lun soit subgect et que lautre ait princey en la maniere de princey a la quelle ilz sont nez et ordonnez de nature lun a estre subgect et lautre a estre seigneur Et pource se lung est seigneur et lautre est serf mauuaisement Cestassauoir contre leur aptitude et habilite quilz ont de nature Cest chose qui nest pas expedient Mais est inutile a tous les deux ❡ Glo.

❡ Apres declaire comme seruitude est expedient et comme non.

❡ Texte

❡ Car ceste ordonnance de princey et de subiection est expedient au tout a sa partie et au corps et a lame

❡ Glose. ❡ Cestadire que

b.iiii.

Feuillet.

il est expedient que sa partie soit continue a son tout, et que le corps soit gouuerne par lame.

¶ Tex. ¶ Or est il ainsy que le serf est aussy que partie de son seigneur et est ung instrument quil a ame et est vif Mais il est partie separe du corps. ¶ Glo.

¶ Car aussi comme la main est separe du corps instrument vif (et partie jointe aussi le serf est instrument vif et partie separe Et auecques ce serf est au regard de son seigneur aussi comme le corps est au regart de lame sicomme il fut dit ou quint chapitre. ¶ Texte ¶ Et pour ce telle ordonnance entre le seigneur et le serf est expedient ¶ Et pource le seigneur a son serf (et le serf a son seigneur peuent auoir amitie ensemble
¶ Glose ¶ Car ilz ont communication en chose expedient a lung et a lautre Et amitie est en communicatiō sicomme il appert ou vii. chapitre et en le viii. Bethique Mais il appert illec en v. chapitre que le seigneur na pas amitie a son serf entant comme serf mais il le doit amer enfant comme homme Et pource dit lescripture Seruus seu fatus sit tibi delietus etc. ¶ Len doit amer son bon seruant ¶ Tex.

¶ Et ceulx qui sont lung seigneur lautre serf par nature sen seut attribue telle chose. ¶ Glo.

¶ Cestassauoir que estre ainsi seur est expedient (et que ilz peuent estre a mis ensemble.
¶ Texte. ¶ Mais aux autres qui sont les ungs serfs et aultres seigneurs et non pas selon ceste maniere Mais seulement la loy ou autrement, (seuffre telle chose par violence ou seur attribue le contraire.

¶ Glose.

¶ Cestassauoir que ce ne seur est pas expedient et que nont pas amitie ensemble et donques est ce chose desnaturelle et contre bonne police quant ceulx qui sōt serfs de nature sont faiz egalz a ceulx qui sont nez et aptes pour estre seigneurs Et de ce disoit psaumes le prophete. Ecce dominus nudauit terram et dissipabit (affliget omnes (et erit sicut populus sicut sacerdos et siaut seruus sicut dominus eius Aussi comme sil voulsist dire quant nostre seigneur fera la terre desolee a donques les prestres seront comme les populaires et les seigneurs comme les serfs. Mais est ce encore plus grant inconuenient quant ceulx qui deussent estre serfs ont seigneurie sur ceulx qui deussent estre seigneurs Et de ce se complaignoit salmon en disant.

¶ Malum quod vidi sub sole. etc. Vidi seruos in equis et principes ambulantes et seruos super terram

¶ Jay veu vng tresmerueilleux et grāt mal dist il, car iay veu les serfs acheual, (et les seigneurs comme serfz aller apie Et plusieurs aultres escriptures sont a cest propos Et donc ques est ce grant abusion et tresgrant malauenture quant fortune fait seigneurs ceulx que nature auoit fait serfs.

Au viii. chapitre il monstre que princep politique et princep despoticque ne sont pas ung mesmes princep et quil nest pas vray que tout princep soit dune espece, sicomme aucuns disoient.

Par les choses deuant dictes appert que despotique et politique ne sont pas ung mesmes pricep et quil nest pas vray que tout princep soit dune espece, sicomme aucuns disoient.

Glo. Et ce fut recite et desclaire au premier chapitre.

Tex. Car pricep politicque est de francs ou dessus francs Et prins despoticque est de serfs.

Glo. Et il fut dit au quart chapitre que les princeps sont diuersifiez selon la differèce des seigneurs et des subgectz et que se pricep est meilleur que est de meilleurs subgectz.

Apres il met la difference de yconomie et de police

Tex. Et yconomie est vne monarchie, car toute maison est selon son meilleur estat, est gouuernee par vng seul. Glo.

Qui est appelle pater familias ou seigneur dostel Et pcōpe est princep sur francs et sur serfs, et pour ce despotique est ptenue soubz elle Mais politique est prīncp sur frācs seullemēt et q sont equalz quāt ē a liberte. G. Et en yconomie ē maisō les enfās, les serfs ne sōt pas equalz et peut estre expose en disāt que en police plusieurs equalz ont princep comme sont les pers ou les escheuins dune ville, et nest pas monarchie entant comme elle differe de princep royal, et quelle est soubz elle, sicomme il fut dit au premier chapitre. Apres il impreuue vne oppiniō Et nest pas vng homme despotes ou seigneur de sur ses serfs selon science ne pource que il a science et entendement de les gouuerner Mais pource que il est tel ou ainsy dispose par nature ou par la loy Et semblablement lun est serf et lautre franc non pas selon science. Glose.

Et pource despotique nest pas sciēce, sicōe aucūs disoient, mais elle a vne science adiointe a elle, sicomme il sera dit apres

Texte. Mais vne science est qui est dicte despotique et seruile.

Glose

Cest a dire qui peut regarder le seigneur et le serf Tex. Et la seruille est celle science ou doctrine cōme on monstroit en la cite de ciracuse. Car il fut vng qui pour certain pris enseignoit le seruice que souloient faire ses chambariens et ses varletz, et telle discipline se extent au plus fort aussi comme a sauoir appeller potages, sauces et telles manieres de ministration et semblablement de ses euures ou seruices. ⁋ Les vngs sont plus honnorables et les autres sont plus necessaires. ⁋ Glo.

⁋ Sicomme faire le feu en la cuisine est plus necessaire et moins honnorable que ne seroit a appareiller vne viande estrange ou vng noble entremetz. ⁋ Texte.

⁋ Et pource le commun prouerbe sert deuant le serf, et semblablement le seigneur deuant le seigneur et ne sont pas equalz. Et doncques toutes telles sciences sont seruiles.

⁋ Glose ⁋ Et appartenantes a serfs, et pource a la difference delles sont aultres ars et sciences qui sont dictes liberales et qui appartiennent aux francs Apres il parle de science despotique. ⁋ Tex.

⁋ Mais science despotique est par laquelle len soit vser de ses serfs, car vng homme est dit despotes en seigneur non pas en ce ou en tant cōe il poss' de ou acquiert serfs mais en tāt cōe il en vse et ceste sciēce na en soy chose qui soit de grāt valeur ne de grāt pris ou de grāt reputation ne qui face moult a honnorer ⁋ Glo.

⁋ Et se il preuue par deux raisōs ⁋ Tex. ⁋ Premierement. Car se

quil conuient que le seigneur sache commander il ne quiert autre chose, fors ce il conuient que le serf sache faire.

⁋ Glo. ⁋ Et doncques est science seruille et peu honnorable.

⁋ Item pource que ce nest pas science de grant reputation tous ceulx qui ont puissance de soy despecher et deliurer que ilz ne seuffrent tel mal coms est auoir la cure de leurs seruans ilz ont vng procureur qui prent cest honneur ou office, cest assauoir de enseigner ses seruans Et telz seigneurs viuent ciuilement et entendent a vertus morales et au bien public que ou a philosophie. ⁋ Apres il declare vne chose que il auoit supposee

⁋ Tex. ⁋ Et la practique dacquerir serfs est autre que ne sont practique despotique et practique seruille Cestadire destre seigneur et destre serf ⁋ Car on acquiert serfs aussy comme seroit iustes guerres ou semblablement comme nous acquerons par vener ou par chacer les bestes qui nous seruent ⁋ Glo. ⁋ Apres il recapitule. ⁋ Tex. ⁋ Et doncques de serfs et de seigneurs soit dit en ceste maniere ⁋ Glose ⁋ Pour mieulx entendre ce que dit est de liberte et seruitude et pour gloser aucunes escriptures qui parlent de ceste matiere. Je mettray aucunes distinctions

⁋ Et premierement Je dy que liberte et seruitude sont dictes ou regart de voulente Et en ceste maniere tout homme qui a usage de raison est franc par nature. Car sa voulenté nest subiecte ne serue a quelconque creature, mais seulement a dieu.

Car elle ne peut estre conctraincte. Et nulle aultre beste na ceste liberte et p ce peut on gloser les ditz de saint augustin, et de saint Gregoire et des autres qui dient que dieu donne a homme seigneurie sur les bestes et non pas sur homme, car voulenté domme nest pas en subgection dautre homme.

Item liberte et seruitude sont dictes selon vertu et vice, car toutes foys que la partie intellectiue obeist a la sensitiue on fait aucunement contre raison. Adonc est parueritp lordre naturelle en home, et est fait serf, car la partie de lui principale et qui deust auoir seigneurie est faicte serue. Et pource dit lescripture. Qui facit peccatum seruus est peccati. Qui fait le peche il est serf du peche. Et par le contraire le vertueux est franc, et ainsy entendet ilz ce qui fut allegue au quit chappitre quant il dit que tous sages sont francs et tous folz sont serfs. Et en ceste maniere tout homme bien ordonne en soy selon nature est franc. Et telz furent ilz au commencement en estat de innocence. Et de ces deux manieres de seruitude dessusdictes ne entend pas aristote en nostre propos.

Je dy a pres que liberte et seruitude sont dictes condicions de persone en communication humaine. Et ces cy est a nostre propos, et sont telles choses en deux manieres. Cest assauoir par nature et par loy ou aultrement. Premierement par nature par deux raisons. Une est necessite, car comme il fut au premier chapitre nature ne fait pas homme tel comme estoit le glaiue delphicque. Cest a dire homme qui souffist a toutes ou a plusieurs euures tresnecessaires a vie humaine, car il ne les pourroit bien executer. Et pource nature fait bien les unges aptes a euures seruiles, et les aultres pour auoir domination. Sicomme il fut dit plus a plain au quart chapitre. Et par ce appert euidemment que en estat de innocence quant nature humaine nauoit pas telles necessitez il estoit mestier de telle distinction. Et selon ce peuent estre glosez aucuns docteurs qui dient que tous sont francs par nature, cest a dire selon la premiere creation. Et selon nature entiere. Et non pas corrumpue par peche et de telle liberte saperceuoient telz gens comme listoire Casipandre dit et raconte que ses braciens estoient, mais se semble une fable. Et selon loppinion ou consideration daucuns telz estoient les gens auant que fust le droit appelle

Jus gentium. Et pource dient et racontent aucuns loix que tous estoient nez francs par nature, mais ilz doibuent estre ainsi entendus que tous estoient par nature francs et non subgectz de pareille seruitude comme est celle q vient par violence de guer

Feuillet.

re/et de ce appert assez p̄ le texte des loix ꝗ nest pas a entendre que plus par nature ne soient enclins a viure seruile ꝗ que ne soit expedient ꝗ iuste selon droit naturel que ilz seruent Car autrement telles escriptures ou loix seroient contre raison. Item encores appert ce que dit est par indigēce par quoy vng hōme ne peut viure sans les autres/et est pour tresbōne fin, car cest la cause qui induit ꝗ constrainct les gens a cōication, qui est vng bien tresnaturel et tresexcellent sicōe il appert par le tiers chapitre Car par ce est amitie entre les gens engendree iustice gardee Et sōt faictes et exercees les euures des aultres vertus. Et pource ne sont pas hōmes cōme sont les bestes sauuaiges qui nont mestier lune de lautre fors au commencement de leur vie. Et doncques sont proffitables ou necessaires le seigneur au serf le serf au seigneur. Et par ce que dit est appert sa responce a vne belle question que plinius fait au vii. liure de sistoire naturelle ou il dit ainsy en sentence que fort est a iuger a sauoir mō se nature est a hōe ou meilleur mere, ou plus triste ou plus dure marastre Car cōe doulce mere elle a fait toutes autres choses pour hōme/ꝗ si la ordōne pour auoir seigneurie sur toutes autres bestes, mais aux aultres bestes de leur natiuite elle leur a dōne pour elles couurir et deffēdre aux vnes escailles aux autres poil aux

autres plumes. ꝗc. Cōme seure matā stre elle iete ou iour de sa natiuite hōme tout nu sans couuerture sur terre qui cōmence a plorer. ꝗc Et briefmēt il racōte plusieurs miseres de condicion humaine, mais la responce a ceste question quant a tout regarder ē que dieu et nature dōnent a hōme telle īdigēce et telle deffaute pour tresgrāt bien, et pour tresbonne fin/ car par ce il conuient que il viue et conuerse auecques autres hōmes en cōication, ꝗ conuient que lun aide a lautre/ ꝗ que lun ministre seruitude et lautre prouision et aussy des autres necessites cōme dit est, ꝗ en tant soit dit de seruitude naturelle/ mais cōme iay dit deuāt vne autre seruitude ē par la loy ou autrement Et de celle qui est par la loy fut dit au sixte chapitre. Et en ceste maniere sont serfs ceulx qui sont prins en guerre et gardez Et ceulx qui sont venduz/ et les hors de telz lesquelz les loix appelle serfs de natiue/ mais aristote apelle serfs de nature ceulx qui sont serfs par nature Et quant il aduiēt que ceulx ꝗ estoient francs de nature que ilz soient ainsy asseruiz par violence telles seruitudes sont contraires a droit naturel /comme dit la loy Et pource quant vng seigneur a vng tel serf et il apçoit clerement que il est franc de naīe ꝗ de meurs le seigneur fait bie se il luy dōne frāchise ꝗ liberte Et ce preille lescripture qui dit de telz serfs Non deffraudes illum li bertate neqz inopem derelinquas il sum Ne le deffraude pas de liberte et ne laisse pas en pourete ⁋ Et semble que ce soit comandement de dieu, et que le seigneur soit a ce tenu en psae͛ce, car autremēt feroit il contre droit naturel Jasoit ce que il ne puisse estre contraint a la franchir par la loy positiue et cellup qui est ainsp franchi est appelle libertus ⁋ Item aucun peut estre serf autremēt que par nature ou par loy, sicōe par infortune de poure te qui se ctraint a faire euures seruiles et a estre subgect ou seulement de sa voulente par sa misere et par sa pusillanimite de quoy dit origenes que il nest plus meschante seruitude que celle qui est voluntaire et par ce que dit est appert que seruitude naturele est premiere et deuāt seruitude legal ou de la loy ou qui vint de Jure gentiū Car sans seruitude naturelle ne peut estre cōicacion humaine ⁋ Item encores mettray ie vne autre distinction, car aucū peut estre serf du tout de corps et de biens et pareillement a tousiours, et aucūs nō pas du tout mais seulement de biens ou de tout ou de partie, sicōme par tribut a certain temps ou certaine euure ou par louage, etcetera. Et selō ce peut estre vng hōe simplement serf a son segneur ou simple ment franc ou moienne ment Et le moien peut estre varie en moult de manieres tant en seruitude naturelle cōe en seruitude legal ⁋ Au viii.chapitre il determine

de possession et propose questions et met plusieurs manieres comment bestes et hōmes acquierent les biens. Durce que no9 auons dit que le serf est possession. ⁋ Glo. Ce fut dit au tiers chapitre ⁋ Tex Nous traicterons apres et considererons du tout selon la maniere dessusdicte de pecuniatiue. ⁋ Cest adire de art qui ẽ pour aquerir peccune Et premierement aucun pourroit faire doubte ou question assauoir mon se pecuniatiue ou autre art de acquerir peccune est celle mesme chose q̄ est dicte pconomicque ou celle nest toute pconomicque ou partie delle. ⁋ Assauoir mon selle est subministratiue et seruante a pconomicque, et celle lui est administratiue et seruante assauoir mon se cest ainsp comme lart qui fait les peignes a laine est subministratif Et lart p quoy sen fait les draps ou cōe lart p quoy sen fait larain est subministratif et seruant a lart de faire les statues Car telz ars subministratifs ne seruent pas seulemēt, mais administre les instrumens cōe sont les pignes et lautre aministre la matiere de quoy sen fait leuure auspp cōme la laine est matiere de quoy sen fait le drap et lorain est la matiere de quoy sen fait la statue ou ymage. G. Apres il respōd T. Et que pconomicque et pecuniatiue ne sont pas vne mesme chose il est manifeste, car pecuiatiue apptiēt a aquerir peccune, et pconomicque a en

user/pource quil nest art fors pcono-
micque/auquel il appartienne vser
de peccune quant au gouuernement
de maison ou dostel. Glo. Et nous
veõs en tous autres ars quil y a difference aussy cõe nous veõs que par
vng art la nef est acquise et faicte ou
par autre art sen en vse et est menee
par mer/semblablement par vng art
est faicte vne harpe et par vng autre
sen en ioue et vse/et par ce appert que
peccuniatiue est industrie ou art subministratif a pconomicque. Car peau-
ne e istrumet d pconomique qui est administre par peccuniatiue. Tex.
Et est doubte assauoir mon se pecuniatiue e vne partie d pconomique ou
celle est dune autre espece separe delle

Item cõe il soit ainsy que peccuniatiue doit considerer de quoy viennent peccunes et acquisicions de peccune. Et verite est que possession cõti-
et plusieurs pties/et richesses aute que
peccune cõe sõt les fruiz des champs.
Doncques est question premierement
assauoir mon si art cultiuer les chãps
est vne partie de peccuniatie ou vne
autre maniere dart. Et semblablemẽt
question peut estre vniuerselement
de tout art par quoy sen acquiert sa
viande ou son viure. Glo. Et pour
soi.asion de ce il met apres plusieurs
manieres de viure tant de bestes cõe
de hõmes. Tex. Car il nest pas
possible de viure sans viandes. Et
pource la difference des viandes a
fait que les vies des bestes sont diffe-

rentes, car des bestes les vnes sõ: voluntiers ensemble et viuent ensemble
et les autres sont separees et espartis-
es et dispersees,sicõe il est expedient
aux vnes et aux autres pour elles
pourueoir de viandes ou de leur viure. Glo. Car aucunes sont qui
ne pourroient bien trouuer leur suffisance se ilz alioient plusieurs ensemble. Tex. Et pource les vnes menguent chair et autres bestes/ et les autres menguẽt fruiz, et les autres menguent toutes viandes dont nature
determine differemment leurs vies
par quoy les vnes esliisent viure sans
labeur et paisiblement, et les autres
veullent acquerir leur viure en eulx
combatant. Glo. Sicõme sont
celles qui menguent autres bestes.

Texte. Et aussy les vies de
ceulx qui menguent autres bestes sõt
differentes, et semblablemẽt differet
les vies de celles qui menguet fruit
lun de lautre. pource que vne mesme
chose nest pas delectable a chascune
bestes selon nature, mais vnes viandes sont delectables aux vnes, et les
autres aux autres. Et semblablemẽt
les vies des hões different en moult
de choses,car ceulx q̃ sõt opsis sãs labeur corporel ilz enquiereut leur vie
pour pasturage. G. Du quãt a la ps̃
grãt ptie de leur viure,sicõe lescripte
dit des filz ou de la lignee du Ruben
et de Gad, et de dempe sa lignee de
manasse fut du tout, sicõe entartarie
et ailleurs la ou les gẽs viuẽt de laict

Le premier liure de politiques p̃ vi.

et de chairs, et nont ne blez ne vin, ce semble dist Justin au second liure de son hystoire la ou il dit que ceulx de serche viuent de lait et de miel, et nont maison ne ville ⊂Tex. ⊂Et telz gens qui ont aussi leur viande et leur vie de bestes domesticques ilz sont vacans et opseux, et se pouruoient de leur viure sans labeur fors en tant que touteffois quil est necessite de transmuer leurs bestes pour aller en autre pasture lors sont ilz contrains a querir autre lieu, et cest transmutation leur est peine, cest leur labeur, aussi comme aux autres cultiuer les terres ⊂Glo. ⊂Car il conuient que ilz remuent leurs loges ou tentoires et leurs mesnages et leurs bestes et ce leur est grant peine, car ilz ne sont pas a coustumes a ouurer ⊂Tex.
⊂Mais autres sont qui viuent de prope ⊂Et propes sont de moult de manieres, car les vngs querent leur prope par larecin, les autres par pescher comme sont ceulx qui sont pres des estancs et des palus et des fleuues et de leaue. Et les autres viuent de prope dopseans ou de bestes sauuages, mais le plus communement et le plus des gens viuent des biens qui aissent de terre et des fruiz domesticques. ⊂Glo. ⊂Telz fruiz sont comme pommes raisins ⊂Tex.
⊂Doncques sont tant de manieres de viure comme dit est ⊂Glo.
⊂Et sont en general trois manieres de vie humaine. Une est de pastu-

rages, lautre est de prope, et lautre est de cultiuer les terres, et sont les premieres manieres dacquerir ou de pourchacer son viure, car de telles choses viuent les autres cõe font ceulx qui font les mestiers ou artifices, et les marchans et ceulx qui font labeur corporel.
⊂Au ix.chapitre il traicte plus especialement des manieres cõment gens acquierent leurs viures.
Quelconques gens ont leurs nourrissemens sans grant labeur et des choses que nature administre aussi cõme de son bon gre. Et qui nacquierent pas leur viure par communication ou marchandise ou par autre negoce ou artifice, ceste vie est ou en pasturage ou en larecin, en pescher ou en venter ⊂Glo. Albert dit que il entent par larecin quant len acquiert occultement et desloyaumẽt non pas cõe len entend comunemẽt larecin, mais il me semble que aristote ne gsidere pas quant a ce propos se la maniere dacquerir e iuste ou nõ iuste. ⊂T. Et autres sont qui viuent delectablemẽt en faisant myxtiõ des vies dessusdictes pour suppler les grans deffaultes et necessitez de ceste vie laquelle est moult longue destre p soy suffisãte, et par ce aucune foiz viuẽt de pasturages et de larecĩ ensẽble, les autres de pasturages et de cultiuer les terres et en ceste maniere ilz font myxtiõ des autres vies, et se viuet cõe necessite les ptraict a viure

¶Glo. ¶Apres il monstre que ceste p̄tie de possessiue par quoy se acquiert sa viande ou son viure est naturelle.
¶Tex. ¶Et telle maniere dacquisicion de son viure semble estre par nature en toutes bestes, car aussy cōme nature leur donne nourrissement tantost de sa premiere generation aussy est ce raison quelle leur donne et leur en pourueoye quant ilz sont parfaictes. Voyons nous que aucunes bestes selon leur generation des le commencement ilz mettent hors auecque leurs faons ou auecque leur fruit tant de nourrissement que il suffist iusques a tant que leurs faons que ilz ont engendre puissēt acquerir nourrissement par soy mesmes en la maniere que sōt les bestes quelconques engendrent p̄ faire oeufz. ¶Glo. ¶Aussy comme le poussin a nourrissement en loef et quant il est grant il se pourchace et semblablement il est daucuns vers et daucunes mouches qui ont leur nourrissement pioinct iusques a tant que ilz soient parfaictes, et quelconques bestes qui sont ou engendrent bestes ilz ont en elles mesmes pour leurs faons nourrissement et viande qui est appellee laict ¶Glose ¶Sicomme ont les vaches ou les brebis. ¶T
¶Et par ce appert que semblablement nous deuōs cuider que les plātes cestassauoir arbres et herbes sont ordonnees de nature pour sa grace et pour la vie des bestes et des hommes quant ilz sont en parfaict aage.

¶Glo. ¶Affin que ilz viuent des plātes et des fruitz, aussy comme au commencement ilz viuēt de laict ou dautres choses et tout est selon nature. Et les autres bestes sōt pour grace des hommes, car les bestes domesticques et priuees sont aux hommes pour vsage et pour viande, et les beufs sont pour luy, et pour laultre
¶Tex. ¶Et les sauuages combien que ce qui sensuit ne soit pas vray de toutes. ¶Glo. ¶Et p̄ auenture si est, mais il nest pas manifeste et nappt pas es gēs. ¶T. Touteuoyes la plus grant partie delles est pour viande ou pour aucune aultre aide a vie humaine sicomme pour vesture ou pour autres instrumens qui sōt faiz delles ¶Glo. ¶Len fait vesture de leurs peulx comme dun cheual et de sa chieure et des os daucuns len fait instrumens Et auecques ce Plinius dit que des membres et des parties des bestes sauuages sont faictes plusieurs bonnes medicines desquelles il racōte a grāt multitude Et en vray semblablement quil nest beste tant sauuage ne tant maluaise qui nait en soy quelque propriete ou quelque chose proffitable a nare humaine ou aux choses qui sont ordonnees pour nature humaine. ¶Tex.
¶Et doncques comme verite soit que nature humaine ne fait quelconque chose pourneant ni qui soit parfaicte Il est necessaire que nature ait fait toutes choses pour la grace des

hommes et pour hommes. Glo. Et puis que pour nature toutes choses sont pour hōmes il sensuit que la possessiue pour quoy homme acquiert telles choses pour necessite de vie humaine est naturelle. Tex. Et pource aucune acquisitiue ou industrie dacquerir par bataille est aucunement naturelle et ordonne de nature et semblablement est naturelle la predatiue par quoy len acquiert propre et qui est partie dacquisitiue par bataille de laquelle predatiue il convient vser aux bestes. Glo. Ou contre les bestes ou ilz sont naturellement subiectes a hōme. Texte. Et contre quiconques hommes qui sont nez et ordonnez de nature pour estre subgectez et ne se veullent estre. Glose. Comme sont barbarins sicomme il fut dit ou sixte chapitre et autres qui sont serfs de nature sicomme il fut dit ou quart chapitre. Tex. Aussi comme se ceste bataille ou guerre predatiue estoit iuste pour nature et premiere. Glo. Elle est iuste pour tant car toute chose qui est naturellement subtile si elle contrairement fait rebellion cest iuste chose de la reduire et remener a son ordonnance naturel par force. Et telle guerre est dicte premiere pource quelle nest pas pour cause de nouuel souruenue mais quāt aux serfs elle pour la rebellion quilz ont de leur maluaise contre lordonnance de nature qui les feist serfs de leur nature. Et contre les bestes telle guerre est dicte la premiere

Car elle est de toute espece humaine contre toutes bestes rebelles ou fuitiues qui sont de nature subgectes a hōme. Et pource nul ne peut iustement commander a homme que il porte paix a telles bestes ne deffendre que il ne les puisse conquester et acquerir par guerre se ilz ne sont siennes, et pour autre cause raisonnable sicomme en devotant que il nentre en son propre silz ou autrement. Et mesmement quant es bestes qui font dommaige. Et sur ceste raison naturelle sont fondees aucunes loix qui mettent plus particulierement ce que de droit en ceste matiere. Tex. Or appert donques que une espece laquelle est selō nature positive est aucunement partie de pronomique qui est deuant aussi come seruante et subministratiue a elle. Et ceste possessiue il la conuient auoir auant ou il la conuient acquerir affin que len ait richesses desquelles ceste possessiue fait tresor ou garnison, cest assauoir des choses qui sont necessaires pour subministration et substantation de vie humaine qui sont vtiles et proffitables a communication de cite et de maison. Glo. Et donques ceste possessiue sert et est ministre a pronomique et a politique. Apres il monstre que telle possessiue nest pas infinie. Tex. Et vrayes richesses sont de telles choses. Glo. Cest assauoir par lesquelles est soubstenu vie humaine. Tex. Et telle possession quant a souffisance de bōne vie nest

c.i.

pas infinie sicome dist solon en ses poesmes ou dictiez Car il disoit que aux hoes on ne leur peut mettre termes ne fin en richesses. G. Solon fut vng des vii. sages et parloit des auaricieux ou couuoiteux et entendoit de peccunes qui ne sont pas vraies richesses et de ce sera dit apres. Tex.

Mais il est en ceste chose en la maniere que il est en autres ars Car de nul art quelconques il soit instrumet ou instrumens ne sont infiniz ne en multitude ne en grandeur ou quantite Glo. Sicomme qui seure il ne sui puient pas ii. milz marteaux ou infiniz ne vng martel aussi grant come vng tref ou infini. Texte Et richesses sot vne multitude des instrumens pour celsui qui est economique ou politique. Glose. Desquelz il vse & sen aide quant est au gouuernement de son hostel ou de la cite Et doncques telles possessions doiuent estre en quatite moderee Apres il recapitule Tex. Et doncques appert que possessiue est necessaire selon nature a ceulx qui sont economiques Et a ceulx qui sont politiques & appert pour quelle cause cest

Au v. cha. il determine de peccuniatiue et mostre coeelle fut introduite et trouuee

Une autre maniere de possessiue est laquelle est iustement appellee peccuniatiue Glo Cest industrie dacquerir et garder pecune Et par pecune est a entendre monnoye Car aucuns prennent cest mot pecune pour toutes possessions ou richesses & ainsi prennent il apres peccuniatiue. Texte. Et pource il semble apres que des richesses et des possessions ne sont ne terme ne fin. Glose. Quant a les acquerir Et de ce sera dit ou chapitre ensuiuant

Tex. Car moult de gens cuident que telle peccuniatiue et la possessiue deuant dicte. Glo. Du cha. precedet Tex. Soiet vne mesme chose pour ce que ilz sont prochains Et selon verite ilz ne sont pas vne mesme chose Mais elles ne sont pas loing lung de lautre Car la possessiue deuat mise et par nature est des richesses naturelles Mais ceste qui est peccuniatiue fut introduicte par experience et est faicte plus par art. Glo. Apres il enquiert de la nature de ceste peccuniatiue. Tex. Et doncques pour considerer de ceste peccuniatiue nous prendrons cest commencement et dirons que de chascune chose possesse est double vsage et de ces deux vsages sont selon la chose mais non pas ensemble ne en vne maniere Car vng vsage est propre a la chose sicomme du chaussement son propre vsage est chaucier Mais vne autre vsage du chaucement est coicatiom sicome vendre le Et tous ces deux vsages sont de chaussement Car cellui de qui il le fait comunication de son chaucemet Mais no pas selo so propre vsage Car chaucemet ne fut pas trouue cu fait pmi emēt pour faire cōmutaciō ou pour vendre mais pourchaucer, ꞇ en ceste maniere il est des autres choses possises. Glo. Apres il determine de mutacion naturel. Tex. Et de toutes choses possis peut estre fait permutatiō ꞇ comancez a premieremēt comutaciō est e faicte des choses possessions ou richesses selō nature pource que de telles choses vng auoit plus que a souffisance ꞇ lautre en auoit moins. Et pource appert que la pecuniatiue ou le maistre de chāger monnoye nest pas selon nature. Glo. Car pecuniatiue monnoye e faicte plꝰ par art que par nature cōe dit est. Texte. Et en ceste maniere il estoit necessaire que les gens feissēt comutaciō de leurs choses tant que ilz eussēt souffisāce. Glo. Quant vng auoit de lait plꝰ que a sa souffisace ꞇ lautre du pain lors ilz preuoiēt pain pour lait. Tex. Et en la premiere coite est assauoir de maison il estoit mestier de comutaciō telle. Glo. Car ilz estoiēt otez de leur prouision ꞇ nauoiēt nulz voisins aux quelz ilz peussēt marchāder. Tex. Mais quāt la coite fut plꝰ grāde adonc les vngs auoiēt coication auecques les autres en toutes choses. Glo. Car ilz estoiēt voisins ꞇ cōe freres ꞇ estoiēt leur choses comūs sās comutaciō marchādise. T. Et les autres estoiēt separez diuisemēt en moult des choses ꞇ diuerses desquelles les vngs auoiēt plꝰ de lune mois de lautre ꞇ les autz auostraire et pourcequiēt il que ses

vngs eussent des choses aux autres pour leur necessite ꞇ indigēce. Et fut necessaire que selō ce fussēt faictes retribuciōs selō comutaciō en ceste maniere fōt escores plusieurs nations de gēs barbaris. G. Sicōe ceulx de Scithie q̄ nōt ne or ne argēt sicōe racōte Iustin. T. Car ilz sōt comutaciō de leurs choses q̄ leurs sōt couenables en tāt cōe ilz en ōt mestier ꞇ nō plꝰ sicōe en dōnāt en baillāt du vin pour du fromēt ꞇ ainsi des autres telles choses. Et telle comutatiue nest pas hors de nature car elle fut trouuee en suppleemēt de deffault pour la souffisance de vie hūaine selō nature ꞇ telle comutaciō nest pas espece quelconques de pecuniatiue. G. Car elle nest pas faicte par monnoye. Apres il determine de comutaciō pecuniatiue. T. Et toutesfois de ceste comutaciō des choses necessaires par nature a vie hūaine est faicte ꞇ proceda ou vint lautre C'est assauoir pecuniatiue selō raisō. G. Car sicōe dit Cassidoire en vne epitre peccune ou monnoye fut autremēt trouue par tresgrāt raisō ꞇ est plꝰ que necessaire et tresproffitable a cōicatiō hūaine. Car quāt on fait aide les vngs aux autres par comutaciō de richesses naturelles. Et ilz viēt de plꝰ estrange ꞇ de plꝰ loingtain pays a mener ses ꞇ apporter a ceulx q̄ en auoiēt besoing ꞇ les autres q̄ en auoiēt en habōdāce leurs euopēt de leurs pour ceste necessite fut fortūe trouue ꞇ acquis vsage de monnoye. Texte

(feuillet.

Car chascune chose q̃ est necessaire selon nature pour hõe nest pas portable ⁊ pource les gẽs firẽt ⁊ poseret entre eulx ⁊ ordõnerẽt quilz bailleroiẽt ⁊ prẽdroiẽt les vnes des aultres aucũe telle chose q̃ fut quãt ẽ de soy profitable a vie humaine sicõe fer ⁊ argẽt ⁊ telles choses. Glo. La matiere de quoy est mõnoye doit estre quãt est ẽ soy de grãt pris ⁊ de valeur pour faire vaisselle et aultres instrumẽs precieux sicõe est or ou argẽt Et en aucũ lieu le fer ẽ aussi chier cõe argẽt et arain fut de grãt pris en aucũ temps et en faisoit on la mõnoye en sanan en tẽps sicõe dit ouide In libro fastorũ. Itẽ telle matiere ẽ profitable a vie humaine pour faire monnoye et pour faire ⁊ mutacion cõe dit est Apres il p̃se de la forme de monnoye. Tex. Et premieremẽt et au cõmẽcemẽt ceste chose fut determinee par quãtite et par poix. Glo. La monnoye estoit adonques sãs impressiõ mais elle estoit de certain poix Et il appt bien, car les anciẽs noms de mõnoye q̃ ne sont accidẽtes mais sont propres a elle ce sõt noms de mesure ⁊ de poix sicõe sõt cicle et sont suite denier maille et pluseurs aultres lesquelz recite cassidore a ce propos et dit que telz noms q̃ signifiẽt nombre et poix furent imposez ⁊ attribuez a monnoye par trẽgrãt ⁊ excellent mistere et que ilz ⁊ tiennent ⁊ representẽt et figurẽt grãs secretz de nature. (Tex. Et finablemẽt lẽ mist impressiõ ⁊ figure en monnoye

affin que ses gens fussẽt hors du labeur de mesurer et peser la monnoye, caract et la figure q̃ est mise en la mõnoye est signe de la corteçe de la quãtite du poys ⁊ de sa verite de la matiere. Glo. Car les gens par auãt auoiẽt trop de peine de peser sa monnoye ⁊ ne pouoit pas chascũ legierement ⁊ gnoistre se elle estoit de vraye matiere Et le prince y mist son signe cõe son ymage ou autre caract en tesmoing de la verite de la matiere et du poix Et ilz y souloiẽt mettre les ymages des dieux Et encores meet sẽ en aucũe monnoye le nom de dieu ainsi comme en iurãt la verite dessus dicte. Et par ce appert que faire deception de telle chose ẽ faulx tesmoignage. Et aussy que par iurement et est faire faulse mesure Et de ce disoit cassiodore que faire telle fraude en monnoye est corrũpre ce q̃ est ordonne a iustice et en tresgrande iniquite.

Et doncques appert que sen ne doit faire mutacion de monnoye pour gaing en deceuant le peuple ne pour quelconque autre chose fors trespeu souuẽt Car monnoye est vne mesure en ⁊ mutacion des choses que lẽ veult ⁊ achette Et le cours de la monnoye e aussi comme vne rigle ⁊ vne loy ⁊ pource dit aristote en se pi. cha. de this ques que monnoye de sa nature veut demourer en vng estat Et huguson dit que nom de mõnoye ẽ diriue dũg verbe q̃ signifie demourer et tout ce appert plus aplain au tractie de mu tacios de monopole et de toutes subiections que prince prendroit sur son peuple. Ceste est la plus desnaturelle, la plus desraisonnable couuerte et la plus fraudeleuse et selon sa quantite plus dommageable au bien comun et moins proffitable au prince et au gaing des gens deshonneste et inutile est bonne police. Et est chose de quoy peuet venir et sont aucunesfois venus plusieurs probations au peuple. Texte. Et quant monopole eut este iadis faicte pour necessite de faire comutacion des choses necessaires a vie humaine. Apres ce fut faicte vne autre espece de peccuniatiue laquelle est en changer monnoye. Et peut estre quelle fut premierement trouuee simplement ca la laueture. G. Par ce que aucuns se apperceurent que le valoit plus en vng lieu que en autre. Texte. Et puis apres peccuniatiue de changer monnoye fut ordonne plus artificiellement. Glo. Affin de cognoistre la matiere, le poix, et la difference de la valeur en diuers lieux ou en diuers temps. Texte. Et ce fut fait quant les gens eurent apperceu come par telle transmutacion leur pouoit estre fait grant gaing. Glo. Et encores est leur gaing plus grant quant sen fait souuent et aultrement que selon raison mutacion de monnoye. Apres il determine de peccuniatiue. Texte. Et pource peccuniatiue est mesmement vers monnoye. Car son estude ou son office est considerer de quoy et en quelle maniere pourra estre faicte ou acquise multitude de peccunes, et par elle sont acquises richesses et peccunes. Glose. Apres il determine vne doubte. Texte. Et maintesfois est que plusieurs grans cuident que richesses ne soient autre chose fors multitude de monnoye pource que peccuniatiue est art de change lesquelz sont pour multiplier richesse ilz sont vers monnoye et pour accroistre la. Et aucunesfois il semble aux autres que dire que monnoye soit vraye richesse est vne grande folie. G. Et le pieuuent par ii. raisons. T. Premierement la loy fait du tout que monnoye est richesse et ce ne fait pas nature. Et ce appert car qui souspitraroit et osteroit a monnoye son vsage et son cours elle ne seroit plus digne ne proffitable a chose qui soit necessaire a vie humaine. G. Car oste le cours il ne demeure fors la matiere sicomme est largent qui nest pas necessaire a vie humaine car on se passeroit bien sans ce mais faudroit que vng peu combien que il fust bon pour faire vesselle ou autre chose. Apres il met vne aultre raison. Texte. Item peult estre maintesfois que celluy qui est riche de deniers et a la monnoye largement que il ait grant besoing et deffault de viande. Et est inconuenient de dire que les choses soient richesses lesquelles vng homme possede et en grant abondance et neantmoins il perist et meurt de faim en la maniere que on dit selon les fables dung roy appelle Mida. Lequel estoit tant couuoiteux que son desir ne pouoit estre

aſſaſie de peccune Et pource a ſa pri
ere les dieux lui octroierent que tout
ce quil toucheroit deuenist or. Glo.
Et ainſi tout ce que il mettoit a ſa
bouche deuenoit or il fut roy de lide⁊
oui de met ceſte fable en le xi.liure
Apres il determine la verite ¶Tex.
Et pource ceulx qui de ceſte choſe ſen
tent ſicōe ilz doiuent ilz tiēnēt ⁊ dient
que richeſſes ſont autres choſes que
neſt peccuniatiue ⁊ peccuniatiue e au
tre choſe que ne ſōt richeſſes ſelon na
ture ⁊ lacquiſicion de telles richeſſes
naturelles appartient a pconomique
mais la peccuniatiue qui eſt change
multiplie peccunes ⁊ nō pas en toutes manieres mais ſeulement par p-
mutacion de peccunes ⁊ eſt vers monope car monnope eſt le commēcement
⁊ la fin de telle cōmutaciō ¶Glo.
Pource quelle tend affin dacroiſtre
monnope pour monnope

¶En le xi.cha. il monſtre que peccuniatiue eſt ſãs terme ⁊ infinie

Et les richeſſes que lon voudroit acquerir par ceſte pec-
niatiue ſont ſãs termes ⁊ in-
finiez ⁊ la raiſō eſt ceſte car tout auſſi
cōe e medicīe le deſir de faire les gēs
ſains eſt ſãs terme et infini Et ſēblablemēt en chaſcū art le deſir ⁊ lappetit de la fin de tel art eſt infini car lē
veult ou deſire faire ou attēdre celle
fin tãt excellētemēt cōe lō peut mais
des choſes ou des moyēs q̃ ſōt ordonnez a la fin le deſir neſt pas infini car
le terme ⁊ la moderation e miſe telle

en toutes ces choſes cōe il e cōuenable
ſelō la fin En ceſte maniere la peccuniatiue deſſuſdicte na fin ne terme
G. Lē doit ſauoir que deſir eſt qualite ou mouuement de lame laquelle
quãt en ſoy eſt choſe finie Itē la fin a
quoy chaſcun art tend ⁊ quil aquiert
eſt en ſoy fini mais tel deſir eſt dit et
denomine infini pour tant, car on ne
peut auoir la fin ſi pfaictement que
encores ne vouſiſt lēn mieulx. Sicōe
vng medicin entãt que tel ne peult
faire que vng hōme ſoit ſi ſain que il
ne vouſiſt encores que telle ſãte fuſt
meilleur ou plus durable. ⁊ ainſi es
autres ars mais ia bien que le medici
face ſante tãt cōe il peult toutefuoies
du moyen ceſt aſſauoir de la medicie
il nen dōne pas tãt cōe il peult mais
a meſure ⁊ ainſi il ya fin et terme
car la fin a quoy elle tend quãt e de
ſoy ceſt celles richeſſes cōe ſōt poſſeſſions de peccunes .G. Et pource que
elle ne les deſire pas et ne les quiert
pas cōe moyen, mais cōe fin il ſeſuit
que elle peut tant acquerir quelle ne
vouſiſt plus ſans terme et ſãs fin
encores plus ſãs fin que le medici ne
deſire ſante car ſante e determinee ſelō nature en propōrciō de humeurs.
Mais richeſſe e vne choſe indeterminee Et ſauaricieux les appette non
pas ſelō raiſō ⁊ a meſure mais ſelon
ſon ymagination corrumpue . ¶Tex.
Mais la fin ou le terme a quoy tend
pconomique ce neſt pas pecuniatiue
ou acquerir peccunes mais e gouuer

⁋ Le premier liure de politiques.   xy.

net sa maison.G.Apres il traicte vne
doubte Tex.Et pour ceste raison il
semble que de toutes richesses ordonnez
a yconomique soit aucun terme mais
qui cõsidere les choses que len fait cõ
munemēt il semble au cōtraire Car tous
yconomies a tout leur pouoir sãs met
tre fin ne terme acroissēt leur monnoie
pour auoir les choses necessaires a le
ur vsage.Glo.⁋Apres il souffit ceste
doubte Et la cause de ceste variati
on ou diuersite de opinions est pour
la prochainette de ces .ii. pecuniati
ues.G.C'est assauoir vne q̃ est par chã
ger monnoye et est proprement et du
tout pecuniatiue Et lautre q̃ est pos
sessiue de toutes manieres de richess
es et appartiēt a yconomique et est
en partie de pecuniatiue et acq̃sitiue
de monnoye.Tex.Car lusage de lu
ne et de lautre est acquisicion de pecu
nes mais non pas selon vne maniere
Car celle q̃est propremēt ycouomi
que tend a autre fin principal que a
croistre monnoye C'est assauoir a gu
bernacion d'ostel Et lautre q̃ est par
change elle tend principalemēt affin
d'acroistre mōnoye et pour la prochai
nete d'elles il semble a aucun que le ne
goce viure et office de yconomique est
acquerir et acroistre pecune Et pour
ce plusieurs yconomiens peuent en
ce Et cuident que il conuiēgne sauuer
et garder ou acroistre sa substance de
monnoye sans terme et sans fin Et
la cause de ceste disposicion ou erreur
viēt de ce que plusieurs estudient et

mettent leur cure a viure mais non
pas a bien viure G.Car a bien viure
a bōne soustenãce de nature ne vuiēt
pas trop de chose cōe dit seneque pau
cis natura cōtēta est Nature est cōtēte de
peu de chose et qui veult viure a opi
niō il ne sera ia riche ne cōtent Et
pource la cōcupiscēce des gēs q̃ veulēt
viure selō leur desirs est infinie.Glo.
Car elle ne peult estre assasiee T.Il
cōuiēt et s'ensuit que le desir et appetit
des choses par quoy il y vient ser
uice a leur cōcupiscēce sōt infini Glo.
Et telles choses sōt richesses et pecu
nes Apres il met iii abusions q̃ vien
nēt de ceste chose.T.Et pource que
ceulx q̃ oultre ce que souffist bien viure
adioustent et quierent auitre viure
selon delectacions corporelles ou se
lō autres manieres diuerses et auec
te leur semble que len peut auoir telles
choses q̃ a des possessions largement
Adont tous telz mettēt leur cure vers
acq̃siciōs de pecules G.Car cōe dit les
scripture Pecunie obediunt omnia Len
a tout pour pecune Et par ce par la
bource et par marchāder ilz multipliēt
leurs pecules sãs fin Car le scripture
dit que insaciabilis est oculus cupidi
Itē auarus non implebitur pecunia
Et pource beda en vne omel.è dit et
Oui de iij libro fastorū diet que aua
rice è sēblable a ydropisie Car tāt plus
boit ydropique et plus a soif Et par ce
que dit est appert que lauaricieulx ou
couuoiteulx abuse cōtre sordre naturel
Car il prent fin ce de quoy il deust a

c.iiii.

uoir moyē Cestassauoir richesses qui sōt selon nature Vng moyē τ vng instrumēt ordōne a bien viure Et ainsi abuse de sa trompe qui ordōne richesses a mauuaisemēt viure Aps il met sa secōde abusiō T. Et de ceste maniere vint et fut trouuee vne autre maniere dacquerir peccune Ce est assauoir par changer mōnope.

Glose. Laquelle maniere est autre que celle qui est propre a pyconomique Cestassauoir que acquerir monnope par pmutacion de richesse natelle Car quāt les gēs nont pas leurs plaisirs en excepz sicōe ilz different adoncques ilz quierēt en excepz les choses de quoy ilz les peuēt auoir G Cestadire peccunes et pource il ne leur souffist pas gaigner en richesses naturelles ce auecques ce ilz ne gaignēt en parmutaciō τ chāge de mōnope Et parce appert que gaigner en chāge est abusiō τ contre ordre naturel Car sicōe il fut dit ou cha. precedēt la fin de tel mestier selō soy ē acquerir monnope et monnope ne doit pas estre fin mais selon nature elle ē moyē τ ordōnee a biē viure cōe dit est Dautre ptie tel mestier est ou tent a Vsure q̄ est reprouuee sicōme il sera dit aps Apres ensuit la tierce abusiō T. Et se il ē ainsi que ilz ne puissent par art de peccune ou de changer ou de marchādise acquerir richesses par lesquelles ilz puissent satisfaire a excepz de leurs concupiscēces adōcques ilz tēptēt se ilz pourront acquerir pec

cunes par autres causes Et premierēmēt vne dōpe telle que de chascūe puissāce cest adire de chascune vertu ou art ou office ilz vsēt nō pas selō nature sicōe de la vertu de fortitude Laquelle nest pas ordonne affin dacquerir peccunes Mais affin de faire hardiesses vertueuses τ cheualerie affin dauoir victoire τ medicine affin de garder ou faire sāte Et ne sōt pas telles choses affin dacquerir peccunes mais telz couuoiteux dessusditz sont toutes vertus τ toutes ars peccuniaires Cest adire que ilz les ordonnēt tous pour acquerir peccunes cōme ce sestoit la fin de telles choses Et il cōuiēt tout ordonner a la fin a quoy sē tent dG Et dōcques appert clerement que cest abus Car ce q̄ estoit naturellemēt selon loy ordōne ilz se ordonnēt a autre fin Apres il recapitule T. Or auons dōcques dit de peccuniatiue q̄ nest pas necessaire τ pourquelle cause les gēs ōt mestier τ indigēce de celle peccuniatiue G. Car cest par leur mauuaise concupiscēce q̄ ne peut estre assasiee τ est infinie ou procede sans terme et sans fin Tex Et auons dit aussi de la peccuniatiue qui est necessaire τ comme est autre que sa non necessaire et est propre a pyconomique τ vers choses qui sont selon nature sicomme vers viādes et vers choses conuenables a vie humaine et auōs dit quelle nest pas infinie sicomme est lautre Mais elle

¶ Le premier liure de politiques. xvi.

a fin et terme.

¶ Au vi. chapitre il respont a vne question deuant exposee Et traicte de plusieurs peccuniatiues.

Par ce quil a dit appert la responce dune doubte qui fut faite deuant au comencement de le viii. cha. Assauoir mon si peccuniatiue appartient a yconomique et a politicque ou non, mais sil conuient quelle precede et que les dessusditz les presupposet Et verite est quelles la presupposent et peccuniatiue leur sert Car aussy come politique ne fait pas les hões, mais nature les fait, et politique les prent de nature qui lui admistre et en vse, en ceste maniere est il a propos, car politique ne fait pas les viandes et les autres choses necessaires a vie humaine, mais quient que nature les baille des fruitz qui sont prins de terre ou de poissons de mer ou dauccune autre chose et il apparcient a celluy qui est yconomique sauoir come ley doibt telles choses disposer ordonner et dispenser. G. Et ainsy nature administre les viandes ou les fruitz et peccuniatiue administre la monope et les autres richesses et yconomique et possitique vsent de ses choses, et les dispenses.

Tex. Et nous veons par semblable que lart de tenir ses draps ne fait pas les laines, mais il en vse et par tel art

len scet cognoistre laquelle saine e profitable ou couenable, ou laquelle laine est mauuaise et non couenable pour faire draps. Glo. Et doncques aussy come a drapperie sert nature qui fait les laines et marchandise qui les procure et achatte. Semblablement a yconomique seruent nature qui fait les fruitz et les bestes, et peccuniatiue qui les acquiert et procure, car il entend par peccuniatiue art ou industrie dacquerir quelconques richesses, car len entend aucunesfois par peccunes toutes richesses, sicome dient les legistes, et fut dit en glose au v. chapitre Apres il traicte vne doubte en confermant ce que dit est. Tex. Et pource aucu pourroit faire doute pour quoy peccuniatiue seroit partie dyconomique et medicine non. Car aussy bien appartient a yconomie penser de la sante de ceulx de lostel come de leur viande ou des autres choses necessaires pour leur viure Et selon verite a celluy qui est yconomique, et a celluy qui est politique et prince il leur appartient considerer de sante en vne maniere et en autre non, mais appartient au medecin. Glose. Le seigneur dun hostel et le prince dune cite ont bien a regarder que eulx et leurs subiectz soient sains, et quilz vsent du conseil des medecins, mais il ne leur appartient pas cognoistre par quelles choses sante est gardee ou recouuerte car il appartient aux medecins.

¶ Tex. ¶ Semblablement celluy q

est yconomicque il luy appartient des peccunes en vne maniere et en autre non/mais appartient a vng art qui est soubz yconomicque et appetient a elle et cest peccuniatiue. G. Car comme dit est yconomicque vse des peccunes et des richesses et les dispence et la maniere de les acquerir appartient a peccuniatiue et non pas a yconomicque. et p ce appt que peccuniatiue nest pas ptie de yconomicque plus que est medecine fors par aueture pourtāt que peccuniatiue est plus ptinuellement necessaire et plus conioincte a yconomicque. Apres il declaire vne chose dessusdicte T. Et sicomme il fut dit deuant. G. Au .ix. cha. T. Il conuient que nature administre les choses de quoy vse yconomicque. Et la cause est, car donner et ministrer viande a homme des ce quil est engedre cest euure de nature/et tout home a tel nourrissement et luy est fait du residu de sa generation. G. Car la matiere de quoy il en engedre et forme il demeure vne chose ou partie de laquelle il est nourry au ventre de sa mere iusques a sa natiuite. Et apres celle substance est puertie en fait du quel il est nourry tant quil puisse viure dautre viande De laquelle viande nature luy administre apres. T. Et pource la peccuniatiue pour quoy len acquiert apres son viure des faiz de terre et des bestes est selon nature a tous hōes. Glo. Car se la ministration des viures au commencement est selon nature et raiso

nable que apres linquisicion des viures soit selon nature. Apres il fait comparaison des peccuniatiues dessusdictes. T. Et que il soit ainsy que deux manieres de peccuniatiues sont vne changeresse et lautre yconomicque len doit sauoir que celle qui est yconomicque est necessaire et est louee Glo. Car elle acquiert peccunes de choses ou par choses naturelles. T. Mais lautre qui est par translater ou transmuer monnoye ou selon laquelle len se translate et mue de ce q estoit necessaire a ce qui est selon concupiscece ceste peccuniatiue est iustemēt vituperee et blasmee, car elle nest pas selon nature. Premierement pource quelle nest pas en commutatiues des choses naturelles. Car monnoye est chose artificielle. Item car elle nest pas pour supplier necessite de nature. Item car monnoye selon nature est instrument de permuer ou comuer richesses naturelles sicome il fut dit au v. chapitre. Et doncques vser aucunement est chose hors de nature. Item telle peccuniatiue selon soy est pour concupiscence ou conuoitise. Et par ce est peruerty sordre naturel sicomme il fut dit au chapitre precedent en glose. Item prendre acquest de monnoye par monope est vne maniere de vsure Et vsure est cōtenature ou hors nate sicōe il sera dit aps Et pource sainct gregoire en vne omelie rend sa cause pour quoy sainct pierre apres la resurrection resuscitst res

Le premier liure de politiques. xvii.

tourna en sa pescherie Et saint mathieu ne retourna pas a son change Et dit saint gregoire que la cause e pource que negoce de chãge ne peult oncques ou a peine estre fait sãs pechie. Te. Mais elle est par permuer ensemble monnoye lun a lautre. G.

Apres il met ii. especes autres de pecuniatiue qui sont par monope Tex. Item vne autre espece de pecuniatiue par monope qui est appellee obolostaticque. G. Cest adire qui est abusif ou institut deniers. T. Et est reprouuee ou haye tresraisonnablement Et la cause est, car par la monnoye mesmes est faicte telle acquisicion, et non pas par la maniere ordonnee pour acquerir monnoye, car monnoye est faicte pour faire par elle transmutacion z permutation des autres choses et par ce peut estre acquise. Item vne autre espece de pecuniatiue est vsure. Glo. Selon plusieurs expositeurs Icy sõt mises iiii. especes de pecuniatiues vne est propre a pronomicque et est faicte p choses naturelles Et les autres sont p monnoye desquelles. La quarte cest assauoir vsure est manifeste, mais le texte z les gloses mettēt obscuremēt la distinction de changee et de obolostaticque si me semble a present que ce peut estre entendu en vne des deux manieres. Premieremēt chãge peult estre fait en portãt dun pops en laultre pour mettre pour plus grãt pris et pour vendre la au billon, et ce peut

estre dit chãge. Itẽ change peult estre fait en vng mesme lieu, srõe en baillant menue monnope pour deniers en prenãt gaing. Et tel change est vne maniere de vsure Et par auenture est ce qui est appelle obolostaticque, z cest ce que faisoit sait mathieu qui se seoit ad theloneum et cest vne maniere que len peut dire. vne autre expo sicion peut estre que par change soiēt entendues toutes les deux manieres dessusdictes Et par obolostaticque mutation de monope pour gaing, z aisy sẽble il que le nom le signifie qui vient destablir et istituer, doncques qui pour gaing institue a monope autre plus que deuant ou qui la fait autre que deuãt pour gaing cest obolostatique. Laquelle est plus iniuste que pure vsure, sicõe il appt au traictie des mutations des monnoies. Apres il traicte des vsures T. Et en grec elle est appellee tahios qui signifie chose qui de soy mesme se fait plus grande et se multiplie, et de ce print vsure son nom, car les choses qui sont engēdrees sõt sẽblables a ceulx qui les engēdrent. Et en tahios ou en vsure monnoye est faicte et engendree de monope, et pour ceste cause acquisicion de peccunes faicte p vsure est mesmemēt hors nature. G. Car se lõ nature deniers sõt acquis p mutation des choses naturelles et non pas p permutatiõ des deniers. Et dõcques touteffoys que monnoie apporte fruit z gaig de mõnoie z aucun

nement que en la exposant en son vsa‑
ge naturel,et que denier engendre de‑
nier cest chose desnaturelle, et a ce sont
toutes les raisons q̄ sont deuant mi‑
ses contre gaing fait par chāge. En‑
cores pour les plus declairer le pro‑
pos ie argue au contraire ¶ Premi‑
erement car monnoye est vng instru‑
ment de yconomicque pour faire com‑
mutation, sicōme est dit souuēt Et
donc aussy cōe len peut louer sa table
et sa vaisselle ou aultres instrumens
dostel il sensuyt que len peut louer sa
mōnoye. Itē quicōques recoit benefi‑
ce ou courtoisie dautre il est tenu a re‑
tribuer Et ce ne seroit pas condigne
retribution se celluy qui a emprunte
argent rendoit precisement largent.
Ite se celluy qui a preste largent a eu
dōmage ē ce quil nauoit sa mōnoie
il semble que lautre le doie des dōma‑
ger pour la responce a ces raisons et
autres, et pour afermer ce propos lē
doit sauoir que aucūe chose est de la
quelle le vse sās la consumer, sicōe vne
charrette Aultre est celle de vser des‑
le cest consumer la, sicōe pain ou vin.
Et lautre est celle que vser delle et la
aliener et celle est monnoye quant a
son propre vsage et louer vne chose
cest en retenir la seigneurie et bailler
en lusaige pour prix Et par ce app̄t
que nulle chose de quoy lusaige est
despendre en la consumant ou alienāt
nest de soy louable, sicōe est monnoye
et pain et vin, car aussy ne restitue lē
pas ce mesmes, mais sēble, et donc se

son nature on ne peut louer monnoye.
Mais lē sa peut prester Et pource se‑
lon commun parler on dit que len pre‑
ste, et expuncte a vsure Et prest de sa
nature est fait sans couuenir de ren‑
dre prix oultre le preste, Car aultre‑
ment se seroit louer ou vēdre Et par
ce apert a la responce au premier argu‑
ment, et que vsure nest pas selon na‑
ture Ite lē peut bien p̄ster vng instru‑
ment cōme sa charrette en retenant la
propriete et en baillant lusage, mais
de monnoye lusage est despendre la
comme dit est ¶ Et donc len ne peut
bailler a autre persōne lusage de mō‑
noye et retenir en la propriete, et pour
ce en tel prest la monnoye est transfer‑
te et passe en la seigneurie de celluy
qui se retient et est en son peril se il la
pert Et adoncques est ce inequalite
et chose naturelement iniuste que vng
hōe preigne gaing en la chose qui est
dung autre Et nest en rien sienne ne
en son peril se il la pert Et sēblable‑
ment est il de pain et de vin et de tou
tes choses dont lusaige est les despen‑
dre, car en toutes telles choses peult
cheoir vsure Et par ce appert que
vsure est hors nature, et pource est el‑
le reprouuee en la saincte escripture,
et en droit canon et en aucunes loix
autres que les rommaines, combien
que elle soit en aucuns lieux soufferte
Mais q̄ bailleroit sa mōnoie nō pas
pour la despēdre ou sō vin, etc. Mais
que auit la prisast affin de moster q̄
ē riche ou pour cāe soit bōe ou mais

¶ Le premier liure de politiques　xviii.

ce nest pas vsure plus que prester sa vaisselle ou telle chose pource quil en prist loyer. Apres ie respons aux argumens contraires au premier la respōce est deuant. Au second ie dy que cellui qui recoit argēt en prest il ne doit estre oblige a rendre plus que il a receu quāt est de lobligatiō legal, mais pour la courtoisie que laut luy a faicte il est tenu a retribuer plus. Et par lobligatiō moral, z damitie, sicōe apt au vīii. et pix. et .c. du viii. dethiques. Au tiers ie dy que bien peut estre que cellui q a epruste se p sa negligence ou par malice ne rendoit en tēps deu et lautre p eust dōmaige il seroit tenu a lautre, mais ce nest pas vsure, z aussi par auenture se pene estoit mise au ptraire. Et est verite que en ceste maniere sont plusieurs cas z plusieurs questions, et que de vsure lune est apperte, lautre est couuerte z est peu en moult de diuerses manieres, mais a present souffise ce que dit est pour reprouuer vsure. Toutesuoyes aucunes fois est pinse vsure p similitude pour quelconque acroissement, et aussi dit Ouide que quāt le ble ē seme se chāp rend le ble a grant vsure, et en seuangille lacroissemēt des biēs espirituelz est appellee vsure.

¶ Au vīii. cha. il determie de vsaige de pecuniatiue.

Pource que nous auōs determine suffisāmēt de possessiue ou pecuniatiue quāt est a science ou speculatiō, il puient apres en passant outre dire de ce que appriēt a lusage et a la practique de pecuniatiue car de toutes telles choses iē peult si beralement z legierement pler quāt a speculatiō, et en gñal, mais quant a lusaige et a la practicque experiēce est necessaire. Nous dirons donc que de pecuniatiue sont plusieurs parties pross. tables, vne est p estre expert vers les choses qui peuent estre possibles, et que lē sache lesquelles sōt tres precieuses ou plus, z en quel lieu z cōmēt, sicōe de cheuaux ou de beufs ou de ouailles z semblabl. mēt des autres bestes, car il cōuient estre expert en telles choses z pper sue a laut, z lesquelles sōt les pl9 chieres et en quelz lieux, car les vnes abondēt en vne region z les autres en aultres. G. Et ainsi par les nourrir, z vendre a ceulx dautre pais, z par acheter aultres dautres gens, dautre pais len multiplie ses richesses z ses peccunes. Apres il mect vne autre ptie de pecuniatiue.

¶ T. Ite vne aultre pecuniatiue est vers les choses qui viēnent de cultiuer la terre tant de terre q est nue cōe des chāps la ou croist le froment. Cōme de celle qui est plantee darbres, et aussy vers les choses qui viēnent de cultiuer ou gouuerner les mouches q font le miel, et les aultres bestes comme sont poissons et opseaux et toutes generalemēt desquelles peut venir aide a vie humaine. Et dest es parties de pecuniatiues sont premieres et trespropres. ¶ Glo.

(feuillet.

Car par elle est acquise peccune des choses naturelles pour lesquelles fut trouuee peccune/sicõme il fut dit au ix.chapitre.Apres il met ses parties d'une aultre peccuniatiue. T. Mais vne aultre peccuniatiue est, laquelle est appellee translatiue. G. Elle est dicte translatiue/car par les aultres dessusditz nen ne vedoit ou achetoit fois pour son vser/et cest le pmier vsage de peccune/mais apres len se trãsporta ou translata a acquerir peccunes par aultres voyes ¶ Et la plus grant ou plus principale partie delle cest marchandise de laquelle sont troys parties. Vne est par nager par mer ou par autre cause/lautre cõme par porter fais cõme par chariot ou a somme/lautre est dicte parastasie, Cest adire marchandise qui est faicte sans transporter de pays en aultres Et ces parties ou manieres de marchandise different les vnes des aultres/Car les vnes sont plus certaines et moins aduentureuses/et les aultres sont moins certaines/mais par elle est acquise plus grant accroissance. Glo. Sicomme marchãdise de mer qui est plus perilleuse et plus lucratiue que plusieurs aultres. T. La seconde partie de peccuniatiue trãslatiue est cest adire vsure. G. Du change de quoy il fut dit au cha. precedẽt T. La tierce est ministratiue cest adire mercenaire de laquelle vsent ceulx qui fõt besoingne corporelle pour peccune Et de ceste sont deux manieres

vne qui est faicte p les ars bauansticques. Glo. Ce sont les operations ou len souille et len ordist sõ corps sicõe sont varletz de cuisine et trippiers et faiseurs de cordes a vielles. T. Et lautre est des opations la ou il n'a art ne subtilite et qui proffitẽt seulemẽt au corps. G. Cõe celles que sõt seulemẽt cenls que nous appelons ouuriers de bras. T. La quarte espece est moienne entre ceste et la premiere/car elle a ptie de chascune, cestassauoir de celle qui est faicte des choses lesquelles viennent de terre ce de ceste qui est translatiue ¶ Et est celle peccuniatiue par tailler pierres/ par faire methaulx, car telles choses viẽnent de tre/aussy cõe sont les herbes et les arbres/mais ilz ne portent pas fruit/ toutesuoies ilz sont profitables/mais cest par le labeur des hões/ ceste peccuniatiue qui est par metaulx est faicte en plusieurs manieres/car des metaulx de terre sõt plusieurs especes. G Apres il se excuse de traicter plus de ceste chose. T ex. Et dõt soit dit ainsi en gñal de chascũe telle peccuniatiue, car dire de ce pticuliere ment / plus diligemment seroit chose proffitable/mais que sue chose seroit de plus en ce demourer. G. Car il conuient plcr de plus grans choses et cestes sõt hors le principal propos Apres il met iiii.distinctiõs. T. Mais des opatiõs peccuiatiues sõt artificieles/ a en elles peu de fortunes.
¶ Glose ¶ Sicomme faire vng

edifficé ou vng ymage, car a ce est requis art et raison plus que fortune. Mais a pecher a fortune fait plus que art, et la cause est, car art est habit factif auecques raison, sicomme il fut dit au quint chapitre du quint dethicques et fortune est sans raison. Et pource dit aristote au liure de bonne fortune que la ou il y a plus dentendement et de raison il n'y a mois de fortune. Et la ou il y a plus de fortune, il y a moins de raison. Tex. ¶ Item de telles operations aucunes sont banuansicques, cestassauoir celles esquelles les corps des hommes sont faitz ors et macules et honnis. G. Sicomme sont ceulx qui touchent les pos ou qui curent les priuees et aultres operations sont plus nettes. ¶ Texte. ¶ Item celles sont mesmement seruilles qui requierent plus usage et labeur de corps. Glo. Et peut assez apparoir par ce qui fut dit au quart chapitre et telles operations sont comme fouller ses draps, et les aultres sont moins seruilles. ¶ Tex. ¶ Item celles sont tresinnobles ou villes qui requierent peu ou neant de vertu et de raison. Glo. Sicomme par auenture garder les pourceaulx, et les autres sont plus honnorables et moins villes. Item encores peut on dire ioupte ce que dit est que des ars les ungs requirent moult de doctrine et peu du saige sicomme par aueture les practiques de geometrie, les aultres requirent moult d'usage et peu ou neant de doctrine sicomme feures et chartier. Et les autres moyennement selon plus et selon moins sicomme sont medicine et rethorique.

¶ Au viii. chapitre il met aucuns enseignemens proffitables aux pecuniatiues dessusdictes.

Et pource que aucuns sages ont escript et fait liures des choses dessusdictes sicomme furent Charites parins et apolodarus luiniuius. Qui escrirent doctrine de cultiuer la terre. Et celle qui est nue pour semer blez et herbe et celle qui est plantee et semblablement autres ont escript des autres pecuniatiues. ¶ Glo. ¶ Sicomme de mectaulx de quoy sont les liures dalquemie et de faire edifices escript ung philosophe appellé Victritus ou Vitriuius. ¶ Tex. ¶ Et doncques quiconques veult prendre sa cure de sauoir plus a plain de telles choses il peut considerer leurs escriptures. ¶ Glose. ¶ En ceste maniere chatounet ranuoie a Virgille ceulx qui veullent sauoir de cultiuement de la terre. Car Virgille en escript et paladin et plinius et plusieurs autres latins et grecs lesquelz nomme plinius. Mais en telle chose vsage et experience fait tout moult plus que ne fait doctrine ioupte ce qui fut dit en la glose du chapitre precedent.

¶ Apres il met ung autre enseignement ¶ Texte.

Car par elle est acquise peccune des choses naturelles pour lesquelles fut trouuee peccune, sicõme il fut dit au ix. chapitre. Apres il met ses parties dite aultre pecuniatiue. T. Mais vne aultre pecuniatiue est laquelle est appellee translatiue. G. Elle est dicte translatiue, car par les aultres dessusditz nen ne vedoit ou achetoit fors pour son vser, et cest le pmier vsage de peccune, mais apres len se trãsporta ou translata a acquerir pecunes par aultres voyes. Et la plus grant ou plus principale partie delle cest marchandise de laquelle sont troys parties. Vne est par nager par mer ou par aultre cause, laultre come par porter fais cõme par chariot ou a somme, laultre est dicte parastasie, Cest adire marchandise qui est faicte sans transporter de pays en aultres. Et ces parties ou manieres de marchandise different les vnes des aultres, Car les vnes sont plus certaines et moins aduentureuses, et les aultres sont moins certaines, mais par elle est acquise plus grant acroissance. Glo. Sicomme marchãdise de mer qui est plus perilleuse et plus lucratiue que plusieurs aultres. T. La seconde partie de pecuniatiue trãslatiue est cest adire vsure. G. Du change de quoy il fut dit au cha. precedẽt T. La tierce est ministratiue cest adire mercenaire de laquelle vsent ceulx qui sõt besoingne corporelle pour peccune. Et de ceste sont deux manieres

vne qui est faicte ples ars bauantsiques. Glo. Ce sont les operations ou len souille et len ordist son corps sicõe sont varletz de cuisine et trippiers et faiseurs de cordes a vielles. Et laultre est des opations la ou il na art ne subtilite et qui proffitẽt seulemẽt au corps. G. Cõe celle que sõt seulemẽt cenly que nous appelkons ouuriers de bras. T. La quarte espece est moienne entre ceste et la premiere, car elle a ptie de chascune, cestassauoir de celle qui est faicte des choses lesquelles viennent de terre ce de ceste qui est translatiue. Et est celle pecuniatiue par tailler pierres, et par faire methaulx, car telles choses viennent de tre, aussi cõe sont les herbes et les arbres, mais ilz ne portent pas fruit, et toutesuoies ilz sont proffitables, mais cest par le labeur des hões, et ceste pecuniatiue qui est par metaulx est faicte en plusieurs manieres, car des metaulx de terre sõt plusieurs especes. G Apres il se excuse de traicter plus de ceste chose. T. ep. Et dõt soit dit ainsi en gñal de chascüe telle peccuniatiue, car dire de ce pticulierement et plus diligemment seroit chose proffitable, mais que sue chose seroit de plus en ce demourer. G. Car il cõuient pler de plus grans choses, et cestes sõt hors le pncipal propos. Apres il met iiij. distinctiõs. T. Mais des opatiõs pecuniatiues sõt artificieles, et a en elles peu de fortunes.

Glose. Sicomme faire vng

¶ Item se hors les escriptures des susdictes en plusieurs histoires esparties len treuue plusieurs diuerses manieres et voies par quoy aucūs ōt acquises pecunes. Encore conuient il que ceulx qui honnorent pecunes & qui tendent a les acquerir que ilz recueillent et considerent telles choses. car toutes sōt prouffitables a leur ētēcion. Glo. Apres il met de ce deux exemples. Tex. Sicomme se qui aduit a vng sage appelle Thales milesius. Car la consideration de son fait est vne pecune proffitable pour acroistre la pecune que len a de present. Ja soit ce quil ne fut pas impute a thales qui il fist telle chose pour conuoitise de pecune, mais pour sagesse recommander. Glo. Tales estoit vng des vii. sages et fut appelle milesius Car il fut dune bōe cite appellee miletium Et fut des pmiers ou le premier grec qui estudiast en philosophie speculatiue. Et les aultres sages estoient riches et pati aens. ¶ Tex.

¶ Et le fait fut, tel ses aultres diffamoient et reprouuoient son estude et luy mettoient en reproche ce que il estoit prouue aussy comme se philosophie et estudier en elle fust chose inutille et de nulle valeur. Et le dit que il cōsidera et regarda par astrologie que lete prochain ensuiuant il seroit tresgrant habondance doliues. Glo. Et ce appert assez par les proces du texte que il sauoit ou par astrologie ou par le commun cours du tēps que

en leste qui viedroit apres il enseroit deffaute. Tex. Et doncques comme en temps diuer il fut encore grant habondance doliues il acheta des cultiueurs ou laboureurs toutes les oliues diceulx de la cite de milet pour le ste aduenir et de lisle de thio. Glo.

¶ Thio est vne ysle ou fut ne ypocras. T. Et ilz luy donnerent pour peu, et il leur bailla pour erres vng petit de pecune que il auoit Et ne stoit aussy cōme nul qui cuidast que il en deust croistre abondance. Et apres quant vint le temps que il eut toutes les oliues & tous les queroient et venoient ensemble et soudainement pour les atacher. Lors il les tauxa a si grant pris comme il voulut. Et doncques quant il eut cueilli et assemble moult de pecunes lors demonstra aux autres et leur dist que cest legiere chose aux philosophes destre faiz riches se ilz veulent, mais ilz ne mettent pas leur estude en telles choses. Glo. ¶ Len dit que plusieurs ont este deceuz a la cause ou occasion de ceste narracion par ce que ilz cuidoient que quant il leur plairoit ilz fussent faiz riches par astrologie et ilz ont este pouces. Et pource est il bon de dire par quelle astrologie thales pouoit sauoir telle chose. Et ie treuue que plinius secundus au xviii. liure de histoire naturel au xx viii. chapitre raconte vne histoire semblable fors quil dist que ce fut democratus, & peut estre que ainsy furent et lun et autre Car tous ses deux furēt astrologiens ⁊ appliquerēt astrologie au cultiuemēt des oliues sicōe il appert ou liure dessusdit Et illec appt que labōdance ou la chierte des oliues a venir ne fut ꝯgneue par autre astrologie fors tant seulement pour ꝯsiderer vne estoille appellee virgiliez et cuide que ce sont celles que len appelle plaides Et que les pasteurs appellent sa geline poucinere Car thalis ou democratus nota adōcques clerement de celle estoille ou estoilles

☞Cest a dire quant elle ꝯmence a apparoir par soy esloingner du soleil et selō ce enseigne thalis a cultiuer les oliues pour auoir ē abōdance et autremēt non sicōe il appert ou ꝑꝑb.c. du liure dessusdit Et par tout ce liure mesmes en plusieurs lieux ⁊ asiteurs peut apparoir que les anciens quant au cultiuement de la tre ⁊ des herbes apres le soleil ⁊ la lune regardoiēt pricipalemēt es estoilles fichees ⁊ peu ou neāt es planettes fors que virgille cōmande a regarder a saturne Et par ce sēble que les estoilles fichees ont tresgrāt influēce ⁊ tresgrāt signification sur les choses d icy bas mais verite ē que elles ne sont mais ainsi cōe ilz estoient lors au regard du zodyaque Ite les regles que anciens mettoiēt quāt a cest propos estoient diuerses en diuerses regions sicōme il appt ou liure dessusdit Et dōcques il ensuit par les causes dessusdictes que telles rigles et plusieurs

autres escriptes es liures d astrologie iudicatiue nont pas verite en cest tēmps ne en cest pays et ne sont pas a croyre et peut bien estre que plusieurs en ont este deceuz Mais nobile chose seroit de faire nouuelles obseruaciōs Car ilz pourroient valoir pour aucū temps ☞Et sicōe nous auōs dit cest vne chose proff.table pour acquerir peccune se aucun pouoit faire pour soy telle properation en achetāt aucune chose tant quil peut faire monopole. ☞Glo.☞En grec monos cest vng et pole signifie trois choses Cestassauoir cite multitude ⁊ vendiciō mais selō ce il ē escript en trois manieres ☞Car ilz ont en grec deux eō ⁊ ii.η cest pey puns polis pour vēdiciō Et doncques quāt vng tout seul veut aucunes choses en vne cite ou pays cest monopole. ☞Tex. ☞Et pource aucunes ates quāt ilz ont mestier de peccune pour leur communite ilz font en ceste maniere que ilz onl des richesses assez Car ilz sōt monopole daucunes choses vendables. ☞Glose ☞Cōme de sel ou de busche Et ce peut faire la communite ou personne publique pour elle ou pour le bien publicque et non pas personne priuee se nestoit par auēture par aucun preuilaige cōmment aucuns en certain temps et lieux font monopole de vin que len appelle le ban et apres il met vne autre exemple ☞Texte. ☞Ite en sycille fut iadis vng homme qui auoit mon

ɔ.i.

nope de vers soy en tresor et de ce il
acheta tout le fer des minieres de fer
qui estoient ou pays Et apres quant
les marchans venoient des foires
et de diuers lieux pour achater fer il
tout seul leur vendoit et ne faisoient
pas grant exces ou pris Et toutes
uoyes en la somme de cinquante ta
lens ou besans il gaigna et acquesta
C. besans Et quant le roy de Sicil
se appelle dyonisius sentit et apper
ceut ceste chose il commanda que cellui
ne demourast plus a la cite de cyra
cuse et que il emportast ses peccunes et
sen allast de hors come cellup qui trou
ue acroissemens de richesses qui ne sot
pas conuenables a ces choses. Glo.
¶ Car il sembloit inconuenient au
roy que en si peu de peccune que il pe
ust tout acquest ou pource fui desplai
soit que cellui fust tant riche Car cest
dyonisius fut vng des deux cestas
sauoir le pere ou le filz desquelz par
le iustin et meet que ilz furent tresmal
uais tirans ¶ Tex. Et ce que
thales considera et ce que fist cest sici
lien cest tout vne chose Car lun et lau
tre estudierent a faire monopole pour
ceulx et notifierent ceste chose a ceulx
qui gouuernent les polices et les con
tez cest chose proffitable Cestassauoir
quilz sachent faire monopolie ¶ Car
moult de citez ont mestier dacquisi
on de peccune pour le tresor publique
Et de telles richesses en la maniere
que les personnes priuees ont mestier
de peccunes Car encores en ont plus

mestier et de plus ceulx qui gouuer
nent la police Et pour ce qui conuer
sent ciuilement et entendent au gou
uernement des citez estudient et pen
sent de multiplier le tresor publicque
seulement par monopole.

¶ Au v. cha. il determine de deux
combinations qui sont en maison, cest
assauoir du mary la femme et du pe
re au filz

Nous auons dit deuant que
de pconomique sont trois p
ties. Glose. Du trops conbi
nations ou coniugations et ce fut dit
ou tiers chapitre. Texte. Vne est des
potique qui est du sigueur au serf de
la quelle nous auons dit deuant
Glose. Cest assauoir ou tiers chapi
tre et apres iusques a le viii. Texte
Et vne autre est paternelle qui est
du pere au filz Et la tierce est nupci
al qui est du mary a la femme Car le
mary a princey sur sa feme Et le pe
re sur ses enfans Mais cest somme
sus francs et quant a femme et quant
a enfans. ¶ Glose Et par ces deux
princeps different de princey despoti
que Texte Et ces deux princeps ne
sont pas en vne maniere Car cellup
que le mary a sur la femme est prin
cey politique ¶ Et cellup que pere a
sur ses enfans est princey royal.
Texte. Et la cause est, car le pere a

plaine seigneurie sur ses enfans qui sont soubz aage aussi comme le roy a plaine seigneurie sur ses subgectz Et le mary na pas toute seigneurie sur sa femme sicõme il fut dit au viii chapitre de le viii. Ethiques Mais il a domination sur elle selon la loy de mariage Aussi comme en pollice cellui qui est esleu prince doit gouuer ner selon les statuz et loix ꜧ ordonnã ces qui luy sont baillees Apres il de claire comme ces deux princeps sont selon nature ⸿Texte ⸿Et le masle est par nature plus principal que nest la femelle se le contraire na uient aucunement hors nature
⸿Glo. ⸿Sicomme quant le ma ry est effemine ou meschant ⸿Tex ⸿Et aussi le pere qui est plus anciẽ ꜧ plus parfait il e plus principal que nest le filz qui est plus ieune ꜧ impar fait ⸿Glose ⸿Et selon natu re cellup qui est le plus principal et le meilleur doit auoir seigneurie Apres il met difference entre princep politi que et princep nupcial ⸿Tex
⸿Mais plusieurs princeps politi ques cellup qui tient le princep et cel lup qui est subgect sont transmuez.
⸿Glo. ⸿Ilz muent leurs princeps aucunefois chascun an ou selõ autre terme ꜧ en eslisent vng nouuel et le premier est subgect comme deuant.
⸿Texte ⸿Car telle pollice re quiert que le prince ꜧ les subgectz soient equalz selon nature, ou la na ture de tel princep Veult que prince ꜧ

subgectz soient equalz sans aucune difference. ⸿Glose. ⸿Car telz cytopens sont presque tous equalz en liberte et en noblesse ꜧ en meurs
⸿Texte ⸿Mais toutesuoyes quant vng est fait seigneur ꜧ lautre est fait subgect ilz quierent ꜧ mectẽt aucune difference entre eulx en figu re de vestemens et en maniere de p ler et en honneurs ⸿Glo.
⸿Car le seigneur ou prince est plus honnestement vestu et parle comme cellup qui a auctorite, et ses aultres luy font honneur et reuerence tant comme son princep dure ⸿Tex
⸿En la maniere que met amasie le poete en vng dicte ou parle du car set qui luy lauoit ses piez ⸿Glo Par auenture disoit il que son va let estoit digne ou semblast estre vng tel prince se il fust ainsi vestu et eust telle maniere de parler ⸿Tex
⸿Mais le masle se a au regart de la femme se tousiours en vne manie re. ⸿Glo. ⸿Car il nest pas vne fois prĩce ꜧ autrefois subgect ne vne fois masle ꜧ autrefois femelle Apres il met couenance entre princep pater nel et princep royal ⸿Tex ⸿Et la seigneurie ꜧ princep que le pere a sur ses enfans est princep royal car le pere pour ce que il a engendie ses en fans il a sur eulx princep selõ amour naturelle, et auecques ce il a sur eulx vne prerogatiue naturelle en ce que il est plus ancien Et quant a ces cho ses la dominiciõ que le pere a sur ses

enfans a vne espece et vne similitude de princep royal. ¶ Glo. ¶ Car le roy doit principalement amer ses subgectz et doit estre plus aincté que eulx en prudence en noblesse et en bonnes meurs, et pource dit aristote ou tiers chapitre Nemo eligit iuuenes duces ¶ Et pource disoit bien homerus le poete quant il parloit a ioues ou a iupiter et le appelloit pere en disant Tu es pere des hommes et des dieux, et disoit que ioues qui est pere de toutes choses est le roy des hommes et des dieux. Glose. ¶ Et semblablement fut dit au viii. chapitre du viii. des ethiques Jupiter fut vng roy qui gouuerna son peuple par affection paternel, et de ce dit ouide iupiter esse pium statuit quodcunque iuuaret. Il establist telle loy que tout ce q estoit profitable au peuple estoit plaisant a dieu ¶ Et pource les payens disoient que il estoit dieu souuerain et roy et pere de tout le monde et ainsi par ce que dit est appert que le pere est comme roy et le roy comme pere, et ce declaire il encore apres. ¶ Tex. ¶ Car il conuient que le roy differe de ses subgectz par nature. ¶ Glo. ¶ Car se il nestoit meilleur selon aucune bonte naturelle et se il nauoit excellence ce ne seroit pas iuste chose que il eust planiere puissance sur ses subgectz et que il fut perpetuel ¶ Et doncques appert que le roy differe de cessuy qui a princep politique Car le politique na pas planiere puissance Item il est equal

selon nature ¶ Item il est transmuable et non pas perpetuel et tout ce a este dit en ce chapitre. ¶ Tex. ¶ Mais le roy doibt estre vng mesmes auecques ses subgectz par linagge ¶ Glo. ¶ Cest adire dune mesme gent dune nation et dun langaige comme len diroit que tous francoys sont dung lignage Car ilz ont aucune similitude ou affinite ou prochainite naturelle communement. ¶ Tex. ¶ Et telles habitudes ou comparaisons ont le plus ancien au regard du plus ieune et cellui qui a engendre au regard de son filz ¶ Glo. ¶ Et par ce appert que le pere entant comme plus ancien il differe de son filz par nature ou en nature Et entant quil a engendre son filz il est vng mesme et a communite auecques lui en lignage Et doncques le roy qui est pere de ses subgectz come dit est doit auoir a eulx differece de nature et vnite ou couenance de lignage comme dit est par quoy il sensuit que cest inconuenient et chose desnaturelle et hors nature que vng homme soit roy de vng royaume et que il soit destrange pays Et principalement dautre gent dautre nation et da utre signage et de ce nous est expressement mostre en la saincte escripture ou nostre seigneur dist ainsi denteronomio vii. Non poteris alterius gentis hominem regem facere. glo. id est alienigenam et sequitur qui non sit frater tuus. glo. id est de cognatione Dist il a son peu

pse te ne te laisse pas pouoir de faire
tō roy dūg hōe daut gent z destrāge
pays z qui ne soit ton frere cestassa
uoir de ta cognation ou de ton ligna
ge a prendre lignage largement sicō
me aristote le prend en ceste partie
  ¶Apres il concludque le prin
cipal solitude de pconomie est vers
les deux combinations dessusdictez.

¶Tex ¶Et doncques est il ma
nifeste que pconomie a plusgrant cu
re vers les hommes et vers les per
sōnes de la maisō quelle na vers ses
possessions qui sont sans ame ¶Et
cure plus de la vertu des personnes
affin que ilz puissent bien vivre que
elle ne fait de ce que les possessions
que nous appellons richesses puissēt
estre bien acquises Et quant est des
personnes elle a plusgrant solicitude
des frances que des serfs.

¶Au vii. chapitre il traicte ceste
question assauoir mon se les subgectz
doiuent auoir aucunes vertus.

Des ceulx qui sont serfs aucū
pourroit faire doubte pmie
rement assauoir mon se hors
la science seruille ¶Glo. ¶De la quel
le il fut dit ou vii. chapitre ¶Tex
¶Et oultre la vertu par quoy ilz
scevent faire leur ministration z leur
seruice se ilz doiuent auoir aucune au
tre vertu plus honnorable sicomme

sont attrempance et fortitude et iu
stice ou silz ne doiuent auoir aucune
quelsconque fors seulement celle qui
appartient aux seruices corporelz
¶Et quelsconque partie que lon dit
de ceste question il ya doubte ¶Car len
dit que ilz doiuent auoir telles ver
tus honnorables doncques sensuit il
quilz ne differēt en riens des francs
Et selon dit que non doiuent cest in
conuenient Car ilz sont hommes et
communiquēt en participant en rai
son ¶Glo ¶Et doncques doi
uent auoir vertus morales ¶Tex
¶Et pres que vne telle question
peut estre faicte de la femme z de len
fant ¶Assauoir mon se il conuient
que la femme soit attrempee et iuste
z quelle ait la vertu de fortitude
Et de lenfant cestassauoir mon se il
doit estre desattrempe z attrempe ou
se non Et vniuerselement se peult
faire telle consideration z telle questi
on de chascū qui est subgect p nature
z de chascū q̄ est seigneur par nature as
sauoir mon se vne mesme vertu ap
partient a lun z a lautre, ou vne a
lun et lautre a lautre ¶Glo.
Apres il argue aux parties ¶Tex
¶Car se il conuenoit que le seigneur
z le subgect participassent en kaloco
gacie cest adire en bonte de vertu
¶Glo. ¶En grec kalocogacie signi
fie bon bien et est vng mot composé zc.
¶Tex. Len ne pourroit ensigner cau
se pourquoy lun fust seigneur et lau
tre seruant subgect selon vne fois cest

b.iii.

adi re sans trãsmutaiõ ꝛ pour tous
iours ⸿Glo. ⸿Car en princey polli
tique chascũ de plusieurs est vne fois
prince ꝛ aucune fois subgect et sont
equaulx selon nature sicõme il fut dit
ou chapitre precedent ⸿Tex. ⸿Et
len ne peut dire que tous deux partis
cipent en vertu ꝛ que lun est seigneur
ꝛ lautre subgect par ce quilz differẽt
selon que lun a plus de vertu ꝛ laut
en a moins Car estre seigneur ꝛ estre
subgect sont deux offices ou estaz qui
different en especes Et la difference
qui est seulement selon plus ou moine diuersifie pas lespece. ⸿Glo.
Sicomme estre plus blanc ou moins
blanc ne diuersifient pas ou variẽt
en lespece de blancheur ⸿Apres il ar
gue a lautre partie ⸿Tex. ⸿Mais
lautre partie sil conuient que lun a
vertu et lautre nõ cest vne grãt mer
ueille Car ce celluy qui est prince ou
seigneur nest sobre et iuste comment
pourra il bien gouuerner Et aussi se
leur subgect nest tel comment pourra
il biẽ gouuerner Et aussi se leur sub
gect nest tel cõmet pourra il estre bon
subgest Car se il est desattrempe ou se
il ẽ paoureux il ne fera ia biẽ chose q̃l
dope faire .Glo. Apres il soult ceste
question. Texte. Et est magnifeste
que de necessite il conuient que lun et
lautre participent en vertu et que ilz
aiẽt vertus Mais les vertuz de lun
sont differentes des vertus de lautre
En la maniere que il est des choses
de quoy selon nature les vnes sont

subgectes ꝛ les autres ont princey.
Et ce appert tantost par exẽple vers
les choses qui regardent lame Car
en ceste nature de lame quant a les
parties ou puissances vne delles a
princey ꝛ domination Cest assauoir
entendemẽt ou la partie qui a en soy
raison Et lautre est sur la quelle ces
te icy a princey et seigneurie Cest sur
la partie irrationelle et sensitiue
⸿Glo. ⸿De ce fut dit ou quart ç.
Tex. Et de ces deux parties nous
disons que la vertu de lune est autre
et differente de la vertu de lautre
⸿Car la vertu de la partie intelle
ctiue cest prudẽce sicomme il appt ou
sixte dethiques ꝛ est priẽpal en vie ac
tiue, ꝛ practique mais les vtus de la
sẽsitiue sõt fortitude et attrẽpance les
quelles sont en lappetit irascible ꝛ cõ
cupiscible Et par lesquelles il est in-
cline a obeyr a raison sicomme il appert assez ou tiers dethiques.⸿Tex.
⸿Et est manifeste que en ceste maniere est il es autres choses desquelles
les vnes õt princey et les autres sõt
subgectz par nature ⸿Glo. ⸿Cestas
sauoir que les vertus delles sont dif
ferentes ⸿Tex. ⸿Et pource princes ou seigneurs et subgectz sont a ce
disposez par nature en diuerses ma
nieres Car le seigneur ou le franca
princey sur les serfs en vne maniere
ꝛ le masle sur la femelle en vne autre
le mary ou le pere sur sa femme ou sõ
enfant en vne autre et en tous ceulx
cy sont les parties de lame dessusdcẽz

¶ Le premier liure de politiques xxviii.

⁊ ses vertus a elle appartenances Mais ilz les ont differentement. Glo. Et sicomme il fut dit au commencement du second dethiques les vnes vertus sont intellectuelles ⁊ les aultres moralles Et selon ce aristote declaire apres cõe le seigneur ⁊ les subgectz en maison ont ces deux manieres de vertu differentement Et premierement quant a ce qui touche la vertu intellectuelle principal en practique cestassauoir prudēce de laquelle consiliatiue ou conseiller est vne ptie sicomme il appert en le vi. chapitre du sixte dethiques ⁊ dit ainsi ¶ Tex Car nullement le serf na la vertu consiliatiue Et la femme a ceste vertu mais elle est feible ⁊ de peu de valeur et lenfant la mais elle est imparfaicte. Glo. Or auons doncques que conseil de serf est nul et conseil de femme est non valable ⁊ conseil denfant est imparfait Or couient dire apres cõe cest a entendre et pour quelles causes Et premierement de lenfant il appert car il na encores pas parfait vsage de raison ⁊ a eu peu dexperiences et pour ce est son conseil imparfait et sa prudence consiliatiue. Item il me semble que le texte est a entendre principalement quant a pronomie et de cõseil requis pour gouuernement de maison Sy dy apres quant est du serf sicomme il fut dit ou vii. chapitre du tiers dethiques Cõseil est des choses qui sont en nostre puissāce Et le serf entant comme serf na rien en sa puis-

sance ⁊ nen sa seigneurie Car il est tout ⁊ du tout de son seigneur sicomme il fut dit deuant ou tiers chapitre Et doncques il ne peut de rien conseiller Et est selon ce que disoit nostre seigneur a ses disciples Iam non dicam vos seruos quia seruus nescit quid faciat dominus eius Ainsi comme se il voulsist dire que le serf ne doit pas sauoir les secretz de son seigneur Et dautre partie cellui qui est serf par nature il est de rude entendement et nest pas habille assauoir conseiller sicõme il appert ou premier ⁊ ou quint chapitres Et de tel serf par nature est a entendre ce que dit est Et non pas de cellui qui est franc par nature et serf par fortune Car tel est habille a donner bon conseil ⁊ de tel serf dit lescripture Seruo sensato liberi seruient. Les francs seruiront et obeiront au serf qui est sage ¶ Apres conuient considerer de ce que le philosophe dit que conseil de femme et non valable Et premierement a parler generalement Il ē a entendre de cõmun cours car pour la fragilite du sexe sa deliberatiõ des femes nest pas faicte mãtemement et pour sa mollete de leur nature leur conseil nest pas ferme Toutes uoyes est aucunesfois vne femme plaine de grant prudence sicomme len dit de la royne semiramis qui bien gouuerna ⁊ acreut grandement le royaume des assiriens Et edifia les murs de sa cite de babiloine Mais que femme ait grant vers

d.iiii.

Feuillet.

tu et constance il ne aduient pas souuent et pource dit lescripture Mulierem fortem quis inueniet pro cul et de Vltimis finibus et cetera Forte chose est telle femme trouuer ¶Item comme iay dit deuāt ce doit estre entendu de conseil de femme quāt est au gouuernement de maison Et sicomme il fut dit ou viiii. chapitre viii. dethiques il nappartient pas a sa femme des choses principaulx de lostel et qui sont a procurer de hors Mais de petites negoces desquelles il ne puient pas auoir grant conseil Et doncques le cōseil delle peut peu valoir quant aux choses desquelles elle ne doibt curer ne riens sauoir Mais aucunesfois en choses qui touchent la vie ou lonneur ou peril du mary sa femme donne son conseil cōme il appert estre plusieurs exemples par vng tresnotable lequel recite seneques ou liure de clemence du noble conseil que dōna liuia a son seigneur et mary lempereur cesar augustus et bien luy vint de la croire, et au contraire il vint mal a hector de se que il ne creut le conseil de la femme ¶Et semblablement est il du conseil de la femme au regart de ses enfans sicōme il appt de iacob auquel il prīt biē de ce que il creut le conseil de rebeca sa mere Et au contraire il print mal a proserpina Car elle fist contre le conseil de sa mere et de ce dit vng poete en reproche de sa mere ¶Despe

cta que matris cousilia ¶Et pource la saincte escripture en plusieurs lieux amonneste le filz de tenir lor donnance et le conseil de sa mere Ne dimittas legem matris tue ¶Et la cause est car ou cas de conseil par plusieurs fois affection naturelle ou tresgrant amour supplie imprudence ou equipole a prudence Et pource en plusieurs cas le conseil de ses amis moins prudes est plus valable a vng homme que le conseil daultres plus subtilz et plus expers qui ne laiment pas parfaictement Car selon ce que dit le saige. Bonis ami a consiliis anima dulcotatur
Et doncques en retournant au propos il appert et dit que le seigneur ou les subgectz participent aucunement en vertu et non pas en vne maniere et est dit de ce quant a vertu intellectuelle
¶Texte. ¶Et semblablement doibt len cuider et est necessaire que il soit ainsy vers les vertus moralles ¶Car il conuient que tous cest assauoir le seigneur et les subgectz participent aucunement en telles vertus moralles mais non pas en vne mesme maniere Mais que chascun deulx y participe entant quil est necessaire ou aucunement conuenable a son euure ou a son office ¶Et pource conuient il que le prince ou le seigneur ait vertu morale parfaicte

Car son euure ou office est comme eu
ure ou office de architecton, cestadire
du maistre de seuure
℟ Glo.
₡ En grec archos cest prince, et tec
ton est maison ou edifice, et ainsy le
maistre de faire vng edifice ou quel
conques autres ouurages est dit ar
chitecton. Car il adresce tous les aul
tres ouuriers qui sont soubz luy Et
se prise de la cite, et le prise de la maisõ
adresce chascun de tous ses subgectz,
et selon ce il est dit architecton.
℟ Tex.
₡ Et celluy qui est architecton il a
raison et vertu parfaicte en soy quãt
a ce ℟ Glo ₡ Pour quoy il adre
sce ses subgectz ₡ Tex ₡ Et cha
scun de ses subgectz en a autant com
me il luy en baille et enseigne ℟ Glo.
₡ Et en tant comme il suffist pour
entendre la direction ou doctrine et in
struction du maistre, et pour faire et
acomplir ce que luy est commande
Et semblablement est il de prin
ce ou seigneur et de ses subgectz.
₡ Tex. ₡ Et doncques est ma
nifeste que tous seigneurs et sub
gectz doibuent auoir vertu morale,
mais non pas vne mesme Car la tẽ
pance du mary et de la fẽme nest pas
vne mesme ne sa fortune ne sa iustice
sicõme cuidoit socrates, mais la for
titude du mary est principatiue
₡ G. ₡ Cestadire que pour nulle pa
our il ne doit laisser a ordõner et com

mander comme seigneur tout ce qui
appartient a luy. ₡ Tex.
₡ Et la fortitude de la femme est
subministratiue. ₡ Glo.
Cestadire que pour nulle paour elle
ne doit laisser a faire sa propre mini
stration ou office, et ainsy est il de cha
scuns subgectz ₡ Et semblablement
peut on dire des autres vertus, cest
assauoir que le prince les doibt auoir
principalement, et les subgectz doib
uent auoir telles et en tant que ilz fa
cent bien leur ministration.
₡ Tex. ₡ Et ce que dit est ap
pert magnifestement a ceulx qui con
siderent de telles choses plus particu
lierement, car ceulx a qui il souffist en
matiere morale dire vniuersellemẽt
Aussy comme qui seroit content de sa
uoir que vertu est ce pour quoy lame
est bien disposee. Et par quoy len
peut bien ouurer telz gẽs ce decoiuẽt
₡ Glo ₡ Car ceste science est im
parfaicte aussy comme ceulx qui di
sent que pour tous preschemens il suf
fist sauoir que qui bien fera bien au
ra ₡ Tex ₡ Mais ceulx qui en
especial et particulierement mettent
le nombre et la nature des vertus, si
comme fist vng philosophe lequel on
appelloit Gorgias ilz dient mieulx
que ceulx qui en determinẽt seulemẽt
en general Glo Car ses operacions
sont vers les choses singulieres
₡ Tex.
Et pource quãt a cest propos il con

Feuillet.

uient de tous cuider estre ainsi comme le poete disoit de sa femme. C'est assauoir que a femme silence luy donne et fait aournement, mais a homme non. G. Car il suffist dire en general que chascun face son deuoir, mais il conuient monstrer en especial de chascun que il doit faire, sicomme Homerus disoit des femmes quilz se doiuent taire, et pource lapostre en plusieurs lieux leur comma de silence et deffent quelles ne donnent doctrine, et les loix deffendent que elles ne aduocacient. Tex. Mais lenfant pource quil est imparfait La vertu de luy nest pas a luy mesmes, cest adire quelle nest pas ordonnee que il se gouuerne par soy mesme, ma par son ducteur. G. En latin ducere cest mener, et de ce est dit ducteur. Et le pere ou le pedagogie Et pource dit le saige. Ne des potestate filio tuo in iuuentute. Len ne doibt pas donner a son filz puissance en ieunesse et af. ij. deue Et semblablement la vertu du serf est ordonnee a son seigneur, car il est proffitable a son seigneur pour seruices necessaires, sicomme nous auons dit et mys deuant. G. Au quint chapitre et en plusieurs lieux. Tex. Et pource il est magnifeste que le serf a mestier daucune vertu petite et en tant seulement que il ne defaille pas des euures que il doit faire pour des sa trempance ou pour paour. G. Donc ques conuient il que il ait aucune fortitude et aussi attrempance et quil ne se enyure pas Et pource dit il en yco nomicque. Parum de vino dandum est seruis. Et le saige dit. Qui delicate a pueritia nutrit seruum suum postea senciet eam contumacem. Qui denfance nourist son serf delicatiuement il se treuuera apres orgueilleux et rebelle.

Au vii. chapitre il fait question assauoir mon se les ouuriers des artifices ou mestiers doiuent auoir aucunes vertus

Et pource que nous auons maintenant dit du serf que il doibt auoir vertu. Aucun pourroit faire doubte se il conuient que les ouuriers des ars ou mestiers aient vertus Car il auient moult de fois que ilz font des faultes de leurs euures ou en leur artifices pour des attrempance. Glose. Sicomme par yuresse ou paultre vice en la maniere que dit est des serfs. Apres il soult la question et monstre que il a grant difference quant a ce entre les serfs et les maistres des artifices, et que vertu est plus requise aux serfs.

Texte. Mais entre eulx quant a ce a moult grant difference, car se serf est participant en vie de conuersacion humaine. Glo.

Car le serf est necessaire en maison, et vertu est requise en conuersacion de maison Texte

¶Mais se menesterel ou ouurier de artifices est loing de telle conuersacion. Glo. ¶Ung hôme de mestier ou de artifice côme est vng feure en tant comme il est partie de sa maison ou de sa cite il doit auoir vertu et en tant côme hôme, car il est en communication et conuersacion humaine.

¶Mais en tant côme feure il ne regarde en rien telle conuersaciô Et peut estre bon feure sans ce que il soit bon hôme et quil ait vertu Et ne participe pas en vertu fors tant comme il participe en seruitude, car verite est que aucuns qui sont de mestier ou artifice ont aucune seruitude certaine et determinee, sicôme a celluy qui est dit banuansus. Glo. ¶Tout ouurier qui fait ordes operations et villaines il est appelle banuansus, et de ce fut dit au viii. cha. Apres il mect la seconde raison. Tex. ¶Item serf est du nombre des choses qui sont de nature ou par nature. G. Sicomme il fut dit au tiers chapitre. Tex. Et nul nest contropeur ou de quesconque aultre mestier par nature. Glo. Mais par subtilite et par experience et vertu est pour adrescer et pour reguler ses inclinations et passions que nous auons de nostre nature, sicôme il appert au premier chapitre du second des thicques Et doncques pour estre serf est requise vertu et non pas pour sauoir artificier. Tex. ¶Et doncques puis que serf peut auoir vertu il conuient que le seigneur soit cause a son

serf de telle vertu. Glo. En luy donnant doctrine et discipline Et pour ce dit le sage panis et disciplina et opus seruo. Au serf conuient pain et discipline et besoigne. T. Mais il ne puiet pas que le seigneur ait saience despotique. G. De ce fut dit au vii. cha. Tex. Du seruille par laquelle il môstre et baille doctrine a ses serfs de la maniere de faire leur euure. G. Car il ne conuient pas que vng seigneur enseigne a son page comment il doit gouuerner ses cheuaulx, mais il luy doit monstrer quil soit obedient et diligêt etc. T. Et pource ceulx ne diêt pas bien qui diêt que les serfs doiuêt estre priuez de telle doctrine ¶Et que len ne doit pas vser eulx ou quât a eulx vser de raison en les enseignât mais en leur commandant ¶Ce nest pas bien dit ¶Car len doit plus amônester a vertu par raison les serfs que les enfans ¶G ¶Car les enfans nont pas encores plain vsaige de raison et ne peuent entendre telles monicions ¶T ¶Et de ces choses quant a presêt soit dit en ceste maniere

Au viii. il se excuse de ce que il ne parle plus quant a presêt de deux combinacions dont il a dit au v. chapitre

Mais il conuient que en determinant des choses qui sôt vers les polices qui suruiengne necessite de parler de la côbination qui est du mary et de la femme et de celle qui est du pere et auffy des enfans

feuillet.

Cestassauoir en determinant quelle vertu chascun des dessusditz doit auoir Et de somelie cestadire de la collation ou collocation & parler que ilz doiuent auoir ensemble. Et coment ilz pourront pourfuiuir ce que est bien & fuir ce qui est mal. Glo. L'en doit sauoir sicomme il fut dit au tiers chapitre en maisons sont iii. cõbinatios. lune e du seigneur et du serf, lautre est du mari et de la femme, et la tierce e du pere et des enfans. Et le serf participe en communication de maison & domestique en yconomique et ne participe pas en communication politique en tant comme serf. Et pource en cest premier liure ou il a parle de maison il a traicte de serf plus a plain. Mais la feme & le filz qui sont francs ilz participent en police. Et pour ce il nen peut pas traicter a plain fors apres quant il traictera de police, car a politique appartiẽt disposer a vertu les femmes et les enfãs, sicomme il preuue apres par deux raisons.

Tex. Car toute maisõ est partie de cite. Et doncques conuient il que la vertu ou disposiciõ de la maisõ soit ptie de vtu ou disposiciõ de sõ tout Cestadire de la cite. Et pource e necessaire que ceulx qui regardent a la police et a faire la cite vertueuse cõsidere a eseigner et discipliner les enfans & les femmes. Glo. Car sicomme dit est il participent en la police Apres il mect la seconde raison.

Tex. Item se quelconque chose fait a ce que vne cite soit vertueuse et bien disposee ou mal il est necessaire que quant a ce facent difference la disposicion des enfans se ilz sont vertueulx ou nõ. Et semblablement des femmes car la cause est car les femmes sõt la moitie de la cite quãt est a parler de ceulx qui sont francs. Et des enfans quant ilz viennent en aage sont faitz les dispensateurs & ordeneurs de la police. Glo. Et doncques conuient il en politiques determiner de lintroduction des femmes et des enfans. Texte. Et pource que nous auons determine des choses dessusdictes. Glo. C'est assauoir de la cõbination du seigneur et du serf souffisamment et des aultres aucunement. Tex. Nous disons apres des aultres choses appartenãtes a police et mettros fin quãt a ce que nous auons dit a present de dispensation de maison. Or faisons doncques vng aultre commencemẽt et disons Et premierement considerons des choses qui ont este pronuncees et dictes de police par les autres cõme elle peut estre establie tresbonne

Cy fine le premier liure de politiques. Et sensupt cy apres le second

¶ Le second liure de politiques. xxvi.

¶ Cy commence le p̃mier chapitre auquel aristote met son intentiõ et recite la loy ou ordonnance de socrates le philosophe.

Dus voulons considerer de cõmunication politique pour sauoir laquelle est tres meilleur pour ceulx qui veullent viure a leur plaisir et voulente, et qui ẽ la plus couuenable adce quilz puissent ainsy viure tant comme il e possible. Glo. Car il ne peut estre en communite que chascun viue a son plaisir simplement et du tout et doibt len sauoir que voulente est au regart de la fin, sicomme il fut dit au .ix. chapitre du tiers dethiques, et pource ceulx qui mettent leur fin et leur fi licite en richesses cõme fist le roy a essus, il leur semble que la police est tres bonne par quoy la cite peut estre faicte riche. Et ceulx qui mettent leur fin en delectations corporelles comme fist le roy Sardinapalus, ilz ordonnent a ce leur police. Et semblablement a Homerus et domination ou accroissemens de seigneurie ceulx qui mettent leur fin en telles choses, sicomme furent les rommains. Et ceulx ordonnent leur police a vertu qui mettent leur fin en vertu, sicomme firent les stoidens, et selon ce les policies et les loix sont diuersifiees. ¶ Texte.

¶ Et pource que nostre intention est telle Il conuient considerer les aultres polices desquelles vsent aucunes citez que len dit estre bien gouuernees et par tresbonnes loix. Et auecques ce il conuient considerer les loix ou escriptures que aucuns sages ont baillees se ilz contiennent aucun biẽ affin que il appere quelle chose est iuste et quelle chose profftable pour le gouuernement des citez. ¶ Glose.

¶ En faisant collation de telles choses et en retenant ce que sera trouue bon. ¶ Tex. ¶ Et encores ne sembleroit il pas que len voulsist faire sophisterie ou vanterie, ou presumption se len acqueroit et trouuoit aucune bonne chose au propos oultre ce que les aultres ont dit. Pource que les polices escriptes ou qui sont a present ne sont pas bien ordonnees en toutes choses. Et pour ce conuient il prendre vne aultre voye et doibt on prendre son commencement de ce qui est premierement a considerer. Cest a sauoir de la nature de cite Et le cõmencement de ceste speculatiõ est tel. Il est necessite que les cytoiens cõmunicquent en toutes choses ou en nulles: ou que ilz cõmuniquent en aucunes et en aucunes non. Et dire que ilz ne cõmunicquent nullemẽt en quelque chose cest impossible magnificence. ¶ Car nous disons que cite est dicte vne communicatiõ Et est premierement necessaire que

Feuillet.

ilz communicquent en lieu. Car vne cite est en vng lieu, et citoiens sont compaignons dune cite. ¶ Glo.
¶ Et conuient que les chemins les voyes et les places soient de commū ou communes. ¶ Tex.
Mais assauoir mon se affin de bien habiter en la cite il est mieulx que les cytoiens communicquent en toutes choses, et se bien est que ilz communicquent en aucunes, et que en aucunes ilz ne communicquent pas, car aucunes choses sōt esquelles cytoies pourroient communicquer ensemble, sicōme en femmes, en enfans, et en possessions. En la maniere que il est escript en la police que platon le philosophe ordonna ou il appreuue socrates qui disoit que il conuient que en bonne police les enfans et les femmes et les possessions soiēt commues ou communes. Glo. La police platō estoit la seconde partie dun liure appelle Thimeus. Et de cest liure prist plusieurs choses vng philosophe appelle Appuleius et les trāslata en latin, et composa vng liure appelle de dogmate platonis. ¶ Tex. ¶ Et doncques est question assauoir mon se il est mieulx en la maniere que il est maintenāt et que telles choses ne sōt pas communes ou il seroit mieulx selon la loy de socrates escripte par platon. G. Apres il dit de ceste oppinion quatre choses. T. Et premierement telle ordonnance que les femmes de tous les cytoiens soient communes

a moult de difficultez autres que celles que nous dirons apres. ¶ Itē, la cause pour quoy socrates disoit que il cōuient establir ceste loy nest pas raisonnable. ¶ Item, ce seroit impossible de acceindre par ceste maniere a la fin a quoy il conuient la cite establir selō socrates, et comme il est dit deuant. Glo. En cest chapitre et est que chascun viue a son plaisir. etc. Si comme il est possible. Tex. Item son ordonnance nestoit pas suffisant, caril ne determinet pas comment les femmes seroient diuisees et distribuees pour lusaige des cytoiens. G. Apres il recite la cause pour quoy Socrates mettoit ceste loy. ¶ Et ie dy que cest tresbien que toute cite soit vne tant comme il est possible, et ce prouuoit socrates comme supposicion et principe.

¶ Au second chapitre il repreuue ptaisons la cause pour quoy socrates disoit que il est bon que toutes choses soient communes.

Il est manifeste que la cite est faicte plus vne et apres ce plus vne, et ainsy en procedent en vnion ou vnite len feroit tant que ce ne seroit plus cite. Glo. Et socrates disoit que tant plus que est vne et mieulx vault. Tex. Car cite selon sa nature est vne multitude et se elle estoit faicte plus vne quelle ne doibt et encores plus se rēdroit a ce que ce

seroit maison et non pas cite Et en
procedent encores outre se seroit ung
seul homme et non pas maison Et
pource suppose que aucun peust faire
tel proces en faisant tousiours plus
grant unite il ne se deueroit pas fai
re/car par ce il destruiroit cite
Glo. Et se aucun disoit que socra
tes par ceste unite ne vouloit pas ex
clurre ou oster multitude de persones
Mais dissimilitudes de persones
pource aristote dit apres ¶Tex.
Et cite ne requiert pas seulemēt
multitude de hommes/mais auecq̃s
ces ce il conuient que ceulx soiēt dif
ferens en espece. Glo. Et non pas
quant est a leur substance/mais quāt
a la qualite de leurs condicions de
leur estat/et de leur artifice, car il con
uient que les ungs soient frācs et les
autres soient serfs, les ungs princes
et les autres subiectz, les ungs char
pentiers et les autres seures ¶Tex.
Car cite nest pas faicte de gens qui
sont semblables Et ce appert premi
erement, car cite est autre chose et dau
tre maniere que nest une assēblee de
ceulx pour eulx combatre pource que
il est profitable que telle assemblee soit
en grant quantite combiē que ilz soi
ent dune maniere et semblables/ car
telle assemblee est faicte grande affin
de faire plus grant aide en la manie
re que il est de ce ceulx qui tirēt et trai
ent ung fais pesant cōme seroit une
nef, car tant plus sont et ilz tirent pl̃
fort combien que soient semblables

Glo. Et cite nest pas telle chose
sicomme dit est. Tex. Item cite diffe
re de gens qui nabitent pas en rues
ou en villes, mais sont espartiz et se
parez lun ça lautre la, en la maniere
que sont ceulx dune terre appellee ar
chadie. Glo. Cest ung pais sauuage
ou il na ville ne cite en aucūe partie.
mais chascun a son hostel appart et
sōt equalz et ne tiēnent riē lun de lau
tre. Tex. Item il conuient que les
choses soient differentes en espece des
quelles est compose ung tout parfait
sicomme sont les parties de ung hō
me, cestassauoir la chair, les os, et les
membres different tresfort Mais il
nest pas ainsy dune chose imparfaic
te comme est la terre ou ung autre el
lement Et doncques les hommes q̃
sont partie de la cite different en espe
ce non pas selon leur substance, mais
selon leurs condicions et qualitez cō
me il est dit deuant. ¶Texte. Et
pource quant len retribue a chascun
equalement contre ce quil a fait ou
souffert par ce sont les communitez
et les citez ou communitez sauuez, si
comme il fut dit en ethiques. Glo.

Au v. chapitre du quint liure
¶Texte. Mais telle equalite
est necessaire seulement entre ceulx q̃
sont francs et equalz. ¶G. En
tre les autres qui sont inequalz Il
conuient garder proporcionalite, cest
adire equalite de proporcion selon la
qualite des persones, sicōme il appert
au lieu allegue, car se aucun srapo. t

feuillet.

le pice il seroit plus a pugnir que ce il frappoit ung autre. Apres il mect la seconde raison au propos pricipal. Tex. ¶Item auecques ce il nest pas possible que tous les cytoiens aient princey, mais ung a pricey par ung an, et lautre en faut an. Or selon une autre ordre ou autre temps et selon ceste maniere il aduient que tous ceulx dune multitude ont princey chascun a son tour. Aussy comme qui transmueroit les contoyeurs et feures du ne cite et que eulx mesmes ne fussent pas tousiours contoyers. Et pource est il mieulx en communite politique que ung mesmes soiet tousiours prices se il est possible. Glo. ¶Sans les changer ou sans faire transmutations. Et cest possible quat en la comunite sont aucun ou aucuns tresexcelles en vertu come fut dit au p.s.c.du pmier. Tex. Et au cas qui ne seroit possible pource que tous les cytoiens sont equalz ou pres que equalz selon nature. Cestassauoir selon industrie naturelle et selon vertu, adoncques est ce iuste chose que tous part cipent en la seigneurie ou princep soit bon soit mal. Pource que celluy qui est esleu a ung princep ou noble office publice que aucunesfois il y despend et exxpose grandemet du sien, et pour ce a aucuns il fait mal et leur desplaist quat ilz sont esleuz. T. Et pour ensuir ceste iustice ceulx qui sont en partie equalz ilz doiuent lieu et succedent les ungs aux autres en tel princey aussi

comme ceulx qui sont au commencement equalz et seblables, mais pour ceste ordonnace ilz sont faiz aussy come dissemblables. Car les ungs sot faitz princes et les aultres subgetz. Et diceulx qui sont faiz princes en ceste maniere les ungs ont ung princey et les autres ont autres. G. Car en une cite en laquelle plusieurs ont princey leurs princeps et leurs offices sont differentes et dissemblables. T. Et adoncques est il maguifeste que cite ne doibt pas estre une en la maniere que aucuns dient. Car telle unite laquelle ilz dient estre le tresgiant bien de la cite elle destruit cite ¶ Et toutesuoies il est verite de chascune chose quelle est sauuee par son bien. G. Apres il met la tierce raison qui est prise au regart de la fin pour laquelle e cite et est par soy souffisante. ¶Tex. ¶Item encores appert il par aultre maniere que unir grandement la cite nest pas le mieulx, car une maison nest plus par soy souffisante que nest ung homme et mains une. Et une cite est plus par soy suffisate que une maison, car adonc dit len que cest cite quant la communite de la multitude a plainement par soy suffisance, et se il est ainsy que ce qui est plus par soy suffisant est plus eslisible chose. Doncques sensuit il que plus eslisible chose est que la cite soit mois une que elle fust plus une. G. Car tant plº y a de diuersitez de marchadises et de artifices et len y treuue mieulx ce quil fault. Et par consequent elle est plus par soy souffisante

¶ Au tiers chapitre il monstre par trois raisons que cite ne seroit pas parfaictement une par la loy que met socrates que tout soit commun

Et posé que le tresgrant bien de cite fust que elle fust parfaictement une si ne seroit elle pas telle par la cause que mettoit socrates cestassavoir se tous ensemble disoient de chascune chose ce est mien et ce nest pas miel car socrates cuidoit que ce estoit la cause ou signe pour quoy cite seroit parfaictement une ¶ Glose pource que maintenant lun dit cecy est mien Et lautre dist non est mais il e mien et que de ce viennent les dissentions et les contens Car chascun a solicitude et cure du sien et de sa chose propre il sembloit a socrates que se tout fust commun telles dissentions ne fussent pas ¶ Tex. Mais quant len dit cestechose est de tous ce peult estre entendu en deux manieres

¶ G Cestassavoir distributive ou collective Cest a dire divisement et en propre ou conioinctement et en commun. ¶ Tex. ¶ L'une est que chascun singulier puisse dire cecy est mien Et par aventure cest ce que socrates vouloit estre fait. Cest assavoir que de ung mesme enfant chascun cytoyen peust dire Il est son filz ¶ Et de chascune femme quelle est sa femme Et semblablement de chascune possession ¶ Glose ¶ Car tel sembloit a socrates que chascun ameroit chascune telle chose autant come se elle estoit sienne propre et a luy tout seul. ¶ Tex. ¶ Mais maintenant ceulx qui usent de cest parler et disent que femmes et enfans soient communs ilz ne dient pas en ceste maniere Mais ilz veullent dire que ceulx conioinctement en commun diroient que ceste chose est leur Et nul en singulier divisement ne pourroit dire que ceste feme ou cest enfant fust sien Et semblablement des possessions Car telles choses seroient de tous ou commun et de nul en singulier Et pource lentente est double et est ung paralogisme ou sophisme aussi comme qui diroit de iii. choses doublees que toutes sont par et toutes sont non par ¶ Glo. ¶ Trois choses et iii. choses divisement sont non par et conioinctement ilz sont par car se sont six

¶ Tex. ¶ Et tel es choses sont si logismes litigieux. ¶ Et pource a propos se tous divisement pouoient dire de chascune chose cecy est mien ce seroit bien mais ce nest possible ¶ Glo. Car une femme ou ung enfant ou une autre chose puis quelle est propre a ung homme elle ne peut estre propre a lautre ¶ Tex. ¶ Et qui diroit que chascune chose est conioinctement a tous en commun ce ne sacor-

Feuillet.

de pas a la maniere que mettoit socrates. ¶Glo. ¶Sicomme il est dit deuant ⁊ si ne seroit pas proffitable ne competent pour la cite car sicõme il fut dit deuant il conuiendroit mettre maniere de distribuer telles choses quant a lusage ¶Apres il met la seconde raison ¶Tex. ¶Item encores ce que dit socrates a en soy encores ung autre mal ou nuisement. Car ce qui est commun a plusieurs est mis en negligence ⁊ chascun particulier en prent trop peu de cure ¶Car len a plus a cueur ⁊ pense len ⁊ cure plus de ses choses propres et moins des comunes ¶Glo ¶Mais au cõtraire semble estre ce que dit aristote ou pmier chapitre dethiques ¶Car il dit que tant est le bien plus commun de tant est il plus diuin ⁊ plus amasse Et doncques doibt len auoir plus grant cure du bien commun que du propre ¶A ce ie dy premierement que pose que len deust plus curer du bien commun toutesuoyes de fait le plus de gens curent plus du propre ¶Et la cause est car par leurs propres possessions ilz soustiennent leur vie ⁊ secourent aux necessitez presentes

¶Item verite est que les princes ⁊ les personnes publiques doiuent plº curer du bien commũ que de leur propre Car ilz sont adce ordonnez et deputez Mais les personnes priuees doiuent plus curer de leur bien propre ⁊ en ce faisant ilz curent et font assez pour le bien commun sicomme

en nourrissant leurs enfans leurs bestes ⁊ en cultiuant leurs terres ⁊c.

¶Item il ne sensuit pas se aucun doibt plus amer le bien commun que il en doye pºcurer Car peut estre que ung vigneron aime plus et desire la victoire de son prince que la fertilete de sa vigne ¶Et neantmoins il entent ⁊ laboure ou cure plus de sa vigne .et cetera.

¶Item au premier dethiques il parle du bien q̃ eõmun de sa nature et regarde tous sicomme seroit iustice et la paix du pays ⁊ le cultiuement diuin Mais icy il parle du bien qui de sa nature est appropriable comme sõt enfãs femmes ⁊ les fruiz de terre ⁊c. Sicomme il appert parce que sensuit

¶Tex. ¶Et la cause est Car chascun cure dune chose enfant comme elle se touche ou lui appartient Et pource len est plus negligent de ce qui est commun ⁊ qui appartient a tous aussi comme en supposant que ung autre est en face ou doige faire diligence en la maniere que il aduient en plusieurs seruices ⁊ ministrations Car aucune fois une multitude de gens q̃ sõt en une office seruent pis que se ilz fussent mendre nombre ¶Glo ¶Car lun satent a lautre.

¶Tex Et selon la loy de socrates chascun des citoiens auroient mil filz ⁊ ne seroient pas siens determinement et ne saura len lequel est filz de lun ⁊ lequel est le filz de lautre Et ainsi chascun semblablement lun cõ me lautre sera negligent de ses nourrir et introduire ⸿Glo. Et ce seroit tresgrant mal pour sa cite ⸿Apres il met la tierce raison ⸿Tex. ⸿Item selon la maniere que mettoit socrates chascun des citoyēs dira de chascū enfant cestui est mon filz selon nature, ou il dira il ē filz de cest aut pose que il soit bon ou que il soit mauuais Et ainsi appellera son filz chascū de mil ou de plus Et de tous ceulx de sa cite Et ce dira il en doubte et sans certainete pource que il ne peut sauoir se il a engendre filz Car cest cas dauenture Et pose que il fust ainsi si ne scet il si cellui est mort que il a engendre ou se il est sauf Et doncques assauoir mon lequel uault mieulx ou que chascun cytopen appelle son filz chascun de deux mille ou de iiii. mille ou de x. mille ou de plus ou que en la maniere que sen fait maintenant es citez Chascun die certainnement cestui est mon filz cestui est mon frere. cestui est mon nepueu ou selon autre cognation ou de saing ou de familiarite ou comme cellui de qui sen a cure ou autrement afin ou apartenant ⸿Glo ⸿Apres il respond ⸿Tex. Et verite est que mieulx vauldroit estre oncle propre ou cousin propre et de certain daucū ou sō nepueu que il ne seroit estre son filz en doubte par la maniere que mettoit socrates ⸿Glo Car soncle ameroit mieulx et seroit plus curieux de procurer le biē de sō nepueu certai que de celui q̄ seroit sō filz

en telle doubte ⸿. Ité encores selō la loy de socrates nest il pas possible de fouir, de euiter ce que il cuidoit souir Cest assauoir que les cytopens neussent supposicion daucuns enfans et supposassent quilz fussent leurs propres filz et peres ou leurs meres Car par necessitez ilz prennent telles creduletez et suppositions ⸿ par les similitudes que les enfans ont a leurs parens qui les ont engendrez ⸿Glo Et doncques ne seroient ilz pas du tout indifferens et communs equalement comme socrates vouloit ⸿Tex. Et cest ce que dient aucuns de ceulx qui descrisoiēt la terre habitable en la mapemonde que es parties de la haulte libie les femmes sont communes et quant les enfans sont nez on les distribue aux citoyens selon les similitudes que ilz ont vng a vng et lautre a lautre ⸿Glo ⸿Quant vng enfant est ne sen le baisse a celluy a q̄ il resemble le plus ⸿Tex. ⸿Et encores des autres bestes aucunes femelles sont sicomme sont iumens et vaches desquelles les poulains ⸿ veaulx sont tressemblables a leur pere aussi comme en vne isle appelee farsalis ou sa iument est appelee iuste ⸿Glo Car elle monstre iustement par similitude de chascun de ses poulains quel cheual lengendra qui est son pere ⸿ pource en latin equa est iument ⸿ est dit de equa equa equum qui signifie iuste

⸿Au quart chapitre il dit des incō
e. ii.

ueniences de la loy socrates.

Encor ceulx qui ordonnent cite selon la loy qui mect que tout soit commun ne peut esuiter les choses qui sensuiuent Premierement len ne peut euiter en cite ne en communite telles difficultez comme ont gens n auter mutilations et homicides les ungs non voluntaires a cas dauenture Et les autres voluntaires et de certai propos Et batailles contenacons et maledictions. Glo. Et la cause est sicome dit paschasius ou liure des passions naturelles Car les meurs des hommes et les mouuemens des passions et les affections sont dissemblables. Tex. Et que les choses faictes aux peres et aux meres et a ceulx qui sont prochains de lignage est cest tresgrant inconuenient tropplus que a ceulx qui sont loingtains Glo. Car amour de lignage est naturelle Et tant que aucuns sont plus prochains tant sont plus a amer sicome il fut dit ou p̄i.c. de le viii. dethiques Et donc esse plus grant inconuenient de leur faire iniure Tex. Et est necessaire que telles choses aduiennent plus a ceulx qui ignorent et ne sceuent qui est leur pere ou de leur lignage Mais ceulx qui sceuent telles choses se peuent mieulx garder, et auec ce ilz sceuent mieulx estimer les retributions ou vengeances des malfais Et les autres ne sceuent riens. Glo. Selon la loy socrates nul ne sauroit qui est son

pere ou son frere Et pource se il strappoit aucun il ne sauroit se cest son pere Ou se il estoit frape il ne sauroit se se deueroit soy reuencher cōe cōtre son pere ou cōme contre ung estrange Et ceste raison est prinse de ce que aduient par ire Apres il met la seconde qui est prinse de ce que est fait par concupiscence Tex. Ite ce que socrates disoit est inpuenient Cest adire que les filz soient communs Mais il deffedoit que ilz ne cognoisseroient leurs meres charnellement Et leur octroiet quilz amassent leurs meres damour toie et tous autres usages de telle amour G. Cōme baiser et acoller Tex. Laquelle chose est tres desauenante et tresiaide et du pere a sa fille et du frere a la seur Car ilz ne doiuet pas auoir entre eulx tel rigolineus Mais seulement amour Dautre partie la cause que socrates assignoit est incōuenuente Car il disoit que le pere ne doit pas cognoistre charnellement sa fille ne le filz sa mere et ainsi des autres prochains de lignage tāt seulemēt pource quilz pprēderoient trop grāt delectacō et ne cui doit pas quil y eust autre differēce ne autre cause. G. Et le traire est vray Car sicōme il appert par ce que fut dit ou p.cha. du viii. dethiques amitie pour coupple charnel ou de mariage et amitie de lignage sont de diuerses especes sicōme il appert au p̄.li.c. de le viii. dethiques Ite selō la difference des especes des amities sont differentes les reuerences retributions et fa

¶ Le second liure de politique. xxxb.

miliaritez τ manieres deſtre en diuer
ſes amities τ ſelon ce le filz doit aut
choſe a ſa mere τ ſoy auoir autremēt
Bers elle que Bers ſa femme ou Bers
ſa concubine Et la fille doit autre re
uerence au pere que a ſon mary Et
ainſi des ꝓcubinatiōs autres et ami
ties ſicōe il appert au tiers cha. du i. ij
de ethiques Et parce il ſēſuit que fai
re mixtion de telz amitiez qui ſont
ainſi naturellement diuiſees et ſepa
rees ceſt inconuenient τ deſordonnāce
Et eſt faicte confuſion des amitiez
τ de lignages τ eſt choſe hors nate τ
ꝓtraire du bien de la cōite et ainſi eſt il
quant aucuns qui ſont prochains de
lignage ſont conioincz enſēble p ma
riage ou par couple charnel Et ſelō
ce dit ſaint gregoire τ eſt en Vng de
cret que ſen a Beu par experience que
telz mariages ne peuent proffiter en
lignee τ meſmement que le pere ait
couple charnel a ſa fille ou le frere a
la ſeur ceſt choſe naturellement abho
minable Et pource eſt ce bon droit
τ iuſte choſe que nature cōtre laquel
le il euure les face infortunez Et ad
ce propos raconte on de la miſere diu
ne appellee mirra qui ama ſon pere τ
de Biblis qui ama ſon frere de telle ſo
le amour Et en auons exemple en
la ſaincte eſcripture de amon le filz da
uid qui ainſi ama ſa ſeur thamar
Et parce appert que les loix ſont iu
ſtes et ſe conforment a nature qui de
fendent τ deneent telz mariages τ
anecques elles ſōt expediētes en la

police pour engēdrer τ nourrir amour
entre gēs de diuers lignages ia ſoit
ce que en aucunes gens y puiſſe eſtre
faicte diſpenſation pour le treſgrāt
proffit du bien publique τ non autremēt
Itē quāt le lignage eſt eſlongue par
ſucceſſion lors appetiſſe lamitie τ fi
nablement eſt adnulle τ oubliee ſicōe
il dit ou y Bi.c. de le Bui. de thiques
et ainſi peut eſtre fait mariage Apres
il met a ſon propos la tierce raiſon
τ. Ite il ſemble que ceſte loy qui fait
cōmuns et femmes et enfans ſeroit
plus proffitable aux cultiueurs ou
laboureurs de terre quelle ne ſeroit
aux ſeigneurs qui tiennent la cite
G. pource que par telle cōite itz Bo
ulroient eſtre equalz τ. τ. Car
ſe femmes et enfans eſtoient cōmus
moins damitie ſeroit entre les labou
reurs τ les ſeigneurs car telle amitie
eſt gardee par ce que telz laboureurs
ſont ſubgectz τ en obeiſſāce affin que
ilz ne ſoient rebelles contre leurs ſeig
neurs G. Et inobediēce deſtruit tel
le amitie. Apres il met ſa quarte rai
ſon τ. Ite par la loy deſſuſdicte ſe
roit es citez et auiendroit le cōtraire
du tout de la cauſe pour quoy ſē dit
les loix eſtre bien miſes τ bien faictes
τ Et de la cauſe pour quoy ſocrates
cuidoit que il conuenist ordōner que
les femmes et les enfans fuſſent cō
muns Car tous cuident et tiennent
que amitie eſt treſgrant bien pour les
citez Car ſe amitie eſtoit par tout il
ne ſeroit nulles ſediciōs ne nulles re

e iii.

¶ feuillet.

bellions Et socrates loue et conseille que la cite soit souuerainemēt vne Et semble que ce soit bien Et faire que la cite soit vne cest euure damitie sicōe disoit socrates en alleguant vng appelle aristophanes Lequel disoit que deux amis quant ilz sentraimēt tzfort ilz desirent que par nature ilz fussēt faiz vne chose: q̄ des deux fust fait vng Et doncques cōuiendroit il par necessite que tous deux fussent corrūpuz ou vng ou moins G. Et pource que telle vnite ou vnion est la plus grant que len puisse pēser gignet combien quelle ne soit pas possible neantmoins la force z lardeur damitie tēd z sefforce en toutes manieres daprocher a telle vnite ou vniō Et pource cuident aucuns que par amer dieu lē puisse estre fait vne chose auecques dieu Et plusieurs escriptures sōt presque semblables aux parolles aristophanes en ceste matiere. ¶ Toutesfois telle vnion en substance est impossible par nature cōme dit est. ¶ Et qui feroit telle communion de femmes et denfans il conuiēdroit par necessite que pource amitie fust faicte remisse feble z petite en la cite Car le pere ne pourroit dire de quelz conques cestui est mon filz z le filz ne pourroit dire cestui mē gēdra z ē mō pere Et nous veons que se vng petit de chose doulce sicōme vng peu de miel est mis en grandement deaue lē ne sent en rien ceste mixtion Et semblablemēt se vng hōe appelloit chascun ieune hōme de la cite son filz estre en ceste maniere appelle filz seroit petite familiarite z cōe nulle Et tel pere seroit peu curieux de tel filz z le filz du pere z le frere du frere G. Et par semblable raisō prueue il ou viij cha. du y dethiques que len ne peut auoir grant multitude damis et amer chascun deux parfaictement ¶ Car ii. choses sont q̄ font mesmemēt et grandement les gens auoir solitude z cure de vne chose Cestassauoir que telle chose leur soit propre z quelle soit amee z nulle de ces deux condictions ne seroient entre ceulx qui cōuerseroient ciuilement ensemble en la maniere dessusdicte. G. Et doncques par telle loy seroit amitie appetite Apres il met la quarte raison ¶ Item socrates mettoit que il cōuiendroit trāsmuer les enfās et bailler les enfās de laboureurs et de gēs de mestier aux femes des seigneurs qui gardent la cite Et aussy les enfans des dames bailler aux autres femmes G. Socrates le disoit affin que les femmes ne cognoissent leurs enfans z cuidassēt de chascū que fust leur ¶ Mais telle trāsmutacion ne pourroit estre sās grāt turbation, et dautre partie lē ne pourroit du tout oster que les femmes neussēt cognoissance de leurs enfans Glo. Apres il met la sixte raison. ¶ Item encores vendront plus par telles transmutacions les inconueniens que nous auons dit deuant Cestassauoir vul

☞ Le second liure de politiques　xxvi.

ʃeratiōs ou mutilations et amours. Ceʃt adire ieuy damours deʃauenāʃ ₇ deʃhonneʃtes ₇ homicides vers ceulx de ʃon lignage Car maintenāt ceux q̃ ʃōt baillez en garde ou a nourrir en vne autre cite ilz nappellēt pas ceulx de leur lignage freres ou peres ou meres. G. Mais ilz les nōment p leurs propres noms ou autrement ʃicō ilz ʃont acouʃtumes a les oyr appeller. T. Et ne craignent pas tāt a leur faire aucune iniure cōe ilz euʃʃent eʃte nourriz auecques eulx. G. Et donc par pluʃforte raiʃon ilz craindroient mout moins a leur mal faire ʃe ilz ne ʃauoient que ilz ʃont de leur lignage Et en ceʃte maniere ʃoit determine de la cōion des hōes ₇ des fēmes G. Et eʃt aʃʃez magnifeʃte que ce eʃt inconuenient que ilz ʃoient toutes cōmunes Mais par auenture ariʃtote a plus arreʃte a ce improuuer pource que ceʃtoit lopiniō de ʃocrates ₇ de platon qui eʃtoient de grant ʃcience et de bonne vie ₇ de grande auctorite Et pource que aucun pourroit auoir telle opinion ʃicō eulx qui en la pocalipʃe ʃont appellez nicolaites Nous concluons donques que vng homme doit auoir vne femme ʃeule Et vne femme vng homme ₇ propre ₇ ʃans departir voluntairement ou ʃans ʃeparation ʃicomme il appert par pluʃieurs raiʃōs en ʃa gloʃe du x viii. cha. De viii. dethiques

☞ Au v.c.il repreuue loppiniō de ʃocrates quāt a ʃa cōmuniō ou cōiʃte des poʃʃeʃʃion ₇ mōʃtre que telle lop eʃt inconueniente.

Apres les choʃes deʃʃuʃdictes il conuient conʃiderer de poʃʃeʃʃion comme elle doit eʃtre ordonne pour conuerʃer ou temps aduenir ʃelon treʃbonne police aʃʃauoir ʃe il eʃt conuenient que la poʃʃeʃʃion ʃoit commune ou quelle ʃoit non commune Et ceʃte conʃideratiō eʃt aʃʃuire hors la conʃideratiō deʃʃuʃdicte de la communion ou communite des enfans et des femmes ☞ Je dy donques que poʃe que ʃelō la maniere de maintenant chaʃcun ait apart ʃa femme et ʃes enfās propres aʃʃauoir mō des poʃʃeʃʃions ʃe il vauʃiʃt mieulx que elles fuʃʃent toutes communes et luʃage delles auʃʃi ₇ vne maniere pouriroit eʃtre que les champs et les terres fuʃʃent parties ₇ quant les fruiz ʃeroient cuilliz quilz fuʃʃent apportez ₇ mis en commun a deʃpendre a tous Et ainʃi fait len en aucunes nations Ou ʃe en autre maniere contraire la terre eʃtoit commune et cultiuee en cōmun Et apres ce ʃes fruiz fuʃʃent deuiʃez aux propres vʃages de chaʃcun Et len dit que aucuns barbarins viuent et communiquent en ceʃte maniere La tierce maniere eʃt que tout fuʃt commun ₇ les champs et les fruiz

☞ Glo. ☞ Apres il monʃtre par iii.

e iiii.

raisons que toutes telles communitéz ne sont pas bonnes pour les maulx qui en viendroient ⁋T ep. Et premierement se les terres estoient p̄munes et les citoyens les faisoient labourer par gens estranges ce seroit vne difficulte mais elle seroit moindre que se ilz les labouroient par eulx mesmes Car ilz faisaient tel labeur plusieurs difficultez eroient a partir les possessions pource que quant la perception des fruiz et le labeur ne seroient pas equalz mais inequalz il conuiendroit de necessite que accusations et contencions fussent pour ceste cause ou cas que les vngs prandroient plus de fruiz et auroient moins de labeur Et les autres au contraire labouroient plus et prendroient moins. ⁋Glo ⁋Et il seroit ainsi car il conuiendroit que les seigneurs qui traictent les grans negoces et font moins de labeur des terres eussent des fruiz le pl⁹ et les meilleurs Et les autres sen complaindroient et ainsi par telle comunion ne seroit pas faicte vnite mais diuision ⁋Apres il met la seconde raison T. Item est forte chose de couuiure et de coīquer en toutes choses Et mesmement en telles choses comme sōt richesses et ce nous est mōstre par les coītez et cōpaignees des pelerins G. Il entend par pelerins ceulx q̄ vont hors de leur pays pour marchāder ou pour autre chose. T. car ilz sōt plusieurs fois a discort ou de eur escot payer ou d'autres choses

G. Car tāt pl⁹ sōt et plus ōt en commun tant pl⁹ sōt a discort et dōc possider et auoir en p̄mū ē occasiō de p̄tētion. Apres il mect la tierce raison T. ⁋Item les gens se courroucēt mesmement et plus souuent a leurs seruiteurs qua autres Et la cause est car ilz communiquent plus auecques eulx pource q̄lz ont necessite de leur seruice ⁋Glo ⁋Car de tant moins a coīcation entre les gēs tant moins sont a discort ainsi comme si communicatiō fust cause de discorde Et dōcques la loy que mect que les possessions doiuēt estre communes a en soy les difficultez dessusdites et plusieurs autres telles ⁋Glo ⁋Apres il preuue par trois autres raisons que ceste loy nest pas bonne pour cause des biens qui seroient ostez par elle et qui viennent du contraire. T. Item la police qui seroit selō la loy dessusdicte ne differe peu de celle qui est maintenāt se elle ē ordōnee par belles coustumes et par iustes loix selō lesquelles les possessiōs sont appropiees Car ceste ordōnāce de maintenāt p̄tiēt en soy le bien qui est en lautre Et auec ce le bien qui est en elle Cest a dire le bien de celle q̄ met les possessiōs p̄munes et le bien dicelle q̄ les met propres Car en ceste maniere il conuient que les possessiōs soient p̄munes aucunemēt et quāt a vsage et telles soient propres simplement quāt ē au demaine et ainsi les cures des possessiōs sōt diuisees et p ce les gēs ne ferōt pas p̄tēciōs estre

eulx sicōe ilz feroiēt silz estoiēt autre/
mēt ¶Glo. Car chascun entendoit
a sa chose propre. Et quāt plusieurs
ont equalement la cure dune chose.
chascū en veult faire a sa guise (et sōt
a discort. Et donc concorde est vng
biē q̄ seroit oste p̄ la loy socrates. T.
Et les gēs q̄ seroiēt curieux et enten
droient mieulx a croistre les possessi
ons, car chascū pense plus soigneu
sement de sa chose propre que de la
cōmune ¶Glo. ¶Sicomme il
fut dit au tiers chapitre (et cest vng
bien qui sensuyt du contraire de la loy
socrates. Apres il met le tiers T. Et
les bōnes gēs pour leur vertu veul
sent que leurs biens propres soiēt cō
muns quant a lusaige, selon le pro
uerbe qui dit que toutes les choses de
ceulx qui sont amys sont communes
ētreulx ¶Et cest bien que prēdoit
la loy socrates T. Et ē ceste maniere
fait len maintenant ē aucūes citez (et
ont loix escriptes surce ainsy cōme de
chose qui nest pas impossible, mais le
giere (et sont telles loix mesmes es ci
tes q̄ sont bien disposees, et illecques
sont les choses propres et sont faictes
communes quant a vsage. Et par
chascun qui a ses propres possessions
les fait estre proffitables a ses amys
et en vse comme des choses qui sont
communes a soy et a ses amys. Sicō
me en la cite de lacedemone ou chas
cun vse du serf de lautre a son plaisir
cōe sil estoit se sien propre ¶Et sem
blablemēt vsent ilz de cheuaux, quāt
ilz ōt mestier pour porter aucūes cho

ses aux chāps de leur regnō, et ainsi
de leurs chiens pour aller vener. Et
donc est il manifeste que mieulx est que
leurs possessions soiēt propres (et que
len les face cōmunes en vsage ¶G.
¶Car par raison naturelle et selon
bōne police ilz doiuent estre diuisees
quāt a la propriete et communes entre a
mis quant a lusage. Combiē que au
cuns dient le contraire par ignoran
ce de vraye philosophie. ¶Mais
la maniere cōe lusage des choses pu
isse estre fait cōmun ce appartient et
doibt estre ordōne par la prouidence
du legislateur. G. Legislateur est cel
luy q̄ met et ordōne et publie les loyz
¶Glo. ¶Apres il met la seconde
raisō. T. Len ne pourroit racōter cō
ment il a grant differēce en ceste chose
quāt est a la delectatiō que len a en
cuider, (et penser que vne chose soit siēne
propre. G. Vne maniere de exposer ce
cy est que chascū a grant delectation
en sa propre possession plus que sans
comparaisō se la chose estoit cōmūe. Et
ceste delectatiō seroit ostee p̄ la loy de
socrates, mais alb̄t lexpose aultre/
mēt (et étend p̄ sa chose propre sopati
on vtueuse que fait se liberal en don
nāt du siē propre, car il a delectatiō ē
ce faisant, et aussi quāt il se recorde si
cōe il fut dit au tiers c. du quart des
thi. (et la cāe pour quoy chacūn aime sō
biē propre pl⁹, ē pource que chacū ay
me soy mesmes, (et pource il dit apres
T. Car lamitie que chacū a a soy
mesmes ce nest pas chose sale, mais
est naturelle. G. Et pource chascun

ayme naturellement son propre bien

⁋Tex. ⁋Et ce que len vitupere estre philaton ⁋Glose.
⁋Philaton signifie en grec amant soy mesmes, et est dit de philos qui signifie amour ou amer. ⁋Tex.
⁋Et iustement ce nest pas vituperer amer soy mesmes Mais de vituperer amer soy mesmes plus et autrement que il ne appartient en la maniere que l sen blasme cellup qui ayme peccune non pas pource quil aime Mais pource quil aime trop, car tous aiment peccune aucunement en tant que len dit en prouerbe que se doit aimer luy et lautre. Cestassauoir et soy et sa pe.cune. ⁋Glo ⁋Et ce nest pas chose vituperable. Apres il met la tierce raison ⁋Tex. ⁋Item donner du sien a ses amis ou a estrangiers ou a autres comme seroit aux poures est vne chose tres delectable et ce fait len par ce que len a propres possessions. Et finablemēt les incōueniens dessusditz auendroient qui seroit selon ceulx qui veullent trop vnir la cite Glo. En faisant les possessiōs communes.

⁋Au sixte chapitre il repreuue ensemble la communion des femmes τ des possessious par iii. raisons.

⁋Et aueques ce que dit est ceulx qui mettent que femmes et possessions soient communes inferiment et destruisent les euures de ii. vertus moralles pmieremēt datrempance quant est a la commnnion des femmes, car abstenir soy de femme estrange ou de femme dautruy par vertu datrempance cest bonne euure et vertueuse. ⁋Glose
⁋Et telle chose ne auroit nul lieu se toutes les choses estoient bien communes, et aussy de liberalite quant est en la communion des possessions car len ne pourroit sauoir lequel est liberal ou non liberal ne nulz ne pourroient faire vne seulle euure de liberalite, car leuure ou le fait de liberalite est en vsage ou en vser de ses propres possessions. ⁋Glo.
⁋Apres il met la seconde raison ⁋Tex. ⁋Item celle loy ou ordonnance comme mettoit socrates semble estre de prime face ou de pmiers regart elle appert estre philentropos Cesta dire pour nourrir bonne amour entre les gēs G. Philos en grec cest amour et autropos cest homme, τ philētropos cest amer hommes ou amour dō mes ⁋Apres il met deux causes pourquoy ceste loy sēble estre amiable aux hommes ⁋Texte ⁋Car quāt aucun oit telle loy Il lescoute tres voulentiers et la recoit en giant delectation et cuide que par ce soit engēdree et causee vne amitie de tous hōmes a tous hōmes, dautre partie il semble a aucuns que par ceste loy seroiēt ostez tous les maux pour quoy maintenāt lē acuse les polices cōe se

se tous les maulx qui sont faiz en elle senseissent par ce que les possessions ne sont pas communes ¶ Et telz maulx sont disceptations discoidons lun contre lautre par cause des contracz faulx testament ou tesmoignaiges et paruers iugemens et adulaciōs que len seult faire aux riches Mais selō verite nulz des maulx dessusditz ne aduient pource que les possessiōs ne sont pas communs Mais ilz viuent pour la malice des gens ¶ Car nous veons que ceulx qui ont toutes leurs possessions en commun ont plꝰ de dissenciōs ensemble que nōt ceulx qui ont leur substance et leurs possessions separees et appert G. Et pource diuiserent et partirent densemble abraham et loth sicōme dit lescripture ¶ Mais pource que maintenāt ceulx qui ont leurs possessions cōmues sōt peu de gens au regart des aultres qui les ont diuisees Pource sōt moins de dissenciōs et de plaidoiries de possessions communes G. Mais se toutes estoient cōmunes il seroit sans cōparaison plꝰ de debas et de riotes que il nest maintenant ¶ Apres il met la tierce raison

¶ Tex ¶ Item len ne doit pas considerer seullement les maulx de quoy seroient priuez ceulx qui auroit toutes choses cōmunes Mais ceste iuste chose et conuient aueques considerer et penser les biens de quoy ilz seroient priuez

¶ Glo. ¶ Car cellui qui est legistateur ou ordōneur de la police il doit sonstenir et endurer que aucuns maulx soient affin que sa cōmunite ne soit priuee de tresexcellēs biens ¶ Et par la loy ou cōmunū dessusdicte len seroit priue de tant de biens que il semble que telle vie ou telle pouerte soit impossible G. Or appert dōcques par les raisōs dessusdictez que mieulx est que les possessions soient diuisees quant a la propriete et que se aucūs ont possessions en commun Il ne conuient pas que ilz soient grande multitude. ¶ Car pour les causes dessusdictes il seroit mieulx que ilz deuisassent leur bien entre eulx, et que ilz les communicassent quant a lusaige sicomme il fut dit au chapitre precedent ¶ Mais encore est plus estrange chose a la moralite daristote ce que aucuns recommandent pouer le voluntaire, en disant que neant auoir ou neant possider en propre ne en commun des choses appropriables est le plus parfait estat, laquelle chose selon le proces daristote semble estre discordable a bonne police ¶ Et neant moins de telle police ne se discorde pas la doctrine de la loy de nostre seigneur iesucrist selon saint augustien vne espitre, et telle pouerte repugne a vie politique et actiue qui est selon vertu morale sicomme il appert assez par cest present chapitre, et plus plainement par ce que fut dit au vꝰ chapitre du disiesme dethiques Et auecques ce elle nest nullemēt conue

nable a vie contemplatiue et parfai
te selon ce que dit aristote au chapis
tre dessusdit, car se abondance de ri
chesses donnent empeschement a cō
templacion aussy fait pourete, ce sem
bleroit que a ce faire sacorde le saige
quant en priant dieu, il dist
¶ Diuicias et mendicitatem ne de
deris michi. rc. Ne me donne dist il
ne richesses ne pourete. Et pourroit
len bien dire selon philosophie que a
soliatude des petites possessions re
quises a vie contēplatiue donne plus
de confort que dempeschement a ceste
vie mesmement. Car operation con
templatiue en ceste vie ne peut estre
continuee sans interruption, et ce tes
moigne sainct Iehan quant il aplani
oit les perdus, sicomme il appert par
ce que fut dit au viii. chapitre ce plꝰ
aplain au vii. chapitre dn v. deethis
ques. ¶ Et pource anciennement
les contemplatifz sensoient labourer
corporellement. Et ce est la doctrine
de saint pol laquelle il auoit baillee
et donna finablement appellez a ce
les plus notables de seglise primiti
ue quant il se departit dauec eulx en
seur disant, ie vous cōmande a dieu
et a sa grace. Iamaiz ne me verres
vous, sauez que oncques ne couuoi
te chose daultruy, mais a moy et a
ceulx qui sont auecques moy. Mes
mains que veez cy ont ministre tout
ce qui nous estoit mestier, car ie vous
ay monstre que en ceste maniere par
nostre labour nous conuient receuoir

et nourrir les enfermes et nous remē
brer de la parolle de iesucrist, car il di
soit. ¶ Beatius est magis dare ꝗ
accipere. ¶ Donner est plus bien heu
ree chose que prendre. Ce sont en sen
tence les parolles de sainct pol.ac.10.
Et se donner est mieulx que prendre
encores est moins bon demander et
mendier. ¶ Item sainct pol dit ai sp
1.ad corinth. viii. Notum autē vobis
facimꝰ gratiam dei que data est i ec
clesiis macedonie. rc. ¶ Et altissima
paupertas eorum abondauit in deli
ciis diuiciis simpliatatis eorum. rc.
Vbi glosa altissima magna vel no
bilissima benignitate mētis tenue ꝗ
dem erant in substantia secundū di
uicies erant in dādo, quia pura cōsaē
tia opati sūt.rc. C'est adire en setēce que
ceulx doncil parle auoiēt par la gra
ce de dieu tresnoble pourete, car ilz a
uoient petite substance mais ilz dons
noient voulentiers. ¶ Et par ce ap
pert que ilz nestoiēt pas du tout sas
tiez auoir, que ilz ne mādioiēt pas
en demandant mais ilz dōnoiēt, et
aussi quāt nostre seigneur dit Si vis
perfectus esse. Il ne dit pas apres pe
te a diuitibꝰ. Mais il dist Da paupe
ribus. Et pource sait clemēt qui fut
pres du commencement de nostre loy de
grace ne voulut souffrir que cristiens
mēdia ssēt publiquemēt sicōe il appt
en sa legēde ou cescript ainsi. Et hos
quos baptismatis sanctificatio illus
nauerat non sinebat publice mendi
tati esse subiectos. Mais les faisoit

laboureur selon lenseignement de saint pol Et peut estre quilz auoient en ce moins de solicitude ministration ou dempeschement que len nauroit a en procurer pour sa necessite vsage des choses qui furent daultruy Et par auenture aucuns qui louent et commandent ceste pourete et ne la tiennent pas Mais quoy que ilz dient ilz viuent comme les aultres Car comme dit seneque ou liure de exclamations facilis est paupertatē laudare quā ferre. Ce nest pas fort de pourete louer Mais elle est fort a endurer Et doncques selon la dotrine de aristote au premier chapitre et plus aplain au v. Bi. chapitre du x. Dethiques puis que leurs euures et leur vie est contraire a ce que ilz dient leurs sermons ne sont pas a croire Et pourroit aucun auoir suspection quilz ne dient telles choses sors pour esmouuoir les cueurs des gens affin quilz soient amés et honnorés et que len leur donne Mais ce il estoit ainsi se feroit selon aristote vne merueilleuse pecuniatiue ou industrie daquerir Cest assauoir par diffamer pecune ou richesse Et en la maniere que dit aristote en cest present chapitre de la loy socrates de la communion des possessions que de prime face elle semble amiable ¶ Ainsi est il de cest opinion mais par auenture aucun pourroit dire par ce aprocher et venir en serreur de socrates ou en autres inconueniés pource que il est necessite de vser de choses approuuables que ne viuroit de racines Et celluy qui riens ne possede il conuient que il vse de ce que est dautre, et ainsy les consciences daucuns par faulx principes et par faulces consequences pourroient estre pir ce eclines a rappine ou a larrecin. Et semble selon la doctrine aristote que telles oppinions sont perilleuses en la police Et sont aussy comme ymaginations qui ne se peuent bonnement practiquer Et sicomme dit aristote au ii chapitre ensuyuant plusieurs telles choses ont este anciennement temptees et essaies et reprouuees et delaissees pour les inconueniens qui en venoient Et bien est verite que en ceste matiere aucuns ont escript raisons et allegations des escriptures, et font descriptions et distinctions de demaine de propriete et de saige et dautres choses, et plusieurs altercations dune part et dautre, mais quant a present suffise ce que dit est, car selon la doctrine de aristote il semble que nul ne peult tenir se cōtraire se ce nest ou par affection desordonee ou par ignorance de philosophie moral ou par inexperience de choses mondaines et a cest propos fait ce que sera dit au iiii. liure au v. Bi. chapitre et au vii. liure ou ix. t au xx. Bi. chapitre.

¶ Au vii. chapitre enseigne et monstre que la loy socrates dessusdicte est insufficiente.

(Feuillet.

La cause pour quoy Socrates issit hors de droitte voye fut ce que il se fondoit sur vne supposicion qui nest pas iuste. ¶ Glo. ¶ Car sicomme il fut dit au premier et au second chapitre il supposoit que cite doibt estre souuerainement vne. Tex. Or il conuient que maison soit vne et que cite soit vne aucunement. Mais non pas simplement et du tout. Car vnite en cite pourroit en tant proceder et acroistre que ce ne seroit plus cite. Glo. Sicomme se tous estoient dun art ou dun mestier, car en toute cite doibt auoir diuersite doffices et destas. ¶ Tex. ¶ Et donc par approcher de telle vnite, cite est faicte pire ou moins bonne en la maniere que il est fait en chant, car se la consonance de plusieurs sons venoit en vnison ce ne seroit plus consonance. Glo. ¶ Consonance est acord de plusieurs sons desquelz les vngs sont plus acutz ou plus haulx. Et les autres sont plus graues ou plus bas selon certaines proporcions qui sont appellees armoniques et consonances. Et plusieurs autres proporcions desquelles les termes sont plus prochaines et ne sont pas consonantes, sicomme a parler grossement de proporcion de vii. a vi. ne sont pas armoniques ne consonantes, sicomme a parler grossement la proporcion de vii. a vi. est consonante, mais la proporcion de vii a vii. ne la proporcion de vii. a vi. ne sont pas armoniques ne consonantes

Et toutesuoies les termes sont plus prochains de vnio que les termes de lautre. Et doncques en approchant de vnion consonance empire. Et par venir en vnion elle deffault, et semblablement est de cite cõe dit est. ¶ Tex. Et aussy cõe se vne rime estoit toute dune mesme ou de semblables sillabes ce ne seroit pas rime. Et doncques conuient il que cite soit vne multitude de gens de diuers offices cõme dit est. Mais elle est faicte cõmune et vne p mettre discipline de loix bonnes et iustes. Et ce que Socrates cuidoit que sa cite fust adressee et faicte bõne par telles cõmunions de femmes et de possessions et non pas par bõnes coustumes et par philosophie et par iustes loix, cest inconuenient, car par telles loix et choses est la cite faicte vne et cõmune, sicõme len fait en Lacedemone, car en telles citez aucunes possessions propres sont faictes communes quãt a vsage. ¶ Glo. ¶ Sicõe il fut dit au quint chapitre. ¶ Tex. ¶ Et aussi en la prouice de crete le legislateur ordonna que ilz cõmuicassent de leurs biens propres et mengassent aucune fois ensemble. ¶ Glo. ¶ En certains iours pour nourrir amistie, et pour traicter des besoignes cõmunes.

¶ Apres il mect vne autre cause des loix de Socrates. ¶ T. ¶ Ité a ce que loix sõt bien mises, il ne puiêt pas ignorer que lê doit cõsiderer par long têps et p moult dãs affin que il appe p experience se telles loix ont este ou seront bonnes Car pres que toutes choses que len pourroit penser pour bonne couersacion huaine ont este trouuees es temps passez mais aucunes loix et ordonances penssees ne furēt oncques mises. ¶Texte ¶Pource que par raison sans autre experience len a congneu et apperceu que elles nestoient pas bonnes. ¶Glo. ¶Combien que il semblast au cōmencement et de premier face que ilz estoient bōnes, Et ce appert assez qui regarde experience des euures et des esfaiz qui viendroient de telle police comme vouloit faire socrates. Car quiconques communion y mect cest impossible de faire cite sans faire aucune particion et separation, sicomme en faisant distribution et diuisiō des choses ou par ceulx qui conuiennent et mengerent ensemble Ou par ceux qui sont freres ou qui sōt dun lignaige ou dune societe. G. Et conuient que telle particion soit faicte par bōne ordonnance. Et se elle nestoit faicte elle ne pourroit viure sans accusations innōbrables et intollerables Tex. Et ainsy finablement par ceste dope ne vendroit aucun bien fors que les cytoiens ou gardes de la cite ne seroient pas cultiueurs de leurs champs, et a ce ordonner cesseroient maintenant ceulx de lacedemone

¶Glo. ¶Car rien ne pourroit demourer commun fors les champs que len feroit labourer par gēs estrāges du tresor commun Et apres les fruitz seroiēt distribuez selon la qualite et les estatz des persōnes par bōnes ordonnances Et doncques aristote veult dire que si la loy socrates et la cōmunion des possessions estoient mises il conuiendroit par proces ou laps de temps et par les experiences des faiz que len fust finablement contraint de venir a la maniere de viure qui est maintenant quāt aux possessions excepte par auenture la cōmunion des chāps cōme dit est, et seroit de fait ainsy cōme il est maintenant Combien que de parolle lē dist ceste chose nest pas mienne propre. Mais ien vse Et sēblablemēt sont aucuns qui diēt de parolle que ilz nōt rien nen propre nen cōmun Et toutesfois neātmois ilz viuēt quāt a ce cōe les autres et aucūs bēdēt et achetēt. Apres il met trops difficultes qui estoient en la police de socrates. Tex. ¶Item socrates ne mettoit pas en sa police la maniere cōment telle communite ou cōmunion de possession seroit executee Car la multitude des gens de la cite est de diuers cytoiens qui sont destaz differens selon ce que il mettoit Et toutesuoies il nen determine rien qui suffist, car selon sa loy il conuient que les possessions soient communes aux cultiueurs des champs et aux aultres Et quelles soient appropriees selon chascun Et semblablemēt des femmes et des enfans ilz conuient quilz soient ou propres ou cōmus, et se ces choses estoiēt cōmunes a tous en une maniere il nau‍roit nulle differēce ētre les laboureurs des champs & les cytoiens ne ceulx q̄ ont la peine de princep & gouverne‍ment nauroient plus que les autres Mais tous seroient equalz se ilz ne faisoient aussi cōe font ceulx de tresse lesquelz laissent a leurs serfs toutes choses cōme aux seigneurs, excepte qu.ilz ne sont pas receuz aux greuz q̄ sont comme tournoiemens ou en fait darmes ⁋Et se socrates vouloit en police enseigner telle chose comme se fait en aucunes citez ⁋Encores ne met il pas la maniere comment il se pour‍roit faire, & si conviendroit par neces‍site que en une cite fussent deux citez subcōtraires, car en telles citez ilz sōt une partie de cytoiens & de ceulx qui sont aussi comme gardes de la cite, et lautre partie des cultiueurs des terres et des gens de mestiers & dau‍tres de la cite. Glo. ⁋Et selon la loy de socrates tous seroient equalz en ri‍chesses. Et doncques tous seroient cytoiens Et seroit comme deux citez Apres il met la seconde defaulte.

⁋Tex. ⁋Item tous les maulx qui sont aux citez comme sont accu‍sations contemptions, deceptions se‍roient encores plus en ceste police cō‍bien que socrates cuidoit que il ne cō‍uiendroit auoir fors bien peu de loix pource que les gens seroient bien di‍sciplinez et ne seroit mestier de loix mu‍nicipaux pour diuiser les habitatiōs

ne dautres loix pour les cōtratz, car il attribue aux cytoiens seulemēt di‍scipline ⁋Glo. ⁋Car il disoit que pource que tout seroit commun il ne seroit nulle plaidoierie Et pour‍ce que les gēs seroiēt bien disciplinez il ne conuiendroit nulles loix ou peu Car comme dit saint pol. ⁋Gentes que legem non habēt sibi ipsi sūt lex.

⁋Les gens qui nont loy ilz sōt loy a eulx mesmes, mais cōme souuent est dit les contens seroiēt plusieurs et plus grans que ilz ne sont. Apres il mect la tierce deffaulte. ⁋Tex.

⁋Item socrates mettoit en sa po‍lice que les cultiueurs des chāps fus‍sent seigneurs des possessiōs. Cest a sauoir des fruitz et que ilz les offris‍sent et distribuassent aux citoiens a leur voulente. ⁋Glo. ⁋Il sem‍bloit a socrates que ce seigneur dōnoit ceste auctorite ilz en seroient plus obe‍issans & plus curieux de labourer

⁋Tex. ⁋Mais il est vray par se‍blable que parce ilz seroient moult plus orgueilleux et greueroient les ci‍toiens et seroient plains de machina‍cions et desobeiroient a faire telz la‍beurs & telz seruices comme cultiuer les champs

⁋En le viii. chapitre il monstre la non suffisance de la police socrates par quatre raisons.

Le second liure · de politique

Ais pose que la communion des femmes/ et de possessions soit bonne selon nature/ ou quelle ne soit pas bōne/ neantmoins socrates ne determine rien des choses qui sensuiuent. Cestassauoir de lordonnance de ceste police/ ne de la discipline des citoiens quant a ce/ne par quelles loix celle communion seroit gouuernee. Et toutesuoyes telles choses ne sont pas legieres a trouuer ⁊ a determier. Et conuiendroit que ceulx qui gouuerneroiēt telle police ne fussent pas peu differens des autres/ Et que ilz eussent loix et prudence par quoy ilz peussent sauluer telle la communite de telle police ¶Glo. ¶Apres il met la seconde cause ¶Tex.

¶Item se les femmes estoient communes/ pose que les possessions fussent propres Socrates ne met point qui dispenseroit ou qui distribueroit les femmes. Mais par aduenture diroit il que les femmes et possessions des cultiueurs des champs seropent communes sans distribucion. Car il disoit que les femmes feroient telles euures comme les hommes/ mais ce seroit grant inconuenient. Car len diroit en parabole ou par similitude q̄ telz gens sont bestes ¶Glo. ¶Car les bestes comme sont cheuaulx ⁊ asnes font telles euures la femelle comme le masle ¶Tex. ¶Et celle chose nappartient pas a pconomie ¶Glo. ¶Car en maison que pco-

nomie regarde est consinacion domme ⁊ de femme/⁊ les euures de lun ⁊ de lautre sont diuisees ⁊ separees par nature/ sicomme il fut dit ou p̄ vii. de le viii. de thiques. Apres il met la tierce cause ¶Tex. ¶Item que les princes fussēt instituez en la maniere que socrates mettoit/ ce ne seroit pas seure chose/ car il vouloit faire que vng mesmes feussent tousiours princes. ¶Et ce seroit cause de sedition et de diuision. Car pour ce font aucunesfoiz sedicion ⁊ diuision ceulx qui nōt nulle dignite/ et qui sont gens de petite valleur. Et doncques par plusforte raison la feroient ceulx q̄ sont courageux ⁊ hardis ⁊ entreprenans de batailles ¶Glo. ¶Pource que aucunesfoiz ilz ne participoiēt pas ou princey comme les autres qui ne sont pas plus vaillans. Car en princey politique len doibt faire transmutacion de princey/ sicōme il fut dit ou v v̄.chap̄ du premier ¶Tex. Et est necessaire que socrates mette selō sa doctrine q̄ les prices soiēt tousiours vng mesme. Car il ne disoit pas que dieu mesl̄ast or en aucunes ames ⁊ que apres il ostast cest or ⁊ en fist mixtion en autres ames ¶Glo. ¶Socrates mettoit que les ames des gens different en la maniere que les metaulx different/ comme sont or, argent, arain, fer, et plomb, et que la creacion des ames dieu mettoit/ ou messoit ē elles telles condicions ¶Tex.

¶Mais tousiours en vne mesme

Fueillet

Car il disoit que es vnes ames des ce quilz sont engendrees or y est mesle ҫ es aultres argent. Et es ames de ceulx qui sont a estre ou doiuent estre gens de mestier, ou cultiueurs de terre sont meslees arain ҫ fer. Glo.
Car or estoit es ames de ceulx q seroient princes. Apres il met la quarte cause. Tex. Item Socrates oste felicite aux habitans de la cite, et si dit que il conuient que le legisflateur face toute la cite bieneuree, ҫ cest impossible de la faire toute telle se toutes les parties delle, ou le plus, ou aucunes nont felicite. Glo. Et ce ne pourroit estre ce nul naucit riens propre, ne possessions ne femme ne enfans, car telles choses seruent a felicite si come il fut dit ou p̃ ii. chapitre du premier de ethiques. Tex. Car la felicite des cites nest pas come vn nombre per, ҫ nulle de ces parties nest per, mais est impossible de felicite.
Glo. Cest assauoir que toute la cite ensemble ayt felicite ҫ soit bieneuree, ҫ nulles de ses partiez ne soit bieneuree, aussy comme nous ferons dug nombre come est sip, car il est per. Et chune de ces deux moitiez est nõ per et aussy chune partie de cest nõbre ii. est non per. Tex. Et dautre partie se les gardes de la cite ne sont bieneurees quelz autres le seroient: ce ne seroient pas les gens de mestier, ne les cultiueurs de terres, ne ceulx qui sont euures ordes ҫ villaines

Glose.
Et p la raison dessusdicte les gardiens de la cite ne seroient pas bieneureux: car ilz nauroient riens propre.
Tex. Et doncques la loy que disoit ou mettoit Socrates contient en soy les doubtes ҫ les difficultes dessusdictes et plusieurs autres qui ne sont pas mendres.

Ou ix. chapitre il reproutie les autrez loix de Socrates.

Plusieurs doubtes sont come dit est en la police de Socrates quant est de la communion des possessions ҫ des femmes, ҫ semblablement pres que tant de doubtes ҫ de difficultes sont es loix que il escript apres. Et pour ce est il bon q nous en considerons aucune chose et peu. Car aussy determina il peu de chose fors de communiõ des femmes et des enfans, ҫ de lordõnance de telle police: Et premierement selon Socrates la multitude des habitans de la cite est diuisee en deux partiez. Vne partie est des cultiueurs des terres et des gens de mestier. Et lautre est des gens darmes pour les guerres.
Et auecques ce est la tierce partie des cõseilliers ҫ des princes de la cite. Item Socrates ne determine rien des

❡ Le second liure / de politiques plii.

cultiueurs des champs / ne de gẽs de mestier / Assauoir mon se ilz doiuent participer a aucun princep ou non, et se ilz doiuẽt auoir armeutes ou non ❡ Item il disoit que les femmes allassẽt combatre elles auecques leurs maris contre les ennemis, et quelles deuoiẽt participer en discipline et faire du tout cõme les hõmes. ❡ Item quant aux autres choses socrates rẽply sa doctrine de police, de parolles estranges ❡ Glo. Cestassauoir dautre science cõme de mathematiques de philosophie naturelle, ou de medecine. Et entre les autres choses tulles et Vitrinius recitẽt que socrates et platon mettoient que vne cite doibt estre composee et edifiee en la maniere dun corps humain, car en tel corps le cuer est ou melieu, et au pres enuiron sont les os, et la poitrine et les costes desqlz le cueur est aussi cõme arme et garde. Et apres sont les membres mouuables comme sont les mains qui deboutent les choses contraires, et attraiẽt les choses ppices. Semblablement la maison dun prince doit estre ou melieu de la cite, et apres ou circuite les habitacions des gens darmes, et apres les gens de mestier etc. Apres il mect ce que socrates disoit quant a la discipline de la cite ❡ Tep ❡ Et la discipline des gouuerneurs de la cite et les loix que socrates met et dit en sa police sont celles mesmes qui sont es autres polices qui sont maintenant.

Mais il les varie vng peu pource qͥl les veult amener a la cõmunion dessusdicte, et puis il les ramene a lautre police de quoy len vse. Et briefment excepte la communion des femmes, et des possessiõs, les autres choses qͥ il baille sont celles qui sont es autres et sõt communes a vne police, et a autre ❡ Glo. Cestassauoir a celle qui met la communion des choses, et a celles qui met quelles soiẽt propres ❡ Tey Et la discipline que il met est vne mesme que es autres, si cõme que il conuiẽt viure des euures et des choses necessaires sobrement aueche abstinence. Et des conuis et des diners commũs il disoit comme les autres fois que il adioustoit que il conuenoit faire telz conuis des femmes, aussy que des hommes ❡ Et oultre il disoit que le nombre des gens portãs armes en vne cite doit estre mil, ou mains, et cinq mille au plus.

❡ Glose. Apres il reproue les choses dessusdictes ❡ Tey ❡ Mais toutes les parolles de Socrates contiennent choses superflues et destrange science, et choses vaines sans experience Et choses nouuelles contre commune coustume. Et sont plaines de questions et de difficultees, et fort seroit que il eust par tout bien dit ❡ Et premieremẽt quant a ce que est dit maintenant de la multitude des gens darmes, il appert clerement et manifestemẽt qͥ il cõuiẽdroit que celle

f.ii.

cité eust vne merueilleuse abondāce de possessions/ȝ vngs champs grās cōme seroit la region de babiloine. ou vne autre tresgrande affin que telle multitude de gēs peust estre nourrie cōme sont tant de gēs darmes qui ne labourent en autre chose. Et sans ce encores vne autre multitude plus grā de de femmes et denfans. Et il puiēt que celui qui institue vne cite regar de cōmēt elle pourra estre faicte pour viure a plaisir et a voulente sans ce que il suppose nulle chose impossible Et pour ce que len dit que il conuiēt que le legislateur regarde a deux cho ses quāt il institue vne cite. vne cho se est que la region soit telle que la cō munite puisse estre nourrie ȝ souste nue. Lautre est qui mette les loix selō les meurs ȝ les condicions des gens des païs ¶ Glo. ¶ Aussi cōme en mettant plus grāt punicion ou main dre pour larrecin ou pour homicide se lon ce que les gens sont enclins ou ac coustumes ad ce plus ou moins.

¶ Tex. ¶ Et tiercemēt encores est ce bon que il regard aux lieux ou regiōs voisines, ȝ cest chose necessai re se la cite est telle quelle doye viure de vie politique en conuersant auec ques autres cites/ȝ quelle ne soit pas solitaire. ¶ Car cite qui a compaig nie ȝ conuersacion auecques autres/ elle na pas seulement necessite de telz gens darmes qui souffisent seulemēt pour garder celle region/mais auec ques ce il conuient que elle soit puissā

te en armes hors de son païs
¶ Glo. ¶ Pour inuader ou assaillir ses aduersaires/ȝ pour aider a ses a mis ¶ Tex. ¶ Et se aucun disoit q̄ telle vie comme suiure les armes nest pas acceptable ne cōuenable a vng hōme ne a toute la cite. Toutesuoies neantmoins il conuient estre terrible a ses ennemis, ȝ aduersaires non pas seulement quant ilz viennēt en la re gion pour assaillir/Mais auecques ce quant ilz sont separes/ou quāt ilz sen departent ¶ Glo. Pour les pour suyuir affin que ou temps aduenir eulx ȝ autres redoubtent entrepren dre telle chose ȝc. ¶ Apres il reprou ue par deux raisons la maniere du p ler socrates quant a la mesure des pos sessions ¶ Tex. ¶ Apres il conuient regarder a la multitude des possessi ons que socrates mettoit: ȝ par aduē ture lō peut dire mieulx en autre ma niere. Car il disoit que la multitude des possessions doit estre si grande et tellemēt mesuree que len puisse viure atrempeement. Mais se il eust dit que len puisse biē viure: il eust mieulx dit ȝ plus prouffitablement ¶ Glo.
¶ En parlant generalement.
¶ Apres il met la seconde raison.
¶ Tex. ¶ Item encores peut estre que aulcun viue attrempeement/et que il viue pourement et a grant pei ne. ¶ Et pource socrates eust mieulx determine sil eust dit que la possessi on soit telle que len puisse viure en semble attrempeement ȝ liberalemēt

Car separement len peut viure libe=
ralemēt et trop delicatiuemēt, et aussi
peut on viure attrempeemēt a grant
labour et a grāt misere. S. Et pour
ce dit senecqs, q̃ vir laborioʃe viues
potius trahit vitā q̃ ducit. Tel qui
vit a grant labeur il ne mayne pas
vie, mais il la trait ou tire. ¶Tep.
¶Mais il souffist dire cōioinctemēt
que len vive attrempeemēt et libera=
semēt quant a propos. Car ces deux
vertus seulemēt sont vers vsaige de
subſtance et de possession pour ce que
len ne dit pas que vng hōe vse de ses
possessions debōnairemēt ne hardie
ment, mais attrempeemēt et liberale
ment. Et pource est il necceſſaire que
lusaige de ces deux vertus soit vers
subſtance et possession. ¶Glo. Car
plusieurs gastent leurs possessions p̃
desattrēpance. ¶Apres il reproue ce
que socrates mettoit mesure es posses
sions et non en la generacion ou mul
tiplicacion des enfans. T. Et auec
ques ce cest inconueniēt de mettre les
possessions a equalite et a mesure, et q̃
len nestabliſſe nulz termes quāt a la
multitude des citoyēs, mais que len
laisse la procreacion et generaciō des
enfans proceder sans fin et sās terme
¶Glo. ¶Socrates mettoit que la
cite eust vn territoire limitte de quoy
ilz se viuroient et nō dautre. Mais ilz
pourroiēt estre multiplies en si grāt
nombre que le territoire ne souffiroit
pas ¶Apres il oste vne response.
¶Tep. ¶Mais il sembloit a socra

tes que pour euiter la consequence de
telle multitude de peuple, la respōse
souffisante est, car tousiours seroient
en la cite plusieurs femmes sterilles,
ou brehaignes et qui ne cōceproient
pas aussy comme ilz sont maintenāt
es cites. Mais quāt a ce ilz ne seroiēt
pas es cites semblablemēt cōme il est
maintenāt quant nul doubte ne viēt
de telle chose pource q̃ les possessions
sont diuisees. Et p̃ ce chūn pourroit
a ses enfans selon son pouoir en quel
concque multitude que ilz soient
¶Mais se les possessions estoiēt nō
diuisees et cōmunes, ce doncques les
febles et impotēs ne auroiēt pas souf
fisance poſe quilz fuſſent en petite mul
titude ou en grāde. Glo. Mesmemēt
ou cas que le peuple seroit grādemēt
multiplie et que les possessiōs ou les
viures seroient appeticies. Car lors
puis que tout seroit commun les plus
febles auroient mal temps ¶Tep.
¶Et pource socrates deust plus a=
uoir regart et limiter et determiner la
procreacion et generacion des enfans
que la quantite des possessions affin
q̃ par telle generacion ilz ne venissēt
pas a si grāt nombre que les possessi
ons ne les souffiſſent ¶Glo. ¶Apres
il met la maniere cōe telle generacion
ou procreacion doit estre limitee.
¶Tep. Et pour determiner et li
miter ceste multitude il cōuiēt regar
der aux fortūes q̃ peuēt aduenir p̃ la
mort de ceulx qui seroient engendres
Et auſſy par la sterilite des femmes

f.iii.

Fueillet

qui ne pourroyent conceuoir et des hõmes qui ne pourroient engendrer. ¶Glo. ¶Et que len laisse faire la generacion selon lestimacion de la diminucion que pourroit aduenir par les dictes fortunes. ¶Apres il mõstre que il est bien de mettre ordõnance sur ce. ¶Tex. ¶Et conuient mettre en telle multiplicacion, ou generacion fin de terme, où il sensupuroit telz inconuenientes cõme il aduient es autres cites. Et est assauoir que de necessite pourete les cõtraint, et est cause de sedicion, et de malignite, ou de pspiracion et de diuision. S. Car sicõme dit le saige. Multi propter inopiã deliqrũt. Pourete fait faire plusieurs maulx. Et pour ce affin que le peuple ne soit pas tant multiplie que il nait suffisamment de quoy viure il conuient selon philosophie mettre en ce moderacion et mesure au mieulx que len peut par bonnes loix et par bõnes ordõnances, et en plusieurs manieres differentes selon la differẽce et diuersitez des regions et des tẽps et des cõdicions et des meurs des gẽs. Et quãt a ce vne ordõnance pourroit estre q̃ il ne fust pas souffert que vng hõe eust ensẽble plusieurs femmes, car auoir vne fẽme seulemẽt cest chose raisonnable et conuenable a nature humaine. Si comme il fut monstre ou .vii. chap. du viii. dethiques en glose. Et de ce que aucuns ont eu ou tẽps passe chescun tresgrãde multitude de filz et de plusieurs femmes, il en est aduenu

plus de mal que de biẽ, sicõme il peut apparoir par les hystoires. Et en especial souffist a present pour exẽple ce q̃ recite iustin ou p̃. liure de archapeopes roy de perse q̃ ot cent et quinze filz desquelz cinquante conspirerent en la mort de leur pere sans ce q̃ vng seul deulx le reuelast au pere. Et de ceste conspiracion fut principal a tres inique et detestable cause sõ aisne filz lequel il auoit fait roy par restinacion en son viuant contre la coustume du pays. ¶Item orosius en son premier liure met que vne nuyt furẽt fais cinquante homicides appellez patricides, et vne glose le declaire et dit que vng appelle danamis ot l. filles, et vng appelle egiptus ot l. filz qui espouseret ces cinquante filles, lesquelles occirent les cinquãte filz, et la cause fut rapportee a alexãdre le filz du roy priamus. Et vng autre exemple est ẽ la saicte escripture du roy ethab qui ot lxx. filz qui moururent mauuaisement. Et de abimeleth qui occist ses freres lxx. et la cause est car lamitye du prochain lignaige est naturelle, et doit estre si grande sicomme il fut dit ou p̃.vi. chapitre de le. viii. des thiques, et elle ne peut estre tresgrande a plusieurs, sicomme il appert ou quart chapitre, et sicõme il fut dit ou pitii. chap. du ix. dethiques, et dõcq̃s ne peult elle surmonter et rabatre les occasions de discors qui souloient venir et escheoir entre telles gens.

¶Item en retournãt a propos vne

autre maniere de moderer generacion est que les personnes daucuns estatz ne puissent estre mariees, mais qlz soient chastes, sicome il est ainsy maintenant de ceulx qui sont en sainctes ordres de religion. ¶ Item tresancienement et ou temps que tous hommes se pouoient marier estoient entre les paiens aucunes femmes et mesmement des nobles cōsacrees au cultiuemēt des dieux, sicomme de Appollo et de Veste en virginite et en chastete, sicomme il appert par les hystoires. Dautre partie sans mettre reigle ou mesure en procreacion de enfans lēn peut bien pouruoir aucunemēt estre trop grāt multiplicacion de peuple en vne region. Sicome qui ordonneroit q̄ les aisnez eussent tous les heritaiges, et les autres iroiēt seruir, ou aprēdre artifices hors du pais iouxte ce que dit chatonnet. Eū tibi sint nati ꝛc. ¶ Item ou que lēn enuoyast partie en estrange pais armes pour conquerir terre, sicome les normās furēt enuoyees en france, et sicome selon lhystoire des lombars plusieurs fois ceulx des parties de septētrion sont venus es parties de midy et ont conquis plusieurs pays. Et pource le pays ou le plus de gēs naissent que la terre ne peut nourir fut iadis appelle germanie a germinando. Et aucūs autres remedes sont mis a ce ou vii. liure ou xxx.vi. chapitre. ¶ Item aucunesfois au contraire de ce qui fut dit deuāt lēn estudie et sefforce lēn de multiplier gene

racion, ou pour peupler vne region ou pour accroistre vng lignage affin que ilz soient plusfors, ou pour aucune cause, iouxte ce que nostre sire dist a abraham. Multiplicabo semen tuū sicut stellas celi ꝛc. ¶ Mais ce appartient a autre sciēce. ¶ Apres il reproue socrates en cōparant ces loix a celles dun autre legislateur. Cap. ix. Item vng legislateur de corinthe appelle phidon, cuidoit et mettoit q̄ les maysons des citoiēs anciens doiuēt estre equales quant aux possessions. Et pose que au cōmencement ilz fussent inequales, il donnoit maniere de les amener a equalite. Et aussy disoit il que la multitude des citoyens doibt tousiours estre equale. Et es loix de socrates lēn trouue tousiours le contraire. Mais nous cuidons q̄ mieulx sera apres dire des choses cōment il en doit estre, cestassauoir se les citoyens doiuēt estre equalx en richesse ou nō et cōment. Et de ce sera dit ou pi. chapitre. ¶ Item socrates delaissa et oublia a dire en ses loix la maniere comment les prīces seroiēt diferēs des subgectz, toutesfois ilz disoient q̄ en la maniere q̄ se fait autre fillace de laine et autre de lin, aussi q̄ulēt ilz q̄ les prīces differēt des subgectz. S. Et il ny pouoit assigner differēce p lignatge puis q̄ il mettoit q̄ femes et enfans estoient cōmūs. E. Item la loy socrates souffroit q̄ vn hōe peust auoir pl9 q̄ vng autre de biens meubles, ou de fruitz iusques au nombre de quint doubel

Et par quoy doncques ne mettoit il aussy bien des terres des champs iusques a vne quantite certaine. ¶Glo.

¶Par semblable raison, & toutes voutes il vouloit que ilz fussent cōmuns

¶Tex. Item oultre conuiendroit il considerer se la diuision que il met des maisons est eppediente a pconomique, car il les distribuoit ainsy, & vouloit que chūn citoyen eust deux maisons. et ce seroit fort que chescun peust gouuerner et maintenir deux habitacions et deux familles.

¶Du .v. chapitre il reprouue la police socrates quant a lordonāce de la cite.

Elon les loix de Socrates lordonnāce, & le gouuernement de la cite ne seroit pas democracie ne oligarchie, mais elle seroit vne gouuernance moienne laquelle len appelle par nom cōmū police, & en laquelle selon socrates ceulx qui portent armes ont princey et seigneurie. S. Len doit scauoir q̄ de polices ou de princey sont vi. especes en general sicōme il sera declaire plus a plain ou tiers liure, et apres: Mais quant a present a parler grossement ilz peuent estre ainsy diuisees: Car vng seul tient le princey pour le bien cōmun, et adoncques cest royaume, ou pour son ppre prouffit, & lors cest tyrannie. Item ou vng peu de gens tiennent le princey, & pour le bien cōmun, & cest aristocracie, ou pour leur propre prouffit, & cest oligarchie. Item ou vne multitude tiēt le princey pour le biē cōmun, & cest tymocracie, & est appelle par le nom cōmun police, ou telle multitude se tient a son propre prouffit, & cest democracie. et ces motz serōt epposes apres en la fin du liure.

¶Item encores appert ceste diuisiō en la marge ou peu autremēt, & se il establist ceste police aussy comme tres cōmune entre les autres par auēture il dit bien. ¶Glo. ¶Car grans et petis y participent pour ce que en olygarchie les grās ont princey, & en democrachie les petis. Et ceste police q̄ met socrates seroit cōposee des deux dessusdictes. T. Mais se il la mettoit la meilleur qui soit apres la premiere

¶Glo. Cestassauoir apres royaume lequel est princey premier danciēnete sicōme il appert ou premier chapitre du premier liure, & si est premier en dignite & en bonte sicomme il sera dit apres ¶Tex. ¶Il ne disoit pas bien: car p auēture est plus a louer la police des latoniens, ou autre telle q̄ seroit aristocracie ¶Glo. ¶En laquelle vng petit nombre de gens vertueux ont dominacion.

Le second liure · · · · · · · · · · · · · de politiques

Toute cite est gouuernee ou par	Ung seul	selon vertu royaume
		par puissance tirannie
	Ung peu	selon vertu aristocratie
		par puissance oligarchie
	Une multitude	selon vertu tocracie ou police
		par puissance democratie

Tep. Et aucuns dient que tres bonne police il couient quelle soit mixte et composee de toutes ou de tous cytopens Glo. Car une police est atrempee ¬ refrenee par lautre Et aussi que presque tous les cytopens ont aucune domination ilz ont moins matiere de sedicion sicomme se le peuple a auctorite en aucune chose ¬ les grãs en une autre et le roy en une autre

Tep. Et pource len loue moult la police de lacedemone Car aucuns dient q̃ elle est cõposee de olygarchie de monarchie et de democratie Car il ont ung roy qui tient la monarchie et ont aucuns anciẽs et puissans qui tiennent princep oligarchique et aucuns du peuple qui ont princep dema

cratique et qui sõt appellez puiseurs ¬ aucũs autres dict q̃ ces prouiseurs tiennent princey tyrannique Mais ilz tiennẽt princey democratiq̃ quãt est aux conuicts ou disners cõmune. Et quant a ordonner les despens et la maniere de la vie quotidiane ¬ du pris de viandes. Item Socrates disoit en ses loix q̃ len ne peut mieulx faire que de composer et faire une police de democracie ¬ de tyrannie Glo. Car il lup sembloit que p la dominacion q̃ les populaires ont selon democracie seroit refrenee ¬ reprimee la puissance du tyrãt Et que ecõuerso la puissance ¬ fureur du peuple seroit refrenee et moderee par la force du tyrant. Tep. Mais cest maldit Car democracie et tyrannie ne sont pas en rien a mettre ou a appeller polices Glo. Mais sont trãsgressions ¬ corrupcions des polices.

Tep. Ou elles sont les pires de toutes Glo. Et par q sequẽt len ne pourroit faire delles deux une bonne Tep. Et doncq̃s ceulx dient mieulx qui font mixtiõ de plusieurs polices que des deux dessusdictes Car se auecques elles estoit fait miption dautres / la police ainsy composee seroit par ce meilleur Glo.

Apres il monstre que lordonnãce socrates nestoit pas a ce conuenable a telle police comme il mettoit.

Tep. Item apres il appert que es ordonnãces socrates na chose qui appartienne a monarchie Et par cõ

Fueillet

sequent a tyrannye Mais elles regardent olygarchie et democracie et encores declinent il plus a oligarchie et bien appert par lordonnance que il met de linstitutiõ des princez ou des princes Car il vouloit que plusieurs fussent esleuz par le peuple Et de ces esleuz que aucuns fussent faiz princes par sort (Glo. Aussi comme len fait le roy a la feue (Tex. Et cest vne chose comme aux deux polices dessusdictes Cest assauoir a democracie et oligarchie (Glo. Car les esleuz estoient aucuns du peuple quãt a democracie et aucũs des puissans quant a oligarchie (Apres il met vne chose qui touche en especial a oligarchie (Tex. Mais dire q̃ les plus riches et les plus grans feissent la conuocation du peuple et que ilz la presentent au peuple les prĩces qui sont esleuz Et que ceulx du peuple soient laissez sãs participer en telle chose cest oligarchie Et si est semblablement vouloir faire plusieurs princes des plus riches et qui sont en tresgrans offices honnorables

(Item socrates fait selection des conseilliers selon police oligarchique Car il conuient par son ordonnance que tous ceulx du premier et du plus honnorable degre ou ordre eslisẽt les electeurs des conseilliers (Glo.
Il mettoit par ordre quatre degrez ou quatre estaz lun plus grãt et lautre moindre. (Tex. Et apres ce aussi que vng nõbre equal du second

fussent esleuz pour eslire et non pas tous et semblablemẽt du tiers mais toutesffois nestoit il pas necessite que toꝰ ces esleuz eslisissẽt (Glo. car ceulx du tiers ou du quart degre ny estoient pas contrains et encores les esleuz du quart ordre ne pourroient eslire fors du premier et du second
(Tex. (Combien que ceulx du quart ordre puissent bien estre esleuz ꝛ par ce socrates cuidoit mõstrer que chascun de ces quatre estatz honnorables auroit equal nombre des conseilliers Mais sauf sa grace le plus seroient des grans estatz Cest assauoir du premier et du second pour ce que les autres du peuple ne esliroient pas Car seloñ socrates il ne seroit pas necessaire ne ilz ne seroient côtrains
(Glo. (Et doncques se ilz ne vouloient eslire les autres grans esliroient conseilliers de leur ordre ou estaz
(Tex. Mais nous dirons apres quant il sera temps de parler de telle police en quelle maniere telle police peut estre institue et faicte ou composee de democracie et de monarchie.

(Item la maniere que socrates mettoit quant a leselection des princes est perilleuse que il disoit que aucuns fussent esleuz et que ces esleuz eslisissent les princes et par ceste ordonnãce pose quilz fussent vne multitude moyẽne ilz esliroiẽt tousiours les princes a leur volẽte et le vouldroient eslire deulx mesmes (Glo. Et de ce pourroit venir sedicion en la cite.

¶ Tex. ¶ Et doncques les choses de la police ⁊ des loix socrates ont en soy la maniere dessusdicte.

¶ En le p̄l̄e. chapitre il reprouue la police d’ung autre appellé felleas.

Mais les polices ou loix q̄ mettoient socrates et platon encores sont autres polices Les unes ordonnees par gens ydiotes et sans scïence les autres par philosophes Et les autres par gens expers en conuersation ciuile ¶ Glo. ¶ Et aucunes sont escriptes desq̄lles l’on ne use pas Et dautres sont desquelles l’en use.

¶ Tex. ¶ Et toutes autres policies qui ont esté iadis instituees sont plus prochaines a telles selon lesquelles l’en dit et e gouuerne on a present que ne sont les deux polices dessusmises ¶ Glo. ¶ C’est assauoir telle q̄ m̄t la communion des femmes ⁊ de sa⁊s Et celle qui ordonne des disners communs ¶ Tex. ¶ Car nul autre q̄ socrates ou platon ne trouua telle communion d’enfans ⁊ de femmes et aussi nul n’a traictié de telz disners fors bien peu Car ilz ont plus entendu a commencer es choses q̄ sont plus necessaires Et semble a aucuns que mesmement il est necessaire pour bonne police de bien ordonner des substances et des possessions, car ilz dient que de ce viennent toutes sedicions ¶ Glo.

¶ C’est assauoir pour les possessions Et la principale chose a quoy tout le gislateur doit entendre c’est a euiter sedicions ¶ Tex. ¶ Et pource felleas qui fut de calcidone la cité fut le premier qui feist statues sur ce Car il disoit que il conuient que les possessions des cytoyens fussent equalles et que ung en eut autant comme l’autre Et quant est des citez qui de nouuelle commenceroient estre habitees il luy sembloit q̄ ce ne seroit pas fort / mais pourroit estre fait legierement et prestement

¶ Glo. ¶ C’est assauoir en diuisant ⁊ par tant les heritages par porcions equales presque en la maniere que la terre de promission fut diuisee aux filz d’ysrael de quoy dit l’escripture Diuisit eis terram in funiculo distributionis Il leur distribua la terre en leur diuisant et mesurant a ung cordel

¶ Tex. ¶ Mais des citez qui sont maintenant habitees et ou les possessions sont inequales ce luy sembloit plus fort et chose plus labourieuse Toutesfois neantmoins il cuidoit telle chose pourroit assez tost estre regalee par ceste maniere C’est assauoir q̄ les riches qui ont plus de possession quant ilz se marient aux poures que ilz leur donnassent douaire Et quant les poures se marient aux riches que les riches ne prensissent rien et econuerso que les poures prensissent douaires et n’en donnassent point iusques a tant que tous fussent equalz Mais platon ordonna autrement Car es loix quil escript il mettoit que ung cittoyen pouoit bien auoir plus de pos

Fueillet.

session que lautre iusques a certaine quātite et que len ne deuoit pas souffrir q̄ vng citoyen deuoit plus auoir de possessions q̄ lautre oultre le quit double sicomme il fut dit deuant. ¶Glo. ¶Ou chapitre precedent Apres il monstre en quoy telles loix defaillent ¶Tex. ¶Mais il couenist que ceulx qui mettoient ces loix eussent apperceu et considere vne chose que ilz ne auisoiēt pas Car puis que ilz mettoient ordōnance et mesure en la multitude des possessions il conuenist que ilz meissent ordōnance en la multitude des enfans Car se le nombre des enfans excede et passe la multitude des possessions il conuient par necessite que la loy soit rompue et enfrainte ¶Glo. ¶Car se vng citoyen a vng filz et vng autre en a vi. chascū des vi. naura que la sixte partie Et lautre aura autāt comme six donques ne seront pas les possessiōs equales Et se il disoit que vng des six aura toute donques serōt les v. poures ¶Tex. ¶Et encores sans la solution et rompement de ceste loy il sensuit vng autre mal Car par ce moult des filz de riches hōmes seroient faiz poures Et donques pource les feroit estre mauuais et iniurieux ¶Glo. ¶Apres il approuue la fin a quoy il tendoit lordōnance de selleas par deux raisōs ¶Tex. ¶Mais bien est verite que reguler et mettre mesure es substances et es possessiōs est vne chose qui peut faire aucune ay

de a communite politique ¶ce appert par ce q̄ ancuns des auciens ont eu aucune cōgnoissance de ceste chose sicomme solon q̄ establi sur ce vne loy ¶Glo. ¶Solon fut legislateur des atheniēs sicomme dit iustin ou tiers liure ¶Tex. ¶Et en aucunes autres citez est vne loy que chascun ne peut pas acqurir ou possider terre tāt cōme il veult mais par certaine quātite et semblablemēt aucunes loix denoient et defendent que len ne vende sa substance Sicomme en la cite de locres nul ne peult vendre son heritaige se il ne monstre que il luy est aduenu infortunite grant et manifeste ¶Glo. ¶Sicōme estre prins des ennemis Et locres estoit ou est vne cite en calabre ¶Tex. ¶Et encores couient il que les anciens sieux ou heritaiges soient gardez sans vēdre ¶Glo. ¶Apres il met la secōde raison ¶Tex. ¶Item pource que telle moderation ne fut pas faicte en la cite de leucada leur police se mua et fut grandemēt conuertie et democratie Car il aduint quilz ne pouoient plus proceder a faire leurs prices de ceulx des dignitez qui estoient adce ordonnez ¶Glo. ¶Car par ce que chascun se pouoit enrichir et heriter tant comme il vouloit se il auoit de quoy acheter il aduint que les populaires furent faiz si riches quilz deprimotient les autres et conuint que ilz eussent domination Apres il mōstre que lordōnaciō de selleas nestoit pas

souffisante par vi. raisons ⁋Tex.
⁋Item qui feroit que les substãces
fussent equalles il conuiendroit au
cunefois que chascun eust tresgrãd
richesses Et adoncques ilz vouldroi
ent viure delicatiuement et desattrẽ
peemẽt ⁋Glo. ⁋Cestassauoir quãt
il seroit grãt habondance des biens
et peu de gens Car lors ilz vouldroi
ent viure selon leur concupiscence
⁋Tex. ⁋Et autrefois il conuien
droit que chascun eust trop petite sub
stance et quilz vesquissẽt chetiuemẽt
et fussent trop tenans. ⁋Glo.
⁋Cestassauoir quant il seroit grãt
multitude de peuple & peu de biens
Et doncques lun ne pourroit aider a
lautre & ces deux choses dessusdictes
sont contraires a bonne discipline de
cite. ⁋Tex. ⁋Et par ce appert que
ce nest pas chose souffisante que le le
gislateur face les substances equales
Mais il doit piecturer et tenir le moy
en ⁋Glo. ⁋Non pas selon equa
lite Mais selon proporcionalite raisõ
nable Et ce peut estre declaire p̃ vne
similitude Car en chant ou en son
quant a propos deux choses sont a cõ
siderer Vne est consonance et lautre ẽ
melodie Consonance ou simphonie
est acord de plusieurs sons ensemble
sicomme il fut dit ou vii. chapitre Et
quant les sons sont equalz ou quant
ilz sont trop inequalz est hors propor
cion donc ce nest pas cõsonãce Mais
melodie est concorde des sons en les
variant lun apres lautre par succes

sion de temps Et se il ny auoit varia
cion ou selle y estoit trop grande ou
hors proporcion deue ce ne seroit pas
melodie Semblablement en cite quãt
aux possessions & autres choses se tõ9
estoient equalz ou se ilz estoient trop
inequalz ce ne seroit pas bonne ordon
nance ne bonne consonance Et auec
ques ce il conuiẽt que en telles choses
soit faicte variaciõ par succession de
temps Et selle nestoit faicte modere
mẽt ce ne seroit pas bien en la manie
re quil est dit de melodie Et dõcques
par auenture pource que en democra
cie a trop grant equalite de richesses
& de puissance et que en oligarchie et
en tyrannie a trop grãt inequalite de
ces choses pource ces trois polices ne
sont pas bonnes ⁋Apres il met la se
conde raison ⁋Tex. ⁋Item pose q̃
aucuns ordonnassẽt que tous eussẽt
des substances moyennement et mo
derement sans pourete & sans exces
encores ne profiteroit il pas souffisau
ment Car il cõuient plus reguler les
concupiscences que les substances
⁋Glo. ⁋Car les passions & les
concupiscences sont plus cause de pe
chez que ne sont les richesses ⁋Tex.
⁋Et les concupiscences ne peuent
estre biẽ regulez se les cytoyẽs ne sõt
introduictz en bonnes loix Mais p̃
auenture diroit selleas que ainsi fai
soit il Car il disoit que es citez doiẽt
estre equalite en ces ii choses Cestas
sauoir en possession & en descipline.
Mais ce ne souffist pas Car il con

uiendroit dire quelle est ceste discipli/
ne laqlle il dit esire Vne mesme a to9
les citoyens Car dire quilz soient tous
introduiz en vne discipline/cest vne
generalite q ne prouffite en riē/mais
il conuenist quelle fust telle par quoy
les citoyens ne souffissēt pas surmō
ter les esleuz ou les princes ne les ex
ceder en pecune ne en honneur ou a
tous les deux. ¶Glo. ¶Et plusi
eurs autres telles particulieres disci
plines fussent necessaires de quoy sel
leas ne dit rien Et pource la police q
il met nest pas souffisante etc. Apres
il met la tierce raison contre selleas
¶Tex. ¶Item les gens ont discē
cions ensemble non pas tant seule/
ment pour inequalite de possessions
Et de ce q tu dit a saut tu en as trop
et ie en nay peu Mais auecques ce ilz
ōt plusieurs fois discort pour inequa
lite des honneurs ou des offices pu
bliques Et trouue len icy vne manie
re aussi comme contraire Car la mul
titude des populaires cōtend pour in
equalite des possessiōs Mais les gra
cieulx Cest adire ceulx qui se repu/
tent vertueux et dignes contendent
pour inequalite de hōneurs se ilz sōt
fais inequalz aux autres Et pource
de telz honneurs publiques il cōuiēt
en distribuer aux bons et aux moins
bōs ¶Glo. ¶Car les grans honora/
bletes doiuent estre distribuees aux
tresbons et aux excellens & les moin
dres aux autres Car p ce est gardee
la paix de la cite Et de ce ne ordonna

riens selleas ¶Apres il met la quar
te raison ¶Tex. ¶Item les gens
ne contendent pas seulement et iniu
riēt les vngs les autres pour les cho
ses necessaires a leur vie de quoy sel/
leas cuidoit que equalite de possessi
ons fust le remede Car il luy sēbloit
que se les possessions estoiēt equales
vng homme ne osteroit rien a lautre
pour froit ne pour faim ql eust Mais
verite est q plusieurs sōt iniuriez nō
pas seulemēt pour telle necessite mais
pour applir leurs delectaciō et affin
qlz nayēt pl9 lardeur de cupiscēce et
pource se leur pcupiscence appete pl9
que les choses necessaires adōcques
pour medicine cest adire pour faire sa
tiffaction a ceste concupiscence ilz in/
iurient leurs prochains et encores ne
font ilz pas ce seulement pour acom
plir leurs desirs mais aucunefois pr
euiter tristesses Or conuient il donc
qtes pour la paix de la cite que le le/
gislateur incite remede contre iii. cau
ses de iniurier ¶Glo. ¶La premie/
re est pour auoir ses necessitez La se/
conde pour acomplir ses delectaciōs
ou voluntaire Et la tierce pour eui
ter tristesse ¶Tex. ¶Et premiere/
ment quant a ceulx qui portoient in
iures pour leurs necessites vng peu
de substance souffit pour remede ou
vng petit de labeur ou operatiō pour
acquerir leur viure ¶Glo. ¶Car
si cōme dit seneque nature est de peu
contente. ¶Tex. ¶Et quant aux
autres qui quierēt delectacions il cō

¶ Le second liure   de politiques   pl viii

uient auoir pour remede la vertu da trempance et de mansuetude / mais quant a ceulx qui pourroient iniurier pour euiter tristesse ilz ne peuent querir autre remede fors de philoso phie et ce leurs est remede se ilz sōt tel les quilz puissent vser de delectaciōs qui sont en celle speculation. ¶ Glo. ¶ Car sicomme il fut dit ou pre. cha pitre du pr. Ethiques les delectaciōs de philosophie sont merueilleuses et pures et fermes et sont plus que nul les autres sās miption ce tristesse ¶ ¶ Mais les deux autres causes ont mestier destre remediees par homme ¶ Glo. ¶ Cestassauoir par le legis latuer qui ordonne tellemēt que chas cun ait souffisance contre necessite et bonne discipline contre concupiscence Mais selleas ne mist remede fors con tre la premiere des iii. causes de iniu rier dessusdictes. Et ne dit riē des au tres deux. Et par ce appert la non souffisāce de sa police ¶ Apres il met a ce la quinte raison ¶ Tex. ¶ Itē les gens sōt iniuriez mesmemēt pour auoir excellences ou abondances ¶ Glo. ¶ En richesses ou en puis sances ou en delectacions ¶ Tex. Et nō pas seulemēt pour auoir leur necessite / comme aucuns qui sōt grās tyrans non pas affin q'lz nayēt froit ou faim mais pour autres causes Et pource len donne grans honneurs a cellui qui occist nō pas vng meschāt larron Mais qui occist vng tyrant ¶ Glo. ¶ Et de celle loy vserēt les

romains sicomme il appert es liures de Iustinien ¶ Tex. ¶ Et dōcques la maniere de la police selleas faisoit seulemēt ayde contre petites iniures ¶ Glo. ¶ Et par consequent telle police nest pas souffisante ¶ Apres il met a ce la vi. raison ¶ Tex. ¶ Item il conuient en vne police faire aucuns statuz affin que les citoyens puissēt auoir bonne conuersation ensemble et autres statuz par quoy ilz se puis sent bien auoir et bien porter vers les citez voisines / et aussi vers gens estrā ges et doncques est il necessite desta blir et ordonner la police tellement q̄ la cite puisse auoir force de gens dar mees. ¶ Glo. ¶ Car autrement len seroit suppedite par gens estranges ¶ Tex. ¶ Et de toutes telles cho ses selleas ne dit rien ¶ Glo. ¶ Dōc ques est sa police insufficiente.

¶ Du piie. chapitre il monstre la nō suffisance de la police selleas par es pecial quant est a lordōnance des pos sessions

Semblablemēt la police de sel leas nest pas bonne quant ace que il met des possessions. ¶ Glo. ¶ Et ce monstre il par quas tre raisons. ¶ Tex. ¶ Car il con uient determiner et reguler la quan tite des possessiōs non pas seulemēt quant a la suffisāce quil cōuient aux vsages politiques. ¶ Glo. ¶ Cest

Fueillet.

aſſauoir pour ſoy garder de faim et de ſoif car pource diſoit il quelles fuſſent diuiſees par egal a chaſcun ¶ Tex.

¶ Mais auecques ce il conuient regarder que la poſſeſſion de toute la cite enſemble ſoit ſuffiſante pour obuier aux perilz qui pourroient aduenir dehors ¶ Glo. ¶ Ou par guerre ou par famine ou autrement ¶ Tex.

¶ Et pource il ne conuient pas que vne cite ait ſi grant multitude des richeſſes que les eſtrangiers q̄ ſōt leurs voiſins ou autres meilleurs. C'eſt a dire pluſſeurs et plus puiſſans aient conuoitiſe de les greuer par force Et que eulx q̄ ont tāt de richeſſes ne puiſſent ſouſtenir les moleſtaciōs de leurs voiſins ¶ Glo. ¶ Il veult dire que ceſt peril pour vne cite quāt elle a trop grans richeſſes et elle eſt feble de gens darmes. ¶ Tex. ¶ Et dautre partie les richeſſes de la cite ne doiuent pas eſtre ſi petites que il naient aſſez pour eulx armer Et que ilz puiſſent ſouſtenir guerre cōtre leurs equaulx et ſemblables Et ſelle as ne determina riens de telles choſes Et doit len ſauoir que ceſt bien pour la cite quelle ait multitude de ſubſtance ¶ Glo.

¶ Non pas tant ſeulement pour les neceſſitez de vie commune et cotidiāne Mais auecques ce pour ſouſtenir les guerres et pour les autres faiz cōmunes. ¶ Tex. ¶ Et par auenture que le terme des richeſſes de la cite eſt treſbon et la meſure treſbonne ſelle en a ſi moderaument que les cytoyens

pour trop grande abondance ne preſument pas a commēcer guerre vers meilleurs et pluſſeurs quilz ne ſōt ou que pluſſeurs deulx q̄ ne ſont pas tāt riches ne leur cōmencent guerre pour auoir leurs richeſſes ſicōme fiſt vng appelle eutofodrates qui voulut aſſieger la cite de auſernee Mais vng ſaige appelle enibolus luy commanda ou conſeilla que il conſideraſt en combien de temps il pourroit prēdre le lieu ou cite et que il comptaſt ou regardaſt combien il pourroit deſpēdre ou ſtege en tāt de temps Et ſe il trouuoit q̄ les deſpens fuſſent plus grās que le prouffit quil auroit a la prinſe de la cite fuſt moidre il la deuroit laiſſer Et quant enibolus ot ce dit euto fodrates ſi accorda et feiſt ceſſer le ſiege. ¶ Glo. ¶ Et par ce appert q̄ ſe ceſſe cite euſt eſte plus riche elle euſt eſte en grant peril Et doncques felleas ne determina pas ſouffiſaument des poſſeſſions Et apres il met la ſeconde raiſon ¶ Tex. ¶ Item il peult eſtre que faire les ſubſtances des cytoyens aucunemēt equales eſt expedient affin quilz ne facent ſedicion les vngs contre les autres mais ce neſt pas grāt choſe Car les gracieux ceſt adire qui ſont de grant lignage et qui ont de nobles condicions auroient indignation de ce Car ſilz ont dignes dauoir des richeſſes non pas equalemēt aux autres mais plus Et doit on ſouſtenir que pour ceſte cauſe telz nobles ſont moleſtacions et meuuent

sedicions ⟨Glo⟩ ⟨Quant ilz vay-
ent q ceulx qui sont moins dignes que
eulx sont aussi riches ou plus Et felleas mettoit q tous feussēt equalz Et
dōcques appert que posé q son ordonnance ostast aucunes sediciōs Toutesfois elle en estoit cause de plusieurs
et de plus grādes Apres il met la tierce raison. ⟨Tex.⟩ Jtē la malice et la
couuoitise des gēs ne peut estre replē-
ne assasie. ⟨Glo.⟩ Sicōe il fut dit en se
p̄ie. chaptitre du premier ⟨Tex.⟩ Et
quāt il semble a vng poure premieremēt que il luy souffiroit se il auoit. ii.
mailles et apres quant telz gens ont
ce que ilz desirotent ou par succession
paternel ou autremēt encores eussēt
ilz mestier et desirent plus sans fin et
sans terme Car la nature de concupiscence est infinie ⟨Glo.⟩ ⟨C⟩est adire que elle tend tousiours a auoir delectacions plus et plus sans fin Car
cocupiscence nest pas des choses nece-
saires a vie humaine mais est de toutes choses qui peuēt faire delectaciō
et telles choses sont inōbrables et aussi cōe infinies ⟨Tex.⟩ Et le plus de gēs
viuent ꝯ tendēt a la repleciō de leur
cōcupiscence et doncques fust il plus
grant mestier de reguler les princes ꝯ
les mouuemēs de ces concupiscences
que des substances ou des possessiōs
⟨Et⟩ la maniere seroit que le legislateur ordōnast q ceulx q sōt par nature encline a biē et a vertu fussent faiz
telz q ilz ne voulsissent faire auarice
⟨C⟩est adire iniustice a qlcōqs Et ordō-

nast telle maniere q̄ les mauuais ne
peussent faire telle iniustice
⟨Glose.⟩
⟨C⟩eulx qui sont enclins a bien sont
faiz telz par bōne doctrine et les autres par contraincte sicōe il fut dit ou
v̄ viiie. cha. du ve dethiques Mais
encores il met icy deux autres manie
res de refraindre et reprimer leur malice ⟨Tex.⟩ Et ce peut estre fait selon or
donne que telz mauuais soient mēs-
dres ꝯ que ilz ne seuffrent aucune iniustice. ⟨G.⟩ Le legislateur a son pouoir
doit faire telles loix que les mauuais
ne puissent escroistre ne en richesse ne
en puissāce Et auecques ce que lōn
leur face iniustice par quoy ilz ayent
occasion de mal faire Apres il met la
quarte raison. ⟨Tex.⟩ Jtē selleas ne disoit pas bien ne suffisaumēt de la qua
lite des substances Car il mettoit cel
le equalite seulement quant aux possessions des terres ꝯ moult dautres richesses sont Sicōe de serfs de bestes
de monnoye ꝯ dautres instrumens ꝯ
mesnages ou garnison dostel Et dōcques conuenist il que il eust mise telle
equalite en toutes choses meubles et
nō meubles ou que il eust mise ordōnance ꝯ moderacion quāt aux biens
meubles ou que il eust tout laisse. ⟨G⟩
⟨C⟩ar aussi biē viēnēt dissēciōs ꝯ sedi
ciōs pour les biēs meubles q̄ pour les
heritaiges. ⟨A⟩p̄s il reprime lordōnāce q felleas mettoit des gēs de mestier. ⟨Tex.⟩ Jtē p̄ vne loy q felleas mettoit il sensuiuoit que la cite feust trop

petite/et cest a dire q̄ il y eust trop peu de gens citoiēs. car il ordonnoit q̄ les gēs de mestier fussent publicques/ et ouurassent pour tous/ ⁊ q̄ il ne suffēt en riē ptie d̄ la cite. Glo. Il vouloit q̄ ilz ne pticipassent en rien en la cōite et q̄ leurs ouurages fussent deptis et distribuez aux citoiēs a chūn selō sa necessite. Et nous veons maintenāt q̄ les gens de mestier sont vne grāt ptie de la cite ⁊ q̄ les en osteroit elle seroit petite. T. Mais touteffoiz selon verite il est bien conuenable que aucūs soient ordōnez ouuriers publicques pour les euures cōmunes sicōe il est en vne cite appellee eppidamas Et sicōe vng legislateur appelle dyofantus ordonna aucunefoiz en la cite dathenes et establist ceste maniere G. cestassauoir q̄l yeust gēs dartifices cōe maczons et charpentiers cōmūs et q̄ ouurassent pour le cops de la cite et nō pas pour chascun singulier. T.

Et par ces choses dessusdictez lē peult veoir de la police felleas pres q̄ tout ce q̄l dit bien et pres que tout ce q̄l ne dit pas bien

Du piiie. chapitre il recite loiy et ordōnances dung autre prodōme appelle ypodamus.

Ypodamus fut filz dung appelle eunosus qui fut de la cite de milet Et trouua vne maniere de diuiser la cite ⁊ de diuiser le territoire de la cite par forsbors ou par villages / et quant a la vie propre de luy il estoit curieuy dauncunes choses superflues pource quil estoit trop couuoiteuy donneur Et mettoit peine commēt il pourroit auoir grande multitude de cheueulx et que ilz fussēt longs et biē peignez Ite il vouloit auoir vesture de vile matiere ⁊ rude facxō G. faicte par ypocrisie E. Mais que il fust vestuz chaudemēt nō pas seulemēt en yuer mais en este Ite il vouloit cōsiderer ⁊ disputer des natures de toutes choses ⁊ fut le pmier de ceulx qui ne viuoiēt pas de vie politique qui sefforce de parler ⁊ determiner quelle police est tresbonne G. Cestoit vng philosophe speculatif q̄ nestoit pas expert en vie politique practique et actiue ⁊ ainsi est descripte sa vie Apres il recite sa police. T. Et quāt a la quantite de la cite ypodamus mettoit q̄ toute sa multitude delle fust y. mille hommes Et disoit que ceste multitude doit estre diuisee en trois parties/cestassauoir vne de gens dartifices ou de mestier/ lautre de cultiueurs de terres/ ⁊ la tierce des gens darmes pour les guerres Glo

Apres il met la diuision des possesions Sep. Item il diuisoit la region en trois parties/ et appelloit vne partie saincte/lautre publicque et lautre propre. Et celles de quoy sē fait les choses deputees au cultiuemēt et a lōneur des dieux Cest la ptie saicte ⁊ celle q̄ est ordōnee por le viure des gens darmes cest celle queil appellee cōmune ou publicque. Et la tierce q̄ est distribuee aux cultiueurs de terre il lappelle propre. ¶Glo. Apres il met lordre de sa police quāt aux iugemēs. ¶Tex. ¶Ité quant aux iugemens ypodamus cuidoit et disoit que pour ce feussent tant seule ment troys especes des loyx. car trois choses sont de quoy les gēs ont dicep tacions ⁊ dissencions ensemble/cestassauoir iniure/dōmaige/⁊ mort. G. ¶Par iniure il entend ce qui est fait par parolle contre lhonneur daucuy Et par dōmaige ce qui est contre aucun de fait quant a ses biens. Et par mort ce qui est de fait cōtre la psonne sicōme batre/mutiler/ou occire. Aps il met son ordōnance quant a la ma niere de iuger. ¶Tex. ¶Item il esta blist par vne loy q̄ vne court fut prin cipal a laq̄lle toutes causes q̄ ne sem bleroiēt estre bien iugees fussent pour estre epaminees/ramenees/⁊ reduites. ¶Glo. ¶Ce estoit appellacion. ¶Tex. ¶Et ordōna que ceste court fust tenue par aucuns anciens esleuz iustes ⁊ prudēs. ¶Item il cuidoit et disoit que es cours il ne conuient pas q̄ les iuges aient collacion ensemble auant quilz facent leurs iugemens/ mais chūn a part doit apporter en sō poing vne tablette ou vne cedulle en laq̄lle soit escripte la cōdēnacion se il lup semble q̄ la cause soit simplemēt a condēner/⁊ se il lup semble que il soit simplement a absouldre/il apporte la cedulle toute vuide/⁊ se il lup semble

que il soit aucunemēt couspable ⁊ au cunemēt nō/que ce soit escript ⁊ deter mine en la cedulle. G. Et q̄ apres p toutes ces cedulles len regardast en quoy le plus seroit en accord/⁊ selon ce fust fait le iugemēt. ¶T. Et ne luy sembloit pas q̄ ce fust biē de establir p loy q̄ les iuges feissēt ensēble collaciō Car p ce que les vngs soustiēdroiēt vne ptie ou autre /il pourroit estre q̄ aucū deulx seroit aussi cōe cōtraint a soy piurer. G. Et a iuger ptre sa con science pource q̄ il noseroit dire ptre les autres. Et p ce appt q̄ len faisoit des lors les iuges iurer q̄ ilz iugeroiēt lo yaumēt selon leur aduis. Aps il reci te quatre loyx q̄ ypodā⁹ mettoit quāt a la discipline de la cite. Te. Item il mist vne loy de ceulx qui trouueroient aucune ordōnāce expediēte ⁊ pffita ble pour la cite/⁊ estoit q̄ ilz obtenissēt pource aucun hōneur. Ité il mist vne autre loy q̄ ʼes ēfās de ceulx q̄ estoiēt mors ē la bataille pour la cite feussēt nourris du tresor publicq/⁊ mettoit celle loy aussi cōe selle neust ōcq̄s este deuant establie/⁊ toutesfoiz ceste loy est en athenes maītenāt ⁊ en aucūes autres citez. Ité il mist vne autre loy q̄ les princes feussēt esleuz p le peuple et disoit q̄ le peuple ⁊ les iii. pties des susd G. cestassauoir les gēs darmes les gēs de mestier /⁊ les cultiueurs de tres. T. Ité il mist vne loy q̄ les prin ces q̄ seroiēt esleuz eussent la cure des choses pēs ⁊ des estrāges ⁊ passās ⁊ orfenis. G. ⁊ dōq̄s les ʃfat⁹ ⁊ les soip dessusdictes sõt la plus grãt partie de lordõnance ypodamus/ Et cest tout quãt q̃ est digne de reciter de sa police

(Du pIIIIe. chapitre il reprouue la police de ypodamus.

La premiere doubte en la police de ypodamꝰ est de la diuision ou distinctiõ q̃ il met de la multitude des citoiens. Car il veult que les cultiueurs des chãps ⁊ les gẽs des artifices ⁊ gẽs darmes q̃ tous cõmuniquẽt en la police ou ordre de la cite. Mais il met q̃ les cultiueurs des chãps aiẽt terres ⁊ q̃lz naiẽt nulles armes. Et que les gẽs dartifices naient possessions de terres ne armes. Glo. Mais il vouloit bien que les gẽs darmes eussẽt des terres. T. Et par ce il sensuit que les gẽs dartifices seront pres que serfs aux gẽs darmes Glo. Et ꝑ consequẽt ilz ne participoient pas en la police, car le serf ne ꝑticipe pas auecq̃s son seigneur en cõmunicaciõ politique: mais despotique. si cõme il appt ou tiers chap. du pmier Et se aucun disoit que ilz ꝑticipẽt en la police ꝑ ce q̃lz peuẽt ꝑticiper ou princep ⁊ estre princes ⁊ gouuerneurs/ Aristote obice au cõtraire. Cep. Car dire que gẽs dartifices ou de mestier doyẽt ꝑticiper en tous offices honorables cest impossible. car il est necessaire que des gens q̃ sont puissans darmes soient cõstituez/ faiz ⁊ establiz les ducz ou connestables des autres ⁊ les gouuerneurs des citez Glo.

Comme sont conseilliers/ maires ⁊ iuges. Tex. Et les plus tres principaulx princeps. Glo. Si comme princep de roy/ ou dempire de ducz ou de contez ⁊c. Et la cause est Car il conuient que ces gens comme sont princes/ gouuerneurs/ iuges ⁊c. ayẽt puissance de defendre la cite des estrãgez dehors ⁊ de refrener les mauuais qui sont dedans/ ⁊ qui ne peuẽt estre reprimez fors par force et par cõtrainte. Et pource dit le saige. Noli querere fieri iudex nisi virtute valeas irrumpere iniquitates. Ne quiers pas estre fait iuge se tu nas puissãce ⁊ vertu de rompre les iniquitez. Et par ce appert que gens de mestier ou autres qui nõt pas puissance de gouuerner/ ou de ordonner gens darmes ⁊ q̃ nont science ne experience de gouuernement politique ne doiuent pas eulx entremettre des offices dessusd ne entreprẽdre ou presumer telles choses Et cest la doctrine de la saincte escripture en ecclesiastique ou xxxviii chapitre ou il parle assez des gens de labour ⁊ des gẽs de artifice. Et aps il cõclud et dit Super sellã iudicie nõ sedebũt/ ⁊ testamentũ iudicii non intelligent/ nec palam facient iudiciũ ⁊ disciplinã. Il veult dire q̃ telz gẽs ne doiuẽt pas estre iugez ne dõner ou ordõner discipline sur les autr̃s. Tex et dõcq̃s puis q̃ les gẽs dartifices ne ꝑticipẽt ẽ ceste police: car silz nõt ptie es honneurs ne es possessions ilz ne pourroient amiablement cõuerser en

telle police ¶Glo. Mais il auroit
occasion de murmurer & de penser au
cune sedicion ou conspiracion. Apres
il reprouue la loy que mettoit ppoda
mus quāt a selectiō des princes. T.
¶Item il conuiēt que ceulx qui ont
puissances darmes soient meilleurs
cest adire plus vaillans, & plus fors
q̄ les deux autres parties lesquelles
mettoit ypodamus / cestassauoir que
les gens de mestier / et ses cultiueurs
des champs. Et ce nest pas legier a
faire q̄ ilz soient les plus se ilz ne sont
en grant multitude. Et se ainsi est q̄
ilz soient les plus fors il ne couiēt la
que ses autres participēt en la police
quāt a ce q̄ ilz aient seigneurie ou puis
sance en election de princes. ¶Glo.
¶Car ceulx qui sont puissans en ar
mes en feront a leur voulente. Apres
il reprouue ce q̄ ypodam⁹ disoit quāt
aux cultiueurs des champs. ¶T.
¶Item selon sa police de ypodamus
les cultiueurs des champs ne seront
en riē proffitables a la cite car verite
est que les gens dartifices sont neces
saires, & toute cite a mestier de telz
gens ¶Glo. ¶Et pource dit lescri
pture en ecclesiastique en parlant de
eulx. Sine his oībus nō edificabitur
ciuitas. ¶La cite ne peut estre edifiee
sās eulx. ¶T. Et eulx peuēt proce
der & viure de leurs ars si cōe ilz sont
en autres citez Et les cultiueurs des
champs se ilz acqueriss̄et & ministras
sent viures a ceulx qui poursuyuent
les armes / adonc peut on dire raison

nablemēt q̄ telz laboureurs fuss̄et au
cune partie de la cite. Mais selō sa po
lice ppodam⁹ ilz ont leurs tres ppres
& les cultiuēt a leur ppre proffit tant
seulemēt. T. Apes il reprouue ce q̄ ipo
damus disoit quāt a la diuision des
possessiōs. Itē ppodā⁹ mettoit q̄ vne
ptie du tritoire fust cōmune de laq̄lle
les gēs darmes auroiēt les fruiz pour
leurs viures. G. Or leur couenoit il
q̄ telle ptie fust cultiuee p vne des iii.
manieres q̄ sōt discordables de la po
lice ppodā⁹. T. Mais pmieremēt se
les gēs darmes cultiuoyēt les terres
donc q̄ ne seroiēt ilz autre q̄ les culti
ueurs de terres, & cest le gislateur ipo
dā⁹ veult q̄ ilz soiēt autres & distintez
& se autres q̄ les cultiueurs de leurs p
pres terres & q̄ les gēs darmes les cul
tiuoiēt donc q̄ seroit ce vne quarte par
tie de cite auec les iii. q̄ ipoda. mettoit
Laq̄lle ptie ne pticipoit ē q̄lcōq̄ comu
nicaciō ne en electiō, mais seroit estrā
ge de ceste police, & se aucun mettoit q̄
ceulx mesmes q̄ cultiuent leurs ppres
tres cultiuass̄et ceste tre p͞e ce ne pour
roit estre. car la multitude des fruitz
q̄lz portoiēt labourer ne souffriroit pas
car il couiēdroit q̄ chūn cultiueur sou
stenit deux familles. & ilz ne pourroi
ent pas dune mesme tre p eulx labou
ree prēdre leur viure & mistier viures
aux gēs darmes, & toutes ces choses
seroiēt grāt turbaciō a la police. g. A
pres il reprouue par deux raisons les
statu de ppod. quāt aux iugemēs. T
¶Itē la loy que met ypodam⁹ quāt
g.iii.

Fueillet

aux iugemens nest pas bonne. Car il dit que les iuges doiuent estre diuises/ et escripre leur opinion en la cause chescun par soy. Et apres le iuge q̄ doit pronuncier la sentence doit faire disquisicion et consideracion par les escriptures ou par les cedules/ mais ce ne vault rien. Car les iuges peuēt faire disq̄sicion et collacion lun auecques lautre priuemēt hors la court. Et ainsi ilz peuēt plus peruertir lun lautre/ que ilz ne seroient en la court publique. Glo. Apres il met la seconde raison. Tex. Item commēt seroit ce que le iugemēt ne seroit plain de turbacion/ car il semblera a lun des iuges q̄ laccuse ne doibt pas estre condēne en tāt cōme laccusant demande. Car par aduēture il demāde de xx. liures/ et lun des iuges dit dix liures/ et vng autre plus/ et vn autre mains/ et vng dit v. et lautre quatre. Glo. Et ainsi il ny a nul accord et ne pourroiēt souuēt estre a accord p̄ telles cedules faictes a part. Tex. Et doncq̄s conuiēt il souffrir q̄lz aiēt collacion ensemble/ car les vngs condēnent/ les autres absolent. Et nest aultre maniere de les accorder/ fors par disputer et cōferer des sentēces. Glo. Apres il exclud la maniere pour quoy Ipodamus mettoit telle loy. Tex. Item ypodamꝰ mettoit telle loy affin q̄ nul des iuges ne fust contraint a soy piurer. Mais nul nest ad ce contraint pour dire son opinion en publique. Car se laccusa=

cion est iustement escripte et prouuee nul noseroit iuger au cōtraire. Et se le iuge dit que laccuse doit xx. liures il na cause de soy piurer, mais celui q̄ est cōdēne est piure q̄ cuidoit et disoit q̄ il ne deuoit rien.

Du v. chapitre il reprouue en especial vne des loys ypodamus / et traicte la q̄stion de la mutacion des loys.

Et de ce que dit ypodamus que il conuient faire aucun hōneur a ceulx q̄ trouuent aucune chose proffitable pour la cite pour certain ce ne seroit pas seure chose de faire loy de ce. Mais verite est q̄ oyr que len doye faire honneur a telz gens/ cest vne chose plaisante et q̄ est bonne seulement de prime face/ ou de premier regart. Mais q̄ mettroit telle loy ē la police : plusieurs calūniaciōs et mauuais mouuemēs en pourroient venir. Et de ce vient vng autre probleume et vne autre consideracion. Car aucūs sōt doubte assauoir mon se cest chose nuysible/ou eppediente pour les citez que len oste ou delaisse les loys du pays anciennes et paternelles/ suppose q̄ lē ayt trouue aucune autre loy meilleur. Et pour ce len ne se doit pas legieremēt ne tātost ꝯsentir a ce q̄ dit ē de hōnorer ceulx q̄ trouuēt telles nouuelletez : car il pourroit aue nir q̄ soubz lespece et soubz lōbre de faire pour le biē cōmū aucūs seroiēt meuz par telles nouuelletez a la dissolucō

ou depecement des loip/z de la poli
ce. Et par ce que nous auons fait me
moire de ceste chose il est bien de dilla
ter ung peu le propos/z de pourfuy
uir ceste matiere/car elle est doubteu
se comme nous auons dit. et semble que
a tel cas le mieulp est de oster les loip
anciennes ¶Glo. ¶Et de mettre
loip nouuelles puis q elles sont meil
leurs. Et a ce il met quatre raisons
¶Tep.¶Premierement car telle mu
tacion est prouffitable en autres scien
ces/z ars sicomme en medecine en laqlle
il est bien de muer/z de mettre hors ou
oster les reigles ou manieres pater
nelles ou anciennes ¶Glo. ¶Car
par proces de temps/z experiece sen
aprent touliours/z corrige len et ad
iouste aup choses deuant trouuees:
¶Et en ceste maniere furent les ars
trouuez/sicome dit aristote ou secod
de elenches. Et pour ce dit prisciain
que les nouueaulp aucteurs sont les
meilleurs ¶Tep ¶Et en ceste ma
niere est il ung art appelle gignasti
que ¶Glo ¶Cestoit aussi comme
une maniere de luite pour exerciter
son corps en force/z vistesse ou agilite
/z est dit de ginos en grec/qui signifie
nu. Car len se despoilloit tout nu. Et
semblablement en art de guerre tous
iours trouue len nouuelles choses/z
est bon de muer les manieres. Et pour
ce dit vegece que len aprent plus par
usaige que par la doctrine des anciens
¶Tep. Et uniuerselement en tous
ars/z en toutes vertus. Et doncques

come ainsi soit que politique est ung
des ars ou des sciences. il sensuit que
aussi est il en elle ¶Glo ¶Car po
litique est art ou science de gouuerner
les citez. Et pour ce aussy comme es
autres ars len doit laisser en politiq̃
les ordonnances anciennes pour les
nouuelles quant ilz sont meilleurs.
Apres il met ad ce la seconde raison
¶Tepte. ¶Item ce peut appa
roir par signe qui considere les euures
et les besongnes du temps passe. car
les loip anciennes estoient iadis tres
simples et barbariques/Cest a dire
desraisonnables/z estranges ou sau
uages. Et fut ung temps que les
grecs portoient du fer au marche/z a
chetoient les femmes les ungs des
autres ¶Glose ¶Car par ad
uenture ou pays fer estoit trop preci
eup/et les autres metaulp n'estoient
pas en usaige. Mais selon une autre
exposition/par ce quil dit que les
grecs portoient fer il entend quilz se
portoient/z auoient maniere/z meurs
de gens de fer/z estoient durs/z rudes
/z faisoient leurs choses par force sans rai
son/z marchandoient de leurs femes
car sicome dit tulles en la fin de sa rhe
toriq̃ nulz ne sauoient q̃ estoient nopces
honestes. et doncques se les grecois estoi
ent telz q̃ furent apres les plus saiges du
monde il sembleroit q̃ ceulx des autres pa
is furent encoire plus rudes. ¶Et nos
uoions aussi que se en aucuns lieux q̃lz
coques residus sont demourez des loip
ou statuz anciens ce sont folles choses

g.iiii

Fueillet

Sicomme il est en vne cite appellee thomi, en laquelle est vne loy q̄ suppose que vne multitude de gens aiēt veu faire vng homicide et en soyent tesmoings, et poursuiuent celui qui a ce fait, neantmoins se vng des cousins du mort se fuit il sera repute coupable. ¶Glo. ¶Et touteffoiz sen est certain q̄ ce ne feist il pas. Et semblablement plusieurs loix et coustumes anciennes sont desraisonnables sicomme de prbacion de champ de bataille que sen appelle duellum, et de pugnacion de fer ardent, et de telles choses. ¶Cep. ¶Et pour ce quant aux loix tous doiuent regarder et q̄rir non pas a ce qua este tenu, mais a ce qui a este raisonnable. ¶Glo.

¶Doncques esse bien de muer les loix anciēnes en meilleures. Apres il met la tierce raison ¶Cep. ¶Item il est vray semblable que les premieres gens comment que il fust de leur commancemēt, ce ffassauoir pose qfz feussent engendres de terre, ou quilz feussent engendrez d'aucune qui eussēt este sauuez et gardes ou tēps d'aucune corrupcion general, touteffois les premiers furent telz quelz, et non seuz et nō sachans en la maniere que lon dit de ceulx que len appelle engēdrez de terre. Et pour ce seroit ce tresgrāt incōueniēt de tenir leurs enseignemens et leurs loix. ¶Glo. ¶Et par consequent il fault mieulx mettre nouuelles loix. ¶Len doit scauoir pour mieulx entendre ceste raison premierement que selon plusieurs philosophes le monde est perpetuel, et sans cōmencemēt, et sans fin, et que oncqs ne fut temps que gens ne feussent ou eussent este, et semblablemēt du tēps aduenir. Et neantmoins ilz diēt que aucun tēps a este ou quel nestoit fors vng trespetit nombre de gēs ou nul simplement. Et que encores ainsi sera ou temps aduenir. Et pour ce lescripture seroit vraye a leur intencion qui dit. Dies formabuntur et nemo in eis. Les iours viendront quil ne sera nul homme. ¶Item selon leur opinion telle chose est aduenir et aduiendra par delluges vniuerselz de eaue ou de feu ou de corruption et de mortalitez et ces trois causes touche hermes le philosophe ¶Item pour chascune de ces iii. causes peut venir delluge particulier ou depopulacion p̄ feu sicomme il aduint ou temps du roy pheton selon verite et selon ce que recite platon et aristote. Mais ouide se met par maniere de fable, et par eaue sicomme il fut ou temps de deucalion et du roy agyges selō les histoires, et par pestilence sicomme dient aristote et abuinazar. Item selon aucūs philosophes deluge general qui est par toute terre peut estre en deux manieres. Vne est que aucuns et peu soient preseruez p̄ la quelle est faicte la reparation et regeneration du peuple sicōme il fut ou temps de noe. Lautre maniere que du tout il ne demeure nul homme. Et doncques ilz disoient que apres ce les gens sõt engendrez de lu meur de la terre par la vertu du ciel et du soleil et les bestes aussi. Car se lon aucuns telle generatiõ se peut fai re par nature. Et telz gẽs ilz appellẽt terrigenes cest a dire engendrez de ter re et les autres il appelloient filz des hommes. Et par auẽture le prophete vsoit de ceste maniere de parler quãt il disoit Audite hec omnes gentes ꝛc. Quique terrigene et filii hominum. Nous dit il q̃ les paiẽs appellent ter rigenes et les autres quilz appellent filz dhommes. ¶ Item telz gens que ilz appelloient les premiers non pas simplemẽt / mais les premiers apres telz deluges il disoient quilz estoient rudes longuement. Et dit vitrinius quilz estoient sauuages et met la ma niere cõment ilz cõmencerẽt a conuer ser ensemble et parler. Et selon verite apres le temps de noe quant les gẽs se partirent ꝙ cõmencerẽt a habiter en diuerses regiõs il est vray semblable que plusieurs establirent ordõnã ces ꝙ polices ꝙ loix rudemẽt ꝙ moins bien composees. Et fut biẽ fait de les muer apres. ¶ Apres il met la quarte raison. ¶ Cep. ¶ Item se aucun disoit que les coustumes des anciens non sachans peuent biẽ estre muees ꝙ que cest le mieulx. mais les loix es criptes non / ce ne souffist pas. Car en la maniere que il est en autres ars ainsi est il en lordõnãce de police quãt a ce que est impossible que toutes tel les choses soient escriptes diligẽment

et pfaictemẽt. Car les faiz et les opa cions vers les quelles sont les ore ꝙ les ordonnances politiques sont par ticulieres et singulieres. ¶ Glo.

¶ Et sont innombrables ꝙ les cas inopinables et ne peult on faire soyẽ escriptes fors en vniuersel. Et pour ce conuient il aucunefoiz en faire de nouuelles et muer les anciẽnes selon la qualite des faiz des tẽps des meuꝛs des gens. Apres il argue au contrai re en determinant la question ¶ Tep.

¶ Mais a cõsiderer en autre manie re il est verite que len doibt moult re doubter a muer les loix anciennes en cor pour mettre meilleures que la loy anciẽne. Car peut estre q̃ ce qui sera trouue de nouuel est vng peu meil leur que la loy anciẽne. mais cest tres mauuaise chose de soy acoustumer a muer / varier / deffaire / ou non tenir les loix. Et par ce appert manifeste mẽt que les legislateurs ꝙ les prices doiuent plus endurer souffrir ou dis simuler aucuns pechez ou deffautes que muer les loix. ¶ Glo. ¶ Car quant la loy est telle que selon elle au cuns maulx se font qui ne pourrõyẽt estre corrigez par vne autre loy nou uelle: Adoncques se ces maulx sont petis ꝙ telz q̃ ne greuẽt pas moult le bien publique len les doit endurer ꝙ doit on ainsy laisser la loy ¶ Tep.

¶ Car telle mutacion ne seroit pas tant de prouffit comme de nuisance pour ce que par telles mutacions les citoiens ce pourroient acoustumer a

Fueillet.

contredire et rebeller aux loix et aux statuz des princes ¶ Glo. ¶ Apres il declaire son propos en respondant a la premiere des raisons faictes au contraire ¶ Tex. ¶ Et lexemple q̃ fut mis deuant de telle mutacio͂ qui est expediente es ars nest pas vraye Car muer les regles dung art ʒ muer les loix dune police nest pas chose se͂ blable pource que la loy na nulle fer/ mete, car par suasions ne pour argu mens Mais pour acoustumance de la tenir laq̃lle acoustumance ne peut estre faicte fors p multitude de te͂ps.

¶ Glo. ¶ Et les reigles des ars ont efficace et fermete par raiso͂ et no͂ pas par acoustumance ¶ Tex.

¶ Et doncques muer legiereme͂t les loix en autres loix nouuelles cest af/ feblir et debiliter la vertu de la loy

¶ Glo. ¶ Et pource ligurgus qui fut le legislateur aux lacedemonie͂s affin quilz acoustumasse͂t a tenir les loix que il leur bailla (ʒ que il redoub tassent a les enfraindre il faint que le dieu apollo lui auoit enseigne et ain si appert la respo͂se de la premiere rai son, mais il ne respont pas aux trois autres Car ilz conclude͂t verite, cest assauoir que les mauuaises loix an/ ciennes sont a muer, les autres aus si ou cas que il sen suiuroit plus gra͂t bien que nest le mal contraire a la fer mete et reuerence des loix anciennes Et co͂uiendroit que tel bien fust tres gra͂t et aussi comme desire de tout le peuple Et pour necessite ou pour eui

dente vtilite Apres il propose autres questions ¶ Tex. ¶ Item se il con uient muer les loix se͂ peut faire ques tion assauoir mon se toutes so͂t a mu er Et se en toutes polices le͂ les peut ou doit muer, et assauoir mon a q̃l ou a q̃lz il appartie͂t a muer les loix Et toutes ces choses ont grant diffe rence et plusieurs diuersitez Et pour ce quant a maintenant nous laissero͂ ceste consideration et en parlero͂ au tresfois.

¶ Du v. chapitre il traicte de la police de lacedemone quant aux cho ses qui sont des propres.

De la police des lacedemoni ens z aussi pres q̃ de toutes les autres sont deux consideracti ons Une est regarder se en telle police a aucuns statuz faiz par loy qui soit bien ordonnee et faicte au bien de ver tu ¶ Glo. ¶ Car se la loy nest pro porcionnee a vertu et se elle ny tend el le nest pas iuste ¶ Tex. ¶ Une au tre consideration est que le͂ regarde se il y a loy ou statut qui soit contrai re a la police laquelle len supposoit ou proposoit instituer et faire ¶ Glo

¶ Sicomme qui vouldroit establir vne police aristocratique et mettroit les loix appartena͂tes a police oligar cique ce seroit mal ordonne ¶ Tex. ¶ Item quiconques veult orduner vne police pour bien viure ou temps

aduenir il cōuient establir escolle Cest
a dire discipline de gens qui sōt necesͣ
saires pour ministracions et pour serͣ
uices et ce cōfesse chascun pour la defͣ
faulte de ce en la terre de thessalle est
aduenu maintesfoiz que les poures
molestoient les riches et sēblablemēt
en lacedemone quant il vient aucuͣ
nes infortunes a la cite tousiours les
poures font conspiration contre les
riches Mais a ceulx de crete ne auiēt
oncq̄s telle chose. Glo. Crete est vne
isle et dit solin que illecques fut trouͣ
uee lordōnance des lettres z art de naͣ
gier et de traire saiectes z de ordōner
batailles ¶Tex. ¶Et par aueture
la cause est telle, car combien que les
citez qui sōt voisines aiēt guerre les
vnes aux autres toutesfoиs il ne sōt
pas cōmunemēt guerre a citez loing
taines pource qui ne leur est expedi/
ent deulx eslongner de leurs terres et
de leurs possessions qui sont pres de
leurs maisons ¶Glo. ¶Car sicoͣ
me dit aristote ou liure des bestes cest
chose naturelle a toute beste de soy cō
batre pour sa viande et pour son haͣ
bitation et pour sa lignee Et pource
les oyseaux q̄ ont leurs nytz pres lun
de lautre sentrecombatent souuent
Et semblablement est des citez q̄ sōt
voisines pour les termes de leur terͣ
ritoire ou de leurs seigneuries ou poͥ
au tres iniures, ¶Tex. ¶Et pour
ce les lacedemoniens q̄ ont plusieurs
citez voisines il auoiēt guerre a elles
et toutes estoient leurs ennemyes si

comme la cite dargie et de mesomie z
ceulx de archade z ceulx de thessalle
des le cōmēcement auoient guerre a
eulx z encores ont ceulx de lacedemoͣ
ne guerre a leurs voisins de achare z
de perebie z de manese. ¶Glo.
¶Ces citez z ces pays sont descriptz
ou tiers et ou quart liure de plinius
¶Tex. ¶Et se autre chose nauẽ
noit fors ce q̄ dit est et neātmoins est
ce tresforte chose et moult proffitable
de auoir bonne cure z bonne diligēce
de la maniere de parler z de conuerser
conuenablemēt auecques les seruās
z auecques les poures de la cite Car
se lō est vers eulx remis z trop mols
que lē les traicte trop benignement
ilz deuiēnēt orgueilleux et iniurieux
z veulent faire soy equaulx aux seigͣ
neurs ¶Glo. ¶Car sicomme aulͣ
trefois fut allegue ou vii. chapitre
du premier lescripture dit que q̄ nourͣ
rist sō serf delicatiuemēt il le sētira cō
tumace et rebelle Et en vng autre
lieu dit le sage du serf ¶Operatur in
disciplina, reqūescere querit. sopa maͣ
num illi et querit libertatem Le serf
dit il euure en discipline z quiert reposͣ
ser z qui luy lasche la main il quiert
liberte z repos ¶Tex. ¶Et dauͣ
tre partie q̄ les fait viure en mal soufͣ
fraite et les maine trop durement ilz
machinent mal contre leur seigneur
z le hayent ¶Glo. ¶Et dōncques
lē les doit traicter tellement que lē
ne leur donne pas affliction iniuste/
ment et que lē ne leur soit pas trop

Fueillet.

familiaire Et est fort de tenir le moiē et conuient regarder a leurs condicions Car ceulx qui sont plus rudes et de mauuaise inclinatiō lē leur doit estre plus rigoreux sicomme dit le sage a ce propos Jugum et lorum curuant collum durum, et seruum inclinant operationes assidue seruo maluolo tortura τ compedes τc. Il veult dire q̄ le serf qui est plain de male volunte doit estre traicte durement. Mais a cellui qui est de bonne maniere len luy doit estre plus debonnaire sicomme le saige dit illec ques mesmes Si est tibi seruus fidelis sit tibi quasi anima tua quasi fratrem sic eū tracta. Jon doit son loyal serf traicter cōme son frere τc. Apres il parle de la police des lacedemoniens quant aux femes. (Tex. (Item estre remis et lasche quant a la discipline des femmes et laisser les faire a leur election et a leur volunte cest vne chose nuysible a la police et a la felicite de la cite Car aussi comme somme et la femme sont les principaulx pties de maison semblablement la cite est diuisee pres q̄ en deux parties. Vne est la multitude des hōmes τ lautre est la multitude des femmes Et doncques en quelcōques polices ou citez ou la discipline des femmes nest bonne lē doit reputer que la moitie de la cite est mal ordonnee selon loip Et ceste chose est aduenue en la cite de lacedemone car leur legislateur vouloit que toute la cite eust perseuerāce cest a dire abstinē

ce de vie delicieuse, et de ce y mist loip quant aup hommes Mais en ce fut il negligent quant aux femes, pour ce elles viuent selon leurs concupiscences en tresgrans delectacions τ delicieusement a toute desattrempance
(Glo. (Le premier legislateur de lacedemone fut ligurgus et selon iustin ou tiers liure il mist telle loip, Vne que le peuple obeisse τ serue aux princes τ que les princes soiēt fermes en iustice (Item que tous ceulx quissent tressobrement τ de petite vie affin destre plus durs es guerres.
(Item que len marchandast de denrees en denrees et sans monnoye.
Item il diuisa les offices τ attribuoit aux roip la poste des guerres, et aup magistraup les iugemēs et au senat la garde des loip et au peuple lelection du senat τ des magistraup.
(Item il diuisa les fons des terres p equal (Item il commāda que chascun mengeast en publique affin q̄ lz ne fussent trop deliquatz en priue
(Item que nul ieune homme neust en tout lā que vne robbe et que vng ne fust pas pl⁹ coinct que lautre ne mieulp disnez (Item que les enfās masles fussent nourriz hors de la cite en labourant et que ilz geussent en la terre nue et sans menger potage τ sans retourner a la cite iusques a tāt quilz fussent hommes parcreuz
(Item que les anciens fussent hōnorez plus que les puissās ou q̄ les riches Et faignoit que le dieu appollo

qui auoit baille ces loix Et par auenture eurent les lacedemoniens apres autres legiflateurs Et vne foiz apres qlz eurent endure et foustenu tãt de maulx par guerres et par diuifions ilz establirent vne chose que ilz appelloient amitie/ et estoit que chafcun iurast que iamais nauroit memoire quant a vengence des iniures passees ¶Et semblable chose firent aucunesfoiz les atheniens/ sicomme iustin recite et celle chose fit claudius cesar sicomme dit orosius ¶Tex.

¶Et doncques est il necessaire que en telles polices richesses soient trop honnorees et trop couuoitees.

¶Glo. ¶Car les femmes quant elles viuent selon leur concupiscence et les despendent excessiuement et conuient que leurs hommes soient couuoiteux de acquerir et par ce viennẽt plusieurs inconueniens. ¶Apres il met vng autre inconuenient contre les ordonnances de lacedemone.

¶Tex. ¶Item les lacedemoniens vouloient que les hommes darmes fussent continens et q ilz se abstenissent de femmes aussi comme aucuns ordonnerent autresfoiz de plusieurs manieres de cheualliers et de gens darmes ¶Glo. ¶Theofrastus et platon ordonerent que gens darmes neussent nulles femmes pour ce que ilz doiuent du tout entendre au bien publique ou pour ce que ilz fussẽt mois tenres et plus aspres en guerre ¶Tex.

¶Mais telz legislateurs donnent

occasion de vilain pechie faire auecques enfans masles Et pour ce celluy qui composa la fable de mars et de venus ne parla pas desraisonnablement quant il disoit que ilz fussẽt conioincts ensemble. ¶Glo. ¶Ce fut hesiodus le poete Car les paiens disoiẽt que mars est le dieu de batailles et que venus est la deesse de beaute ou de luxure Et par ce le pecheur entendoit et vouloit dire que gẽs darmes doiuent auoir femmes. ¶Tex.

¶Car il conuient que gens darmes aient collocucion et compaignie aux masles ou aux femelles pource q̃ communement tous telz sõt esmeuz et stimulez a couppte charnel ¶Glo. Car sicõme dit aristote en probleumes gens qui cheuauchent sont plus esmeuz et plus enclins a telles choses sicõme sõt gens darmes et auecques ce ilz sont souuent oisiz. ¶Tex. Et pource telz inconueniens sõt aduenus a la cite de lacedemone.

¶Glo. ¶Cest assauoir sodomie pource que par la loy les gẽs darmes estoient contrains a trop grant abstinence de femmes et pource ordonna platon en athenes q̃ les femmes yssissent audeuant des hommes quãt ilz retourneroient de la guerre et fussent en loges qui estoient appellees fornices et de ce est dit fornication ¶Apres il met vng autre inconuenient.

¶Tex. ¶Item les femmes de celle cite furẽt faictes si presumptueuses que plusieurs des grandes besõgnes de la cite estoient ordonnees par elles et mesmemēt quāt au princep Et toutesfoiz il ne differe en rien se les femes ont le princep / ou se les princes sont gouuernez soubz elles et p elles Car comme il soit il sēsuit vng mesme inconuenient. ¶Item hardiesse nest prouffitable quant aux choses q̄ peuent aduenir enuiron sa cite fors en bataille Mais les femmes de lacedemone par leur hardiesse estoient tresgrādement nuisibles a la cite Et ce monstroient ilz bien en lassault que firent ceulx de thebes contre lacedemone Car ilz ne furent en rien pfsitables en la maniere que femmes sont en autres citez en telz cas ¶Glo. ¶Quāt vne cite est assaillie les femmes obeissent et font leur deuoir en gardāt les hostez ou en portāt aux murs armeures ou artillerie ¶Tex. ¶Mais elles firent plus de tumulte et de mal aux hommes que ne faisoient les ennemis ¶Glo. ¶Apres il met la cause pour quoy les lacedemoniēes furēt remis quant a ce ¶Tex. ¶Et la remission ou negligence de la correctiō ou discipline des femmes leur aduīt au cōmencement par telle raison / car ilz estoient souuēt hors de leurs maisōs et de leur cite en guerres et par lōg temps sicomme contre ceulx de argie ¶Glo. ¶Cest vne autre cite de grece ¶Tex. ¶Et apres contre ceulx darchade et contre ceulx de messenne et quant ilz vaquoient et entendoient es guerres ilz se mōstroient obeissās aux legislateurs pour lacoustumā ce q̄lz auoient en cheualerie et en faiz darmes Car telle vie contient en soy plusieurs parties de vertu. ¶Glo. ¶Sicomme obedience a leurs souuerains et abstinence de delices et perseuerāce en tresfors labeurs en grās des peines et proesses et hardiesses ¶Tex. ¶Et aucuns dient que ligurgus sesforca de ramener et reduire les femmes de lacedemone a vertu par sōnes loix Mais elles resisterēt par quoy il conuint quil laissast tout Et ce sont les causes des choses faictes en lacedemone et du peche des femes ¶Glo. ¶Sans ce que les hōmes en fussent en coulpe fors par auēture daucune negligēce ou imprudēce ¶Tex. ¶Mais nous ne considerons pas quant a presēt lesquelz doiuent estre excusez et auoir pardon ou non Mais nous considerons quelle chose est bien mise et quelle nōn pour le gouuernement de la cite Et sicomme nous auons dit deuant les ordonnances de la cite de lacedemone quāt aux femmes nestoiēt pas bien mises et nestoient pas seulement desauenātes et deshōnestes pour la police mais auecques ce par elles estoient faictes addictons et acroissemens damoure de pecunes et de conuoitise ¶Glo. ¶Comme il est dit deuant apres ce quil a reprouue leur police quāt aux serfs et quāt aux femmes il la reprouue quant aux possessions ¶Tex. ¶Apres ce que dit est encores fait a blasmez la police de lacedemone quant a sa irregularite et mauuaise ordonnance des possessions ¶Car par ce que leurs loix quant a ce nestoiēt pas bōnes il aduint que les vngs auoient trop excessiuement grans substāces et grans possessions et les autres les auoient trop mallemēt petites et tāt que toute la region ou territoire vint en la main dūg petit nombre de gēs ¶Glo ¶Et donc que nestoit ce pas bonne proporcion ne bonne consonāce ioupte ce que fut dit en se pre. chapitre/et se aucun disoit que ce ne fust pas par la deffaulte des loix mais p̄ la couuoitise des gens ioupte ce q̄ dit le prophete ysaie ¶De qui coniungitis domū ad domum, τ agrum agro copulatis. ¶Pource il monstre apres que ce fut pour leur mauuaise loy ¶Tex. ¶Et ce aduint par sordōnance des loix qui estoient mauuaises Car leur legislateur establit que nul ne peult acheter heritaige de autre ne vendre le sien et en ce il fist bien car il nest pas bon de vendre son heritage Mais il ne fist pas bien quāt a vne autre loy Car il donna et laissa poste a chascun de donner ou de partir son heritaige a sa volunte Et touteffoiz il est necessaire que par ce vien ne inequalite et irregularite de possessions aussi bien comme par les vendre et acheter/et en est aduenu de fait que se leur region ou territoire estoit diuisee en v. parties les femes en ont les deux parties ¶Cest assauoir deux

quintes tant par ce que les hommes les ōt faictes leurs hoires comme par ce que len leur donne grans douaires ¶Combien que le mieulx est que len ne donne nul douaire ou trespetit ou mesure ou modere ¶Glo ¶Affin que les heritages des anciens, τ notables hostelz ou maisōs demeurēt entiers Touteffois iustin dit que ligurgus leur defendit donner douaire Mais par auenture ilz vindrent apres autres legislateurs ¶Tex. ¶Et maintenant en lacedemone il loist a chascun donner son heritaige a quelconque quil veult Et se aucun meurt sans en auoir ordonne cellui q̄ sera sō hoir le peut donner a quelconque qil vouldra Et doncques par ce est aduenu q̄ comme leur region ou territoire souffist pour nourrir et soustenir en armes mille et v. cens hommes de cheual et trente mille de pie Touteffoiz ilz sont venuz en tel estat qlz nen peuēt pas soustenir mille en tout ¶Glo ¶Car vng petit nombre de gens tenoient presque toutes les possessions Et les autres nauoient de quoy soy armer et de quoy contribuer a guerre en la maniere acoustumee ¶Tex. ¶Et tout ce est fait, τ aduenu p̄ leurs euures par quoy il appert quil auoient mauuaises ordōnāces en ceste chose en tāt que par ce sa cite deuint sy feible que ilz ne pouoient soustenir nulles plaies Cest adire nul assault de leurs ennemys. Et est la cite perie et destruicte par ce que ilz estoient trop peu de gens darmes Et dit len que ou temps de leurs premiers roys ilz estendoient et emploioient leur police et ordonnoient tellemẽt quilz neussent pas trop peu de gens darmes et q̃ le nombre ne appetissast pas pour ce se ilz estoient par long tẽps en guerres Et dit len quilz auoient ordõnãce que ilz ne pouoiẽt estre moins de p. mille hommes darmes des sparciates Cest adire des lacedemones.

¶Glo. ¶Il est escript ou premier liure des macabees ou pi.iiii. chapitre comme les iuifs eurẽt cõfederaciõ ⁊ aliãce aueceques eulp et illecquee sõt appellez sparciatez ¶Tep ¶Mais touteffoiz pose que ces choses soient vrayes ou non vrayes touteffois il se le mieulp que par biẽ reguler ses possessions la cite soit toustours garnie ⁊ remplie dõmes darmes Car ce la loy estoit telle que selõ elle ung petit nombre de gens peussẽt auoir toutes les possessiõs les autres laisseroient la cite par poureté. ¶Tep.

¶Item ceste loy des possessiõs estoit contraire a sentencion dune autre loy qui estoit en lacedemone de la procreacion ou generacion des filz Car leur legislateur voulut adresser son intẽcion a ce quil fust grãt multitude des sparciates Cest adire des lacedemones ⁊ pour ce il prouocoit et pmouoit les citoiens a engendrer pluiseurs enfans Et de ce ont ilz une loy telle que se ung hõme a trops filz il est asinez Cest adire franc et quittet daler a la garde de la cite ou au guect Et si len a iiii. il est quitte de tout vectigal, Cest adire de tribu que len paye pour porter aucune chose par le pays Et touteffois il est manifeste que tãt plus seroient de gens en la cite tant plus y auroit de poures suppose que la maniere de diuiser les possessions fust telle comme dit est ¶Glo ¶Or appert dõcquees que la loy q̃ seuffre ⁊ octroye que chascun puisse donner ou departir ses heritaiges en son viuãt ou par son testament a sa volunté nest pas bonne non pas par auenture pour ce quelle tiẽgne aucune iniustice mais pour ce q̃ille est ineppediente et seroit perilleuse pour le temps aduenir.

¶Ou p̃vii. chapitre il reprouue la police de lacedemone quant a ce q̃ touche les princes.

Les ordonnãces des lacedemones vers une maniere de princep quilz appellent efforie sont mauuaises ¶Glo ¶En lacedemones auoit trops princes ou trops manieres de princep les ungs estoiẽt appellez efforie les autres estoiẽt ditz anciens ou saiges et les autres estoient ditz roys Et semble que leurs princep⁊ et offices fussent separez sans ce que lun fust soubz lautre fors en peu de chose Et semble aussi que les efforees auoient posté sur les choses q̃ touchent les forains et estranges cõme seroit traictier a eulx ou ouurir la guerre et telles choses ⁊ iugeoiēt des contractz Et ceulx qui estoient appellez anciens tenoiēt la iurisdicion en la cite especialement des causes touchāt ꝉ homicide Et les roys gouuernoient les batailles Ou par auenture estoient ilz souuerains par sur les autres princeyz (Apres il improuue S. ordonnances qui estoiēt du princey dit efforie. (Tex. (Premierement car tel princey a dominacion et poste sur choses tresgrandes ⁊ tresnotables (Glo. (Sicōme sil fust debat entre les cytoiens et aucuns estranges et forains pour aucune chasteaulx ou pour aucunes terres ilz pouoient traicter a leur plaisir ou cōmander la guerre (Tex. (Et neantmoins ilz estoient faiz ⁊ prins ou esleuz indifferēmēt de tous ceulx du peuple par quoy il aduenoit maintefois que es lieux daucune telz princes efforez quant ilz estoient vacans len y mettoit trespoures hommes ⁊ q̄ estoient corrompables par petite pecune par ce quilz auoient default et ce ōt ilz maintesfoiz mōstre par leurs euures ou temps passe Et aussi il na gueres cest adire quant les lacedemones eurēt fait a ceulx de landrie Car aucuns de ces princes ditz efforez furent corrompuz par argent Et en tāt comme en eulx estoit ilz misdrent la cite en voye de perdicion (Item pour ce que leur princey estoit si tresgrant et de si grant poste et equal a tyrānie

tz̄ diminuerent la poste des roys en tant que ilz les cōtraignoient a ce q̄ ilz souffrissent q̄ le peuple se gouuernast par soy mesme Et p ce la police estoit greuee et blessee. (Glo. (Car le peuple nobeissoit pas deuemēt aux roys ne aux loix. (Tex. (Et de ce aduint que leur police fut muee de aristocracie en democracie (Glo (Et aristocracie est selō vertu et laultre non si cōme il est dit plusieurs foiz (Tex (Mais cest princey appelle efforie maintenoit la police en estat Car le peuple se reposoit et tenoit a paix sans faire cōmocion pour ce q̄ ilz participoient en ceste tresgrant princey Cestassauoir a efforie ⁊ ceste vtilite ou proufft estoit des choses de la cite pose que ce fut venu ou de lintencion du legislateur ou p fortune Car aā ce que pollice soyt gardee et saulvee il conuient que toutes les principaux parties de la cite veullent quelle dure ⁊ quelle soit permanente ⁊ q̄ le leur souffise Et ainsi estoit il de ceste Car les roys auoient ceste police agreable pour sonneur quilz auoient Et les princes q̄ len appelloit anciēs ⁊ q̄ estoient ditz colugagachi (Cest adire plain de vertu estoient contēs pour la gerusie Cest adire quilz estoient appellez sains ou sacrez Car premierement leur princey est princey de vertu et le peuple auoit agreable la police pour cause du princey dit efforie Car les princes effoꝛiees estoient fais indifferemmēt de tous ceulx du

Fueillet.

peuple)(Jtem l' couenist que tel prin
cey dit effozie fust instituue pour l'õne
election puis q tous y peuet estre esseuz
Mais telle election ne deust pas estre
en la maniere q'lz la fõt. Car il esliset
cõme feroient enfans (Glo. (Par
auenture ilz faisoient leur election p
sort ou en autre guise sole (Tex.
(Jtem ces princes efforez ont la mai
strise et la poste des grans iugemens
Et pour ce nest ce pas le mieulx q'lz
iugent a leur volunte et selon leur p
pre sentence ou aduis (Mais il fust
mieulx que ilz iugeassent selon les cou
stumes et par les loix escriptes
(Glo. (Car sicomme il appert ou
commecement de rhetozique dariso
te nulle chose que lẽ peult determiner
par mettre loy ne doit estre comise ou
laissee en l'arbitrage ou volunte des
iuges. (Tex. (Jtem leur diete
cest adire leur maniere de viure nest
pas acordante a la volunte de la cite
Car leur vie est trop remisse et trop
delicatiue et sumptucuse Mais ilz or
donnoient quãt aux autres vne vie
trop exceffiuemẽt dure en tant quilz
ne pouoient perseuerer en la continu
er Mais couient quilz trespassissent
les ordonnaces et vsent de delectaci
ons corpzelles en priue celemẽt tmu
ciement (Glo. (Saint thomas
eppose ceste clause autrement Mais
ceste translacion saccorde mieulx au
texte et a raison (Apres il reprouue
leur police quant aux princes appel
lez anciens ou sages (Tex. (Et

les ordonnãces que ilz auoient quãt
au princep de ceulx qui sont diz anci
ens ne sont pas bien pour eulx
(Glo. (Car tel princep duroit
toute leur vie (Tex. (Car par a
uenture aucũ pourroit dire que se telz
princes estoient vertueulx et souffi
saumẽt introduictz en androgarchie
Cest adire en bonte domme il seroit
expedient a la cite quilz ne peussent
estre muez combien que se ilz estoient
telz encores seroit ce chose moult a tr
doubter et a craindre de seur donner
seigneurie aposte sur grans iugemẽt
par toute leur vie car aussi cõe la ver
tu du corps enuiellist/aussi euiellist
la vertu de la pesee. G. la cause est
car combien que lame intellectiue ne
d eilisse oncques ne oncques naffe
blie toutessfois en ceste vie quant a sõ
operacion elle a mestier du seruice de
lame sensitiue laquelle est corporelle
et passible et enfeblie en vieillesse
Et par ce appert que balliages et pre
uostez ou offices q ont puissance sur
grans iugemens ne doiuet pas estre
dõnees ou omises a vie Car en vieil
lesse lengin nest pas si vif ne le iuge
ment si seur (Tex. (Et doncques
pose quilz eussent este introduictz en
vertu par la maniere dessu dicte tou
teffois quant le legislateur se deffie q
p vieillesse il ne sont plus bons ca tel
le chose ce nest pas seurete jose de les
y laissier. Glo. Et doncques il deust
auoir ordõne et pourueu de remed
quãt a ce par ses loix (Tex. Jtem

plusieurs qui ont este principaulx en ce pricep ont voulu apparoir et estre reputez liberaulx & courtoies ont fait grans dons de la pecune comune sans ce que nul proffit en venist au bien publicque. Glo. Car ilz estoient seurs que pour chose quilz feissent ilz ne seroient deposez. Tex. Et pource nest ce pas bien q̃ ilz soient sãs correction & par auenture il sembleroit a aucune que il souffist ce que le princep de ceulx qui sont appellez effores corrige tous les autres princes Et pource cest ung tresgrant don destre fait prince selon efforie Mais donner telle correction nest pas conuenable et ne souffist pas en cest cas. Glo. Car les effores corrigeoient & rappelloient les sentences des autres mais ilz nauoient pas pouoir de deposer les princes appellez anciens. Apres il reproue la maniere deslire ces princepz appellez anciens par deux raisons. Tex. Item leselection de telz anciens laquelle ilz font selon leur iugement est tresenfantible Car il couient que quiconques est esleu a tel princep que il demãde & ce nest pas bien Car q̃conques est digne daucun princep il doit estre a ce esseu luy voulant ou non. Glo. Car le bien publicque est a preferer deuant la propre volunte de chascun priue. Apres il met la seconde raison. Tex. Item par cesteordõnance sont faiz les incõueniẽces lesqlz cest legislateur fait en vne autre police. Glo. Cest adire en vne

autre partie de sa police q̃ est deselectiõ des effores. Mais selõ lautre trãslaciõ il dit que par ordõnãce auient le cõtraire de ce que len fait en autre police. Car en autre police ceulx q̃ se iugerẽt & a peurerẽt les pricepz ilz sont refusez et suspectz. Tex. Car par ce quil vsoit de cest statu en leselection des princes appellez anciens il faisoit les cytoiẽs ambicieux & couuoiteux dõneur. Car nul ne demãderoit ou querroit auoir pricep se il ne vouloit ou desiroit hõneur et toutesfoies presq̃ la pl9 grãt ptie de liures volõtaires q̃ aduiẽnent entre les gẽs sõt presques pour amour et couuoitise dõneur ou de pecune. Glo. Aps il reproue leur police quãt au pricep royal. Tex. Mais assauoir moult se il est eppediẽt mieulx pour la cite auoir roy ou nõ de ce sera dit apres. G. Du tiers liure. T. Et suppose q̃ ce soit le mieulx & le pl9 eppediẽt dauoir roy. Toutesfois nest ce pas en la maniere que les lacedemones mettẽt mais est mieulx autremẽt, cestassauoir que celluy qui est roy iuge le royaume p̃ toute sa vie. Glo. Et ilz muoient leur roy souuẽt Et p̃ ce lauctorite & poste royal estoit moins prisee et moins doubtee, et auec q̃s ce les roys doubtoiẽt trop a cours roucier leurs subgectz. T. Et appt manifestemẽt que cest legislateur ne cuidoit pas q̃ quecõques cytoiẽ peult estre fait kalokiagatos, cest adire biẽ bõ ou p̃falcemẽt bõ Car il se deffie des cytoyẽs Et aussi cõe silz ne fussẽt

h. ii.

Fueillet.

pas souffisaument bonnes gens (Glo.
(Et cest la cause pour quoy il voulloit que les roys ne tenissent pas le royaume toute leur vie (Tep. (Et pour cest difference quant ilz enuoyent legatz en aucuns lieux ilz eslisoient aucuns q̃ fussent ennemis affin q̃ se lung vouloit faire aucune chose ptre la cite que lautre lempeschast Et cuidoient que se les roys fussent deffians ou que ilz ne pfiassent lun a lautre que ce fust le salut de la cite. (Glo. (Par ce il semble que ilz auoient deux roys ensemble Mais mieulx vault auoir vng bon que deux q̃ ne se confiassent lun en lautre

(Ou p viii. chapitre il reprouue la police de lacedemone quant aux cytoiens

Le statut que les lacedemones ont de conuis ou de disners Et q̃lz appellent la loy ne fut pas bien ordonnee p cestuy qui lestablist pmierement car il fut plus conuenable q̃ les despens de tel senne ou ensemblee fussent faiz de la pecune pmune dela cite en la maniere q̃ len fait en crete Mais en lacedemone il puient que le trespoures contribuent en tel puis Et cest la psuption et le gast de ceulx q̃ ne peuent tant despendre Et pource sensuit Vient le ptraire de la volunte et intention du legislateur Car il vouloit que p la pparacion de telz conuis fust faicte vne chose aussi cõe democratique. Glo. Cest assauoir q̃ fust a la plaisance du peuple pource que ilz eussent recreacion en telz puis car police democratique est la ou le peuple a pricey et police q̃ plaist au cõmun peuple (Tep. (Et lestatut de ceste loy nest en rien democratique Car ceulx q̃ estoient trespoures ne peussent auoir princey en ceste police pource quilz auoient telle loy et tel statut ou pays que q̃conques ne pouoit payer cest tribu ou escot ou ptributiõ il ne participoit en rien ou princey
(Glo. (Car ilz nestoient esleuz ne ilz nauoient voix en election, et donc ques est ce pls ptre le menu peuple que pour eulx. (Apres il reprouue vne autre de leurs loix (Tep (Item autres citoiens ont blasme la loy que les lacedemones auoient quant au princez de nauie ou nauige, et elle e a blasmer, car elle est cause de sedicion pource que la milicie ou cheualerie de nauie estoit soubz roys ou ductz ppetuelz Cest a dire sãs estre muez en leur vie Et ainsi le princey de nouige estoit pres que vng autre royaume Glo (Ilz se faisoient aussi grans cõe les roys de la cite et de ce venoient desobeissances et sedicions (Apres il reprouue vne autre de leurs ordonnãces (Tep (Item vne supposiciõ laquelle faisoit leur legislateur est a reprendre, blasmer et platon mesmes le blasmoit en ses loix Glo. Jl appelle supposicion pource q̃ la supposoit cõe la fin a quoy il ordõnoit toute sa

police et ce ſtoit mal ordōne. T. Car toute lordōnnāce de ces loix tēdoit a vne partie de vertu ceſt a dire a vne ſeule vertu et eſt celle q̄ eſt vers batailles ou guerres. G. Ceſt la vertu de fortitude de laquelle il fut determine ou tiers dethiques Car ceſte vertu eſt pffitable ⁊ vtile pour auoir ⁊ acq̄rir dnacio ⁊ ſeigneurie. G. Car ſicōe dit vegeſce ou pmēcemēt de ſon liure les romains ne aquirēt ſeigneurie ſur les autres nacions p autre choſe fors p ſciēce et exercitaciō en armes Et titus liui9 recite pmēt vng diſoit q̄ les dieux māderēt aux romains aps la mort de romulus q̄ ilz ſe exercitaſſēt en armes et que p ce ilz acquerroiēt ou tēps aduenir la ſeigneurie des terres et ceſt ioupte ſoppinton de lacedemones. T. Et pour ce les lacedemones eſtoiēt ſauuez ceſt adire q̄lz ſe portoiēt biē mais quāt aux princey et gubernaciō de la policie ilz piſſoiēt ceſt a dire q̄lz ſe portoiēt mal Car ilz ne ſauoient vacquer Ceſt adire viure en tēps de paix ne ſoy exerciter en autre vertu fors en celle q̄ eſt vers fais de guerre cōme en la plus principal ⁊ la meilleur mais ce neſt pas petit pechie ne petite defaulte Car en ce q̄ ilz cuidēt que en faiz darmes ⁊ en guerre les choſes ſōt biē faictes p vertu et mieulx que p milicie/ ceſt adire p cheualerie. G. Ou que p vne autre lettre. T. Ilz ont bōne opiniō. G. Car ſicōe il appt ou p viii.c.du tiers dethiques ceulx q̄ ont vraye fortitude ſōt pſtans ⁊ pſeuerās iuſques a la mort/ ⁊ ceulx

q̄ nōt fortitude militaire ſe ſuiēt quāt les perilz epcedēt. T. Mais ilz nont pas bōne opiniō en ce que ilz diēt que les euures de la vertu q̄ eſt vers guerres ſōt meilleurs que de nul aut vertu. G. Car meſmemēt iuſtice e pl9 excellēte et merueilleuſe et vertu ſi cōe il fut dit ou.li.c. du quīt dethiques Et auſſi la guerre eſt ordōnee pour auoir paix Mais la poix neſt pas aſſi de guerre ſicōe il fut dit ou viiie.c. du ve. dethiques Et pour ce dit iuſtiniē que la maieſte imperial ne doit pas ſeulemēt eſtre ennoblie darmes mais auecques ce elle doit eſtre armee de loix aſin que lun tēps ⁊ laut ceſt aſſauoir de paix ⁊ de guerre puiſſe eſtre biē gouuerne Aps il re prouue vne autre ordōnāce. T. Itē les ſparciates ceſt a dire les lacedemones ont mauuaiſes ordōnāces vers les pecunes pee Car ceulx de la cite nont rien en pmū. G. Il nont point de treſor publique. T. Et ſi leur ouiēt ſouuēt ſouſtenir grās guerres/⁊ quāt a ce ilz pouruoiēt mauaiſemēt des deſpens, car pour ce que ilz ont grās terres ⁊ grās poſſeſſions et ſōt riches nul neſt reqs ou ptrainct a ptribuer pour les guerres G. Mais chūn pmet ⁊ dōne tāt cōe il luy plaiſt T. Et de ce vient et ſenſuit le ptraire de ce que le legiſlateur cuidoit eſtre expediēt Car p ceſte ordōnāce il fiſt ⁊ ſe ſuiuit q̄ la cite fut ſās pecune, et fiſt les ydios et les ſimples gēs eſtre couuoiteux de pecunes. G. Car p ce que nul neſtoit ptrainct a ptribuer la cueilleete eſtoit trop petite ⁊ auoit la cite peu de pecunes pour les guerres Et pource que aucuns simples sefforsoient de plus distribuer a ce pour auoir honneur ilz estoiēt trop larges en ceste ptie et que noit que ilz fussent trop couuoiteux en aute ptie et aucūs epposēt autmēt ceste clause mais nō pas si raisōnable ment Apres il recapittule. T. Et a tāt soit dit de la police des lacedemones Car entre les choses de telle police les dessusd sont mesmemēt a blasmer

¶Du pipe cha. il recite la police de crete en la pparāt a celle de lacedemone

La police de ceulx de crete est pchaine a ceste Cestassauoir de lacedemone et ptient aucunes choses et peu es qlles elle nest pas pire que celle de lacedemone et ptient plusieurs autres ordonnāces q sont baillies mois plainemēt et pls obscurement Et la cause est car il sēble et aussi dit len que sa police de lacedemone ensuit en plusieurs choses celle de crete Et moult de choses pposees par les āciens sont moins de articuleee q les choses nouuelles Et diēt les gēs que ou tēps que ligurgᵘ ot delaisse la pcuracion que il auoit faicte pour le roy carille il sen alla hors de la cite de lacedemone et demoura long tēps et couersa en la cite de crete pour ce que il y auoit des gens d e son lignage et pource que ceulx de crete estoient familiaires aux lacedemoniens. S. Il entend p ceste pcuracion la garde de

ladministracion du royaume ligurgus fut ou tēps de samuel le pphete Et me semble selon les eppositeurs et selon les histoires que ligurgus fut nourri en crete Car il y auoit lignage Et fut ligurgus frere de polibitos roy de lacedamone lequel mourut et laissa ung sie petit filz appelle karille Adoncques ligurgᵘ retourna de crete en lacedemone pour gouuerner le royaume iusqs a tant que karille fut pcreux pource q les lacedemones nauoient nulles loip Il leur bailla la loip toupte ce quil auoit veu et apries en crete et ces loix furēt recitees ou pƀt cha. et quāt karille sō nepueu fut en aage il luy rēdit et bailla le royaume et sen retourna en crete en disāt et faignant q il alloit au temple delpphique pour auoir du dieu appollo responce se il ꝯuenoit adiouster et corriger aux loix dessusd et nen retourna puis Et lui et ceulx de lacedemone et leurs successeurs hitans en crete tiennent les loix de crete et dit aristote apres. T. Et ceulx de lacedemone q estoiēt venuz en crete pour cause de familiarite receurēt et accepterēt les institucios des loix que tenoient pour lors les habitās de crete Et encores maintenant les lacedemones q habitent en crete vsent de telles loix en la maniere que ninᵘ institua premier les ordōnances des loix. S. Et pource les loix de lacedemone et celles de crete sont pchaines et selon aucūes histoires ninᵘ fut roy de babilonne et des assiriēs et fon da la cite de niuine et cõquist crete, et aucuns dient que ce fust vng appelé cres et fut ou temps de abraham mais en aucuns traictez en lieu de ninus il ya minos. Et est plus vray semblable que len ne treuue pas q̃ ninus fut roy de crete Mais minos en fut roy et fut vng temps apres ninus. Et fut filz de la royne europe. Apres il dit pour quoy les loix vindrent de crete en grece. ¶ Et semble que lisle de crete est apte et couenable a ce que elle apptiẽgne au princey de grece et bien assise quãt a ce. Car elle est pres que toute supposee a la mer de grece et tous ceulx q sont colloquez et demourãs enuirõ sur la mer sõt grecs, car crete nest gueres loing dune isle de grece appellee pellopes. G. En celle isle sicomme dit vng eppositeur ẽ la cite de ephese ou estoit le grãt temple de dyane lequel fonderent les femmes appellees amazones T. Et la partie deuers asce elle est pres dung lieu appelle trupolis Et pres de lisle de rodes. Et pour ce ninus ou minos obtient plus ligierement princey et seigneurie sur ses parties. G. Car il tenoiẽt de ia crete T. Et subiuga toutes ces isles q̃ estoiẽt habitees et les autres isles il les fist estre habitees semblablemẽt. Et apres il se transporta en sicille. Et la fina sa vie pres du mont appelle cheminee. G. Cest le mont ethna du q̃l il yst perpetuellemẽt feu et fumee. Mais selõ vne aut trãslaciõ il morut en vne cite appellee canimicõ. Aps il met pmẽt

ces ii. polices õt pmãce en liii. choses ou en v. T. Et listituciõ de la police de crete, ptiẽt aucũe chose pporcionelemẽt, et presq̃ semblable a celle de lacedemone pmieremẽt car les lacedemones fõt cultiuer leurs terres p leurs serfs Et ceulx de crete les fõt cultiuer par les estrãges habitãs a la cite. Jtẽ les vngs et les autres õt disnere ou conuiz cõmuns et anciẽnemẽt les lacedemones les oppelloiẽt nõ pas philancies mais andries en la maniere que ceulx de crete les nõment p quoy il appt q̃ ceste ordõnãce vint de crete. G. Telz puiz furẽt pmieremẽt appellez andries Car andros en grec signifie hõe et les faisoit lẽ pour hõnorer ceulx q̃ sestoiẽt mõstrez hões pour le bien publicq̃ mais aps ilz furẽt appellez philácies Car philos en grec est amour pour ce q̃ en telz puiz estoit nourrie amour entre les cytopẽs T. Jtem lor dõnãce de la police estoit vne mesme Car les princes appellez effores ont vne puissãce en lune et a lautre mais en crete len les appelle krosmoy. Glo. Les effores estoiẽt prices en lacedemone et ceulx q̃ auoiẽt seblablemẽt puissãce en crete estoiẽt ditz krosmoy Car en grec krosmos signifie aournement et la cite estoit biẽ aornee et bien paree de telz seigneurs T. Touteffoiz les effores nestoiẽt point en nõbre q̃ v, et les krosmos estoiẽt p. Jtẽ les princes appellez aciẽs sõt equalz en nõbre et en poste en lacedemone et en crete mais ceulx de crete les appellẽt boulin. G.
h. iiii.

Fueillet.

En grec il signifie conseil et ilz estoient gens de conseil. Et dit damascenus q̄ bouillisis est voluntē consiliattue. Tex. Et ceulx de crete eurent premierement royaume Et apres ilz muerent ceste police Et en lieu de roy ilz establirēt les princeps de ceulx q̄ sont appelle cosmoy q̄ ordonneret des guerres. Glo. Semblablement les romains ou temps du roy tarquinus ordōneret q̄lz nauroient plus roy et firent consulz et autres ordonnāces T. Ite toutes ces ii. polices de lacedemone et de crete participent en eglise. G. Il prent eglise pour conuocation ou congregacion general de peuple Et ainsi en vse la saincte escripture souuent sicōme la ou est dit In ecclesiā nō transliēt ecclastes ppp. viii. T. mais ceste eglise nest dame de rien na auctorite fors de soy consētir en ce q̄ est ordōne par les princes appellez anciēs et par ceulx q̄ sōt ditz cosmoys. G. Et ainsi fait lē en anciennes citez lon assēble le peuple pour oyr les ordōnāces q̄ les gouuerneurs ont faictes et sont publies, et le peuple crye si si ou non non Apres il monstre en quoy la police de crete est meilleur q̄ lautre. T. Mais ceulx de crete quāt es aux puitz ou disners publiqs ōt meilleurs ordōnāces q̄ ceulx de lacedemone car en lacedemone chescune teste paye et contribue ce q̄ est establp pour le disner Et sil ne peut payer il ne participe en rien en la police sicōme il est dit deuāt G. Du cha. precedēt, car tel poure ne peut estre esleuz na voys en lelection T. Mais en crete puitz sōt

faitz du commun Car de tous les fruitz q̄ sont nez de terre et de toutes les bestes et de toutes les oblaciōs publiqs q̄ les forains paient G. Cōme estoiēt aucūes rentes ou aucūs tronz. Tex. Vne partie est ordonnee pour le seruice ou cultiuemēt des dieux et pour les communs sacrifices Et lautre pour les puis ou disners publiqs. G. En la maniere q̄ maintenant les disners sōt a ceulx q̄ sont le seruice diuin, et par auēture lors estoit la disme por les sacrifices et vne porciō cōme le v. Et estoit pour les puitz publiqs T. Affin q̄ du commū soiēt nourriz tous et femes et enfās G. Quāt ilz sōt en telz disners communs. Tex. Et le legislateur de crete mist moult de chose par maniere de philosophie affin q̄ len beūst sobrement et q̄ len mengeast peu Car il luy sembloit q̄ abstinēce est moult profitable Et aussi il tēdoit a ce q̄ les hōmes se abstinissēt de leurs femes affin q̄ lz neussent multitude denfās Et pource il leur octroyoit et souffroit collocucion aux masles G. Cest adire le pechie cōtre nature et de ce parle lescripte ou.ii. liure des macabees Cōme iā sō establissemēt bie cest adire bordel des enfās masles T. Mais assauoir se est mal ou nō de ce sera dit autresfoiz G. Et sen passe ainsi pour ce q̄ il est tout notoire q̄ cest vng pichie trop detestable et bestialite et tresincōueniēt sicōme dit sainct pol T. Et dōcqs il est manifeste que ceulx de crete ont meilleur ordōnāce quāt aux puitz q̄ nōt ceulx de lace/

Le second liure   de politiques   lpi.

demone. G. Aps il monstre en q̃uoy
ceulx de crete auoient pire police. T.
Mais ceulx de crete ont pire ordonnã
ce quãt a ceulx q̃lz appellẽt kosmoys
que ceulx de lacedemone nõt quãt a
ceulx q̃lz appellent efforẽs car en la
cedemone les efforẽs peuẽt estre pris
et esleuz de quicõq̃s du peuple indiffe
rãmẽt et cest expedient pour la police
Mais il nest pas ainsi en crete / car en
lacedemone pour ce q̃ toꝰ peuẽt p̃tici
per en cest tresgrãt princey dit effozie
le peuple veult q̃ la police dure et soit
pmanente Mais en crete ces grãs pri
ces appellez kosmoys ne sont pas es
leuz ou pris indifferãmẽt de toꝰ mais
seulemẽt daucuns q̃ sont du princey
ou office q̃ lon appelle les anciens / et
les ãciens sõt pris de ceulx q̃ ont este
autresfois du p̃cey q̃ sen appelle kos
moys. G. Et q̃ sen estoient demie et
pource q̃ nul autre ne pouoit estre es
leuz ne participer au princey la police
nestoit pas agreable au peuple

¶ Ou xxe. cha. il improuue la poli
ce de crete.

Les ordonnãces de la police de
crete peuent estre blasmees en
la maniere q̃ celles q̃ sõt en la
cedemone Glo. Et y especial quãt a
deux choses T. Premieremẽt en ce
q̃ les anciens et les kosmoys de crete
tiennẽt leurs princeys ou offices sans
correctiõ destre deposez p toute leur
vie Car ceulx de crete et de lacedemo
ne reputent vieillesse plꝰ grande que
nul autre dignite G. Et de ce dit ius

tin q̃ en nulle terre du monde vieilles
se nest tãt honoree cõe en lacedemone
T. Itẽ il sont a blasmer en ce q̃ leurs
princes ne iugent pas selon loix escrip
tes mais selõ leꝛ volũte et ce nest pas
seure chose q̃ les faire agnomones
G. Cest adire senceciãs a leur plaisir
et est dit de gnomo q̃ signifie regle car
ree Car les iuges ne doiuent pas es
tre seur regle mais les loix sont seures
reigles / et de ce fut dit plus a plain ou
p iii. c. T. Et ce q̃lz diẽt q̃ le peuple
est en paix sãs faire cõmocion cõbien q̃
il ne pticipe ou princey ce nest en rien
signe q̃ leur police soit biẽ ordonnee
G. Car se ilz ne murmurẽt pas de ce
q̃lz ne pticipent pas ce nest pas pour
la bõne police mais pour autre cause
T. Car les kosmoys en crete ne pren
nẽt pas telle chose cõe sõt les efforẽs
en lacedemone pource q̃ crete ẽ en vne
isle loing des autres citez q̃ leurs ap-
portẽt des marchandises. G. Les la
cedemones auoiẽt souuent guerre cõ
tre leurs voisins Et adõcq̃s les petiz
faisoiẽt rebelliõ plusieurs foiz cõtre
les grans mais ceulx de crete qui na
uoient nulz voisins nauoient ne guer
re ne rebellions Si comme il fut dit
ou p vi. c. Itẽ pource q̃ ceulx de crete
nauoient pas guerres leurs p̃ices ne
faisoiẽt pas grãs tailles par quoy le
peuple eust achoesõ de faire murmu
re Itẽ et pource ne faisoiẽt pas les pri
ces grãs receptes Et ainsi les populaires nestoiẽt pas trop couuoiteux
dauoir telz p̃iceyꝛ ou offices Aps il

Fueillet

recite z reprouue aucūs remedes q̄ ilz mettoient contre ses perilz possibles. T. Et la medicine ou remede q̄ ceulx de crete ont ꝓtre cest pechie ou peril G. C'est assauoir q̄ pouoiēt venir de ce que les lroismos estoiēt ꝑpetuelz a leur vie. T. Cest inconueniēt z n'est pas police mais est oppression Car maintefois aucūes de princes ou des ydios c'est adire des populaires se assemblent ou boutēt hors d'office et de leurs princeyz aucuns des lroismoys G. Quāt ilz ne faisoiēt a leur plaisir c'estoit violāce et mauuaise chose. T. Et auecques ce estoit licite a chescū lroismoys laissier sō princep et renōcer a sō office en sō viuāt Mais toutes telles choses fussēt mieulx faictes selō la loy q̄ selō la volunte des hōes Car volūte n'est pas seure reigle G. Pour ce q̄ elle ē souuēt desraisōnable z iniuste. Apres il reprouue vng autre remede. T. Et de toutes les ordōnāces q̄ ilz ont c'est la tresplus mauuaise q̄ celle qu'ilz appellēt alroisme c'est adire estre sās cosme. G. Et est cessacion du fait z de la iurisdicion que auoiēt ceulx q̄ sont ditz lroismoys. T. Et establissent telles choses quant ilz ne veullēt pas q̄ se dōne sētēces ꝑtre aucune puissāce hōes G. Et ce ē declaire en l'autre trāslacion et c'est mal car se ne doit pas cesser de faire iustice, et est sēblable cōe se parlemēt cessoit ou tēps q̄ il doit seoir Aꝑs il reprouue ceste chose T. Et appt q̄ cest institucion ait aucūe chose sēblable a police. G. pont ce q̄ il ē du ꝓsētemēt du peuple

T. Et ce n'est pas police mais ē plus chose faicte ꝑ puissāce et sās raisō car il ē acoustume en crete q̄ ou tēps celle vacatiō aucūs souloiēt prēdre et assēbler le peuple et leurs amis Et faire vne monarchie C'est adire faire sun d'eulx prīce Et seulēt mouuoir seditions et faire ꝓspiraciōs. G. Et se aucūs vouloiēt dire q̄ neantmois dure la police ꝑ vng tēps il obeisse en cōtre T. Et ne differe en rien se telle chose aduiēt maintenāt ou aꝑs vng tēps car par ce la cite ne sera plus telle cite mais toute la cōicatiō politique sera dissolue et despecee Et cite ou il y a telle discorde ē tresperilleuse se aucūs la vouloiēt ou pouoiēt inuader z assalir Mais crete ē sauuee quāt a ce Et n'a gueres de insulcions ou d'assaulx des autres citez pour cause du lieu ou elle ē Car elle ē assise loing sicōe nous auōs dit deuāt G. Ou ꝑ vi. cha. de l'autre trāslaciō dit car zenalasias la feist loing C'est adire car il fonda crete loing des autres terres. Apres il met deux signes en sō entēciō T. Et pour ce ceulx de crete demeurent ou pays Mais les estarges q̄ ꝑ souloient venir pour seruir sen departēt souuēt Car ceulx de crete ne souffient q̄ nul ē trāge ꝑticipe en leur princey. Glo. C'est adire q̄ il n'y ait quelcōques offices publicques ou auctorite et aussy sen deptent ilz pour les ꝓmocions et dissencions q̄ ꝑsont souuēt cōe dit est

Tex. Item il n'a guere de tēps q̄ vne bataille de gēs des trāges pays passa en celle ysle / laquelle feist manifeſtement grāt enfermete aux loix q̄ ilz ont. G. Ceſt adire q̄ pꝛce ilz furēt faictes mois fermes ⁊ mois a/ meez ⁊ moins tenues Car ſicōme dit ſaluſtes Inter arma ſilēt leges. Les loix ſe taiſēt ou tēps de guerre et meſ memēt quāt elles ne ſont bōnes. ⁊ Et en tāt ſoit dit de ceſte police

C Ou ppie cha. il traicte de la poli ce de calcedone

IL ſēble que ceulx de calcedo/ ne viuēt ciuilemēt ou ſelō po lice Et en pluſieurs oꝛdōnā ces ilz ont plꝰ abondaumēt ⁊ mieulx q̄ moult dautres et meſmement en ce en quoy il appꝛochēt de la police de la cedemone Car ſi ces iii. polices ſont aucunemēt pꝛochaines entre elles ⁊ differēt moult des outres Ceſt aſſa uoir la police de crete ⁊ celle de lace demone/⁊ la tierce ē de ceulx de calce done ⁊ ont moult de ſtatuz q̄ ſont biē faiz Et vng ſigne q̄ leur police ſoit bien oꝛdonnee ē/ car le peuple demeu re aſſez en paix ⁊ demeure en līſtituci on de ceſte police Et ne font nulle ſe dicion ou pmocion q̄ ſoit notable Et nont oncq̄s eu tyrāt/ et ceſte police de calcedone a aucūes choſes ſēblables a la police de lacedemone/ car ilz ont puiſꝯmūs deſpaignee ⁊c. ⁊ cōme ceulx q̄ les lacedemones appellēt philanci es. G. Il ē dit de philos q̄ ē amour ⁊ de ce fut dit ou pix. cha. ⁊ ſont aiſi cōe cōfraries. T. Ité il ont vng pꝛincep de C et iiii. ſagee q̄ ont pꝛſq̄ telles offi ces cōe ont les eſfoꝛes en lacedemone G. Deſquelz il fut dit ou pViii. c. et

ſēblablemēt auoiēt les romains iti. ⁊ et pp. q̄ tenoiēt le pſeil ſicōe dit le ſcrip ture primi machabeoꝛ. viii. ⁊ pꝛeſque ſēblablemēt expo. p̄ viii. C. Mais toutesfois ilz les esliſēt mois mal car les lacedemones les pꝛēnent telz q̄ſz toutes manieres de gēs ⁊ ceulx icy eſ liſēt ad ce hōes bons et vertueulx Ité ilz ōt roys auſſi cōe en lacedemo ne ⁊ ont vng pꝛincey appelle geruſie G. Il ē dit de geros q̄ eſt ſainct ou ſa cre Car ceſtoit vng ſaict college ſelō les calcedones. T. Mais ilz feiſſent mieulx ſe ilz eleuſſēt leurs roys ⁊ q̄ſz ne ſuccedaſſēt pas p̄ lignage Et ſe p̄ lignage eſtoit q̄ ilz eleuſſent vng lig nage q̄ ne fuſt pas tel q̄l Mais q̄l fuſt differēt des autres en ex̄cellēce de biē Et que de ceſt lignage ilz pꝛinſiſſent ceulx q̄ ſont eſliſibles ſelon leur va leur, ⁊ non pas ſelō aage ne p̄ ancien nete. G. Mais ſelon vne autre expo ſiciō la ſētēce ē telle Et ceulx de cal cedone font ſeurs roys mieulx que les autres Car ilz diēt q̄ il ne doiuēt pas eſtre ſeulemēt p̄ ſucceſſion de lignage ne p̄ election dūg lignage tel q̄l auſſi cōe les lacedemones faiſoiēt leurs ef foꝛes des populaires Mais le ſigna ge eſleu doit eſtre differēt des autres en ex̄cellēce de vertu Et doiuent les roys eſtre eſliſibles de telz gens ſelō vertu plꝰ q̄ ſelon aage Car les lace/ demones eſliſoiēt leurs auciēs ſelon aage Et de ce fut dit ou pViiᵉ. chapi tre C Eſt icy vne autre expoſiciō mais touteſ ſois comment quil ſoit il ſēble meſmement p̄ la raiſon quil met

Fueillet

aps que il approuue plus auoir roy p election q̃ p succession, & ce pourra apparoir plus aplain apres ou il piera de la police royal Et touteffoiz aucuns diroient que lintēciō dariſtote eſt q̃ ceſt mieulx dauoir roy nō pas ſeulemēt ou principalemēt p succeſſion de lignage mais p eſlire vne pſone ou vng lignage, & la cauſe eſt car le roy doit epceder tous autres en epcellēce de vertu Dautre ptie vng royaume neſt pas cōe vne poſſeſſiō pprie ſeroit ou vne rēte familiare mais ceſt vne dignite, & vne ſeigneurie honnorable tē q̃ reqert induſtrie de gouuerner, & garder le bien cōmū du peuple Itē electiō de lignage quāt a ce eſfēt ou fut ſcē p la meilleur ptie de toute la cōite eppſſement ou p ſentement taiſible ou p couſtume Item telle choſe doit eſtre maintenue ſelō les cōduciōs approuuees eſcriptez ou acouſtumees ſicōe ſeroit pour grace de eſpeciale q̃ laiſne filz du roy ſuccedaſt ou le pl9 pchain Et q̃ fēme ne peut ſucceder ne hōe p fēme ne hōe de ſtrāge naciōne aueugle ne maleſectē, ainſi dautres pdiciōs Item telle ordonnāce dōne droit de ſucceſſion a celui du lignage eſleu q̃ a les pdiciōs reqſes ad ce ſās faire autre nouuelle electiō Et vng autre ne peut ſucceder pbiē que il puiſſe ſucceder en ſeritaige pprie ou priue de ſes parens en tout ou en ptie.

Item il peut eſtre q̃ election de pſone ſeroit meilleur q̃ electiō de lignage ſoubz pdicion) ceſt aſſauoir ſe election eſtoit bien regulee & les reigles pourroient bien eſtre gardees car cōment

ſon auroit meilleur roy p election q̃ p ſucceſſion Et peut eſtre q̃ en aucuns tēps et en aucūs lieux ſelō les meurs daucūs gēs ceſte voie ſeroit ſimplemēt la meilleure Mais a tout conſiderer meſmement quāt aux royaumes de grās puiſſāces et quāt aux gens qui vſent darmes pour euiter & eſcheuer diſcort des machinacinacions et pluſieurs grās iconueniens Ceſt le pluſeur & le mieulx ſimplemēt q̃ il ſoit p ſucceſſion de vng noble lignage eſleu a ce cōe dit eſt ſelō bōnes ordōnāces leſqlles ſōt equalētes a ſoy & a droit et ſōt droiz Et ceſte maniere a eſte ou tēps paſſe vſee pl9 q̃ lautre quāt aux grās royaumes Sicōe il appt aſſez p les hiſtoires et en la ſaicte eſcripture Et ceſt ce q̃ me ſēble quāt a pſent q̃ len pourroit dire ſelon la philoſophie dariſtote ſauf meilleur iugement & a ueques toute bōne correctiō T. Car quant il aduient que aucunes viles pſones ſōt pſtituez ſeigneurs de grādes choſes ilz ſont moult de maulx

Glo. Car ſicōe dit leſcripture Rex inſipiēs perdet populum ſuum. Vng roy foul met ſō peuple a pdiciō Et pource ſe celui a q̃ viēt la ſucceſſeō eſtoit pdiot ou tres puers ſō p̃ deuroit pouruoir de remede Tex. Et telz roys ōt ia moult eſgenee la cite de lacedemones, & dōcq̃s pluſieurs ordōnāces q̃ ſōt pmūes en toutes ces iii. polices ſōt a blaſmer et a repredre pour ce qlles ſōt trāgreſſiō, ceſt a dire choſes q̃ ſōt hors de bōne police. S. A ps il mōſtre cōe ceſte policee ētre ſlīt

ciō du legiſlateur. T. Et ſe le giſla/
teur de calcedone ſuppoſoit ou propo
ſoit faire que ſa police fuſt ariſtocra/
cie Mais aucunes de ſes ordōnāces
declinēt pl⁹ a democracie Et aucūes
a oligarchie Car ilz ont vng ſtatut
que leurs roys auecques leurs ācies
ſe to⁹ enſēble ſe pſētēt ꝯ ſont a acord
daucūe ordōnāce ilz ont ſeigneurie ꝯ
pouoir de aporter la ꝯ de prōcer la
au peuple, ꝯ ſe ilz ne ſōt a acort le peu
ple a pouoir de ordōner de ce Jtē ſe ilz
ſont a acort de quelcōꝗs choſes quāt
ilz les apportēt et pnūcent au peu/
ples les loip de calcedone ne attribuēt
pas ſeulemēt au peuple pouoir de oyr
ꝯ de ſoy pſētir en ces ordōnāces q̄ les
princes ont eſtablies mais le peuple
a ſeigneurie et pouoir de iuger ſe ceſt
biē Et ſe il veult il peut estre dire aux
ordōnāces q̄ lui ſont apportees p les
princes et ainſi ne fait le pas es autres
polices G. Ceſt aſſauoir de lacedemo
ne ꝯ de crete et ce faire eſt democracie
car en police democratique le peuple
a telle puiſſāce T. Jtē ilz auoiēt vne
choſe appellee pentarchie Ceſt adi/
re princep de v. princes. G. En grec
pēnta ceſt v ꝯ archos ceſt prince et
de ce eſt dicte pantharchie T Et tel
les pētarchies ōt ſeigneurie ſur mout
de choſes ꝯ ſur grāt choſes, car ilz ont
puiſſāce de elire ceulx de leur princep
meſmes et auecques ce il peuēt eſlire
ceulx du princep de C. ꝯ iiii. q̄ eſt tres
grāt princep en multitude, ꝯ encores a
uecques ce ilz peuēt pl⁹ demourer en

leur princep q̄ ne peuēt les autres, car
ilz ont tenu le princep ou tēps paſſe ꝯ
le tienēt aps ou tēps aduenir G. car
quāt aucūs lieux eſtoiēt vacās ilz eſ
liſoiēt les nouueaux, ꝯ tenoiēt la ſei
gneurie auecqs eulx. Et il neſtoit pas
ainſi des autres princeps ou offices,
car p aucture il le muoient en certain
tēps T. Et ceſt vne choſe oligarchi
que G. Car p ce ilz pouoiēt gouuer
ner a leur ꝓpre pffit et non pas au pf
ſit ꝯ mū. T. Mais en ce q̄ ilz faiſoient
leur election ſās pris et ſās prādre por
ce pecile, ꝯ en ce q̄ ilz ne ſōt pas leur elec
tiō p ſort mais le fōt p vtu ilz ſōt ſelō
police ariſtocratiq̄ ꝯ auſſi ſi ilz ont au
cūe autre ordonnāce Et en ce que tou
tes les ſētēces ſōt iugees des princes
ēſēble et nō pas les vnes p les vngs
et les autres p les autres ainſi cōc eſt
la cedemone G. Car to⁹ les v. ēſēble
iugoiēt et ne ꝓmettoiēt pas vne cau
ſe a vng ou aii. ꝯ les autres a ii. autꝯ
ꝯ ceſtoit biē a vng fait ariſtocratique
Sainct thomas met vne autre expo
ſicion auſſi cōe p traite mais ceſte ſe ac
corde mieulx a la lettre T. Jtem les
calcedones ont vne inſtitucion et or
donāce q̄ eſt hors de ariſtocratie et ſe
depart en ſoy mettāt ꝯ trapet meſme
mēt a oligarchie ſelon lentēdemēt de
pluſieurs, ꝯ leur ſēble eſtre ainſi Car
les calcedones ne cuidēt pas que lēn
doye eſlire vng prince ou officier pu/
blicq ſeulemēt pour ce q̄ il e vertueux
mais puiēt q̄ l ſoit riche car ceſt ipoſſi
ble q̄. i. poure hōe puiſſe blē tenir i. pri

Fueillet

G. vacquer aux negoces publicques T. Car puis qͥl est poure il a assez af faire a peser de ses necessitez. Car les calcedones ne donoient nulles pensions aux princes ou a officiers, & cestoit mal T. Et verite est q eslire aucū a prin ce pour ce que il est riche cest chose ou fait oligarchique. Et eslire la selon ver tu cest chose ou fait aristocratique, et doncques ce qͥlz ont en calcedone, cest vng tiers ordre ou vne tierce manie re. Car ilz regardent en leur police a ces ii. choses en election, cest assauoir a richesse & a vertu. Et mesmement quant a eslire les tresgrans roys & les ducs ou les maistres de ostz ou de ba tailles. G. Aps il reprouue ceste loy ou ordonance p̄ ii. raisons. T. Mais le pechie de ce que p ceste loy la police se depart & yst hors de aristocratie doit estre impute au legislateur car des le comēcemēt il deust auoir veu et re garde vne chose q̄ est tresnecessaire, cest assauoir en qͥle maniere se puisse ordoner tellemēt q̄ ceulx q̄ sont tresbons puissent vacquer & ētēdre aux euures vertueuses sās ce q̄ il les cuuiegne en rie̅ occuper en euures deshonestes ou mois honestes. G. Si cōe est labeur corporel en cultiuāt les terres, & en ar tifices. T. Et nō pas seulement les princes ou les p̄sones publiques mais ceulx mesmes q̄ viuent de vie singulie re ou priuee. G. Car en bōne police doit estre faicte puisiō aux bōs p pen siōs & p benefices ou autremēt telle mēt q̄ il ne leur cuuiegne pas faire eu ures seruiles p quoy ilz soiēt ēpeschez

de meilleurs ou de pl9 grās besognes Aps il met vne autre raison T. Item re garder a abōdāces de richesses en e lection des princes ou officiers affin qͥlz puissēt vacquer aux negoces public ques. G. Sans ce q̄ il leur couiengne peurer leur viure par autres besog nes. T. Cest mauuaise chose car il s'ensuit p ce q̄ les tresgrās princes sicōe est roy aume, & estre duc ou conestable des ostz soyent vendables G. pour ce q̄ lē les dōne a ceulx q̄ sont les pl9 ri ches T. Et doncques ceste loy fait q̄ richesses sont tenues pl9 precieuses que nest vertu Et fait toute la cite aympe resse de pecunes. Car la chose pour laq̄lle les cytoiēs doiēt q̄ lē eslist les princes ilz se reputēt, & cuidoiēt estre p cieuse. Et est necessite q̄ lopinion des autres choses de la police se accorde a ce. G. Cest assauoir a amer richesses & a tēdre en toutes manieres au gaīg et cest tresgrāt iconueniēt. Car p ce ilz sōt faiz telz cōe ceulx de quoy dit les criptute Sapientie decimoquinto Estimauerūt cuersationē vīte esse posi tā ad lucrū & oporteret vndecūq3 etiā de malo acq̄rere. Ilz cuidēt q̄ leur vie soit ordonee pour gaīg de qͥsconq̄ pt il viēne & fust de mal acq̄st. T. et nest pas possible q̄ les princes dune police soiēt maltenus selō vtu se en celle poli ce vtu nest tresfort honoree, car puis qͥl cuiēt acheter tel prince, il sensuit par raisō q̄ ceulx q̄ les veullēt auoir sea coustumēt a gaigner affin qͥlz aiēt telz princes quant ilz auront leurs biens despenduz. Glo. En mōstrāt quilz sont riches ou par auenture en faisant dons aux electeurs ☞ Et dire que vng poure homme q̄ est vertueux vouldroit querir gaing se il estoit prince ou en office publicq̄ (z q̄ celluy q̄ est pire et riche quāt il aura despendu ses biens ne vouldroit encores plus q̄rir gaing cest inconuenient Et pource couient il selon raisō que ceulx q̄ peuēt aristocracier, cest adire gouuerner selon vertu ayent princeyz, ce seroit plus digne chose (z meilleur q̄ le legislateur preferast aux princeyz ceulx q̄ sont vertueulx Combiē q̄ ilz fussent poures Mais q̄ il pourueist et eust cure cōe il eussēt souffisāce affin q̄lz peussēt vacquer aux besongnes appartenātes a leur office. G. Et selō ceste philosophie ordōnerent iadis les legislateurs de saincte eglise que les bons fussent promeuz aux dignitez (z aux gouuernemēs des ames (z q̄lz eussēt richesses suffisātes pour mener vie hōneste sās ce q̄ ilz les puniss̄t mēdier ou faire euures seruiles Aps il improuue vne autre loy q̄ estoit oligarchique. T. Ite ilz ont acceptable en calcedone vne chose maluaise, cest assauoir q̄ vng hōe tiēgne ensemble plusieurs princeyz ou offices publicqz (z ce nest pas biē Car vne euure peut tresbiē estre pfaicte p vng (z le legislateur doit pourueoir que il puisse estre ainsi faict. Glo. En ordōnāt q̄ les priceyz ou offices puissēt estre distribuez diuisemēt a ceulx q̄ sōt a ce abiles T. Et ne doit pas faire cōe cellui q̄ cōmāderoit et ordōneroit q̄ vng mes

mes fust vielleur ou ioueur de harpe (z q̄ il fust tailleur de cuir ou cordonnier Et pour ce est ce chose plus politique q̄ plusieurs pticipēt es priceyz (z offices (z es choses pl⁹ democratiq̄ Cest adire pl⁹ plaisāte au peuple. G. En grec domos cest peuple (z telle chose est pl⁹ au pffit du peuple T. Du cas q̄ la cite ne seroit trop petite G. Car q̄ y trouueroit trop peu de gēs abiles le pourroit biē cōmettre a vng seul ii. offices. T. Mais si cōme nous auōs dit chascune euure est pfaicte pl⁹ aisemēt et pl⁹ bel et plus tost p vng q̄ ne seroit p plusieurs Et ce apperten̄ faiz de batailles et en faiz de nauire Car en toutes ces ii. choses se estoit ordōnāce de priceyz (z de subgectiō. G. Et le doit q̄ en telles choses vng est ordōne a vng office et non a plusieurs Et sēblablemēt doibt estre en bōne polic̄e Car autremēt ce seroit cōfusiō et pturbaciō de priceyz (z doffices (z ad ce saccordent aucūes loix rōmaines (z aucūs droiz de saīcte eglise Aps il recite leur remede cōtre sediciō T. Ite cōe il soit ainsi q̄ leur police est oligarchi̅e pour les causes dessusd̄ cōbiē q̄ ce soit cōtre liteciō de leur legislateur, touteffoiz ilz sceuēt trop bien fuir (z euiter q̄ le peuple ne face sediciō p vng iugemēt ou ordōnāce q̄lz ont car ilz eū oiēt tous iours dehors la cite aucū ptie de ceulx du peuple (z les cō mettēt a gouuerner les citez dehors q̄ leur sōt subgectes (z p ce ilz guerissēt ou gardent la police de sediciō et la font estre durable et pmanente

Fueillet

¶Glo. ¶Car sicomme plusieurs foys a este dit oligarchie est police ou vng peu de gens gouuernent a leur propre proffit (τ contre le bien comun ¶Et par ce le peuple subgect a cause de faire sedicion ¶Mais les princes de calcedone en enuoient aucuns populaires hors come dit est. Et par ce ilz ne pouoient bonnement faire sedicion en la cite Dautre partie ilz estoient bien contens τ le peuple aussi de ce q̄ les princes leurs donnoiēt telles comissions ¶Apres il reprouue cest remede. ¶Tep. ¶Mais cest remede est euure de fortune et il conuiēt q̄ les citoiens soient telz non pas par fortune mais par la prouidence du legisla teur que ilz ne veulent mouuoir aucune sedicion Et maintenant sil aue noit aucune fortune aup calcedemones τ que les citez qui leur sont subgectes feissent desobeissance ilz nont nul remede par leurs loix pour tenir le peuple a repos et a paix sans sedicion ¶Glo ¶Car lors seroit failly le remede dessusdit et seroit le peuple mal content des princes ¶Tep.

¶Et doncques est dit en ceste maniere des choses qui sont acceptables es polices de lacedemone et de crete τ de calcedone.

¶Du ṗplus. chapitre il parle daucuns qui instituerent loix et polices.

De ceulx qui ont prononcie et dit de polices les vngs onteste qui ne comuniquerent onques τ ne se meslerent de actions politiques Et viuoient de vie singuliere ou priuee Mais toutesfois se telz gens ont dit aucune chose digne de reciter nous auons dit deuant presq̄ de toutes telles choses ¶Glo.

¶Telz gens furent socrates τ plato ṗpodamus et felleas qui ne furent ōcques gouuerneurs des citez mais toutesfois de leur bon engin ilz trouuerēt de bōnes loix et nō pas en tout Et les autres ont tenu vie et conuersacion politiq̄ et ont este legislateurs les vngs a leurs propres citez et les autres a estranges ¶Item de ceulx icy les vngs ont constitue τ establi loix seulement Et les autres ont faictes loix et institue polices sicomme ligurgus et solon ¶Car ilz establirēt loix et polices Et nous auons dit de la police de lacedemone. ¶Glo.

¶Laquelle institua ligurgus come il fut dit ou pvii. cha. ¶Apres il parle de la police de athenes que instituā solon ¶Tep. ¶Et aucuns cuident que solon fust bō legislateur et vertueup Car il osta de la cite da thenes vne police oligarchique laql le estoit tres desattrempee τ tres desordonnee τ par ce il deliura le peuple de seruitude et institua vne democracie conuenable pour le pays Et mesla miptiō na bien sa police et le gouuer nement de la cite. Car il ordanna que en ariopage fust le conseil, et cestoit chose oligarchique. (Glo. Ariopage estoit une rue ou une partie de la cite dathenes, et de la fut saint denie qui pour cela fut dit ariopagite. Et vault autant a dire aripage comme dire la rue de mars, car illecques estoit le temple de mars, et mars cest le dieu de bataille.

(Tex. Mais ce que les princes estoient faiz par election cestoit chose aristocratique. (Glo. Car lon eslisoit les meilleurs non pas pour richesse ne pour dons. (Tex. Et ce quil ordonna ung pretoire cest a dire une court ou toutes les causes estoient determinees cestoit chose democratique.

(Glo. Car cestoit la faueur du peuple. (Tex. Et semble que solon ne deffist pas ou ostast les choses qui estoient deuant. Cest a sauoir le conseil et leslection des princes, mais il adiousta et establist que le peuple instituast le pretoire ou la court, et que les iuges ou pretoriens de celle court fussent faiz et esleuz indifferaument de tous. Et pource aucuns le blasmoient selon en disant que il deffist lautre police qui estoit deuant. Car par ce que il feist il aduint que le pretoire ot seigneurie sur toutes choses. Et mesmement car telz officiers ou iuges pretoriens estoient esleuz par sort. Et quant cest office ou pretoire senfforca ilz donnerent et attribuerent au peuple toute la puissance, et le peuple fut fait comme tyrant. (Glo. Et opprimoit les nobles, et doibt len sauoir que ty-

rant est dit en deux ou en troys manieres. Et semblablement tyrannie et tyrannizer. (Premierement tyrant proprement est ung seul qui tient la monarchie a son propre proffit et contre le bien publicque sicomme est dit plusieurs foiz. (Item quiconques gouuerne a son propre proffit contre le commun soit ung seul ou plusieurs ilz peuent estre diz tyrans, et ainsi dit icy aristote que le peuple estoit comme tyrant, et ceulx qui tiennent olygarchie sont tyrans. Et ainsi dit iustin ou quart liure que les atheniens muerent leur police, et leur condicion. Et establirent ppp. gouuerneurs de la chose publicque qui deuindrent tyrans.

(Item len appelle tyrant quiconques fait aucune cruaulte sicomme len dit que dyoclesien et maximien furent tyrans contre les cristiens, combien quilz neussent pas leur intencion de preferer leur propre proffit au bien publicque. Sicomme il appert par les hystoires des rommains. (Tex. Et de ce est aduenu quil ont institue telle democracie comme ilz ont maintenant.

(Glo. Laquelle est tresmauuaise et desordonnee. (Tex. Et deux pretoriens appellez effiales et pericles. (Glo. De cesuy parle iustin ou tiers liure de ces histoires. (Tex. Osterent le conseil que solon auoit establi et ordonne en ariopage, et en ceste maniere chun de telz gouuerneurs a creue la poste et puissance du peuple en tant quilz lont menee a la mauuaise democracie qui est maintenant

Fueillet

(Glo. (Apres il excuse solon .T. Mais il semble que ceste chose ne soit pas faicte ou auenue selon la volun/ te de solon Mais elle est plus faicte de accident et aussi côme cas dauenture p̃ ce q̃ au temps q̃ ceulx de medee eurẽt guerre côtre les atheniens ceulx da/ thenes se departirent de la cite en na uie et le peuple q̃ demoura (t qui fut seigneur pesa (t se mit malicieusemẽt (t print (t institua mauuaises gẽs ou lieu des bõnes (t des bõs (t vertueux q̃ puersoiẽt deuãt et gouuernoient se lõ bõne police .G. Justin ou secõd li/ ure racõte ceste chose (t met côme le roy perces vint en grece (t côme les atheni/ ens p̃ le cõseil (t respõce de appollo del phique laisserent la cite Et p̃ nauiere allerẽt en lisle .tc. Et peut estre qñe le peuple q̃ demoura fist ce q̃ aristote re/ cite Apres il monstre q̃ solõ auoit biẽ ordõne .T. Car solon auoit attribue au peuple vne puissãce q̃ estoit neces saire Cestassauoir qui pouoient es̃ tr̃e e 6 prices (t corriger leurs faiz mais nõ pas que le peuple eust seigneurie ou princey car se il nauoit la puissãce dessusd̃ il seroit serf (t auecques ce il se roit aduersatre et rebelle aux princes G. Car se le peuple auoit princes cõ/ tre sa volunte et il ne peust corriger leur maulx et leurs oppressions il se/ roit serf Et pource q̃ il ne pourroit en durer telle seruitude il seroit rebelliõs (Tex. (Mais solon institua que tous les grans princes fussẽt de gẽs excellens nobles et vertueulx et ri/

ches (t que apres ces princes fussent esleuz autres prĩces dunes gẽs appel lez cinquãtais de moyẽ estat Et ces secons estoient dis moyennãs ou me dians ou iugaires. (Glo. (Ju/ gaire cest a dire chief dune compaig/ nee sicomme seroient les maistres des mestires ou cinquanteniers.

(Tex. Et ordonna solõ que tierce/ mẽt fussẽt ceulx dune ordre appellez les cheuancheurs (Glo (Ce estoi/ ent par auenture les capitaines des gens darmes Mais albert dit que ces toient ceulx qui gardent les chemins affin que len puisse aller seurement p̃ le pays Et tous les dessusd̃ auoient aucun princey (Tex. (Quarte/ ment estoiẽt les mercenaires aux q̃s ne appartenoit nul princey quelcon/ ques (Glo. (Cestoient ceulx qui seruẽt ou labourẽt pour soyer (t pour gaing et ainsi appert que solon na/ uoit pas donne telle puissãce au peu/ ple comme ilz princeñt (t vsurperent apres comme dit est (Apres il parle dautres legislateurs. (Tex.

(Et autres legislateurs furent la/ dis comme furent zalencus qui bail la loyz a ceulx de la cite de lotres qui sont vers occident (Glo (Ou re gart de grece en la partie dytalie qui est dicte calabre qui fut tadis appellee la grãt grece (Tex. (Et charon/ das fut de la cite dathenes (t bailla loix a ses citoyens et a autres citez de calcide (t aux citez deuers ytalx (t a celles deuers sicille (t veulẽt dire au cuns en recueillãt des histoires q̃ vng appelle onomacritus fut le premier q̃ ot industrie de mettre & instituer loix es regiõs dessusd̃ & estoit nez de locres mais il se epcercita et print en grece la science de mettre loix et fut fait p̃fait du peuple & gouuerna cest office selõ art & bõne prudẽce & dict q̃ vng autre appelle theletas fut sõ p̃paignõ Et q̃ figurg⁹ fut auditeur & disciple de theletas & zalẽc⁹ aussi Et q̃ charundas fut auditeur de zalenc. Mais ceulx q̃ dient telles choses nõt pas biẽ cõsidere le tẽps S. Et par auenture il ne fust pas du tout ainsi cõme ilz diẽt mais il ny a force T. Et vng autre ne de corente appelle philolaux fut legislatet̃ a ceulx de thebes, et estoit de la lignee des bachidies S. Selon les payens bachus fut le primier q̃ plãta vigne ou q̃ feist vin & pour ce ilz lappellent le dieu de vin Et ceulx de sõ lignage & de sa posterite estoiẽt appellez bachidies T. Et fut fait amis dũg autre appelle diocles leq̃l auoit eue victoire en olimpiade S. Cestoit vng ebatemẽt ou epcercitaciõ ou mont dit olipphus de cinq ans en v. ans Et estoit cõe sõt tornoemẽs & iouxtes & luites T. Et quant dyocles laissa la cite de corinthe Glo: pour la mauuestie dauscuns & p enuie quilz auoiẽt de lui T. Et il se recorda de lamour que philolaux auoit eue a sa mere appelle ambiones S. Cestoit la mert dyocles q̃ auoit nourry philolaux p auẽture T. Il ala en thebes a philolaux

& tous les deux finerẽt illecques leur vie Et encores maintenãt mõstrent leurs sepulcres lamour q̃l auoiẽt ensemble pource q̃ ilz regardent luy lautre Glo. Ce sont leurs ymages Tep. Et le sepulcre de philolaux peut bien estre veu de la region de corinthe Car ceulx de thebes dient q̃ ilz ordõnerẽt leurs sepulcres en telle maniere q̃ la sepulture de dyocles ne peut pas estre veue de corinthe affin quilz eussent abstinẽce de la passion & de fiure q̃ eulx luy auoient faicte Cest a dire affin q̃ il ne leur en souueniff ne de la pouldre Glo. Cest assauoir de la pouldre de sõ corps q̃ estoit ausi cõme reliques de quoy ceulx de thebes faisoient grant solemnite & ceulx de corinthe estoiẽt tristes quãt il leur souuenoit q̃ ilz auoient perdu tel hõme cõe dyocles & par leur mauuestie Tep. Mais le sepulcre de philolaux pourroit bien estre veu de corinthe Car il ne luy auoient fait nul mal Et ainsi appt la cause pour quoy les deux dessusdictz habiterent et demourerent en thebes Glo.

Apres il recite aucunes loix des anciens Tep. Et philolaux bailla loix a ceulx de thebes de plusieurs autres choses Et en especial de la procreacion ou multiplicacion des enfans Car il mist regles que ilz appellent loix positiues et luy singulierement et non autre establist ceste loy affin que les nombres des sors Cest a dire des heritaiges fut sauuee Glo.

¶Fueillet

¶Car affin que les possessions cōme seroient fiefz ou vavassories ou telles choses ne fussent depecees & divisees en trop petites parties il ordōna que puis q̄ vng hōe avoit certain nōbre dē fās q̄ il ne egēdrast plus & de ceste matiere fut dit ou ix. cha. et en la fin du p̄vi. c. ¶Tex. ¶Et charondas ne feist nulles loyx q̄ sui soiēt appropries fors ce que il ordonna de la vangeance & de la pugnicion des faulx tesmoings. ¶Glo. ¶C'est iouste ce q̄ dit lescripture puerbioɹ decimo nono. Testis falsus nō erit impugnitus. Le faulx tesmoing doit estre pugny. Et fut le p̄mier q̄ feist ꝯsideracion de ceste chose, & la diligence de lui est pl9 plaisante que nest ce q̄ fōt maintenāt aucuns legislateurs ¶Glo. ¶Car p aventure il bailla ses ordonnances plus de articulemēt & plus clerement ou p aventure car il fut le p̄mier q̄ examina tesmoings apart & seperemēt sicōe fist daniel les prestres q̄ accusoient susanne ¶Tex. ¶Et en appropie a philolaup q̄ il osta la irregularite de la desordonnee inequalite des possessions ¶Glo. ¶De ceste maniere fut dit en le p̄e. cha. ¶Tex

¶Et en appropie a platon q̄ il ordōna la cōste des femes & des enfans et des possessions Et les conuiz ou disners cōmuns des femes G. E estoit la police p̄e socrates sicōe il fut dit ou tiers & ou quart cha. et platō fut disciple de socrates ¶Tex ¶Item il feist vne loy contre puresse L'est assa-

uoir q̄ seulemēt ceulx q̄ sont sobres et nōn pas ceulx qui se en purent fussēt prices ou maistres des conuiz ou disners cōmuns Jtē il ordōna q̄ l'en se exercitast en fait darmes & q̄ p estude & p acoustumāce l'en feist tant q̄ l'en se peust aidier soy dune main cōme dautre aussi comme se ilz fussent toutes ii dextres Glo. De telz gens fait mencion la saincte escripture sicōe dūg appelle ahiot & peut estre que ilz avoiēt vse de telle doctrine T. Jtē vng autre appelle draconē G. De cestuy est faiete mēcion en institute T. Mist loix en vne police q̄ estoit devāt ordonnee mais en ces loix na chose appropriee a luy q̄ soit digne a memoire fors quil ordōna grādes et cruelles pugniciōs a ceulx q̄ feroient grās doumages G. Sicōe maintenāt en france ceulx q̄ fōt doumages sōt pēdus. T. Jtem vng autre appelle pictacus cōposa loix mais il ne institua nulles polices Et la loy q̄ luy est appropie & attribue est ceste q̄ les gens q̄ sōt yures se ilz fierent ou batēt & facēt iniure q̄ ilz souffient plus grant doumage q̄ ilz soiēt plus pugniz q̄ ne seroiēt gens sobres pour semblable chose Et la cause q̄ il assignoit est pource q̄ les yures sōt pl9 de iniures q̄ ne sont les sobres Et ne regarda pas a ce q̄ celluy q̄ e pure doit pl9 avoir pardō q̄ ne doit avoir le sobre mais il regarda ad ce q̄ il est ꝓferēt et pffitable poɹ le biē cōmū G. C'est assavoir ad ce q̄ les iures des gēs yures q̄ sōt pl9 mus fussēt plus reprouvees

Le tiers liure　　de politiques　　lp vii.

Et toupte ce sont ii. doubtes Une est car il dit que cellup q̃ est pure⁊ fait iniure doit pl⁹ auoir p̃dõ cest adire estre moins pugni q̃ le sobre Mais il sẽble q̃ il met le c̃traire en le pĩ du tiers de Dethiques la ou il dit que ceulx q̃ sõt pures ⁊ sõt iniures doiuent estre doublemẽt blasmez ⁊c. Respõce ie dp q̃ se iehan ⁊ guillaume sõt deux iniures equales ⁊ iehan est pure ⁊ guillaume nõ iehan peche moins en faisant telle iniure Car son fait est moins voluntaire ⁊ selõ ce dit icy aristote ce que il doit pl⁹ auoir pardon mais neãtmoins iehan est a blasmer doublemẽt / cest as sauoir de deux pechez de puresse ⁊ de iniure sicõ il est dit ou tiers dethiq̃s Et peut estre que se peche de guillaume est plus grãt q̃ les ii. pechez de iehã Et toupte ce est lautre doubte assauoir mon se la lop pictacus recitee ou tepte estoit iuste et sẽble q̃ nõ / car selõ elle iehã q̃ est le moins coulpable fust le moins pugny q̃ guillaume Et toutesfoiz selon iustice distributiue la pporcion des peines doit estre selon la pporcion de peche ioupte ce q̃ fut dit ou vii. c. du quint dethiques Respõce ie dp q̃ non obstãt se la lop estoit iuste car les peines et les pechez ne sõt pas mesurables ensẽble ⁊ pour ce vne peine ou sẽblable peult estre donnee par vng peche et pour autre peche plus grãt sicõ pour vng homicide ⁊ pour cent homicides ⁊ pour pechez equalz sicõ p larzec̃ equalz dõne lẽ en diuers pays iustemẽt peines inequales Car

combien que selõ droit naturel peine soit ordõnee pour pechie touteffoiz la quantite est taupee arbitrairement p les legislateurs ⁊ p la lop positiue / et ce q̃ ne peut estre determine bõnemẽt p la lop est laisse en arbitrage ⁊ discrecion des iuges Et doncq̃s le legislateur ne fait nulle iniustice se il taupe la peine plus grãde ou pl⁹ petite mais il doit regarder a lexpediẽt Et peult establir plus grande peine pour vng moĩdre peche q̃ lẽ a pl⁹ acoustume affin q̃ lẽ se retrape ⁊ q̃ lẽ se garde sicõ dit vne lop. Ut pena uni⁹ sit metus multor̃. Affin q̃ la peine dũg face paour a plusieurs Et en ceste maniere regarda pictac⁹ a lexpediẽt cõe dit est et est bien possible q̃ la lop q̃ mettroit q̃ le sobre fust pl⁹ pugni en cas de iniure seroit pl⁹ expediẽte a gẽs dautres meurs q̃ nestoient ceulx a qui picta cus dõna celle lop ⁊ fut pictacus vng des vii. sages. ¶ Ite vng autre appelle audromadas de la cite ou regitimius fut legislateur a ceulx de calas de la cite q̃ est en la region de tracie ⁊ ses loiz estoient de pugnicion domicides et de droiz de heritaiges Mais il ne dit chose q̃ luy doye estre apropie Et en ceste maniere soit dit csidere des choses q̃ sõt vers les polices principaulx ¶ S. Et les plus renõmees sicõe celle de lacedemone ⁊ de crete ⁊ de calcide Et vers celles des villes aucũs ont ple S. Sicõe de celle dathenes de laqlle pla solõ et autres lesqlles mõstrẽt socrates ypodam⁹ ⁊ seisea.

i. iii.

CFueillet

CEn ce premier chapitre il enquiert que est citoyen et determine a quoy e͠ cite.

Ellup qui veult traicter et conside rer de police que ce est et quelle chose Glo. CIl dit quát a son gerie Et dit quelle quant aup differences Et le gerre de police est or donnance de citoyen (τ les differences sõt que lune est bonne lautre e͠ moins bonne ⁊c. CTep CLa premiere cõ sideracion que il doit faire cest enque rir ⁊ veoir que est cite Glo.
CQuát a sa diffinicion ⁊ ce mõstre il p ii. raisons CTep. CEt la cau se est car maintenát plusieurs doub tét que est cite/τ sont de ce en ptrouer sie /car dune mesme action les vngs diet q̄ la cite la faecte τ les autres di ent que ce na pas fait la cite mais ce fait la oligarchie cest adire ceulp qui tiennét le princey et gubernacion oli garchique et les autres diet que non Mais q̄ ce a fait le tyrant G. Et pour ce quát les athenie͠s eure͠t en topique τ fait mourir socrates aucu͠e diso͠ient que ce nauoit pas fait la cite mais ce auoiét fait les gouuerneurs Et quát aristote dit ce il se doubtat q il ne sup feissét sẽblablemẽt ⁊ il sẽ ptit ⁊ ala en calcide ⁊ dist que il ne leur octroieroit point pechier ii. foiz en philosophie en leur reprouchát la mort de socrates τ

dist Vne poetrie de omer9 en signifiát q̄ toiours en athenes succedẽt mau uais a mauuais Et en la maniere q̄ peut estre prouerbe de cite sẽblableme͠t en nostre police de scte eglise q̄ e͠ la ci te de dieu Aucūs on dit q̄ ce q̄ le pape ordõne ce fait leglise Et les autres di soiét q̄ no͠ mais q̄ ce q est ordonne p le sacit collʒege de rõme Et les autres di soiét q̄ no͠ Mais ce q̄ e͠ fait ou approu ue p cseil general T. Ite͠ no9 voio͠s q̄ toute lētēcion et toute la negoce du legislateur e͠ vers les choses apparte nantes a cite Car police est ordre ou ordõnace des hita͠s de la cite G. Et donc es le legislateur q̄ est politique doit psiderer q̄ est cite Apres il mõstre q̄ il puiet sauoir q̄ est citoyen ⁊ p ii. rai so͠s T. Et po͠r ce q̄ cite e͠ vne chose ppo see aussi cõe e͠ vne autre des choses q̄ so͠t vngs to9 cõposez de leurs parties il appert ⁊ sensuit que len doit donc ques pmierement enquerir quoy e͠ cy toyen Car cite est vne multitude de citoye͠s et donc es doit len psiderer leq̄l il conuient appeller citoyen et que est citoyen CItem len fait souuét doub te deucu͠ assauoir mon se il est citopẽ Et ne confesse pas touz dung mesme q̄ il soit citoyen Car aucun est citoyen en democracie Et aduient souuent q̄ tel nest pas citoyen en oligarchie G. Car en democracie le peuple a dñaci on ⁊ chū du peuple est citopẽ Mais en oligarchie nul nest citoyen sil nest grandemeut riche et puissant. Apres il ep clud quatre manieres par quoy len pourroit appeller aucun citoyen ¶Tex. ¶Et doncques ceulx sont a laisser et ne sont pas a propos q̃ sõt appellez citoiens aucunemẽt selõ pe therie et p aucune similitude ou que nience ¶Glo. ¶Sicõe seroit pour habiter en lacite/ cest la premiere maniere ¶Tex. ¶Car ung homme nest pas dit citoyen simplement pour ce se il habite en aucun lieu de la cite Car ainsi les forains et estrãges qui sont venuz dehors et les serfs seroiẽt citoyens Car ilz cõiquent en habitacion ¶Glo ¶Et non sont Apres il oste la seconde maniere ¶Tex ¶Item encor ne sont pas les gens dis citoyens p ce quilz pticipent ou re courent iustice en la cite ou obtiennẽt sentẽces et p sõt iugez Car telles cho ses ont tous ceulx qui cõmuniquẽt en contractz et en cõmunicacions sicõme sont les forains et souuenuz dehors Et toutesuoyes il ne participent pas en telles choses parfaictemẽt Mais ẽ necessaire quilz baillẽt plege Et pour ce il appartient imparfaictement en telle communion. ¶Glo. ¶Car il cuient quilz donnent caucion destre a droit et que ilz elisent domicille ¶Et les citoyens ne font telle chose ¶Apres il oste la tierce maniere ¶Tex ¶Item daucuns comme seroient enfans qui ne sont pas encores en aage ne escriz en roulles comme citoyens Et Viellars qui sont demiz ont passez leurs temps len peut bien dire quilz sont citoyens aucune

ment et non pas simplement mais en adioustant aucune condicion que diminue sicõme en disant des enfans que ilz sont cytoyens imparfaiz Et des Viellars que ilz sont citoyens pls que parfais ou passez et oultre ou selon aucũe autre maniere Et nya force ne differẽce mais ce que nous disõs est tout cler Car nous faisons question de cellup qui est dit citoyen simplement sans adiouster telle addiciõ por nous adrecier a autre entendement. ¶Glo. ¶Que de cellup qui est citoyen simplement et absolument Apres il oste la quarte maniere ¶Tex ¶Car de ceulx qui sõt Viel les psõnes/ et de ceulx q̃ sont suittiz lẽ peut faire telles doubtes et sẽblables solucions ¶Glo ¶En respriment q̃ ilz ne sont pas citoyens aparler proprement ¶Tex ¶Mais lon ne peut p quelconques choses mieulx ne pls pprement determiner quoy est cytoyen q̃ par particper en iugement et princep. ¶Glo. ¶Cest adire que cellup est citoyen qui peut estre iuge seul ou auecq̃s auts ou q̃ peut estre prince seul ou auecq̃s autre ou autres ou q̃ peut auoir Voix en election des princes et des iuges ou au conseil publicque Car chascun participe autrement en princey ou en iugement: ¶Item par le princey aristote entend souuent sa semble non pas seulement la souueraine domination ¶Mais generalement quelconque poste publique ou auctorite ou aucune office honorable

i. iiii.

Fueillet

qui regarde toute la comunité ou aucun membre delle. Et doncques cytoyen est cellup qui participe de fait en aucunes de telles choses ou qui est habille a ce considere son lignage ou natiuité son estat sa puissance ses possessions ⁊c. Et la cause e est car cite est cite⁊ a son estre p ordonnance selon iustice distributiue q appartient mesmement aux princes Et selon iustice comutatiue qui appartient a iuges ou selon expedient q appartient aux conseilliers Et doncques cellup qui peut participer en ces operacions est cytoyen ⁊ ptie de cite et non autre. Et aucuns appellent telz citoyens burgeoys Car ilz peuent estre maires ou escheuins ou consultz on auoir q'iques honorabletez autrement nomees. (Tex.

(Mais des princeyz les vngs sont diuisez p temps en tant que vng home ne peut tenir vng princey deux foiz/ et aucuns durent p temps terminez

(Glo. (Sicome par vng an ou p deux ou autrement (Tex. Et les autres ne ont pas temps determinez, sicome sont preteur ou concionateur

(Glo. Car telles offices estoient p auenture a la Volunte des electeurs ou du peuple Et me semble que aristote nentent pas p pteur telle chose come estoient les preteurs de quoy les loix romaines parlent es digestes/car telz preteurs auoient tresgrant auctorite et estoient princes Mais le preteur de quoy il parle icy auoit petite office sicomme len peut entendre par

le texte. Et peut estre que le translateur mist preter pour se le nom grec q estoit ignore. Car des maintenant ne fussent aucunes loix escriptes len ne sceust quel pouoir ou office auoient les preteurs de rome Et concionateur est cellup qui proposoit les besognes au peuple (Tex. (Mais par auenture aucun pourroit dire que il ne sensuit pas q ilz soient princes pour ce se ilz ont telle office. Et diroit que il ne participe pas en princey Mais il npa force ne difference. Car ce seroit disputer du non. Car nous nauons pas nom comun a tous les deux, cest assauoir a preteur et a concionateur Et doncques pour oster telle doubte mettons et posons que chascune telle office soit appelle princep indeterminé. Et doncques nous mettons et disons ceulx estre comme cytoyens qui participent en iugement et en princeyz en la maniere dessus dicte (Glo.

(C'est assauoir que peuent estre princes ou iuges ou electeurs ou conseilliers ⁊c. (Tex. (Et cellup qui est mesmement conuenable a ce il est veritablement cytoyen Et doncques la diffinicion qui compete et conuient a tous citoyens est pres que telle

(Glo. (Il dit pres que telle ou au pentelle pour la cause que sensuit. Apres il obice contre ceste diffinicion ou description. (Tex. (Et ne conuient pas ignorer que de toutes choses dont les supposts sont differées en especes et desquelles vne est premiere ⁊

principal/ et les autres sont secondes et encores autres apres ensuiuant de toutes telles choses il nest nulle appellacion comune ou a peine peut estre ¶Glo. ¶Sans equiuocation sicomme nous disons que homme est sain Viande est saine Vrine est saine Et telles santez sont differentes en espece & de diuerses manieres Et est sante premierement dicte de homme & secondement de Viande tc. ¶Tep ¶Et a propos nous voyõs que les polices different lune de lautre en espece Et auecques cela les vnes sont derrenieres/ et les autres premieres Car il est necessaire que celles qui sõt vicieuses & qui ont en elles transgressions sotent derrenieres & quilz soient apres celles qui sont sans vice.
¶Glo. Sainct augustin recite q̃ tulles disoit que es trois polices mauuaises la chose publicque nest pas vicieuse Mais elle est du tout et simplement nulle. ¶Tep. ¶Mais en quelle maniere nous disons et entendons les polices transgressees et corrumpues et ce sera dit apres ¶Glo.
¶En le viii. chapitre. ¶Tep.
¶Et parce il sensuit que cytoyẽ soit autre & soit dit diuersement selõ chascune police Et pource cellui qui ẽ dit cytoyen en democracie est mesmement cytoyen. ¶Glo. ¶Car en democracie le peuple tient la seigneurie et le princey adonc chascun du peuple p̃ ticipe de fait en estre iuge ou en estre prince ¶Tep ¶Mais es autres po

lices peut estre que vng est cytoyẽ aucunement Et toutesfois il nest pas necessaire que il soit citoyẽ simplemẽt Car en aucũe police le peuple na pas telle auctorite ne il cuident pas que leglise cest adire la congregacion du peuple doye iuger et donner sentẽces mais aucuns et partie qui sont appellez et esseuz a ce Ainsi comme en lacedemone les princes ou iuge dtz esso res iugent les causes des contractz Et autres iugent des autres causes Sicomme ceulx qui sõt appellez anciens iugent des causes qui touchent homicides Et par auenture vng autre princey ou office iuge dautres causes ¶Glo. ¶Et pres que semblable fut aucunesfois a rõme sicomme il appert au cõmencement de digestes.
¶Tep. ¶Et en ceste maniere fait oit en en calcedone car toutes les sẽ tẽces estoient iugees par aucun princey ¶Glo. ¶Diuisement les vnes p̃ vng princey et les autres par les autres et nõ pas par le peuple Apres il a dresse la deffinicion dessusdicte
¶Tep ¶Mais la diffinicion de cytoyen dessus mise a direction cest adire adressement & correctiõ car es polices autres que democracie cel luy nest pas fait concionateur ne pre teut qui est prince indetermine
¶Glo ¶Cest adire que preteur ou cõcionateur ne peut pas estre pris ou fait muement dune certaine & pe tite multitude de gens qui ont tout le gouuernement sicomme en telles po

Fueillet.

lices et chascun du peuple indifferaument ou indeterminement. ¶Tex.
¶Mais cellui q est determine selon
aucun princey etc. Car il conuient q̃ l
soit prins determinement dune certaine et petite multitude de gens qui
ont tout le gouuernement sicomme il
est en aristicracie et en oligarchie et en
aucunes autres. ¶Tex. Et a ceulx
qui sont telz lon attribue poste a toy
ou aucuns de conseillier ou de iuger de
toutes choses ou daucunes. ¶Glo.
¶Diuisement est que les ungs conseillent dunes besongnes publiques
et les autres des autres, Et que les
ungs iugent dunes causes et les autres des autres ¶Tex. Et parce
que dit est il appert et est magnifeste
quoy est cytoyen ¶Car nous disons
cellui estre citoyen daucune cite qui
a poste de communiquer en princey consiliatif ou iudicatif en celle cite. ¶Glo.
¶Cest adire qui a auctorite de estre
au conseil des besongnes publiques
ou es iugemens Et cellui qui a telle
auctorite de fait il est citoyen simplement Et cellui qui ne la pas de fait est
de telle condicion que il est habille et
peut estre esleu a ce il est citoyen aucunement et non pas proprement ¶Et
pource en democracie tout sont citoyens simplement exceptez les enfans
loy passez daage les serfs et les estranges et ceulx de vile condicion ou de vile office et aussi en tymocracie Mais
es autres policees aucunes sont citoyens simplement et les autres aucune-

ment comme dit est ¶Apres il conclud
quoy est cite. ¶Tex. ¶Et cite est
multitude de telz cytoyens souffisante a autarchie cest adire a souffisance
de vie et sicomme len peut dire
¶Glo ¶Car cest impossible en ceste mortel vie toute souffisãce Et aussi conuient il que aucunes choses vienent de pays estrãges comme sõt aucunes espices et pierres precieuses etc.
Mais nulle communite nest tant prise de
par soy souffisante comme est cite sicõme il fut dit ou second cha. du pmier.
Et autharchia est de authos en grec
qui signifie comme faire celle chose et
de archia qui signifie souffisance.

¶Du second cha. il reprouue une
maniere de prendre cest nom cytoyen et
traicte aucunes doubtes en ceste matiere.

Ais aucuns determinent et di-
ment selon leur usaige que cellui est citoyen qui est filz de ii.
citoyens et non pas dung seulement
sicomme du pere ou de la mere Et autres dient que encores auecques ce est
requis oultre que ses predecesseurs iusques a deux ou a iii. degrez ou a plusieurs aient este citoyens Mais se les
citoyens estoient en la police determinez en ceste maniere une doubte seroit
tantost comme le tiers ou le quart p-
decesseurs aurotent estez citoyens
¶Glo ¶Car il puict droit de venir

a ung premier qui nauroit pas este citoyen ou le proces seroit infini et sen suiuroit que la police ou la cite nauroit oncques eu commencement et ce nest pas verite Et doncques ceste determinacion nest pas bonne

¶Tex. ¶Et pource ung appelle gorgias de leence disoit a cest propos par yronie et par derision que aussi comme les mortiers sont faiz de morteliers en celle maniere conuient il que les cytoyens de la rise soient faitz de ceulx q sont faiseurs de telz citoyens Et par auenture faisoit doubte de ce

¶Glo. ¶Mais il semble mieulx q il deist par derision car il ne conuient pas que celluy q fait ou engendre ung citoyen soit citoyen plus que il ne puiet que celluy q fait les martiers soit mortier. ¶Tex. ¶Mais cest simplesse & ignorance Car la diffinicion de citoyen simplement est telle comme dit est Et doncques si leurs predecesseurs participoient en la police selon la diffinicion dessusdicte ilz estoient citoyens & toutesuoyes len ne pourroit appliquer a ceulx qui premiers habitent en la cite ou qui se difserent que ilz fussent citoyens par pere et de par mere.

¶Glo. ¶Doncques ne puient il pas que celluy qui est citoyen soit ne de la cite ne filz de cytoyen Et de ce appert ou liure des faitz des apostrez ac. xxii. que sainct pol estoit citoyen de tome et si estoit ne de tharse Et toutesfoiz il disoit quil estoit ney citoyen

¶Car son pere auoit obtenu des romains la noblesse destre citoyen romain Et aucuns achetoyent telle noblesse sicomme feist ung tribun dont est faicte mencion ou liure dessusdit

¶Apres il traicte une question.

¶Tex. ¶Mais par auenture de ceulx qui participent es choses dessusdictes appartenantes a cytoyens len pourroit faire doubte comment il en est quant la police est transmuee sicome il aduint en athenes quant calistenes en gecta hors ou mist hors ses tyrans Car il applica et mist en la cite plusieurs qui auoient este de lignage a aucuns de la cite qui estoient fugitifz et plusieurs autres estranges & serfs & souruenus Et doncques est doubte assauoir mon se chascun tellement adiouste doit estre citoyen / & autre doubte est suppose que il doye estre dit citoyen assauoir mon si cest iustement ou iniustement Et en oultre encores pourroit se faire doubte se aucun est dit citoyen Et non pas iustement assauoir mon se len doit dire que il nest pas citoyen selon verite

¶Glo. ¶Apres il argue a la partie non vraye ¶Tex. ¶Car il sembleroit que len peust dire une chose de se qui est iniuste & de ce qui est faulx ¶Glo. ¶Car aussi come ung faulx denier nest pas denier ung faulx cytoyen nest pas citoyen ¶Et ung mesme iugement doit estre de faulx & de iniustes se semble mais non doibt

¶Apres il determine la verite ¶Tex. ¶Mais pour ce que nous voyons que aucuns sont princes iustement Et toutesuoyes nous disons que il tient princey mais non pas iustemēt Et citoyen est determine par aucun princey Car qui communique et participe en tel princey il est citoyen come nous auons dit / Doncques appt manifestemēt q̄ lon doit p̄sesser ceulx estre citoyēs qui ont obtenu iustemēt estre citoyens. Glo. Et par ce appert que vng homme est prince et citoyen z ainsi des choses semblables non obstant que il ait telle dignite acquise iniustement. Tep. Et a ceste doubte cestassauoir se telz adioncte sont citoyens iustement ou iniustement est copulee z prochaine vng autre Car aucuns doubtent de plusieurs actions quant lēy doibt dire ce a fait la cite ou quāt lēy peult ou doit dire ce na pas fait la cite. Glo. Ceste doubte fut touchee au commencemēt du premier chapitre

Tep. Sicōme il aduient quāt la police est muee. z que de oligarchie ou de tyrannye est faicte democracie / car adoncques ilz ne veullent tenir les conuencions ou p̄nās qui auoient este fais deuant et les veullent depecier aussi comme se la cite ne les auoit pas faiz / mais le tyrant q̄ auoit prinse ceste auctorite / Et aussi ilz ne veullent tenir plusieurs autres choses aussi comme silz voulsissent dire que aucunes polices sont obtenues z maintenues par force / z nō pas pour le commun expedient Glo.

Apres il met la responce Tep. Et doncques se aucunes polices sont tournees z muees en democracie selō ceste maniere Semblablemēt lē doit dire que les actions de ceste police democratique sont les actions de la cite

Glo. Et celles de la police precedente ne sont pas les actions de ceste cite Mais estoient actions de la cite qui estoit deuant soubz lautre police Car selon verite la cite estoit vne soubz vne police / et est autre soubz autre Sicomme il appert ou chaptre ensiuant Et doncques sensuit il que apres telle mutaciō lē peut bien depecier z non tenir les cōuenās publicques ou ordonnāces qui estoient deuant mesmemēt se ilz sōt cōtraires ou bien commun. Tep. Et semblablement les actions qui estoient faictes deuāt quāt la police estoit oligarchique cestoient les actions de la cite / z ainsi doit lēy dire de la police tyrannique Glo. Et briefmēt a parler le fait de ceulx qui tiennent le princey z gouuernement cest le fait de la cite Car telz sont la princepal partie de la cite / z doncques aussi come ce qui est fait par la p̄cipale partie de homme Cestassauoir p entendement nous disons que cest proprement le fait de lomme sicomme il fut dit en le pi. chapitre du ix.e sethiq̄s Semblablement le fait de la principal p̄tie de la cite cest le faīt de la cite.

¶ Le tiers liure de politiques. fo xi

¶ Du tiers chapitre il traicte par quoy et comment cite doit estre dicte vne ou faicte autre & muee ou variee

Ce que nous auons dit main tenant est pchain a vne doubte laquelle est assauoir en la quelle maniere il conuient dire que cite est vne mesme ptinuellement ou coment & quant len doit dire quelle nest plus celle mesme mais est vne autre ¶ Glo ¶ Apres il met vne responce apparente & non vraye. ¶ Tep.

¶ Et qui voudroit a ceste doubte respondre p la distinction du lieu et des hommes ce seroit inquisicion ou solucion supficial & de petite consideracio ¶ Car il peut aduenir que le lieu est autre et que les hommes sont autres et que les vngs habitent en vng lieu & les autres habitent en vng autre ¶ Glo. ¶ Il est certai q les ges dune cite seront autres cent ans passez que ilz ne sont maintenant Et aucunesfoiz pour certaines causes mue len les edifices et les habitacions sicomme len dit de la cite de iherusalem que elle est en autre place que elle nestoit iadiz

¶ Tep ¶ Et doncques q par ce respondroit a ceste question la doubte seroit moindre ¶ Glo ¶ Car ceste le giere chose adire que la cite est autre quant le lieu est autre ou quant les gens sont autres ¶ Apres il procede a la vraye solucion ¶ Tep ¶ Mais se nous considerons comme cite est dicte en plusieurs manieres ce sera aucunement aleuiacion de ceste inquisicion ou question Et semblablement se nous considerons des hommes q habitet en vng lieu quat & comet il puter dire que eulx sont vne cite la questio en sera moins forte Et premierement len ne peut dire pour ce se vne chose est close de murs que cest vne cite car tout le pays de paloponense ¶ Glo ¶ Plinius dit que cest entre deux mers appellez egeum et ouium & que la figure de celle terre est comme vne fueille de plantai; ¶ Tep ¶ Pourroit estre enuirone dung mur Et par auenture telle chose estoit la cite de babiloine ou quelque chose close laquelle deuroit plus estre dicte vne get ou vne region que vne cite et pour ce len dit que quant la cite de babiloine fut prinse ¶ Glo ¶ Par les roys cyrus et daires Quant balthazar roy de babiloine fut occis & de ce fait mencion lescripture danielis quinto capitulo ¶ Tep ¶ Vne partie de la cite ne sentit ou sceut la prinse iusques ou tiers iour ¶ Glo ¶ La quantite delle descript orosius Et aussi elle est descripte en vne glose sur psaie elle estoit de figure presque carree Et contenoit en circuite iiii. C. iiii. xx. & vi. stades ce sont enuiron xxx. lieues Et ad ce sacorde assez plinius qui dit que le circuite des murs de babiloine estoit lx. mil pas, et qui voudra sauoir la grandeur des murs et des tours & des portes &c voye les histoires Et sembla

blement de diuine laquelle estoit pl9
grande que ne doit estre cité ¶Tex
¶Mais nous aurons vne autrefoiz
meilleur oportunite de considerer de
ceste doubte ou questiõ ¶Glo
¶Cestassauoir combien cité doit estre
grande ¶Tex ¶Car il appartient
a celluy qui est politique sauoir quelle
doit estre la grandeur ou la quantite
de la cite ¶Glo ¶Car celle ne doit
pas estre si grande que la region ne la
puisse nourrir ne si petite quelle ne se
puisse garder & deffendre ioupte ce q̃
fut dit ou ip. cha. du second liure.
¶Tex ¶Et assauoir mon se il est
expedient que elle soit dune mesme gent
ou de plusieurs ¶Glo ¶Cest adi
re de plusieurs nacions et plusieurs
lignages & nest pas expedient mais
seroit peril ¶Apres il fait vne questi
on pour declarer son propos ¶Tex
¶Mais encores peust estre questiõ
suppose que les habitans soient vng
mesme & que le lieu soit vng assauoir
mon se la cite deura tousiours estre di
cte vne tant comme seront celle ma
niere de hitans ¶Combien que continuellement les vngs soient corrumpus & mors & les autres engendrez p
succession en la maniere q̃ len a acous
tume de dire que les fleuues sont tous
iours vng mesme & les fontaines vnes
non obstant que leaue sen va et flue
Et tousiours souruient eaue nouuel
le ¶Glo ¶Telle chose est dicte
vne chose successiue ou par succession
& par continuacion sicomme saine est

tous temps vne & la fontaine saint in
nocent ¶Tex ¶Ou pose que len
ope dire que les hommes sont touiours vnges mesmes pour telle cause
sicomme dit est ¶Glo ¶Cestassa
uoir par succession ¶Tex ¶Assa
uoir mon se la cite peut estre dicte au
tre ¶Glo ¶Apres il respond
¶Tex ¶Et verite est que la for
me & estre de cité ce est vne communica
cion Et la communication des citoyens
ce est police Et doncques se la police
est faicte autre et de differente espece
que elle nestoit deuant il semble estre
necessaire que la cite nest pas vne mes
me laquelle estoit deuant ¶Glo
¶Car les hommes ou les gens sont
la matiere de la cite mais lordonnãce
& la gubernacion de elle cest la four-
me delle Et police cest lordõnãce des
habitans de la cite sicõe il fut dit ou p
mier chapitre Et dõcques touttesfoiz
que la police est muee len peult dire q̃
la cite est muee et faicte autre & ce de
claire il apres par vng epemple ou p
deux ¶Tex ¶Et est chose sembla
ble comme dung chorus ou chor / cest
a dire dune carolle ou dance ¶Car se el
le est aucunefoiz comique & elle est vne
autrefoiz tragicque nous disons que
cest vne aut carolle ou vne autre dã
ce combien que les hommes qui dan
cent soient souuent vnges mesmes.
¶Glo. ¶Chorus est equiuoque
Car aucunesfoiz signifie vng instru
ment de musique tel comme cellui que
nous appellons orgues Mais icy en-

¶ Le tiers liure de politiques lxxii

droit chorus est prins pour car elle ou dance quant a la mesure & proporcion et maniere de mouuoir ses membres Et doncque dances comique est celle qui est de rude maniere comme len faictes villaiges ¶ Et pource est elle dicte de comos qui est vile Et est comme len fait a la rose de vanues Mais dance tragique est faicte plus artificielement et plus noblement si comme len fait a paris Et peut estre faicte mutacion de lune en lautre Et doncques aussi comme par muer la mesure et la maniere du mouuement la dance est muee Semblablement pour muer le gouuernement et la police la cite est faicte aut Et lors peut len bien dire en parabole que les gouuerneurs dancent dautre pie

¶ Tex ¶ Et semblablement de tout autre communion & composicion nous disons que elle est faicte autre se lespece et maniere de telle composicion est autre sicomme la melodie ou armonie de vng mesme son est aucunefois dorie Et aucunesfoiz est frigie ¶ Glo ¶ Cest vng autre exemple les sons peuent estre diz vng mesme ptinuacion sans grant interualle & q sot de vng mesme istrumet ou voix Et la musique ou armonie q est selon aucun meufs et est plus doulce & est dicte dorie pource que len vsoit plus en vne cite appellee dor de quoy fait mencion lescripture, & ceste musique peut estre muee en vne autre qui est selon autres meufs et est plus aspre &

fut iadis appelle frigie car len vsoit plus en la terre de frigie cest la region ou fut la cite de trope, et des armonies sera dit plus a plain en le viii. liure Et ainsi appert le propos par deux exemples vng en mouuement & autre en chant ¶ Tex ¶ Et doncques se toutes telles choses ont ceste maniere il appert manifestemēt q quant est adire se la cite est vne ou que elle est faicte autre len doit regarder a la police ¶ Glo ¶ Car combien que le lieu soit vng et que les gens soient vngs se la police est muee la cite doit estre dicte autre ¶ Tex ¶ Mais se peut bie appeller la cite par vng mesme nom ou par autre pose q les habitans soiet vngs mesmes ou du tout autres ¶ Glo ¶ Car le nom est a volunte, et peut durer tousiours pose que la police ou la cite soit muee et peult le nom estre mue pose que la cite soit toustours vne. ¶ Tex.

¶ Mais quant la cite est transmuee a autre police vne autre raison ou question est assauoir mon se cest iuste chose que elle tiegne les conuenans publicques qui estoient deuant ou se elle les peut iustemēt depecier

¶ Glo ¶ A ceste question il ne respond pas ainsi comme se elle ne fust pas proprement ptinent mais se len pourroit dire que les conuenans precedens ne sont cōtraires a bonne police et les personnes des princes & des cytoyens ne soient autres ilz sont encores obligez a tenir telz conuenans

¶Fueillet.

Mais p auenture autrement non ¶ Pour mieulx entēdre cest tiers chapitre & pour adrecer lētēdemēt a aucunes bonnes ꝓsideraciōs il est bō de regarder en quātes manieres cite est dicte Et premierement ce que aucuns dient que toutes villes ou il pa euesque est cite et autre non cest une determinacion ou descriptiō vulgal᷑ qui nest pas a propos Je dy dōcq̄ premierement que aucunesfoiz est prise cite pour une grande multitude de hostelz ou habitacions qui sont prochaines ou ensembles en ung lieu/ & selon ce que dit le prophete ysaye Ciuitates vestre succense sont igni. Voz citez sont arses Item donec deserte sint ciuitates absq̄ habitatore Les citez seront desertes sās habitās Et ceste significacion est impropre Aussi comme qui diroit que la chambre de parlement est parlement: Car le lieu ne fait la cite Mais la gēt ioupte ce que dit lescripture Non propter locum gentē sed propter gentē locū dominus elegit &c. ¶ Item cite est dicte plus propremēt de hommes Et pource il fut dit ou premier chapitre que cite est une multitude de cytoyens par soy suffisant Et telle cite est dicte une nō pas pour le lieu ne pour les gens mais pour lunite de la police sicomme il appert de la police Et telle cite est dicte une non pas pour le lieu & pour les gens Mais pour lunite de la police sicomme il appert en cest chapitre Et a cest propos quant

pompeius & le senat laisserent la ville ou le lieu de romme pour la paour de iules cesar Lucain dist ainsi Eppulit armatam patriis sedibus vrbem. Cesar dit il bouta hors la cite de son pays & de son siege ¶ Et recite lucain cōme pompeius disoit aux senateurs q̄ en quelconques lieu q̄ ilz estoient illecques estoit romme iouxte ce que sen seult dire H bi papa ibi roma Combien que pape innocent tiers en ung sermon de saint piere et de saint pol vueille dire ce semble que le pape ne doit oncques demourer ailleurs q̄ ou lieu de rōme ¶ Apres ie dy que selon la propre significacion dessus mise cite peult estre dicte dune multitude des citoyens habitās en ung lieu & en une cite a prendre cite selon la ꝓmiere significacion Et selon ce dit lē que paris est une cite Et Rouen une autre cite & cetera

¶ Item chescune multitude des cytoyens qui se gouuernent par une police ou princey peut estre appellee cite Car police est la forme de la cite et qui la fait une comme dit est Et en ceste maniere tout ung roiaume ou ung pays est une grande cite qui cōtient plusieurs citez parciales Et selon ce iadis plusieurs habitans loig de la ville ou du lieu de romme estoient diz cytoyens rommains sicomme il fut dit ou second cha. de saīt pol & de son pere qui estoient de tharse Et dōcques le royaume ou empereps de rōme estoit une cite de quoy se lieu prin cipal estoit romme Et doncques aristote dit en ce cha. que la cite est falcte autre selon verite quant la police est mue Et touxte ce disoit psape de la cite de iherusale Quomodo facta est meretrix ciuitas fidelis. meretrix .i. non spoz il se complaignoit du gouuernement qui estoit mue en iniustice Et onecques les semblables ou exemples de mutacion de cite que met aristote Cest assauoir de mutacion de dance et de mutacion darmonie peut estre mis en autre semblable dune religio Car quant les statuz principaulx delle sont muez ou non gardez ce nest plus celle region Et ainsi est il dune cite Et semblablement dung royaume q est comme une grande cite quant la police est mue ce nest plus le royaume qui estoit deuant Mais est une autre espece de royaume ou est tyrannie combien que le nom demeure tousiours ung Car sicomme dit seneque ou liure de clemence Tyrannus a rege distat factis non nomine Tyrant et roy different en faiz non pas en nom Car aucunes fois le tyrant est appelle roy

¶ Item la glorieuse compaignee de paradis est appellee cite sicomme il appert a lapocalipse et en plusieurs lieux de lescripture

¶ Item la multitude de ceulx qui sont et ont este ou seront de la communication catholique en la foy de ihesucrist peut estre dicte cite Et selon ce di soit sainct pol aux ephesiens nouuellement conuertiz Iam non estis hos

pites et aduene sed ciues sanctorum etc. ¶ Et ceste cite est et fut et sera iusques en la fin du monde tousiours une Et de ce dit le sainct esperit Una est columba mea Una perfecta mea quia unus deus una fides etc. ¶ Et determiner de ces deux citez passe la consideracion de ceste science

¶ Item quelconque partie principal du peuple qui a en soy aucun especial gouuernement peut estre dit cite Et en ceste maniere ceulx que nous appellons gens deglise sont comme une cite Car ilz ont une police quant a la gubernacion distribution ou ordonnance daucunes possessions et daucunes honorabletez publiques Et par auenture ceste chose nest pas tant hors de la consideracton de ceste sciece que aucunes choses deuant dictes et plusieurs qui ensuiuent ne puissent estre appliquez a la police de ceste eglise Mais de ce ie me rapporte du tout a la discretion de ceulx qui sceuent et cognoissent comment elle a este gouuernee ou temps passe Et comment elle est gouuernee au temps present.

¶ Du quart chapitre il traicte ceste question se par une mesme vertu ung est bon homme et bon cytoyen

Apres ce que dit est il puient considerer assauoir mon se len doit mettre que une mesme vertu soit de bon home et de bon citoye ou se ung est bon home par une vertu et bon cytoyen par autre vertu

k.i.

Fueillet

¶Gl. ¶Ce par quoy ung est bon homme cest proprement vertu Mais aussy est appellee vertu ou puissance ce par quoy ung e bō cittoiē ou bō musicien ou selon une autre denominacion ¶Apres il respond a la question ⁊ prcuue que non par iii. raisons

¶Tep. ¶Et nest pas une mesme vertu mais pource declairer il conuient premierement prendre ⁊ enquerir grossement et en figure q̄lle est la vertu par laquelle ung homme est bon cytoyen Et doncques aussi comme estre marinier est une chose appartenante a une communite Samblablement est estre cytopē Or est ainsi que des mariniers pbien que ilz puissēt ⁊ sachēt faire diuerses choses ⁊ differentes car ung nage lautre est a la proie ou gouuernē⁊ lautre aucune autre office autrement nommee toutesuoyes il est certain que chascū deulp a une propre vertu par laquelle il fait tresdiligemment son operation Et auecqs ce to⁹ ensēble ont une fin trescōmue a laq̄lle tous tēdent car to⁹ sōt leur opatiō pour le salut de la nauigatiō cest adire affi q̄lz appliquent apoꝛt de salut ⁊ ce desire chascū des mariniers Semblablement il est il des citopēs car combien q̄ leurs euures ⁊ leurs offices soient dissēblables ⁊ differentes toutesuoyes ilz euurent tous ⁊ tendent au salut de la p munite ainsi cōe a une fin cōmue Et la cōicatiō de telle cōite est police. ⁊ doncques se de police sont plusieurs

especes il sensuit q̄ la vertu parfaicte par laquelle len est bon cytoyen nest pas une ou dune espece Et nous disōs que la vertu parfaicte par laquelle len est bon homme est une Et doncques il peut estre que ung est bon cytopē Et toutesuoyes il na pas la vertu par quoy len est bon homme

¶Glo ¶Il veult dire que la vertu par quoy ung est bō cytopē en une police est autre que nest la vertu par quop il soit bon citopen en une autre police ¶Ainsi comme ung est bon marinier pour une galee⁊ par auenture pour une autre nef cōuiendroit aut science Mais la vertu principale par quoy ung est simplement bon hōme cest prudence qui est une sicōme il fut dit ou quint cha. du sipte dethiques Et doncques ung bon homme en q̄lque police seroit tousiours bon hōme mais il ne seroit pas bō citopē en maluaise police Et parce aucuns se sont departis ⁊ fuiz de leur pays sicomme note ung poethe appelle iuuenal la ou il fut dit ultra saromatas⁊c. Aps il met la seconde raison a ceste conclusion

¶Tep. ¶Item se nous faisone ceste doubte selon autre maniere en parlant dune mesme police encoꝛes pose que elle soit tresbōne encoꝛ puiēt il venir a ceste raison ou a ceste sētēce Car se il est ipossible q̄ to⁹ les citopēs dune cite solēt vertueulx et en une cite biē oꝛdōne il puiēt q̄ chūn cytopen face bien son euure a quoy il est oꝛdonne selon ce quil est cytopen

Et ce fait il par la vertu que il a en tant comme cytoyen et pour ce est impossible que tous les cytoyens soient semblables. Doncques il sensuit que la vertu par quoy ung est bon cytoyen et la vertu par quoy ung est bon homme nest pas une ou dune espece car il conuient que tous aient la vertu par quoy len est bon cytoyen car ainsi il est necessaire affin que la cite soit tresbonne et cest impossible que tous les citoyens aient la vertu par quoy len est bon homme se il nestoit ainsi par necessite que tous les cytoyens de bonne cite fussent bons. Et ce nest pas necessite. Car aucun est bon cytoyen par ce que il fait bien loffice a quoy il est ordonne et en tant comme cytoyen sicomme seroit conseillier ou iugier. Et peut estre que il nest pas vertueulx mais est incontinent ou inliberal.

¶ Item il peut estre que il est vertueulx et sans vice et que aucunes vertus principaulx il ne a pas fors incomplectement pour ce que il na pas faculte ou oportunite destre exercite es operacions de telles vertus sicomme il fut declaire plus a plain en la fin du sixte de ethiques. et ainsi tel cytoyen nest pas tresbon homme etc. Apres il met la tierce raison ¶ Tex. ¶ Item cite est composee des choses dissemblables ainsi comme ung homme est compose dame et de corps. Et lame est aussi comme composee de raison et de appetit cest a dire de entendement et de vo

lunte. Et maison est domme et de femme et communicacion possessiue et de seigneur et de serf. Et en ceste maniere cite est composee de toutes ces choses. Et encores est elle composee de plusieurs autres choses dissemblables et differentes en espece. ¶ Et pour ce il est necessite que de tous les cytoyens ne soit pas une mesme espece de vertu. Et est tout ainsi comme il est de ceulx qui sont une carolle ou une dance. Car autre vertu ou autre guise a celluy qui est le principal et autre ont ceulx qui le ensuiuent. ¶ Glo. ¶ Car tel scet bien ensuir le premier qui ne sauroit mener ou ordonner la dance. Et par auenture peut estre aucunesfois que il conuient que le premier ait autre contenance que les autres qui le suiuent nont. Et ung autre exemple pourroit estre de ceulx qui mainent une nef. Et par ce il veult dire que autre vertu politique ont les princes, et autre ont les subiectz.

¶ Tex. ¶ Et doncques appert par les raisons dessusdictes que sen nest pas bon homme et bon cytoyen par une vertu. ¶ Glo. ¶ Et ce est a entendre que elle nest pas une conuertiblement ou generalement, car toute vertu qui fait ung homme bon cytoyen ne le fait pas par ce bon homme ne toute vertu qui fait ung homme bon homme ne le fait pas bon citoyen. Mais bien est aucune vertu qui fait ung homme estre bon homme et bon cytoyen

Fueillet

Et ce declaire il apres. ¶ Tex.
¶ Mais par aventure aucun est par une mesme vertu bon cytoyen et bon homme. Car nous disons que le bon prince est bon simplement. Et que il est prudent pource que il est necessité q̃ cellup soit prudẽt q̃ est bõ politique. C'est adire qui biẽ gouverne la police. Glo. ¶ Et doncques prudẽce est la vertu par quoy le prince est bon hõme simplemẽt selon les vertus morales ou actives. Et par ceste mesme vertu il est bon prince. Car sicõme il fut dit ou .v.vi. cha. du premier il puient que le prince ait vertu moral p̃faicte, ⁊ bõ prince est bon cytoyen. Mais il ne convient pas que chascun subiect qui est bon cytoyẽ en bõne police soit bõ hõme simplemẽt sicõe il est dit devant ne p̃ 2ſquevent que il soit bon pour estre prĩce et ce declaire il apres. ¶ Tex.
¶ Et pource dient les sages que des le cõmẽcement la discipline du prince est autre que n'est celle du subgect. Si cõe len voit que les filz des roys sont introduitz en savoir chevaucher, ⁊ en choses qui appartiẽnent es guerres, ⁊ de ce disoit euripedes le poethe. Et p̃ soit en la p̃sonne du roy ou du filz du roy. Ne me aprenez pas discipline qui soit vaine ou autre. Mais la discipline des choses qui sont bonnes pour la cité. Aussi comme se il voulsist dire q̃ ceste discipline est propre au prince.
¶ Glo. ¶ Et ce que dit euripedes qui fut ung tresnoble poete sont troys choses notables. Une est que la discipline estude ou science du prince ne doit pas estre vaine.
¶ Item elle ne doibt pas estre autre c'est adire impertinente. ¶ Item que elle doit estre des choses proffitables a la cité. Et du premier point parle par especial ung tresexcellent aucteur appellé salustius en soy complaignant de ce que les rommains estoient trop curieux des choses vaines ⁊ inutiles. Helas dit il s'aucunes gẽs meisset aussi grande cure Et dõnassent leur estude ⁊ leur entente a bonnes choses cõme ilz font a choses estranges qui ne leur sont leur appartenantes et qui ia ne feroit proffit. Et que plus est qui sont tresperilleuses pour certain telz gens ne fussent pas tant gouvernez de fortune ne de fer cõme ilz mesmes gouvernassent fortune. Et les deux autres points met Virgille et la recite comme chose revelee de dieu, et dit en sentẽce que des subiectz les ungs doivent savoir les artifices, les autres doivent estre advocatz, les autres philosophes. Mais le prince doit savoir gouverner le peuple c'est sa p̃pre sciẽce ⁊ pource il conclud et dit. Te regem imperio populos romane memento. Hec tibi crunt artes pati q̃ imponere morem parcere subiectis et debellare superbos. ¶ L'estude et la pensee du prince doit estre a bien gouverner ses subgectz et les gardez et deffendre. Et pource dit le prophete ysaye. Principes ea q̃ sunt digna principe cogitabit. Le prince doit pẽser es choses q̃ soiẽt

dignes et appartenantes a prince.
T⁹. ¶ Et se aucun est par vne ver
tu bõ hõe ⁊ bõ prince ⁊ aucũ subgect est
bõ citoyen q̃ nest pas bon hõe doncq̃s
il sensuit que sen nest pas bon cytoyē
⁊ bon homme p̱ vne mesme vertu sĩ
plemēt cest adire vniuerselemēt mais
toutesuoyes aucũ cestassauoir cellup
tant seulement qui peut estre prince
cest adire qui en est digne tel est bon ci
toyen et bon homme par vne mesme
vertu ⁊ vne mesme vertu nest pas
vniuerselement de cytopen ⁊ de prin
ce ¶Glo. ¶ Car en mauuaise poli
lice le prince na pas vertu de bon hõ
me ¶T⁹. ¶ Et pource disoit vng
appelle iason que il luy faisoit mal al
si comme se il eust grant fain quant il
ne tyrannisoit ⁊ estoit comme cellup
qui ne scet estre simple sans faire ty
rannie ¶Glo. ¶ Albert oppose ce
ste clause au contraire pour vne ne
gacion qui nest pas a son tepte ⁊ dit
que vng poete appelle iason dit que
la cite auoit grant fain dauoir bon
prince toutesfoiz que elle auoit vng
qui tyrannisoit ou qui estoit ydiot et
ne se sauoit gouuerner

¶ Du quint chapitre il traicte ceste
question assauoir mon se le prince et
le subgect doiuent auoir vne vertu
ou vne science.

Pour certain vng hõe est loue
de ce que il peut bien tenir pri
cep ⁊ que il peut bien estre bõ
subgect et la vertu dung citoyen qui
est esprouue cest que il puisse bien seig
neurier et maintenir princep et que il
puisse soy auoir comme bon subiect
Et se no⁹ mettons q̃ la vertu par la
quelle vng est bon homme est princi
patiue ¶Cest adire que par elle il seroit
bon prince Et la vertu par quoy vng
est bon homme ⁊ bon citoyen subgect
sert a deux choses car par elle il est bõ
subgect et par elle il seroit bon prince
Doncques sensuit il que les deux cest
assauoir le bon prince ⁊ le bon subiect
ne sont pas louables semblablement.
¶Glo. ¶ Mais semble que estre bõ
subiect est plus a louer car il scet estre
bon subgect et scet estre bon prince ⁊
le price ne scet estre fors bõ price ou se
ne doit pas dire que le subgect doye a
uoir telle science comme le prince.
¶ Apres il respond a ceste doubte par
vne distinction ¶T⁹. ¶ Et sem
ble que lune partie ⁊ lautre soit vraye
en diuerses princepz Car en aucun
princep le prince doibt aprendre et sa
uoir autres choses q̃ ne doit le subiect
Et en aucũ prince le subiect qui est ci
toyen doit sauoir les deux choses cest
assauoir estre bõ prince ⁊ estre bõ sub
iect Glo. Aps il declaire le pmier mē
bre T. Car il est vng princep qui est
dit despotique cest adire sur ses serfs.
¶Glo. ¶ De ce fut dit ou pre
mier chapitre du premie

Fueillet

Tep. Et n'est pas necessaire que en tel princey le prince sache faire les choses qui sont vers telles necessitez
Glo. C'est assauoir euures seruiles sicõme il appert par ce que fut dit ou vii.e chapitre du premier Car telle science est impertinente au prince sicõme dit est ou cha. precedent

Tep. Mais il luy appertiẽt plus vser des serfs Et faut c'est assauoir le serf doit seruir et doit sauoir et pouoir faire les ministraciõs et actiõs seruiles et nous disons que des serfs sont plusieurs especes car les operaciõs sont plusieurs Et des serfs nous en appellõs vne partie mauuaise Et sõt ceulx sicõme le non se signifie qui viuẽt du labeur de leurs bras et de leurs mains et de telz gẽs est tout ouurir de artifice appellé banause Glo. C'est tout artifice ou l'en soulle son corps sicõme sou lart de cuisine et bouchier etc. Et de ce fut dit ou v.i. cha. du premier

Tep. Et pource anciennemẽt gẽs de mestier ou de artifice ne participoient en riẽ es princeyz en aucunes citez auãt que celle cité fust la derreniere et extreme et la plus grande democratie Glo. J'entẽds par princey generelemẽt toute auctorité publicque en iugemẽt et en conseil selon laquelle l'en est dit cytoyẽ en la maniere que il fut dit ou premier cha. Et entẽds pour extreme democracie la pire democracie qui soit et est quant tout le cõmun peuple tient le princey et est mauuaise police Et par ce appert que telz gens de ar-

tifices en bonne police ne doiuẽt pas gouuerner ne estre cytoyen Et ce determine le sage en l'ecclesiasticq xxxviii. cha. Car apres ce qu'il parle de plusieurs telz ouuriers il conclud Omnes hii in manibus suis sperauerunt Leur office est ouurer de leurs mains cõme dit est Sine hiis oibus nõ edificabitur ciuitas Ils sont necessaires pour la cité. In ecclesiã nõ transiliẽt Il veult dire que ilz ne sont pas a appeller aux ensemblees ne aux consultz Super sellam iudicis non sedebunt et testamentum iudicii non intelligent C'est adire quilz ne doiuẽt pas estre iuges ne ilz ne sauroient Et de ce fut dit ou viii. chapitre du second et doncques appert quilz ne sont pas cytopens en bonne police par ce que fut dit ou premier chapitre Et de ce sera dit encores plus a plain ou chapitre qui s'ensuit. Tep. Et ainsi doncques ne conuient pas que le bon politique C'est adire le bon prince ne le bon cytoyẽ apregne et sache faire les euures des subgectz se ce n'estoit aucunes foiz par grace d'oportunité et a soy mesmes
Glo. Car ce n'est pas incõuenient que vng seigneur en cas de necessité sache apparailler sa viãde ou son cheual Tep. Et ne aduient pas pource en tel cas que vng soit seigneur et l'autre serf. Glo. Mais c'est le seigneur qui sert a soy mesmes car il n'a que le serue mais p ce n'est il pas dit serf ou varlet. Apres il declaire le secõd mẽbre de la distinctiõ deuãt dicte Tep

Mais il est vng autre princey selõ lequel le prince a seigneurie sur ceulx qui sont semblables a luy en lignage et qui sont francs. Et ceſt princey nous lappellons princey ciuil. Et en tel princep il puiẽt biẽ que le prince ait apris a eſtre subgect. Glo. Tel princey ciuil ẽ la ou vng seul ou plusieurs sont esleuz pour gouuerner selõ vertu. Et telz princes sont aucune espece de royaumez en aristocracie la ou il puient q̃ le prince sache faire les subiectz bons ɀ biẽ gouuerner lesɀ p bon gouuernement. Et ce ne peult mieulx auoir apris q̃ par auoir este subiect. Car en ce peut lẽ apperceuoir quelle chose grieuẽt les subiectzɀ quelles autres choses aident. Et ce declaire il apres p aucũs exemples. Et est aussi cõe en vne exercitaciõ laquelle lẽ souloit faire pour apredre a bien cheuaucher. Car ilz eslisoient pour estre prince ɀ maistre de ceste besongne aucun q̃ eust entreulx este subiect en cest art. Et sẽblablemẽt lẽ eslist pour mener ɀduire ɀ gouuerner vng est aucũ q̃ autresfoiz ait este mene ɀ q̃ ait este cõmis et deppute a garder aucun ordre. Cest adire aucune ptie de lostɀ a ordonner le guect. Glo. Car en telles petites offices esquelles il ait este par cõmãdemẽt du souuerain commis ɀ ordõne cõe subiect il a apris plusieurs pticularitez q̃ le capitaine ou pricipal dũg ost ne doit pas ignorer. Tex. Et pource dit lẽ, ɀ cest biẽ dit q̃ celluy ne peut biẽ gouuerner

princey q̃ ne a este soubz prince. Glo. Et sẽblablemẽt selõ Boece celuy ne peut estre bõ maistre q̃ na este disciple. Et p ce il sẽbleroit generalemẽt que nul ne pourroit estre bõ prince se il nauoit este subiect. Mais cõe il appert p ce q̃ a este dit deuãt. Ce nest pas vniuerselemẽt ɀ sĩplemẽt en tout prince ne tout subiectiõ appartenãt a citoyẽ. Et neantmoins tout prince vault mieulx dauoir este subiect ɀ obediẽt en aucunes choses sicõe en ce en quoy lẽ seult introduire les filz des roys ioupte ce q̃ fut dit ou cha. precedẽt. et dõcques tout prince doit sauoir estre prince et sauoir q̃ est estre bõ subiect.

Tex. Mais de ces icy. Cest assauoir du prince et du subiect la vertu est autre. G. Car autre selẽ cest aux manierez puient a soy bien auoir cõme prince et autre a soy auoir bien cõme subiect. Tex. Et cõuient que le bon cytoyen sache pour estre prince et pour estre subiect. Et la vertu de citoyen cest adire par quoy il est bon cytoyen est ceste que il sache le princey des francs quãt a lun ɀ a lautre.

Glo. Cest assauoir quant a pouoir estre prince ɀ quant a pouoir estre subiect et est vne vertu total composee de ces deux vertus parciales

Tex. Et apptiẽt a bõ hõe auoir ces deux vertz. ɀBiẽ q̃ la trẽpãce ɀ la iustice pricipatiue cest aɀdire apptenãte au pnce soiẽt dautre espece q̃ ne sõt telles vertʒ apptenãtes aux subiectz en tãt cõme subiectz. Car il puiẽt q̃ le

h.iiii.

subiect qui est franc soit bõ et q̃ il ait vertu mais verite est q̃ la vertu sicõme se roit iustice nest pas vne quant a estre prince et quãt a estre subiect. Mais el le a espece et selõ vne espece de iustice len est bon prince et selon autre len est bon subiect. Glo. Car vne cho se doit le prince au subiect et autre cho se doit le subiect au prince iouxte ce q̃ fut dit ou tiers chapitre du ixe de thi ques et ce declaire il apres p exemple.

Tex. En la maniere que la vertu datrempance de lomme est au tre que celle de la femme et semblablement de fortitude car il sembleroit que vng hõme fust paoureux et couart se il auoit telle fortitude et hardiesce comme il appartient auoir a femme. Et aussi len diroit que vne femme se roit iangleresse se elle estoit aournee en parler comme doit estre vng homme. Et auecques ce liconomie de la fem me cest adire ce que luy appartient quant au gouuernement de lostel est autre que celle de lomme. Car licono mie ou office de lomme est a acquerir. Et celle de la femme est a garder.

Glo. Et doncques la vertu de lomme est autre que celle de la fem me et de ce fust dit ou pv̄ie. cha. du pre mier. Et semblablemẽt autre vertu a le prince et autre a le subiect. Mais ce nest pas du tout semblable. Car la femme ne peut estre homme et pource elle na pas les vertus de lun et de lau tre. Mais tout subiect q̃ peut estre prin ce doit auoir vertu de subiect et ver tu de prince. Et doit vser de lune quãt il est subiect. de lautre quãt il est prin ce ou de lune a son prince, et de lautre a ses subiectz car peut estre q̃ vn mes me est prince daucũs et subiect a autre prince. Et selõ ce dit lescripture que le roy assuerus fist vng grãt cõuiua ses princes et a ses seruans. Car sicõme il fut dit ou pv̄i. cha du premier liure serfs est deuãt serfs et seigneur deuant seigneur. Tex. Et la vertu de prudence seule est propre au prince.

Glo. Car elle contient toutes les autres vertus morales si comme il appert ou quint chapitre. du sipte de thiques. Et pource il fut dit ou pv̄ie. chapitre du premier que le prince doibt auoir parfaicte vertu moral. Et doncques il ne dit pas icy seule en expedient du prince les autres vertuz mais pource que prudẽce seu le lui est propre sicomme il sera declai re tantost apres. Tex. Car il est chose necessaire ou cõuenable que les autres vertus soient cõmũs au subiectz et aux princes.

Glo. Et prudence est apropriee au prince car sicomme dit lescripture. principatus sensati stabilis erit s/ Le princey du sage est ferme et estable

Item au contraire Rex insipiens perdet populum suũ. Le roy fol per dra son peuple. Et pource disoit ysa pe Non vocabitur vl'ra is qui insi piens est princeps. Celluy qui est fol ne sera plus appellé prince. et a bõne cause car sicomme dit vegece Si ne ap partient a nul asauoir meilleurs ou plusieurs choses que il appartiēt au prince du quel la science ou doctrine peut proffiter a tous les subiectz

¶Tex. ¶Et prudence nest pas vertu de subiect Mais il doibt auoir vraye opinion Car le subiect est ainsi cōme cellup qui fait les flagolz ou les flentes et le prince est aussi cōme cellup qui vse & ioue de flagose ou de flente Glo. Le iugleur qui vse des instrumens de musique commāde a cellup qui les fait et lup ordonne la maniere comme tel instrument doit estre fait & ne apptiēt pas a celluy q̄ les fait sauoir la cause pour quoy il conuient faire tel Mais il doit auoir opinion q̄ ce que le maistre commande est biē Et semblablemēt doit len dire du prīce & du subiect ¶Tex. ¶Et dōcques il est manifeste par ce que dit est assauoir mon se de bon homme et de bon cptoyen la vertu est vne mesme ou autre & differente & en quelle maniere elle est vne & en quelle maniere elle est autre

Pour mieulx entendre ce quil dit que prudence nest pas vertu de subiect et que elle est ppre au prince &c. Je argue au contraire car plusieurs cptoyens sont bons hommes et ont les vertus morales Sicomme il appert en cest present chapitre & tout maintenāt est dit que les vertus autres que prudence sont communes es subgectz & es princes comme sont attrempance liberalite &c. Et cest impossible que len soit bon hōme ne q̄ len ait quelque vertu sans prudence sicōme il fut dit et determine ou pvie. chap. du sipte dethiques & doncques prudence appartient au subgect

¶Item non pas seulement les subiectz cptoyens mais auecques ce les serfs doiuēt auoir vertus moral. & et prudēce sicomme il appert par ce que fut dit ou pvi chap du premier. Et doncques pour ces choses accorder et pour la verite comprendre len doibt sauoir que vne espece de prudence est prudēce politique et architectonique Cest adire cōme maistresse de leure & qui regarde sur tout & ceste prudence est propre au prince et a tout cptoyen qui peut estre prince ou qui en est digne iouste ce que fut dit ou chap precedent Mais vne autre espece de prudence est dicte prudence monastiq p laquelle len sceit generalement bien viure et ceste est cōmune aux princes & aux subiectz aussi comme sōt les autres vertus et par ce appert la rispōce aux argumens deuant mis & ceste distinction de prudence est mise plus a plain ou ix. chapitre du sipte dethiques

¶Item quāt ace que il dit que le subgect doit auoir oppinion vraye il me semble que il doit auoir oppinion que le prince ordonne bien et le prince doit bien ordonner doncques le subiect doit auoir opinion vraye en tant comme subiect Car le prince ou le seigneur doit pourueoir et ordonner cō-

Fueillet.

mander Et le subiect doit obeir/& supposer et cuider que le prince commãde bien /& adroit se il nappert manifestement du contraire Mais le subiect en tant comme il est cytoyen il pticipe en princep en conseiller et iuger si comme il fut dit ou premier chapitre/& par cõsequent il a en soy prudence indicatiue/&pudẽce consiliatiue desquelles il fut dit ou tpc cha du sipte dethiques Et de ce peut estre mis ung autre exemple en art architectonique cest adire maistresse de edifier Car nous veons que le maistre de seuure dung edifi stement ordonne les moules et les mesures/& commande au tailleur que la piere soit taillee selon tel moule, et ne appartient pas au tailleur se il ne sceit autre chose de enquerir et sauoir la cause pour quoy la piree se la ast faicte ne en quel lieu elle sera assise. Et doit ainsi supposer que le maistre fera bien Mais se le tailleur est tel qͥ il sache de la science /& que il peut bien pseiller le maistre en ce il le doit faire/& luy demonstrer aucune deffaulte se il appercoit affin que le maistre ne faille en son edifiement Et ceste similitude peut legierement estre apliquee a nostre psent propos ⁋Cep.

⁋Et doncques il est manifeste par ce que dit est assauoir ce de bon homme /& de bon cytoyen la vertu est vne mesme ou autre et differente et en qͥlse maniere elle est vne /& en quelle maniere elle est autre.

⁋Du sipte chapitre il traicte vne doubte de la diffinicion de cytopẽ mise ou premier chapitre.

Ais vers ce que nous auons dit de citoyen encores croit on en vne doubte assauoir mõ se selon verite cellui /& non autre est citoyen auquel il loist participer en princep ⁋Glo. ⁋Sicomme il fut determine ou premier chapitre ⁋Tep.

⁋Et se le doit mettre et dire que les bãnenses sont cytoyens ⁋Glo.

⁋Bãnenses sont gens qui sont de vile office /& qͥ font euures qui ne sõt pas nettes ou faictes nettement comme sont gẽs de cuisine cureurs de chãbres aisies bouchiers sauetiers /& telles gens Et de ce fut dit ou piiie cha. du premier ⁋Apres il argue a la qͤstion ⁋Cep. ⁋Car qui diroit qͥ seulement ceulx sont a mettre cytoyens aux quelz appartiẽt celx entremettre du princep ce nest pas possible que tout cytoyen ait telle vertu Car cellup que nous appellons bãnense est cytoyen ⁋Glo. ⁋Et toutesuoyes nul ne diroit quil eust telle vertu principatiue ⁋Apres il preuue quil est citoyen ⁋Cep. ⁋Car se len disoit qͥ nul tel bãnense nest cytoyen len ne sauroit en quelle partie il deuroit estre mis car ne il nest souruenu, ne il nest transpassant ou estrange ⁋Glo. Et per consequent il est cytoyen /& toutes uoyes il ne participe pas en princep

Et c'est contre la diffinicion de citoyen mise ou premier chapitre. Apres il respond. ¶Tex. Mais nous ne dirons pas que pour ceste raison il s'ensuiue aucun inconuenient car les serfs ne les franchiz de nouuel ne sont pas des dessusd'. C'est assauoir des souruenus ne des peregrins ou trespassans Car la verite est qu'il ne couuient pas que tous ceulx soient citoyens sans lesquelz la cite ne peut estre. Car les enfans et les hommes ne sont pas citoyens semblablement. Mais les hommes sont citoyens simplement et les enfans le sont par supposicion. Car ilz sont citoyens mais imparfaiz. ¶Glo. ¶Sicomme il fut dit ou premier. c. ¶Tex. ¶Et pour ce es temps anciens en aucunes polices estre banense et estre souruenu ou estrange ce estoit estre serf. Et encores il est ainsi maintenant en moult de citez. Mais cite qui est tresbonne et tresbien ordonnee ne sera oncques banense citoyen. Car telz gens ne pourroient faire leur mestier et auecques ce faire les euures de citoyen appartenantes sicomme il sera dit apres. ¶Tex. ¶Et se len disoit que tel banense est citoyen et aucunement toutesuoyes ne peut len dire que tout homme soit citoyen selon vertu que nous auons dit que citoyen doit auoir. Car encores ne sont pas citoyens tous ceulx de la cite qui sont frans. Mais seulement ceulx qui sont frans et absoluz des euures necessaires. C'est adire lesquelz il ne conuient

pas estre occupez en telles euures. Et de telz gens qui font ces euures necessaires ceulx qui les euures administrent a ung seigneur ilz sont serfs. Et ceulx qui les administrent au commun et a chascun indifferaument ilz sont banenses et mercenaires. ¶Glo. ¶Item il touche cinq manieres de des gens. C'estassauoir les francs qui ne sont pas occupez en euures corporelles. ¶Item les francs qui se occupent en telles euures pour leurs necessitez. ¶Item les serfs. ¶Item les banenses qui sont ordes gens comme dit est. ¶Item les mercenaires qui labourent pour loyer comme sont recouureurs de maisons vigneurons et telles gens. Et de ces cinq manieres les premiers peuent estre citoyens en bonne police et les autres non. ¶Apres il declaire le propos plus a plain. ¶Tex. ¶Et se nous considerons ung peu plus auant nous saurons plus manifestement comme il est de telz gens quant a estre ou non estre citoyen. Car la sentence qui appert par ce que nous auons dit nous fait ceste chose euident et clere. Car pour ce que les polices sont plusieurs et de diuerses especes il est necessaire que de citoyens soient plusieurs especes et mesmement de citoyen subgect. Car citoyen est dit ou regart de la police. Et doncques sont les gens differentement citoyens en polices differentes. ¶Tex. ¶Et pource en aucune police il est necessaire que le banense

Fueillet.

et le mercenaire soient cytoyens.
¶Glo. ¶Sicomme il sera dit tantost apres ¶Tex. ¶Et en aucunes polices cest impossible / sicomme en telle se elle est que les gēs appellēt aristocracie Et en laquelle len donne et distribue les honneurs selon vertu et selon ce que les gens sont dignes
¶Glo. ¶Telz princes sont royaumes et aristocracie/ et en telz princeps ne doiuēt pas estre citoiēs ceulx qui sōt bannenses ou mercenaires sicomme il fut ou cha. precedent ¶Tex.
¶Car il nest pas possible q̄ cellui face / exerce et frequente euures de vertu qui vit de vie bāneusique ou mercennaire ¶Glo. ¶Ce est a entendre de vertu politique laquelle est requise a bōs citoyēs quāt a conseillier iuger et ordonner de la chose publicq et ce ne sceuēt il ne ne doiuēt faire / car ilz pensēt pl9 de leur chose familiaire et daquerir Et pource de telz gēs dit lescripture ¶Omnes hii in manibus suis perauerunt Sicomme il fut allegue ou cha. precedent / et auecques ce telles gens ne ōt pas ꝯmunement les notables vertus comme sont fortitude et magnanimite et aucune espece de iustice Mais verite est que il conuient que ilz aient aucune vertus Sicōme il fut dit ou p̄vi°. et ou p̄vii cha. du premier ¶Tex. Et en police dictes oligarchique le mercennaire nest pas citoyan Car en telles polices les gens peuent participer en princeps et estre citoyens pour anciennes hōnorablete. ¶Glo. ¶Cest assauoir de lignage et de richesses et non pas pour vertu et les mercenaires ne sont pas nobles ne riches ¶Tex. ¶Mais le bānense peut bien estre citoyēs en telles polices Car moult de gens dartifices et de telz mestiers en sont faiz riches. ¶Glo. ¶Sicōme sont taneurs de cuirs et bouchiers ¶Tex. ¶Et en la cite de thebes estoit telle loy que nul nestoit receu a participer a vertu ou en hōneur de citoyē se il ne se estoit abstenu et garde de merchie
¶Glo. ¶Cest assauoir de faire tel mistier et de vendre telles denrees
¶Tex. Par lespace de x. ans mais en moult de polices ilz ont aucunes loys par quoy les estranges et forais peuent obtenir que ilz soient cytoyens
¶Glo. ¶Sicomme pour auoir demoure certaī temps ou pour auoir eu enfās en la cite ou pour autre cause ¶Et en aucunes polices democratiques cellup est citoyē qui est filz de mere cytoyenne. ¶Glo. ¶Non contrectant que le pere fust estrange ou foral Et est ioupte ce que legistes dient. q̄ partus sequitur ventrem. Le fruit ensuit le ventre ¶Tex.
¶Et en ceste maniere moult de gens ont loix selon lesquelles les bastars peuēt estre citoyēs Mais toutesuoyes ilz sont telz bastars cytoyens par deffaulte ou souffraitte de cytoyens legitimes Car pour ce quilz sont peu de gens ilz vsent de telles loyx en telle maniere Que quant le peuple a def

faulte de gens a dõcques en procedẽt petit a petit ilz eslisent et recoiuẽt po͛ citoyẽs ceulx q̃ sõt filz de serfs ⁊ de serue et apes ilz prennent ceulx q̃ sõt filz de fẽme serue fors q̃ le pere soit frãc, et finablement ilz sont citoyẽs seulemẽt ceulx qui sõt filz de citoyẽ ⁊ de citoyenne. ¶Glo. La loy de receuoir aucũ a citoyens est large au commencemẽt pour deffault de gens Et apres selon que le peuple se multiplie ilz sont peu a peu leur loy plus estroite. ¶Apres il recapitule. ¶Tex. ¶Et doncques par les choses deuant dictes appert que des citoyens sont plusieurs especes ¶Glo Ce est dit en ce present chapitre ⁊ appert par ce que dit est ou premier chapitre. ¶Tex. ¶Et que celluy est mesmement et proprement citoyen qui participe es hõneurs. ¶Glo. ¶Ce fut dit ou premier chapitre ¶Tex. ¶Tout ainsi que homerus le vouloit signifier en sa poetherie la ou il d̃ soit que vng se leua pour parler en la sẽblee qui estoit non honnore ¶Glo. ¶C'est a dire que il ne participoit en nul honneur de la cite ⁊ doncques il nestoit pas cytoyen et par consequent il ne deuoit pas auoir voix en lassemblee ou congregacion des cytoyens ¶Tex. ¶Mais la ou telle chose est occulte et non apparente ou non seue lon appelle les cytoyens tous habitans de la cite Et pour telle deception vng qui ne participe pas es honneurs Si comme est vng venu de dehors est appelle citoy

en ¶Glo ¶Et toutesuoyes selon verite il nest pas citoyen, mais ceulx qui ne sceuent pas que il ne participe es honneurs lappellent cytoyen comme dit est ¶Tex. ¶Et de la question qui fut faicte assauoir mõ se aucun est bon homme selõ vne vertu et se il est bõ cytoyen selon vne autre vertu il appert et est dit que en aucune cite len est bon homme et bon cytoyen par vne mesme vertu ¶Et en aucũe aut̃ cite est autre vertu de bon homme et autre de bon cytoyen

¶Glo. ¶En cite ou en police bien ordonnee aucun est bon homme et bõ cytoyen p̃ vne vertu Et en cite mal ordonnee non ¶Tex. ¶Et en la cite en laquelle aucun est bon homme ⁊ bon cytoyen par vne vertu chascun nest pas tel mais seulement celluy q̃ est ciuil cest a dire bon prince ⁊ qui est seigneur ⁊ peut estre seigneur C'est as̃ sauoir qui en est digne ou selon soy et par soy auecques autres qui ont la cure des choses cõmunes. ¶Glo.

¶De tout ce fut dit ou quart chap̃.

¶Du viie. chapitre il monstre en general q̃ des police les vnes sont droictes les autres non droictes.

Et pour ce que les choses des susdictes sont determinees il conuient apres considerer as̃ sauoir mõ se len doibt mettre que il

Fueillet.

est seulemēt vne police ou se plusieurs polices Et se plusieurs sont assauoir quelles et quantes et comment elles different Or disons doncques que police est ordre de cite et de plusieurs princez Et mesmement de cellup princey qui a dominacion Car tel princey qui a dominacion et seigneurie sur tous les autres par tout le lappelle la policaine de la cite cest adire ce qui met ordre en la cite Et policaine cest police Je dy doncques pour exemple que en democracie le peuple est ce qui a domination & qui seigneurist et au contraire en oligarchie vng peu de gens ont dominacion ☙ Glo ☙ Et nō pas le peuple ☙ Cep ☙ Et nous disons que de ces polices vne est differēte de laut Et seblablemēt dū one nous dee autres polices

☙ Glo ☙ Comme de royaume & de tyrannie ☙ Cep. ☙ Et doncques premierement nous deuons supposer pour quelle fin est establie cite Et ql les & quantes especes de princep sont en conuersation de homme Et comunication de vie humaine

☙ Glo. ☙ Cest adire & en maison & en cite et en yconomie & en police
☙ Cep. ☙ Or nous auons dit ce premieres parolles la ou nous determinasmes de yconomie & de despotiq que hō est par nature vne chose ciuile. ☙ Glo. ☙ Et communicatiue ce fut dit ou second chapitre du premier liure ☙ Cep. ☙ Et pource suppose

que homme neust mestier de layde q len fait lun a lautre en police Encores appetent les gens conuiure & conuerser ensemble Et auecques ce chascūy prent en telle communicacion ce qui est conferent vtile & proffitable a soy et a autre en commū en tant come il appartient a chascun pour sa ptie affin que len viue bien.

☙ Glo ☙ Et que chascun ait souffisance selon ce que il est possible sicome il fut dit en la fin du premier chap et ou second chapitre du premier.

☙ Cep ☙ Et ce est a la fin principal pour quoy cite est chose proffitable a tous en commun et chascun par soy Car les gens se assemblent entre eulx pour grace de viure Et pour ce il maintiennent ensemble communiō politique Et par auenture en ce que est viure ensemble est aucune partie de bien se il nauoit en telle societe tresgrans epcez de cruaultez

☙ Glo ☙ Aussi comme se aucun ne pouoit demourer en vne cite par les tresgrefues oppressions que len lup fait ☙ Cep ☙ Et il appert bien par ce que moult de hommes perseuerent en viure en communite non obstant que ilz seuffrēt en cer endurēt moult de maulx & de peines et sōt conioicts & enlacez a autres aussi comme se en ceste chose fust vng soulas & vne doulceur naturelle ☙ Glo. ☙ Et doncques par nature vng homme est forment enclin a viure en cōpaignee

Et refuit naturellement vie solitaire comme chose qui nest pas bonne Et pource dit lescripture Non est bonum hominem esse solum

¶ Item melius est ergo esse duo simul q̄ vnū. Habent enim emolumentum societatis sue Et de ce fut dit ou secōd cha. du premier Or auons doncques la fin pour quoy cité fut instituee de quoy il dit ou second cha du premier q̄ cellup qui premier istitua cité fut cause de tresgrans biens ¶Apres il distingue des princeps ¶Tex ¶Et pour certain diuiser les princeps selō les manieres deuant dictes est legiere chose Car nous auons souuent determine de ce en sermons ou parolles qui sont hors ceste icy ¶Glo ¶Cest assauoir ou viiie ou viiie chap. de le viiie de thiques Et ou premier liure de politiques qui est dit estre hors cest present propos pource que il traicte de yconomie Et apres il diuise les princeps de maison ¶Tex ¶Et combien que despotique cest a dire la science ou industrie ou habitude du seigneur au serf soit selon verite ainsi comme vne mesme ordōnee pour le proffit et pour le bien de cellup qui est serf par nature et pour le bien de cellup qui est seigneur par nature toutesuoyes le prīcep de telle despotique est ordonnee au proffit du seigneur ¶Glo ¶principalement et de premiere entencion Tex. ¶Et neātmoins il est ordōnee au conferēt ou pfsit du serf selō accidēt Cest a dire secōdairemēt et moīs

principalement Car se le serf perissoit et estoit destruit la despotique ne pourroit estre salue ne soy soustenir.

¶Glo. ¶Aussi comme vng hōme q̄ a vng cheual ou cōe vng ouurier q̄ a vng instrument il pense principalement de soy Mais de son cheual ou de son instrument il pense pour soy Et le serf est comme vng instrument si comme il fut ou tiers cha. du premier Et pour ce semblablemēt le seigneur vse de son serf pour son bien Et procure le bien du serf nō pas pour le serf principalement mais pour soy

Apres il met vne aultre maniere de princep ¶Tex. ¶Mais le princep du pere au regart de ses enffans et de la femme et de toute la maison lequel nous appellons princep yconomique tel princep est pour la grace et pour le conferent ou proffit des subgectz ou pour aucun proffit commū au p seigneurs et aup subgectz Et est selon soy et entāt comme tel pour le proffit des subgectz en la maniere que nous soyons estre es autres ars Si comme en medicine et en epcercitatiue

¶Glo. ¶Ce est art de soy epcerciter frequēter ou aprendre aucū mouuement corporel pour sante ou pour esbatement ou pour soy habiliter a fait darmes ou a aucun autre chose

¶Tex ¶Mais selon accident telles choses sōt pour le proffit des maistres Car cellup qui endoctrine les enfans en aucune epcercitacion il est possible que il soit vng de ceulp qui se ep cercitent en tel art. Si comme le gouuerneur de vne nef est touſiours vng des mariniers. Et doncques celluy q̃ eſt maiſtre dappr̃endre aux enfans telle exercitacion ou le gouuerneur de la nef conſidere principalement le bien de ces ſubgectz ſelon tel art. Et quant il aduient quil eſt vng de ceulx de telle exercitacion ou de la nef adoncques il participe en telle vtilite & en tel profit. Car le gouuerneur de la nef est vng marinier de la nef. Et le maiſtre qui aprent les enfans a eulx exerciter est vng de ceulx qui ſe exercitent. Le maiſtre qui donne doctrine aux autres ſoit en ſcience ou en art de eulx exerciter corporellement come a louster ou a luxter ou a trapre ſa principal entencion quant a ceſte office eſt introduire ſes diſciples. Mais auecques ce en faiſant il aprent & proffite en tel art. Et le medicin qui ordonne des viandes generallement pour toute la cite ou pour tout vng hoſtel dont il eſt il participe en ceſt proffit. Et touteſfois ſa principal intencion eſt la ſante de tout le commun & non pas la ſienne ſingulierement. Glo. Et le gouuerneur de la nef il entẽt le ſauuement de tous ceulx de la nef. Mais il participe comme dit eſt. Et ſẽblablement en princey peconomique le ſeigneur de loſtel a ſon entẽcion principal au bien de tout loſtel. Et quant il conſidere q̃ il participe encores lui plaiſt & en gouuerne mieulx. Mais en princey deſpotique le ſeigneur regarde principalement

& principalement a ſon proffit ſi come il eſt dit deuant. Et pour mieulx entendre ce qui ſenſuit il conuient ſuppoſer vne diſtinction q̃ eſt ou quart chapitre du ſecond dethiques. Ceſt aſſauoir que election eſt ou de bien proffitable de bien delectable ou de bien honeſte. Et ſouffit a preſent parler de bien proffitable et de bien honeſte.

Ie dy doncques que auſſi comme en maiſon ſont deux princeps vng eſt dit deſpotique & lautre eſt dit peconomique ſemblablement en police ſont en general deux manieres de princeps vng q̃ eſt ſemblable a princey deſpotique. Et en tel princey les princes querẽt leurs biens proffitable en leur proffit toute ce que dit lapoſtre. Omnes enim ſua querunt. Et a ce tendent premierement & principalement & ne querent le bien de leurs ſubgectz fors en retornant & en rapportant a leur propre proffit. Et quant eſt de bien honeſte & de bien de vertu ſe tel prince eſt non iuſte il ne quiert pas tel bien. Mais ſeulement les biens corporelz & ſes de ſirtres. Et en police ou en cite e vng autre princey ſemblable a princey peconomicque ou les princes tendent & querent premierement & principalement ou pffit des ſubgectz et non pas a leur propre proffit fors ſe condairement. Et meſmement le roy qui doit eſtre p ſoy ſouffiſant en tous biens ſans indigence ſi comme il appert plainement ou viii chapitre de le viii dethiques. Mais quant eſt de bien de vertu telz

princes ayment mieulx & querent plus
leur ppre bien que le bien de leurs subgectz. Et tel bien de vertu leur accroist
par ce que ilz qrent le proffit de leurs
subgectz plus que le seur mais ilz ayment plus le bië de vertu ou sa felicite
deulx & de leurs subgectz ensemble q̃
deulx seulement et en ce croit leur bië
de vertu Et en ce faisant ilz ayment
eulx mesmes de amour qui est a louer
& a recommander mais ceulx qui tiennent princey semblable et despotique
& non selon iustice ilz ayment eulx mesmes vituperablement/ & tout ce appert ou ve. et en le ixe. chapitres du
ixe. dethiques
℄Tex. ℄Et pource quant les princes politiques sont constituez et establiz selon la qualite des cytoyens Et
selon ce quil ont similitude ensemble
en bien et en vertu len dit que cest digne chose & raisonnable que les princes
ayent dominacion selon une autre ptie de temps Et que premierement celluy ou ceulx qui a ce sont habilles et
qui en sont dignes ayent les administracions et que ilz tiennent le princey
par une partie de temps Et que aps
ce ung autre ou autres soient prins q̃
ayent a considerer & a procurer le bien
de celluy q̃ a tenu le princey par auãt
en la maniere que en son temps il considera & procura le proffit de cestui q̃
tient le princey apres luy
℄Glo. ℄Et aussy comme le premier laissa procurer son proffit pour entendre au bien cõmun ou que le secõd

auoit participacion aussi est ce raison
que le second laisse ses besoignes par
certain temps pour entendre au bien
publicque ou q̃l se premier aura participacion Et ainsi des autres qui a ce
sont habilles car ceste consideracion
estre prince est labeur sans son proffit
propre Et ainsi faisoit len aucienne-
ment. ℄Tex. ℄Mais maintenãt
pour cause des utilitez & proffitz que
les princes ont des communitez & pour
les emolumens q̃ viennent du princey
les princes veulent maintenir continuellement le princey sans terme de
temps Et est chose semblable comme
se ilz estoyent faiz sains pour estre princes Et ilz fussent malades pour nõ
estre princes car aussi par auenture ilz
querët les princeys pour les princeys
mesmes: ℄Glo. ℄Aussi comme
len quiert sante pour sante mesmes
Car le gaing que ilz prennent au princey leur est ainsi comme sante & comme
ung remede contre leur couuoitise selon leur opinion plain de erreur
℄Tex. ℄Et doncques par
ce que dit est il appert manifestement
que quelconques polices qui entendent & querent ce que est conferent et
proffitable pour tout le commun elles sont droictes ou droicturieres selon ce que ilz sont pour ce que est simplement iuste ℄Et quelconques polices entendent & querent seulement
ce q̃ est pferēt utile & pffitable pour
les prīces toutes telles polices sõt corrũpues & vicicieuses & sõt trãsgressiõs

Fueillet

de droictes polices. Car telles polices sont despotiques. Et cité est comunité de gens qui sont francs. ¶ Glo.
¶ Princey despotique est au proffit du seigneur et en tel princey le subiect est serf. Et pource que en maison est requis serf. Et que aucuns sont naturellement ordonnez a seruitude (si est expedient et iuste que ilz seruent) sicomme il fut dit ou quint cha. Du premier doncques en maison princey despotique est iuste. Mais en cité le prince ou princes ont dominacion sur les seigneurs des maisons qui ne sont pas naturellement serfs. Mais sont francs. Car autrement ne seroient ilz pas habilles pour faire cité. Et pource doncques se le prince ou princes les gouuernent comme serfs par princey despotique ou semblable ce est violence et iniustice et corruption ou transgression de bonne police.

¶ En le viii.e chapitre il deuise les vi. especes generaulx de police.

Apres ce que ces choses sont determinees il sensuit considerer des polices quantes elles sont et quelles. Et dirons premierement de celles qui sont droictes. Car par ce que elles sont determinees (et diuisees) les autres qui sont transgressions de elles seront manifestes. Et pource que police et polliceine signifient vne chose. ¶ Glo. ¶ Sicomme il appert

ou chapitre precedent. ¶ Tex.
¶ Et pallicaine est la chose qui seigneurist et a dominacion des citez. Et il est necessaire que telle chose qui a ceste dominacion soit vng seul homme ou vng petit nombre ou vne multitude. Et doncques quant vne seulle personne ou petit nombre de gens. ou vne multitude tiennent vng princey (et ont gouuernement) Et ilz entendent (et tendent) au commun conferent (et au proffit publicque) il est necessaire que telles polices soient droictes ou droicturieres. Mais celles qui sont pour le propre conferent et pour le proffit de vng seul ou dung peu de gens ou dune multitude elles sont transgressions ou corruptions de bonnes polices (et ne sont pas droictes). Car il conuient dire ou que les citoyens ne participent pas en ceste police ou se ilz y participent il couient que ilz communiquent au proffit. ¶ Glo. ¶ Et ilz ny communiquent pas. Et doncques telles polices ne sont pas droicturieres. Car tous les cytoyens doiuent aucunement participer ou princey sicomme il fut dit ou premier chapitre (et par consequent ilz doiuent participer ou proffit). Et doncques les princes deussent tendre au commun proffit. ¶ Tex.
¶ Et des monarchies celles qui regardent au commun conferent ou au commun proffit nous auons acoustumé a appeller royaume. ¶ Glo. ¶ Il entend par monarchie le princey la ou vng seul a souueraine seigneurie, et

dit de monos que est ung, & de archos qui est prince ou princey. Et dõcques monarchie est princep dung seul. Et sont deux monarchies. C'estassauoir royaume & tyrannie. Et dõcques monarchie n'est pas princep dung seul sur toute le monde. Car tel princep temporel n'est pas raisonnable ne possible si comme il sera declaire ou .viii. liure.

¶ Tex. ¶ Et la police qui regarde au cõmun profet en laquelle ont dõiacion peu de gens & plus que ung nous l'appellons aristocracie ou pource que en telle police ceulx qui sont tres bons tiennent le princep ou pource quelle regarde & est au tresgrant bien de la cité & des cõitez. ¶ Glo. ¶ Aristocracie est dit de ares qui est vertu & archos qui est princey. Et doncques pource que en ceste police les princes tendent a bien & a vertu elle est appelle aristocracie.

¶ Tex. ¶ Et quant une multitude dit ou seigneurist ou gouuerne au commun conferent ou au commun profit telle police est appelle par le nom commun & est dicte police. ¶ Glo. ¶ Et ou viii. chapitre de le .viii. dethiques elle est appellee par nom especial tymocracie et est cest nom exposé en la glose.

¶ Tex. ¶ Et ces polices sont ainsi appellees raisonnablement car il aduient bien que ung seul ou ung peu de gent different des autres en espeés ou en grandeur de vertu. Mais cest forte chose que plusieurs ou une multitude demenent & attaignent a la souueraineté de toute vertu. ¶ Glo. ¶ Et pour cest nom royaume est dit de bien regir ou gouuerner selon vertu. Et aristocracie aussi est dit ou diriue de vertu comme dit est. Mais cest nom police n'est pas diriue ou dit de vertu. Car cest fort que plusieurs aient grant vertu comme dit est.

¶ Tex. ¶ Et ceste police est nee & taillee a estre gouuernee mesmement par gens qui sceuent des batailles et sont puissans en armes. Car en ceste police les guerres sont faictes par la multitude. Et pour ce selon ceste police ou en elle sa tresprincipal partie est celle qui est des gens darmes & qui sont pour les guerres. Et qui sont puissans & ont les armes participent ou princep de ceste police. ¶ Glo. ¶ Et sont ceulx qui ont la vertu de fortitude appellee fortitude politique ou ciuille de laquelle il fut dit determine ou prima cha. du tiers dethiques. ¶ Tex.

¶ Et les transgressions ou corruptions de trois polices deuant dictes sont tyrannies qui est transgression de royaume & oligarchie qui est transgression de aristocracie. Et democracie qui est transgression de police. Et doncques tyrannie est monarchie qui tend au different ou au proffit de celuy qui tient la monarchie. Et oligarchie est au proffit des plus riches & des plus puissans. Et democracie est au proffit de plus poures ou des petitz. Nulle de ces polices ne regarde a ce qui est expedient

Fueillet

pour tout le commun. ¶Glo.
¶Or auons doncques cōe en general sont vi. especes de polices Et q̃ iii. sont bōnes et les autres iii. nō Et ceste distinction fut mise ou pii. cha. de le viii. dethiques ¶Ite saint augustin ou ppii. c. du second liure de la cite de dieu recite vne sēblable distinction laquelle tulles en la personne de scipion met ou tiers de son liure appelle de re publica (et nōme royaume et tyrannie Mais ce q̃ aristote appelle oligarchie il nōme faction et aux autres especes il ne mect nul nom fors de democracie q̃ il appelle vne tyrānie.
¶Ite aristote distingue ses gouuernemēs soubz le nom de police Et tulles le distingue soubz le nom de chose publicque Et dit q̃ es trois mauuais gouuernemens q̃ la chose publicque nest pas vicieuse sicōe il auoit dit deuant Mais elle est sīplemēt et du tout nulle Et tout ce peult estre accorde p raison car la chose publicque cest le bien commun et est la fin a quoy tend bonne police Et doncques la chose publicque est nulle en mauuaise police par ce q̃ dit est en la fin de cest chapitre Et touteffois sont ce polices mais ilz sont vicieuses.

¶Ou ixe. cha. il traicte vne doubte pour declairer aucunes choses deuant dictes

Il conuient vng peu plus lōguemēt parler et dire de chascune des polices dessusd'et sauoir quelles elles sont Car les choses deuāt dictes ont en soy aucūes doubtes Et quiconques veult comme philosophe determiner daucūe chose il ne doibt pas seulement regarder au gouuernement ou aux euures et aux effectz Mais est chose conuenable que il ne passe pas sans declairer la verite en chascune chose de quoy il determine ¶Glo. Cest assauoir en enquerāt les causes. Apres il repete aucunes choses dictes ou cha. precedēt ¶Tex ¶Et cōedit est tyrannye est monarchie despotique sur la cōite politique.
¶Glo. ¶Car sicōe il appt ou cha. precedent tyrannie est princey despotique ou semblable C'est adire qui tiēt les subiectz en seruitude et tend a son propre proffit Et est assauoir q̃ le texte q̃ albert expose en cest pas est faulx Car en lieu de tyrannies il met termines ¶Tex ¶Et oligarchie est quāt ceulx q̃ ont les richesses sōt seigneurs de la police Et democracie au contraire quant ceulx qui nont pas multitude de richesses Mais qui sont poures et indigens ont la seigneurie Et dōcques quāt a la diffinicion ou description dessusdicte des polices la pmiere doubte est car se ceulx q̃ sōt plusieurs ou le pl9 sōt riches et ilz sōt seigneurs de la cite et de la police Et democracie ē quāt la multitude a la seigneurie ⁊. Sicōe il est dit ou cha. pcedēt

doncques en democracie aurõt la seigneurie les riches et puissans (Tex. Et le contraire est dit en la fin du cha. precedent (Tex. (Et semblablement se il auenoit en aucun lieu que les souffreteurs ou poures fussent moins que les riches Et que ilz fussent meilleurs q̃ les riches quãt a estre seigneur de la police Glo. Cestassauoir plusfors ou plus subtilz ou malicieux pour obtenir le princey (Tex. Et len dit q̃ la ou vng peu de gẽt tiẽnẽt la dñiacion & la seigneurie q̃ cest oligarchie, et doncques il semble que ce que dit est des polices ne soit pas bien determine ne bien diffinit Glo. (Car il se suit dõcques q̃ se vng peu de poures gens tiẽnent la seigneurie a leur proffit cest oligarchie & il est dit ou cha. p̃cedent que oligarchie est la ou les riches ont dominacion a leur pfffit. Apres il met vne responce (Tex.

(Et se aucũ disoit q̃ len doit ioindre petit nombre de gens auec abõdãces de richesses Et pourete auecques multitude des gens Et par ce & selõ ce son doit appeller & diffinir les polices dessusd en disãt ainsi Oligarchie est police en laquelle vng peu de gẽs q̃ sont riches tiẽnẽt le princey Et democracie est police en laq̃lle vne grãt multitude qui sõt poures tiẽnẽt le p̃cey Mais q̃ diroit en ceste maniere as doncques Bien vne autre doubte assauoir mõ q̃lles polices seroient vne en laquelle plusieurs riches & grãt multitude seroient seigneurs de la police

Et laut la ou vng peu de poures gẽs auroient telle seigneurie (Glo. Et chascũs a leurs p̃pres proffictz (Tex. Du cas q̃l ny ait nulles autres polices fors les deuãt dictes (Glo. Car telles polices ne seroiẽt oligarchie ne democracie Apres il met la vraye responce (Tex. Mais par ceste raisõ ou respõce deuãt mise peut assez apparoir q̃ estre petit nõbre de seigneurs ou ẽstre grãt multitude cest accidẽt. G Cest vne difference accidentale q̃ ne fait pas la police estre de telle espece Aussi cõe blãcheur ne fait pas le signe estre de telle espece de oyseau (Tex. Et vne chose est en oligarchie & laut en democracie Et la cause est Car p̃ tos lieux les riches sõt peu en nõbre & les poures sõt en grãt multitude Et p̃ ce les causes dessusd ne sõt pas les differẽces de ces polices Mais les choses par quoy oligarchie & democracie different lung de laut sont pourete de richesse & en q̃lcõque lieu aucũs tiennẽt le princey pour leur richesse soient peu de gẽs ou plusieurs il est necessaire q̃ ceste police soit oligarchie Et en quelcõque lieu les poures õt princey & est democracie Mais si de no9 auõs dit q̃ les vngs soient plusieurs & les autres mois en nõbre cest accidẽt Glo. Et seroit fort q̃ il aduenist q̃ vng peu de poures gens peussent obtenir vng grãt p̃ncey a leur pfffit Et se il aduenoit ilz se feroiẽt trop riches / & seroit doncques oligarchique Et des le cõmencement tiẽdroiẽt ilz a oligarchie.

l.iii.

Fueillet

⁋Tex. ⁋Et peu de gens habundent en richesses Mais pres que tous participent en liberte Et pource les poures et les riches font alteracions de la police ⁋Glo. ⁋Car les grans veullent obtenir la seigneurie pour leurs richesses et les petiz la veullent obtenir pource que ilz sont frans et sont grant multitude.

⁋Ou .v. cha. il monstre que les loix ou droiz de oligarchie et de democracie sont iustes tellement quellement et non pas simplement

Premierement il conuient prendre et sauoir quelle diffinicion len mect de oligarchie et de democracie Et quelle chose est ce que len appelle iuste ou droit oligarchique et iuste ou droit democratique Car tous touchent aucun droit Et procedent en ce iusques a aucun terme Mais tous ne dient pas ce que est proprement iuste et simplement droit ⁋Glo. ⁋En toutes polices soient bonnes ou malices conuient que il y ait aucun droit ou ordonnances ou loix positiues qui sentent aucunement iustice Car autrement ne pourroit estre ou estre telle communication Et pource dit tulles ou liure des offices que la force de iustice est si tres grande que ceulx mesmes qui se paissent et se nourrissent de malice et de iniquite ne peuent viure sans aucune partie de iustice Et les parolles de tulles sont telles Tanta est vis ius-

ticie vt nec illi quidem q̄ malificio et scelere pascunt sine vlla iusticie particula viure possint. ⁋Tex. ⁋Et pource il semble a aucuns que iuste ou droit est ce que est egal. ⁋Glo. ⁋Selon ce q̄ fut dit ou .vii. et en le .viii. cha. du quint detɦiques ⁋Tex. ⁋Mais telle equalite nest pas affaire a tous mais seulement a ceulx q̄ sont equalz ⁋Glo ⁋Non pas simplement mais selon equalite de sa pporcion en aucun bien sicōe il fut dit ou .viii. c. du quint detɦiques ou il parle de iustice distributiue ⁋Tex. ⁋Il est ainsi que ces icy C estassauoir les princes oligarchiques et democratiques ostent ceste pporcion ⁋Glo. ⁋Car il ne auroient pas ainsi cōe ilz doiuent ⁋Tex. ⁋Et ne regardent pas bien ausquelz len doit distribuer les biens et iugent mauuaisement Et la cause est car ilz font le iugement de eulx mesmes et le plus des gens apeu sont mauuais iuges de leur propre chose ⁋Glo. ⁋Car chūn a si tresgrant affection naturelle mẽt a soy mesmes q̄ a peine peut il iustemẽt iuger de chose q̄ luy touche Et pource est il deffendu es loix q̄ nul ne soit iuge en sa cause Et mesmement les princes dessusd iugent mal pour ce que ilz tẽdẽt a leur ppre pffit ⁋Tex. ⁋Et pource q̄ len doit considerer diuisemẽt quoy est iuste ou droit ou quãt a la pporciõ de ceulx ausqlz elles sõt distribuees sicōe il fut dit deuãt en ethiques. G. Ou .vii. cha. du quit ⁋Tex. ⁋Et les prīces dessusd pfessẽt lequalite de proporcion quant aux choses Mais quant aux personnes aux qlles lez doit faire la distributiō ilz doubtent et ne voyent pas a quoy le doibt garder Mesmement pour la cause desusdicte car ilz iugent mauuaisement de ceulx mesmes. (Glo. Et ont tousiours lueil a leur proffit

Pour mieulx entendre cest cha. len doit sauoir que selon ce que il appert par ce qui fut dit ou v. chapitre du quint dethiques deux consideracions sont mesmement en iustice distributiue Vne est hors les choses q sont a destribuer Et lautre est vers les psonnes ausquelles les choses seront distribuees pour aucuns accidēs ou condiciōs des psones Car selō la proporciō de telz accidens ou pdiciōs les choses sont distribuees et diuiseez ainsi est faicte iustice a pser gnalemēt Mais quant a propre telz accidēs ou cōdiciōs sōt de iii. manieres Cor ou ilz sōt mauuais, ou ilz sōt indifferēs ou ilz sont bons Et maintenāt ditōs des ii. pmiers mēbres et du tiers sera dit aps, pmieremēt se ilz sōt mauuais encor est ce aucunement iustice Car si cōe il est deuāt allegue de tulles gens tresperuers ne peuent viure sans aucune petite partie de iustice Et pour ce le prince des larrōs quāt il a diuise la despouille et il depart la proie il distribue a ses cōpaignōs selō la quātite de ce que ilz ōt fait et en ce il regarde equalite de pporcion et se il ne faisoit

ceste iustice la cōpaignee ne pourroit durer Mais pource q il fait ceste distrisucion en regardāt a mauuais accident et a mauuaise fin ce est iniustice pprement Et est simplement iniustice Car la fin est iuste et la fin est la tres principal circonstance sicomme il fut dit ou tiers cha. du tiers dethiques Semblablement vng tyrant regarde lesqlz de ses gēs seuent mieulx trouuer apactions et lesquelz peuent plus tenir le peuple en seruitude ou telles choses Et selō ce il proporciōne et distribue les offices les honneurs et les biens temporelz Et fait loiz et ordonnāces q tendent a ce Et est iuste comme dit est et sera dit apres Et telz gens sont maudiz de dieu par le pphete q dit He qui cōdunt leges iniquas et scribentes iniusticias scripserunt Secondemēt se les condicions et accidens a quoy len regarde en faisant la distribution sont indifferens comme auoir richesses ou liberte de quoy len peut vser et bien et mal adoncques est ce aussi comme iuste par accident Car cest accident est a cas que le psō: e riche soit le meilleur Et toutesuoyes est ce iniustice aucunement Mais nō pas siplement Et pource dit il apres

(Tex. Et auecques ce car les vngs et les autres cuident que ce qui est iuste aucunement doibt estre dit iuste sinplement Les vngs Cest assauoir les princes oligarchiques cuident que ceulx qui sont inequalz selon liberte soient equalz du tout

f. liii.

Et ne dient ne ne considerent pas ce que est le tresprincipal. ⁋Glo.

⁋C'est assauoir vertu et bonnes eu ures qui sont les accidens ⁊ bonne cō dicion ⁊ c'est la tiers membre de la dis tinction deuant mise en glose Et dōc ques pource que es polices dessusd̄es gouuerneurs regardent a autres cho ses comme dit est leurs faiz ne leurs loix ne sont pas iustes fors improprement Et pource que la fin principal ē iniuste Car c'est a leur proffit contre le bien commū leurs faiz ⁊ leurs loix sont simplement iniustes Et ilz participent en la malediction dessusdicte De qui condēnut leges iniquas Mais c'est a entendre des loix qui sōt propres a telles polices Car ilz ont plusieurs loix iustes et communes a autres polices/mesmement quant a iuste communicatiue en contraictz ⁊ en pugnicions ⁊ en telles choses mais quant au principal gouuernement ilz ont mauuais regart Et ce declaire il apres des oligarchiques

⁋Tex. ⁋Car se les gens communicassent ⁊ conuenissent ensemble pour grace ⁊ affin de possessions de richesses adoncques chascun participast en la cité auant comme il participast en possessions ⁋Glo. ⁋Mais richesses ne sont pas la fin pour quoy est cité sī comme il monstre ou chapitre ensuiuant ⁋Tex. ⁋Et lors auroit lieu la raison que dient les oligarchiques Car ilz dient que ce n'est pas iuste cho se ne equité que ung homme qui mist

ung seul besant en la bource cōme participe en cent besans equallemēt auecques celluy qui mist en la bource tout le residu Car telle distribucion ne deuroit pas estre faicte ne de ce que fut mis au commencement ne de ce q̄ est de puis acquis ⁋Glo. ⁋Ceulx qui mettent en marchandise l'un cent liures l'autre v.cens l'autre mille ⁊c. Quant vient a la distribution chascun doit auoir selon sa proporcion de ce que il mist premieremēt tant du principal comme du gaing Et ainsi dient les princes oligarchiques que en cité les plus riches doiuent auoir plus de biens ⁊ de hōneurs publiques mais ce n'est pas semblable Car marchandise est assi de richesse Et cité n'est pas pour telle fin Et ce declaire il ou chapitre ensuiuant

⁋En le pie cha. il monstre pour que fin cité est establie Et quelles loix sōt proprement iustes

Cité n'est pas pour grace et affin de viure seulemēt mais est plus affin de bien viure Car autrement cité pourroit estre de de gens serfs et des bestes ⁋Glo. ⁋Car ilz viuent et par cō sequent ilz pticiperoiēt en ce pour quoy cité seroit establie. ⁋Tex. ⁋Et il n'est pas ainsi Car ilz ne participent pas en felicité ne en viure selō ellectiō

¶Glo. ¶Si comme doiuent faire cytoyens Et doncques nest pas cite seulement pour viure Et de ce que il dit que les serfs ne participent pas en felicite Cest a entendre de felicite cōplecte ⁊ de ceulx qui sont serfs de nature desquelz il fut dit ou quart chapitre du premier. ¶Apres il oste ou exclud deux autres fins ¶Tep.

¶Item cite nest pas establie pour grace de cōpugnacion ¶Cest a dire affin de soy combatre ⁊ deffendre que les cytoyens ne souffrent iniustice ou violence faicte par aucuns autres

¶Glo. ¶Ceulx qui ont societez couenances ensemble pour ayder les vngs aux autres en guerres telz aliances sont pour cōpugnacion cest adire pour soy combatre ensemble cōtre autres ¶Tep. ¶Et aussi cite nest pas establie pour cōicaitons ou marchandises ou pour autres cōtraictz de quoy len vse les vngs auec les autres ¶Glo. ¶Cite nest pas pour telles choses comme pour cause finale ⁊ ce preuue il apṙs par deux raisons ¶Tep. ¶Car se il estoit ainsi il sensuiuroit que ceulx de la cite de cyrene. ¶Glo. ¶Escripture fait mēcion de ceste citeu actuu secondo.

¶Tep. ¶Et ceulx de calcedone et tous ceulx qui ont contraictz ensemble seroient comme cytoyens dune cite Car telz gens ont entre eulx pactz ⁊ certaines promesses ⁊ ordonnances de choses que len transporte ⁊ entioduist dune cite en autre Et ont conuē

cions ou conuenans que ilz ne feront iniustice les vngs aux autres Et ōt escriptures de leurs aliances ou confederacions des cōpugnacions quant aux guerres ¶Glo. ¶Et toutesuoyes ilz ne sōt pas dune cite ce mōstre il apres ¶Tep. ¶Mais ceulx de cyrene ⁊ ceulx de calcedone ne ont pas princeps establies cōmuns mais les vngs ont vng prince ⁊ les autres les ont autres.

¶Glo. ¶Et en vne cite les princeps sont vngs et la police vne

¶Tep. ¶Dautre ptie il ne chault aux vngs que les autres soient Et ne curent comment nulz de ceulx qui ont a eulx telz pactz ou conuenance soient iniustes ou se il a en soy malice Mais ilz curent seulement et pensent comme telz a spez ne leurs facent iniustice Et toutesuoyes qui veulent estre bons legislateurs ilz ministrent loix de vertu et de malice ¶Glo.

¶Et remunerant vertu et en punissant malice pour faire les cytoyēs bons ¶Tep. ¶Et doncques appt manifestement que la multitude qui est nōmee cite selon la verite de la chose ⁊ non pas seulement par parolle il conuient que elle ait cure ⁊ solicitude de vertu ¶Glo. ¶Et par consequent ceulx de cyrene ⁊ de calcedone ou telz ne font pas vne cite Et doncques cite nest pas vne ⁊ nest pas establie pour compugnacions ne pour cōmutacions Et cōmutacion est quāt len mue aucune chose dung autre sicō

me par marchander ou prester ou restituer etc. ¶Tep. ¶Car aucunesfoiz vng communicacion appelle cōpugnacion, cest adire pour soy entreayder en batailles est faicte de gensdarmes estrāges q̄ differēt les vngsdes autres en distance de lieu Et ontsemblable loy et part au conuenant
¶Glo. ¶Et ne sont pas pourceune cite Et doncques ceulx qui habitent en vng lieu ne sont pas vne cite pource que telle communicacion q̄est chose en pactz et aliances
¶Tep. ¶Et sicomme disoit vngphilosophe appelle sicosion tel pactou conuenant est plege que ilz ferontchoses iustes les vngs vers les aultres Mais ce nest pas telle chose qui face ses citoyens bons et iustes
¶Glo. ¶Mais auecq ce peult estreque ilz sōt vicieulx et iustes entre eulxEt toutesuoyes a ceulx qui sōt leursaliez il tiennent conuenant et ne leurfont nulle iniustice affin quilz en soient plus fors Et pource anciēnemētquant deux citez ou plusieurs faisoient telles aliances ilz sacrifioient et diuisoient en deux parties vne chose ouaucunes ordes bestes comme seroitvne truye et pendoient les deux moitiez pres de la cite Et conuenoit queceulx qui faisoient telz acors passassent entre ces deux charoignes Et pce estoit signifie que tellemēt deuroitmouuoir qui ne tiendroit les chosesaccordees et qui romperoit les treuesou la paix Et ce faisoient ilz affin q̄

les aliances ou conuenances fussentplus fermes et establis Et ce recitesainct gerosme sur ieremie Et pourceen latin fedus signifie aliance et ē ditá feda qui est orde beste ¶Tep.
¶Et que il soit ainsi il appert manifestemēt car se aucū mettoit ou posoit q̄ les lieux ou sōt la cite de megare etcelle de chorinthe fussent compilléesou ioinctes ensemble et encloses en vngsmurs ce ne seroit pas pour ce vne citeNe encores se auecques ce ilz faisoient mariages les vngs auecques lesautres combien que ce soit les vnesdes propres communications de toutes celles qui sont en citez
¶Glo. ¶Cestassauoir mariageMais telle cōmunicacion ne fait pasla cite estre cite ne estre vne Car gēsde diuerses citez communiquent bienensemble par mariage ¶Tep.
¶Semblablement se aucunes haboient separément et diuisemēt lesvngs des autres Et non pas toutesuoyes si loing que ilz ne communicassent ensemble Et que ilz eussent loixet ordonnances ensemble affin quilzne molestassent les vngs les autresiniustement en ce que ilz bailleroientou pranderoient lung de lautre Ausse comme se lung estoit feure et lautre laboureux de terres Et lautre cordouennier et lautre daucun autre mestierEt ilz fussent p. mille en multitudese ilz ne cōmuniquoient en autre chose que en telles Cestassauoir en cōmutacion et en compugnacion Encores

ne seroit ce pas ainsi cite Et doncques pour quelle cause est vne chose cite ou non pour certain elle nest pas nõmee cite pour non estre prochain lung de de sautre ⁊ pour non auoir communi te de lieu Car au contratre se ilz estoi ent communicans en vng lieu ⁊ chas cun vsoit de sa maison ou viuoit en sa maisõ comme se cestoit vne cite Et les vngs obuient es autres seule ment quant ilz auroient guerre con tre ceulx qui leur feroient iniures Encores ne sembleroit il pas a ceulx qui considerent diligeaument que ce fust cite ¶ Et semblablement se ilz parsoient ensemble ⁊ contractoient ou marchandoient ou en commũ ou apart et diuisement encores ne seroit ce pas pour ce cite Et doncques il ap pert manifestement que cite nest pas habitacion de gens en vng lieu com mun qui ne font pas chose iniuste les vngz vers les autres Et qui conuer sent ensemble pour ayder ou marchã der les vngs aux autres Mais il est necessaire que toutes ces choses soient en cite Car autremẽt ce ne seroit pas cite Et toutesuoyes pose que toutes ces choses soient ce nest pource cite

¶ Glo. ¶ Car auecques tout ce peult estre que les princes sont diffe rens sicomme il est dit deuant Apres il ꝯclud pour quelle fin est cite ⁊ quoy est cite ¶ Tex. ¶ Mais cite est com munication composee de maisons et de lignages et establie pour grace et affin de bien viure de vie parfaicte ⁊

par soy souffisante ¶ Glo. ¶ Il con clud par maison les gens des hostelz Et il fut dit ou premier chap. comme telle vie est par soy souffisante ⁊ est ci te telle vnite des cytoyens ¶ Ciuitas est ciuiũ vnitas. ¶ Tex. ¶ Et tou tefois ceste chose nest pas fors de gẽs qui habitent en vng lieu et qui vsent de mariage Et pource sont faictes af fections et citez ⁊ fraternitez ⁊ immo lacions ⁊ deductions ¶ Glo. ¶ par affections il entend les affinitez q̃ sõt faictes par mariages ⁊ par adoptaci ons ou telles choses comme estre com pere ⁊c. Et par fraternitez il entend cognacions de lignages ou autres so cietez Et par imolacions il entend le sacrifice ou le peuple se assemb e. ⁊ la ou len fait cõuis et disners Car ainsi faisoient les paiens Et estoit ainsi en la loy de moyse Et selon ce dit sainct pol que tous ceulx sont vng corpe q̃ participent en vng sacrement Quo niam vnus panis ⁊ vnũ corpus mul ti sumus omnes ⁊c. prime ad cor. deci mo Et pour deductions il entend les ieux ⁊ les esbatemens que len faisoit es sacrifices ⁊ nopces es assembees ⁊ places publiques pour mener vie ioy euse Et telle chose estoit ce que sainct augustin appelle ieux scenicques Vo cabantur ludi scenici ¶ Tex. ¶ Et que telles choses soiẽt euures de ami tie il est manifeste car amitie est a elec tion de cõmunite ¶ Glo. ¶ Conui ure est affect ⁊ euure damitie sicõme il appert ou 8e. cha. du 9e. dethiques

Et auec conuiure est nourrissement et approbation de amitie sicomme il appert ou quit cha̧ de le viii. de thiques.

¶Tex. ¶Et doncques bien viure est la fin pour quoy est cite et cite est pour grace de ceste fin et est cite comunite de vie parfaicte et par soy souffisante de plusieurs lignages et de plusieurs rues Et sicomme nous auons dit ce est viure bieneurement et bien Et doncques doit len mettre ou dire que communion politique est par grace et affin de bonnes actions et non pas affin de conuiure Et pour ce ceulx qui plus sont ou qui plus adioustent a telle comunion le fait de la cite leur appartient plus que il ne fait a ceulx qui sont equalx a eulx selon la vertu ou selon lignage plus grans selon ces choses. Et qui sont inequalx et mendres selon vertu politique ou que a ceulx q̃ les excedent et surmontent en richesses et q̃ telz bonnes gens excedent en vertu

¶Glo. ¶C'est a dire que excex ou abondance de vertu politique et practique laquelle est vroye prudence est a preferer en cite deuant liberte et deuant noblesse de lignage et deuant richesses quant est a participer aux princex offices honneurs et biens publiqz Et pource toutes les loix qui sont faictes en faueur de telles gens et ordonnees a la felicite de la cite elles sont iustes simplement et telles sont les loix des bonnes polices mais es autres polices il nest pas ainsi et pource dit il apres en recapitulant. ¶Tex. ¶Et

doncques appert manifestement que tous ceulx qui de police font alteracion contre ce que dit est ilz prouuent et dient ce que est iuste en aucune partie

¶Glo. ¶Et non pas du tout ne simplement sicomme il fut dit ou chapitre precedent Et telle chose est quant les loix donnent aux gouuerneurs trop grande poste et ilz en vsent selon affection desordonnee en distributiõ de honneurs et de benefices Car peut estre que cellui a qui la chose est distribuee la recoit et tient iustement et neantmoins elle luy est distribuee iniustement sicomme il appert ou viii.e ou ix.e chap. du quint de thiques et es grans moralitez d'aristote

¶Du ix.e chapitre il fait question quelle chose doibt auoir la seigneurie de la cite

Vne doubte est en ceste matiere assauoir mon quelle chose est laquelle il conuient auoir la dominacion de la cite Et telle chose est la multitude ou les riches ou les vertueulx et bons ou vng seul qui est le plus tresbon de tous ou vng tyrant

¶Glo. ¶Ceste diuision contient v. membres et apres il argue contre les parties ¶Tex. ¶Mais toutes ces choses semblent auoir difficulte Car se les poures qui sont plusieurs et en grant multitude auoient la dñaciõ ilz osteroient ou rauiroient et prendroient les biens des riches et telle chose est iuste Et il fut estably par ioues que dnacio fust faicte iustement (Glo. (Selon les payens toues ou iupiter cest dieu Et selon leurs histoires ce fut ung roy de crete qui regna iustement Et de ce dit le poethe Jupiter esse piu statuit quodcunque iuuaret (Tex

(Et il ne puient pas dire que la domination soit iuste laquelle est souueraine iniuste (G. Tresgrãt iniustice est oster aux citoyẽs leurs biẽs e leurs possessions Et ce feroient les poures se ilz auoient la seigneurie Et pource sicomme il fut dit ou p̃mie.cha.du second C est mal fait et peril de donner princeps et grãs offices a poures gẽs mesmement qui ne seroit bien seur de de leur vertu. (Apres il met a ce la seconde raison cy sur ce mesme principe. (Tex. (Item qui prandroit tous ceulx de la cite e que ceulx q̃ sõt le plus en multitude renissent et pillassẽt les biẽs de ceulx qui sõt le moins il appert manifestement que ilz corrumproient la cite Et vertu ne corrumpt oncques la cite mais la garde Et chose iuste ne est pas corruptiue ou corrumpante de cite Et par ce appert que il nest pas possible q̃ ceste loy soit iuste.

(Glo. (Car les poures qui sont les plus e les plus fors e cõmẽt souffreteux e couuoiteux il seroient aux riches iniustice Et entẽd p les poures ceulx qui nont pas grans possessions e ne sont pas des gros de la cite (Apres il mect la tierce raison sur ce

principe. (Tex. (Item quelsconques actions le tyrant fait il est necessaire que toutes soient iniustes Car pource que il est le plus puissãt il fait violẽce a ses subgectz Et en ceste maniere fait la multitude des poures a ceulx q̃ sont riches (Glo (Quãt les poures ont la dominacion. Apres il argue que les riches ne doiuent pas auoir la dominacion (Tex (Et aucun diroit que doncques est ce chose iuste que ung peu de gens ayent la dominacion de la cite et qui soient riches Et doncq̃s se ces icy ranissoient et tolloiẽt a la poure multitude leurs possessions e ce estoit chose iuste il sensuit que lautre chose deuant dicte soit iuste (Glo. (Et non est cest assauoir que les poures ranissent les biẽs des riches (Tex. Et doncques appert manifestement que toutes telles choses sõt mauuaises e ne sõt pas vertueuses (Glo Aprẽs il argue q̃ les vertueulx ne doiuẽt pas auoir la dominaciõ (Tex (Et se aucũ disoit que il puient que les vertueulx tiennent le princeps que ilz soiẽt seigneurs de tout doncque sensuiuroit il p necessite q̃ tous les autres fussẽt sãs honeur qui ne sont honnerez de princeps politiques car nous disons que honneurs publiques sõt princeps Et doncques quant les ungs tendroient tousiours les princeps il ensuit de necessite q̃ les autres seroient sans honeurs (Glo. (Apres il argue que ce nest pas bon que ung seul ait la dominas cion. ¶Tex. ¶Et se aucun disoit que mieulx est que ung seul tresuertueulx tiengne le princep Mais encores est ce plus iniuste chose que nest oligarchie Car en telle police plus de gens seroient sans honneurs que en oligarchie ¶Glo ¶Car en oligarche vne petite multitude participe es honneurs Mais en ceste police ung seul auroit tout Et doit len sauoir que en cest chapitre il ne determine riens mais faict argumens apparans qui ne concluent pas Et tout sera determine apres Et apres il exclud vne autre response ¶Tex. ¶Mais par aueuture aucun diroit que en ung seul homme qui a en son ame plusieurs passions accidentales et affections ce seroit mal se il auoit la dominacion du tout a sa volunte Mais se la loy a dominacion ce nest pas mal ¶Glo ¶Cest adire que il ne puisse gouuerner fors selon les loix qui lui sont baillees ¶Tex. ¶Mais se telle loy estoit oligarchique ou democratique cestassauoir telle comme sont les loix propres a ces mauuaises polices il ny auroit nul difference quant aux choses dont nous auons fait doubte Car ung mesme inconuenient viendroit tant sung comme dautre ¶Glo. ¶Cest adire que telz inconueniens viennent se ung prince gouuerne a son affection iniustement comme se il se gouuernoit selon mauuaises loix. ¶Tex. ¶Et des autres choses dont nous auons fait doubte sera vne autre raison ¶Glo. ¶Il veult dire que aucunefois es liures ensuiuans sera determine de toutes les choses de quoy il a parle en cest chapitre autre que celle que il determine ou chapitre ensuiuant

¶Du ptiiie. chap il traicte ceste question laquelle est mieulx ou que la multitude ait dominacion ou ung petit nombre de gens vertueulx

Il semble que vne doubte dessus mise soit solue par ce qu'il nest plus conuenable que la multitude ait dominacio que aucuns tresbons qui soient en petit nombre comme que en ce soit aucune doubte par aueuture est ce verite ¶Glo. ¶Et ce monstre il apres ¶Tex ¶Car se plusieurs sont desquelz chascun nest pas vertueulx homme simplement toutesuoyes quant ilz sont assemblez ilz sont meilleurs que les autres ¶Cestassauoir ung petit nombre de gens vertueulx Et non pas que chascu de tout la multitude soit meilleur mais comme tous ensemble ¶Glo. ¶Et mesmement ou cas que tel petit nombre de vertueulx est compris en celle multitude Et ce declaire il apres par exemple ¶Tex. ¶Et est aussi comme du cens ou de largent que plusieurs mettent en vne despence ¶Glo. ¶Chascun ne donne que ung petit & tout ensemble est grant chose ¶Tex. ¶Semblablement la ou sont plusieurs gens a grāt multitude chascun a aucune partie de vertu et de prudence Et quant eulx sont assembiez ceste multitude est aussi cōme ung homme qui a moult de piez & de mains & moult de sens naturelz

¶Glo ¶Aussi comme sont plusieurs oreilles & plusieurs yeulx Et pource dit len Vident oculi & non videt oculus plusieurs yeulx voient ce que ung ueil ne voit pas Et pource en la cite combien que ung petit nombre soient vertueulx & prudens toutesuoyes plusieurs autres de la multitude ont veues aucunes experiences & ont en eulx aucunes industries profitables au conseil q̄ les plus prudens nont pas ¶Tex. ¶Et en ceste maniere est il vers les meurs & vers entedement cest adire en sciences morales et en sciences naturelles

¶Glo ¶Car en tous ars et en toutes sciences ung a trouue une partie lautre a amende lautre a adiouste si come dit aristote en la fin de elēches. Et pource si comme il dit ou second de methaphisique nous sommes tous atendre graces a noz predecesseurs

¶Tex. ¶Et pource sont mieulx ceulx qui sont plusieurs en multitude. ¶Glo. ¶Car aussi comme il est dit deuant de ceulx qui contribuent en une despece chūn de plusieurs trouuēt aucune chose bonne pour la cite & tout ensemble est tresbon Et le

dit que en ceste maniere les apostres ꝑposerēt le credo Et pource est il appelle simbolum Car ainsi comme en ung escot chascun deulx en mist une partie Et semblablement en saincte eglise au cōmencement et apres quāt elle procedoit en prosperite & en croissance toutes choses notables estoient ordonnees par les consules generalz

¶Tex. ¶Et ainsi est il es euures de musique & des poethes ungs ont fait une partie et les autres autres Et touz ont fait toutz complectement

¶Glo. ¶Et en ceste maniere sōt trouuez les ars non pas par deux ou trois persōnes Mais ꝑ plusieurs & se ilz eussent este tous en ung temps si eussent ilz mieulx fait en conferāt ensemble que chascun par soy ou q̄ trois ou iiii. &c. Apres il met une autre similitude ¶Tex ¶Mais ceulx qui sont vertueulx ilz differēt de chascun de la multitude en la maniere q̄ les bons different des nō bōs Et si cōme len dit que les choses paintes par ars different des choses vrayes pour ce q̄ en painture sōt ꝛcueillies en ung ymage les beautez qui sont espties en plusieurs choses viues ¶Glo

¶Tulles raconte en la vieille rethoricque que les cytoyens de cartomate qui fut une cite dytalie riche et noble enuoierent querir ung excellent paintre appelle eracleon & luy dōnerent grant prix pour faire ung bel ymage de la deesse Juno a doncq̄ es eracleon fist venir toutes les belles

Fueillet.

pucelles de la cite et en esluit cinq des plus tresbelles Et regardoit a chascūe les mēbres ou pties q̄ estoiēt plus belles ꝛ selon ce il faisoit ou ouuroit son ymage Et semblable chose touche icy aristote aussi comme se il vouloit dire que en la multitude plusieurs ont aucunes vertus combien que ilz ne soient pas simplement vertueulx, et telles vertus sont concueillies ensemble en vng seul ou en vng petit nombre Semblablement vng ieune homme doit considerer les meurs des gēs ꝛ doit prendre ꝛ retenir en soy et concueillir les bonnes ꝛ laissir les mauuaises en la maniere que dit est du bon pointeur Et sicomme fait la mouche a miel ou la guespe que sart es tres bonnes fleurs ꝛ fuit les autres Et le ieune mauuais fait au contraire Car se il voit vng vice en vng hōme destat il pprend epemple et deffence ꝛ le retient ꝛ vng autre en vng autre Et fait comme le serpēt qui quiert ꝛ cuillist le venin ꝛ sen nourrist

(Tex. Mais pource que la partie ou le membre vif au quel il prent epemple est plus bel que nest le membre point ou qui est en pointure Sicōme est lueil ou aucune autre partie Doncques quant est a parler de tout le peuple ꝛ de toute la multitude assauoir mon se il y a telle difference entre plusieurs de la multitude ou a vng petit nombre de gēs vertueulx il nest pas par ce manifeste (Glo.

(Le visage vif est plus beau que nest celluy qui est en pointure ꝛ tant plus semble la pointure viue et elle est plus belle ꝛ pource disoit virgille.

(Credo equidem viuos educent de marmore vultus. (Et doncques lepemple deuant mis nest pas bien semblable Car les vertus de ceulx de la multitude ne sont pas si belles cōme celles des epcellens Et dautre partie sicomme dit tulles ou lieu deuant allegue nature ne fait nul homme q̄ soit du tout parfait Mais elle donne a vng vne grace ou vne beaulte ꝛ autre a autre ioupte ce que fut dit ou pmier chapitre du premier ꝛ fut mis epemple du glaiue delphique Et ce est eppedient a toute nature humaine sicomme il fut dit en glose en la si du viie. chapitre du premier Et pour ce a propos vng petit nombre de gens ne a pas tant de prudence ne depperience comme ce qui est concueilly de toute la multitude Mais il monstre apres quelle multitude est telle et quelle non (Tex (Et par aucuns il appt par vng epemple de ioues ou de iupiter de quelle multitude telle chose est impossible

(Glo. (Seneques recite ou liure des questions naturelles que les philosophes anciens disoient que des fouldres sont ix. manieres et les partoient et mettoient iii, ꝛ trops ꝛ ainsi estoient trois en general Et disoient q̄ la premiere fait mal La seconde fait mal La tierce gaste tout Et la pmier iupiter ou ioues la peult enuoyer ou gecter tout seul de son auctorite La seconde il nen peut ferir sans le conseil de xii. dieux ace esseuz et ordonnez La tierce il nen peut vser sans le conseil des dieux tant des souuerains come des autres. ¶ Apres dit seneques que ces philosophes qui furēt tressaiges nentendirēt pas que la verite fut telle Mais par maniere de poetherie ilz vouloiēt par ce signifier que le roy peult tout seul ayder Mais ne doibt pas nuyre sans aucun conseil comme dit seneques Et sēble que il veulle dire que a lexemple de iupiter lequl ilz disoient estre roy du ciel le roy terrien peult de son auctorite amonnester menasser & legierement corriger Mais il ne doibt pas aucun mettre a mort sans conseil de plusieurs & si ne doibt pas gaster vne gent ou vng pays sans le conseil de tous ses saiges de son royaume Et par auenture Mais ie ne scay pas que les douze pers de france furent iadis ordonnez a la similitude de ces douze dieux dōt seneques fait mencion. ¶ A propos il appert parce que dit est que le conseil de tous les dieux est plus pesāt et plꝰ grant que le conseil de douze Et appert aussi que de la multitude le conseil est meilleur que de vng petit nōbre ¶ Car cest de multitude de dieux qui sont raisonnables selon les anciēs Et doncques au cōtraire de multitude qui nest raisonnable cest impossible que le conseil soit bon et est inconuenient que telle multitude ait aucune

torite Et pource dit aristote palam per iouem. & cetera ¶ Et dit vng expositeur que aristote iure mais se nest pas sa guise Et pour ce les autres exposent autrement.

¶ Tex. ¶ Car aucunes gens sont desquelz lon doibt parler comme de bestes Et entre eulx et bestes na aussi comme point de difference.

¶ Glo. ¶ Quant la multitude est pour la plus grant partie de gens sans discrecion ou de peruerse affection telle communite ne doibt auoir nulle auctorite Et tant plus sont & pis vault Et sont enclins et prestz a sedicion & a rebellion Et quant ilz sont commeuz ilz sont aussi comme vne beste perilleuse & eragee Et pour ce ou lde en vng petit liuret repute a tres grant malediction estre es mains de telle multitude ¶ Tex. ¶ Mais ce que dit est peut auoir verite daucune multitude/ & pour ce peut estre solue la doubte dessus dicte. ¶ Glo.

¶ Car se la multitude nest bestial il semble estre mieulx que elle ait aucune domination que vng petit nōbre de gens vertueulx eussēt toute la domination Mais aucun pourroit dire q̄ p ceste cōclusion il sensuiuroit q̄ cōmune police ou tymocracie fust meilleur police que nest aristocracie Et le cōtraire a este dit plusieurs foiz/ & pour ce il met apres ce p quoy peult apoir la respōce. T. Et aussi vne autdoubte q̄ sensuit/ cestassauoir de qlle chose doiuent estre seigneurs ceulx qui sōt

m.i.

Fueillet

france et la multitude des citoyens Et telz sont ceulx qui nont nulle dignité de vertu ¶Glo. ¶Cest adire qui ne sont pas excellens en vertu et prudence politique ¶Tep. ¶Car se telz gens participoient es tresgrãs princeps ce ne seroit pas chose seure pource que liniustice ou la deffaulte de iustice et limprudence qui sont en eulx les feroit faire choses iniustes et pecher. ¶Glo. ¶Par iniustice ilz feroient mal & oppressions a leurs prochains, et par imprudence ilz feroient mal & pecheroient en eulx mesmes en ensuiuãt leurs concupiscences.

¶Tep. ¶Et que len ne leur baille quelque auctorite et que ilz ne participet en rien ou princep ce est chose terrible car quant ilz consideroient que ilz sont plusieurs en grant multitude & poures il conuiendroit par necessite que telle cite fust plaine de sedicion

¶Glo. ¶Et feroient rebellions perilleuses et terribles.

¶Tep ¶Et doncques il reste est bien que ilz participet ou princep quãt a conseillier et a iuger

¶Glo. ¶En la maniere que citoyens doiuent participer en princep sicomme il fut dit ou premier chapitre Mais auecques ce peut estre que ung petit nombre de gens vertueulx tiennent le tresgrant et souuerain princep aristocratique Et appellet telle multitude a conseillier des grans besongnes qui touchent le bien publicque

Car autrement leur dominacion ne seroit pas veritablement aristocratique ¶Et par ce appert la responce de lobiection faicte deuant en glose, car la dominacion que ont ceste multitude nest pas souueraine ¶Apres il confirme son propos par les anciens.

¶Tep. ¶Et pource solon & aucunes des autres legislateurs establirent que le peuple eust princep et seigneurie sur les elections des princeps Et sur les corrections des princes Mais ilz ne souffroient pas que nul singulierement eust ceste puissance, mais tous Car tous quant ilz sont ensemblez ont sens souffisant ¶Et quant les gens communs sont meslez auecques les meilleurs ilz proffitent aux citez En la maniere que le nourissemet non pur mis auec le pur fait tout ensemble plus proffitable q̃ ne seroit ung peu de norissemet tout pur Mais de multitude dessusdicte chascun par soy est imparfait a iuger

¶Glo. ¶En la matiere de la question de cest chapitre il veult dire ce me semble premierement que ce est mieulx que ung peu de gens vertueulx aient non pas toute la seigneurie mais la souueraine dominacion.

¶Item que lautre multitude selle nest bestial ait dominacion ou auctorite quant a conseillier et a iuger come dit est deuant.

¶Item que tous ensemble aient aucunement voix en election et en la correction des princes ⁊ de leurs faiz Et ne sensuit pas pource que tout le peuple ait la gubernacion si comme il a en democracie Mais seulement les esseuz Et de lexemple que il met par auenture la cause est car ung peu de nourrissement pur est tantost conuerty et se actraient les membres plus chaulx⁊ les autres membres meurent sans nourrissement Et pour ce nest il pas si prossitable si cōme quāt il a mixtion de nourrissement nō pur Car lors est faicte la digestion mois hatiuement et plus prossitablement pour tout le corps

Du pi̇iiie chapitre il tracte ceste question assauoir mon se ce est bien que toute la multitude ait le election et la correction des princes.

Mais ceste ordonnance de police qui est deuāt dicte a en soy doubte Glo. Cest assauoir ce que solon et les autres disoient que toute la multitude doibt auoir leslection des princes et la correction la ou ung peu de gens tiennent le princep Tex. La premiere doubte est, car cellui qui a medicine ung homme ⁊ qui la fait sain a cestui appartient iuger qui est bien medicine ⁊ bien guery de la maladie presente Et ce est le medecin. Glo. Car

il sceit les causes et les principes de la maladie et pource peult il bien iuger se elle est du tout hors et se non il y peult mettre correction

Tex. Et semblablement est il es autres experiences et ars.

Glo. Les ars sont sceuz et trouuez p experiences Tex. Et pour ce aussi comme il conuient que le medecin donne correction es choses appartenantes a medicine ainsi sōt les autres en choses semblables mais aucun medecin est qui est ouurier et praticien. Glo. Et ne sceit pas la speculatiue Mais il fait ce que sen suy dit par vsaige Tex. Et laustre medecin qui est architectonique

Glo. Cest le maistre de leuure Cest le medeci speculatif qui sceit les causes des maladies ⁊ cetera.

Tex. Et le tiers est qui est bien enseigne ⁊ bien introduit en lart de medecine Glo. Cest cellui qui sceit la pratique et la speculatiue combien quil ne soit pas si excellent en speculatiue comme est le second

Tex. Et telles trois manieres de gens sont aussi cōme en tos ars iugier a droit des choses nest pas moins attribue a ceulx qui sont bien introduictz que a ceulx qui ont la science. Glo. Il veult dire que de ceulx qui ont lune Et lautre ceulx qui habundent en la practique ⁊ experience iugent aussi bien ou aucunemēt mieulx que ceulx qui habūdēt en la m.ii.

✿fueisset

science ¶Et pource dit il ou prohesme de methaphisique que les experts proffitent plus Et doncques en tous ars la correction appartient a ceulx qui sont sachans ¶Tex.

¶Et en ceste maniere est il es choses qui sont vers election car eslire a droit est euure ou fait de gens sachans sicomme le geometrien eslit bien des choses appartenantes a geometrie ⁊ le gouuerneur de la nef des choses appartenantes a sa gubernacion Car se aucunesfois les ydiotes ou ignorans participent en bien eslire vers aucunes euures ou vers aucuns ars toutesuoyes ilz ne eslisent pas mieulx que ceulx qui sont sachans ¶Glo.

¶Mais se ilz elisent bien ceft cas da uenture ¶Apres il applicque a propos ce que dit est ¶Tex. ¶Et doncques selon ceste raison len ne doit pas faire que la multitude ait dominacion ne que elle ait les elections des princeps ne les corrections ¶Glo.

¶Ceste raison suppose que la multitude ne ayt pas science ne art de gouuerner ou de amender la police Apres il respond et monstre que ce ne conclud pas pour deux causes.

¶Tex. ¶Mais par auenture toutes ces choses ne sont pas bien dictes pour la raison qui fut pieca dicte

¶Glo. ¶Ou chapitre precedent ou quel fut mise distinction de multitude car vne est comme bestial et seruile et lautre est plus raisonnable et franche ¶Tex. ¶Car se la multitude nest trop ville combien que chascun singulier soit moins bon iuge que ne sont les sachans neantmoins tous assembleez sont meilleurs iuges que vng petit nombre de gens sachans ou au moins ne sont il pas pires iuges

¶Glo. ¶Et la raison deuant dicte supposoit que la multitude tout ensemble fust non sachant ou ignorant Et non est comme dit est Et doncques lentencion daristote est se semble que telle multitude doibt auoir lelection des princes ⁊ la correction de leurs faiz Et parle en especial de princey ou vng petit nombre a la souueraine dominacion Car peut estre que en telle police ceft bien que les citoyens aient ceste auctorite affin que les princes ne aduertissent ⁊ muent aristocracie en oligarchie ¶Mais il ne parle pas icy de princey ou de police royal. ¶Dautre part il dit par auenture et ne afferme pas vniuersellement Car peut estre que bailler telle auctorite ⁊ tel pouoir a aucune multitude non obstant quelle ne fust pas bestial ne seruile si seroit ce grant peril Premierement car continuellement les personnes sont transmuees ⁊ viennent ou naissent gens nouueaux qui peuent estre moins bons que leurs predecesseurs Et ainsi petit a petit la communite peult empirer et deuenir seruille ou comme bestial et seroit perilleuse se elle auoit pouoir sicomme il fut dit ou .c. precedent Et nest

signe dauoir auctorite ne destre ap∕
pellee peuple Et en ceste maniere par
loit nostre seigneur des iuifz et disoit
Et ego prouocabo eos in eo qui non
est populus ⁊ cetera
¶ Item pose que la communite fust
de gens frances ⁊ non suffisaument rai
sonnable encor en election de princes
et en corrections peuent aduenir diffi
cultez discors et diuisions perilleuses
car si comme dit le poethe Scinditur
incertum studia in contraria vulgus
Le peuple est souuēt diuisez en diuers
opinions ¶ Item il est possible que
la multitude tout ensemble est raison
nable quāt de soy Et neātmoins elle
peut estre deceue p̄ aucūs faulx seduc
teurs Et par ce en prendre mauuaises
ꝯclusiōs et perilleuses qui ne se peuēt
soustenir Cogitauerunt consilia que
non potuerunt stabilire Ilz ne peuēt
leur conseil mener a leur entente Car
de telz gens dit le pphete Dominus
dissipat consilia genciū Reprobat au
tē cogitaciones populorū ⁊c. Apres
il met vne autre raison ou cause a sō
propos ¶ Tex ¶ Item aucunes cho
ses sont desquelles celluy qui les a fai
ctes ne iuge pas tresbien luy seul
Mais ceulx qui les euures sont les
congnoissent bien ⁊ ne ont pas art de
les faire Si comme est vne maison il
nest pas seulemēt a celluy qui la fai
cte de congnoistre la Mais celluy qui
en vse en iuge mieulx Et yconomie
ou seigneur de la maison est celluy q̄

en vse Et aussi le gouuerneur de la
nef iuge mieulx du gouuernail que
ne fait le charpentier Et celluy qui
mengue vng cigne en iuge mieulx q̄
ne fait le queulx Et par auenture sē∕
bleroit il a aucun que ceste doubte se
roit souffisaument solue par ceste ma
niere ¶ Glo ¶ En vng liure in
titule Deffensor pacis Ceste raison
est alleguee a monstrer q̄ loix humai
nes positiues doiuent estre faictes p̄
uulguees corriges ou mueez de lauc∕
torite ⁊ consentement de toute sa com
munite ou de la plus vaillant partie
Car aussi comme en vne edificacion
sont requises deux manieres de gens
Vne est celluy ou ceulx qui fōt la mai
son Et lautre sont les habitans qui
sceuent quelle maison leur est bonne.
Et apres que en telles manieres les
saiges sceuent composer et faire les
loix et estatus Et toute la multitu∕
de de saiges ⁊ dautres communs sceu
ent que les loix sont prouffitables
pour tous.
¶ Item a bien reparer vne maison
sont requis les ouuriers Et les habi
tans qui sceuent mieulx ou est la ou
est la deffault que ne sceuent les ou∕
uriers Semblablement quant a la
correction ou mutacion des loix et a
la reformaciō de la police nul ne peut
si bien sauoir que est expedient a tous
comme peult toute la multitude en∕
sēble Et ainsi peut len dire quāt a la
correctiō ⁊ electiō des princes/et pource
m.iii.

℄ Fueillet

mieulx declarer il fait apres vne autre doubte contre lordonnance dessusdicte. ℄ Tex. ℄ Mais vne autre doubte est consequente apres ceste car cest inconuenient de faire les mauuais estre seigneurs de grandes choses plus que les excellens en vertu. Et les elections et corrections des princeps sont tresgrandes choses lesquelles ilz attribuent aux peuples en aucunes polices comme dit est. Et est leglise cest adire la congregacion de la multitude dame de toutes telles choses. Or est ainsi que en ceste eglise participēt & conseillent et iugent plusieurs qui sont de petit honorableté. Et gens de tous aages et aucuns telz sont presidens sus les richesses communes ou sur les euures publicques, et aucuns sont meneurs & connestables des ostz & tiennent tresgrans princeps plus que ceulx qui sont plus grans en vertu & en prudence. ℄ Glo. ℄ Et donc ques sensuit il que se telle multitude auoit la correction & election des princes les moins bons auroient plus grāt auctorite ou dominaciō que les meilleurs. ℄ Apres il respond ℄ Tex. ℄ Mais ceste doubte peut estre solue & a ceste raison peut len respondre semblablement comme a celle qui fut mise deuant & par auenture ce que nous dirons est bien dit et est droit.

℄ Glo. ℄ Il dit par auenture et ne afferme pas ceste raison sicomme il fut dit de la respōce a la raisō pcedēte
℄ Tex. ℄ Car le iuge ne le con-

seillier ne le cōclonateur nul tel ne est prince ℄ Glo ℄ Et ce est a entēdre quant a auoit seul la seigneurie sur la correction & election des princes, & par concionateur il entend cellup qui propose les besongnes en sa congregacion sicomme il fut dit ou premier cha.

℄ Tex. ℄ Mais tous ces tassauoir le pretoire le conseil et le peuple. Et chascun des dessusdictz est partie de touz ensemble. ℄ Je dy doncques que le conseillier est vne partie & le concionateur vne partie et le iuge vne autre partie. Et pource la multitude toute doit auoir iustement la dominaciō des plus grandes choses. ℄ Glo

℄ Sicomme sont la correction & election des princes Mais ou liure intitule Deffensor pacis il oppose ainsi que la multitude doit auoir la dominaciō des plus grandes psonnes et des meilleurs ℄ Tex. ℄ Et tout le peuple est cōpose de moult de parties ou colleges. Et contient ou comprent le conseil ou consille et le pretoire et la honorableté. Et lautre lettre a honorabletez. Et le liure allegue dit q̄ cōseille est lassemblee des gēs q̄ nōt pas grādes offices & q̄ honorabletez sont les tres plus grās princeps mais pretoire sicōme dit albert cest la court ou les causes sōt terminees sicōme plemēt ou leschequier ℄ Tex. Et est le honorableté de tous ces icy ensēble plus grande q̄ nest la honorableté de ceulx q̄ sont princes soit vng seul ou vng petit nōbre. ℄

℄ Car le tout est plus grant que sa

⁋Le tiers liure de politiques.

partie cest vng principe que chascun scet Et doncques de chose bonne le tout est plus vaillant que sa partie Et dominacion est donne au plus vaillant/ et par consequent toute la multitude doit auoir dilacion sur la correction et election des princes Et est a entendre de multitude raisonnable et en corr non pas vniuersellement sicome il est dit deuant en glose ⁋Tex.

⁋Et doncques ces choses determine en ceste maniere. ⁋Glo. ⁋Apres il respond a vne doubte touchee en la fin du pnit chap. et est que les loix doiuent auoir dominacion et comand

⁋Tex ⁋Et par la premiere doubte autre chose ne est magnifeste fors que les loix qui sont bien mises ou qui sont iustes il conuient que elles soient dames ou que elles ayent dominacion

⁋Glo ⁋Cest a dire que en toutes choses qui sont determines ou peuent estre iugees par les loix ses princes ne peuent faire fors selon les loix/ et la raison est car les loix sont les reigles et se conduisement par quoy la police est gouuernee maintenue et sauuee ⁋Et doncques les princes qui doiuent garder la police se ilz ne faisoient selon les loix ilz feroient aucunement contre leur dignite et contre leur office Et est a entendre que le prince ne peut iuger autrement que dit la loy se ce nest p vne vertu ou par vng droit appelle eppeikie Car par ce il ne fait pas contre lintencion du legislateur ne contre iustice sicomme il appert plus a plain ou

vii chapitre du quint dethique Et telle chose est quant le prince dispense au fait remission de peine pour le bien publicque ou pour equite naturelle et non pas pour autre affection Et par ce appert que selon aristote le prince nest pas sur la loy Mais la loy est sur le prince Et parle selon ce que on peut dire en lumiere naturel et de prince humain ou temporel Mais se aucun est institue prince par especiale inspiration ou ordonnance de dieu il nappartient pas a ceste science disputer ou discuter de la puissance Et doncques appert que selon aristote puis que le prince est soubz la loy et par ce que dit est deuant en cest chapitre il ne peult par ce que dit la loy enfraindre ne muer sans le consentement du peuple Et pource quant le peuple de romme translata ou donna au prince toute puissace sur telles choses Aristote diroit que tel peuple feist comme vne multitude bestial Et pourroit dire aucun que il appert assez parce que ou temps deuant quant il gouuernoient leur police en ceste partie selon la doctrine dessusdicte leur dominacion proceda en prosperite en croissance mais apres elle est venue en appetissant et tant que la prophecie que Baalam pronunca deulx est ainsi comme accomplie Car il dit finalement ilz periroient. Venient de ptalia. et cetera. ⁋Et ad extremum ipsi peribunt.

⁋Tex. ⁋Et que le prince ou les princes se ilz sont plusieurs soient

m.iiii.

℣ Fueillet

seigneurs tant seulement des choses de quoy les loix ne peuent dire ne determiner certainement pour ce que determiner vniuersellement de toutes choses nest pas legiere chose
℟ Glo ℟ Car les loix ne peuent determiner de tout sicomme il fut dit ou ppie. chapitre du quint dethiques ⁊ appert ou premier de rethorique et est pour ce que les cas particuliers et les variacions des circonstances des faiz sont innombrables Mais toutesuoyes nulle chose qui puisse estre determinee par loy ne doit demourer ou estre laissee en arbitracion du iuge sicomme aristote preuue euidamment ou premier de rethorique ⁊ de cecy fut touche ou pviie. ⁊ ou ppie. chap du second de ce liure ℟ Tex. ℟ Mais toutesuoyes il nappert encores pas quelles sont les loix lesquelles il conuient estre iustement mises Mais de ce est encores doubte ⁊ de pieçza Mais toutesuoyes ce est manifeste que de necessite il conuient que les loix soient mauuaises ou bonnes ⁊ iustes ou iniustes se ilz sont faictes semblablement selon les polices et il couient mettre les loix selon les faiz ausquelles les polices tendent Et se il est ainsi il appert que il est necessaire que les loix qui sont selon polices droictes elles sont iustes. Et celles qui sont selon les polices qui sont transgressions sont non iustes.
℟ Tex. ℟ Aussi comme se les gouuerneurs de telles polices deissent en leur cure ce que est escript sapiece du secó

do Sit fortitudo nostra lex iniusticie

℟ Du pvie. chapitre il enquiert selon quel excès ou seurmontement de bien len doibt distribuer les princeps ⁊ reprouue de ce vne opinion

Pour ce que en toutes scieñces ⁊ en tous ars raisonnables la fin est aucun bien ℟ Glo ℟ Sicóme appert ou commencement dethiques ℟ Tex ℟ Il sensuit que la fin de la scieñce ou art qui est tresprincipal sur tout soit tresgrant bien Et est la puissance ou science politique ℟ Glo ℟ Sicomme il appert ou commencement dethiques. ℟ Tex.
℟ Et le bien politique est ce qui est iuste Et ce qui est proferent et bon pour tout le commun Et il semble a tous q iuste ou droit est chose equal Et se consentent ⁊ accordent quant a aucunes choses aux parolles qui sont selon la philosophie en laquelle il est determine des meurs Cestassauoir en ethiques car ilz dient que en ce qui est iuste a aucuns il conuient que ceulx qui sont equalz participent en choses equales Car sicóme il appert ou viie cha. du quint dethiques il conuient en distribution dóneur garder equalite de proporcion ⁊ que les honneurs soient distribuez selon proporcion de la dignite des persónes ℟ Tex ℟ Mais de qlles choses est telle equalite ⁊ de qlle est telle inequalite il ne le conuient

pas ignorer. Et ceste doubte est en phi
losophie politique. ¶ Glo. ¶ Il est
certain comme dit est que len doit dis
tribuer les princeps ou honneurs aux
personnes selon que ilz sont dignes de
ce. Mais il est doubte selon quelles cō
dicions ou selon que bien ilz sont dig
nes de ce plus ou moins ou equale/
ment. Et se len doibt regarder aux ri
chesses ou a noblesse de lignage ou de
beaulte ou force de corps ou a vertu/
a quelle vertu. ¶ Apres il recite vne
opinion ¶ Tex. ¶ Et par auen
ture aucun diroit que il conuiēt dis
tribuer les princeps inequalement se
lon les epces ou seurmōtemēt de chas
cun bien. Car se plusieurs cytoyens
sont semblables en toutes autres cho
ses & ne different en rien fors en vne
ce est iuste chose que cellup qui differe
& passe les autres en ce ait autre droit
& plus selon telle dignite ¶ Glo

¶ En laquelle il passe les autres/
car puis que ilz sont equalz en autres
choses et il les passe en vng bien quel
conque il semble que il soit plus dig
ne de princep. ¶ Apres il reproue cest
opinion par quatre raisons. ¶ Tex.

¶ Mais se ce estoit verite il senssui
uroit que selon coulleur & selon quan
tite de corps & selon quelconque super
habondance de bien ceulx qui excede
roient ou surmonteroient en tel bien
deussent iustement plus participer es
princepz politiques. Mais ce est vng
dit superficial. C'est a dire apparent &
non vray. Et appert manifestement

estre faulx es autres sciences & puissā
ces ou ars. Car se aucuns sōt sembla
bles en art de fleuter ou de flaioler lē
ne doit pas donner aux plus nobles
ou plus cointz superhabundance de
flaiolz ou de fleutes, car ilz ne fleutēt
en rien mieulx pour leur noblesse mais
il conuient donner superhabundance
des instrumēs a cellup qui excede les
autres en seuure c'est adire qui euure
mieulx ¶ Glo. ¶ Semblablement
en distribution de princepz il ne con
uient pas regarder aux bonnes con
dicions qui sout impartinētes & par
quoy le pricep ne gouuerne pis ne mie
ulx. Mais toutesuoyes combien que
grandeur et beaute de corps ne appar
tiennēt pas a pricep pricipalemēt et si
plement neantmoins ilz appartiēnēt
aucunement & selon accident entant
cōe les princes en sont plus agreables
au peuple. Et a cest propos le prophe
te samuel disoit du roy saul pour ce
quil estoit plus hault de corps que les
autres Videtis quem elegit domi
nus. Et de beaulte est escript en pro
phire Species priami digna est im
perio. ¶ Apres il met a cela la secōs
de raison ¶ Tex. ¶ Item se ce que
nous disons ne appert assez par la rai
son deuant mise encor sera il plus ma
nifeste se nous menons la chose plus
auant. Car se aucun estoit qui passast
les autres en art de fleuter. Et il fust
moult deffaillant et mendre assez selō
noblesse ou selon beaulte. Et pose que
les autres le passassent plus selon pro

porcion & noblesse et en beaulte que il
ne les passe selon art de fleuter toutes
uoyes lon luy donne fleutes differen
tes & meilleurs Car il conuient com
parer sa superhabundance des instru
mens a seuure et ne conuient en rien
faire ceste comparaison en regardant
aux richesses ou aux noblesses

Glo. Car combien que estre ri
che ou noble soit plus grant bien que
nest sauoir fleuter toutesuoyes lē bail
le le meilleur instrument au mieulx
fleutant & luy donne len audience et
non pas au plus riche Et semblable
ment en distribucion de princeple doit
seulement regarder au bien quil fait
quant a estre bon prince. Apres il
met la tierce raison Tep. Ite
selon la raison ou opinion contraire il
sensuit que tout bien puisse estre com
pare a tout bien Glo. Selon
plus ou moins ou selon equalite sico
me le bien de grandeur ou de force de
corps au biē de noblesse ou de vertu &
cest chose abusiue Car lē ne dit pas q̄
ung hōe ē au double pluz fort q̄ il nest
riche ou noble Car telles choses ne se
mesurent pas lune a lautre. Apres il
monstre comment il sensuit.

Tep. Car se aucune magnitu
de ou grandeur de corps est plusgrāt
bien que ne sont richesses ou liberte il
sensuit que aucune grādeur de corps
pourra estre faicte equale a richesses
& a liberte Et se ung cytoyen differe
selon quantite de corps & est plusgrāt
que cestui ne est selon vertu & que la
grandeur du corps excede & passe la
vertu/ dōcques peuēt toutes choses es
tre comparees ensemble Car se telle
quantite de corps est meilleur & plus
vaillante que nest vertu il appert et
sensuit que aucune quantite de corps
peut estre equale a vertu & tant bon
ne ne plus ne moins Glo. Et
doncques en distribution de princep
le ne doit pas parer lung a lautre ne
penser lung contre lautre chascū bon
accident a chascun Apres il met la
quarte raison. Tep. Item en
cor appert que lopinion deuant dic
te est impossible car es polices len ne
fait pas altercations de princeps selō
toute equalite Et ce est raisonnable
ment Car se les ungs sont tardis et
pesans & les autres vistes & agilles
il ne conuient pas pource q̄ les ungs
aient pluz de princeps & les autres mos
Mais es ieux de exercitacions corp
relles la differēce de celles choses prēt
honneur. Glo. Car illec
q̄ len dōne aucun ioyel ou louange
ou honneur a cestui qui a le mieulx
couru ou qui a le mieulx lupte Et ain
si appert que la distribution des prin
ceps ou des offices & honneurs publi
ques ne doibt pas estre faicte selon la
differēce de chascun bon accident Et
que len doit tant seulement regarder
aux bons accidens qui sont partinēs
& a ce par quoy le princey est mieulx
gouuerne ou loffice mieulx faicte
Et doncques se le prince soit pape
ou roy ou autre donne office benefice

a aucun en aiant regart et consideracion ace que il est de son lignage ou de son pays ou en faueur dautre chose q̃ ne face au propos dessusdict il peiche car il fait comparaison abusiue de choses qui ne sõt pas comparables ⁊ qui ne peuent estre equales ne aduatuees lune a laultre sicõme il est dit de beaute de corps et de vertu

¶ Ité considere la suffisance de deux personnes selon tous les accidens pertinens a celle office ou honneur cõme dit est Se le prince ou prelat prefere a telle office le moins suffisant combien que il soit suffisant deuant le plꝰ souffisãt il fait iniustice Car il puertit ⁊ faulce lequalite de pporciõ q̃ doit estre entre les merites et les loiers mais se il le fait par ignorãce de ce que il ne doit pas sauoir il nest pas pource iniuste et ne euure pas iniustement Et se il fait par autre ignorance ⁊ par negligence ou de certaine science il faict iniustice iniustement ⁊ contre le bien publicque Et auecques ce se il a regart ou faueur a chose impertinente il abuse comme dit est Et par consequent il peche ⁊ est iniuste, ⁊ toutesuoyes peut estre et aduient souuent que celui qui recoit ⁊ prẽt tel benefice nest pas pource iniuste Et tout ce determine ⁊ mõstre aristote par raisons euidentes ou pipᵉ. chapitre du quint dethiques, et en la fin du quint des grans moralitez Mais pource que cõparaisons sõt hayneuses ⁊ que en ce seroient difficultez innombrables ⁊ playes ou contro

uersies interminables. Et que cellup qui a faicte telle distribution pourroit dire que il cuidoit bien faire Et que il peut estre que le receuãt accepte ⁊ tiẽt iustemẽt le benefice pour ce nest il nulle loy ne ne doit estre par quoy telle collacion doyue estre rappellee ou adnullee en iugement forain ou par quoy se distribuant puisse estre repris et pugny Mais pource ne sensuit il pas que il ne face peche, ⁊ iniustice Car moult de pechiez sont dont len ne peult estre repris en iugement dehors Et est grande merueille comme aucune cristiens qui se sont sachans osent affermer ⁊ nõt vergongne de dire que telle chose soit lisible La quelle par raisons naturelles insolubles les paiens ont determinee clerement estre iniustice Et mesmement car ad ce saccordent les docteurs de la foy catholique

¶ Du p̃ic. chapitre il touche et dispute des choses a quoy len doit regarder en distribution de princeyz

Ais quant a la distribution des princeyz il est necessaire q̃ len face altercacion ⁊ comparaison des choses desquelles est la cite (Glo.) Cest assauoir des bons accidens qui sont ordonneez pour la fin de la cite sicomme noblesse ⁊ puissance (Tex.) Et pource les nobles et les riches ⁊ les francs sont rai

sonnablement preparez et disposees en honneur ¶Glo. ¶Len doibt cōsiderer toutes ces choses mais en police royal ⁊ aristocracie len regarde plus a noblesse de vertu et de lignage Et en tyrānie ⁊ oligarchie en richesses et en tymocracie ⁊ democracie a liberte.
¶Tex. ¶Car il conuient q̄ ceulx q̄ sont a promotoir aux princeyz soiēt frācs Et que ilz soient honnorables Et auecques ce vne cite ne peut estre toute de poures gens aussi comme elle ne peut estre de serfs. ¶Glo. ¶Car se tous estoient poures il ne pourroiēt contribuer a la deffence de la cite Et se tous estoient serfs ilz ne sauroient gouuerner ne pouruoir au bien commun sicomme il appert ou quint̄e ou vie. chap̄ du premier. ¶Tex. ¶Et se cite a mestier de ceste gent cestassauoir des riches ⁊ des francs Aussi appert il que elle a mestier de iustice ⁊ de la vertu qui est pour les batailles
¶Glo. ¶Ce est fortitude ⁊ ces deux vertus appertiennent aux nobles
¶Tex. ¶Car ce nest pas possible que la cite soit habitee sans ces choses mais quelle soit habitee sans les premiers Cestassauoir sans gens riches ⁊ sans gens francs cest impossible Et que elle soit bien habitee sans ces icy Cestassauoir sans gens qui aient iustice ⁊ sans gens qui ayent fortitude cest impossible Et toutes ces choses ou aucunes de elles ont mestier a cite Et en peut len faire doubte
¶Glo. ¶Quant a cest propos assa

uoir mon aux quelles len doit regarder en distribution des princeyz
¶Tex. ¶Mais discipline et vertu sont requises en cite quant en bonne vie. ¶Glo. ¶Car ainsi comme richesses et liberte sont requises en cite aussi discipline et vertu sont requises a bonne cite ⁊ a bonne vie Et par disciplines il entend les vertus intellectuelles dont il a determine ou vie. Bethiques et par vertu il entend les vertus morales ¶Tex. ¶Et pour ce fait lē doubte mesmemēt de ces choses iustement sicomme il est dit deuāt
¶Glo. ¶Quant a la distributiō des princeyz Apres il met vne conclusion ¶Tex. ¶Et est certain que ceulx qui sont equaulx selon vne chose seulement il ne conuient pas quilz aient equale partie des princeyz ne q̄ ceulx qui sont inequalz selon vne seule chose aient du princeyz equallemēt Et est necessaire q̄ toutes les polices ou len distribue des princeyz tellemēt soient transgressions ou corruptions de bonnes polices ¶Glo. ¶Si comme oligarchie ou len ne regarde fors a richesses ¶Tex. ¶Et nous auons d̄t que tous sont altercacions et contendes de telles choses iustemēt en aucune maniere mais non pas iustement simplement ¶Glo. ¶Apres il met leurs altercacions Et premieremēt pour les riches il met deux motis ¶Tex. ¶Et dōcques les riches dient que ilz doiuent plus participer ou princeyz pour ce que le plus de la

region seulement appartient. Et la region est commune. ¶Glo. ¶Et doncques puis que se plus du bien comun leur appartient ilz sont a preferer quant a se gouverner ¶Tex. ¶Item car les riches quant au plus & communement sont plus loyaulx en gardent conuencions ou puenans que ne sont les poures ¶Glo. ¶Et la communication des cytoyens est mesmement en conuencions et en pactz lesquelles choses les poures enfraignent souuent Car sicomme dit lescripture Multi propter inopiam delinquerunt Plusieurs pechent par pourete Apres il met deux raisons pour les nobles & pur les francs ¶Tex. ¶Et les france et les nobles sont prochains les ungs de autres

¶Glo. ¶Cellui est dit noble qui a en soy liberte & franchise de courage & inclinacion naturelle a ce de ses parens & de anciennete de lignage Et cellui est dit franc qui a tel courage ou telle inclinacio de quelle part que ce soit Et de ce fut dit ou VIe chapitre du premier plus a plain

¶Tex. ¶Et sont les nobles mieulx citoyens q̄ ne sont les non nobles/car noblesse ou gentilesse est honnorable entre toutes gens. ¶Glo. ¶Et la cause de ce fut dicte ou VIe cha. du premier & doncqs les princeps sont mieulx deuz aux nobles. ¶Tex. ¶Item car il est vray semblable que ceulx soient les meilleurs qui sont yssus & nez des meilleurs Car noblesse ou genti

lesse est vertu de lignage ¶Glo. ¶Et tout ce fut declaire ou VIe chapitre du premier & doncques ilz doiuent auoir les princeps come les meilleurs Apres il argue pour les vertueulx. ¶Tex. ¶Semblablement pouons nous dire que ceulx qui ont vertu font iustement altercacion de ce car nous disons que iustice est vertu communicatiue. ¶Glo. ¶Cest adire par laquelle est gardee & sauuee communicacion ciuille sicomme il appt ou dixiesme chapitre du quit de ethiques ¶Tex. ¶Et il est necessaire que toutes les autres vertus ensuiuent iustice ¶Glo. ¶Pource que toutes vertus ont aucunemt conexion ensemble sicomme il fut dit en la fin du VIe. de ethiques Et pource que iustice legal contient toute vertu ou est toute vertu sicomme il appert ou second chapitre du quit de ethiques Apres il met une autre altercacion ¶Tex. ¶Item ceulx qui sont le plus en grant multitude font de ce altercacion contre ung petit nombre pour ce que ilz sont plus vaillans et plus et riches & meilleurs quant ilz sont plusieurs que ne sont ung petit de gens Apres il met une autre doubte.

¶Tex. Et doncques tous telz sont en une cite Cestassauoir et les bons & les riches & les nobles/et encor une autre multitude politique ie demande se ilz auront entre eulx altercacion assauoir lesquelz doiuent tenir le princey ou se il nen feront aucune alterca

cacion ¶Glo ¶Apres il respond ¶Tex ¶Mais selon chascune des polices dessusdictes de sauoir les quelz il conuient que eulx tiennent les princeps le iugement de ce ne vient pas en doubte Car les polices ne differēt fors selon ceulx qui ont la dominaci on sicomme vne est telle pource quelle est gouuernee par les riches
¶Glo ¶Cest oligarchie ¶Tex ¶Et lautre est telle pour ce quelle est gouuernee par hōmes vertueulx
¶Glo ¶Cest aristocracie ¶Tex ¶Et en ceste maniere de chascūe des autres ¶Glo ¶Sicomme il fut dit en le viii. chapitre ¶Tex ¶Mais toutesuoyes nous deuons considerer comment len doit telles choses deter miner quant ilz sont en vng temps
¶Glo ¶Sicomme quant les ri ches dient que ilz doiuent tenir le pri cep et que adoncques les vertueulx ou la multitude ou vng seul conten dent au contraire et dient chascun q̄ il leur appartient Lors est le altercaci on ¶Apres il parle des vertueulx
¶Tex ¶Et doncques se ceulx qui ont vertu sont en petit nombre en qē le maniere leur doit len diuiser ou dis tribuer le princep pour certain il con uient considerer z regarder se eulx sōt en si petit nombre que eulx ne souffi sent pas a leuure ou operacion Et se la cite ne pourroit estre bien habitee.
¶Glo. ¶Telle operacion est que tlz adressent la cite a bien viure et ce ne peut estre se il ne sont en multitude

souffisante Mais seroit vne cite imp̄ faicte iouxte ce que dit lescripture Ci uitas pua et pauci in ea virt.
¶Tex. ¶Ou si ilz sont si grant multitude que ilz puissent faire cite
¶Glo. ¶En telle maniere que la multitude des habitans souffise pour vne bonne cite Et que la multitude des vertueulx souffise pour telle cite iustement gouuerner z introduire en bonnes meurs Apres il argue contre les raisons deuant dictes ¶Tex
¶Mais vne doubte est ētre tous ceulx q̄ sōt altercaciōs des hōneurs politiq̄s Car premierement ceulx qui veul lent auoir les princeps pour ce q̄ ilz sōt riches il semble que il ne dient cho se qui soit iuste Et semblablement de ceulx qui veullent auoir les princeps pour noblesse de lignage Car il ap pert z se suit selō cest droit que se vng seul estoit le plus riche de tous il con uiēdroit que il fust prince par sus tous les autres ¶Glo ¶Et ce seroit incō uenient ¶Tex ¶Et semblablemēt cellui qui seroit different de tous les autres en noblesse de lignage luy seul seroit prince entre ceulx qui font altr cacion de tenir princep pour cause de liberte ¶Glo. ¶Et ce seroit in conuenient Car peut estre que plus eurs sont meilleurs que tel. ¶Tex.
¶Et ceste chose seroit aussi en poli ces aristocratiques Car ilz sont alter cacion de vertu quant a ce Et donc ques se vng seul estoit le meilleur hō me de tous les autres vertueulx qui

sont ou policeine ou en la police il cō/
uiendroit selō cest droit que il fust seig
neur (Glo (Et ce semble aux au
tres inconuenient Apres il argue con
tre ceulx q̄ font altercacion de la mul
titude (Tex (Et se la multitu
de dit que elle doit auoir la domina
cion pour ce quilz sont plus vaillans
que ne sont vng peu de gens.
(Glo. (Sicomme il est argue de
uant. (Tex (Il se suit que se vng
seul ou plus dung qui soient moins
que la multitude sont plus vaillans
que les autres doncques conuiēdroit
il que ilz fussent seigneurs Et leur se
roit deu le princey plus que a la mul
titude.

(Du xviiie. chapitre il soult et res
pond a la question ou disputacion de
uant mise

Toutes ces raisons dessus mi
ses sōt manifestes que de to⁹
les termes ou accidens tou/
chez selon lesquelz les gens veullent
auoir le princey Et que tous les au/
tres soiēt subiectz soubz eulx nulz de
ces termes ou causes ne est droicturie
re ou iuste (Glo. (Communemēt
quant aristote argue a vne question
les raisons dune partie et dautre con
cluent aucune verite Et ainsi de tou
tes ensemble il conclust la solucion et
la responce & ce fait il icy endroit Et
veult dire que en distribution des pri
cepz len ne doibt pas regarder a vne

seulle bonne propriete ou dignite de p
sonnes Mais a toutes celles qui sōt
appartenantes sicomme il est dit de
uāt Et pource se prelat en dōnāt vng
bn̄fice ne doit pas regarder a vng seul
bon accident de la persōne mais a to⁹
ceulx qui font a tous bōs gouuerne
mens du benefice (Apres il conclud
(Tex (Car les multitudes auroi
ent iuste raison a dire contre ceulx qui
selon vertu veullent estre seigneurs
du policeine Et semblablement con
tre ceulx qui veullent auoir telle seig
neurie pour leurs richesses. (Glo.
(Cest assauoir contre vng peu de
gēs vertueux ou riches qui vouldroi
ent tenir toute la seigneurie (Tex
(Car il peut estre aucunesfoiz que
la multitude est meilleur selon ver
tu que nest vng petit nombre et plus
riche que ne sont vng peu de gens, et
nō pas que chascun singulier soit p̄
riche ou meilleur mais comme tous
ensemble. (Glo. (Et la cause est
car telle multitude comprent & cōtiēt
mieulx en soy to⁹ les bōs accidēs app
tenantes a bon princep Et est a noter
premierement que aristote ne dit pas
vniuerselement que en toute cite la
multitude doye auoir telle souuerai
nete Mais il dit que il peut estre et au
cunesfoiz Car sicōme il fut dit ou pmi̊.
chapitre aucune multitude est com
me bestial & vile Et telle multude en
laquelle par auenture vng petit nō
bre sont vertueulx et la plus grant
partie sont plus desraisonnable que

raisonnable combien que tous ensemble soient plus riches que vne partie toutesuoyes selon vertu vne partie est plus vaillant que tous ensemble Et vertu appartient plus a princeps que a richesses Et doncques la raison dessusdicte ne coclud pas pour telle multitude que elle doye auoir princep.

¶Item la seconde multitude est raisonnable et honnorable encor me semble que il nentend pas que elle doye tenir le princep ne le gouuernement combien quant a distribucion dofficces et quant aux iugemens Mais doit estre vng souuerain ou plusieurs qui tiennent le princep et se exercitent selon les loix sicome il fut dit ou piiiie chapitre mais telle multitude peut auoir dominacion quāt a troys choses /cest assauoir quant a election des princes toutesuoyes que telle election a lieu

¶Item quāt a la correction des princes ou cas que ilz abuseroient de leur dignite et que ilz dissiperoient et destourneroient le bien publique qui ouperte ce que fut dit ou piii. ou pviii. chapitres ¶Tiercement quant a la constitucion ou mutacion et acceptacion des loix sicome il fut dit ou pviii. chapitre Car len dit que ce qui touche tous doit estre approuue de tous Et par auenture aristote par policine entend ces iii.choses

¶Item non obstant tout ce que dit est encores est ce aucunefoiz grant peril de attribuer a telle multitude lauctorite dessusdicte sicomme il fut dit en

glose ou pviiie chapitre. Apres il traict vne doubte ioupte ce que dit est.

¶Tex ¶Et pour ce a la doubte ou question que aucuns font len peut obuier par ceste maniere Car aucūs doubtent assauoir mon se au legislateur qui veult mettre loix tresiustes et tres droicturieres il appartient mettre les acroissemēs et proffitz des meilleurs ou au proffit de plusieurs quāt a la chose dessusdicte auient.

¶Glo. ¶Cest assauoir quant les meilleurs contre la multitude contendent et font altercacion du princeps par les raisons dessus mises Apres il respond ¶Tex ¶Et len doit prendre ce que est droit par auenture

¶Glo. ¶Il dit par auenture non pas pource que il doubte que len ne doye faire ce q̄ est de droit Mais pour ce que len doubte aucunesfoiz quelle chose est selon droit ¶Tex ¶Et par auenture est ce droit que les loix sont mises au conferēt ou au proffit de toute la cite Et au commun pro fit de tous les cytoyens ¶Glo ¶Il dit par auenture pource que quant a parler de bien proffitable comme sont richesses il peult estre que aucūe multitude se roit moins bonne ou en plus grant peril se elle estoit plus riche ioupte ce q̄ fut dit ou pii.chapitre du secōd mais quant a parler de bien de vertu ou de expedient il ne conuient ia dire par auenture ¶Car les loix doiuent estre pour tel bien commun

¶Tex. ¶Et celluy est cytoyen

a parler cōmunemēt qui participe en ce q̄ il peut estre prince et subgect ¶Glo. ¶En la maniere que il fut dit ou quint cha. ¶Tex. ¶Mais ce est determine autremēt en chascūe police. ¶Glo. ¶Car en aristocracie ilz sōt tenuz pour cytoyēs pour cause de vertu Et en oligarchie pour cause de richesses et de puissance ¶Tex. ¶Mais en la police que est tresbonne cellup est citoyē qui eslit ou veult estre subiect et pouoir estre prince pour vivre de vie qui est selō vertu

¶Ou p̄ viii. cha. il mōstre cōmēt len met hors des citez ceulx q̄ ont excellēce de puissance oultre les autres

S il auenoit q̄ ung seul ou pl⁹ d'ug et non pas en si grāt nombre quilz puissēt faire cōplectemēt une cite fussēt telz q̄ la vertu ou prudence de tous les autres ne fust pas comparable a la vertu et puissance d'eulx se ilz sōt plusieurs ou de lui ce est ung seul se il estoit ainsi lē ne devroit pas mettre q̄ tel ou telz fussēt partie de ceste cite ¶Glo. ¶Car telz ne doivēt pas estre diz citoyēs Et ce preuue il p̄ deux raisons ¶Tex. ¶Car telz se reputeroiēt iniuriez ou auroient occasion de faire iniure aux autres pource q̄ ilz serōt mis equaux ou equalement dignes auecques les autres ¶Glo. ¶Car ilz seront sub

gectz ⁊ iugez par une mesme loy cōme les autres ¶Tex. ¶Et neantmoins ilz sont tant inequaulx ⁊ surmontēt et passent tant les autres selon vertu ⁊ selon puissance politique q̄ il est trop sēblable que chascun tel est entre les autres aussi cōe dieu entre les hommes. ¶Glo. ¶Car leur vertu passe ⁊ excede toute vertu qui est selon cōmū estat humain. Et les anciens appelloient telle vertu heroyque ⁊ divine Et pource disoit homerus de hector q̄ il ne sēbloit pas estre filz de homme mais filz de dieu Apres il met la seconde raison ¶Tex. ¶Item il est certain que legislacion est en ce que len mect loix a ceulx qui sont comme equaulx en lignage et en puissance.

¶Glo. ¶Car il conuiēt que ceulx a qui len met loy soient soubz la loy ⁊ quilz ab.issent equalement Et leur est mise loy pour les reguler ⁊ ordonner ¶Tex. ¶Mais de telz qui sōt tant excellens len ne mect pas nulle loy eulx mesmes sont leur loy Et seroit une derision se aulcun temptoit a establir ⁊ mettre aucune loy de telz gens ou sur telz gens.

¶Glo. ¶Et ce est touple ce que dit lapostre. Justo non est lex posita ¶A cellup qui est iuste il ne cōuient pas mettre loy Et ung autre lieu dit il que aucūes gens sont loy a eulx mesmes ⁊ ont lescripture de la loy escript en leurs cueurs. ¶Apres il met comment et pour quoy aulcuns

Fueillet

cyclopens mettent telz gens hors de leur cite mesmemēt pour les excés ou excellēce de leur puissāce ¶Tex. ¶Et p auenture pourroit on dire de telz gēs ce q̄ disoit ung appellé antitenes Cestassauoir q̄ entre ceulx qui Veullēt tous auoir equalite telz gēs sont aussi cōme les lyons a toutes leurs dens auecques les petiz seurons

¶Glo. ¶Car telles bestelettes petites & fiebles ne pourroient durer se ung lyon ou deux estoiēt entre elles Et semblablemēt se auecq̄s les menus cyclopens estoient aucuns tresgrans il les pourroit greuer opprimer & pfondre par leur subtilite & par leur grāt puissance ¶Et le commun peuple ne Veult pas telle inequalite ne auoir copaignions q̄ tant les excedent. ¶Tex. Et pource les citez q̄ se gouuernent selon police democratique font de telz gens relegacion cest adire que ilz les enuoyent en exil ou bannissent Car telles citez querent & poursuiuent les qualite de tous ¶Glo. ¶Nō pas parfaicte equalite car elle nest pas possible en cite sicomme il fut dit en le pie chapitre du second Mais ilz suient grande inequalite & ne Veullent que nul soit trespuissant ne trespoure Et iouxte ce disoit abymelec a psaac Recede a nobis quoniā potencior nobis factus es Val de haten de auecques nous car tu es trop plus puissāt que nous

¶Tex. ¶Et pource ceulx de qui il leur sembloit que ilz excedoient & passoient grandement les autres en puissance pour leur richesses ou pour multitude de amis ou pour quelconque autre puissance politique en faisoient relegacion & les bannissoient Et mettoient hors de la cite p temps determinez ¶Glo. ¶Apres il met aucunes couleurs a monstrer q̄ ce estoit exppedient ¶Tex. ¶Et a cest propos dit len que ung marinier appelle eracleas delessa les argomātes Cest adire Vne compaignee de mariniers pour telle cause, car ilz ne Volurent pas q̄ il menast Vne nef appelle argo pource que il excedoit trop & passoit en excellence les autres mariniers.

¶Glo. ¶Quant iason deust aller q̄rir la toueson dor en lisle de choltos Ung excellent ouurier appelle argus feist pour luy Vne nef merueilleuse & nōmee argo la menoit eracleas Et pource que il estoit trop puissant les autres le misdrent hors de leur copaignee ¶Tex. ¶Et pource len ne doit pas cuider que ceulx qui Vituperent & blasment tyrānie blasment iustement du tout & simplement le conseil que sibulo le poethe recite auoir este donne par periandre Car len dit que Vng appelle tapibulus enuoya Vn message deuāt perlāde po' auoir sō cōseil Et periandre ne Volut pas dire chose par quoy le messagier sceut riens du conseil Mais il ostoit de son ble ou de telle chose les espiz qui excedoient et passoient les aultres affin que le ate fust aucunement onnie et planee. ¶Glo. ¶Tapibulus fut ung prince q̃ queroit cõseil cõment il pourroit faire daucũs de ses subiectz q̃ estoiẽt tresgrãs et trespuissãs et piãdre luy signifia en parabole cõe dit est aussi q̃ le message ne lẽtendist

❡Tex. ❡Et quant le message raporta a taxibulus ce que periãdre faisoit de quoy il ignoroit sa cau̇e soxtaxibulus entendit parce que lẽ deuoit occire les hõmes excellẽs Glo Mais deuoit entẽdre q̃ on les bãnist sicõme il sera dit aps̃ Et iouxte lentẽte de taxibulus les iuifs firent de ihesucrist sicõme il estoit pphecie deuant saĩ. secundo Disperũt impii cū cũueniam9 iustũ grauis est nobis ad videdũ quoniã dissimilis est nobis vita illius tãq̃ nugaces existimatt sum9 ab illo morte turpissima cõdempnemus eũ Briefment ilz le misdrent a mort car ilz auoiẽt paour q̃ par lexcellence du bien de luy ne fut fait empechement a leur mauuaise police

❡Tex. ❡Et ceste chose nest pas seullemẽt expediente aux tyrans ne les tyrans seullement ou seuls ne fõt pas cecy Mais il est semblablement es polices dictes oligarchies Et es democracies Et relegacion Cestassauoir bouter hors les gens excellens et les chacier de la cite ou du pays a ceste mesme puissance ou cest effect

❡Glo. ❡Et cõe les occire et doit souffrir Car tuer telz gens sans autre demerite seroit dure chose. E. Ite ceste chose sõt ceulx q̃ sont seigneurs de la puissance es citez et es gens ou pays q̃ sõt soubz eulx Et en ceste maniere firent ceulx de athenes a ceulx de thamos Et de theos et de lesbie

❡Glo. ❡Ce sont trops ysles et en thios fut nez ypocras ❡Tex. ❡Car quant les atheniens peurent auoir princey sur cestes gens plus imperablement lors ou adoncques ilz les humilierent hors et contre les premieres cõuenans ❡Glo. ❡Ces isles si estoient redues sur certaĩ pactz ou ꝯuenances Et quant ceulx de athenes furent maistres ilz ses suppediterent contre leur pactz affin que ilz ne peussent faire rebellion

❡Tex. ❡Et le roy de perse quãt il eut acq̃se seigneurie sur ceulx de medie et sur ceulx de babiloine et sur aucũs autres il enuoya souuẽt en dispersion les hões sages et subtilz qui auoient aucuẽsfoiz este ou princey et auoient eue auctorite ❡Glo. ❡Il enuoioit ung en ung pays et lautre en ung autre affin quilz ne peussent auoir ꝯseil ensẽble pour machiner contre luy

❡Ou ix̃e cha. il monstre cõment ceulx qui excedent ou sont excellens en puissance politique sont mis hors des citez iustement ou iniustement

CEst pbleume ou questiõ en ceste maniere est vniuerselle ment en toutes pollices Et mesmes en celles q̃ sont droictes Car les prices des polices q̃ sõt trãsgressions ❡Glo. ❡Cõe sont tyrãnie oligarchie et democracie ❡Tex. Les filz en ce faisant regardent leur propre

n.ii.

Fueillet

proffitet ne sont pas telle chose seullement ou ceulx Car len fait en ceste maniere es polices q entendent & quierent le bien comun. Glo. Comme sont royaume aristocracie & tymocracie Car len ny seuffre pas gens de tresexcellente puissance. Apres il declaire coment ce est chose raisonnable & par trois exemples. Tex. Et la raison appert parce q len fait es autres ars & sciences Car ung pointeur ne laisse pas ou ne seuffre pas quant il fait en pointure une beste que elle eust ung pie q excedast & passast les commensuracions & proporcions que il doit auoir en quantite ne aussi ne seuffre il pas q en beaulte il soit trop different des autres membres. Glo. Car se il passoit mesure ne en quantite ne en beaulte tout lymage en seroit plus lait. Tex. Ite celluy q fait une nef il ne fait pas la poupe ou la proe ou quelcomque partie plus grande q selon proporcion deu. Ite celluy q est maistre du chor ou de la carolle ou dance il ne seuffre pas q on meine le chor ou la dance ne que il face auecques les autres se il chante plus hault & plus bel ou dance que ne fait tout le chor ou toute la carolle. Glo. Car les autres ne sauroient chanter ou aller come luy Et en vauldroit moins le chant ou la dance. Apres il retourne a propoe. Tex. Et pour ceste cause peut estre q ceulx q tiennent la monarchie sont dung accort ou se accordent aueques les citez quat ace Mais ilz sont

telz banissemens ou relegacions par leur ppre princey q est quat a ce pffitable aux citez. Glo. Il entend p monarchie les roys q sont telles relegacions du psentement en faueur des citez & du bien publiq Mais les eppositeurs plent autrement et dient q pour ce que celluy q tient la monarchie excede tous les autres singuliers en puissance il pourroit sembler a aucun p ce q dit est q il deust estre mis hors de la cite Et pour ce d et ilz q aristote veult dire q non doit se il se accorde a la cite et se il tient son princey pour le pffit de la cite. Car autrement len deuroit labourer a le mettre hors ce est leur eppossicion Mais il me semble q en toute ceste matiere aristote nentend pas q les prices soient mis hors pour leur excellence en puissance Mais il entend et ple des subiectz sicome il appt cleremet p les pces de cest cha Nul ne se doit meruiller se ie ne ensuiz touiours l. ses eppositeurs Car ie les trouue souuent contraires ung a autre & discordans ou texte Apres il conclud. Tex. Et pource la parolle ou la sentence q est vers la relegacion que len fait selon excessiues excellences a en soy aucun iuste ciuil ou aucun droit ciuil. Glo. Sicome apres il sera declare. Aps il met ung enseignement. Tex. Et don. q3 fust mieulx q le legislateur au pmacement instituast & ordonnast la police en telle maniere que elle neust mestier de aucune telle medecine

Glo. Car la relegacion de

puissans hommes est souuent perilleuse. Et doit len sauoir que contre excessiues excellences es choses dessusdictes le legislateur ne pourroit pas bien obuier au commandement fors seullement contre exces en possessions et en richesses. Mais il souffist car ce sont les instrumens par quoy len peut faire oppressions et turber la police. Et la maniere par quoy le legislateur peult au commencement obuier a telle chose est parmettre telles loix et telles ordonnances que nul ne se puisse excessiuement acroistre en richesses. Sicomme seroit par auenture faire que les fours ou demaines non portables ne fussent pas trop grans. Et que vng homme en peut tenir oultre certaine quantite ne par don ne par achat ou par succession ou mettre autres ordonnances raisonnables a ceste fin selon la consideracion des plus saiges. Et que telz statuz soient expediens et iustes il appert premierement parce qui est dit ou chapitre precedent et en cestuy que en telle superhabundance peut estre cause de mal et de rebellion. Et doncques les ordonnances qui obuient a ce par raison sont iustes et expedientes.

¶ Item elles sont pour le commun proffit car il nest pas bon pour la communite que les possessions des cytoyens soient equalees ne que elles soient en grande inequalite sicomme il fut dit et declere plus a plain en le pie chapitre du second et a ce fut mis vng bel exemple de musique.

¶ Item telles loix ou ordonnances sont au bien de vertu et de felicite des singulieres personnes. Car a felicite appartient quantite de possessions moderee et mesuree et ace mise grant superhabundance. sicomme aristote determine a plain ou pie chapitre du pie. dethiques.

¶ Item telles loix sont prochaines a droit naturel et st accordent. Car sicomme dit seneque en vne espitre la loy de nature nous a mis termes en richesses. Mais sicomme en le pie chapitre du premier le les desire sans fin et sans terme par appetit corrumpu.

¶ Item les legislateurs anciennement eurent tresgrant solicitude de mettre telles loix. C'estassauoir selleas solon et plusieurs autres sicomme il fut dit en le pie chapitre du second. Et ligurgus mist de ce loix es lacedemoniens sicomme raconte iustin. Et semble que les legislateurs de ceulx que nous appellons gens deglise eurent iadis ceste consideracion quant ilz misdrent loy que vng ne tenist plusieurs benefices. Mais depuis est aduenu que aucuns tenoient chascun plusieurs grans benefices. Et que len pouoit dire ce que dit lapostole. Alius quidem esurit. Alius autem ebrius est. Vng en a peu et lautre trop. Et par telle chose il ensuiuroit selon aristote que en sa police deglise quant a ce ce seroit vne inequalite imoderee et non proportionate. en bonne police selon que fut dit en le pie. c. du second ma. de ce que dit est que la loy seroit iuste que mettroit que vng homme ne peust tenir

n.iij

possessions oultre certaine quātite ne par succession ou autrement Et dōcques que deuēdroit leritage dauciū de son lignage au quelz il deuroit succeder selon droit. Je respons q̄ le droit de succession de lignage a heritaige nest pas droit naturel, mais est droit positif conforme a raison naturelle/et en ce peut estre mise mesure iustement comme dit est Et dōcques ou cas desusdict se telle chose estoit tel heritage deuroit tourner a vng aut du lignage ou plusieurs ou estre confisque ou autrement distribue par bonne ordōnance puis que cestup en a assez. Et est ainsi comme dung ruisseau q̄ descend pour arrouser vng pre quāt le pre en a partie souffisante len doibt lautre tourner ailleurs la ou il est mestier. ☙Tep. ☙Et se la nauigaciō est prosperee ꝯ bōne cest adire se la police est bien instituee Et se telle chose aduiēt len doit tempter ꝯ essoier a la adressier par aucune autre telle direction. ☙Glo. ☙Len ne peut mettre loy q̄ puisse obuier a toutes telles choses Et donques se il auenoit que aucun fust si puissāt ou par richesses ou par subtilite ou autrement tellement que il fust doubte que la police ne perillast par luy len y mect adressement ou en retranchant de sa puissance ou par le bānir ou mettre en prison ou a mort Et a ceste entencion se faignoit parler cyphae quant il disoit Expedit vobis vt vnus moriatur homo ꝓ populo et nō tota gēs pereat. Il cō

seilloit en disant que il est plus expedient que vng homme meure pour le peuple que toute la gent perist Mais len doit tousiours mettre le plus gracieux remede et la plus doulce medicine que len peut en telle chose/ nō pas par hayne ou par enuie ou autre malice/mais pour le bien commun
☙Tep. ☙Et ainsi ne faisoient ilz pas en aucunes citez car ilz ne regardoient pas au conferent ꝯ proffit de leur propre police Mais ilz vsoient de relegacion seditieusement ꝯ malicieusement ☙Glo. ☙Et aucunes foiz faisoient ilz occisiō de bōnes gēs Sicomme les atheniens firent mourir socrates ꝯ les iuifs leurs prophetes Jherusalē qui occidis prophetas. ꝯcetera. ☙Tep. ☙Et telles relegacions ou medecines cest chose expediente en polices qui sont transgressiōs ꝯ non bonnes et est chose iuste Mais il est certain que elle nest simplement iuste ☙Tep. ☙Telles policee sōt mesmement tyrannies ꝯ oligarchie Et est expedient aux princes pour maintenir leur princey a leur proffit que ilz facent bānissement ꝯ repressions de leurs subiectz Et mesme des excellēs en vertu ou en richesse ꝯ est chose iuste selon eulx Mais cest simplement iniustice sicomme il fut declare ou p. chapitre ☙Tep. ☙Mais en police qui est tresbonne ceste chose a grant doubte Et nō pas quāt a excez ou excellēce des autres biēs, sicōme de force de corps ꝯ de richesses ꝯ de multitude de amis

¶ Glo. ¶ Il semble que il vueille dire que sans doubte contre telles excellences len deuroit pour les perilz euiter mettre aucun adressement comme il est dit deuant Mais ie argue au contraire Car se aucun estoit tresexcellent en aucune telle chose et non pas en vertu Mais eust commis vices ce sembleroit iniustice de luy oster de ses biens ou de le bannir sans aultre demerite Et seroit contre les droitz. Je respons, sauf meilleur iugement que selon lentencion daristote sil estoit vray semblable ou supposicion que tel home voulsist nuyre a la police len deuroit sa puissance a mesurer ou au moyen obuier aux perilz auant q̃ il feist tel mal Et ce peut faire iustement le prince de lassentement de la multitude ou par vng droit appelle eppyrie dont il determine ou xie. chapitre du quint dethiques car en ce il fait selon lentencion du legislateur q̃ estoit au salut du bien publicque. ¶ Tex. ¶ Mais se aucun estoit different des autres selon vertu en excellēce q̃ deuroit len faire de tel homme car len ne diroit pas que il le conueniust bouter hors de la cite ne le transporter ou enuoyer en autre lieu Et aussi pour certain len ne diroit pas que il conuenist bouter le hors de la cite ne le transporter ou enuoyer en autre lieu ¶ Et aussi pour certain len ne diroit pas que tel homme deust tenir le princey parciallement Car ce seroit semblable sicomme nous

disons que ioues ou iupiter doye tenir le princey Et nous luy voulons bailler le princey par parties
¶ Glo. ¶ Les princeyz politiques sont diuisees par partie des temps entre ceulx qui sont equaulx sicomme il fut dit ou septiesm chapitre Mais la ou est si grande inequalite et telle excedence ou excellence ce seroit incōuenient de faire telle particion aussi comme qui diroit que iupiter qui est dieu selon ses payens deust tenir le princey du monde par sept ans et non pas tousiours Et pour ce conclud il aprs
¶. Et dōcques il reste et semble verite que tel homme est ne et taillie a ce que tous luy obeissent liement Et est bien que telz gens soient roys perpetuelz es citez. ¶ Glo. ¶ Len doibt sauoir premieremēt que quant aristote dit que telz hōmes doiuent estre roys ppetuelz pour lexcellence de leur vertu il ne entend pas de vertu speculatiue ou contemplatiue appellee sapience ou sixte dethiques et ou vi. chapitre du dixiesme dethiques ¶ Et la cause est car telz excellens en ceste vertu ne veullent pas estre et ne doiuent pas estre princes temporelz sicomme il appert plainement par ce que fut dit ou piie. v.e et p vi.e. chapitres du p.e dethiques Et pource nostre seigneur ihesucrist en induisant ses apostres a ceste vertu leurs disoit ainsi. Reges gencium dominantur eorum. et cetera Vos autem non sic.

n iiii

Fueillet

Les roys des gens ont seigneurie sur eulx mais vous ne serez pas ainsi. Et est ceste sentence en trois euangelistes Et a cest propos se pposent les docteurs Saint augustin crisostome origenes basilius & saint bernard qui dit palam q apostolis interdicit dominatus ¶ Il est tout cler dit il q telle seigneurie est icy entredicte aux apostres Et nostre seigneur mesme de qui eulx furent vicaires disoit mon royaume nest pas de cest monde

¶ Item lexcellence de quoy aristote entend est de vertu moral & practique appellee prudence politique car elle est pertinente et selon elle doibt estre faicte distribution de princes ioupte ce que fut dit ou p̄ dit chapitre Et que auecques ce soit excellence des biens de fortune adminiculatif comme sont richesses & noblesse de lignage Car le roy doit estre par soy souffisant en tous biens sans indigence sicomme il appt ou p̄tii. chapitre de le .viii. dethiques Et doit estre noble car lescripture dit que la terre est beneuree dont le roy est noble Beata terra cuius rex nobilis

¶ Item ce que il dit que cest bien que tel soit roy il est a ētēdre en cas de election car se vng estoit ia institue ou deuroit estre institue selō les loix et il fust souffisant il nest pas a entendre quel deust estre destitue ou frustre de son droit pour cestuy

¶ Item se vng roy auoit en son royaume vng aisi excellent en prudēce politique et approuue en vertu ou plusieurs comment que il fust des autres biens il les deuroit honnorer & amer car iamais ne vouldroient faire fors bien & de telz dit lescripture Multitudo sapienciū sanitas est orbis terrarū Multitude des saiges est la sante du monde

¶ Du xxe. chapitre il commence a determiner de royaume et mect en general iiii. especes de police royal

Par auenture est ce bien de passer oultre et de cōsiderer de royaume Car nous disons que royaume est vne des polices qui sont droictes. ¶ Glo. ¶ Police royal est la tresmeilleur qui soit Et est aussi cōme reigle & mesure des autres et tant plus en approchent & ilz valēt mieulx Et pource est il bon de en traicter premierement ¶ Tex. ¶ Et doibt len considerer assauoir mon se a vne cite ou a vne region pour estre ou temps aduenir bien habitee il est expedient que elle soit gouuernee par roy ou nō mais plus par autre police Et ce gouuernement royal est expedient a aucunes citez & si a aucunes nest pas expedient Et cuient premierement diuiser se il est vne seulle maniere de police royal ou se elle a plusieurs differēces Et legiere chose est a prendre que le gerre de telle police contient plusieurs especes Et que la maniere de princep nest pas vne en tout royaume

¶ Glo. ¶ Apres il met les especes

des royaumes ⁋Tex. ⁋Car la policie q̃ est en la tõnie G. Est la partie dytalie qui fut iadis appellee la grande gresse selon saint hierosme la ou sont puille et calabre ⁊ la ou regna agamenon qui obsist troye ⁋Tex. Semble estre vng royaume qui est gouuer ne selon la loy Car le roy nea pas dominacion sur toutes choses fors quãt il yst hors de la region pour cause de guerre Et dõcques il est seigneur de toutes les choses qui sõt pour la guerre Et encores en telles polices toutes choses qui appartiennent au cultiuement des dieux sont attribuees aux roys ⁋Glo. Sicomme les ordonnances des sacrifices et des prestres ⁊ des festes ⁋Tex. ⁋Et doncques cest royaume est aussi comme vne duchie ou seigneurie de lost Et est princey imperial ⁊ perpetuel Mais le roy na pas puissance de occire se ce nest a aucun royaume ⁋Glo. ⁋Cestassauoir en royaume et princey que tel roy a quant il maine lost Car autresfoiz il ne peult nul cõdempner a mort ⁋Tex. ⁋En la maniere que fut anciennement Car quãt le roy estoit prest pour yssir hors aux batailles ou guerres il pouoit mettre loy ⁋Glo. ⁋Il auoit pouoir lors de faire loix ⁊ ordonnances tonchantes les ostz ⁊ la guerre ⁊ pouoit condẽpner a mort. ⁋Tex ⁋Et ceste chose signifie homerus en sõ liure la ou il dit q̃ quant agamenõ eut mal cest a dire quãt il ne vouloit oyr ne acõplir la volũte du

peuple il estoit deprime es congregaciõs ⁊ assẽblees Mais quãt il estoit yssu hors pour les guerres il auoit dñacion ⁊ pouoir de occire Et disoit ainsi cellũy que le verray fuir de la bataille son pouoir ne souffira pas pour chacer les chiens ⁊ les vultres ⁋Glo. ⁋Cest adire que il donneroit aux chiens ⁊ aux oyseaux la chair de cellũy qui fuyroit Et semblablement disoit hector sicõme il est recite ou pr̃nt chapitre du tiers dethiques. ⁋Tex ⁋Car la mort est vers moy ⁋Glo. ⁋Il auoit pouoir de faire mourir ⁋Tex ⁋Et doncques est ce vne espece de royaume ⁊ est duchie ou princey sur lost qui dure a vie. ⁋Glo. ⁋Telz roys gouuernent seulement les ostz par princey royal de plaine poste Et en la cite en temps de paix ilz auoient autre maniere de princey royal selon les loix. ⁋Tex. ⁋Et de telz les vngs sont roys par succession de lignage Et les autres par election Et encores sans ceste est encore vne autre espece de monarchie telle comme fõt aucuns royaumes entre les barbarins ⁊ telz royaumes ont semblable puissãce comme tyrannies Et sont gouuernez selon les loix paternelles. ⁋Glo. ⁋Parce que il dit paternelles il diminue de iustes loix Car les princes de telz barbarins tẽdẽt a leur appre̾ pfsit cõe tyrãs Et ont sur leurs subiectz ordõnãces de grandes exactions imposees de piecza et esleuees p

Fueillet.

leurs predecesseurs z acoustumees de long tēps z pource il les appelle loiz paternelles ¶Car leurs peres vserent de ces loiz ¶Tex ¶Car les bar barins selō les meurs sont plus seruil les gens par nature que ne sont les grecz Et ceulx de asie plus que ceulx de europe ¶Glo. ¶Asie la grant est aussi comme la moitie de la terre ha bitable vers orient Et europe est aus si cōe la moytie de lautre moytie de la ptie de occidēt vers septēptriō ptie af frique q̄ est laut ptie Et noz sōmes en europe ¶Tex. ¶Et pource ilz en durent princey despotique sans ce q̄lz en soient tristes en rien ¶Glo.

¶Princey despotique est princey sur serfs et ilz souffrent pource quilz sont de seruille nate ioupte ce que fut dit ou viije chapitre du premier Et sont a ce acoustumez z des enfance virent leurs peres en telle seruitude Et par auenture nont pas memoire que leur pays feust oncques en liberte et a cest propos racōte lucain cōment ou tēps de la guerre entre iules cesar z pom peius les rommains se complaignoi ent et leur estoit dure chose entrer en seruitude z comment ilz sendurassēt a mains de tristesse se ilz leussent a costume cōme ont les peuples doriēt

¶Tex ¶Et dōcques leurs princes sont tyrans pour telle cause

¶Glo. ¶En vraye tyrannie sōt deux choses vne est que le prince gou uerne a son propre proffit/lautre est q̄ il opprime ses subiectz par force z par

violence z tient en seruitude contre leur volunte Et en vray royaume sont deux choses contraires aux des susdictes vne est que le roy gouuerne au proffit de ses subiectz / autre est q̄ ilz luy sont subiectz de leur volunte Et doncques telz princes de barba rine sont comme tyrans en ce que ilz querent leur proffit propre/z sont cō me roys enfant comme leurs subiectz obeissent z sont serfs voluntairemēt z de ce dit origenes en vne omelie. q̄ nulla est miseror seruitus q̄ volun taria ¶Il nest nulle plus meschant seruitude que celle qui est voluntai re ¶Tex. ¶Et ceste monarchie est seure ¶Glo. ¶Car les sub iectz ne font ne sedicione ne rebelliōs

¶Tex ¶Pource que elle est pater nelle z vient par succession de ligna ge z pource que elle est selon la loy a coustnmee au pays Et pour telle cau se la garde du prince est royal z non pas tyrannique. ¶Glo. ¶Apres il declaire la differēce de ces deux gar des ¶Tex. ¶Car les citoyens gardent leur roy par armes Et gens estranges gardent les tyrans

¶Glo. ¶Pource dit vegece Meli est armis suos erudire q̄ alienos mer cede conducere. Il vault mieulx in troduire ses gens en armes que souer gens estranges Mais ce nest ce pas q̄ fault a tyrant. ¶Tex. ¶Car les roys tiennent princey selon les loix et sur gens qui sont subiectz voluntai res Et les tyrans le tiennent sur gēs qui sont subiectz iniuoluntaires. Et pource ses roys sont gardez Et les tyrans sont garde pour ses cytoyens.

¶Glo. ¶Pour les tenir en seruitu de par crainte Et de ce dit seneque de clemencia Rex arma habet quibus in munimentum pacis ftitur tyrannus ut magno tymore. magna odia compescat Le roy a armes dont il vse pour garder paix. Et le tyrant les a pour faire paour Affin que parce il refrene grandes haynes Et pource tyrannie nest pas seure ne durable sicome il sera dit apres. ¶Tep. ¶Et doncques deux especes de royaume sont les dessusdictz Mais encores est vne autre espece laquelle estoit anciennement entre les grecs appellee climinetas ¶Glo. ¶Et telz furent les premieres ducs de grece desquelz parle plato in tymeo. ¶Tep. ¶Et a parler simplement cest aussi comme vne tyrannie eslite ⁊ est differēte de la monarchie barbarique deuant dicte non pas en ce q̄ elle soit selon la loy Mais en ce que elle nest pas paternelle ou p succession de lignage car les vngs se nopēt les princeyz en ceste maniere et les auoiēt seullement a vie Et les autres a aucun temps determine ⁊ a certaines actions ¶Glo. ¶Sicomme quant au fait des guerres seullement ou a vng autre fait ¶Tep. ¶Et vng tel eslirent aucunesfoiz ceulx de mitelene. ¶Glo. ¶Albert dit que cest vne isse pres de sicille ¶Tep ¶Et fut vng appelle fictacus leqūl

ilz eslirent pour estre prince de lost contre vne compaignee cōcueillie de gēs fugitis ⁊ de banniz lesquelz gouuernoient ⁊ menoient vng appelle antimenides ⁊ vng poethe appelle alceus

¶Glo. ¶Antimenides estoit leur duc ou leur capiteine /⁊ alceus estoit leur legislateur /⁊ vouloient obtenir celle ysle ¶Tep. ¶Et alceus en vng vers scolie ¶Glo. ¶En grec cest vng vers notable qui est en marge pres du texte ⁊ est dit de scolie qui signifie discipline ¶Tep. ¶Signifie que ceulx de mitelene en eslisant fictacus eslirēt vng tyrant /⁊ les blasme par derision Car ilz firent le mal du pays quāt ilz eslirēt fictacus pour prince vng homme dit il sans fiel⁊ de grieue felicite ¶Glo. ¶Il dit sans fiel car il estoit couart ⁊ ne se osoit courroucier cōtre ses ennemis ⁊ toutes yres ⁊ fureur sont requises en batailles quant temps en est sicomme il appert ou vij.e chapitre du tiers dethiques. et dit que il estoit de grieue felicite / car il mettoit sa felicite en delitz corporelz ⁊ en couuoitise ⁊ greuoit le peuple ¶Tep. ¶Et toutesuoyes quant ceulx de mitilene furent tous assemblez ilz souffrent cest tyrant Et ces deux monarchies sont ⁊ estoient Et en tant comme ilz estoyent despotique ⁊ que les subiectz estoient serfs ilz estoient tyrāniques Mais entant comme ilz estoient par election ou acceptes du peuple ilz estoient royalles /⁊ la quarte espece de monarchie

royal est celle qui est selõ ce qui sut iadis ce temps heroiques. ¶Glo.

¶Et furent les temps desquelz estoi
ent gens heroyques Cest adire tresex
cellens en vertuz en biens ⁊ cõme gēs
de dieu meilleurs que ne sont commu
nemēt autres gens vertueusp ⁊ telz
temps les poethes apppellent les siecles dorez Et doit len sauoir que com
bien que il semble a aucũs que le mõ
de quant aux gens voise tousiours
continuellement en empirent pource
que communement chascun tant pl9
vit ⁊ il cognoist pl9 la malice du mõ
de Et pource dit maximien du viel
lart Laudat preteritos presentes des-
picit annos Il loue les ans passez ⁊
blasme les presens Toutesuoyes il
nest pas tousiours ainsi mais aucunessoiz le monde quant aux gens va
en empirant ⁊ autressoiz en amēdent
sicomme il peut apparoir par les hys
toires Et pource au commancement
de la loy de grace les payens mesmes
disoient que le bon temps retournoit
sicomme virgille qui dit Iam reddit
⁊ virgo redeunt saturna regna. Ius
tice retourne ⁊ les royaumes de satur
ne que les poethes appellent dorez
Et ouide en parlant de actoniē qui
regnoit quant ihesucrist fut ne dit a in
si Quo preste return humano gene
ti supi sauistis abunde Il dit que les
dieux furent lors fort fauorables a lu
main lignage Et plinius fait de ce
vne admiracion Et doibt len sauoir
que la monarchie royal dessusd peut

estre en tout temps ¶Tex. ¶Et ceste
espece de royaume est voluntaire cest
adire selon la volunte du peuple sub
iect et est paternelle ⁊ par succession
Et faicte selon la loy ⁊ coustume du
pays ¶Glo. ¶Ce sont troys condicions selon les quelles le peuple es
lit ou accepte telz roys /⁊ pour seurs
hoirs ⁊ a gouuerner selon les bonnes
loys ⁊ coustumes du pays

¶Tex. ¶Et ceulx qui furent premiers benefacteurs excellentement a
la multitude selon aucũs ars ou faiz
de batailles ou en concueillant ou as
semblant le peuple ou en achetant et
conquerant la region ilz furent pour
ce faiz roys de la volũte de touz ⁊ pre
noient le royaume lung apres lautre
par succession paternelle ¶Glo.

¶La touche quant benefices Ung
est trouuer aucuns ars tresbons sico
me len dit que saturnus fut le premier
qui sema forment en ytalie

¶Item bons faiz darmes sicomme
deffendre le pays ou de se desiurer de
la main des tyrans sicomme len dit q̃
fist hercules Et la saincte escripture
met comment le peuple de israel offri
rēt a gedeon le prīcey pour luy ⁊ pour
ses hoirs mais il le refusa Dixerunt
q3 omnes viri israel ad gedeon domi
nare nostri tu ⁊ filius tuus ⁊ filii tui
quia liberasti nos de manu madian
quibus ille ait non dominabitur ves
tri ⁊c. iudiciũ octauo

¶Item assembler gens espitz ⁊ pres
que sauuaiges et les induire a vie ci-

Le tiers liure de politiques L.iii.

uille & conuersacion politique sicomme touche tulles au commencement de rethozique.

¶Item conquerir vng pays pour le mieulx gouuerner & par iuste guerre sicomme le premier duc ou roy de france conquesterent cest pays Et come guillaume duc de ceste normandie conquist engleterre Ce sont les iiii.choses que il touche par quoy len peut deserui telle monarchie Apres il met la puissance que telz roys ont ou auoient ¶Tex. ¶Et estoient seigneurs de la presidence qui est selon les guerres Et de toutes les substances ou possessions quelcõques qui ne appartiennẽt aux prestres ¶Glo.

¶Et des autres possessions il ne auoient pas de tout la seigneurie en proprieté ou en vsaige que len appelle dominiũ vtile Mais ilz auoiẽt la seigneurie en souueraineté & la iuridiciõ que len appelle dominiũ directũ Et dõcques il excepte de ceste seigneurie les substãces ou facultez des prestres Et par consequent telz roys nauoiẽt pas interdiction sur les biens de prestres ¶Tex.¶Et auecque ces choses il iugoient les sentences ¶Glo.

¶Des accusatiõs et des controuersies ¶Tex ¶Et aucuns le faisoient sans iurer & les autres iuroient. Et le serment estoit eleuaciõ de leur ceptre &. Aussi cõe len lieue la main maintenãt quant len iure les roys Adõcques leuoiẽt leur ceptre en maniere de serment que ilz feroient loyaulx iugemẽs Et ceptre cest vng baton royal ¶Tex ¶Et aucuns telz roys anciennement tenoient le princep continuellement sur les choses de la cite Et sur les choses populaires du territoire & sur les chateaulx et citez qui estoient enuiron Et puis apres pource que les roys se souffrirẽt les multitudes occuperent ce que les roys auoyent en la cite Et aduit que la substance paternelle cestassauoir les heritages que ilz auoient es autres citez du royaume demourerẽt seulement aux roys ¶Glo ¶Car aucunesfois quant le roy demouroit hors longuemẽt en cõquestant pays et citez la pricipalle cite se exemptoit des tributs deuances que ilz faisoient au roy ou ilz vsurpoient des possessions du roy Et albert lexpose autremẽt mais il ne se accorde pas au texte ¶Tex ¶Et auoient hors la cite royaumes la ou le pays estoit digne destre dit royaume Et es frontiers ilz auoient seulemẽt le duchie ou le princeps des guerres

¶Du xpie chapitre il recapitule par autre ordre les especes dessusd. et adiouste la quite et les ramaine a deux especes

¶Dõcques de royaume sont ces especes deuant dictes Et sont quatre en nombre Vne est telle cõme celle qui estoit vers les temps heroyques Et ceste monarchi

Fueillet.

e estoit sur gens qui estoient subgectz voluntaire et auoit le roy seigneurie en aucūes choses determinees car il estoit duc et seigneur de lost et estoit iuge des causes et estoit seigneur des choses apptenātes aup cultiuemens des dieup ¶Glo. ¶Cestassauoir de instituer les prestres τ telles choses sicomme il fut dit de lespece de royaume qui est mise sa premiere ou chapitre precedent Et toutesuoyes selon ceste police les roys ne auoiēt pas seigneurie sur les possessions des prestres sicōme il appert ou chapitre precedēt Et par ce semble que les possessions des prestres estoient toutes determinees τ que ilz en estoient souuerains seigneurs ¶Et les roys instituoient ou eslisoient les prestres τ en la saincte escripture troūue lō que aucuns roys τ princes du peuple de dieu instituoient les prestres τ les leuites sicōme dauid τ iudas machabee τ autres Mais il nest pas ainsi ou peuple crestien combien que aucuns empereurs τ roys ou le peuple ayent aucūesfoiz esleuz aucūs euesques sicomme il appert par les legendes des saincts τ p les hystoires Mais ce estoit quāt a la ministracion τ yconomie ou dispensation des biens de leglise Car quant aup ordres ou cures de lame nostre seigneur ihesucrist les dōne sās moyen combien que de diuine ordonnāce a ce soit requis certain mistere qui ne peut estre fait fors par euesques Et ceste chose appartient a autre science

¶Tep. ¶Et la seconde espece est que lē appelle barbarique τ ceste succede de par lignage Et pricep despotique cest adire sur gens qui sont serfs τ est selon la loy q̄lz ont accoustumee ¶La tierce est que len appelle clymnetas Et est tyrānie eslite Et la quarte est celle que nous auōs appellee la conque Et est aussi comme a simplement dire Vne duchie ou princepz de lost τ est perpetuel selon succession de lignage τ en ceste maniere les especes dessusdictes differēt lune de lautre ¶Glo. ¶Apres il adiouste la quite ¶Tep. ¶Et la quinte espece de royaume est quant vng est seigneur de toutes choses en la maniere q̄ vnes gens quesconques τ vne cite quelcōques de cōmunitez est ordonnee selō pconomique ¶Glo. ¶Et en yconomiq̄ vng seul est seigneur de tout τ gouuerne au proffit des subiectz sicomme il fut declare ou viiie chapitre

¶Tep. ¶Et semblablement comme en yconomie maison est aussi comme vng royaume ¶En ceste maniere vng royaume dune cite ou dune gent ou de plusieurs est aussi comme vne yconomie ¶Glo. ¶Dune maison Et est le roy au regart de sō royaume comme le pere de sa famille en regart de sa maisō Et a cest propos fut dit ou piiie. chapitre de le viiie. dethiques q̄ pricep royal veult estre paternel τ q̄ pource homer⁹ appelloit le roy ioues pere ¶Apres il ramaine ses especes a deup selō vne cō sideracion ⊂Tex. ⊂Et doncqͤs sont a peu deux especes de royaume de quoy len doit considerer Cestassauoir ceste q̃ est maintenant dicte Et celle que nous auons appellee la conique Et des autres plusieurs sont moyennes entre ces deux desq̃lles autres les princes sont seigneurs de moins de chose que en royaume τ sont seigneurs de plusieurs choses q̃ en pricep laconique ⊂Glo. ⊂Il entend que sans les deux princeps que aucūs appellent royaumes τ il les a appellees tyrannie τ verite est q̃ entre ceste quite qui est vroy royaume et le princep sōt plusieurs moyēs car le prīce ou pricep laconique a trespetit puissāce sicome il fut dit de agamenon ou chapitre precedent Et en ceste quinte espece le roy a tresgraut puissance Et entre deux peut auoir moult de moyēs selō ce que les vngs princes ou roys ont puissance sur plusieurs choses q̃ les autres. ⊂Tex. ⊂Et pource cōsideracion est a faire presque de deux choses Vne est assauoir mon se il est eppedient aux citez que le duc ou prī ce de lost soit perpetuel a vie ou que il soit selon succession de lignage ou que il soit selon partie de temps ou se il ne leur est pas eppedient ⊂Glo. ⊂Et ce regarde le princep laconique qui estoit sur les ostz sicomme il fut dit ou chapitre precedent τ en cestuy

⊂Tex. ⊂Vne autre chose est assauoir mon se il est eppedient que vng soit seigneur de toutes choses ou se ce

n'est pas eppedient ⊂Glo. ⊂Et ce regarde la quinte des especes dessusd

⊂Tex ⊂Mais considerer de tel duchie ou princep de ost ce est plus espece τ maniere de loix que de police car ceste chose peut estre en toutes polices

⊂Glo. ⊂Et doncques n'est ce pas vne police Mais en chascune police telle chose doit estre ordonnee par les loix positiues de celle police τ peut estre que il est eppedient que en telle police que tel princep soit ppetuel ou a heritage ou en aultre police aultrement ⊂Tex ⊂Et pource premiermēt nous laisserons ceste chose mais laultre maniere de royaume dessusdict est vne espece de police Et pource de ceste conuient il considerer τ traicter en passāt oultre les doubtes et les questions qui en ce peuent estre faictes

⊂Glo ⊂Et de ce il commance a parler ou chapitre ensuiuant

Pource quil est escript ou premier liure des roys que samuel le prophete dist de par dieu au peuple disrael le droit de leur roy τ que par ce aucun pourroit cuider q̃ tout roy ayt tel droit τ quil soit iuste pour oster ceste erreur le deux premierement reciter de lescripture ce qui fait a propos τ aps considerer q̃ile espece de royaume tel droit regarde selon aristote τ sil est iuste Quant au pmier point verite est que le peuple disrael demanda a samuel qui bien les auoit gouuernez demanda τ requist a dieu

Fueillet.

quilz donnast baillast roy ainsi com
me auoient toutes nacions Et samu
el se conseilla de ce a nostre seigneur q̄
luy dist ainsi ilz ne te ont pas gecte ar
riere mais moy affin que ie ne regne
sur eulx say leur ce que tlz demandēt
Mais toutesuoyes leur pteste ou leur
proteste leur dy deuant le droit du roy
qui regnera sur eulx Adonc leur dit
samuel ainsi le droit du roy q̄ sera em
periere sur vous sera cestuy il Vous
astera voz filz a les mettre amener
ses cheuaulx et ses charettes les fe
ra arer ses champs cueillir ses blez
forger ses armes ferrer ses cheuaulx
Et voz filles il les sera ses cusinieres
 ses pennetieres si vous ostera voz
champs voz vignes voz oliues les
tresmeilleurs les donnera a ses ser
uans voz blez les rentes de vig
nes il les dismera en prendra les dis
mes pour les donner a ceulx qui gar
dent ses femmes ses varletz Et si
vous ostera voz varletz voz chā
barieres de voz ieunes hommes les
tresmeilleurs voz asnes les met
tra en ses euures en sa besongne et
prēdra ses dismes de voz bestes voꝰ
serez ses serfs Et lors vous crierez
vous complaindrez c. C est pres q̄
la sentēce Quant au second point cō
sidere sa maniere des royaumes que
touche aristote il me sēble que le droit
dessusdit est le droit que ie dit auoir le
prince en monarchie appellee barba
rique nest pas le droit de vray roy
lung lautre teple raison se accor

dent premieremēt car aristote dit ou
chapitre precedēt que telz royaumes
barbariques sont en asie Et ainsi le
dit lucain le peuple disrael q̄ estoit
en celles parties demandoit tel roy cō
me ont toutes nacions et est a entens
dre naciōs voysines Car ainsi lexpri
me lescripture en vng autre lieu deu
tronomii v.viii. Or ou il est escript que
le peuple diroit ie constitue sur moy
roy sicomme ont toutes nacions qui
sont en circuite / doncques appert
quilz demanderent tel roy quilz sont
es royaumes que aristote appelle bar
barique.

Jtem aristote dit ou chapitre pre
cedent que telz princes sont tyrās car
ilz gouuernent a leur proffit cest la
propre difference ou cōdicion qui fait
estre tyrans mais ilz ont vue simili
tude au roy entant comme leurs sub
iectz sont voluntaires sicomme il fut
dit ou chapitre precedent et par le tey
te descripture il appert q̄ le droit des
susdit est au proffit du prince et appt
ainsi que le peuple disrael vouloit a
uoir tel roy et dōcques le demanderēt
ilz tel cōme ont ceulx qui sōt subiectz
voluntaires au proffit du prince Et
cest le royaume que aristote appelle
barbarique non pas vray royaume

Jte en vng vray royaume les sub
iectz sont cytoyens et francs non pas
sers sicomme il appert par toute ces
te science et la saincte escripture dit q̄
les filz disrael seroient serfs a tel roy.

Jtem lescripture ne dit pas simple

ment et generallement ce sera le droit du roy Mais dit par deux fois/ce sera le droit du roy qui regnera sur vous lequel puis quil vseroit de tel droit ne seroit roy fors seullement de nom Car sicomme dit seneques le tyrant differre du roy en faiz & non pas en nom ¶Unde beatus gregorius.

¶Oce angusto hoc namq; inter reges gencium et rei publice imperatores distat, q reges gencium domini seruorum sunt, imperatores rei publice dñi liberorum.

¶Item les droiz de vray roy ne sõt pas exactions & les bons roys ne sõt pas exacteurs/& la ou lescripture dit ce sera le droit du roy. la glose dit ce sera par exaction & par dominacion & pource ou temps ensuiuant le prophete ysaye en la personne de nostre seigneur ihesu crist se complaignoit de telz roys Et disoit ¶Populum meum exactores sui spoliauerunt. Mon peuple ses exacteurs sont despoille ¶Et ou tiers liure des roys est faicte mencion de la tyrannie du roy disrael appelle asabzi & doncques le droit dessusdict nest pas de vray roy

¶Item vray royaulme est tresbonne police & doncques nest ce pas mal de demander & auoir vray roy & bon & est certain quil ne despleust pas a nostreseigneur se son peuple demãdoit tel roy & ne laissoit pas pource a regner sur eulx & il appert assez par les cripture dessus mise que leur requeste

ne fut pas a dieu agreable Mais firent mal en ce sicomme il appert Car il est escript apres en vng autre chap̃ que samuel leur dit ainsi vous saurez & verrez maintenãt Car vous auez fait grant mal deuãt nostre seigneur en ce que vous auez demande roy sur vous & doncques nauoient ilz pas demande vray roy & ad ce saccorde ce que dit nostre seigneur/apres en reprouche au peuple disrael par ozee le prophete ¶Or est il ton roy de quoy tu me disoyes donne moy roy ie te donne roy a ma fureur & le te octeroy a mon indignacion

¶Item il appert clerement que le prfsit & droit dessusdict estoit au proffit du prince & nõ pas des subiectz Car lescripture met cõment le roy appliqueroit ce quil prendroit sur eulx nõ pas en la necessite de la deffence du pays Mais en ses propres vsages et encores en aucũs deshõnestes sicõ a dõner a ceulx qui garderoiẽt ses femes Car plusieurs de leurs roys eurent concubines et il fut dit en la fin du vii. cha. que toutes polices qui sont au proffit des princes sont vicieuses & corrupues & sõt trãsgressiõs de droicte police et dõcques le droit dessusdit nest pas droit de bõne police ne p̃ pseqũet droit de bõ royaume ou de bõ roy.

¶Ite vray roy est par soy souffisãt sãs ce q̃l ait mestier du biẽ de ses subiectz mesmement quant a tenir son hostel & son bon estat sicomme il fut dit ou piii chapitre de le viii ethiques Et doncques cellup qui vseroit de droit dessusdict ne seroit pas vray roy Mais a parler de roy selon ce que aristote le prent/z non pas de roy barbatique il est certain que samuel gouuerna le peuple disrael comme roy/z quil fust vray roy/mesmement quant a ceste souffisance et ce appert clerement ou piii chap. du liure des roys la ou il est escript que samuel disoit ainsi au peuple Je suis vieil/z chanu /z ay conuerse deuant vous de mon adolescence/z ieunesce iusques a cest iour q̃ vees cy Je suis prest/pres de moy demant nostre seigneur/z deuant le roy assauoir mon se iay oste le beuf ou lasne de quelconques se iay calumpnie ou opprime aucun se iay prins dom de la main de quelcõques /z ie le vous restitueray au iourdup/z ils disrẽt tu ne nous en a riens calumpnie ou opprime/z nas riens pris ou oste de la main de quelconques/z il dit nostre seigneur en est tesmoing/z ils dissirẽt il en est tesmoing ce dist lescripture Et doncques eust samuel la souffisance de vray roy dessusdict comme vray roy combien quil fut appelle iuge Car peut estre que en cellup pays/z en cest temps ilz nappelloient roy/fors ceulx qui tenoient monarchie barbarique Or auons doncques que le droit dessusdict nest pas droit de vray roy Quant au tiers point se tel droit est iuste et commẽt ce droit

doibt estre dit premieremẽt il me semble quil est iniuste simplement Car iustice est rendre a chascun cen q̃ est sien Et doncques oster a chascun ce quest sien cest iniustice Or dist lescripture selon cest droit que le roy ostera Collet et au feret Et dit voz filz voz filles voz asnes /z cetera Et ainsi appert clerement que cest iniustice et que tel droit est iniuste simplement

Item combien que tel droit soit iniuste ou droit tel ou quel /z improprement sicomme il fut dit ou dixiesme chapitre Et ceulx qui les establissent encourent les maledictions/ et ainsi que il est contenu en la sainte escripture Et telles loix ne doiuent pas estre dictes loix propremẽt mais tyranies Car chascune policie a ses droix propres a elle Et pource cest droit icy peut estre dit droit tyranniq̃ Mais neantmoins telz droix sont iniustes simplement sicomme il fut dit ou pe. chapitre Et ceulx qui les establissent encourent la malediction qui dit Ve q̃ condũt leges iniquas/z cetera Mais encore pour plus plainemẽt declarer le propos ie argue au cõtraire Car sicõme il fut dit ou quint chapitre du premier aucuns sont serfz de nature /z leur est eppediẽt et iuste q̃ ilz seruẽt /z est iuste que leurs seigneurs les tiengnent en seruitude sicomme il appert ou chapitre dessus dit

Or est il possible que toute vng

multitude soit de telz gens ou quelle soit serue ou de seruille nature adoncques est ce iuste z eppedient que le price de telle multitude se tiengne en seruitute z telles gens sont en asie sicõme il fut dit ou chapitre precedent Et le peuple dysrael estoit en ces pties sicõme il fut dit deuant z par consequent les droits par quoy ilz estoient tenuz en seruitute sõt iustes z tel est le droit dessus mis z recite de lescripture
Je respons z dy premierement que si telle multitude seruille estoit elle ne seroit pas communion ne communite politique et ne seroit pas cite/car cite est de gẽs francs sicomme il fut dit en la fin du viiie. chapitre et ne peult estre constitue de gens serfs ou de bestes sicomme il fut dit ou pe. chapitre z ou pvie. Et pource il fut dit ou vii chapitre du premier que prince despotique qui est sur serfs nest pas prince politique z par ce appert que le prince de telle multitude nestoit pas roy Car royaume est price politique z est sur cytopens qui sont francs z sur cõmunite ordonnee a viure selon vertu z vne multitude seruille nest pas telle sicomme il fut dit en le pe. chap. Et doncqs le droit dessusdict ne peut estre droit de roy ¶ Apres ie dy que le peuple dysrael nestoit pas telle multitude Car aristote ne dit pas vniuersellement que tous ceulx dasie fussẽt proprement serfs Mais il dit quilz sont plus seruilles en meurs que ne

sont ceulx deurope et est adire quilz ne sont pas de si franche nature
¶ Item il appert assez par listoire du liure des roys z ailleurs en lescripture q les filz disrael nestoient pas telz serfs z qui viuoient ciuillement Jeremie secondo Nunquid seruus est israel aut vernaculus.
¶ Item celluy q est propremẽt serf il est possession de son seigneur et na rien qui soit sien Sicomme il appert ou pve. chapitre de le viii. dethiques z ou vie chapitre de le viiie. de politiques z est selon saint pol ¶ Seruus domino suo stat aut cadit Et il appert par lescripture z par le texte du droit dessusdict que les filz disrael auoient possessions
¶ Item samuel signifioit au peuple sicomme il appert par lescripture que tel seruitute ne leur seroit pas eppediente z auecques ce quelle leur seroit triste ou violente Et doncqs le droit dessusdict ne peult estre iuste puis ql nest eppedient aux subiectz Et par consequent ce nest pas droit royal sicõme il est dit deuãt Et encore appt par ce que selon cest droit le roy pourroit faire contre lordonnãce de nostre seigneur escript deutronomii decimo septimo la ou il dit a son peuple Quãt roy sera constitue sur toy il ne multipliera pas cheuaulx pour soy/cest a dire ql naura pas grãt multitude et ne remenera pas mõ peuple en egipte Cest adire selon ce q dient les gloses

o.ii.

Fueillet

quil ne les mettra pas en seruitute et naura pas plusieurs femmes qui luy facent delectacions ne tresgrant pris dargeut et dor Est adire tresgrant habundance

On pptie. chapitre il propose sil vault mieulx estre gouuerne p vng tresbon roy que par bonne loy

Le commancement de ceste inquisicion est cestuy assauoir mon seil est plus eppedient estre gouuerne par vng tresbon homme ou par tresbonnes loix Et sont aucuns q cuident quil est plus eppedient estre gouuerne par roy que par loix, et leur semble par telle raison, car les loix dient et parlent seulement en general ou vniuersel et non pas en ordonnant aux choses qui aduiennent Glo. Car len ne pourroit pas toutes les loix appliquer a tous les cas particuliers pource quilz sont innombrables et est impossible que cestuy qui feist les loix les peust tous penser et aduiser Apres il met a ce vng exemple Tex. Car en quelconque art tenir princey ou commander a ouurer selon les lettres cest meschāt chose Et pour ce en egipte tl laisse aux medecins amouuoir les hōmes et a muer la diete apres le tiers iour et ce ilz se font plustost cest a leur peril

Glo. Item il conuient que ilz pfiderent la maladie par trops iours auant quilz doiuent medeciner et ceste ratson cōclud verite en partie, car len ne doibt pas seullement regarder aux escriptures Mais auecqs ce aux circonstances des choses singulieres Tex. Et doncques il est manifeste pour ceste mesme cause que tresbonne police nest pas selon les lettres Cest adire selon les coustumes non escriptes, cest a entendre seulement come dit est Apres il argue a lautre partie. Tex. Mais il conuient que les princes sachent ceste parolle ou sentence vniuerselle Cest assauoir quil vault mieulx que le gouuernement publicque soit a la chose ou selon la chose qui na en soy nulle passion faueur ou affection que a celle a laquelle passion est comme naturelle et telle passion nest pas en la loy et il est necessaire que toute ame humaine ait en soy passion Glo. Sicomme amour ou haine paour ou esperāce, et p telles passions bon iugemēt pourroit estre paruerti sil estoit selon volunte Et dōcques est ce mieulx que le doy iuger selon la loy Apres il obice a lencontre Tex. Mais apres se diroit que cestuy qui est bon homme contre telles passions aura conseil et deliberacion des choses singulieres mieulx que se il iugeoit par la loy

Glo. Apres il monstre en quel cas le iugement doibt demourer en arbitraige ou en volunté humaine. ¶Tep. ¶Adoncques il appert quil est necessaire que aucun legislateur soit & que aucuns mettent loix Mais il ne puent pas que ilz soient seigneurs des choses determinees p les loix Mais quelconques choses q ne peuet estre nullemét iugez par la loy ou qui ne peuent pas bien parce estre iugez se il demourent en lordonnance des iuges. ¶Glo. ¶Car en tel cas len iuge mieulx par bon conseil & par deliberactiō que p ses loix & de ce fut dit ou p̄ uiii chapitre Apres il traicte une doubte

¶Tep. ¶Et est doubte assauoir sil est chose conuenable que ung tresbō homme tiegne le princey ou touz
¶Glo. ¶Il entend quát a faire tel iugement et apres il argue que plusieurs tiennent le princey par troys raisons ¶Tepte.

¶Et premierement quant plusieurs communement ensemble ilz disputent & conseillent & iugent & tous telz iugemens sont de choses particulieres ¶Glo. ¶Car ilz considerēt les faiz particuliers & les particulieres circonstances ¶Tep. ¶Et doncques la deliberacion qui est faicte par ung seul est par aduēture moins bonne que celle qui est faicte par plusieurs aussi comme une cité qui est de moult de gens ¶Glo. ¶Elle vault mieulx que celle q est de peu de gens
¶Tep. ¶Aussi cōe ung disner auql

plusieurs apportēt de moult de viandes il est plus bel q nest ung simple disner Et pource une grāde multitude iuge mieulx q ne fait ung seul quelconque. ¶Glo. ¶Apres il met la seconde raison ¶Tep. ¶Une chose q est grande est plus indifferente q nest une petite Cest adire qlle peut estre moins menee dune difference a autre sicōe une grāt eaue ¶Glo. ¶Car len peut trop plus legierement tourner quelle part que lē veult ung petit rucissel q ung grāt fleuue ¶Tep. ¶Et en ceste maniere une multitude est plus indifferēte que nest ung seul car sil aduient q ung seul soit tempte & tenu dire ou daucune telle passion il est necessaire q son iugement soit corrupu ¶Glo. ¶Car sicō dit saint iaques ire domme ne euure pas ou fait la iustice de dieu Et sicō dit chatonet. Ira impedit animū ne possit cernere verū Ire empeche le courtage q il ne peut veoir verite ¶Tep. Mais forte chose seroit que tous fussent ensēble impetueusement meuz & menes de ire ou de une passion. q to p̄chassent. Glo Et pource q aucū pourroit dire q plusieurs de la multitude sont aucunesfoiz meuz par ire il dit apres

¶Tep. ¶Mais q la multitude soit telle quiz soient francs & gens qui ne facēt rien fors que la loy excepte des choses ou il conuient par necessite q la loy de faille. ¶Glo. ¶Et doncqs la raison dessus mise ne conclud pas
o iii.

¶ Fueillet

de multitude ville et desraisonnable. Mais peut len veoir le contraire par les exemples dessusmises. Car ung disner mal ordonne est plus fait grant que petit et vne eaue qui est hors de son cours tant est plus grande et tant fait plus de mal et de ceste maniere fut dit ou piiii.e chapitre. ¶Apres il met la tierce raison ¶Tep. ¶Et se aucun disoit que ce nest pas legiere chose de trouuer telle multitude toute suores se plusieurs sont bons hommes et bons citoyens ie demande assauoir se vng seul estoit prince se il seroit plus incorruptible Cest adire se il pourroit plus estre moins corrumpu que plusieurs qui seroient bons hommes ¶Et est certain que plusieurs seroient plus incorruptibles. ¶Glo. ¶Apres il obice encontre ¶Tep. ¶Mais aucun pourroit dire que se ilz sont plusieurs ilz feront sedicions et diuisions ¶Glo ¶Apres il respond ¶Tep ¶Mais nous deuons mettre encontre et respondre que ceulx icy qui sont plusieurs sont aussi vertueulx selon lame comme cellup qui est seul

¶Glo. ¶Et par consequent ilz ne feront nulles sedicions ne mauuaistie

¶Apres il met vne chose qui sensuit de ce que dit est sicomme il semble

¶Tep. ¶Et doncques se nous mettons que aristocracie est princep de plusieurs lesquelz sont tous bons hommes et que royaume est prince de bon homme il sensuit que aristocracie est plus elisible aux citez que nest royaume pose que lun et lautre princep soit tenu auecques puissance et pose quil soit tenu sans puissance

¶Glo ¶Il sera dit en la fin du chapitre comment ce doit estre entendu Apres il met vne autre chose en confortant son dit ¶Tep. ¶Et pour ce par auenture ou temps ancien les gens estoient gouuernez par roy / car len ne pouoit pas souuent trouuer hommes plusieurs qui fussent differens des autres en excellence selon vertu et encore pour vne cause les gens habitoient es petites citez et encore pour ce quilz instituoient aucuns pour estre roys pour aucuns beneficez quilz auoient fait au peuple Car faire telz beneficez est euure de bons hommes.

¶Glo. ¶Et pource quilz leur sembloit que tel homme estoit bon et vertueulx ilz le faisoient roy et de ce fut dit plus a plain ou xxe chapitre Et par auenture selon cen dit nostre seigneur en leuangille que telz sont appellez benefici bienfaisans

¶Tep. ¶Et apres quant il aduit que plusieurs furent semblables a telz roys quant a vertu et a prudence ilz ne peurent plus souffrir telle chose Mais quroient aucune chose commune et instituoient police. ¶Glo ¶Cest assauoir aristocracie ¶Apres il met vne autre mutacion. ¶Tep ¶Et quant ceulx icy ou leurs successeurs furent faiz pires et quilz furent enrichiz des biens de la communité il appert par raison que adoncques furent faictes les polices oligarchiques car ilz firent seullement que riches estoient honnorables ¶Glo ¶Ilz ne distribuoient pas les princeyz ne les honneurs les offices fors pour richesses Apres il met deux autres mutacions

¶Tex. ¶Et de ces oligarchies et transmutacions vindrent premierement tyrannies/¶ de tyrannies sen vint apres en democracie ¶Glo ¶Apres il met la maniere des deux mutaciōs

¶Tex. ¶Car ceulx qui tenoient le princey oligarchique reduisoient ¶ renuoient tousiours a mendre nōbre pour cause de plus grant gaaing laidement conqueste ¶Glo. ¶Ilz faisoient sur le peuple grans extorcions ¶ estoient conuoiteux ¶ tāt moist estoient tāt auoit chascun deulx grigneurs ¶ grandes parties de telles exactions ¶ extorcions/¶ pour ce quant ung deulx estoit mort ilz ne mettoient nul autre ou lieu de lui quilz peussent ¶Et parce tout le princey vint en la main dung qui fut tirant

¶Tex. ¶Et par ce firent quil aduint que la multitude de peuple fut la plus forte ¶ que ilz se adresserent ¶ se esleurent contre les tyrās par rebellion ¶ ainsi furent faictes democracies ¶Glo ¶Car le peuple gectoit hors les tyrans ¶ prenoit la domination. ¶Tex. ¶Et pource quant les citez sont faictes plus grandes par auenture nest ce pas legiere

chose que autre police soit faicte que democracie. ¶Glo ¶Et quant il dit autre police il entend des polices vicieuses comme sont tyrānie ¶ oligarchie/¶ la cause de son dit est car le peuple se esioist de liberté ¶ pour ce quant il est bien grant cest fort de le tenir longuement en subiection de seruitude ¶Or auons doncques que aristote ple de cinq polices ¶ laisse la sixte ¶Cest assauoir timocracie ¶ la cause est car tymocracie ¶ democracie sont prochaines ¶ different en peu de chose sicomme il dit ou piise. chapitre de le viii. Dethiques /et pource il les reputte icy aussi comme vne police ¶ en plusieurs autres lieux

¶Item il met icy iiii mutacions la premiere est de royaume en aristocracie et semble quil vueille dire quelle est de bien en mieulx La seconde est da ristocracie en oligarchie ¶ est de bien en mal ¶La tierce est doligarchie en thyrānie et est de mal en pis La quarte est de tyrannie en democracie ¶ est de mal en moins mal

¶Item qui considere la police des rommains des le commencement iusques a Jules cesar selon les escriptures de titus liuius de salustes de tulles ¶ de lucain il semble quelle ait en partie tel proces / comme aristote mect icy.

¶Item il ne conuient pas es mutacions des polices q̄ cest ordre soit tousiours tenu ¶Et premierement de royaume se le roy commancoit a tirannizer

o iiii

℃ Fueillet

Et il obtenist par subtilite par puissance lors seroit mue royaume en tyrannie et se lon pouoit resister et que vug petit nombre de gés vertueulx obtenissént la dominacion il seroit mue en aristocracie comme fut le royaume des romains Et se vng petit nombre de gens couuoiteulx obstenoient ce seroit oligarchie ⁊ se tout le peuple obstenoit il seroit mue en democracie ⁊ ainsi des polices Car ilz peuent estre mues en diuerses manieres

¶ Item en cest chap chiet vne doubte de ce quil dit que aristocracie est plus eslisible et par consequét meilleur police que nest royaume et quil mect la mutacion de royaume en aristocracie ainsi comme en mieulx ⁊ toutefoiz il fut dit ou .piiie. chap. de le viiie. dethiques que royaume est la tresmeilleur police de toutes Et sera dit apres ou quart liure Et doncques aristocracie nest pas plus estible ne meilleur Response premierement len peut dire que aristote ne fait icy q arguer sans riens determiner Car ou .xxve. chapitre il declaire ce a quoy ou par quoy il appert que aristocracie en aulcuns cas ou en aucuns lieux vault mieulx q royaume Mais pour veoir combien la raison dessus mise conclude verite len doibt sauoir que il parle de prince quant aulx iugemens ⁊ monstre q le iugemét de plusieurs saiges vault mieulx q vng seul Et doncqs se il estoit vng qui voulsist iuger et condempner luy seul tel prince ou tel royaume ne seroit pas tresbonne police ⁊ seroit contre ce qui fut dit ou piiie. cha Mais ce vng roy fait ses iugemés par la deliberacion de plusieurs saiges selon la doctrine du treziesme. chapitre cest tresbién fait ⁊ est aussi comme vne miptionde royaume de aristocracie qui est plus eslisible que royaume selon sa premiere matiere ne q aristocracie seule.

¶ Ou pviiie. chapitre il traicte se mieulx est dauoir roy par election ou par succession

Se aucun mettoit que pour les citez cest la tresmeilleur chose quil soient gouuernez par roy doncques est question en quelle maniere se auront les enffans ou hoirs du roy quant a ce assauoir mon se il conuient que se lignage regne par succession ¶ Glo. ¶ Apres il argue que non ¶ Tep. ¶ Car se il aduiét qne les enfans du roy soient telz quelz ou ses hoirs cest vne chose nupsible ¶ Glo. ¶ Se le filz du roy estoit inutile ou mauuais ce seroit doumaige ⁊ inconuenient quil regnast apres le pere ¶ Apres il met vne response ¶ Tep. ¶ Mais aucun diroit que le roy qui est bon ne baillera pas son royaume a ses filz qui sont telz quelz ¶ Glo. ¶ Mais en son viuant et a sa poste il baillera son royaume a vng excellent autre en vertu.

¶ Apres il oste ceste responce
¶ Tyr. ¶ Mais ce nest pas legiere chose de croyre encores cecy. Ce tassauoir car cest plus fort a faire ↄ conuient droit a ce plus grant vertu que selon nature humaine. ¶ Solo. Car par nature tout homme est plus enclin a amer son filz tel quel que ung autre qui ne luy appartient pose quil soit meilleur. Et ce peut apparoir par ce qui fut dit en la fin du tiers chap̊ du ix. de ethiques.

Aristote se passe icy briefmēt de ceste question ↄ argue a vne partie seulement sās determiner combien quil semble quil sẽte celle partie et sicomme il fut touche ou ix.ᵉ chapitre du second. Prince royal nest pas vne possession priuee ne vne chose familiaire en laquelle len doye succeder p̄ lignage selon les loix ↄ coustumes cōmues des heritaiges des citoyens ↄ nest pas chose vendable ne partable ne de quoy len doye faire testament. ¶ Extra de testamentis libro tercio capitulo Si heredes in glosa regū dtui di non potest. Mais prince royal est vng tresnoble office publicque ↄ vne dignite ↄ vne honnorablete qui requiert excellence en vertu en prudence et en aucunes autres choses et requiert industrie de bien gouuerner le peuple. Et pource de sa nature elle doit estre establie donnee ou distribuee par election de certaine personne de sa vie seulement ou a sa vie ↄ a ses successeurs par lignage

Et doncques est question de ces deux voyes laquelle est la meilleur et la plus expediēt. Et en arguāt aux parties il pourroit sēbler que la premier et la meilleur premierement par auctorite de aristote ↄ par la raison quil met considere ce quil dit ou second de rethorique. Cest adire que noblesse de lignage est non forliguer de nature, ↄ en plusieurs nobles telle chose nauient pas mais moult de telz sont de legier valeur. Car es lignages est aucune foiz sterilite ou defaulte aussi comme il est es autres biens qui croissent es regions ↄ aucunesfoiz en vng lignage sil est bon seront hommes superflus. Cest adire habundans en vertu et apres ilz sont suspendus. Cest adire que ilz ne sont plus telz ce dit aristote ↄ ce fut touche ou vi. chapitre du premier. Et doncques se le royaume alloit par succession vng pourroit succeder qui seroit inutile ou mauuais ↄ nul plus grant inconuenient ne peut aduenir quant au bien publicque. Doncques vault il mieulx nouuelle election

¶ Item len ne prandroit oncques p̄ nouuelle election nul si inutile comme pourroit estre aucun aisne filz du roy

¶ Item il peut aduenir quant le roy est mort que son filz nest pas en aage de gouuerner ↄ dont luy conuient il tuteurs qui regentent pour luy et se ilz sont regens par prochainnete de lignage il est possible quilz soient inutiles ↄ mauuais et se ilz sont faiz p̄

Fueillet.

election encores fault il mieulx eſ
lire roy.
¶Item leſlection nouuelle ne ſeroit
a nulluy preiudice Car ſe le filz du
roy eſtoit ſuffiſant le le pourroit eſlire
¶Item ſelon ce nul ne peut eſtre
bon maiſtre ſe il na eſte diſciple & par
ſemblable nul ne peut eſtre ſi bon pri
ce comme celluy qui a eſte ſubiect
Ceteris paribus. ¶Et pource fut il
dit ou v̄e. chapitre que le prince doibt
ſauoir eſtre ſubiect et il eſt certain et
communement le filz du roy ne ſceit
pas ſi bien q̄ſt q̄ eſtre ſubiect cōe ſceit
vng autre Et dōcques eſt ce mieulx
eſlire vng autre
¶Item il fut dit ou v Bie. chapitre
du premier & par conſequent il puiſt
quil ait eues pluſieure expériences p
long temps ¶Et pource dit ariſtote
ou tiers dethique q̄ nul ne eſſit ieu
nes hommes pour eſtre duce ou prin
ces car len neſt pas certain ſe ilz ſont
ſaiges Et cōmunemēt quant le roy
meurt ſon filz na pas grant aaɡe Et
doncques fault il mieulx que vng
autre ſoit eſleu Et a ceſt propos eſt ce
que dit leſcripture De tibi terra cui?
rex puer eſt La terre eſt maleureuſe de
quoy le roy eſt enfant
¶Item le nouuel eſleu deuroit met
tre plus grant peine & ſeroit plus ob
lige a bien gouuerner que lautre pour
cauſe de lonneur & de la grace qui luy
ſeroit faicte en luy donnant le royau
me & lautre ne ſe repute pas tant te
nu au peuple car il na pas le royau

me de ſon peuple mais de ſon droit
¶Item encores eſt il vray ſembla
ble pour autre cauſe que le nouuel eſ
leu mettroit pl? grant diligence a bie
gouuerner & a faire que ſes filz fuſſēt
bons affin que aucū deulx fuſt eſleu
apres luy tout pour le bien du filz cō
me pour les merites du pere.
¶Item ſolin dit que ceulx de liſle de
capozane eſliſant roy q̄ nait nul hoir
& gardent en toutes manieres que le
royaume ne puiſſe aler par ſucceſſiō
Deo q̄z mapime cuſtoditur ne fiat
hereditariū regnū Et dit que ce ſont
grans gens de corps & viuent treſſō
guement & parce il ſemble quilz ſoiēt
ſages & ſont les motis que iay penſe
a preſent pour ceſte partie Apres il
veult mettre aucunes raiſons & mo
tifz pour lautre partie Et premiere
ment ſelon ce qui fut dit ou tiers cha
pitre du ſecond chaſcū mect plus grāt
diligence & plus grant peine a garder
emander ou acreſtre a garder ſe queſt
ſien propre que ce qui neſt pas ſien
Et apres ou quit chapitre fut dit cō
ment len a naturellemēt treſgrant de
lectacion en ce queſt ſien ppre Et eſt le
royaume trop mieulx propre de celui
qui la pour ſoy & pour ſes hoirs que
de celluy qui ne la fors a vie Et neſt
pas force auſſi cōe garde a temps Et
doncq̄s pour ce deuroit eſtre plus meu
a bien gouuerner ſe ſuccedent que le
nouuel eſleu
¶Item le nouuel eſleu ne oſeroit pas
ſi bien faire iuſtice en pugniſſant les

grans du royaume. Car il doubteroit que ceulx quil auroit courroucie ne grevassent ses hoirs apres sa mort car ilz nauroient pas grande puissance mais cellup dont les hoirs succederoient au royaume seroit plus hardiement justice laquelle est souverainement necessaire & conferme ou afferme le trosne du roy selon lescripture

¶ Item subjection deue & bonne obedience au prince est tresnecessaire a royaume & le peuple aussi par acoutumance & naturellement est plus obeissant a celluy qui vient par succession que a autre. Car eulx & leurs peres ont obey a ses pdecesseurs & il nest pas ainsi du nouvel esleu

¶ Item mutacion de prince & de loip est cause de debiliter & affleblir la reverece qui leur est deue & lauctorite que ilz doivent avoir. Sicomme il fut dit de mutacions de loip ou quinziesme chapitre du second & illec fut dit que la rebellion qui peult venir de muer les loix en meilleurs est plus nuysible que telle mutacion ne seroit profitable et estire nouvel roy, cest mutacion trop plus grande que avoir roy par succession. Car len mue la persone & le lignage & en succession lignage ne se mue

¶ Item toute nouvellete est a eviter tant que len peut bonnement mesmement en si grant chose comme est le gouvernement du bien publique

¶ Car nouvellete engendre discorde et en viennent commocions, & quant le roy doit estre esleu cest grant nouvellete. Et est tout le peuple esmeu & en diverses opinions devant lelection & apres mais quant il succede ce nest pas grant nouvellete chun savoit que il devoit estre roy

¶ Item chascun pere pense naturelement que ses filz soient faiz riches. Et doncques seroit doubte que le roy esleu ne enrichist les siens des facultez publiques au dommaige du bien commun affin quilz ne feussent povres apres sa mort. Mais les filz qui doivent succeder nont mestier de telle pourveance

¶ Item aristote dit ou second de rethorique que les gens qui sont faiz riches de nouvel communement sont plus fiers en meurs que ceulx qui sont riches danciennete & sont orgueilleux & injurieux pource quilz nont pas apris a avoir richesses. Et selon ce il fut dit ou vie chapitre du second que cest peril de mettre povres gens en grans offices. Et doncques selon ceste consideracion il vault mieulx que le filz du roy succede que len esleust ung autre de mendre estat.

¶ Item il pourroit avenir que aucun mauvais affin que il peust estre esleu se monstreroit estre bon en apparence et apres quant il seroit fait roy il seroit trop de maulx. Car sicome il fut dit ou second chapitre du quint dethiques le prince monstre lomme et seroit tel comme celluy de quoy lescripture dit que dieu laisse regner lypocrite pour

Fueillet.

les pechez du peuple
¶ Item selon ce que fut dit ou sixte chapitre du premier des bons parens vient le bon filz, et est dit ou premier de rethorique quil est vray semblable que celluy qui est des bons soit bon et doncques len doit supposer qui ne soit clerement dit contraire q̃ filz du bon roy soit bon meilleur & plus noble que ung autre de tãt comme il est yssu de meilleurs & de plus nobles racines & dõcques est il mieulx quil succede que desslire ung nouueau
¶ Item par ceste voye est ostee des cueurs de plusieurs ambicion et ce q̃ saint augustin appelle libido domi/ nãdi c'est aussi cõme friandise de seigneurir. Car len nappette pas si ardamment ce que len ne peut auoir et ne se efforce nul de venir a ce de quoy sceit quel ny viẽdra oncques, & pource nul ne espere ou aspire au royaulme fors ceulx qui pourroient succeder Mais la ou il seroit fait par esslection plusieurs y tendroient.
¶ Item se election estoit faicte par la multitude adoncques seroit peril de sedicion & de diminucion & par telles choses sont faictes occision de bonnes gens et plusieurs grans maulx mesmement entre gẽs q̃ se peuẽt armer
¶ Ité se elle estoit faicte par certains electeurs en aucun nombre adõcques seroit peril que il ny eust fabriques corruptions deceptions dissencions et moult de maulx qui ne sõt pas quãt le royaume va par succession.

¶ Item qui considere le proces de lesperiere de romme il est certain et appt quil est plus diminue & despecie par elections q̃ par autres causes.
¶ Item la voye de succession est plꝰ prochaine et plus semblable que lautre au gouuernement vniuersel de tout le monde du quel tiẽt le princey dieu qui tousiours est ung Or est ainsi que apres vnite de personne mortel q̃ ne peut tousiours durer len ne peut faire ꝯtinuaciõ p̃ plusgrant vnite q̃ p̃ celle q̃ est faicte par succession de pere a filz Et pource dit lescripture Mortuus est pater illius & non est quasi mortuus simulem enim reliquit post se Le pere est aussi comme se il nestoit pas mort quãt il laisse apres luy sõ filz sẽblable a luy Et a cest propos dit iustin q̃ quant artaperses ot bailse son royaume de perse en son viuãt a son filz darius il luy semsloit quil nauoit riens laisse Nichil sibi ablatũ existimans quod in filiũ contulisset Mais toutesuoyes il sen reppentit et luy en vint mal
¶ Item es temps que les anciẽs appelloient tẽps heroiques & siecles dorez les premiers roys furẽt esleuz ou acceptez pour leurs persõnes et pour leurs successeurs par lignages sicõt il fut dit ou vpe chapitre & sera dit apres ou vpe chapitre que quant ung lignage excede tous les auts en vertu cest iuste & droit q̃ tel lignage soit royal et ait dominaciõ de tout
¶ Item il appert p̃ les histoires que

presque tous les royaumes notables qui sont & qui ont tousiours este ont tousiours pcede p succession de lignage sãs faire election fors au cõmãcement ou se le lignage estoit deffailly, & en la saint escripture sicomme ou liure des roys est souuent dit que le filz regna apres le pere Mortuus est rex et regnauit filius eius pro eo. Et dõcques puis que ceste loy a este gardee & a este commune en tous pays & en tous temps cest bien signe quelle est la plus expediente.

A ceste question ie respons auecques toute bonne correction & sauf meilleur iugemet Et dy premierement que la loy de nouuelle election est ou seroit la meilleur sur condicion. Cestassauoir se les loyes et les reigles de selection estoient bonnes & les electeurs les gardoient bien Car se ainsi estoit len auroit communement meilleur roy par election que par succession et se le filz du roy estoit bon sen le pourroit eslire sicome il a este argue deuãt Mais la police na pas este gouuernee par cy Et ne doit len supposer fors ce que est de fait & cõuient prendre les choses telles cõme elles sont cõmunement Et pour ce ie di secondemement que la loy de succession par lignage bien esleu et absolument & simplemet est la plus expediente & ce me semble pour les raisons deuãt mises especiallement pour euiter les perilz et les grans maulx

qui pourroient venir de discorde & diuisions qui seroient vray semblablement es elections mesmement pour grãs royaumes et entre les electeurs qui se pourroient armer Et doncq ie respons aux argumens contraires Au premier qui est fonde sur lauctorite doristote Ie dy ql ne dit pas telle chose en determinãt mais en doubtãt & arguãt sicomme il sera dit apres ou pp° de cha Et pose quil en determine si est il a êtêdre sur pdiciõ. cõe dit est & non pas absolument, & de ce quil dit aucunesfois vng lignage empire Ie respons que adoncques sen y deuroit mettre remede sicomme il sera dit apres & se il ny estoit mis tel pourroit succeder qui tourneroit le royaume en tyrannie par sa malice ou quil le perdroit par sa misere mais encores a il plus de peril en frequentant elections. Le second argumet qui dit que len ne esliroit ôcques vng si inutile &c. Il prouue seulement que la loy de election de royaume vault mieulx cõme dit est Au tiers il dit quil peult estre q se filz du roy nest pas en aage Ie dy q la loy doit pouruoir qui sera regent sicomme seroit le plus prochain de lignage et se il estoit inutile il conuiendroit faire aultre prouisiõ Au quart ql dit que le filz du roy pourroit estre esleu Ie dy q aussi il pourroit bien faillir & est lautre loy absolumẽt meilleur sicõ dit est Au quit q dit q le pnce doit auoir este subiect Ie dy quil souffist que le filz du roy ait este subiect en

Fueillet.

aucunes disciplines desquelles il fut dit ou quart chap Mais il ne conuiēt pas vniuersellement en tout princie que le prince doye auoir este subiect cōme cytoyen sicomme il fut dit ou quīt chapitre ⁋Au sixte q̄ dit q̄ le roy doit estre ancien ⁊c. Je dy q̄l nest pas necessaire q̄l soit ancien d'aage Mais souffist quil ne soit pas ieune en meurs si cōe dit lescripte de thobie q̄l estoit biē ieune mais il ne fist nulle euure enfācible ⁊ vng filz de noble nature en peu de tēps ⁊ par peu de experiēce est fait plus prudent q̄ aucun autre en long temps Et pource dit lescripture Vieillesse honnorable nest pas en nombre des ans Senectus enim venerabilis ⁊c. sapiēcie secundo Et quant aristote dit q̄ nulz ne eslit ieunes gens pour estre prince Je dy quil entend de ieunesse de meurs et parle de princey qui est fait par election de personne / et sil aduenoit q̄ le roy mourust ⁊ son hoir demourast petit enfant Je dy quil demourroit auoir garde par la loy cōme dit est et ce que tous ceulx du royaulme communement ont a luy naturelle amour ⁊ reuerence ⁊ esperance ⁊ quilz sont vniz et ont regart comme a leur chief ⁋Est vne chose tresproffitable a toute la police ⁊ a cest propos racōte iustin q̄ ceulx de calcedone vne foiz a p̄s la mort de leur roy furēt vaicuz ⁊ chassez par leurs aduersaires ⁊ eurent p̄fusion Mais ilz retournrēt au tresfoiz ⁊ apporterent le filz du roy petit enfant en vng berseau en bataille

Et eurent tresnoble victoire ou par la bonne fortune de lenfant ou pour la pitie quilz auoient de lenfāt quil deust estre prins. ⁋Au viiē ⁊ au viiiē que dient que le nouuel esleu deuroit biē gouuerner ⁊c. Je dy que nō obstant ce la voye de nouuelle electiō nest pas expediente sicomme il appt̄ par les raisōs dessus mises ⁋Au ixē de ceulx de lisle de caprobane ⁋Je dy quilz ont certaines loix si dures pour leur roy que nul ne deuroit fort desirer estre roy ⁋Et pource il peult estre quen leurs elections na nulles sedicions ⁊ diuisions Mais ces loix sōt desraisonnables sicomme il appert ou liure de solin Et pource ie dy que leur maniere nest pas a aprouuer

⁋Cy declaire ⁊ determine par quelles voyes on peut venir a tenir royaume

Pour declairer apres q̄l droit vne p̄sone peut auoir a vng royaume il me sēble q̄ troys voyes sont touches commēt on peut venir a tenir royaume vne est p̄ pure succession ⁊ par ceste voye pourroit succeder au royaume toute personne qui pourroit succeder au priue patrimoine du roy precedent Mais sicomme il fut touche deuāt royaume nest pas de telle nature comme sont heritages q̄ lē peut eschanger ou vendre car ce nest pas chose familiaire ne possession priuee Mais est dignite et

¶ Le tiers liure　　　　de politiques.　　C p̄ii

honnorablete publicque qui requiert habilite de personne pour gouuerner la chose publique et pour ce tous les droiz communs quelconques qui parlent de succession ou translacion de heritages ne font rien au droit que len peut auoir a royaulme ¶ Et toutes les loix z coustumes de telles choses sont impertinentes a cest propos Et se aucū princey est meue ou distribue par successiō de lignage selō telz droiz precisemēt ce nest pas vray royaume ou il est distribue et baille contre nature de royaume ¶ Et doncques ceste voye de pure succession nest pas acceptable Sicomme il sera dit assez toust plus a plain ¶ Vne autre voye de venir a royaume est par election z ceste nest pas eppediente sicomme il a este declaire deuant ¶ La tierce est moyenne en participāt aux druy autres et est aussi comme composee de election et de succession z est election de lignage tresexcellent en bien z ceste voye a prouue aristote ou ypi chapitre du second et appert par ce quil dit ou xpe. chapitre du tiers que ainsi furēt esleuz les premiers roys es bōs temps appelleez heroyques et il dira apres ou pp̄ⁱᵉ chapitre que cest iuste chose q̄ tel lignage regne et ait toute dominaciō z de ce sera dit apres ou quint liure

¶ Item la saincte escripture fait mēcion en plusieurs lieux de telle election de lignage Ioupte ce que dit saint piere aux nouueaulx conuertiz Vos

estis genus electū. Uous estes vng lignage esseu z du lignage charnel de iuda dit le prophete que nostreseigneur le esseut Sed elegit tribū iuda Et pour regner par succession sicomme lescripture dit ailleurs Non auferet septrū de iuda ⁊c. Et dauid fut esleu a dignite royal pour soy z pour ses hoirs z aron a dignite sacerdotal ou de p̄strise pour soy z pour ses hoirs Mais ceste succession de lignage esseue ne doit pas proceder selō les loix communes des priuez heritages Car aussi comme lignage fut au cōmencement esseu ou accepte par son excellence semblablement len doibt garder en ceste succession excellences z condicions acceptables et proffitables au peuple en tant cōme il est possible Et ce peult apparoir par vng exemple deuant mis de lelection ou lignage de aarō car nul ne succedoit a la dignite de p̄strise bie̅ q̄l fut de la lignee se il auoit en soy daucūes condicions desauenantes qui sont declarez en la saincte escripture leuitici xxi. Et semblablement de dignite rayal nul ne doit succeder qui a en soy condicions disconuenantes ou non conuenables a telle dignite Et pour cause dexemples ie diray aucunes reigles de ce qui semblent raisonnables Vne est que feme ne doit pas succeder ou tenir royaulme car naturellemēt feme na pas vertu principatiue sicomme il appert par ce que fut dit ou quint chapitre du tiers et ou pviiiᵉ du pre-

Fueillet.

mier. Et seroit inconuenient que fe̅me tenist tel princep sicō me il appert par ce que fut dit ou p̅die. chap̅ du second/ ꝓ appert p̅ le p̅mie̅ cha du Diu̅ dethiques que princep de femme n'est pas selon Vertu. Et neantmoins femme peut succeder en priue heritage selon les loip ꝓ coustumes cōmunes et saint augustin ou tiers liure de la cite de Dieu dit d'une loy que les rommains firent iadis, que fe̅me ne peut estre hoir, car elle estoit tresiniq̅. Et en la saincte escripte fut dit de par dieu que les filles de saphaas en cest cas demandoient chose iuste. Et par ce appert que la succession et royaulme ne doibt pas estre conduitte ne menee p̅ telles loip comme succession de heritage. Car femme ne doit pas succeder a royaulme comme dit est. Et se aucun faisoit instance car selon les Histoires Une fe̅me appellee semiramis tint le royaume des assiriens/ ꝓ le gouuerna tresbien ꝓ le creust largement ꝓ fonda babiloine et fist les murs enuiron. ¶ Item les amazones auoient roynes ꝓ nul roy. ¶ Item il est escript ou liure des roys comme la royne athalie tint le royaume de iherusalem ꝓ plusieurs autres femmes ont gouverne royaume. Je respons a ce que telles choses estoient de fait et non de droit, ꝓ auec ce la premiere instance se len regarde a l'histoire est a mō propos Car semiramis n'eust pas este acceptee au royaume ne fust ce q̅lle se mist en habit d'hōme ꝓ faignit es

tre ninus son filz au quel elle estoit se̅blable de Visage et de corps. Et finablement pour ce qu'elle Voulut qu'il geust au elle il l'occist ꝓ des amasones ce fust Ung monstre ꝓ une chose hors nature. Et de athalia il appert par lescripte qu'elle tint le royaume fallement ꝓ mauuaisement et pour ce luy furent ostez iustement le royaume ꝓ la Vie ꝓ se aucunes autres ont tenu royaumes c'est contre la nate de royaume comme il est dit deuant. ¶ Une autre reigle loy ou coustume est que nul ne succede qui est d'estrange pays ꝓ d'autre nacion ꝓ ceste regle fust mise ou p̅d chapitre du premier. Et selon aristote la cause est que le roy est aussi cōme pere de ses subgectz. Et doncques il doit estre du̅g signage auecq̅s eulx. C'est adire d'une gent et d'une nacion et est chose selon nature. Et auecq̅s ce ceste reigle est ordonnee et establie de dieu deutronomii p̅ Vii. la ou il dit a son peuple ¶ Non poteris alterius gentis regem facere. Glo. ¶ Id est alienigena̅. Ceṕ. ¶ Qui non sit frater tuus. Glo. ¶ Id est de cognacione. ¶ Tu ne pourras dit il faire roy q̅ soit d'aut pays ꝓ d'estra̅ge ge̅t. ¶ Une autre reigle seroit que nul ne succede en royaume par fe̅me en moyennant femme ꝓ s'ensuit de la reigle p̅cedente/ car autrement pourroit succeder Ung q̅ seroit d'autre nacion et d'estrange pere. Mais contre ceste reigle pourroit dire aucu̅ q̅ nostre seigneur ih̅u crist succeda au royaume de ih̅e rusale moiennemēt la vierge marie Je respons q̄ aucuns diroient q̄ ihesu crist ne fut onc q̄s roy tēporel precise/ mēt de iherusalē ou disrael sicōe luy mesme le mōstre en leuāgile ou il dit Regnū meū nō est de hoc mondo/sed en hoc mondo/ꝛc. Et a ceste entēciō seppose̅t les sainctz docteurs Dau tre partie pose qʼl fut tel roy lē diroit que ceste reigle nest pas necessaire au peuple disrael Car nulle fēme ne pou oit estre marie hors de sa ligne et ain si ilz nauoiēt pas roy ꝑ ce destrange gēt Mais ceste reigle est selō dieu la ou femme peut estre marie hors de sa ligne ꝯ de son pays Une autʳ reigle est q̄ nul ne succede qʼ a en soy vice en ame ou en corps q̄ est repugnāt en dignite royal a lame cōe se laisne filz du roy estoit ydiot ou puers ioupte ce q̄ fut dit ou ꞵy cha du second ꝯ tou tes ces reigles sōt ꝑchaines a droit na turel Mais des vices corporelz les re gles sōt plus positiues Et pouoit es tre en vng pays ynes ꝯ autres en au tre ꝯ sen doit len passer se les vices ne sont grās nō tollerables Et a cest ꝑ pos dient les hystoires q̄ une foiz les lacedemones ne voulsoient recepuoir vng a estre roy pource quil estoit boi teux Mais finablemēt ilz disoiēt q̄ il valoit mieulx q̄ le roy clochast q̄ le royaume Melius est incessessione re gē q̄ imperio regnū claudicare.

Aussi ay ie ouy dire q̄ es histoires de rains est q̄ len voulsoit debouter vng roy de frāce du royaume pource qʼl a uoit une laidure en lueil Mais tou tesuoyes il demoura ꝯ cuyde q̄ il fut gueri ꝑ mīracle Et encor fait a cest ꝑ pos ce quest escript ou siꝟe cōcile de tolete/la ou est defēdu q̄ aꝑs la mort du roy nul ne prēgne le royaume ꝑ ꝑ suption tyrānīqꝯ q̄ nul ne soit ꝑmeu a la haultere royal q̄ soit ꝑses en ha bit de religion/ou q̄ soit laidemēt tig neux/ou q̄ soit estroit de lignage ser uil/ou q̄ soit hōe destrāge gēt/ꝯ q̄ ne soit digne ꝑ noblesse de lignage /ꝯ ꝑ merites Et quiconques fera contre cest tres sainct commandement soit dampne de excommunement ꝑpe tuel Et est ainsi en latin Rege vero defuncto/nullus tyrannica ꝑsuptio ne regnū assumat/nullus sub religi onis habitu detunsus/aut turpiter decaluatus aut seruiliꝯ origenem tra hēs/Vel extranee gētis homo/nō sa ne genere et meritis dignus proueha tur a dapicem regni temerator autē huius presumptiosꝯ sanctissime ꝑer petuo anathemate dāpnetur

Je conclus doncques que succession de lignage auecques les reigles tel les comme dit est ou autres quelcon ques escriptes ou acoustumees ꝯ a/ prouuees ce soit les loix ꝯ royaulx ꝑ lesquelles len peut auoir droit a vng royaume ¶ Apres ie dy pour expe dier ceste matiere q̄ il appert q̄ de iii. voyes touchees. La premiere est des raisonnable, La seconde est aucune ment perilleuse. La tierce est bōne Et p. i.

Fueillet.

a sepcecution de chascune peult ayder fait darmes Mais encore sont deux autres voyes de venir a royaume p̄ guerre ou par force darmes Une est conquester ung pays auquel les cōquestans nauoiēt nul droit selō loys humaines mais les tenās ont desseruj a le pdre Et est sēblable cōe ung cytoyen pour aucun crisme forfait sa terre et le prince la donne a ung autre En ceste maniere quant aucuns princes abusent de leur poste ou dignite ou le peuple est fait peruers adōcques dieu qui est roy des roys ⁊ distributeur des royaumes qui les trāslate et les establist selon lescripture Trāssert regna atq; cōstituit Il dōne tel royaulme ou tel pays a aultre gent Car sicomme dit le saige Ung royaume est translate de gent a autre pour iniusticēs ⁊ iniures et contumelies ⁊ diuerses tricheries Regnū de gente In gente trāssertur ⁊c. Et ceste voye de obtenir pays ⁊ seigneurie est expressemēt mise en escripture deutronomij ix. La ou moyse de par nostre seigneur dist a son peuple ainsi tu passeras le fleuue de Jourdain affin que tu possides tres grandes nacions et plusfortes q̄ tu Et quant nostre seigneur ton dieu les aura effacies ⁊ destruit̄s deuāt toy ne dy pas en tō cueur nostre seigneur a introduit en ceste terre pour ma iustice affin que ie la possede il nest pas ainsi mais ces naciōs sōt destruictes pour leurs mauuaisiēs et pour leurs felōnies Car

tu nentreras pas illecques pour possider leurs terres pour ces iustices ne pour leq̄te de ton cueur mais pource q̄lz ont faictes tresmaluaises euures ilz sont destruis quant tu y es entre Or sachez doncq̄s q̄ nostre seigneur ne te donne pas ceste tresbonne terre en possessiō pour tes iustices ce dit lescripture Et doncq̄s nauoient ilz nul droit a la terre de promission par quelcōques loy humaine mais seullemēt du don de dieu car les autres lauoiēt forfaicte aussi cōe en lepēple deuant mis de celluy a q̄ le prince terri n̄ donne ung heritaige forfait Car il n'y a nul droit fors du don du prince ⁊ deuant ce q̄st allegue moyse dit au peuple ainsi Tout aussi cōe uostre seigneur destruira cest gent quāt tu entreras en leur terre aussi vous perires se vous estes desobeissans a la voix de nostreseigneur que le price ⁊ le peuple se doiuent garder a grant solicitude de faire telz malz par quoy ilz forfacent leur pays deuant dieu Une autre maniere de venir a royaume ē quāt les cōquestās nōt iustice ⁊ ceulx contre lesq̄lz ilz sōt nōt iustice Et cest vsurper maluaisemēt p violēce ou p fraude ce q̄ nest pas sien Et a cest propos dit saint augustin ou quart de la cite de dieu q̄ royaumes ostee iustice sont grās larrecins ⁊ doncq̄s ne sōt ce pas vrayes royaumes mais toutesuoyes aucunefoiz telle dōnaciō est aps ōuertie en vray royaume, car aucūesfoiz iscōe dit saint ierome iniq̄te biē dispē see et tournee en iustice. Iniquitas bene dispensata vertitur in iusticia Or auons doncques v. voyes ou v. manieres de venir a royaume tenir. Vne par election, deux p succession, et deux par force ou par fraude si comme vng moyne obtint par vng temps le royaume de perse ce raconte iustin ou premier liure Et election peut estre faicte par hommes ou p especial miracle diuin mais ceste election passe nostre propos et se autres sont p auenture peu et ilz estre ramenez ou reduittes a costez cōe a plus principaulx Et cest ce que iay pense en ceste maniere sub correction et saucune chose pa moins bien dicte toutesuoyes autres y pourroient prendre occasion de mieulx dire Apres aristote enqiert quelle puissance le roy doit auoir Tex. Mais vne doubte est de la puissance du roy car il conuient que celluy qui doit regner ait aucune force ou puissāce enuiron luy par laquelle il puisse contraindre ceulx qui ne vouldroient obeir car autremēt ilz ne pourroient le princey dispenser Car pose quil exerce sa dominaciō quil la gouuerne selon les loix Et qil ne face rien selon sa volūte hors les loix Toutesuoyes il est necessaire qnil ait puissāce par laqlle il face les loix estre gardees. Glo. Et pource la loy a puissance coactiue en cōtraignāt sicōme il fut dit ou p viiie. chapitre du pe dethiques Et ceste puissāce est es prītes qui sont enuoyes de dieu a la vengeance des mauuais et a la loēge des

bons selon ce q dit saint pierre lapostre Or auons doncques que le roy doit auoir puissance Et apres il respont et met combien grande elle doit estre

Tex. Et par auenture ce nest pas fort a determiner de ceste puissāce quant est vers tel roy. Glo. Cest assauoir qui gouuerne selon les loix Tex. Car il conuient quil ait puissance et cōuiēt quelle soit de telle quātite quelle soit plus grande que la puissance de chascun des singuliers p soy et q la puissāce de plusieurs ēsēble Sy Il entēd des subgectz et est bien quil soit ainsi car autremēt le roy ne les pourroit cōtraindre a garder les loix et ne les pourroit pugnir et pourroient desobeir Tex. Mais sa puissance doit estre mendre que celle de la multitude

Glo. Ou de la plus vaillāt partie et la cause est car autrement il pourroit greuer la cite et tourner son gouuernement en tyrannie.

Tex. Et est telle maniere cōme les anciēs bailloiēt gardes a vng quil faisoient gouuerneur de la cite le appelloient clymnele ou tyrant

Glo. Cest la tierce partie de royaume mise ou ppe chapitre et appellee tyrannie eslite Et doncques ilz luy bailloient et liuroient gens darmes pour la garder et pour exerciter ses commandemens Mais ilz nestoient pas si fors comme la cite et estoient plusfois que chascun singulier cytoyen que plusieurs ensemble

p ii

Fueillet.

toutesuoyes en petit nombre
Tex. Et en ceste maniere fut fait a ung appelle dyonis quāt il demanda gardes Glo. Ce fut ung tyrant moult renomme qui tint sicille.

Du xxiiie chapitre il determine principalement une question proposee ou xxie chap. z tient que y vault mieulx estre gouuerne par bonne loy que par bō roy.

OR nous conuient parler de roy et considerer qui face toutes choses selon sa volente Car celluy qui est dit roy selon sa loy cest adire quil gouuerne selon la loy ce nest pas proprement royaume sicōme nous auons dit deuant
Glo. Ou xx. z ou xxi. c. et est lespece de royaume appellee laconique. Car la puissance de tel roy est estroitement limitee z ne peult rien oultre la loy qui luy est baillee et telle estoit aucunement la puissance du capitaine de sost Et pource tel nest pas proprement roy Car roy fait a sa plaine volunte de toutes choses qui ne sont determinez par les loix. Tex.
Car en toutes polices sen fait aucunesfoiz ung duchey ou princey dost lequel est perpetuel Et ainsi fait len en democracie z en aristocracie
Glo. Et doncques tel princey nest pas royaume car en royaume le roy est souuerain et en democracie le peuple tient le souuerain princey z en aristocracie aucune vertueux z non pas tel price ou le duc de sost car sō princey est soubz lautre qui est souuerain
Tex. Et en plusieurs lieux ilz sont ung estre seigneur de la dispensacion Glo. Qui dispense le tresor commun et lappellent roy Tex.
Et tel princey est vers une regiō ou cite appellee eppdamus, z en une autre appellee epouca ou a la medie partie delle Mais il nous conuiēt dire du princey qui est du tout et simplement appelle royaume ou quel le roy tient le princey sur tous selon sa volūte. Glo. Il est a entendre quant aux choses qui ne sont determinez p les loix z bien q iustin dye q au commencemēt les arbitralges z volūtez des roys estoient en lieu de loix Mais si comme il dit le peuple nauoit encores nulles loix Et de roy il traictera aps Apres il argue quil nest pas bon dauoir tel roy Tex. Et semble a aucuns q ce nest pas chose selon nature q ung seul cytoyen soit seigneur des choses cōmunes la ou la cite est de citoyens semblables Glo.
Il nest pas a entendre que generalement tous soiēt equalz z semblables Car ce nest pas possible mais aucūs excellens peuēt biē estre presqs semblables en valeur Tex. Car a ceulx q sot semblables selō nature ung mesme iuste ou droit leur est deu p necessite z une mesme dignite selō nature

Car ainsi comme se ceulx q̃ sont ine-
qualulx en cõplection ou ꝑpoſiciõ de
corps auoient equalement de nourriſ-
ſement⸗ꜫ de veſtemẽt ſeroit nuiſemẽt
a leurs corps ſẽblablemẽt ſeroit des
honneurs ſe ceulx q̃ ſont ⸗equaulx les
auoient inequaulx ⸿Glo. ⸿Plu-
ſieurs ꝑſonnes ſõt q̃ ſe il pouoient du
nourriſſemẽt ou des viãdes lung pour
lautre Et autres ſont auſquelz il en
conuient equalement⸗ꜫ ſe ilz ꝑrenoiẽt
inequalement il nuyroit a tous deux
ou a ung. Sẽblablement q̃ diſtribue-
roit inequalemẽt les hõneurs publiques a ceulx q̃ ſõt equaulx ſelõ les cõdicions ꝑtinẽtes ad ce iouxte ce q̃ fut
dit ou ꝑ viiͤ. chapitre ce eſt nuiſemẽt
a la police ⸗ꜫ cõtre iuſtice diſtributiue
Apres il deſcend a reſpondre a la queſtiõ ꝑpoſee ou ꝑpliͤ chap ⸿Tex.
¶Et pource neſt pas iuſte choſe q̃
aucun tel ſoit plus pnce q̃ ſubiect Et
doncq̃ ᷝ cõuiẽt il q̃ ilz tiẽnẽt le princep
lung apꝰ lautre⸗ꜫ en vne meſme ma-
niere⸗ꜫ telle choſe ce eſt loy Car loy eſt
ordre ou ordonnance Et doncques
eſt ce choſe plus eſliſible que la loy ait
princep̃ et dominacion que vng des citoyens ⸿Glo. ¶Nõ pas que
ce ne ſoit biẽ que vng cytoiẽ ou pluſieurs tiẽnẽt le princey mais ilz doiuẽt
eſtre ſoubz la loy ſicõme il fut dit ou
ꝑ viiiͤ.c. Et q̃ ilz gouuernẽt ſelon la
loy⸗ꜫ auſſi cõe le ſouuerain prĩce
Apꝰ il met q̃ il vault mieulx q̃ la loy
ait le princep̃ q̃ vng petit nõbre ⸿Tex.
Et ſelõ ceſte raiſõ il uiẽt inſtituer au-

cils q̃ facẽt garder les loix ⸗ꜫ ſoiẽt mi-
niſtres des loix ⸿Glo. ¶En obeiſ-
ſãt ⸗ꜫ faiſãt ſelõ les loix. ⸿Tex. Car
il eſt neceſſaire q̃ aucũs princes ſoient
pꝛ ce ⸿Glo. ¶C̃eſt aſſauoir pour cõ-
traindre les rebelles a garder les loix
Apꝰ il touche ce de quoy il traictera
ou c. enſuiuãt ⸿Tex. Mais il ne dient pas q̃ ce ſoit iuſte choſe q̃ vng ſeul
tiẽgne le princey quãt tous ſont ſẽbla-
bles ⸿Glo. C̃eſt aſſauoir tous ceulx
dune petite multitude Car il ne peut
eſtre q̃ touꝰ vniuerſellemẽt ſoiẽt ſẽbla-
bles en dignite de tenir princey⸗ꜫ et pꝛ
ce q̃ l auoit dit ou ꝑpliͤ. chap q̃ ce q̃ ne
peut eſtre determine ꝑ la loy demeure
en ſordõnãce des princes ou iuges Aſ-
fin de ce pluꝰ a plain declarer il argue
cõtre ⸿Tex. Mais il ne ſẽble pas q̃
homme puiſſe faire eſtre congneues
les choſes q̃lconques q̃ la loy ne peut
determiner G. Apꝰ il reſpond ⸿Tex.
Mais la loy inſtitue ⸗ꜫ met choſe vni-
uerſelle Et il apptiẽt aux princes les
autres ꝑticuliers iuges ⸗ꜫ ordõner ꝑ
tresiuſte ſentence Et encores apptiẽt
il aux princes adrecier ce que la loy ne
peut ordonner Et tempter ſe len vou-
roit auoir meilleur loix q̃ celles q̃ ſõt
miſes G. Il touche iii. choſes quit de-
mourẽt en la puiſſance ⸗ꜫ ordõnance
des princes Vne eſt pour q̃ la loy ꝑle
vniuerſellemẽt les princes ou iuges
doiuẽt ꝑgnoiſtre de faiz ꝑticuliers et
de ce iuger ſelõ la loy ⸿Item de ce de
quoy la loy ne peut determiner ou de
quoy le legiſteur ne ſe peut adviſer ilz

Fueillet

doiuent iuger p̃ vne vertu appellee epichaie de laq̃lle il fut dit ou p̃pi. du quint dethiques ¶ Ité il peut muer les loix du p̃sentement du peuple sicõe il fut dit ou .vi.c. Mais ce ne doit estre sãs necessite ou sans ut̃ilite sicõe il fut dit ou p̃t.c. du second Apres il prouue que ce que peult estre determine p̃ loy le prince doit iuger selon la loy et non pas selon sa ppre volunte. ¶ Tep. ¶ Et q̃ cõq̃s cõmãde q̃ entẽdemẽt ait princep ou dñaciõ il semble q̃ ilz cõmãdẽt q̃ dieu et les loix aient princez. G. Et po̧rce q̃l dit entendement il entẽd la p̃tie de lame intellectiue p̃ soy sãs la p̃tie sensitiue Et tel entẽdemẽt q̃ est aussi comme sep̃arate de toutes cõcupiscẽces et passions ce est pure raisõ et est vne chose diuine si cõe il fut dit ou pitii. chapitre du p̃. de thiques Et po̧rce il met icy dune maniere tel entendemẽt et diẽt les loix Car ces iii. choses ne peuẽt issir hors raison Et p̃ire ne p̃ cupiscence ne p̃ autre passiõ ou affectiõ ¶ Mais q̃ cõmande q̃ hõe ait princep et dñaciõ il met q̃ bestes ait princep. G. Il est a entẽdre se hõe auoit princep a sa volunte sãs loy Car entãt cõe hõe et nõ pas entãt cõe entedemẽt et chose diuine il a en soy la p̃tie sensitiue selon laq̃lle il a p̃ueniẽce auecq̃s les bestes et po̧rce est elle dit bestial et p̃ laq̃lle tout hõe q̃ vit de vie hũaine peut estre attraict a iuger hors la droicte ligne de iustice Et adonq̃s pourroit len dire q̃ telle affection bestial tẽdroit le princep

¶ Tep. Car quãt cõcupiscence et telle chose bestial et fureur auroit le princep il seroit finablemẽt aucuefoiz mouoir hões tresbons et tresuertueup Et pource la loy est entendement sãs appetit et sãs affection G. Il dit que la loy est entendement pource q̃lle est selon pure raison sans miption de appetit sensitif Et doncq̃s est il plus cõuenable destre gouuerne p̃ loy q̃ p̃ volũte de homme et cest la responce a la question du p̃ti. chap. Apres il respond a largument q̃ fut fa t̃ au contraire ¶ Tep. ¶ Et le p̃euple des ars q̃ fut amene au contraire semble estre faulx Cest assauoir q̃ ce est mauuaise chose de mediciner vng malade selon lettres Cest adire selon liures Il nest pas ainsi, mais vser des ars est chose plus eslisible a ceulx q̃ ont les ars et les sceuent Car entant cõe ilz euurent selon les ars ilz ne font riens hors raison pour cause damitiez ou pour autre affection Mais les medecins guerissent les malades Et prennent leur loyer Mais ceulx qui tiennent les princez es polices ont acoustume a faire moult de choses a l'affection et a leur grace Cest adire a segre. ¶ Glo. ¶ Et sont choses iniustes et non conuenables quãt ad ce ou ilz ont pouoir de faire selon leur volunte ¶ Apres il conserme son ppos

¶ Tep. ¶ Et quant il aduient que aucuns ont suspicion que les medecins ne soient corrumpus par les ennemys du pacient pour gaaing

Le tiers liure   de politiques   C. x vi

Affin que ilz facent mouuoir le malade Adoncques ilz querent & veullent que les medecins facent leurs cures selon leurs lettres & selon leurs liures plus que selon leur volunte.

¶ Item les medecins quant ilz sont malades ilz sõt venir vers eulx autres medecins Et semblablement ceulx qui apregnent ou enseignent les iuunes hommes a soy exerciter corporellement en aucun lieu toutesfoiz quilz se veullent exerciter en tel lieu ilz sont venir autres maistres de telle discipline qui leur monstrent comment il doiuent ouurer aussi comme se le medecin maladeſ le maistre qui se veult exerciter ne peussent bien iugier de leur chose propre la verite pource quilz sont en passion ¶ Glo. Le medecin a paour pource quil est malade & celluy qui se veult exerciter en aulcun lieu cõme seroit vnes ioustes ou vng tournoy il a paour de faillir Et telle passion de paour ou desperance perturbe le iugement de la personne Et pource il quiert conseil de autre Aps il conclud. ¶ Tex. Et doncques est certain que ceulx qui quierent ce q est iuste et droit ilz quierent le moyen & la loy cest le moyen ¶ Glo. Que droit soit moyen il appt ou quint chapitre en plusieurs lieux & que la loy tiengne le moyen il appt par ce quelle est iuste & ne decline p affectiõ ne p faueur a vne partie ne a autre Et dõcques vault il mieulx iuger ou querir droit selon la loy que selon volun

te Apres il monstre que encore nest ce pas semblable des ars & des loix.

¶ Tex. ¶ Item les loix qui sont cõ fermes & approuues selon coustume sont plus principaulx & de plus principalles choses que ne sont celles qui sont selon les lettres Glo. ¶ Par cestes qui sont selon les lettres seulemẽt il entend les regles des ars escriptes Sicomme de medecine aux quelles coustume ne donne pas telle fermete mẽment elle fait es loix par quoy la policie est gouuernee Et les loix de la police sõt plus principaulx & de plus principaulx choses que ne sont les reigles des ars cõme seroit de medecine car ce sont les regles de bien viure & regardẽt le bien de lame qui est plus principal que nest le corps

¶ Tex. ¶ Et pource se homme q est prince selon les lettres est plus seur toutesvoyes encor nest il si seur comme est celluy qui est prince selon coustume. ¶ Glo. ¶ Il veult dire que iugier selon les loix ou regles escriptes & nõ confermees par coustume est plꝰ seure chose que iuger selon volunte Mais encor est plus seur iuger selon loix escriptes & confermees par coustume Et est moins seur en telle matiere iuger selon volunte.

Il appert doncques clerement par cest chapitre comment ce nest pas bien de laisser en volunte cõme chose qui puisse estre determinee par loy Et pource de tãt comme plu

p iiii

Fueillet

sieurs de telles choses demeurent en la volunte des princes de tant est la police moins bonne et plus prochaine a tyrannie et a ce que en ceste science est appelle potestat et reprouue souuent car sicõme il appert ou vii. cha. du quart la ou les loix ne ont domination ce nest pas proprement police mais est corruption de police. Car les polices peulent estre faictes moins bonnes ou empires en deux manieres Cestassauoir ou pour ce que elles descendent de loix iniustes ioupte ce que fut dit ou pt chap ou pource q̃ les princes vsent en aucun cas de volunte et de puissãce la ou ilz deussent auoir loix et vser de elles Et dõcques en bonne police doiuẽt estre loix de toutes choses qui peuẽt estre determinees p loix et doiuẽt estre iustes et doit lẽ vser de elles Et ce appert quant a iustice cõmunicatiue selon laquelle sont loix des contractz et de iniures et de telles choses Et sẽblablement quant a iustice distributiue selon laquelle sont loix de distribuer les heritages ou possessions et les honneurs ou offices Et en especial a pler des hõneurs et possessions sacerdotaulx iadis en la loy de moyse telz choses estoient distribuees par loix de succession de lignage en la maniere recitee ou touchee ou c. precedent Et en la loy des payens p loy de electõ faicte par multitude en cest pays fois appelle galie sicomme appert en listoire de iules cesar. Mais en nostre loy de grace len doibt supposer que quant est aux articles de la

foy et quãt aux estatuz ordõnances et coustumes approuuez p saincte eglise tout est selõ le gouuernemẽt especial du sainct esperit et telles choses ne sont pas subiectes a ceste science. Et neantmoins p auẽture est ce bon de considerer ce q̃ len pourroit dire en lumiere naturelle de la police de leglise selon ceste philosophie. En laquelle il loist soy aider de toutes escriptures diuines et humaines. Et selon ce aristote allegue souuent les theologiens paiens dõt les escriptes estoiẽt reputees diuines. Et se q̃ ie diray ie soubsmect a toute bonne correction et tousiours en supposant et tenãt fermemẽt estre vray de la poste diuine du saint pere de rõme ce q̃ en croit saincte eglise. Et premieremẽt est a reciter le proces ou gouuernemẽt de ceste police. Secondemẽt est a considerer se aucune chose seroit en elle a reformer selon ceste science. Et tiercemẽt commẽt ce pourroit et deuroit estre fait

Quant au premier point il sẽble q̃ les dignitez et les possessiõs sacerdotaulx furent aucunesfois distribuees Cestassauoir les grandes p voye de election faicte par aucune multitude et les moyẽnes ou petites aucũes p loy de electiõ aucũes a la sciẽce des esleuz et istituez es grãs dignitez auecqs correctiõ et aucunes selõ autre dispositiõ sicõe il peut apparoir p les cõciles et p les tres ãciẽnes decretales et p les hystoires et legẽdes des saincts Et en especial vng consille general fut a rõme enuiron lan de grace viii

Cens xxvi. Et le tint pape engenius secondus Et en cest cōsille est expressemēt deffēdu que nul ne soit consacré en euesque qui nest esleu du clergie et requis du peuple Et ad ce confermer sont alleguees deux epistoles decretales anciennes Vne du pape celestin qui fut ou tēps de lempire theodosius enuirō lan de grace iiii. Cens xxx. Et lautre de pape leo primus q̄ fut ou temps de lempereur marcian enuiron lan iiii. Cens pl9. Et sont ces deux espitres encorporees ou liure appellé codex canonum du quel gracian fait mencion en sa somme en la pipe. Distinction Et ou quint chapitre du cōsille dessusdit est ainsi escript. Episcopum enim cōsecrare non cōuenit nisi a clericis et populo fuerit postulat9. Vnde celestin9 papa dixit nullus inuitus ordinet episcop9 plebis et clericor ordinis consensus et desiderium constat esse reqrendum, et leo sacti[s]simus papa ait nulla eni racio sciuit Et inter episcopos habeantur nec a clericis sōt electi nec a plebibus eppetiti Et selon ceste philosophie durāt le temps que telles loix ou canons sont en estre expedient a la multitude et conuenables a la police se le prince de volunté et de poste aulcun tel honneur auecques les possessions appartenantes donnoit a autres que a cellup a qui il est deu selō telles loix ou canons il sembleroit quil feist aussi comme le roy feroit se il donnoit les heritaiges dung homme a aultre

que a sō hoir q̄ selon les loix deuroit succeder et p auenture pl9 de tant cōtelz canons sōt faiz par legislateurs diuins et sont generaulx p toute cristienté Et il nest pas ainsi des loix de succeder aux heritaiges mais de instituer et maintenir bōne police est vne reigle de laqlle est faicte mencion ou pipe cha. et ou second liure en le pie. c. Et sera faicte ou quint liure ou p̄ vi cha. et ou p̄ vii. c. Et est telle que au cōmēcemēt les possessiōs et les dignitez soient tellement ordonnees et diuisees et p telles loix conduites q̄ trop grant inequalité soit tousiours euité Et p auenture que inequalité bien pportiōnee selon ceste reigle na pas assez esté gardee en la police de leglise Mais a esté et est en ce inequalité immoderee et trop grande si cōme dit la postre vng en a peu et lautre trop Alius autē esutiit alius autē ebrius est Et pour ce plusieurs par ambicion et par couuoitise plus que par intencion de bien ou trop ardamment tendu aux grandes dignitez comme sont prelaties et p ce ont esté fait fraudes deceptions faueur corruptiōs et diuisions es elections Et ont obtenu gens non vertueulx lesquelz ont distribué mauuaisement les autres mēbres benefices et a gens non dignes contre la doctrine deuāt mise ou p̄ cha. Et ainsi lestat sacerdotal est empire en meurs p dissolucions pouures et p telles choses Et est cause de lempirement de aucuns autres estatz Et

¶ fueillet.

leur peut nostre seigneur reprocher ce qu'il leur dist par son prophete malachie seconde Vos recessistis de via et scandalisastis plurimos in lege propterea dedi vos ptemptibiles etc. Vous estes departiz de la bonne voye et avez esclandres plusieurs en la loy Et pour ce vous estes deprisez et vous a peuple en despit ¶ Et peult len dire de telz ce qui est escript ysaye xxiiii. Et erit sicut populus sit sacerdos etc. Qui transgressi sunt leges mutuaverunt ius Ilz ont muez les droiz Et donques ceulx de cest estat ne sont pas telz comment ilz deussent estre selon que sera dit ou viie. livre ou xxve. chapitre et en la fin du xxviiie. chapitre et selon ceste science ilz ne seroient pas dignes destre gouvernez par police tresbonne simplement ¶ Item selon ce que sera dit ou viie. livre en le pre. chap les princes ou officiers qui abusent de iuridicion en iustice distributive ne peuent longuement tenir telle iuridicion a bon droit la prudent Et doncques selon ceste science par aventure len pourroit dire que par ceste cause les colleges ne ont mais les elections ne les prelas les collacions fors tant seullement quant a ce que le saint pe de romme leur en veult ou laisser ou commettre. Et aussi par aventure pource que plusieurs par adulacion ou par ignorance ont persuade aux saincts peres que ilz usassent en ceste partie de plenitude de poste. Et de reservacions merveilleuses et de nouvelles exactions et de donner expectacios qui

semble de prime face estre contraires aux canons anciens Car a ung concille de romme appelle lateranense lequel tint pape alixandre Lan de grace Mille Cent lxxix. est ainsi escript Turpe nimis est et durum plenum aversione iudicii si in ecclesia dei locum future successionis expectacio habeat quam relam ipsi gentiles homines dampnare curaverunt

Et est recite en decretales Et se le prince papal ou apostolique du saint pere qui a ainsi attraicte a soy ceste iurisdicion distributive en usoit indeuement il appert par ce que sera dit ou viie livre en le pre chapitre que tel prince ne pourroit ainsi longuement durer se dieu ne le maintenoit par grace especial ou souffroit a temps estre tel par son occult et secret iugement Et semblablement selon ceste philosophie tel gouvernement nest pas venable a bonne police et ne pourroit estre bien fait sans divin miracle premierement Car tresbien ordonner une tresgrant multitude nest pas chose naturellement possible a ung homme Mais est euvre divine Sicomme il appert par aristote ou vii. livre ou pe. chapitre Et mesmement par volute quant a iustice distributive Car ung homme mortel en lumiere naturelle ne pourroit cognoistre les meurs et les merites de la multitude sacerdotal qui est requise aux grandes dignitez

¶ Item se aucun disoit que le pape ne distribue fors ce et a ceulx dont il a cog-

noissance ce ne souffit pas selon ceste
sciece Car tout est en sa volūte sās q̄
pdroit lē puisse cōtredire porce q̄ il est
sur les droiz Et ce est contre la doctrine de ceste philosophie selon laq̄lle
les loix sont sur les prīces fors entāt
cōe il peut dispencer p vne vertu appelee epyeqque non pas contre la loy
mais a lintēciō du legislateur en la ma
niere q̄ fut dit ou pui.e. chap.

¶Item en cest presēt chap est deter
mine q̄ mieulx est estre gouuerne par
bonne loy q̄ p bon prince Car le prin
ce ou son successeur peut estre deceu

¶Itē p cest mesme chap appt q̄ nul
le chose ne doit demourer en la volūte du prince q̄ puisse estre determine p
loy ¶Ite ou quit ou pp v.c. sera dit
cōmēt de tāt cōe les roys sōt seigneurs
de moins de choses de tāt sōt les royaumes plꝰ durables Et princey sacer
dotal est princey royal sicōe il sera dit
ou vie.li.ou pui.e.c. Et doncq̄s p raison naturelle est princey fust plus durable se le souuerain prīce eust moins
de poste et se il conuenist q̄ il vsast des
loix ctre lopinion daucūs q̄ ont de ce
erreur et dient q̄ le pape auroit les mal
fices Itē vne loy est vniuerselle et selō eq̄te naturelle est q̄ la volūte raisō
nable du testateur ou du fondeur dau
cū benefice est a tenir et quant a telles
choses sont distribuees a la volūte
du prīce il pourroit estre q̄ p erreur ou
p saueur il feroit cōtre lentēcion du fō
deur, et pourroit sēbler a aucūs q̄ plu
sieurs prudēs hōes qui deuroiēt telz

biēs aux eglises eussent autremēt or
dōne se ilz eussēt cuydẽ q̄ ilz fussēt ain
si departiz.

Quant au second point assauoir
mon se selon ceste sciece aucūes choses
seroient a reformer en ceste police de le
glise en supposant tousiours cōe souuent dit est q̄ elle nest pas subiecte a ces
te sciece Mais toutesuoyes ce nest pas
mal de pſiderer ce q̄ vng philosophe
en pourroit dire Car p auenture aus
si cōe pour le salut de lame philosphie
naturelle pſfite a entendre ce q̄ lon doit
croire aussi peut pſiter philophie mo
ralle assauoir ce q̄ lon doit faire Et dōc
ques soubz toute bonne correction il
me sēble q̄ le philosophie diroit q̄ ces
te police ẽ a rfformer principalement
en iii. choses selon ce q̄ dit est Vne est
quāt a la quātite et inequalite des hō
neurs et des possessions q̄ nest pas as
sez biē pporciōne Laut est quāt aux
meurs des pſonnes et ces deux choses sont ainsi cōe la matiere de la poli
ce Et la tierce est aussi cōe la forme et
est quāt a ordonner et mettre bonnes
loix ou canons de tout ce de quoy loix
peut estre faictes en ostāt toutes choses q̄ou tēps passe ont este mises auāt
ou mises sur de postes en maniere de
nouuelletes desraisonnables Et q̄ tel
les loix soiēt tenues sāns enfraindre et
aussi sāns muer si ce nestoit en la mani
ere ou es cas declarez ou second li. ou
pv e.c. Et p ceulx a q̄ il applict selō
ce q̄ fut dit ou piii. chap ¶Et quāt
au tiers poīt cōmēt ce pourroit et deuroit

estre fait selon ceste philosophie il me semble que aristote a determine ou viii.e ou viiii.c. q̄ telle reformaciō ou correction appartient a la multitude. Et ou p̄ viii.c. fut dit a quelle multitude ceste chose appartient. Et dōcques selon ceste science len devroit assembler la multitude en la maniere que sera mise ou septe liure ou plus cha, la ou sera encore ple̅ de ceste matiere. Et se telle congregacion ou assemblee est semblable chose a ce que nous appellōs concile il sembleroit que ceste opiniō ne se discorde pas de ce qui est escript ou comencement de le xi.e concile de tolecte qui fut l'an de grace ip̄. Cens e viii. Cest assauoir la complainte de ce que par lespace de p̄ viii. ans len nauoit eue faculte de assembler concille, e que par la deffaulte de ce estoient multipliez vices e erreurs e comant par la deuocion du roy e par son commandement sur a grātiopere renouuellee la lumiere de concilles pour oster les erreurs e pour corriger les meurs, e ie ne pourroie la chose si bien ne si delectablement exprimer en francoys come elle est en latin e est tel.

In nomine sancte trinitatis collectis In Vnum cartaginis prouincie sacerdotibus in toletana Vrbe Jn sancte matris dn̄i marie Virginis sede anno quarto excellentissimi ac gloriosi Suanbani principis sub die octavo Jdus nouembris era ip̄. xviii. res Votiua gaudii e dies nimiū optate gratulactione occurrit. Jn quo nobis datū est conspicere pariter e deflete q̄ lacrimar̄ de preteritis deceremꝰ Eramus eni Vsq̄ huc plasemētis seculi colluuione instabiles qa annosa series temporum substracta luce consiliorum non tam vicia superabat q̄ matrem omniū errorum Jgnorāciam occisis mētibus ingerebat. Cernimꝰ eni quomodo babilonice confusionis olla succēsa nunc tempora consiliorum aduerteret nunc sacerdotes dn̄i resolutis moribus irretiret. Purpurate eni meretrices sequebāt inuitamenta quia ecclesiastici conuētꝰ non aderat disciplina nec erat qui erraciū corrigeret p̄tes cū sermo diuinꝰ haberetur extorris. Et quia non erat adiuuādum pontificū Vlla p̄ceptio crescebat in maius Vita deterior. Cū tādem diuina Vos clemencia ex alto respiciens temporietatis nostre se occursuram prebuit e saluti preparens nostris secularis religiosi pincipis mentem deuotam pariat e instructam cuius prouide solitudinis Voto cloque consiliorum renouata resplenduit. e alterna caritas se mutuo in corrigendis Vel instruendis moribus epitauit dum e aggregendi nobis hortatu principis religiosi facultas est data. Et opportuna corrigendis preparata est disciplina. Vt qui decursis longe ante temporibus post decem et octo seculis scilicet labencium annorum excursum. Jn Vnum meruimus aggregari conuentum moderi possimus spirituali gracia sanitatem. Nec enim numerus iste alienus est a salute sic quippe mulier illa in euuangelio ter senis annorum excursibus curua que figu rū totiꝰ hūani generis gestabat sub sacrameto hꝰ numeri saluti pristine sana redonaꝛ Nos igiꞇ p tot ānos cur uo nostri ordinis psiꞇtēte statu iu eo ꝯ nulla nos ꝯsilioꝛ diffinitio iugeret nullꝰ eciā ꝙuetus ecclesiastici ordinis adiuuaret tādē diuine Uolūtatiſ ipe rio ꞇ religiosi pꝛicipis Jussu euocati Jn toletanā Uꝛbē ꝯuenimꝰ ꝙ cū in ec clesia bꞇē Uirginis marie debitis inse dibꜫ locaremur inter cetera ꝙ sub vnis discreto capituloꝛ ordine sūt digesta nō aliūde pꝛimū cepimꝰ habere sermo nē nisi de fidei puritate ꝛc. Et ceſt pſille est mis ou liure ꝙ cōpila ficōe ie cuide psodoꝛe ꞇ ꝙ est appelle codex ca nonū du ꝙl gracie fait mēcio en sa sō me en la pix distictiō ꞇ aucūes chos es de ceſte matiere sōt en la v Ui ꞇ en la p Uii distīctiō ꝛ selō les c. De ceste sci ēce dessꝰ alleguez gēt sacerdotal doi uēt estre en ceste ensēblee ꞇ gēs daut ē stat mesmemēt se elle ne estoit eu eſ pecial pour choses ꝗ regardent seules mēt les sacrifices ꞇ nō pas la police. Et plusieurs pꝛcilles ꝗ sōt ou li. dessꝰ dict in codice canonū furēt fais du cō mādemēt des empeurs ꞇ des roys et eulꝫ pſēs ꞇ auꞇs seculiers Mais selō uerite saicte eglise est gouuernee p le saict ꞇ sperit ꝑB. ē que a ce euure ꞇ face soubꜫ dieu bonne pꝛudēce hūaine car se lopiniō dauc9 estoit vraye laqlle chose dieu ne Ueille ce q assauoir ꝙ le pꝛicey de rōe se traisist a la similitude de pꝛicey oligarchiꝗ ou tyrāniꝗ Et ꝙ ilꝫ fussēt cōme a ꝗ nostre seigneur di soit p sō ꝑꝑhete ezechielis xxxiiii ve

pastoꝛibꜫ israel ꝗ pascebāꞇ semetipos ꞇc. ꝙ infiꝛmū fuit nō ꝯsolidaſtis ꝙ fractū nō alligastis ꝛ ꝙ obiectū est nō adduxistis ꝙ perierat non ꝗsistis Sꝫ cū austeritate nupabatis eis ꞇ cū potēcia Pour certain se ilꝫ estoiēt telꝫ iamais p eulꝫ ne seroit faict telle as ſe blee selō ce ꝗ peut appoir ou quart et ou quiꞇ li. en plusieurs cha Mais len doit supposer le ꝯtratre Et pource se le sait pe apoſtoliꝙ auꝗl apptiēt telle ꝯuocacion faire estoit de ce souffisaus mēt reꝙs ou adiuste ꞇ il auoit opoꝛtu nite Et ce fust expediēt pour corriger ou reformer aucūe chose ou pour cō fort ꞇ mener mieulx ce ꝗ biē ē ie tiē ꝗ il feroit ꞇ ce seroit Une scte euure ꞇ auꝫ pꝛinces seculiers apptiēt dōner a ce fai re aide ꞇ pfort ꞇ seurte Et ce doiuent Uouloir ꞇ desirer souuerainement ꞇ adce entēdre tres diligeaumēt pour le biē publicq du peuple crīstiē Speci alement le roy de frāce ꝗ est trescatholi que ꞇ vray filꝫ ꞇ chāpiō de scte eglise ꞇ le plꝰ excellēt de toꝰ les pꝛinces terri ens ꝗ sōt en cest mōde Et il a fait met tre en lumiere ceste doctrine de politiꝗs ꝗ pouꝛoit moult valoir a telle refoꝛ macion

¶ Du pp V. c. il argue ꝙ il vault mie ulx ꝙ plusieurs tiēnēt le pꝛincey qī seul

Ce nest pas legiere chose que Ung hōe seul puisse regarder biē ē tēdre moult de choses ꝛ dōcꝗ ꝗ mettra ꝙ ung seul soit souerai pꝛince il puiēdra q il ait soubꜫ soy moult de auꞇs pꝛinces G Car Ung seul ne pour roit entendre ne bien deliurer toutes

Fueillet

les causes et les controversies dung grāt peuple et a cest ppos met lescripte p mēt Jectes pse illa a moyse quil eslisist autres iuges soubz soy/ car il ne pourroit tout faire: et podi p viii.

Tex. Et pour ce establir ung prince en ceste maniere ne differe en rien fors que cest moins bon que faire des le commencement plusieurs princes equaulx. Glo. Apres il met vne autre raison. Tex. Item a cest propos fait ce quest dit deuāt cest assauoir que vng homme vertueulx est digne de tenir princey pource ql ē meilleur homme. Glo. Ce fut dit ou poiii. chap. Tex. Et deux bōs sont meilleurs que vng seul bon.

Glo. Et dōcques est ce mieulx que deux tiennent le princey q vng

Tex. Et est ce que len dit en prouerbe que quant deux tiennent ensemble ilz valent mieulx que vng.

Glo. Et ce saccorde a lescripture qui dit Melius est duos esse simul qp vnū, habent eni emolumētū societatis sue. Il vault mieulx estre deux que vng etc. Apres il conferme son propos par auctorite.

Tex. Et a cest props fait lorois on ou sermō que le roy agamenō faisoit au peuple en disāt Baillez moy telz compaignons, que ce ne soit pas iuste chose que iaie princey sur eulx

Glo. Mais quilz soient aussi vaillans ou meilleurs de moy Apres il retourne a desclairer ce ql a dit ou cha precedēt cest assauoir quil vault mieulx iuger selon la loy que selō volente et monstre en quel cas verite est et en quel non Tex. Et maitenant sont princes qui ont la domination daucunes choses quāt est en iugement Sicomme le iuge qui a en sa dom̄nation les choses de quoy la loy ne peut determiner Car des choses de quoy elle peut determiner nul ne doubte que la loy en telles choses nait bien cōmande et bien iuge mais pource que aucunes choses sont comprises et determinees par les loix Et des autres cest impossible de les determiner par loix ce sont les causes q̄ font doubter et faire questiō assauoir mon se il est plus eslisible que tresbonne loy ait princey/ ou que tresbon homme la tiēne car les choses de quoy les princes conseillēt et iugent a leur volente sont telles desquelles cest impossible de faire estatue par loy et doncques les choses dessusdictes ne contiēnent pas Car sil vault mieulx iuger selon la loy pource ne sēsuit il pas quil ne soit necessaire que homme iuge a sa volente de telles choses cōme dit est Glo. Il vault mieulx estre gouuerne ou iugie par loy en ce de quoy peut estre loy et en ce de quoy ne peut estre loy il conuient estre gouuerne par homme et de ce fut dit ou chap precedent Apres il retourne a son propos Tex. Mais toutesuoyes que vng seul ne iuge pas mais plusieurs/ car chascū prince qui est introduit en la loy iuge bien Glo.

¶ Le tiers liure de politiques. L·p̄ vii.

¶ Il veult dire que les iugemens doiuent estre faiz par plusieurs saiges et que chascun deulx sache bien les loix Apres il met vne autre raison

¶ Tex. ¶ Item par auenture ce sembleroit inconuenient dire que vng homme apperceust et cogneust mieulx a deux yeulx et a deux oreilles que plusieurs ne font a moult dyeulx / et a moult doreilles et quil feist mieulx besoigne a deux piez et a deux mains que plusieurs ne feroient a moult de piez et a moult de mains Et pour ce maintenant ceulx qui tiennent monarchies sont pour eulx mesmes moult dyeulx et moult doreilles et de piez et de mains par ce quilz sont compaignons de leur princey ceulx qui sont amis du princey et deulx Car silz nestoient amis de ceulx qui tiennent la monarchie ilz ne feroient pas selon leur volunte Et silz sont amis du prince ilz sont amis du princey ¶ Glo. ¶ Mais aucunesfois au contraire tel est ami du princey qui nayme pas le prince Sicomme aucun veult bien la tyrannie qui hait le tyrant et en souffist vng autre Et aucun aime le royaume qui nayme pas le roy sil nest bon. Mais quiconques aime le roy de vraye amitie il ayme le royaume Et qui naime le royaume il nayme pas le roy Car sicomme dit tulles la premiere loy damitie est que nul ne face chose deshonneste a son amy Et doncques quiconques conseille au roy pour faire luy plaisante chose qui est contre le bien publicque de son royaume il nest pas ami du roy

¶ Tex. ¶ Et par auenture ceulx qui sont amis du prince sont semblables a luy, Et doncques silz cuident quilz doient tenir princey et estre ses compaignons il sensuit puis quilz sont equalz et semblables quil doit cuider quilz doiuent tenir princey semblablement ¶ Glo. ¶ Et doncques lung de telz ne doit plus auoir souuerainete que lautre Car ce ne seroit pas selon nature puis quilz sont du tout equalz ¶ Apres il recapitule

¶ Tex. ¶ Et doncques ces choses dessusdictes sont presques toutes les doubtes que aucuns sont contre princey royal. ¶ Glo. ¶ Et pour ce es chapitres precedens ou aristote a parle de royaume il a dit plusieurs choses en arguant et par maniere de doubte et non pas en determinant.

¶ Ou xx vie. chapitre il determine la verite et monstre comme diuerses policies competent a diuerses gens

Ais par auenture la maniere deuant dicte. ¶ Glo. ¶ Cestassauoir que plusieurs ensemble tiennent le princey

¶ Tex. ¶ A lieu en aucunes gens Et en aucuns non Car aucun iuste ou droit et conferent est despotique et autre est iuste et conferent politique ¶ Glo. ¶ Iuste ou droit despotique

℟ fueillet

est en communication du seigneur a son serf ¶ Et iuste polltique est entre gens qui sont francs Et communicacion despotique & communicacion politique different par nature sicomme il fut dit ou .vii.e chap du premier ¶ Tex. ¶ Et ce que est tyrannique nest pas selon nature ne quelconques des autres polices qui sōt transgressions de bonnes polices car elles sont faictes hors nature. ¶ Glo.

¶ Cest assauoir oligarchie & democratie car tyrannie & ces deux polices doiuēt plus estre appellez oppressions que communicacions ¶ Tex.

¶ Mais par les raisons deuant dictes que entre ceulx qui sōt semblables & equaulx. ¶ Glo. Semblables quant a liberte & equaulx en prudence et en puissance politique ¶ Tex.

¶ Ce nest pas expedient ne iuste q̄ vng soit seigneur de tous prīcement ql soit pose quil ny aiēt nulles loix & que tel homme fust ainsi comme loy ¶ Glo.

¶ Et que il gouuernast tout a sa volunte ¶ Tex. ¶ Ne pose quilz ayent loix ne poste que il soit tresbon & eulx tresbons ne pose q̄ il ne soit pas moult bon ne eulx moult bons ¶ Glo.

¶ Sicōme ou xviii.e chapitre il nest pas possible que tous ceulx dune grāde cite soient dignes de tenir princey. Mais tout peut estre q̄ vng certaī nōbre sont souffisans ad ce ¶ Et se ilz sōt equalz ou pres non pas seulement selon vertu & prudence Mais auecq̄s ce selon puissance potique de amis de

force de richesses ce nest pas iuste chose que vng seul ait le princey ¶ Mais tout telz ¶ Et neantmoins ilz querent bien que vng ou deux aient aucune presidence. mais cest les vngs apres les autres a tour ou par sort ou par aucune telle ordonnance laquelle aristote appelle ou xviiii.e chapitre.

Apres il commāce a parler de ceulx qui sont inequaulx ¶ Tex.

¶ Ne pose q̄ il soit meilleur des autres selon vertu se ce nest en vne maniere Or on peut dōcq̄s dire qlle est celle maniere Et de ce est dit deuāt autremēt ¶ Glo. ¶ Du xix.e chapitre

¶ Tex. ¶ Mais il conuient premierement determiner quoy est reguable & quoy est aristocratique & quoy est politique. ¶ Glo. ¶ Par ces iii. choses il entend iii. manieres de multitude qui sōt habillee a estre gouuernez selon les troys bonnes polices

¶ Tex. ¶ Et doneques reguable est multitude la quelle est nee & naturellement disposee a porter ou soustenir quant a princey vng lignage sup excellent selon vertu a presidence politique ¶ Glo. Reguable signifie p roy gouuernable ou a royaulme habille ou auable Et est multitude naturellemēt encline a estre gouuerne p vng hōme ou p vng lignage excellēt en vertu q̄ soit presat dessus la poste ¶ Tex.

¶ Aristocratique est multitude laquelle est nee & taillee a porter & soustenir vne multitude de princes & laquelle peut estre gouuernee selon princey deu a gens francz ⁊ par gens qui ayent presidēce ou prelacie selon vertu a prīcey politique. ⟨Glo. ⟨Aristocracie est princey dung peu de gens vertueulx ⁊ il lappelle icy aristocratique sa multitude qui naturellement est taillee a estre gouuernee par tel princey/⁊ prent cest mot politique en general ⁊ apres en especial ⟨Tex. ⟨Et multitude politique est en laquelle la multitude est nee ⁊ ordōnee a estre faicte politique ⟨Glo. Cest a dire a estre gouuernee selō la police qui est en especial appellee police ⁊ que il appelle tymocracie ou xxviii.chapitre de le viii.dethiques Et sont telz qui puissent tenir princey ⁊ estre subiectz selon la loy par laquelle les princeyz sont distribuez selō la dignite des personnes aux richesses ⟨Glo. ⟨Il dit opulentis ⁊ les expositeurs dient que cest a ceulx qui ont souffisāce en vertu ⁊ en richesses mais le translateur dit que en aucuns liures a opulentis ⁊ egenis Cest a dire que les princes sont distribuez en telle police selon liberte ⁊ vertu a toutes gēs Or auōs donques que naturellemēt aucune multitude veult estre gouuernee par roy ⁊ aucune par vng petit nōbre de gēs vertueulx ⁊ aucune par tous les citoyens ou par soy mesmes Et le gouuernement qui est conuenable p̄ nature ⁊ expediēt a vne multitude nest pas conuenable a lautre selon la variete des meurs ⁊ de la quātite ⁊ de la

region et du temps ⁊ des autres circonstances ⟨Apres il descend a propos ⟨Tex. ⟨Et doncques se il aduient que tout vng lignage ou vng seul homme soit en telle maniere different des autres selon vertu en tant que la vertu de luy excede ⁊ passe la vertu de tous les autres iuste chose est et droit que cest lignage soit royal Et que il ait la dominacion de tous ⁊ que cest homme seul soit roy ⟨Glo. ⟨Cest assauoir selon vng expositeur le tresmeilleur de tel lignage royal ⟨Tex. ⟨Et ce nest pas verite seulement selon la iustice que ont acoustume a mectre ceulx qui instituent ⁊ establissent les polices aristocratiques Et ceulx qui instituent les oligarchiques Car telz veullent du tout faire princes selon aulcun exces ou excellence. Mais non pas en vne chose ⟨Glo. ⟨Car les vngs regardent a excellence de vertu les autres en excellence de richesse les autres de liberte ou de noblesse ⟨Tex. ⟨Mais faire selō ce que nous auons dit cest iustice simplement. ⟨Glo. ⟨Car en regarde a vertu auecques toutes autres condicions appartenantes a bō prince ⟨Tex. ⟨Et nest pas chose appartenāte ou auenante que occire tel homme ou chacer ne bānir ou releguer ⟨Glo. ⟨Et de ce fut dit ou dixneufiesme chapitre.

⟨Tex. ⟨Et ne appartiēt pas que la

multitude luy soit subiecte selon partie ☙Glo. ☙Cest adire se me semble que nul de celle pollice ne doibt estre exempt de sa dominacion et iurisdicion Et apres il assigne la cause.

☙Tex. ☙Car ce nest pas selon nature que la partie excede son tout ou ait plus de excellence Et tel regart aux autres cestuy qui a excellence si grande ☙Glo. ☙Car la vertu de chascun des subiectz pource que elle est maindre est aussi come partie au regart de la vertu de cestuy Et doncques aussi come la partie est dedens son tout (et) ne peut estre equale ne exceder son tout par semblable selon ordre naturel nul de la police ne peut estre hors de la dnacion de cestuy ne estre equal ou plus grant de luy Et ceste excedece est a entendre quant a vertu pratique auecques puissance politique si comme il est touche deuant a cest chapitre Et est a entendre de celluy qui a telle excellence selon verite ou qui est repute tel (et) ne appert pas le contraire Et par quelle voye il doibt estre institue il fut dit ou xpviie. chapitre ☙Tex. ☙Et pource il reste (et) sen suit que a tel homme seullement doit len obeir comme a souuerain. ☙Et q il doit estre seigneur non pas selon ptie mais simplement

☙Glo. ☙Ce peut estre expose come maintenant fut dit en la fin du xviie. chapiere ☙Apres il recapitule

☙Tex. ☙Et doncques en ceste maniere soit determine de royaulme quelles differeces il a (et) assauoir mon se tel princep est non expedient a citez ou expedient (et) a quelles citez (et) en ql le maniere

☙Qu xx viiie. chapitre il recite et declaire aucunes choses deuant dictes (et) propose ce de quoy il dira apres

Pource que nous auons dit que troys polices sont lesquelles sont droictes et bonnes ☙Glo. ☙Ce fut dit en le viiie. chapitre (et) sont royaumes aristocracie (et) tymocracie ☙Tex. ☙Et il est necessaire que de ces iii. polices celle soit tresbonne laquelle est dispencee p tresbonnes gens (et) telle est la police en laquelle vng seul est seigneur de tous ensemble ou tout vng lignage

☙Glo. ☙Cest quant le royaulme va par succession ou quant le roy a aucuns amis charnelz conductcurs collateralx ou compaignons de son pricep affin que il ait plusieurs yeulx (et) plusieurs oreilles ioupte ce q fut dit ou xxve. chapitre. ☙Tex. ☙Ou vne multitude excedente selon vertu ☙Glo. ☙Cest assauoir vne petite multitude sicome il est en aristocracie Et que les vngs puissent estre subiectz (et) les autres tenir pricep ordonnemet a vie ☙Tex. ☙Telles polices sont royaumes aristocracies q sont po la meille vie politiq (et) po la plu part soy souffisate q puisse estre (et) mesmemet (et) pricipalemet royaume. ☙Or fut il mostre deuant es pmieres polies

Glo. Le sixt ou quart chapi/
tre. Tex. Que de necessite ung
homme est bon homme et bon cytoyē
par une mesme vertu en tresbonne
cite et en tresbonne police Et doncques
est magnifeste & sensuit que par une
vertu lung est bon homme et vertu
eulx. Et par telle mesme vertu insti
tuera cite gouuernee par aristocracie
et cite gouuernee par royal police.

Glo. Car royaume et aristo
cracie sont tresbōnes polices Et dōc
ques ceulx qui les gouuernent sont
bons princes et bons hommes p̄ une
mesme vertu. C'estassauoir par pru
dence parfaicte. Tex. Et donc
ques sont presque une mesme discipli
ne et une acoustumāce ou coustume
de uiure qui font ung homme ver
tueulx & bon. Et qui se fōt politique
& royal. Glo. C'estassauoir qui
le font estre bon prince en police aris
tocratique & en police royal. Car il
mect icy politique pour aristocratique.

Apres il continue sa matiere aux
choses qui ensuiuent. Tex. Et
apres ce que ces choses sont determi
nees il conuient tempter & essaier a di
re de police qui est tresbonne en quel
le maniere elle est nee & taillie estre fai
cte & comment elle peut et doibt estre
instituee. Et en quelle maniere celuy
qui a traictier de l'institucion de telle
police doibt par necessite faire de tel
le conuenience speculacion.

Glo. Et ainsi fait es liures q̄
ensuiuent ou il determine des polices

& des choses appartenantes & apres
il determine comment tresbonne poli
ce doit estre instituee.

Cy finist le tiers liure
de politiques   q.ii.

Jucillet.

⸿ Cy commance le premier chapitre du quart liure et monstre quelles choses sont a considerer en toute ceste science.

A tous ars et en toutes sciences lesquelz ars ou sciences ne sont pas selon vne petite partie mais sont parfaictz Et sōt vers aucun gerre ou subiect cōmun il appartient a vne mesme science ou art considerer vers chascū gerre ou subiect ce que luy est cōuenable. ⸿ Glo. Gerre ou subiect est ce de quoy considere toute vne science sicōme medecine de sainte et de maladie Et aussi la personne saine ou malade est dicte subiect Et dōcques se vng sauoit guerir de fieure tierce et nō dautre maladie ou du mal du foye et non dautre membre sa science ne seroit pas parfaicte mais seroit selon partie

⸿ Tex. Sicōme celluy qui est parfait en art excercitatiue il doit sauoir quelle excercitacion est expediente a tel corps et quelle a tel Et doit sauoir laquelle excercitacion est la plus tresbōne simplemēt Et est necessaire que celle qui est tresbonne ꝑ pecte et soit ꝑ uenable au corps qui est tresbien apte ou habille et tresbien proporciōne. Et que celle qui ꝓpete a plusieurs est ꝯmune a toꝰ ceulx auxquelz ꝑ ꝓpete Et ce sauoir et faire cest leuure et le negoce de excercitatiue ⸿ Glo. Et excercitatiue est art de apprendre ou frequenter aucun mouuemēt corporel pour sainte garder ou recouurer ou po᷒ esbatement ou po᷒ soy habiliter a faiz darmes ou a aucune autre chose Sicōme courir luter iecter dars et saicter iouter tournoyer et telles choses. Et doit estre chascun introduit a lexcercitaciō a quoy il est plus habille et que luy cōpete selō sa natꝰ T. Mais encor pose que aucun desire vng habit ou science sicomme seroit des choses qui regardent agonie. ⸿ Glo. ⸿ Cest vne maniere de excercitaciō labourieuse sicōme seroit luyter. Et gingnasie est vne telle excercitacion ⸿ Tex ⸿ Ou excercitatiue est que nest tel habit ne telle sciēce ne luy apptient Cestassauoir a quoy il nest pas habille neantmoiens il apptiēt de la discipline excercitatiue et gingnasiq preparer et disposer cestuy a ce qͥl puisse auoir ceste puissance ⸿ Glo. Aussi comme se vng vouloit sauoir luyter ou traire de larbelestre Qui ne seroit pas taille a ce Toutesuoyes le maistre qui enseigne telz choses deuroit a son pouoir oster la rudesse de cest homme et le habiliter affin que il peut telle chose aprendre. ⸿ Tex. Et semblablement en art de medeciner ou de faire nefs Et en art de faire vesture ⸿ Glo. ⸿ Le medecin dōne dieetes et gouuernemēt a chūn selō sa plectiōn et sō aage et estat Et le faiseur des nefs selon les eaues et les temps ou ilz doiuent aller ⁊ le tailleur de robbe uestist chascun selon sa forme de son corps ou selon son estat ⁊ sa volunte ¶Tex. Et nous voyon que il est ainsi en tout art Et doncques est il manifeste que il appartient a vne mesme science considerer quelle police est tresbonne Et de quelle maniere telle police seroit mesmement pour estre a plaisir ou a son het sans ce que aucune des choses de hors y feist empechement ¶Item a ceste mesme science appartient considerer quelle police est congrue ou conuenable a telz gens ⁊ quelle a telz Car par auenture moult de gens sont au quelz cest impossible de actendre ou aduenir a policie tresbonne ¶Glo. Ou pource que la multitude selon sa nature ⁊ selon ses meurs nest pas nee ou disposee a estre gouuernee par telle police selon ce que fut dit ou vingt viie chapitre du tiers ou pource que la region ne souffist pas a ce. Et semblablement plusieurs corps sains ou complexions sont qui ne pourroient actendre a sante tresparfaicte ¶Tex. ¶Et pource il ne conuient pas que celluy q est legislateur ⁊ come roy politique ignore q̄lle police est simplement tresbōne Et quelle police est tresbōne supposees aucunes choses ¶Glo. Cest assauoir suppose que celle multitude soit telle que elle ne pourroit actaindre a police tresbonne simplemēt se legislateur doit sauoir quelle police est la meillr̄ ou la tresbonne a quoy ceste multitu

de pourroit actendre sicōme se bon medecin suppose que cest corps ne puisse estre mene a trespfaicte sante il doibt sauoir mener le a la plusgrande sante que il puisse auoir selō sa complexion ⁊ disposicion ¶Tex. ¶Encore doit il pas ignorer la tierce ¶Glo. ¶Apres il retourne a parler de la seconde ¶Tex. ¶Car il conuient pouoir considerer celle qui est donnee par supposicion ¶Glo. ¶Cestassauoir suppose que ses gēs ou le pays soyent telz que police simplement tresbonne ne y puisse estre ¶Tex. ¶Et sauoir comme elle sera faicte et institue au commencement Et quant elle sera faicte⁊ en quelle maniere elle sera sauuee ⁊ gardee p long tēps ¶Glo. ¶Sans sedicion ⁊ sans corruption Apres il declare la tierce. ¶Tex. ¶Ie dy doncques que se il aduenoit a vne cite quelle ne peut estre disposee par tresbonne police pour ce que elle na pas habundāce des choses ace necessaires Et que elle ne fust pas gouuernee par la meilleur police que elle peut bien estre selon les choses qui sont Mais par vne autre pire Cest adire moins bonne. ¶Glo. ¶Ce est la tierce chose que le legislateur doit sauoir Et dōcques nous auons trois degrez de bonne police Vne est simplement tresbonne Lautre non pas simplement mais selō la matiere Et la tierce bōne mais nō pas tresbōne ne sīplemēt Et ne selō la matiere Et ē sēblable cōe du medeci

qui doit cognoistre trope degrez de sā
te Cestassauoir la meilleur qui puis
se estre & la meilleur q̄ cest corps puis
se auoir et celle que il a de present
⁋Tep. ⁋Et encores oultre toutes
ces choses il conuient cognoistre mes
mement en toutes citez quelle police
est bonne et conuenable a chascune
⁋Glo. ⁋Et parce il cōmence a re
prendre aucuns anciens ⁋Tep
⁋Et en ceste partie plusieurs q̄ ont
pronūcie ou parle de police pose que
ilz dient aucunes autres choses biē
toutesuoyes ilz pechent en choses os
portunes & cōuenables Car il ne cō
uient pas cōsiderer seullement la poli
ce qui est tresbōne, mais len doit cō
siderer celle qui est possible et sembla
blement celle q̄ est la plus legiere & la
plus cōmune a tous Mais ces philo
sophes qui ont parle de police quie/
rent & cōsiderēt seullement la souue/
raine police laquelle a mestier de plu
sieurs habondāces & richesses Glo
⁋Et peu ou de plusieurs citez ou de
multitude peuent auoir telle souffi/
sance ⁋Tep ⁋Et les autres anci
ens disēt que la police doit estre tenue
qui est plus cōmue Et intremene ou
blasme les autres polices Cestassa
uoir la police laconique. ⁋Glo.
⁋Cest la police qui estoit en vne re
gion appellee laconie Et est la partie
dytalie ou sont apuille calabre et de
ce fut dit ou .ppe chapitre du tiers
⁋Apres il reprent les anciens quāt

aux corrections de polices ⁋Tep.
⁋Du aucunes autres lesquelles
nous louons Et conuient mettre tel
ordre en la police au'quel len puisse p̄
psuasion enduire & attraire ceulx a q̄
len met telle police Et lequel ordre
ou ordonnance ilz puissent poursuir
& maintenir aussi comme se ce qui sen
suit fust verite Cestassauoir que cor
riger la police nest pas maindre eu
ure que la instituer au commance
ment Sicomme autāt fort est a apra
dre vne chose que len a ouŕlie comme
il fut a prendre la premiere au cōmen
cement ⁋Glo. ⁋Et aussi comme
reparer vne p̄tie dung edifice est au
cunesfoiz fort ou plus comme faire la
toute neufue Semblablement il con
uient grande prudence & grant dili
gence a reformer vne police quant il
a erreur ou deffaulte ⁋Tep. ⁋Et
pource auecques les choses dessus d
il conuient que cestuy qui est politiq̄
Cestassauoir gouuerneut de la poli
ce puisse donner ayde aux polices tel
les comme elles sont sicōme il est dit
deuant et ceste chose est impossible a
cestuy qui ignore quantes especes de
polices sont Or est il ainsi que aucūs
cuydent q̄ il soit tāt seullemēt vne es/
pece de democracie & vne seulle espe
ce de oligarchie Et ce nest pas veri
te Et pour ce il ne conuient pas igno
rer les differences des polices quan/
tes il sont, et en quantes manieres
ilz sont composees. & cetera.

Et auecques ceste prudence il puiẽt regarder que les loix sont tresbõnes Et en chascune police les loix quelconques cõpetent et sont couenables pour elle Car il cõuient que les loix soiẽt mises aux polices et aptes mais les polices ne doiuẽt pas estre mises aux loix ☜Glo. ☜Car les loix sõt ordõnees por la police garder et maintenir et la police ou le salut de la police est la fin pour quoy est la loy. Et porce celluy q̃ institue vne police doit regarder quelle police il institue. Et selon ce il doit mettre loix puenables et les conformer et appliquer a la police Et seil auoit sõ pmier regart aux loix et selon celles il instituoit sa police il puertiroit ordre naturel Car lẽ doit premierement regarder a la fin

☜Tex. ☜Car police est lordre qui est mise es citez et qui est uers les princeps Et qui met la maniere cõmẽt ilz doiuent estre distribuez et quelle chose doit auoir la dominacion de la police et quelle chose est fin de la cõmunication des cytoyens en chascune ptie Mais les loix sõt regles separees escriptes ou acoustumees qui signifient ce par quoy la police est gouuernee. Et comment il conuient q̃ selon elles les princes tiennẽt les princeps Et que ilz gardent lesquelz sont trãsgresseurs ou inobediens a elles

☜Glo. ☜Affin que ilz soient corrigez et pugnis ☜Tex. ☜Et pour ce appert q̃ il est necessaire de auoir ou sauoir les differences de chascune police et le nombre des polices Et mesmement quant est a mettre les loix Car il nest pas possible que len confere ou donne ou mette vne mesme loy a toutes polices oligarchiques ne a toutes democracies se ainsi est q̃ plusieurs democracies soient et non pas vne seulle ne aussi vne oligarchie seulement ☜Glo. ☜Et la cause est car se plusieurs democracies sont ilz tendent a diuerses fins Et les loix sont mises selon les fins des polices. Et doncques vnes loix sont en democracie et autres en autres Car selon verite plusieurs especes de democracies sont sicomme il sera dit apres Et ce q̃ dit est est a entendre des loix qui sõt propres a telle police ou a telles Car aucunes loix sont communes a plusieurs polices et ceste distinction apperceurent bien ceulx qui firẽt les loix rommaines Mais ilz la mettent par autres motz.

☜Du second chapitre il recite de q̃lles choses il a parle deuant et met de quelles choses len doit parler apres.

Pour ce que nous auons mises et diuisees deuãt de troys polices droictes Cestassauoir royaume aristocracie et policie Et iii. trãsgressiõs de royaume. Et oligarchie qui est transgression de aristocracie et democracie qui est translacion de policie ☜Glo.

☞Tout ce fut dit en le viiie. chapitre du tiers ☞Tep. ☞Et la ou nous auons dit de royaulme nous auons assez dit de aristocracie ☞Glo. ☞C'est assauoir ou petit chapitre du tiers et es autres chapitres apres ☞Tep. ☞Car considerer de policie qui est tres bonne et de ces noms est vne chose ☞Glo. ☞C'est assauoir de royaume qui est tres bonne policie et de ces noms c'est a dire de aristocracie ☞Tep. ☞Pource que lune et lautre veullent estre selon vertu large et pfaicte. Ite encores est il dit côme royaume et aristocracie different lung de laut' Et quant il puiet cuyder dune police que ce est royaume tout ce est determine deuât ☞Glo. ☞En le viii. et xiie. chapitres du tiers. Apres il met de quelles choses il côuient encores determiner ☞Tep. ☞Or demeure donques a traicter en passant oultre de celle qui par cômun nom est appellee police ☞Glo. ☞Et elle est appellee ipmocracie ou. piiie. chapitre de le. viiie. de ethiques ☞Tep. ☞Et des autres polices côme sont olygracie et democracie et tyrannie ☞Glo. Apres il môstre lesquelles de ces polices sont les plus mauuaises. Tep. ☞Et donques peult apparoir de ces transgressions. Laquelle est la tresplus mauuaise et laquelle est apres sa seconde en mauuaistie. ☞Car il est necessaire que celle qui est trâsgressiô de la premiere en bonte et qui est tresdiuine soit la tres pire ☞Glo. ☞Il appelle royaume tres diuine pollice. ☞Car elle est selon epcellance de vertu Et si est plus conforme ou semble au gouuernement vniuersel de tout le môde Et pour ce dieu qui le gouuerne est appelle roy ☞Tep. ☞Or est ainsi par necessite que royaume ou il a seulement nom de royaume. Et n'est pas royaume selon verite ou il est vray royaulme par tres grant epcellance du roy ☞Glo. ☞Car roy doit estre par soy souffisant et superepcellant en tous biens sans aucune indigence sicôme il fut dit ou. piiie. chapitre de le. viiie. de ethiques Tep. Et pour ce il sensuit par necessite que tyrannie est la tresplus mauuaise police qui soit et que tyrannie est la pl9 long ou la plus differante de bonne police.   ☞Secondement apres tyrannie la plus mauuaise police est oligracie. ☞Car aristocracie differe moult de ceste police ☞Glo. ☞Aristocracie est contraire a olygrachie et doncques aussi côme aristocracie est la seconde en bien Et la meilleut apres royaume il sensuit que oligrachie est la seconde en mal ou la plus mauuaise apres tyrannie qui est contraire et opposite a royaume ☞Tep. Mais democracie est la tresplus mesuree ☞Glo. ☞C'est a dire la moins hors mesure et la moins mauuaise. Aussi côme tymocracie sa contraire est moins bonne. Et pour ce tymocracie et democracie sont asses pchaines sicôme il fut dit ou. piiie. chapitre

de le .viii. dethiques. ¶Apres il recite
& repprouue soppinion platon. T.
Et vng des philosophes qui ont este
deuant nous auoit pnoncie en ceste
maniere ¶Glo. ¶Il auoit mise
telle diuision de polices.
¶Tex. ¶Mais il ne regarda pas
a ce que nous regardõs. Car il disoit
que se tous les cytoyens estoient bõs
olygarchie leur seroit bonne. & se ilz es
toient autres democracie leur seroit
tresmauuaise. Et que democracie est
la tresplus bonne des mauuaises. Et
nous disons que ces polices sont du
tout vicieuses ou corrumpues. Et ne
peut lon pas bië dire que vne oligar
chie soit meilleur que lautre. Mais se
doit dire que elle est moins mauuaise. ¶Glo. ¶Et toutesuoyes aristote
vse souuent de telle maniere de parler
Mais par auenture cest la deffaulte
des translateurs. ¶Tex. ¶Mais
de tel iugement faire quant a present
nous laisserons ainsi. ¶Glo. ¶Cest
adire q̃ il ne veult plus disputer main
tenant contre sopinion de platon.
Apres il met ce de quoy il determine-
ra en cest quart liure. ¶Tex. ¶Et
nous conuient premierement diuiser
quantes differences de police sont.
Et se plusieurs especes sõt de democracie & aussi de oligarchie. Et apres
ce conuient considerer la quelle police est la tresplus commune et laquel
le est la plus essisible apres celle q̃ est
tresbonne. Et ainsi pose quil soit aucune aristocracie autre que dit est. Et

que elle soit bien pmanẽte & bien conuenable a plusieurs citez nous auõs
cõsidere quelle elle est. Et apres noꝰa-
uons a regarder des autres polices
la quelle est essisible a vne gent et la
quelle a autres. Car pat auẽture de
mocracie est plꝰ necessaire a aucunes
gẽs que nest oligarchie. Et aucune au
contraire. Ceste est plus necessaire q̃
nest lautre. ¶Glo. ¶Apres il met
aucunes choses dont il traictera es liures ensuiuans. ¶Tex. ¶Apres il
conuient considerer en quelle maniere celluy qui veult faire ces polices
les doibt instituer. Je dy aussi comme seroient les polices democratiques selon chascune de leurs especes
& aussi les olygarchiques. Et apres
toutes ces choses quant nous aurõs
fait briefuement memoire nous tẽp-
terons a monstrer quelles choses sõt
corruptions & quelles choses sont sal
uacions des polices. Et en commun
& de chascune en singulier. Et pour
quelles causes telles corruptions ou
saluacions sont faictes ou disposees
a estre faictes. ¶Glo. ¶Il traictera de ce ou quint liure.

¶Ou tiers chapitre il monstre les
causes par quoy les polices sont plusieurs

De ce que les polices sont plusieurs la cause est pour ce que
les parties de cite sont plusi-

¶ Fueillet

eurs en nombre ¶ Glo ¶ Et selon ce
les communicacions sont plusieurs
et les polices different selon ce que les
cōicacions ou les parties de cite tien
nent le princey ou participent ou prin
cey Sicōe il sera dit aps plus a plain.
¶ Tep ¶ Car premierement nous
sopon eque toutes citez sont compo
sees de maisons ¶ Glo ¶ Il nent ed
pas par maison les parois mais sa
famille et les personnes Et en mai
son sont troys comunicacions Et auſ
si comme troys polices si comme il fut
dit ou tiers chapitre du premier
¶ Tep ¶ Item de ceste multitude
de tout le peuple nous sopons apres
que il est necessaire que les unes soi
ent riches et les auts poures et les au
tes moyes ¶ Glo ¶ Ce nest pas ne
cessaire simplement mais selon comu
cours ⁊. Et tāt des riches tāt des
poures Une partie se epcercite en ar
mee ou hante les armes, lautre est
sans armes Et de ce peuple q ne suit
pas les armes une partie sont labou
reup de terres et lautre partie sont oc
cupez en marchandie et lautre partie
est banneuse ¶ Glo ¶ Il appelle bā
nauses ceulp qui font euures viles et
ordes comme sont solaires de cui
sines bouchiers tanneurs et telz gens
et de ce fut dit ou pitie chapitre du pre
mier ¶ Tep. ¶ Et de ceulp qui sōt
nobles ou riches plusieurs differēces
sont selō la quātite de leurs richesses
et de leurs substāces Sicomme selon
ce que aucuns nourissent cheuaulp

Car ce nest pas legiere chose que telz
ne soient faiz riches ¶ Glo ¶ Peut
estre q̓lz auoient pastures, et ne ler cous
toient gueres les cheuaulp a nourrir
Et leur valoient grandement et po
ce ilz estoient riches Mais albert ley
pose aultrement. Et ie cuyde que il
failloit en son tepte une negacion
¶ Tep. ¶ Et pource les temps an
ciens en toutes citez ou aucuns estoi
ent prez et puissans de mettre eulp en
cheuaulp et telles citez estoiēt oligar
chies ¶ Glo. ¶ Car ilz estoient ri
ches et se pouoient armer, et monter et
parce ilz occupoient le princey et gou
uernement a leur prosfit ¶ Tep
¶ Et usoiēt de cheuaulp es batail
les, et es guerres contre leurs voisins
¶ Glo. ¶ Car par nature cheual est
beste habille pour les batailles, et po
ce dit la saincte escripture que le che
ual odore et sent la bataille de loing
et fronche quant il ot le son des instru
mens comme sont les trompes
¶ Tep ¶ Sicomme firent ceulp de
la cite de eretire et de calcide et de ma
nete qui estoient soubz le roy menan
dre et moult de auts gēs de vers asie
¶ Glo ¶ Ce estoient anciennemēt
les citez de grece et de enuiron ¶ Tep
¶ Item encores auecques les diffe
rences qui sont quant aup riches sōt
autres differences sicomme les unes
selon noblesse de lignage les autres
selon vertu Et selon autres choses
telles comme sont celles que nous a
uons dictes estre partie de cite la ou

nous auons traicte des choses q̃ sont vers aristocracie Car illecques auõs nous diuise de quantes parties necessaires est toute cite ¶Glo. ¶Albert dit que en ceste ptie aristote nous tauoye a le viiie. t au ipe. dethiques la ou il traicte de amitie t de communication de cite mais il me semble que il ne traicte pas illecques telles choses comme il diuise icy vng autre epposite dit, quil nous renuoye au second liure de politiques la ou il parle de la police platon qui semble est aristocratique ou par aueture auoit fait aristote vng traictie apart ou il parloit de aristocracie. il me semble que ceste derreniere epposicion pour la seconde partie est vraye semblable Car il est escript ou liure de la vie aristote que en alant auecques le roy alipandre contre ceulx de perse il composa les histoyres de .ii. C.l. polices

¶Item illecques est dit que il escript au roy alipandre vng liure de royaume et peut estre q̃ en cest liure il traicta de aristocracie car elle est prochaine a royaume sicõme il fut dit ou chapitre precedent ¶Apres il aplicque ce que dit est a son propos ¶Tex.

¶Et de ces parties de cite aucunesfoiz toutes participent en la police aucunesfoiz non pas toutes Mais vng peu de elles ou plusieurs

¶Glo ¶Apres il conclud ¶Tex. ¶Et doncques est il manifeste que il est necessaire que plusieurs polices soient. Et que ilz different en espece

lune de lautre Car ces parties de cite different les vnes des autres en espece ¶Glo. ¶Les hommes ne different pas en espece de substãce Mais les estatz les offices et les condicios different en espece ¶Tex. ¶Et police est ordre de princeps Et tous distribuent cest ordre ou selon la puissãce de ceulx qui partipent es princeps ou selon aucune equalite qui est commune entre eulx ¶Glo. ¶Lestas sauoir equalite de proporcion en aucune condicion de celles a quoy len regarde en distribution de princeps toupte ce que fut dit ou p viie. chapitre et ou p viiie. chapitre du tiers Et est a entendre telle proporcion Car q̃ plus habunde en telle condicion plus a du princeps ¶Tex. ¶Sicomme seroit equalite de poures en aucune cõdicõ ou de riches ou de poures ou de riches en aucune condicton comme aux vngs et aux autres ¶Glo ¶Car aucufesfoiz les princeps sõt distribuez aux poures selon leur proporcion de liberte Aucunesfoiz aux riches selon leur puissãce, t aucufesfoiz differaument aux poures et aux riches selon vertu ¶Tex ¶Et doncques est necessaire que les polices soient tout en nombre comme sõt les ordres de cite qui sont selon excellence et selon la difference des parties

¶Glo. ¶Les estatz offices ou mestiers qui peuẽt estre partie de cite different en espece Et quelconque telle partie a poste t excellence sur les au

Fueillet

tres elle tient le princey Et dõcques tant despeces de princeyz & de police qui est ordre de princeyz & de policie qui est ordre de princey peuuent estre cõme sont les especes de telles parties. Et par psequent il conuient que plusieurs polices soient Apres il mect la diffinicion des polices selon aucuns anciens ⸿Cap. ⸿Et semble a aucuns que deux manieres de pollices sont mesmemẽt et principalemẽt aussi cõme len dit des Vens q̃ les Ungs sont deuers midi et les autres de bize et tous les autres sont declinans de ces deux et sont reduyz ou remenez a ces .ii. differences ⸿Glo ⸿Les mariniers de cest pays diuisent les Vens trespropremẽt. Et appellẽt le Vent de midi suth. Et son contraire north et sont ces .ii. principaulx et plus cõtraires Et appellent celluy dorient eeth et celuy doccident vuoist et tous les autres collaceraux sont cõposeez et denõmez de ces .iiii. ⸿Cõme sneft morthuornest.⸫c. Et doncques selõ ceste pmaginacion recite aristote est et suth et tous les cõpos de suth sont dune part & austratz ou meridiane vuoist et north et tous les cõpos de north sont bistins & dune autre part Et en ceste maniere aucuns mettent deux polices principaulx C'est assauoir le peuple C'estadire democracie et oligarchie Et mettent que aristocracie est une espece de olygarchie. Aussi comme se elle fust une maniere de olygarchie et celle que lon appelle

police il la mettent auecques democracie. Aussi cõme es Vens len mect zephire. C'est adire vuoist ou le Vent de occident auecques bise ou north. Et eure c'est adire le Vent de est ou dorient len le mect auecq̃ le Vẽt le sutẽ ou austral, & sẽblablemẽt est il Vers les armonies ou melodies de musique sicomme aucuns dient car il mettent .ii. especes de telles armonies Une appellee doriste Et lautre appellee frigiste, et les autres coordinactõs ou manieres ou meufs de musicque ou de armonie ils appellent les unes doriens et les autres frigies ⸿Glo ⸿De ce fut touche ou tiers chapitre du tiers & de ce sera dit plus a plain en le viii.e liure. ⸿Mais quant a propos de tous les meufs de musique q̃ est celluy qui en grec est appellee doriste il est long et tardif & mol ou soues plus que nul des autres, & au cõtraire celluy qui est appelle frigie il est brief & iguel ou hastif & dur ou aspre plus que nul des autres ⸿Et les autres qui sont, il sont moiẽs selõ plus & selon moins, & les autres disoient que semblablemẽt aussi cõme le Vent de midi & le meuf doriste democracie est la plus molle & la plus soueufue police. Car selon elle le peuple fait plus a sa Volunte, & aussi cõme le Vent de bise & comme meuf frigie olygarchie est la plus dure & la plus aspre police, & il reputoiẽt aristocracie aspre & dure & selõ verite elle n'est pas aspre par oppressions de bonnes

gens Mais elle est aspre par correcti/
on et pugnicion des mauuais Apres
il fait comparaison de ceste opinion a
la sienne ¶Tex ¶Et doncques au
cuns anciens acoustument a cuyder
et acroire que les polices fussent mes
mement ainsi diuisees, mais ilz sont
plus vroyment et mieulx diuisees en
la maniere que nous auons mise.
¶Glo. ¶En le .viii. chapitre du
tiers ¶Tex ¶Mais de vne ou de
deux polices qui sont bien instituees
len peult dire que ilz sont come vne
armonie ou come vne musique bien
atrempee ¶Glo ¶Et telles sont roy
aume et aristocratie ¶Tex ¶Et
les autres qui sont transgressions de
tresbone police come sont les oligar/
chiques et qui sont plus despotiques
C'estadire qui tiennent les subgectz
en seruitute ilz sont come les armoni
es ou les musiques qui sont plus du/
res et plus aspres mais les polices de
motice ou democratiques sont aussi
come les armonies qui sont plus ra/
uisses et plus molles ¶Glo ¶Car
en telles le peuple fait trop a sa volu̅
te. Or auons doncques que aussi co
me des vens et des meufs de musiq
les vnes sont trop aspres et les au/
tres trop moles et les autres sont bie̅
attrempees. Semblablement selon
ceste consideracion. Les bo̅nes polices
sont bien attrempees et oligarchie et
tyra̅nie sont trop dures et trop aspres
et democracie est trop mole et trop so/
ueuse Et tant a de verite en la dessus

dicte diuision des anciens combien q̅
elle ne soit pas assez souffisa̅te

¶Ou quart chapitre il oste vne er
reur et mect la propre differance entre
democracie et oligarchie

Il ne conuient pas mettre ou
determiner de democracie ai
si simplement comme aucu̅s
ont maintenant acoustume car il di
ent que democracie est la ou la multi
tude a dominacion Et ce nest pas p̅
tout Car en oligarchies et par tout
peut estre que la plusgrande partie a
dominacion ¶Glo ¶Excepte les
monarchies C'estassauoir royaume
et tyrannie ¶Tex ¶Et oligarchie
nest pas p̅ tout la ou vng peu de ge̅s
sont seigneurs de la police. ¶Glo.
¶Il veult dire que estre plus de ge̅s
ou moins sicomme xx. ou lx. ce nest
pas la principale differe̅ce par quoy
vne police est de telle espece, et albert
dit que les principaulx differe̅ces so̅t
prinses selon iiii. choses C'est assauoir
puissance richesses liberte et vertu.
Apres il preuue son dit par deux rai
sons ¶Tex ¶Car se tous ceulx du
ne cite estoie̅t mil et CCC desquelx
mil fussent riches, et ilz teniss̅ent le
princey sans ce que ilz en baillassent
ou distribuassent rien aux CCC q̅
sont poures et frances et semblables a
ces mil quant aux autres choses nul

Fueillet

ne diroit que ces mil teniſſent princey democratique ¶Glo. ¶Mais chaſcun diroit que ceſt princey oligarchiq̄ pource que ilz le tiennent pour richeſſes et pour puiſſance ¶Tex. ¶Et ſemblablement ſe en vne cite eſtoiẽt vng petit nombre de poures τ ilz fuſſent plus vaillans que tous les autres qui ſõt riches nul ne appelleroit telle police oligarchie poſe que ces autres qui ſont riches ne apptenist nulle honneur publicque ¶Glo.

¶Et que les poures teniſſent tout le princey Apres il met la principale differance de ces deux polices ¶Tex. Et doncques lẽ doit pluſ dire q̃ democratie eſt quāt les francs ſont ſeigneurs τ oligarchie eſt quant les riches ſont ſeigneurs Mais il aduient communement que les vngs ſont pluſieurs τ les autres ſont en petit nombre, car les francs ſont pluſieurs τ les riches ſont pou ¶Glo. ¶Et ſemblable choſe fut dicte ou ſpe. chapiere du tiers Apres il declaire ſon propos ¶Tex.

¶Car ſe les princeps eſtoient diſtribuez ſelon grādeur de corps ſi cõme lẽ dit que lẽ fait en ethyopie ou ſelon beaute il ſenſuiuroit que chaſcun princep de tel pays fuſt oligarchique Car la multitude des beaulx eſt petite Et la multitude des grans eſt petite ¶Glo. ¶Meſmement en ethyopie car pour le treſgrant epces de chaleur qui eſt ou pays ilz ſont de mauuaiſe complexion et laiz en figure et en coulleur Et petiz τ de bieſue vie.

Car peu de gens viuẽt ou pays oultre.ppp. ans ¶Apres il declaire que oBien que richeſſes ou puiſſance ſoit la principal difference par quoy vne police eſt oligarchique, neantmoins auecques ce eſt requiſe paucite ou petit nombre Et eſt vne differẽce mois principal Et ſemblablement liberte eſt la principal differance par quoy eſt conſtitue democracie et multitude de peuple eſt la ſeconde difference.

¶Tex. ¶Mais ces deux polices ne ſõt pas ſouffiſaumẽt determinees par les choſes deſſuſdictes. ¶Glo.
¶Ceſtaſſauoir par richeſſes et par liberte. ¶Tex. ¶Mais par ce que du peuple ceſt adire de democracie et oligarchie ſont pluſieurs parties il conuient encores diſtinguer Car ſe vng petit nombre de gens francs pour leur liberte tenoient le princey ſur pluſieurs qui ne ſont pas francs il ne ſenſuit pas pource que ce ſoit democracie Si comme il fut dit en la cite de apollonie qui eſt en ponie ¶Glo. ¶Ceſt vne partie de grece pres dune mer appellee mare ponium dont pluſieurs poethes τ hiſtoires font mencion

¶Tex. ¶Et en la cite de there car a chaſcune de ces citez ceulx eſtoient es honneurs qui differẽt des autres ſelon nobleſſe de lignage et eſtoient les premiers quãt a obtenir les citez ou les parties voiſines et eſtoiẽt pou en multitude ¶Glo. ¶Ilz tenoiẽt le princey non pas pour leurs richeſſe mais pour liberte mais toutesuoy

es ce nestoit pas parfaicte democra/
cie Car ilz estoient en trop petit nom
bre Apres il monstre que multitude
de prices ne fait pas la police estre de
mocratique. ¶Tep. ¶Item si les
riches excedent selon multitude il ne
sensuit pas pource que ce soit demo/
cracie sicomme il fut dit iadis en la ci
te de colofone en laqlle plusieurs es
toient qui possessoient chascun gran
de substance auāt que ilz eussēt guer
re encontre ceulx de lyde.
¶Glo. ¶Aucuns liures ont aucu
ne negacion qui nest pas es autres et
selō ce vng expositeur dit que ceulx
de calofone nauoiēt pas grande sub
stance auant la bataille q̄ ilz eurent
contre ceulx de lyde mais ilz pillerēt
lyde et en furent tous riches. Apres
il conclud. ¶Tep. ¶Mais len doit
dire que democracie est quant ceulx
qui sont francs poures et plusieurs
sont seigneurs des princez
¶Glo. ¶Car se ilz ne estoi
ent en grande multitude ce ne seroit
pas proprement democracie. ¶Et
toutesuoyes seroit ce democracie au/
cunement/mais telle chose ne peult
bonnement aduenir souuent sicōme
il fut dit ou ixe. chapitre du tiers
¶Tep. ¶Et olygarchie est quāt
ceulx qui sont riches & plus nobles &
qui sōt en petit nombre sōt seigneurs
du princey ¶Glo. ¶Cest propre
ment olygarchie. Et se il estoient en
grāde multitude ce seroit olygarchie
improprement et nest pas bien possi/

ble ¶Tep. ¶Et doncques auons
dit que polices sont plusieurs & pour
quelle cause ilz sont plusieurs

¶Ou quint chapitre il monstre que
les especes generaulx de police deuāt
mises sont diuisees en plusieurs espe
ces plus especiaulx

NOus disons et proposons q̄
les polices sont plusieurs en
espece que celles qui sont dic
tes deuant Et pource monstrer nous
prendrons cest principe Cestassauoir
q̄ tous confessent que toute cite a plu
sieurs parties et non pas vne seul
Et doncques se nous voulions prē
dre les especes de bestes premieremēt
nous separerions & considerions appt
ce que toute beste doit auoir de neces/
site ou que est necessaire a toute beste
sicomme sont aucunes parties sensi
tiues Et ce q̄ digere le nourrissemēt
& ce q̄ le recoit Cestassauoir le ventre
& la bouche & chascune des parties p
quoy toute beste fait son mouuement
¶Glo. ¶Sicomme sont ce que len
appelle muscules ou comme sont les
piez ou les elles ¶Tep. ¶Et donc
ques se de ces parties seulles estoient
tant despeces & tant de differences si
comme plusieurs genres ou especes de
bouches ou de testes et de ventree et
de parties sensetiues & de parties mo
tiues il cōuiendroit par necessite que

Fueillet

le nombre de coniugacions ou cōbina⸗
cions de ces parties feist ⁊ constitu⸗
ast plusieurs genres ou especes de bes
tes /car il nest pas possible que vne
mesme espece de beste ait plusieurs dif
ferences ou especes de bouches ou de
testes ne de oreilles semblablement.
Et pource quant les combinacions
qui peuent estre de ces parties seront
prises elles seront ⁊ constitueront les
especes des bestes ⁊ aussi seront les
especes en tel nombre comme sont les
coniugacions ou combinaciōs de tel
les parties necessaires (Glo. (Il
me sēble que p la ptie necessaire il en⸗
tend celles sans lesqlles beste ne peut
estre bonnement sicomme la bouche
le ventre les piez et les eles ou autre
chose en lieu sicomme aucūs poissōs
ont pennes pour eulx mouuoir Et p
les combinacions de telles parties il
entend les differences de elles Car
se les ventres de deux bestes differēt
en especes telles bestes different en es
pece ⁊ ainsi des autres pties q sont cō
me principaulx (Tex. (Et en ces
te maniere sont plusieurs especes de
polices dessusd. Car citez ne sōt pas
cōposees dune seulle partie Mais de
plusieurs sicomme souuent dit est.
(Glo. (Et de celles mesmes est
composee la police Et doncques en
la maniere q vne espece general de be
ste est diuisee en plusieurs especes pl9
espiciaulx selon la difference daucu
nes parties sicōme nous dirons q cest
te espece general beste a iiii. piez a plu

sieurs especes / car les iiii. piez du che
ual ⁊ les iiii. piez du serf differēt en es
pece ⁊ ainsi daucunes autres parties
Semblablement vne espece general
de police est subdiuisee en plusieurs
especes plus especiaulx selon les dif⸗
ferences de plusieurs parties de teste
police sicomme nous disōs que demo
cracie contient plusieurs especes selō
ce que la multitude qui tient le prins
cep a plusieurs differēcees (Apres il
met les parties de cite ou de police
(Tex. (Et de ces parties vne est
la multitude q laboure ⁊ entend vers
ce de quoy len a nourrissment et les ap
pelle len agricoles cest adire cultiueurs
de terres (Glo. (Sicomme de
champs ou de vignes ⁊c. Car en le⸗
uangile les vignerons sont appellez
agricoles (vineam suam locabit a⸗
liis agricolis ⁊c. (La seconde est que
len appelle banneuse (Glo. (Cest
quelcōques artifices ou len taille ou
souffle son corps ⁊ de ce fut dit ou p vt
chapitre du premier Mais il prent icy
banneuse plus largement pour quel
conques artifices mecaniques ou ser
uille (Tex. (Et ceste partie est
vers les ars ou artifices sans lesqlz
ce est impossible que la cite soit habi⸗
tee Glo Jouste ce q dit lescripte Sine
hijs omnibus non edificabitur ciui⸗
tas (La cite ne peut estre edifiee sans
telz gens ⁊c. (Tex. (Et de ces ars
les vngs sōt reqs de necessite Et les
autres sont ordonnez a delices ou de
lectacion ou a bien viure. (Glo.

¶Appareiller a bien viure cest necessite et aucune musique cest pour delectacion z aucune pour bien z pour vertu sicomme il sera dit en le viii. liure ¶Tex. ¶La tierce est vers marchandise z conuerse en vendre acheter et en negoces ou traictez de gaingz en changes de monnoyes La quarte partie est que len appelle mercennaire. ¶Glo. ¶Ceulx sont mercennaires qui louent leurs corps pour porter fais ou pour tel labeur ou qui louent leurs cheuaulx leurs charrettes ou autres instrumens ¶Tex. ¶La quinte partie ou maniere ou gerre est ce q̃ nous appellōs ppugnatif cest a dire gens darmes pour deffence z est necessaire que ceste partie soit pour les autres dessusdictz se ainsi est q̃ ilz doiẽt estre serfs a ceulx qui leur vouldroiẽt courir sus z faire guerre Et de ces choses ipossible p nature nulle nest moins digne q̃ appeller cite serue et la cause est car cite est p soy souffisante ¶Glo. ¶Sicomme il fut dit plus a plain en le pr̃e. chapitre du tiers ¶Tex. ¶Et chose serue nest pas par soy souffisante. ¶Glo. ¶Sicomme il appert par le quint chapitre du premier ¶Apres il reprent platon qui feist vng liure de police ou quel il parle en la personne de socrates ¶Tex. ¶Et pource en vne police ceste chose est ligierement dicte et non souffisaument ¶Car socrates disoit en tel liure que cite est composee de quatre choses tres

necessaires z dit que ce sont sy, tiptrā les cultiueurs des tres les ouriers de cuirez les edifieurs ¶G. ¶Car vesture viãde chausseure z habitacion sont necessaire. ¶T. ¶Item il adiouste autres pties q̃ ne sont pas si tres necessaires ¶Cest assauoir cellui q̃ euure en arain. ¶Glo. ¶Ou en autre metal pour faire vtencilles de la cite ¶Tex. ¶Et ceulx qui gardent ou qui regardent sur ses bestes necessaires ¶Et encorre cellui q̃ negocie en marchandise ¶Et le changeur de monnoye ¶Et dit socrates que toutes ces choses sont accōplissement de premiere cite ¶Et parle aussi comme se toute cite fust constituee z establie seullement pour grace des choses necessaires a viure ¶Et q̃ elle ne fust pas instituee pour grace affin de biẽ viure ¶Et comme se elle eust mestier seullement de gens inequaulx comme sont ouriers de cuir z laboureurs de terres ¶Glo. ¶Et en ce failloit socrates ¶Car cite est faicte principalement pour bien viure z a mestier de gens z de parties inequales sicōme souuent il dit est ¶Tex. ¶Mais la ptie qui est de gens darmee socrates ne la tribue pas a cite si ques a tant que la region est augmentee z creue ¶Et q̃ ilz attignent a leurs voisins z ont guerre a eulx ¶Glo. ¶Apres aristote retourne a son ppos. ¶Tex. ¶Mais pose q̃ en cite soient .iiii. pties ou en qlconque nombre puis q̃ ilz communiquẽt ensemble il est necessaire que aucun soit q̃ rende a vng

Fueilles.

chascun ce qui est sien/q̃ iuge ce q̃ est iuste et droit. Glo. ¶Ceste partie ce sont les iuges q̃ determinent les accusations contencions et controuersies des citoyens/autrement ne pourroit durer la police. Apres il monstre que ceste partie est plus principal que ne sont celles q̃ mettoit socrates. Tex. Et se aucun met q̃ lame est plus ptie. Cest assauoir plus principal de la beste ou de lhomme q̃ nest le corps come si est. Doncques seblablement se doit mettre que telles pties come sont celles q̃ est de ges darmes. Et celle q̃ pticipe en faire iustice disceptatiue ou de dissectons sont plus pties de cite q̃ ne sont celles qui tendent au necessaire vsage des choses corporelles. Glo. ¶Si comme sont laboureurs de terres drappiers et telles gens. Car aussi comme lame en gouuernant le corps elle le pserue et garde de nuysemet q̃ peut estre cause dedens le corps et de nuisement qui peut venir dehors. Seblablement la ptie de la cite qui rend et fait iustice elle preserue et garde la cite de nuisemet q̃ peut venir dedans. Et la partie copugnatiue comme sont les gens darmes la garde de nuisement qui peust venir dehors. Et auecques ce vne de ces parties est ordonee pour la vertu de iustice/et lautre est pour la vertu de fortitude/et ce sont deux vertus de lame. Et doncques ces deux parties de cite sont plus principaulx que ne sont celles qui sont pour les necessitez du corps. ¶Mais socrates ne met

toit pas partie de cite ceulx qui sont iuges/et qui rendent a chascun ce qui est sien. Car il vouloit que toutes choses fussent comunes/et possessions/et femes et enfans sicomme il fut dit ou premier chapitre du second. Et tout fust gouuerne par la loy damitie sas rigueur de iustice. ¶Tex. ¶Item encor est vne partie de cite qui conseille. Et coseiller est seuure du politique en la cite comme est seuure de entendement en homme. Glo. ¶Le politique est celluy qui gouuerne et ordonne la police par conseille aussi comme vng homme se gouuerne par entendement. Et ceste partie de cite regarde ce que est iuste. ¶Tex. ¶Et se ces deux parties sont separement en aucus ou ploinctemet en vne mesme psonne il na en ce difference ne force quat a raiso car il aduiet souuet p accident que vng mesme sont riches et cultiueurs de terres. Glo. ¶Les offices sont distinctes quat est de soy. Mais peut estre q̃ vng en fait plusieurs. Mais ie cuyde q̃ la ou il dit ditari il doit auoir ditare. Cest adire seteier car les cultiueurs des chaps souloiet tenir les iugemens. Sicde dit ouide des pmiers romains. Iura dabit populis posito modo ptor arator pascebat qz suas ipse senator oues. Il dit q̃ le iuge estoit charretier et le senateur bergier. ¶Tex. Et doncques se ces icy et les autres deuant dis sont pties de cite il appt magnifestement que ceulx q̃ sot ordonez ou depputez aux armes sont necessaires partie de cité La VII. partie est celle qui ministere les substances et richesses lesquelz nous appellons riches. G. Je cuyde que il entent de ceulx que l'en seul appeller francz bourgeoys qui ont grandes possessions et sont aide de leurs richesses a la cité quant mestier est Mais il me semble que il mesconte quant il l'appelle VIII. Car il en a nombre B. et puis il respondre il pres ses deux darreniers pour Une C'estassavoir la partie qui conseille et celle qui juge Car ilz sont prochaines. Tex. La VIII. est dicte dommogique cestassavoir la partie qui institue le peuple. Glo. Et qui assigne a chascun son office et est dit demos en grec ce est peuple et de origin ou vagin qui est adrecier ou adrecement Et cest mot deminurgus est plusieurs foiz ou livre de sainct Hyremer martir et premier evesque de Lyon et signifie chose divine. T. Et la qui le ministre vers les princeps Glo. Car il apptient aux prices adrecier et ordonner ses subiectz chascun a l'office a quoy il est habille. T. Car c'est impossible que cité soit sans prince. Glo. Car police est ordre de princey et cité ne peut estre sans police pource que police est la forme de cité. Tex. Et doncques est il necessaire que aucuns soient qui puissent tenir princeys et que administrent la chose publicque et que facent a la cité ceste administracion ou continuellement et perpetuellement ou selon partie et par certain temps et les autres parties desquelles nous

avons determine perfectement Glo. C'estassavoir ou tiers livre en plusieurs lieux. T. Sont celle qui conseille et celle qui conuicque et ordonne des choses iustes entre eulx que ont altercacion ensemble Et doncques se il puient come si fait que telles choses soient faictes es citez Et que elles soient faictes bien et iustement G. C'estassavoir les conseilz bien et les iugemens iustement. T. Il est necessaire que aucuns des gens politiques soient princes et que ilz tiennent le princey par vertu. Glo. De bonne prudence qui est necessaire en bonne police ou par vertu de puissance Or avons doncques VIII. parties de cité Mais il ne fait pas mention de la partie ordonnee au terminement des dieux qui s'en appelle sacerdotal Et par aventure la cause est car de par elle ne se varioit en rien la police pource que ilz ne tenoient pas le princey Apres il met lesquelles parties sont principaulx selon aucuns. T. Et doncques il semble a plusieurs que ses autres parties. G. Autres que pouvres et riches peuvent estre en ung mesme ou considerer en une personne Si comme que ungs mesmes soient gens darmes et cultiveurs de champs et gens de artifices ou de mestier G. Plinius dit que laboureurs de champs sont venus tres bons cheualliers T. Et encore ungs mesmes sont aucune foiz conseillans et iuges et tous devoient estre preformez en vertu Et aucuns cuident que ungs mesmes puissent tenir plusieurs princeys Glo. Mais ce n'est pas bien que ung

Fueillet.

tiengne plusieurs offices si comme il fut dit ou ppie. chapitre du second

Tex. Mais que ung mesmes soiet poures et riches cest impossible

Glo. Car selon ce que il parle tex riches est celluy qui a habundance. Et poure qui na pas habundance Tex. Et pource poures et riches semblent estre mesmement principalement parties de cite

Glo. Come les plus contraires Apres il met a ce une aultre raison.

Tex. Item pource que communemet les riches sont moins en nombre & les poures sont plus il semble q selon ce soient deux polices Cestassauoir democracie & oligarchie Glo. Il semble a aucuns que ces deux polices sont mesmemet cõtraires Et en democracie les poures sont maistres & les riches en oligarchie Et par consequent poures et riches sõt deux differences mesmement contraires toutesuoyes selon verite royaume & tyrannie sont plus cantraires que olygarchie & democracie Apres il recapitule Tex. Et doncques il dit deuant que plusieurs polices sõt & pour quelles causes

Ou vie. chapitre il monstre que de democracie plusieurs especes sont & mect quantes ilz sont

T. que de democracies & de olygarchies soiet plusieurs especes nous le disons Et appert par les choses deuãt dictes

Car du peuple ou des populaires sõt plusieurs especes Et aussi des autres q sõt grãs & notables. G. Et les populaires tiẽnent democracie en tout ou en ptie, les notables tiẽnet olygarchie Et dõcq de chascũe de ces deux polices sõt plusieurs especes. Tex. Sicõe les especes de peuple une est les cultiueurs de chãps laut est vers les ars mecaniques Et nous les appellons gẽs de mestier, laut est vers marchandise cõe est vẽdre & achater Lautre est de gens de mer Et de ceste gẽt sõt plusieurs especes pticulieres Une est po² guerre lautre est po² pecuniatiue po² gaang & lautre est pour voyture ou po² porter. G. Sicõe sõt ceulx q souent leurs nefs ou leurs bateaulx. T. Et laut ẽ po² peschier & de chascũe de ces manieres ou especes sont grãdes multitudes & ppagnees en plusieurs lieux sicõe des pecheurs en tarente & en bisanzon. G. Ce est pstatinople. Tex. Et en athenes de tirtiens Cest adire de mariniers en galees G. Trieris cest galee a trois ordres dautrons Et est bonne po² la guerre. T. Et en la cite de egines Et en lisle de chir G. En celle isle fut ne ypocras. T. Ilz sont merchans Et en la cite de tenede ilz sõt voxturiers G. Et portent les choses pour loyer ou par mer ou par terre Tex. Item une autre maniere de peuple est qui vit du labeur de ses mains Et ont petite cheuance en tãt q ilz ne peuent vaquer. Glo. Cest adire et entens

dre cooperacions honnestes comme sont estudier & suiuir les armes
⸿ Tex. ⸿ Item vne maniere ou espece de ceulx qui sont nez francs de par pere & de par mere Et semblablement daucune telle espece dautre multitude pose que elle soit Et de ceulx des citez qui sont grans & notables les differances sont selon richesses selon noblesse de lignage selon vertu selon discipline ou science & selon choses semblables ⸿ Glo. ⸿ Et parce appert que selon plusieurs especes ou parties de cite sont plusieurs especes des polices dessusd Car se en vne cite vne grãt multitude de gens de draperie tenoiẽt le princep ce seroit vne autre espece de democracie Et se en vne autre cite vne multitude de gens de mer tenoient le princep ce seroit vne autre espece de democracie & a le² pfsit ⁊c. Semblablement se vng petit nombre de marchãs ou de nobles de lignage tiennent le princeps selon ce est autre espece de olygarchie ⁊c. Et telles especes sont prises selon differãces materielles quant a lestatu des gens Et ne peuent pas bien estre determinees en certain nombre, mais apres il mect autres especes de democracie prinses selon differẽces formelles ⸿ Tex. ⸿ Et doncques la premiere espece de democracie est celle q̃ est mesmemẽt dcte selõ equalite Car la loy de telle democracie dit q̃ tout soit equal Et q̃ lẽ natribue pl⁹ dauctorite aux poures que aux riches ne

aux riches q̃ aux poures Et que les vngs ne soient pas plus seigneurs de la police q̃ les autres mais que poures & riches soient semblables quãt ace Et la cause est car en democracie la chose ſtcõe ilz cuydẽt a quoy leņ regarde mesmement & principalement ceſt liberte & aussi equalite. ⸿ Glo. ⸿ Et le poure & le riche sõt equaulx en liberte ⸿ Tex. Car en ceste maniere la chose est sẽblablement en toutes cõlez ⸿ Glo. ⸿ Cestassauoir en toutes les pties du peuple Car sũg participe ou princey aussi cõe lautre ⸿ Tex. ⸿ Et pource doncques q̃ tout le peuple q̃ est plus grãt que sa partie tient la dñaciõ & ce q̃ est aduise p tout le peuple ou p la plus grãde partie est tenu il sensuit p necessite q̃ telle police soit democracie ⸿ Glo. Et est la premiere Apres il met la seconde ⸿ Tex. ⸿ Vne espece est laq̃lle le peuple baille les princeps aux personnes de honnorables estatz Et les tiennent a briefs termes Et cõuient que celluy q̃ posside ou tient le princep ait poste de participer en tel princep tant comme il le tient ⸿ Et apres quant il en est hors il ny peut plus participer ⸿ Glo. ⸿ Il me semble que en la pmiere espece ilz sõt tous equaulx fois par auenture pour faire les assẽblees & pour rendre les deliberaciõs ilz esliſẽt les vnges puis les autres de to⁹ indifferãmẽt Mais en ceste seconde ilz eslisent seullement des plus honorables, & a certaiẽ tẽps lez attribuẽt
r.iii.

(Fueillet.

plus grande poste ¶Et quant ilz ont te
nu le princey par leur petit terme ja/
mais ny peuent estre esleuz ¶Et pour
ce plusieurs peuent participer en tel
princey les ungs apres les autres
Apres il met la tierce espece ¶Tex.
¶Une autre espece de democracie est
quant touz les cytoyens q̃ sont habi
les ⁊ gens plains de industrie parti
cipent ou princey et tiennent le prin
cey selon la loy ¶Glo. ¶Apres il met
la quarte ¶Tex. ¶Une autre espe
ce de democracie est quant chascun pti
cipe ou princey ⁊ fois seullement que
soit citoyen ⁊ tiennent le princey selon
la loy ¶Et ainsi la loy tient le prin
cey Glo. ¶Tous y sont receuz soyẽt
habilles ou non mais quilz soient ci
toyens Apres il met la quinte espece.
¶Tex ¶Une autre espece de de
mocracie est qui semble estre unie a
uecq̃s la p̃miere et ceste espece ẽ quãt
la multitude a dñacion ⁊ non pas la
loy et telle chose est quant les sentẽces
du peuple ont dñaciõ ⁊ nõ pas la loy
Glo. ¶Il me sẽble que ces v. especes
differẽt en ceste maniere que toutes les
iiii. premieres ont loy ¶Et la quĩte nõ
¶Et es iiii. premieres aucũs iugẽt se
lon les loix et les font garder et gou
uernẽt la chose publicque ¶En la pre
miere ce fait la multitude et en ce par
ticipent equalement qniconques sõt
francs ¶En la seconde ce font aucuns
honnorables esleuz a tẽps par le peu
ple ¶En la tierce ce sont les esleuz par

le peuple et sõt tous ceulx qui sõt ha
billes a ce soient de estat honnorable
ou non ¶En la quarte ce sõt tous ceulx
qui sont cytoyens soient a ce habilles
ou non ¶Et differe de la premiere ¶Car
la premiere est plus large ⁊ en elle p
ticipent tous generallement qui sõt
francs ⁊ gens de tous mestiers ⁊ po
ures qui ne sont pas dignes destre cy
toyens C'est ce que me semble sãs af
fermer ¶Car le texte est obscur et les
eppositeurs ne sont pas dung accort

¶Ou viie. chapitre il declaire les
causes de la derreniere espece de de
mocracie

Ceste espece de democracie
aduiẽt ou est faicte p aucũs
ou po² aucũs que lõ appelle
demagoges. ¶Glo. ¶Sont
aucuns qui mainent le peuple a leur
volunte et ne sont pas princes ⁊ est
cest mot dit de demos en grec qui est
peuple ⁊ de gogos qui est duction ou
mouuement ¶Tex. ¶Car entre
ceulx qui tiennent princeyz democra
tiques selon la loy il ne a nul tel de
mogoge Mais les cytopens qui sõt
reputez tresbons et qui sont plus no
tables ou aucuns qui ont preemuẽ
ce et auctorite font garder la loy.
Mais la ou les loix ne ont domina/
cion illecques sont faitz les dõmages
Glo. ¶Car poice q̃ le peuple ne veult

estre gouuerne par soy il couient que il soit mene par aucun qui se conduit a la volunte du peuple et a la femme Et tel demagoge fut en flandres ung appelle Jaques de dartenelle. Tex.

¶ Et en telle police le peuple est fait come monarchie/et come ung seul seigneur compose de plusieurs Car plusieurs ont la domination/et nul seigneur nest seigneur/mais tout ensemble ¶ Glo. ¶ Et sont quat ace tous equaulx/et telle multitude est come une chose impetueuse et tantost tournee dune part et puis dautre a la persuasion de telz demagoges ¶ Tex.

¶ Et quant homerus le poete dit que la dominacion de moult de gens nest pas bonne il nest pas chose certaine de laquelle dominacion il entend ou de ceste ou de celle ou plusieurs ont dnacio chun sur une chose ou chun a so tour ou p termes ¶ Glo.

¶ Et est vray semblable que il entede de cest ou plusieurs ensemble tienet les princez et sas loy car elle nest pas bonne Et ioupte ce dit lescripture propter peccata terre multi principes eius. Telle multitude de princes est pour le pechie du peuple ¶ Tex.

¶ Et doncques tel peuple est aussi come monarchie Et quert ou veult gouuerner en maniere de monarchie. G. Cessauoir a sa volunte et a sa guise come fait ung tyrant Tex. Car tel peuple nest pas soubz mis a loy et est fait despotique ¶ Glo. ¶ Cest a dire que il tient en seruitute tous ceulx

sur qui il peut auoir seigneurie Tex. ¶ Et pour ce les adulateurs ou flateurs sont honnorez en tel peuple Et cest peuple tient sa monarchie pporcionnellement et en soy consormant a tyrannie Et porce lung et lautre cest assauoir le tyrat et tel peuple ont unes mesmes meurs Et usent de princey despotique sur les meilleurs ¶ Glo. ¶ Cest adire ilz tiennent en maniere des serfs les tresbons et excellans en vertu ¶ Tex. ¶ Et sont les sentences seblables et comme commandemens. ¶ Glo. ¶ De volunte sans loy et sas raiso scoe dit ung petit ver Sic volo sic iubeo sic pro racione voluntas ¶ Tex. ¶ Et le demagoge et le adulateur sont dune maniere pporcionnellemet et se conformet ensemble Et ont tresgrande puissance vers lung vers et lautre cestassauoir les adulateurs vers les tyras et les demagoges vers telz peuples ¶ Glo. ¶ Car le peuple croit les demagoges et le tyrat et le roy au cuessfois croit les adulateurs Et dit salet ieroisme que ilz firet croire a nabugodonosor q il seroit uerti en dieu Et porce vint la voy du ciel q dit q il viuroit vii. ans come beste ¶ Tex. Et telz demagoges quat au peuple sot caues q les seteces du peuple aiet dnacio ou soiet dames. Et non pas les loix et diet q tout doit estre rame ne et raporte a lordenace du peuple Et de ce vient que ces demagoges sot faiz grans. Car ilz dient que le peuple doit estre seigneur de toutes choses et sont de loppinion du peuple Et pource la multitude est de legier persuadee a ses demagogues.

Glo. Car selon ce que dit aristote ou second de rethorique iij. choses sont qui sont a bien persuader cest assauoir prudence vertu et beniuolēce Et ceste tierce cause est a propos. Car le peuple a begniuolence & plaisance aux choses dessusdictes Apres il met vne autre cause Tex.

Tex. car ces demagoges sont ceulx qui accusent les princez et dient que le peuple doibt iuger q̃ il prestoit au peuple que cest inconuenient que vng seul ou vng petit nombre soient seigneurs et dient que la seigneurie et la iurisdicion appartient au peuple.

Tex. Et le peuple recoit ioyeusement & liement telle aduocacion ou alligaciō Glo. Car ilz loent & magnifient aucunemēt la puissance la valeur et la liberte du peuple & naturellement chascun ouɣt voluntiers dire bien de soy et a en ce plaisance et le croit de legier Et pource reprouchoit nostre seigneur a son peuple ce quilz disoient a ses prophetes Nolite aspicere nobis que recta sont loquimini nobis placencia Ne regardez pas quelles choses vous sont bonnes et iustes mais parlez choses qui vous plaisent. Et par telles adulacions les demagoges mettent le peuple en ceste erreur Et pour ce dit nostre seig Popule meus qui beatū te dicunt ip si te decipiūt Mon peuple dit il ceulx qui dient que tu es bien eure ilz te deçoiuent Tex. Et par ce sont dissoluz & adnullez tous les princez

Glo. Cestassauoir des excellens et notables hommes Car tel peuple ne veult auoir nulz seigneurs Or appt doncques que les demagoges sont flateurs du peuple Et le indiuisent iniustement contre les princes Et les adulacions sont flateurs des princes & le indiuisēt iniustemēt contre le peuple Et pource dit le sage Melius a sapiente corrigi quam stultorum adulacione decipi. Il vault mieulx estre corrige par vng saige q̃ estre deceu par ladulacion dung foul Et iouste ce dit le prophete Corripiet me iustᵘ iη mia et icrepabīt me oleum autē peccatoris nō impugnet caput meū Le iuste dit il me corrigera en misericorde & me blasmera Mais huile du precheur ne engressira ia ma teste Et par ceste huille il entend les belles & doulces parolles des flateurs Desquelles dit chatonnet Sermones blandos blesos que cauete memēto. Len doibt telz blandissemens acheuer et fuir Apres il monstre que ceste democracie nest pas propremēt police Tex. Et cellup qui dit que telle chose est democracie et non pas pollice il sēble que il blasme raisōnablement. Car la ou ses loix ne ont princey ce nest pas police. Car il conuiēt que les loix aient princey sur toutes choses Glo. Cestassa/

uoir quant aux choses vniuerselles toutes teles choses doiuēt estre determines par loy en tant cōme il est possible sicōme il fut dit ou. pp̄iiie. z ou pp̄v. chapitres du tiers ¶Tex. Mais des choses singulieres le prīcep z la police ont a iuger. ¶Glo. C'estassauoir en cas particuliers sicōme il fut dit ou. pp̄iii. chapitre du tiers ¶Tex. ¶Et doncques se democracie est vne des polices il est manifeste z senfuit que telle institucion en laquelle les senateurs du peuple dispensent z ordōnent de toutes choses nest proprement democracie. car nulle sētence nest vniuerselle. Glo sedit vniuerselle. c'est loy. mais les sentences sont des cas paticulieres q̄ ne peut estre determinees par la loy sicōme il fut dit ou. pp̄iiie. chapitre du tiers ou des cas qui cheēt soubz la loy z qui sont en fait et ceste democracie est tresmauuaise z semble a tyrannie. Et doncques quant aristote dit ou. p̄iiie. chapitre de le. v. de thiques que la moins mauuaise policē est democracie z laquelle est pchaine a thymocracie qui est bonne il entend des autres especes z non pas de ceste. Item entant cōme democracie est police ceste espece nest proprement democracie cōme dit est. mais entāt cōme democracie signifie mal est la souueraine z la plus ppre democracie z selon ce le texte approuue cellup qui dist que c'est democracie et nō pas police ¶Tex. ¶Et en ceste maniere soiēt determinees les especes de democracie.

¶En le viiie. chapitre il determine principalemēt des especes de olygarcie.

Les especes de olygarchie sōt ces tes vne est quāt les princeps sont de gens tant hōneza ble que les poures ne peuent participer es princepz ¶Glo. ¶La hannorableteé de quoy il entend est selon richesses Car ace regarde sen en toute olygarchie. ¶Tex. ¶Combien quilz soyent plusieurs que les autres Mais il loist a tout homme qui possi de grādes richesses a participer en ceste police ¶Glo. ¶Nul poure ne pticipe en rien a ce et chascun riche pticipe Mais il conuiēt que les richesses soient determinees a certaine quantite ou qualite sicōme a certaine qualite ou quantite Sicōme a certain nōbre de rentes auecques certaines fraichises et ne conuient autre electiō pour obtenir princep en ceste police.

¶Tex. ¶Vne autre espece de olygarchie est quant le princepz sont tenuz par gent qui sont en tresgrandes honnorabletez et eslisēt ceulx qui des faillent ¶Glo. ¶Ilz sont en plus petit nombre que ceulx de la premiere espece Car il conuient quilz soient tresepcessens en puissance z ilz sont en plus petit nombre que ceulx de la premiere espece Car il conuient quilz soient trespuissans en puissance et se ilz sont en plus petit nombre determine quant ung deulx est mort ou hors du princie ilz eslisent ung aultre Et se le nombre nest determine et leur semble que ilz soient peu ilz eslisent autres auecques eulx selon ce que leur semble. Sicome le pape et les cardinaulx eslisent cardinaulx ⟨Tex. ⟨Et se ilz sont ceste election indifferenment de tous ce semblera mieulx estre aristocratie que olygarchie ⟨Glo ⟨Pource quilz ne regardent pas seulement aux richesses mais aux autres codicions qui regardent bons princes selon ce qui fut dit ou .vje. chapitre du tiers

⟨Tex. ⟨Et se ilz les preuent aucunes determines cest oligarchie.

⟨Glo. ⟨Et cest mauuaise police Cestassauoir quant telle esseccion est faicte par faueur et par acceptacio de persones pource ilz sont daucune copaignee ou aliance ou daucun office ou dug certain lignage ou dune especiale partie de la region ⟨Tex. Une autre espece est quat ung de filz est fait prince pour le pere et succede au pere ou prince ⟨Glo. ⟨Ou p auenture aucun prochain du lignage ⟨Tex. ⟨La quarte espece est quat il est en la maniere maintenant dicte Cestassauoir quant les filz succedent aux peres et quat la loy ne tient pas le prince .mais les princes ⟨Glo. ⟨Car ilz ne gouuernent pas selon loy mais selon voiunte ⟨Tex. ⟨Et ceste espece entre les oligarchies est

couertible et telle come est tyrannie entre les monarchies et telle est come la derreniere espece de democracie entre les democracies ⟨Car aussi come tyrannie est la pire monarchie et la derreniere democracie est la plus mauuaise semblablemet ceste olygarcie est la pire qui soit et telle olygarchie ilz lappellent potent ou poste ⟨Glo ⟨Car tous princes aussi come tyrans ilz sont sur la loy ou sans loy et sant de plaine poste. De plenitudine potestatis vel potius tempestatis

⟨Tex. ⟨Et donques olygarchies sont tant de especes et de democracie tant come dit est ⟨Glo. ⟨Apres il monstre coment les gens vsent aucunesfois dune police et ont les loix dautre police ⟨Tex. ⟨Et ne conuient pas ignorer q en moult de lieux il aduient que la police quant est selo les loix nest pas democracie. Mais pour la costumance et pour la maniere que les gens ont ilz vsent de la police democratique et semblablement vers aucuns autres la police selon les loix est plus democratique, mais selon la costumance que ilz ont et selon la maniere du gouuerneur il sont plus selon police olygarchique ⟨Et ceste chose aduient mesmement apres les transmutacions des polices, car telles transmutacions ne sont pas faictes tantost et soudainemet ou tout ensemble, mais les gens aymet ou ai messant estre es loix premieres. et premierement petit apetit Une police a pres lautre & par ce aduient que les loix qui estoient deuant demeurent par ung temps et que les gens obliẽnent la police en laquelle sa mutaciõ est faicte (Glo. Et telle chose est generale en toutes polices qui vsent de loix. car la mutacion dune police en autre nest pas faicte cõmunemẽt soudainement et a vng mouuemẽt mais par proces du temps vne partie apres autre et selon ce vne loy demeure par vne espace du temps depuis que lusaige delle est delaisse et ainsi de plusieurs & telles choses voit len aucuneffois aduenir es polices seculieres. mais assauoir se cest consideracion pourroit estre applique a la police des gens de leglise quant a la distribucion dõnorablete3 ou de benefices auquelx appertiennent biẽs tẽporelx. Et se la maniere et les loix de les distribuer & ordõner sõt muees et se cest en mieulx ie men rapporte a la discrecion de ceulx qui auecques ceste science ont cõgnoissance du gouuernemẽt de leglise pour le temps passe & de celluy qui est apresẽt et des droiz de leglise anciens et nouueaulx. &c.

Du.ix. chapitre il met de democracie.iiii. especes autrement que deuãt.

Que tant des especes soient de democracie et olygarchie il appert par les choses dessusdictes (Glo. Du quint & ou

die. chapitre cõuient et cõmuniquẽt en la police & que les vngs y cõmuniquent et les autres non. Et doncques quant les cultiueurs des terres & quelconques aultres generalemẽt qui ont des possessiõs moyennement ont la dominacion de la police. Adõcques ilz politiquent & gouuernent selon loix la police car telz gens ont a viure de leurs labeurs & ne peuent souuent vacquer ou cesser de leur besongne pour entẽdre au gouuernemẽt publique (Tex. Et pource aucuns qui sceuent les loix sont deputez a garder la iuridicion & tous sont appellez aux assemblees tresneccessairee et en celles assẽblees tous ceulx qui ont honnorabletez determinees par les loix participent es deliberacions & pource il loist a tous ceulx q̃ ont possessions participer en telz princes (Glo. Cest assauoir en princep consiliatif. Car en assemblee chacun a voix qui a possession et est a entendre des possessions moienne & tel moye. Cest assauoir nõ bien grãdes possessiõ suffisẽt ad ce il est determine p les loix en tel police. (Tex. Car a mettre quil ne loist pas a tous participer au prince vniuerfellement. Cest chose olygarchique (Glo. Ce quil dit vniuerfellement il entend de tout princep. Cest assauoir iudicatif ou consiliatif. doncques quant vng peu de gent participent en telz princepz cest maniere dolygarchique (Tex. Mais mettre quil leur se

Fueillet

a tous vaquer & cesser de leurs besõgnes & de entendre au princey iudicatif. Cest chose impossible quant ilz
ont asses rentes pour eulx viure sãs
labourer & doncques vees cy vne espece de democracie pour les causes
dessusdictes (Glo. Tous ceulx
qui ont possessions abondãment &
moiennement participent ou princey
consiliatif & es assembles qui ne sõt
pas souuẽt & aucuns sont depputez
au prince iudicatif pour tenir les iugemens (Tex. Vne autre espe-
ce est pour election cõsequente. car
a tous ceulx qui peuent vaquer & entendre aux iugemens & aux consetlz
il loist participer en tel prīcey et peuent estre esseuz a ce se ilz ne sont refusez pour cause de lignage (Glo.
Sicõme pource que leurs parens furent serfs ou par auenture que ilz furent bannaules et daucune ville office (Tex. Et en telle democracie le prince est tenu et gouuerne
selon les loix pource que plusieurs
nont pas asses rentes pour viure sãs
labour (Glo. Car ceulx qui ne
peuent suir les cours pour iuger auecques les autres et nont point dautre
empechement quãt a ce fors quilz ne
peuent bonnement laisser leur labeur
ilz ne vueillent pas bonnement estre
subiectz aux autres ne q̃ les autres
iugent selon volunte. mais selon les
loix Et me semble que ceste espece di-
fere de sa premiere en ce que les iuges
sont satz par elections et en lautre q̃

conques veult il vaquer aux iugemens. Item en ceste espece aucũs sõt
reffusez pour cause de lignage et en
lautre pour cause de pourete (Tex
La tierce espece est quãt il loist a tous
quiconques sont frans participer a
la police Cestadire ou princey politique Mais il ne participent pas en
ce pour la cause dessusdicte (Glo.
Cestassauoir pour richesses ou pour
election. Mais seullement pour liberte et mesmement pose quilz ne fussẽt
pas de lignage hõnorable (Tex.
Et pource est il necessaire que en ceste police la loy ait princey (Glo
Cestadire que les princes gouuernent selon les loix et non pas a leur
volunte. car en telle police il loist a
plusieurs estre es iugemens qui ne
peuent pas bonnement vaquer Car
il conuient quilz entendent a labourer. Et pource ilz vueillent que les
autres iugẽt selon la loy (Tex.
Et la quarte espece de democracie
fut faicte es citez es tẽps derreniers
Car quant les citez furent faictes
moult plus grandes quilz nestoient
au cõmancement et que les rentes et
les richesses furent moult plus grandes que deuant adoncques pour le
grant excés de la multitude il conuient que tous participent a police
Cestadire au princey pollitique Et
la cause pour quoy tous cõmuniquẽt
la police est car ilz peuent a ce vaquer
Et mesmes les poures Car ilz prẽ-
nent en ce loyer (Glo. Et en telle

police a estatué que quelconques va aux assemblees ou aux iugemens il prant certain gaig et est paye du tresor commun ¶Tex ¶Et par ce telle multitude mesmement vacque et entend au gouuernemēt publique. car ilz ne sont pas empechiez de la cure de leur propre. mais telle cure de sa chose propre empeche les riches quilz ne cōmuniquēt pas ou viennent souuent a assemblee ou congregacion ne aux iugemens ¶Glo. ¶Car combien que les riches gaingnassēt a venir a assemblee encore gaingnent ilz plus a leurs propres besongnes sicōme a marchander ou autre chose.

¶Tex ¶Et pource la multitude des pouures est faicte dame de la police et non pas les des loix ¶Glo. Sicōme il fut dit ou vie. chapitre ¶Tex. ¶Et doncques les especes de democracie sont tant et telles pour les necessitez et causes dessusdictes.

¶Du .v. chapitre il met aucunemēt par autre maniere que deuant les especes doligarchie.

La premiere espece doligarchie est quant plusieurs tiennent le princype qui ont substāce ou richesses mendres. C'est a dire non pas trop grandes ¶Glo. ¶Il nest pas a entendre quilz soient plusieurs en telle multitude comme a democracie. Car ilz sont moult moins que lautre peuple. Mais touteffois sont il en nombre competent et plus que a nulle autre espece doligarchie selon la proporcion que ilz ont a lautre multitude et si ne sont pas riches excessiuement ¶Tex ¶Et ceulx icy sont leurs compaignons et donnent puissance de participer ou princey ou eslisent celluy ou ceulx qui ont possessions Et pour ce que ilz sont vne multitude qui participent ou policeine et ont le gouuernemēt de la police il est necessaire que ses hōes naient pas la dominacion. Mais sa loy de tant qilz sont plus loing ou plus distans de monarchie ¶Glo. ¶Car en ceste premiere espece les princes sont en pl' grant nombre que en nulle autre espece de olygarchie Et pource sont ilz plus grant nombre que en nulle autre espece dolygarchie et seroient plus fors a acorder en vne sentēce Et cest vne cause pour quoy ilz ne gouuernēt pas selon leurs volūtez. Mais selō leurs loix. Apres il met vne autre cause ¶Tex ¶Item ilz nont pas si grande substance ou ne sont pas si riches quilz puissent vaquer et entendre aux negoces publiques et estre negligens de leur propre et priuee chose dautre pt'ie ilz nont pas si petite substance quil cōuiēt quilz soient nourriz des biens de sa cité. Et pource est il necessaire quilz vueillēt que la loy ait princie sur eulx et non pas eulx mesmes ¶Glo. ¶Et pource quilz sont aucunes fois occupez en leurs p

Fueillet

pres besongnes & quilz ne prennent nul emolument pour estre es iugemēs ou es assemblees et quilz sont plusieurs ilz ne sont pas tous en telles choses publiques et pource ilz veullent que tous ceulx qui y sont iugēt & ordōnent selon les loix & non pas selon leur volunte. Apres il met la seconde espece. ☞Tex. ☞Et si en vne cite ou contree les riches sont en maindre nōbre notablemēt et quilz soient grandement plus riches que en lespece deuāt dicte. Adoncques est faicte la seconde espece dolygarchie. Car pource quilz sont plus puissans ilz veullent surmonter les autres & auoir la seigneurie et pource ilz eslisēt en la multitude de ceulx qui sont receuz ou police ne. Cestassauoir a ordōner de la police. mais pource quilz ne sont pas encores si fors quilz puissant tenir le princey sans loy ilz promettent telle loy. ☞Glo. ☞Pource que quant vng deulx est mort le filz ne succede pas au pere mais ont ceste loy que il conuient quilz eslisent vng de la multitude et la multitude est si fort que telz princes ne sont gouuernez fors soubz loix. ☞Apres il met la tierce espece. ☞Tex. ☞Et se ilz sont plus puissans et en mendre nombre et ilz ont plus grādes richesses adōc est faicte le tiers degre dolygarchie. Cestassauoir. car ilz tiēnent le princey cōme leur ppre heritage Et pource ont ilz loix qui cōmandent que les filz succedēt aux peres en tel princey

quant les peres sont mors ☞Glo. Mais encore nosent ilz pas bien gouuerner fors selon les loix. Apres il met la quarte espece ☞Tex. ☞Et quant ilz sont grandemēt plus puissans & de richesses & de multitude damis tel potētest ou telle poste est presque monarchie ☞Glo. ☞Cestassauoir thyrannique la ou vng seul gouuerne a sa volunte. En ceste espece ilz sont en maindre nombre que en nulle autre olygarchie & en la premiere les princes sont en plus grant nombre & en la seconde en plus petit & ainsi par ordre ☞Tex. ☞Et doncques les hōmes sont fais seigneurs et non pas la loy & cest la quarte espece dolygarchie et est cōuertible auecques la derreniere espece de democracie.

☞Glo. ☞Car sicōme il fut dit en le viiie. chapitre cest la pire olygarchie q̄ soit & la premiere espece est la moins mauuaise & puis la seconde est ainsi par ordre. ☞Item de ceste espece peut estre entendu ce que dit aristote ou viiie. chapitre de le viiie. Ethiques la ou il met .iii. condicions de princes olygarchiques. Vne est quātilz distribuēt les hōnorabletez ou dignitez & les biens aux iugemens. Lautre est q̄ de telles choses ilz pungnēt treslargemēt pour eulx & pour leurs amis La tierce que ilz sont demourer le prince vers vne mesme gent pour auoir de lignage ou de paye ou pour autre faueur Et pource doncques q̄ cest tresmauuaise police & est aussi cō

me tyrannique tous princes de bon/
ne police et mesmement ceulx de la po
lice de leglise doiuent souuerainne/
ment garder que telles condicions ne
soiet trouuees en leur gouuernemēt
& quilz ne soient telz cōme sont ceulx
que dieu mandit par le prophete eze/
chiel en ung chapitre la ou il dit. Ve
pastoribus israel qui pascebāt semet
ipsos.&c. xxxiiii.capitulo. Item il est
dit en le.viii. chapitre & en cestuy q̃
en espece doligarchie les princes gou
uernent non pas selon les loix. mais
selon les sentences & selon leur volū
te. Sic volo sic iubeo.&c. Et cest tres
grant incōuenience sicōme il fut dit
ou.xxiiii. chapitre du tiers. Qui
autē hominem iubet apponit & besti
am. Qui cōmande que ung hōme
ait principe il met que beste ait principe
Mais il semble que peu a de differen
ce se au ilz gouuernent selon leur vo
lunte ou se ilz gouuernent selon loix
mais lesquelz eulx mesmes ōt faictes
sans le cōsentement de la multitude
en la faueur & a leur proffit ou pro/
pre cōferent & contre le bien publique
& telles loix sont proprement olygar
chiques & iniustes Et cōme il est dit
deuant des autres cōdicions Tous
bons princes se doiuēt garder de met
tre telles loix. Car autrement ilz en
courroient la malediction de dieu qui
dit. Ve qui cōdunt leges iniquas
Item en le.viii. chapitre & en cestui
est dit que telz princes olygarchiques
se appellent et sont appelles poten/

tas Cest adire que il contribuent po
te plantere et que il peuuent vser. De
plenitudine potestatis. sans ce quilz
soient soubz loy Et ce, t incōuenient
sicōme il appert ou.xliii.chapitre du
tiers et est contre la nature de toute
bōne police et est principe de extreme
oligarchique et de tyrannie. C est la pri
cipale propriete de telles cōgregati/
ons ou corruptions et a telz princes
reproche nostreseigneur p̃ le prophe/
te ezechiel ou chapitre deuant alle/
gue en disant. Cum austeritate im-
perebatis eis Et cum potentia. Ilz
seigneuroient sur leur subiectz p leur
puissance & affin les souueraines prin
ces et ecclesiastiques ne declinassent
et telle malignite de laquelle dit le p̃
phete a dieu. Super populum tuum
malignauerunt consilium. Sainct
pierre lapostre en sa canonique leur
dit ainsi. Seniores qui in vobis sont
obtectio cōtestor pascite que in vobis
est gregem dei prouidentes non coacte
sed spontanee secūduz deum non tur
pis lucri sed gracia et volūtarie ne/
qz vt dominantes in terris.&c. Et
dōcques ilz doiuēt gouuerner le cler
gie non pas cōme seigneuries. mais
debōnairemēt et selon dieu & non pas
affin de pecune. Et par ce que dit
est que telle adulacion ou ignorance
attribuent aux princes de bōne po
lices trop grādes puissāces sur leurs
subiectz ilz napment pas le prince car
par ce ilz le disposent a mutaciō em
pire a perdicion sicōme il sera mōstre

Fueillet .

plus a plain ou quint liure Et pour ce le prince des romains est venu en ame nupsant et appetissant de que le peuple translata ou dōna au prince toute sa posie sicōme il fut dit ou .piii. chapitre du tiers et dit aristote q̃ ilz furent folz ⁊ le peuple du donner ⁊ le prince du receuoir se il auoit le prince Et neantemoins aucuns sont si peruers ou si bestes que ilz font croire au prince que tout est sien en propriete et que ce que vng subiect tient iustement il le peut prandre pour soy ou doner a vng autre se bon luy semble Aussi come se il fut dieu en terre Loupte ce que fut dict ou .viii. chapitre que les adulateurs firēt croire a nabugodonosor quil estoit dieu et a vng tel reprouchoit nostreseigneur par ezechiel le p̄phete en disant. Elleuatū est cor tuum et dixisti deꝰ ego sum in cathedra dei sedi. ⁊c. Ton cueur est esleue tu as dit ie suis dieu. ⁊c. Mais tātost apres le prophete met la pugnicion et la destitucion.

En le .vi. chapitre il met les especes d'aristocracie.

Sans democracie ⁊ sans oligarchie encores sont deux autres polices desquelles touz mettent vne et est dit deuāt estre vne des iiii. polices Car p̄munemēt tous dient ou mettēt quatre polices cestassauoir monarchie oligarchie democracie Et laquarte est appellee aristocracie. Et vne autre est la quinte laquelle est appellee par le cōmun nom de toutes ⁊ lappelle len police Mais par ce quelle nest pas faicte souuent ceulx ne le cognoissent pas qui temptent a mettre le nombre des especes de police sicōme fait platon en son liure de police Car cōme dit est ilz mettolēt .iiii. especes de polices ⁊ celle q̃ ilz appellolēt monarchie ilz la diuisoiēt en deux especes qui sont royaume et tyrannie et ne faisoiēt mēcion de telle que nous appellōs police ou tymocracie. Apres il vient a son propos

Tex. Et platon nōme bien celle quil appelle aristocracie delaquelle noꝰ auōs traicté es premieres parolles. Glo. En le .viii. de thiques ou .xii. chapitre ⁊ ou .xxiie. du tiers de politiquée ⁊ es autres apres Car la police Tex. Seullement doit estre appellee aristocracie qui est de gens tresbons simplement ⁊ qui est police selon vertu ⁊ qui nest pas de gens qui sont tresbons seullement par supposicion ⁊ aucunement ⁊ non pas simplement Glo. Si cōme len diroit que vng est bon marchant ou bon charpentier et nest pas bon simplement ⁊ pource ceste police est bien nōmee Car aristocracie signifie princie de gens vertueux

Tex. Car en ceste police bon homme ⁊ bon citoien sont seulement vne mesme chose Glo. Ainsi en royaume sicōme il fut dit en la fin du tiers liure Tex. Mais es autres polices aucūs sont bons a leur police et ne sont pas simplement bōs ⟨Glo⟩ Sicōme il fut dit ou quit chapitre du tiers. Or auons doncques la premiere espece (z propzement aristocracie. Apres il met la seconde. ⟨Tep⟩ Et ceste espece seullement nest pas dicte aristocracie mais aucuns autres sont appellez aristocracie qui ont differences et pzprietez tendentes a celles qui sont olygarchies et a celle que len appelle police. Car la ou il eslisent les persōnes aux princeyz non pas seullement regardant aux richesses Mais auecques ce en regardant a vertu ceste police differe des deux ⟨Glo⟩ Cestassauoir daristocracie q̄ regarde seullement a vertu et dolygarchique qui regarde seullemēt aux richesses et est aussi cōme mixte de ces deux ⟨Tep⟩ Et est appellee aristocracie car pbien que les electeurs des princes ne facēt pas leˀ cause cōmūe de vertu toutesuopes aucuns sōt approuuez entre eulxz q̄ semblēt estre bōs et vertueulx ⟨Glo⟩ Il veult dire que en telles elections toˀ ne regardent pas a vertu Mais aucune pregardēt seullemēt et poˀ ce ceste police poˀ la plˀ digne ptie est nōmee et dicte aristocracie Aps il mect la tierce espece ⟨T.⟩ Et la police regarde a vertu et a richesses et au peuple sicōme il font en calcedone et cest police aristocratique ⟨Glo⟩ Et ilz eslisent aucūs richesz aucūs vertueulx du cōmun peuple en regardāt seullemēt a liberte aussi comme len fait en democracie Et doncques en ceste espece a mixtion de troys polices Aps il met la quarte espece ⟨Tep⟩ Et aussi la ou il regarde a deux choses seullement sicomme en la police des lacedemones ilz regardent en electiō des princes a vertuˀ au peuple et poˀ ce en leur police a mixtiō de ces deux Cestassauoir de democracie et de vertu ⟨Glo⟩ Par vertu il entend aristocracie. Apres il recapitule. ⟨Tep.⟩ Et doncques sans la premiere espece daristocracie laquelle est tresbonne police sont deux especes derrenierement mises en vne tierce ⟨Glo⟩ Cest celle qui fut mise en la seconde ⟨Tep⟩. Et chascune de ces troys est appellee police aristocratique mais elles sōt plus enclines a olygarchie ⟨Glo⟩ Cestassauoir que nest la premiere espece Et mesmement sont enclines ace la seconde et la tierce espece.

⟨Ou plitᵉ chapitre il determine de vne espece de police appellee par le cōmun nom police

Or noˀ pnlēt aps dire de telle q̄ est nōmee police z de tyrannie. G. Acelle qui est dicte police le nom commun luy est attribue non pas pour excellence Mais elle nest pas bien pgneue sicōme il dit ou cha. pcedent Et poˀ ce elle nauoit pas nom pprie si luy fut atȝbue le nō cōmū mais plusieurfoiz e dit q̄ aristote lappelle

Fueillet.

tymocracie ou pii. chapitre de le viii. dethiques Apres il met la cause de ceste ordre ¶Tex. ¶Et nous auons ainsi ordonne pource que ceste police nest pas transgression de bonne police et si nest pas vne des especes dariſtocracie deuant assignees et mises Mais selon verite toutes autres que la police qui est tresdroicte et tresbonnes sont vicieuses ¶Glo. ¶Ententes par droicte police royaulme et ariſtocracie ¶Tex. ¶Et pource conuient il determiner delles auecques les autres car ilz sont transgressions des autres sicomme nous auons dict des le commencement ¶Glo. ¶En le viii. chap. du tiers et olygarchie et democracie et tyrannie sont defaultes de bonne police et pource quant il a determine de royaulme et dariſtocracie il determine apres doligarchie et de democracie ¶Tex. ¶Et cest raisonnable chose que len face derrenierement mencion de tyrannie Car de toutes polices cest celle qui est moins police ¶Glo. ¶Car cest la tresplus mauaise sicõe il fut dit ou piii. chap. de le viii. dethiques ¶Tex. ¶Et doncques deuons nous maintenant traicter de police Et doncques auons dit pour quelle cause il est ordonne de police en ceste maniere ¶Glo. ¶Et doncques ce ceste police est composee dolygarchie et de democracie sicõme il sera dit tantost apres Et doncques puient il premierement determiner de ces deux polices Apres il poursuit son propos ¶Tex. ¶Or puient doncques maintenant monstrer de police quelle elle est Et doibt len sauoir que la puissãce de la nature delle sera tres manifeste et bien cogneue par ce que nous auons dit et determine dolygarchie et de democracie Car police a parler simplement est vne mixtion dolygarchie et de democracie ¶Glo. ¶Mais pour mieulx entendre ceste chose ie argue encontre. Premierement que ceste police est vne des iii. bonnes et ces deux autres sont mauuaises sicõe il appt en le viii chapitre du tiers et ou pii chap. de le viii. dethiques et est dit plusieurs fois et que vne bonne chose soit composee et mixte de deux mauuaises ce semble inconuenient ¶Item ariſtote es chap maintenãt alleguez met les vi. especes de police desquelles cest vne cõe simple et que les autres sont pposees delles Et doncques nest pas ceste mixtion composee dautre.

¶Item es chapitres composez ou alleguez est dit que democracie est transgression ou corruption de ceste police et doncques sont contraires et cest inconuenient que vne chose soit composee ou de sa corruption ou de son contraire. ¶Je respons et dy au premier que souuent de deux choses nuysibles ou contraires est souuēt compose vne chose moyenne bonne et proffitable sicomme len fait selon aucune medecine de deux choses dont lune est trop chaude et lautre est trop froide et dont lune est trop amer et laultre est trop

douices, ⁊ par semblable selon ce que
fut dit en la fin du tiers chapitre que
olygarchie ⁊ democracie est trop aspre
⁊ trop dure et lautre est trop remise ⁊
trop molle et dont de ces deux peult
len exposer une moyenne police bien
attrempee en la maniere quil sera dit
apres. ¶ Au second te dy quelle nest
pas composee de ces deux en telle ma
niere que ilz soient en elle en leurs pro
pres formes Mais elle a qualitez et
proprietez aucunement semblables a
ces deux polices ⁊ par elles sont mor
tifiees ces qualitez Car ceste police
nest pas congneue sicomme il fut dit
ou chapitre precedēt. Et neantmoins
elle est simple en substance ⁊ est aussi
comme si len disoit que lair q̄ est ung
simple element est compose de humi
dite et de chaleur lesquelles qualitez
sont plus congneues ⁊ plus sensibles
en leaue ⁊ ou feu quilz ne sont en lair
Et aussi comme la challeur du feu
et celle de lair sont daultre nature et
de diuerse espece Semblablement la
rigueur ou asprete dolygarchie et ce
ste de ceste police different en espece.
Et doncques ceste police peult estre
dicte simple quātr̄st a la forme mais
quant est a la matiere elle est compo
see de poures ⁊ de riches ¶ Du tiers
la responce appert assez par ce que dit
est Car ceste police ne st pas compo
see de democracie comme de sa partie
integral et qui demeure en elle en sa p
pre forme Et daultre partie democra

cie nest pās pp̄iemēt contraire a ceste
police Mais est prochaine et cōtermi
nal ou presque semblable sicōe il fut
dit ou pn̄ie chapitre de le .viii. de thl̄s
ques Apres il monstre comment ce
ste police est mixte ⁊ composee de deux
polices dessusdictes ¶ Tex. ¶ Et ce
ste chose appert parce que les gēs ont
acoustume a appeller polices cellee q̄
sont aussi comme declinantes a demo
cracies mais celles qui declinent a o
lygarchies ilz ont plus acoustume a
les appeller aristocracies ¶ Glo.
Car telle police q̄ est ainsi mixte ⁊ cō
posee en tant comme elle participe en
olygarchie ilz lappellent aristocracie
Et de ce il met la cause ¶ Tex.

¶ Car discipline et noblesse de lig
nage ensuiuant plus les plus riches
⁊ sont pl̄ continuellement trouuez en
telz gens ¶ Glo. ¶ Olygarchie
est quant les riches tiennent le prin
cey Et aristocracie est quant les ver
tueulx le tiennent et les riches cōmu
nement sont les meilleurs et pource
olygarchie ilz lappellent aristocracie
Apres il met une autre raisō ¶ Tex
Item les riches ont les choses pour
lesquelles acquerir les gens iniustes
font les choses iniustes ¶ Glo. Car
a ceulx q̄ ne sont fermes en iustice po
urete est cause de faire iniustice Et a
cest propos dit lescripture propter in
opiam multi delinquerunt Mainte gēt
ont pechie par pourete Et par sa pa
rolle ou nostreseigneur parle de ceulx

qui receuerent vii.besans sung v.et lautre deux & lautre vng Il appert assez que cellui qui le moins fut mauuais & couuoiteux &c. Homo quidem pegre proficiens &c. Et pource pourete qui est cause de couuoitise & de iniustice nest pas a louer ou recomander Mais chascun le doibt fuir en toute bonne maniere ¶Tex. ¶Et de ce vient que len appelle les riches kralotopagetos Cest adire par soy bons
¶Glo. ¶Il est dit de kalos quest bon et toy quest mesme & agathon q est bon Car les riches sont ayde a vertu & sont instrumens par quoy epcercite les euures de plusieurs belles vertuz moralles sicomme il fut dit en le viii.dethiques en plusieurs lieux
¶Tex. ¶Et nobles. ¶Glo. Car les riches sont nobles danciennete sicomme il sera dit assez tost aps en cest chapitre ¶Tex. ¶Et pource que aristocracie veult attribuer epcellence a ceulx des citez qui sont tres bonnes les gens dient que les polices olygarchiques sont a plus de ceulx qui sont kralotoypgatos.
¶Glo. ¶Et pource ilz representent aussi comme vne chose aristocracie & olygarchie Car olygaichie est des riches et aristocracie est des vertueulx et les riches sont vertueulx. Car ilz nont mestier de faire iniustices ne choses deshonnestes ¶Apres il mect comparaison de ceste police a olygarchie et mect quatre choses a son

propos ¶Tex. ¶Et les choses qui sensuiuent semblent impossibles Cestassauoir que vne cite soit gouuernee selon aristocracie et quelle ne soit bien disposee par bonnes loix ou quelle soit mal gouuernee & semblablement selle nestoit bien gouuernee p bonnes loix len ne pourroit mener ne traire a gouuernement aristocratique
¶Glo. ¶Et la cause est car les loix doiuent estre mises en regardant a la police & quelles luy soient confermees sicomme il fut dit ou premier chapitre et aristocracie est tresbonne police & doncques conuient il quelle ait tres bonnes loix Or auons nous le premier preambule ¶Apres il met le second ¶Tex. ¶Item la disposicion des loix nest pas bonne selles ne sont bien mises et se len ne obeist a elles Et pource a bonne disposicion de loix len doibt sauoir que deux choses psont requises Vne est obeir aux loix mises ¶Glo. ¶Car aussi comme si vng instrument de musique est bien fait et len vse de luy Ou sil est mal fait et len vse de luy Cest inconuenient aussi est il en cest propos Car les loix cest instrument par quoy police doibt estre gardee ou gouuernee en obeissant en elles ¶Tex. ¶Lautre est que les loix soient bien mises & que ilz soient telz que ilz doiuent demourer & durer car len obeist a elles quant elles sont bien mises & se peuet estre fait en .ii. manieres Cestassauoir

ou quelles soient tresbonnes a ceulx a qui elles sont mises ou q̃lles soient tresbonnes simplement ☞Glo. ☜Les loix de royaume d'aristocracie sõt bonnes sĩplement et q̃ vouldroit instituer olygarchie ou democracie il ne conuiendroit pas que toutes les loix fussẽt bonnes simplement. Mais cõuiendroit que toutes fussent bõnes seulement a telz gens ⁊ a tel gouuernement sicomme il fut dict en le p̃ʳ p̃ᵉ chapitre du tiers. Apres il met la tierce cause ☞Tex. ☜En aristocracie les hommes sont mesmemẽt distribueee selõ vertu Car vertu est le terme ⁊ la fin d'aristocracie ⁊ richesses d'olygarchie ⁊ liberte de democracie ☞Glo. ☜Et pource en distribution de princes en olygarchie len regarde aux richesses ⁊ en democracie en liberte sicõme il est dit Apres il met la quarte chose ☞Tex. ☜Item en toutes ces polices la chose tient ⁊ a viguer laquelle semble a plusieurs estre bonne C'est assauoir a la plus grãt ptie, ⁊ pource des moyen olygarchie ⁊ en aristocracie q̃ se q̃ semble a la pl⁹ grant ptie des prices qui tiennẽt la police⁊ le princie il conuient que ce ait la domination ⁊ quil soit tenu ☞Glo. ☜Car puis que eulx sous ont auctorite la deliberacion de la pl⁹ grande partie est communement la plus saine ⁊ auecques ilz sont le plus fors si conuient tenir leur ordonnances ☞Apres il monstre que ceste police est gardee en plusieurs citez

☞Tex. ☜Et donc q̃s en plusieurs citez ceste police est appellee espece de police Car telle mixtion de riches et de poures coniecturay si consideray seullement richesses et liberte.
☞Glo. ☜Quant a distribution de princes ⁊ selon ce quelle regarde a richesses elle a qualite ⁊ similitude a olygarchie et selõ q̃lle regarde a liberte elle a qualite de democracie Et pᵉ ce ceste police est meslee de ces deux comme dit est. ☞Tex. ☜Mais en plusieurs villes ⁊ citez ceulx qui sõt riches ⁊ sont de la kalotopagetos ilz tiennent le princie. ☞Glo. ☜Et est olygarchie ☞Apres il conclud la difference de ceste police a aucunes especes d'aristocracie ☞Tex. ☜Et pource que troys choses pour lesquelles sẽ fait lalterquacion de lequalite du price politique C'est assauoir liberte richesses et vertu. La quarte chose est ensuiuant ⁊ a deux des choses dessus dictes que ilz appellent ingenuite ou gentilesse ou noblesse de lignage. Car telles choses sont vertus anciennes.
☞Glo. ☜Ung hõme est dict noble de lignage ou gẽtil pour deux causes Une est pource que ses parens ou successeurs ont este vertueux ⁊ de bonne renommee L'autre est quilz aient este riches d'anciennete ⁊ c'est signe q̃ telles richesses ont estez iustement acquises et sagement gouuernees Et de tel homme len presume et est aucanement vray semblable quil ait en soy aucũe p̃ope noblesse de vlu se

f.iii.

par ses faiz il appert quil se desnatu‍re ¶ de guerre ou forligue Mais dũg autre de commun peuple len na pas telle presumption ne telle opinion ius‍ques atant quil soit esprouue en ver‍tu et mesmemẽt de ceulx lesquelx ou leurs parens sont entrichis nouuelle‍ment ¶ soudainement. Car ilz sont communemẽt pis moriginez que les autres sicomme dit aristote ou secõd de rethorique aussi cõe se leur nate ne fust pas acoustumee ou introduicte a auoir richesses ¶ de gentilesse fut dit plusaplain ou vie. chapitre du p‍mier ¶Tex. ¶Et doncques est il magnifeste par ce que dit est que len doibt dire que la miption de deux manieres de gens. Cestassauoir de riches et de poures cest police Mais la miption de trops cestassauoir de poures¶ de riches¶ de vertueulx cest aristocracie ¶ est mesmemẽt vne des especes daristo cracie autre que celle qui est vraye ¶ premiere aristocracie ¶Glo. ¶Car celle premiere espe‍ce regarde seulement a vertu sicom‍me il fut dit en le pit. chapitre Apres il recapitule. ¶Tex. ¶Et donc‍ques est dit que de police sont autres especes que monarchie democrachie et olygarchie ¶Glo. ¶Car au‍cuns ne en mettoient plus sicomme il fut touche ou commencement de le pit. chapitre. Mais platon mect la quarte aristocracie ¶Tex.
Et quelles elles sõt et commẽt les especes daristocracie different den sẽ‍ble ¶ comment police differe daristo‍cracie ¶ est manifeste quelles ne sont pas loing lune de lautre ¶Glo. ¶Car toutes deux sont bonnes au‍ssi comme aristocracie est prochaine de royaume police si est aussi trespres daristocracie quare ¶c.

¶Ou pit·e. chapitre il monstre cõ‍ment ceste police doibt estre instituee

Apres les choses dessusdictes nous dirõs en quelle manie‍re hors democracie ¶ olygar‍chie est faicte lespece de police ¶ com‍ment il la conuient instituer ¶ auec‍ques ce len verra par quelles choses democracie et oligarchie sont deter‍minees ¶ diffiniees ou diuisees Glo. Car vne chose pposee est pgneue p celles de quoy elle est pposee et police est pposee de .ii. dessusd sicomme il appt ou chap precedẽt Et dõcques cuiẽt psiderer de police et de ces .ii. ensẽble. ¶. Car il cuiẽt predre la diuision de ces .iii. polices et aps predre delles aucũes pprietez et de ces pprietez cõ‍posees aussi cõme vng sibole ou vne chose cueillie de plusieurs et de ceste pposicõ ou miption sont .iii. termes Vne est predre lune et lautre police en ptie Cestassauoir et q̃ les vngs esta‍blissẽt p sop et des autres aussi comme de tenir les iugemens ¶Car es po‍lices olygarchiques se les riches ne sõt au cours et aux dominaciõs des iugemens il est ordōne que ilz aurōt dōmage cest assauoir peine pecunuelle. Et les poures se ilz psont il nest pas ordonne quilz aient nul loyer Mais en polices democratiques ilz ordonnent loyer ⁊ gaing aux poures se ilz sōt aux iugemens ⁊ aux riches se ilz ny sont ilz ne ordōnent nulle peine ne nul dommage ⁊ ce quest commun ou moyen entre ces deux choses cest chose politique ou selon police Car elle est mixte ou messee de. ii. Glo. Lordonnance de oligarchie est par excluré les poures du prīcie Car ilz ne pourroient suir les assēblees ou les cours se ilz ny auoient gaing Et les ordōnāces de democracie sōt trop pour les poures Mais lordōnāce de ceste police est nōme Et prent olygarchique que les riches soient pugnitz se il ne vient aux choses publicques. Et prent de democracie q̄ les poures aient loyer pour estre a telz faiz cōmuns Tex. Et dōcques est vne combinacion de ces deux polices Vne aultre maniere est prendre le moyē de ce q̄lz establissent sicōme des congregacions ⁊ assēblees q̄ len fait Car en democracie ilz sont gens de nulle ou de petite honnorablete ⁊ en olygarchie ilz sont seullement de gēs de grande honnorablete ⁊ en ceste police qui est commune ley ne prent ne les vnges ne les aultres dessusdictes. Mais la moyenne honnorable qui est entre ces deux Glo. Et doncques gens de moyen estat qui ne sōt

trop riches ne trop poures tiennent le princie en ceste ⁊ telle police qui est de gens moyens en la meilleur sicōme il sera dit ou xx. de. chapitre Tex. Et la tierce maniere est moyenne de deux institucions desq̄lles vne est loy olygarchique ⁊ lautre est de loy democratique Car en democracie les princies sont constituez par sort ⁊ en olygarchie ilz sont constituez par election Mais en democracie ilz mettent leur sort ⁊ prennēt gens de nulle honnorabletez Glo. Et en olygarchie ilz ne lisent nulz fors de tresriches Tex. Mais prendre des vngs ⁊ des aultres cest maniere aristocratique ⁊ olygarchique Cest assauoir de lordōnance des olygarchies ce que ilz eslisent de plus eslisibles ⁊ faire que le princie soit par election Et prendre de democracie ce quilz ne lisent pas seullement de ceulx qui sont de grans honnorabletez Glo. Laquelle en olygarchie est selon richesses ⁊ dōcques en ceste police ilz prennent indifferāment des poures ⁊ des riches ceulx q̄ sont vertueulx ⁊ souffisans. T. Et cest la maniere de ceste mixtiō. G. Apres il mōstre quāt la mixtiō de ces deux polices est bien faicte. T. Et le terme ou ce par quoy lē sceit que democracie ⁊ oligarchie sōt biē messees ou biē miptionnees est quant len peult dire que la police qui est composee desse est democracie ⁊ est olygarchie /⁊ est certain Car il est ainsi des aultres

f. iiii.

¶Fueillet.

choses qui sont bien mixtionnees et ceste pdicion a le moyen car au moyē appert estre chescun des epiremes ¶Glo. ¶Cest a dire les choses cōtraires lesquelles il est dict moien. Mais sicōe il jut dit ou chapitre precedēt il n'est pas a entēdre que ces deux autres soiēt en ceste police moyenne en leur ppre forme ne q̃lle soit cōposee delles propremēt mais seulemēt se len a aucun regart et par similitudes dauc̃es qualitez sicōme nous dis̃os que liberalite est cōposee ¶ mopenne de prodigalite et de liberalite. Car se le liberal ou regart de prodigue et fol large semble estre illiberal ou auer Mais au regart de auer il semble estre fol large ¶ ainsi diroit len que la vertu de fortitude est moyenne et composee de hardiesse ¶ de couard se et tout ce fut dit en le .pre. chapitre du second dethiques. ¶Et de ce peut estre mis exemple es choses naturelles aussi comme sen diroit que lair est pesant au regart du feu ¶ legier au regart de leaue ¶t selon ce il peut estre dit mixte de legier te et de grauite en la voix moyēne de graue ¶ de acue Apres il declaire son dict par exemple ¶Tex. ¶Et ceste chose est en la police de lacedemones et pource plusieurs veullent dire q̃ leur police est aussi cōme democracie Car lordre ou ordonnance delle a en soy moult de choses democratiques sicōe premierement de la maniere de nourrir les enffans. Car les enffans des

poures ¶ des riches sont nourriz s̃emblablemēt les ungs cōme les autres ¶Glo. ¶Et ne sont pas les enffās des riches nourris plus delicatiuement que ceulx des poures ¶Tex. Item les enffans des riches sont introduiz en telle maniere cōme les poures peuent entreduire leurs enffās ¶Glo. ¶Cestoit par auenture en aucune exercitacion corporelle comme iuxter traire ou iouer aux Barree. ¶Tex. ¶Item quant ilz en aage ¶ ilz sont hōes tous sont en une maniere quāt ace q̃ dict est ¶ na nulle distction du poure au riche ¶Car le nourissement les viandes ¶ les disners sont dune maniere a tous.

¶Item le Vestement des riches est tel que chescun des poures se pourroit auoir tel ¶Item encor ont ilz cōdicion de democracie quāt a deux de leurs princies tresgrans desquelx le peuple a lelectiō de luy ¶ en lautre ilz participent Car ilz eslisent les princes appellez anciens et pticipent ou princie appellé esforie. ¶Glo. ¶De ce fut d'tou.p viii. chapitre du secōd ¶ pour ceste cause aucuns appelloiēt ceste police democracie car en democracie le peuple et les poures ont auctorite et dominacion ¶Tex. Mais les autres appel. ¶Et ceste police oligarchie d'lacedemones. Car ilz ont moult dordōnances olygarchiques sicōme q̃ tous les princes sont cōstituez par election ¶ nul par sort ¶ que ung petit nombre ait domina cion ou puissance de condempner a mort et de faire relegacion ou de bannir et moult dautres telles choses ¶Glo. Qui sont en police olygarchiques. Apres il met .iiii. choses qui sont a garde en ceste police ¶Tex. ¶En ceste police se elle est bien iuste et bien mise il conuient q̃ chascune de celles de quoy elle est miptionee semble estre en elle. ¶Item il conuient q̃ lune ne lautre soient en elles. ¶Glo. Il y sembloit estre pource quelle a pprietez semblables et ny sont pas en leur propre forme sicomme il fut dit deuant et fut mis lexemple de vertu de liberalite et de fortitude. ¶Tex. ¶Item il conuient quelle soit saluee p soy mesmes et q̃lz ne soient plusieurs ou voudroient estre hors de ceste police Car telle chose est condicion de mauuaise pollice Mais conuient du tout que nulle des parties de ceste police ne vueille autre police ¶Glo. Quant les parties de ceste police ou les gens sont contens de telle pollice elle en est plus pmanente et meilleur ¶Tex. ¶Et doncques est dit en quelle maniere police est cõstituee et semblab.ement comment len peult cuyder quelle soit aristocracie Glo. ¶Car elles sont prochaines lune de lautre sicomme il fut dit en la fin du chapitre precedent

¶Du .viii.e chapitre il determine de tyrannie.

OR demeure Que nous auõs a dire de thyrannie non pas que len dope faire long sermõ Mais affin que len prengne chascũe partie de cest art ou science. Car nous mettons que tyrannie est vne partie de police ¶Glo. ¶Cestadire vne espece de police est tresmauuaise Et pource se en passe il brief sument Car il veult traicter de bonne police Et de thyrãnie sera dit apres ou quint liure ¶Tex. ¶Et nous auons determine de royaume es premiers sermons et illecques auons faicte mencion de police qui est mesmemẽt et pricipalement dicte royaume. Et assauoir se il est non expedient auoir roy et quel il doibt estre et de quelle gent et en q̃lle maniere il doit estre instituee. G. Tout ce fut determine ou tiers liure ou .xx. chapitre et es autres ensuiuans. ¶Tex. ¶Et de tyrannie nous auõs diuise deux especes la ou nous auons considere de royaume.

¶Glo. ¶Ces .ii. especes de thyrãnie sõt la seconde et la tierce espece de royaume mises ou .xx.e chapitre du tiers ¶Tex. ¶Car ces deux princeps se trayent ou tendent aucũemẽt a royaume tant pour leur grãde puissance tant pour ce quilz sont au gouuernement selon la loy. et telles tyrãnies sont entre aucuns barbarins q̃ eslisent leurs empereurs monarches

¶Glo. ¶Cest la premiere espece de tyrannie ¶Tex. ¶Et ou temps de iadis vers les anciẽs grecz istoiẽt

¶Fueillet

faiz monarches̄ en ceste maniere lesquelz ilz appelloient clymineutas.
¶Glo. ¶Cest la tierce espece de royaume mise ou .xxe. chapitre du tiers et est appellee thyrannie esleue ou eslite ⁊ est la seconde espece de tyrannie ¶Tex. ¶Et ces monarches ont ensemble aucunes differances
¶Glo. ¶Elles ont a royaume differance ⁊ couenance ¶Tex. ¶Car ilz estoient royaulx en tāt ⁊ pourtāt quilz estoient ou gouuernemēt selon la loy ⁊ pource que ceulx sur qui ilz tenoient leur monarchie estoiēt leurs subiectz voluntaires. mais ces monarchies estoient tyranniques pour ce quilz tenoient princey despotique. Cestassauoir leurs subiectz en seruitute ⁊ pource quilz gouuernoient selon leur sentēce ¶Tex. ¶Dī aude doncques cōment ilz different de royaume. Maiselles differoient lune de lautre par ce que la premiere est p̄ election de lignage ⁊ par succession. Et la seconde par election de personne et en tempz. ¶Item car en la premiere le prince a plus grande puissāce que en la seconde ⁊ tout ce fut dict ou .xxe. chapitre du premier. Mais il semble quil ait cōtrariete en ce quil dit q̄ en la secōde ilz gouuernēt selon le² sētēce ⁊ il auoit dit tātost deuāt q̄l gouuernent selō la loy le respōs ⁊ dy q̄lz auoiēt aucūes loix Mais peut estre q̄ pl⁹ de choses demouroiēt en leur volūte ⁊ arbitracion en police royal. Et plus quil napartenoit selon rai-

son ioupte qui fut dit ou .xxiiiie chapitre ⁊ ou .xx de. du tiers ¶Tex.
La tierce espece de tyrānie laquelle sēble mesmement estre tyrannie est conuertible auecques lespece de royaume qui est du toutz simplemēt royaume
¶Glo. ¶Le quil dit conuertible nest pas a entendre que ceste tyrannie et royaume soient vne chose. Car ilz sont du tout cōtraires. Mais il le dit pource que police royal par corrupcion est corrumpue cōuertie et muee en telle tyrānie sicōme il fut dit ou .xxiiie chapitre de le. viii. dethiques ⁊ sera dit ou quint liure ¶Tex. ¶Et est necessaire que telle tyrannie soit monarchie qui est incorrigible ⁊ est prince sur gens qui sont touz sēblables au prince ⁊ meilleur ⁊ ilz tiennent tel prince a son propre cōferēt ⁊ profflit ⁊ non pas au proffit des subiectz.
¶Glo. ¶Quant il dit quilz sont tous semblables ou meillseur que le princie il entend de ceulx qui sont habilles pour estre cytoyen ⁊ entāt quāt au plus ⁊ nō pas vniuerselement de chascun Mais quant ace que il dit q̄ ceste monarchie est incorrigible len doit sauoir que en ceste maniere quāt vne persōne qui poursuit ses defectacions ⁊ procede entāt cōme elle est encheue ou vice de desatrempēce elle est aussi cōme cellup qui est en vne maladie cōtinue ⁊ incurable sicōme il appert ou .viii. chapitre de le. viii. dethiques. Car tel hōme est obstine en sa malice Et par nature cest impossible

ou trop fort quil soit corrige Et pour ce dit lescripture. peruersi difficulter corriguntur. Ceulx qui sont peruers sont fors a corriger, et par semblable quant une police a commencie se traire a thyrannie elle est aussi cõme ung hõme qui est par ung temps incõtinent et peut estre corrige selon ce qui sera dict ou quint liure et est ung des tresgrans biens qui soit de lamender et pseruer quelle ne retourne du tout en tyrannie Car seil aduenoit quelle fut ainsi puertie adoncques seroit ce plus forte chose de la corriger que de querir ung hõme qui seroit cheu en vice de desatrempãce Et les causes sont premierement: car sicõme il fut dit ou xx8. chapitre du tiers Les monarches sont aucuns leurs coadicteurs et ainsi les tyrans ont leurs colateraulx pseilliers qui ont la cure et la solicitude du gouuernement et participent es emolumens de la tyrãnie et souffrent q̃ nul fut receu en leur college ou cõpagnee fors telz cõe ilz sont ¶ Et aussi nul preudõme ne desire estre de leur secret mais peut dire. Odiui ecclesiã malignaciũ Et ainsi est incõuenient ou college si cõtinue tel et demeure tousiours en sa mauuaistie sans correction et a telz gens di soit nostreseigneur par le prophete. Si immitare potest ethiops pellere sua et pdus varietates suas et vos poteritis benefacere cum didiceritis malum. ¶ Il veult dire que puis que telz gens sont apris et sont acoustumez a mal ilz ne pourroiẽt bien faire plus que le mort ne peut muer sa peau ne le paruers ses varietez. Item le prince tyrant ne peut estre corrige par coaction ou contrariete Car il est plus puissant que toute sa cõmunite subiecte et parce differe sa puissãce de puissance royaul selon ce que fut dit ou xxii.e. chapitre du tiers Et coaction par estranges nest pas p correction mais est a sa destruction. Itẽ le thyrant ne ses cõseilliers ou cõplices ne peuẽt estre corrigez par psuasions ou par parolles Car sicõme il fut dit ou.viii.e. chapitre du tiers flateurs ont grande puissance vers telz gens. Car ilz ayment adulacions et mensonges et dient ou signifient a ceulx qui parlent a eulx ce que le prophete leur reprocha. Nolite aspicere nobis que recta sũt loquimini nobis placentia ¶ Dictz nous choses qui nous soient a plaisance et non pas veritables Et mesmemẽt telz sõt ceulx qui de leur enface sont nourriz en delices sicõme il sera dit ou chapitre en suiuant. Car ilz ne furent oncques subiectz a docteurs qui les chastiassent et pource il nont cure de correction. Mais aussi cõme dit le prophete. Odio habuerunt corripientem et loquentem abominati sunt. Ilz hayẽt tout hõme qui les veult corriger et ont en abhominacion ceulx qui parlent perfaictement. Item telz cõseilliers tiẽnent le princie en leur main et gardent que autre ne senduise con

Fueillet

tre leur entencion & contre leur fait & se il auoit aucun bon mouuement ou aucun bon propos ou de soy ou daultre au contraire ilz ont mis ars et mil cautelles pour luy faire destruire et pour faire suffoquer ou estraindre ou estrang toute plante de parfaicte doctrine Car telz gens seullent peruertir mesmement les courages des bons princes Sicomme il est notablement exprime ou liure de hester Et doncques appert que coaction ou persuasion ne bon mouuement ne peuēt comēt corriger ceste tyrannie ou reduire a bon prince Mais cest aussi comme vne chose laquelle len peut bien rompre et despescier Mais on ne la peult ployer ne dresscier ¶Item combien que ceste prince soit incorrigible neantmoins aussi comme la vie curable peut durer par vng temps et estre continuee par art de medecine Semblablement ceste tyrannie peut estre a tous maintenue par aucunes cautelles qui seront declarez ou quint liure Mais cest tēps est icertain Car de chūn dit lescripte. Nu merus annozū incertus est tyranidis eius ¶Et est brief car dit tulles nulle force de seigneur est sigrande se elle opprime les subiectz par paour q̄ sont durable. Nulla vis imperii tā̄ta est que preueniente metu possit esse diuturna Et tel prince est tousiours en peril & en doubte Car sicomme dit lescripture Multi tyranni sederunt in trono et insuspicabilis abstulit dyadema. Moult de tyrans se sōt sis en leur trosne et tel leur estoit leur couronne dōt ilz ne prenoyent garde ¶Tep. Et pource tel prince est inuoluntaire aux subgectz. Car nul homme saul ne soustient voluntairement tel prince ¶Glo. ¶Les autres especes dessusmises de tyrannie sont voluntaires. Car elles sont sur gens qui sont naturellemēt serfs et de tant cōme tel prince est voluntaire ilz ont similitude au royaume et pource ilz sont plus durables & moins violentes que nest ceste tierce espece mais pource que les subiectz des especes dessusdictes sont serfs par nature et les subiectz de ceste espece sont francs par nature & sōt serfs par force & par fortune il sensuit q̄ les subgectz des autres especes sōt plus meschās & plus miserables que les subiectz de ceste tierce espece. Car estre serf par violence est moins mal que estre serf par nature & voluntairement et a cest propos dit origines en vne omelie. q̄ nulla est miserior seruitus quā voluntaria. Il nest nulle plus meschant seruitute que celle qui est voluntaire Apres il recapitule.

¶Tep. ¶Et doncques de tyrannie sont telles especes et en tel nombre et pour les causes dessusdictes

Du p̄ v̄e. chapitre il enquiert quelle police est meilleur por plusieurs citez

Après conuient enquerir quelle police est tresbonne pour plusieurs citez et qlle vie est tresbonne pour plusieurs seulx, et non pas en regardant ace a quoy aucuns regardent qui font comparaison de la vie des aultres a la vie et a la vertu des gens ydyoz. (Glo. Il entend par ydyoz icy, et ailleurs, non pas gens folz et sans vsage de raison, mais simples gens sans sauoir malice comme sont aucuns laboureurs de terres ne en regardent a la vie qui est selon discipline. C'est assauoir qui est selon speculacion, lesqlles vies ont mestier de biens de nature, et en bonne fortune ne en regardent a vie politique laquelle est faicte selon volunte et sohait.

(Glo. Selon ce qui peut estre en ceste mortel vie, me semble que aristote touche icy trops manieres de bonne vie, et de felicite. Une est de gens q cultiuent leurs petites possessions et viuent de leur labeur loyalement et sÿpement sans frequenter les cours ne les citez et telz gens descript et diuise Virgille ou second liure de georgiqs et met q telle vie est bien fortunee et semble q'il vueille dire q c'est la police bieneuree q soit aps vie speculatiue, et dit O fortunatos nimiū si bona sua nouerunt agricolas. Les cultiueurs des champs fussent trop bieneureux s'ilz congneussent les biens qu'ilz ont. Et vng autre poethe dit felix qui propriis vita transegit in aruo (Et a cest propos quant le roy cresus demāda aux dieux appollo se il estoit nul home mortel plus beneureux de luy, le dieu luy respondit que oy, vng poure archadian qui viuoit de son propre labour et oncques n'estoit yssu de son lieu. (Et plinius en son viie. liure vers la fin nomme le roy giges et le cultiueur des champs il le nomme ciclus. Et par auenture telz gens estoient ceulx qui sont appellez bragmās en vne epistre que leur roy enuoya au roy alixādre et peut estre que c'estoient ceulx de virgile appelle archades pandens archadie. Et p auenture q ecclesiastes touche ceste opinion quāt il dit. Visum est michi bonum vt comedat qs, et bibat, et fruaƒ leticia ex labore suo, et. La sentence de ce est assez dicte deuāt mais dire que aucune telle vie est beneure ou felicite c'est selon l'opinion d'aucūs porthes et d'aucūs populaires. Car combien que telle vie ne soit pas mauuaise toutesuoyes est imparfaicte et trop prochaine de vie solitaire sans speculacion. Et pource aristote ou pe. liure d'ethiques ne mect fore les deux autres vies icy touches. (C'est assauoir la seconde et est vie ou felicite speculatiue, et icy dit que sa premiere et ceste ont mestiers des biens de nature. C'est assauoir quant a sante et a bonne cōplexion, et de fortune, c'est a entendre non pas quant a habundance de grans richesses. Mais quant a paix et a souffisance. (Et la tierche qui touche icy est felicite de vie poliique tresparfaicte selon possibilite humaine et est en police royal. Et ces deux felicitez darrenieres dictes ne sont pas communes Mais peu de gens ou peu de communitez peuēt a elles actendre, quant a present aristote entend icy a parler dautre vie et dautres polices Mais en regardant a bonnes vies qui peuent estre comūniquees, est possible aux plus gens en la police en laquelle plusieurs des citez peuent participer et verite est que des polices lesquelles len appelle aristocracies, desquelles nous auōs dit maintenant (Glo. Cestassauoir en le pi. chapitre (Tex.

(Les vnes cheent et sont hors de ce de quoy plusieurs des citez peuent aduenir ou actaindre et les autres sont prochaines de celle qui est appellee par le commun nom police

(Glo. (Car peu de gens ou peu de citez pourroient tenir les aristocracies de la premiere espece qui sont simples, selon vertu purement Mais celles des aultres especes mises en le pi. chapitre et qui sont composees elles sōt trop cōmues (Tex. Et pour ce nous dirōs de ces trops comme dune Car de ces polices est vng mesme iugement et sont instituees par vng mesme principe Cestassauoir quelcōques aristocracie qui nest de la pmiere espece et celle qui est appellee police et de toutes bonnes polices cestes sōt ausquelles plusieurs citez peuent actaindre Apres il met iii. supposiciōs pour conclure son propos (Tex.

(Et se nous auons bien dit en ethiques vie beneuree, de felicite est celle qui est selon vertu laquelle vertu nest pas empeschie. (Glo. (Il fut dit plusieurs foiz ou premier, ou pe. dethiques que felicite est selō vertu Mais il conuient que tel habit de vertu ne soit pas empesche que len ne puisse ouurer selon tel habit, conuiēt que la volunte procede au fait Car felicite est opacion ou en opacion si comme il fut dict en le pi. chapitre du pe. dethiques (Tex. (Et que vertu est vne moitie ou moyen il sensuit par necessite que la vie qui est moyēne est tresbōne. Et cest a entendre du moyen au quel chascun de plusieurs peut aduenir ou actaindre (Glo. (Et tel moyen nest pas en vng point de la chose par equale distance des extremes mais il a latitude, espace et est moyen quant a nous selon ce quil determine par raison sicomme il appt par le viie. chapitre du second dethiques Apres il met vne autre supposition (Tex. (Item il est necessaire que vng mesme terme, vne raison soit de cite de vertu de malice, de police. (Glo. (Car aussi comme la bonne vie de lomme laquelle doit estre selon vertu et doibt fuir malice telle vie est determinee parce quelle est ou moyen ou tient le moyen Semblablement bonne police doit estre ou moyen etc. (Tex. (Car police est vie de cite (Glo. (Pource que aussi comme quant la vie de lomme

est faillie et perie il nest plus homme Semblablement se police estoit ostee de la cite ce ne seroit plus cite mais seroit comme chose morte. Apres il met la tierce supposition ⁋Tex.
Et en toutes citez ces troys parties de cite sont ou peuent estre Cestassauoir les vngs tresriches les aultres trespoures et les aultres tiers et moyens entre ces deux manieres ou parties ⁋Glo. ⁋Ceste diuision ou distinction est generallement et vniuersellement en toutes citez Cestassauoir que les vngs sont poures les autres riches et les autres moyens Car se nest pas possible chose ne conuenable que soient tous equaulx en richesses sicomme il fut dit en le pi. chapitre du second ⁋Apres il concludt de son propos ⁋Tex. ⁋Et pource que chascun concede et octroye que ce qui est moyennement est tresbonne chose et que le moyen est tresbon Il sensuit magnifestement que la possession de ceulx qui sont bien fortunez laquelle est moyenne cest de toutes la tresmeilleur chose ⁋Glo. ⁋Len doit sauoir que auoir des richesses en superhabundance ou deffaulte nest pas vice ne en auoir moyennement nest pas vertu mais quant au plus des gens cest bonne fortune et disposicion en vertu Car tresgrans richesses ou pourete sont a plusieurs gens empeschement de vertu et de felicite sicomme il appt ou p̄ie chapitre du p̄e dethiques Et doncques la police en laquelle plꝰ

de gens sont riches moyennement a quant ace plus grant similitude aVertu et est mieulx fortunee et mieulx disposee a bien viure Mais il semble par ceste raison que aristote entende monstrer que la police de laquelle il parle icy soit la meilleur de toutes simplement et toutesuoyes il est dit deuant que il parle icy de police qui est possible aux plus des citez et non pas de celle qui est la tresmeilleur Car par ce aristocracie et royaume sont meilleurs que ceste police Je respons que generallement et vniuersellement ceste condicion Cestassouoir que les cytoyēs soiēt riches moyēnemēt sans grande inequalite cest vne chose commune et requise a toute bonne police quelle que elle soit ou royal ou aultre Et pource elle est tresbonne et tresseure en son espece Mais ceste est plꝰ cōmunement a celle qui par le nom commun est appellee police et pource elle est possible en plusieurs citez comme la tresplus meilleur a quoy ilz puissent actaindre Mais auecques ce que police royal et aristocracie ont autres bonnes condicions pour lesquelles elles sont meilleures que ceste et plꝰ selon vertu et par aicte suffisance Apres il monstre que ceste condicion est bonne et par vi. raisons. ⁋Tex. Et ce appert car la multitude de telles gens moyēs obeist tresligieremēt a raison Mais ceulx qui passent les autres en excellence de beaulte ou de force ou de noblesse de lignage ou de

Fueillet

richesses & ceulx qui au contraire sont poures & tresuilles et febles ou de tres uille lignage. Cest tresfort que ilz en suiuent raison. Car les vngs sont faiz iniurieux & tresfelons et iniques mesurement es grandes choses. Glo.

Ce sont les riches et les nobles si comme il appert ou second de rethorique & la cause est car communement telz gens veullent acomplir leurs desirs & leurs voluntez. Tex. Et les autres sont plains de astucie & de malice & sont tresmauuais et iniques en petites choses. Glo. Ce sont les poures & ceulx qui sont de vile lignage & petit car comment ilz sont plains de nuité et sont mal pensans contre eulx et machinent a leur faire iniure et iniustice frauduleusement. Tex.

Et des iniures les vnes sont faictes apparentes cestassauoir en iniurient en appert et les autres sont faictes par astuces. Cestassauoir occultement musciement & malicieusement.

Glo. Apres il met la seconde raison. Tex. Item ceulx qui excedent & passent les autres en richesses ou en pourete ilz naymét pas les princes & les tresgrans veullent estre princes & ces deux choses sont nuysibles aux citez. Glo. Car communement les citoyens moyens aymét les princes. Mais les tresgrans ne les peuuent amer. Car ilz sont iniurieux comme dit est et desordonez et les princes sont pour garder iustice & bonnes ordonnances. Item les trespetiz

se repputent opprimez par les princes par quoy ilz les ayment moins. Et daultre partie les tresgrans machinét comment ilz puissent obtenir les princeyz. Car ilz sont ambicieulx et couuoiteulx es honneurs & telles choses nuysent a la police &c. Apres il met la tierce raison. Tex. Item les citoyens qui sont en excés ou en excellence de bonnes fortunes de puissance de richesses & damis & de telles choses ilz ne veullent et ne sceuent estre subiectz et ont ceste condicion des le commencement & des ce qlz estoiét enfans. Car pource quilz furent nourriz en delices ilz nacoustumerét oncques estre subgectz a docteurs ou a maistres.

Glo. Et pource ilz ne peuent endurer paciément ne subiugacion correction et telz citoyens ne sont pas bons pour la police. Tex. Et ceulx qui sont en pourete selon excés ou trop poures ilz sont humbles & pusilanimes et chestifz et ne sauroient participer en nul princey. Glo. Si comme il appartient a citoyen selon ce quil fut dit ou premier chap du tiers.

Tex. Mais ilz sceuent estre subiectz seullement en princey seruille et ilz ne sauroient estre subiectz en nul bon princey Mais ilz sont subiectz soubz princey despotique. Glo.

Cest adire soubz princey dont les subiectz sont serfs. Car telz gens ne sont pas habilles a estre subiectz francs. Tex. Et doncques selon ce la cite seroit faicte des subgectz serfe et des seigneurs despotiques et ne seroit pas de gens francs ⁋Glo. ⁋Et cite est ȝmunite de gens francȝ sicomme il fut dit en la fin du vii. chapitre du tiers ⁋Apres il met la quarte raison. ⁋Tex. ⁋Item de ceulx icy qui excedent en richesses ou en pourete les ungs sont enuieulx et les autres contentieux et despiteulx ⁋Glo. ⁋Les trespoures sont enuieulx sur les autres Et les tresriches sont despiteulx et orgueilleux selon ce quil appert ou second de rethoricque ⁋Tex. ⁋Et telles choses sont moult loing et moult estranges damitie et de commun politique car communion ou communicacion est chose amiable et appartenante a amitie ⁋Glo. ⁋Sicomme il appert ou premier chapitre de se viiie. dethiques, et pource ses gens ne veullent communiquer auecques leurs ennemis en quelconque chose ne mesme en voye ne en chemin ⁋Apres il met la quinte raison. ⁋Tex. ⁋La cite de sa nature veult et desire estre de gens equaulx et semblables en tant comme il est possible ⁋Glo. ⁋Et de ce fut touche ou pxiie. chapitre du tiers et appert par ce que amitie et communicacion sont plus entre gens qui sont equaulx ou presque equaulx que entre gens grandement inequaulx sicomme il appert ou pe. chapitre de se viiie. dethiques.

⁋Tex. ⁋Et ceste equalite et similitude est mesmement entre gens qui sont moyens en richesses donc qͥ

il sensuit par necessite que la cite politiȝe tresbien cest adire quelle a en soy tresbonne police laquelle est de telles gens desquelz nous auons dit que cite doibt estre par nature constituee ⁋Glo. ⁋Et cest de gens moyens comme dit est ⁋Apres il met la viie. raison ⁋Tex. ⁋Item de tous les cytoyens ceulx icy qui sont moyens sont en toutes citez plus saluement. Car premierement ilȝ ne desirent ou couuoitent pas les biens des autres sicomme font les poures et aultres gens ne desirent pas auoir leur substance aussi comme les poures couuoitent les tresriches

⁋Glo. ⁋Car pource quilȝ ont des richesses souffisamment nōt pas occasion de vouloir riens touslir a leurs voisins. ⁋Et pource quilȝ ne sont pas riches excedaument les autres ne souhaitent ou ne couuoitent pas toutes les richesses

⁋Tex. ⁋Et dautre partie ilȝ sont plus seuremēt et viuent plus sans peril que ne font les aultres ⁋Car len ne fait pas contre eulx commuēmēt aguetȝ ne machinacions ne ilȝ ne se estudient a faire fraudes ou deceptions ⁋Glo. ⁋Il viuent plus seurement pource que len a pas enuie sur leurs richesses et pource quil sont loyaulx et nont mestier des biens des aultres ⁋Texte. ⁋Et pource ung saige appelle sollȝoydes souhaittoit bien quant il disoit ainsi ⁋Tres grans biens aduiennent a ceulx qui

f.i.

sont moyens ie vueil estre moyen en la cite ⁕Glo. ⁕Et semblablement le sage ou prouerbe adouroit dieu en disant Mendicitatem & diuicias ne dederis michi ⁕Dieu ne me donne ne pourete ne grans richesses. Apres il declaire sa conclusion ⁕Tep.

⁕Et doncques appert que la communion ou commuūcacion politique qui est de gens moyens est tresbonne & que les citez politisent bien et ōt bōne police qui sont telles Car en elles la plus grant partie ou la plus vaillante ou la plus puissante est de gēs qui sont ou moyen. ⁕Et mesmement se ceste partie moyenne est plus vaillante et plus grande que ne sont les deux autres ensemble et se non encore souffist il se celle est plus puissāte de deux autres chascune par soy Car quant elle se met et adiouste auecques vne de ces deux autres parties elle encline tout la ou elle veult & garde q̄ lautre ptie ne face epces contraire. ⁕Glo. ⁕Quant les vngs sōt trespoures & les autres trefriches & les autres sont moyens il aduient communement que les trespoures ou les trefriches font sedicions commocions et rebellions et sont souuent cōtraires les vngs aux autres et pour ce se les moyens tous ceulx sont les plus fors ou se ilz se mettent auecq̄s vne de ces parties tāt que lautre soit plus feble ilz reprouuēt les mauuais mouuemens de celle partie ⁕Apres il met vne chose pour conforter son ꝓpos ⁕Tep. ⁕Et pour cest tresgrant bien et tresbonne fortune quāt ceulx qui politizent & sont puissans sur la police ou substance moyenne et souffisance Car la ou les vngs ont tresgrandes possessions & sont trestriches & les autres nont rien il conuiēt pour ces deux epces ou que en telle cōmunite soit faicte democracie extreme & de la plus mauuaise espece en olygarchie desattrempee & desordōnee ou tyrannie ⁕Glo. ⁕Car quant les moyens sont trop peu ou trop febles Adoncques aduient se les poures sont plus fors que ne sont les riches ilz les mectent en dure subiection ⁕Et ce font seigneurs de la police. ⁕Et lors est faicte mauuaise democracie de laq̄lle fut dit ou septiesme chapitre ⁕Et se au contraire les trefriches combien que ilz soient en maindre nōbre sont les plus fors ou se ilz obtiennent ilz mettent les autres en seruitute & lors est faicte tresmauuaise olygarchie ⁕Tep ⁕Et de democracie mesmemēt quant elle est ieune & nouuelle & aussi dolygarchie est faicte tyrannie Mais est moins faicte de ceulx qui sont moyens ou presque moyens.

⁕Glo. ⁕Cest adire que telle police qui est de gens moyens nest pas tost ne legierement muee en tyrannie ⁕Tep. ⁕Et la cause de ce que dit est nous la dirons apꝭ quāt nous traicterōs les choses q̄ sōt vers les trāsmutaciōs des polices ¶Glo. Ce sera ou quint liure la ou il sera dit comment & pour quoy de democracie et dolygarchie lon vient en tyrannie

¶Du p̃ vi͡e. chapitre il prouue par aucuns signes son propos.

Il appert manifestement que la police qui est moyenne est tresbonne il preuue encor ceste conclusion par quatre signes. Premierement po²ce q̃ ceste police seulle est sans sedicion & sans cõspiratiõ Car par tout la ou ceulx qui sont moyens sont le plus illec ne sont faictes aussi comme nulles conturbations ne destructions ou despitemens & diuisiõs des polices et pour ceste mesme cause les grandes citez sont plus sans sedicions q̃ ne sont les autres car en elle le peuple moyen est en grant multitude Mais es petites citez sõt tout de leger diuisez en deux parties en telle maniere q̃ il ny demeure rien moyen & que presque tous sont les vngs poures et les autres riches ¶Glo. Et aussi ilz sont disposez a faire sediciõ & cõspiraciõs les vngs cõtre les autres. Apres il met le second signe ¶Tex. Ite les polices democratiques sõt pl⁹ seures et pl⁹ durables que ne sont les olygarchiques Et la cause est pour ce que es democracies les moyens sõt plusieurs & pticipẽt pl⁹ en plusieurs hõneurs publicq̃ q̃ es olygarchiques

¶Glo ¶En olygarchie vng peu de gẽs seullemẽt tresriches et puissãs pticipent en telz hõneurs ¶Tex. Et po²ce quãt il aduiẽt q̃ les hõmes subiectz en olygarchie cro.ssẽt & enforcẽt en multitude adõcques est faicte mauuaise opacion & perissẽt bien tost ¶Glo Car ilz sõt rebelliõ cõtre les grãs q̃ suppeditẽt & opprimẽt & aussi p les vngs & p les autres sõt faictes depredacions accisions et plusieurs maulx & est la police corrũpue & perie Mais se les cytoyẽs moyẽs fussẽt les plus et les pl⁹ fors ilz empeschassent telz maulx sicõe il fut dit ou cha Ces dent Aps il met le tiers signe ¶Tex Ite lẽ peut cõuenablemẽt prẽdre vng autre signe po² croire q̃ la pclusiõ dessus mise est veritable Car les tresbõs & tresmeilleurs legislateurs ont este des cytoyens moyẽs Car solõ fut de gẽs moyẽs sicõe il signifie en vng poeme ou dictie quil feist & signifgo⁹ fut de telz gẽs car il ne fut pas roy & charõdas et seblablemẽt plusieurs aultres bõs legislateurs ¶Glo ¶Po²ce q̃ ilz estoient de gẽs moyenes ilz mettoient leurs soings & instituoiẽt leurs polices en faueurs des gẽs moyens & elles estoiẽt tresbõnes, et doit len sauoir q̃ solon fut legislate² des atheniẽs sicõe il fut dit ou pplic̃.chap̃ du second & fut vng des vii. sages lesquelx nõme et met saint augustin ou p vii.e siure de la cite de dieu Et lygurgus fut legisteur des lacedemoniens & charõdas des chataniãs en sicille sicõe il fut dit

Fueillet.

ou p̱ V͞ic. chapitre du second Maiz de ce que dit que Ligurgꝰ ne fut pas roy len doibt ſauoir que ſelon que recite iuſtin ligurgus fut frere du roy des lacedemoniens ⁊ ſucceda au royaul me par la mort de ſõ frere mais quãt ſõ nepueu filz du roy Vint en aage il luy bailla ⁊ reſtitua le royaume beg niuement amiablement ⁊ de bõne vo lunte Et apres il fiſt les loix qui fu rent recitez ou p̱ V͞ic. chap̱ du ſecond Et appert aſſez par ce que dit iuſtin quil mena apres vie de citoien ſimple en la terre de crete ou il ala de ſa volũ te auſſi comme en exil. Et ce que a riſtote dit que ces icy furent bons le giſlateurs Ceſt a entendre quant a renommee ⁊ quant a pluſieurs loix ⁊ non pas quant a toutes Vniuerſel lement ſi comme il appert par ce quil fut dit ou p̱ V͞ic. ⁊ ou pp̱ie chap̱ du ſe cond Apres il met le quart ſigne
℣ Tex. ❡Item ce que dit eſt ap pert ⁊ eſt magnifeſte par ce que la pƚꝰ grant partie des policez ſõt les unes democratiques et les autres olygar chiques Et la cauſe eſt car il aduient ſouuentes citez que le peuple moyen eſt en petit nõbre ⁊ ceulx qui excedẽt les aultres queſconques qui ſoient et qui ſont hors du moyen poſe que ce ſoi ent les tres riches ou que ce ſoiẽt ceulx du moyen peuple touſiours ilz me nent la police ſelon eulx ⁊ a leur guy ſe. ❡Et pour ce eſt faicte adoncques ou democracie ou oligarchie.
❡Glo. Quant les riches tiennẽt le princey a leur proffit ce eſt olygar chie ⁊ quant pouures le tiennent ceſt democracie Et doncques ces mau uaiſes policez ſont par deffaulte de gens moyens. ❡Apres il aſſigne la cauſe pour quoy pluſieurs des policez ſont telles ❡Tex ❡Car en core pour les ſedicions et pour les ba tailles qui ſont faictes entre le petit peuple ⁊ les riches pour ce q̃ilz ſõt pƚꝰ contraires q̃ſconques de ces icy auſ quelx il eſchiet que il obtiennent ilz ne inſtituẽt pas police cõmune ne equa le aux pouures ne aux riches mais p̱ le loyer de leur victoire ilz prennẽt ex ces de police ⁊ font les unes demo cracie et les autres a olygarchie ❡Glo ❡Car ſe riches obtiennent ⁊ ont vic toire ilz mettent police et font ordõnã ces a leur faueur et contre les poures pour les oppriſer ⁊ auſſi quant les poures obtiennent ilz font pour eulx ⁊ contre les riches ❡Apres il met ou declaire ſon dit par ſigne ❡Tex. Et encores appert il que ceulx qui õt eu preeminence ⁊ puiſſance en graces les unes et les aultres en regardant a la police q̃lz faiſoient pour eulx ont inſtitue es citez les unes democraci es ⁊ les aultres olygarchie et nõ pas en intencion de faire le conferent ou le commun proffit de la cite mais a leur ppre conferent ⁊ pffit en tant q̃ po̱ ces deux cauſes Ceſtaſſauoir po̱ ce q̃ les unes inſtituẽt democracie et les autres olygarchie il e aduenu ou aduiẽt q̃ la police moyẽne neſt oncq̃s

faicte ou peu souuent & vers peu de gens & vers peu de citez. ¶Glo. ¶Et ce fut touche en le pie chapitre ¶Tep. ¶Et ceulx q̃ ont este en presidence de police vng seul fut qui fist persuasions & raisons affin que ceste ordre & moyenne police fust mise et assignee ¶Glo. ¶Albert dit que crisias degipte ou egiptian lequel introduit solon en la science de politiques ¶Tep. ¶Mais ceste coustume estoit tia et est es citez c'est assauoir q̃lz ne veullent ce q̃st equal & moyẽ en police Car ilz quierent tenir princie democratique ou ilz eslisent souffrir et endurer la police olygarchique que ilz ont acoustumee ¶Glo. ¶Le doit sauoir que pource que en toutes choses le moyen est fort a tenir et pour ce que la multitude cõmemẽt aucuns sõt mal gardans & negligens dacquerir & les aultres sont de grant industrie couuoiteux & curieux il aduiẽt que len se esl ongue de moyen & est faicte inequalite excessiue & pource conuiẽt les bonnes polices quant ilz sont instituez sont apres par empirement & sont faictes mutacions de polices si comme il fut dit ou ppli. chapitre du tiers & sera dit plus a plain ou quint liure. Et adce vouldroient mettre remede les anciens legislateurs qui furent loix pour tenir les possessions en equalite sans trouuer en irregularite si comme il fut dict ou ipe. et en le pie. chapitres du second de phy dõ de cho

rinthe & de felleas de calcedone et aulcuns ordonnerent que len ne peut vẽdre son heritage fors en certain cae si comme il fut dit en le pie. chapitre du second ou ppe. chapitre du tiers. ¶Tep. ¶Et doncques appert p ce que dit est quelle police est tresbonne & pour quelle cause elle est tresbonne ¶Glo. ¶Apres il fait comparaison des autres polices ¶Tep. Et pource nous auons que plusieurs des polices sont democracies et plusieurs olygarchies nous dirõs que sorte il nest pas veoir & considerer laq̃lle delles on doit mettre premiere & laquelle seconde Et en ceste mauiere en supuent quant est a estre vne meilleur & lautre pire puis que nous auons determine quelle police est tresbõne Car il conutent par necessite que telle police soit la meilleur qui est tresprochaine a ceste tresbonne & que elle soit la pire qui est plus loing du moyen ou de police moyenne se ainsi estoit que aulcun ne vouldsist iugier de telle chose non pas simplemẽt & absoluemẽt mais a supposicion Et ie le dy pour tant que il aduient souuent que aulcune police est pl⁹ eslisible simplemẽt & toutesuoyes peut estre q̃ a aucunes gẽs vne autre police est pl⁹ expediẽte ¶Et ce sera declaire ou .c. ensupuant

Pour mieulx entendre les choses deuãt dictes & pour les appliquer a pffit lẽ doit sauoir q̃ ce nest pas chose possible naturellemẽt q̃ toutes

t.iii.

les gens dune police ou dune comté soient equaulx mais les Unges sont serfs et doffices corporelles serviles & les autres sont frances et seigneurs selon ce que fut declaire ou premier liure en plusieurs lieux & chapitres, et trouue len es histoires que aulcunesfois les serfs ont fait rebellion et guerre contre leur seigneur. Et ce appelloient les anciens Bellum seruile. Et par ce estoit la police troublee et alteree.

¶ Item pour venir a propos ie dy que encores est il comme chose impossible que ceulx qui sont frances & seigneurs soient equaulx en possessions & en richesses ne telle equalite ne pourroit durer et nest pas conuenable. Mais en ce doibt estre vne inequalite bien mesuree et bien proporcionnee & non pas irreguliere ne excessiue. Mais prochaine du moyen. Sicomme il fut dit en le pie chapitre du second & illecques fut mis ung exemple a propos de consonancie ou armonie des sons et des voix a musique. Et semblable chose recite tulles sainct augustin ou second liure de la cité de dieu.

¶ Item encores est au propos ung aultre exemple le prochain car aristote dit ou liure des problesmes que le chant qui est de consonances ou dacors et de voix moyennes et prochaines est meilleur que nest cellui qui est dacors plus distans ou plus loingtaine sicomme dyatessaron dyapente et dyapason sont meilleurs consonantes & accores que ne sont double dyapente ou double dyapason ou dypenthe sur dyapason. Et par semblable la inequalite des cytoyens laquelle est moyenne & moderee & prochaine de equalite est la meilleur fors que elle soit bien proporcionnee

¶ Item ou chapitre precedent & en cestup il appert clerement par bonnes raisons et par belles consideracions que la police qui est des cytoyens moyens en la maniere dessusdicte est tresbonne et seure. Et que generallement toutes polices se les aultres sont pareilles tant est plus prochaine de tel moyen tant est elle meilleur ou moins mauuaise. Et tant en est plus loing & telle moins bonne ou pire

¶ Item il appert parce que fut dit ou tiers chapitre du tiers que la communite de ceulx que nous appellons gens desglise peut aucunement estre dicte cite, et ont vne police qui est vniuerselle & generalle en plusieurs pays & royaulmes & doit estre mirour et exemplaire des aultres polices et les adrescier.

¶ Item il sera dit ou septiesme liure que telz desglise doiuent estre cytoyens & non pas gens de labour ou gens dartifice. Et dit aristote ou tiers de rethorique que ceulx doiuent auoir aucunement honnorable estat. Et doncques establir ou approprier que aucunes gens desglise soient poures simplement cest inconueniet selon ceste sciece

Car auecques ce côme dit est ou cha/
pitre precedêt ilz auoient occasion de
machiner sedicions et conspiracions
contre ceulx q̃ ont possessions mesme
ment Car telle pouete ne peut estre
longuement loyal ⁊ voluntaire aux
gens qui veullent aussi bien viure cõ
me ceulx qui viuent ciuillement ⁊ ce
ste consideracion eut le saint prophete
moyse legislateur diuin quãt il baille
au peuple de dieu la loy qui dit ainsi
Et tũc en[l] omnino indigens et medi
cus non erit inter vos Gardez dit il
que en toutes manieres que entre vo9
ne soient aucuns souffreteux ne men
dians Et saint clement qui fut pres
du cõmencement de nostre foy de gra
ce ne vouloit souffrir que cristiẽs mẽ
diassent sicomme il est dit en sa legen
de Et hos quos baptismatis sancti
ficacio illuminauerat non sinebat pu
blice mendicitati esse subiectos
Apres ie dy que considere lestat de ce
ste police ecclesiastique il sembleroit
a plusieurs quelle est moult long de
police moyenne laquelle aristote dict
estre tresbonne Car de ceulx qui sont
prestres et en vng mesme ordre saint
les vngs sont aussi poures et de aus
si petit estat comme sont auciles gês
dartifices ou communs populaires
et semble que la malediction soit ve
nue que mect le prophete qui dit
Et erit sicut populus sic sacerdos
Et les autre⁹ sõt si tresriches ⁊ mainẽt
aussi grant estat ou plus grans que
ne sont aucuns roys on princes ter/

riens et sont aussi comme ceulx a qui
nostre seigneur disoit par son prophe
te Ve vobis qui opulenti estis in
syon ⁊ cetera . Ingredientes poupa/
tice domum israel Ilz estoient trop
riches ⁊ entroient a grans pompes
en leur sinagogue Et dõcques selon
aristote telle inequalite est desordon
nee ⁊ immoderee et est dissonante et
est moult loing de ce qui est requis a
bonne police et par consequent selon
ceste doctrine la police nest pas seure
⁊ appert assez par ce que nous voy
ons selon ce qui fut dit ou chapitre p̃
cedent que ia pieçza aulcuns poures
de ceste police murmurerent ⁊ parle/
rent contre les aultres en disant que
gens deglise ne doiuêt pas auoir tel
les possessions ⁊ que les premiers pre
stres ne menoient pas tel estat / ⁊ les
autres au contraire ont ces icy en des
pit ⁊ les repputêt enuieulx meschãs
⁊ truans ⁊ tiennent aucuns que ilz
doiuẽt estre souueraine seigneurs de
tout ⁊ de tẽporel⁊ de espirituel⁊ Vne
ptie ⁊ autre allegue po9 soy escriptes
⁊ raisons apparêtes q̃ sont sans eui/
dences Et ainsi appert q̃ ces opinõs
sont moult distans ⁊ loing du moyê
Et donecques selon la consideracion
presente ceste police est en auenture
de parturbation ou de mutacion
Ité peut encores apparoir que telle
inequalite est inconueniête ⁊ pilleu/
se par .iiii. exemples mises ou pl̃xᵉ.c.
Du tiers desquelz vng en especial est
assez ppre a cest propos Car il sec dist

t.iiii.

aristote cōtre telle inequalite que cel
luy q̄ sait biē vne nef sil ne fait pas la
poupe ou la proce ou autre partie pl⁹
grande que selon la proporcion deue.
doncques ceste eglise qui est appellee
la nef saīct pierre se la partie delle en
laquelle est le gouuerneur ou aultre
est trop grāde oultre mesure et pporciō
competente ceste nef est mal camposee
et est en voye de perisler. Mesmement
en temps non passible combien que el
le ne perisse oncques. Et ce que ie dy
appert non pas seullement selon ceste
philosophie. Car ace sacordent les
sainctes prophecies selon lexposiciō
de saint geroisme dorigenee et des au
tres docteurs sicomme iay mōstre au
tresfoiz en la presence de pape vrbain
le quint et tout ce ie dy en poursuiuāt
et selon ma matiere et soubz toute bōn
ne correction

Ou viie chapitre il enquiert q̄l
le police est expediente a aucūes gēs
et quelle a autres et a quelles gens

Apres les choses deuant dic/
tes il cōuient passer oultre et
considerer quelle police est ex
pediēte p⁹ aucunes gēs et quelle p⁹
autres et de quelles manieres sōt les
polices et les gens aqui elles sont ex
pedientes. Et nous deuons premie/
rement prendre et supposer vne chose
laquelle est vniuersellement commu
ne de toutes polices, cestassauoir que

il pouiēt q̄ la ptie de la cite q̄ veult q̄ la
police soit telle et demeure est pl⁹ puis
sante que nest la partie qui ne veult
pas que la police demeure. Glo.
Car tant comme la police demeu
re telle la partie de la cite qui veult q̄
elle dure est la plus fort. Apres il met
vne autre supposicion. Tex.
Item en toute cite sont a considerer
la qualite et la quantite de la chose de
quoy elle est composee. Et ie diz q̄ la
qualite cest liberte richesse doctrine et
genuite cest adire noblesse de lignage
Glo. Ce sont les choses a quoy
len regarde en distributiō donneurs
politiques de princeps sicomme il ap
pert ou p vie. et p viie. chapitres du
tiers et il prent icy discipline pour ver
tu. Tex. Et la quantite cest les
exces de la multitude et il aduiēt sou
uent que vne des parties de quoy la
cite est composee excede laultre par/
tie en equalite et est excedee de lautre
en quantite sicomme quant les no/
bles sont plusieurs en nombre que ne
sont les riches ou que les poures sont
plusieurs que ne sont les riches et tou
tesuoyes les poures ne excedēt point
en quantite tant comme ilz deffaillēt
et sont excedez en qualite et pource il
conuient prendre garde et faire cōpai
son a autres choses. Glo. Cest
assauoir se les poures excedent les ri
ches plus et en plus grande proporci
on selon multitude que les riches ne
les excedent selon les richesses ou se
il est au contraire econuerso et ceste po

lice seur est eppediente par supposito̅
¶Cestassauoir supppose que ilz sot
ent telz et nest pas eppediēte simple
ment car aussi nest ce pas eppediente
simplemēt que la cite soit compose de
telz gens¶Tex.¶Et doncques
ou lieu ou la multitude des poures
epcede les riches selon ladicte propor
cion illecques est nee et taillee a estre
democracie. Car se en ceste maniere
les agricoles ou cultiueurs des terres
epcedēt adōcques est fcte̅ democracie
de agricoles Et ainsi chascūe espece de
democracie est faicte selon chascune
maniere du peuple qui ainsi epcede
Ainsi cōme se la multitude des agri
coles enforce et obtiengne adōcques
est faicte la premiere espece de demo
cracie Et se la multitude des ba̅nau
ses et des mercenaires obtient adōc
ques est faicte la derreniere espece de
democracie Et semblablement des es
peces qui sont moyennes entre ces .ii.
¶Glo.¶Il fut dit de toutes les
especes de democracie ou vie̅.ou vii.
ou ix⁰.chapitres¶Tex.¶Mais
la ou la multitude des riches ou des
nobles epcedēt passe les autres en qua
lite plus que elle ne deffault ou est ep
cedee en quantite icy est olygarchie
Et aussi comme il est dit des especes
de democracie semblablement chascu
ne espece de olygarchie est selon la ma
niere de la multitude olygarchique q̅
epcede en puissance¶Glo.¶Et de
ces especes fut dit en le viiie. ou ixe.
chapitre Et par multitude olygar

chique il entend les riches qui tiēne̅t
le princey Et ta̅t so̅t en plus petit nō
bie̅ plus riches ta̅t est plus mauuai
se espece dolygarchie si comme il app̅t
p̅ les chapitres maintenant nommez
Apres il met vng enseignement
¶Tex.¶Et vuient que le bo̅ legis
lateur prengne a acueille et a compai
gne les moyens en la police¶Glo.
¶Cest adire que ces ordonnances
soient fauorables aux moyēs qui ne
sont ne riches ne poures affin quilz p̅
ticipent es honneurs et proffitz publi
ques Car pose quil mette loix olygar
chiques il conuient il coniecturer et re
garder aux moyens et pose quil mect
loix democratiques si doit il les moy
ens amener et induire a telles loix
¶Glo.¶Il entend que le bon legis
lateur doye instituer olygarchie ne de
mocracie qui sont mauuaises polices
Mais se il les trouue telles quant il
met loix pour elles il doibt tousiours
entendre a so̅ pouoir et estre enclin aux
moyens affin que telle police soit mo
deree attrempee et amene au moyen
Car la ou la multitude des moyens
sourmonte et est plus puissante que
nest la multitude de deux extremes
Cestassauoir des riches et des poures
ensemble ou que vne de ceste seulle il
lec est police legal¶Glo.¶Cest la
police qui est appellee par le commun
nom police et de la quelle il fut dit ou
piiie.chapitre¶Tex.¶Et le legis
lateur ne doibt pas craindre que par
auenture les riches et les poures ne se

Fueillet

veullent consentir ⁊ accorder sur ce/ste chose Car ne les vngs ne les au/tres ne veullent oncques estre serfs.

Glo. Quant le legislateur in/stitue la police se il estoit fauourable aux riches les poures doubtent que ilz ne fussent opprimez par les riches et mis en seruitute Et semblablemēt doubtent les riches se le legislateur faisoit pour les poures Et pource il plaist bien aux deux parties que le le/gislateur institue police moyenne ⁊ equale pour les vngs ⁊ pour les aut

Tex. Et se ilz quierent plus cō/mune police ilz nen trouueront nulle plus commune que est ceste. Car ilz ne veullent pas que vne des parties tiengne le prince p pource que ilz se de/scroiēt et ne confient pas lung de lau/tre C'est assauoir les poures et les ri/ches car p tout cellup q est dit dyathe/thes est treslopal ⁊ se confie len en lup Et dyathetes est cellup qui est moyē

Glo. Et est dit de dya qui est deux ⁊ thesis qui est posiciō Car il est pose ⁊ mis entre .ii. c'est assauoir ent le poure ⁊ le tresriche T. Et tāt est la po/lice mieulx mipte ou mieulx meslee ⁊ plus moyenne de tant est elle plus p/manente ⁊ plus durable. Glo.

Apres il met la deffaulte d'aucūs legislateurs quant a ceste partie.

Tex. Mais plusieurs de ceulx qui ont voulu faire polices aristocra/tiques pechent non pas seullement en ce que ilz attribuent plus aux ri/ches mais encor en ce quilz ne veul

lent oyr le peuple Glo. Ilz vou/loient instituer bonnes polices Mais ilz failloiēt en deux choses Vne estoit en ce que aceulx qui estoient riches ⁊ vertueulx il leur attribuoient plus que il nestoit expediēt Et parce il ad uenoit apres que eulx ou leurs succes seurs estoient trop grans et opprimoi ent les petiz Et ainsi finablement es/toit faicte olygarchie L'autre deffaul te estoit car ilz ne vouloiēt oyr le peu ple pler du bien publiq Mais abien que le cōmun peuple ne sache pas insti tuer la police ne mettre les loix si sceit il bien veoir les deffaultes ⁊ apparce uoir aucunes veritez proffitables pᵒ auiser les legislateurs affin quilz ne faillent Et pource doibt il estre oy sicōme il fut declaire par raison et p exemple ou piiie. chapitre du tiers

Tex. Car quant len a faulce opinion en l'institucion de la police il auient par necessite que mal en vieng ne a bonnes gens en aucun temps. Quant les supergressions ou excez des riches C'est adire lacroissement de leur puissance destruit plus la po lice que ne fait lacroissement du peu ple Glo. Car lacroissan/ce du pouoir des riches corrumpent plus tost ⁊ plus souuēt la police que ne fait celle du peuple ⁊ la mue en oly garchie q est pire q democracie a laql le maniere lacroissance du pouoir du peuple. Et a cest propos fait ce que dit ieremie le prophete. Ego autem dixi forcitam pauperes et stulti igno rantes z cetera Ibo igitur ad optimatos z loquar eis z c. et ipsi magis consfregerunt iugum rumpunt vincula z c. ¶Briefment il veult dire que les plus riches sont les plus rebelles et plus desobeissans aux loix et a la police que ne sont les poures.

¶Du xviii° chapitre il declaire encore comment len doibt faire mixtion de olygarchie et de democracie

Les choses de quoy ilz parlent sagement au peuple ¶Glo. Cestassauoir ceulx qui veullent instituer olygarchie et de ce quil dit sagement cestadire subtilement z cauteleusement. ¶Tex.
¶Pour grace de plocution de faire ordonnances sont v. en nombre Cest assauoir choses qui sont vers congregatios vers pretoires ou cours vers armation ou estre arme z vers expercitation ¶Glo. ¶Cest aucun mouuement corporel po² soy habiliter aux armes come sont ioustes tournoys ou traire de larc ou de larbeleste iupter z c. ¶Apres il met les ordonnances ou loix olygarchiques qui sont vers telles choses. ¶Tex. ¶Et premierement vers congregacion leur loy est quil soit a tous estre en la congregacion ou assemblee ¶Mais ilz imposet domages Cestassauoir peines pecuniales aux riches seullement se ilz ne sont en la congregacion ou ilz leur imposent plus grande peine que il ne sont aux autres ¶Glo. ¶Et parce ilz concludent les poures de telles assemblees qui sont pour ordonner de la chose publicque car comanement les poures sont occupez en leur labour z ne pourroient suyr telles assemblees se ilz ny auoient gaing. ¶Tex.

¶Item les princeps ilz ont tel loy q a ceulx qui sont donnorablete Cest assauoir aux riches il ne soit pas renoncier aux pricies Mais il soit aux poures ¶Glo ¶Il entend par princey tout office publicque sicome plueurs foiz dit est Et pource que aucun veullent bien laissier tel office les poures le pouoient faire et les riches no Et ainsi les offices demouroiet aux riches ¶Tex ¶Item vers les pretoires ou cours les riches ont domage et peine pacunielle se ilz ne disputent les causes z se ilz ne sont les iugemens et les poures ont licence de non estre a telles choses Les riches ot grant pugnicion se ilz ny sot et les poures petite sicomme il estoit es loix de charondas ¶Glo. ¶Le sui vng legislateur sicomme il fut dit ou ppiie. chapitre du second. Et toutes telles loix combien quilz soient contre la volunte daucuns riches et ou plaisir daucuns poures toutesuoyes sont ilz pour a croistre lestat ou le pouoir des riches et pour actraire a eulx toute la dominacion. Et sont contre la communite des poures. ¶Tex.

Fueillet

¶ Et en aucunes olygarchies il loist a tous estre en telles choses / mais il couient quilz soient mises en escript pource Et ceulx qui sont ainsi escriptz il leur loist estre en la congregacion et discuter les causes Mais se ilz sont escriptz et ne viennent a lassemblee ou a la court ou se ilz ne discutent les causes Grans dommages et grandes peines leur sont imposees par la loy enfant que pour euiter dommage ilz supent estre scriptz et se redoubtent Car pour estre non escript ilz sont non tenuz a discuter les causes et ne sont pas obligez a venir aux cours

Glo. Et pource les poures ne veullent estre mis en tel escriptz Et cest ce que les legistateurs olygarchiques quierent ¶Tex. ¶Item quant est vers les armes et vers exercitacion ilz mettent loy en la maniere desusdicte Car non passer et non auoir armes loist aux poures et aux riches ilz imposent dommage et peine se ilz nont armes et se les poures ne sont exercitez ilz nont pource nul dommage Mais ce est dommage aux riches Et est ainsi ordonne affin que les riches participent en telles choses pour paour dauoir dommage Et que les poures ne parcicipent en telles choses pource qlz ne craignent pas auoir dommage pour non participer en ce a ces ordonnances ou soyt dessusd. ce sont sophismes olygarchiques de telle legislacion.

Glo. Laquelle sont les legislateurs qui veullent instituer olygar-chie et telles choses sont bien dictes sophisme Car sophisme est sens ou bien apparent et non existant ou qui nest pas selon verite tel comment il appt semblablement il semble a siples gens du peuple et appert de prime face que telles ordonnances soient bounes Mais ilz leurs sont contraires et sont ainsi deceuz Et finablement reduiz en seruitute par telle sophistication. Apres il parle de democracie.

¶Tex. ¶ Mais en democracie il obuient subtilement et sagement encontre telles choses Car les poures qui sont presens es congregacions et discutent les causes ont pource loyer et gaing Mais aux riches il ne leur establissent nulz dommages se ilz ne sont a telles choses. Glo. Et parce il aduient que les riches sont negligens aux assemblees et ne les supuent pas que les poures y sont voluntiers et ordonnent des choses publiques a leur faueur et semblablement ilz sont plus curieulx pour le gaing des choses dessusdictes Apres il monstre par qlle maniere la miption de ces deux polices doibt estre faicte et de ce fut dit ou vii. chapitre ¶Tex. ¶ Et pour ce il appert manifestement que se aulcun veult iustement mesler ses polices il couient concueiller et prendre aucune chose et des vnes et des autres et establir. q les poures pour les causes desusdictes acquierent loyer et gaing Et que les riches se ilz deffaillent aient dommage Glo. La premiere

partie de ces statuz est prinse sur de/
mocracie et la seconde est prinse dolyi
garchie Et doibt len sauoir que en au
cuns liures a icy endroit vne negaci
on qui ny doibt pas estre ⟨Tex.
⟨Et en ceste maniere tous poures et
riches comuniquent es choses deuant
dictes Mais qui feroit autrement la
police seroit en la main des vngs seul
lement ou des autres seulement
⟨Glo. Mais quant elle est ain
si mixtionnee elle est commune est cel
le qui par le nom commun non est ap
pellee police de laqlle fut dit ou pplic.
chapitre. Apres il met desquelles gens
doibt estre la police ⟨Tex. ⟨Et il co
uient que la police soit de gens qui ont
armes et qui en vsent ⟨Glo. ⟨Cest
assauoir ceulx q̃ gouuernent et main
tiennent la police affin que lautre p̃/
tie nait pouoir de desobeir aux loix
ne de muer la police et pour desfendre
sa paix contre les gens estrainges
⟨Tex. Mais la honorablete cest
assauoir la multitude de ceulx q̃ tien/
nent le princey nest pas determine en
maniere que len puisse dire ilz sont tant
et en tel nombre Mais len doit sauoir
que la quantite ou valeur ou la puis
sance de ceulx qui tiennent la police
le fait treslonguement durer Et don/
ques len doibt ordonner que ceulx q̃
pticipent en la police soient plusieurs
que ne sont ceulx qui ne participent en
elle ⟨Glo. ⟨Cest a entendre quilz
soient plusieurs en qualite et en puis
sance car il ne conuient pas quilz soi/

ent plusieurs en nombre. ⟨Apres il
assigne deux causes de ce ⟨Tex.
⟨Car mesmes les poures qui ne
pticipēt pas es honneurs publiques
veullent viure a paix sans ce q̃ nul
les moleste ne ne leur oste aucune cho
se de leur substance mais ce nest pas
legiere chose Car il nauient pas tous
iours que ceulx qui participent en
policeine et tiennent le princey soient
gracieulx aux poures ⟨Glo.
⟨Cest adire quil ne sont pas en leur gra
ce mais les poures les hayent et leur
courroient volentiers sus se ilz estoiēt
les plus fors Et pource puient il que
ceulx qui tiennent la police soient les
plus puissans ⟨Apres il met vne au
tre cause ⟨Tex. ⟨Et se la cite a
guerre les gouuerneurs ont acoustu
me deulx mouuoir et de se courroucier
se aucun deulx sont poures et ilz ne
prēnēt nourrissement Cest adire des
pence sur les autres qui sont poures
Et se aucun deulx prēt nourrissemēt
ou succide sur les poures doncques ilz
se veullent combatre et batailler
⟨Glo. ⟨Contre ceulx qui prēnēt
de leurs biens et doncques conuient
que telz gouuerneurs aient plus grāt
pouoir que telz poures gēs ⟨Tex.
⟨Et entre aucūs la police nest pas
seullement de ceulx qui sont aux ar/
mes et qui en vsent et les supuent.
Mais auecques ce de ceulx qui en ōt
vse le temps passe Car telz gens sōt
sages et expers ⟨Tex. ⟨Et en la
cite de milet estoit la police de telz gēs

Fueillet

Mais ilz eslisoiēt les prīcies de ceulx qui de fait vsoient darmes. Glo.
Ilz faisoient princes & capitaines de guerres ceulx qui de presēt suiuroient les armes et les anciens qui auoient este gens darmee gouuernerēt la police. Tex. Et la premiere police que fust en grece apres polices royaulx fut de gens qui vsoient darmes & fut au commencement de gens qui se combatoient a cheual. Mais gens darmes sans ordōnance est vne chose inutile & les experiences de telz choses ne les ordonnances nestoient pas telles entre les anciēs et ne sauoient en quelle maniere gens darmes a cheual deuroient estre ordonnez pour auoir force et pouoir. Glo. Et a cest propos dit solin? q̄ de crete vint la discipline de soy auoir es batailles par ce que vng appelle pirocius trouua premier vne maniere comment les cō paignees de gens darmes a cheual deuoiēt estre ordonnees et comment ilz se doiuēt cōtenir et gouuerner en guerre. Mais vegeste dit en la fin de son liure que la frequētacion de vsage darmes a plus trouue et enseigne de cest art que la doctrine ancienne na mōstre. Et pource dit bīē aristote q̄ les anciens nauoient pas eu telles experiēces. Tex. Mais quant les citez furent creues et faictes plus grādes & les armes furent plus et mieulx en vsage adoncq̄s plusieurs ticipēt en la police & pource noz dauenciers appelloient democracies ce que nous appellons maintenant police.

Glo. Car pource que grande ptie de peuple participoiēt aux armes et en la police ilz appelloiēt telles choses democracies et est dit de demos qui signifie peuple. Mas selon aristote democracie est quant le petit peuple a la dominacion & tient le princey. Tex. Mais les anciennes polices estoient olygarchiques et royaulx. Et la raisō est car pource quilz estoient peu de gens le peuple moyen nestoit pas moult grant. Et ainsi pource quilz estoiēt peu ilz souffrioient mieulx estre subiect selon lordonnance. Glo. Cestassauoir pource que lordonnance estoit bonne en la police royal ou pource que lordōnance de police olygarchique estoit telle quil puenoit q̄ ilz fussēt obeissās aux riches. Aps il recapitule de plusieurs choses determinees deuāt en cest quart liure. Tex. Et dōcques est dit pourq̄lle cause plusieurs polices sōt & pourquoy oultre celles qui furēt dictes en general autres plusieurs sōt en especial. Car le nombre des especes de democracie nest pas vne seulle espece & aussi est il des autres semblables. Item dict est quelles sont les differences des polices & pour quelles causes elles sont telles & est dit pour quoy la q̄lle police est la tresmeille? de toutes.

Du pix.chapitre il determine dune partie de police appellee cōsiliatiue

De rechief comme nous auōs dict de police en commun et de chascune par soy en especial nous dirons apres de ces choses q̄ sensuluent et de elles nous prandrōs vng principe conuenable Et dirons doncques que de toutes polices sont troys parties desquelles tout bon legislateur doibt considerer Et doit cōsiderer en elles ce quest cōferent ou pfitable a chascune police Et cōment quant elles sōt bien disposees il est necessaire que la police soit bien disposee Et que les polices different lune de lautre selon sa differēce des choses dessusdictes Et de ces choses vne est la partie ou le membre de la police qui cōseille des choses communes ¶ La secōde est vers les princeps Cestassauoir quelz ilz doiuent estre seigneurs. Et de election deulx quelle elle doit estre

¶ Le tiers membre est qui iuge & qui discute les iugemens ¶ Glo. ¶ Ces troys parties sont aussi comme troys membres principaulx de la police

¶ Apres il determine du membre cōsiliatif. ¶ Tep. ¶ Et le premier membre a telle dominacion qui cōseille de guerre et de paix de compugnacion & dissolucion de loyx de mort & de chacier hors de populacion de electiō & de cōstitucion des princeps & de correction des princes & des princes.

¶ Glo. ¶ Il monstre icy v. choses sur quoy sont ses conseulz obliques & par compugnacion il entend confederacions et aliances a gens daultre cite ou royaume pour deffendre et ayder les vngs aux autres & telles choses les anciens rommains appelloient societe & de ce fut dit en le pie. chapitre du tiers & dissolucion cest deffaire telles aliances & quāt il dit des loyx cestassauoir de les mettre corriger ou muer & de ce q̄ il dit de mort & de chaslier hors ¶ Cest adire asseze s'il est eppedient daulcuns qui soient mis a mort ou enuoyez en epil par relegacion & par populacion selon vng expositeur il entend comment la cite sera peuplee Mais vng autre dit & mieulx que cest confisquer ou gaster les biēs daucū & habandōner les autres choses sōt cleres Apres il met vne diuisiō

¶ Tep ¶ Or conuient doncques p̄ necessite ordonnee a tous ses iugemēs tous ¶ Glo ¶ Il entend icy par iugement ses deliberacions qui sont de eppedience Car les iugemens de iustice appartiennent au membre de la police qui est appelle iudicatif. Tep.

¶ Ou tous a aucuns comme a vng princey ou plusieurs ou il conuiēt attribuer les vngs de ces conseilz les vngs & les autres aux autres ou aucuns p̄seulz a touz et a aucuns nō pas tous mais a aucuns certains Et qui met que touz soient aux conseulz de toutes les choses dessusdictes Cest chose democratique cest adire populaire et democratique. Car le peuple quiert et veult telle equalite ¶ Mais que a touz soient telles choses attribues de ce sont plusieurs manieres

¶Fueillet

One est quilz soient a telle chose selon
ptie. C'est a dire une ptie et puis lau
tre et non pas tous ensemble sicomme
il est en la partie de millesie ou de mil
let. ¶Glo. ¶Cuiles ung des sept
sages fut leur legislateur ¶Tex.
¶Car es autres polices ceulx q̃ tie
nent les princiez se assemblent pour p
seiller ¶Glo. ¶C'est assauoir en a
ristocracie et en olygarchie la ou les
princes font les conseilz sans appeller
le peuple ¶Tex ¶Et icy a telz con
siliatifz princes touz sont particulie
rement C'est assauoir par lignages et
de petites parties C'est assauoir de pe
tites gens uniuerselement les ungs
et puis les autres sicques a tant que le
tour soit passe et que touz y aient este
¶Glo ¶Car ilz ne peuent pas sou
uent ne touz a touz les pseilz telz ue
nir car ilz seroient trop empeschiez de
leurs propres besongnes et de leur la
beur ¶Tex ¶Mais touz ensem
ble viennent et assemblent tant seul
lement quant se traictie de mettre ou
muer loix et des choses qui touchent
l'estat de la policie et pour oyr les res
ponces des princes ¶Glo ¶A chas
cune de ces troys choses vienent ilz tous
Mais les conseilz ne sont pas souuent
et par les responces des princes il en
tend ce que les loix romains appellet
Responsa prudencium. Et sont les o
pinions de ceulx qui sont ordonnez
pour trouuer les loix ¶Et est assa
uoir que ceste maniere de conseiller est
selon la premiere espece de democra

cie de laquelle il fut dit ou ip̃e.chapi
tre ¶Tex ¶Une autre maniere est
quant touz ensemble conuiennent et
se assemblent Mais c'est tant seulle
ment aux elections de ceulx qui doi
uent eslire les princies C'est assauoir
pour eslire les elections des princes
¶Tex. ¶Et la legislacion c'est a di
re quant l'en doibt mettre et muer les
loix et tracter de guerre et de paix
¶Glo. ¶Sicomme de commencer
guerre contre aucuns et de faire paix
contre ceulx a qui l'en a guerre.
¶Tex ¶Et aux corrections des
princes ¶Glo. ¶Sicomme se le se
nat ou consulat ou parlement ou au
cun tel college auoit etre à conseiller
de toutes ces v.choses estoit appelle
le peuple ¶Tex. ¶Mais les pri
cies auoient pouoir de conseillier des
autres choses C'est assauoir chascun
princep de ce a quoy il estoit institue
et ordonne et telz princiez sont de touz
ceulx qui sont eslisibles et habilles a
ce et sont prins a telz princiez par elec
tion ou par sort ¶Glo ¶Les prin
cepz sont offices et honneurs publiqs
et ont a pseillier chascun de ce a quoy
il est commis ine peuent pas a ce estre
esleuz indifferentment tous Car gens
de uil lignage ou de uil artifice ne
peuent estre prins et ceste maniere est
en la seconde espece de democracie dõt
il fut dit ou ip̃e.chapitre. Une autre
maniere est quant touz les cytoyens
occurent et uont aux electiõs et aux
corrections de princiez et a conseillier

de guerre et de cōpugnaciō ou aliance Mais des autres choses les prīciez
ont a disposer et a ordonner et peuent
estre les prīces esseuz indifferāmēt de
tous Mais il conuient par necessite q̄
quelsconques telz soient qui sachent
ordonner et experciter leur principe ou
office ¶Glo. ¶Et ace sacorde se p̄-
phete qui dit Non erit is q̄ incipiens
est princeps neq̄ fraudulentus ap-
pellabitur maior. ¶Il veult dire en
sentence que nul non sachant ne tri-
cheur ne doit estre mis en offices pu-
bliq̄s/et ceste maniere differe de la secōde car ilz peuent estre esseuz de tos
estatz et de tōt lignage et de tōt mestier Et en la seconde non Et en ceste maniere regarde la tierce espece de
democracie mise ou ipr̄s. chapitre.

¶Tex. ¶La quarte maniere est
quant tous conseillent de toutes choses et vont aux assemblees. Et les
prīnces ne iugent de quelconque chose Mais ont seullemēt pouoir de rap-
porter ou refferer ou peuple ¶Glo.
¶Ce est par auenture de proposer
au peuple ou de prononcer en p̄mun-
ce que se peuple a ordonne ¶Tex.

¶Et en ceste maniere est maintenant gouuernee et dispensee la derniere espece de democracie laq̄lle nous
auons dit estre proporcionnelle a olygarchie potestatiue et a monarchie ty
rannique ¶Glo ¶Sicomme il fut
dit en la fin de le vīii. chap car chascū-
ne de ces troys polices est la tresplus
mauuaise de toutes celles de sō genre

Et ces ii polices sont quant ung petit nombre en proportion de lautre multitude ou ung seul gouuernēt a leur
volunte de plaine poste sans loix ou
sans loix dissonantes de bonnes loix
anciennes Et lesquelles il mesme ou
telz cōme ilz sont ont faictes en leur faueur et contre le bien publicque de ceste police. Et pource les souueraines
de leglise deuroient plus que aultres
prendre garde a grant solicitude que
leur gouuernement ne tournast ou
fust tourne en semblable police Car
selon cest philosophie en laquelle est
ceste partie saccorde la saincte escripture se il estoit ainsi il mettroiēt en peril lestat de scte eglise Et de ce fut dit
en le viiie. et ixe. chap Apres il met cōment len fait quāt ace q̄ dit est en olygarchie T. Et que aucuns conseillent
et ordōnent de toutes choses cest maniere olygarchiq̄ Et ceste maniere a
plusieurs differences Car quāt telz
conseilliers sont esseuz et prīns de hōnorabletez moyennes Et ilz sōt plusieurs pource la honorablete est moyenne Cestassauoir de gens moyennement riches et ne peuent faire chose q̄
la loy deffende ne la muer Mais conuient que ilz suiuent la loy Et loist a
chascū qui possede telle honorablete
participer en cest princey̆ consiliatif ceste
maniere est olygarchiq̄ mais pource q̄l
le est moderee elle est politiq̄. G. Car
entant comme telz conseilliers regardent a leur ppre proffit ce est olygarchie Mais en tant comme la maniere

est moderee cest police ou democracie Et doncqs ceste maniere nest pas purement olygarchique. Mais elle est mixte Apres il met les autres manieres qui sont puremēt olygarchiques ⁜Tex. ⁜Quant il ne participent pas tous en ce que est cōseillier Mais seullement aucuns certains esleuz a ce Et pticipent en ce selon la loy sicōme dit est cest chose olygarchique ⁜Item quant ceulx qui ont la domination de conseillier eslisent a leur compaignee ou college ceulx que ilz veullent. ⁜Jtē quant en telle chose le filz succede pour le pere z quant ilz sont seigneurs des loix tel ordre ou ordonnance est p necessite olygarchique ⁜Glo. Les premieres sōt esleuz por les cytoyēs les autres p ceulx du college ou sont p succession z toꝰ tens dēt a leur pfſit Et ces manieres sōt selō les especes dolygarchie mises en le .viii. z pe. cha Et tāt sōt telz pseilliers en moidre nōbre selō la pꝑicion de la multitude et plus riches et pis vault. Et la derreniere maniere est tres pire car ilz sōt les loix a leꝰ volūte et tiēnēt la dūaciō aussi comme a heritage ⁜Apres il met la maniere de aristocracie ⁜Tex ⁜Et quāt toꝰ les cytoyēs sont aux cōseulx daucunes choses sicōme de traicter de guerre ou de paix z de corrections de princep z les princes ont pouoir de cōseiller des autres choses z q̄ les princes soient faitz par elections ou p sort cest police aristocratique ⁜Glo. ⁜Toꝰ les cytoyens sont appellez aux grandes choses et les princes ordōnēt des autres Apres il met vne autre maniere mixte. ⁜Tex. ⁜Et se aucūs eslisibles ou esleuz ont puissance daucune chose conseiller z aucuns prins p sort ont puissance sur autres choses z q̄lz soient prins par sort simplemēt ou seullemēt daucuns q̄ sōt deuāt determinez ⁜Glo ⁜Sicōde pl. esleuz doiuent prādre p.p sort ⁜Tex. Ou q̄lz soiēt prins p election pmunemēt z p sort pmuemēt cest adire gnalemēt de toꝰles citoyēs quāt ainsi est se aucūe de ces manieres sōt en police aristocratiq̄ z aucūes de simple police G. Car election est plꝰ selō aristocratiq̄ z sort est plꝰ selon police sīple q̄ est appellee police p le pmun nom cōme dit est Aps il recapitule ⁜Tex Et dōcques la ptie ou le mēbre qui pseille est ainsi diuise es polices z chascune police est dispose quant ace en la maniere q̄ nous auōs dicte. G. Jl entend de polices de quoy il parle car il na riē dit en ceste matiere des polices monarchiques

Ou pp.cha.il mōstre en ceste matiere q̄lles choses sōt eppedientes en diuerses polices

A la democracie qui est mesmemēt democracie z q̄ est maintenāt ie dy a celle q̄ est telle q̄ en elle le peuple z seignez des loix G. Cest la derreniere z la quarte espece de democracie q̄ fut mise ou vi. z vii. c

¶ Cep. ¶ A ceste democracie quant est a conseiller il est eppediēt z vault mieulx faire ce q̄ se fait es ptoires ou es cours olygarchiq̄s car ilz establissent q̄ ceulx aiēt dōmage ou peine lesquelz ilz veullēt q̄ ilz iugent et sont ordonnez ace se ilz ne iugent z se ilz ne viennent aux iugemens Et aucūs qui tiennent princeyz democratiq̄s establissēt loyer aux poures pour venir a telles choses Et doncques il est eppedient q̄ ceulx de ceste democracie facent leꝛ congregacion par ces deux choses Car se peuple et les gens notables pseillēt mieulx quāt ilz sōt cōseillās en pmū cestassauoir le peuple auec les nobles ou notables z les nobles ou les riches auecq̄s la multitude G. la multitude populaire a toute la dnacion en ceste espece de democracie Mais il est tout eppediēt poꝛ les police maintenir q̄lz appellēt aux cōseilz poures et riches Simul in vnū diues z paup. Aps il met vng autre eppediēt poꝛ vne aut espece de democracie T. Ite il est eppediēt q̄ les cōseilleurs soiēt faiz p election z p sort, et q̄ ilz soiēt equaulx ou prine equalement de deux pꝛtes G. Cestassauoir tāt de poures q̄ des riches Car entre toꝰ populaires est ceste differēce ou diuisiō Et q̄ predroit plꝰ des vngs que des autꝛs ce seroit inequalite et ceulx de police democratiq̄ veullēt qualite sicōe il fut dit ou cha. pcedēt Apres il met vng autre eppedient ¶ Cep. ¶ Ite se les demotiques Cest adire

les petiz populaires excedēt z passēt en multitude sur les polichiques cest assauoir sur ceulx qui sont notables z riches adoncques est il eppedient q̄ len ne donne pas loyer a tous les poutes pour venir aux conseilz, mais seullement a vne multitude mesuree selon la quātite des riches ou q̄ plusieurs des poures soient priues de venir aux conseulz ¶ Glo. ¶ Affin q̄ les poures ne soient trop puissans et quilz ne facent aucune cōmocion cōtre les autres Apꝛes il met aucūs expediens ou cautelles pour les polices olygarchiq̄s T. Mais en olygarchie il est eppediēt q̄ les prīces esliset z appellēt a leurs psulz aucūs de la multitude ou ceulx q̄ sparēt et tiēnēt en la multitude aucū pricep ou office sicōe en aucūes polices sont aucūs appellez puostz ou deuāt mis Et ceulx q̄ sōt appellez gardez des loix z q̄ les prīces traictēt auecq̄s eulx des negoces z les indiuisēt aux choses desqlles ilz ont deuāt pseillez ordōne, aussi le peuple pticipe aucuemēt en pseiltier. Et si ne pourra dessaire choses q̄ les princes aiēt ordōne vers la police ou q̄ touche la police. G. Aps il met vne aut cautelle T. Item vne aut cautelle c q̄ les prīces olygarchiq̄s enq̄rēt z sachēt lopptniō du peuple z q̄ ilz sētēdēt en leurs psulz selō ce ou q̄ ne pnūcēt pas au ptraire ou q̄lz baillēt z mōstrēt leꝛ sētēce a toꝰ les pseilliers du peuple G. Cestassauoir a ceulx q̄ sōt appellez demagogues ou dit

v.ii.

Fueillet.

chapitre q̃ sõt adulateurs et flateurs du peuple ¶Tex. ¶Mais les princes soient seigneurs du peuple du cõseil Glo. Car ilz pourroient bien telle chose ꝓ mectre au peuple car le peuple seroit cõtre leꝛ prince ou cõtre eulx Aps il met vne autre cautelle T. Jtẽ il conuiẽt q̃ ilz facent loppofite de ce q̃ lẽ fait es sĩ/ ples polices car ilꝛ puiẽt q̃ les princes olygarchiqs facẽt la multitude dame/ re q̃ le ait puissãce quãt ilꝛ veullẽt q̃ aucũ soit absoulz par sentence mais q̃ la chose soit de rechief rapportee aup princes et es simples polices ilꝛ font au contraire Car vng petit nombre ont la dñaciõ et la puissance de ab/ souldre et nont pas pouoir de cõdemp/ ner mais conuient touslours que les conseulz ou iugemens de cõdempner soient ramenez a plusieurs et reduitz

¶Glo. ¶Et ceste maniere est tres bonne Cestassauoir q̃ cõdẽnatiõ soit faicte par plus de gẽs et a plus grande discussion q̃ absolutiõ Mais les prin/ ces olygarchiqs sõt au cõtraire Car quant ilz veullent que aucũ soit ab/ soubz ilz ꝓmettẽt la chose au peuple por luy faire plaisance. Et quant ilz veullẽt cõdẽner aucũ a mort ou rele guer ou bãnir il ne le ꝓmettẽt pas au peuple Car cõment ilz cõdẽnet ꝑ ce q̃ lẽ resiste au fait ou attẽpte cõtre eulx ou cõtre leꝛ prince ou le peuple ne cõdẽpneroit pas por ce q̃ l napme pas telz princes ne leꝛ princey. Et en ces te maniere soit determine du nõbre ꝛ seil laĩt de la police q̃ a dñaciõ a cõseiller.

¶On xxi. chapitre il determine de la ꝑtie de la police appellee princapati ue

Apres les choses deuãt dictes sensuit la diuision q̃ est vers les princeps Et ceste ptie de police a moult des differẽces Sicom me de quãs ilꝛ sõt et de quelles choses les princes sõt seigneurs du tẽp ꝑ bien chũ dure Car les vngs durẽt ꝑ vi. moꝭ les autres ꝑ moins de tẽps et au cune les sõt durer ꝑ vng an les autres plus longuement Et sõt princeps ꝑpe tuelz ou durans ꝑ long tẽps et les au tres nõ Mais muent les princes sou uẽt Et sõt aucũs ou ordõnet q̃ vng mesme peuent tenir plusieurs foiz et souuet vng princey Et les autres esta blissent q̃ vng mesme ne peuet tenir vng princey deux foiz mais vne foiz seullement Jtẽ encor puiet il cõsiderer vers linstituciõ des princeps des qlles gẽs ilz puiẽt q̃ ilz soient faiz et qlles ilz doiuẽt estre instituez en qlle manie re et puiet q̃ lẽ puisse diuiser de toutes ces choses selõ quantes manieres ilz peuent estre faictes et apꝰ appliquer ces choses chascũe a la police a quoy elle est eppediẽte S. Apꝰ il poursuit son ꝓpos. ¶Tex. ¶Mais determi ner quelꝛ et en quel nombre les prin/ ces doiuent estre et quelles offices sẽ doibt appeller princiez ce nest pas le giere chose Car la cõte politiq a me stier de plusieurs cõmadeurs ou gẽs

¶ Le quart liure. de politiques. C. IX.

qui atent auctorite publique et pour ce l'en ne doibt pas mettre ne ordõner que touz les princes soiẽt faiz par election ne tous par sort sicõe les prestres p̃mieremẽt ⁊ cest princie est a mectre autre que ne soit princie politique ⁊ est aucune chose hors telz princies Glo. Il doit icy noter premierement q̃ p̃strise est ung princey et p̃ consequẽt prestres sõt princes Itẽ q̃ tel princey sacerdotal est autre que princey politique cest adire q̃ princey seculier/ ⁊ a ce s'acorde ce q̃ dit l'apostre Nemo militãs deo implicat se negociis secularibus. Et donc̃q̃z nul hõe q̃ est ordõne au seruice de dieu ne se doit appliquer aux negoces seculieres ne soy messer ou entremectre des besõgnes du siecle Itẽ ung opposite dit q̃ aristote enfend p̃ ce q̃ il dit preter politiquos p̃ncipat⁹ ponẽdũ Que les p̃strez ne sõt pas subgectz a ordõnãce politiq̃ cest adire a princey tẽporel/ ⁊ l'oupte ce q̃ fut dit ou xx.c. du tierc q̃ les roys du bon tẽps ancien n'auoiẽt nulle iurisdiction sur les facultez des p̃strez Itẽ les p̃strez ou gẽs deglise ont vne p̃pre police la q̃lle doit estre reigle ⁊ ex̃eple de toute bõne police sicõe il fut dit ou p̃.viii.c. Et les gouuerneurs de telle police furent iadiz appellez. Principes sacerdotum. ¶ Tex. ¶ Et encor semblablement doiuẽt estre faiz par election ⁊ nõ pas par sort les distributeurs et pretoires ⁊ aussi les legaulx soient esleuz ¶ Glo. ¶ Distributeurs sont qui distribuent les pecunes commu/

nes et aucunes offices publiques selon iustice distributiue Les pretoires sont ceulx q̃ annuncent au peuple les editz et ordonnances publicques Et les legaulx sont ceulx qui sõt enuoyez en aucunes parties et par les princes et pour traicter aucunes solempnes negoces Et a premier est requise iustice Aux secondes eloquẽce ⁊ aux tiers prudence Et pource ilz doiuent estre foiz p̃ election Apres il met vne autre diuision ¶ Tex ¶ Et des princiez ou offices q̃ ont aucune cure politique ou ilz sont po² to⁹ ses c̃ptoyẽs ⁊ ordonnez a vne certaine opaciõ sicõe est le duc ou capitaine de gẽs d'armes ou ilz sont depputez pour vne partie des gens de la cite sicomme cellluy qui est appelle gignothonomos C'est adire maistre des mestiers ou d'ũg mestier ou celluy qui est dit pueronomos C'est adire celluy qni aprent les enfans a soy exerciter ou a autres choses ¶ Glo. ¶ Et en grec ginos c'est labeur et gomos ou gnomos c'est reigle ⁊ adõcques gignothonomos est celluy q̃ reigle ses laboureurs et tho en grec ce nest fors vng article prepositif aussi comme quãt l'en dit le maistre Maistre c'est nom ⁊ le est vng article prepositif ⁊ en latin puer c'est enfãt ⁊ en grec monos c'est regle ⁊ de ce est dit pueronomos ¶ Tex ¶ Et les autres cures ou offices sõt yconomiques ou dispensatiues sicomme l'en eslist souuent aucũs pour mesurer c'est le fourment de la cite ⁊ les autres cures sõt

B.iii.

ministrables τ sergens q̃ sont euures seruilles τ quāt telles euures sont en habundance aucuesfoiz len ordonne des ges serfs sur telles euures ⸿Glo. Sicomme por regarder sur ceulx qui nectoient les chemins ou les maisons publicqz ou por garder les blez on les vignes cōe sont ceulx q̃ len appelle messiers et ainsi auōs quatre manieres doffices Vne por tous les cytoyēs lautre por ptie lautre est dispēsatiue τ laut ministerial ⸿Aps il met les q̃lz lē doit appeller princeps ⸿Tex. Mais quāt est apler siplemēt τ pries mēt lē doit dire τ appeller les offices prīces ausqlz lē attribue pseiller dau cūe chose publicq τ celles aux q̃lles lē attribue iugier τ celles ausqlles lē attribue pmāder Et mesmemēt pmāder est chose plus apptenāte aux prīces ⸿G. Et por les princes souuerains sōt appellez empereurs Car imperare cest pmander. T. Mais les autrs offices qui sont differētes selō ce q̃lz sōt ordōnez a diuerses oportunitez se ilz les ont appellees princeps ou non ce nest rien adire et en ce ne a force car de ceulx q̃ sont altercation du non oncques les sages nen firent iugemēt ne grande discution Car les choses ont en elles vne autre negoce intellectuel ⸿G. Cest adire q̃ len doit pnsiderer lentēdemēt ou entēcion des gens selon la nature des choses et ne doit lē pas disputer des noms T. Mais il apptient plus faire doubte et qstion quelz princes et en quel nombre sont necessaires

pour vne communite se elle doibt estre dicte cite. G. Parfaicte a souffisāce T. Et quelz princeps sont necessaires a aucūe police τ ne sōt oportunez ne puenables a police tresbonne τ vertueuse τ gnalemēt a toute police q̃sp princeps sont necessaires ou puenables τ mesmemēt aux petites citez Car en grādes citez il est ainsi et la puiēt q̃ vng homme soit ordonne et depute a vne seulle euure ou office G. Et ce mōstre p ii. raisons Car il sont plusieurs q̃ sont souffisans pour aller ou estre a princeps τ de estre pmeuz a ce pource que ilz sont grāde multitude de cytoyens τ est bien que aucuns soient par vng grant temps sans auoir princeps ou office τ que aucuns aient princeps vne foiz seullement ⸿Glo. Affin q̃ les autres q̃ en sōt dignes puissēt auoir lieu et tenir des offices Apres il met la seconde raison ⸿Tex. ⸿Item chascune euure viēt mieulx a bon effect quant la cure et lentente est vers vne chose que se elle estoit vers plusieurs ⸿Glo. Iouste vng petit ver qui dit pluribus intētus minor est ad singula sesus Et de ce fut dit ou ppie. cha. du second τ a ce sacordent les droiz τ le sage qui dit filii ne in multis sint actus tui Len ne doit pas entreprendre trop de besoingnes τc. ⸿Tex. Mais es petites citez il puiēt p necessite assembler plusieurs princeps en peu de persōnes Car pource q̃ ilz sont vng peu ce nest pas ligiere chose q̃ grande multitude

Le quart liure. de politiques. L.ISi.

deulx soient en princeyz ou en offices Car len ne trouueroit qui les succedast et presist les princeyz apres eulx (Glo. Quant ilz auroient este en offices p le teps determine, ilz ny doubdroient plus estre (Tex. Et verite est que les petites citez ont mestier daucunes princeyz telz et daucunes loix telles côe ont les grades citez mais toutesuoyes les petites ont mestier souuet de mettre vne mesme gens es offices, et es autres citez q̃ sot grandes quat aucunes ont este en aucun pricey ou office il est moult grat temps auant quilz resoient mis en office Et la cause est pour quoy ilz peuent estre es petites citez côme de plusieurs cures ou offices Et pource que telles offices nempeschet pas lune lautre, et la ou il ya trop petit de gês il est necessaire que sê face des princeyz sicôme il est dung ouurier appelle obeliscor lisma (Glo. Et en grec obelisco cest haste ou broche sicôme dit saint ieroisme Et lslisma cest vng petit vaessel sicôe vne cueillier ou vng saucier et cestuy estoit appelle Obeliscorlisma qui faisoit toutes ces choses. Et semblablement en vne petite cite ou communite vng seul peult bien faire plusieues offices côpassibles, et seroit peu occupe en vne Et en vne grâde cite il ne pourroient excertiter en plusieurs mais aucuesfoiz puient diuiser vne office en plusieurs sicôe dit apres (Tex. Et donc q̃ se nous sauons dire de toute cite quans offices

ou princez sont necessaires pour elle, et quantes sont necessaires, et quantes sont oportunes et conuenables Celluy q̃ sceit ces choses peut legierement cueillir, et veoir q̃lles priciez il est expediet, et puenable dassêbler en vng princey. G. Cest adire q̃lles offices lê doit mettre ensêble a bailler a vng hôe ou a plusieurs ensêble, et q̃lles nô (Apres il propose troys questions en declarant son propos (Tex. Et est bon de sauoir a quelx princeyz il doit auoir la cure, et la diligêce de plusieurs choses selon les diuersitez des lieux (Glo. Car selon les lieux ou selon les psônes est aucuesfoiz vng princie ou office diuise en plusieurs (Tex. Et de quelle chose il conuient q̃ vng princie ait la dnaciô, et en q̃l lieu sicôe dûg bon adornemet de la cite assauoir se en sacourt pmûe ou au marchie ou a vne ptie il conuient vng psect ou preuost et en vng autre lieu vng autre ou se p toute la cite vng tel psect souffist. G. Aps il met la seconde q̃stion selon la differêce des psonnes. E. Itê assauoir se les princiez doiuêt estre diuisez selon la nate de la chose Cest assauoir de telles offices ou selon la nate des psônes sur lesq̃lles elles sont sicôme de pmectre a vng homme la cure bonadournemet des enfaez, et a vng autre de cestuy des femmes. (Glo. Apres il mect la tierce question. (Tex. Item selon polices assauoir se chascune maniere de princie differe selon chascune

v.iiii.

ministrables & sergens q̄ sont euures seruilles & quāt telles euures sont en habundance aucuesfoiz len ordonne des gēs serfs sur telles euures ☞ Glo. Sicomme por regarder sur ceulx qui necrtoiēt les chemins ou les maisons publices ou por garder les blez on les dignes cōe sont ceulx q̄ len appelle messiers et ainsi aux quatre maniel res doffices Vne por tous les cytoyēs lautre por ptie lautre est dispēsatiue & lautre ministerial (Aps il met les q̄lz lē doit appeller princepz ☞ Tex. Mais quāt est apler sīplemēt & pprement lē doit dire & appeller les offices princez ausq̄ls lē attribue pseiller dau/ cūe chose publicq̄ & celles aux q̄lles lē attribue iugier & celles ausq̄lles lē attribue pmāder Et mesmemēt pmāder est chose plus appertenāte aux princes ☞ G. Et por les princes souueraīs sōt appellez empereurs Car imperal re cest pmander. T. Mais les autes offices qui sont differētes selō ce q̄lz sōt ordonnez a diuerses oportuuitez se īl les ont appellees princepz ou non ce nest rien adire et en ce ne a force car de ceulx q̄ sont altercation du nom oncques les sages nen firent iugemēt ne grande discution Car les choses ont en elles vne autre negoce intellectuel ☞ G. Cest adire q̄ len doit psiderer lentēdemēt ou entēcion des gēs selon la nature des choses et ne doit lē pas disputer des noms ☞ T. Mais il apptient plus faire doubte & q̄stion quelz princes et en quel nombre sont necessaires

pour vne communite se elle doibt estre dicte cite. ☞ G. Parfaicte a souffisance ☞ T. Et quelz princepz sont necessaires a aucūe police & ne sōt oportunez ne p̄uenables a police tresbōne? Vertueuse & gn̄alemēt a toute police q̄lq̄ princepz sont necessaires ou p̄uenables & mesmemēt aux petites citez ☞ Car en grādes citez il est ainsi et la p̄uiēt q̄ vng homme soit ordonne et depute a vne seulle euure ou office ☞ G. Et ce mōstre p ii. raisons Car il sont plul sieurs q̄ sont souffisans pour aller ou estre a princepz & de estre pmeuz a ce pource que ilz sont grande multitul de de cytopens & est bien que aucuns soient par vng grant temps sans al uoir princepz ou office & que aucuns aient princepz vne foiz seullement ☞ Glo. Affin q̄ les autres q̄ en sōt dignes puissēt auoir lieu et tenir des offices Apres il met la seconde raison ☞ Tex. ¶ Item chascune euure vīēt mieulx a bon effect quant la cure et sentente est vers vne chose que se elle estoit vers plusieurs ☞ Glo. Iouste vng petit ver qui dit Pluribus intētus minor est ad singula Iesus Et de ce fut dit ou ppīe. cha. du second & a ce sacordent les droiz & le sage qui dit filii ne in multis sint actus tui Len ne doit pas entreprendre trop de bsongnes &c. ☞ Tex. Mais es petites citez il p̄uiēt p̄ necessite assembler plusieurs princepz en peu de persōnes Car pource q̄ ilz sont vng peu ce nest pas ligiere chose q̄ grande multitude

¶ Le quart liure. de politiques.

deulx foient en princeps ou en offices Car len ne trouueroit qui les succedast et preſiſt les princepz apres eulp ¶ Glo. ¶ Quant ilz auroient esté en offices p le teps determine ilz ny vouldroiēt plus estre ¶ Tex ¶ Et verite est que les petites citez ont mestier daucunes princepz telz et daucunes soip telles cōe ont les grādes citez mais toutesuoyes les petites ont mestier souuēt de mettre vne mesme gens es offices & es autres citez q̃ sōt grandes quāt aucunes ont esté en aucun pricep ou office il est moult grāt temps auant quilz resoient mis en office Et la cause est pour quoy ilz peuent estre es petites citez cōme de plusieurs cures ou offices Et pource q̃ telles offices nempeschēt pas lune laustre si a ou il ny a trop petit de gēs il est necessaire que se face des princepz sicōme il est dung ouurier appelle obeliscolilisma ¶ Glo. ¶ Et en grec obelisco cest haste ou broche sicōme dit saint ieroisme Et lilisma cest vng petit vaessel sicōe vne cueillier ou vng saucier et cestuy estoit appelle Obeliscolilisma qui faisoit toutes ces choses. Et semblablement en vne petite cite ou communite vng seul peult bien faire plusieurs offices ōpassibles & seroit peu occupe en vne Et en vne grāde cite il ne pourroient epcertiter en plusieurs mais aucunessois puient diuiser vne office en plusieurs sicōde dit apres ¶ Tex ¶ Et doncques se nous sauons dire de toute cite quans offices

ou princez sont necessaires pour elle & quantes sont necessaires & quantes sont oportunes et conuenables Celluy q̃ sceit ces choses peut legieremēt cueillir & veoir q̃lles priciez il est expediēt & puenable daſſembler en vng princep. G. Cest adire q̃les offices lē doit mettre enſēble a bailler a vng hōe ou a plusienrs enſēble & q̃lles nō Apres il propose trois questions en declarant son propos ¶ Tex ¶ Et est bon de sauoir a quelp princepz il doit auoir la cure & la diligēce de plusieurs choses selon les diuersitez des lieux ¶ Glo ¶ Car selon les lieux ou selō les psōnes est aucunessoiz vng princie ou office diuise en plusieurs ¶ Tex. ¶ Et de quelle chose il conuient q̃ vng princie ait la dūation et en q̃l lieu sicōe dūg bon adornemēt de la cite assauoir se en sa court p̄mue ou au marchie ou a vne p̄tie il conuient vng p̄fect ou preuost et en vng autre lieu vng autre ou se p toute la cite vng tel p̄fect souffist. G. Aps il met la seconde q̃stion selon la differēce des psōnes. T. Itē assauoir se les princiez doiuēt estre diuisez selon la natre de la chose Cest assauoir de telles offices ou selon la natre des psōnes sur lesq̃lles elles sont sicōme deōmettre a vng homme la cure bōadournemēt des enfās & a vng autre de cestuy des femmes. Glo. Apres il mect la tierce question. ¶ Tex. ¶ Item selon polices assauoir se chascune maniere de princie differe selon chascune

v.iiii.

police ou non sicomme en democracie en olygarchie et en aristocracie et monarchie ⁋Glo. ⁋Et nombre et telle distinction de police mettoit plato sicomme il fut dit en le pi. chapitre
⁋Tex. ⁋Assauoir mon se vnges mesmes princeps sont en toutes et se les seigneurs ou princes sont faiz en ces polices de gens q ne sōt pas equaulx ne semblables mais sont autres en vne police et autres es autres sicomme en aristocracie de gens bien enseignez et vertueulx et en olygarchie des gēs riches et en democracie des francs ou se aucuns princes sont selon les differēces daucuns princeps et des polices et aucuns non. ⁋Glo. ⁋Mais que en aucune police ilz soient prins ou faiz en vne maniere Apres il respond.
⁋Tex. ⁋Et sont aucuns lieux ou citez la ou cest bien quilz soient vngs mesmes par toute la cite ⁋Glo. ⁋Par toute la cite ⁋Tex. ⁋Et aucunes la ou cest bon quilz different et pour ce en aucunes citez cest bien q les princes soient granc et en cucunes quilz soient petiz ⁋Glo. ⁋Cestassauoir q les princes et officiers se nayent puissance fors sur vne chose ou en vne partie de la cite. ⁋Tex. ⁋Et nest pas seulement sicomme dict est mais encor sont aucūs princes singuliers. ⁋Glo. ⁋Qui sont en vne police et non pas en lautre ⁋Tex.
⁋Sicomme est le princep de preconsulz ⁋Glo. ⁋Les rommains souloient faire vne maniere de iuges qlz

appelloient preconsulz et sōt les maistres ou les presidens du conseil ou il sont ceulx que len appelle lestroit conseil ⁋Tex. ⁋Et cest princie nest pas es democracies car il conuient que le conseil democratique soit vne chose telle qlait la cure de conseiller et pour ueotr que le peuple ne soit vaquant ⁋Glo. ⁋Et que tel conseil adresce chascun adce quil doibt faire et donc ques conuient il quilz soient en grande multitude et les preconsulz sont en petit nombre ⁋Tex. ⁋Et quant ceulx q traictent les consulz sōt vng petit nomble Cest chose ou maniere olygarchique, car en olygarchie il est necessaire que les precōsulz soiēt vng petit nombre au regart de la multitude et pource est ce chose olygarchique Mais la ou en vng princep sōt ces .ii. choses Cest assauoir que les preconseulz soient instituez sur les conseillieres le dy que auoir conseillieres cest chose democratique ou demotique Mais auoir preconseulz cest chose ou maniere olygarchique. ⁋Glo. ⁋Et est vne mixtion de police ⁋Dr auons doncques quant est dassembler plusieurs princeps ou offices en vne mesmes personnes et quant est de les diuiser en plusieurs et en vng mesme princep en plusieurs comment len doit regarder a la quantite de la cite ou de la multitude ou de la qualite des personnes et a la maniere de la police. Apres il monstre que princeps ou offices ne sōt pas en aucunes polices

¶ Tex. ¶ Mais en domocra/
cies qui sont telles que le peuple assem
ble traictie de toutes choses illecques
est dissolue et deffaicte la puissãce du
conseil ¶ Glo ¶ Car toute la mul
titude fait les choses et non pas le nõ
bre de la police ordonnee pour conseil
lier ⁊ cest la derreniere espece de demo
cracie de laquelle il fut dit ou Bi. cha
pitre ¶ Tex. ¶ Et ceste chose est a/
coustumee aduenir quant len mect
peine de dommage a ceulx qui sõt ap
pellez aux assemblees et ny viennẽt
⁊ aucũ loyer a ceulx q̃ y viennẽt Car
quãt ilz appellẽt l's assẽblee en ceste
maniere ilz y viẽnent souuẽt to⁹ ⁊ iu
gẽt ⁊ ordõnẽt de toutes choses ⁊ le prin
cey ou office de discipliner ou intro/
duire les enfans et loffice dendoctri
ner les femmes ⁊ se aucun tel prince a
dominacion daucũe telle chose ou cu
re cest chose aristocratique ⁊ non pas
democratique . car en democratique
len ne pourroit faire q̃ les femmes pou
nissisent hors ¶ Glo. En police a/
ristocratique les femmes ⁊ filles des
cytoyens sont introduictes en nobles
meurs et en vertu Mais en democra
cie les cytoyens sont poures et vont
leurs femmes ⁊ leurs filles hors en
plusieurs besongnes Et dautre par/
tie aucunes veullent auoir liberte ⁊
parce sont trop dissoluz ⁊ telles com
me celle de quoy dit le sage. Mulier
garrula et vaga quietis. impaciens
nec valens in domo sua consistere
Elle est dict il ganglaresse ⁊ vague

⁊ ne peut endurer repos ne demourer
a lostel ¶ Tex. ¶ Et semblablemẽt
telles offices ne sont pas en olygar/
chie Car les femmes de ceulx qui tiẽ
nent olygarchie sont trop delicatiues
¶ Glo ¶ Et pource ilz ne veullẽt
oyr ne obeyr a bonne police Mais sõt
comme cellec a qui disoit le prophete.
Usquequo dissolueris deliciis filia
vaga. Il met exemple et veult dire q̃
fille nourrie es delices est par ce faicte
vagãte et dissolue ¶ Tex ¶ Mais
de ceste chose soit tant dict a present.

¶ Ou xxii. chapitre il traicte de lin
stitucion de princey

Il canuient traicter et essair
 en passant oultre a traictier
 des institucions des princiez
⁊ de leur commencemẽt Nous dirõs
doncques que les differẽces de ces in
stitucions sont en trops termes ou en
trops choses esquelles se elles sõt biẽ
composees et ordonnees il conuient p̃
necessite que toutes les manieres de
istitucions telles soiẽt prises Et de ces
trops termes ou choses une est les per
sõnes qui instituẽt les princeyz. La se
cõde est ou sõt les persones desquelles
les princeyz sõt faiz et istituez ⁊ costi
tuez Et lautre est en quelle maniere
ce peut estre fait ⁊ de ces trops termes
sont trops differences ¶ Glo. Car
chascun est diuise en deux membres.

Glo. Adce ordonnez ou aucune seul. Tex. Item ou ceulx q̃ sont instituez sont prins de tous ou entre tous ou ilz sont prins daucuns determinez si come de ceulx qui sont de honnorables et z estat et en richesses ou de ceulx qui sont vertueulx ou por aucune telle chose sicõe en la cite de megara ilz sont pris de ceulx q̃ ꝺescendẽt z se enclinẽt a ce q̃ plaist au peuple z de ceulx q̃ se ꝯbatẽt pour le peuple ¶Ité de tous ces dessusd ou ilz sont instituez par election ou par sort. G. Cest la tierce differece ou distinction z est quãt a la maniere de les instituer Apres il met vne aultre ꝯbinabinacicion. ¶Ité lon peut ces choses cõbiner et dire q̃ aucũs instituent es princies aucũs non pas tous z aucũs les instituet tous z aucũs instituez sont prins de tous et aucũs nõ pas de tous Mais sont pris daucũs certais et aucũs sont pris par elecio z aucũs par sort z de chascune de ces differẽces sont quatre manieres Car ou tous sont pris de tous par electition Ité ou ilz sont pris de tous par sort Ité ou ilz sont prins de tous ensẽble ꝯioinctemẽt ou duisemẽt sicome selõ les lignees ou lignages z si cõe selõ les peuples ¶Cest a dire les parties de la multitude de la cite Et sicome selõ les citez ou ꝯpaignees iusqs a tãt q̃ le tour soit passe par toutes les ciuilles persones de toute la cõite. Glo. Cest a dire que ceste maniere est quãt toutes manieres de cytoyens peuẽt participer es offices Mais nõ pas q̃ sen prẽgne de tous a vne fois mais diuises

mẽt q̃ lẽ face les officiers de ceulx dug lignage ou de vne rue ou de vne marchãdise et aprs dune autre ainsi par ordre tãt que le tour soit fait. Ité ou ilz sont tousiours prins de tous ensẽble mais les vngs en vne maniere et les autres en autre. G. Cestassauoir les vngs par electiõ et les autres par sort z non pas touz en toutes offices par vne maniere Et est assauoir q̃ lentẽd par election ce q̃ست fait par deliberaciõ ou notatiõ volũtaire et par sort ce q̃st a la uenture sicõe de prẽdre vng nõbre incertain z dire q̃ l est per ou nõ per z autres manieres infinies Et par institucio il entend vne chose cõmune aux deux manieres dessusd z nõ pas execuiõ de mettre en possessiõ. Item les instituans ou ilz sont prins de tous par electiõ ou de tous par sort ou daucuns par electiõ et daucũs par sort ou les vngs en vne maniere z les autres en autre Cestassauoir q̃ aucũs instituans soient prins par electiõ z les autres par sort Et par ce appt q̃ de ces choses sont pii manieres excepte deux ꝯbinaciõs. G. Pour ce mieulx entendre soit fait vne figure en laquelle soiẽt trops ordres Du premier sont les institues des prices ou de ceulx qui sont prins pour instituer les prices Du second ordre sont les instituez Cestassauoir les prices ou officiers z ceulx q̃ sont ordonnez pour les instituer Du tiers sont les manieres de prẽdre et instituer telles gens Et sont pii. manieres ou pii. mẽbres principaulx Et la ou est mis

Le quart liure　　　de politiques.　　L.lxiii

p electiõ ilz sont pris p election seullemẽt Et la ou est dit p sort ilz sõt p sort
seuliemẽt Et la ou il dit p electiõ & p
sort les vnges sõt pris p election & les
autre p sort Itẽ les vi mẽbres ou les i-
stituez sõt prins de tous & peuẽt estre
diuisez chascũ en ii. mẽbres selõ ce q̃
ilz sõt pris de to9 ẽsẽble ou diuisemẽt
a tour sicõ il est dit ou texte, et po2ce
quãtil dit ou texte que les manieres
sõt pnẽceptes ii. cõbinaciõs Il entẽd

p ces ii. cõbinaciõs les ii. manieres dessus d̃ c'est assauoir to9 ensembles diuisemẽt Et aisi appt p raison, & en figure q̃ to9 les mẽbres sõt p viii. Mais a-
ristote ne diuise pas distinctement les
vi. mẽbres dessusd̃ & sen passe po2 cause de briefuete Car encor pourroit lẽ
bié subdiuiser aucũe mẽbres sicõ des
institũas quãt il dit tous lẽ diroit ou
ensẽble ou diuisemẽt Apz il appliq̃
ces choses a diuerses polices

Les manieres de faire les princyps ou offices en la police

Les instituans	Les instituez	Les manieres
		Ensemble.
	Par election	
		Diuisement
		Ensemble
De tous	Par sort	
		Diuisement
		Ensemble
Tous.	par election & p sort	
		Diuisement
	par election.	
Daucuns	Par sort	
	Par election & p sort	
		Ensemble
	par election	
		Diuisement
		Ensemble
De tous	Par sort	
		Diuisement
		Ensemble
Aucuns	par electiõ et p sort ensẽble	
		Diuisement
	par election	
Daucuns	par sort	
	par election et p sort ensẽble	

Fueillet

¶ Le premier ordre Le second ordre. Le tiers ordre Et des institucions dessusdeuz sont demotiques ou democratiques Cestassauoir que touz prennet les princes de tous par electiõ ou tous de tous par sort ou tous de tous les Unges des princeps p sort/ɇ les autres p election. Glo. Ce sont les troys premieres des douze membres deuãt mises Mais il comprent icy les deux premieres en Ung Et sont diz democratiques pource que en democracie le peuple a la dominacion. Apres il parle des autres polices quant a ce

¶ Tep. ¶ Mais se tous instituent de tous non pas tous ensemble ne de tous ensemble. Glo. Mais les unges apres les autres a tour par lignages ou par compaignees sicõme il est dict deuant. Tep. ¶ Du se len prent daucuns et non pas de tous soit ou p sort ou par election ou p les deux manieres cestassauoir par sort les unges ɇ les autres p election tout ce est chose politique. Glo. Cest a dire que en commune police qui est ainsi nommee par le commun nom sicõme plusieurs foiz est dit sont ces manieres et semblables Et la cause est car elle est composee de democracie ɇ dolygarchie sicomme il fut dit au pili. cha Et prendre les princes de tous indifferentement cest maniere demotratiq Et les prendre daucuns determinez ment cest chose oligarchique

¶ Tep. ¶ Et que len prengne aucuns certains de tous ɇ quilz soient pris ou instituez par election ou par sort ou par les deux manieres Cest assauoir les unges par election et les autres par sort cest chose plus olygarchique Car en tant comme ilz sont prins de tous lignages ou partie de la cite cest chose democracie Mais pour ce aucuns determinez sont ace prins cest plus olygarchie que ce nest democracie. Tep. Et la maniere q est composee de deux cestassauoir que les Unges soient prins de tous /ɇ les autres daucuns determinez cest chose politique et p chaine a aristocracie ou que les Unges soient prins par electiõ ɇ les autres par sort. Glo. Car prendre les par election en regardant a Vertu cest chose ou maniere aristocratique. Tep. Et prendre ou faire aucuns princeps daucuns cest chose olygarchique. Glo. Cestassauoir quant les instituans se determinent par faueur a Ung autre signage ou a Une compaignee Ou a Une partie de la cite ou du pays ɇ ilz ne regardent principallement a Vertu ou au bien publicque et se les princes de leglise faisoient ainsi aristote diroit q cestoit aussi comme chose olygarchique ou tyrannique. Tep. Jlen prendre aucun par sort ɇ non sẽblable ment cest a dire non indifferentement de tous et aucuns en deux manieres Cestassauoir par sort ɇ par election encores est ce chose olygarchique Mais prendre aucuns de tous ensẽble ce nest pas chose olygarchique.

¶Glo ¶Mais est democratique
quant cest par sort ¶Tex ¶Et
prandre tous par aucune electiō cest
chose aristocratique ¶Glo. Quāt
len prent les princes dune multitude
et len prent gens vertueulx et ilz sōt
esleuz de telle multitude p̄ bōs electeurs Et doibt len sauoir que aristote ne applique pas la maniere dessus
dicte aux monarchies Car ou royau
me les princes ou officiers sōt esleuz
par le roy ou par autres en regardāt
a vertu et au bien publique aussi cōme en aristocracie et en tyrannie il ny
a sort ne election fors seullemēt de la
volunte du tyrant qui vse de plaine
poste Aps il recapitule Et dōcques
les manieres qui sont vers les princepz sont en tel nōbre ⁊ sont diuisez se
lon les polices en la maniere q̄ dit est
Mais lesquelles de ces manieres sōt
expedientes aux vnes polices et lesquelles aux autres ⁊ comēt ilz puiēt q̄
les institucions des princepz soiēt fctēs
⁊ auec ce des puissāces des priciez ql
les elles sōt tout sera manifeste apꝭ.

¶Glo. ¶Es autres liures et prin
cipalement ou sixte ¶Tex. ¶Et
puissance de princiez est aussi comme
seroit la puissance qui est dame ⁊ qui
a la seigneurie des reuenues ou rentes publiques ⁊ celle qui est dame et
a la seigneurie de la garde de la cite
car cest autre espece de puissance que
nest la premiere Aussi comme les puis
sances qui sōt dames des duchiez ou
de mener les ostz es batailles, et vne

autre des contraictz ou des cōtrouer
sies qui sont faictes es cours pour les
contractz ¶Glo. ¶Es deux puis
sāces des princeyz differēt en espece ⁊c

¶Du pp̄iīe. chapitre il traicte du
mēbre de la police appellee iudicatif.

Or demeure adire de la partie iudicatiue qui est exercee et faicte es pretoires
¶Glo ¶Pretoire signifie general
lement toute assemblee de gēs tenās
aucune iurisdicions et est ce que len
seult appeller la court ⁊ aucunesfoiz
pretoire est prinse pour le lieu ou len
a acoustume a faire telle assemblee.
¶Tex. ¶Et les manieres de ces
choses sont a prendre selon vne supposicion telle comme deuant ¶Glo.
¶Cestassauoir presque en la maniere que il est dict ou chapitre precedent du membre principatif ¶Tex
Car la difference des pretoires est
en trops termes Cestassauoir de ql
les gens sont prins les preteurs
¶Glo. ¶Cascun qui a voix a iugier peut estre dit preteur Mais en es
pecial cellup est dit preteur qui est p̄-
sidēt en sa court et en lauditoire auec
ques autres ou seul Mais es loix ro
mainee preteur est prins en autre ma
niere ⁊ encor autrement en aucūes ci
tez Jouxte ce que fut dit ou premier
chapitre du tiers. ¶Item loffice q̄

appelle icy preteur ou semblable est nō mee en moult de manieres en diuers lieux sicomme preuost baillif official ꝛc. Et aussi le preteur ou semblable sicomme a paris est appelle parlemēt ꝛ en normādie eschiquier et ainsi des autres ꝛc. ¶Tex ¶Et desquelles choses congnoissent et en quelle maniere ilz sōt faiz et pris Je dy q̄ cest assauoir mon se les preteurs sōt prins ꝛ faitz de tous ou daucuns quant au premier point et assauoir mon quantes especes de pretoires sont quāt au second et se les preteurs sont prins ꝑ sort ou ꝑ election quant au tiers poit Or diuisons doncques ꝑmierement quantes especes de ptoires sont

¶Glo. ¶Les especes de pretoire sōt prises selon les differēces des choses de quoy sen tient Iurisdicion

¶Tex ¶Et dirons que elles sont viii. en nombre ꝛ en general que vne est correctiue ¶Glo. ¶Qui corrige ceulx qui sont contre les loix sicōme ꝑ auēture ceulx q̄ sont desattrempez ou incontinens en toucher ou en gouster ¶Tex ¶Lautre est q̄ pugnist toute ꝑsonne q̄ esgene iniustemēt aucūe office ou ꝑsonne ꝯmue. Lautre est qui pugnist ceulx quelsconques sont contre la police. ¶Glo. ¶Sicomme seroient par auēture ceulx q̄ nous appellons taquehan ¶Tex ¶La quarte espece est commune aux princes ꝛ officiers et aux ydolz cest adire aux autres populaires Et a la congnoissance ou Iurisdicion de quelcōques altercations ou cōtrouersies q̄ sont de seuipulcacions Et la quinte de propres cōmutacions ou marchādises q̄ sont de grādes choses Et sās ces especes est vne aultre qui est appellee homicidial Et vne autre q̄ est dit peregrine ¶Glo. ¶Ce sont les vi. ꝛ les vii. especes les quelles il declaire apres Et diuise la sixte.

¶Tex ¶Et lespece homicidal a espece plus especialx̄ pose q̄ soiēt discutees entre vngs mesmes Iuges ou autres ꝛ autres ¶Glo. ¶Car il peut estre q̄ toutes causes homicides ou criminelles sōt discutez en vng ꝑtoire devāt vngs Iuges ou les vnes en vng pretoire et les autres en autre

¶Tex ¶Car vne espece de causes homicidiaulx est des homicides qui sont faiz par pre neditacion Et de guect apense ¶Lautre est d'omicides voluntaires faiz par chasleur ꝛ par hastiueté vne autre est quant les accusez confessēt lomicide Mais ilz sōt altercation ꝛ proposent q̄ ilz ont fait Iustement. Et la quarte est de ceulx qui fuient ꝛ ne confessent pas le fait et q̄ sont portez en descendement.

¶Glo ¶ꝑce il entend ce que len souloit appeller purgacion publicq̄ Car quant le fait estoit doubteux il estoit mis en aucun esprouuemēt ou Iugemēt de fortue ꝛ pilleux Et ce appelle aristote descēdemēt pour la cause qui sensuit ¶Tex ¶Sicomme len dit que en athenes vng Iuge cōtraint vng homme accuse descendre

en vng puis ¶Glo. ¶Telle chose est tout iugement qui est commis a fortune sicomme champ de bataille, duellum lequelle est reprouue es loix rommaines ⁊ en droit canon ¶Item semblable estoit vne chose iadis appellee Judicium gladiatoꝛ par quoy en cest pays de noꝛmandie les nepueuz obtindꝛent contre les oncles en vne cause appellee Vulgalmēt La faulce coustume, ⁊ fut ou temps du duc richart ⁊ pꝛesent lempereur octonien Lan ix.C.plvi
¶Item vne telle chose est ce que len appelle purgacion de fer chault de quoy len souloit vser sicomme il appert par les registres de la noble estude ⁊ vniuersite de parie Mais telles choses sōt reprouuees p les dꝛoiz.
¶Item encoꝛ trouue len vng semblable ou viel testament de la purgacion dune femme quant son mary en estoit ialoux Mais aristote ne prouue pas telles purgacions Et pour ce dit il apꝛes ¶Tex. ¶Mais pou souuent aduient ou temps pꝛesent que se face telles choses et mesmemēt es grandes citez ¶Glo. ¶Car ou temps deuant aristote les gens nestoient pas si raisonnables comme en son temps Et es grandes citez a plꝰ grande habundance et coppie des sages que es petites. Et pource telles loix ou purgaciōs estoient abꝛigees et nauoiēt plus lieux. Et combien q̄ de puis len ait vse toutesuoyes ilz sōt maintenant reprouuees comme dict

est ¶Apꝛes il met la viii. espece de pꝛetoires ¶Tex. ¶Item de vne espece de pꝛetoires appellee peregrinal cest adire de gens estranges vne maniere est quant gens estranges contendent ou plaidoient a gens estranges Et lautre quant estranges gens contendent ⁊ ont controuersie a aucuns des cytoyens ¶Glo. ¶Apꝛes il met la viii. espece. ¶Tex. ¶Item encoꝛ sans toutes ces choses est vne autre espece de pꝛetoire qui a la cōgnoissance ⁊ le iugement de petites cōmutacions quelconques quāt il ny a cōtrouersie foꝛs dung peu de chose Si comme de v. dragmes ou petit plus Car il conuient faire iugement de dꝛoit de ces choses. Mais il nappartient pas q̄ elles viennent en la multitude des iuges ¶Glo. ¶Cest adire en grant auditoire Et pour ce sont aucunes petites cours pour telles petites causes ⁊ sans appellacion sicome en ceste puincte de Rouen les doiens rapaulx iugent des causes q̄ ne passent v.s. ¶Tex. ¶Mais laissons a parler de ces petitz pꝛetoires et aussi des pꝛetoires homicidaulx ⁊ des pꝛetoires de gens estranges.
¶Glo. ¶Ce sont les trops deꝛnieres especes ⁊ doncques demeurēt v. especes ¶Tex. ¶Et disons des polices ¶Cestassauoir des pꝛetoires qui regardent plus les polices desqlles pꝛetoires quant elles ne sont biē faictes de ce viennent ⁊ sont faictes sedicions ⁊ mouuemens ou transmu

Fueillet

facions de polices (Glo. (C est
assauoir plus communement que pour
les autres ptoires (Apres il touch-
les manieres des autres ptoires.

(Tex (Disons doncques q il
conuient par necessite premierement
ou que tous iugent C est adire q les
iuges soient pris de tous les cytoyens p
election pour iuger de toutes les cho
ses dessus diuisees. (Item ou que
ilz soiēt pris de tous par sort pour iu
ger de toutes ces choses (Item ou
que pour iuger de toutes ces choses
ilz soient pris de tous aux ungs pre
toires par sort et aux autres par election. (Item ou que pour iuger de
tous ilz soient pris de tous q a ungs
mesmes pretoires les unges soiēt pris
par sort et les autres par election Et
doncques ce sont en nōbre quatre ma
nieres (Glo. (Et en chascūe de
ces quatre manieres les iuges sont
prins de tous et iugent de tout et est
a entendre prins de touz non pas que
tous soient prins Mais len regarde
tous et en prient len aucuns par election ou par sort etc. Et ainsi auōs les
quatre pmieres manieres ou cōbina-
cions (Tex (Apres ie dy que en
telz membres sont aultres manieres
comment len peut prendre les iuges
selon partie C est adire que ilz soient
prins non pas de tous mais daucūs
Car ceulx qui iugent de toutes les
choses dessusdictes premierement ou
ilz sont prins en tous pretoires de au
cuns par election. (Item ou ilz

sont pris daucuns par sort (Item ou
ilz sont pris en aucuns ptoires p sort
et en autres par election (Item ou
unges mesmes pretoires sont de ges
les unges pris par sort et les autres p
election Et doncques sont ces manie
res en tel nombre comme sont les des
susd. (Glo. (Et ainsi auons les
quatre secondes manieres ou cōbina
cions (Tex (Ie dy apres que en
cor peuent ces choses estre combinees
sicomme que les unges pretoires fus
sent faiz de tous et les autres daucūs
(Item que telles institucions fus
sent faictes par sort ou par election
ou par election ou par sort (Glo.
(Et ainsi auons les troys derrenie
res manieres ou combinaciōs q pour
roiēt encor estre subdiuisees selon les
autres manieres dessusdictes.
(Tex (Et doncques est dict en
quātes manieres les pretoires peuēt
estre Et de ces manieres les pmieres
sont demotiques ou democratiques.
C est assauoir celles ou les iuges sōt
pris de tous et iugent de tous.
(Item les secondes manieres sont
olygarchiques C est assauoir en quel
conques les iuges sont prins daucūs
et iugent de toutes choses.
(Itē les tierces manieres sont aris
tocratiques et politiques C est adire de commune police Et sont quelcō
q̄s manieres ou les iuges sont ou les
pretoires les unges pris ou faiz de to9
les cytoyēs et les autres daucuns
(Glo. (Il n est pas a entendre cō

Le quart liure　　　　　de politiques.

me dit est que tous soiēt iuges Mais que les iuges soient prins entre tous ℸ les vngs ℸ les autres Daulcunes ℸ ces manieres sōt es polices nommees pour les causes assez toucheez ou chapitre precedent ℸ en plusieurs autres

Cy apres met les combinacions des polices

Les premieres combinacions

Que les iuges soient pris de tous ℸ pour tout
　　Par election
　　Par sort
　　En vngs pretoires par election
　　En autres par sort
　　En vngs mesmes pretoires
　　Les vngs par election
　　Et les autres par sort

Les secondes combinacions

Que les iuges soient pris daucuns et pour tout
　　Par election
　　Par sort
　　En vngs pretoires p election
　　En autre par sort
　　En vngs mesmes pretoires
　　Les vngs par elections
　　Et les autres par sort

Les tierces combinacions

Que les iuges soient pris de tous ℸ autres daucuns
　　par election
　　par sort
　　par election ℸ par sort

Fueillet

En ce premier chapitre il propo∫e ∫on entencion et mect la racine et le principe original des tran∫mutacions et corruptions des polices et les manieres des tran∫mutacions.

Pues aiõs dit des aultres cho∫es deuãt traictees pre∫que de toutes celles de∫ql/ les no9 auõs e∫tu pp∫o∫e a dire et apres les cho∫es de∫∫u∫ dit no9 auons a õ∫iderer dont viennent les tran∫mutacions des polices et de quãtes polices de∫qlles. Et de cha∫cune police qlles ∫õt les corruptions de elle. Et qlles polices ∫ont tran∫portees ou tran∫muees en aucũes polices et qlles en autes me∫memẽt et pmunemẽt. Itẽ des ∫aluaciõs des polices qlles elles ∫õt de toutes polices en cõmũ et de cha∫cune p ∫oy. Et auecques ce de cha∫cũe p∫idere p qlles cho∫es el le peut e∫tre ∫auuee me∫memẽt et prici pallemẽt. Glo. Ce∫t ∫on entẽciõ et ce de quoy il ppo∫e a traicter pricipal∫lemẽt en ce∫t quint liure. Aps il pour ∫uit ∫õ ppos et met vne ∫uppo∫icion.

Tex. Et pmieremẽt il cuiẽt prẽdre et ∫uppo∫er vng pricipe. Ce∫t a∫∫a uoir q les polices ∫ont plu∫ieurs et que toutes pfe∫∫ẽt et tiẽnẽt que il cuiẽt a uoir aucũe iu∫tice et aucũe cho∫e egua le ∫elõ ppo∫iciõ et ne pfe∫∫ẽt pas ce ∫eu lemẽt les bõnes polices mais encores celles q pechẽt touchãt aucun iu∫te ∫icõme il fut dit deuãt. Glo. Ou pre. c. du tiers liure. Car les gouuer/ neurs d'aucũe police mauuai∫e pfe∫∫ẽt et diẽt q les polices e∫t iu∫te et regardẽt a ce q e∫t iu∫te aucũemẽt et nõ pas iu∫te ∫iplemẽt ∫icõme il fut declare plus a plain ou chap. allegue ce∫t ou pre. du tiers et ∫era touche aps en ce∫t chap.

Tex. Car democracie e∫t faicte pour ce q en ce∫te police ilz cuydẽt q ceul q ∫õt equaulx en vne cho∫e du tout ∫oient equaulx ∫implement. Car pour ce que tous ∫õt frances ∫emblablemẽt et equalement il cuidẽt que tou ∫oiẽt equaulx ∫implement. Et olygar chie e∫t faicte pour ce que ceul qui ∫ont inequaulx en vne cho∫e ilz cui dent que ilz ∫oiẽt inequaulx du tout. Car ilz cuydent que ceul qui ∫õt in equaulx ∫elõ ∫ub∫tance ce∫t adire en riche∫∫es ∫oient equaulx ∫implement. Et de ce ∫en∫uit que en democracie ilz veullent participer equallement en toutes cho∫es. Glo. Et leur ∫em ble pource que ilz ∫õt nez de la cité ou du pays et que ilz ∫ont de franche cõ diciõ plus que les autres pour leurs riche∫∫es ou pour aultre accident ne doiuent auoir auantage en la cho∫e publique. Tex. Et en olygar chie les plus riches au∫∫i cõme ceul qui ∫ont inequaulx quierent ∫urmon ter les autres et auoir domination. Et ce que ilz ont plus que les autres les fait e∫tre inequaulx.

Glo. Et leur ∫emble que la cho∫e publique leur appartient pour ce ilz sont plus riches et que ilz ont le plus de la region sicomme il fut dict ou précédent chapitre du tiers la ou ceste matiere est plus a plain traictee ¶ Texte.

¶ Et doncques toutes ces polices ont en elles aucun iuste ou droit aucunement mais elles sont vicieuses simplement et corrumpues

¶ Glo. Car en tant comme en democracie l'en tient equalite et q en olygarchie l'en tient inequalite selon proporcion ces deux polices ont une petite partie de iustice ou aucun ioupte ce que fut dit ou précédent chapitre du tiers Mais entant comme en democracie ilz regardent principallement a liberte ilz font iniustice simplement et est contre la doctrine saint Pierre en sa canonique ou il dit Non quasi velamen malicie libertatem habentes L'en ne doit pas faire mal ne desobeissance soubz umbre de liberte Et entant comme en olygarchie l'en a regart principallement a richesse / c'est simplement iniustice Et pource saint Iaques en sa canonique repent ceulx q distribuent les honneurs en consideroient estre riche et poure Apres il applicque ce que dit est a son propos Et met la cause original de sedicion.

¶ Tex. Et por ceste cause quant les ungs et les autres ne participent pas en la police selon l'estimacion que ilz ont Comment ilz deussent en ce participer sont sedicion ¶ Glo. ¶ C'est assavoir quant aucune cuydent que l'en doye distribuer les honneurs et

offices publiques selon liberte et l'on ne fait ainsi ou selon richesses ou selon vertu et l'on fait autrement que ilz ne cuident que l'en deust faire c'est ce que les meut a sedicion faire Sedicion sicomme il me semble est conspiracion ou coniuration ou division et discencion ou rebellion occulte et manifeste d'ung membre ou partie de la cite ou de la communite politique contre une aultre partie sicomme seroit de gens seculiers contre gens d'eglise ou de poures contre riches ou de non nobles contre nobles ou d'ung lignage ou d'ung mestier ou d'une societe contre aucuns ou d'aucuns subiectz contre les princes ou d'une partie d'ung est contre autre Et est communement faicte affin de mutacion de gouvernement et de polices ou de seigneurs ou affin de vengeance. ¶ Tex.

¶ De toutes gens ceulx qui feroient iustement sedicions et ne les font pas ce sont ceulx qui different des autres selon vertu Car c'est chose mesmement tresgrandement raisonnable que ceulx icy seullement soient simplement inequaulx et proferez devant les autres ¶ Glo. ¶ Ung opposite dit que les vertueulx et bons ne font pas sedicions pour deux raisons Une est car souvent advient q le bien commun est egene ou blecie par telle dissencion Et ung bon homme ayme plus le bien commun que le sien propre ¶ La seconde raison est car a ce que aucun doye mouvoir sedicion il conuient que il ait iuste cause Et que il ait puissance Et il nauient pas souuent que gens vertueulx et tres/ bons aient grande puissance et pour ce ilz ne font pas sedicion Mais se ces choses estoient ensemble c'est assa/ uoir que vng homme eust iuste cau/ se et puissance de venir a son intenci on et sans dommage du bien commu̅ il pourroit raisonnableme̅t mouuoir sedicion et se il ne le faisoit il pecheroit c'est ce q̄ dit maistre pierre dauuergne

Mais sauue sa grace qua̅t a pre/ sent il me semble aultrement Et de premiereme̅t que se cestuy qui meult sedicion tend a mauuaise fin sicomme au propre prouffit de soy dau tres ou a veniance Et non pas prin cipalement au bien publicque Et ce est certain q̄ telle sedicion est tresmau uaise et presque toutes sont telles sico̅ me il appert assez par les exemples mis apres en cest quint liure

¶ Item se il tend a bonne fin sicom me a reformer la police et il n'est seur de obtenir il ne doibt pas mouuoir se dicion car il met le peuple en peril de estre plus opprime que deuant et plus suppedite et destre mis en plus gran de seruitude

¶ Item se il tend a bonne fin et il est seur de obtenir Encor faict il mal de mouuoir sedicion s'il est certain ou trop semblable que en la sedicion se

ra fait aucun grant mal. Sicomme seroit larrecin ou homicide ¶ Or est ainsi que sedicion ne peult commune ment estre mise a effect sans grans maulx Et ce peult l'en noter en l'euan gile ou il est dit que barrabas auoit fait homicide en vne sedicion Et au temps de claudius cesar trente mil iuifs furent occis en vne sedicion qui fut entre eulx Et ace sont autres ex emples innombrables Et toutes tel les sedicions sont sans auctorite or/ dinaire sans ordre de iustice et sans p ces de droit et ne sont commandees ne opprimees par loix mais sont re prouuees et deffendues tresancienne ment sur peine capital sicome il appt es loix rommaines. Ad legem iulia ni de republica Et en vne aut' regle qui se comance De sediciosis Et est selon ce que l'en recite des commande mens de pithagoras qui disoit que en toutes manieres sont a fuir et a e uiter et separer C'estassauoir du corps langueur de l'ame ignorance et de la cite sedicion ¶ Fugienda sunt omni bus modis et igne ac ferro abscinden da totoq'z artificio sepetranda Lan gor a corpore impericia ab anima a ciuitate sedicio

¶ Item touteffoiz que la saincte es cripture fait mencion de sedicion el le est nommee comme mal Et saint pol la nombre entre autres tresgrãs maulx Secõdo ad chorintheos duo decimo ¶ Et de telles choses dit le p phete que il dit en la cite iniquite et contradiction Vidi iniquitatem et contradicionem in ciuitatem Et doncques nul ne doit faire ne mouuoir sedicion pour quelconque bien que en peut ensuir Car selon ce que dit sait pol la dempnacion de ceulx est iuste qui dient faisons mal affin que biens en viennent et ce est verite selon philosophie moral

¶ Item encor appert cest propos p autre voye Car se sedicion deuoit oncques estre faicte ce seroit mesmement contre les princes qui oppriment iniustement le peuple Mais la doctrine de saint pol est au contraire, car il dit que il nest poste qui ne soit de dieu Et la glose des sainctes docteurs dit que cest verite mesme de la poste des mauuais princes comme fut pilate et comme ceulx dont la diuine sapience dit que par elle tiennent les tyrans terre Et plusieurs autres sainctes pozolles alleguent ceste glose et mettent que leur poste est de dieu Mais leur mauuaise volunte est et vient de homme. Et selon ce est a entendre ce que dit dieu par osee le prophete Regnauerunt et non ex me principes extiterunt et non cognoui Ilz ont regne non pas de moy Cest a dire quilz nont pas fait selon le bon plaisir de luy ne il na pas approuuees leurs euures par approbation Et apres que sait pol a dit que il nest poste fors de dieu il dit que qui resiste a la poste il resiste a lordonnance de

dieu Et selon la glose cest a entendre de la poste bonne et de la poste mauuaise des princes a qui len doibt obeir se ilz ne commandent pechie Et doncques appert que nul homme ne doibt mouuoir contre eulx sedicion Mais pour plus declairer la matiere ie argue au contraire premierement car selon aristote ou prosesme dethiques le bien commun est aussi comme vne chose diuine et doncques chascun doit tendre a le amender et a le purgier de mal, et ce peult estre par sedicion contre les mauuais princes ou pour leur mauuais consilliere. Item les tyrans tiennent contre nature par force et par violence en seruitute leurs subiectz qui sont naturellement francs Et doncques il loist aux subiectz ceulx deliurer et mettre hors de telle peine par force et par rebellion. Car sicomme dient les droiz Vim vi repellere licet Il loist a rebouter force par force

¶ Item aristote dit que les bons feroient tresiustement sedicion et doncques sedicion est chose qui ce peut iustement faire. ¶ Ie respons et dy au premier que combien que reformer la police soit tresgrant bien toutesuoyes ce nest pas a faire fors par bon moyen Et autres manieres sont de corriger princes que par sedicion Car selon aristote ou piii e et ou piiii e . chapitres du tiers toute la multitude ensemble a poste ordinaire de corriger les princes Et quant tous ensemble ou les dep

putez a ce sont telles corrections du/
ne voulunte ce nest pas sedicion et si
ne resistent a la poste car ilz ont poste
souueraine Et ainsi firent les rom/
mains de neron lempereur Et ceulx
de iherusalem de la royne athalye Et
ace sont deux exemples de deux ty/
rans ou dit. chapitre apres et plusi/
eurs autres Et mesmement quant les
oppressions et tyrannies sont tresex/
cessiues ce peut faire iustement la mul
titude se elle nest bestial et seruille si
comme il fut dit ou pres. chapitre du
tiers Et que par sa misere et pour son
pechie elle nest digne de pouoir et sa/
uoir et vouloir ce faire ¶ Au second
ie respons comme dit est que toute la
multitude peult bien rappeller ceste
uiolence se elle est greuee oustrageu/
sement et sans ses demerites Mais se
elle est indigne et miserable combien
que en elle soient aucunes bones et tus/
tes toutesuoyes il ne loist a nul mou/
uoir sedicion ne diuision car il feroit
contre lordonnance de dieu Qui prop
ter peccata populi regnare facit ypo/
critam. Lescripture dit que dieu que
il fait regner les mauluais pour les
pechiez du peuple ¶ Et ace que la
loy dit que il loist rebouter force par
force ¶ Cest a entendre entre ceulx
dont ung nest pas subiect et laultre
seigneur car il ne loist pas au subiect
contre son seigneur Mais doibt sou/
stenir en pacience et soy passer sicome
dit le sage Innocens pertransit et af/

flictus est dampno. ¶ Et de ce dit a/
mos le prophete ¶ Ideo prudens
in tempore illo tacebit quia tempus
malum est ¶ Pource le prudent en ce
tempz se taira car le temps est mal.
Et le sage dit diues iniuste egit et fre
mebit pauper autem Iesus tacebit
Le riche fait iniustice et le poure souf
fre et se taira Mais comme dit est bo
ne communite nest pas par droit sub
iecte a mauuais prince Mais aussi
comme le peuple est pugni par le prin
ce qui en ce fait mal semblablement
peut estre que le prince est pugny par
sedicio Laquelle est mal sicomme fut
tules cezar et dauid par la sedicion q
fist absalon son filz Et est possible
dune chose que ung se face iniuste/
ment et que lautre le seuffre iustemet
Et aussi comme nostre seigneur dist
que il est necessaire que scandales vie
nent Et toutesuoyes celluy est mau
dict p qui escandelle vient Sembla
blement de sedicion aucunesfoiz viet
grant bien et peut estre expediente
¶ Car sicome dit sainct augustin dieu
fait venir le bien du mal Et Boece
dit que il adresce toutes choses a bien
Ad bona dirigens cuncta disponit
¶ Au tiers ie dy que aristote ne dit
pas absoluement que les bons font
sedicion Mais il dit ferotent Cesta/
sauoir se cestoit chose a faire et dit a/
pres que ilz ne les font pas Et par
ce appert que ce nest pas bien car au
trement ilz pecheroiet se ilz ne les fai

soient. Mesmement pour la reforma
cion & saluacion du bien publicque
Car sicomme dit saint iaques q̃ scet
bien faire et ne se fait il peche Scienti
bonum facere et non facienti peccatū
est illi. ¶ Or appert doncques par rai
son & par aristote et par le saincte es
cripture que sedicion nest pas loisible
& pour quelles causes Et apperta en
cor par ce que sera dit apres en le .pie.
chapitre ¶ Et ce est ce que me sem
ble a present sauf meilleur opinion et
auecques toute bonne correction

¶ Apres aristote mect vne aultre
cause de sedicion ¶ Tex
Ité aucuns sont qui pource que ilz
ont excellence selon noblesse de ligna
ge ilz ne se repputent pas equaulx
aux autres mais pour ceste inequa
lite ilz se repputent simplement plus
dignes Et ceulx semblent estre telz
& semblent estre nobles desquelx les
progeniteurs ou predecesseurs ont es
te vertueulx et riches ¶ Glo. Car
telle chose est gentilesse sicomme il fut
dit ou .piie. chapitre du quart.

¶ Tex. ¶ Et doncques les choses
dessusdictes sont les pricipes et com
mancemens Et sicōme len peut dire ce
sont les fontaines de sedicious et dōt
vient ce q̃ les gens meuuent sediciōs
¶ Glo. ¶ Apres il met deux manie
res de mutacions de polices ¶ Tex.

¶ Et porce les transmutacions des
polices sōt faictes en deux manieres
Car aucunesfoiz de la police qui es
toit deuant instituee len ce depart et
constitue len vne autre police sicom
me de democracie len fait olygarchie
ou au contraire dolygarchie len fait
democracie ou cōme police & de de
mocracie & dolygarchie len fait aris
tocracie ou au contraire de aristocra
cie ou de commune police len fait de
mocracie ou olygarchie. ¶ Glo.
Jouxte ce que fut dit ou piie. chapi
tre du quart Apres il met la seconde
maniere & nest pas mutacion de po
lice mais est mutacion en police

¶ Tex. ¶ Ité aucunesfoiz ilz ne cō
stituent pas autre police Mais ilz es
lisent & veullent tenir la police deuāt
instituee & veullent & establissēt q̃ il
tiendront ceste police par eulx & pour
eulx sicōme ilz font aucunesfoiz en oly
garchie & en monarchie. ¶ Glo.
Quāt la police est ptinuee & les loix
& ordonnances sōt vne mesme excep
te q̃ les princes qui estoient esleuz ou
prins indifferuement de touz ilz or
ordonnent q̃ ilz succedēt lung de lig
nage ou dung pays sicōme par auentu
re il fut ordonne que lemperie de rom
me & les electeurs seroient almane &
sēblablement quant le prince demeu
re vng mesme et il est translate dune
gēt en autre iouxte ce q̃ dit lescripture
Regnum de gēte in gentē transfert
Apres il met deux autres manieres
de transmutaciōs ¶ Tex. ¶ Item
transmutaciō de police peut estre fai
cte en vne mesme espece q̃tal de pl9 a
moine ou de moins a pl9 sicōme se oly
garchie estoit muee a plus olygarchi

p. iiii

zer ¶ Cest adire a gouuerner par plus forte et plus dure maniere ou a moins olygarchizer ou se democracie estoit faicte plus ou moins democracies. ¶ Et semblablement es autres polices quilz fussent faictes plus telles ou moins telles ¶ Glo. ¶ Et soubz ceste matiere est comprise la transmutacion q̃ est faicte dune espece especial de police en autre lesquelles sont soubz vne mesme espece general de police sicomme quant vne espece dolygarchie est muee en vne autre espece dolygarchie plus forte en tendãt & traiant a la prãnie ou en vne plus fieble en tendant a democracie Et aisi des autres polices dõt les especes especiaulx furẽt mises ou quart liure en plusieurs chapitres Apres il met la quarte maniere

¶ Tex. ¶ Item len peult faire mutacion de police non pas en tout mais en partie sicomme instituer ou destituer aucũ princep ou office publique. Et dit len q̃ ainsi le lacedemone vng appelle Lipander se efforca de oster vng princep que il appelloit royaume ¶ Glo. ¶ Iustin en son quart liure fait mencion de lipander Et est assauoir que le prince quilz appelloient & que il appelle icy royaume nest pas selon police royal ne royaume proprement Mais estoit vng capitaine en guerres sicomme il appert ou liure de iustin ¶ Tex. ¶ Et le roy pansonias volut oster et deffaire vng princep ou office appellee efforie ¶ Glo. Ceulx de tel princep auoient la cõg-

noissance de ptractz et pouoir de tracter des faiz des guerres & de ce fut dit ou p viii. chapitre du second Et iustin en son quart liure dit que pansonias fut roy dathenes Et que il banit hors de la cite dip tyrans Mais albert dit autrement & semble q̃ il nauoit pas veu les hystoires en ceste partie ¶ Tex. ¶ Et en vne cite appellee eppdame la police fut transmuee selon partie car aucuns couuoitoient trop les princeps & estoient appellez philarches ¶ Glo. ¶ Car en grec philos cest amour & archos cest prince ou princep ¶ Tex. ¶ Et pource il firent et establirent vng office ou princep appelle le conseil Et encor est il necessaire en celle cite quãt len fait election daucun princep que touz les princeps et officiers voisent ou polic̃eine Cest adire a lassemblee qui a dominacion sur la police et vng princep qui estoit deuant en ceste police estoit chose olygarchique ¶ Glo. Cestoit vng princep qui auoit tresgrãt seigneurie & de pou de gens et a leur proffit Et estoit trop desire & pource chacie p̃ des p̃ amie p̃ fraudes Car ilz auoient paour de prẽdre & eslire auecques eulx ceulx q̃ vouloient Et pource fut il oste & destrui cõe dit est.

¶ Du second chap il declaire plus a plain la cause principal de sedicion

Par tout est faicte sedicion pour cause de inequalite Mais equalite proporcionnelle nest pas seullement en p̃sone ou en choses equales ⸿Glo. Mais est mesme en choses ⁊ psōnes inequales ⁊ ce declare il apꝛs. ⸿T. Car peut estre pose q̄ aucūs soiēt inequaulx q̄ dōner a vng le royaume a ppetuite est chose inequale et iniuste ⸿Glo. Car pbien q̄ il soit meillr ce nest pas en tant q̄ il doye auoir si tresgrāt hōneur. Et dōc q̄s en gēs lequaulx peut estre lequalite ⁊ p psequēt equalite quāt lē distribue a sūg plꝰ a faut mols selō sa valeur ⸿Tex. Et sīplement a parler les gens sont sedicion pource quilz q̄rent equalite ⸿Glo. Ou cupidēt ou faignent querir. Aprs il met deux manieres de equalite ⸿Tex. Et equalite est en ii. manieres vne est en nombre ⁊ lautre est selon dignite ⁊ ce que ie dy en nōbre cest a entendre vne equalite en multitude ou en magnitude ⸿Glo. Par multitude il entēd quātite discrete sicōe dix deniers en dix persōnes ⁊ par magnitude il entend quantite continue sicōe vne lance de dix piez Et par ceste equalite il nentend pas equalite des choses ou des persōnes absoluemēt Mais il entend equalite des exces en quoy les vnes passēt les autres sicōe il appert par lexēple q̄ il met apꝛs ⸿Tex. Et lautre maniere qui est dicte selon dignite cest equalite en raison cest a dire en pporciō ⸿Glo. Aprs il declaire p exemple et en termes ce q̄ dit est ⸿T. Sicōe selō nōbre iiii. excedēt ii. esqualemēt cōe ii. excedēt i. Mais en pporciō iiii. excedēt ii. equalemēt sicōe

ii. excedēt i. pource q̄ ii. est equale ou telle ptie de iiii. cōe i. est de ii. car ii. est la moytie de iiii. ⁊ i. est la moytie de ii. ⸿G. La pmiere maniere est appelle selō nōbre cest pporcionnalite arismetiq̄ ⁊ est equalite de exces sicōe vp̄iiii. excede vp̄ii. dautāt cōe T. excede de iii. Et la seconde q̄ il appelle en pporciō cest proporcionnalite geometrique sicomme vp̄iiii. excede vp̄ii. en telle pporcion cōe ii. excede i. Cestassauoir en pporciō double Et ceste pporcionalite est equalite de pporcion pose q̄ les pporciōs soiēt de choses equales sicōe ii. a ii. ou de choses inequales sicōe de iiii. en ii. ⁊ de vi. en iii. Et la pmiere equalite est reqse en iustice cōcatiue ⁊ la secōde a iustice distributiue sicōe il appt ⁊ fut declaire plꝰ a plain ou v.ti.cha. du quīt dethiques ⸿T. Et ceulx q̄ pfessent q̄ la maniere de distribuer les pxceyz ou hōneurs ⁊ offices selō dignite cestassauoir selō pporciō de valeur est sīplemēt iuste chose il differēt sicōme il est dit devāt ⸿Glo. Ou chap pcedēt Et pource q̄ la nate des pxceyz ou honneurs nest pas q̄ ilz doiuēt estre oxdōnez selō iustice cōicatiue sicōe p vēdxe ou acheter Mais selō iustice distrrbutiue pource dit il aps. Aps il repete la maniere coment ilz different
Proporcionalite arismethique.
iiii   ii   i
Proporcionnalite geometrique
iiii   ii   i
⸿Tex. Car les vngs se ilz sont

equaulx selon aucūe chose ilz cuydēt que ilz soiēt equaulx du tout Et les autres silz sont inequaulx en aulcune chose ilz signifient et dient que ilz sont inequaulx en toutes choses Et pource sont faictes mesmement deux polices Cestassauoir democracie et olygarchie ¶Glo. ¶Quant il semble a aucuns pource quilz sont hommes et francs comme les aultres sont que cest contre raison que nul doye auoir auantaige ne estre preferé pour richesses ou pour noblesses Adōcques ilz veullent que tous participent equalement es honneurs et offices publiques et cest police democratique sicōme il est dit plusieurs fois Et quāt aucuns cuydēt que pource que ilz sōt plus riches que les aultres ne soient pas dignes de participer en la police par ce est faicte olygarchie sicomme souuent dit est. ¶Tex. ¶Et simplement du tout en tant cest mauuaise chose destre ordonne ou dauoit ordonnance et selon vne equalite et selon lautre des dessusdictes ¶Tex.

¶Cestassauoir selon equalite de liberté en democracie et selon equalite de proporciō de richesses ou dolygarchie et ce declairé il apres par signe

¶Tex. ¶Et ce appert parce quil aduient Car nulle de telles polices nest parmanente ou durable et la cause est ¶Car cest impossible de ce ou il a vice des se premier et le commencement que il ney viengne aucū mal en la fin Et pource il conuient vser

en aucūes choses de equalite arismatique. ¶Glo. ¶Cestassauoir en tenant iurisdicion de cōtractz et de punicion et de telles choses car equalite selon proporcionalite arismetique est requise en iustice cōicatiue sicōe il appert ou viie. chapitre du quint dethiques. ¶Tex. ¶Et en autres choses de equalite qui est selon dignite ¶Glo. ¶Cest adire equalite selon proporcionalite geometrique laquelle est requise en iustice distributiue sicomme il fut dit ou viie chap du quint dethiques et mesmemēt en distributiō de priceptz et hōneurs publiques a chascun selon ce ql peut et vault et est habille Et ceste equalite nest pas tenue es deux polices dessusd et pource elles sont mauuaises cōme dit est.

¶Tex. ¶Mais toutesuoyes democracie est plus seure et moins sedicieuse que nest olygarchie Car en olygarchies sōt faictes deux manieres de sedicions Vne est des princes les vngs vers les autres. Et lautre est entre les princes et le peuple Mais en democracie est seullement sedicion contre olygarchie ¶Glo. ¶Cestassauoir des poures contre les riches quāt les riches veullēt tenir olygarchie et suppediter les poures.

¶Tex. ¶Car le peuple lung autre ne faict oncques sedicion qui soit adire ne digne de reputacion.

¶Glo. ¶Cestassauoir poures cōtre poures. ¶Apres il met vne autre raison ¶Tex. ¶Item la police qui

est de gens moyens cestassauoir com
mune police est plus pchaine du peu
ple cest adire de democracie que nest
la police que est de pou de gens Cest
assauoir olygarchie ⌈Glo. ⌈Ce
fut dit ou plie. chapitre de le viiie. de
thiques ⌈Tex. ⌈Et commue po
lice est plus tresseure de toutes telles
polices ⌈Glo. ⌈Sicomme il fut de
claire ou pvie. chapitre du quart Et
par consequet democracie qui est pl9
prochaine de ceste est plus seure que
nest olygarchie

⌈Du tiers chapitre il met en gene
ral les causes & les principes de sedi
cions & transmutacions de polices

Pource q nous pside rons dont
viēnēt les sedicios et les trās
mutacions vers les polices
nous predios pmierement les principes
& les causes de ces choses Et sicōe lē
peut dire presque trops choses sōt les
quelles il conuient determiner selon
elles et considerer premierement gros
sement et generallement Car il con
uient prendre la maniere comment se
seulent auoir ceulx qui meuuent se
dicions. Item pour quelles fins ilz
les meuuēt Et tiercemēt quelles cho
ses sont principes et commancemēs
de turbacions ciuilles & de sedicions
que len fait les vngs contre les aues
⌈Glo. ⌈Apres il prent ces trops

poins par ordre ⌈Tex ⌈Et la ma
niere ou qualite q les gens ont quāt
a telle transmutacion est mesmemēt
a mettre & a dire telle vniuersellemēt
cōme nous auons dit deuāt ⌈Glo.
Es deux chapitres precedens Apres
il repete ⌈Tex. ⌈Car aucuns sōt
de telle maniere quilz apetent et desi
rent equalite Et parce ilz meuuent
sedicion seilz cuident moins auoir q
ceulx qui sont par dessus eulx & qui
ont plus et aux qlz ilz sont equaulx
siede il leur sēble Et les autres appetēt
inequalite excees Et cupdent que ia
soit ce que ilz sont inequaulx & plus
dignes ilz nont pas plus que les aul
tres moins dignes Mais ont equale
mēt ou moins G. Des hōneurs ou
proffitz publicques ⌈Tex. Et ces
choses se lē peut appeter iustemēt &
aussi lēs peut apeter iniustemēt
⌈Glo. ⌈Cellui qui est digne da
uoir mieulx que il na il peut appeter
mieulx iustement & autre non Mais
pource ne doibt il pas mouuoir sedi
cion sicōe il fut dit ou premier chapi
tre ⌈Tex. ⌈Et les moindres ou
ceulx qui ont moins sōt sedicions af
fin que il soient equaulx es autres &
ceulx qui sont equaulx aux aultres
il font sedicion afftn quil soieut plus
grās Et dōcques alsi est dit qlie manie
re de soy auoir ōt ceulx q sōt les sedi
cids G. Aps il dit du secōd polt. C.
Et les choses de quoy ilz sōt dissecid
& pour lesqlles ilz meuuēt sedicio
vne est gaing ou proffit et lautre est

Fueillet.

honneur. Et auſſi ſont ilz pour les choſes contraires a ceſtes. Car pour ce que ilz finent et recuſent ou haient deſhonneur ou dōmaige ou pour eulx meſmes ou poꝛ leurs amis ilz font ſeditions es citez. Glo. Apꝛes il parle du tiers point. Tex. Et les cauſes et les principes de telz mouuemens et pour quoy les gens ſont diſpoſez tellement Et pour quoy il tendent ou contendēt aux choſes deſ ſuſdictes. Glo. Il touche les ii. premiers poins ceſt aſſauoir la qualité et lappetit de telles gens Et la fin pour quoy ilz ſōt ſedicio Et il met icy les cauſes qui les meuuent a ce.

Tex. Sont dit en nōbre mais encoꝛ ſont elles pluſieurs. Glo.

Il en met dit qui ſont cauſe de ſeditions occultes et apꝛes il en met autres qui ſont cauſes de ſedicions appertes. Tex. Leſquelles vii. ſont les deux meſmes qui ſont deuant dictes Mais nō pas en vne meſme maniere car les gēs contendēt enſemble pour gaing ou pꝛoffit et ſur la matiere de honneur aucuneſſoiz affin de pꝛendꝛe ou auoir telles choſes poꝛ eulx en la maniere q̄ il eſt dit deuant Mais ilz contēdent par ce quilz voient les autres Ceſt aſſauoir aucuns qui ont ces choſes iuſtement et aucūs qui en ont plus que il nappartient iniuſtement. Glo. Et dōcques ſen fait ſedicion pour pꝛoffit et honneur acquerir pour ſoy ou pour ce que ſen voit que ilz ſont autres diſtribuez

iniuſtement Et la pꝛemiere maniere il la miſe deuant Et la ſeconde il la met maintenant. Apꝛes ces deux cauſes il met cinq autres. Tex.

Item len fait ſedicions et contēcions pour iniures pour paour pour exces pour deſpit pour excroiſſance pour pꝛoporcion. Glo. Il met les deux derrenieres pour vne ſicōme il appꝛt ou chapitre enſuiuant ou quel ſeront les cauſes declarees. Apꝛes il met les cauſes de ſedicion appertes. Tex. Item encoꝛes ſont diſſencions en autre maniere. Ceſt aſſauoir pour vergonde pour peralipſion poꝛ petitece pour diſſimilitude. Glo. Ces choſes ſeront declares ou quint chapitre.

Ou quart chapitre il declaire en particulier les vii. cauſes de ſedicion occulte.

Les cauſes deſſuſd ſōt deux Ceſt aſſauoir iniure et gaing deſquelles il eſt pſque maniſeſte et notoire quelle puiſſance elles ont et en qlle maniere elles ſōt cauſes de ſedicions. Glo. Len meut ſedicions contre ceulx qui ſont ou q̄ ont fait iniures et cōtre ceulx qui pꝛennent gaing et pꝛoffit oultrageuſemēt ou iniuſtement. Tex. Car quāt ceulx qui ſont eſtabliz es princeps font iniures et ilz ſuppeditent les cytoyes ſubgectz adoncqs les ſubiectz meuuēt ſediciōs ētre les princes et ātre leurs policee ou gouuernement & ne veullent soustenir telles puissãces ¶Glo. C'est quãt ilz se attribuent trop grãt pouoir ou quãt ilz sont trop de seigneurs et de trop grant estat Et de ce raconte iustin ou xpieme liure cõment ceulx de cartaige misdrẽt correction en ce quilz auoient vi. princes filz de roys & dit Familia tantorum imperatorum grauis erat libere ciuitati La famille de tant & de si grãs seigneurs estoit griefue a la cite Et pource ilz establirẽt C. citoyens aux qlx les princes rendoiẽt cõpte de tout ce qlz despendoiẽt en guerres ¶Tex. Et les epces du gaing ou du proffit ilz les prẽgnent aucunesfoiz des biẽs ppres des subiectz & aucunesfoiz des biẽs cõmuns ¶Glo. Car ilz iposent tailles & epactiõs sur le peuple ou il prẽnẽt les reuenues fiscales & le tresor publiq en appliquãt a leu ppre pfit & nõ pas aux negoces cõmũes Et aristote met ces ii. causes ensẽble/cest assauoir iniure & gaing Eur en prenãt tel gaing ilz sõt iniure aux citoyens Et que iniures soient causes de mutacion de polices il appert par la saincte escripte ecclesiastici ix. Regnũ de gente in gentem transfertur &c. Apres il declaire vne autre cause

¶Tex. ¶Item il est tout cler q̃ honneur est cause de sedicion & que il penace & conuient car ceulx qui ne sõt honnorez et voient les autres honnorez ilz font sedicions Et ces choses cest assauoir honneur & non honneur sõt faictes iniustement quant aucũs sõt honorez oultre leur dignite & valeur ou quãt ilz ne sõt pas honorez selon ce q̃ ilz sont dignes Et sõt faictes iustement quant len fait a chascun selõ sa dignite ¶Glo. ¶Selõ ce q̃ il est digne ou nõ digne. Apres il declaire vne aut cause /¶Tex. ¶Item sedicions sont sctes por epces C'est assauoir quant aucũ seul ou plusieurs ont plus grãde puissãce ou tresgrande entre ceulx de la cite ou quãt ilz ont tresgrãde puissance ou policeine cest adire en la dñacion de la police. ¶Glo. C'est assauoir quant ilz sõt puissãs de richesses ou damis ou quãt ilz ont grãt pouoir ou pricex Et porce telzgẽs meuuẽt sedicion & ptre les prices & veulẽt estre souueraine ou les autres citoyẽs sõt tre ceticy pspiraciõs & sedicides pr reprimer leur puissãce ¶Tex. Car acoustumemẽt p telz gens est faicte monarchie ou potentat ¶Glo. Car ou vng seul vsurpe monarchie tyranniq̃ ou vng petit nõbre sõt potentat olygarchiq̃ cest adire vng gouuernemẽt de puissance & de volunte Et pource ilz ont acoustume en aucuns lieux releguer telles gens cest adire enuoyer en exil ou bannir du pays sicomme ilz font en athenes & en argo ¶G. C'est vne cite de grece de quoy est faicte mencion en lobsidion de troye Et semblable chose met lescripture de abimeleth q̃ dist a psaac Recede a nobis q̃ potẽcior nobis factus es valde. Depars toy dist il dauecques nous/car tu es deuenu

Fueillet.

trop plus puissãt que nous ¶Tex. Ja soit ce que il fut mieulx de regar/der z pourueoir au commãcemẽt en qlle maniere ilz ne se puissent tãt acroistre ne tant expceder en puissance que il nest de guerir tel mal et de querir remede apres ce que len a souffert et en dure qil ne soit fait. ¶Glo. ¶Et a cest propos il fut dit ou prpe. chap du tiers que il est mieulx q se legislateur pouruoye ace au commãcemẽt quãt il instiue sa police affin que il ne cõuiengne apres vser de telle medecine comme est relegacion Et les manieres de la prouision z cõment len peut iustemẽt obuier ace q nul ne soit fait trop grãt furẽt touchees en glose ou prpe. chap. du tiers ¶Aps il declaire Vne autre cause ¶Tex ¶Te les gẽs meuuẽt sedicions pr paour Et aussi sõt ceulx qui ont faictes choses iniustes porce que ilz craignent que ilz ne paient Veniance z que ilz ne soient pugniz z aussi sõt telles choses ceulx qui ont paour de souffrir iniustices Et pource il veullent preuenir et obuier auãt q te leur face choses iniustes sicõe en Rodes q les nobles se assemblerent z fisdrẽt sedicion contre le peuple pour les sentẽces que le peuple auoit dõnees ẽtre eulx z sur eulx ¶Glo. Iniustement z pource ilz ne actendirent pas lexecution Apres il declaire Vne aut cause et est la sixte ¶Tex ¶Itẽ il mouuẽt sedicion z se dressent les vngs contre les autres pour despection Cest adire pour ce que il

leur semble que len les a en despit et q len les desprise sicomme il aduiẽt es polices olygarchiqs quãt plusieurs sont q ne pticipent pas en la police z q se cuidẽt plus Vaillans que ne sõt les autres ¶Glo. Lors ilz meuuẽt sedicions cõtre les princes ¶Tex Et en democracie quãt aucũs richef ont en despit les aultz z les reputent cõe gẽs q ne doiuẽt auoir ordre en police ne tenir pricey sicõe il aduit a thebes Car aps la guerre q ilz eurent en homosite il politizerẽt mal Cest adire il gouuernerẽt mal et fut corrumpue lez democracie ¶Glo. ¶Car pauẽture les poures firẽt sediciõ ctre les riches z obtindrẽt z fut trãsmuee lez democracie en tresmauuaise espece de democracie laqlle nest pas pprement de democracie ne police sicõme il fut dit ou Viiie. c ha. du quart ¶Tex Et la democracie de ceulx de la cite de megare fut corrumpue pour la desordonnance de ceulx q auoiẽt eu Victoire z eurent deffaulte de princey. ¶Glo. ¶Car sediciõ fut fait contre eulx z fut la police turbee z trãsmuee ¶Tex ¶Et en la cite de ciracuse sẽblablemẽt auãt la tyrãnie de gelon z en rodes le peuple feist sedicion auãt q les tyrãs se adressassẽt ou eleuassent en celle isle. ¶G. Car quãt le peuple fait sedicion les vngs contre les autres ilz corrũpẽt lez police adõcqs se peult estre q aucũ ou aucũs occupent la seigneurie par tyrannie. ¶Apres il declaire Vne aultre cause et est la septiesme ⁋Tex ⁋Ité transmutacione de police sont faictes pour excroissance q̄ est por pporcion ⁋Glo Cest adire pource que aucune partie de la police est creue τ faicte grande oultre pporcion deue ⁋Tex ⁋Car ainsi comme ung corps est impose de ces parties τ conuient q̄ elles croissent τ soient faictes grandes pporcionnellement affin q̄ la cōmensuracion τ la mesure de vnes pties au regart des autres demeure τ soit gardee ⁋Glo. Et ceste pporcion doiuēt sauoir ceulx q̄ sont les ymages ⁋Tex ⁋Car se il nestoit ainsi la bōne disposicion du corps seroit corrūpue sicōe quāt le pie seroit de iiii. costees τ lautre corps ne seroit que de ii. palmes Et aucunesfoiz ce corps seroit transmue en forme dautre beste Cestassauoir ilz croissēt hors pporcion nō pas tāt seulemēt en quātite mais en qualite. ⁋Glo. Cest adire se la cōplexion estoit muee en cōplexion daut espece de beste mais cest impossible naturellemēt sās corruption de tel corps Et pource aristote pl̄e icy soubz cōdicion τ pour exemple non pas absoluement Et neātmoins aucunes veullent dire que aussi cōme p alquimie ung metal est mue en autre que semblablement par art vne beste peut estre muee en autre espece de beste Et sont liures de ce et est art magique Et saint augustī ou xviii de ciuitate dei recite de plusieurs telles transmutaciōe τ les reppute incredibles Et telles sont les fables de

ouide ⁋Tex ⁋En ceste maniere semblablement cite est cōposee de ces pties desquelles il adutent souuēt q̄ aucune croist grandement sans ce q̄ len appartiene sicomme fait aulcune multitude des poures en democracie τ en communes polices ⁋Glo. Et parce quant ilz voient q̄ ilz sont les plus fors ilz mennent aucūes foiz sedicions τ est la police transmuee

Est exemple que met icy aristote nest pas a passer sans cōsideracion Car aussi cōme ung corps est compose de plusieurs membres differens desquel p̄ chascun a son office τ sont lung por lautre et pour tout le corps Semblablement est il de toute bonne cōmunite politique ⁋Et cest exemple mect saint pol a cest propos τ la declaire diffusemēt et largemēt p̄e. ad corl. pit. ⁋Item sicomme il est recite en policratiq̄ plutarcus escript vng liure a lempereur traian au q̄l il dit ainsi Res publica est quoddam corpus quod diuinis muneris iustar bn̄ficio aīat Et summe equitatis agitur metu. et regitur quodammodo ramine rationis. ⁋Il dit que la chose publicque est ung corps qui est aussi comme anime τ viuifie du beneficē dung don diuin Et est demene aussi cōe p ung vouloir ou ung plaisir de souueraine equite et est gouuerne par vng moderement ou attrempement de raison Et apres est escript cōmēt en cest corps Cestassauoir en

Fueillet.

la chose publique le prince tient le lieu du chief et les preuostz et iuges tiennent le lieu des oreilles et des yeulx. Et le senat C'estassauoir la collection de multitude de sages tiennent le lieu du cueur Et les cheualiers qui deffendent et gardent cest corps tiennent le lieu des mains Et les cultiueurs des champs et autres laboureurs q̃ sont aussi comme tenans et aderans a la terre tiennent le lieu des piez Et doncques appos tout aussi come le corps est mal disposé quant vnge des mẽbres atraict a soy trop dumeur nourrissement et de acroissement Car par ce il est faict trop grant oultre proporcion deue et est trop enfle Et les autres membres sont trop petis et aussi comme sechiez et desolez par deffaulte de nourrissement Et p̃ce tel corps ne peut longuement viure. Semblablement la police est mal ordonnee et ne peut durer longuemẽt quãt vng par exactions ou par mauuais contractz ou par loix mal mises ou mal tenues vng des mẽbres atraict a soy trop de nourrissement C'estassauoir de richesses par quoy tel membre est fait trop gros oultre iuste mesure et telle police est aussi comme vng maistre et comme vng corps malade Et par ceste maniere et en tel exemple p̃loit nostre seigneur du corps de la police du peuple disra-l par son prophete psaie en disant Omne caput languidũ et omne cor merens a planta pedis vsq; ad verticem nõ est in eo sanitas vulnus etc. Briefment il veult dire que il ny auoit membre sain.

¶Item a cest propos fut vng bel exemple de musique mis en le pr̃.chap̃ du second ¶Et trops autres mis ou p̃p̃e chapitre du tiers par lesquelz il appert que ce est mal quant vng membre de la police passe les aultres Immoderement en puissãce ou en richesses Et de ce fut assez dit en la fin du p̃ vi.chapitre du quart Et pource les gouuerneurs de quelcõque police seculiere ou deglise deuroient soigneusement prendre garde a telle chose Mais plusieurs telz eurent plus de leur propre proffit. Et querunt que sua sunt etc. ¶Sep. ¶Et telle excressance et transmutacion auient au cũ esfoiz et est faicte pour cause de fortune sicomme il aduint en tarete car apres ce que grant multitude de nobles et de notables du pays furent vaincus et perilz par ceulx de la pige Et apres tantost par ceulx de medite il sensuit q̃ de commune police q̃ ilz auoient deuant fust fait democracie. ¶Glo. ¶Car quant les gens notables furent mors ou prins adõques la partie des poures populaires fut la plus forte et firent sedicion contre vng peu de richee qui estoient demourez. ¶Sep. ¶Item en lisle de argo quant ceulx de septime la cite furent perilz et mis a mort par vng des lacedemones appelle theomenes il conuient q̃ ilz receussent et feissent cytoyens aucunes de leurs seruans

Le quint liure.

¶Glo. ¶Et fut faicte telle muta
cion cōe en lepēples dessusmis car la
multitude des poures fut trop gran
de ¶Tex. ¶Itē en athenes apres ce
que ilz eurēt eu vne infortune en cha
pitre ⁊ en bataille ⁊ q̄ par ce les no
tables furent faiz en petit nōbre
¶Glo ¶Semblablemēt cōe dit est se
police fut transmuee en democracie.
¶Tex. ¶Et la cause de ceste infortu
ne fut car en la guerre laconique, c'est
adire contre ceulx de saconie ilz auoi
ent ordonne deuāt q̄ ilz n'enuoyeroiēt
en la guerre fors vng certain nōbre
de gēs ¶Glo. ¶Et pource ilz ne furēt
pas assez fors ¶Et ces iii. exemples sōt
cōmēt cōmūe est muee en democracie
¶Apres il met ēpēple cōe democracie est
muee en olygarchie ¶Tex ¶Et
ceste mutacion aduiēt es democracis
es et moins souuent Et c'est quant
plusieurs sont faiz poures ou quant
les riches daucune sōt grādemēt an
ciennes adoncq̄s sont les democraci
es transmuees en olygarchie ⁊ en po
tentaz ¶Glo ¶Vng petit nōbre oc
cupe ou usurpe la dn̄acio quāt il ad
uient fortune q̄ ilz sont plus riches q̄
les autres Et ce peult estre en deux
manieres sicomme il touche C'est a
sauoir ou pource q̄ leurs richesses sōt
creues ou pource q̄ les richesses des au
tres sont appetisses ou poses li.cau
ses ⁊ lors tiennēt olygarchie ou potē
tat Et est potentat la trespire espece
d'olygarchie ⁊ qui use de poste ⁊ de

de politiques.   L.v.ix.

uolunte sans loix

¶Du quint chapitre il declaire les
causes de transmutacion de polices
sans sedicion occulte

Et aucunesfoiz les polices trās
muees sans sedicions Glo.
C'est assauoir sans occulte cō
spiracion ou dissencion ¶Tex ¶Sicō
me en la cite de orarie ilz ordonnerent
por ceste cause q̄ les princes fussēt pris
p̄ sort ⁊ q̄ ilz ne fussēt plus faiz par ele
ction. Car il elisoient aucune qui a
uoient souffert Sercunde. ¶Glo.
¶C'est adire q̄ ont este diffamez ou qui
ont este repris ou nottez d'aulcū grāt
vice Et les princes eslisoiēt telz gen
es grādes offices et aux princeps por
pecune ou pour autre mauuaise fa
ueur Et par ce appert q̄ election par
sort uault mieulx que ne fait election
de mauuaise science Et a parler fami
lieremēt de nostre police se le pape es
toit deceu par aucuns qui ont affec
tion corrūpue il esliroit souuēt mois
bon prelast que ne feroit le chapitre
ou le couuent par sort sicomme sē fait
le roy a la feue ¶Apres il declaire
une autre cause ¶Tex. ¶Itē
transmutacion de police est faicte por
cause de perulpencion C'est adire de
pou repputer la police

¶Je dy donques que telle chose est
quant les princes seuffrent ⁊ fōt que

y.4

aucune entrent ce princeps q̃ ne sont pas amis de la police. G. Mais ilz la despriset̃ ce les desplaist. T. Si cõe en vne cite appellee ozie la police olygarchiq̃ q̃ tenoiet̃ les princes fut dissolute ce desperee quant eracie adonr̃ ot este fait prince lequel institua democracie ce fut mise en neant olygarchie. G. Car ses princes se receurent aueccq̃s eulx Et il estudia a desserir̃ se gouuernement luy desplaisoit ce telle mutaciõ peult estre fecte en mieulx ou en pis ce cest aussi cõe saucus estoit̃ et faiz cardinaulx ce ilz vouliset̃ muer la police ou le gouuernement de se glise pource que il ne leur plaist pas. Apres il declaire vne autre cause.

Tex. Item telles mutacions sont faictes aucunesfoiz pour petites ses ou pour petit Et est adire quãt le a este negligent de peurer ou de prendre le prince porce q̃ le repputte q̃ est peu de chose Car parce est faicte ce vient souuent sans appartenance vne grande transgression ce deffaulte de prince legitimee ce couenables G. Et lore aucuns sauis et occupetr̃ prenet̃ la d nacio. Tex. Si cõe en la cite de ambrachie ilz repputoient sonnorablete du princey petite chose que tant que en la fin nul ne tenoit le princey Car reputer vne chose petite ou repputer la neant cest prochaine chose et ne differe en rien. Glo. Par auenture en ceste cite vne grande multitude tenoient le princep ce prenoient petit pfist ce pource ilz ne curoient de tel prin

cep Et aussi finablemẽt il ny en neut cõme nulz, et adõcques aucuns se iugerent ce vsurperent la seigneurie a ses propre prosfit ce firent olygarchie. Apres il declaire vne autre cause qui est pour dissimilitude Et ainsi il aura declaire les quatre causes touchees ce nommees en la fin du tiers chapitre Tex. Item vne autre cause de sedicion est ce que les gẽs ne sont pas dung lignage ne dune affinite ou cognoissance iusques atant q̃ il ont spire ensemble Cest adire conuerse par amitie Car ouffi comme cite nest pas faicte de quesconque multitude, semblablement elle nest pas faicte en quelscõque quantite de tẽps. Glo. Car il puent que la multitude de la cite soit telle que ilz aiet̃ conuenience en aucune similitude Mais quant les gens sont de diuerses nacions ce de diuerses meurs il couient que par mariages ou par fraternitez ce par telles choses ilz se conferment ensemble et ce ne peut pas estre fait en peu de temps. Tex. Et pource plusieurs de ceulx qui conques ont receu gens estranges forains ou soutuenans pour habiter auecques eulx ilz ont estez diuisez par sedicion. Glo. Et pour paour de ce vouloit le roy pharaon que les egipciens opprimassent les filz disrael qui estoient estranges affin que ilz ne se multiplicassent ce feissent sedicion contre eulx. Apres il met vii. epẽples a cest propos. Tex. Si cõe en vne

cite appelle sybare les tropens habite
rent ensemble. ¶Glo. ¶Athape est
une prouince sicomme dit plinius q̃
fut iadiz appellee egiales, pource q̃ les
citez y sont assises par ordre sur la ri-
ue de la mer ¶Tex. ¶Et apres ce
les athaians furent faiz en plus grãt
de multitude & getterẽt hors les trop
ens ¶Glo. ¶Qui estoiẽt venuz
de troye, et ainsi les athayãs tindrẽt
la cite de sybare & la region cõme leur
& pour ce ilz estoient appellez sybari
ens ¶Tex. ¶Et de ce vint une au
tre dissencion entre les sybariens et
ceulx de thures car ceulx de sybare q̃
participoient en habitacion auecq̃s
ceulx de thures voulurent auoir de
la region & du territoire plus q̃ ceulx
de thures Aussi comme se le plus fust
leur mais ilz en decheurent & furent
desconfiz ¶Glo. ¶Apres il mect
autres exemples ¶Tex. ¶Itẽ en la
cite de bizance ¶Glo. ¶Bizance ou
bizanciũ estoit la cite q̃ est maintenãt
appellee çstantinoble ¶Tex. ¶Les
estrãges & forains pillerẽt les citoyẽs
Mais lẽ les suyuit & furẽt desconfiz
p bataille ¶Glo. ¶Semblablemẽt
le roy pharao cuida occire les filz dis
rael qui emportoient les biens des e-
gipciens ¶Tex. ¶Item ceulx de
antissene receurẽt aucuns forains q̃
estoient venuz de chio ¶Glo. ¶C'est
une ysle ou fut ne ypocras ¶Tex.
Et les getterent hors par bataille
¶Glo. ¶Car ilz faisoient sedicions
¶Tex. ¶Ité ceulx de zegle receu-

rent aucũs q̃ estoiẽt de lisle de samos
Et furent mis a mort par ces forains
que ilz auoiẽt receuz. ¶Ité ceulx de
applome misdrent gens estrãges en
leur pays pres de la mer appelée pon
tus euxiuj̃ Et porce il eurent a souf
frir p les sedicions que les estranges
murent ¶Item ceulx de siracuse a
pres ce quilz furent deliurez des tyrans et de leurs tyrannies ilz firent
que plusieurs estranges furent citoy
ens de leur cite pource que ilz leur ap
portoient des marchandises Et eurent a souffrir par les sedicions de es
tranges en tant quilz vindrent a ce
quilz eurent bataille
¶Item ceulx de antiopole receurẽt
en leur cite aucuns qui auoient estez
boutez hors & bannis de calcide dont
il aduint que plusieurs de antiopol'e
furent mis a mort par ceulx que ilz
auoient receuz. ¶Glo. ¶Ainsi
auons par dit exemples commẽt se
dicions sont faictes par gens estran
ges ¶Et telle chose aduient mesme
ment en temps de guerre Et pource
le roy pharaon aux egipciens disoit
ainsi du peuple des filz disrael quil
leur estoit estranges
Sapienter opprimeamus eum ne for
te multiplicentur Et si ingruerit cõ
tra nos bellum addantur inimicis
nostris. ¶Dit il opprimons les
sagement affin que par auenture ilz
se multiplioient trop & nous eusions
guerre que ilz ne se adioinsissent a-
uecques noz ennemis. ¶Apres

il met par quelles gens sedicions sont meues ¶Tep. ¶Et es polices olygarchiques la multitude du peuple meuuent les sedicions Car il leur semble qilz soubtiennent et que selon leur fait choses iniustes/ car ilz cuydent estre equaulx aux autres Cestassauoir aux princes et ilz ne participent pas p choses equales ou equalement auecqs les autres sicome il est dit deuant. ¶Glo. ¶Du premier chap car pource q ilz sont equaulx a les prices en liberte ilz cuydent estre equaulx simplement Et le semble q ilz ont iniustement si grade dnacio sur eulx. ¶Tep. Et en democracie les gens notables et excellens sont ceulx qui meuuent les sedicios pource que ilz participet es princeps equallemet come les aultres et ilz ne sont pas equaulx aux autres ¶Glo ¶Et pource ilz sefforcent par sedicions dauoir plus grande dnacion Et seblablemet ou pporcionnellement est es autres polices mais il y le de cestes pource q par auenture sedicions y sont plus souuent. Apres il met vne autre cause de sedicion plus accidentelle ¶Tep. ¶Et aucunesfoiz les citez soustiennet sedicios cest adire ont a souffrir p sedicios pour cause des lieux ou elles sont Et est quat la region nest pas apte ou habille ace que la cite soit vne ou bien vnie Sicomme la cite de clazomene dont les vngz habitet dedens la circuite des murs Et les autres en lisle Et semblablemet de la cite de calaphe et de celle de notique ¶Glo. Et plusieurs citez sont dont part dug fleuue et lautre de lautre et aucuneffoiz la tierce est ou milieu en vne isle sicome paris et de plusieurs autres ou que vne ptie est ou mont et lautre ou val et sont aucunessoiz sedicion et ont dissencions ensemble ¶Tep ¶Et en athenes ilz ne sont pas semblablement disposez car ceulx q hbitent aux fors bourgs ¶Glo ¶Cestassauoir en sa partie q estoit hors les murs ou moins pricipal q estoit appellee ariopag ¶Tep Sont plus enclins a police democratique que ne sont ceulx qui habitent ou fort de la cite. ¶Glo. ¶Lesquelz Veullent aristocracie ou autre police et p le ilz sont disposez a sedicios et a dissencions ¶Tep. Car ainsi come es batailles quat il aduient q elles sont pties adoncques les ouuertures celles mesmes qui sont trespetites sont distractions des ostz Semblablemet toute diuersite et difference ou dissimilitude de semble faire dissecion et est cause de diuisio Et p auenre et vertu et malice sont la tresplus grande cause de dissencion discorde et separacio ¶Glo. Car ilz enclinet a fins diuerses et contraires ¶Tep ¶Et aps ceste cause est richesse et pourete ¶Glo. ¶Car poures et riches sont de diuerses meurs et ont opinions diuerses et dissemblables Et par ce ilz sont a discort souuent ¶Tep. ¶Et ainsi apres des autres choses vne est plus cause de dissecions et de sedicios q nest laut des qlles

❡ Le quint liure.   de politiques. C.lxxj.

nous auons dit et parle de chascune ❡ Glo. ❡ I auons doncques ou chapitre precedēt declarees vij. causes de sedicions Et il en cest chapitre q̄ furent nōmees en la fin du tiers chap Et encores vne dernieres sōt doncques viij. Et cōmunemēt par sedicion sont transmuees les polices Car se ceulx q̄ les meuuēt viēnēt a leur entēte ilz muēt la police Et ce nō les autres la muēt en tout ou en partie pour obuier aux sedicions Et aucunesfoiz la police demeure vne mesme mais elle est p̄ sedicion trāsmuee dung seigneur a autre ou autres.

❡ Ou sixte chapitre il mōstre cōmēt les sedicions de petit cōmencemēt viēnent en croissāce q̄ sōt fetes grandes

L es sedicions sōt faictes non pas po’ petites choses mais des petites sedicions viēnēt les grandes Car les gēs sōt sedicios pour grandes choses mais les petites sedicions acroissēt τ enforcēt mesmement quant ilz sont entre les seigneurs Sicōe il aduint es tēps anciēs en siracuse que la police fut trāsmuee pour deux ieunes hōmes q̄ estoient ou princey ou prices q̄ eurēt dissēcion et discort ensēble τ fut meu po’ vne cause amoureuse Cest a dire pour folle amour Car vng de ces deux p̄ cupiscēce vouloit auoir lamie de laultre et faint que il estoit la p̄sonne de son amy Et apres quant il vint a la cog

noissance de laultre il en eut indignacion Et feist tāt q̄ la p̄pre fēme de celluy vint a luy τ cuydoit venir a son mary Et dōcques ces deux prindrēt τ alierent auecques eulx tous ceulx du policeine Cestassauoir qui auoient dōnacio en la police τ p̄ ce tous furent diuisez en deux parties ❡ Glo. Et de ce sensuiurēt moult de grans maulx τ de mutacions Apres il touche vng remede contre telle chose

❡ Tex. ❡ Et pource il est bien conuenable que les subiectz craignent τ redoubtēt telles choses τ q̄ ilz deffacent τ mettēt a neant les dissēcios de ceulx q̄ sont presidēs τ puissās Car au cōmencement est faict le pechie ❡ Glo. ❡ Et pource dit le poethe. Principijs ob ta. cetera. ❡ Tex. ❡ Car len dit que le commencemēt est la moitie du tout τ po’ce ceste cause ce q̄ est commencement vng petit pechie ou vng petit vice il se eviēt p̄porcionnellement aux choses q̄ sōt es autres parties ❡ Glo. ❡ Car aussi cōe vng petit vice quāt il est en aucū mēbre p̄ncipal il sēsuyt mal p̄ toutes les autres p̄ties du corps se len ny mette remede au cōmencemēt Et ainsi le met aristote de la vertu du cueur ou p̄mier liure des bestes Semblablemēt il est de police laq̄lle est aussi cōe vng corps sicōme il fut dit ou quart chap ❡ Apres il concud son propos vniuersellemēt τ met ace xepēples ❡ Tex. Et qn̄ allemēt les dissēcios des gēs notables τ p̄ncipies sōt toute

y.iii.

la cité estre prinse pour ses parties et estre diuisee sicomme il aduint en este cité apres les guerres que ilz eurent cõtre ceulx de midi que car cõme deux freres fussent a dissenciõ de leritaige de lē pere le plus poure de ces freres aussi comme cellup qui na rien eu de la substance et du tresor que le pere trouua ou acquist cestup frere adioinct ou traict et amene a soy les populaires Et laultre frere qui auoit grãde substance eut les riches a sa partie

(Glo. Et ainsi toute la cité fut diuisee (Tep. Item en delphes

(Glo. Cest vne isle la ou estoit vng solempnel temple de appollo

(Tep. Et la difference et la dissencion fut faicte pour vne cure Cest assauoir pour la garde et la cure que aucuns auoient dune pucelle Et ce fut le commencement de toutes les sedicions qui ont este apres en delphe. Car cellup qui auoit la pucelle conuenancee apres ce par le augurement dung deuineur il eut responce sinctonie Cest a dire de mauuais signe Et que il luy viendroit mal sil la prenoit Et doncques quãt il fut venu a son espousee il ne la prinst pas mais sen departit Et les autres cestassauoir les amis de la femme aussi cõme gẽs quy ont este iniuriez misdrent les mains a ce sacrifieur de choses sainctes Cest assauoir a cellup qui auoit augure et diuine comme dit est et le prindrent et apres ilz se occirent comme cellup qui auoit viole et abuse de choses sainctes

ou sacrees (Glo. Ilz luy imposerent que il nauoit pas fait deuement et a poit le sacrifice du augurement Car en tel sacrifice auoit plusieurs misteres et obseruacions et quant il estoit bien fait et le sang de la beste sacrifiee fluoit et couroit de la partie senestre sur la destre cestoit signe de bonne fortune et le contraire cestoit malle fortune Et ce recite albert du que liure qui estoit de telz argumens Mais cõmement ceulx qui croient telles choses et en vsẽt sõt infortunez et en la fin deceuz Et a ce saccorde le peuple dessus dõt il vint tant de mal (Tep. Ite en mithelene (Glo. Albert dit que cest vne isle entre grece et appule

(Tep. Vne dissection faicte por cause de mariage fut cõmencement de moult de maulx et de la guerre que ceulx de celle psse eurent contre les atheniens en laquelle vng appelle pathes prist leur cite cestassauoir athenes Et le cõmencement fut car vng athenien appelle timofanes apres sa mort laissa ii. filles Et les atheniens voulurent contraindre vng appelle dipender a prendre ces ii. filles pour ces filz (Glo. Car il estoit tresriche et nestoit pas ne de la cite mais estoit venu dehors. Tep. Et il ne les prist pas mais commẽca sedició Et courrouca et matrit les atheniens luy qui estoit estrange et venu hors de la cité

(Glo. Et peult estre que il estoit nez de mychilene Et pource mist dissécion entre eulx et les atheniens

¶Tex. ¶Item en la cite de solrenes ¶Glo. Albert dit que elle estoit ioupte dalmacie et bulgare
¶Tex. ¶Pour cause de heritaige fut faicte sedicion contre ung appelle ysanias pere de niuitor. Et contre atheratan filz de onomac̜ Et ceste sedicion fut commencement de la guerre de solrenes qui fut dit sacrū bellū. Glo. Albert dit q̃ cest adire forte guerre⁊ q̃ sacrum ce est fort Mais ie ne trouue pas ceste significatiō es aucteurs de gramoire Mais par auenture que celle guerre fut appellee saicte ou sacree pource que leritaige pour quoy la dissencion fut meue appartenoit aux tēples des dieux ou que la guerre estoit du commandement des dieux Sicōme nous auons en lescripture faisāt mēcion de liure de guerres nostreseigneur mi.ppt. ¶Vnde scriptum est in libro bellorum domini. Et tel tiltre mist maistre pierre de la palu patriarche de iherusalem en ung liure q̃ feist pour le passage de oultre mer Et en lescripture des prophetes dit aucunesfoiz Sanctificate bellum Et en michee le prophete est escript de faulx prophetes que quant aulcū ne leur veult donner Sanctificant super eum prelium Ite anciennement sacrum estoit aucunesfoiz pris aussi comme au contraire pour chose excectable et detestable Et est trap semblable q̃ en ceste signification est pris sacrū ou sacre en ceste partie quant il appelle sacre la guerre ou bataille de solrenes ¶Tex. ¶Ite la police fut transmuee en epydaure ¶Glo. Vne cite de grece. ¶Tex. ¶Pour ung mariage Car comme ung eust espouse vne femme ⁊ le pere de lespouse ou mary eust este faict ung des princeps dela cite il print et appella ceulx qui estoient hors de la malice pource q̃ il se reputoit auoir este mosquie ⁊ deceu ¶Glo. ¶Il actraist a sa cordelle ⁊ feist vne sedicion p̃ ceulx qui nauoient pas este en cause de mariage Et dit le texte que ilz estoient hors de la malice ¶Et aulcuns ont extrapoliciam Mais les aultres ont mieulx les vngs ont extra scienciā et les aut̃s ont extra malicia ⁊ sacordent assez
¶Ou viii. chapitre il declaire aucūes manieres de mutaciō de polices

Les polices sont transmuees ⁊ en olygarchie et en democracie ⁊ en p̃mere police Glo. Dune espece de police g̃nal en autre sicōme il est dit deuāt sicōme de democracie en olygarchie ¶Tex. ¶Et sōt trāsmuees p ce que aulcune chose est a prouuee ou acreue ⁊ augmētee cestassauoir ou le princey ou vne p̃tie de la cite. G. Et de ce il met vi. exēples. T. Sicōme le p̃seil de ceulx de mediq̃ leql fut fait⁊opprime en ariopage feist sa police pl9 forte ¶Glo. ¶Et moins legiere a depescier ou corrumpre ⁊ plus ferme sicomme dit lescripture du roy aulme Salomon Et firmatum est regnum eius nimis Ariopagus cestoit ung fortbourg dathenes dõt fut sainct Denis et la ou estoit le temple de mars qui estoit le dieu de batailles Car ar os cest fort et pagus est ville. Et medique estoit une petite prouince tenue des atheniës et peut estre le teple expose en disãt q le pseil q ceulx de ariopage eurët de receuoir en leur ville ceulx de medique feist leur police plus forte laqlle estoit democratique sicomme il fut dit ou quint chapitre. ¶Tep. ¶Une compaignee ou multitude de gës dung nauie fut cause dune victoire qui fut en salamine ¶Glo. ¶Cestoit une cite subiecte aux atheniens ¶Tep. ¶Et par cest victoire se presupat Cestassauoir le college des principaulx de cest nauie par la puissance que ilz ont en la mer fist la police democratique de salamine pl9 forte qlle nestoit deuant ¶Glo. ¶Car ilz apeticerët la puissance et auctorite des plus riches de la cite qui vouloient faire olygarchie sur les autres. ¶Tep. ¶Item en la cite ou isle de argo ilz accepterent et esliterent aucuns des plus notables et des plus excellës pour gouuerner la guerre que ilz auoient sur la mer contre ceulx de lacedemone Et ces eulx se efforcerët de oster et deffaire la police democratique qui estoit en argo. ¶Glo. ¶Et volurent tenir la seigneurie a leur proffit et faire olygarchie ¶Tep. ¶Item en siracuse ¶Glo. ¶Cest une cite qui est en cicille dont fut saincte luce. ¶Tep. ¶Cõme ainsi fut que le peuple eust este en cause de la victoire en la bataille que ceulx de ciracuse eurent contre les atheniens transmutacion fut faicte de comune police en democracie ¶Glo. ¶Car les populaires qui se sentirent fors firent tout quilz eurent la dominacion ¶Tep. ¶Item en calcide le peuple et les notables se accorderent et occirent le tyrant appelle forlus et tantost ilz firent et eurent commune police ¶Glo. ¶Apres la tyrannie ilz firent la police qui est composee de democracie et dolygarchie sicõme il fut dit ou pli. chapitre du quart ¶Glo. ¶Et en la quelle est moyenne et bonne sicomme il fut dit ou pv. et pvi. chapitres du quart ¶Tep. ¶Item en la cite de embriche semblablemët le peuple gecta hors le tyrant appelle plander auecques aulcuns ses facteurs qui opprimoient le peuple Et instituat le peuple en soy mesmes police ¶Glo. ¶Democratique en laqlle le peuple tient la seigneurie. ¶Or auons doncques vi. exemples et sõt les deux premiers denforcement de police et les autres sont de transmutacions. ¶Apres il met de ce une reigle general ¶Tep. ¶Et uniuersellement a parler il conuient sauoir que ce ulx qui sont faiz comme daulcune puissance cest adire daucũ grant fait pose que ilz soient populaires ou gës daucuns princeps et de honnorablete ou dung lignage ou generallement quelcōque partie ou quelcōque multitude ilz meuuent sedicion.

¶ Glo. ¶ C'est adire quilz sōt cause de telle motion par vne des deux manieres lesquelles il met apres.

¶ Tex. ¶ Car ou ceulx qui ont enuie de ce que ces icy sont honnorez commcent sedicion ou ces icy mouuent sedicion ou pource quilz excedent les autres par leur grans faiz ne veullēt pas demourer en choses equales aux autres. ¶ Glo. ¶ Quant ilz ne sont honnorez plus que les autres ¶ il leur semble que ilz ont deserui honneur pour leurs grans faiz ilz meuuent sedicion ¶ quant ilz sont grandement honnorez les autres par enuie meuuent sedicion ¶ Apres il met vne aultre chose par quoy viennent mesmement telles commocions.

¶ Tex ¶ Et quant les parties de lacite ou de la communite qui sont cōtraires sont equaulx ou approchent de equalite vne a autre sicō seroient les poures et les riches ¶ Et q̄ le moyē c'est adire la partie des moyēs est aussi comme nul ou trespetit adoncques sont meues les polices. ¶ Glo

¶ Chascun des poures est inequal a chascun des riches Mais la multitude des poures peut estre equale en puissance a la puissance des riches Et lors chascūe de ces ii. p̄ties veult auoir la maieste ¶ sōt commocions ¶ contendent de pareil Et celle qui obtient mue et ordōne la police a sa guy

se ¶ a sa puissance Et pource quant la partie moyenne est la plus forte la partie moyenne est plus seure ¶ plus durable sans sedicion sicomme il appert par le p̄v̄e. ¶ p̄vi̅e. chapitres du quart ¶ Tex. ¶ Car se lune ou lautre partie des deux excede moult et en tant quelle soit manifestement la plus puissant lautre partie ne veult pas perisser ¶ Glo. ¶ La partie qui est grandement la plus feible ne ose mouuoir sedicion car ilz se mettroiēt en peril. ¶ Tex. ¶ Et par ce ceulx qui different des autres selon vertu en excellēce ne font aussi comme nulle sedicion car ilz sōt peu ou petit nōbre au regart de lautre multitude

¶ Glo. ¶ Et pource ilz noseroiēt mener sediciō ¶ daur part il ne vouldroient car cest mal sicomme il fut declaire ou premier chapitre. ¶ Apres il recapitule ¶ Tex. ¶ Et dōc que ses causes de sedicions ¶ de trāsmutacions ont este maniere vniuersellement vers toutes polices.

¶ Gla ¶ Cestassauoir en general car apres ou chapitre ensuyuant il comence a parler de ces choses en especial. ¶ Apres il met aucūes manieres comment len mue les polices.

¶ Tex. ¶ Mais les gens meuuēt ou muent aucunesfoiz les polices par violence ¶ aucunesfoiz par falace et par deception par violence ou quāt ilz contraignent les autres par force tantost des le commencement a telle mutation ou apres le commencemēt

Fueillet

Car la falace ou la deception est double ou possible en deux manieres pource que aucunesfoiz quant au commencement ilz ont deceuz les autres et fait accorder voluntairement a leur entencion quant il aduient apres quilz sont trop voluntaire et que la police leur desplaist ces icy les y detiennent et les y font tenir par force et par violence sicomme il aduint en crete car aucuns deceurent le peuple en disant que le roy donneroit pecunes pour faire la guerre que ilz auoient contre la cedemones. ⁋Glo. ⁋Et parce le peuple se consentit a la mutacion a quoy ces deceueurs tendoient.

⁋Tex ⁋Et quant le peuple ot apperceu q̃ ilz auoient menty ces decepteurs sefforcerent de retenir le peuple en ceste police par contraincte ⁋Glo. ⁋Apres il met lautre maniere ⁋Tex ⁋Mais aucunesfoiz il aduient que aulcuns enduisent le peuple a leur entencion par parsuasions et par belles parolles au commencement et encores apres ilz vsẽt de telles psuasions et ainsi ilz maintiennent le princep et les autres soient obediens voluntairement. Et doncques transmutaciõs vers toutes polices aduiennent et sont faictes pour les causes et par les moyens dessusdictes simplement et generallement.

⁋En le viiie. chapitre il monstre en especial les causes de transmutaciõs de democracie

OR conuient cõsiderer des causes et des choses dessusd les accidens pertinẽs ou apptenans chascun selon chascune espece de police Et doncques les democracies sont transmuees mesmement par la mauuestie des demagoges ⁋Glo ⁋Ce sont ceulx qui ne sont pas princes et qui p adalacion et flaterie mainent les populaires a leur volunte Et par eulx est faicte la pl⁹ tresmauuaise espece de democracie sicomme il appert ou viiie. chapitre du quart. ⁋Tex ⁋Car parce ilz sont calũniacions contre ceulx qui ont les substances et les richesses et les accusent chascun par soy ou lung apres laultre la paour commune les met a vng accort Et mettroit mesmement ceulx qui sont tresseparez ⁋Glo. Il veult dire que les riches quant ilz considerent que ces demagoges imposent a chascun deulx vices ou crimes ilz õt grãt paour que le peuple ne leur coure sus ou que il ne les pugnisse / car il a la seigneurie de la police Et pource les riches sacordent et sefforcẽt de despecier ceste police car combien que les riches ne soient pas amis ensemble toutesuoyes la grant paour q̃ ilz ont les fait tenir ensemble contre les populaires ⁋Tex ⁋Et ce sont les demagoges communement en enduysant a ce la multitude ⁋Glo. ⁋Cestassauoir contre les riches la

¶ Le quint liure de politiques f.lx piiii.

ou il dit en aucuns liures Côtra multitudinem Il a es autres contra multitudinem ¶ Et cest a dire selon vne aultre expposicion que les d’magogues par leur traison induisēt z esmeuent les riches contre les poures affin que les poures z la multitude courent sur les riches Mais quant les riches apperceuuent la male volunte de la multitude ilz se assemblent z despiecent la democracie de ces populaires ¶ Apres il monstre ce que il a dit par d’exemples ¶ Tex.

¶ Et peult len veoir pour certain q̄ ceste chose a este fete en moult de lieux Car en la cite de co ¶ Glo. ¶ Albert dit que ceste cite estoit en grece z pource les grecz estoient appellez coles en aucunes escriptures ¶ Tex. Pource q̄ les demagoges furēt faiz mauuais ou deuēdrēt tresmauluais les gēs nobles ou notables se asseblerent z fut la democracie transmue.

¶ Item en rodes les demagoges firent tant que le peuple les deputa a traictier z ordonner des gaiges pour les gens darmes z doncques ilz deffendrent que len ne rendist ou poyast riens aux tierarches des gaiges q̄ leurs estoient deuz ¶ Glo. ¶ Trieris cest nef pour guerre comme seroit galee Et est ainsi dit pource que elle auoit troys ordres dauirons. Et est ce mot en la prophecie de Balaam Venient en trieribꝰ de ytalia z cetera Et archos cest prince Et tierarche cest le prince ou maistre ou capitaine

de telle nef ¶ Tex ¶ Et ces tierarches pour les liures qui leur estoient faictes se traissierent a part z se assemblerent z deffirent z depecerent la democracie de rodes

¶ Item en la cite de eracle la democracie fut corrūpue tantost a part ce que les nobles et notables sen furent allez hors pour les demagoges Car les riches de la cite auoient este iniuriez et souffert iniustes choses par ces demogoges. Et pource se departirent de la cite sans ce que les demagoges se sceussent et apres ilz se assemblerent z vindrēt sur la cite z deffirēt leur democracie

¶ Item semblablement fut dissolue z deffaicte la democracie de la cite de megare ¶ Glo. En grec mega cest grāde Et doncques estoit elle ainsi nommee pource quelle estoit grande

¶ Tex. ¶ Car les demagoges affin quilz eussent pecunes des populaires gectoient hors de la cite moult de nobles gens z notables entāt q̄lz les firent estre fuytiz ¶ Glo. ¶ Et parce les demagoges acqueroient la grace des populaires qui haient les riches z donnoient les peuples pour ce des pecunes aux demagoges

¶ Tex. ¶ Et apres aduint que ces nobles descendirent sur la cite z se cōbatirent contre le peuple et eurent victoire z instituerēt olygarchie

¶ Item ceste mesme chose aduint en la democracie qui estoit en la cite de Cilisme laquelle democracie desseist z

Ꮯfueillet

despera ung appelle chyspmacus
Et qui considere les transmutacions
qui ont esté en autres citez il peut ve
oir q̃ elles sõt presque toutes en ceste
maniere ⸿Glo. ⸿C est assauoir p
la malice des demagoges et toutes
uoyes ce stoit hors leurs entencion
⸿Tex. ⸿Car aucunesfoiz ilz font
iniustices affin quilz aient dons.
⸿Glo. ⸿Ilz font intustices aux
riches affin que ilz leur donnent pour
paour que ilz ne leur facet ung grãt
dommage Et affin que les poures q̃
haient les riches leur donnent pour
ce faire ⸿Tex. ⸿Et pource ilz sõt
tant que les riches se assemblent con
tre le peuple et contre eulx ⸿Glo.
⸿Et ainsi il ont confusion par leur
malice ⸿Tex. ⸿Ou ilz font acroi
re au peuple que les substances et pos
sessions doiuent estre parties equale
ment ou que les rentes qui ont pour
les sacrifices ⸿Glo. ⸿Et tout ce
faisoient ilz par auarice et pour auoir
aucun profit Et parce appert q̃ des
ce temps estoient tenues ordonnees por
les sacrifices et pour les prestres et ap
pert aussi que ceulx qui vouloient tel
les rentes appeticier estoient mauuai
ses gens Et que ce stoient demagoges
flateurs et adulateurs du peuple
Et telles gens sont aulcune ypocri
tes qui prechent au peuple contre les
gens de glise qui ont possessions
⸿Tex. ⸿Et aucunesfoiz ilz impo
sẽt crimes aux riches affin que leurs
possessions soient appliquees et acq̃

ses aux populaires. ⸿Glo. ⸿Et
que parce le peuple les ait agreables
et leur face proffit

⸿Ou ixe chapitre il monstre com
ment anciennement democracie estoit
plus comunement muee en tyrannie

Es temps anciens quant unges
mesmes estoient demagoges
et duc ou cappitaine de lost
transmutacion de democracie estoit
faicte en tyrannie Car presque tous
les tyrans du temps ancien furent
faiz demagoges ⸿Glo. ⸿Et main
tenant les democracies sont plus comunement muees en olygarchies si
comme il est dit ou chapitre precedent
Apres il assigne a ce troys causes ou
troys raisons. ⸿Tex. ⸿La cause
pour quoy il e stoit ainsi premierement
et maintenant non est pource que a
doncques les demagoges estoient de
gens darmes Car en ce temps les gens
nestoient pas de moult beau langage ne grans parleurs ou grans ora-
teurs Mais maintenant rethorique
et belle maniere de parler est creue et
venue auant Et sont ceulx faiz demagoges qui peuent et scuevent bi-
en parler et bien coulourer leurs diz Mais
pource que ilz ne sont pas expers en
armes ne en batailles ilz ne sont pas
supposez ce est adire prins ou attemp
tez pour estre princes se il ne stoit ain

si que en aucun lieu estoit salee aucune chose telle et brieſue ⟨Glo ⟨C'est adire que il ne auient pas souuent ne en plusieurs lieux Mais est chose briefue⟩ qui pou dure⟨ ⟩pou aduient Cestassauoir que vng homme soit tresexpert ⟨ ⟩preux aux armes et tresbien parlant Et ace propos ⟨t⟩acite le poethe en son liure appelle thebaydos Note comment les bons cheualliers ne sont pas grãs langagiers ne de grande faconde Mais ilz dient grossement et plainement leur entencion et ce que ilz concoiuent Et ouide en parle des grecz et dit ainsi Grecia facundum sed male forte genus. Il veult dire que les grecz estoiẽt en son temps gens de grande faconde ⟨ ⟩bien parlans Mais ilz estoient mal fors et nestoient pas bonnes gẽs darmes sicomme ilz auoient este deuant Et verite est que aucunesfois vng mesme a en soy deux accideus sicomme len dit du roy alixandre de iules cezar ⟨ ⟩daucuns autres Mais sicomme dit est ce nest pas chose commune Et aussi ne sont pas tousiours ensẽble belle facunde et bonne prudence ou grande science de la colcacion de ces deux choses Marcianus capella fist vng liure intitule de nupciis mercurii ⟨ ⟩phisiologie Or appert doncques comment aucuns ou temps passe ont deceu le peuple par leur beau parler ⟨ ⟩par leur eloquence Et commẽt par leur malice perissoiẽt les polices Et de ce recite tules ou cõmencemẽt

de rethorique en proposant vne question ⟨ ⟩met que la chose publicque de romme auoit este grandement dommagee ⟨ ⟩grieue par eloquence Et q̃ moult de grandes citez ont souffert ãciẽnemẽt miseres ⟨ ⟩calamitez p̃ gẽs tres diſſers en parler⟨ ⟩De grande faconde telz estoiẽt ceulx que aristote appelle demagogee De ce fut dit ou .vi. chapitre du quart et comment les adulateurs deceuoient les princes anciennement par leur beau parler Et deceuoient de iour en iour sicomme il est epprime et dit elegaument ⟨ ⟩noblement en la saincte escripture He⟨.⟩st. p̃ vi. Multi bonitate principũ ⟨c. La ou est dit finablement en sentence que telles gens par subtilles mensonges peruertissent ⟨ ⟩decoiuent frauduleusement les princes qui cuydent q̃ les autres soient de telles natures come ilz sont Et est chose prouuee par les vielles hystoires ⟨ ⟩par les faiz q̃ sont chascun tour comme les estudes ⟨ ⟩les propos des roys sont par empiremẽt par les faulces subiections daucũes mauuaises gẽs. Apres il met sa secõde raison a son principal propos.

⟨Tex⟨ ⟨Item les tyrannies estoient faictes ou temps deuãt et passez plusque maintenant ⟨ ⟩plusieurs pour ce que len commettoit grãs princeys a aucuns sicomme il aduint a millet dung princey ou office appelle pritanie car le printaine qui tenoit celle office estoit seigneur de moult de choses ⟨ ⟩de grãdes choses ⟨Glo ⟨Car en

ce tẽpe len trouuoit peu de gens ha/
billes aux offices Et pource len com
mectoit a vng seul plusieurs grãdes
offices sicomme il fut dit ou xpic cha
pitre du quart apres pa c sa pui sãs
ce il commencoit a tyrannizer sicom
me il aduint a millet Albert dit q̃
cest vne isle pres de sicille qui enco/
res est ainsi nommee pource que en
cest temps tyrannies estoient pl9 cõ/
munes les democracies estoient plus
muees atyrannies que ilz ne sõt mai
tenant Apres il met la tierce cause
Tex. Item pource temps les
citez nestoient pas grandes mais le
peuple habitoit pour grande partie
aux champs estoit occupe au labour
Et doncques les plus riches les
plus notables du peuple quãt ilz es
toient puissãs en guerres en batail
les ilz estoient preferez en tyrannie
Et tous telz faisoient telle chose pour
ce que le peuple les croioit Et la per/
suasion que ilz faisoient an peuple
par quoy ilz estoient ceuz estoit pour
mouuoir le peuple ace que il eust en
nemitie aux riches Glo. Peult
estre quilz auoiẽt cest couleur car aul
cuns estoient enrichiz par mauuais
contractz faiz auecques les poures
de telle cite disoit le prophete.
Non deffecit de plateis eius Vsu
ra et dolus Ilz vsoient de tricherie
dusures de merchez fraudeux Et
parce ilz actraoient a ceulx la sub/
stance des poures. Et a cest propos
dit lescripture. Venacio leonis ona/

ger ĩn heremo sic pascua sũt diuiciũ
pauperis Les poures sont la pasture
des riches qui les oppriment sicõme
dit saint iaques Nonne diuites per
potenciam opprimunt vos Et pour
ceste cause les poures concoiuent en
nemitie cõtre les riches Et lors vng
puissant en armes les attraoit a soy
decepcoit leur democracie Et finable
ment subiugoit poures et riches a ty
rannie Apres il met ace trops exem/
ples Tex. Sicomme en athe/
nes vng appelle phisistracus mut se
dicion contre vnes gens appellez les
pediaques. Glo. Cestoient
gens dug lignage ou dune compaig
nee ainsi nommez comme len dit a rõ
me les vrsins estoient riches
Tex. Item en la cite de megare
vng appelle cheagenes occist les be/
stes des riches hommes de la cite et
les prinst la ou il passoient iouste le
fleuue Glo. Et pource le peu
ple le accepta pour prince il deffist
democracie instituta tyrannie
Tex. Item dyonisius accusa
vng appelle dalphenis les autres
riches parce il fut accepte cõme dig
ne de princey Et instituta tyrannie
Car lennemistie que les populaires
auoient aux riches ilz creurent eux
serent que il fut populaire Glo.
Item cuyderent quil voulsist cõ
forter garder leur police democra
tique Mais quant ilz luy eurent don
ne auctorite pouoir il les subiuga
comme tyrant et ce fut fait en lisle de

sicille) selon Justin en son quart li‑
ure nulle terre ne fut oncques plus ha‑
bundante de tyrans que sicille. Et
orostus dit ou second liure. Sicilia
ab inicio patria ciclopū Et post eos
semper nutrix tyrannorum fuit.
Apres il met comment commune de‑
mocracie est muee en la pire espece de
democracie qui equipolle a tyrannie
sicomme il fut dit ou viiie chapitre du
quart. (Tex. Mais aucunesfoiz
la democracie acoustume au pais est
transmue en democracie mesmement
nouuelle. (Glo. Il lappelle nouuel
le par auenture pource quelle nestoit
pas commune. (Tex. Et est la
ou les princes sont eslisibles ou par
election Mais les princes ne sont pas
prins de gens qui soient en honnora‑
bleteź ou honnorables Et les dema
goges qui tendent a estre princes ou
a auoir auctorite maintiennent z font
semblant de tendre a ce que le peu‑
ple soit seigneur des loix.
(Glo. Ilz veullent plaire au
peuple et leur dient que ilz sont par
sur les loix z que leurs iugemens et
sentences vallent plus que loix Et
de ce fut dit ou viie chapitre du quart
(Apres il mect vng remede contre
transmutacion (Tex. Apres
vng remede est que len ne face pas ce
que les demagoges dient ou que len
en face moins Et que len face que les
lignages par ordre soient princes et
non pas tout le peuple ensemble.
Glo. Car combien que en de‑

mocracie la multitude z dominacio
toutesuoyes il vault mieux p que les
vngs z puis les autres par ordre en
tendent au iugement z aux negoces
publiques. Et selon loix que toute
la multitude ensemble feist telles cho
ses z sans loix commēt il sont en la
derraine espece de democracie Sicom
me il fut dit ou viiie chap du quart
Apres il recapitule (Tex. Et
doncques presque toutes les trāsmu
ciōs des democracies sont faictes por
ces causes dessusdictes.

(Ou ixe. chapitre dit en especial
plusieurs causes z manieres de trās
mutacions doligarchie.

Les olygarchies sont trans‑
muees mesmement par deux
manieres tresmanifestes
(Glo. Vne est par sedicion de po‑
ures Lautre par sedicion de riches
Mais la seconde est diuisee en plusi
eurs sicomme il sera dit apres Et par
tout il met p viii manieres Et olygar
chie est policela ou vng petit nōbre de
riches z puissāce tiēnēt le prince y a le
proffit comme souuent dit est.
(Tex. Vne est se les princes font
chose en la multitude ou oultre la mul
titude (Glo. Quant ilz les op
priment excessiuemēt z font manife
stes iniustices (Tex. Car a
doncques est faicte par la multitude

Feuillet

ung preses ou president. Et le font aucunesfoiz & peut estre fait indifferement de chascun qui est ace habille. Mais telle transmutacion est faicte mesmemēt Cest adire plustost & pl9 legierement q̄ telz preses ou presidēt est fait daucūs de ceulx dolygarchie

Glo. Car quant il aduient q̄lz eslisent ung des poures olygarchiq̄ affin que il porte le fait pour toute la multitude contre les autres princes. Et il accepte cest chose il est plus puissant que ung autre qui seroit prins en la multitude. Et cognoist le pouoir la malice & la maniere des aultres q̄ estoient ses compaignons Et coplices Del cōdiū Et parce il peut mieulx deffaire les polices

Tex. Sicōme il aduint en la cite de napille car ung appelle Lydan9 fut esleu du peuple contre ses compaignons princes olygarchiques lequel tyrannisa aps sur ceulx de nap̄ille quant il eut dissolue & deffaicte lolygarchie de ses cōpagnons Aps il met la seconde maniere principal Et quant les riches meuuent la sedicion & contient plusieurs manieres especiales

Tex. Item lautre maniere est quant le princey est transmue par autres que par la multitude cestassauoir par richesses Et ceste maniere a plusieurs differences de sedicions car aucunesfoiz la dissolucion & corruption de la police est faicte par gens riches qui ne sont pas ou princey ne ny participent pas. Et mesmemēt quant il ad

uient que ung trespetit nombre sont es honneurs et tiennent le princey

Glo. Car les anciens riches en ont enuie & pource ilz meuuent sedicion & prennent ayde des populaires & parce ilz sont plusieurs que les princes qui sont en peu de nombre

Tex. Sicomme il aduint en mesale en histre en eraclee & en plusieurs citez Glo. Albert dit que mesale est en grece & eraclee Mais hystre cest le fleuue appelle danubius ou daure sur lequel est une cite ainsi appellee Tex. Car ceulx qui ne participoient es princeyz euacuoient & anicheloient le princey petit a petit iusques a tant que le princey p̄mier fait fut transmue par les anciēs

Glo. En ces citez estoient aucuns appellez anciens sicomme il fut dit de lacedemones ou p̄il. chapitre du second & ces anciens icy nestoient pas princes mais ilz auoient pouoir en selection des princes Et dōcques quant ung prince estoit mort ou mis hors ces anciens & les riches ne vouloient que ung autre fut en son lieu.

Tex. Et estoient apres continuellement ceulx du princey en plus petit nombre. Car en nul lieu de ces citez le pere & le filz ne tenoient princey ensemble ne le frere aisne ne le puisn̄y

Glo. Veult dire que le princey ne precedoit pas de hoir en hoir ou p̄ succession mais par election de persones comme dit est Et pource il fut plustost vuide & mis au neant

Aps il met vne autre maniere. Tcpt Ité en la cite de nicho olygarchie fut faicte pl⁹ politiq̃. G. Cest adire pl⁹ traiante & approchãte de cõmũe police Et la cause fut car les riches q̃ neſ toiẽt pas au princey firẽt tãt q̃ lz y pticiperent Et p ce fut la police meilleure po² le bien publique & pl⁹ loing de tyrannie Tep. Mais en pſtre olygarhie fut remisse ravaisse & rabatue tãt q̃ elle fut muee en democracie.

Glo. Qui nest pas si mauuaise cõme est olygarchie Tep Et en eraclee vng petit nõbre tenoiẽt le princey Mais ilz furẽt tãt multipliez q̃ le nõbre vint a vi. Glo. Et p ce q̃ dit est appt̃ q̃ ceste mutaciõ peut estre en deup manieres vne est p ce q̃ lẽ appetice le nõbre des princes tãt q̃l vient en neant. Lautre p ce q̃ lẽ acroist le nõbre tãt q̃ ilz sont vne multitude & font vne autre police. Apres il met vne autre maniere & est la quarte T. Itẽ en la cite de crado olygarchie fut trãsmuee & ce que les riches firẽt sedicion les vngs contre les aultres Et fut pource q̃ peu de eulp cestassauoir des riches participent au pricey Et q̃ le pere ne souffroit pas son filz p ticiper auecques soy Et se ilz seussẽt plusieurs freres nul ne participoit ou princey fors le pl⁹ ancien sicõe dit est.

Glo. Et les filz vouloient p ticiper aussi bien q̃ les peres & les filz puisnez aussi bien comme les aisnez Et pource ilz mouuoient sedicion

Tep Et comme les riches feiſ ſent sedicion les vngs contre les autres adoncques se peuple seſdreca et leua contre eulp & firent presidẽt ou cappitaine vng des riches. Et par ce la partie du peuple enforcza et obtindrent contre les riches Car toute chose qui est diuisee par sedicion est feible Glo. Jouste que dit lescripture Omne regnum en se ipsum diuisum desolabit. Tout royaume diuise en soy sera desole Et sicomme dit lescripture. Virtus vnita forcior est se ipsa dispersa vertu vnie est pl⁹ forte que elle mesme espartie Apres il met vne autre maniere Tep.

Item en vne cite appellee tiltres adwint es temps anciens en olygarchie des roynes Glo Par auenture que la lettre est corrumpue & y doibt auoir reginarum de celle gens qui tenoient olygarchie Mais pose que il y apt reginarum peult estre q̃ cestoit la tierce espece dolygarchie q̃ va par succession Et aussi femmes tenoient princey Et auoient faiz seueſcalz qui gouuernoient pour elles

Tep Car combien que ceulp q̃ auoient la cure de la police se portaſſẽt biẽ Glo. Cestassauoir moins mauuaisemẽt q̃ il nest acoustume en telle espece dolypgarchie. T. Toutesuoyes le peuple fut Idigne de ce que si peu de gẽs le gouuernoiẽt & po²ce il trãsmua la police G. Et fut muee en democracie Aps il met vne autre maniere Tep. Ité les olygarchies ſõt aucũesfoiz meues & muees delles

z.i

mesmes Et pour la cōtencion ou cō
tens de demagoges Mais double de
magogie est Glo. ¶Demagogie
est art ou maniere ou assemblee de de
magoges Et il fut dit quelz gēs fu
rent demagoges ou viiē. chapitre du
quart. Et me semble que ceste texte q̄
ensuit est mal trāslate ou mal escript
& mal exposé Mais ie cuyde que ari/
stote met icy deux manieres de dema
goges les vnges qui enduisent le peu
ple a mauuaise democracie & resistēt
que olygarchie ne soit faicte & se elle
estoit i̇ z̄la destruiroiēt se ilz pouoiēt
& induisent le peuple contre les prin
ces sicōme il fut dit ou septiesme cha
pitre du quart ¶Et peult estre quilz
sont aucunesfoiz plusieurs sicomme
pl. ou C. en vne cite Mais encor mect
il icy autres demagoges que au con
traire en diuisent le peuple a lobeis/
sance & pour le proffit des princes
Et telz sont aucuns des princes oly/
garchiques Et par eulx nest pas de
struicte olygarchie cōme elle par les
autres Mais elle est par eulx effor/
cee & muee en pire espece

¶Tex. ¶Vne est entre vng pe
tit nombre de princes Car combien
quilz soient en petit nombre toutes/
uoyes vng deulx est fait demagoge
¶Glo Cest le second membre des
sus mis en sa glose & il suppose laul/
tre qui fut mis ou viiē. chapitre du
quart. Et mect apres exemples a mō
strer cōme telz demagoges Mais ou
quart liure sont aucunesfoiz mis en

grant nombre ¶Tex. ¶Et aucuns
sont sicomme de ppp. hōmes de la ci
te de alense car ceulx de charithe eu
rent & prindrent ces ppp. en leur cite
qui demagogiserēt ¶Glo ¶Dema
gogiser est faire office de demagoge Cestassauoir de mener le peuple a
sa guyse p psuasions & p adulacions
¶Tex. ¶Et en ceste maniere firent
troys Chōses q̄ estoiēt en la cite de si
nique Glo ¶Apres il retourne a lau
tre maniere de demagogie quel a icy
exprimee & la desclaire ¶Tex. ¶Ou
quāt ceulx q̄ sōt princes en olygarchie
demagogiserēt sur la multitude des
populaires sicōe il aduint en larise.
¶Glo. C estoit vne cite pres de tcope
de laq̄lle ou ide fait mēcion ¶Tex.
Car ceulx q̄ estoiēt gardez des citoy
ens cestassauoir les princes demago
giserent le petit peuple Cest adire q̄
ilz leur disoiēt choses plaisātes & adu
lacōs porce que le peuple les esliroit.
¶Glo. ¶Ou auoit esleuz ou p̄ce q̄
le peuple les pouoit ꝓtinuer ou depo
ser Tex. ¶En ceste maniere est il en
toutes olygarchies esquelles ceulx q̄
sōt es princez ou princes ne eslisēt pas
les princez ou les princes Mais les pri
ceys ou les princes sont prins de faiz
de gardes hōnorabletez & de grādes
societes Mais les gens qui sont ordō
nez pour les armes ou le peuple les
eslit Et ainsi fut faict en vne cite ap
pelle abyde Et sēblablemēt fait lē la
ou les pretoires cestassauoir les cours
ou len tiēt les iugemens ne sont pas

du policeine ¶Glo. ¶Cest adire de ceulx q̄ ont la seigneurie de la police mais autz sōt cōstituez iuges et pretoires ¶T. Car adōcques les seigneurs et princes demagogizent et preschēt au peuple ostre les iugemēs des ptoires ou des cours et trāsument la police. G. En plus forte et en pire olygarchie car ilz sōt tāt p leurs mauuaises psuasions q̄ le peuple leur accorde la seigneurie et la puissance sur les iugemēs et sur tout ¶Tex.
Et ceste chose fut faicte en la cite de eraclee q̄ est en la regiō pres de la mer appellee pōtus ¶Glo ¶Et ce dit il a la difference dune autre eraclee qui estoit vers grece Apres il met vne autre maniere ¶Tex. ¶Item quant les princes traient olygarchie a plus petit nombre de princes aucunesfoiz les subiectz qui quierent equalite sōt ptraires Cestassauoir car ilz ne peuent aultrement auoir equalite se ilz ne induisoiēt le peuple a ce que il soit a leur ayde ¶Glo. ¶Quant aulcuns ont desplaisance que si petit nōbre doye auoir dominacion ilz quierent equalite Cestassauoir police democratique Et lors tous pouree et riches sont ostre ces princes et destruiēt leur olygarchie

¶En le piē chapitre il met encor autres causes et autres manieres de trāsmutacions de olygarchies.

TRāsmutaciōs de olygarchie sōt encor faictes aulmēt sicōquāt les princes ou autres ont despēdus leurs biēs pprees en menant vie delicieuse et deshōneste, car ceulx qui sōt telz q̄rent nouuelletez et sōt tāt q̄ ilz sōt preferez en tyrānie ou ilz disposēt vne autre vce ¶Glo. ¶Quant ilz ont gaste leurs possessiōs ou reuenues du public en mauuais vsages lors ioupte q̄ dit chatonet. Qui sua p̄sumūt cū deerst aliena sequūt Ilz ipo sēt nouuelles exactiōs et tyrānies sur le peuple Ou selō vne autre oppositiō ilz sōt nouuelletez por troubler la police pource q̄ ou triboul gist leur gaing Et machinent par leurs complices et facteurs a faire tyrant vng de ceulx se ilz peuent ou vng aultre qui soit leur amy et de qui ilz ayent proffit. ¶Et apres il met troys exemples a ce ¶Tex. ¶Sicomme vng appelle ysparinus fist tant que dyonisius fut tyrant en la cite de ciracuse Et en vne aulre cite appellee amphipolis vng q̄ estoit nōme cleotyn entroduit ges estrāges q̄ estoiēt venus de calcide Et quāt ilz furent venus il les firent mouuoir seditieusemēt et traitreusemēt ostre les riches de celle cite G. Et peut estre q̄ p ce il obtint la tyrānie q̄ est assauoir q̄ siracuse et āphipolis estoiēt deux citez en sicille. T. Et en la cite de egine vng q̄ ctraignoit par action vng appelle cathera et plaidoit a luy et sefforca de trāsmuer la police por telle cause G.

z.ii.

Cestassauoir car il auoit le sien des⸗
pendu en playdoirie(z en maluais v̇sa
ge A ps il met v̇ne aut maniere
⟨Tex⟩ Jtē ilz sefforcēt aucūessoiz
de mouuoir aucūes choses ⟨Glo
Cest adire de faire mutaciōs (z nou
uelletez cōe dit est ⟨Tex. Et au
cūessoiz ilz embletēles biēs cōmūs
⟨Glo El ce sōt ilz quātilz ne peu⸗
ent faire cheuance par la maniere des
sus mise ⟨Tex Et pce ilz sōt sedici
ōs les v̇ngs cōtre les autres ⟨Glo
Pour partir entre eulx le tresor pu⸗
blique q̇ ilz ont emble ou pource q̇ touz
ne sōt p̄sentēs au laziecin ⟨Tex
Ou ces icy meuuēt sediciō cōtre les
subiectz ⟨Glo. Affin q̇ les subiectz
soiēt occupez ou q̇ ilz alēt mestier de
leur ap̄de si q̇ il ne puissent entēdre a
p̄ēdre veniance de leurs lariecins
⟨Tex. Ou aucūs sōt q̇ sōt sedici
ons q̇ se cōbatent contre telz latrons.
Glo. Cestassauoir les autz q̇ ne sōt
pas princes contre ces latrōs princes
⟨Tex Et ceste chose aduint en
la cite de appoloine qui est a la region
appellee pontus ⟨Glo Ce dist il a
la difference dune aultre appoloine
qui estoit en grece Et doncques appt̄
q̇ ceste maniere peut estre diuisee en iiii.
Apres il met q̇sse olygarchie est plus
durable ⟨Tex. Mais olygarchie
en laqlle les princes sōt tout dūg ac
cort nest pas de legiere corruptible p
par soy mesmes ⟨Glo. Elle
peut estre corrumpue par guerre fai⸗
te par estrangee Mais les subiectz ne
peuent bonnement contre les princes
tant comme les princes soient acors
(z v̇niz ⟨Tex Et v̇ng signe de
ce est la police qui est en la cite de far⸗
sale Car les princes sont en petit nō
bre et sont seigneurs de moult de cho
ses pource que ilz v̇sent bien de eulx
mesmes ⟨Glo Non pas simple
mēt mais moins mal que se ilz fussēt
a discort (z que se ilz greuassent plus le
peuple A ps il met v̇ne aut maniere
de mutaciō dolygarchie ⟨Tex. Jtē
les olygarchies sont dissolutes (z des
faictes aucunessoiz quant en v̇ne o⸗
lygarchie sen a duit (z entroduit v̇ne
autre olygarchie q̇ nestoit pas acous
tumee ⟨Glo. Cest transmuta
cion dune espece dolygarchie en aul⸗
tre espece dolygarchie moins mau⸗
uaise ⟨Tex Et ceste mutaciō ce
fait quāt v̇ng trop petit nōbre tient
la police, ne cest a dire la dominaciō
de la police (z que tous les princes ne
participent pas es tresgrās princeẏs
mais v̇ng petit nombre ⟨Glo. Et
doncques les autres sont tāt que ilz
participēt (z q̇ la maniere de eslire les
princes (z gouuernement est muee
⟨Tex. Et ceste chose est aucūssoiz
aduenue en elyde ⟨Glo Cest v̇ne
regiō ou v̇ne cite ⟨Tex. Car la
police estoit gouuernee p pou de prin
ces q̇ estoient appellez anciēs et estoi
ent trop peu en nombre pource quilz
estoient tāt seullemēt quatre v̇ingtz
(z dix perpetuelz Et pource quilz a⸗
uoiēt election potestatiue ou poste en

telection semblable a la poste q̃ auoi
ent les princes appellez anciẽs en la
cedemonce ¶Glo. ¶Et pource ilz
ne douloient acroistre le nombre ⁊ es
lisoient telz comme ilz leur plaisoit
Et fut dit ou p̃ vi͠t. chap̃ du second
comme cestoit mal de batailler a pp̃e
tuite ou a vie telz princeyz ou offi̊ce.
Apres il met vne autre cause de trãs
mutacions dolygarchies ¶Tep.
¶Item transmutacion de olygarchies
est faicte en temps de guerre ⁊ en tẽps
de paix En tẽps de guerre pour la
diffidence ⁊ la descredence que les pri
ces ont au peuple ou du peuple/ car
ilz sont contrains a vser du peuple ⁊
a le faire armer. Et se le peuple mect
les mains pour esleuer ⁊ faire vng
capitaine il aduient souuent que ces
tuy est fait tyrãt sicomme fut thimo
faues en corinthe ⁊ se ilz eslisent plu
sieurs telz capitaines encores acquie
rent ilz plus grande puissance
¶Glo. ¶Quant ilz ont guerre
il co͠nuient que les princes facent ar
mer le peuple ¶Et en toute telle po
lice les subiectz hayent les princes
Et pource quant ilz se voyent fors
ilz font vng capitaine ⁊ cuydent mu
er la police en democracie Mais ilz
sont souuent deceuz Car le capitai
taine se fait tyrant ⁊ destruit les prin
ces olygarchiques ⁊ leur police.
¶Tep. ¶Et les princes qui ont
paour de ceste chose baillẽt a la mul
titude la poste et la police pource que
ilz sont contrains a vser du peuple.

¶Glo. ¶Cestassauoir en les fai
sant armer comme dit est ¶Et par
ce sa police est muee en democracie
Car telz princes ayment mieulx a
laisser au peuple la dominacion que
ilz ne seroiẽt q̃ le peuple ou autres les
destruississent du tout Mais les ty
rans ont aultre remede Car en tẽps
de guerre ilz ne font pas armer leurs
subiectz Mais ilz ont sodoiers estrã
ges Et aucunesfoiz ce ne peuẽt pas
faire les princes olygarchiques Car
ilz nont pas assez pecune
Apres il met vne autre cause ¶Tep.
¶Item transmutacion dolygar
chie est aucunesfoiz faicte en temps
de paix pour la discredence des prin
ces qui ne se confient pas les vnge
aux autres ⁊ garnissoient des gens
darmes leurs fors lieux Et donc q̃
vint vng moyen cestassauoir vng
tiers q̃ acquiert la seigneurie sur les
deux parties¶Glo. ¶Aucunes gẽs
sont desquelz la vertu ou partie ira
cible ne peut estre oyseuse Et pource
quant ilz nont contẽption ou guerre
a estrãges ilz p̃edẽt ensemble entre
eulx Et telz sõt aucu͠s princes olygar
chiques Ou peut estre q̃ ilz se deffiẽt
les vnges des autr̃s sãs cause p̃ mau
uaise p̃maginaciõ ⁊ p̃ faulces suspic
tions ou p̃ mauuaises subiectiõs ⁊ p̃
ce ilz sõt pl9 feibles ¶Tep. ¶Et ces
te chose fut en la cite de larise ou prin
cey de vng seigneur appelle aloides.
G. C estoiẽt p̃ auttr̃e gẽs du g̃ ligna
ge ⁊ p̃ ce q̃ ilz furẽt diuisez ilz p̃dirẽt
z.iii.

leur prince/z fut le² olygarchie muee en tyrannie ou en autre police

⁋Tep. ⁋Et ainsi aduint il en lisle de samo/z en la cite de aulde quāt les sodalitez ou compagnees tenoiēt le prince/y desquelles vne estoit appellee espday ⁋Glo ⁋Et apres il met vne autre cause ⁋Tep ⁋Itē au cunesfoiz sedicions sont faictes parce que des princes olygarchiq̄s les vns descouurent les autres Et de ce q̄lz se desacordent pour les choses appartenātes a nopces ou a mariage ou a sentences de iugemēt ⁋Glo ⁋Et ace il met quatre exemples ⁋Tep Sicōme il aduint pour la cause dūg mariage lequel fut dit deuant Glo Du sixt chapitre du mariage q̄ fut en delphes ⁋Tep. Et en la cite de creterie estoit vne olygarchie de gēs q̄ bien sauoiēt cheuauchier la fille dy ogoras destist et dzpeça pource que len luy auoit fait iniure en vne cause de mariage Et la sedicion qui fut en eraclee fut faicte par vng iugement qui auoit este donne ou pretoire Cest assauoir en la court Et vne aultre fut faicte en thebes pour cause dung adultere Et ces icy estoient meuz iustement Mais ilz faisoient pugnicion sedicieusement cest adire p sedicion

⁋Glo. Et pce len peut noter quilz ne faisoient pas sedicion iustemēt combien q̄ lē le² feist tort /z q̄ ilz eussent iuste cause destre courouciez mais ilz ne doiuēt pas po²ce mouuoir sedicion Et po²ce les martirs cōe saint maurice /z les aultres combien que lē leur feist tresgrādes iniustices toute suope si ne trouue pas q̄ ilz neussent oncques sedicion Et preschoiēt cōtre la faulce creance Mais nō pas cōtre la police. Car sedicio ne doit oncques estre faicte sicōe il fut dit ou premier chapitre

⁋Tep Cestassauoir ceulx de thebes contre la euection Cest adire contre ceulx q̄ portoiēt les siens hors la cite, et ceulx de acle en la playdoprie q̄ estoit en vng lieu appelle cosone si rēt sedicio cōtre vng nōme archius

⁋Glo. Et p ce les olygarchies furēt dissolutes /z despiecees es citez dessusd Aps il met vne aut cause T. Itē plusieurs oligarchies ōt este trop despotiques cest adire q̄ les princes tenoiēt le peuple en trop grāde seruitute ⁋Glo Et de telz princes disoit nostre seigneur p le pphete psaye Populū meū expactores sui spoliauerūt Les coacteurs de mon peuple les ont despoille Et micheae dit principes iacob /z duces domus israel comederunt carnē popnli mei /z pellē desup excoriauerūt ⁋Les princes mēgeriēt /z escorcheriēt le peuple ⁋Tep Et po²ce que ceulx de la police Cest assauoir les populaires ont este descontristez /z courouciez les olygarchies ont este dissolues /z destruictes Glo Car pour la dure seruitute q̄lz ne pouoiēt bōnemēt endurer ilz estoiēt ainsi cōe ptrais a faire sedicions /z rebellion quāt ilz pouoiēt. Tep. Sicōe il fut de olygarchie q̄ estoit en la cite de lindo et de celle qui estoit en lisle de chio ⟨Glo⟩ Ce fut ne ppocras Apres il met vne autre cause ⟨Tex⟩. Et aucunesfoiz dolygarchies et de cõmunes polices appelle police trans mutacion sont faictes dauenture ou de fortune de celles esquelles ceulx q̃ conseillent des choses publiques Et ceulx qui jugẽt des causes Et ceulx qui tiennent autres princeyz sõt pris de honnorableté ⟨Glo⟩ Cest a en tendre des gẽs riches a certaine quã tité ⟨T⟩. Car se la hõnorableté est esta blie et determinee a certaine mesure selõ le tẽps presẽt. Et q̃ pce vng petit nõ bre pticipe ou princey en olygarchie et en aucuns moyens ou de moyen es tat en commune police Et que apres ce vne fertilité ou habũdance de biẽs est faicte pour cause de paix ou pour aucune autre bonne fortune adõcq̃s aduient souuent que les possessions sont faictes dignes et q̃ la hõnorable té est multiplié en tant que tous par ticipent en tous princeyz ⟨Glo⟩. Et ainsi est la police muee en demo cracie Car apres que tous sont si ri ches que ilz participẽt ou pricey selõ les premieres statuz ou ordonnãces

⟨Tex⟩ Et aucunesfoiz ceste trans mutacion se fait peu a peu Et pour ce len ne apperçoit pas la transmuta cion q̃ est faicte selon vng peu Et au nesfoiz elle est faicte plustost et plus ha stiuemẽt Et dõcques les olygarchi es sõt trãsmuees et soustiennẽt sediti ons cest a dire ont a souffrir p sediciõ

pour telles causes ⟨Glo⟩ Il me sẽ ble q̃ en ces deux chap aristote mect p̃d manieres et causes de telles trãs mutacions Desquelles aucunes co incident en ptie et non pas en tout et aucunes pourroiẽt estre subdiuisees sicomme la premiere en deux la sixte en deux la iv̄e en trops. Apres il met vne reigle ⟨T⟩. Et a tout dire demo cracie et olygarchies passent ou sõt muees aucunesfoiz en polices cõtrai res ⟨Glo⟩ Cest assauoir dautre ger re ou espece general sicomme olygar chie en democracie et en tyrannie ou sicõme democracie en olygarchie etc.

⟨Tex⟩ Et aucunesfoiz nõ mais sont muees en polices q̃ sont ceste mes me gerre ⟨Glo⟩. Ou espece gene rale ⟨Tex⟩ Sicõme de loix democra tiques en celles qui sõt dames et des loix olygarchiques en celles qui sõt dames ⟨Glo⟩ Cest adire que mu tacion est faicte daucunes des especes de democracies qui sõt selon loix en la derreniere espece de democracie a laquelle volunté a dñacion sãs loix sicomme il fut dit ou vii. chapitre du quart Et semblablement de olygar chie qui est selon loix en la quarte es pece qui est selon volunté et potestiue sicomme il fut dit en le viii. chapitre du quart. ⟨Tex⟩. Et de ceste et des autres ⟨Glo⟩ Cest adire que mutaciõ est faicte des polices dessus dictes q̃ sõt sãs loix en police q̃ sõt se lõ loix et ceste mutaciõ est de mal en moins mal et lautre est de mal en pis

z.iiii.

¶ Du p̃tie. chapitre il met les cau=
ses especialles des transmutacions
des polices aristocratiques

En aristocracies sont faictes
sedicions aulcunes pource q̃
ung petit nombre p̃ticipent
es honneurs ou au princey Et ceste
mesmes fait mouuoir ¿ trãsmuer les
olygarchiques comme nous auons
dit ¶ Glo. ¶ Du p̃e. chapitre.
¶ Tex. ¶ Et pource que aristocra=
cie est anciẽnemẽt olygarchie ¶ Glo.
¶ Selon similitude ¶ Tex ¶ Car
en chascune de ces deux polices ung
petit nombre ou ung peu de gens tiẽ=
nent le princey Mais ilz ne sont pas
ung peu de princes pour une mesme
chose ¶ Glo ¶ Car sicõme souuent
est dit les princes olygarchiques ten
dent a leur propre proffit ¿ en aristo=
cracie ilz tendent au bien publique ¿
selon vertu ¶ Tex ¶ Et pource
aristocracie semble estre olygarchie
¶ Glo. C'estassauoir p̃ce que en lune
¿ a lautre ung petit nombre tiennẽt
le princey ¶ Et ce est une cause pour
quoy len fait sedicion contre eulx.
¶ Tex ¶ Et est necessaire que ce
ste chose auiengne mesmement quãt
en la communite est une multitude
de gens astuz malicieux cauteleux ¿
subtilz Et qui apparoissent sembla=
bles aux princes selon vertu ¶ Glo.
¶ Telz gens meuuent sedicions cõ
tre les princes car ilz sont malicieux

pour trouuer les uoyes ¿ len; les croit
p̃ce q̃ ilz saignẽt estre bons ¿ ilz sõt
ypocrites ¶ Tex ¶ Sicomme il ad
uint en lacedemones dunes gens ap
pellz partheniens ¶ Glo. ¶ Par
the en grec sont pucelles car ces ypo
crites estoient simples comme pucel=
les Et semblẽt estre attempez ¿ hon
nestes ¶ Tex. ¶ Qui estoient sem=
blables de meurs en apparence com=
me estoient les princes Et quant les
lacedemones apperceurẽt que ilz fai
soient machinacions ¿ mauuaises ai=
guetez adoncques ilz les depredere͂t
¿ leur osterent ce que ilz auoient ¿ les
enuoyerent hors habiter en tharente
¶ Glo. ¶ Et ainsi en cest exemple
ne fut pas fait transmutacion de ari
stocracie mais ilz furent pres ¿ en pe
ril Apres il met une autre cause
¶ Tex ¶ Item en transmutacion
de aristocracie est fete ¿ sedicio͂ quant
aucuns sont grans ¿ ilz ne sont hon
norez ¿ autres maindres deulx selon
vertu sont mis en cellux honneur q̃
les grans desirent ¿ par aulcuns qui
distribuent les hõneurs sicomme fut
lissander contre les roys ¶ Glo.
¶ Les p̃nces aristocratiques estoiẽt
appellez roys Car aristocracie ¿ roy
aume sont polices prochaines sicom
me il sera dit apres Et lissander fut
duc ou capitaine en une guerre de
mer pour les lacedemones contre les
atheniens Et de ce parle iustin en so͂
quint liure ¿ au sixte Et se aucun di=
soit q̃ nul excellent en vertu ne meut

sedicion car il seroit mal sicomme il fut dit ou premier chapitre: ou precedent Je respons que peut estre que aucun vertueulx nest pas si excellent en vertu comme il semble cest adire comme il cuyde ne si parfait que il ne peche ne si pacient quant il se voit desprise iniustement q̃ il ne quiere aucuesfoiz son honneur par voye illicite ¶ Aps il met vne autre cause ¶ Tex.

¶ Item ou aucunesfoiz est faicte sedicion quant aucun est puissant ⁊ de grant courage ⁊ il ne participe pas es honneurs sicomme fist vng appelle simadon qui establist⁊ fabrica vne insurrection ou sedicion ptre les sparciates ou temps de agesilaux.

¶ Glo. ¶ Les sparciates cestoient les lacedemones ⁊ ainsi sont il appellez ou liure des machabees et agesilaux fut leur duc ou capitaine en vne guerre que ilz eurent contre ceulx de perse Et le recommande iustin en son sixte liure Et est assauoir que ceste cause differe de la precedente car ceste est pour puissance ⁊ lautre pour vertu ou bonte. ¶ Apres il met vne autre cause ¶ Tex. ¶ Item encor est faicte telle mutacion quãt les vngs sont faiz trespoures et les aultres sont riches Et ceste chose est faicte mesmement en guerres ¶ Glo. ¶ Car par guerres plusieurs sont depaupertez ⁊ mis a pourete ¶ Tex. ¶ Et ainsi aduint il en lacedemone par la guerre que ilz eurent contre ceulx de messine ¶ Glo. ¶ De ceste guerre parle iustin en son tiers liure.

¶ Tex. ¶ Et ce appert ou poesme ou dictie cõme romãt que feist pitaneus lequel est appelle eunomye cest adire bien nom, me la ou il dit que plusieurs qui auoient este tribulez ⁊ faiz poures pour la guerre voulurent faire la region equiparcial cest adire ptie entre tous p equal. ¶ Glo. ¶ En muant la police en democracie la ou tous sont presque equaulx ¶ Apres il met vne autre cause ¶ Tex.

¶ Item quant aulcun est grant ou puissant aulcunesfoiz il veult encor estre plus grant en tant que il sefforce ⁊ tent a tenir monarchie ¶ Glo. ¶ Et ainsi aristocracie seroit muee en royaume ou en tyrãnie Et ace met il deux exemples. ¶ Tex. Et semble q ainsi voulut faire pansonias en lacedemones qui auoit este duc ou capptaine de lost en la guerre que ilz eurent contre ceulx de medie ¶ Glo.

¶ Xerxes estoit lors roy de perse ⁊ de medie Et pansonias voulut trayr les lacedemoniens ⁊ les bailler en la main de xerxes affin que il feist pansonias roy de grece. Mais la traison fut discouuerte ⁊ fut pansonias dãpne selon ce que dit iustin ou second liure ¶ Tex. ¶ Et semblable chose aduint a calcedone de hommes ¶ Glo. ¶ Celle cite estoit appellee calcedone hominum pour ce quil y auoit tresgrãde multitude de gẽs Et en ceste maniere ple lescripte ou li. de nauin le prophete ⁊ dit Nunquid me

Feuillet

fiores alexandria populorum pour ce q̃ en alexandrie estoient plusieurs peuples.

¶Ou pii(e). chapitre il met les causes de transmutacions de aristocraties mixte de commune police

Aristocraties et communes polices sont dissolutes et trãsmuees mesmement pour la trãgressiõ ou pssir hors de iuste en la police ¶Glo. ¶Cest a dire quant la police se trait hors de la iuste et droit ordonnance qui est requise en elle.

¶Tex. ¶Et le commencemẽt de la mutacion est quant la police nest plus bien mixte ou bien meslee Cest assauoir quant democracie et olygarchie ne sont bien meslees en commune police Et quant ces deux choses et vertu ne sont bien meslees en aristocracie et mesmement ces deux choses cest assauoir democracie et olygarchie Et les communes polices temptẽt ou requierent auoir en elles bonne mixtion Et se requirent aussi plusieurs des polices appellez aristocracies ¶Glo. ¶En pure democracie laquelle regarde a liberte et a trop grande equalite les populaires ont dominacion Et en pure olygarchie les riches Et en pure aristocracie les vertueulx Et a ceste fin sont faictes les loix et les ordonnances des dictes polices Mais comme police est mixte de

democracie et de olygarchie si comme il fut declaire ou pii(e) ou piii(e) chapitres du quart. Et la tierce espece de aristocracie est mixte de democracie et doligarchie et de pure aristocracie si comme il appert en le pii(e) chapitre du quart la ou il fut dit q̃ elle regarde a richesse a vertu et au peuple Et donques quant telle mutacion est faicte iustement et elle est bien proporcionee les polices dessusdictes sõt parmanentes et durables et quant ilz pssent hors de iuste proporcion cest aprochement est cause de transmutacion Et en la maniere que vng corps vif tent a corruption quant les honneurs pssent hors de bonne mixtion et de iuste proporcion ¶Tex. ¶Et les aristocracies different de communes polices en ce que dit est. ¶Glo. ¶Cest assauoir car aristocracie est mixte ou composee de troys choses commune police de deux comme dit est ¶Tex. ¶Et pource des aristocracies les vnes sont plus durables et les autres moins Et les aristocracies que declinent plus a olygarchie ilz les appellent aristocracies Et celles q̃ declinẽt en la multitude et a democracie ilz lappellẽt communes polices ¶Glo. ¶Car combien que plus proprement les vnes soient olygarchies et les autres democracies mais len leur dõne tousiours le meilleur nom Aussi comment royaulme decline en tyrannie encor est il appellé royaume Car si comme dit seneque

Tyrannus a rege distat factis non nomine ⊂Tex. ⊂Et pource telles aristocracies qui declinent a democracies sont plus seures que ne sont les autres qui declinent a olygarchies. Car la plus grande multitude ⁊ la plus puissante comunement ⁊ aymēt plus auoir equalite. ⊂Glo. ⊂Et pource ilz nont pas occasion de faire sedicion ⊂Tex. Mais ceulx q̄ sont es habundances se la police leur donne epces ilz quierrēt ⁊ veullent iniurier ⁊ trop surmōter les autres

⊂Glo ⊂Les princes en aristocracie miptes sont habundans les vngs en richesse les autres en noblesse les autres en vertu Et doncques se la police leur donne epces ⁊ richesses ⁊ que en celle passe aulcune iuste miption elle se traict trop a olygarchie et sont les subiectz greuez ⊂Et parce leurs meurs sont enclins a sedicions Et est la police moins seure ⁊ moins durable. ⊂Tex. ⊂Et du tout en tout a quelconque partie de police de cinera elle passe et est transmuee si elle part p̄ ce que les princes accroissēt le leur C'estassauoir ce a quoy ilz tendent ⁊ a quoy ilz sont enclins a quelconque ce soit ⊂Sicomme commune police a democracie se elle est a ce encline. ⊂Glo. ⊂C'estassauoir se ceulx qui gouuernent la police tēdēt a democracie ⊂Tex. ⊂Et aristocracie ou a olygarchie se elle est a ce encline Ou aucunesfoiz la police est transmue au contraire de ce a quoy elle est encline sicōme aristocracie est traicte ⁊ muce en democracie parce q̄ les plus poures se reputent iniuriez dece que le gouuernement de ceste police tendoit a olygarchie. Et pource ilz trayent la police au contraire cest assauoir a democracie Car ce seulement ē pmanēte ⁊ durable la ou sē gar de equalite selō equalite ⁊ selō propor cion deue. Et la ou chascun a ce que est sien iustement. ⊂Glo. ⊂Or nest il pas ainsi quant la police tent a olygarchie Et pource ou elle passe oultre ⁊ est muee en pure olygarchie ou au contraire elle est traictee a democracie comme dit est. Et a ce il met vng exemple de la mutacion dune aristocracie. ⊂Tex. ⊂Et ce que dit est aduint en thures Car les princes estoient premierement prins de honnorablete plus large ⊂Glo Car ceulx desquelz les princes pour roient estre prins ⁊ esseuz estoient plꝰ grande multitude. ⊂Tex. ⊂Et aps la chose passa ⁊ fut ordonne que ilz seroiēt moins ⁊ que ilz auroient encor plus entes pricepz ⁊ plus plusgrā de puissance que ilz nauoient deuant de quoy il aduint que vng petit nōbre de gens notables tenoient ⁊ possessoient tout la region ⁊ ainsi la police fut faicte plus olygarchique Et les princes pouoient suppediter ⁊ greuer le peuple Et apres ce le peuple fut exercite en la guerre ⁊ furēt gēs darmes Et parce le peuple fut plus puissant en tant que il cōuint q̄ ceulx

qui estoient les plus riches laissas/
sent la region et le pays. ⁊Glo.
⁊Cestassauoir les princes qui es/
toient en petit nombre ⁊ detenoient
tout en leur main. Et le peuple les
gecta hors du pays. ⁊Apres il mect
vne aultre cause de transmutacion
de aristocracie ⁊Tep. ⁊Item tou
tes polices aristocratiques sont plus
olygarchiques Et pource les riches
⁊ notables occupent ⁊ tiennent plus
en la police ⁊Glo. ⁊Cest adire des
polices aristocratiques qui sont mix
tes esquelles len regarde a vertu ⁊ a
riches en distribucions de princeps
de offices Et apres il aduient com
munement que richesses ont lauen
tages ⁊ lemportent ⁊ veullent les ri
ches tout auoir Et dece il met deux
exemples. ⁊Tep. Sicomme en
lacedemone les substances ⁊ les pos
sessions deuindrent ⁊ furent deuol
uez a vng petit nombre de gens Et
a ces icy qui furent les plus riches ilz
leur loisoit faire tout ce quilz vou/
loient Et curer de ce quil vouloient
⁊Glo. ⁊Ilz ne sont ou estoient
contraine a entendre aux besongnes
publicques fors a leur plaisir Et po2
telle cause les poures sont meus a fai
re sedicion sicomme il appert en lexe
ple que il met apres ⁊Tep. ⁊Et
po2ce la cite de locres perit Car p ce ilz
firent la cure singuliere et le vint a
vng appelle dyonisius. ⁊Glo.
⁊Leur police aristocratique fut du
tout muee ⁊ tournee en olygarchie ⁊

deuindrent les princes trop riches ⁊
gouuernoient mal Et adoncques le
peuple esleut dyonisius. Et cuyda q̃
il amendast la police Mais il print la
cure singuliere de tyrannie Et consu
dit les riches et oppzima ⁊ mist le
peuple en dure seruitute ⁊Tep.
⁊Mais pour certain ceste chose ne
seroit pas faicte ou ne aduiendroit
pas legierement en democracie ne ari
stocracie bien mixte ⁊Glo. ⁊Et la
cause est car en ces polices les riches
nõt pas grãde auctorite ou puissãce.
Apres il declaire po2 quoy lẽ ne ap⸗
coit pas telles trãsmutaciõs. ⁊Tep.
⁊Et les transmutacions des aristo
cracies sont mesmement latetes ⁊ nõ
apparentes parce que les aristocraci
es deffont ⁊ sont dissolutes et depes
ces petit a petit Et fut dit deuãt vni
uersellement de toutes polices Cest
assauoir q̃ vng peu de chose est cause
de transmutaciõs ⁊Glo. ⁊Le fut
dit ou quint chapitre. ⁊Tep.
⁊Car quant les gens laissent aller
⁊ couler aucune des choses apparte
nantes a la police po2 certain ilz meu
uent ou muent plus de legier apres
vne autre chose vng peu plus grã
de Et ainsi en precedent en tant que
tout le mõde cest adire tout lestat de
la police est meu ⁊ mue Et ceste cho
aduit en la police de ceulx de thures
⁊Car vne loy estoit en icelle police q̃
len pouoit tenir la duchie ou capp/
tanie de lost par cinq ans seulement
Mais aduint que aucun tenoit ces pri

ceyz ou duchie qui estoient bons aux
armes & bien agreables a la multitu
de des gardes de la region & eurent
despit que les choses estoient telles.
Et leur sembla que ilz pourroient ob
tenir legierement leur entente Et pour
ce premierement ilz sefforcent de oster
& deffaire ceste loy affin que il scꝫ loist
obtenir ungs mesmes duchis de lost
continuellement a vie & vsoient que
le peuple estoit prest de consentir a tou
te ordonnance qui leurs plaisoit.
Mais comme ainsi fust que ceulx des
princes qui estoient instituez sur ceste
chose Cestassauoir a garder les loix
Et qui estoient appellez conseilliers
voulsissent au commencement resis
ter ilz furent parsuadez & enduiz au
contraire & cuydoient que silz auoient
ceste loy muee toute la police demous
teroit entire quant aux autres loix.
¶Glo. ¶Le peuple leur disoit que
cestoit tresbien que cest duchie ou of
fice fust perpetuel. Et promettoit le
peuple a ses conseilliers que ilz auoi
ent ceste loy muee ilz ne les priroient
plus de muer autre loy. ¶Tex.
¶Apres quant ces gardes voulu
rent resister & obuier que les aultres
loix ne fussent muees ilz ne peurent
plus rien faire ¶Glo. ¶Car ces
ducz qui estoient perpetuelz et aucus
de la multitude qui estoient a eulx a
liez furent les plus fors. ¶Tex.
¶Mais fut transmuee toute lordre
de la police ou potentat de ceulx qui
sestoient efforcez de venir contre le po

lice. ¶Glo. ¶Tel potentat cest sa
derreniere espece de olygarchie de la
quelle il fut dit en la fin du pre. chap
du quart. ¶Apres il met vne distin
ction. ¶Tex. ¶Et est assauoir ꝙ
toutes polices sont desfaictes & corrū
pues aucunesfoiz de elles mesmes.
¶Glo. ¶Par la dissencion des cy
toyens ou des princes. ¶Tex.
¶Et aulcunesfoiz de chose qui est
de hors elle. ¶Glo. ¶Par guerre
de gens estranges & dit orosius a cest
propos que tous les biens ou maulx
qui sont faiz dehors viennent daucu
ne racine qui est dedens. ¶Cuncta q̃
vel bona vel mala q̃ foris geruntur
interius esse radicata & emissa
¶Tex. ¶Et ce aduient quant
vne police contraire est prochaine ou
loingtaine & elle a puissance
¶Glo. ¶Car aussi comme es cho
ses naturelles vng contraire sesforce
de destruire son contraire semblable
ment est il des polices Mais aucunes
foiz par guerre est faicte mutacion nō
pas de polices mais de princez Sicō
me vng tyrant met hors vng tyrant
sans muer sa tyrannie Et ainsi dau
cunes autres polices ¶Tex.
¶Et ceste chose aduint des atheni
ens & des lacedemones car les atheni
ens dissipoient par tout les polices
democratiques. ¶Glo. ¶Des
atheniens dit orosius Sumptum sa
pientissimi omnium athenienses ecĩa
suis malis satis dosti concordia mi
nimas res crescere discordia maxi

Fueillet

mas sabi. ⁊c. Il dit que les atheniēs furent tressages Et pour les maulx que ilz souffrirent ilz aprindrent que les choses qui sont trespetites croissent par concorde Et telles qui sont tregrandes viennent a neant per discorde ⁋Tex ⁋Et dōcques est presque dit ce de quoy les transmutaciōs des policeʒ ⁊ les sediciōs sont faictes

⁋Du .iiii. chapitre il commence a traictier de la saluacion des polices ⁊ met acē certaines regles generales.

Apres conuient dire ensuiuāt de la saluacion des polices en commun ⁊ de la saluaciō de chascune singuliere. ⁋Glo. ⁋Et de ce il traictera par autre ordre que il na traictie de transmutaciō ou corruption des polices Car la matiere se requiert Et apres il traictera en especial de la corruption ⁊ saluaciō des monarchies Et premierement il est certain que nous auons les causes pour quoy les polices sont corrupues nous poudōs auoir ⁊ sauoir les causes par quoy elles sont sauuees ⁊ gardees Car des choses contraires les causes par quoy elles sont faictes sont contraires ⁊ corruption est contraire a saluacion ⁋Glo. ⁋Apres il met regles ou enseignemens pour la saluacion des polices ⁋Tex ⁋Et doncques en polices bien attrempees

ou bien ordonnees il conuient garder aussi comme autre chose quelcōques que elles ne soient de rien priuees ne despointees ou deffraudees Et conuient mesmement ce que est petit que il ne soit trespasse casse ou enfrait car parce entre la preuarication et transgression mucīement ⁊ sans appartenance ⁋Glo. ⁋Aucuns appellent preuaricacion quāt vng aduocat ou autre est en appert pour vne partie ⁊ il fait mucīement en contre Ou generallement preuaricacion est quelques transgression de bōne loy iouxte ce que dit lescripture preuaricantes reputant omnes peccatores Mais il me semble selon ce que dit aristote parle icy que se vng fait contre la loy ce nest pas preuaricion mais preuaricacion est quant aucune loy coustume ou ordonnance est delaisse ou casse ou rompue Et se doiuent songneusemēt euiter les gouuerneurs de la police Car autrement la police se deffait peu a peu ⁋Tex ⁋En la maniere q̄ petites despences souuēt faictes consument ⁊ gastent grandes richesses Et ainsi lē ne apperçoit pas la sedicion ou alienacion ⁊ mutacion de la police pource quelle nest pas faicte toute ensemble ne a vne foiz Et en ceste maniere la pensee des gens est sophistique ⁊ deceue Et est ainsi comme parolle sophistique ⁊ deceue Car il semble se chascune de ces preuaricacions est petite que toutes sont petites Et ce est vray en vne maniere et en autre nō car tout ensēble nest pas petite chose mais il est compose de petites choses Et ce est ung principe lequel il cōuient faire & garder pour la saluacion de la police (Glo. (Car quant ceulx qui doiuent gouuerner laissent passer ou enstraindre ou eulx mesmes muent aulcune ordonnance combien que ce semble peu de chose il aduint apres que une autre chose est muee & puis une autre en tant finablement toute la police est alteree & nest mais telle comme deuant Et est certain que ceste chose est aduenue en aucunes polices seculieres Mais se la police de saincte eglise & comment ie men rapporte a ceulx qui sceuēt quelle elle estoit iadis & quelle elle est a present (Apres il met une autre reigle ou principe ou remede (Tex. (Apres il conuient que len ne croye pas aucunes qui se appliquent a la multitude affin de les sophistiquer & deceuoir par parolles & telz gens peuent estre congneues redarguez & repris par leures euures (Glo. (Car selon aristote ou premier chapitre du pe. De Ethiques des choses qui sont en passions & en actions les parolles sōt moins creables que ne sōt les euures Et pource dit lescripture A fructibus eorū cognoscetis eos Et les euures a quoy len cognoist ces icy sont quāt len voit que ilz contendent a enrichir eulx & les leurs (Car telz gens nayment pas le bien publique ne la police & ce ne faisoient pas les autres rō

mains anciens ne aucūs autres Vaillans qui estoient plus poures en la fin de leur princey ou offices que au commencent (Tex. (Il est dit deuant quelles choses sont telles que nous appellons sophisme de polices (Glo. (De ce fut touche ou pViii chapitre du quart Et ainsi comme en logique sophisme appert estre bon argument Mais il ya deffaut Semblablement en police une ordonnance q̄ appt de prime face estre bonne & preiudiciable a la communite & est ung sophisme politique, et telz sophismes sont les flateurs & les demagoges aux princes & au peuple sicō il fut dit ou viie. chap du quart & en le viiie & pe. chapitres de cest quint (Apres il met autres principes. (Tex.

(Item encor conuient veoir & considerer que aucunes polices sont permanentes et durent non pas les aristocraties qui sont bonnes, mais mesmes les olygarchies Et non pas pource q̄ elles soient fermes & seures quāt est de elles Mais pource que ceulx q̄ sōt cōstituez es princeyz en vsēt biē Et quant a ceulx qui sōt hors de leur police Et quant a ceulx q̄ sont en le2 policeine en ce que ilz ne fōt nulles choses iniustes a ceulx q̄ ne participēt en leur police Et en ce que ilz introduisent les principaulx de leures gens en leur police et que ilz ne iniurient pas ou font deshonneur a ceulx q̄ aymēt honneur et que ilz fōt que plusieurs de la multitude gaignent auecques

eulx Et que en aucuns princeyz ilz
vsent de maniere democratique
¶Glo. ¶Il touche icy v. enseignemens proffitables a la saluacion
non pas seullement des bonnes polices Mais auecques ce des auts vng
est que les princes ne facent pas tort
aux estranges Item ilz mettent des
plus notables de leurs gens es offices publiques. Item ilz ne deposent
de office honnorable ceulx q̃ ayment
honneur se il ny a cause euidente.
Item que ilz facent gaigner les populaires qui en ont mestier Item que ilz
mettent gés es princeyz z offices honorables selo ce que len fait en democracie. ¶Le premier enseignement est
pour euiter que ceulx dehors ne facẽt
guerre z les autres sont pour euiter
que ceulx dedens ne facent sedicion
ou rebellion ¶Apres il declaire le derenier point ¶Tex ¶Et ceulx qui
sont de police democratique querent
z seullent equalite en la multitude
z en gens qui sont semblables
Et ceste equalite nest pas seullemẽt
iuste, mais est eppediẽt. ¶Glo.
Aps il declaire õmẽt equalite est gardee ¶Tex ¶Et pource plusieurs
sont ou policeine ¶Glo. ¶C est a
sauoir en princeyz z offices publiq̃.
¶Tex. ¶Moult de statuz democratiques sont eppediens affin que
sep en soit faicte sicomme que les priceyz ou offices durent seullemẽt par
vi. mois affin que tous ceulx q̃ sont
semblables y participent ¶Glo.

¶Les vngs apres les autres quant
ilz sont presque semblables en sens en
richesses z en amis ¶Tex. ¶Car
puis que plusieurs sont aussi comme
semblables cest la aussi comme nature de democracie Et pource en telle
multitude sont faiz les demagoges
sicomme plusieurs foiz est dit deuãt.
¶Glo. ¶Ou viiic. chap du quart
z en le viiic. z pe. du quint. Apres il
met vng autre bien que sensuit dece.
¶Tex. ¶Et de ce vint apres z
sensuit que les olygarchiques z les aristocracies cheient moins en potentat ou sont moins z plus tart trãsmuees en potẽtat ¶Glo. ¶C est la derreniere espece de olygarchie ou les
princes vsent de volunte sans loy sicomme il fut dict en le viiic. chapitre
du quart. ¶Tex. ¶Car ceulx qui
tiẽnent les princeyz par vng peu de
temps ne peuẽt pas maligner ou faire mal contre le bien publique sẽblablemẽt ne si ligierement cõe sõt ceulx
qui tiẽnent les princeyz par vng tẽps
Et pour ceste cause sõt faictes tyrannies en olygarchies z en democracies
Car en lune police et en lautre quãt
aucuns tiennent le princey par loing
temps ceulx qui par ce sont deuenus
z faiz tresgrans sont preferez en tyranie z les vngs sont demagogues, et
les autres sõt ceulx qui sont trespuissans ou qui ont z qui tiennent tresgrans princeyz ¶Glo. ¶Car quãt
aucun a si tresgrande puissance il aduient communement que il seul sup-

¶ dite touz p̄ tyrannie. Apres il mect vne autre reigle ou enseignemēt ¶ Tex. ¶ Item les polices sont sau/ ues τ gardees non pas seullement pource q̄ elles sont loing des choses q̄ les peuēt corrūpre Mais aucunesfoiz pource que elles en sont prez Car les gouuerneurs pour la paour τ doub/ te que ilz ont la corruptiō ou mutaci/ on ont la police plus p̄ mains τ pl⁹ a cueur ¶ Glo. ¶ Et mettēt tāt pl⁹ grāde peine a la biē garder ou la cor/ riger τ amēder ¶ Tex. ¶ Et pour ce cōuiēt il q̄ ceulx q̄ ont la sollicitude τ la cure de la police se preparent τ ay ent cremeurs τ paour affin q̄ ilz entē dent a garder leur police. Et que ilz ne facent ou souffrent chose par quoy elle soit dissolue ou deffaicte. Et que le obseruāce τ garde de la police soit en la maniere que est la garde ou le guet q̄ sen fait de nupt Et doit lē fai/ re cōtre le peril q̄ est loing aussi cōme se il fust prez ¶ Glo. ¶ Et veiller τ obuier aux perilz q̄ peuēt aduenir, et touste ceste ꝯsideracion ie mōstray en vng sermon deuāt pape Vrbain quī τ les cardinaulx par la saicte escrip/ ture τ par ceste philosophie les perilz les causes la procōmuite les remedes q̄ pouoiēt regarder ou toucher la par turbacion ou mutacion dr la police de leglise Et donques en cest chapi/ tre sont touchez Viii. enseignemēs pour la saluacion ou remedes contre la corruption des polices.

¶ Ou p̄d̄. chapitre il met aultres reigles especialles pour la saluacion des polices.

Encor puient il tempter τ en/ tendre a echeuer euiter ou os/ ter par bonnes loix les ꝯten/ ciōs de ceulx qui sont nobles ou no/ tables ¶ Glo. ¶ Car quant deux puissans hommes ont dissencion en/ semble, τ he fait aucunesfoiz parce est toute la cite ou communite diuisee en deux parties τ en viēnent plusieurs maulx sicomme il fut dit τ monstre p̄ exemple ou Vie. chapitre ¶ Tex. Et semblablement se aucune contēn cion est meue len doit obuier par sol/ ace q̄ sont hors de ceste contencion ne soient en ce comprins ou adioins ¶ Glo. ¶ Et pource les loix doiuēt estre telles que ilz ostent les occasiōs dont peut venir contencions selon ce q̄ il est possible Et mettent pugniciō τ peine a ceulx q̄ les meuuēt maiti/ nēt sicomme est la loy qui deffēt que nul ne deffie aultre, et q̄ nul ne face ay de a cellup qui a deffie autre de sa po/ lice τ que tous contēs soient traictiez et terminez par voye de droit et nō de fait τ.c. ¶ Tex. ¶ Mais congnois tre cōbien deffaulte de telles loix au cōmencement est grāt mal ce ne peult pas chascun mais apptiēt a cellup q̄ est h̄ de politiq̄ ¶ Glo. ¶ Cestassauoir q̄ īstitue ou gouuerne la police p̄ ceste sciēce laqlle il a p̄ doctrine ou p̄ bō sēs naturel auecques epperiences bônes diligences Apres il met vne autre reigle. ¶Tex. ¶Item quant est a la transmutacion dolygarchie et de commune police pour cause de honnorablete Cestassauoir des princes et offices laquelle mutacion peut aduenir par ce que les honnorabletez demeurent vne mesme mais habundance de honnorablete est faicte ¶Glo. ¶Est assauoir quant la maniere de instituer les persones es princeyz demeuret toussours vne Et por aucune fortune pl' grāt nōbre de psones pticipent es princeyz q̃ ilz ne faisoiēt au pmecemēt sicōme il fut declaire en la fin de le pi. chap et c'est ce que il appelle habundance de honnorabletez. ¶Apres il met le remede ¶Tex. ¶Et quant est a obuier a ceste chose il est eppedient de considerer la multitude de la commune honnorablete et de la comparer au temps passe sicomme en qlconque cite les hôneurs ou offices durent par vng an len doibt regarder selon cest temps Et se en plus grandes citez ilz durent par troys ans ou par cinq ans semblablement. Et apres ce len doit considerer se le nombre de ceulx qui sont en telles honnorabletez est tant multiplie que il soit notablement plus grāde ou tāt diminuee que il soit notablemēt plus petit que il nestoit quant les honnorabletez furent instituees Et se ainsi est il est eppediēt que la loy de la police et les honnorabletez soient enforciees et plus ri

goureuses ou affeblies et fctēs mois rigoureuses Et cest assauoir se le nōbre epcede len doit enforcier la loy selon la multiplication de lexes. Et se le nombre deffault et est moindre len doit la loy remettre et affeblir en faisant que le honnoracion soit moindre selō laquelle len peult actaindre aux offices et princeyz
¶Glo. ¶En ces deux polices dōt il parle icy a plusieurs offices et princeyz Et estatuz ou loyz que quiconques a certaine quantite de possessiōs ou qualite certaine sicōme noble fief ou autre chose telle Ou qui est anciennement de nobles ou de cytoyens ou telle chose Il participe en tel princey ou en tel qui dure par tel tēps ou par tel et faire durantes cestes loyz il aduient par proces de tēps que les officieres princes soient en moult plus grant nombre que ilz nestoient au commencement ce est cause de muer olygarchie en commune police ou en democracie et de muer commune police en democracie. Et pource le remede est que len face les loyz de ce plus fortes. Et que nul ne puisse participer ou princey se il nest plus riche ou noble que il ne conuenoit au commencemēt Et parce sera le nombre reduit en la premiere quantite Et ce au contraire durantes les polices et les loyz premieres le nombre est mendre que au commencement et est cause de muer olygarchie en potentat et cest la tres pire espece. Et de muer commune

police en olygarchie. Et pource le remede est de asseiblir les loix (et ordonner que il ne contiengne pas si grandes richesses ou si grandes noblesses pour actaindre au princey comme selon les loix premieres. Et parce croistre le nombre des princes et parce reuendra la chose au premier estat et sera ceste police gardee. Et me semble que ce cest ce quil Veult dire q le texte soit obscur et mal entendu des expositeurs et par auenture mal translate en latin

Apres il met ce que sensuit par deffaulte de cest remede, et est la touche en la glose. ¶Tex. ¶Car en olygarchie et communes polices qui ne faict en ceste maniere. Glo. ¶Cest assauoir que len ne enffeblie la loy quant le nombre des princes appetice

¶Tex. ¶De commune police est faicte olygarchie, et dolygarchie est fait potentat. Glo. ¶Et la cause est car de tant comme les princes vienent a maindre nombre est chascun deulx plus puissant et tendent a leur propre pffit et parce est faicte olygarchie. Et en olygarchie il vient encores a maindre nombre adoncques est faict potentat. Cest la trespire olygarchie qui est sans loy sicomme souuent est dit. ¶Tex. ¶Et qui ne fait en tel maniere dessusdicte. Glo. ¶Cest assauoir qui ne enforce la loy en autre cas contraire de la multiplicatio des princes. ¶Tex. ¶Eschiet de commune police en democracie et de olygar-

chie en cõmune police ou en democracie. Glo. ¶Apres il met vne autre reigle. ¶Tex. ¶Item en democracie en olygarchie et en monarchie et en toute police est vne reigle cõmue pour la saluacion de la police. Et est telle q nul ne croisse tresgrandement ou de ulegne tresgrãt oultre pmesuratiõ et mesure deue. Car mieulx vault tempter et faire que len donne petiz honeurs et moderez et que ilz durent par long temps que les donner tresgrans et durans par brief temps car parce sont plusieurs corrupus en meures et ne sont pas tous hommes. Et ne sceuuent pas toz porter ou endurer fortune. ¶Glo. ¶Car sicomme il fut dit ou pv. chapitre du quart dethiques ce nest pas legiere chose de porter moderemẽt bones fortunes. Et pource dit il icy que ilz ne sont pas tous hommes cest adire vertueulx. Vir dicit a virtute.

Et saint gregoire dit que cellup est home qui contre les assaulx de bone fortune et de male se combat dune mesme stance etc. Dit q contra biformes fortunas insultus vniformi constancie mentis militat premunitus. Mais cõe dit est tous ne sont pas telz, et mesmemẽt ceulx qui sont de nouuel enrichis sicomme dit aristote ou second liure de rethorique. Car ilz sõt communement orgueilleux et iniurieulx plus que autres. ¶Et a cest propos vng poethe francoys mect vng exemple dug petit ruisseul q est plus aygre et plus

c.ii.

Fueillet

roide pour vne pluie que ne seroit vng grant fleuue perpetuel. Et dict que aristote enseignoit a ał pandre que il ne prouuaise pas petites gens sans manifestes merites. Nec quos humiles natura iacere precepit exaltat etc. Car telz soudainement esleuez sont preiudiciables souuent a la police tāt pource que eulx sont iniurieulx cōe dit est Tant pource que aucuns telz par ingratitude & magnitude machinent contre les princes qui leur ont bien fait sicomme lescripture dit de ceulx qui voulurent estrangler le roy assuerus. Et appert par les hystoires de plusieurs autres ou pource que par adulacion ilz donnent faulx conseulz & descoiuent les princes sicomme il fut dit ou ix.e chapitre ou viii. chapitre du quart Et est escript ou liure de hester Ou pource q̄ plusieurs ayment moins les princes & leur gouuernement pour telle promocion & en ont enuye & despit & sont meuz a faire sedicion Et comme dit aristote telles grandeurs soudaines sont souuent tost passees iouste ce que dit lescripture Substātia festinata minuētur. Apres il met vne autre reigle iouste ceste

Tex. Et se ceste chose nauoit este gardee Et len auoit donne aulcune grans honneurs tout ensemble ou trop hastiuement. Glo.

Parce appert que telles grandes promocions soudaines sont incontinentes Et a cest propos sont plusieurs

loix en droit canon & ciuill qui mettēt que les honneurs sont a donner par ordre de degre en degre Et ainsi est il des richesses etc. Len ne les doibt pas oster tous ensemble ne a vne foiz mais par degrez sung apres lautre Et semblablement dit seneques des amitiez que elles sont a depposer tout bellement & tout souef aussi comme len met ius vng pot de terre tout en paix affin que il ne rompe. Apres ce que il a parle de lacroissement qui seroit fait par les dons des poures il met vne autre reigle de lacroissement qui peut estre par autre voye & selon les loix Tex.

Item len doibt tempter & essaier mesmement a ordonner les loix en telle maniere q̄ nul ne soit fait moult excedēt par dessus les autres ne en puissance damis ne de pecunes.

Glo. Et les causes pour quoy ce doit estre fait & la maniere cōment il se peut faire furēt dictes ou viii. chapitre du tiers & de ce est dit en plusieurs autres lieux Apres il met vne aultre reigle iouxte ceste Tex.

Et se ce ne peut estre len doit a telles gens qui sont si grans deuenuz bailler habitacions sequestrees et a part ou hors de la cite Glo. Len ne peut pas faire les loix telles que par aucune fortune aucun ne puisse deuenir trespuissant plus que les aultres & telz sōt perilleux pour la police, car souuent ilz couuoitent les grans principez Et sont iniurieux & inobediens si cõme il fut dit ou v᷑e. chapitre du quart. Et doncques affin que il conuersẽt moins auecqes les autres z qʼilz ne facent conspiracion contre les princes ou iniustice aux subiectz len leur doibt bailler habitacion appt. Et selon ce dit abymeleth a ysaac. Recede a nobis quia potencior nobis factus es. Valde Genisis xxvi. Mais ce qʼ dit est doit estre entendu quant a telz gens peuẽt moins nuyre dehors que dedens. Apres il met vne autre regle ¶Tex. ¶Item pource que aucũs ont vies propres a eulx selon lesquelles ilz seullent soy desordonner il conuient z est expedient faire et establir ung princey ou office qui considere z regarde sur ceulx dont la vie est nuysible a la police. ¶Glo. ¶Sicõme ont ceulx qui despendent leur substãce folemẽt z apres sont larons ou cabuseurs qui despendent z rien nõt. Et pource est bien denquerir de quoy il vient ¶Tex. ¶Et en democracie lesquelz sont nuysibles a democracie ¶Et en olygarchie a olygarchie. Et semblablement en chascune des aultres polices. ¶Glo.

¶Sicomme en especial en democracie la ou len quiert equalite ceulx sõt plus nuysibles qui sont iniurieux et qui sont trop les maistres. Et en olygarchie ceulx qui murmurent contre les princes. Apres il mect vne aultre reigle ¶Tex. ¶Item quãt est aux ieux ou ebatemens de la cite len doit a chascun de telz ieux mettre gardes

z faire ordonnances pour les causes dessusdictes. ¶Glo. ¶C'est a sauoir affin que ilz ne facent chose nuysible a la police en telz ieux comme sõt ioustes suites z cõme les ieux de la roze z telles choses ¶Tex. ¶Et le remede est celuy que ses actions z les princeyz soient fermez ou faiz de parties opposites ¶Glo. ¶Par les actions il entẽd les faiz qui sõt es ieux z par les princeyz il entẽd les offices de ceulx qui sont ordonneurs et maistres de telz ieux. ¶Tex. ¶Et dy doncques que en telles choses se doit opposer les vertueulx a la multitude z les poures aux riches z tempter a faire mixtion de la multitude des poures a la multitude des riches et acroistre le moyen. C'est adire mettre en ce le plus que le peu de ceulx qʼ sõt de stat moyen. Car ceste chose deffait z oste ou euite les sedicions qui pourroient estre pour cause de inequalite. ¶Glo. ¶Car quãt en vne telle assemblee sont gens vertueulx prudẽs hommes de grant auctorite ceulx de la multitude ne osent mouuoir riote. Et quant les parties opposites sont equales ou pres ou que ses moyens sont le plus nul ne ose mouuoir contẽcion. ¶Or auons doncques en cest chap̃ viii. reigles ou enseignemens proffitables pour la saluacion des polices.

f.iii

Fueillet

¶ Du p̄s chapitre il met aultres reigles pour la saluacion des polices

Ung principe ou enseignement le tresplusgrant de tous est q̄ par les loix aultrement soit ordōné par telle raison prouision que les princes ne soiēt pas lucratifz Cestassauoir que sen ne puisse es princeys ou offices gaingner grandemēt Et mesmement il conuient ceste chose garder en olygarchie/car p ce ceulx de la multitude sont resfraīs et ne ont pas telle indignaciō de ce que ilz ne sont es princes et offices Mais il ont grāt ioye se len les leisse vaquier ou entendre a leurs besongnes propres ¶ Glo ¶ En olygarchie ung petit nombre de grans gens et puissans tiennent les princeps et les grandes offices. ¶ Et est expedient que ilz soient riches de leur propre sans prendre grant acquest ou princey Et ainsi est il es premieres especes dolygarchie Mais non pas es derrenieres desquelles toutes il fut dit en le viii. et ix. chapitres du quart ¶ Tep.

¶ Car se ilz cuydent que les princes emblēt les biēs comūs ou prēnēt grāz emolumens ou princeys adoncques deux choses les font tristes ¶ C estassauoir ce que ilz ne participent es hōneurs ne es gaaīg ou pffitz ¶ Glo Et pce il machinent cōtre les princes et meuuent sedicions ¶ Apres il met deux vtilitez qui tiennent en autres polices par ceste reigle ¶ Tep ¶ Et singulierement il aduient que democracie et aristocracie sōt ensēble et ceste chose est establie ¶ Glo. Car quant les populaires peuuent tenir princey combien que ilz ne tiēnēt pas et ilz sōt gouuernez a leur plaisir cest vne maniere de democracie Et quāt ung nombre des bonnes gens se tiēnēt cest aristocracie ¶ Tep. Car p ce aduiēt q̄ les vngs et les autres cest assauoir les gēs notables et la multitude ont les choses q̄ ilz veullēt. Pour ce quā̄t il soit a to9 pticiper ou princey cest chose democratique Et en ceste chose sera se les princeys ne sont lucratifz car les poures ne voudroient estre ou princey pource q̄ il nya gaing ou acquest Mais voudroient plus estre en leurs pp̄res negoces. Et les riches pourront estre es princeys pour ce que ilz nont mestier de gaingner ne de appliquer a eulx les biens comuns ¶ Glo. ¶ Aps il met vne autre vtilite ¶ Tep. ¶ Et p ceste chose aduiendra q̄ les poures serōt faitz riches pour ce que ilz demourent et seront en leurs propres besongnes Et les riches ne serōt subiectz a quelconques ¶ Glo. ¶ Car ilz tiendront le souuerain princey. Et ainsi aura chescun ce que il desire Cestassauoir les poures richesses cōpetētes Et les riches seigneurie Aps il mect vne autre reigle soupte ce ¶ Tep. Et affin que les princeys et officiers ne emblent les biens q̄ sont cōmus sen doit faire que les pecunes soient bail‍lees presens les cytoyens Et q̃ les res‍criptz ou instrumens ou chartres de ce soiēt mis par devers les fraternitez et p devero les cōpagnees et les ligna‍ges ¶Glo. ¶Et ainsi il ne pourrōt rien cōquester par larrecin Et la loy doibt estre telle que selō elle ilz ne prē‍nent emolument ou trespeu comme dit est. ¶Tep. ¶Mais en lieu que les princeyz sont sans gaig ou sās ac‍quest il convient que par la loy soiēt establiz et ordonnez honneurs qui soi‍ent faiz a ceulx qui sont approuvez en telz princeyz ou offices ¶Glo. Et dōcques ceulx q̃ sont en grandes offices pecuniē doiuēt rēdre cōpte a ceulx a q̃ elle appṫēt, et ne doiuēt prē‍dre gaiges ne pēsiōs ou trespetit mais lē leur doit faire certaines hōneurs. Et dōcques couient il que il soient ri‍ches Aps il met deux reigles pticulie‍res po' les democraties. ¶Tep. Itē en democratie il quiēt espargner aux riches nō pas seullemēt en ce q̃ len ne face pas que les possessions soi‍ent parties par equal laquelle chose nest pas cōsidere en aucūes telles po‍lices equales est faicte Glo. Car en aucūes democraties ilz quierēt trop equalite Et reduisent les possessiōs et les fruitz au plus pres que ilz peuēt par equalite. Et ne considerent pas ou appercoivent que cest mal Car p̃ ce ceulx qui avoient devant plus sōt indignez et inclinez a sedition. Et a‍pres ceste reigle negattve il met vne

aultre affirmative ¶Tep. ¶Mais mieulx est deffendre et empescher ce‍ulx qui veullent faire ablacions sūp‍tueuses et non proffitables ou oblaci‍ons cest a dire dons ou contribucions telles comme sont celles que len faict pour les dances et pour luminaires et torches peur telles choses

¶Glo. ¶Et en vne translacion est encore cest mot eprolvales. Et p̃ aventure est ce telle chose sicomme lē souloit en france appeller chasmaly. Car en telles choses len faict grans despens sans cause et sen peult ensui‍uir grans inconueniens contre la po‍lice et mesmement en democratie. Apres il met troys reigles especialles pour la saluacion des olygarchiques

¶Tep ¶Itē en olygarchie il' pniēt faire diligence et auoir grande cure des poures ¶Glo. ¶Car les oly‍garchies perissent souvent par la se‍dicion et rebellion des poures

¶Tep. ¶Et leur doit len bailler princeyz cest a dire offices ou recoluēt aucun gaing ¶Glo. Pour leur fai‍re plaisir Car ilz ont mestier de gaig‍ner Mais est dit ou cōmencement de cest chap̃ q̃ les princeyz ne doiuēt pas estre lucratifz Et cest a entendre des grandes offices et non pas de petites comme seroit par aventure regarder sur ceulx qui font les fossez de la cite ou sur aucuns artifices ou mestiers.

¶Apres il mect vng aultre enseig‍nement ¶Tep. ¶Item len doit or‍donner que les heritages ne succedēt pas par donacion Mais par lignage ¶Glo. ¶Et que len ne puisse donner son heritage ne laisser a gens estranges. ¶Tex. ¶Et que ung homme ne puisse tenir que ung heritage ¶Glo. ¶Cest a entendre des heritages principaulx comme sont venassoires et telles choses affin que nul ne puisse acquerir ou tenir de possessions excessiuement Car ce seroit contre bonne police sicomme il fut dit ou pipe. chapitre du tiers et en plusieurs autres lieux Et pource sont maudis en lescripture ceulx qui contoingnent maison a maison et champ a champ. Et doncques est ce bien que telles choses soient reprouuee par soy.

¶Tex. ¶Car par ceste maniere les substances seront plus pres de qualite Et plusieurs des poures pourront actendre a auoir habundance suffisante ¶Glo. ¶Et ainsi auront moins daccasion de machiner a sedicion Apres il met une autre reigle comune ¶Tex. ¶Item il est eppedient en democracie et olygarchie que lequalite Cest a dire la dignite et office ou possession des autres ¶Glo. ¶Cest assauoir de ceulx desquelz les offices ou possessions sont forfaictes et consiquees. ¶Tex. ¶Soient donnees a ceulx qui communiquent moins en ceste police Cestassauoir aux riches en democracie et aux poures en olygarchie ¶Glo. ¶Car en democracie les riches participent moins ou princey Et pource quant len leur donne

une office vacante ilz sont moins indignes contre la police Et semblablement les poures en olygarchie quant len leur donne des richesses forfaictes Mais des offices cest a entendre des petites Et pource dit il apres.

¶Tex. ¶Exceptez les princeps quiconques ont la seigneurie de la police Car len doit comectre telz princeps aux principaulx de la police a eulx seulx ou a plusieurs ¶Glo. ¶Il dit a eulx seulx quant a olygarchie la ou ung petit nombre tient le princey et dit a plusieurs quant a democracie la ou les princes sont en plus grant nombre. Or auons doncques en cest chapitre viii. regles pour la saluacion des polices

¶Du pdit chapitre pour le saluacion des polices il mect encor reigles propres pour les gens princees

Il conuient que ceulx qui ont a estre princes et a tenir les principaulx princiez ayent trops choses Premierement amour a la parmanence de la police. Apres puissance pour quoy il facent les tresgrandes euures de princey ¶Glo. ¶Et pource dit lescripture Noli querere fieri iudex nisi valeas virtute irrumpere iniquitates. Nul ne doit querir estre fait iuge ou prince se il peult par vertu rompre les iniquitez. Et est vne des grandes euures du princey (Tex. Et tiercement comment que ilz ayent vertu e iustice. Cestassauoir en chascune police la iustice qui est propre a celle police Car se vng mesmes iuste ou droit nest pas en chascune police il se suit par necessite q selon ce soient plusieurs differeces de iustice en diuerses polices (Glo. Et ainsi est il come il fut declaire ou v͞e. chapitre du tiers Et comment en aucune police est iustice simplement Et en aultres sont aucunes loix iustes aucunement et iustes simplement (Tex. Mais vne doubte est quant toutes ces choses ne sont pas en vng mesme assauoir mon comment il conuient faire la diuision (Glo. Cestassauoir quant len doibt eslire ou faire princes se vng ayme la police e est puissant e non pas iuste Et lautre est iuste e puissant e ne ayme pas la police seul est a preferer. Apres il declaire sa question par exemple (Tex. Si come se vng est puissat en armes et non iuste ne amy de la police Et vng autre non puissant est iuste e amy de la police Assauoir mon comment il couient faire elections (Glo. Et lequel de ces deux sera prefere ou princey Apres il respond (Tex. Mais il semble que il conuient regarder a deux choses /Cestassauoir en ce en quoy tous participent plus et a ce en quoy il participent moins (Glo. Quant a actaindre a la fin a laql le tel princey ou office est ordōne (Tex. Et pource en cheualerie ou en fait darmes len doibt regarder plus experience que a vertu morale (Glo. Comme seroient liberalitez atrempance Car il conuient bien regarder a la vertu de fortitude (Tex. Car en cheualerie ilz participent moins a vertu e plus en experience (Glo. Et doncqs quant a la fin de cheualerie laquelle est auoir victoire celluy qui est expt e puissāt en armes e mois vertueulx ou moins iuste doibt plus estre esleu prince e duc de lost que le plus preudōme moins expert (Tex. Mais en la garde ou gouuernement de la cite est le contraire Car cellui qui doit estre ordōne a ce mestier de plus gr̄d de vertu que nest la vertu que moult de gens ont (Glo. Si comme est cellui qui a a garder iustice ou a a garder les biens publiques. Il est necessaire que il soit bī vertueulx (Tex. Mais science est commune a touz (Glo. Car chascun doibt sauoir ce que appertient en son office (Apres il met vne autre doubte de ces trops choses dessusdictes. (Tex. Encor en vne autre doubte telle se les princes ont puissance et amour a la police quel mestier ont ilz de vertu car par ces deux choses ilz ferent tout ce que est expediēt a la police (Glo. Apres il respond (Tex. Mais non feroient car peut aduenir que ceulx qui ont ces deux cho-

Fueillet

ses sõt incõtines etc. ¶Glo. ¶Ceulx sont incontinent qui ont science vo/lente et puissance de bien faire Mais quant vient la temptacion de ire ou de concupiscence ilz yssent hors de bõne voye et excedẽt les mectes de droicte raison et de ce fut dict a plain ou VIIe. liure deth̃iques ¶Tex. ¶Et doncques aussi comme telz gens ont science et amour a eulx mesmes, Et toutesvoyes ilz ne seruent pas a eulx mesmes ¶Glo. ¶Mais a leur concupiscence contre leur bien ¶Tex. ¶Semblablement peut estre q̃ aucuns se portent en telle maniere vers le bien commun ¶Glo. ¶Et que ilz voulent peuent et scauent faire le bien commun Mais ilz font le cõtraire par mauuaise temptacion Et pource nul ne peut estre bon prince sans vertuz moralles par lesquelles sõt regulees les operacions humaines. Apres il met vne autre reigle general

¶Tex. ¶Item simplement a passer quelconques choses sõt mises es loix comme conferentes pour les polices et proffitables nous disons que toutes ces choses selles sont bien gardees elles sauuent les policees.

¶Glo. ¶Ceste regle est prochaine a la premiere du pIIII. chapitre Apres il met vne autre reigle ou enseignement ¶Tex. ¶Item lon doibt faire vne chose qui est souuent dicte et q̃ est vng tresgrant principe C'est assauoir procurer et faire que la multitude qui veult la police et ausquelz elle plaist soit plus vaillante et pl̃² puissante que lautre partie qui ne veult pas ceste police ou ne layme pas

¶Glo. ¶Car la police est plus seure et plus parmanente se la partie a q̃ elle desplaist est la pl̃9 feible car elle ne ost opposer encontre ¶Apres il met vng autre enseignement.

¶Tex. ¶Item hors et oultre ces choses il ne quiet pas ignorer vne autre chose laq̃lle nest pas apparẽte es polices transgresses ou q̃ sont trãsgressions ¶Glo. ¶Et ne sont pas simplement bonnes, cest assauoir democracie olygarchie et tyrannie Mais il parle icy en especial des deux premieres ou la reigle qui sensuit est souuẽt ignoree. ¶Tex. ¶Et ceste chose est le moyen conuenable a la police Car moult de choses qui semblent estre democratiques corrumpent les democracies Et qui semblent estre olygarchiques corrumpent les olygarchies Et pource ceulx q̃ cuydent que en telle chose soit la vertu et la parfection de la police par leur ignorãce ilz traient sa police a exces quant a ce Et est semblable comme seroit dung neys dung homme qui est hors de la droicte figure qui est tresbelle. Et lequelle neys decline ace que il est camus ou au contraire et est aquelin ou trop hault Mais toutesvoyes en cor est il bel et gracieulx a regarder Mais se len faisoit que tel neys tendist et traissist encor plus a exces premierement len luy osteroit sa beaute et le moyen de ceste partie ¶ Glo.

¶ C'est a dire que il ne seroit plus camus moyennement ⁊ aduenaument ou au contraire il ne seroit plus a qui tint ou a cu moyennemēt ne gentemēt

¶ Tex. ¶ Et finablemēt len pourroit tant epceder et tant faire que ce ne sembleroit plus estre neps pour sexcellence ou pour la deffaulte des choses contraires ¶ Glo. ¶ La deffaulte seroit se il estoit trop camus Car il se pourroit estre tāt que il en seroit plus lait Et trestant que il ne seroit plus nepz. ¶ Tex. ¶ Et en ceste maniere est il des aultres parties du corps Et ceste chose est ou aduient es autres polices ¶ Glo. ¶ C'est en celles qui sont autres que tresbonnes ⁊ que len appelle transgressions Car aussi comme il est dict du nepz telles polices ne sont pas tresbelles Mais sont aussi cōme le nepz qui est camus ou au cōtraire Et toutesuoyes peut estre que elles sont belles souffisaumēt en leur genre ⁊ cōme telles, mais len pourroit enforcier les tant que il seroient plus laides et pires Et tant que ce ne seroient plus polices Sicōme il fut dit de la quarte espece de democracie en la fin du vii. chapitre du quart. ¶ Tex. ¶ Car olygarchie ⁊ democracie ont ordre lequel est aussi comme tresbien fait souffisaument

¶ Glo. ¶ Selon leur genre ou espece mais non pas bien simplement

¶ Tex. ¶ Mais se aucun enforcoit chascune de ces polices premiremēt

il seroit pire police Et en la parfin en procedant seroit tant que ce ne seroit plus police ¶ Glo. ¶ Sicomme il est dit maintenant ⁊ appert ou viie. chapitre du quart comme dit est

¶ Tex. ¶ Et pource conuient il q̄ le legislateur ⁊ le politique c'est cellup qui institue ou gouuerne la police ne ait pas ignorance de scauoir q̄ les choses democratiques corrumperunt democracie Et quelles choses olygarchiques corrumperōt olygarchies Car ne vne ne autre delles ne peuent estre sans gens riches ne sans la multitude des poures Mais se lō faisoit que les substances ou richesses fussent equales il sensuyroit par necessite que ceste police fust autre

¶ Glo. ¶ Que n'est democracie souffisante, car elle ne requiert pas trop grande equalite ¶ Tex. ¶ Et donques les princes corrumpent les police parce que ses loix qui sont selō epces les corrumpent ¶ Glo. ¶ Sicōme loix qui tendent a excessiue equalite corrumpent democracie Et aussi excessiue inequalite corrumpent olygarchie Car se les princes distribuent les biens ⁊ les benefices a gens indignes ¶ Item se ilz en prennent pour eulx du plus bel ⁊ du meilleur trop largement ¶ Item se ilz retiēnēt le princey deuers eulx ou deuers ceulx de leur lignage ou compagnee ou voisinete ou amitie nō vertueuse Car troys choses sont olygarchiq̄s sicomme il fut dict ou viie. chapitre

Fueillet

de se iuste de thiques Et neantmoins par elles dict la police en empiremēt ⁊ en peril de perdicion Et doncques se les loip sont telles que les poures puissent ces choses faire sans de ce reprie ou se elle leur en donnet pour elles sont excessiues ⁊ est corruption de polices Or auons doncques en cest chapitre vi. enseignemens.

Ou p̄viii. chapitre il met encor autres enseignemens pour la saluacion de democracie ⁊ de olygarchie

Aucuns pechent ⁊ faillēt en democraties ⁊ en olygarchies cestassauoir en democracie les demagoges Glo. Ce sōt ceulp qui flatent ⁊ preschēt au menu peuple comme dit est souuent.

Tep. La ou la multitude est dame des loip Car ilz sont sur la cite vne diuision en deup parties Et sōt que les poures combatent contre les riches Et il conuenist tousiours faire le contraire ⁊ monstrer semblant q̄ len fust pour les riches. Glo. Affin de euiter sedicion qui est perilleuse chose Apres il met vne autre regle Tep. Item en olygarchies les princes doiuent monstrer que ilz sont pour le peuple, et doiuent faire sermens contraires a ceulp que ilz font a present Car maintenant en aucunes citez ilz iurent en ceste forme de iu

re que ie seray mauuaiz au peuple ⁊ cōseilleroy tout mal contre le peuple Mais il conuenist faire que le peuple cuydast le contraire ⁊ dissimuler ou faindre ⁊ deussent les princes insigner ⁊ dire que ilz ont faiz telz sermens Je ne feray rien iniustemēt contre le peuple Glo. En telle police selon verite les princes sont contre le peuple ⁊ pour leur singulier proffit Mais affin que leur police soit plus seure ⁊ plus durable il est eppedient que les princes faignent que ilz font pour le peuple combien que telle faintise ne soit pas bonne Apres il met vng autre enseignement general Tep.

Item de toutes les choses dictes la tresplusgrande pour la parmanence ⁊ duraciō des polices est vne de laquelle tous sont maintenant negligens Cestassauoir que sen ne enseigne ⁊ introduit es loip qui sont bōnes pour la police Et aueccques ce pose q̄ les loip soient tresproffitables ⁊ glorifiees ou louees de tous les policeines Cest adire de toutes les offices qui ont seigneurie sur la police toutesuoyes nul nest parfaict pource se les gens ne sōt acoustumez ⁊ introduitz en la police cestassauoir se les loip sōt democratiq̄s q̄ les gēs soient acoustumez a viure en maniere democratiq̄ se elles sōt olygarchiques en maniere olygarchique Glo. Car pose q̄ les loip ne soient pas bonnes ne selon equite toutesuoyes quant le peuple les a acoustumees il les endure pl9 pa cientement Et pource recite lucain que les rommains ou temps de iules cezar disoient en soy complaignant q̃ se ilz eussent acoustume seruitute Aussi cõme ceulx dorient il ne les greuast pas tant a la soustenir Et se les loix sont bonnes & ne sont acoustumees & tenues cest mal. Et pource il dit apres. Tex. Et telle chose comme est en vng homme par le pechie de incontinence semblable est en cite Glo. Laquelle a loix & ne les tient pas Car elle est aussi comme le incontinent qui a en soy bon iugement de raison Mais il ne lensuit pas Et ceste similitude est mise ou p̃ic. chapitre du viii. dethiques Apres il met deux autres enseignemens Tex. Item les gens doiuent estre instruiz en loix & auoir ordonnances pour faire non pas les choses que ceulx qui viuent selon olygarchie desirent & se esiouissent dactaĩdre a elles et aussi de ceulx qui viuẽt selon democracie Mais faire les choses par lesquelles ilz peuent maintenir les vngs olygarchie & les autres democracie Glo. Les loix doiuent estre mises pour le conseruacion des polices non pas pour acomplir les desirs des princes ne des subiectz & les doit len garder Tex. Et maintenant es olygarchies les filz des princes viuent delicieusement Et les filz des poures sõt excercitez & laborieux Et pource ont ilz plus grant volunte & plus grande puissan

ce de faire cõmocions & nouelletez contre la police Glo. Et les filz des princes ont ace plus grandes voluntes Car ilz sont mal enseignez et trop souefz nourriz Et les filz des poures ont ace plus grande puissance. Car ilz sont fors & durs Et le texte dit que ilz sont excercitez & entend p excercitacion telles choses cõme sont ioustes luxtes traire du dart ou de larc & choses par quoy len est habille aux faiz darmes Et doncques sont icy touchez deux enseignemẽs pour les princes olygarchiques vng est q̃ leur enfans ne viuent pas delicieusement ne a leur volunte car parce est pardu maint princey iouste q̃ dit nostre seigneur par son prophete Despodam tenent in ceptrum de domo voluptatis Et pource se roy cirus fist tellement viure ceulx de la cite de sis de affin que ilz ne puissẽt plus auoir seigneurie Sicomme raconte iustin mieulx en latin que ie ne pourroye mettre le en francoys et dit ainsi Cyro lidiy rebellauere quibus dictis arma & equi ademptis iussi q3 carponas & ludicras artes & leuiciua excercere ac si gens industria quondam potens & manu strenua effeminata molicie luxuria virtutẽ pristinã p̃didit Et quos ante cyru inuictos bella postite rãt in luxuriã lapos ociũ ac desidia superauit. Lautre enseignement est que il soit ordõne que les subiectz ne se excercitent pas en faiz appartenãs aux armes affin q̃ ilz ne puissẽt

Fueillet

faite rebellion. Apres il met vne erreur. Tex. Mais ce democraties en celles qui semblẽt mesmemẽt
estre democraties est vne chose contraire ace que leur est confe rent e p̃-
fitable Et la cause de ce est pource que ilz ne
ne diffinissent mal e entendent mal
quoy estre franc ou auoir liberte Car
deux choses sont en quoy est la diffinicion de democracie e par lesquelles
elle est determinee vne en ce q̃ le plus
cest assauoir la multitude a dominacion Et lautre chose est liberte, e ce
qui est iuste sẽble estre equal e la chose est equale ou iuste en ceste police q̃ sẽble estre a la multitude telle e est q̃ la
multitude ait domination Et leur
semble q̃ se chascũ fait ce que il veult
cest liberte ou franchise. Et est chose
equale ou iuste Et pource en telles democraties chascun dit comme il veult
e selon ce que il habunde si comme dit
soit euripides le poete Glo.
Cest adire selon les richesses car
les gens de telles polices despendẽt
leurs biens en concupiscences e en mauuais vsages se il leur plaist sãs punicion et parce q̃ la police en corruption e ne peut durer. Apres en ostant ceste erreur il met vng enseignement. Tex. Mais ceste chose
est mauuaise Car len ne doit pas cup
doir que viure au sauluemẽt de la police soit seruitute, mais est salut e liberte Glo. Mais viure a plaisã-
ce de concupiscence est plus a appeller seruitute Car selon lescripture

Omnis qui facit peccatum seruus
est peccati Tout homme qui fait pechie est serf Et tulles en paradoxes
dit q̃ tous sages sõt frãcs Et tousfolz
sont serfs Et doncques parce que dit
est appert vng enseignement tel que
en la police doibt auoir les ordonnances que chascũ ne puisse pas le sien despendre a sa volunte Apres il recapitule. Tex. Et doncques aussi cõme adire simplement tant de choses ou causes sont comme dict est par
lesquelles les polices sont transmuees e corrumpues Glo. Ces
causes sõt mises ce piii. premiere chapitres de cest quint. Tex. Et
tant e telles cõme dit est par quoy elles sont sauuees e gardees parmanẽ-
tes e durables Glo. Et ces causes sõt apres les piii. chapitre si ques
icy Et sõt ou piiii. chapitre viii. causes ou enseignemẽs pour le salut des
polices Et ou p̃ vi. chapitre viii. causes Et au p̃ vii. aussi viii. e ou p̃ viiii. Et ou p̃ viii. aussi vi. Et se aucunes coincidoient ou sont semblables
en aucunes choses ce nest pas en tout
Et doncques en somme en ces v. chapitres sont xxx vi. principes ou remedes
tres diligeument e par grande prudence aduisez e pensez par aristote pour
la conseruacion des polices sans les
principes especiaulx qui sont pour la
saluacion des monarchies dont il dira apres

¶Ou plxe chapitre il commence à determiner des corruptions et des saluacions des monarchies Et met le commācement et les differences des monarchies

OR conuient apres venir sur les monarchies Et conside rer par quelles choses elle est taillee a estre gardee. Et quant a ce les choses qui aduiennent vers royaume et vers tyrannie sont presque telles comme sont celles que nous auons dictes aduenir vers les polices Car royaume est selon aristocracie Et tyrannie est aussi comme compose dolygarchie extreme ou derreniere et de democracie Et pource est tyrannie mesmement et tresgrandement nuysible aux subiectz aussi comme police composee de deux transgressions et qui a en soy les pechiez de deux polices dessusdictes ¶Glo. ¶Et est assauoir q̄ la derreniere espece de olygarchie dont il fut dit en le viiie chapitre du quart Et de la derreniere de democracie dont il fut dit ou viie chapitre du quart et tout ce sera dict apres ou ppe chapitre ¶Apres il met la difference des commācemens des monarchies ¶Tex. ¶Et tantost peut apparoir que la generacion ou comencement des deux monarchies est des choses contraires Car royaume fut fait et establie affin que le roy fust en ayde aux gens vertueux et bons, et que il les deffendist du peuple cestassauoir des populaires ¶Glo. ¶Car les bonnes gens estoient de meilleur gouuernement que les populaires et plus riches et dessemblables en meurs dissimilitude est cause de diuision Mesmement dissimilitude en vertu et malice Et en richesses et pourete sicomme il fut dit en la fin du quint chapitre ¶Tex. ¶Et fut institue roy de bons vertueux. Et prins selon epces ou excellence de actions ou de faiz qui viennent de vertu ou selon excellence qui viennent de telle lignage Et la cause pour quoy anciennement les tyrans estoient faiz demagoges fut dit ou ixe chapitre ¶Glo. ¶C'est assauoir de lignage excellent en vertu et parce appert que royaume selon sa nature doit estre p election de personne ou de lignage si come il fut dit plus a plain ou ppiiii. chapitre du tiers ¶Tex. ¶Mais tyrant fut institue du peuple et de la multitude contre les gens notables affin que le peuple ne fust moleste par eulx ¶Glo. ¶Et doncques roy fut institue pour les nobles contre populaires et tyrant au contraire

¶Tex. ¶Et ce peut len veoir manifestement par les choses qui sont aduenues car la plus grande partie des tyrans ont este faiz demagoges

¶Glo. ¶Ce sont ceulx qui flatent le menu peuple et qui le commouuent cōtre les riches sicomme souuent est dict ¶Tex. ¶Et croisoit et eux

Fueillet

doit le peuple que ilz fuſſent baillāges, et en ceſte maniere les citez quāt elles furēt creues et augmētees elles conſtituerent tyrans Apres il met autres naiſſances ou commencemens de tyrannie ¶ Tex. ¶ Mais les tyrānies qui auoient eſte deuant vindrēt des roys qui treſpaſſoient la loy du pays et appeloient princey plus deſpotique ¶ Glo. ¶ Ceſt adire par quoy les ſubgectz fuſſent en plus grāde ſeruitude que il nappartient a royaume Et ainſi eſtoit mue royaume en tyrannie ſicomme feiſt nembroth.

¶ Tex. ¶ Item vng autre commencement de tyrannie eſtoit p ceulx qui eſtoient eſleuz aux principaulx princeyz Car anciennement les peuples ordonnoient et faiſoient ordonneurs et compoſeurs de loix et regardeure ſur le peuple leſquelz p tenoient le princey par long temps. ¶ Glo. ¶ Et parce ilz deuenoient trop puiſſans Et aucun deulx vſurpoit malicieuſement la ſouueraineté et eſtoit tyrant ſicomme il fut dit ou viii. chapitre. ¶ Tex. ¶ Item vng autre commencement de tyrānie eſt par les princes olygarchiques quant aucuneſſoiz ilz eſliſent vng ſeigneur a princeyz tres grans ¶ Glo. ¶ Car aucuneſſoiz p ce il deuiēt ſi puiſſāt que il tyrannize et prent par force terres et citez etc.

Et doncques auons icy quatre generacions ou commencemens de tyrannies qui eſtoient anciennement Vne des demagoges et ſont les plus mau

tialz etc. Lautre des roys qui muent ſe gouuernement / Lautre de ceulx qui ſont en grans offices. ¶ Lautre des eſleuz par les princes olygarchiques Apres il met pour quoy tyrannie eſt de legier introduicte ou faicte.

¶ Tex. ¶ Et en toutes ces manieres ou generacions deſſuſdictes ilz auoient faculte a ce faire ceſtaſſauoir a tyrannizer Et de legier ſeilz vouloient ſeullement pource que ilz auoient deuant puiſſance Ceſtaſſauoir les vngs puiſſans de princey royal. Et les autres pource qlz eſtoient en grāt office ou princey de honneur ſicomme vng appelle ſidon en argo ¶ Glo. ¶ Ceſt vne cité de grece ¶ Tex. ¶ Et autres tyrans que auant leur tyrannie tenoient police royal Mais les tyrans qui furent en liſſe de louie et en la cite de ſalace furent de offices honnorables et grandes ¶ Glo. ¶ Comme dune grande office ou de princey olygarchique que ſelon les tiers et dernieres generacions de tyrannie deuant miſes ¶ Tex. ¶ Et paucius en la cité de ſeoudue Et triphelius en corithe et piſtracus en athenes et dyoniſius en cyracuſe et les autres en ceſte maniere eſtoient demagoges et apres furent tyrans ¶ Glo. ¶ Il eſt dit ſouuent quelz gens ſont demagoges

⁋Ou xxe. chapitre il diclaire quel regart ou habitude ont les monarchies aux autres polices

Et doncques sicomme nous auons dit royaume fut institue selon aristocracie.

⁋Glo. ⁋Ce fut dit ou chapitre precedēt car aristocracie et royaume different seullemēt a ce q̄ en aristocracie vng petit nombre tient le souuerain princey. Et en royaume vng seul le tient. Mais ilz ont conuenience en ce que aristocracie est selon vertu. Et en grec son nom est diriue de vertu. Et aussi royaume est selon vertu si comme aristote declaire apres.

⁋Tex. ⁋Car royaume fut establp selō dignite ou selon propre vertu ou selō lignage ou selō benefice ou selon ces choses et puissāce. Glo. ⁋Ja dit ou chap̄ precedēt la cause final et il touche icy les causes efficientes ou les merites pour quoy iadis aucun estoit fait roy. Et sont cinq. Vne est dignite cest a dire vaillantise de personne en toutes vertus morales. Et selon ce met lescripture cōment il fut dit au peuple disrael que ilz esleussent a roy le meilleur de lxx. filz du roy achaab. Eligite vobis meliorem etc.

⁋Laultre cause est propre vertu, cest a dire excellence en vne vertu si comme en fortitude ou en faiz darmes

Et selon ce met lescripture comment le peuple disrael disoit que leur roy se combateroit pour eulx. ⁋Rex noster egredit ante nos et pugnabit bella nostra pro nobis et cetera.

⁋Laultre que il mect est lignage et est quant len eslit vng lignage a regner. Genus electum. Ou vng homme pource quil est de tresbon lignage. Et de ce fut dit plus a plain ou xxiii chapitre du tiers.

⁋Laultre est benefice. Cest pour auoir fait vng tresgrant bien au pays. Et de ce fut dict ou xxe. chapitre du tiers, et sera declaire tantost apres

⁋Laultre est en aulcune de ces choses non pas par auenture en excellence. Mais auecques puissance de sens de corps damis et dauoir.

⁋Tex. ⁋Car tous roys au commencement acquesterent et obtindrēt cest honneur pour ce que ilz auoient faiz benefices et grans biens aux citez et aux gens.

⁋Glo. ⁋Et selon ce ceulx que nostre seigneur ihesu crist auoit repeuz de cinq paines et deux poissons le vouldrent prendre et faire roy

⁋Tex. ⁋Ou pour ce que ilz les pouoient beneficier selon bataille ou guerre en les gardant que ilz ne feussent mis en seruitute. Si comme fist le roy Cedrus.

⁋Glo. ⁋Jl fut roy dathenes car il les deffendit de ceulx de dorie qui se efforcoient de eulx subiuguer.

p.i.

Fueillet

Et apres de sa propre volunte il se fist occire pour le salut du pape et affin que les siens eussent victoire. Car les aduersaires auoient eu response des dieux que ilz auroient victoire. Mais que ilz ne occissent le roy dathenes sicomme met une hystoire notable et commune. ⁋Tex.

⁋Et les aultres ont acquis ceste honneur pource quilz deliurerent les cittez et les gens de la seruitute ou ilz estoient sicomme fist cyrus.

⁋Glo. ⁋Il deliura ceulx de grece de la seruitute des caldopens.

⁋Tex. ⁋Ou pource quilz instituerent ou ordonnerent ou auoient acquise ou conquise la region sicomme firent les roys de lacedemones et des macedones et des moliciens.

⁋Glo. ⁋Ceste chose fut touchee ou vingtiesme chapitre du tiers. ⁋Apres il met quelle est office de roy.

⁋Tex. ⁋Et la nature du royaume veult que le roy soit garde.

⁋Glo. ⁋Ou pilue. chapitre du quint dethiques il dict que le prince est garde de droit et de iustice. Est autem princeps custos iuris et iusticie. Et pour ce disoit la royne saba a salomon que nostreseigneur lauoit institue roy pour faire iustice. Dominus constituit te regem ut faceres iudicium et iusticiam. ⁋Tex. ⁋Tellement que ceulx qui possident les richesses ne seuffrent choses iniustes. Et que nul si ne leur face. Et que le peuple ne seuf-

fre nulle iniure. ⁋Glo. ⁋Il dit garder les ungs et les aultres les riches que les poures ne leur ostent rien. Et les poures que les riches ne leur iniurient. ⁋Apres il met quatre differences entre roy et tyrant. ⁋Tex.

⁋Et sicomme souuent est dict le tyrant ne regarde en rien au bien commun fors tant seullement pour sa grace et a la fin de sa propre utilite et de son propre proffit. ⁋Glo. ⁋Et est a entendre que roy regarde au contraire principallement au bien commun. ⁋Tex. ⁋Item lentencion tyrannique ou du tyrant est a chose delectable. ⁋Glo. ⁋A mauluaises delectacions. ⁋Tex. ⁋Et lentencion royal est a bien. ⁋Glo. ⁋Honneste car sicomme il appert ou quart chapitre du second dethiques trois choses sont eslisibles biens honnestes utiles et delectables. ⁋Apres il mect la tierce difference.

⁋Tex. ⁋Et pource les supergressions ou epces de pecunes sont tyranniques. Et celles qui sont a honneur sont plus royaulx. ⁋Glo. ⁋Honneur est loyer de vertu et aucunesfoiz le roy epcede en querant epcellance donneur. Et nest pas grant mal si comme il appert ou viiie. chapitre du quart dethique. ⁋Et doncques roy tend plus a honneur que a pecune et tyrant au contraire, car par pecunes il acomplist ses deliz. Apres il mect la quarte difference

¶Tex. ¶La garde royal est ciuille & la tyrannique est faicte par estranges ¶Glo ¶Car sicomme il fut dit ou xxe. chapitre du tiers les cytoiens gardent les roys par armes Et gens estranges gardent les tyrans Et pource dict Vegece en la fin de son premier liure que il vault mieulx introduire les siens en armes que louer estranges a gaigee.

Milius esse constat erudire armis suos quam alienos mercede conducere. ¶Apres il declaire une aultre chose touchee ou chapitre precedent

¶Tex. ¶Et que tyrannie ait en soy les maulx qui sont en democratie & les maulx qui sont en olygarchie il appert magnifestement par ce que de olygarchie la fin est richesses Car de necessite par ceste maniere seullemēt peuent durer & auoir parmanence & leur garde leurs delices.

¶Glo. ¶Richesses fait la fin moyenne que querent les princes olygarchiques, car parce ilz ont la fin principal a quoy ilz tendent & peuent faire garder leurs corps & leurs habitacions & acomplir leurs delectacions

¶Apres il mect aultres maulx

¶Tex. ¶Item il ne se croient de rien en la multitude Et pource ilz leur ostent leurs armeures. Et ont suspecte lassemblee du peuple Et les mettent hors de la municion Cest a dire des garnisons qui sont pour garder les fors lieux & les sont demourer chascun a sa maison ¶Glo. ¶Sans

plesir aux guerres ne aux assemblees

¶Tex. ¶Et tout ce est commun en ces deux polices cest en olgarchie & en tyrannie. ¶Glo. ¶Et sont .vi. choses sicomme couuoitise, estrāge garde Suspicion des subiectz & les desarmer, & les oster des garnisons Et faire les tenir a leur maisons Et pource ces hypsits les princes olygarchiques sont appellez tyrans sicomme il appert ou quint liure de iustin de .xxx. telz qui furent en athēnes & plusieurs aultres ¶Apres il met les maulx que tyrannie prent de democracie. ¶Tex. ¶Et tyrannie a en soy & tient de democracie oppugner les gens qui sont riches & notables Cest a dire bastre les & villaner Et les corrumpre & occire occultemēt ou mucement & manifestement Et les chacer hors & banir aussi comme gēs qui machinent contre les princes Et qui mettent empeschement contre les princez Car il aduient bien que aucuns telz riches & puissās sont aguez & conspiracions les ungs pource que ilz veulent auoir le pricey pour eulx Et les aultres non pas pource que ilz le veullent pour eulx.

¶Glo. ¶Mais pour aultres ou pour se muer en autre police sicomme il appert parce que fut dit en le .viiie. chapitre Et les maulx dessusditz sōt communs a democracie & a tyrannie et sont batre tuer et banir les riches.

¶Tex. ¶Et pource se conseil que ung tyrāt appelle periander donna

p.ii.

Fueillet

a ung appelle chrasibolus fut tel que il conuient efracier les espiz qui passent et excedent les autres espiz aussi comme se occire tousiours ceulx qui sont excellens entre les cytopens fust chose conuenable. ¶Glo. ¶De ce fut dit plus aplin ou p̄viiie. chapitre du tiers ¶Tex. ¶Mais se cest chrasibolus fut ung dont parle iustin en son quiltliure il ne fut pas tyrāt, mais il desconfist les tyrans dathenes. Or auons doncques comment royaume se a en aristocracie Et commēt tyrannie se a en democracie et olygarchie Et est royaume meilleur que aristocracie Mais est tyrannie encor plꝰ mauuaise au regart de democracie et dolygarchie Et contient et sont concuilliz en elle les maulx de ces deux polices Et est plus prochaine et plus semblable a olygarchie

¶Ou xxpe. chapitre il met en general les pr̄incipes de corruption des monarchies Et declaire ceulx qui sont pour iniustice

Si comme dit est ou pres il conuient cuyder et croire que les pr̄incipes et les causes des trāmutacions qui sont vers les polices sōt celles mesmes qui sont vers les monarchies ¶Glo. ¶Car si comme il appert ou chapitre precedēt royaume est selon aristocracie Et tyrannie selon democracie et olygarchie. Et doncq̄ les causes de trāmutaciō de aristocracie sōt causes de trāmutaciō de royaume Et les causes des trās mutacions des deux aultres polices et mesmement dolygarchie sont cause de transmutacion de tyrannie Et doncques considerer ce que est dit en plusieurs chapitres precedens len peut conclure des maintenāt les causes de transmutacion de thyrānie sōt grandement plusieurs que les causes de transmutacion de royaume Apres il met trops causes en general.

¶Tex. ¶Et plusieurs des subiectz se esliuent et descent contre les monarchies pour iniustice et pour paour et pour despit ¶Glo. ¶Et ace accorde la saincte escripture qui dit. Regnum de gente in gentem transfertur propter iniusticias et iniurias et contumelias et diuersos dolos Et apres ces trops causes il en mettra une autre ou chapitre ensuyuāt Mais elle nest pas commune.

¶Tex. ¶Et iniustices sont mesmement pour faire iniure Et aulcunesfoiz pour ce que len ne despoulle les gens de leurs propres biens. Et les fins des tyrans et des royaumes sont une mesme comme sont celles des polices dessusdictes

¶Glo. ¶Cestassauoir de aristocratie et de olygarchie. ¶Tex.

¶Car grandeur de honneurs de richesses cest la fin a quoy tendent les monarchies. ¶Glo. ¶Mais les

roys tendent plus a honneur ⁊ les ty
rans a richesses ⁋Tex. ⁋Et ce sont
choses que tous desirent Et des in
surrections esmeutes ou conspiracions
les unes sõt fctēs aux corps de ceulx
qui tiennent le princey Et les autres
au princey ou contre le princey.
⁋Glo. ⁋Car les unes machi
nent contre la personne du princey
Les autres contre la policey ⁊ contre le
gouuernement ⁋Tex. ⁋Et donc
ques les insurrections ou machinaci
ons ou oppressions qui sont faictes
pour contumelie Cest adire pource q̃
len a este uillaine ou iniurie elles sõt
au corps et contre la personne du prī
ce Car comme de contumelie ou uil
laine sont plusieurs parties cest adi
re q̃ elle peult estre faicte en plusieurs
manieres chascune de elle est cause de
ire ⁋Glo. ⁋Et de ce dit aristote ou
second liure de rethorique Et dit aus
si que ire est appetit de ueniance ⁊ de
pugnicion ⁋Tex. ⁋Et plusi
eurs de ceulx qui sont ayrez ⁊ cour
rouciez se meuuent ⁊ font insurrecti
ons affin de pugnicion contre ceulx
qui les ont couroucies ⁊ non pas cõ
tre leur excellence. ⁋Glo. ⁋Cest
adire non pas contre princey ou con
tre le gouuernement Mais contre les
persones des princes Et de ce il met
apres plusieurs exemples
⁋Tex. ⁋Sicomme unes appel
les les pisistrates ⁋Glo. ⁋Cestoi
ent gens dung lignage sicomme len

seult dire en normãdie les bartrans
⁊ les crispins ou a romme les ursins
Et pisistratus fut demagoge ⁊ apres
tyrant en athenes sicomme il fut dit
ou dixe chapitre ⁋Tex. ⁋Fu
rent aguez ⁊ machinerent contre pe
riandre qui estoit tyrant en abrachie
pource que il auoit boutee hors ⁊ re
pudiee la seur dung des pisistrates
appelle armodius en despit de luy
Et doncques armodius se courrouca
pour sa seur Et aristoguincho pour la
mour de armodius Car unesfoiz q̃
periandre uenoit auecques ses enfãs
il demanda se les deux dessusdictz es
toient preiugz ou enflez de luy
⁋Glo. ⁋Cest adire se ilz auoient
conceu grande yre et grande felonnie
contre luy ⁊ par auenture que il les fi
rent mourir ⁋Tex. ⁋Item sem
blable chose fut ce que pensonias fist
philippe pource que philippe souf
froit ⁊ ne fist pas ueniance de la uil
lannie que attalo auoit faicte a pan
sonias ⁋Glo. ⁋Ceste hystoi
re est ou neufiesme liure de iustin ou
il dit en sentence que la court du roy
philippe pere de alixandre le grant
pansonias ung noble ieune filz fut
uiole côtre nature du pechie que nous
appellons sodomie par ung appelle
achatus Et encor le fist ainsi uioler
a tous ceulx de la court ou ostel du
roy qui uouloient faire ceste abusion
Apres ce pansonias confus ⁊ dolent
requist plusieursfoiz au roy q̃ il feist de
p.iii.

Fueillet

ce pugnicion Et le roy nen tenoit cōpte Mais encor plus il promeut athalus a vne duchte Et adoncques pāsoni se conuertit tout son ire contre le roy Dictōnem q̃ quā ab aduersario nō poterat ab iniquo iudice epigit ꝛc Et le trucida et occist sup estant entre alipandre sō filz ꝛ alipādre son gēdre le ioꝛ de leurs nopces Mais plusieurs eurent oppinion que ce fut du consentement de son filz et de la mere Et cest pansonias fut vng autre que celluy dont est faict mencion ou piē. chapitre ⊂Tep: ⊂Item vne telle chose fut du roy epodedra qui auoit en despit vng noble appelle ambitus Et se moccquoit de son estature car il estoit petit ⊂Glo. ⊂Peut estre que il la appe. la naīn Et pource ambitus loccist ⊂Tep: ⊂Item il aduint a vng homme chastre appelle euagoras qui auoit este ne en chipre que pource que vne femme ressusa son filz il la repputa villaine ꝛ occist la femme ⊂Glo. ⊂Par auenture ce fut vne royne Et peut estre que ce fut euagoras duc des atheniens lequel iustin recommande en son quint liure Apres il repete sa conclusion ꝛ met en coses autres exemples ⊂Tep. ⊂Et moult de insurrections ou conspiracions ou rebellions ont este faictes pource que aulcuns monarches ont fait villanies ꝛ vergonne au corps ꝛ aux personnes daucunes gens Si comme fist vng appelle crates contre archelaus ⊂Glo. ⊂Il fut frere

du roy philippe qui fut pere de alipādre le grant selon les hystoires ⊂Tep. ⊂Cat archilaup parloit tousiours a luy rudement ꝛ durement Et pource crates print cōtre luy vne occasion suffisante ꝛ mendre ꝛ fut telle pource que archelaus ne luy auoit dōne nulles de ses filles ꝛ si luy auoit promis ⊂Mais retint lesnee pour dōner au roy clymenas quant il seroit retourne de la guerre ou il estoit contre siras ꝛ contre arabeus Et la plus ieune il la donna au filz de ambitus Et cupdoit crates q̃ il ny auoit differēce se il prenoit veniance de archelaus pour ceste cause ⊂Glo. ⊂Combien que selon verite il fut meu principallement ꝛ seullement pour la premiere cause ⊂Tep ⊂Item semblablement fut fait contre le filz de cleopatre ⊂Glo. ⊂Ceste cleopatre fut celle que le roy philippe pere dalipādre prist et repudia pour elle olympias la mere du roy alipandre Et apꝛes la mort de philippe olympias fist prendre cleopatre Et de ce parle iustin ou neufiesme liure ⊂Tep. ⊂Et le commencement de la separacion ou estrangete fut car il se portoit durement vers vng autre en choses qui touchent grace et amitie supuriteuse ⊂Glo. ⊂Le texte est corrumpu ou fut mal translate. Et par auenture il toucha lystoire ainsi briefuement car elle estoit notoire et est semblablement de plusieurs autres exēples mis deuāt ꝛ a mettre

apres ⁋Tex ⁋Itē ellesmocrates qui estoit de sappise pour ceste cause se esdresca contre archilaus / car archilaus faisoit aussi comme se il vsast de lestature dellemocrates.
⁋Glo ⁋Il approchoit de luy aussi en mesurāt sequel estoit le plus grāt
⁋Tex. ⁋Et ne luy tint pas ce q̄ il luy auoit promis / ⁊ ellemocrates cuyda que archilaus parlast a luy pour luy faire villannie ⁊ non pas par cōcupiscence damour ⁋Glo ⁋Selō vng eppositeur il cuyda que il luy fist telles choses pour abuser de luy p̄ sodomie Et il le faisoit par amour.
⁋Tex. ⁋Item phyrpon ⁊ eraclees pour vne villennie que leur auoit faicte vng appelle amplotiu ilz battirent tāt son pere que ilz le tuerent ⁋Item adamas se departit du roy thocto po̧ce que se roy lauoit fait chastier quant il estoit en āt si fut cōtre le roy comme contre cellui qui luy auoit fait villannie ⁋Glo ⁋Aps il parle en especial des rebellions qui ont este pour main mise ou pour iniure faicte au corps. ⁋Tex. ⁋Et moult de gens ont este a pres courroutez de ce que ilz auoient este bleciez en corps ⁊ feruz. ⁋Et pource les vngs ont destruis ⁊ occis les monarches ⁊ les auttes comme a ceulx a qui iniure a este ont faicte grandes inuasions conspiracions⁊ rebellions contre les princes royaulx et contre les potentas ou puissans tyranniques Sicomme en lisle de michelene vng appelle megagles se esdressa ⁊ esleua cōtre vng appelle peuthalides qui estoit denuiron celle ysle ⁊ auoyent batu chozines son amy ⁊ pource megagles ⁊ ses amis se tuerēt Et apres aduint que vng de ces peuthalides qui auoit receu playes en cest fait en auoit este trait hors par sa femme il tua⁊ occist vng de la duerse partie appelle synerdes.
⁋Item vng duc appelle decanicus fut cause de linsurrection ou conspiracion qui fut faicte cōtre archelaup Et fut le premier qui commença et esmeut ceulx qui firent linsurrection ⁊ rebellion Et la cause de son pre fut car archelenes sauoit baille a batre a euripedes le poethe et euripedes se courroucza fort car contre ce que sa bouche pouoit decanicus dit aucune chose ⁋Glo. ⁋Et peult estre que archelaus lauoit baille abatre pour son bien⁊ pour le chastier Mais il fut batu oultre mesure. Et pource il se courrouca contre cellui qui lauoit baille a batre ⁊ nō pas contre le puāt vieillart qui le battoit trop fort
⁋Tex ⁋Et autres plusieurs pour telles causes ont este les vngs mis a mort ⁊ les autres guettes po̧ occire⁊ en grans perils.
⁋Glose. ⁋Trauons donc que cōment plusieurs monarches ⁊ monarchies peulent perir pour iniustices ⁊ iniures faictes en corps ⁊ en

p.iiii.

renommer ou en biens. Et telle cho/
se est comme a royaume & a tyrannie.
Car les roys sont hommes & peuêt
pechier.

¶Ou pplus chapitre il declaire troys
autres causes ou principes de la corruption des monarchies.

Aussi comme iniure est cause
pour quoy len se adresce con/
tre les monarchies. Semblablement fut dit que paour ou doubte
est une autre cause. ¶Glo. ¶Ce
fut touchie ou chapitre precedent car
aucuns machinent contre les princes
pour preuenir & pour obuier affin que
les princes ne leur facent mal.

¶Tex. ¶Sicomme ung appelle
archamenes machina contre perpes
pour la paour & crainte quil auoit de
luy. Car il auoit fait contre la volunte de darius en ce q il auoit fait pendre
ung home sans le commandement de perpes. Et auoit cuyde que perpes luy
deust pdonner Et quil deust faire sê-
blant que il ne se remembrast de ce pour
la bonne chier que il luy auoit faicte
en ung disner. ¶Glo. ¶Et doncques quant les princes se sot trop craindre len machine aucunesfoiz cõtre eulx.
Et selõ les hystoires cest darius roy de
perse fut long temps auant que darius
contre qui alixandre eut guerre.
Et fut cestuy pere de archamenes et
de perpes lesquelz apres sa mort con-

tendirent du royaulme. Car archamenes se disoit auoir droit comme le
premier ney. Et perpes au contraire
disoit que il luy estoit deu Car quant
il fut ne son pere estoit roy Et archamenes auoit este ne auant que se pere
fut roy. Finablement ilz se accorderêt
que ung leur oncle determinast la qstion. Et il sentencia pour perpes Et
fut son iugement tenu combien que
il ne fust pas raisonnable selon ce que
fut dit ou ppitie. chapitre du tiers se
ilz ne auoient de ce propres loyx.

¶Tex. ¶Item une autre cause est
pour despit. ¶Glo. Non pas po' le
despit ou iniure que font les monar/
chies. Car de ce est dit ou chapitre p-
cedent. Mais pour le despit q len a de
leur vie et de leur gouuernement.

¶Tex. ¶Sicomme ung fist insurrection cõspiracion ou entreprinse contre sardinapaulus porce que il le vit
auecques femmes. Et se faisoit a el-
ferir & buffer si verite est que len en a
fable. ¶Glo. ¶Il fut le derrenier
roy des assiriens & estoit tousiours en
clos & ne pouoit lê parler a luy. Si aduint que ung parfaict de medie a tra-
batus empetra a grant peine que il le
peust veoir Et le trouua entre ses cõ-
cubines ou il departoit les appesons
et fuseaulx Et apres il recepte & dist
aux cheualliers son estat Et cõment
cestoit grant despit de seruir a tel hõme qui est comme une femme Et poce ilz luy osterent le royaume & la vie
& fut translate a ceulx de medie. Et

ce raconte iustin treselegaument en sõ
premier liure. ¶Tex. Et ce ne fut
roy de luy si peut il estre vray & sera
vray dung autre ¶Item vng pour
cause de despit appelle dyon se es dres-
ca & emprist contre dyonisius le dernier ¶Glo. Car plusieurs tyrans
de secille furent ainsi nommez
¶Tex. Pource quil veoit que
les cytopées le desprisoiẽt & estoit tous
iours pure ¶Glo. Apres il met en
especial cõment les amis des monarchies se esdrescent contre eulx pour ceste cause ¶Tex. Item aucuns des
amis des monarchies font insurrections & se esdressent & opposent contre
eulx pource que ilz les ont en despit
¶Glo. Car ilz sceuent toutes
lestre & les murs des monarchies Et
nimia familiaritas parit conceptũ.
¶Tex. Et les semble que se ilz sõt
aucun mal les monarchies le oblie-
ront Et auecques ce ilz cuydent que
ilz pourront bien obtenir le princey
¶Glo. Troys choses les meu-
uent ilz ont en despit les meurs et la
vie du prince Et leur semble que ilz
sont puissans de obtenir contre luy
Et q̃ se ilz faillent ilz seront bien seur
paix ¶Tex. Et ainsi ilz se es dressent & conspirent aucunement pour
despere les monarchies et pource que
ilz sont puissans ilz ne fõt cõpte des
perilz & ne les doubtent Mais enuaissent de legier les monarchies & en prennent contre eulx Et telles choses sõt
aucunesfoiz ceulx qui sont duz ou ca-

pitaines & maistres des ostz Sicõme
feist cyrus & estriages ¶Glo. Il
fut roy de medie & cyrus fut filz de sa
fille & conquist les royaumes de medie & de perse & autres Et cest celluy
dont pse lescripture ou liure de edras
¶Tex. Car ilz ont en despit
sa puissance & sa vie pource que sa puissance est sans euure & oyseuse & il viuoit delicieusement ¶Glo. Il a-
uoit grande puissance pour auoir assez gens darmes & pour les bien em-
ployer Mais il mettoit son entente en
autres delectacions Sicomme feist
balthazar qui tenoit les grans cõuiz
& les grans festes & perdit son royaume selon ce que dit daniel le prophete
Apres ce que il a mis exẽple de ceulx
du lignage des monarches il met exemple de ceulx qui sont ducz des ostz
¶Tex. Et vng appelle serytes
duc et capitaine de lost de crachte osta la monarchie a vng appelle medo-
cus Mais aucuns autres font insurrections et conspiracions contre les
monarches pour plusieurs de ces choses sicomme pour le despit que ilz ont
des monarches et pour le gaaing et
proffit que ilz ont que ilz querent Si
cõme vng appelle ariobay dut faire
contre mitridates ¶Glo. Il fut
roy dune terre marine appellee pon-
thus de laquelle lescripture fait mencion Pontum et asiam frigiam &c.
Apres il met quelles gens font plus
telles choses ¶Tex. Et ceulx
mesmemẽt fõt inuasions et emprises

Fueillet

cõtre les monarches pour ceste cause quilz sõt de leur nature hardiz & courageux. Et qui ont este par les monarches preferez en honneurs appartenãtes aux guerres ¶Glo. ¶Sicomme aucuns que les princes auoient faiz leurs lieutenãs es guerres ou ducz ou capitaines de ost3 ¶Tex. ¶Car leur forte courageuse qui a puissance leur donner hardiment. Et pour ces deux causes ilz font telles insurrections & emprises comme gens qui peuent de legier obtenir et venir a leur entente ¶Glo. ¶Une cause est car ilz sont fors & hardiz Et lautre est car ilz sont puissans dauoir & damis Et dient ou font dire contre les princes que ilz ne sont pas dignes de terre tenir se ilz ne sa gardent & deffendent & que ilz en sont plus dignes & telles choses Et font mal car les monarches les ont pmeuz aux hõneurs sicomme dit est ¶Apres il met vne autre cause ¶Tex. ¶Mais de ceulx qui font insurrections & emprises contre les monarches por lamour de honneur cest vne maniere de cause autre que celles q̃ sõt dvãt dictes Car il ne sõt pas sicomme font aulcuns qui inuadent les tyrans & leur courent sus pour auoir le grant gaig ou proffit & les grans honneurs que les tyrans ont Mais toutesvoyes aussi comme ceulx qui quierent telz proffiz & honneurs semblent chascun de ceulx qui se adrescent et meuuent ainsi pour amour de honneur eslite met

tre soy en peril ¶Glo. Mais nõ pas equalement Car ces icy sont sans esperance de eschapper ne de euader la mort ¶Tex. ¶Mais les premiers se font por la cause dessusdicte Cestassauoir pour couuoitise & ces icy se sõt aussi comme se fust vne action singuliere pour la quelle ilz fussent nõmez et congneuz des autres Et aussi ilz inuadent les monarches et leur courent sus non pas po¹ce que ilz veullẽt possider & tenir la monarchie Mais ilz veullent auoir gloire Mais toutesvoyes ceulx qui empreñẽt tel hardement po² ceste cause sont peu en nõbre Car il conuient supposer que ilz ne curẽt du salut de leur vie Car po se que ilz viennent a leur entente il cõuient que ilz apẽt tel estimacion & opinion sicõe auoit vng appelle dyon Et ce nest pas legiere chose q̃ moult de gens soient telz Car dyon a peu de gens a lencontre dyonisius Et disoit que il estoit disposé en telle maniere que il luy souffisoit en quelsconque lieu il peut aller se il pouoit tant faire que il tuast dyonisius Et prendroit la mort de soy mesmes en bon gre aussi cõme se il auoit acquis vne grande terre et il cõuenist tantost apres mourir ¶Glo. Aucunes textes ont modicã terrã Mais il y doit auoir nõ modicã Dyonisius le tyrant estoit gardé par gens dar mes & cup doit biẽ dyon que si tost cõme il le auroit occis il conuenist que il mourust Mais il receuroit la mort lyement pour lamour

❡ Le quint liure de politiques. F. xcix.

de l'onneur que il en cuydoit auoir a-
pres sa mort. Et aucuns princes ont
esse occis de gēs qui ne doubtēt en
rien leur mort Mais par vne autre er
reur sicomme par aucuns ieunes hōmes que len nomme essisiens dont
vne decretale fait mencion ou sixte.
Mais ie cuyde que telle malignite nauoit oncques este faicte ou temps daristote. Et toutes les causes dessus
mises peuent aduenir en tyrannie et
en royaume Car de la quart de quoy
sembleroit moins selon laquelle lon
occist vng tyrant pour honneur aussi peut estre que len occist vng roy po
excessiue hayne ou pour auoir renōmee non obstant celluy qui ce faict
cuyde mourir Sicōme a romme vng
mist le feu ou capitale et es temples
affin seullemēt que len parlast de luy
Et doncques pour les perilz dessus
mis ou pour autres ce nest pas mal q̄
le roy se face bien garder sicomme les
criptute dit du roy salomō que ly. hōmes tresforz estoient en tour son lit
Lectulum salomonis ly. fortes am-
biunt ex fortissimis etc.

❡ Ou pliiie. chapitre il determine
en especial de la corruption ou destru
ction de tyrannie

Tyrannie est corrumpue et des-
faicte en vne maniere aussi
comme est chascune des aultres polices deuant dictes par cause
qui vient dehors Cestassauoir se aucune autre police est contraire a elle
Et celle police est plus forte & plus
puissante ❡ Glo ❡ Sicomme il fut
dit ou piiie. chapitre Mais par auenture aucun diroit que pose q̄ au pais
prochain soit autre police plus puissante qui veulle destruire ceste tyrannie toutesuoyes elle ne pourra pour le
bon conseil Et pour la bonne ordonnance que le tyrant mettra encontre.
Et pour oster ceste doubte aristote
dit apres ❡ Tep ❡ Car le conseil
de tyrannie nest pas tel comme des au
tres polices pour la contrariete de lelection ❡ Glo ❡ Car a bon conseil
est necessaire droicte election sicōme il
appert par le ixe. chapitre du tiers de
thique Et doncques les tyrans qui
eslisent mauuaise fin ne peuent auoir
bon conseil Et mauuais cōseulz vienent a peine a effect Et de telz dit les
criptute Dominus reprobat consilia principum ❡ Tep ❡ Et tou-
tes gens qui sont puissans font ce q̄ilz
veullent ❡ Glo ❡ plus que autres mesmement quant ilz ont bon cō
seil ❡ Tep ❡ Et les polices con
traires sōt cestes Cestassauoir democracie a tyrannie en la maniere que
vng potier est contraire a vng potier selon ce que dit hesiodus le poete
Car la derreniere espece de democracie est vne tyrannie ❡ Glo ❡
Elle est semblable & cōforme a tyrannie sicomme il fut dit ou viie. cha

pitre du quart Mais elle est contraire par accident ⁊ empeschēt lune lautre ⁊ se entrehapēt pour le gaing aussi comme deux potiers ou deux tauerniers voisins ⁋Apres il mect quelles polices sont proprement contraires a tyrannie ⁋Tex. Mais royaume ⁊ aristocracie hayent tyrannie pour la contrariete de la police ⁋Glo. ⁋Car elles tendent a bien Et tyrannie tend a mal ⁋Tex.
⁋Et pource les lacedemones destruirent plusieurs tyrans Et aussi sirent ceulx de siracuse au tēps q̄ ilz politizoient ⁊ gouuernoient bien
⁋Glo. ⁋Car les lacedemones ne eurēt pas tousiours bōne police si comme il appert ou p̄ v.ᵉ chapitre du second Et la cite de siracuse est en scicille dont dit orosius Scicilia ab inicio patria ciclopum et postea semper nutrix tyrannorz fuit. ⁋Les ciclopes la tindrent au commencement ⁊ tousiours de puis a nourriz tyrans
⁋Tex. ⁋Et aucunesfoiz tyrannie est corrumpue de soy mesmes Et est quant ceulx qui participent en la tyrannie font sedicion ⁋Glo.
⁋Les tyrans ont aucunes familiaires qui sont parcipans es proffitz et ne ayment pas les tyrans de bonne amour Et pource quant ilz peuent ilz emprennent contre eulx ou pour despecier la tyrānie ou pour la tenir ⁊ oster au tyrant. ⁋Tex. ⁋Sicomme il aduint iadis de la tyrānie dung appelle gelon Et na pas long temps de

la tyrannie dponiside Car la sedicion qui conspiracion contre gelon fut faicte par vng sien frere nomme trassibulus ⁋Gla. ⁋Ie trouue ou quint liure de iustin vng ainsi nomme ⁊ fut dathenes ⁊ est bien recommande ie ne scey se ce fut cestuy ⁋Tex.
⁋Qui prinst deuers soy les filz de gelon ⁊ les actraioit a delectacion affin que il participast en la tyrannie ⁋Glo. ⁋Et que il fust contre son pere Du selon vne aultre opposicion affin que par delectacions il fust effemine ⁊ ne peust ayder au pere ne tenir le princey. ⁋Tex. ⁋Et doncques trassibulus assembla ses familiaires et ne voulut pas que la tyrānie fust du tout depecier Mais il voulut tenir la Et quant ilz furent assemblees et ilz eurent temps ⁊ oportunite il les getterent tous hors. ⁋Glo.
⁋Cestassauoir gelon et ses complisses. ⁋Tex. ⁋Et dpon vng grant officier dit curateur assallit dponisile sprāt Et prinst le peuple auecques soy ⁊ gecta hors dyonisius ⁊ se occist ⁋Glo. ⁋Il prinst pou de gens et ne cuyda pas obtenir sicomme il dict deuāt en cest chapitre ⁋Apres il touche deux principaulx causes de corruption de tyrannie ⁋Tex. ⁋Et comme deux causes soiēt pᵃ lesquelles aucūs se dressēt cōtre les tyrānies Cestassauoir hayne et despit il cōuient par necessite que vne des deux causes soit vers le tyrāt cestassauoir hayne ⁋Glo. ⁋Car il tient le prin

cey contre la volunte des subiectz ⁊ par violence. ⟨Tep.⟩ Mais aussi selon verite plusieurs tyrannies sont dissolutes ⁊ desfaictes pource que len a les tyrans en despit. Et ce appert par ung signe/ car plusieurs tyrās qui ont acquis les princeyz les ont gardez ⟨Glo.⟩ Quantilz les ont acquis par leʒ industrie ⁊ cautelle ou par armes ilz les en sceuent mieulx maintenir ⟨Tep.⟩ Mais ceulx qui les ont receuz par succession aussi comme touz perissent tātost. Car par ce que ilz viuent delicieusement ⁊ en acomplissant leurs concupiscences ilz sont faiz de legier en derision ⁊ les a len en despit⁊ indignaciō ⁊ donnent plusieurs occasions⁊ oportunitez ace que lē se adresce et empruue contre eulx ⟨Glo.⟩ Et pource dit lescripte. Si prestes anime tue concupiscencias eius faciet te in gaudium inimicis tuis. Se tu donnes a ton appetit toutes ces concupiscēces tu feras a tes ennemis auoir iope de toy. Et donsques telz tyrans effeminez ne peuent pas maintenir leur tyrannie comme font aultres qui sont plus laboureux. Apres il touche une autre cause q̄ est ramenee a hayne. ⟨Tep.⟩ Et conuient mettre que ire est une partie de hayne. Car elle est cause aulcunement des unes mesmes operacions ou actions sicōme est hayne ⟨Glo.⟩ Hayne est ung habit parmanent qui est enraciné ⁊ demeure ou cueur. Et ire est ung mouuement present qui se passe ⟨Tep.⟩ Mais ire est souuēt plus oppatiue et euure plus ou fait que ne fait hayne. Car ceulx qui sont en ire se esdrescent et empriennēt plus forcfblement plus impetueusemēt Et pl⁹ asprement. ⟨Et⟩ la cause est pource que la passion de ire ne raisonne pas ⁊ ne delibere pas aplain ⟨Glo.⟩ ⟨Car⟩ sicomme il appert ou vje chapitre du viie. Dethiques ire est aussi comme ung varlet trop hastif qui se prent tantost a executer le commandement de son maistre auant q̄il ayt tout entendu Et aussi ire precede au fait auant que la deliberacion de raison soit pfaicte ⟨Tep.⟩ Et ce nous est signifie mesmement parce que aucuns par iniure en leurs fureurs sōt aucunesfoiz venuz a leur entente/ et pource fut dissolute ⁊ despecie la tyrannie des pisistrates ⟨Glo.⟩ Ce stoit le sournom de leur lignage ⟨Tep.⟩ Et moult daultres Mais hayne est plus cause de destruction de tyrānie. ⟨Glo.⟩ Car hayne procede cautement ⁊ par deliberacion plus que ne fait ire Et est plus parmanente⁊ pl⁹ durable sicōme dict aristote ou secōd de rethorique Et encor met une autre cause ⟨Tep.⟩ Car ire est auecques tristesse ⁊ porce elle ne peut pas legierement raisonner ou deliberer ⟨Glo.⟩ Et pource dit chato nnet. Jmpedit ira animū ne possit cernere verum. Jre empesche le courage si q̄il ne peut veoir verite ⟨Tep.⟩ Et

injustice et hayne est sans tristesse.
(Glo. Et se dit ou second de rethorique / c'est a entendre que hayne peut estre sans tristesse et sans ire. Et en dormant et en veillant. Mais aucunesfoiz est elle aueques tristesse et aueques ire. (Tex. Et aussi comme dire en somme toutes les choses quelconques nous auons dictes estre causes de destruction d'olygarchie desatrempee et derreniere Et de democracie extreme et derreniere toutes sont a mettre estre causes de destruction de tyrannie. (Glo. De telle olygarchie fut dit en le VIIIe. et ou premier chapitres du quart Et de celle democracie ou VIIIe. c. du quart Et des causes de leurs corruptions. Et est dit en ce quint liure en plusieurs chap. Et combien que les causes soient en grant nombre toutesuoyes en general les manieres sont quatre. Car ou la destruction vient de dehors ou de dedens. Item ou c'est destruction de tyrant ou de tyrannie. Sicomme ung estrange met hors ou occist le tyrant et prent la tyrannie
(Item se estranges deffont la tyrannie et instituent autre police. (Item se ung des subiectz destruit le tyrant et usurpe sa tyrannie. Item se les subiectz despecent la tyrannie et font autre police. (Tex. Car ces polices sont tyrannies diuisibles
(Glo. En propre tyrannie ung seul tient le prince. Mais en ces polices plusieurs le tiennent et sont tyrans compagnons. Et toute ce dit iustin que six tyrans par ung temps gouuernerent athenes

(Ou VIIIe. chapitre il determine en especial de corruption de royaume.

Royaulme ne est aussi comme nulle foiz corrumpu par causes qui viennent de hors. Et pource il dure long temps. (Glo. Quant ung corps bien complexionne est bien gouuerne ne vent ne pluye ne autres choses dehors ne luy nuyst pas de legier. Mais se il se desordne en soy mesme. Et parce il sont faict mal disposé et dangereux ce n'est pas fort de le blecier. Mais froit ou chault luy faict de legier mal ou autre chose dehors. Or est ainsi que dite et police est aussi comme ung corps sicomme il fut declaire ou quart chapitre. Et royaume est police premiere en dignite tresdiuine et tresbonne sicomme il fut dit ou second chapitre du quart Et doncques tant comme royaulme est bien gouuerne en soy apeine se pourroient greuer gens estranges. Mesmement car il doibt estre souffisaument grant et assez fort. Et pource disoit orosius que les atheniens qui furent les tresplus sages de tous aprindrent par les maulx qu'ilz souffroient que de toutes choses soient bonnes soient malles qui sont faictes dehors la racine et la naissance de elles est dedens. Et ce est ce que dit aristote apres

¶ Tex. ¶ Mais la plus grande partie des corruptions de royaume viennent de soy mesme. Et est corrumpu selon deux manieres/ Une est quant ceulx qui participent au royaume sont seditieux. ¶ Glo. ¶ Sicomme quant aucuns du lignage du roy ou aucuns autres grans seigneurs de son royaume sont contre luy. ¶ Tex. Une autre maniere est quant les roys temptent et sefforcent de gouverner plus tyranniquement cest a dire plus selon tyrannie. Et ce est quant ilz exigent et quierent estre seigneurs de plusieurs choses q̃ il ne appartient et hors la loy. ¶ Glo. ¶ Sicomme quant ilz font nouuelles exactions a leur propre profit. Et quant ilz viennent plus grande peine que les droitz royaulx anciens leur donnent sicomme par auenture quant ilz distribuent aucuns honneurs ou offices publiques a leur volunte en pouruoyant aux personnes et non pas aux offices lesquelles selon les loix souloient estre faictes par election en pouruoiant au bien commun. Et doncques quant ilz font telz choses ilz declinent a tyrannie. Apres il met pour quoy polices royaulx sont cleres semes. ¶ Tex. ¶ Mais maintenant royaumes ne sont pas faiz encor souuent et se aucunes monarchies encor sont faictes ce sont plus tyrannies pource que royaume est princey voluntaire. ¶ Glo. ¶ Cest a la plaisance et volunte des subiectz sicomme il declarera assez tost. ¶ Tex. ¶ Et

est le roy seigneur des plus grandes choses. Et moult de personnes sont semblables en telle maniere q̃ nul ne est tant different des autres que lexcellence du bien de luy puisse correspondre equiparer ou estre compare a la grandeur et a la dignite de tel princey. ¶ Glo. ¶ Car a peine trouueroit len homme qui tant passast et surmontast les aultres en vertu comme il appartient a maieste royal. ¶ Tex. ¶ Et pour ce ilz ne demourent pas longuement voluntaires. ¶ Glo. ¶ Car les subiectz ne perseuerent pas a ceste volunte que ung ait telle dominacion sur eulx q̃ nest pas meilleur deulx. ¶ Tex. ¶ Et se aulcun obtient princey par fraude ou par violence ce semble ia estre tyrannie. ¶ Glo. ¶ Apres il met deux causes especiales de corruption de royaume ou len succede par lignage. ¶ Tex. ¶ Mais es royaumes qui sont selon lignage auecques les choses qui sont dictes il conuient mettre une cause de corruption. Et est ceste que plusieurs telz roys sont faiz de legier contemptibles ou desprisables. ¶ Glo. ¶ Pource que ilz viuent trop delicieusement et sont negligens sicomme il fut dit ou prepar̃t chapitre et mis exemples de sardinapaulus et de astriages. Et pource dit lescripture Rex insipiens perdet populum suum. Le roy fol perdra son peuple. ¶ Tex. ¶ Et une autre cause est ce que ilz ne possident ou ne ont pas puissance tyrannique mais honneur royal. Et doncq̃s

Fueillet

se ilz faisoiẽt iniures leurs seigneurs seroit de legier dissolute ⁊ deffaicte
¶Glo. ¶La puissance royal est en telle maniere moderee q̃ elle est plus grande que celle de quelconque subiect ⁊ est maindre que nest la puissance de tous ensemble ou de la pl⁹ vaillant partie sicomme il appert par le ppiiiie. chapitre du tiers ¶Mais la puissance du tyrãt est excessiue ⁊ pl⁹ grande que celle du peuple lequel il tient en dure subiection par gens estranges ⁊ par aucuns des siens qui participent en la tyrannie ⁊ pource les subiectz du roy peuent plus legieremẽt obuier aux iniures de leur prince que ne sont les subiectz du tyrant. Et auecques ce quant le roy cõmence a iniurier ses subiectz il tendra a tyrannie ⁊ le fut du tout se il eust puissãce ⁊ deleisse estre roy car les subiectz ne veullent pas prince qui les iniurie ¶Tex. ¶Car se aucun est prince ⁊ les subiectz ne le veullent tantost il ne sera plus roy mais sera tyrãt sur ceulx qui ne souffissent pas ¶Glo. ¶Et pource que il commence a iniurier ses subiectz auant que il ait puissance tyrannique il nest plus roy ⁊ si ne peut durer sa tyrannie ¶Tex.
¶Et doncques les monarchies sõt corrumpues pour les causes dessusd ⁊ pour autres telles

¶Ou xxxe. chapitre il determine de la saluacion des royaumes.

Ais a parler aussi comme sĩplemẽt ou generallemẽt les monarchies sont sauuees et gardees aussi comme par choses contraires aux choses par quoy elles sõt corrumpues ¶Glo. ¶Mais en especial moult plus de causes sont de corruption ⁊ de tyrannie que de corruption de royaume sicomme il fut dict ou xxie. chapitre Et doncques plus de choses sõt requises a saluacion de tyrannie que a saluacion de royaume Dautre partie la plus grande partie ou presque toutes les xxxvi. reigles qui furent sõmees en la fin du prille chapitre pour la saluacion des polices sont a la saluacion des royaumes Et pource aristote en met icy une seulement tresprincipalle et tresnotable.
¶Tex. ¶Et en parle en especial selon chascũe des monarchies les royaumes peuẽt estre sauuees ⁊ gardees parce que ilz soient menez ⁊ reduiz a plus grande moderacion ¶Glo.
¶Aucũs textes ont admoderacius Mais albert dit ad modum artius ⁊ lexpose en disant. Hoc est q̃ artentur ⁊ stringantur ¶Il veult dire que la puissance des roys soit restrainte.
¶Tex. ¶Car de tant comme les poures sont seigneurs de moins de chose de tant conuient il par necessite que tout le princep dure par plus grãt temps ¶Glo. ¶Il nentend pas q̃ leur seigneurie soit appeticiee quãt a eptencion ou largesse du pays. Car royaume doibt estre souffisaument

grant ⁊ a mesure Sicomme il sera declairé ou viie. liure Mais il entend quant a la dominacion ou puissance que les roys ont en leurs royaulmes ⁊ sur leurs subiectz Et ace il assigne troys causes ❡Tep. ❡Car parce les princes sont moins despotiques Cest adire q̃ ilz tiennẽt leurs subiectz moins en seruitute ❡Glo. ❡Ilz nõt pas tel pouoir de les asseruir Et se ilz le faisoient ce seroit decliner a tyrãnie qui ne peut longuement durer sicomme il sera dit apres. ❡Tep. ❡Et pce ilz sont iustes en meurs.

❡Glo. ❡Car quant ilz nõt pas puissãce de distribuer plusieurs grandes choses a leurs volũte ilz en sõt moins flatez ⁊ moins frequentes ou hantes de aduulateurs ou flateurs p lesquelz les meurs des roys sont peruerties sicõme dit lescripture Et fut dict ou xe. chapitre Et de ce sensuiuẽt iniustices p les royaumes sont translatez ou destruiz sicomme dict lescripture ⁊ fut dit ou xxie. chapitre. ❡Tep. ❡Et sont moins enuiez de leurs subiectz

❡Glo. ❡Et doncques en sont ilz plus amez Et parce leurs princes sõt moins violans ⁊ plus naturelz ⁊ en moins de perilz de sedicions Et par consequint ilz sont pource plus durables ❡Tep. ❡Et por ceste chose le royaume des melodes pseuera ⁊ dura par moult grãt temps Et aussi le royaume des lacedemones Car des le cõmẽcemẽt le pricey fut diuise en deux

pttes ❡Glo. ❡En telle maniere que les roys auoiẽt la souueraineté Mais en plusieurs grãdes choses ilz ne peuent riens sans lautre princey Lequel estoit par auenture comme seroit parlement en france ou comme fut aucunesfoiz le senat de romme ❡Et par ce appert clerement que ceste reigle est tresexcellente Car les lacedemones auoient en leur police plusieurs choses inconueniẽtes ⁊ qui furẽt reprouuez ou pvie. pvii. ⁊ pviie. chapitres du second Et neãtmoins leur police dura longuement pour ceste seulle reigle sicõme dit est

❡Item selon ceste reigle estoit moderee la poste des roys dung royaulme en iude sicomme raconte solin. ❡Aps il met a cest propos vng tresnoble exemple ❡Tep. ❡Item a cest propos fait ce que aduint a vng roy appelle theoponipe lequel modera sa poste en mettent partie delle en aultre de soy Et institua vng princey appelle efforie. ❡Glose. ❡De lefforie des lacedemones fut dit ou dix ⁊ septiesme chapitre du second. Mais quelle poste Theoponipe bailla aces prices ou college ou chambre que il appelle efforie Je ne scey pas determinemẽt ne pprement fors tant que assez appert par le tẽpte que daulcunes grandes choses desquelles il pouoit iugier et ordonner ou dõner ⁊ distribuer a sa volũte il retrancha Et laissa de ceste poste ⁊ la restrait quãt a luy ⁊

aa.i.

a ces successeurs. ¶Et de ce fut faicte loy par laquelle grande partie de la poste que il auoit deuant fut translatee et transportee et baillee a ses maistres appellez effores. Et cest exemple recite Valerius maximus moult elegaument en son second liure. Et dict en sentence que theoponipe fut roy des sparteus et institua en lacedemones les effores affin que ilz fussent opposi-tez a la poste royal en la maniere que a romme les tribuns du peuple estoient opposites au princey consulaire. Et puis met Valerius moult noblement ce que aristote dit apres de theoponipe et de sa femme, mais peut estre que les lacedemones ne maintiedroient pas cest efforie en la maniere q̃ il lauoit ordonne car elle est en aucuns poins blasmee ou p viii. chapitre du second. ¶Item Valerius et eutropius mettent plusieurs autres exemples a cest ppos de telle moderacion de poste.

¶Tex. Et en ce que il osta et retrancha de sa poste il acreut le royaume en temps et en duree. Et parce il le fist aucunement non pas mendre mais plus grant. ¶Glo. Car combien que il la feist mendre en postez et sur les subiectz et en reuenue ou emolumens ce nestoit pas chose a comparoir a la grandeur dõt il le fist en emandemẽt de gouuernement et en duracion ou longueur de temps. ¶Tex. Et de ce dient les hystoires que comme sa femme luy eust dist en reprouche se il nauoit pas grant vergongne et grãt hõte de bailler ou de laisser a ses filz le royaume mẽdre que il ne lauoit prins et receu de son pere il respondit en disant ainsi il ne conuient pas ceste chose dire. Car ie luy baille plus durable. Trado enim diuturnius.

¶Glose.

Aussi comme seil deist ie lay plus acreu en duree et en pouruance que ie ne lay appetice en puissance et peut sen dire de luy ce que dit lescripture. Principatus sensati stabilis erit. Le princey de cellup qui est bien sense sera estable. Et donques appert clerement q̃ en cest cas le roy theoponipe fut plus sage que le roy salomon. Et peult lẽ dire de luy quant nce. Ecce plus quã salomon hic. Car se salomon eust fait ainsi comme feist theoponipe son filz roboã neust pas ouy la voix de tout le peuple disrael disant. Pater tuus durissimum iugum imposuit nobis. Et neust pas roboam perdu de cinq parties de son royaume les quatre.

¶Le premier point

Mais pource que ceste regle est si tresprincipal pour la conseruacion des royaulmes et po² faire les biens longuemẽt durer. Et neãtmois elle nest pas bi̾ gardee. Et seuleroit a plusieurs merueilleuse ie veil premieremẽt declarer la pl̾ a plain. Secõ ſement dire les cauſes pour quoy elle neſt mieulx tenue Tiercement pour quoy neſt mieulx ſceue. Et quartement en quelz cas elle peut auoir inſtance Quāt au premier point auecques les troys cauſes maintenāt miſes ou teyte ſen doibt ſauoir que ſicōme pluſaplain appert ou xxiiie. chapitre du tiers & fut touchie ou chapitre deuant ceſtuy la poſte du roy ſelō la nature du princey royal eſt en telle maniere moderee et ameſuree que elle eſt maindre ſur ſon peuple que neſt la poſte du peuple Et auecques ce le roy eſt ſoubz la loy ſicomme il appert ou xiiie. chapitre du tiers ¶Mais la poſte du thyrant eſt excesſiue ſur ſes ſubiectz & plus grande que la poſte de tous eulx Et eſt le tyrant par deſſus la loy Et doncques ſe ſuit il que par acroiſſance de poſte ſur ſes ſubiectz royaume tent et trait & ſe tient vers thyrannie Et par conſequent a ſa fin Car ſicomme il fut dit ou xxiiie. chapitre du quart et ſera dit apres en ceſt quint liure tyrannie ne peult longuement durer. Et doncques ſenſuit il tenir ceſte poſte ou moyen ſans acroiſſement ou la reduire et ramener au moyen fait a la conſeruacion des royaulmes ¶Et ce appert par vng exemple bien notable Car ſelon ce que ſen peut conſiderer par les hyſtoires ſa police des rommains fut iadis royal et ariſtocratique tant comme leur dominacian vint & proceda en croiſ

ſance de proſperite & de extencion ou eſtente Mais depuis que le peuple tranſporta ou bailla toute poſte au prince Et que il miſt le prince ſur la loy aſſez toſt apres apparut que leur police ala en empirant et leur proſperite en deffaillant & leur dominacion en declinant Sicomme il fut dict ou xxiiie. chapitre du tiers et ou dixieſme chapitre du quart Et auſſi leur dominacion commença aſſez toſt apres eſtre moins eſtandue Car tel acroiſſement de poſte neſt pas ſeullement cauſe de la breuiacion du temps du princey et de ſa duracion Mais auecques ce peut eſtre cauſe que aucunes citez ou prouinces ſe departent & exeptēt de telz princeyz p deſobeiſſāce. Et fit Vt cum potencia in intencione augetur eius extencio minuat̄

¶Et ſe aulcun diſoit que ſelon ariſtote ou ſeptieſme liure enſuyuant la police ſacerdotal ou de leglise eſt auſſi comme police royal ¶Et doncques le ſouuerain prince mortel de ceſte police doibt auoir ſur ſes ſubiectz puiſſance ou poſte moderee en la maniere deſſuſdicte. Et doibt eſtre ſoubz la loy ou aulcunement ſenſupuroiēt les inconueniens deſſus mis. ¶Meſmement ſi ſa poſte eſtoit grandement eſlongue ou loing du moyen et hors la reigle deſſuſdicte.

Je reſpons ace et dy que poſte qui eſt baillee de lauctorite de dieu ſans moyen et par diuin miracle ou police qui

aa.ii

est gouvernee par grace especial du saint esperit telles choses mises a ceste reigle. Et discuter ou determiner de elles transcende et passe ceste science fors par aventure entant comme se aucunes choses proffitables a telle police pouoient estre aduisees par ceste philosophie en lumiere naturel par raison et par prudence humaine.

¶ Le second point.

Quant au second point pour quoy ceste reigle est mise en negligence et non gardee Je dy premierement que selon aristote la vertu de attrempance est ou moyen et nul nest enclin en vice de insensibilite ou aussi comme il fut dit ou xx. chapitre du tiers de ethiques Mais presque tous tendent a incontinence ou desattrempance et excez en delectacions corporelles Semblablement la police royal aussi comme vertu est en vng moyen Et nul roy ne est enclin a la appeticier, mais plus a la croistre ¶ Et pource aussi comme naturellement elle va en croissant se par tresgrande excellece de prudece les roys de eulx mesmes ne chastient et refrenent ou repriment ceste inclinacion Mesmement car ceulx qui sont entour eulx et pres deulx ne le conseillet pas ou pource que ilz ne sceuet pas ceste regle ou pource que pose que ilz la sceussent si ne voudroient ilz pas que les emolumens royaulx es-

quelx ilz participent appetissacent et ayment plus leur propre proffit que la continuacion ou duree du royaume pour le temps aduenir

¶ Item aussi comme les demagoges flatent le menu peuple et leur font accroire que tel peuple a toute puissance ciuille et parce ilz les meuuent sique a la derreniere espece de democracie q̃ equipare a tyrannie. ¶ Semblablemet les adulateurs ou flateurs trayent les roys a tyrannie, et les font yssir hors du moyen Et passee la police moderee dessusdicte Et tout ce fut dit ou viii. chapitre du quart

¶ Item par faulce oppinion et mauuaise suggestion de telz adulateurs et flateurs ont este faictes ou temps passe aulcunes loix lesquelles attribuent aux princes que ilz sont dessus les loix. ¶ Et q̃ princeps solutus legibus. et q̃ quod pricipi placuit legis habet vigorem Laquelle chose est contre la doctrine de ceste sciece en plusieurs lieux Et especiallement ou viii.ᵉ chapitre du tiers

Item ilz attribuent aux princes plenitude poste Et est ce que aristote appelle potētat et que il reprouue en plusieurs lieux loix et mesmement en le viii. et dixiesme chapitres du quart. Et ou viii.ᵉ de cest quint ¶ Et dient que le prince peut planter et errachier edifier et destrutre proumouuoir et deppoſer instituer destituer transmuer ou tränslater redempner et pardonner tout a sa plaine volunte. Lesquelles choses aristote diroit estre nõ pas royaulx mais tyranniques. Et combien que telles loyx soient en petit nombre neãtmoins elles sõt tresprincipalles quant au gouuernement. Et ne peuent estre bien glosees. Et sont ou detrieuent ou preiudicẽt des aultres iustes loyp ou de leur effect. Et pource est il tresuraysemblable que plusieurs polices a tent este ⁊ peuent estre corrumpues par telles choses.

¶ Item se aucun disoit que telles loix estantes et durãtes le prince pourroit de sa volũte faire contre raison. Telz adulateurs ou ignorans respondent ⁊ dient que len doit tousiours supposer que le prince face tout bien. Et ilz deissent verite se le prince fust dieu ou tel q il ne peust faillir. Mais cest ung homme mortel qui peut pechier par desordonnee affection ou estre deceu par mauuaise sugestion ou par faulce informacion. Et pource selon aristote la loy doibt seigneurier ⁊ nõ pas ung homme. Qui autem hominem iubet apponit ⁊ bestiam. Ou primi. chapitre du quart. la ou ceste maniere est assez declairee. Et met ou primi. chapitre du tiers que seullement les choses qui ne peuẽt estre determinees par loy demeurent en larbitracion ou volunte du prince ⁊ non aultres.

Et ce mesmes dist il du iuge ou premier de rethorique. Et est a entendre quant aux iugemens ⁊ quant aux distributions des honneurs ou offi-

ces ou biens publiques.

¶ Item une autre cause est au propos principal ce que la plusgrande partie par auenture des iuristes qui sont repputez sages sont ignorans de ceste reigle ⁊ cuydent les loyx estre bonnes qui se discordent de ceste regle. Et ainsi sont dictes les causes pour quoy elle nest pas bien gardee.

¶ Le tiers point.

Et quant au tiers point pour quoy elle nest mieulx sceue. iiii. causes me semblent a present. Une est car les loix dont est faicte mencion q̃ sont discordantes de ceste regle sont incorporees ⁊ mises entre une grande multitude de loix iustes ⁊ raisonnables. Et porce les iuristes ou legistes cuident que tout soit bien mis ⁊ dient que cest droit escript. Et que il ne le conuiet pas rappeller en doubte. Et en ce ilz dient bien aucunement. Car ilz doiuent receuoir les loix telles cõme leur legislateur leur bailla. Et en doiuent auoir en leurs escolles ⁊ en iugemẽs. Mais ce par raison naturelle il leur apparoissoit que aucune telle loy ne fust pas iuste ou eppedient pour le bien publique ilz le deuroient monstier par bonne prudence en lieu et en temps et en maniere licite. Car aussi comme mauluaise coustume nest pas proprement coustume. Mais est corruption. ¶ Semblablement telle loy qui est contraire a bonne police est

aa.iii.

Fueillet

appellee en grec Apostudiamenos
C'est a dire loy indifferentement mise sicomme il appert ou second chapitre du quint dethiques.
¶Item au propos est une autre cause car communement noz legistes sont introduiz es loiz que iustinian compila et en autres romaines. Et leur semble que il n'est nul autre droit escript. Et que il deust estre tenu par tout saulves les coustumes locaulx etc. Mais combien que en leurs liures soient aucuns droiz naturelz ou presque naturelz a communite humaine et qui sont a tenir par tout toutesuoies la plus grande partie sont droiz positifz. Et combien que ilz soient raisonnables quant au plus neantmoins nul n'est oblige a les tenir par vertu et auctorite du princep de romme excepte ceulx qui sont de celluy princep se il dure encor. Car chascun princep et chascune police a ses loix positiues et ses droitz escriptz ou non escriptz et se aucuns telz droitz sont semblables a ceulx de romme ou non il n'y a force car toutesuoies n'ont ilz auctorite en ung prince fors par celluy mesme princep. Et dire que tous deussent estre soubz le princep et soubz les loix de romme c'est grant simplesse et erreur contre raison naturelle sicomme il sera dit plus a plain ou viii. liure. Et doncques ne en escolles ne en iugemens nul legiste n'est estraint ne oblige a user ses loix rommaines fors de l'auctorite de son legislateur. Et pource que plusieurs legislateurs sont ignorans de ces

choses ilz cuydent les loix estre bien mises qui sont discordantes ou contraires a la reigle dessusdicte et ne croient pas qu'elle soit bonne. ¶Item une autre cause est car ces legistes ont des leur ieunesce oyes telles loix et les ont repputez bonnes. Et auerroys dit ou prologue de methaphisique que auoir acoustume en ieunesce oyr choses faulces fait empeschement a la cognoissance de verite. Et dit que pource ceulx qui aprennent premierement les loix ne peuent apprendre philosophie et ay veu aucuns si affichez en leur oppinion que ilz ne veulent oyr le contraire. Mais le remede est que l'en se abstraie sans soy aherdre a la loy par l'auctorite de elle mais comme se elle fust de nouuel proposee a mettre se doit a iuste valeure peser la raison de la loy et la loy contraire et considerer qui la fist et pour quelle fin et a quelle police. Car les loix doiuent estre mises selon les polices sicomme il fut dit ou premier chapitre du quart. Et apres selon ce s'en doibt iuger non pas comme legiste soubz mis a celle loy mais comme celluy qui a en soy prudence politique. Car aussi comme le maçon doibt ouurer selon les moules et selon les mesures que le maistre de l'oeuure luy baille sans le corriger et muer se il n'a en soy science architectonique c'est a dire qui appartient au maistre de l'oeuure. Semblablement est le legiste au regart de son legislateur ou de celluy qui a en soy science politique laquelle est architectonique sicomme fut dit ou

❡ Le quint liure.

mier chapitre dethiques Cest adire princepte et maistresse sur tout ledifi/ce des loix et de la police ❡ La quarte cause est a propos car telz legistes ont aucunes apparences par quoy telles loix sont colorees en leur semblent bien mises sicomme que le prince est fontaine de iustice dont vient tout droit et dont toute iurisdicion est diri/uee Et que il est chief par sur tout aussi comme dieu est sur le gouuernemēt du monde. Et doncques est il sur la loy et ne peut sa poste estre trop grande et concludēt par telles polices et similitudes imparfaictes ou impropres ou impertinētes sicōe il sera mōstre ou .viiie. liure. Et telles choses appelle/roit aristote sophismes de police mais soy arrester a presprondre ne a discuter les seroit chose superflue considere ce que fut dit ou piiiie. chapitre du tiers et en cestuy et en plusieurs autres.

❡ Le quart point.

Mais quant au quart point en quel cas la reigle dessusdicte peut a uoir instance Ie dy premierement quelle est generallement tresbonne pour la conseruation et saluacion de toute police qui est purement royal. Et ou la multitude subiecte est habille apte et nee a estre gouuernee selon police purement royal mais selon ce que fut dit ou premier chap du quart moult de gens et de citez ne pourroient estre gouuernees par police tresbonne.

De polītique. CC.V.

Et appert par le pmier chapitre du quart comment vne police est expe/diente a aucunes gens et autre a aul/tres Et fut dict ou xxiie. chapitre du tiers Comment vne multitude est naturellement disposee a vne po/lice et autre a autre Je dy doncques q se le roy appercuoit q ces subiectz se enclinassent aulcunement a desobeis/sance ou a rebellion contre son gou/uernement royal il seroit expedient et pour luy et pour eulx q il efforcast et acreust sur eulx sa puissance oultre la moderacion qui seroit selon la reigle dessus mise Mais non pas iusques a poste tyrannique Et me semble que aussi comme vng mesme vent alume vne flamme Et souffle ou oste vne autre flamme selon la differance ou diuersite des matieres. Semblable/ment vng acroissement de poste de prince sur les siens estaint rebellion en vng peuple et la engendrera en vng autre peuple. Et pource conuient il bien que le prince et son conseil cognois/sent la nature la maniere et les meurs des subiectz ❡ Et est vne tresgrande maistrise de les bien gouuerner. Vng aultre cas seroit se la multitude sub/iecte deuenoit ou fust faicte vile bes/tial et seruille Iouste ce que fut dict ou piiiie.et ou piiiie. chapitres du tiers et que elle ne fust plus digne de gou/uernement royal Et que par sa mi/sere eust desserui soustenir princey des/potique Cest adire qui tient les sub/iectz en seruitute ❡ Et que Ien sup

aa.iiii

peust dire Generacio praua atq̃ per
uersa populus stulte ⁊ insipiens. En
tel cas le prince pourroit muer sõ gou
uernement ⁊ acroist sa poste sur eulx
⁊ subiuguer tel peuple ⁊ mettre en ser
uitute Car aulcun princep despotiq̃
est iuste sicomme il fut dit ou viie cha
pitre du tiers/mais ce ne seroit pl9 po
lice royal Jtẽ les roys ont mestier dau
cun de leur peuple qui leur facent ay
de ⁊ qui leur donnent conseil ⁊ cõfort
sicomme il appert par le xxve. chapi
tre du tiers Et doncques la multitu
de en laquelle telz ne seroiẽt trouuez
ne doit pas auoir roy Et po2ce quãt
le peuple disrael desseruit aucunesfoiz
estre telle multitude nostre seigneur
disoit par psaie son prophete que il lẽr
osteroit les fors hommes darmes les
bons conseilliers ⁊ les gens honnora
bles Et par ung autre prophete dict
il que il leur ostera roy en son indigna
cion Ce sont les cas esquelz la reigle
dessusdicte pourroit auoir instance se
lon ce que il me semble Car selon ce
que il appert ou second chapitre du p̃
mier dethiques les choses ciuiles ont
tant de differences et tant derreurs q̃
forte chose est de bien parler en Et po2ce
tout ce que iay icy dit cest sãs determi
ner et en declarant selon mon aduis
sentencion daristote et sauf meilleur
iugement

Ou xxvie. chapitre il traict de la
saluacion des thyrannies selon vne
maniere.

Les tyrannies sont sauuees
⁊ gardees selon deux manie
res trescontraires Glo.
Vne est en enforcant la tyrannie
Et lautre en laschant vne par viole̅
ce ⁊ lautre plus par fraude Tex.
Desquelles vne est baillee par do
ctrine ⁊ selon elle le plus des tyrans
dispencent ⁊ ordonnent leur princep
Et moult des choses qui valent a ce
ste maniere de garder tyrannie furẽt
instituees sicomme len dict par ung
de corinthe appelle periãdre Et peut
len prendre moult de choses faisantes
a ceste maniere de princep de ceulx de
perse Et les choses qui furent dictes
iadis a la saluacion de tyrannie sico̅
me il est possible sont cestes. Glo.
Il dit sicomme il est possible pour
ce que tyrannie ne peult longuement
durer sicomme il sera dit apres
Tex. Premierement occire les
excellens. Glo. En puissance
⁊ en richesse affin que ilz ne se esdres/
sent contre le tyrant Ceste reigle bail
la periandre par parabole en signifi
ant que len doibt faire se apres plaine
⁊ oster les espiz qui passent grande
ment les autres espiz Sicomme il ap
pert ou xviiie. chapitre du tiers ⁊
ou xxe. de cest quint.
Tex. Jtem destruire les sages

(Glo. ¶Affin que par leur prudēce ilz ne puissent obuier a la tyrannie
(Tep. ¶Item que lon ne leisse ou souffre communicacions (Glo.
¶Cest adire que len ne leisse les subiectz conuerser ensemble fors le moins que len peut affin que ilz ne parlent contre le tyrant. (Tep. ¶Item q̄ len ne seuffre que les subiectz facent aucune sodalite (Glo ¶Comme seroient par aventure cōfraries ou telles choses affin que parce il napēt ensemble amitie ou eliance (Tep.
¶Item ne discipline (Glo. ¶Cest adire que nul ne face les enfans aprēdre lettres ou science en son hostel.
(Tep. ¶Ne quelconque telle chose (Glo ¶Apres il met deux fins a quoy tendent les cinq cautelles desusdictes ⁊ celle qui vient apres et les sēblables (Tep. ¶Et coūiēt prēdre garde ⁊ escheuer tout ce pquoy les subiectz se porroiēt acoustumer ace p quoy les deux choses sōt faictes (Cest assauoir sens ⁊ parsuasion (Glo
¶Sens affin quilz ne sachent penser ou trouuer voyes de contrarier a la tyrannie Ne psuasion cest adire q̄ ilz ne sachent bien parler ⁊ ornement ne monstrer la malice du gouuernement (Tep. ¶Ite q̄ len ne seuffre que escolles soient faictes ou quelcōques autres collections vaccatiues.
(Glo ¶Collection operatiue est ou len se assemble pour labourer corporellement sans auoir espace de conferer ensemble Mais collection va-

ccatiue est ou len se assemble ⁊ nest len pas si occupe que len ne puisse auoir collection ⁊ parler des choses publiques Et toutes ces vi. reigles ou cautelles ⁊ semblables sont affin que les subiectz soient ignorans (Apres il met cinq autres regles affin quilz ne adioustent foy les vns aux autres
(Tep. ¶Et conuient faire toutes les choses par lesquelles tous les subiectz ne auront mesmement a cognoissance les vngs des autres Car cognoissance leur fait auoir plus de foy les vngs aux autres (Glo. ¶Et parce ilz pourroient estre vniez ⁊ faire sedicō contre leur prince (Tep.
¶Item vne autre cautelle est que les prefectz du peuple soient tousiours prestz presens ⁊ que ilz demeurent vers les portes ou vers les porches
(Glo. ¶Telz prefectz sont aulcuns complices ⁊ ministres du tyrāt depputez a exploiter ou espier par la cite se aucuns parlent ensemble ⁊ pour escouter que ilz dient (Tep. ¶Et ainsi les subiectz ne feront rien muciement ou celeemēt que telz prefectz ne sachent. ¶Item que sergens soient ordonnez pour les prendre se ilz sacoustument tant soit peu a telles choses (Glo. ¶Cest assauoir a parler souuent ensemble ou a murmurer aucunement (Tep. ¶Et autres quelcōques telles choses tyrāniques q̄ sont en perse ⁊ es regions barbariq̄s Car toutes telles choses ont vne mesme puissance (Glo. ¶Cest as-

Fueillet

sauoir que par elles est tyrannie main
tenue τ gardee. ¶Tep. ¶Ite il cō
uient tempter τ soy efforcier de faire q̄
nulz des subiectz ne puissēt dire ou fai
re quelconque chose qui ne soit sceue
Mais q̄ aucuns soient ordonnez τ de
putez pour entendre τ aduertir ad ce
Sicomme vers ceulx de siracuse es
toient aucuns appellez petagogīdes
Cest adire opans de leurs oreilles
lesquelz enuoya illecques ung appel
le geron pour estre par tout la ou se
roit faicte aucune congregacion τ as
semblee Car les subiectz se constront
moins de oppprimer leurs voluntez pour
la paour τ la crainte de telz Et pose q̄
ilz se osffiētz oser dire leꝛ voluntē si serōt
les choses moins mucees τ moins la
tentes ou moins occultes. ¶Glo.
¶La seconde de ces cinq cautelles est
affin que aucuns voisins ne parlent
ensemble et facent petites assemblee τ
secretes Mais ceste est pour les assem
blees publiqz quāt il les cōuient au
cuesfois faire τ est que il y ait des gēs
du tyrant presens q̄ oyent la delibe
racion de chascun et de touz. ¶Tep.
¶Item vne autre cautelle est faire q̄
les subiectz se entreaccusēt de crimes τ
lon mecte τ procure entre eulx contur
bations τ discordes de amis contre a
mis τ du menu peuple contre gros et
notables Et des riches les vngs cō
tre les aultres. ¶Glo. ¶Et parce
ilz seront occupez τ auront a faire du
tyrant τ ne seront pas en vnion cons
tre luy. ¶Apres il met quatre aultres

cautelles pour faire les subiectz po
ures. ¶Tep. ¶Et faire les subiectz
poures est chose tyrannique Et a ce
faict ayde que la garde ou les gardes
de la cite ou du tyrāt ne soit pas nour
rie τ tenu aux despens du tyrant
¶Glo. ¶Mais aux despēs du peu
ple car il cōuient que le tyrāt ait tous
iours gens darmes estranges a gai
ges. ¶Tep. ¶Item q̄ les subiectz
soiēt occupez es euures cotidiannes.
¶Glo. ¶Chascun iour τ tout le iour
τ entent de euures publiques sicōme
il appert apres τ sans loyer ou trespe
tit ¶Tep. ¶Affin que ilz ne puissēt
vaquer ne entendre a machiner con
tre le tyrant τ de ceste chose sōt exem
ples les tyrās degipte. ¶Glo. Et p
ceste cautelle opprimēt tyrānizap pharao
on sur le peuple disrael sicōme il appt
clerement ou premier τ ou quint chapi
tre de epode Et aussi ou tēps de lem
pereur traian saint clement sicomme
dit sa legende trouua en lisle ou il fut
enuoye en exil plus de deux mil cris
tiens prdempnez a tailler les pierres.
¶Tep. ¶Et les anathences des
xipsellides. ¶Glo. ¶Xipsellus fut
tyrant en corinthe sicomme il fut dict
ou ppᵉ. chapitre. Et ses successeurs
furent appellez xipsellides Et firēt
faire au peuple ung hault edifice ap
pelle anathemes Et est ce mot dit de
ana en grec qui est hault τ thesis qui
est mise Car ilz estoient mis hault
¶Tep. ¶Et ledificacion qui fut
ou mont appelle olimpus la quelle si

rent faire les pisistrates. ¶Glo. ¶Pisistratus fut tyrant en athenes sicomme il fut dit ou xpie chapitre et ses hoires furent ainsi nommez.
¶Tex. ¶Et les euures que firent faire les thyrans de lisle de samo par quoy leur seigneurie dura moult de temps. Car toutes ces choses peuēt vne mesme chose. C'est assauoir que les subiectz ne soient oyseulx & que ilz ne puissent vaquer a machinacion. Et que ilz soient poures & souffrateux.
¶Glo. ¶Car ilz ne pourront entēdre a leurs propres besongnes & es euures publiques & gaigneront ou pou ou neant. Item que len impose vectigalx. C'est adire acquitz peagos & semblables exactions. ¶Glo. Telz peages estoient iadis ordonnez pour tenir en estat les pons & les chemins et pour ceulx qui gardent que faulces dentrees ne passent et que rien ne soit porte hors ou ens cōtre les deffences faictes pour le bien publique. Mais apres aduint que les thyrans acreurent & multiplierent telles choses & autres exactions a leur propre proffit & a la depauperacion des subiectz. ¶Tex. ¶Sicomme il aduint en syracuse soubz dyonisius. Car en cinq ans il ot par telles choses la substāce ou richesse des subiectz. Itē le tyrāt est poureur des guerres affin que les subiectz soient sās vacaciō & sās repos. ¶Glo. ¶Et qlē face faire le guect & telles choses et qlz soient tousiours en doubte. ¶Tex. Et

qlz demourēt soiēt toujours en dāgier et ayent mestier de leur president ou prince. ¶Glo. ¶Pour les deffendre. Et doncques le tyrant fait que aucū ait guerre a ses subiectz ou a luy se il se sent assez fort car encor a il par ce occasion de tailler les. Car il se ayde des gens darmee estranges sicomme il fut dit ou xxe chapitre.

¶Du xxiie. chapitre il met aux cautelles et cōdiciōs de tyrannie au regart dautres polices.

Royaume est sauue et garde par les amis du roy. Mais chose tyrannique ou du thyrāt est de croire ou nō croire ses amis aussi comme se touz ses amis voulsissent pour eulx la tyrannie et mesmement il se deffie de ceulx qui sont puissans. ¶Glo. ¶Le tyrant na amitie a ses subiectz ne eulx a luy sicomme il appert ou viiie. chapitre de le viiie. de thiques. Et simplement a parler ses amis sont faintifz. Et ne peut auoir vray amy. Car il mesme ne se ayme pas de vraye amour mais vituperablemēt sicōe il appt pce q fut dit ou ixe chap du ixe dethiques. Et quant a parler damitie de lignage leffection desordonnee que le tyrant a aux pecūes et a ses concupiscences passe & surmōte laffection naturelle que il deult auoir a ceulx de son lignage et eulx le

Fueillet

peuent bien apparceuoir Et pource se ilz sont bons ilz hayent sa tyrannie Et se ilz sont telz comme il est (et puis sans ilz luy vouldroient oster Et donc qs appt p raison q fier soy en eulx est p tre la seurte de la tyrannie Et appert aussi par experience car es hystoires sont exemples innombrables de horribles cruellitez q ont este entre les tyrans & leurs pchains ¶Tex. ¶It toutes les choses q sont vers la dernitere democracie sont tyrannies

¶Glo. Cest a dire a la saluacion de tyrannie & telles choses sont vilainer ou batre bannir occire les riches sicõe il fut dit ou pp̄c. chapitre. Aps il met troys cauteles especialux que les tyrans tiennent de democracie

¶Tex. ¶It en democracie les princes font vne chose appellee gemetocracie cest a dire princey ou iugement de femmes affin que ilz s'étendent cõtre les hommes ¶Glo. Et cest contre bonnes loix qui deffendent que femme ne soit iuge ne aduocate

¶Tex. ¶Ite ilz maimettent ou franchissent les serfs & ces deux choses sont pour vne cause Car les serfs & les femmes ne machinent pas contre les tyrans ¶Glo. Et ont grandes ioyes de ce que en tyrannie & en democracie il conuient que les princes leur soient beniuoles & courtois ¶Ite en democracie demos cest le menu peuple qui veult estre monarche & tyrant Et porce l'adulater ou flateur veult estre honnore en chascune de ces deux poli

ces Cest assauoir en democracie le demagoge car il est adulateur du prince democratique ¶Glo. Tout ce fut dict plus a plain ou viii. chapitre du quart ¶Tex. ¶Et ceulx qui y sent humblement & qui excedent en faire reuerences sont honnorez vers les tyrans Et tellement parler est euure de adulacion Et pource le tyrant est dit pousistofe selon Cest a dire amy des mauuais Car les tyrans se ioissent & se delectent en receuãt adulacions ¶Glo. Et ace propos fait ce que dict lescripture que prince qui ot voluntiere mensonges aura touz ces ministres felons & iniques. princeps q libenter audit verba mendacii omnes ministros habebit impios proverbio xvii. Et a cest propos furēt dictes plusieurs choses ou viii. chap du quart ¶Tex. Et ceste chose ne seroit nul qui ait sang franc. ¶Glo. Cest a dire qui ait franc couraige & enclin a bien Car les mauuais sõt serfs ou seruilles Car selon leuangile quiconques fait mal il est serf Omnis enim qui facit peccatum seruus est peccati ¶Tex. Mais ceulx qui ont franc couraige aymēt les vertueulx se il ne les flatent ou pource q ilz ne les flatent pas Et les gens malignes & tresmauuais sont oportunez conuenables propices aux choses malignes. ¶Glo. Et pource les tyrans se aident plus a leur entencion des mauuais que des bons. Et les roys font au cõtraire pour reprouuer

p les bons la faulcete des adulateurs
et pource il dit apres ¶Tex. ¶Car
sicomme dit le prouerbe clou est rebou
te par clou ¶Glo. ¶Cestoit ancie
nement vng prouerbe clou par clou
ou cheuille est repoussee par cheuille
aussi comme nous disons fort contre
fort dit contre dit Et parce il veult
dire que les dures parolles des bons
descouurent et rabatent la malice des
adulateurs Et pource disoit le pro
phete Corripiet me iustus in miseri
cordia et increpabit me. oleu aute pec
catoris non impugnet caput meum
Le iuste me corrigera et blasmera et re
prendra ta le pecheur ne me oindra
¶Tex. ¶Item que de nul homme
honnorable et de franc courage len ne
se esioisse ceste chose tyrannique Car
le tyrant veult estre seul. ¶Glo.
¶Il veult auoir tout seul excellence
et que touz se humilient deuant luy et
nul deuant autre ¶Tex ¶Mais cel
luy qui est de meurs contraires hon
norable et liberal il oste telle excellen
ce. ¶Glo. ¶Cest adire que il ne
veult pas a toute par soy auoir tou
tes les reuerences Mais se condescen
dent doulcement et amiablemet auec
ques les bons et veult que ilz soient
honnorez ¶Tex. ¶Item ceste ma
niere et condicion thyrannique est des
potique ¶Glo ¶Cest adire auoir
ses familiaires de seruille condicion et
meschans gens ¶Tex ¶Et donc
ques tyrans sont telz car ilz hayet les
gens honorables aussi comme ceulx

qui veullent ou peust depecier ou des
faire se princey
¶Item vser de conuiz et donner dis
nere gras tous les iours et plus aux
estranges qua ceulx de la cite ou q aux
siens cest chose tyrannique Et fait se
tyrant aussi comme se les siens luy fuis
sent aduersaires Et les estranges ne
fussent pas contraire a luy.
¶Glo. ¶Et le roy au contraire
est familiaire aux siens et les festoie
et honneure plus que estranges fors
en certain cas et peu souuent Et selon
ce met platon en sa police q le cheua
lier doibt auoir deux faces vne beni
gne aux citoyens et lautre cruelle et hor
rible aux estranges Mesmement aux
aduersaires Mais par auenture au
cuns au contraire ont ces deux faces
reuersees, et sont cruelx et dures a ceulx
de le pays et moult et reme pres leurs
ennemis et telz sont indignes de hone
et de cheualerie Et sont villains na
tifz et serfs en cueur et en meurs ¶Et
est grant douleur que ilz ont tel estat.
¶Sed fortuna ceca fecit eos liberos
quos natura fecerat seruos Car sou
stenir les iniurians et despriser les fa
miliaires ce est chose seruille sicomme
aristote dit ou vii.e chapitre du quart
dethique Et doncq a retrouuer a pos
ces viii. codicions et cautelles tyranni
ques sont en comparaison de tyranie
a royaume Car le roy doibt auoir co
dicions et regles toutes contraires
¶Tex. ¶Et ces choses et autres tel
les sont tyranniques et pour sauluer

Fueillet

et maintenir tel princep ¶Glo.
¶Car encor sont aultres maulx et cautelles que tyrannie prent de olygarchie sicõ de oster les armes aux subiectz ¶ les mettre hors des garnisons ou de la garde des lieux fors Et faire les tenir chascun a sa maison ¶ telles choses sõt mises deuãt ou prechap ¶ ailleurs Et combien que chascun tyrant ne face pas toutes ces choses toutesuoyes toutes sont tyranniques ¶Tex. ¶Et nulle chose ny deffault de malignite ¶Glo. ¶Et pource dit lescripture Cum impii suprserint principatum gemet populus
¶Le peuple gemira ¶ plourera quãt mauuais felons auront prins le princep Item en ung autre lieu clamabũt ¶ eiulabunt propter vim brachii tyrannorum

¶Du xxViii. chapitre il ramaine toutes les cautelles dessusdictes en general ¶ en troys fins.

Ces choses dessusdictes sicõme len peut dire sont comprises en troys especes Car le tyrant coniecture ¶ regarde troys choses Une est que les subiectz soiẽt peu sachans Car nul puisanime ou qui est de petit couraige ne fera oncques aguet ou machinacion. ¶Glo.
¶Et puis que ilz sõt non sachãt il est de petit courage ¶ ne oseroit entreprẽdre contre son tyrant Et doncques

est la tyrannie pl9 seure se les subiectz sont ignorans ¶Tex. La seconde est que les subiectz se descroient ou ne croient ne confient les ungs aux aultres car la tyrãnie ne sera oncques dissolute ou deffaicte deuant que aucũs se croient ou confient ensemble Et porce les tyrans contrarient a ceulx qui sont vertueulx ¶ bons aussi comme a gens qui sont nuysans au princep non pas seullement pource que il ne plaist pas aux bons estre subiectz despotiquement cest adire seruilement. Mais auecq̃s ce car ilz sont loyaulx entreulx ou a eulx mesmes et aux autres et ne trahissent pas eulx mesmes ne autres ¶Glo. ¶Mais tout ce que ilz traictoiẽt ¶ orroiẽt dire ptre la tyrãnie ilz tẽdroiẽt secret sans descouurir ou reueler en la maniere q̃ les gẽs du tyrãt y puissẽt obuier. ¶Tex. ¶La tierce chose est que les subiectz ayent impossibilite ou impotence aux negoces ¶Glo. ¶Cest adire aux besõgnes qui regardent le bien publicque ¶ que ilz soient depauperez ou desarmez ¶ occupez en œuures ¶ foulez en telle maniere que ilz sentent ¶ appartcoiuent que ilz nont puissãce de rebeller ¶ que ilz sont opprimez soubz les fatz et soubz les loug de ceste seruitute Et ne sen peuent deschargier Nõ possunt excutere iugum ¶Tex.
¶Car nul ne met la main a choses impossibles Et pource ilz ne tempteront pas a despecier ¶ oster la tyrãnie quant ilz nont puissãce Et dõcques

les choses a quoy les Touloires du desir de tyrãnie sont reduiz ou ramenez sõt troys Et peut len ramener toutes choses tyranniques a ces troys suppositions Une est que les subiectz ne croient les ungs aux autres Lautre est qͥ ilz soient non puissans Et laultre est que ilz sachent peu Et doncques une maniere par quoy est faicte saluacion aux tyrannies est telle

¶ Du xviiiᵉ. chapitre il commence a traictier dune autre maniere de saluacion de tyrannie ⁊ mect les cautelles qui regardent pecunes

Une autre maniere de saluacion de tyrannie a une cure qͥ vient du contraire des choses dessusdictes ¶ Glo. ¶ Car la premiere est en efforcant la tyrãnie ⁊ par violence Et ceste seconde est en la relachant ⁊ faisant plus voluntaire

¶ Tex. ¶ Est prise de corruptiõ de royaume car aussi comme une maniere de corruption de royaume est faire le princey plus tyrannique semblablement une maniere de saluacion de tyrannie est la faire plus royal Et convient garder une seulle chose Cestaf sauoir que len ne tiengne pas le princey sur gens seullement qui ne veullent pas tel princey mais sur gens qͥ le veullent ⁊ a qui il plaist Car se le tyrant pretend ceste chose ou se il pro-

cede ainsi il fera que le tyrannizer durera plus longuement. ¶ Glo.

¶ Car tyrannie est communement destruicte par la sedicion ou conspiracion des subiectz Et a ce conuient pouoir ⁊ vouloir Et doncques les manieres ⁊ les cautelles sont affin que les subiectz ne ayent pouoir de nuyre au tyrant ¶ Et la maniere ⁊ cautelles qui ensuyuent sont affin que il nayẽt vouloir dece faire ¶ Tex ¶ Et convient ceste chose prendre comme supposicion Et des aultres conuient les unes faire ⁊ les autres dissimuler et faindre affin que le princey semble bien estre royal ¶ Glo. ¶ Il veult dire que telz tyrans font les cautelles qͥ ensuyuent ⁊ font les unes selon verite Et les autres ilz faignent affin qͥ il semble que ilz soient roys et non sõt Car ilz entendent ⁊ font tout principallement pour leur propre proffit et non pas pour le bien publique Mais pour ces cautelles ⁊ faintises leur princey est plus voluntaire ⁊ plus durable ¶ Apres il met p. cautelles

¶ Tex. ¶ Premierement il est expedient que le tyrant face semblant ⁊ qͥ len cuyde que il soit curieux ⁊ diligẽt des choses communes Et que il ne despende pas telles choses pour acomplir ces plaisirs Et ne face chose qͥ les multitudes portent durement ou tristemẽt Et de quoy soient mal contẽtes quãt ilz voient que leurs princes prennent sur eulx ⁊ de ceulx qui fõt les euures ⁊ les besongues Et labourẽt assidue

Fueillet

ment Et les biens que les princes prēnent de ceulx ilz les donnent ha bun daumēt a femmes iolies et foles et largement et a gens estrāges et aux gēs de artifices ¶Glo. ¶Ou de mestiers pour faire draps couronnes vaisselaulx royaulx et edifices superflues a leur appetit et choses semblables.
Et pource vne cautelle pour plus faire durer sa tyrannie et garder soy de telles choses ¶Tex. ¶Item vne autre cautelle est que le tyrant rende raison et compte des receptes et des despences Et ceste chose ont ia faicte aucunes des tyrans car celluy qui faint ainsi semblera estre yconome et bō dispensateur des biens communs et non pas tyrant ¶Glo. ¶Apres il respond a vne obiection pource que aucun pourroit dire que se il faisoit ainsi il seroit poure ¶Tex. ¶Et il ne doit pas doubter que pecunes luy faillent Car il est seigneur de la cite.
¶Glo. ¶Car si comme plusieurs foiz est dit le tyrant a sur ses subiectz poste excessiue et est par sus la loy Et pource il peut imposer telles exactions comme il luy plaist sās les appeller Et selon ce il fut dit tyrant de tyto qui signifie fort ¶Apres il met vne autre cautelle quāt a imposer exactions ¶Tex. ¶Mais aucuns thyrans extorquent et trayent pecunes des populaires ¶Glo. ¶Il dit a demo et me semble que demie signifie le menu peuple Et vng autre expositeur met a demo, mais sō texte est corrumpu ¶Tex. ¶Et ce est plus expedient q̄ ne seroit laisser les tant q̄lz eussent assemble grandes richesses et les tyrans qui gardent ceste cautelle ont moins de cōtrarietez en leurs choses ¶Glo. ¶Ceste clause est obscure et par auenture mal translatee ou mal escripte Et sont les expositeurs contraires Et la translation que iay icy mise se accorde plus au texte que ne font leurs expositions et est pl9 raisonnable Car les tyrans qui veullēt garder leur tyrannie par la premiere maniere et par violence sont plus crueulx aux grans que aux petiz sicomme il appert ou xv die. chapitre. Et doncques cōuient il que ceulx q̄ veullent garder leur tyrānie par maniere contraire et par amour facent lopposite Et que ilz soient plus fauorables aux nobles et aux riches Car leur hayne seroit plus perilleuse que les actions soiēt plus sur les petiz affin q̄lz ne deuiennent trop riches et trop rebelles. ¶Glo. ¶Apres il mect vne autre cautelle ¶Tex. ¶Item aucunes des tyrans sont qui gardēt vne cautelle et est telle que ilz sont plus terribles et plus durs a ceulx q̄ sen vont hors du peuple que ilz ne font aux cytoyens. ¶Glo. ¶Quant aulcuns laissent leur terre ilz prennent plus de ses biens que ilz ne font de ceulx qui demeurent ¶Tex. ¶Car les vngs sont hors et les autres demourent ¶Glo. ¶Et peuēt les tyrās recourir a reprendre sur eulx ¶Tex.

Le quint liure de politiques

Item il est eppedient que il face tellement que il soit aduis aux gens que leur semble q̃ il cueille les entrees et les oblacions diligeument Et pour grace ou affin de les bien dispencier Et se aucunesfoiz en est mestier que il en vse pour ses opportunitez ou necessitez des guerres ❡Glo. Pour lentrees il entend aucuns tribuz que len prent a entrer en la region ou es citez Et par oblacion il entend ce que len donne liberallement car peut estre que aucuns demandent aux merchans dehors ou aux citoyens qͥlz donnent pour les negoces et despences publiques ❡Tex. Et vniuersellement il est eppedient que il se monstre cõme gardien et chambrier des choses communes Et non pas comme des siennes propres ❡Glo. Ne comme se il le fist poȝ son pffit et toutesuoyes si fait

Ou xxx. chapitre il met autres cautelles q̃ regardent la persõne du tyrãt

Cest eppedient q̃ le tyrant face que il ne semble pas estre cruel Mais reuerend Et auecques ce que il se monstre tel comme ceulx q̃ se encontrent napent pas paour de luy Mais que ilz ayent plus verecũde.
❡Glose. Et que ilz lapment et

doubtent comme pere Car se il estoit cruel il seroit doubte et hay.
❡Tex. Mais acquerir ou auoir cest condicion et monstrer soy tel nest pas legiere chose quant a cellui qui nest pas tel que il ne soit de legier despisable. ❡Glo. Cest fort que le tyrant q̃ est en soy et selon verite mauuais et tel que len deust auoir en despit que il puisse apparoir reuerend et bon Et pource il mect apres vne autre cautelle ❡Tex. Et pour ce se il na cure et diligence dauoir ses aultres vertuz en apparence toutesuoyes il est eppedient que il ait cure et diligece de vertu politique Et de faire que len ait de luy tel oppinion
❡Glo. Cestassauoir que len cuyde que il soit trescurieux de bien gouuerner au proffit commun Car ce est vertu politique Et pource telz tyrans font publier que ilz trauaillent et pensent assiduement Et prennent peines et labours poȝ le repos de leurs subiectz Et aucunesfoiz passent les nuyz sans dormir Et neantmoins tout est faintise et ne font riens fors a leur propre proffit et de chascun tel dict lescripte que nostreseigneur faict regner le ypocrite pour les pechiez du peuple Qui regnare facit hominem ypocritam propter peccata populi
❡Tex. Item il ne souffist pas seullemẽt se il sẽble q̃ ilz en sa persõne ne face iniure a nul de ses subgectz ne a ieune hõe ne a ieune femme

¶Fueillet:

¶Glose. ¶Cest adire ne aux familiers des subiectz.

¶Tep. ¶Mais auecques quiet que il semble que nul de ceulx qui sont enuiron luy & de sa famille ne facent iniures ¶Glo ¶Ou selon vne autre eppositiõ que il ne face iniure a ceulx q̃ sont enuiron luy ¶Tep ¶Item se blasblement que il ait femmes qui soient familiaires & amiables aux femmes des aultres Car moult de tyrannies sõt peries pour les inimitiez des femmes ¶Glose. ¶Aucuns monarches tyrans & aultres auoiẽt ladiz plusieurs femmes sicomme il appert par les hystoires & par la saincte escripture ¶Tep. ¶Item il conuient faire vers les fructions ou delectacions corporelles le contraire de ce que aucuns tyrans sõt maintenãt Car il ne leur souffist pas seullemẽt se ilz commencent tantost des le matin, & se ilz iunet par plusieurs iours.

¶Glo ¶En menger & boire & iouer & telz sont maudiz en lescripture. Ve qui consurgitis mane ad ebrietatem sectandam et potandum vsq̃ ad vesperam et vino estuetis cithara & lira in conuiuiis vestris &c. Dieu maudit ceulx qui se sleuẽt por eulx en pures & pour boire iusques au vespre & qui ont les instrumens de musique en leurs disners

¶Tep. ¶Mais encor veullent ilz que les autres aient admiracion de eulx & que ilz reputent que ilz sõt benneurez & en grant felicite

¶Glo. ¶Et se glorifient en leur malice Letantur cum male fecerint & epultant in rebus pessimis & infames gressus eorum Car ilz manifestent leur mal peccatum suum quasi sodoma predicauerunt nec absc̃oderunt. ¶Tep. ¶Mais a tyrans est grandement eppedient que ilz solent en ces choses moderez & actrempez Et se ilz ne le sont il est eppedient que ilz facent tãt que il semble aux autres que ilz fuyent telles delectacions desordonnees Car cellui qui est sobre nest pas de legier ou vokuticrs tuade ou enuay ne assailly ne de legier despisable Mais cellui q̃ est souuent pure ne cellui qui veille mais cellui qui dort

¶Glose. ¶Le prince qui est grant mengeur & grant beueur & endormy len le a en despit et entreprent len plꝰ tost contre luy que contre cellui qui est sobre et diligent

¶Tep. ¶Et il est expedient presque a touz faire le contraire de toutes les choses deuant dictes.

¶Glo. ¶Cestassauoir que les tyrans maintent telle vie que len ny appercoiue nulle laydeur ¶Tep. ¶Item il aduiẽt que le thyrant prepare et adonne la cite aussi comme se il fust procureur du bien delle & non pas thyrant ¶Glose. ¶Cest que il face mettre a point et ordonner les murs les tours et les fossez et les places et les maisõs por les preiotres ou

Le quint liure   de politiques   L.pi.

pour les coutres por les merchiez et les eglises et telles choses communes. ¶Tex. Item encorres conuiēt il' que tel tyrant semble auoir son estude et son entente aux dieux differentement plus que vng aultre ¶Car les subgectz craignent et doubtent mois souffrir aucune chose inique de telz princes Car ilz cuydēt q̄ leur prīce soit cultiueur de dieu Et que il ait cure et solicitude des dieux et que ilz machinent moins contre luy aussi cō me se il eust les dieux propugnateurs deffenseurs ou combatans pour luy ¶Glo. Et doncques les subiectz layment plus car il leur semble estre vng preudōme q̄ ne leur vauldroit faire nul tort et redoubtent a faire cō tre luy car ilz cuydent que il soit amy de dieu Et neantmoins tout est fain tise, car il est tel cōme cellup de quoy dit lescripture Que dieu fait regner lypocrite pour le pechie du peuple si, comme dit est Apres il met deux autres cautelles q̄ regardent iustice distributiue ¶Tex. Ite il conuiēt que il semble estre sans insipience ou sās non sens ¶Glo. Et q̄ len cuyde q̄ il sache bien cognoistre lesquelz de ses subiectz sōt habilles aux hōneurs ou offices et a quelx offices Et que ceulx qui sont bons a aulcune chose il les honnoure et promouue en telle maniere que len cuyde que ilz ne se roient oncques plus honnorez des citoyens de leur loy

¶Glose. C'est a dire de ceulx q̄ sont soubz la loy et soubz les droiz de leur cité ou de leur police ¶Tex. ¶Ité que il en sa personne distribue telz honneurs et offices et les peines et les tournons il face distribuer par autres princes ou officiers et par les pretoires ou par les cours

Du pple. chapitre il met autres reigles ou cautelles cōmunes a royau me et a thyrannie Et aucunes plus propres aux tyrans.

Vne chose commune pour la garde et pour la seurte de toute monarchie est q̄ lē ne face nul homme grant ¶Glo. C'est assauoir q̄ lē ne sourhauce vng hōme de petit estat a tresgrandes richesses ou a tresgrās honneurs Et ce est la tierce reigle qui fut mise et declairee plus aplain ou p̄e. chapitre Et ce est industrie et plusieurs autres les roys sont a bonne entencion et pour le bien publique Et les thyrans les font pour leur propre proffit Et dōc ques quant aux roys ce sont reigles et quant au thyrant ce sont cautelles ¶Tex. Mais se il aduenoit que lon feist aucun grant il est expedient q̄ len en fist plusieurs Car ainsi vng gardera le princep de lautre ¶Glo. Et se vng se esdresce ou empraint contre le prince lautre sera pour le prince

bb.ii.

¶Fueillet.

¶Tep. ¶Item se par auenture il
couenoit que len feist aucun homme
bien grant len doit garder q̃ ce ne soit
pas vng qui soit selon les meurs har
dy z couraigeux Car homme qui est
de telles meurs est mesmemẽt enuaiſ
sant z emprennant de toutes actions
ou besõgnes ¶Glo ¶Tel homme
est enclin en grandes choses Et pour
ce quant il est fait puissant il emprẽt
de legier contre le prince ¶Tep.
¶Item il semble aux monarches que
ilz doye aucun demettre ou depposer
de sa grande poste il doibt ce faire de
degre en degre et non pas oster luy
tout sa poste ensemble ¶Glo. ¶Si
come mettre en vng office vng peu
mendre z apres en vng autre se il ny
a ferme ou autre suspicio Et ce est la
quarte reigle qui fut mise et declaree
plus a plain ou p̃. ve. chapitre
¶Tep. ¶Item il doibt refraindre
toute iniure z mesmement deux ma
nieres ¶Cestassauoir iniure qui est
embatre ou ferir le corps
¶Glo. ¶Car tel iniure est seruil
z les cytoyens veullent estre frans
¶Tep. ¶Et celle qui est contre
gens de aage. ¶Glose. ¶Cest
assauoir de iniure qui est pour faire
despit z irreuerence Et pource def
fent lescripture que len ne desprise les
gens en leur vieillesse Ne spernas ho
minem in senectute sua. ecclesi. capi
tulo octauo Et selon celigurgus qui
fut legislateur des lacedemones insti

tua que les honneurs ne fussent pas
faiz pour richesses ne pour puissãce
mais selon aage Et dit iustin que en
nul autre terre vieillesce ne est tãt hõ
noree ¶Nec sane vsquam terraruz
locum honoraciorem senectus habet
¶Tep. ¶Et mesmement ceste re
uerence esta faire pour eppedient a
ceulx qui apment honeur Car ceulx
qui apment pecunes portent gries
ment ou durement la menuisement
ou appetissement qui est vers pecu
nes Et aussi ceulx qui apment hon
neur ont desplaisir de la petissement
de leur honneur Et ceulx qui sont
hommes vertueulx ¶Glo
¶Car honneur est loyer de vertu
si comme il fut dict ou .viiie. chapitre
du quart dethiques ¶Et doncques
eppediẽt au prince est que il se garde
de iniurier aucũemẽt en corps ceulx
qui sont fors et courageux Et en pe
cunes ceulx qui sont couuoiteux
Et en honneur ceulx qui sont ambi
cieulx ou qui sont vertueulx
¶Tep. ¶Item se il conuient vser
de telles choses ¶Glo ¶Cestassa
uoir de pugnicions ces choses dessus
dictes ou de blasmer par parolles
¶Tep ¶Item est eppedient q̃
le prince face les peines apparoir.
Et que il semble que il ne face tel
les choses pour peruipencion ou des
prisement ¶Glose. ¶Cestadire
que il ne face pas telles pugnicions
muciement mais publiq̃ment en mõ

strant que ce est pour iustice ⁊ nõ pas pour hayne ⟨Tep. ⟨Item se il reprent de parolle aulcuns anciens il doibt monstrer que il le fait pour cause amiable ⁊ par amitie ⁊ non pas p̃ sa poste. ⟨Item se lon repputoit que il eust fait aucunes inhonnoracions ou appetice aucunement les honneurs daulcuns sans cause il doibt telles causes racheter ⁊ reparer en leur donnant plus grans honneurs

⟨Glo. ⟨Se par aulcune mesprison ou par faulce subgestion il auoit diminuee lonneur dung bon homme quant ce vient a sa cognoissãce il luy doibt recompanser ⁊ honnorer plus que deuant Apres il met vne reigle en monstrant q̃ gens sont plus perilleux qui leur fait iniure ⟨Tep. ⟨Itẽ aucũs de ceulx qui enuaissent en sõt entreprises a sa difference du corps Cest adire au corps du prince ceulx icy sõt de tous les plus terribles ⁊ est mestier de plus soy garder deulx Et mesmement ceulx sont terribles qui ne eslisent pas acquerir viure quant ilz sont occis ⟨Glo. ⟨Mais ne leur chault se ilz meurent fors que ilz ayẽt mis le prince amort Et ayment plus morir que viure en soustenant le vitupere que leur a este faicte

⟨Tep. ⟨Et pource il conuient grandement craindre et redoubter q̃ ilz ne cuydent auoir souffert iniure ou ceulx ou ceulx desq̃lz ilz curent.
⟨Glo. ⟨Sicomme sont leurs amis et affins ⟨Tep. ⟨Car ceulx enuaissent ⁊ emprennent contre aucun par fureur ne espargnẽt en rien a eulx mesme Si comme disoit chorinthus en disant que est fort de soy cõbattre contre fureur ⁄⁄ Cest adire contre ung furieulx ou forsene car il faict pris de sa vie ⟨Glo. ⟨Il vouloit dire que il prise peu sa vie et en faict trop grant marchie Et la met a perdicion pour petite cause Apres il met autres cautelles qui regardent plus les tyrans ⟨Tep. ⟨Item pource que les citez sont composez de deux p̃ties Cestassauoir de poures et de riches ⟨Glose. ⟨Il nentend pas par poures les gens mendians Car selon ceste science ilz ne sõt pas parties de cite Mais il entend petiz mesnagiers comme sont laboureurs et gẽs dartifices ⟨Tep. ⟨Il conuiẽt mesmement cuyder que les vngs ⁊ les autres soient sauuez et gardez par le princep ⟨Glo. ⟨Cest a entendre q̃ le prince les garde en faisant droit a chascun ⟨Tep. ⟨Et q̃ les vngs ne facẽt aux autres choses iniustes aucunes ⟨Glo. ⟨Cel tyrant ne fait pas iustice de soy a ses subgectz fors selõ apparence et vse deuers eulx de plusieurs loyx iniustes Mais il vse de plusieurs loyx iustes ⁊ faict iustice des subgectz vng vers laut̃ Et celluy qui est tyrãt selon la maniere desusdicte ne fait iustice ne de soy aulx subgectz, ne de subgect a subgect

Fueillet.

fors a lauenture quant cest son proffit ou sa plaisance mais le roy fait par tout iustice ⁊c. ¶Honor regis iudicium diligit deus iudicium ⁊c.
¶Tex. ¶Item il est expedient q̃ ceulx qui sont les plus vaillans et les puissans que il les face siens propres ¶Glose. ¶Que il encline a son amour la plus puissant partie ⁊ les tiengne plus comme siens.
¶Tex. ¶Et mesmement les princeps ¶Glo. Cest assauoir les grãs officiers ⁊ les grans maistres sicomme sont ceulx que lescripture appelle Optimates capita populorum
¶Tex. ¶Et se ceste chose est en ces besongnes il ne conuiendra pas que il franchise les serfs ne que il face le tyrãt ne quil oste a ses subiectz leurs armeures ¶Glo. ¶Ce sont les cautelles que font les tyrans violens si comme il appert ou xx liu. chapitre
¶Tex. ¶Car la partie des subgectz adioustee a sa puissance toute sera souffisant a ce que ilz soient plus vaillans ⁊ plus puissans que ne seroient ceulx de lautre partie se ilz se esdresseoient ou emprenoient cõtre luy
¶Et dire de toutes telles choses de chascune particulierement seroit superflu car lentencion est manifeste Et est car il conuient que ses subgectz cuydent que leur semble estre prince non pas tyrannique Mais irnomique ou dispensatif ⁊ royal Et que il ne cure de soy ou de sõ ppre proffit Mais semble aucunement estre pro/

cureur de la communite et que il par supue ⁊ tiengne estat moyen ⁊ ne face pas en ce excellences ¶Item que il parle amiablement et doulcement aux gẽs q̃ sõt nobles ou notables Et que il face plaisir a plusieurs des populaires en beau parler Et en les promouuant aux princeps ou offices Car par ce le prince sera mieulx ame que se les meilleurs et les plus notables estoient prins ace Et les humbles populaires non ¶Glo. Il veult dire que les offices publiques que il appelle princeps comme plement ou autre court ou la chambre des cõptes ou telles choses sot plus amees ⁊ plus agreables a tous quant il y a gẽs des vngs ⁊ des autres des riches des poures des nobles ⁊ des non nobles
¶Tex. ¶Et ainsi le princey ne sera pas hay ⁊ ne perseuera pas p paour mais en sera plus durable
¶Glose. ¶Tel princey Cestassauoir tel office ou le souuerain prince Du tyrant se il est maintenu par amour durera plus q̃ se il estoit maintenu p craite Car selõ ce q̃ dit tulles nulle force de seigneurie nest tãt grãde se les subgectz sõt opprimez p paours p craite qui puisse longuement durer Nulla vis imperii tanta est q̃ preueniente metu possit esse diuturna ¶Texte. Item il est expedient que tel prince se dispose en meurs Et ce peut il faire en soy dispõsãt bien a vertu ou en faisãt q̃ il soit de my bon. S. Cest assauoir bõ selõ apparẽce et

¶ Le quint liure   de politiques

que il face bien a ses subgectz ¶ Car
celluy est tout qui fait bien/z le fait de
bonne volunte Mais celluy qui fait
euures bonnes de soy et a mauluaise
entencion il peut estre aulcunement
demy bon sicomme sont les ypocrites
¶ Tex. ¶ Et que il ne soit pas ma
ligne mais demy maligne ¶ Glo
Le prince est maligne qui est dur a ses
subgectz/z leur fait plusieurs maulx
Et tel est le tyrant qui gouuerne selõ
la premiere maniere sicomme il dit en
la fin du pp Bile, chapitre Nichil au
tem defficit malignitatis Mais cel
luy est demy maligne qui fait plusi
eurs biẽs a ses subgectz non pas po?
bien et monstre en apparence q̃ il nest
pas tyrant en vsant de aulcunes des
cautelles dessusdictes et ne conuient
pas que chascun tel tyrãt tiengne ou
garde toutes ces cautelles Mais les
vnes/z vng autre les autres ou tou
tes se mestier est selon ses inclinaciõs
/z les meurs/z maniere des subiectz.
Et pource a tout prince est necessite
pour garder son princey que il congnoi
sse la nature/z les meurs du peuple a
luy subgectz Et doncques en somme
les cautelles po? garder tyrannie selõ
la pmiere maniere sõt enuiron ppiii.
Et les cautelles pour la garder de ty
rannie selon la seconde maniere sont
enuiron pp v.

¶ Du pppil.e chapitre il traicte de
la duracion de tyrannies ioupte les
cautelles dessus mises

De toutes polices celles qui
durẽt moins sõt olygarchie
/z thyrannie ¶ Glo. ¶ Et
sont prochaines/z presque sẽblables
/z mauuaises sicomme souuent est dit
/z souffist a present parler de tyrãnie
Et sicomme il fut dit ou quart chapi
tre vne police est aussi comme vng
corps mal dispose/z enferme Et selon
aulcunes des reigles dessusdictes se
thyrant perseueroit en euures de soy
bonnes tãt que luy ou son successeur
eust bonne entencion la maladie se
roit guerie et ne seroit plus thyran
nie Mais seroit royaume sicomme il
appert iouxte ce q̃ fut declare ou pliii
chapitre du quart que cest vng incor
rigible Et dõcques il sensuit que tel
le police est aussi comme vng corps
qui est en aucune maladie incurable
Mais aussi comme la vie dung tel
corps peult estre aulcunement pro
longuee par regles de medicine
Semblablement thyrannie peut au
cunement durer par les cautelles des
sus mises Mais ilz ne durent pas lõ
guement ¶ Et de tel prince dict les
cripture iob decimo quinto Nume
rus annorum incertus est tyrãnidis

GG.iiii.

⸿Fueillet

eius et cum pap sit ille insidias suspi-
catur Le nombre des ans de sa tyrannie est incertain Et quant il a paix il
a suspicacion des agnez & tousiours
se doubte ⸿Item encor appert le propos par autre voye Car selon ce que
fut dit ou pp̃tc. chapitre deux manieres sont de thyrannizer Et la premiere est violente & desnaturelle Et
doncqz puisqu'il q̃ elle ait briefue duree
& est inuoluntaire & p crainte Et dõcques selon tulles elle ne peut longuement ou grãdement durer sicõe il fut
allegue ou chap̃ precedent ⸿Et de ce
dit lescripture Oportebat enim illis
epcusacione quadam superuenire in
tertium epcercentibus tyrannidem.
Il conuient sans epcusation q̃ ceulx
qui maintiennent tyrannie perissent
Et la seconde maniere de thyrannie
est maintenue par faintise & par ypocrisie sicomme il appert es trois chapitres precedens ⸿Et forte chose est
de couurir telle malice sicomme il fut
dit ou ppp̃e. chapitre & ne peult estre
longuement celee Et pource dict lescripture Gaudium ypocrite ad iustar puncti La ioye de lypocrite dure
a guise dung moment ⸿Item spes
ypocrite peribit & sicut tele aranearũ
fiducia eius Son estat n'est pas seur ne
ferme car aucuneffoiz se esdrescent cõtre
sup ses subgectz iouxte ce q̃ dit Iob.
Innocens contra ypocritã suscitabit
Et aucuneffoiz gẽs estrangees destruisent telz tyrans de quoy dit lescripture Multi tyranni sederunt in tro-

no & in suspicabilis portauit dyadema & cetera ⸿Tep. ⸿Et la tyrannie qui fut en la prouince appellee sy-
sion dura par long tempz laquelle
tint ung nomme ortagoras Et ses
enffans ou successeurs Car elle dura cent ans Et la cause fut pource
que ilz vsoient des subgectz moderẽ-
ment et attrempement Et en moult
de choses ilz seruoient & obeissoient aux
loix ⸿Glo ⸿Ortagoras et ses successeurs viuoient & gouuernoient selon
les loix ⸿Tep. Et aussi porce q̃ disthe-
nes fut bon hõme darmes Et ne fut
pas de legier preemptible ou de legier
despisable ⸿Glo Ce fut ung des
successeurs de orthagoras qui viuoit
honnestement & fut grant guerrieur
⸿Tep ⸿Et quãt a moult de choses
il demagogisoit es cours ⸿Glo ⸿Et
quant aux assemblees parloit beau
au peuple & faisoit ses epactions sagement Car il est eppediẽt que elles
soient selon ce q̃ il est possible moins sensible & des plus grant emolument Et
ce peut estre fait se elles sont petites
et plusieurs et souuent & generalles et moins en nombre et medices au
commancement ⸿Et apres peu a
peu multiplier & acteues ⸿Et pour
causes vrayes ou coullourees & apparentes & procurees se mestier est ou
fainctes Item que elles soient mises
par ordonnances & non pas par affi-
ecte voluntaire faicte par aucunes
du peuple se ce n'estoit pour mettre
discort entre ses subiectz Mais ce re-

¶ Le quint liure de politiques¶ CC.riiii.

garde de la premiere maniere de thyran nizer ꝛ Vne cautelle mise ou xxViͤ. chapitre Item que elles soient mises proporcionnellement sur chascun selon sa faculte fors tant que la partie soit espargnee ou moins greuee dont la hayne ou le murmure seroit plͥ a doubter ioupte la tierce cautelle du xxirͤ.chapitre ¶Tex. ¶ Et dict ou mectent les hystoires comment le peuple le couronna quant il respondit dune victoire ¶Glo. ¶ Peut estre que il auoit eu vne noble victoire et que la presence du peuple il attriboit a autres ou aux dieux par fiction Et parce il eut la grace du peuple en tant que ilz le couronnerent comme roy ¶Tex ¶Et dient aucuns que le statue qui siet en la court ou len fait les iugemens est vng ymage de distenes qui iugea en telle maniere.
¶Glo. ¶Celle ymage auoit contenance de bon iuge ¶Tex ¶Et pisistrates quant il fut aucunesfoiz appelle en ariopage soustint telle sentence ¶Glo. ¶Et fut accepte pour prince car il auoit este demagogue ꝛ flateur du peuple sicomme il fut dit ou xixͤ chapitre Et ariopage fut vne rue dathenes dont fut sainct denis Apres il parle de vne autre tyrannie ¶Tex. Et la seconde tyrannie fut en corinthe laquelle tindrent les xxipselides Et dure xxViii. ꝛ Vi.moys Car xipsellus tyraniza p xxx. ans Et periandre p xl. ans ꝛ iiii.mois ꝛ psamichus le filz de gorgias tyrani

za trops ans ¶Glo. Et p auente deux mois ¶Tex ¶Et les causes pourquoy ceste tyrannie dura tant sont vne mesme comme deuant car xipsellus fut au commencement demagoge Cest adire flateur du peuple ꝛ fut en son temps sans faire soy garder p gens darmes Et periandre fut tyrannicque ꝛ violent mais il estoit bon guerrier ꝛ home darmes Et la tierce fut la tyrannie que pisistrates tindrent en athenes Mais elle ne fut pas continuee Car pisistratͥ tyraniza p deux foiz en telle maniere que en xxxiii.ans il tyraniza p Vii.ans Et ses enffans ou successeurs tyranizerent p Viii.ans.et pource tous les ans de ceste tyrannie farent xxxV.ans ¶Glo. Et toutes ces tyrannies durerent pource que les tyrans gardoient les cautelles dessusmises p quoy les vngs se faisoient amer au peuple ꝛ les autres se faisoient doubter ꝛ estoient diliges en armes Apres il met comment p nonvser de ces cautelles tyranies communement durent peu de temps ¶Tex. ¶Et des autres tyranies celles que tindrent en cyracuse ieron ꝛ gelon ne dura pas p moult de ans mais touz ses ans furent deux moins de xx.car gelon tyraniza Vii.ans Et en le Viii.finit sa vie Et ieron tyraniza x.ans ꝛ trasibulͥ mourut en le xi.mois ¶Glo. ¶Mais tantost apres recommancoit vne autre tyranie ꝛ venoient autres tyrans car la terre ou isle de secille la ou est stracuse a toustours este nourrice de tyrans sicomme

Fueillet

dit orosius ¶Tex. ¶Et moult de tyrannies ont duré peu de temps et apres que toutes ¶Glo. ¶Ou pour ce que les tyrans ne gardoient par les cautelles dessusdictes. Et posé que ilz les gardassent si ne pouoient ilz longuement durer pour les causes dessus mises au comancement de cest chap. Et cest ce q̃ nostreseigneur disoit, p̃ Vng prophete a ceulx qui tyrãnizoient sur le peuple disrael comment ilz seigneurioient cruellement et par puissance Cum austeritate impabatier cũ potencia Et queroient leur propre profit des subiectz. Pascebãt semetipsos z gregem meum non pascebant. Et pource dit il apres que il les fera cesser z que leur tyrannie ne durera plus. Propterea ecce ego cessare vos faciã Et ultra non pascant gregẽ meum neq̃ pascunt semetipsos Apres aristote recapitule ¶Tex. ¶Et doncques ainsi est dict Jere les polices et Jere les monarchies presque de toutes les choses par lesquel les elles sont corrumpues z de celles par lesquelles elles sont sauuees et gardees.

¶Du xxxiiii. chapitre il reproue loppinion de platon quant a la transmutacion des monarchies

On liure de police ou quel socrates parle des transmutacions des polices ce que il met nest pas bien dit ¶Glo. Plato feist vng liure de politique par maniere de dyalogue. et y se plusieurs foiz ou nom de socrates z aussi comme si socrates parlast ¶Tex. ¶Car de la police qui est tresbonne z qui est la p̃miere il ne dit pas proprement la transmutacion ¶Glo. ¶Cestassauoir de royaume. Car il ne met pas les causes propres z prochaines z pratiques de telle transmutacion ¶Tex. Car il disoit que la cause est pource q̃ nulle chose ne demeure ou ne dure tousiours. Mais toutes choses sont transmuees en aucun periode ¶Glo. Il est dit de pery qui est enuiron z de oda qui est sin z est la reuolucion ou retour du commancement par le moyen a sa fin. Et est le temps z la mesure de la duracion dune chose. Et selon ce len diroit que le periode de home est plus grãt q̃ nest le periode de cheual. Car homme vit plus long temps Et aussi selon aucun de chascun homme sa vie a certain terme lequel peut bien estre preuenu ou auancie, mais il ne peut estre passé. Et de ce dit iob. posuisti terminos eius qui preteriri non poterunt. Et de ce parle la partie dastrologie qui parle des natiuitez. Et peut estre que semblablement plato disoit que royaume a certain periode z que chascun royaume a certain temps par quoy il peut durer. Et de ce parle la partie dastrologie qui est des grandes coniunctions. Et met regles de la duracion des citez z des royaumes selon les constellacions ou figu

¶ Le quint liure   de politiques.   CC.p 8

res du ciel q̃ sont en leurs cōmencemēs
Mais telles regles sont incertaines Et
ces causes ne sont pas politiques ou
pratiques ne souffisantes. Car qui a
uroit dit a ung homme par la figure
de sa natiuite combien il doit viure il
ne doit pource laisser la cure du gouuer
nemēt de son corps Et qu'il auts bas
ses causes de sa maladie & de sa cor
ruption & semblablement est il en cest
propos Apres il recite les causes q̃ pla
ton mettoit pour quoy les unes poli
ces sont bōnes & les aultres mauuai
ses ¶Tex. ¶Et les choses desquel
les epictrix est fons ou fondement et
naissance sont causes de ces choses
S. Pour la declaraciō de ce sē doit sa
uoir q̃ en musicq̃ sont trops proportionnes
pricipaulx. cestassauoir dyatessarō la
q̃lle il appelle icy epicritique pource q̃ el
le est en pporciō sequaltercie q̃ est de qua
tre a trops. Car quatre cōtiēt iiii. & la
tierce partie de iii. L'aultre proportion est
dyapēte & est en pporciō sequaltercie
q̃ est de iii. a deux. Car trops cōtient
deux & la moptie de deux. La tierce est
dyapasō en pporciō double et les cha

teurs a pler rudemēt appellēt le pre
mier accort de quart Et le second ac
cort de quinte mais la tierce il nōment
biē double. ¶Le q̃l epicritique faict ou
du q̃l v̄. enēt ii. armonies ou resonā
ces selō ce q̃ il est combine en diuerses
manieres S. Car se le prēt epytriq̃
Cestassauoir dyatessarō & il est obti
ne & mis ou adiouste a dyapēte ce se
ra dyapasō & ceste armonie ou resonā
ce est perfaicte personance & tresbō accort.
Et se ce epytriq̃ ou dyatessarō est obine
& mis auecq̃ dyapasō cest une autre
armonie & est mauuais accort & est ce
q̃ les chātres appellēt une pie. Et se
lō ce disoit plato que les unes polices
sōt bōnes & les autres nō car pithago
rus & plato mettoient q̃ nōbres & pro
ciōs & figures mathematiq̃ sōt les
premiers causes de tous les effectz du
mōde sicō aristote reprouue ou viii.
& pliiii. de methaphisiq̃ mais telles
causes seroiēt trop loig de raisō pratt
que. ¶Et disoit plato q̃ une manie
re est quāt le nōbre de dyadragme
Cest adire de la prefiguraciō est solide

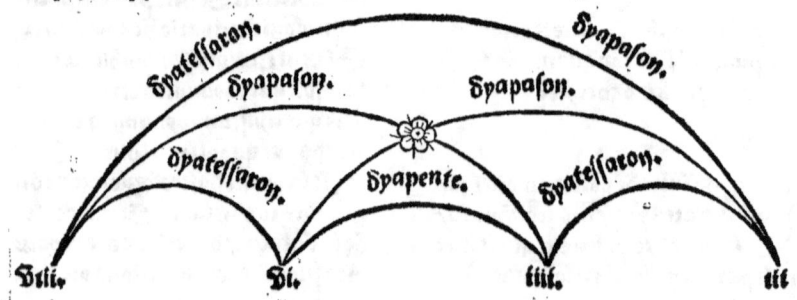

Fueillet

viii.contient vi.⁊ la iii.partie de vi. ainsi ceſt dyateſſaron
ix.contient vi. ⁊ la moitie de vi. ainſi ceſt dyapente
xii.contient deux folz vi. ⁊ ainſi ceſt dyapaſon
xii.contient viii.⁊ la moitie de viii ⁊ ainſi ceſt dyapente
xii.contient ix.⁊ la iiii.partie de ix. ainſi ceſt dyateſſaron

(¶Gloſe (¶Car ſicomme il appert en la figure deſſus miſe les nombres de ceſte figuracion ſont viii.⁊ vi.⁊ iiii. ⁊ iii. Et la proporcion ou reſonance de viii.a vi. Ceſt ypoctique ⁊ dyateſſaron Et ainſi de iiii.a iii. Et celle de vi.a iiii.ceſt dyapente Et celle de viii.a iiii.ceſt dyapaſon Et auſſi de vi.a iii. Et celle de viii.a iiii. Ceſt dyateſſaron auecques dyapaſon. Et le premier nombre de ceſte deſcripcion ou figuracion eſt viii. lequel eſt nombre ſolide et cubique Car deux foiz ii. par deux foiz ſont viii. Et toutes telles choſes ſont communes en ariſmetique et en muſique ¶Apres il recite vne autre cauſe que mettoit plato qui eſt plus naturelle

¶Tex. ¶Item vne cauſe eſt car nature produiſt ⁊ fait les vnes polices auſſi cõe bõne par diſcipline ⁊ les autres mauuaiſes ¶Glo ¶Il vouloit dire que nafe forme aucunes gẽs qui peuent eſtre diſciplinez a bõne police et aucunes autres qui ne ſont habilles fors a mauuaiſe police iouxte q̃ fut dit ou xv vi. chapitre du tiers.

¶Tex ¶Et en diſant ceſte choſe par auenture q̃ il ne diſoit pas mal Car il aduient q̃ aucuns ſõt leſq̃lz ceſt impoſſible q̃ ilz ſoiẽt diſciplinez Et q̃ ilz

ſoiẽt faiz bõs hões ⁊ vertueulx ¶Glo Selõ albert ariſtote dit p̃ auẽture p̃ ce que ce eſt verite ſelon la diſpoſition des eſtoilles Mais par neceſſite ce eſt faulx Et recite albert deux exẽples que met bugafarus en ſon cõmẽt ſur le centiloge de ptolomee Vng eſt de ypocras qui enuoya ſa figure a vng maiſtre de philozomie lequel diſt q̃ celluy de qui eſtoit tel pmage eſtoit homme vicieux ⁊ mauuais les meſſages reſpondirent que non mais eſtoit treſbõ hõme Et ypocras quant il oyt ce diſt que le maiſtre auoit treſbiẽ iugie Car diſt il ie eſtoie enclin a mauuaiſtie mais quant ie conſiderap que telles choſes ſont laydes ie les ay ſuppes ⁊ me ſuis tranſporte a bien. Et ce cy eſt eſcript en la fin du liure de ſecretis ſecretorum Vng auſtre exemple eſt dung roy de perſe Auquel vng aſtrologien dict ainſi Comment eſt ce que tu te delictes en choſes belles et honneſtes Et de la natiuite tu appetes choſes laides ⁊ deſhonneſtes Et le roy reſpõdit pource q̃ ie voy q̃ telle choſe neſt pas droicte ne conuenable a roy ie vains moy meſmes pla vertu de mon courage et mettray a choſes belles ⁊ hõneſtes Mais icy chet vne q̃ſtiõ moral aſſauoir mon de li.

hommes dont ung est enclin a mal par nature Et laultre par coustume ⁋Ce q̄l est plusfort a discipliner τ a corriger ⁋Et pourroit aucun dire que cest le premier pource que nature est pl⁹ forte que nest coustume Mais il ne s'ēsuit pas car ne Vertu ne Vice ne sont en nous de ppre nature ⁋Mais par coustume comblen que nous soions enclins par nature a Vertu ou a Vice sicōme il appert ou premier chapitre du second dethiques Je dy dōcques que ung ieune homme enclin en Vice et a mal peut estre chastie et corrigie plus legierement que ung aultre qui est au commancement enclin a Vertu τ est fait mauuais par acoustumance Aussi comme une Verge tortuse peut bien estre faicte droicte tāt comme elle est Verte Mais celle qui estoit premieremēt droicte se lē la faicte tortuese et elle soit seiche on la romperoit auant q̄ en la sceut dresscier Et pource dit aristote ou p̄ti. chapitre du Vii. dethiques que le pechie de incontinence nest pas simplement malice et est curable Mais le Vice de desattrempance est simplemēt malice τ incurable Et est selō lescripte q̄ dit q̄ les puers sōt a corriger Puer si difficile corrigunt Et a telz gēs disoit nostre seigneur p̄ ung pphete Si mutare potest ethiops pellē suā τ pardus Varietates suas τ Vos poteritis bene facere cū didisceritis malū. Il Veult dire q̄ ceulx q̄ ont apris τ a coustume a mal faire a peine peuēt biē faire Apres il reprēt plato par troys raisōs ⁋Tex. ⁋Mais la cause q̄ mettoit plato po² quoy sera elle plus propre ala trāsmutaciō de la police q̄ est tresbonne q̄ a la trāsmutacion de toutes les aut̄s Glo. Po² certain nom Car plato disoit q̄ la cause est pource q̄ toutes choses tēporelles ont certai terme de leur duracion Et doncques les autres polices ont leurs periodes ou leurs t̄mes aussi biē cōe royaume τ plato ne le disoit pas ⁋Tex. Itē plato disoit de toutes choses q̄ sōt faictes τ p tēps q̄ de toutes telles choses sont trāsmutaciōs ⁋Glo. Et q̄ elles ont leur periode τ certain tēps de leur duration ⁋T. Et no⁹ Voyōs q̄ les choses qui ne commācēt pas ensemble sōt trāsmuez ensēbles en ung tēps sicōe se aucunes choses auoient este faictes deuant le tropique Cest a dire deuant le plus long iour de lā ou deuāt le plus court elles sont trāsmues ensēble en ung temps ⁋Glo Plusieurs choses q̄ sōt faictes en diuers temps sōt transmuees en ung tēps τ sēble q̄ par ceste raisō il Veuille reprouuer les iugemens dastrologie qui sōt de la duracion des choses Car les corrupcions Viennent par autre ordre q̄ ne sont les generacions sicōe nous Voyōs q̄ les moralitez sōt aucunesfoiz grandes et les mors frequētez et les natiuitz ne sōt onc̄q̄ si frequentez ⁋Tex. Item pour q̄le cause disoit plato que la transmutacion de la police qui est tresbonne est

(Fueillet

faicte en telle police comme est celle de lacedemone ¶Glo. C'est assauoir en aristocracie Car il mettoit que toute transmutacion de police est en lespece de police qui est plus prochaine sicomme de royaume en aristocracie q̃ sont prochaines sicõme il fut dit ou pi͛ᵉ. chapitre ¶Tex. ¶Ou les polices sont plus souuent transmuees en police contraire que celle q̃ est prochaine Et une mesme raison ou iugement est de autres trãsmutacions de polices cõe de la tresbonne Car de telle cõe est celle de lacedemone cest aristocracie est faicte transmutacion en olygarchie Et dolygarchie en democracie. et de democracie en tyrãnie Et aucunesfoiz sont les transmutaciõs par voyes contraires C'est assauoir de democracie en olygarchie et plus souuent q̃ en monarchie ¶Glo. Elles sont transmuees en toutes manieres et sans ordre de transmutaciõ Et aristote reprouue lopinion de plato quant a transmutacion de royaume Apres il reprent de transmutacion de tyrãnie ¶Tex. ¶Et encor ne dit pas plato de tyrãnie se transmutacion en seroit faicte ou nõ ne por quelle cause ne en quelle police Et la cause pour quoy il ne le dict est Car il ne le pouoit pas legierement dire por ce q̃ cest une chose indeterminee ¶Glose. ¶Car tyrannie peult estre transmuee en diuerses manieres et en diuerses polices sicomme il sera dit apres ¶Tex. Car selon ce et pour ce q̃

il dit il our le droit que elle fust transmuee en police tresbonne Car ainsi seroit faicte la continuacion et le cercle ¶Glo. ¶Plato disoit q̃ chascune police est transmuee en celle q̃ est plus prochaine a elle Et doncques selõ ce royaume seroit mue en aristocracie Et ceste en commune police et ceste en democracie et ceste en olygarchie et ceste en tyrannie Et doncques en recommançant la circuite il conuiendroit q̃ tyrannie fust toussiours muee en royaume Et ce est faulx sicõme il declaire apres ¶Tex. ¶Mais tyrannie est aucunesfois transmuee en tyrannie ¶Glo. Et daultre maniere et daultre espece ou soubz autre tyrant a ueir faire ¶Tex. ¶Sicõme fut la tyrannie de sypson et celle de miron qui fut muee en celle de discenes ¶Glo. Et sont noms de tyrans qui furent iadiz ¶Tex. ¶Et aucunesfoiz tyrannie est transmuee en olygarchie sicomme fut fait en calcide de la tyrannie dung appelle anciseoute Et aucunesfoiz en democracie sicomme fut la tyrannie de carille en lacedemone Et semblablement en calcidone et aussi aucunesfoiz olygarchie est transmuee en tyrannie sicomme furent en sicille presque toutes les anciennes olygarchies de celle terre et en la cite de leoucine olygarchie fut transmuee en la tyrannie de pauascis. et en la cite de gele en la tyrannie que tint cleandre et en regista ¶Glo. ¶C'est une cite en ytalie ¶Tex. ¶Et en la tyrannie que tint aĩzi ſaus Et ſeblablemẽt en moult dautres citez ⁋Glo. ⁋Les olygarchies ōt eſte muees en autſ tyrānies

⁋Du xxpiiiie. chapitre il repprouue lopiniõ de platon quāt a la trāſmutaciõ des autres polices

Ceſt inconueniẽt que cuyder que les polices ſoient trãſmuees en olygarchie pource que ceulx qui ſont es princip̃ ou offices publiques ayment richeſſes τ ſōt plus pecunieulx Et ne cuydent pas que ceulx qui ne epcedent moult en richeſſes participent par la cite en porcion equale Et que ceulx qui nont riens ſont equaulx auecques ceulx q̃ ont les grandes poſſeſſions ⁋Glo. ⁋Plato diſoit que en toutes polices ſont aucuns officiers Et quant ūg petit nōbre de telz officiers deuemẽt τ ſont faiz treſriches ilz ueullent tenir tout le princey τ a leur proffit Et y ce eſt faicte olygarchie de gẽs treſriches Apres il mect vii. reprouches contre platon. ⁋Tep. ⁋Mais pluſieurs olygarchies ſōt eſquelles il ne ſoit pas que les princes ſoiẽt faiz pecunieulx mais ſont loix qui deneent τ deffendent telle choſe ⁋Glo. Ceſt aſſauoir que nulz trop pecunieulx ne ſoiẽt receu au princey ou que nul qui eſt ou princey ne puis grādement acquerir Et eſt toupte ce que leſcripture dit que le roy ne doibt pas auoir treſgrandes richeſſes Nō multiplicet tibi equos nec habebit auri τ argenti immenſa pondera Deutronomii vii. ⁋Tep. ⁋Item en calcedone les princes democratiques deuiennent pecunieulx Et touteſuoyes nōt pas leurs polices eſte ainſi trāſmuees ⁋Glo. ⁋Et doncq̃s la cauſe que met platon neſt pas ſouffiſante ⁋Tep. ⁋Item ceſt inconueniẽt dire que en olygarchie ſont deux citez enſemble Une de riches et laultre des poures. ⁋Glo. ⁋Et ce diſoit platon ⁋Tep. ⁋Car pour quoy ſeroient deux citez plus en olygarchie que en la police de lacedemone Ceſt aſſauoir en ariſtocracie ou en quelcōques autres polices la ou les gẽs ne pourroient pas touz eſtre equales en richeſſes ou la ou tous ne ſont pas bons equalement Et ſemblablemẽt ⁋Gla. ⁋Plato diſoit que en olygarchie ſont deux citez ou deux communitez enſemble meſleemẽt et ne ſont pas une cite ou communite par ſine qualite des riches et ne diſoit pas q̃ il fuſt ainſi es autres polices touteſuoyes ſi ſeroit par ſa raiſon Car auſſi bien eſt en chaſcunes delles inequalite de richeſſes et de vertu τ dautres choſes Apres il argue contre ſa cauſe de tranſmutacion deſſus miſe.

⁋Tep. ⁋Item poſe que nul ne ſoit fait plus poure que deuāt neātmoīs eſt faicte tranſmutacion de olygarchie en democracie ſe il aduient q̃ les poures ſoiẽt pluſieurs et pl9 puiſſās

Fueillet

Et de democracie est faicte transmutacion de olygarchie se la partie q̃ est riche est plus puissant que la multitude ; que ceulx de la multitude ne curent ou ne sont diligent de garder le princey ⁋Et que ses autres mettent a ce leur entendement ⁊ leur autre ⁋Glo. ⁋Et pose que nul ne soit deuenu plus riche neantmoins est faicte telle transmutacion. Et doncq̃s estre fait poure ou estre enrichy nest pas la propre cause de transmutacõn des polices sicõe disoit platon Apres il reprent platon de insufficience

⁋Tep. ⁋Item comme plusieurs choses soient par quoy les transmutacions des polices soient faictes platõ ne les dit pas mais il en mect vne. Et dit que cest pource q̃ les vsuriers cestassauoir les riches sont faiz ⁊ deuiennent prodiques Cest adire folz larges et despendens trop Et par ce ilz deuiennent poures Et ilz estoiẽt riches au commancement ou touzou plusieurs ⁋Glose. ⁋Car par ce disoit platon q̃ olygarchie est trãsmue en democracie quãt les princes sõt deuenuz poures ⁋Tep. ⁋Mais ce est faulx car quãt aulcuns des presidẽs ou princes olygarchiques ont perdu de leurs richesses ilz en acquirent de nouuelles Et quant ace nulle cruaulte nest faicte aux autres.

⁋Glo. ⁋Adoncques est il faulx q̃ la police soit transmuee Car ilz trouuent telles voyes de acquerir pecunes sur la multitude que la multitu-

de endurẽt sans mouuoir sedicion
⁋Tep. ⁋Et pose que les olygarchies fussent par ce transmuees ce ne seroit en riens plus en democracie q̃ en vne autre police ⁋Glo. ⁋Cõme en aristocracie ou en tyrannie etc. Apres reprent encor platon de insuffisance ⁋Tep. ⁋Item aucune se ilz ne pticipent es honneurs publiques et se len leur fait iniustices ou iniures ilz font sedicion ⁊ transmuent les polices ⁋Tep. ⁋Et pose q̃ ilz nayent pas gaste leurs substances encor pturbẽt ilz ou trãsmuẽt la police po̱r ce q̃ ilz diẽt q̃ il leur soist a faire tout ce q̃ ilz voulent Et assignẽt cause en disant q̃ cite doit estre tresfranche

⁋Glo. ⁋Toutes ces causes ont este declarees en cest quint liure en plusi- plusieurs chapitres Et plato ne les mettoit pas ⁋Tep. ⁋Item comme plusieurs olygarchies soient ⁊ plusi- eurs democracies ⁋Glo. ⁋Cestas- sauoir de plusieurs especes si comme il fut dit ou quart liure en plusieurs chapitres ⁋Tep. ⁋Socrates dit les trãsmutaciõs aussi cõe se il nen fust q̃ vne ⁋Glo. ⁋Cestassauoir q̃ vne espece de olygarchie ⁊ q̃ vne de democracie ⁊ dõcques ne ple pas de ce souffisaument socrates ⁋Cestassauoir pla ton q̃ faint en sa police q̃ socrates par le sicõe il fut dit deuant

Cy finist le quint liure de politiques

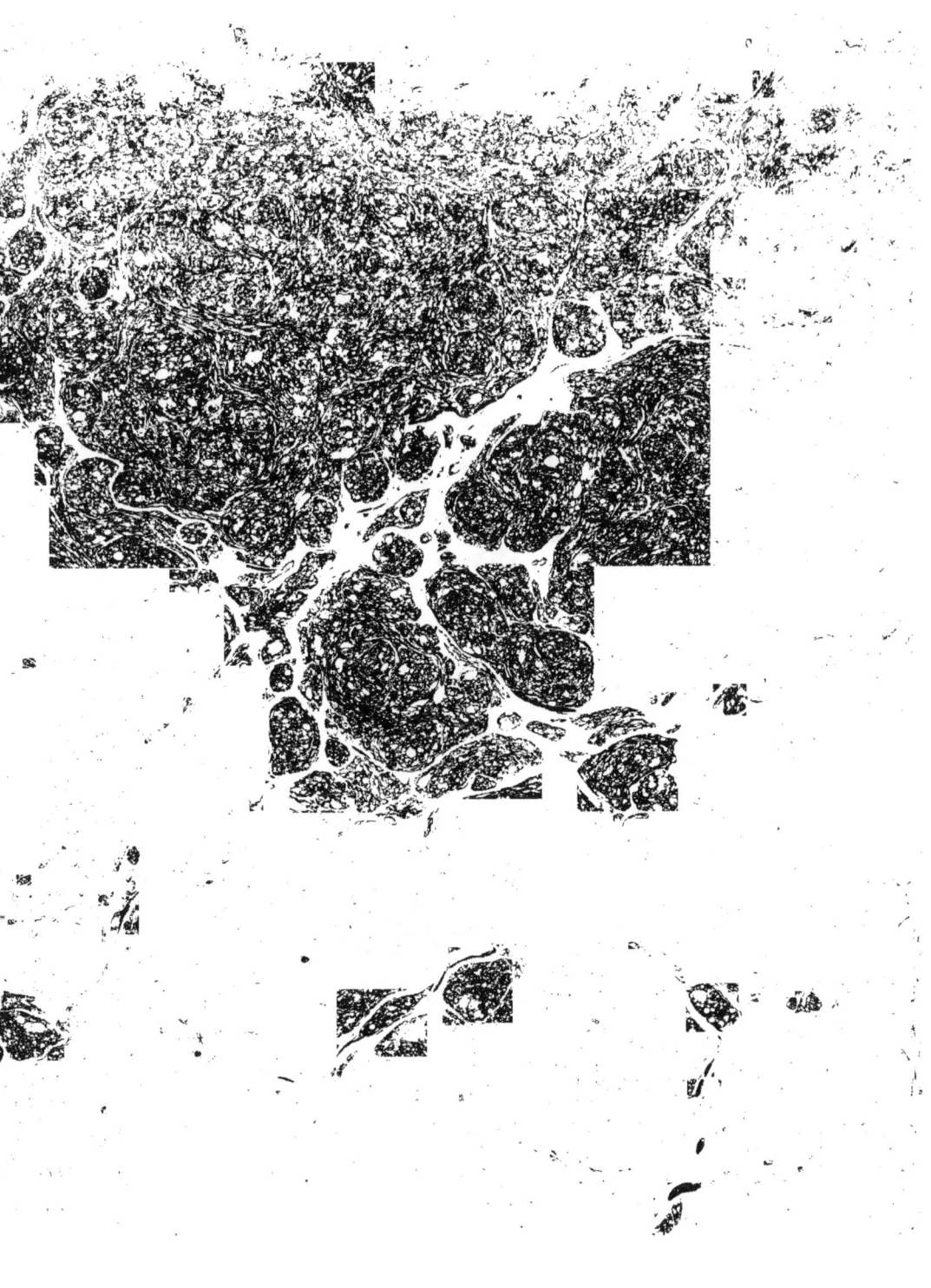

(Hain 1772)

R 64.

Cy commence le si*p*te liure ou
quel il determine de l'institucio͂ des es
peces de democracie ⁊ de olygarchie ⁊
mect les princeyz ou offices des poli
ces ⁊ est aussi co͂e p̄fection ⁊ aco͂plisse
me͂t du quart liure ⁊ co͂tient pl̄rs. chas
pitres Au premier chapitre il propose
son entencion.

L est deuant dict
quantes ⁊ q͂lles
so͂t les differe͂ces
du p̄ncep co͂silta
tif ⁊ du p̄ncey q͂
a la seigneurie
de la police ⁊ de lordre des princeyz et
des p̄toires,⁊ de toutes ces choses lesq͂l
les so͂t ordo͂nees ⁊ co͂uenables po͂ vne
police ⁊ les q͂lles pour autr̄s Glo.
Tout ce fut dit ou quart liur̄ Tep
Jte͂ il est dit deuant de la corruption ⁊
de la saluacio͂ des polices et desq͂lles
telles corruptio͂s ⁊ saluacio͂s so͂t fctes
⁊ po͂ q͂lles causes Glo. De ce fut dit
ou quilt li. Ap̄s il touche en g̃nal de q͂l
les choses il reste a determiner Tep.
Et po͂ce q͂ nous auo͂s dit deua͂t q͂ de de
mocracie so͂t plusieurs especes ⁊ sembla
blemet des autr̄s polices Glo. Ce
fut dit ou quartli. ⁊. Se rien de ces
choses fut residue demeure ce nest pas
mois bo͂ de considerer de ce auecq̄s les cho
ses dessus,d ⁊ de mectre de telles choses
la maniere p̄grue ou co͂uenable ou p̄se
rete ou p̄sfitable a chascu͂e police Jte͂
il est bie͂ de considerer les collections ou
co͂miptio͂ de toutes les manieres des

choses dessus,d. G. Lest assauoir des
princeyz co͂siliatifs ⁊ des electifs ⁊ des
pretoires ⁊ de telz me͂bres p̄icipaulx
des polices co͂me͂t eulx peue͂t estre co͂bi
nez ensemble T. Car selo͂ ce q͂ elles so͂t
co͂binees en diuerses manieres elles so͂t
les polices estre variees ⁊ so͂t q͂ les a
ristocracies so͂t pl9 olygarchies q͂ elles
nestoie͂t deua͂t Glo Ap̄s il declaire
ceste chose Tep. Et q͂ les co͂mu͂es
polices so͂t pl9 democratiq͂s q͂ elles ne
stoie͂t deua͂t. Je dy les co͂binacio͂s les
quelles il puie͂t considerer ⁊ q͂ ne sont
pas maintenant consideree Si com
me se le conseil ⁊ ce que est vers lelecti
on des princeyz estoit institue en ma
niere olygarchique. Et les choses q͂
so͂t vers les p̄toires ou vers les cours
fusse͂t instituees es manieres aristo
cratiques ou les choses qui sont vers
les elections des princeyz.

Glo. Fussent anssi en maniere
aristocratique Tep. Ou selo͂
aucu͂e autre maniere telleme͂t q͂ tou
tes les choses q͂ so͂t co͂uenables ou app
tena͂tes a sa police ne fusse͂t pas co͂po
sees et ordo͂nees selo͂ celle police.

Glo. Car par ceste maniere la
police ne seroit pas pure ne sip̄le mais
seroit composee ⁊ mixtio͂nee de plusi
eurs Car vne office seroit de lespece
dune police et autre ou autres dautre
⁊ ce peut estre fait en moult de manie
res. Ap̄s il recite encores aultres
choses deuant dictes Tep.
Jtem nous auo͂s dit deua͂t q͂ le demo
cracie est co͂uenable a vne multitude

A.ii.

Fueillet

et quelle a autres/Et semblablement des olygarchies laqlle est puenable a vne multitude et laqlle a aut Et des autres polices a quelles gēs chascūe est eppediēt ¶Glo. Ce fut dict ou quart liure et principallemēt ou puiie chapitre Apres il touche ce de quoy il reste a considerer ¶Tep ¶Et toutesuoyes il conuient declarer non pas seullemēt la qlle de ces polices est tresbonne pour les citez mais nous tracterons maintenēt en quelle maniere il cōuient instituer ceste et les autres ¶Glo. Cestassauoir les meilleurs et les moins bōnes ¶Tep Et pmierement no9 dirōs de democracie Car p ce sera manifeste et cōgnue la nate de la police a elle opposite ou ptraire laquelle aucuns appellēt olygarchie ¶Glo Car en olygarchie les riches seigneurient Et les poures en democracie selō elles sont cōtraires Et vne mesme discipline ou science est de choses cōtraires sicōe medecine de sāte et de la maladie Apres il met comment len doibt pceder et par quel ordre ¶Tep. ¶Et la voye de pceder est q len doit pmierement prendre toutes les choses q sant democratiques et toutes celles qui sont consequētes ou apptenātes aux democraci̅s ¶Glo Cestassauoir tous les principes les pties pptietez et accident de democratie ¶Tep Car selon ce q ces choses sōt composees et miptionnees les especes de democratie et les democraties sont plus dune et differētes Et deux cau/

ses sōt pour quoy les democracies sōt plusieurs et diuers Premieremēt est vne cause qui est dicte deuāt Car les peuples sōt diuers et de plusieurs manieres ¶Glo. Ce fut dit ou sipte chap du quart ¶Tep. Car vne multitude est de cultiueurs de terre et autres de bāneuses ¶Glo. Cest a dire de gēs de ville office et autres de mercenaires Et q prēt la pmiere multitude auecqs la seconde Ite q prēt la tierce auecqs les auts ii. ces deux pbi nacios sōt deux democracies q nont pas seullemēt differēce en ce q vne est meilleur et laut pire mais en ce q elles ne sōt pas dune espece ¶Glo. Car se les laboureurs et les banneuses ont le gouuernement cest vne espece de democracie et se eulx et les mercenaires ont le gouuernement cest vne autre espece ¶Tep. La seconde cause est celle de quoy nous disōs maitenāt Car les choses q ensuiuēt et q sōt apptenātes et q semblent estre propres a ceste police font les democracies autres selon ce que elles sōt mises ensemble ¶Glo. Telles choses serōt declairees aps et sōt les electiōs des princepz les offices et les manieres de les instituer et telles choses democratiques.

¶Tep Car en aucune democracie a de telles choses moins et en autres pl9 Et en aucūes sōt toutes ces choses et pource est il puenable q lē pgnoisse chascune de ces choses po2 instituer qlcōqs espece de democracie que aucun vendroit istituer et po2 adrescier et corriger les polices Mais aucuns q̃ instituent les polices querent ⁊ veullent assembler toutes choses qui sont oportunes ou apptenantes a la supposicion.

Glo. Il veult dire q̃ ilz mectẽt en lez democracie toutes choses democratiques Et en lez oligarchie toutes choses olygarchiques Tep. Mais ceulx qui ce font pechent et errent si comme nous auons dit deuant la ou nous auons ple de la corrupcion et de la saluacion des polices Glo. Car len peut tant mectre de condicions democratiques en vne democracie q̃ elle en est moins durable et en vault moins non pas seullemẽt quãt au bien publique Mais quãt a lentencion ou a la fin a quoy ilz tendent les princes et establissemẽt de olygarchie sicõe il appert par le p̃ uile. chapitre du quint

Tep. Or disons doncques maintenant ⁊ mettons les choses requises a democracie Et les meurs de ceulx qui veullent telle policie Et les choses que ilz appetẽt et desirent

Du second chapitre il met les suppositiõs et pdicions et pp̃ietez de democracie

Liberte ou franchise est la supposition de police democratiq̃ et ce seullẽt ⁊ ont acoustume a dire aussi cõe se en ceste police seule il fust verite q̃ toꝰ pticipassẽt en liberte. Et ce est la chose la q̃lle len dit q̃ toute democracie piecture ⁊ q̃ert ou entend

Glo. De liberte ⁊ seruitute fut dit assez ou premier liure en plusieurs chap̃ Mais il prent icy liberte quant toꝰ les cytoiens sõt seigneurs ⁊ q̃ vne est pas plus contrainct que lautre Et de ce declaire il apres en mettant deux effectz ou condicions de ceste liberte Tep. Et de ceste liberte vng effect ou pdiciõ est estre subiectz ⁊ estre prince en ptie Glo. Il entend p estre prince auoir auctorite ⁊ puissãce ou office publique ⁊ hõnorable Et p estre subiect ⁊ prince en ptie il entẽd estre subiect p vng tẽpe ⁊ prince p autre ou estre subiect en vne office ou prince p estre prince en aut et estre subiect en vne chose et seigneur en autre Tep. Car iuste ou droit democracie est auoir equal selõ nõbre cest a dire q̃ vng ait autant cõe lautre Mais nõ pas selõ dignite. Glo. Ou pport cest tassauoir q̃ le meilleur ne ait pas plus que le moins bõ Tep. Et de ceste iuste ou de cest droit il est necessaire en telle police q̃ la multitude soit dame ⁊ iuge ⁊ q̃lcõque chose est aduise ⁊ sẽble a la plus grãde partie cest la fin de ceste policie ⁊ est iuste et ce est droit selon eulx Et dient q̃ chascun des citoyens doie auoir equal vng cõe lautre. Glo. Des hõneurs ou offices publiq̃s Tep. Et por ce adulẽt il es democracies q̃ les poures sõt plꝰ seigneurs de la police q̃ ne sõt les riches car ilz sõt le plꝰ et ce q̃ sẽble a plusieurs cest tassauoir a la plus grãde ptie il a dfiniciõ et cõuiẽt q̃ il soit tenu, et ce est vng signe en effect

A.iii.

Fueillet

de liberte lequel tous ceulx qui sont democratiques mettent et dient estre terme ou fin de la police mais Ung autre effect de ceste liberte est que chascū viue sicomme il veult ¶Glo. Sans ce que ung soit constrainct pl9 que lautre se il nauoit pechie contre la police ou contre les loix ¶Tex. Car en democracies ilz dient que cest œuure de liberte Et ce est le second terme ou fin de democracie Et de cestuy vient ce que ilz dient q̃ len ne doit pas estre subiect & que mesmement len ne doibt pas estre soubz nul ¶Glo. Mais pource que a parler simplemēt cest impossible en police que les ungs ne soient princes & les autres subiectz aucunement pource que il dit apres. ¶Tex. Et se non si soient subiectz selon partie ¶Glo. ¶Cestassauoir par ung temps & princes par autre ou subiectz en une chose & seigneurs en autre comme deuant est dit. ¶Tex.

¶Et ce fait a la liberte qui est selon equalite ¶Glo. ¶Or auons doncques les fins que len suppose en democracies & a quoy len regarde Et apres ce que il a mises les suppositiō il met les condictons & les proprietez de ceste police & sont enuiron piii. ¶Tex

¶Et doncques telles choses supposes que le princep soit tel il sensuit que les choses democratiques soient telles Cestassauoir que tous les princeps ou offices soient esleuz & prins de to9 ¶Glo. ¶Cest adire q̃ en toutes offices soient des poures & des riches des

nobles & des non nobles Car aussi sera gardee equalite & de ce fut dict ou ppīe.cha. & ou ppīe.du quart ¶Tex Itē q̃ to9 ceulx du princep ensēble ayent princeps & dn̄acion sur chascū singulier Et q̃ chascū ait ptie ou princep ¶Glo. ¶Aussi cō de tout ung chap a iurisdiciō sur chascun chanoine & chascū est iuge en ptie ¶Tex. Itē q̃ tous les princeps soiēt sorciaulx Glo. ¶Cest adire q̃ les princes ou officiers soient esleuz & faiz p sort & nō pas pscrutiue Car tous se reputēt equaulx Et de ce fut dict es deux derzeniers chap du quart ¶Tex Et q̃ les prices soient telz ou to9 gn̄alemēt ou ceulx qui nōt mestier de epperiēce & de art.

¶Glo. ¶Si cō le capitaine dūg ost ou le psidēt q̃ rend les iugemēs telles offices ne doiuēt pas estre faictes p sort ¶Tex Itē q̃ les princeps ne soient pas de honorablete quelconques ¶Glo. ¶Il entēd p honorablete exces ou excellence en richesses ou en noblesse de liguage ou en vertu Car se telz estoient en grādes offices ilz pourroient muer la democracie en olygarchie ou en aristocracie Mais se tel exces nestoit grant il ny a force se ilz sont en office Et pource dit il apres

¶Tex. ¶Ou de trespetite Itē que en nul princep ung hōme ne soit p deux fotz ou que ceste chose ne soit pas faicte souuent ou en peu de princeps exceptez ceulx qui sont vers les guerres ¶Glose. ¶Car len trouue peu de gens habilles et conuenables pour ordonner ₹ gouuerner les batailles Mais en autres offices a quoy pluſieurs ſõt conuenables chaſcun y doit partir a ſon tour ſelõ ceſte police laql̃e ueult equalite ⁊c. ¶Item q̃ les princepz ſoiẽt de peu de tẽps ou lõg ou ceulx q̃ ſe peuẽt eſtre bõnement ¶Glo. ¶Car aucuneſſoiz offices q̃ reqrẽt telle induſtrie q̃ lẽ ne pourroit pas ſouuent trouuer nouuelles gẽs ace habilles Mais les autres princepz ou offices donnent ſouuẽt a eſtre mueés affin q̃ toꝰ en ayent a leur tour ¶Itẽ q̃ touſiugent ou q̃ les iuges ſoiẽt pris de toꝰ ¶Glo. Sicõe de laboureurs de terres de marchans de gẽs de meſtier ⁊c. ¶Itẽ ⁊ q̃ ilz iugẽt de toutes choſes ou de la pl᷎ grande partie ⁊ des choſes treſgrandes ⁊ de treſprincipaulx Sicõe de la correction des princepz ou offices ⁊ des pſones ⁊ de leſtat ou ordonnance de la police ⁊ des propres commutaciõs ¶Glo. ¶Ceſt aſſauoir de contencions ou de controuerſies qui ſont de coutraictz de vendre d achetter ⁊c. Car tout cytoyen peut participer ou princep conſiliatif ou iudicatif Sicõme il fut dit ou premier chapitre du tiers Et en democracie chaſcun eſt cytoyen et poure et riche et mercennaire ⁊ ſicomme il peut apparoir parce q̃ fut dit ou ſiptẽ chapitre du tiers Et en pluſieurs autres lieux ¶Itẽ ¶Item que la congregacion de toute la multitude ſoit dame et ait la ſeigneurie de tous les princepz ou offices

que nulz des princepz ne ait ſeigneurie ſur lautre ou le moins q̃ lẽ peut ⁊ treſpeu ⁊ toute ſuopes q̃ la ꝯgregaciõ ait ūnaciõ ſur les treſgrans princepz ou offices ¶Glo. ¶Auſſi cõe lẽ diroit q̃ la chambre des comptes ne euſt a regarder ſur le parlemẽt ne le ꝑlement ſur elle Et auſſi du grant conſeil ⁊ des autres offices ce eſt condicion democratique ¶Item le princep ꝯſiliatif eſt meſmemẽt ⁊ principalement democratique Eſt adire neceſſaire en democracie ou quel princep lẽ traicte de toutes choſes ¶Glo Car telle multitude eſt rude ⁊ a pl᷎ grant meſtier deſtre continuellement adreſcie par conſeil ¶Et nõ pas pour cauſe de loyer ou de gaig car pce ilz oſtẽt la puiſſance de ceſt princep Car tout le peuple ramaine parce les cõſeulx a ſoy pource q̃ il habũde ⁊ enrichiſt le loyer ou gaig ſicomme il fut dit en ung liure qui eſt deuant ceſtuy ¶Glo. ¶Ce fut ou ſpe. chapitre du quart ou il appert comment quãt chaſcun eſt receu a laſſemble du conſeil et il y a diſtribution de peccue ⁊ de gaing les riches qui gaingnent plus en leurs propres beſongnes ſont negligens daſer au conſeil ⁊ les poures en ſont diligens ¶Et parce ilz actraient a eulx toute la dominacion Et ſont la quarte et treſmauuaiſe eſpece de democracie qui eſt cõme une tyrannie ſicomme il fut dit en le viiie chapitre du quart ¶Et doncques ceſte ꝯdiciõ ou ꝓpriete maintenãt dicte

A.iiii

Fueillet

appartient aux autres especes des de/
mocracies et non pas a ceste ¶ Tex.
¶ Item que len remunere mesmement
et donne loyer a toutes les congregacios
Et aux princeps et aux pretoires Et
se len ne peult a toutes au moins que
len le face aux princeps et aux pretoi/
res et aux conseulx et aux congregaci
ons qui sont plus notables ou plus pri
cipalles ¶ Glo. Il semble que ces
te chose et celle qui est tantost devant
soient contraires et non sont Car cel
le de devant dit que len ne doit pas al
ler au conseil pour cause de gaing mais
ne sensuit pas parce que il ny ait loyer
mais il doibt estre tel que len ny doy/
se pas pour le gaing/ mais pour estre
au conseil et que len ne perdist Car q
perdroit len ny iroit pas voluntiers
aux assemblees communes et ainsi pe
riroit la police Et peut estre que ceste
chose appartient a la derreniere espece
de democracie Et la condicion devant
dicte appartient aux autres ¶ Tex.
¶ Item que len face comutacion des
princeps ensemble ¶ Glo. ¶ Que
les gens soient transmuez et changez
dung princep ou office en autre Car
par ce est equalite gardee ¶ Tex.
¶ Item pource que en olygarchie les
princeps sont determinees par noble/
te de lignage Et pour richesses et pour
discipline ou industrie Et les choses
democratiques sont contraires
¶ Glo. ¶ Democracie et olygarchie
sont comme deux vices contraires
Car en democracie a trop grande liber

te Et en lautre trop grande servitute.
¶ Item democracie quiert trop gran
de equalite et lautre trop grande ine/
qualite hors iuste proporcion moyen
ne de laquelle fut dit en le pre. chapi/
tre du second et en plusieurs aultres
lieux. ¶ Tex. ¶ Et pource en
democracie les princeps et offices sont
distribuez pour causes contraires a ce
stes C est assavoir pour non noblesse
pour pourete et pour banneuse
¶ Glo. ¶ C est a dire que villains et
poures gens et gens de mestiers ont
domination en ceste police Et est a en
tendre mesmement de la derreniere es/
pece de democracie Car es autres tous
y participent sicomme il appert par la
premiere condicion devant mise
¶ Tex. ¶ Item que nul homme ne
soit es princeps perpetuelz ¶ Glo.
¶ A sa vie Et ce est assez dit devant
Mais il repete pour adiouster
¶ Tex. ¶ Et se aucun en son prin/
cep ou office faict deffaulte par sa ma
lice a laquelle est transmue et acous/
tume de pieca. Adoncques luy soit
oste la puissance ¶ Glo. ¶ Car
se il failloit vng fois ou deux par mes
prison il ne devroit pas estre deppose
¶ Tex. ¶ Et se len faisoit aucuns
princes ou officiers par election mau
uaisement que len face qlz soient pris
par sort ¶ Glo. ¶ Car mauuaise ele
ction est pire que sort sicomme il fut dit
ou quint chapitre du quint. ¶ Tex.
¶ Et doncques toutes ces choses sot
commues a democracie Et tout vient

de la chose que il confessist estre iuste de droit democratique Et que tous ayent equal ou equallement selon nombre Cest adire autant lung comme lautre Car tel chose est mesmement et principallement democratique et appartenante a police democratique Et tel equalite est que les poures ne ayent plus de princey que les riches Et que les vngz seulz ne soiet pas seigneurs Mais tout par equal lung comme lautre Car ilz cuydent que ainsi soit les qualite et la liberte des cytoyens

¶ Ou tiers chapitre il traicte vne question de droit democratique

Apres ce nous dirons dune chose de quoy len doubte cestassauoir comment en democracie poures et riches auront ce q̄ est equal sauoir mon se les honnorabletez leurs seront ainsi diuisees que pose que ilz soient mil poures et cinq cens riches si les mil pourront et deuront estre es qualz a cinq cens quant ace ¶Glo. ¶Cest adire que len prengne es offices honnorables autant des vngz comme des autres sicomme en vne office xx.poures et xx.riches et en autre v.poures et v.riches etc. ¶Tex. ¶Ou se il ne conuient pas mettre equalite en ceste maniere Mais que ilz soient ainsi diuisees ¶Glo. ¶Cestassauoir mil poures et cinq cens riches

ou semblablement ¶Tex. ¶Et apres que len prengne de cinq cens mil equal porcions ¶Glo. ¶Cest adire que tel porcion commune len prent des vngz tel soit prise des aultres si comme len prent pour les offices la pite partie des riches que len prengne aussi la pite.partie des poures Et par ce aussi comme tous les poures sont plus au double que les riches semblablement es offices seront plus de poures au double Et ainsi sera gardee equalite de pporcion Mais non pas equalite de nombre ¶Tex.¶Et que ces icy ensemble soient seigneurs de la diuision des biens publiques et des pretoires ¶Glo. ¶Cest adire quilz ayent dominacion et pouoir de distribuer les choses cōmunes et de iugier des causes ¶Apres il repete la question.
¶Tex. ¶Et doncques est doubte assauoir se telle police q̄ est selon la multitude de honnorabletez ¶Glo.
¶Cest a entendre selon equalite de nombre et quāt es offices ait telle multitude de richesses comme de poures.
¶Tex. ¶Est tresiuste selon le iuste ou droit democratique ¶Glo ¶Apres il met lautre membre par maniere de solucion et de responce car il dit Aut q̄ est nota solucionis ¶Tex.
¶Ou se le est plus iuste qui est selō la multitude ¶Glo ¶Cest a entendre selon equalite de proporcion et que il est es offices plus grande multitude de poures que des riches selon ce que en la police sont plus de poures

Fueillet

q̃ de riches Et ce est le qualite ꝫ droit
de police selon ce que il appert parce q̃
sensuit Mais iouste ce ꝫ de ce vient
vne autre doubte assauoir mon comment les deliberacions ꝫ les iugemẽs
seront faiz Et de ce il touche deux opinions (Tex. Et aucuns democratiques dient que la chose est iuste laquelle sẽble estre iuste a la plus grãt
partie (Glo. Et de ce sont les
poures comme dit est (Tex. Et
en olygarchie ilz dient que ce est iuste
ꝫ droit qui semble iuste a la partie q̃ a
plus de substance ꝫ qui est plus riche
Car ilz dient que len doit iugier selõ
loppinion de ceulx qui ont multitude de substances et des richesses
(Glo. Apres il reprouue Et premierement le second (Tex. Mais
les vngs ꝫ les autres ont inequalite
et iniustice car se il conuenoit tenir qlconque chose laquelle iugent ceulx q̃
sont en petit nombre pource que ilz sont
riches len vendroit parce a tyrannie
pource que se vng seul auoit plus que
tous les autres riches il conuendroit
que luy seul tenist le princep selõ tel
iuste ou tel droit olygarchique.
(Gla. Apres il reprouue les premieres. (Tex. Et se len deuoit
tenir ce que semble a ceulx qui sõt pl9
selon nombre ilz feroient choses iniustes Et pilleroient ꝫ gasteroient les
biens des riches qui sõt moins en nõbre sicomme il fut dit deuant
(Glo. Ou tiers et ou quart liures en plusieurs lieux ꝫ est certain

que se la multitude des poures ꝫ le
menu commun auoit la maistrise et
seigneurie ilz destruiroient les riches
Apres il met la vraye responce.
(Tex. Et doncques quelle dirõs
nous estre la qualite que les vngs ꝫ
les autres confessent (Pource cog-
nostre il conuient considerer par q̃ly
droiy determinẽt ceste chose les vnes
et les autres (Glo. Cestassauoir riches et poures en policies democratiques (Tex. Car ilz dient que quelconque chose semble bonne ou iuste a la pl9 grande partie des
citoyens il conuient que elle seigneurie ꝫ que elle soit tenue Et doncques
mettons q̃ il soit ainsi toutesuoyes
nest pas verite du tout (Glo.
Sans autre declaracion Car les
poures sont en plus grant nombre.
Et doncques se ilz estoient souuẽtes
deliberacions contre tous les riches
Et il conuenist tel tenir leur oppinion il vendroit tantost ala quarte espece de democracie qui est tresmauaise Et nest pas proprement police sicõme il fut dit ou vii. chapitre du quart
Et pourre doit estre en secret faicte
miption de poures et de riches en la
maniere q̃ sensuit. (Tex. Mais
pource que deux parties principaulx
sont desquelles cite est composee Cest
assauoir les riches et les poures toute chose doibt auoir dominacion et estre tenue laquelle semble aux vngs
ꝫ aux autres ou a la plus grande partie Laquelle soit des vngs ꝫ des autr-

¶ Glo. ¶ Et doncques la deliberacī
on des poures combien que ilz soient
le plus nest pas a tenir se les riches ou
partie deulx ne se y accordent
¶ Tex. ¶ Et se ilz auoieut opinions
contraires ¶ Glo. ¶ Et que tous ne
fussēt pas a accort ¶ Tex. ¶ Tout
ce seroit tenu que sembleroit a plusi
eurs ou a ceulx de quoy le honorable
te est plus grande ¶ Glo. ¶ Cest a
dire a sa pl9 grant partie ou a la plus
saint ¶ Tex. ¶ Sicomme se les ri
ches estoient v. & les poures fussēt vx
Et vne chose sēblast a vi. des riches
Et autre chose semblast a p s̄. des po
ures Adoncques len doibt adiouster
les autres quatre riches a ces p s̄. po
ures Et les autres s̄. poures a ces vi.
riches ¶ Glo. ¶ Et ainsi ilz serōt plx.
dune part desquelx le iiii. seront riches
& honnorables et dautre partie seront
pi. desquelx les vi. seront riches & ho
norables ¶ Tex. ¶ Et adoncques
soient nombrez ensemble les vngs et
les aultres Et quelconque chose dira
sonnorablete q excede et est la pl9 grā
de celle chose ait dominacion & soit te
nue des vngs et des autres ¶ Glo.
¶ Cestassauoir ce que sera ordonne
ou iugie par la partie qui est reputtee
la plus saine tout considere. ¶ Tex.
¶ Et seil aduient que les parties soi
ent equales ¶ Glo. ¶ Considerez
le nombre & lonnorablete Cest adire
la souffisance & la prudence et que vne
partie ne soit pas repputee plus saul
ue que lautre toutes choses cōpensees

¶ Tex. ¶ Cest vne doubte commu
ne aussi cōe est celle de maitenāt Et se
la agregacion est ainsi diuisee ou le p
toire ¶ Glo. ¶ La congregacion trai
cte de expedient Et le pretoire de ius
tice ou des causes et iugemens
¶ Tex. ¶ La chose doit estre termi
nee par sort ou len doibt faire aucune
telle maniere ¶ Glo. ¶ Sort est aus
si comme seroit le ieu de pet ou de nō
pet ou comme len fait le roy a la feue
ou telle chose Et aultre maniere par
quoy la chose prendroit sin pourroit es
tre sicomme assembler aucunefoiz ou
eslire arbitres ou prendre vng moyen
sicomme partir la chose se elle estoit p
table ou autrement Car en ceste poli
ce ilz nont pas vng souuerain prince
au ql telle doubte fut raportee Et po
se q il y fust se y peut estre se cas tel q
les loix ou droiz semblent estre con
traires & que les consulz sont a discort
& que le prince est propter ley Et sem
blablement en cas de expedient ou de
peril les raisons peuent sembler equa
les dune part et dautre. Et de telles
choses dit le poethe fortue cetera mā
do Len doibt laisser faire fortune et cō
mettre tout a dieu quaut le a fait ce
que len peut par raison ¶ Tex.
Mais de equal & de iuste Cest adire
de equite & de iustice combien que ce
soit tresfort de en trouuer la verite
¶ Glo. ¶ Sicōme es cas doubteux
de quelx len seult faire questiones de
droit & que aucūs appellent Punci9
iuris ¶ Tex. ¶ Toutesuoyes est ce

Reliure serrée

(Fueillet

q̄ de riches Et ce est le qualite (z droit de police selon ce que il appert par ce q̄ sensuit Mais iouste ce (z de ce vient vne autre doubte assauoir mon comment les deliberacions (z les iugemēs seront faiz Et de ce il touche deux opinions (Tex. Et aucunes democratiques dient que la chose est iuste laquelle semble estre iuste a la plus grāt partie (Glo. Et de ce sont les poures comme dit est (Tex. Et en olygarchie ilz dient que ce est iuste (z droit qui semble iuste a la partie q̄ a plus de substance (z qui est plus riche Car ilz dient que len doit iugier selō loppinion de ceulx qui ont multitude de substances et des richesses (Glo. Apres il reprouue Et premierement le second (Tex. Mais les vngs (z les autres ont inequalite et iniustice car se il conuenoit tenir qlconque chose laquelle iugent ceulx q̄ sont en petit nombre pource que ilz sont riches len vendroit parce a tyrannie pource que se vng seul auoit plus que tous les autres riches il couiendroit que luy seul tenist le princey selō tel iuste ou tel droit olygarchique.
(Gla. Apres il reprouue les premieres. (Tex. Et se len deuoit tenir ce que semble a ceulx qui sōt pl9 selon nombre ilz feroient choses iniustes Et pilleroient (z gasteroient les biens des riches qui sōt moins en nōbre sicomme il fut dit deuant
(Glo. Du tiers et ou quart liures en plusieurs lieux (z est certain

que se la multitude des poures (z le menu commun auoit la maistrise et seigneurie ilz destruiroient les riches Apres il met la vraye responce.
(Tex. Et doncques quelle dirōs nous estre la qualite que les vngs (z les autres confessent (Pource cognoistre il conuient considerer par q̄l droit determinet ceste chose les vnes et les autres (Glo. Cest assauoir riches et poures en policies democratiques (Tex. Car ilz dient que quelconque chose semble bonne ou iuste a la pl9 grande partie des citoyens il conuient que elle seigneurie (z que elle soit tenue Et doncques mettons que il soit ainsi toutesuoyes nest pas verite du tout (Glo. Sans autre declaracion Car les poures sont en plus grant nombre. Et doncques se ilz estoient souuētes deliberacions contre tous les riches Et il conuenist tel tenir leur oppinion il vendrient tantost a la quarte espece de democracie qui est tresmauaise Et nest pas proprement police sicōme il fut dit ou vii. chapitre du quart Et pource doit estre en secret faicte emption de poures et de riches en la maniere q̄ sensuit. (Tex. Mais pource que deux parties principaux sont desquelles cite est composee Cest assauoir les riches et les poures toute chose doibt auoir dominacion et estre tenue laquelle semble aux vngs (z aux autres ou a la plus grande partie Laquelle soit des vngs (z des aut̃

Fueillet.

plus legiere chose finer la cause p̄ sort que ne seroit souffrir que les plus puissans sourmontassēt ⸿Glo. Quāt le cas nest pas determine par loy/τ les loyx ou les raisons semblēt estre equalement pour une partie comme pour lautre ou que les cōseulz ou les iuges sont parties il est eppediēt que la chose soit determinee par sort par quatre raisons ⸿Une est car pendant la question une des parties ou chascune se repute souffrir iniustice mais quant la chose a prins fin en la maniere que la loy le conseillent les parties sont contentes Et pource es digestes sont plusieurs loyx qui veullent que aulcuns iugemens et oppinions ou elections soient faiz par sort ⸿Item par ceste voye est euite ung inconuenient que nostre seigneur reproue par ung prophete en disant Non peruenit siq̄ ad finem iudicium Et est ce que les causes ne prenoient fin Et pource cōsentent les sainctes docteurs q̄ lē use de sort en cas de necessite et de pplexite Et selon ce dit la saincte escripture que nostre seigneur attrempe les sors Sortes mictuntur in sinum τ a domino tēpantur Item par ceste chose sōt euitez les maulx qui peuent venir du discort qui dureroit entre les parties τ les perilz qui se pourroient ensuir de la diuision des iuges ou des citoyens sicomme sedicion ou coniunction τ p̄turbation de la police ⸿Item par especial en ceste police se la chose demoutroit longuement en suspense les riches

pourroient attraire des autres a leur oppinion par corruption et par telles choses finablement suppediter les poures Et muer la police en olygarchie ou en tyrānie ⸿Exp. ⸿Car ceulx qui sont mendres quierent et desirent ce qui est iuste et ce qui est equal Mais les premiers qui sont les plꝫ grans ne curent dece. ⸿Glo. ⸿Car sicomme souuent est dit equalite est le droit de ceste police τ ce quierent et desirent les poures / car parce ilz sont faiz plus grans Et pour ce ilz curent moins de venir en equalite

⸿Du quart chapitre determine de quelles gens τ de quelle maniere est la meilleur espece de democratie

Comme les especes de democratie soient quatre Celle est tresbonne qui est la premiere en ordre sicomme il fut dit deuant. ⸿Glo. ⸿On siete (ou ixe). chapitres du quart ⸿Exp. Et le dy celle estre premiere sicomme se aucun distinguoit ou diuisoit les peuples Celluy qui est tresbon τ le meilleur ce est le peuple qui est cultiueur de terre. ⸿Glo. ⸿La vie τ lestat de telles descript τ recommande moult virgille ou second liure de georgiques τ dit: ⸿O fortunatos nimiū sua si bona nouerit agricolas Et estoient la ditelles gens en la terre de archadee mes mement ¶Et plinius dit que de telz laboureurs sont venuz plusieurs tres bons chevaliers. ¶Fortissimi dit et milites strenuissimi ex agricolis gignuntur minime q₃ male cogitantes plinius libro p viii. ca. vi. ¶Et ung autre aucteur appelle claudian loue moult la vie de telles gens ¶Tep.

¶Et pource advient il que democracie est legitrement faicte la ou la multitude vit de labeur de terre ou de pasturaige ¶Glo. ¶Selon ovide ou liure des festes telles gens furent les romains au commencement car il dit Iura dabat populis posito modo preter arator. pascebat q₃ suas ipse senator oues. posito. i. deposito ¶Le pretteur ou prevost tenoit sa iuris diction quant il auoit mis ius sa charrue Et se senateur gardoit ses oeilles Et de ces labeurs furent les deux premiers filz adam fuit autem abel pastor ovium & caym agricola Et Valerius maximus met comment plusieurs consulz & senateurs romains furent pris de telz laboureurs ¶Apres il met les causes pour quoy tel peuple est habille a ceste police et sont quatre Car il nest pas machinatif ne couuoiteux ne ambicieux et est obedient ¶Tep.

¶Car pource que tel peuple na pas moult de substance ou de richesses il nest pas vaquant ne oyseux Et pource il ne fait pas souuent assemblees.

¶Glo. ¶Car il couient que ilz entendent a leur labeur pour auoir leur vie Et ne ont cure de assembler souueut ¶Et ces assemblees sont faictes les machinacions ou len peut parler & soy allier ensemble Et ainsi tel peuple ne fait pas machinacions ne conspiracions contre les riches ne contre les princes ¶Apres il met la seconde cause. ¶Tepte. ¶Item pource quilz nont pas leurs necessitez habundaument ilz demourent en leurs besongnes et y entendent ¶Et ne couuoitent pas les biens des aultres ¶Glo. ¶Car ilz ne pensent et ne cognoissent les biens que les autres ont Apres il met la tierce cause

¶Tep. ¶Mais leur est plus delectable labourer que politizer Cest a dire que entendre au gouuernement de la police Et que tenir princey ou auoir office publique ¶Glo. ¶Et ce est selon ce q̄ dit le sage Visū est michi bonum vt comedat quis et bibat Et fouatur leticia ex labore suo hoc est donum dei ¶Il dit que ce est don de dieu que ung homme viue ioyeusement de son labour mais ce est a entendre quant aux gens qui ne sont habilles a milleures choses. Car sicomme dit seneques en ses tragedies. Pulcrum est eminere inter illustres vtros consulere patrie &c. Cest telle chose dauoir excellence entre nobles hommes & de conseiller au pays Mais les cultiueurs des champs ne sont pas a ce habilles et pource ilz ne sont pas coement ambicieux cest a dire couuoiteux de honer.

¶Tep ¶Et ce sont il mesmement en quelconques lieu ou len ne prent

grans emolumens es princeps ou offices Et le plus des gens appetent et desirent plus gaing et proffit que honneur ¶Glo. ¶Pource les plus de gens sont poures et les offices doiuēt estre de petit gaing et de grant honneur sicomme il fut dit ou p̄cedēt chapitre du quint. Apres il declaire la quarte cause par signe ¶Tex ¶Item que telz gens soient paciens Ung signe est car ilz ont soustenu et endure les anciennes tyrannies et soustiennent et endurent olygarchies fors que lon ne les empesche de ouurer et de labourer et que len ne leur ostent rien ¶Glo. ¶Ilz seufftent et prennent en gre les oppressions des tyrans et des princes olygarchiques comme sont tailles et exactions et telles choses mais que len les seisse labourer et que len ne les pille ¶Tex. ¶Car de telz gens les ungs sont tātost enrichiz et recouures et les autres ne sont pas souffreteux
¶Glo. ¶Et ainsi appert que cest peuple est obedient et a en soy les autres trops conditions deuant mises comme dit est par quoy il est habille a estre gouerne par la meilleur espece de democracie Or auons doncques de quelx gens et de quelle matiere est ceste police ¶Apres il met de quelle maniere et de quelle forme elle est
¶Tex. ¶Encor silz ont aulcune chose de ambicion C'est a dire de appetit de honneur ¶Glo. ¶Car sicomme dit aristote ou secōd liure de rethorique les gens appetent naturel

lement honneur ¶Tex. ¶Ce que ilz sōt seigneurs de eslire et de corriger les princeps ou offices supploie ceste indigence ¶Glo. ¶Cest a dire que ceste honneur leur souffit et sont contens de ceste auctorite auoir combien que ilz ne soient pas es offices
¶Tex. ¶Et en aucunes democracies cōbien que ilz ne participent pas en election des princeps ou offices toutesuoyes les princeps sont esslisibles de tous selon partie ¶Glo ¶En aucunes democracies les cultiueurs des terres et autres populaires esslisent les offices cōme dit est et ne sōt pas esleuz mais les riches Et en aucunes lieux ilz ne eslisent pas et sont esleuz selon partie Car touz ceulx dune office ne sont pas de telz gens mais aucuns
¶Tex. ¶Sicomme len fait en vne region dicte matinee ¶Glo. ¶Et le est ainsi nommee car elle est en oriēt Et ouide fait mencion de elle.
¶Tex ¶Et en moult de democracies il souffist a telz gens ce que ilz sōt seigneurs de conseiller ou du ꝓseil
¶Glo ¶Car ilz sont appellez aup consulz des grandes choses
¶Tex ¶Et conuient cuyder que cest vne fortune ou ung ornement de democracie sicomme aucunessoiz a este en la region appellee matinee
¶Glo. ¶Apres il declaire plus a plain la maniere de ceste police
¶Tex ¶Et pource il est eppedient a la democracie deuant dicte et est acoustume que tous esslisent les princeps

ou offices & les corrigent et iugent
¶Glo. ¶Si entend par touz les grans
et les petiz ou seullement tous les la
boureurs et les autres populaires
¶Tex ¶Et aussi est acoustume
que ceulx qui ont princeps ou offices
sur les choses tresgrandes soient esleuz
et prins de plus grandes honnorable
tez et de plus grans hommes des hon
norabletez ¶Glo. ¶C'est adire des
estatz plus honnorables et des perso
nes plus hônorables en telz estatz si
côe selon aucune vertu ou selô noblef
se de lignage ou autrement. ¶Tex.
¶Du que nul ne soit prins en regar
dant aux honnorabletez Mais soient
esleuz qui peuent telz princeps ou offi
ces exercer & faire ¶Glo. ¶De ql
estat que ilz soient Et doncques ne
prendra len pas pour ceulx qui sôt neces
saires a labourer pour auoir leur vie
et ne pourroient ace vaquer Et donc
ques les electeurs sôt les populaires
et les esleuz sont gens notables.
Apres il met trops vtilitez qui vien
nent de ceste ordônance.
¶Tex. ¶C'est necessaire q ceulx
qui politizent en ceste maniere politi
zent bien Car ainsi les princeps et of
fices estoient gouuernez par les meil
leurs Et du conseill du peuple qui les
auoit esleuz Et pource le peuple na
uoit pas enuye sur les bons
Item ceste ordonnance souffisoit aux
bons & aux notables Car ilz nestoiêt
pas subiectz soubz les autres qui sont
de pire condicion ou moins bons

¶Item ces plus grans et notables
tenoient les princeps et faisoient leurs
offices iustemêt pource que les autres
estoient seigneurs des corrections.
¶Glo. ¶C'est assauoir les popu
laires & les subiectz comme dit est
¶Tex ¶Car il est expedient que
l'en leur puisse suspendre leurs offices
Et que il ne leur loist pas faire tout
ce que bon leur semble Car mettre q
chascun prince eust poste de faire tout
que il vouldroit ce ne peult garder la
police et ceste poste est en chascun des
hômes qui attribuent le princey a leur
lignage ¶Glo. ¶Ce sôt les princes
olygarchiques qui muent election de
princes en succession par lignage par
leur force et par leur puissance Et ce
ste maniere est en la tierce & en la quar
te espece de olygarchie sicomme il fut
dit en le .viii. & ou pr. chap du quart
Apres il concluid les pffitz de ceste or
donnance ¶Tex ¶Et pource est il
necessaire q par la maniere dessus mi
se auiengne vne chose qui est de tres
grant proffit es polices C'est assauoir
que les bons tiengnent les princeps
que ilz ne pechent pas. ¶Glo. ¶Ilz
ne oseroient mal faire pource que les
autres ont a regarder sur eulx & les
peuent corriger ¶Tex ¶Et la mul
titude nest en rien minoree ¶Glo.
¶C'est adire que son honneur nest
en rien appetice Car elle demeure da
mes a la seigneurie des plus grâdes
choses C'est assauoir des elections et
des corrections & côme dit est & doibt

Fueillet

bien estre contēte ⸿Tex. ⸿Et dōc ques appert manifestement que ceste democracie est tresbonne et pour quel le cause Car ce est pource que le peuple est tel ⸿Glo. ⸿C'est adire cultiueur de terre pour la plus grāt partie et habille a ceste police.

⸿Du quint chapitre il monstre par quelles loix doit estre instituee la meilleur democracie et parle de multitudes populaires.

Aucunes des loix que les anciens misdrent iadis sont pfi stables a instituer ⁊ gouuerner le peuple qui est cultiueur de terre ⸿Glo. ⸿De tel peuple est la meilleur democracie comme dit est ou chapitre precedent Et a ce il mect quatre loix anciennes ⸿Tex. ⸿Premierement tous generallement mettoient et ordonnoient que il ne loyse pas a ung homme possee ⁊ tenir terre plus que a une certaine mesure ⸿Glo. ⸿C'est adire oultre certaine quantite combien que il en puisse tenir moins Et parce nul ne se pourra enrichir ou escroistre excessiuement et ce est expedient en bōne police sicōme il fut dit ou pᵐᵉ chapitre du quart Et semble par la saincte escripture que selon telle loy fut departie la terre de promissiō au peuple dysrael ⸿Et sorte diuisit eis terrā in funiculo distributionis in psalmo

⸿Tex. ⸿Ou se aulcun sent terre oultre telle mesure que ce soit en aucū lieu loing de la forteresse ou de la garnison de la cite ⸿Glo. ⸿C'est adire en ung autre territoire ou en une autre seigneurie ⸿Tex.⸿Ité en moult de citez estoit anciennement estably p̄ loy q̄ il ne loisist pas auendre ses premieres sors ⸿Glo. ⸿C'est adire les heritaiges qui sont uenuz par succession de lignage Car aultrement les ungs pourroient deuenir trop riches ⁊ les autres poures Et presque semblables loix auoit iadis le peuple disrael Car nul ne pouoit son heritage transporter de lignee en autre ne uendre a perpetuite Mais retournoit chascū a ses premieres possessions en lan iubile ⸿Tex. ⸿Item une telle chose est la loy que len appelle epili ⸿Glo. ⸿C'est le titre de la loy ou le nom du legislateur. ⸿Tex. ⸿Et est que nul ne puisse rien emprunter sur aucune partie de sa terre ⸿Glo. ⸿La loy precedente mect que len ne puisse sa terre uendre ⁊ ceste mect que len ne la puisse obliger ⸿Tex. ⸿Item encor conuient il adresser le peuple par la loy de censp̄ de la terre de aspt ale Car elle est proffitable a ce que nous auons dit ⸿Glo. ⸿C'est assauoir a linstitucion de ceste police.

⸿Tex. ⸿Car en telle region ilz sōt grande multitude de gens et possedēt peu de terre Mais toutesuoyes to⁹ sōt cultiueurs de terre Car ilz mettent leurs terres a pris nō pas toutes mais ilz les diuisent selon tāt de parties q̄ les poures en ōt por les pris taupez Et de ce croissēt leurs richesses. Glo. La loy est telle q̄ ceulx q̄ ont pl⁹ de terre q̄ ilz ne peuent cultiuer p eulx mesmes il conuiēt q̄ le sourpl⁹ soit baille a ceulx q̄ en ont moins ⁊ ilz en rēdēt certain pris a ceulx de q̄ les terres sōt en propriete Aps il ple des autres multitudes populaires Tex. Et le peuple q̄ est tresbon apres la multitude q̄ cultiue la terre cest la ou ilz sont pasteurs et viuēt de bestial Car telle vie a en soy moult de choses semblable a la cultiueure des terres ⁊ aux actiōs ou opaciōs de elle Glo. Car les unges ⁊ les autres se delectent grandemēt en leurs euures et es fruiz q̄ ilz en ont et sont moins couuoiteux et enuieux et moins malicieux q̄ les autres multitudes populaires dont il sera dit apres Et Virgille fist por les unges Bucoliques et pour les autres georgiques Sicōe dient les epithaphes dōt ung est tel Virgili⁹ iacet hic q̄ pascua dessibus edit Et ruris cultus ⁊ stigle armi˜ viri Et sicomme les cultiueurs de terre sont recommandez ou chapitre precedent et de bestial Semblablemēt plusieurs bōnes gēs anciēnemēt viuoient de pasture ⁊ de bestial sicōe laban iacob et ses filz ⁊ iob et plusieurs autres Et a telz gens anuncange la natiuite nostre seigneur Et sont telles gens plus naturellement es regiōs qui sont ace naturellemēt plus ordōnees sicomme estoit une p

tie de la terre de promission qui fut liuree aux lignees de ruben et de gad. et a demie lignee de manasse et en laquelle auoient habite deuant seon le roy damorre et og roy de basam

Tex. Et mesmemēt telz gēs sōt exercitez et aptez aux choses apprtnātes aux batailles ou aux guerres selō leurs habiz Glo. Car cōmēt ilz se habituoiēt ou acoustumoient a gecter pierres a la main ou a fondes ou a traire ⁊ a supter et telles choses. Tex. Et sōt ace pssitables selon les corps ⁊ sōt puissās pour vener ou por chacier Glo. Car les viādes dōt ilz vsent sōt de bō nourrissemēt. Butirū de armēto ⁊ lac de ouib⁹ ⁊c. Et hircos˚ cū medula tritici ⁊c. Et le labeur que ilz font les exercite assez et moderement sans greuer le corps Et nest pas cōme le labeur de tesiers ou cousturiers / ne comme le labeur des vignerons Car lung est trop en repos et laultre griefue le corps Et que plusieurs telz aient este bons hommes en armes il appert par les hystoires et mesmes en la saincte escripture de ceulx des lignees de ruben et de gad et de manasse Et a cest propos faict tout le pppiie. chapitre du liure des nombres et se concorde aux Benedictiōs de iacob qui sōt en la fin de genese Et de telz ou telz furent gedeon et dauid et plusieurs auts vaillans et preux en armes

Tex. Mais les autres multitudes pres q̄ toutes desq̄lles sōt les auts

B.ii

democracies sont moult plus mauuai
ses q̃ ne sõt cestes ⸿Glo.⸿Ces deux
multitudes populaires dessusdictes as
sauoir les cultiueurs de terre, et ceulx
q̃ viuẽt de pasturage sõt habilles a la
pmiere espece de democracie, et les au
tres multitudes sõt habilles aux aul
tres especes de democracie q̃ sont pires
⸿Tex.⸿Car sa vie est mauuaise, et ne
traicte nulle euure auecq̃ vertu, si cõ
me est la multitude des bãneuses, et
celles des hõmes q̃ supuẽt les matchie3
Et la multitude des mercenaires ou
mercenaire ⸿Glo. Il met icy trops
multitudes populaires. Vne est de bã
neuses q̃ sõt gẽs de mestiers ou office
ville et orde cõme sõt sauetiers cour
ceurs de cuirs bouchiers gẽs de cuysi
ne et ceulx q̃ purgẽt ou nectoient les
lieux des ordures et tel3 soullars. Vne
autre multitude est de marchans de
courtatiers et de tel3 gẽs. La tierce est
mercennaire ce sont gens qui labourẽt
corporellement pour loyer sicomme
sont teliers cousturiers recouureurs
maczons etc. Et aussi comme selon
diuers aages et diuerses fortunes les
gens ont differences meurs et condi
cions sicomme declaire aristote ou se
cond de rethorique. Semblablement
les meurs sont autres et les inclinaci
nacions dissemblables selon la diffe
rence des artifices ou mestiers Et des
manieres de viure Car les monnop
eies et les pelletiers ne sont pas d'une
guyse ne les voxturiers ou aultres.
Et pource dit aristote des trops mul
titudes dessusdictes que il3 ne traic
tent rien selon vertu Car les bãneu
ses sont vil3 et deshonnestes Et les
aultres selon leurs offices sont com
munement couuoiteux et malicieux
et iniustes Apres il met vne autre cau
se pour quoy les deux multitudes de
uant mises vallent mieulx que cestes
po̧ ceste police ⸿Tex. ⸿Et toutes
tel3 manieres de gẽs conuersẽt vers
le merchie et vers la bonne ville, pour
ce il3 sont de legier cõgregacions et as
semblees Mais ceulx qui sont culti
ueurs de terre pource que il3 sont es
partiz par la regiõ il3 ne se assemblẽt
pas si legieremẽt et ne ont mestier de
faire tel sane C'est a dire tel couuent
ou assemblee. ⸿Glo. ⸿Ces
assemblees seullent estre faictes cõ
spiracions taquehens et sedicions
Et les cultiueurs de terres et les pa
steurs veullent plus entẽdre a leurs
besongnes que supuir telles assẽblees
car il3 sõt simples gens Mais les au
tres qui sõt mal pensez et couuoiteux
et q̃ cupdẽt que lon face iniustice veul
lent assembler et conforter ensẽble, et
sõt enclins a machiner contre les iu
ges et les princes ⸿Tex ⸿Et la ou
il aduiẽt q̃ la region a telle posiciõ ou
elle est ainsi assise que elle est espartie
loing de la cite, C'est legiere chose de
faire en tel lieu bonne democracie, bõ
ne police ⸿Car la multitude est cõ
trainte pl̄° a faire habitacles ⸿Glo
par villagges et p̃ hameaulx ou p̃ ta
bernacles esptirmẽt et p̃ ce il3 ouersẽt

motz enseblees (z ne sõt pas si de legier
assemblez Apres il met vng enseignement (Tex. Et pource ainsi
est que en la police soit aucune tourbe ou multitude de marchãs le doit
ordonner que ilz ne puissẽt rien faire
es congregacions democratiques ou
assẽblees populaires sans la multitude q̃ est partie p̃ la region (Glo.
Cestassauoir sãs les cultiueurs des
terres ou sãs ceulx q̃ nourrissent les
bestes (z de ce vienẽt li-pffitz vng est
que ilz ne pouẽt pas souuent faire assẽblees Laultre est car es assẽblees se
les merchãs machinoiẽt cõtre la police ces bonnes gẽs de ville reprouue-
roient leur malice Et doibt len sauoir que il est tresexpedient aux seigneurs des regions ou sõt telz laboureurs q̃ ilz les gouuernent en ptie selon les ordõnances de ceste police. Et
mesmement se ilz veullent sur eulx
prẽdre grãt pffit Car se les loix ou ordõnances sont telles q̃ nul deulx ne se
puisse tant enrichir que il ne vieigne
que il entende a son labour ne tant estre de paupere q̃ il ne puisse labourer
(z q̃ len ne s² oste rien (z soiet gardez de
estre pillez joupte ce q̃ fut dit ou quart
chap ilz serõt tousiours obedites non
obstant q̃ ilz payent aux seigneurs
aux princes grandes rentes ou grãs
subsides. Et ne sera pas la terre non
cultiuee (z deserte

(Du sixte chap il traicte de linstituciõ des autres especes de democracie

(z pricipallemẽt de la quarte en la en
forcant.

Or est dit cõmẽt il vulẽt instit-
tuer la democracie q̃ est tresbõne (z la pmiere (z peult apparoir manifestemẽt cõmẽt il cõuiẽt
instituer les autres Car elles sont
par ordre ensuyuant en empirant. Et
conuient tousiours prẽdre separemẽt
la pire multitude lune apres lautre.
(Glo. (Car des multitudes populaires les meilleurs sont les cultiueurs des terres (z les pasteurs (z de
telz gens est la premiere espece de democracie Et les autres multitudes
sont pires comme dit est ou chapitre
precedẽt Et doncques selõ ce q̃ vne
multitude est pire q̃ laultre la democracie en laq̃lle la pire multitude a
dñacion est pire (Tex Mais la der-
rentere pource q̃ en elles touz cõmuns
(Glo. Cestassauoir tout le menu
peuple de tous mestiers (z de tous labeurs tous ensẽble gouuernent (z tiennẽt le pricep (Tex. Toutes citez
ne la peuẽt pas endurer ne soustenir
ne ellemẽ peut pas de legier durer lõ
guemẽt se elle ne est biẽ composee p̃ loix
(z p̃ coustumes (Glo. Et est a entendre biẽ cõposee en sa mauuaistie
et bien affermee. car elle ne peut estre
bien cõposee simplemẽt (Tex. Et
presque la plus grãde partie des chose q̃ peuent corrũpere ceste police et
les autres sõt dictes deuant (Glo.
Du quint liure en plusieurs chap.

B.ii.

¶Fueillet.

¶Apres il met cinq obseruacions ou cautelles pour affermer ceste police.
¶Tep ¶Et ceulx q̄ sont presidēs z conseilliers en ceste police pour faire le peuple trespuissant ou acoustume a p̄aindre ou a receuoir plusieurs z afaire aucunesfoiz citopēs nō pas seullement ceulx qui sont legittimes Mais mesmes les bastars Et ceulx qui sont venuz de citopēs seullemēt de par pere ou seullement de par mere Car toute communicacion est cōueniente ou conuenable a tel peuple
¶Glo ¶Ilz recoiuent telz gēs aux offices publiques Et a le͡r cōpagnie affin que ilz soient plus fors z plus puissans que les gēs notables ou nobles ¶Tep ¶Sī les demagoges ōt dōcques acoustume a instituer en ceste maniere mais il ouiēt prēdre z receuoir a citopēs telles gēs tāt seullemēt quāt a la multitude des grans notables z des moyēs excede ¶Gla ¶Cestassauoir quāt la multitude des riches q̄ nōt pas dn̄atiō en ceste police cōmēce a estre la pl9 forte adoncq̄s les gouuerneurs acueillēt auecques les populaires les gēs dessusd' tant q̄lz soiēt tousiours plus fors q̄ les riches z les moyēs ensēble ¶Tep. Et ne cōuiēt pas pceder oultre Car quāt telz gēs excedēt en multitude ilz font la police plus desordonnee et font que les riches z notables portēt plus grieuement la democracie.
¶Glo ¶Car les grās ont desplaisance quant plusieurs de telle vile condicton sont receuz es offices z hōneurs publiques Et aussi ilz grieuent voluntiers les nobles honnorables z les notables ¶Tep Et ceste chose fut cause de la sedicion que fut a cyraine ¶Glo ¶Cest vne cite ou regiō dōt la saincte escripke fait mēciō Et p̄tie sible q̄ est circa cyrenē Apres il allegue vng puerbe ancien
¶Tep ¶Car lē ne tient cōpte dung peu de mal/ mais quant vng grant mal est fait il est pl9 deuāt les peulx
¶Glo ¶Quāt deux ou trops bastars sōt receuz aux hōneurs lē dissimule ou lē ne lapcoit gueries Mais quant ilz sōt grant multitude chascun voit que cest inconuenient. Et parce appert que bastars ou illegitimes ne doiuent pas estre citopens en bonne police. ¶Tep. ¶Il a telles democracies sont cōuenables telles institucions ou ordonnāces comme celle dont Klistenes vsa en athenes quāt il voulut acroistre la democracie Et comme firent en cyrene ceulx qui instituoient la democracie Car telles choses sont que lē face plusieurs lignes Et plusieurs fraternitez en propre sacres ¶Glo ¶Lignee est vne multitude de gens dung lignage z dung surnom Et les multiplie lē par mariages dung lignage a aultre en conmencant nouueaulx surnoms et fraternitez Et sacres estoient comme sont les confraries q̄ lē fait en lē honneur des sains
¶Tepte. ¶Et concueillir les en

petit nombre et en choses cōmunes.

¶Glo. Ilz multiplient les nōbres des lignees τ appetissēt le nōbre des fraternitez affin q̄ les fraternitez soient plus cōmunes τ que en chascune ait plus de gens ¶Tep. Et sophistiquer toutes choses ¶Glo. Cest adire faire tout en apparēce de bōne fin Mais tout est affin q̄ le menu peuple soit pluz vny τ plus fort cōtre les nobles ¶Tep. Et faire q̄ tous soient meslez ensēble ou mixtionnez le plus q̄ len peut ¶Glo. Affin q̄ ilz soient moins divisez, et est faicte telle mixtion quant plusieurs dune fraternite sont dune autre fraternite

¶Tep. Mais en ce faisant q̄ len face que les cousiumes q̄ estoiēt devāt soient ioinctes ¶Glo. Et nō mueez ne por nouuelles lignees ne por croissāce de fraternitez Car telles mutacions sont perilleuses cōe souuent est dit ¶Tep. Que toutes institucions ou statuz tyranniq̄s sēblent estre democratiq̄s ¶Glo. A Car ceste quarte espece de democracie est aussi cōme vne tyrannie sicōe il fut dict ou VII. chapitre du quint ¶Tep. Sicōe est anarchie de serfz ¶Glo. Cest les franchir receuoir a sez offices τ principey Et est dit de ana qui est enuirō archia qui est princey ¶Tep. Car ceste chose est expediēte tusq̄s a vne mesure ¶Glo. Cest que tous les serfs ne soient pas receuz ace ne tousiours ¶Tep. Et aussi des femes τ des enfans ¶Glo. Et q̄ ilz soient

officiers τ iuges ioupte ce q̄ fut dit de tyrannie ou pp VII. chap du quint

¶Tep. Que dissimuler τ laisser viure chūn sicōe il veult Et vne chose q̄ est moult aidante a ceste police Car plus delectable chose a moult de gēs viure desordonnement que viure a trempeement

¶Ou VIII. chapitre il traicte de linstitucion de la quarte τ derreniere espece de democracie en la affleblant τ relachant τc.

Le legislateur τ ceulx q̄ veullēt q̄ la police soit permanente τ q̄lle dure ont mestier de faires de instituer nō pas la tres plus grāt de euure ne vne seulle euure ¶Glo. Il entend par ceste euure q̄ la police soit formēt democratique Et que la multitude populaire gouuerne a sa plaine volunte. ¶Tep. Mais ilz ont plus mestier de faire que la police soit sauuee τ puisse durer Car ce nest pas forte chose que ceulx qui politizent en quelconque maniere ou tellement quellement maintiennent leur police par vng iour ou par deux ou par troys Et pource conuient il regarder es choses de quoy il a este considere deuant Cestassauoir q̄lles sōt les saluacions τ les corruptiōs des polices. ¶Glo. De ce fut dict ou quinct liure. ¶Tep. ic. Et tempter par ces choses a faire la fermete

B.iii.

Fueillet.

de la police en euitant et fuiāt les choses qui la corrumpent Et en mettās telles loix escriptz et nō escriptz q̄ conprēnēt et ptiēnent mesmemēt les choses q̄ sauuēt les polices et q̄ lē ne cuyde pas la chose est democratiq̄ q̄ faict la cite ou cōmunite mesmemēt et tresgrādemēt democratizer ne celle estre olygarchiq̄ q̄ fait la cite tresgrandemēt olygarchizer mais celle chose q̄ faict la cite democratizer ou olygarchiser par plus loing temps

Glo. Car aussi comme trop fort tyrānizer fait finer la tyrānie sicomme raconte Virgille dung appelle mesentius qui crucifioit le Vif contre le mort bras a bras Et bouche a bouche Et ainsi le mort corrumpoit et faisoit mourir le Vif Et pource perit sa tyrannie Semblablement trop fort democratizer est cause de corruption de democracie sicomme il appert par le p̄ VIII. chapitre du quint Et pource nest ce pas chose democratique Cest adire qui face durer la democracie Et doibt len sauoir que aussi comme tyrannie est faicte en deup manieres cōtraires ioupte ce que fut dit ou pp̄ Ve. chapittre du quint Vne est en la enforcāt Et lautre en la relaschāt et faisant plus semblant a royaulme et parce dure plus Semblablement ceste espece de democracie laquelle est aussi comme vne tyrannie sicomme souuent est dit peut estre en enforcāt Et est ce que aristote appelle mesmement democratizer Et est quant elle

est trop rigoureuse contre les nobles et les riches et trop molle contre le cōmun qui gouuerne en ceste police sās loip et de volunte sicomme il fut dict ou lx e. chapitre du quart et ce ne peut durer Mais telle democracie est moderee par loip et par coustumes en la trapantet enclinant vers les aultres especes elle peut parce plus durer cōbien que elle soit mauluaise Et a ce il mect apres plusieurs enseignemēs et cautelles. Tepte. Mais les demagoges qui sont maintenant et qui veullēt estre gracieulx au peuple democratizent moult de choses p̄ les pretoires ou par les cours

Glo. Cest adire que ilz sont et ordonnent trop de choses au plaisir du menu commun et par flaterie Et pource la police est moins durable: Tep. Et pource conuiēt il que ceulx qui ont la police a cueur facent contre telles choses Et que ilz establissēt par loy que rien ne soit publique des biens de ceulx qui sont cōdempnez ne porte au commun Mais son sacre Glose. Cest adire applique aux temples ou aux sacrifices Car les demagoges vouloiēt pour faire plaisance au commun que tout fust apporte en publique et departy aux populaires et parce le commun cōdempnoit de legier les riches et sās raisō Tep. Car se ainsi est fait ceulx q̄ fōt ou veulēt faire iniustices nauroient pas moins paour de mal faire po2ce q̄ ilz seront dāpnifiez ou dōmages ou pugniz sēblablemēt Et la tourbe ou multitude corrumpera moins les sentēces de ceulx qui par eulx sont iugiez pource quilz ny doiuent prendre proffit ⁋Glo. Cestassauoir es forffaiteurs ne es amēdes Car ilz sōt attribuez es sacrifices cōme dit est Apres il met vne autre cautelle ou enseignement ⁋Tep. Jtē q̄ les vēgeāces ou pūgniciōs publicq̄s sē les face tousiours le moins q̄ len peut ⁋Glo. Aussi cōme publicq̄mēt faire mourir ou mutiler ou mettre ou pilory ou telles choses qui ne sont oncques a faire pour peche le occult ou couuert ou pour autre se lē se peut passer bōnement Mesmemēt en ceste police ne par auenture en autre Et pource les histoires louent vng roy de perse qui ne faisoit telles pugnicions que vne foiz en lan ⁋Tep. Cest q̄ len deffende sur peine de grās dōmages ⁊ pugnicions ceulx qui entreprennēt en vain telles choses.

⁋Glo. Peut estre q̄ lē bailloit en iugemēt p̄ sedulles ⁊ en escript telles accusaciōs ⁋Tep. Car les populaires ⁊ non pas les nobles ne les riches ou notables sont acoustumez a induire ⁊ mettre auāt telles choses

⁋Glo. Affin que les biēs des riches condēpnez leꝛ fussent distribuez selō lordōnance des demogoges deuāt dicte ⁋Tep. Et il cōuiēt faire mesmemēt q̄ toꝰles citoyēs soiēt beniuoles ou biē veillās a la police ⁊ sil ne peut estre fait si nest il pas expedi

ent de cuyder q̄ les plꝰ grās seigneurs soiēt aduersaires de la police ⁋Glo. Car se les nobles ⁊ les riches estoiēt molestez p̄ le menu cōmū q̄ gouuerne ilz pourroient mouuoir sedicion ⁊ perturber la police Car les disseciōs de telz gēs sōt perilleuses a la police sicōme il appt p̄ le p̄ᵐ chap̄ du quit Et les deux cautelles maintenāt dictes regardent les iugemens Et apres il met autres qui regardent les assemblees. ⁋Tep. ⁋Jtem pource que les derrenieres democracies sont de grant multitude ⁊ de hōmes forte chose est de les assēbler sans loyer ⁊ sans gaing ⁋Glo. Car ceulx de tel menu cōmū ne laissēt voulūtiers leurs besongnes poꝛ les assēblees se ilz ny cuydēt prēdre pꝛffit ⁋Tep. Et la ou ne sōt aucunes rētes cōmunes ceste chose est aduersaire ⁊ ptraire aux gēs notables ⁊ riches Car il vuiēt q̄ ce loyer soit prins sur la contribucion que lēn fait faire aux riches ⁊ sur ce q̄ lē leur oste ⁊ de quoy lēn les despoille

⁋Glo. Albert dit q̄ a lexemple de ceste chose appt souuēt es citez de lōbardie ⁋Tep. Et aussi sōt contraires aux riches les pretoires de mauuaise. ⁋Glo. Ce sōt les cours la ou le menu cōmū tiēt les iugemēs et la ou il viēt peu de riches hōmes poꝛce que les assēblees ⁊ les ptoires sōt trop souuent et les riches ne laissent pas voulūtiers leurs pꝛpres besongnes poꝛ telles choses Et illecques les poures condēpnent les riches ⁊ taupēt

ces amendes a tort ҃ a droit ҃ assient
ces cōtributions sur les riches et pren
nent les distributions ⁅Tex⁆ ⁅Et
ces choses ōt ia euerties et destruictes
plusieurs democraties ⁅Glo.
Par les sedicions que les riches mou
uoient ⁅Tex. ⁅Et doncques la
ou ne sont rentes communes il cōuiēt
faire peu de assemblees ou congrega
cions ҃ faire que les pretoires soiēt de
plusieurs gens ҃ quilz soient par peu
de iours ҃ non pas souuent ⁅Glo.
⁅Apres il met deux proffitz qui vie
nent de ce ⁅Tex ⁅Car ceste chose
faict ace que les riches ne craingnent
pas les despens ⁅Glo ⁅Car il
ne conuient pas faire gens taillez pō
ce que les distributiōs ҃ les assēblees
sont peu souuent ⁅Tex ⁅Com
bien que les riches ne prennent pas le
loyer ordōne pour ceulx qui viennent
aux ptoires Mais les poures les prē
nent dautre partie Ceste chose fait a
moult mieulx iugier les sentences car
les riches ne veullēt pas estre absēs
de leurs propres besōgnes par moult
de iours Mais ilz les seuffent biē laif
ser par vng brief temps ⁅Glo.
⁅Pour estre aux pretoires et aux
iugemēs Et combien que les poures
soient le pl⁹ toutesuoyes les iugemēs
҃ les besongnes sōt moins mal quāt
les riches sōt presēs qui ont meilleurs
deliberacions ҃ raisons pour retraire
le commun de leurs erreurs ⁅Tex.
⁅Item la ou sont rentes communes
il ne puent pas faire ce que font main

tenant les demagoges. ⁅Glo.
⁅Ce sont ceulx qui mainnent le peu
ple a leur volunte par flaterie
⁅Tex ⁅Car ilz distribuent les ob
uencions et reuenues communes ҃ a
ueucqȝ ce ilz les prēnēt ҃ de rechief ilz
ōt mestier ҃ besoing de ces tes mesmes
obuencions ⁅Glo. ⁅Les dema
goges distribuent ces reuenues com
munes aux poures Mais aussi ilz
font les poures contribuer a ces ren
tes communes ҃ sont prises sur eulx
et donnent dune part et tollent daul
tre ainsi les poures demourent tous
iours indigens ҃ souffraiteux.
⁅Tex. ⁅Et telle ayde faire aux
poures est aussi comme vne cruche
ou vne bouteille percee. ⁅Glo.
⁅Car le vin que len met par dess⁹
sen va par dessoubȝ ҃ ne peult estre
emplie Et est aussi comme lē souloit
dire de la bourse dalibert ⁅Apres il
met vne autre cautelle affirmatiue
⁅Tex ⁅Mais il conuient que cel
luy qui est vrayemēt democratique
⁅Glo ⁅Cestadire bien ordōnant
de ceste police en son espece: ⁅Tex.
⁅Pourvoye en quelle maniere la
multitude ne soit pas trespoure
Car ce seroit cause pour quoy la de
mocracie seroit mauuaise. ⁅Glo.
⁅Car pourete les fait conspirer cō
tre les riches ҃ faire plusieurs maulx
҃ iniustices car sicomme dit lescrip
ture propter inopiam multi delique
runt pourete fait faire moult de ma
ulx ⁅Tex. ⁅Et doncques lē doit

artificier et considerer subtilemēt cōment habundance sera faicte durable a la multitude ¶Glo. ¶Pour
la garder en trop grant pourete Et
ace met il apres troys voyes ou cautelles especialles ¶Tex. ¶Et est
expedient mesmes aux riches ¶Glo.
¶Ce qui sensuit car par ce ilz auroīt
paix aux poures ¶Tex. ¶Que
ceulx qui cueillent les rentes communes assemblent de ces rentes grande
somme & que len en distribue aux poures grandement tout ensēble & mesmement que len assemble telle somme se len peut que chascun poure ait
tant quil puisse acquerir une petite
quantite ou mesure de terre laboura-
ble. ¶Glo. ¶Pour soy viure sans
tresgrande pourete Car qui leur distribueroit petit a petit ilz despendri-
ent tout Et pource il fault mieulx
espargnier tant quilz ayent plus ensemble & de ce leur faire acheter terre.
¶Tex. ¶Item se len ne peut distribuer tant comme dit est soit fait q̄
len leur baille tant quil souffise & occasion de negocier & marchander ou
de cultiuer les terres ¶Glo. ¶Si
comme pour acheter ung beuf ou as-
ne ou aucuns instrumens pour be-
songner ¶Tex. ¶Item ce il nest
possible de ce faire a tous soit fait au
moins que len distribue en partie ou
selon les lignees ou selon aucune autre partie ¶Glo. ¶Sicomme selon
les fraternitez ou cōpaignees ou les
mestiers a chascun selon ce qui est pos

sible. ¶Tex. ¶Et que les riches
contribuent a ce que les poures ayēt
loyer pour venir aux sennes ou asse-
blees necessaires & que ilz ne soiēt ref-
fusans & non faisans vaines oblacions ¶Glo. ¶Cest a dire contribu-
tions aux despences superflues comme sont aucuns ieux ou esbatemens
ou grans disners sans raison Apres
il conferme son propos par exemples
¶Tex. ¶Et ceulx de calcedone
en ce q̄ ilz politizerent & gouuernerēt
aucunement en aucune telle maniere ont acquis ou fait le peuple leur a-
my Car tousiours ilz mettent aucūs
du peuple a faire les negoces ou besōgnes de leurs maisons et par ce ilz
les font riches ¶Glo. ¶Les riches
faisoient les poures gaigner auecq̄s
eulx ou selon une aut opposicion les
gouuerneurs de la cite dōnoiēt licēce
ou congie a aucuns poures de nō venir aux assemblees ou ilz auoiēt pou
de gaing po' plus gaingner en leurs
propres besongnes ¶Tex. ¶Et
ce que sensuit apptient a gens notables qui sont gracieulx & ont ensei-
demēt & raison a eulx Cestassauoir
quil prennent les poures & qui le' dōnent occasions & les enduisent aux
operacions ¶Glo. ¶Si comme en
leur prestant pecune ou ble ou terre a
labourer en leur donnant bon loyer
pour leur peine ¶Tex. ¶Item cest
bien de ensuir aulcunemēt le princey
& gouuernement de ceulx de tarente
Car les possessions communes ilz

Fueillet

les sont liurer a l'usage des poures et par cestes institucions et ordonnan-ces ilz acquirent la beniuolence de la multitude. ¶Glo. ¶Peut estre quant ilz auoient prins des tretes communes pour les necessitez publiques ilz distribuoient le sourplus ou residu aux poures mesnagiers.

¶Tex. ¶Item toutes les princeys ou offices ilz ont faiz doubles C'est assauoir les vnges par elections et les autres par sort ¶Glo. ¶De ce fut dict ou xiiie. et xviiie. chapitre du quart ¶Tex. ¶Et sont les vnges par sort affin que le peuple y participer et les autres par election affin que ilz pollitizent et gouuernent mieulx. Et ceste chose peut estre scie de vng mesme princey en les partant et prennent a ce princey ou office les vnges par sort les autres par election Et donc-ques ainsi est dit comment il conuient instituer des democracies.

¶Ou vitie. chapitre il determine de l'institucion des olygarchies.

La quarte

La tierce

La seconde

La premiere
Democracies

Par les choses deuant dictes est presque magnifeste des olygarchies comment il les conuient instituer Car il couient cuillir pour instituer chascune olygar-chie et prendre des choses contraires a la democracie qui est contraire a celle olygarchie ¶Glo. ¶En demo-cracie la multitude populaire tient le princey Et en olygarchie vng peu des riches les tiennent Et de chascune de ces deux polices sont quatre especes sicõe il fut dit ou vie. et viie. chap. du quart Et la premiere espece de oly-garchie est contraire et opposite a la premiere espece de democracie et la seconde a la seconde ainsi des autres et selon ari-stote la congnoissance d'une chose contrai-re fait en partie sauoir sa contraire et il est dit deuant des institucions des democra-cies et doncques par ce peut len aucune-ment sauoir les institucions des olygar-chies contraires Et est assauoir que les premieres especes de l'une et de l'autre sont moins contraires que les secondes et les tierces plus que les secondes Et les quartes plus que les tierces et sont plus loing l'une de l'autre Sicomme len peut y maginer en ceste figure.

La quarte

La tierce

La seconde

La premiere
Olygarchies

¶Tep. ¶Et deuons repputer q̃ des olygarchies la premiere est mesmement bien attrempee et prochaine a la police qui est appelle commune police ¶Glo. ¶De laquelle il fut determine ou p̃lie. e p̃liii. cha/ tres du quart ¶Tep. ¶Et en ceste olygarchie il conuient diuiser les hõnorabletez en considerant comment les vnes sõt petites et les autres grã des ¶Glo. ¶Honnorablete est hõ norablement gouuerner la chose fa/ miliaire et tenir estat, pource ceulx q̃ tiennent grant estat et le pouent faire sont de la grant honnorablete Et les moiens sont de la petite honnora blete et les poures petiz populaires ne sõt de nulle honnorablete ¶Tep. ¶Et les moindres honnorabletez sont desquelles len prent aucuns affin quilz participent es princepz et of fices necessaires et les plus grãdes sõt desquelles sont prins ceulx qui partici pent es princepz ou offices plus prin cipaulx ¶Glo. ¶Les mendres prin cepz sont comme ceulx qui ont la cog noissance des communs contraictz et les plus principaulx sont comme sur le fait des guerres en armes, et communemẽt les offices ou ars continuellement plus necessaires sont moins honnorables que les autres selon ce que dit aristote de methaphisique Necessarioz ee quidem omnes. Hono tabilioz vero nulla. ¶Tep. ¶Et ainsi qui loist a ceulx qui ont honno rabletez participer en la police

¶Glo. ¶Quant ilz sont ace esleuz ¶Tep. ¶Mais en ceste police len introduit es princepz de ceulx du peu ple ¶Glo. ¶Cestassauoir des moyẽs et de la petite honnoblete ¶Tep Et de ceulx de la grande honnora/ blete telle multitude auecques laq̃lle len est plus fort et plus vaillant que ne sont ceulx qui ne participent pas es princepz ou en la police Mais il cõ uient tousiours p̃dre des meilleurs du peuple a communiquer et partici per en ceste police ¶Glo. ¶Et ainsi est dit de linstitucion de la premiere espece doligarchie q̃ est la mois mauuaise Apres il parle des autres ¶Tep ¶Semblablement lẽ peut instituer lespece dolygarchie qui en suit en enforcant la vng petit ¶Glo. ¶Efforcier olygarchie est faire que maindre nombre de hõmes et plus riches tiennent le princep entẽ dant et approchant a tyranie Et dõ ques se len lenforce vng pou cest la se cõde espece et se len la fait encores plᵘ forte cest la tierce espece Et se elle est tresforte cest la derreniere de laq̃lle il parle apres plus aplain Car par elle et par la premiere len peult sauoir des moyennes aussi cõe par les deux principaulx sont congneues les des moyens ¶Tep ¶Mais des oly/ garchies celle qui est contraire et oppo site ala derreniere democracie Cestas sauoir celle qui est mesmement potes tatiue et mesmement tyrannique de tant cõme elle est pire et tresmauuaise

(Fueillet

de tant est plus mestier de plus grāt
de cautelle a la instituer et conforter.
Car ainsi les corps qui sont bien dis/
posez a sante et les nefs qui sont bien
habilles pour les mariniers a nager
soustiennent et endurēt plusieurs pe
chiez et plusieurs hurts et impulcios
sans ce que telles choses soient corrū
pues par ces pechiez ou par ces hurts
tements mais les corps q̄ sōt disposez
a maladie et les nefs qui sont resolu/
tes et aussi comme rupneuses et qui
ont mauuais nageurs ou mauuais
mariniers et gouuerneurs ilz ne pou
ent soustenir ne endurer mesmes pe
tiz pechiez ou petiz hurts ou īpulcios
Et tout en ceste maniere les tres pires
des polices ont mestier de plus grāde
cautelle ¶Glo. ¶Et vne consi de
racion selō ce fut mise ou p̄plii͞s. cha
pitre du quint Et est tout cler q̄ vne
mauuaise nef re quiert plus grande in
dustrie a estre menee que ne fait vne
bonne et vng corps maladieux a es/
tre gouuerne q̄ vng sanible ou vng
edifice rupneux a maintenir que vng
bon etc. Et ainsi est il des mauuaises
polices et mesmement de ceste et de ty
rannie Et pource dit il apres

¶Tex. ¶Mais la multitude des
hommes sauue du tout les democra
cies Car democracie est opposite au
iuste et au droit qui est selon dignite
¶Glo. ¶C'est adire q̄ ilz ne regar/
dent pas en telle police a excellence
de vertu ou de richesses Mais quie
rent que tous soient equaulx tant cō

me il est possible si comme plusieurs
foiz est dit ¶Tex. ¶Et au contrai
re il conuiēt que olygarchie prengne
saluacion par bonne ordonnance.
¶Glo. ¶Non pas simplemēt bon
ne mais couenable a telle mauuaise
police Car comme dit est ilz sōt vng
petit nombre et gouuernent contre le
bien commun Et pource conuiēt q̄ilz
ayent grāde industrie a tenir la mul
titude en subiection et ne puīlent pas
si grande cautelle la ou la multitude
a dn̄acion c'est assauoir en democracie

¶Du lxe. chapitre il traicte en espe
cial de linstitucion des plus mauuai
ses olygarchies.

Pource que de la multitude
sont mesmemēt quatre par/
ties C'est assauoir celle q̄ cul
tiue les terres et celle qui vse de nauie
re et celle qui merchāde et celle qui est
mercennaire ¶Glo. ¶Ce sont les
quatre p̄ncipaulx multitudes popu
laires Et ceulx sont mercennaires q̄
ouurent pour loyer etc. ¶Tex.

¶Item quatre manieres de gēs sōt
qui sont tres bons pour batailles ou
guerres C'est assauoir gēs de cheual
gens armez gens de pie gens nus et
gens de eaue. ¶Glo. ¶Par gens
nus il entend gens qui nont pas ve/
stu armeures mais ilz geittent darcs
ou traient de larc ou autrement.

Apres il applicque a propos.
℄Tex. ℄Et doncques la ou adui̅et que la region est cheuauchable le pays est bien apte et bien habille a ce que len instistue illecques forte olygarchie ℄Glo. ℄Et dure et mauuaise si comme est la quarte espece ℄Tex.
℄Car par ceste puissance est faict salut aux habitans ℄Glo. ℄Il veult dire que par puissance de ge̅s darmes a cheual les princes peuent sauuer ⁊ maintenir tel princey olygarchique ℄Tex. ℄Et les nourritures des cheuaulx sont gra̅s richesses a ceulx qui les possident ℄Glo.
℄Et aussi la ou la region habunde en cheuaulx peut estre que vng peu de gens ont tresriches ⁊ puissans en armes ⁊ que par ce ilz occupent et tiennent la dominacion. et doncques tel pays est habille a forte olygarchie.
℄Tex. ℄Mais ou sont gens armez et de pie peuent estre olygarchie consequente ou en suyuante℄Glo.
℄Cest a dire non pas si tresforte
℄Tex. ℄Car les riches peuent plus estre armez que les poures.
℄Glo. ℄Et parce ilz peuent auoir la seigneurie ⁊ tenir olygarchie sur la poure multitude Mais non pas si forte comme silz fussent armez a cheual ℄Tex. ℄Et la multitude des gens nus ⁊ de ge̅s deaue est du tout populaire Et doncques la ou est telle multitude quant ilz ont dissencio̅ ilz combatent plus malement
℄Glo. ℄Il veult dire que qua̅t

ilz font co̅motion co̅tre les riches ilz sont mauluais ⁊ perilleux Car ilz vsent de trait ⁊ ne espargnent a nul et fuyent ligierement. ℄Apres il met contre ce vng remede.
℄Tex. ℄Mais il conuie̅t a ce pre̅dre remede ⁊ que les ducs ou capitaines des ostz ou des batailles adioingnent ⁊ prennent et aco̅paigne̅t a la puissance des gens darmes a cheual ⁊ a celle des gens armez a pie vne ptie de ceulx qui sont nus telle comme leur est co̅uenable. ℄Glo. ℄Affin que ilz soient auecques eulx se mestier est co̅tre les populaires ⁊ no̅ pas auecques les populaires. ℄Tex.
℄Car par ceste gent quant dissencion est les populaires obtiennent contre les riches ℄Car pour ce quilz sont nus ilz se combatent legierement co̅tre les gens darmes de cheual ⁊ contre ceulx du pie ℄Glo. ℄Albert dit que ceste maniere de soy co̅batre nus ont ceulx de frise ℄Tex. ℄Et do̅cques il est eppedie̅t aux princes olygarchiques de constituer ⁊ conforter leur puissa̅ce de ceste gent et quilz en prenne̅t auecques eulx tant comme il souffist pour estre les plus fors co̅tre lautre multitude ℄Apres il mect vi. autres cautelles pour instituer ⁊ affermer ceste olygarchie ℄Tex.
℄Et est eppedient que les princes regardent comme̅t les vngs so̅t anciens ⁊ les aultres sont ieunes Et q̅ ceulx qui sont ieunes ⁊ filz des anciens soient enseigniez ⁊ introduizen

Fueillet

operations legieres et nues ⸿Glo.
⸿Comme sont Jupiter traire tecter
pierres et telles choses qui ont mestier
aux guerres Et il entend des filz des
populaires daucuns ⸿Tex.
⸿Et quilz separent et prennent de
ces enfans ceulx qui en telles œuures
seront bons champions et les appliquent et mettent a la multitude qui
tient la police ⸿Glo. ⸿Car parce
les princes font deulx choses pour
eulx Une est que les populaires sont
plus contens quant ilz voyent que les
princes sont aucuns de leurs filz aprendre aux armes et en prennent aucuns
auecques eulx et les mettent en office ⸿Lautre est car parce les princes
sont plus fors estre la multitude subiecte ⸿Tex. ⸿Item ou que les princes prennent auecques eulx et mettent
en office aucuns du peuple qui ont honorableté et estat et sont riches sicomme il dit deuant ⸿Glo. ⸿Ou pre-
chapitre du quint ⸿Tex. ⸿Item
ou sicomme sont ceulx de Thebes car
ilz reçoiuent au princep ou offices aucunes populaires qui se sont abstenues
et ont cessé par certain temps de œuures banneuses ⸿Glo. ⸿Sicomme
sont bouchiers queux tauerniers et
telles villes besongnes Et semblablement es decrez anciens est dit que
nul aduocat ou negociateur ne soit
promeu aux sainctes ordres iusques
a tant quilz se soit abstenu de telles besongnes par certain temps ⸿Tex.
⸿Item ou quilz facent côme len fait en me-

sale Car ilz font distinction de ceulx
qui sont dignes destre receuz en policeine ou a la police Et de ceulx qui
sont de hors la cité ⸿Glo. ⸿Car
ilz reputent plus dignes ceulx qui
sont de la cité que ceulx qui demourent aux champs ou aux villaiges.
Et semblablement es anciens decrez
et consiles est faicte distinction entre
les prestres des citez et les prestres ru-
raulx et est establi que en chascune
eglise cathedral soient prestres ordi-
naulx qui soient de la cité ⸿Tex.
⸿Item a ceulx ausquelz il conuient
tenir les plus grans et plus notables
princeps il est mestier de mettre ou faire oblacions. ⸿Glo. ⸿Cest a dire
grans dons ou a lusage publique come au fait des guerres ou pour autre
telle chose ou a personnes dignes
Affin que le peuple ne ait pas volunté de participer en tel princep ⸿Glo.
⸿Car il leur semble quilz ne pourroient faire telz dons ⸿Tex. ⸿Et
quil ait compassion aux princes aussi comme a ceulx qui donnent grant
pris du princep. ⸿Glo. ⸿Et que le
peuple cuyde quilz nont pas pour neant le princep quant ilz font telz dons
ou commun ou aux personnes dignes et non pas au desplaisir du peuple sicomme il fut dit ou xxix. chapitre du quint ne aux iouglieux ou a
telz menestrelz Et parce disoit ung
philosophe du roy alixandre Chy-
trio dona petit rey inquit nil tibi da-
bo Ce non magna det et nescio qua-

dare // Le roy respondit en ung jugleur que il ne luy donneroit rien Car il nest pas digne de grant don et le roy ne savoit donner petit don. ¶Tex. ¶Et il est convenable que les princes facent grans mises pour faire sacrifices de grant magnificence et pour preparer et ordonner aucunes des choses communes Si comme pour les conuiz publiques affin que le peuple y participe et qͥl soit suspens et en admiracion quant il voit sa cite bien ordonnee ou aornee et que il se esioisse des edifices. Loꝑs q̃ sa police est bien parmanente et establie et parce adviendra que auy riches et notables que se aura memoire de leurs despens. ¶Glo. ¶Car les edifices et les temples faiz par eulx de grant magnificence monstreront que la pecune quilz ont prinse sur le peuple a este despendue en nobles euures. ¶Et toutes ces choses ilz font par faintise et pour sophistiquer et deceuoir le peuple affin quil ne face conspiracion contre leur mauuais gouuernement qui est principallement a leur propre prouffit et contre le bien publique. ¶Tex. ¶Mais ceulx qui maintiennent olygarchies ne font pas ceste chose mais font le contraire Car ilz ne quierent pas moins prendre prouffit et honneur. ¶Glo. ¶Les dessusd combien quilz quierent principallement leur prouffit toutesuoyes pour parer leur malle entente ilz font aucunes choses honnorables comme dit est et parce leur princey est plus estably Mais ceulx icy ilz

tirent du tout a gaing et nont cure de honneur. ¶Tex. ¶Et pource peut len bien dire que ces olygarchies sont aussi comme mauuaises democracies. ¶Gla ¶Car les gouuerneurs ne tendent fors au gaing. ¶Tex. ¶Et doncques en ceste maniere soit determine comment il conuient instituer les democracies et les olygarchies.

¶Es quatre chapitres ensupuant il determine des princes et met en cestuy ceulx qͥ ont regart sur les ꝑtraulx etc.

Apres les choses dessus dit il sensuit que len deuise bien les princeys quant ilz sont quelz ilz sont et de quelles choses comme il fut dit deuant. ¶Glo. ¶En la fin du quart liure car ce chapitre et les troys ensupuans sont supplement et perfection des troys derreniers chapitres du quart. ¶Tex. ¶Car cest impossible que cite soit sans les princeys necessaire Et est impossible quelle soit bien habitee sans les princeys qui sont a bon ordre et aornement et parement de elle. ¶Item encores est il necessaire que les petites citez soient moins de princeys et plus es grandes sicomme il fut dit deuant. ¶Glo. ¶Ou ppie chapitre du quart et illecques fut dit que la ou sont peu de gens habilles ung mesme peut tenir ensemble plusieurs princeys ou offices. ¶Tex.

¶Fueillet

¶Et doncques len ne doit pas igno
rer lesquelz princeyz ou offices sont cō
uenables a estre mises ensemble. ¶Et
lesquelz il cōuiēt separer. ¶Glo.
¶Et assigner a diuerses gens. Aps
il pourfuit son entente et parle du pri
cey qui est sur les cōtraulx ¶Tex
¶Et premieremēt dōcques il puīt
que ung princey soit sur les choses de
quoy il est necessaire de marchāder le
quel princey prengne garde sur les cō
traulx et sur le bon aornement ou bō
ne ordonnance de telles choses
¶Glo. ¶pour garder iustice equite
et honneste ¶Tex. ¶Et que len a
chatte une chose et uende les autres
cest presque necessaire en toutes citez
quāt ala oportunite q̄ les gēs ont lug
a fault p necessite ¶Glo. Car de neces
site il cōuient marchander et faire cō
mutacions les ungs aux autres si
comme il fut declaire en le pre. chapi
tre du qnint dethiques. ¶Tex.
Et est une chose qui est tresconuena
ble τ tres pssitable a antharchie C est
a dire a souffisance de uie ¶Glo.
¶De ce fut dit ou premier chapitre
du tiers. ¶Tex. ¶pour laquelle
souffisance il semble que les gens cō
uenissent τ assemblissent iadis en une
police ¶Item une autre cure conse
quente et prochaine de ceste est qui re
garde sur la seurte ou estat des ediffi
ces de la cite tant des publiques que
des propres en quelle maniere la cite
soit parce bien aorne τ de la reporaciō
des edifices qui sōt cheuz ou ruyneux

τ ace appartient la saluation τ adres
sement des uoyes τ en quelle manie
re ceulx qui ont leurs habitaciōs les
unges pres des autres seront sās que
relle et sans complainte τ sans contē
cion et quelconques choses sont de sē
blable maniere a ceste cure ¶Glo.
Auoir auctorite de ordonner de ces be
songnes τ de faire garder les loyx les
coustumes qui sont de telles choses τ
lōneur τ proffit de la cite cest ung pri
cey ou office necessaire a bonne cite
¶Tex ¶Et plusieurs appellent
tel princey asynomie ¶Glo. ¶Il
est dict de asy en grec qui signiffie le
corps de la cite quant aux edifices et
gnomos ou nomos qui est reiglez au
cune appellent une partie de ceste of
fice uoyerie ¶Tex ¶Et ce priceyz
a plusieurs parties desquelles es ci
tez qui sont plus peuplees ilz institu
ent les unges aux unes et les autres
aux aultres sicomme les unges pour
faire ou reparer les murs les aultres
pour curer les fontaines τ les autres
pour garder les ports ¶Glo. La ou
il uient nauiere ou les portes de la ci
te ou les entrees de la region ¶Tex
¶Item une autre cure ou office ne
cessaire est sēblable a ceste car elle est
de telles choses mesmes, mais elle est
des choses qui sont enuiron la region
et de ce qui est hors de la cite ou hors
la forteresse et les unges appellent les
officiers ou princes agrinomes et les
autres les nomment plores. ¶Glo.
¶Ce sont ceulx qui prennēt garde

sur les chasteaulx qui sont hors la cité et sur les villages et sur les champs et q̃ visitent et ordonnent de telles choses Et sont dis agrinomes de ager en latin qui est champ et de nomos en grec q̃ est reigle Et ploros en grec signifie mesureurs de terres sicomme il appt en aucũs traictiez de geometrie Tex. Or auõs doncques de ces choses dessusdit iii. cures ou offices. G. Apres il met la quarte Tex. Item ung autre princey est auquel sont referees et rapportez les rentes et reuenues des choses communes et p ces princes sont gardees et de parties ces rentes a chascũe dispensation Glo. Ces princes de ce princey ou office sont troys choses. Car ilz recordent ilz gardent ilz distribuent les rentes pour les necessitez ou oportunitez publiques selõ ce que il est ordoñe p la dispensation et reigle qui leur est baillee Tex. Et len les appelle receueurs et chambriers Item ung autre princey est au q̃l il conuient rescripre les propres contralz et les iugemẽs des ptoires ou des cours ou vers ceulx icy mesmes conuient en aucuns lieux que les descriptiõs des sentences ou des registres soient mis et les inductions ou oppositions des tesmoingz et en aucuns lieux ce princey est partie en plusieurs Glo. Sicõme les visiteurs des lettres des autres secretaires ou notaires Les autres gardes des registres ou selõ aucune telle maniere Tex. Mais ung de telz princes est le pricipal de tous

Glo. Ce de seroit p auẽture lofice de chancelerie Tex. Et telz princeyz sont appellez pronomes et presides et memores Et par autres noms prochains a ceulx icy. G. Jronomes est dit de ieron qui est sacre ou samor nomos qui est reigle ioupte ce ee loix rommains telz officiers sont nõmes p uostz des samos estrine prepositi sacrorũ scriniorũ Et doncques auons nous en cest cha. cinq princeyz ou offices Ung sur les contraulx et laultre sur les edifices de la cite autres sur ceulx de dehors Autres sur les rentes communes Autre sur les escriptz ou escriptures etc.

En le pl̃e. chapitre il traicte de princey ou office q̃ cõdempne et pugnist.

Apres cestuy ensuyt ung princey qui est tresnecessaire et de tresgrant difficulte entre les autres princeyz et est vers les accusations de ceulx qui sont accusez pour estre condempnez selon les inscriptions ou accusations escriptez et est aussi vers les gardes des corps des personnes Et doncques est il grief po ce quil peut auoir moult des iniusticez et des haynes en tant que plusieurs ne veullent soustenir ou auoir tel princey mesmemẽt la ou il na pas giant gaing ou grãt pfflt Et encores se ilz le soustiennent et prennent si ne le veullent il faire selon la loy Glo. Ilz ne osent proceder selon les droiz po la paour quilz ont

E.ii

Fueillet.

des amps des accusez. mais different ou declairent le iugement ou lepcecution Et tout ce est a entendre principallement en deux manieres de polices dessusdictes Cestassauoir en democracie et olygarchie Tex. Et se est se princep necessaire Car faire ou donner sētēces des choses iustes Et q̄ ces sētences ne prēnēt fin p̄ epecutiō ce nest nul pfsit. G. Et de ce se pplaignoit ung prophete en disāt Nō puenit vsq; ad finē iudiciū abac. i. Mais iugemēs ne viēnēt pas a fin. Tex.

Pource q̄ ce seroit impossible de cōmuniquer ensemble se les epecutiōs nestoient faictes Glo. Car sās iustice ne pourroit estre cōmunicatiō politique Apres il met d.eppeditiō q̄ regardēt ce princep ou office Tex. Et porce il est mleulx q̄ ce princey ne soit pas ung Glo. Cest adire q̄ vne mesme gēt ne sachent pas tout Tex. Mais q̄ lē prēgne aut̄s gēs dautres pretoires ou cours Glo. Il doit faire plusieurs cours sicōme faire q̄ les ungs recouurēt les accusatiōs Les aut̄s tacent les informatiōs les aut̄s sētēcent etc. Car p̄ ce les haynes sōt moins pilleuses. Tex. Et en ceste maniere lēn doit tēpter et aduiser les pp̄ōns des choses q̄ sōt rescriptes Glo. Sicōme q̄ les ungs escripsēt les accusations et les autres les enquestes ou q̄ les ungs escripsēt les autres gardēt les escriptes. Tex. Itē q̄ les princepz cestassauoir les prīces q̄ sōt de long tēps en office facēt

aucūes choses et q̄ les autres q̄ sōt pl̄s nouueaulx facent et iugent des choses plus nouuelles Glo. Il veult dire que les anciens en office iugent des causes moins hayneuses Car ilz sōt ia hayz Et que les nouueaulx iugent des nouuelles q̄ sōt pl̄s hayneuses et plus perilleuses Tex. Itē des causes q̄ sōt īstātes et presētes quant ung princep aura cōdempne aucuns que lautre princep soit epecuteur Si cōme q̄ les asynomes epecutēt ceulx q̄ les agrenomes condēpneront et que ceulx qui seront condempnez par ces agrenomes les autres les epecutent. Glo. Ceulx q̄ auoient quelcōq̄ offices dedens la cite Et ceulx qui auoient quelconques offices hors la cite en la region du territoire estoient diz agrenomes et doncq̄ quāt ceulx qui ont poste de pugnir en la cite auoient aucū cōdēpne ceulx q̄ ont telles offices hors en la region faisoiēt lepecutiō et econuerso au contraire. Apres il met la cause de ce. Tex. Car tant comme lintimitie ou hayne sera mēndre a ceulx qui sont epecution de tāt prandront plus fin les epecutions et que ung mesme soient condempnās et facēt epecutiō Ceste chose a en soy double entremitie Car puis quilz sentremettent de toutes ces choses il sont ung mesme aduersaire a touz Itē en moult des lieux est separee loffice q̄ regarde les accusez et celle q̄ les epecute sicōme a athenes il est de ceulx q̄ ſõt appellez les vnziefmes. Glo. Jlz eſtoiẽt exẽcuteurs des pugniciõs τ aulx gardoiẽt les pꝛiſonniers. ⁋Tex. Et poꝛ ce eſt ce mieulx de ſe parer τ diuiſer ceſte office τ de querir en celle telz ſophiſmes Glo. Ceſt adire apparẽtez pꝛ quoy ſen ait moins de ennemitiez a telz officiers τ q̃ chaſcũ ſe puiſſe excuſer en ptie en diſāt q̃l na pas tout ce fait ⁋Tex. Et ceſt expediẽt neſt pas moĩs neceſſaire en ce pꝛincey ou office q̃ eſt cellup q̃ eſt deuāt dit. G. Aps il pcede au quint expediẽt. T. Et aduiẽt q̃ ceulx q̃ ſõt excellẽs en vertu fuyẽt meſmemẽt ce pꝛicey. G. Car ilz ſõt plus miſericoꝛdiables τ õt oꝛreur de telles pugniciõs Et ioupte ce eſt il oꝛdõne q̃ les gẽs de gliſe q̃ paſſoiẽt les aut̃, τ deuoiẽt paſſer en vertu ne pgnoiſſẽt pas des cauſes criminelles Et ſelõ ce diſoit iheſucriſt a ces diſciples Eſtote miſericoꝛdes nolite iudicare nolite pdẽpnare T. Et ſi neſt pas ſeure choſe de faire mauuaiſes gẽs ſeigneurs de telles cõdẽpnaciõs Car ilz ont plꝰ meſtier de la garde des autres q̃lz ne peuēt garder les autres Et poꝛ ce lẽ ne doit mettre vers eulx ou leurs cõmettre vng ſeul pꝛincey ou office. G. Mais aux bõs Aps il met leppediẽt. T. Et ne doiuent pas eſtre ptinuellemẽt vnes meſmes pſõnes en ce pꝛiceyz ou offices G. Mais les doit lẽ ſouuẽt changer ou muer τ mettre autres ⁋Tex. Mais puiẽt faire ſicõe lẽ fait des ieunes hões q̃ ſont depputez a le ephebie

Glo. ⁋Ephebes ſont beaux ieunes filz ſans barbe et ephebie eſtoit le lieu ou telz enfans maſles eſtoiẽt depputez pour ſodomie auſſi cõe en vng boꝛdel ſicõme il appt ou ſecond liure des machabez Et telle abuſion abhominable faiſoient aucunes paiẽs laq̃lle choſe deteſte ſaint pol en lepiſtre q̃l reſcript aux rommains ⁋Tex. Du des gardes Glo. Ceſt aſſauoir de ceulx q̃ ſõt le guet chaſcun a ſon tour. T. Semblablement loꝛdꝛe des pꝛiceyz doit eſtre tel q̃lz facẽt ceſte cure les vngs aps les autres Glo. Et alſi ne ſera pas lẽnemitie ou hayne tout aux vngs et touz ces expediẽt quāt a ce pꝛincey ou office ou lieu meſmemẽt es deux guerres ou maniere de police dõt il parle en ce viic. liure ceſt aſſauoir en democracie et olygarchie. T. Et dõcq̃ cõuient il mettre ces pꝛiceyz les pmiers cõe treſneceſſaires. G. Et ſõt vi. Ceſt aſſauoir v. ou chap pꝛecedẽt τ vng en ceſtup.

⁋Du vii. chapitre il met pꝛinceyz τ ſur les guerres et ſur les comptes et ſur touz pꝛinceyz.

Apꝛes ces pꝛinceyz ſont aultꝛes qui ne ſont pas moins neceſſaires Mais ilz ſõt oꝛdonnez en plꝰ grāt excellẽce de dignite Car ilz õt meſtier de expience τ de foy ou de loyaute Glo. Jl eſt treſneceſſaire que telz princes ou officiers ſoiẽt pꝛudens τ loyaulx. ⁋Texte. Et telz pꝛinceyz ſõt ceulx qui ſont vers
e.ii.

¶Fueillet.

la garde de la cité ¶Et tous ceulx qui sont ordonnez pour lopportunité des guerres ou de batailles. ¶Car il conuient ⁊ en temps de paix et en temps de guerres auoir gardes des murs et des portes ⁊ semblablement couient il que aucuns aient la cure de lexquisition ⁊ de lordonnance des citoyens ¶Glo. ¶Par expositon il entēd electiō de ceulx q̄ sont bōs aux armes sicōe a combatre ou a traire et lordonnance est de les diuiser par centaines et p̄ disaines ⁊ assigner leurs lieux certaines et bailler leur instruction ⁊c.

¶Tex. ¶Et en toutes ces choses en aucūs lieux sōt plusieurs princeps ¶Et en autres lieux sōt moins sicōe es petites citez vng princeps de toutes ces choses ¶Glo. ¶Sicōe vng capitaine ou deux ou trops de pareil qui ont le pouoir sur tout ce q̄ touche le fait des guerres ¶Tex. ¶Et telz princez ilz lappellent ducz de lost ⁊ princes batailleres ou princes des guerres. et se en vne cité ou communité sont gens darmes de cheual ou gēs nuez ¶Glo. Qui sont pour gecter pierres

¶Tex. ¶Ou archiers ou gēs de aulen establit aucunesfois sur chascune telle maniere de gens princes ou capitaines ¶Et sont les vngs appellez nauarches qui sōt sur les gēs darmes du nauiere et les aultres equiarches ce sont capitaines sur gēs darmes de cheual ¶Et les autres sont diz princes de lordre et sont ceulx qui ordonnent des ostz ⁊ des batailles et aucuns sōt

particulierement soubz ceulx icy sicomme sont les trierarches ¶Cest adire capitaine des galees ou admiralz ¶Et ceulx qui ordonnent le guect ou les descouureurs ou les espies et les philarches. ¶Glo. ¶Philarches en grec sicomme dit remigius signifie declinant le princey ⁊ selon ce dit albert que philarches sont ceulx qui ordonnent comment len doibt decliner les ennemys ⁊ soy eslonguer deulx et de ce baille doctrine Vegece ou liure intitulé de re militari ¶Tex. ¶Et q̄lq̄conques telles parties particulieres ⁊ ce qui cōtient tout ¶Cestassauoir toutes telles choses ¶Est vne espece de cure des choses apptenantes a batailles ou a guerres ¶Et ceste maniere est vers cest princey ¶Glo. ¶Apz il mect vne aut̄ office q̄ est sur les cōptes des choses publiques ¶Tex. ¶Mais p̄ ce q̄ aucunes des princeps iasoit ce que non pas tous traictent moult de choses p̄munes ¶Glo. ¶En receuant ⁊ dispensāt les pecunes ou reuenues publiques ¶Tex. ¶Il est necessité que vng autre princey ou office soit q̄ prengne raison ⁊ qui amende ou corrige les comptes et que ce princep ou officey ou office ne traicte quelsconque autre chose ¶Et aucuns les appellent correcteurs les autres les nōment racōcineurs les autres epq̄siteurs les aut̄s syngores. ¶Cest adire falsās sōme de comptes et est dit de syn q̄ est auecq̄s et ou ensēble ⁊ est telle office cōe ē la chābre des cōptes ⁊ en puyēce ilz sõt appellez magistri rõnales, car le leur rent raisons et cõpte selõ ce q̃ est dit en leuãgile Redde rationem villicationis tue Et appert par aristote que telz maistres des comptes ne doiuent auoir nul aut office Aps il met vng autre princep principal. ¶Tex.

¶Et oultre tous ces princepz vng aucun est q̃ est mesmemẽt seigneur de tous et est vng mesme q̃ est souuerain a fin ¶Glo. ¶C est adire q̃ tous les autres sõt adreciez et corrigez p cest princey et illecques prennent fin et arrestemẽt les grandes qustions mais albert lexpose autrement et mole bien ¶Tex. ¶Et lefforie q̃ a la p̃side ce sur la multitude la ou le peuple a dominacion Car il conuient q̃ aucun face la cõgregacion ou assẽblee du princey q̃ est seigneurat de la police ¶Glo. ¶Efforie est vng princey ou office tresprincipal sicomme estoit le senat de romme ou sicomme le plement de france ¶Tex. Et en aucũs lieux ceulx qui sõt ceste assemblee sõt appellez pconsulz, et la ou la multitude a dominacion ilz sont plus appellez le conseil ¶Glo. Il me sẽble que en ceste matiere deux choses sont a considerer Une est quelle chose doit auoir ou a qui appertiẽt la souuerainete de la police Lautre est posé q̃ ce soit la multitude de p̃ et cõmẽt elle doit estre assemblee quant au p̃mier point Len doibt sauoir que en tyrannie et en olygarchie les princes ou tyrans tiennent la souuerainete sur tout le peuple et sur les loix et sur la police et ne curent des as

semblees du peuple, mais les ont suspectes aucunesfoiz les deffendẽt sicõme il fut dit ou xp̃e. et ou xxv. chapitres du quilz et en democracie la multitude populaire tient la souueraineté sicomme souuent est dit ¶Mais en commune police et en aristocracie la multitude non pas le populaire Mais la multitude et congregacion vniuerselle de tous les p̃ncepz ou offices et des p̃ncipaulx citoyens a la souueraine dominacion et la correction ou altercacion des particuliers p̃ncepz ou offices et le ressort ou congnoissance des tresgrans questions et a celle appartient la refformacion de la police et opposer ou muer ou approuuer et accepter les loix sicomme il appert par ce q̃ fut dit ou piiii. et ou p̃ xii. chapitres du tiers et monstre euidemment par raison naturelle et telle chose est aulcunement semblable a lassemblee general des maistres de lestude de paris, et quant est en police royal encores par auenture est il expedient que telle multitude raisonnable ou partie de elle ayt ceste puissance et ce peut apparoir par les raisons des chapitres maintenant alleguez Mesmement car toute ceste multitude de laquelle le roy et son familier cõseil sõt vne petite partie sceit mieulx considerer et ordonner tout ce qui est bon pour la chose publicque et aussi ce que tous font et approuuent est plus ferme et plus estable plus acceptable et plus agreable a la cõmunite et

E.iii.

Fueillet.

donne moins de occasiõ de murmure ou de rebelliõ q̃ se il estoit autrement Jtē a ce propos faict ce que fut dit ou xx̃ᵉ. chapitre du quint Et mesmement le peũple du roy cheoponipe q̃ pour la soluacion de son royaume instituas ũng princep ou office appelle efforte sicõme dit le texte Et dit Valerius en sentence q̃ ce fut affin que tel princep corrigeast les faiz des roys ¶ Jtem il fut dit ou xiiii. chapitre du tiers que tout princep est soubz la loy selõ droit ¶ doncq̃s quiēt il q̃ la multitude des susdicte ait souueraineté sur les loyx positiues Jtē ou pp̃ie. chap̃ du tiers fut dit q̃ la puissãce du roy doit estre moyēne tellement quelle soit plᵘˢ grãt q̃ la puissãce de chascũ singulier et de plusieurs mais elle doit estre mēdre q̃ celle de toute la multitude ou de la plᵘ vaillant partie Et comme souuent dit est cest ũne difference entre roy et tyrant Car le tyrant est sur la multitude ¶ sur la loy et mue les loyx q̃ en ũse quant il veult ou de plaine poste laquelle aristote appelle potentat et la reprouue ¶ deteste en plusieurs lieux Et doncques par les choses dessus appt̃ q̃ se la police de scte eglise nestoit gouuernée par influence supernaturelle ¶ par grace especial du sainct esperit dire q̃ le pape est par dessus les droitz ¶ sur le conseille general ce ne seroit pas honneur pour ceste police selon ceste doctrine Car par ce se la feroit plᵘ semblable a tyrannie que a royaulme Et toutes voyes les princes sacerdo

taulx sont appellez roys ou chapitre ensuyuant Mais discuter de puissance qui tient de dieu sans moyen et qui est donnee par miracle diuin Cest ũne chose qui transcende ¶ passe ceste science sicomme il touche ou p̃itiᵉ. chap̃ du tiers. ¶ Quant au second point que cõment ceste multitude est assemblee premieremẽt il est possible q̃ par la loy est ordonné ¶ assigné temps determiné quant ceste assemblee doit estre faicte sicomme anciennement fut estably que les conciles de saincte eglise fussēt de an en an a certain terme Jtem peut estre q̃ par la loy soiēt determinez ¶ desfinés certains cas lesq̃lx quãt ilz aduienēt il quiēt faire ceste assemblee sicõe en saincte eglise plusieurs consilles furēt iadiz faiz pour discuter ¶ determiner de diuis toẽ ¶ de diuerses opinions de la loy Et pource fut fait le premier concille dõt saint lucas fait mẽciõ ou xv. chapitre des faiz des apostres Jtē aucunesfoiz ũng princey ou office est a ce depputee ¶ a la puissance de assembler la multitude quant il luy semble expediēt sicõe ceulx q̃ aristote appelle ou texte preconsulz ¶ ceulx ql appelle le conseil. ¶ Jtem aucunesfoiz en aristocracie et en royaume les principaulx princes ont poste de faire ceste congregaciõ ¶ la doiuēt faire toutes foiz q̃ les cas le reqrēt ¶ il est possible Du quãt ilz en sõt reqs deuemẽt Et tout ce ie dy sãs affermer fors entãt q̃l me sẽble q̃ len deuroit ainsi dire selõ la doctrine d'aristote. ¶ Et dõcq̃s en telz

nombres sōt les princeps politiques. ¶Glo. Sās ceulp des chap̄ precēdēs ilz sōt trops en ce chap̄ mais le p̄mier pricep̄ de ce chapitre peut estre diuise en plusieurs ⁊c.
¶Du vii.e cha. il determine des priceps q̄ sōt ordōnees poz le cultiuemēt des dieup ⁊ recapitule et met autres princeps ou offices moins necessaires

Une autre espece de cure est laquelle est vers les dieup. ¶Glo. C'est assauoir vers les choses diuines. Car les autres princeps politiques sōt vers les choses humaines ⁊ de ce fut dit ou p̄pīe. chapitre du quart. ¶Tep̄. Sicōe sōt les prestres ⁊ ceulp q̄ ont la cure des choses app̄tenātes aup sāltuaires ou aup sacres, asf q̄ les choses q̄ sōt en bō estat soiēt sauuees ⁊ gardees ⁊ sauīcunes choses des edifices estoient en ruyne q̄ elles fussent dreciees ⁊ reparees ainsi de toutes aultres choses quelcōques q̄ sōt ordōnez au cultiuemēt des dieup. ¶Glo. Aristote tenoit q̄ il n'est q̄ ung seul dieu mais il p̄soit selon la maniere des payēs q̄ mectoiēt plusieurs dieup. ¶Tep̄. Mais il aduient q̄ ceste cure est vne en aucū lieu Sicōe es petites citez ⁊ en aulcūs lieup sont plusieurs offices des choses sainctes sicōe les vngs q̄ sōt garde des sainct̄es sacres. Glo. Sicōe d'aulcūs ydoles especiaulp sicōe le petit palladium de troye leq̄l ilz disoient estre venu du ciel sicōe dit remigi9 in p̄meto sup marcis

anū ⁊ d'ceulp iopaulp ou vaisseaulp ou des temēs p̄sacrez ou reliqs et telles choses, estoient telles offices cōe sōt tresoriers ⁊ secretais aup eglises. ¶Tep̄. Et les autz sōt gardes des tēples. Glo. Cōe sōt les custodes ou les maistres de la fabrique. ¶Tep̄. Et les autz sōt chāberieres des pecūnes sacrees. G. Receueurs des rētes ⁊ des oblaciōs. T. Itē vne aut cure ou office p̄chaine de cest est telle q̄ est determinee ⁊ deputee aup imolaciōs cōmunes c'est assauoir a faire ordōner les sacrifices p̄mus to9 q̄lconqs la loy ne assigne aup prestres mais ont hōnez de table cōmune. Glo. Il appt assez p̄ les hystoires q̄ telles imolaciōs estoient de pain de chair de vin ⁊ de telles choses dōt lē disne ⁊ peult estre q̄ de aucuns ministres du tēple estoit ordōne p̄ la loy q̄ chascū auoit ses rentes ⁊ sa table appt Sicōe ont maintenant aucūs curez ou chanoines ⁊ auec q̄ ce aucūs telz ministres auoiēt rentes p̄mues ⁊ table p̄mue sicōe ont moynes ⁊ aucūs chonoines ⁊ ace venoit auoir officiers publiq̄s q̄ eussēt la care de ordōner et distribuer telles choses. T. Et les ministres ou officiers dessusd̄ les vngs les appellēt prices. G. Sicōe en leuāgile aucūs estoient diz p̄ncipes sacerdotū. T. Et autz les appelloiēt royes. G. Joupte ce q̄ dit saint pierre Vos estis gen9 electū. Regale sacerdotiū. Et p̄ ce aulcun pozroit dire q̄lz ont en lez p̄session la souueraineté Et semblablement fut

C.iiii.

¶Fueillet.

dit ou xxe. chappitre du tiers que es bons temps anciens estoit vne espece de royaume en laquelle les roys nauoient pas seigneurie sur les substances des prestres mais sur les aultres iaſſoit ce que comme il appert ou xxie chapitre du tiers ilz ordonnoient des choses appartenantes aux dieux & instituoient les prestres Et p auenture de ce sera dit plus a plain ou vii. liure ¶Tex. ¶Et aucuns les nommoient pritanées ¶Glo. ¶Cest aussi comme premiciers ou preuostz ou chantres &c. Et fut dit ou ixe. chapitre du quinct Que le princep appellé pritane estoit seignr̄ de moult de choses & de grandes choses Apres il recolige aucūs des princeps dessusd
¶Tex. ¶Et doncques des choses dessusd les cures necessaires sōt telles aussi comme a dire en somme Cest assauoir vers les demones. cest a dire vers les dieux & vers les guerres ou des guerres et des rentes communes Et des choses que len despend pour les negoces publiques & des marchādises & des forteresses ou des garnisōs & des pors ou de la region ¶Item des ptoires ou cours des escripture de cōmutacions ou des contraulx ou des executiōs et des gardes des pecunes des cōptes et des exquisitions ou enqstes & des corrections des princepz & finablement vne aut cure est de ceulx q̄ sont vers le princep q̄ cōseille des choses cōmunes ¶Glo. Et toutes les princepz dessusd sont cōmune en

toutes polices et presque necessaires mesmement es democracies & olygarchies desquelles il est traicte pncipalement en ce vi. liure. Apres il parle daultres offices ppres en aucūes polices et non pas necessaires en toutes
¶Tex. ¶Mais aucuns princeps ou offices sont propres aux citez lesquelles sont plus vacantes et se esioissent plus ¶Glo. ¶Quil y a plus de riches gens qui peuēt cesser des euures labourieuses et entendre aux choses nobles et delectables ¶Tex. Car encores auecques les choses dessusdictes ilz sont en telles citez curieux & diligens du bon aornement de la cite
¶Glose. ¶Affin que les rues & les places & les maisons soient belles & que tout soit tenu nettement et honnestement. ¶Tex. ¶Et de gynothonomie Cest a dire de la bonne ordonnance des femmes ¶Glo ¶Quelles soient sobres et vestues simplement & honnestement Et est dit de ginos en grec qui est femme, et nomos qui est reigle. et pto q̄ cest vne preposition grecque ¶Tex ¶Et de la garde des loyx ¶Glo. ¶Qui soient de telles ordonnances et que vne office soit qui les face garder ¶Tex
¶Et des loyx des enfans ¶Glo. Albert dict que plato mist ceste loy et est que len considere des le commancement les euures a quoy les enfans se appliquent & a quoy ilz sont enclins. Car se len les ordōne a ce que ilz y pfiteront plus que en autres ou p ceste

loy il entend la discipline des enfans ou sicomme ligurgus entre les loix de lacedemone mist que les enfâs fussent nourriz hors la cite & quilz geussent a la terre nue & sans mengier potage et ne retournassent a la cite tant quilz fussent percreuz tout cecy dit iustin en son tiers liure ⁋Tex. ⁋Et ou princep des epercitaciõs ⁋Glo. ⁋Sicõme courcir saillir iouster &c. Et telz labours corporelz pour garder sante et pour soy habiliter aux armes ⁋Tex. ⁋Item des agonies ou traueillemens gymnestiques ⁋Glo. ⁋Comme sont luyctes ou tournoys Et est dit gynos qui est labour ou qui est nu car len si despoulse ⁋Tex. ⁋Et des dyonisiaulx ⁋Glo. ⁋Cestoit ce que len appelle a paris le ieu la ou len faict dictez & rimes & aucunesfoiz len ce met en diuerses figures Et telz ieux estoient iadis faiz es festes de vng dieu appelle liber pater Et par autre nom dyonisius Et de ce sont ilz dit dyonisiaulx sicomme autres festes estoient dictes saturnalles de saturne. Et selon ce macrobes intitula vng liure quil fist de saturnalibus ⁋Tex. ⁋Et telles theories sil aduient quelles soient faictes ⁋Glo. ⁋Theoro en grec est consideret ou Veoir & telz ieux estoient faiz a la Veue de tout le monde Et pource estoient ilz diz theories et spectacles car spectare est regarder Et dõcques riches citez ou ces choses sõt il est bon dordonner sur chascune

telle besongne aucune qui prennent garde que tout soit bien fait & sans inconuenient ⁋Tex. ⁋Mais il est manifeste que aucune de ces princeps ou cures ne sõt pas demotiqs ou democratiques sicomme gynothonomie ⁋Glo. ⁋Sur laournement des femes comme dit est ⁋Tex. ⁋Et pedonomie ⁋Glo. ⁋Sur la doctrine des enfans Car peda en grec est enfant & nomos cest reigle ⁋Tex. ⁋Car les poures poluraires ont necessite de Vser de leurs femmes et de leurs enffans aussi comme de gens q̃ suyuent le labour pource quilz ne sõt pas puissans dauoir autres seruiteurs ⁋Glo. Et dõcqs ilz nõt mestier doffices publiques põr ordõner de laournemẽt de leurs femmes ne de maistre descole pour introduire leurs enfans es ars liberaulx ⁋Tex. ⁋Et cõe trop pticeps soiẽt selõ lesquelz ou p les quelz aucũs eslisẽt les pticipaulx princeps ou offices Cestassauoir les gardes des loix & les preconsulz & le conseil se ainsi est que les gardes des loix aient ceste puissance ⁋Glo. ⁋Cest assauoir de eslire & de mectre persones aux principaulx princeps et en ceulx dont ilz sont et les autres ⁋Tex. ⁋Cest chose aristocratique ⁋Glo. Cest adire appartenante a la police appelle aristocracie: ⁋Tex. ⁋Et que les consulz les aient cest chose olygarchique & que le cõseil ait ceste puissance cest chose democratique.
⁋Glo. ⁋Car les gardes des loix

Fueillet

sont vng petit nombre qui tendēt au bien commun Et les proconsulz sont vng petit nombre qui tendent a leur propre proffit Et le conseil est la multitude populaire ou chascun tyre a son propre proffit. CTex. Et donc ques des princeyz soit dit aussi côme grossement (z en figure en ceste maniere presque de tous (zc.

CLy finist le viie. liure de politiques

CCy commence le viiie. liure de politiques on quel il determine côment la police qui est tresbonne simplement doibt estre instituee (z contient xxxix. chapitres Du premier il monstre qle vie est tresbonne.

Picques veult faire inquisition conueniēte de la police qui est tresbonne il est necessaire que il determine deuant quelle vie est treseligible Car se ceste chose estoit non manifeste (z non congneue il conuiendroit p necessite que tresbonne police fust nō manifeste ou non congneue CGlo. CCar nul ne sauroit instituer tresbōne police se il ne sauoit la fi a quoy elle doibt estre ordonnee Et la fin a quoy tend tresbonne police Cest bien viure et faire bonnes euures CTex CCar ceulx qui politizēt (z gouuernent tresbien il conuient quilz euurēt tresbien des choses que ilz ont CGlo C Cestassauoir de telle matiere comment ilz ont CTex CSe il ne leur aduient aucune chose hors raison. CGlo CCest a dire se il ne souruiēt empechement par aucun accident si comme par infortune ou tresgrande aduersite en corps ou en biens CGlo. CEt pource il conuient supposer quelle vie est treseligible et tresbonne a tous sicomme len peut dire

¶Glo. ¶Selon raison naturelle car telle vie tous devroient eslire.

¶Tex. ¶Et apres ce il convient considerer assavoir mon se ceste vie est une mesme quant a chascun seul et par soy et en commun ou se elle est autre

¶Glo. ¶Et selon ce il parle premierement icy de la bonne vie et felicite de chun seul Et apres de la bonne vie ou felicite de tout la cite ¶Tex. ¶Et nous cuydons avoir dit moult de chose souffisant de la vie qui est tresbonne ou de felicite es parolles qui sont hors te ptes ¶Glo. ¶Ou livre de thiques mesmement ou premier et ou pe. ¶Tex. ¶Et convient user de elles maintenant aussi comme en les supposant Car aussi come a venir veritablement a une division nul ne doubte que des biens humains ne soient troys particions ou iii. parties. Une est des biens de dehors L'autre des biens qui sont ou corps Et l'autre des biens qui sont en l'ame ¶Glo. ¶Les biens de dehors sont amis et richesses Les biens du corps sont sante et bonne habitude Les biens de l'ame sont vertus et sciences. ¶Tex. ¶Et convient que les beneurez aient tous ces biens

¶Glo. ¶Car sicomme dit Boece beatitude ou felicite est en estat parfait par agregation ou assemblement de tous biens C'est assavoir de toutes les troys manieres des biens dessusdit Car toutes troys sont requises a felicite sicome il appert ou premier livre dethiques. Et pource que le commun des gens

confesse et octroyent assez que felicite mondaine ne peut estre sans les biens du corps ne sans les biens de hors Aristote declaire apres seullement des biens de l'ame que eulx sont a ce requis.

¶Tex. ¶Car nul ne diroit cellui estre beneure qui n'a en soy aucune partie de la vertu de fortitude ne d'attrempance ne de justice ne de prudence:

¶Glo. ¶Ce sont les quatre vertuz principalles qui sont appellez vertus cardinalles ¶Tex. ¶Mais qui cellui fut beneure qui a paour des mosques volantes nul ne le diroit

¶Glo. ¶Cellui qui a paour du bruit ou du vol des mosques aussi come les meschans dont l'escripture parle ou livre de sapience qui avoient paour de semblables choses et au psaultier Trepidaverunt timore ubi non erat timor Et de ce dit Aristote quant a la vertu de fortitude ¶Tex.

¶Ou cellui qui ne fait en rien abstinence de quelconques excés se il a appetit de maingier ou de boire

¶Glo. ¶Sicomme cellui qui souvent se enyvroit laidement Et ce est quant a temperance ¶Tex. ¶Ou cellui qui pour ung quadrant ou pour ung petit denier occiroit ses treprochains amis ¶Glo. ¶C'est quant a justice. ¶Tex. ¶Et semblablement quant a prudence cellui qui seroit ainsi non sene et aussi mensonger come ung petit enfant nul ne diroit qu'il fut beneure Et les choses dessusdit aussi come tous le octroyent et concedent

¶Fueillet

¶Glo. ¶Il dit aussi comme tous par auenture pour aulcune eppicuriens qui mettoient que felicite humaine est en delectacions corporelz.

¶Tex. ¶Mais ilz different selon quātite et especes Car aucuns cuydēt que pour estre beneure il souffist auoir de vertu combien que ce soit ¶Glo.

¶Ou petit ou grāt ou tant ou peu ¶Tex. ¶Mais de richesses ou de pecunes et de puissāce et de gloire mōdaine et de telle chose ilz quierent especes sans fins et sans termes ¶Glo.

¶Et la cause est car ilz mettēt toute leur fin a telle chose et lappetit ou desir a la fin est infinitz et sans terme si cōme il appert par le pie. chapitre du premier liure. Apres il reprouue ceste oppinion et monstre par vi. raisons q̄ vertu est principallement requis a felicite ¶Tex. ¶Mais aces icy nous dirōs que la foy et la verite de ces choses peut venir en lumiere et apparoir de legier par les euures car nous voyons que les gens ne acquierent pas et gardent les vertus par les biens de hors mais ala conuerse ou au contraire ilz acquierent et gardent les aultres choses par vertu en viuant beneurement suppose que telle vie soit aux hōmes en soy esioyr. Et delecter ou en vertu ou en ces deux choses Car telle felicite ou telle delectacion est plus en ceulx q̄ sōt bien aournez en meurs et biē ordōnez et en entēdemēt a especes ou excellens et qui sont disposez moyennement vers la possession

des biens dehors q̄ elle ne est en ceulx qui sont de telles possessiōs plus que a oportūite et deffaillāt ou ont moins de vertuz ¶Glo. ¶Ceulx qui ont de vertu largemēt et des autres biēs moyennement ilz viuent delectablemēt et beneurement Mais ceulx qui ont peu de vertu et des aultres biens largement ne viuent pas si bien ne si delectablemēt Car sicomme il est dit ou p.vi. chapitre du quart dethiques Ce nest pas legiere chose de bien porter bonnes fortunes sans vertu. Et dit aristote ou second liure de rethorique cōme grandes richesses enclināt a mal et mesmemēt ceulx qui sōt nouuellemēt enrichiz Et doncques est vertu plus principallement requise a felicite que ne sont les autres biens

¶Tex. ¶Item ceste chose est legiere a regarder a ceulx qui considerent selō raisō Car les choses q̄ sōt dehors ont terme aussi cōme vng instrumēt de toutes choses vtiles et ordonnees a autres fins il est necessaire que les especes de elles a mises ou que il ne profite en rien ¶Glo. ¶Sicōme vne lance qui est faicte pour iouster ou vng martel qui est pour forgier et quelconques instrumens il conuient que il soit de quantite moderee ¶Et semblablement richesses qui sont aussi cōme vnz instrumens dont len se aide a bien viure et sont ace ordonnez il en conuient auoir modereement et non pas excessiuement sicomme il est mōstre par raison ou p.vi. chapitre du

¶ Le viii. livre. de politiques. xpiii

pe. dethiques Et aussi pour bien ou
urer en aucun art il quient plus grāt
instrument a vng homme que a au
tre selon sa force ou quantite ou qua
lite. Semblablement aucune quanti
te de richesses est pfitable a vng hō
me Et vng autre est lequel se il en a
uoit tant il en vauldroit moins Et de
ce leuangille fait mention de celluy q̄
ala hors du pays ⁊ baissa a vng de
ses seruans cinq besās ⁊ a laut' deux
⁊ a lautre vng a chascun selon sa ver
tu ¶Tex. ¶Mais de chascun des
biens qui sont vers lame de tant cō
me lepces de tel bien est plus grāt de
tant ou en tant est il plus vtille ou pl9
proffitable. ¶Glo. Et doncques
len les doibt appeter comme fin prin
cipal Et nen peut len auoir tant que
len ne doye desirer auoir encores pl9
Qui edunt me adhuc esurient. Mais
len doibt appeter les biens dehors cō
me instrument ⁊ comme fin moyenne
ordonne a la fin principal Et pource
conuient il appeter a auoir les a me
sure Mais la fin principal tant est pl9
grande et elle est plus vtille ¶Tex.
¶Se il quient dire de telle chose nō
pas seullement que elle est bonne sim
plement mais que elle est vtille.
¶Glo. ¶Car a parler proprement
chose qui est simplement ⁊ hō
neste nest pas vtille pource que bien
vtille est ordonne a autre bien meil
leur Et en peut len vser et bien ⁊ mal
Sicōme il fut declaire ou quart cha
pitre du second dethiques Mais a p/

ler plus largement len peult dire que
bien hōneste est vtille ⁊ aussi se veult
tille ou lutre damitie ¶Tex.
¶Item generallemēt il appert que
nous disons que la tres bonne disposi
tion de chascune chose comparee a la
tres bonne disposition de lautre sōt en
tel distance ensēble ou vne a laultre
selon expces comme sont les choses des
quelles nous disons que elles sōt les
tres bonnes dispositions. ¶Glo.
¶Les proprietez des choses sōt meil
leurs les vnes des autres selon ce que
les subiectz ou les choses dont elles
sōt proprietez sōt meilleurs les vnes
des autres ¶Tex. ¶Et pource dōc
ques se lame est meilleur que ne sont
les possessions ⁊ que ne est le corps si
plement ⁊ quant a nous ¶Glo.
¶Cest a dire que il est ainsi selon ve
rite ⁊ selon nostre iugement.
¶Tex. ¶Il conuient par necessite
que la tres bōne disposition de ces cho
ses soit proporcionellemēt aussi cōme
sōt ces choses ¶Tex. Et doncques
vertu qui est la propre disposition et
parfection de lame est plus precieuse
et meilleur que richesses ou que sante
de corps ou quelconque telle chose
¶Tex. ¶Item tous ces biens de
corps ⁊ bien dehors sont de leur natu
re eslisibles et doiuent estre esseuz p9
grace de lame Et ainsi conuient il q̄
tous les eslisent ⁊ ce sont les biēs pru
dens Mais ilz ne eslisent pas les biēs
de lame pour la grace des autres biēs
¶Glo. ¶Car vertu nest pas natu

turellemēt ordōne pour sante de corps ne pour richesses Mais ces choses sōt ordonnez pour vertu Et doncques vertu et euure de vertu qui est le bien de lame est la fin principal de vie humaine Apres il conclud (z met deux autres raisons (Tex. (Et dōcques nous doit estre ainsi cōfesse que chascun de felicite a tant combien il a de vertu et de prudence Et de ce que est ouurer ou faire selon elles.

(Glo. (Jentend de felicite ciuille (z practique laquelle est en ouurer selon vertu moral et prudence (Tex.

(Et de ce dieu est tesmoing a ceulx qui veullent vser de ceste raison (Glo. (Cest adire que ce proppos fait tesmonages la raison prise a la similitude de la felicite de dieu Lequel est beneure a soy mesmes (z par consequent en son entendement Car homme est son entendemēt principalement sicomme il appert ou qu'il chapitre du ix.e dethiques Et doncques la felicite de homme est principallement es biens de lentendement ou de lame a la similitude de dieu (Tex.

(Lequel est beneure non par pour quelconque chose des biens de hors Mais il mesme est beneure p soy mesme Et pource q il est tel selon nature.

(Glo. (Et semblablement la felicite de homme ne despēt de nulle autre creature mais entant comme elle despent de dieu elle est de ce plus parfaicte (Tex. (Item nostre propos appert pource que il est necessaire que

bonne fortune soit autre chose que felicite Car cas dauenture (z fortune sont causes de biens qui sont hors lame Et nul hōme ne est iuste ne atrēpe a la fortune ne pour fortune

(Glo. (Et nul homme nest beneure ce il nest iuste et bon Et nul ne est bon par fortune Et dōcques nest pas felicite es biēs de fortune (z les biēs de hors sōt les biēs de fortune cōe dit est

(Du second chapitre il met quelle cite est beneuree (z tresbonne et propose trops questions.

(De ce que dit est sensuit et est puenable adire p les raisōs dessusd̄ que la cite est beneuree et tresbonne laquelle fait bien ou euure bien Et il est impossib'e que la cite face et que elle ne soit de gens qui sont bonnes euures (z nulle bonne euure ne de homme de cite ne peult estre sans vertu (z prudence Car la fortitude et la iustice (z la prudence de la cite ont vne mesmes puissāce (z vn: forme Sicomme ont les vertuz par lesquelles chascun participe en la cite (z iuste et prudent (z atrempe. (Glo.

(Et doncques aussi comme chascū bon homme en felicite practique est beneure par les vertus moralles Semblablement par les raisons dessusdictes appert que la cite est beneuree et tresbonne en laquelle la plus grande partie des citoyens euurent selon ver tus moralles. Car la vertu et la felicite de la cite ce nest aultre chose fors les vertus et les felicitez des siguliers cytoyes. Et de ce fut dit plus a plain ou quart chapitre du tiers. ¶Tex.

¶Mais nous auons dictes ces choses en maniere de pheşme. Car ce ne stoit pas possible bonnement que len ne ataingnist a parler de ce. Et len ne pourroit pas eppliquer toutes les raisons conuenientes ou appartenātes a ce car cestes choses sōt a euures daultre estude. ¶Glo. ¶Cestassauoir du liure dethiques. Car ou premier et ou pe. il determine de felicite et es autres il determine des vertus et felicite est euure de vertu. Et pource il ne cōuiēt pas icy tout reppeter ce que est dit en ethiques. Et si ne se peut lon passer sans toucher aucūes choses en general. ¶Tex. ¶Mais soit tāt suppose maintenant que tresbonne vie et de chascun par soy. Et communemēt tresbōne aux citez est celle qui est tresbonne auecques vertu laquelle redomide en tant quelle participe es actions qui sont selon vertu. ¶Glo.

¶Car sicōme il appert en le pe. chapitre du pe. dethiques felicite nest pas habit de vertu Mais est euure de vertu. ¶Tex. ¶Et quant est a respondre aux doubtes que sont aucūs nous en passerons maintenant. Et de ce psideron apres se aucūs ne se accordent a noz diz. ¶Glo. ¶Selō albert il dit cecy pour pitagoras qui metoit que vertus sont nombres et pour socrates qui mettoit que vertus sōt sciences. ¶Tex. ¶Or demeure a parler assauoir mon se len doit dire q̄ vne mesme felicite est de chascun des hommes et de la cite ou que elle nest pas vne mesme. ¶Glo. ¶Il netend pas a faire questiō se la propre felicite dung homme est la felicite de la cite car il est certain que non / mais assauoir mon se la felicite dung homme et celle de la cite sont dune maniere et dune espece et vers vne mesme chose. Et semble quil a respondu deuant a ceste question mais encor met il vne autre respōce plus generalle. ¶Tex. ¶Mais ceste chose est manifeste car tous confessēt que elle est vne mesme. Car toꝰ ceulx quiconques mettent bien viure ou la bonne vie de vng homme en richesses ces icy dient que toute la cite est beneuree se elle est riche. Et tous ceulx quiconques apprisent mesmement vie tyrannique. ¶Glo.

¶Qui cuydēt que felicite soit en domination par puissance en oppimāt les subiectz. ¶Tex. ¶Ilz dient q̄ la cite est beneuree qui tient princey sur plusieurs. ¶Glo. ¶Qui tient plusieurs autres citez et pays soubz la tyrannie sicomme feist aucunesfoiz la cite de babiloine. ¶Tex. ¶Et se aucun dit que vng homme est beneure pour vertu il dira que la cite est la plus beneureuree qui est de gens vertueulx. G. Et dōcques appt generalement en quelconques choses q̄ soit felicite et selon lopinion de tous la fe

licité d'ung homme et celle de toute
la cité sont d'une maniere ¶Apres il
propose deux autres questions.
¶Tex. ¶Mais deux autres cho
ses sont qui ont mestier de consideracion. Une est assauoir mon se la vie est
plus eslisible qui est par politiquer en
semble et communiquer en cité ou se el
le est plus eslisible qui est estrange et
absolute de communion politique
¶Glo. ¶La premiere vie est acti
ue practique et ciuille. Et la seconde est
contemplatiue ou speculatiue. et aristote l'appelle peregrine ou estrange pour
ce qu'elle est aussi comme solitaire
¶Tex. ¶Et une autre chose est
assauoir mon quelle police et quelle
disposition de cité est tresbonne
¶Glo. ¶Il fait ceste question pour
oster l'erreur de ceulx qui dient que c'est
subiuguer comment que soit a sa domination autres citez et autres nacione sicomme il apparra apres
¶Tex. ¶Pose que communiquer
en cité et vie ciuille soit eslisible a tous
ou a plusieurs pose que no a to9.
¶Glo. ¶Car aucuns maintent vie
solitaire pourceque ilz sont saluuaiges
et bestiaulx et de mauuaise nature
Et les autres pourceque ilz sont par
soy souffisans et comme gens de dieu
ou diuins sicomme il fut dit ou second
chapitre du premier.
Aps il met la maniere de considerer de
ce ¶Tex. ¶Car ceste chose est euure
de entendement politique Glo. C'est
assauoir considerer quoy est bon a to9 ou

a plusieurs en commun ¶Tex
¶Mais non pas ce que est eslisible
vers cestuy ou pour cestuy ou pour
autre quiconque. Et ceste speculacion
eslisons nous maintenant mais lau
tre est accessoire ¶Glo. ¶Conside
rer de la vie de aucun singulier ce est
accessoire. Mais considerer de toute la
communité c'est la principal a ceste sci
ence Apres il met une disposition
¶Tex. ¶Et est chose magnifeste
que il est necessaire que la police soit
tresbonne selon l'ordre de laquelle chascun citoyen feroit et ouureroit tresbien.
Et viueroit beneurement ¶Glo
¶Ou la plus grant partie selon ce
que il est possible

¶Ou tiers chapitre il reppete ceste
question laquelle est la meilleur vie
actiue ou contemplatiue et argue aux
parties et a une partie de la question
derreniere

Ceulx q confessent q vie q est auec
ques vertu est treselisible sont
doubte assauoir mon se vie politique est
actiue et eslisible ou se la vie est plus eslisible q est absolute de toutes choses
dehors aussi come une vie contemplatiue laquelle seulle aucuns dient estre vie philosophique car presque to9
ceulx qui sont treshonnorables a vertu ou en vertu eslisent ces deux voyes ¶Glo. ¶Par distinction unes
une et autres l'autre ¶Tex. Et

ainsi ont fait ceulx q̄ ōt este deuāt no⁹ Et sont ceulx qui sont maintenant. ¶Ie dy donc ques que ces deux vies sont vie politique et vie philosophi que et nest pas petite difference se il est en vne maniere ou en aultre ¶Car il est necessaire que cellup qui est bien peudent ordonne sa vie a la meilleur entencion, et ce appartient a chascun des hommes et a la commune police ¶Glo. ¶Apres il argue par deux raisons que vie contemplatiue soit la meilleur ¶Tex. ¶Et les vngs cuydent que tenir princey ou auoir dominacion sur ces prouchains soit vng fait despotique Cest adire par quoy len tient les gens a seruitute et cuydent que telle chose soit auecques grande iniustice Et comment doncq̄s peut len dire que vie politique nait en chose iniuste ¶Glo. ¶Il veult dire que parce il ensuit que vie politiq̄ ne peult estre sans iniustice ¶Et ceste raison pourroit estre aucunement coulouree par aucune ditz des saincte doc teurs sicomme de saint gregoire qui dit Iniustum est quos natura equales genuit vt alter alteri dominetur. Et plusieurs auctoritez semblables et que tous sont nez francs et telles choses desquelles la verite et la droicte entencion ou opposition fut mise plus a plain en le viiie. chapitre du pmier ¶Tex. ¶Item par tenir vie politique homme a empeschement de la ioye et de la delectacion que il peut auoir vers soy mesmes ¶Glo.

¶Cest assauoir en cōtemplaciō que il a par bōnes pensees ¶Car sicō il ap pert ou pl̄c. chapitre du pr. de thiq̄ philosophie ou contemplacion a delections tresmerueilleuses et prespures et tresfermes Et vie politique ne peut estre sans solicitude et sans tristresse Et pource richesses qui sont requises a ceste vie sont en lescripture comparees a espines.
Apres il argue au contraire ¶Tex.
¶Mais les autres ont appiniō aussi comme du contraire, et dient que la vie actiue et politique seulle est vie de bon homme car en chascune vertu les actions ou operations ne sont pas plus en gens solitaire q̄ en ceulx qui traictent et sont les choses communes et qui politizent ou gouuernent la police ¶Glo ¶Car les solitaires ne ont pas les actiōs de fortitude de gouuerner iustice de magnificence et de plusieurs vertuz desquelles ceulx q̄ ont vie actiue sont les operacions ¶Tex ¶Et doncques ces icy escriuent et cuydent ainsi ¶Glo. ¶Car ilz leur semble que la vie est meilleur qui e plus deuure de vertu et de plusieurs vertus Apres quant a lautre q̄stion il met loppinion de ceulx qui tiennent que la felicite de la cite est subiuguer les estranges comment que soit ¶Tex ¶Et autres sont q̄ dient q̄ de police la maniere est despotique et thyrannique est beneuree seullement et non autre ¶Et vers aulcuns et en aulcūes citez le termez la fin des loiy

D.i.

Fueillet.

¶ de la police est cestuy ce est ce q̄ il des-potizent et thyrannizēt sur leurs vol sins ¶ Et pource sicomme len peult dire plusieurs statuz legaulx sont mis espartiement vers plusieurs gens Et en plusieurs nacions Et combiē que en aucuns de telz lieux sont aulcune aultre ordonnance toute suoyes toutes les loix regardent a une chose Cestassauoir affi q̄ les legislateurs et leurs successeurs ayent empire ou seigneurie ¶ Glo. ¶ Sur aultres gens prochains ou loingtains tāt cōment ilz peuēt soit a tort soit adroit Et a ce il met apres vi. exemples

¶ Tex. ¶ Sicomme en lace-demone et en crete presque toute la dis-cipline et la multitude des loix est or-dōnee aux aduersaires

¶ Glo. ¶ Cest a dire pour combatre contre les aduersaires et ilz reputoi-ent tous extrāges leurs aduersaires iuxta illud Qui non est mecum con-tra me est Et de crete dit solinus que la fut trouuee la discipline de soy combatre acheual et par mer ¶ Et par ar-tilerie Et de la vint lusage de soy a-uoir et de soy contenir en guerres et en batailles ¶ Tex. ¶ Item en tou-tes gens qui nont pouoir de surmon-ter aultres en seigneurie ceste puissā-ce est honoree sicomme entre ceulx de la terre de scythe et de perse et de selce

¶ Glo. ¶ Toutes ces gens honno-rent ceulx qui sont puissans en armes Car parce ilz acquierent dominaci-on sur les autres et parce dit vegece

que par nulle aul̄t chose fors par faiz darmes les rommains ne subiugue-rent le monde a eulx ¶ Et tytus linus recite comme romulus apres sa mort fut veu descendre du ciel et manda aux rōmais q̄ ilz hōnorassēt et freque-tassēt cheualerie. Et que aux armes rommaines nulle richesses humaines ne pourroient resister ¶ Et selon ce en la vision de daniel le prophete le royaume de romme est designe par la quarte beste qui auoit dens et ongles de fer et estoit terrible et forte etc.

¶ Tex. ¶ Item en aulcuns lieux sont loix qui prouoquent et anuncent les gēs a ceste vertu sicōme en calcedone Glo. ¶ Plinius dit q̄ cest la maistresse cite de bitinie. Tex. Et celle loy q̄ to9 ceulx qui ce portent bien en cheuale-rie et en faiz darmes ilz prennent aour nement de cheualier il leur faisoit prā dre paremens de fleurs de lis ¶ Et p auenture a lexemple de ce les armes de france sont de telles fleurs

¶ Texte ¶ Item aucunesfoiz fut une loy en macedone que cellup qui en la bataille neust occis aucuns des ennemis ou aduersaires il conuenoit que il fut ceint ou seurceint dūg ches-uestre. ¶ Glo. ¶ En signe de vitupere ¶ Tex. ¶ Item entre les gens de scythe en une feste que ilz tai-soient il ne loisoit a nul boire a ung hanap lequel estoit porte tout enui-ron les sieges se il neust occis aulcun des enemis ¶ Glo. Cestoit grāt hō ne² boire a cest hanap et grāt vitupere de non boire ⁊c. ⟨Tep.⟩ Ité entre ceulx de hiberie ⟨Glo.⟩ Austin dit que cest espaigne qui fut anciennemēt ainsi nōmee a cause dung fleuue appellé hyberus ⟨Tep.⟩ Qui sont gens batailleresse Cest adire que ilz se cōbatent voluntiers telle ordonnā ce est que quāt aucuns sont mors les gens amassent et mettent enuiron le sepulcre tel nombre de ymages cōme est le nombre des ennemis que ilz ont en leur vie tuez ⁊ occis ⟨Glo.⟩ Ce faisoient ilz ou temps de aristote ⁊ estoit signe de honneur ⟨Tep.⟩

⟨Et⟩ vere autres gens sont moult de telles choses les vnes comprises en soy les autres tenues par coustume. ⟨Glo.⟩ Et dōcques entre telz gēs les principalles honneurs sōt a ceulx qui sōt fors en armes et crueulx aux aduersaires Et cōe dit est telles gens sōt aduersaires a tous estrāges, car ilz reputent a tresgrant felicite quāt ilz peuent subiuguier autres gens cōment que soit Et pource ilz quierent occasion de guerres ⁊ couleurs iustes et iniustes Et aucunesfoiz ne pretendent autres causes fors leurs puissā ces que ilz appellent le droit de lespee Et semble que telle opinion ot nabugodonozor quant il proposa en sō conseil qʼ il vouloit tout le mōde mettre en sa subiection Dixitqʒ cogitaclonem suā in eo ut omnē terrā suo subiugaret imperio iudich. ii.

⟨Du quart chapitre en responnāt a la derreniere question il reprouue ceulx qui mettent la felicite de cité en subiuguier estranges cōmēt qʼ soit.

Plusieurs gēs tiēnent loppinion dessus cōbiē qʼ par auēture ce sēble tresgrant incōuenient a ceulx qui veullent cōsiderer selō raisō ⟨Glo.⟩ Et ce mōstre il pʼ vj. raisōs ⟨Tep.⟩ Car se seuure et sētēcion du politicq cest adire de cellup qʼ istitue ou gouuerne sa police estoit pʼ regarder cōment il ait princey et comment il despotize ⁊ tient ses voisins en seruitute Et ceulx qui voulent ⁊ ceulx qui ne le voulent se il estoit ainsi comment pourroit ce estre chose politique ou comment pourroit len faire loyʼ de chose qui nest pas legal ou legitime ⟨Glo.⟩ Aussi comme se il disoit que len ne pourroit ⟨Tep.⟩ Or est ainsi que tenir princey nō pas seullemēt iustemēt mais iniustemēt nest pas chose legal Mais aduient aucunesfoiz que len tient empire et seigneurie et non pas iustement

⟨Glo.⟩ Et dōcques ne peut estre felicite en enquerir telle dominacion ou en la tenir car felicite ne peut estre en chose qʼ nest bōne ne iuste ne legal ⟨Tep.⟩ Item oprādre et enseigner rethoricque aulx enfermes ou malades ce nest pas oeuure ou office daulcun medicin Et curer ou guerir les mareniers Ce nest pas

D.ii.

Fueillet.

euure ou office du gouuerneur de la nef Et neantmoins il semble a plusieurs que len doit cupder que despotique soit politique ¶Glo. ¶Il veult dire que aussi comme querir les malades nest office en seuure de patron de la nef Semblablement tenir gens iniustement en seruitute nest pas euure de politique ne de bon gouuernement Mais est tyrannie Et doncques en telle euure ne peut estre felicite ¶Tex.

¶Item ce que telles gens nont pas vergonne de soy estudier a imposer aup autres ce que chascū deulp diroit non estre iuste ne eppedient pour soy comment pourroit ce estre chose politique ¶Glo. ¶Ce ne peult estre car cest contre le principe moral qui est que len ne doibt faire a aultres ce que len ne vouldroit estre fait a soy ¶Et pource disoit saint pierre aup pharisiens conuertis Quid temptatis imponere iugum super ceruicem discipulorū quod neq3 patres nostri neq3 nos portare potuimus ¶Tex. ¶Car il quierent et veullent que len leur tiegne princey iustement Mais aup autres il ne curent en rien que len seur face chose iuste ¶Glo. ¶Les gens de telles citez veullent bien que len leur tiengne iustice Mais ilz ne la veullent pas faire aup estranges ¶Tex. Item ce que ilz dient est inconuenient se il est ainsi que par nature vng homme est despotizāt ou seigneur et franc Et vng autre est non despotizant et serf par nature Car se la chose est en

ceste maniere ¶Glo. ¶Si pro quia Car selon verite nature des le commancement et de natiuite ordōne les vngs a estre seigneurs et a ce sont habilles et enclins et les autres a estre serfs Sicomme il fut plus aplain declaire ou premier liure en plusieurs chapitres et doncques etc. ¶Tex.

¶Et il ne conuient pas tempter a despotizer sur tous ou a tenir tous en seruitute Mais seullement ceulp qui sōt despotes cest adire serfs de nature sicomme pour faire falace ou rest ne pour faire sacrifice aup dieup len ne vene pas ou prent hommes ¶Mais len chace ace que est venable et q̄ doit estre prins pour telle chose Cestassauoir quelcō que beste sauuage qui est bonne a mengier ¶Glo. ¶Et semblablement len ne doibt pas mettre chascun en seruitute Mais ceulp seullemēt q̄ nare a ordōnez ace et ce peut estre cōgneu par la figure du corpse et par leur inclinacion sicomme il appert ou quart et ou quint chapitre du quinct liure.

Item il appert parce que aristote reprouue lerreur de ceulp qui faisoient sacrifices des cors humains desquelp dit lescripture ¶Immolauerunt filios suos et filias suas demoniis etc.

¶Tex. ¶Item vne cite qui politize ou se gouuerne bien elle est beneuree selon soy mesmes ¶Et doncques se il aduient que en aulcun lieu soit vne cite habitee ¶Et que selon soy mesme et en soy elle vse de bonnes soing et de iustes et que lordonnance de sa police delle ne soit pas a la bataille ou a faire guerre pour auoir domination sur gens aduersaires⁊ que il nait en elle nulle telle chose.

¶Glo. ¶Sicomme se elle est soing dautres sicomme en vne isle et que nul ne luy demandast riens q̃ il luy souffisse soy garder sans vouloir conquerir sur aultres gens par puissance darmes se telle cite est ou estoit elle seroit beneuree Et telle chose par aue̅ture est ou fut ce que aucuns poethes appellerent les isles beneurees Et doncques nest pas felicite en opprimer autres gens par puissance darmes

¶Tep. ¶Item il est certain que toutes les cures qui sont ordonnees pour les guerres sont a mettre bo̅nes ou a dire bonnes ¶Glo. ¶Sicomme les offices do̅t il fut parle ou pñt chapitre du sipte ¶Tep. ¶Mais elle ne so̅t pas a mettre co̅e sin principal de to9 les citoye̅s mais ilz so̅t po2 gz ice de telle fin ¶Glo. ¶Car guerre est ordo̅nee no̅ pas po2 guerre mais po2 aut fin car il fut dit ou pñt c. du p̃. de thiq̅s Bellam9 vt pace̅ duca9 Le fait guerre pour paix auoir⁊ non pas po2 opprimer ses voisins Et pource disoit le roy assuerus Noli abuti potencie magnitudine⁊ sed clemencia ⁊ leuitate gubernare subiectos ut absq̅ Et lo terrore vitam transagentes optata cunctis mortalibus pace fruentur. ¶Il disoit en sentence que il ne vouloit pas abuser de la grandeur

de sa puissance Mais de bo̅nairement gouuerner ses subiectz affin que ilz eussent paix laquelle de tous mortelz doibt estre desiree. ¶Apres il mect ce quil doibt faire le bo̅ legissateur

¶Tep. ¶Et leuure et office de bon legissateur et ce que a luy appartient est considerer la cite et maniere ⁊ condicion de gens et tout autre co̅munion ⁊ co̅municatio̅ doibt regarder en quelle maniere ilz pticiperõt en bo̅ne vie Et en telle felicite comment ilz peuent auoir ¶Glo. ¶Chascun selon son estat ⁊ selon son inclinacion car les vnges so̅t ordo̅nez a vnes euures ou office et les autres a autres sico̅me la co̅munio̅ des marchans et co̅munion des laboureurs ⁊ celle des gens darmes ¶Tep. ¶Et toutesvoyes aucuns des estatuz legalz sont differens⁊ ce appt̃ient auoir a la legislatiue Cest a dire a la science du legislateur ¶Glo. ¶Car il conuient aucu̅es loix pour les marcha̅s ⁊ autres po2 les ge̅s darmes ⁊ sic de aliis ¶Tep. ¶Et se la cite a aucuns voisins le legislateur doit estudier a p̃endre garde les q̃lz voisis peuent valoir a aucu̅es choses⁊ lesq̃lles a autres Et comme̅t ilz pourro̅t deuenir ace q̃ la cite puisse vser de eulx a q̃lconques choses ¶Glo. ¶Sico̅e en marchandant auecques eulx ou en les soudoyant pour les guerres et doibt mettre loix co̅ment le̅ se doibt auoir vers eulx ¶Tep. ¶Mais ceste chose po2roit auoir ap̃s co̅sideracio̅

D.iii.

Fueillet.

congrue et couenable ¶Glo. ¶Car telles loix doiuent estre escriptes es liures de droit. ¶Tex. ¶Et ainsi sera dit aps a qlle fin doit tēdre tresbōne police ¶Glo. ¶De ce sera dit ou viic. chapitre.

¶Ou quint chap il monstre en quoy dient bien et en quoy mal ceulx qui preferent vie contemplatiue a vie actiue & ceulx qui mettent le contraire

OR nous auiēt pler aux vngs & aux autres de ceulx qui cōfessent que vie qui est auecqs vertu est treseligible Mais different quāt a lusage delle. ¶Glo. ¶Car les vngs dient que cest en pratique & les autres dient en contēplatiue ¶Tex. ¶Car les vngs reprouuēt princeps politiques & cupdēt q̄ la vie de cellup qui est franc soit autre q̄ vie politique ¶Glo. Il leur semble que tout subiect en police est serf et encor q̄ tenir princep est aussi cōe vne seruitute ¶Tex. Et q̄ elle soit treseligible p dessꝰ toutes ¶Glo. Cest assauoir vie nō politique et nō ciuille ¶Tex. Et les autres diēt q̄ ceste vie politique est la plus tresbōne pource que cest impossible q̄ cellup q̄ riens ne fait face bien & bōne actiō & felicite sont vne mesme chose ¶Glo. ¶Et il leur sēble q̄ hōe q̄ tient vie contēplatiue ne fait rien Et sēblable argument faisoit sempe-

reur tulie la postat cōtre les sais martir iohan & paoul sicōe il appt en leur legende ¶Tex. Et nous disons q̄ les vngs et les autres dient vne chose a droit & biē et autre nō Car ceulp qui dient que la vie de cellup qui est franc est meilleur que vie despotique ou seruille ilz dient bien car cest veoir pource que vser de serf en tant comme serf nest pas chose honnorable ou reuerence car le cōmādemēt que sē lup fait des choses necessaires ne participe en nulle des choses q̄ sont hōnestes ¶Glo. ¶Il veult dire que non pas seullemeut estre serf est chose non honneste mais auecques ce cōmāder choses seruilles nest pas chose hōnorable Et pource ceulx qui ont grande poste font vng procureur qui fait telz māndemēs deuures seruilles Et ceulx viuent ciuilement ou vaquent a philosophie sicomme il fut dit ou viic. chapitre du premier Et doncques vie despotique nest pas moult honneste ne de la partie du serf ne de la partie du seigneur ¶Apres il met deux choses en quoy ilz defaillent

¶Tex. ¶Mais cupder que tout princep soit despotique & cōme de seigneur a serf ce nest pas cupder adroit Car le princep des francs ou qui doit estre entre les francs ne differe pas moins du princep que lē a sur les serfs que estre franc de nature differe de estre serf par nature ¶Glose.

¶Car les manieres des princeps different selon ce que les subiectz differente et doncques telle seigneurie deue sur gens qui sont frances par nature n'est pas princey despotique ne come de seigneur sur ses serfs Mais est plus comme princey paternel ou de pere sur ses filz si come il appert ou .piie. chapitre de le .viii. dethiques en ce fail soient ceulx q̃ blasmoient vie politiq ou pratique ⁋Tex. ⁋Et de ces choses fut determiné souffisamment es p̃mieres parolles ⁋Glo. ⁋C'est assavoir ou premier livre ou il fut declairé coment naturellement ou de nature les ungs sont francs et les autres sont serfs Apres il met la seconde chose en quoy ilz deffaillent. ⁋Tex. ⁋Item dire que l'en doibt loer la vie que est sãs action plus que faire aucune chose ce n'est pas droit car felicité est action : ⁋Glo. ⁋Si comme il fut dit en le p̃e chapitre du premier dethiques et en le p̃e. du p̃e. Et esta rendre de felicité de vie contẽplative: laquelle les autres disoient estre sãs action et la blasmoient Apres il parle de vie pratique ⁋Tex. ⁋Et encor aveecques ce les actions des hões iustes ou des hõmes attrempez ont fin de bõnes choses et de belles ⁋Glo. ⁋Ce sont operations de vie pratique q̃ sont ordõnees a bõnes fins et a belles siegẽ a faire iustice et ouurer selon les vertus moralles

Du sixte chapitre il oste une doubte qui pourroit estre contre ce que fut dit ou quart chapitre

Mais pource q̃ ces choses sont ainsi determinees par aventure aulcun cuyderoit que la tresmeilleur chose qui soit est estre seigneur de tous Car en ceste maniere celluy qui aura ceste domination sera seigneur de grande multitude de actions et de tresbelles actions ⁋Glo. ⁋Car tant plus sera puissant et tãt plus aura des subiectz de tant pourra il plus de bien faire et quant a iustice et quant a adrecier ses subiectz et bõnes euures ⁋Tex. ⁋Et dõcques ne convient il pas que celluy qui peult acquerir princey espargne a ses prochains Mais doibt plus oster leur domination Et ne doibt repputer quant a ce le pere ses filz ne les filz le pere ne ung amy autre son amy generalement et quant a ce ne doibt cures de parent ne d'amy. ⁋Glo. ⁋C'est assavoir quant a faire tant se il peult que il ait domination sur tous ⁋Tex. ⁋Car ce qui est tresbon et treseslisible et bien faire c'est tresbon ⁋Glo. ⁋Et nul ne peult tant de bien faire comme le prince et doncques faire tant comment que soit que le soit prince est treseslise. Apres il respond ⁋Tex. ⁋Et doncques par aventure ces icy dient vrayement

D.iiii.

Fueillet.

se priuer & bouter les gēs de leur seig‑
neurie estoit entre aultres choses tres
elisible Mais par auēture ce nest pas
chose possible mais ce supposent ilz
Glo. Et ce est impossible que
ce soit bien car cest iniustice et pource
dit sainct augustin ou quart liure de
la cite de dieu des royaumes ainst ac‑
quis que ce sont grans larrecins Et
combien que aristote dit soit tout cer‑
tain toutesuoyes il dit par auenture
Et peult estre que il nosoit pas ceste
chose affermer plainement pource q̄
le roy alixandre conqueroit tellemēt
seigneurie. Tex. Item nul ne
pourroit en seigneurant auoir tāt de
bonnes actions se il ne differe des au‑
tres en tant comme homme differe
de sa beste & le pere de ses filz & le seig
neur de ses sers Glo. Et forte
chose seroit de trouuer tel homme
Tex. Et pource celluy qui tres
passe par sur les autres. Glo.
En enquerant dominacion sur
eulx conuient que soit par force
Tex. Il ne adrescera oncques
tant apres comme il a ia trespasse ver
tu Glo. Cest adire que il faict
plus de mal en ostant aux autres le‑
dominacion que il ne feroit apres de
bien en gouuernant Et pose que il feist
apres assez de bien toutesuoyes selō la
doctrine sainct pol & selon philosophie
moral nul ne doit faire mal affin que
bien viengne Tex. Item se
plusieurs sont semblables ce est bōne
chose et iuste que ilz aient dominaciō

en partie Glo. Et non pas que
vng tiengne tout Mais que en plu
sieurs citez chascun seul tiengne son
princey franchement et paisiblement
Ou en vne cite plusieurs le tiengne
de pareil Ou p tout tēps les vngs
aps les autres atour Ou les vngs
vng princey & les autres autres sicōe
plusieurs foiz est dit Tex. Car
ceste chose est equale et semblable
Glo. Equalite est selon quan
tite et similitude est selon maniere et
qualite selon deux vertus de fortitude
ou datrempance sont semblables ou
deux offices de iuges Mais se vne
de ces ii. vertus ou vne de ces deux
offices est plus grande que lautre el‑
le ne sont pas equale Tex. Mais
bailler a ceulx qui sont equaulx cho‑
se non equale Et ceulx qui sont sem‑
blables chose nō semblable cest hors
nature et nulle des choses q̄ sōt hors
nature nest bonne Glo. Mais
est chose iniuste que vng seul ait prin
cep sur ceulx qui sont semblables et
equaulx sicomme il fut dit ou xx vi.
chapitre du tiers Tex. Et pour
ce se aucū autre est meilleur selō ver‑
tu et il soit tresbon selon puissance ac
tiue cest bien de la ensuyr et est iuste
chose de luy obeir Glo. Et sem‑
blablemēt fut dit ou xx vi. chapitre
du tiers et ce est a entendre en vne ci‑
te ou en vng royaume et nō pas par
tout le monde sicōe il sera dit apres.
Et semble que en tel princey soit plus
acquise excellance de puissance que

epcellance de vertu. ¶ Car il mect
vertu ou de gre comparatif et puissance
ou superlatif Doncques il doit plus
passer chascun des autres en puissan
ce que il ne couuient ou que il ne peut
passer les en vertu ¶ Tex ¶ Mais
il ne couuient pas seulement que il ait
telle vertu Mais couuient auecques
ce que il ait puissance selon laquelle
il est actif ¶ Glo. ¶ De bonnes opera
cions Et pource dit lescripture Noli
querere fieri iudep nisi valeas virtu
te irrumpere iniquitates Ne quiere
pas que len te face iuge ou prince se
tu nas vertu Cest adire puissance p
quoy te puisses rompre iniquitez et in
iustices Et ceste puissance est de lig
nage et damis et de mise.ec.

¶ Ou vij. chapitre il monstre que
felicite de la cite et de chascun singulier
sont principalement en contemplacio

SE les choses dessus mises sont
bien dictes nous deuons met
tre que felicite est bonne opaci
on Et doncques la felicite de toute
la cite en commun et selon chascun ou
la felicite de chascun est bonne vie
¶ Glo. ¶ Et par consequent la feli
cite de toute la cite ou communite et
celle de chascun singulier sont dune
maniere et dune espece Et ne diffe
rent fors sicomme vng tout de sa par
tie semblable sicomme est vne mesure

de froment et vng grain et vne eaue et
vne goutte ¶ Tex. ¶ Et est vie q
est actiue ¶ Glo. ¶ Mais il ne
prent pas icy actiue en tant comme elle
est distinguee contre speculatiue ou
contemplatiue sicomme il monstre tan
tost apz ¶ Tex ¶ Mais il nest pas
necessaire que vie actiue soit en com
muniquer a autres et ne couuient pas
cuider que les meditacions ou pensees
qui sont pour faire les besongnes pra
tiques qui peuent auenir soient acti
ues toutes seulles ou seullement Mais
les meditacions et pensees qui sont p
ce perfaictes. et les meditatio ou spe
culations qui sont ordonnees pour la
grace et affin de celles qui sont p soy
parfaictes sont moult plus actiues q
ne sont les pensees pratiques ¶ Glo
¶ Il touche icy iiij. manieres de me
ditatio ou de pensees Vne comme se
roit de bien gouuerner ou comme len
doit faire iustice ou aucune bonne eu
ure moralle Et est penser pratique et
lautre est ordonee a contemplation des
choses diuines comme penser de la na
ture des choses et de mathematiques
Et peut estre dicte speculatiue
La tierce est des choses diuines et est
dicte de contemplatiue. Et en ceste
est le repos et la perfection de entende
ment humain et parfaicte felicite sico
me il fut monstre par plusieurs rai
sons ou p°. dethiques en plusieurs
chapitres. Et pource aristote veult
dire que de ces iiij. manieres de pensees
la seconde et la tierce et mesmement

la tierce est moult pl9 actiue τ moult
plus dignes actions que la premiere.
(Tex. Car bonne action est fin
pource que il conuient que aucune action soit fin (Glo. Alaquelle tou
tes les autres tendent et sont pour elle et elle est pour soy mesme Et ce est
action contemplatiue comme dit est τ
est tresexcellente felicite Et sicomme
il appert ou p8e. chapitre du pr. de
thiques secondement apres ceste feli-
te est felicite de vie politique τ practique la quelle est communemēt appel
le actiue Et pource dit il apres
(Tex. Mais nous disōs ceulx
ouurer et faire τ estre mesmement actifz qui sont seigneurs des actions de
hors (Glo. Car iasoit ce que les
operacions de vie contemplatiue soient plus actiues selon verite toutesvoyes les operaciōs politiques et pra
ques sont dictes actiues selon cōmun
parler Et la cause est car elles sōt pl9
communes τ plus sensibles ou plus
cōgneues pource que elles sont en cho
ses dehors τ en communicacion τ
les autres demeurent τ ramenent τ
lentendement (Tex. Et ont en
tendemens τ consideracions architec
tores (Glo. Cest adire sur lordōn-
nance de toute la cite Et de ces mem
bres Car architetō en grec cest le mai
stre de seuure et de ledifice Et a la similitude de ce la science ou consideracion des souuerains princes est dicte
architectore ou architectonique Et
est dit de archos en grec qui est prince

en grec τ tectum en latin q est maison
(Tex. Et les citez qui sont en
aucuns lieux selō elles cest adire sepa
rees dautres gens Et lesquelles essi-
sent ainsi iture il nest pas necessaire
ne ne conuient pas dire que elles soient sans action (Glo. Il dit ceste
chose contre ceulx qui mettoient que
telles citez qui ne veullent acquerir
seigneurie sur autres ne sōt pas beneurees po2ce que elles sōt oyseuses mais
ilz failloiēt (Tex. Car selō leurs
parties elles ont ce que dit est (Glo.
Cest assauoir action practique et
contemplatiue (Tex. Car les p
ties de la cite ont moult de communication ensemble (Glo. Cest quāt
action pratique (Tex. Et semblablement en chascun homme peut
estre ce que dit est (Glo. Cestassauoir contemplacion se il veult et il
est habille ace Et doncques telle cite
seroit beneuree sicomme il fut dict en
la quinte raison du quint chapitre
(Apres il conferme sō propos par si
militude (Tex. Et dieu a bien
vacation cest adire action contēplati
ue et felicite τ tout le mōde aussi Et
toutesvoyes ne dieu ne le monde ne
ont actiōs extrinseqs Cest adire en
choses dehors Et ne ont actions fors
les propres actions qui sōt deulx mes
mes ou en eulx mesmes (Glo.
(Aucuns philosophes disoient que
le mōde est vne chose viue τ qui a en
tendement sicomme plato qui disoit
que il est Sicut animal magnum

Une chose qui a en soy ame Et disoient aucune que dieu est lame du monde et les autres disoient que cest une autre entelligence Et tous tenoient que dieu et le monde sont tresbeneurez Et toutesuoyes leurs actions demeurent en eulx mesmes ¶ Car rien nest hors dieu In ipso sont omnia. Et doncques ne sensuit il pas se une citte n a action fors en soy mesmes que elle ne soit beneuree Apres il recapitule ou conclud ¶ Tex ¶ Il appert doncques manifestement q il est necessaire que une mesme tresbone uie soit et quant a chascun singulier des hommes Et communement ou en commun aux citez et aux homes ¶ Glo. ¶ Ensemble car come dit est la felicite de la cite cest la felicite des citoyens et doncques la felicite est beneuree de la quelle la plus uaillant partie des citoyes ou la plus puissant est beneuree

¶ Sensuiuent aucuns argumens contre les choses deuant dictes

Selon aristote en cest chapitre et plus aplain en plusieurs chapitres du p. dethiqs uie contemplatiue est la plus tresparfaicte Et en celle est la principal felicite de home et mesmes en ceste mortel uie Et par ce se suit comme dit est que en telle uie est la principal felicite de toute la cite Mais aucu pourroit icy doubter premierement Car sicomme il appert ou proheme dethiques le bien q est le plus comman est le meilleur Et de tant est plus commun est plus diuin ¶ Or est uie actiue plus comune et proffitable a plusieurs que nest uie cotemplatiue laquelle est plus singuliere et plus solitaire et doncques uie actiue est meilleur et plus diuine

¶ Item il appert ou chapitre precedent et ou xx uii.chapitre du tiers q ce est iuste chose que cellup soit prince et roy qui excede les autres en uertu et doncques la uertu ou la uie de tel home est la meilleur de toutes Et ce est uertu et uie politique et actiue

¶ Item la science de tel homme doit estre meilleur que de quelconques autres Car sicomme dit Uegece Neminem decet meliora scire quam principem Et la science du prince est politique la quelle est architectonique si come il appert ou proheme dethiques Cest adire princesse de toutes et elle est actiue et doncques est elle meilleur et plus noble que contemplacion.

¶ Item contre ce que dit est que felicite de cite en commun est contemplacion Car la f licite ou bonne uie de cite est en bien politizer ou en bo gouuernement Et est uie ciuille actiue et pratique et non pas contemplacion Pour aucunement declairer ceste matiere en passant sans reciter les raisos oppinions et auctoritez de plusieurs saints docteurs Et de plusieurs philosophes ie diray briefuement ce que

Fueillet

de ce me semble Premierement ie dy q̃ les operacions sont quant est de soy selon soy plus parfaictes & plus excellentes qui sont contemplatiues q̃ ne sont les actiues tant pource que elles sont plus propres a entendement ou a ame huãine & plus pures & plus fermes & plus delectables & plus par soy souffisãtes Et de choses ou vers choses tresperfaictes Cest assauoir vers choses diuines Et mesmement vers dieu sicõe tout ce est plainement declare ou p̃. de thiques Et ceste conclusion mõstre p plusieurs raisõs lesq̃lles il ne puient pas icy reppeter Et neantmoine aucunes actions de vie pratique sont plus fructueuses & plus proffitables a plusieurs sicõme il est touche ou premier argument.

Secondement ie dy que non obstant que les operacions de contemplacion soient meilleurs & plus dignes simplement quant est de soy & selon leur genre que ne sont toutes les meilleurs de vie actiue ou politique sicomme il est declaire ou viii. chapitre du p̃e de tiziques Neantmoins len doibt aucunesfoiz laissier et cesser de contemplacion pour ouurer selon vie actiue & pratique Et ce peut bien apparoir car il nest homme se il voit son pere ou son filz en peril mortel qui ne deust laissier toute contemplacion pour luy secourir se il pouoit p bõne opacion pratique

Item encor en aultre cas moins a gens et en mendre necessite deuroit len faire semblablement Car sicõme

dit tulles ou premier liure doffices. Nous ne sommes pas nez seullemẽt pour nous mesmes Mais pour nos parées & pour le pape Cestassauoir nõ pas seullement pour les garder de mal Mais pour leur faire bien.

Item tulles en la fin du premier liure doffices declaire moult elegaument comment il ne est hõme tant soit feruent en p̃templacion ne qui tant la desire pose que il fust en voye de entendre choses tresdignes de congnoissance Se le peril du pape luy estoit rapporte & monstre auquel il peust pouruoir & secourir que il ne deust pource mettre ius & laissier toute contemplacion Item de ce nous laisserent exemples les cõtemplatifz qui furent iadiz Sicomme psaye peremie & les autres saincts prophetes qui anoncoient aux princes et aux citez les perilz aduenir Et enseignoient les remedes & donnoient conseilz actifz & pratiques au salut du pape Et appert de saint iehan baptiste qui enseignoit et monstroit aux publiqs & aux cheualiers choses pratiques & ce que ilz deuoiẽt faire Et semblablement ihesucrist et ses disciples enseignoient & faisoient operacions actiues sicomme il appert cleremẽt par lescripture Et ce sacordent les saincts docteurs qui mettent comment la saincte ame doibt aulcunesfoiz monter et soy esleuer pour contemplation & aultresfoiz descendre a euures actiues par compassion Et ce sont les deux principaulx cõmande mēs de dieu C'est assauoir amer dieu lequel regarde contemplacion Et amer son prochesme lequel regarde action. Quia probatio dilectionis exhibicio est operis. Et doncques la vie qui est mixte est la meilleur Et pource disoit bernardus Siluester diues eris terrenus eris curabis Strū que consilio mundum religione deos. Mais ceste mixtion est en moult de manieres Et sont les ungs plus contemplatifs les autres moins selon la difference de leur inclinacion & de lor donnāce de leur vie & de leurs estatz ou offices Sicomme en gros exemple len diroit en nostre police que les ungs sont negociateurs et seculiers les autres administrēt les sacrameēs comme sont prelas et cures les autres sōt religieux en cōuent Les autres plus solitaires comme hermites Et selon ce les ungs doiuent estre plus actifs les autres plus cōtēplatifs Les autres moyennement en moult de differences Et ceulx qui habundent en cōtemplacion & sont peu actifs nous disons que eulx mainent vie cōtemplatiue & ceulx qui au contraire sont pl9 actifs que contemplatifs nous disōs qu'ilz ont vie actiue et les autres nous appellons moyens qui participēt en l'une & l'autre Mais aussi comme bōne vie actiue ne peut estre sans aucune contemplacion il me semble que vie contemplatiue ne peut estre sans aucune action a autres hommes sicōme il peut apparoir par le pl9. chapitre du x. d'ethiques la ou il determine que le beneure a mestier d'amis Mais pource que les operacions contemplatiues sont simplement les pl9 dignes en elles & principallement felicité comme dit est

Mais encor pour mieulx declarer le propos il argue contre ce que dit est Car telles operacions contemplatiues sont simplement le plus tresbonnes et les plus tresparfaictes Il sensuit aussi comme de deux maulx en cause de prolixité sen deuroit prendre le moins mal Semblablemēt que nul ne doit oncques leissier ce qui est meilleur pour eslire ce qui est moins bon Et par consequent sen ne doit pas cesser de contemplacion pour action practique Et le contraire est dit deuant Et pour ce nostreseigneur ne voulut pas que marie faissast a le oyr pour seruir et ayder a marthe Mais dict que la partie contemplatiue que marie auoit esleue ne luy seroit ostee Maria optimam partem &c.

Item se or vault mieulx que argent il sensuit que la chose qui est purement d'or est meilleur et plus esligible que se elle estoit mixtionnee d'or & d'argent Et aussi il semble que la vie qui est purement cōtēplatiue & meilleur & plus esligible qu celle qui est mixte en la maniere dessusdicte Et pour mieulx entēdre la respōce il met ung tel exemple les musiciēs tienēt pour certain et est verite que de toutes les consonancies ou accors qui sont d'ya pa son ou double est le tresplus parfaict et le meilleur. Et que les autres sont es en les nommant rudement et vulgairement quarte quinte quinte sur double etc. ne sont pas si bons. Et neantmoins ung chant ne seroit pas mol melodieux mais seroit mal gracieulx se il estoit continuellement en accort double sans muer et sans varier. Mais quant l'en transmue d'ung accort en autre ensuyuant par maniere deue a donques est le chant doulx et delectable et sicomme recite saint augustin Tu leri emiscet blanda modulamina chori. Item une poincture quant elle est de diuerses couleurs est plus belle que se elle estoit tout sans difference de la couleur qui est la plus tresbelle pour ce dit Boece que il nest chose plus belle que de variete fors que elle ne soit deffraudee par proporcion deue. Apres il dit semblablement que combien que euure de contemplacion soit selon soy tresdigne neantmoins la vie de homme mortel qui est conuenablement miptionnee des euures contemplatiues et de euures actiues est plus belle et meilleur que se elle estoit du tout en contemplacion. Car aussi nest ce pas bien possible sicomme il peut assez apparoir par le .ix. chapitre du .x.e. des ethiques. Item aussi comme en ung non pas seulement les variacions des actions mais aucunesfoiz silence et les pensees deuement assises conse

rent et sont a la beaulte du chant semblablement repos et esbatement en temps et en lieu deu est chose necessairement et conuenable a tresbonne vie. Et encor vault mieulx action que repos. Et a cest propos dit seneques Sapiens nullium tempus dat ocio. Le sage n'est oncques oisif que combien que il dorme ou que il ne face pas tousiours ce qui est le mieulx selon soy neantmoins il se contient et se continuellement au mieulx que il peut toutes les choses compensees et considerees.
Item non obstant que contemplacion soit plus digne selon soy que action neantmoins aucune action pratique peut estre plus meritoire selon les philosophes. Et de ce recite macrobes que tulles disoit ceulx qui bien gouuernent le pays auoir lieu ou ciel la ilz seront beneurees en ioye pardurable car il nest chose faicte en terre qui soit tant acceptable a dieu le princey qui gouuerne le monde comme sont les societez acompaigniez par droit que l'en appelle citez. Et macrobius le pose en alleguant plotin qui fut platonique. Et de cest opinion furent plato et apuleius et plusieurs autres philosophes. Et il est certain que gouuerner et ordonner citez est euure pratique. Et doncques puis que en aucun cas occasion pratique est plus meritoire et plus acceptable a dieu que contemplacion la peut bien laissier contemplacion pour telle action. Et parce l'en peut respondre aux argumens contraires

au premier la ou estoit dit que len ne doibt pas leisser le meilleur pour prendre le moins bon Et contemplacion est meilleur ⁊c. ¶ Je dy que en lieu et temps leisser ce que est meilleur absolument ⁊ selon soy pour prendre moins bon et mieulx fait que non leisser ce q̃ est bon sicomme il lappert clerement par lexemple de musique qui est dessus mis Et dautre ptie il est possible de lr̃. operacions dont une est contemplatiue ⁊ lautre actiue que lactiue est aucunement plus meritoire cõe dit est combien que la contemplatiue soit selon soy ou selon son genre plus digne Et par auẽture pourroit len mettre grossement exemple dece que une grande masse dargent uault mieulx que ung petit dor ¶ Au second argument qui mect exemple de mixtion dor et dargent ie dy que il est possible q̃ une chase uault mieulx de la mixtion daucune autre moins bonne sicomme aucun uin amende de mettre auecques ung petit deaue Et ainsi est il a plusieurs medicines et en autres choses. Dautre partie lexemple deuant mis de la mixtion des accors de musique doit suffire pour respõce Or conuiẽt finablement respondre aux argumens faiz au commancemẽt qui preuuent que felicite nest pas en contemplaciõ ¶ Au premier la ou estoit dit que une pratique est plus cõmune et dõcques elle est meilleur ⁊c. Je dy que quant aristote dit que le bien plus cõmun ⁊ plus amiable et plus diuin Il entend des biens qui sont dune nature dung genre ¶ Et pource dit il q̃ ce q̃ proffit a tout le pays est meilleur q̃ ce qui proffit a ung seul. ¶ Et parle de actõn pratique mais ceste compasõ ne se entend pas aux biens q̃ sont de diuers manieres et de diuers genres sicõme sont contemplacõn q̃ est des choses dessus nous ⁊ diuines ¶ Et actõn pratique qui est de choses dicy bas et humaines ⁊c. Au second la ou il estoit que uertuz la uie du prince est la meilleur de toutes ⁊c. ie dy q̃ cest a entendre de toutes les uertuz actiues. Car combien que le prince doye auoir p̃templacõn toutesuoyes prudence actiue regarde plus office de prince Car selon ce que fut dit ou quint chapitre du tiers prudence seulle est uertu appropriee au prince Et prudence nest pas contemplatiue mais sapience sicomme il appert ou sipte dethiqs En pource disoit aristote en la fin du chapitre precedent que le prince doibt auoir uertu ⁊ puissance actiue ¶ Au tiers argument la ou estoit dit que la science du prince est architectonique ⁊ principal ⁊c. Je dy que aristote touche cest argument en la fin du pitie. chapitre du sipte dethiques Et la uerite est que la science du prince est prudẽce politiq̃ laq̃lle ordõne sur la contemplatiue ⁊ sur toutes autres sciences ⁊ ars sicomme il appert ou p̃hesme dethiques Mais il ne sensuit pas pource que sapience⁊ contemplacion ne soit plus digne que telle pru-

…dence Et ace entendre peut estre mis vng gros exemple Car il ne conuiẽt pas de necessite que celluy qui ordonne comment les personnes seront assises en vng disner seroit plus digne q̃ chascun de ceulx dont il ordonne Et dautre part il ne sensuyt pas que vng homme contemplatif doye estre prince pour ce se sa vie est plus digne ⁊ plus beneuree que la vie des autres Car sicomme il appert ou pi͞e. chapitre du p͞r. de thiques il ne conuient pas que tel beneuree soit prince de terre ne que il ait grant habundance des biens de hors Et le prince doit auoir largemẽt de telz biẽs Au quart la ou estoit dit que la felicite de la cite ne peut estre en contẽplacion pource que elle est en biẽ politizer ⁊c. Je dy q̃ le ne peut mieulx politizer ne mieulx gouuerner que or donner ⁊ faire comme len peut bonne ment que plusieurs operacions contẽ platiues soient en la cite Car la soit ce que felicite actiue ou bonne action pratique soit la premiere ⁊ prochaine fin de cite Toutesuoyes tout ce est princi pallement et finablement pour contemplacion comme pour fin derrenier ⁊ comme pour felicite principal la q̃ le est en cultiuement diuin Et pource diroit len selon ceste philosophie que le royaume et la cite sont beneurez la ou dieu est bien setup ⁊ honnore

Et que ceulx sont beneurez ou il est mieulx setup sicomme par la scienne grace ont este et sõt le royaume de frã ce ⁊ la cite de paris Et aussi est declai re que selon aristote la felicite de chascun singulier ⁊ de toute la cite ou cõmun est principallement en contẽplacion cõbien que la cite en cõmun doye auoir lune et lautre felicitez que en elle doiuẽt estre operaciõs de toutes bõ nes vertus sicõme il sera declaire encor apres

⁌ En le viiie. chapitre il enquiert de la quantite de cite et repreuue vne opinion de ce

Pour ce que les choses mains tenant dictes sont mises par maniere de prohesme ⁌ Glo Cest assauoir ce que dit est en la principal fin a quoy tend tresbonne police ⁌ Tex. ⁌ Et nous auons conside re deuant des autres polices ⁌ Glo Sicõme de democracie ⁊ dolygar chie qui sont vicie et desq̃lz il dit principallement ou sipte liure ⁌ Tex.

⁌ Il nous conuient commẽcier a di re des autres choses Et pmieremẽt q̃ les suppositions doiuẽt estre pr ordõ ner vne cite tellemẽt q̃lle soit tresbon ne a souhait ou temps aduenir Car ce nest pas possible q̃ vne cite soit tresbõ ne sans habundance moderee Et por ce conuiẽt il presupposer moult de cho se aussi comme seroient ceulx qui les desirent ⁊ souhaitent fors que toutes uoyes nulles de ces choses ne soit impos sible Et telles lesquelles ie dy que il conuient presupposer sont de la multitude des citoyens et de la region

¶Glo: ¶Quelle elle doibt estre ꝯ
de ce il dira ou xe. chapitre ¶Tex.
¶Car aussi comme il est autres ou
urieres si comme a celluy qui tist les
draps Et a celluy q̃ faict la nef que il
leur conuient auoir matiere ydone et
conuenable pour leur operacion. Et
de tãt comme la matiere sera mieulx
prepare il est necessaire que la chose q̃
en sera faicte par telle art soit meille
en ceste maniere aulx politiques qui
institue police Et au legislateur il cõ
uient auoir matiere conueniente et
qui soient habillee en leur entencion
¶Or est ainsi que ou proces du politique la premiere chose qui est a fai
re cest considerer la multitude des hõ
mes en quelle nombre ou quantite et
de quelle maniere ou qualite il conuient que eulx soient par nature Et
semblablement de la region combien
grande et de quelle maniere ou qualite elle peult ꝛ doibt estre.
¶Glo. Apres il recite vne opiniõ
¶Tex. ¶Et plusieurs cuidẽt que
ce soit chose conuenable a cite beneuree que elle soit grande ¶Glo ¶Il
leur semble tant plus est grande tant
plus est beneuree et ce est faulx
¶Tex. ¶Et pose que ce fust Vroi
encor ne sceuuent ilz quelle est grande
cite et quelle ou quoy est petite cite
Car ilz la iugent estre grande selon
la multitude des habitans
¶Glo. Apres il reproue ceste opi
nion par deux raisons ¶Tex. Mais
il conuient regarder plus non pas a

la multitude Mais a la puissance car
de cite est aucune euure ¶Glo.
Chascune chose a de sa nature aucu
ne operacion propre en elle Et de tant
comme elle peut plus en ceste operaci
on de tant est elle plus parfaicte en sõ
espece ꝛ loperacion ppre a cite cest biẽ
gouuerner ꝛ a souffisance de vie sicõ
me il sera dit apres. ¶Tex. ¶Et
doncques la cite qui peult telle chose
tresgrandement ꝛ mesmement faire
len doibt dire que elle est tresgrande
cite sicomme nous ne disons pas que
ypocras fust plus grant que les aut̃s
en tant comme homme selon la difference du corps non pas seullement
Mais disons que il estoit plus grant
medecin ¶Glo. ¶Semblablemẽt
la plus grande multitude est pl9 grã
de chose ꝛ plus grande assemblee
Mais ce nest pas pource plus grande cite Car elle nest pas pource plus
puissante en operacion propre a cite
Et doibt len sauoir que tí a icy vne
negacion superflue. et telle chose est
souuent es textes de aristote sicomme nous disons en francoys que nul
homme nest beste. ¶Texte.
¶Item se il conuenoit iuger de
grandeur de cite en regardant a la
multitude len ne deuroit pas regarder ne estimer ceste chose selon quelconque multitude ¶Car par a-
uenture est il necessaire que es citez
soit vng mẽbre de moult de serfs Et
de moult de gens venus de hors ꝛ
de moult de gens estranges Mais
E.ii

len doit iugier ceste chose en regardāt a ceulx quelconques sont partie de la cite et desquelx cite est composee com̄me de ces propres parties ¶ Car licee τ la grande multitude de ceulx icy est signe de grande cite Mais la cite dont il peut yssir vng grant nombre de bā nauses ou de gens villes τ chatiues Et vng petit nombre de gens dar/ mes Cest impossible que ceste cite soit grande Car grande citez cite de grā/ de multitude de hommes ce nest pas vne mesme chose ¶ Glo. ¶ Sicom̄ me se aucūe cite est vne tresgrāt mul titude de mennus gens comme sont gens de drapperie ou de plusieurs au tres mestiers telle cite ne doibt pource estre dicte grande Et semblablement les edifices en la circuite des murs ne font pas la cite grande sicomme il ap pert par le tiers chapitre du tiers Or auons dōcques selon quelle cho se cite pourroit estre dicte grande Car ce pourroit estre selon la multitude de ceulx qui sont proprement partie de cite τ citoyens Mais encor ceste grā/ deur ne seroit pas proprement bonne Mais seroit comme vng monstre se la multitude nestoit bien ordonnee Et pource ou chapitre ensuyuant il monstre que ceste quantite doibt estre moderee τ en quelle maniere

¶ Ou ix.e chapitre il determine la Verite de quantite de cite

Q Ue grandeur de cite ne soit pas en grandeur de multitu/ de il nappert pas seullement par ce que dit est. ¶ Glo. ¶ Apres il monstre par quatre raisons que ceste quantite doibt estre moderee
¶ Texte.
¶ Mais par auenture cest forte cho/ se ou impossible que vne tresgrande multitude de homme soit bien gouuer nee par loix ¶ Glo. ¶ Et ce declai re il apres par signe τ par raison
¶ Tex. ¶ Car des citez qui sem/ blēt bien politizer τ bien estre gouuernees nous ne voions nulle q̄ soit renuoyee Cest adire qui ait son entente a rece/ uoir ou a auoir telle grāde multitude ¶ Glo. ¶ Mais ne veullēt pas les sages princes que la multitude crois/ se trop grandement pource que ilz ne les pourroient pas si bien gouuerner
¶ Tex. ¶ Et ce appert par persua/ sions de raisons car loy est vne ordre τ conuient par necessite que bonne le/ gislacion soit bonne ordonnance
¶ Glo. ¶ Car cite ne peut estre sās ordonnance ne bonne cite sans bonne ordōnāce Et ceste ordonnance est fai cte par loix ¶ Tex. ¶ Et vng nō bre de gens qui est tresexcedent τ tres grande ne peult participer ordre
¶ Glo. ¶ Car prudence τ puissan/ ce humaines ne sōt pas telles que ilz peussent gouuerner quelque multitu de combien que elle fust grande Car ce ne peut vng seul τ pource disoit lectro

a moyse que il nauoit paour de gouuerner le peuple disrael ultra vires
et negocium etc. Ne plusieurs ne peu
ent quant la multitude est trespe-
saument grande se elle nestoit diuisee en plusieurs que elle ne fust plus
une ¶Tex. ¶Car ceste chose faire
est euure de diuine puissance laquelle
contient tout cest monde. ¶Glo:
Sicomme dit preclan au commancement de la description du monde que
feist cezar angustus quant ihesus fut
nez Natura genitor mundum qui con
tinet omne Et doncques la diuine cog
noissance et puissance ordonne tout le
monde Mais nulle congnoissance ne
puissance humaine ne souffist pour or
donner de tous les hommes du monde Sicome il sera apres declaire plus a
plain ¶Tex. ¶Item ce que est bon
est acoustume estre faict et determine
en multitude et en magnitude et quan
tite ¶Glo. ¶Certaine selon la nature de la chose Et pource dit le sage
que dieu a dispose toutes choses en nō
bre en poix et en mesure. Omnia in
numero pondere et mensura disposuis-
ti ¶Tex.¶Et pource la cite de lacquel
le le terme est dit auecques magnitude ou quantite il est necessite que ceste
cite soit tresbōne ¶Glo ¶Il veult
dire que se la cite est tresbonne il conuient que la quantite de elle ait terme
et mesure ¶Tex.¶Cité de grandeur
de cite est aucune mesure sicomme de
toutes autres choses ¶Glo.¶Car
sicomme il dit ou second liure de lame

Omnium natura constanciū positꝰ
est terminus magnitudinis et augmē
ti. ¶Toutes choses naturelles ont
terme et mesure de leur quantite et de
leur croissance. ¶Tex. ¶Comme
de hommes et bestes et de plantes et
de leurs membres ou parties Car chas
cune de telles choses se elle est trespetite ou se elle excede en magnitude ou
grādeur elle naura oncques sa puissance ou sa vertu naturelle Mais aucunesfoiz telle chose est parce du tout
priuee et hors de sa nature.
¶Glo ¶Sicōme ce qui est dune
femme par generacion peut estre si pe
tit que ce nest pas ung enfāt ou ung
homme ¶Tex. ¶Et aucunes-
foiz la chose a sa nature mauluaise-
ment. ¶Glo. ¶Pource que elle
est trop loingz hors de quantite moy
enne et de mesure deue Sicomme il
appert du membre dung homme ou
dune beste. ¶Apres il mect exemple
de choses faictes par art Car cite est
chose naturelle sicomme il appert par
le second chapitre du premier Et est
aucunement artificiel en tant comme par art et par prudence elle est a-
drescee a sa police ¶Tex: ¶Et aussi comme une nef de la quātite du pal-
me ne seroit pas nef simplemēt ne celle qui seroit de deux estades
¶Glo. ¶Ce sont deux cens et .l.
pas qui font mil. LL. cinquante pies
¶Tex ¶Car une nef peult venir
a telle magnitude ou quātite que au
cunesfois que elle sera mauluaise na-

Fueillet.

uigacion et ne fauldra rien a nagier pource que elle est trop petite Et aucunesfoiz pource que elle est trop grande ¶ Glo. ¶ Apres il applique a propos ¶ Tep. ¶ Et semblablement cite qui est de trespeu de gent nest pas tout ce que conuient pour bien viure.

¶ Tep. ¶ Et cite est par soy souffisante. ¶ Glo. ¶ Sicomme il fut dit ou second chapitre du premier. Et en la fin du premier chapitre du tiers / et doncques nest ce pas proprement cite ¶ Tep. ¶ Et celle qui est de tresgrande multitude superhabundaument verite est que elle est p̄ soy souffisant en choses necessaires Mais cest aussi comme une gent ou comme ung grant pays ¶ Glo.

¶ Et telle fut iadis babiloine (comme il fut dit ou tiers chapitre du tiers) le nom se signifie assez qui vault autant comme confusion ¶ Tep.

¶ Et non pas cite Car ce nest pas legiere chose que telle multitude soit ordonnee par police ¶ Glo. ¶ Mais est impossible naturellement comme dit est ¶ Tep. ¶ Item il appert p̄ exemple car qui seroit qui pourroit estre duc ou capitaine dung ost tresexcedent en multitude ou qui pourroit preconizer ou denoncer aucune chose a telle multitude se il ny auoit tresgrandes voix ¶ Glo. ¶ Il veult dire que ce nest pas bien possible de gouuerner ung ost quant il est tresgrant et de ce est es histoires ung exemple entre les au-

tres moult notables de perpes roy de perse qui vint en grece contre les lacedemonee a une multitude innombrable laquelle aucuns estimerent a dix. ces mil des siens Et trop ces milles destranges Et toutesuoyes vi. cens combatans desconfirent tout ceste gent Et de ce dit ung versifieur ceste histoire Talia non debēt epercitus agmina dipi orbis concursꝰ atq; tumultus erat Telle multitude ne doit pas estre dicte ung ost mais cestoit ung monde ung tumulte une confusion Et vegece dit que ung ost est aussi comme une cite Et doncques de ost et de cite la quantite doibt estre moderee ¶ Or auons doncques comment cite peut estre trop petite / et comment elle peut estre trop grande Et apres il assigne les termes et la mesure de ceste quantite.

¶ Du pr̄. chapitre il met et assigne les termes de quantite de cite

¶ E pour ce il conuient par necessite que la premiere cite soit celle qui est de multitude tant grande que elle est la premiere multitude par soy souffisante a viure bien selon communion politique ¶ Glo. ¶ Quant une petite multitude de gens qui coūlent ensemble p̄cede en croissant et est faicte plus grāde. Et apres encor plus grande etc. si tost comme elle vient a telle quantité que elle est par soy souffisante pour vivre bien. C'est a dire quant l'en y peut trouver tout ce que fault. Adoncques est elle premierement cité et devant non. Et pource aristote lapelle premiere cité. Or avons nous doncques le terme et la methe de cité vers petite. Et apres il monstre coment elle a terme vers grandesse. ⊂Tex. ⊂Mais il advient bien que la multitude qui excede ceste premiere est plus grande cité. ⊂Glo. Car toutes citez ne sont pas d'ung grant. ⊂Tex. Mais sicomme nous avons dit devant ce n'est pas infinicacion sans fin et sans terme. ⊂Glo. Car apres la premiere et trespetite cité peut estre une autre cité plus grande. Et encor une autre plus grande. Mais la multitude pourroit bien devenir si tresgrande que ce ne seroit plus cité. Mais seroit une chose confuse. Apres il met le terme de cité vers grandeur. ⊂Tex. Et q̃ de telz excres et croissance soit terme et affin ce est legier avoir par ses euvres. Car les actions de cité sont les unes de ceulx qui tiennent le princey et les autres de subjectz. Et l'euvre ou operacion de celluy qui tient le princey c'est commandement et jugement et a jugier de moult de causes. Et a distribuer les princeyz honneurs et offices selon la dignité et valeur des personnes il est necessaire de congnoistre les citoyens les ungs avecques les autres. Et quelz ilz sont

⊂Glo. ⊂Car quant a justice commutative ou aux jugemens il convient congnoistre les faiz, et quant a justice distributive il convient congnoistre les personnes. ⊂Tex. ⊂Aussi comme se l'en supposoit que la ou il advient que ceste chose n'est faicte il est necessaire que les choses soient mauvaisement faictes qui sont vers le princey et vers les jugemens. Car vers ung et vers autre ce n'est pas chose juste de faire et de ouvrer de son propre mouvement ou impetueusement. ⊂Glo. C'est assavoir en distribution de princeyz ou d'offices ou de honneurs et en jugement. ⊂Tex. Et il est manifeste q̃ il conviet la ou est tresgrãde multitude de hões q̃ ceste chose soit faicte. ⊂Glo. C'est assavoir mauvais jugemens car le prince ne peult congnoistre de tant de causes et puiet q̃ il face mauvaise commission et distribution des biens d'offices et de honneurs car c'est impossible que il congnoisse tous les notables hommes de si grande multitude. Et pour ce conviet il que il distribue plusieurs choses aussi comme impetueusement sans congnoissance ou par legiere iformacion ou par faulce relacion. Et par ceste raison appert que se l'en vouloit cecy appliquer a la police presente de l'eglise il sembleroit selon ceste philosophie et en lumiere naturel que se le princey du pape n'estoit gouverné par grace especial du sainct esperit ce ne seroit pas bien de luy actribuer aucunement poste de distribuer touz les beneficez de cristiante. Apres il met encor vne autre raison a monstrer que trop grāde multitude est perilleuse pour cite. Tep. Cite c'est legiere chose aux estranges et aux souruenus de transmuer la police. Glo. Quāt ilz sōt en grāt multitude car ilz ont acoustume autre police et sont couuoiteux d'auoir en la cite plus grāt seigneurie. Et pource moult de citez ont este destruictes p gens estrāges q̃ ilz auoient receuz auecques eulx sicō il fut dict ou quit chap du quit et monstre p plusieurs exemples. Tep. Et ce n'est pas fort q̃ telle chose soit nō appente p lexces de la multitude. Glo. Car en tresgrant multitude et si grant cite plusieurs estranges y peuēt estre sāe apptenāce. Aps il met vne conclusiō. Tep. Et doncques appt q̃ le terme de la cite q̃ est tresbō est cestuy c'est assauoir tresgrāt exces de multitude a anarchie c'est adire a suffisance de viure laquelle puisse estre de legier regardee et ordōnee et que chascūe partie puisse aider legierement a lautre. Glo. La tresmeilleur quantite de cite q̃ soit se est la plus grande multitude fors q̃ elle puisse estre biē congneue et bien ordonnee. Et doncques pouons recuillir quatre conclusions premierement que la plus petite quātite de cite est de multitude p soy suffisante laq̃lle se et le estoit moindre ne seroit pas p soy suffisante mais elle ne doibt pas estre dicte mendre pour troys hōmes ou pour

quatre. Car len ne doit pas prendre a ceste maniere mesure mathematicq ou precisse.

¶Item que la plus grande quātite de cite q̃ soit est quāt la multitude q̃ soit peut encor estre assez bien ordōnee mais a grāt peine et se elle estoit plus grande elle ne pourroit estre ordonnee et doncques par soy suffisante et le terme de cite vers petite et ordonnance et le terme de cite vers grandeur.

¶Item entre ces deux termes ou extremitez a grāt latitude ou grant distance ou grant moyen. Et selon ce les vnes citez sōt plus grandes et les autres plus petites. ¶Item en ceste distāce le droit meslieu par equale distāce n'est pas meilleur mais la plus grāde cite qui peut estre ordōne sans difficulte est de la meilleur quantite comme dit est deuant.

Ie ne vueil pas cest chapitre passer sans traictier soubz ceste matiere vne question que ie ne trouue pas ailleurs disputee. Et est assauoir mon aussi cōme cite peult estre trop grande et aussi comme au monde sōt plusieurs citez se royaume peut estre trop grant et se plusieurs doluēt estre ou monde non subiectz a vng. Ou se par raison doibt estre que vng seul homme mortel soit roy ou empereur souuerain. Et tiegne monarchie sur toꝰ pose q̃ soubz luy soiēt plusieurs citez et royaulmes pcipaulx et sēbleroit a aucuns que ceste derreniere partie est a tenir premierement sicomme dit aristote en la fin du piie. de methaphisique les choses du monde ne veullent pas estre mal disposees ne pluralite ou multitude de princeps n'est pas bonne chose Et doncques doit estre ung seul prince. Encia nolunt male disponi nec bonum pluralitas principatuū Vnus ergo princeps Et doncques il semble selon aristote que se plusieurs princeps estoient sans auoir ung prince souuerain les choses humaines ne seroient pas bien disposez ne ordonnees Mais humaine nature seroit aussi comme ung monstre qui a plusieurs testes. ¶ Item tout le monde est gouuerne par ung seul souuerain prince qui est dieu Et doncques a la similitude du grant monde humain lignage qui aussi comme ung petit monde doibt auoir en terre ung prince souuerain en sa police. ¶ Item les intelligences ont angelz selon leur hierarchie sont touz soubz la premiere intelligence comme soubz leur souuerain prince et c'est dieu et doncques en ceste terrienne police tous hommes doiuent estre soubz prince Car ilz ont similitude aux angelz quant a la partie intellectiue.

¶ Item quant est a la partie sensitiue et quant a inclinacion naturelle tous sont gouuernez par les corps du ciel. Sicomme il appert par aristote ou premier de metheores et entre les corps du ciel est ung souuerain prince Car sicomme macrobius recite tulles disoit ou sixte liure de la chose publique que le soleil est prince des lumieres du ciel Dux princeps rector ac moderator luminū reliquor̄ Et de ce dit lauctan Radiisq3 potentibus astra ire vacat cursus q3 vagos tōne moratur Car par le soleil sont gouuernez les mouuemēs des autres planetes Et tous les anciens payens disoient que iupiter est souuerain roy du ciel Et macrobius en son liure de saturnalibus monstre diffusement comment leur theologiens par iupiter ou par ioues entendoient le soleil Et albimazar dict en ses secretz que le souleil resemble au roy (Sol dominatur astris et assimulatur regi Et doncques nature humaine qui se doit conformer en son gouuernement a la gubernacion du ciel aussi comme ung effect se conforme a sa cause et doibt auoir en son regime mondain ung prince souuerain

¶ Item quant a la spiritualite touz hommes de droit diuin sont soubz ung prince lequel est en ceste partie vicaire de dieu Et toute saincte eglise est vne par vniuersel monde Sicomme nous confesson en disant. ¶ Credo in vnum deum etc. Et vnam sanctam catholicam et apostolicam ecclesiam Et a ce sont plusieurs auctoritez de lescripture Et est aussi comme ung royaulme Sicomme disoit saint Iehan en l'apocalipse de l'eglise

Fueillet.

premitiue Cristus fecit nos regnum
& sacerdotes deo Et doncques sembla
blamēt a sēpemplaire doit estre quāt
a sa temporalite vng prīce souuerain
& vng royaume total qui contiengne
tous les autres

¶ Item ceste ordonnance escript pape
innocent tiers a vne emperiere en alle
gant comment dieu feist ou ciel deuρ
grans lumieres Et dict que par ces
deuρ lumieres sont a entendre deuρ
dignitez Cestassauoir lauctorite sa
cerdotal et la poste royal Et doncqs
aussi comme il nest ou mōde que vng
souleil qui signiffie lespituaucte ne q̄
vne lune qui denote la temporalite sē
blablemēt doiuēt estre seulemēt ii. prī
ces souueraīns vng espirituel & laut
tēporel Et ces ii. seigneuries sont di
riuez et viennent dune fontaine cest
de dieu ¶ Item aussi comme en tou
te le genre des bestes & hommes vne es
pece a dominacion sur toutes Cestas
sauoir homme sicomme dit lescriptu
re genese primo Semblablement en
espece humaine vng suppost doibt a
uoir par sus tous seigneurie

¶ Item il semble selon nature que
la souueraine seigneurie du monde
doye estre en vng pays par vne consi
deracion qui est ou pitiē, chapitre en
supuant la ou aristote prouue que les
gens doiuent seigneurier sur ceulx q̄
sont plus vers medy pource que les
grecs sont naturellement plus fors et
plus hardiz selon se siege de la region
ou regart du ciel Et aussi sur ceulx q̄

sont vers septemtrion pource que les
grecs sōt plus prudens & plus subtilz
et Victrinius ou prologue du sipte li
ure de architectura fait semblable cō
sideracion Et lapplicque aux rom
mains en monstrant par ce que ilz doi
uent auoir seigneurie sur toutes au
tres nacions Et doncques par ceste rai
son la monarchie du monde deuroit na
turellement estre aucunesfoiz en grece
Et apres elle deuoit estre a romme

¶ Item a cest propos sont plusieurs
loipes digestes par lesquelles il appt
que lempire de romme est monarchie
du monde ¶ Itē selō aristote en la fin
du sipte chapitre Et ou pp vie. chapi
tre du tiers se aucun epcede les autres
& en puissance ce est iuste chose q̄ tous
luy obeissēt et que il soit souuerain pri
ce & aussi dūg lignage Et doncqs se
vng hōe est tel que il epcede chascun
aut & plusieurs en ceste maniere sicōe
il doit estre monarche par sus tous
Et par ce appert q̄ pource q̄ ihesucrist
fut plus parfaict que quelzconques
autres & que tous autres ensemble &
entant comme homme ¶ Cep.

¶ Sensuit selon la raison daristote
que par plus forte cause la monarchie
du monde luy estoit deue entant com
me homme ¶ Item que vng hom
me doibt estre souuerain prince en ter
re ce nest pas seullemēt de droit mais
a este plusieurs foiz de fait & de lordō
nance de dieu si comme nabugodono
zor du quel nostre seigneur dist par ie
remie son prophete Que toutes gens

luy seroient subiectz Seruient ei oēs gētes Et a cestuy mesmes disoit Daniel le pphete potestas tua in terminos vniuerse terre.

¶ Item cyrus disoit sicomme recite esdras que dieu luy auoit dōne tous les royaumes du monde Omnia regna terre dedit michi deus

¶ Item ou liure de hester assuerus dīsoit que tout le monde estoit en son obeissance Cum vniuersum orbē mee dominacioni subiugassem ᛝc.

Itē du roy alixādre ou liure des machabeez. Siluit terra in conspectu eius Car selō aucūes hystoires il fut seigneur de tout le monde ¶ Item de iules cezar quant il fut faict empereur dist le poethe Diuisum imperiū cū ioue cezar habet Il vouloit dire que aussi comme dieu tient la monarchie ou ciel cezar la tenoit en terre Et semblablement fut de plusieurs autres ᛝ en signe de ce lymage imperial tient vne espere aussi comme vne pomme

¶ Item que ceste chose soit expediente au monde il appert par ce q es tēps de telles monarchies ont este plꝰ grandes prosperitez que en aultres temps sicomme es temps que regnerent les babiloniens et apres les rommains Car selon ce que dit saint augustin ce furent les deux plus grans royaumes du monde Et mesmement ou temps que octonien tint a romme telle monarchie quant ihesucrist fut ne Car sicomme il peut apparoir par titus liuius ᛝ par les autres hystoriens oncques

puis que le monde fut peuple ne fut aussi grant paix Et de ceste prosperite mondaine qui estoit commencee au temps de iules cezar dit ouide en son grant liure Quo preside rep humano generi superi fauisti hñde Il dit q lors les dieux furēt fauorables habūdaumēt a humain lignage Et de octonien dit Virgille augustus cezar. Dum genus aurei condet secula. Il veult dire que en son temps seroient reformez les bōs siecles dorez aussi cōme se de lordonnance de dieu fust adoncques la meilleur police ᛝ la plus profitable a nature humaine Et ce estoit vniuerselle monarchie

¶ Item la chose nest pas bonne qui est introduicte comme aduersite ᛝ por peine de peche Et telle chose est deffaulte de monarchie vniuerselle Car sicomme dit le sage en prouerbe propter peccata terre multi principes eius La terre a moult de princes pour les pechez delle.

¶ Item telle multitude de princes ou de royaumes sās estre soubz vng souerain cest vne separacion et vne diuision Mais la grāde monarchie cest vne vniō ᛝ est cause de plus grande cōgnoissance ᛝ de cōuersatiō ᛝ de amitie ᛝ de ayde entre les naciōs ᛝ diuerses regiōs Et dōcques aussi cōme plusieurs persōnes font vne maisōn. Et plusieurs maisōs fōt vne rue Et plusieurs rues vne cite ᛝ plusieurs citez vng royaume il semble que plusieurs royaumes ᛝ tous ensemble doi

Fueillet

uent faire vng empire vniuersel et total. ¶Item il semble que ceste chose nous soit signifie en la saincte escripture la ou lectro consilia a moyse que il congneust des choses qui appartiennent a dieu Et que il constituast preudommes qui iugeroient le peuple et qui luy rapporteroient les grandes choses Esto tu in populo in hijs que sont ad deum etc. Et parce nous est donne a entendre que vng seul doibt estre souuerain en lespiritualite Et que les grandes causes temporelles doiuent ressortir a luy ou a autre souuerain en temporalite Et ce peult estre par appellacion ou autrement Cest assauoir que les causes qui sont entre les subiectz des princes toutes prennent fin en leurs souueraines cours que les causes seullement qui viennent deuant le souuerain monarchie qui sont entre les princes et qui ne peuent estre terminez par traicteurs

¶Item chascun diroit que mieulx est que les controuersies et dissensions soient terminez par iugement et par voye de raison que de fait par guerre et par les maulx qui sont faiz en guerre Et doncques aussi comme les controuersies et querelles qui sont entre ces deux citoyens ou plusieurs sont iugiees par leurs princes ou par aucuns commis de par leurs princes semblablement selon raison les contendions qui sont entre deux roys ou princes ou plusieurs deuoient estre terminees et iugees par vng monarche general et prince souuerain Et ainsi soit argue a ceste partie par apparence prinses de droiz diuins et naturelz et positifs par faiz et deppedient et par raison.

Mais au contraire sont premierement les raisons que fait aristote a prouuer que cite peult estre trop grande car selon ceste science royaume nest autre chose fors vne cite royal auecques sa region combien que aucunefoiz en la region soient plusieurs autres citez aussi comme suffraganes Et doncques aussi comme selon aristote la cite et la region sont de moderee quantite Et peut estre trop grande il sensuit que royaulme peult estre trop grant

¶Item toutes choses naturelles ou artificielles ont quantite determinee ou moderee Et royaume est en partie vne chose naturelle et partie artificielle sicomme il fut dit en exposant le texte et la chose publique selon ce que dit plutarcus et aussi comme vng corps humain Et doncques se vng royaume ou vne chose publique se eptendoit par toutes terres ce seroit aussi comme vne infinite et immoderee et seroit comme le corps des gens qui sont par fiction descriptz ou liure de gigãthonosmathie la ou est dit quilz auoient Cent piez et Cent mais Et parce disoit sainct augustin du royaume ou empire des rommains qui passent mesure.q laborabat magnitudine sua Et vouloit dire que il estoit si grant que a paine

Le tiers liure.   de politiques xxxviii

se pouoit soustenir ¶Item ou tiers liure de la cite touche la raison daristote en parlant de lexcessiue grandeur de lempire de romme il dit ainsi ¶Et magnum esset imperium cur esse debet inquietum, nonne in corporibus hominum sacius est modicā staturam cum sanitate habere quam ad utolem aliquā gigātū p̄petuis afflictionibꝰ peruenire, nec cū perueneris quiescere sed quāto grandioribus membris tāto grauioribus agitari malis ¶Il dict en sentence que mieulx vault auoir ung petit corps bien sain q̄ estre tousiours en misere pour enormite de grandeur ou quantite de corps desmesuree Et par ce il entend que semblable chose est de quantite de royaulme. Car royaume est comme ung corps sicomme dit est ¶Item ce seroit impossible que ung prince ne par soy ne par autres comme de par suy peust ordōner si grande multitude se il nestoit dieu. ¶Item tel monarche ne pourroit pas noistre tous les faiz & personnes notables Et doncques ne pourroit bien iuger ne bien distribuer les honneurs & les offices Et toutes ces raisons ont este declares deuant en opposāt le texte Et a cest propos est la saincte escripture ou tiers liure des roys qui mect comme le roy salamon requist a dieu sens & entendemēt pour iugier le peuple disrael en disant Quis potest iudicare populum hunc multū qui numerari & supportari non potest propter multitudinem, dabis ergo seruo tuo

cor docile &c. ¶Et vouloit dire q̄ nul ne pourroit gouuerner si grande multitude sans especial don de dieu. Et pource dit bien aristote ou texte que ung nombre de gens tresexcedēt nest pas puissance humaine mais diuine Et a cest propos fut mis ung exemple ou chapitre precedēt de ce que ung ost peut estre trop grant et se telle monarchie estoit iuste ce seroit police royal Laquelle est tresbonne & tresdiuine sicomme il fut dit ou second chapitre du quart Et ce nest pas possible que tous soient gouuernez par tresbonne et tresdiuine monarchie sicōme il fut dit ou second chapitre du quart ¶Et ce nest pas possible que touz soiēt gouuernez par tresbonne police sicomme il appert ou p̄mier chapitre du quart. Mais une police est expediente a une gent & lautre a autres sicomme il appert ou p. iiii. chapitre du quart Car selon la diuersite des regions des complexions des inclinations des meurs des gens il conuient q̄ leurs droitz positifs et leurs gouuernemens soient differens & ce dit haly sur le quadripty de tholomee formant leges conuenientes sui naturis Et se aucun disoit q̄ le monarche gouuerneroit les ungs p̄ une police & les autres p̄ autres selon ce que leur est expediēt ce ne pourroit estre p̄ raison deuant mise Car il ne pourroit tout le monde cōgnoistre ¶Item il semble quilz ayent ordonnez en terre que plusieurs soiēt souuerains princeps p̄ce que plusieurs regions sont diuisez ou separees par mers ou par grans fleuues ou plus p̄ forestz par deserz par montengnes p̄ lieux inaccessibles ou inhabitables Pour quoy les vngs ne peuent auoir auecques les autres de telle conuersation comme requise est entre les gēs dung royaume ou dune police.

¶ Item encor appert ceste chose autrement car selon ce que fut dit ou second chapitre du premier nature a dōne a homme parolle p̄ entēdre vng lautre affin de communicacion ciuille Et doncques la diuision et diuersite des signages repugne a conuersation ciuille et a vnite de police Et a cest propos dit saint augustin ou pl⁹ liure de la cite de dieu que deux bestes mues de diuerses especes se acompaignent plus legierement ensemble que ne font deux hommes dont vng ne cognoist le langage de autre et dit assez tost apres que vng homme est pl⁹ voluntiers auecques son chien que auecques vng homme destrange langue Et selon ce quant ihesucrist vout fut vnir le monde a soy il fist que ses apostres estoient de toutes gens entēduz et de ce en vne sequence q̄ fist vng roy de france sicomme len chante en saincte eglise en disant au saint espit. Tu diuisum per linguas mūdū et ritus adunasti domine Et pource est ce vne chose aussi cōme hors nature q̄ vng homme regne sur gent qui ne entendent son maternel langage Et est contre lordonnance de dieu en deutronomii, la ou il dit a son peuple Non poteris alterius gentis regem facere. Len ne doit pas auoir roy destrange nacion Et pource au contraire nostre seigneur pronunca souuent par ces p̄phetes cōme mal et cōme peine en menassent le peuple disrael q̄ il mettroit en mains de gens estranges et dautre langue Aducam super vos gentem cuius ignorabitis linguam etc.

¶ Item encor fait a cest propos vng autre signe naturel Car les mouches qui fōt le miel ont vne maniere de police Et ont vne mouche qui est aussi comme leur capitaine ou roy Et ou second chapitre aristote fait similitude ou comparaison de ceste chose a communication ou congregacion ciuile Or est il certain que vne telle mouche nest pas maistresse sur toutes celles du monde Mais sont plusieurs telles Et peut estre que semblable chose est en plusieurs autres especes de bestes

¶ Item la poste royal est determinee et moderee en intencion ou auctorite sur les subiectz sicomme il appert ou p̄pitie chapitre du tiers Et doncques par semblable elle doit estre moderee en extencion ou largesse de pays

¶ Item nul royaume terrien ne peut tousiours durer Mais appert par les escriptures comme les premiers dont il est memoire sont pieca faillis Et pource dit lescripture par especial prerogatiue de ihesucrist Et regni eius non erit finis Son royaume sera sans fin Et doncques semblablement aussi comme royaume ne dure tout temps, nul ne se doibt estendre par tous lieux. Mais aussi comme il a mesure en sa duracion il doit auoir mesure en eptencion. Mais Virgille met tout le contraire de lempire de romme et dit commēt iupiter parloit des romains. His ego nec methas rerum nec tempora pono Imperium sine fine dedi. Il Vouloit dire q̃ ilz fussēt seigneurs p̄ tout et en tout temps. Mais cest vne fiction poetique. Car la vroye prophecie ancienne de Balaam en sa saincte escripture venient in inferioribus de ytalia ⁊c. Et experiences de fait monstrent le contraire. Et pour ce ne conuiēt pas dire que le souuerain prestre des crestiens doye tousiours tenir son siege en celle place et toutes voyes pape innocēt tiers le met en vng sermō de saint pierre et sainct pol ⁊c.

¶ Item que royaume doye estre de quātite moderee il appt̄ par sainct augustī ou quart liure de la cite de dieu la ou il dit en sentence que les choses humaines fussent plus beneureees se les royaumes fussent petis ⁊ voisins par concorde. Et en cest mesme liure auoit il dit deuant commēt la gloire de grandeur ⁊ de latitude dempire ou de royaume est comparee a la ioye ou leesce que len a dune verriere feisble et clere de laquelle len est tousiours en doubte horriblement que elle ne se casse ou froisse soudainement. Et dict plusieurs autres choses a cest p̄pos

¶ Item es temps anciens que len appelloit les bons temps heroiques. Et les poethes les nōmoiēt les siecles dorez les royaumes nestoient pas grās sicomme il peut assez apparoir par le premier chapitre du premier ⁊ par le xx.e du tiers. Et par les hystoires. Et ce dit expressemēt iustin ou commancement de son liure. Et ce peut len cōiecturer par la saincte escripture mesmement ou liure de iosue la ou il est dit que les filz disrael conquerierent oultre le fleuue de iourdain xxx.i. royaumes. ¶ Item lacroissement des royaumes vint premieremēt pt̄ vne des deup causes. Vne fut liniqt̄e de ceulx qui estoient subluguez ⁊ ceste touche saint augustin ou liure des susdict. Mais se pource vne cite ou region auoit monarchie sur tout le monde il sensupuroit que tous les autres fussēt iniques en meurs la quelle chose nest pas conueniente a nature humaine. Lautre cause est liniquite des conquerans tant par vsurpacion ⁊ p̄ tyrannie. Et de telz grans royaumes dit saint augustin q̃ se sōt grās larrecine ioupte ce que vng pillart de mer respondit a alixandre. Et ceste cause est la plus cōmune et fut le premier acroissement de royaulme selon ce que met iustin ou commencement de son liure. Et saint augustin a cest propos allegue Virgille qui mettoit que les royaumes ne acreurent. Do nec deterior paulatim deploret etas. Et belli rabiesq̃ amor successit habendi. Il veult dire que telz acroissemēs de royaumes vidrent de couuoitise quât le monde empira Et se autres causes de ce sont fictees elles ne sont pas souuêt Et ne pourroit lê p ce acquerir general monarchie Et doncques telle monarchie ne peult estre bonnement ne iustement ❡ Item que excedente quantite de monarchie ne soit pas conuenable encor appert parce que côbien que plusieurs royaulmes ayent longuemêt dure ce na pas este en grâdeur excedente Mais assez tost côme ilz estoient deuenus si tresgrans ilz estoient destrutz ou diuisez et desolez ou cômencoient a decliner sicomme il appert assez par les histoires Et pource dit saint augustin ou xix.e liure de la cite de dieu que telle monarchie tant est plus grande tât est plus pleine de perilz Et donc que telle excessiue quâtite nest pas royaume naturel Mais est chose violente et qui ne peut durer Et encor sera pl9 declare cest propos par la responce aux argumens côtraires Et pource il nest pas expediêt de acroistre ung royaume excedaumêt pose que il peust faire iustement Mais est a garder la moderacion et la mesurement qui est mise en cest chapitre apres Et aucunesfoiz seroit expedient de les appeticier sicomme il appert par aulcuns exemples lesquelz met Valerius maximus

De ceste question ie excepte la domination que nostre saint pere le pape peut auoir et que il a de dieu sans moyen par miracle diuin de grace especial du saint esperit Et respont tant seullement ce que me semble en raison naturelle selon ceste philosophie et dy que royaulme est de quantite moderee et mesuree et q̂ vniuerselle monarchie têporelle nest pas iuste ne expediente Et a ce me souffisent les raisons deuant mises auecques les responces aux argumens contraires. ❡ Au premier auquel fut dit que pluralite de princez nest pas bonne. Je dy que ce nest pas a entendre en polices humaines Car en toute bonne police selon aristote sont plusieurs princez ou offices Et aristocracie qui est bône police sôt plusieurs princes souuerais sicôme souuêt dit est en ceste sciêce, et a ce q̂ estoit dit a ps Vn9 ergo princeps Je dy q̂ il entend q̂ ung soit prince de tout le monde et cest dieu Et parle illecques aristote côtre ceulx q̂ mettoient deux premiers principes ptraires sicomme faisoient empedocles et anapagoras Et telz furent les manichiens q̂ mettoiêt ung dieu de lumiere et ung aut dieu de tenebres Et doncques aussi côe en ung ost ou en une cite bien ordonnee selon police royal est ung souuerain prince Sêblablemêt est dieu souuerain prîce en tout le môde lequel monde est ung corps entier et parfaict mais la multitude de touz les hommes nest pas ung corps ni chose qui puisse estre ordonnee soubz ung homme sicomme il est declare deuant et sera apres Et aussi comme ceste multitude nest pas ung monstre pource se elle a plusieurs testes en plusieurs supposts Non est elle pource se elle a plusieurs chiefs en plusieurs royaumes et citez qui tous sont soubz dieu

¶ Au second ou fut dit que le humain lignage qui est aussi comme ung petit monde doibt auoir en soy ung seul souuerain prince en la similitude dung grant monde Je respons et dy que chascun homme est ung petit monde Homo est microcosmus Et aussi chascun royaume ou cite peut estre dit ung petit monde mais la multitude uniuerselle des hommes pour la difficulte de conuerser ensemble ciuilement Et porce la impossibilite destre soubz ung homme ne peut estre dicte ung corps ne ung royaume ne ung petit monde Mais est plusieurs petiz mondes cest assauoir plusieurs personnes plusieurs royaumes et citez qui sont parties du grant monde

¶ Item encor appert la response a ces deux argumens par ce que est touche ou texte Car se ung pur homme mortel estoit tel que il peust particulierement et singulierement congnoistre et ordonner de tous les faitz humains et de toutes les personnes aussi comme dieu cognoist et ordonne de tout le monde cest homme deuroit estre prince sur tous Mais sicomme dit aristote ceste chose est puissance diuine et non pas humaine Et doncques nest ce pas semblable Et pource il ne conuient pas car aussi comme dieu est seigneur du ciel que ung homme soit seigneur de la terre Et ce nous denote le psalmiste qui dit Celum celi domino terram autem dedit filiis hominum Car il ne dit pas en singulier filio hominis. Mais plutier filiis hominum Il donna la terre aux filz des hommes.

¶ Au tiers ou estoit dit que tous les angelz ont ung prince etc. Je dy que prince nest pas ung ange cree mais est dieu leur createur Lequel semblablement est souuerain sur touz roys Rex regum et dominus dominantium Et les archangelz qui sont princes des angelz soubz dieu sont plusieurs aussi comme les roys terriens sont plusieurs ¶ Au quart la ou fut dit que le souleil est prince des corps du ciel et nature humaine se doit conformer au ciel Je dy que elle doit ace proformer selon ce quil est possible expedient et non pas du tout car ce ne pourroit estre Et Brief uement telles parsuasions sont trop loing de raison pratique Et sont aussi comme celles que aristote appelle sophieme de police ¶ Au quint il faict mencion de ce que en lespitualite touz sont soubz ung prince Je dy que la police spirituelle de saincte eglise quant ace nest pas subiect a ceste science car telle monarchie espirituelle uient de dieu par grace especial Et le monarche delle est lieutenant de dieu et gouuerne par le sainct esperit Et doncques a ceste

Fueillet

police n'est pas semblable la police tempo/
rel laqlle vient de dieu par autre influ
ence & par autre maniere Et est gou
uerne par raison naturelle & par pru
dence humaine Et auecques ce lon ne
seroit pas par aueture diuision ne con
tencion pour le spiritualite tant come
pour la temporalite Et plusieurs na
cions souztendroient moins voulentiers
ung prince temporel que ung espiri/
tuel qui ne tendroit ou possesseroit des
biens de hors ou peu ou neant Au si pie
q̃ parle de deux luminaires du ciel &c.
Je dy que se l'auctorite sacerdotale & la
poste royal sont semblables a ces grans
lumieres en aucunes choses ilz ne le sont
pas en toutes Et doncques se il ne est
ou monde que une lune il ne sensuyt
pas pource quil ne soit fors ung prin
ce terrien Car aussi la lune est tous
iours une Luna perfecta in eternum.
Et le prince est mortel & telles raisons
prises de ses mistique ou figuratif ne
sont pas certification selon ce que dit
saint augustin Et d'une presq̃ telle il
dit Contra donatistas Et absit Vt cu̅
verum querimus talibus argumentis
vtamur Et en une epistre ad vin/
cenciu̅ il dit en sentence q̃ nul ne doibt
amener telles alegories a son propos
se il na autre probacion Et ce est bien
dit car telles choses sont pl'adire pres
chemens que argumens ¶ Au vii.e
ou est oit dit que homme selon son es
pece a dominacion sur toutes aultres
bestes Et doncques aussi come ung
gerre est une espece souueraine en les/

pece doit estre vng suppost souuerain
Je dy que il ne sensuit pas car selon sait
augustin & les autres docteurs quant
nostre seigneur dit a homme que il a/
uroit dominaciõ sur les bestes il vou
lut parce denoter & donner a entendre
que hommes ne doiuẽt pas auoir do
mination sur hommes mais commẽt
ce doit estre entẽdu il fut dit en le viii
ch xpitre du premier ¶ A le viii.e q̃ dit
que selõ nature ung pays doit auoir
seigneurie sur les autres sicomme gre
ce &c. Je dy que telle consideracion ne
conclud en rien sur ceulx qui sont du
ne part et d'autre selon la lõgitude de
la terre habitable Mais seullement se
lon la latitude & non pas a quelcon
ques distãce pour les difficultez & im
possibilitez dessus mises Encor pose
que les greces eussent en eulx puissã
ce & prudence Et que par mauuaises
meurs leur bonne nature ne fut empi
ree ¶ Au ix.e q̃ fait mencion des loix
qui dient que l'empereur de romme est
seigneur de tout le monde Je dy que
ce sont telles loix que les grecques appel
lẽt apostusdyamenos C'est adire loix
indiscretement mises Car ce sont es
tatuz thyranniques & de trop grant
presumption Et cellup n'est acroi
re qui de soy mesme dit Ego sum do
minus mundi Ne ceulx qui diẽt ung
pur homme ou par flaterie ou par ig
norance Et sans eulx fonder sur rai
son Et telles choses sõt plus dignes
de derision que de allegacion ou d'aut
respõce Et porce telz sont trop siples

ij cuydent que tout ce que est es l gestes et es autres liures des loix de rõme soit iustice et verite a tenir p̃ tout le monde aussi cõe se il ne fust nul autre droit ciuil escript et a dire verite cest deffault de prudence de ce croire Car combien que en telz liures soit contenu grandement de bien et loix bonnes et iustes neantmoins illecques sont aulcunes loix contraires aulx droiz de saincte eglise et discordables de raison naturelle sicomme de plusieurs telles loix que declaire en sa sõme ung docteur appelle frere Berthelemi et de ceste matiere fut dict plus a plain ou xxv.e chapitre du quint ¶ Au p̃ ou fut dit que se aucun excede en puissance et vertu les aultres il doit estre seigneur etc. ¶ Je dy premierement que ce est a entendre au commancemẽt quã len fait election de personne ou de lignage pour tenir le princey Mais non pas quant la personne ou le lignage a esté esleu et institue iustement Car il ne doibt pas estre destitue por ce se len en entreuue ung meilleur

¶ Apres le dy que au commancemẽt tel homme deuroit estre prins pour prince de sa cite ou en son pays / mais non pas sur tout le monde Car il ne pourroit tout gouuerner comme dict est se il nestoit dieu sicomme fut ihesu crist ¶ A le pie, qui met que telle grã de monarchie a souuent este de fait.

¶ Je dy premierement que telz grans royaulmes ne furent pas propres royaulmes Mais estoient usurpacions

violentes et tyrannies sicomme il appert par iustin et par les aultres hystoriens et du royaulme des assiriens et de celluy des grecs et de celluy des rommains dont il appert assez a lystoire du roy artus Et telle maniere de acquerir grant dominacion cõme eurẽt les rommains est reprouuee ou qua rt et ou sixte chapitre ¶ Apres le dy que nul des princes dessus nommes ne autre ne eut oncques seigneurie sur tout le monde Car selon la p̃phecie daniel le royaulme ou empire de romme fut le plus grant de tous Et toutesuoyes il neut oncques seigneurie sur toutes gens sicomme mõstre saint augustin ou tiers liure de sa cité de dieu Et appert par les hystoires et par les docteurs Et ce prouue ung nouuel docteur en loix appelle odrac Mais verité quant ung prince a plusieurs pays soubz luy se seult dire que tout le monde luy obeist Et est comme une maniere de parler aussi comme quãt plusieurs cites ou pays ont aulcũe calamite len seult dire que tout le monde est perdu Et ceste maniere de parler est moult de foiz en la saincte escripture

¶ Au douziesme ou fut dict que es temps de telles monarchies grandes prosperitez estoient en terre ou au monde ¶ Je dy que q̃ entendroit par prosperite richesses pompes et delectaciõs corporelles telles choses habondoiẽt vers les princes et certai q̃ telles põpes et esbatemẽs et delectaciõs ne peuent

Fueillet.

estre sans thyrannie Mais les hystoriques et les poetes entendirent plus a descripre telle prosperite des princes que la misere et la pourete des subiectz Mais q́ prient prosperite pour bonne vie et selon vertu len doibt dire que en ce temps estoit tresgrande aduersite car presque tout le monde estoit en pechie et menoit layde vie et vituperable sicomme sainct pol mect en lespitre aux romains Et ad galathas il dict. Quod conclusit scriptura omnia sub peccato Et quant est de la paix qui fut regnant octonien Je dy que ce fut especial miracle de dieu au temps de sa natiuite ¶ Au pñte. ou estoit dit que multitude de princes nest pas bõne. Car elle est introduicte pour pechie. ¶Propter peccata terre multi principes eius ¶Je dy premierement que en vng royaume ou princep aucunesfoiz por le pechie du peuple les princes durent peu de temps et sont mues trop souuent Et aucunesfoiz par diuision plusieurs succedent pour vng Et cest lepposition de lapostille mais parce il ne sensuit pas se en plusieurs regions sont plusieurs princes que ce soit mal ne peine de pechie. ¶Apresje dy selon ceste science que en deux manieres de polices lesquelles sont mauuaises et comme thyrannies les princes sont plusieurs Cest assauoir en democracie et en olygarchie Et est pour la misere du peuple qui nest pas signe de bonne police ou

des subiects qui pour leur pechiez ont desserui estre soubz telle seruitude et selon ce peult len dire ¶Propter peccata terre multi principes eius ¶Au pñte. ou fut dict que multitude de princeps ou de royaumes est vne separacion Et que la grande monarchie seroit vne vnion ¶Je dy que separacion est expediente sicõme quant en vne maison sont enffans en multitude cest bien que de ceste maison soient faictes plusieurs mais encores ont elles vnion en rue Et plusieurs rues ont vnion en cite Et plusieurs citez en royaulmes ¶Mais la fin et le terme de cest proces et de cest vniement est quant la multitude et la region ont par soy souffisance sicomme il appert ou second chapitre du premier Et pource il ne conuient pas proceder oultre ne mettre que plusieurs royaulmes soient soubz vng souuerain car ce nest pas possible par raison sicomme dit est Et sainct augustin ou dixneufiesme liure de la cite de dieu recite cest argument et mect arrest ou proces de vniement touchie pour la diuersite des langaiges Dont fut parle deuant en le huptiesme raison pour la trope partie de ceste question. ¶Au pñt. ou fut dit q́ ceste grãde monarchie nous est signiffit en lescripte par moyse et cetera. ¶Je dy que cest argument ne preuue plus fors que cest bien que en vng royaume ou en vng princep le souuerain prince ayt soubz luy plusieurs autres princes et iuges et officiers mais qui vouldroit cest argumēt estendre a ce q̄ ung fust souuerain sur tous ce seroit vne conse quence prise que sens mistique et non necessaire de peu dapparence Et la p̄ clusion ne peut bonnement estre sicō me souuent est dit Au .vii. ou fut dit que mieulx seroit que les cōtencions fussent terminees par raison que par guerre etc. Je dy premierement que se tous vouloient tousiours estre sans guerre et obeir a ung souuerain q̄ to⁹ iours sceut et peust bien tout iugier et tresbien tout ordonner en la manie re mise en cest argument ce seroit belle chose sicomme il sēble mais ce est aus si comme vne fiction poethique ou cō me vne ymaginacion mathemathi que Car sicomme iay dit autresfoiz le mōde nest pas gouuerne p̄ si ne p̄ tel les condicionelles suppositions il con uient prendre tel comment il est Item par auenture est il mieulx ainsi q̄ autre ment qui tout pourroit considerer car sicomme dit boece de consolacion Na turaly omniū p̄ditor deus q̄de ad. bo nū dirigēs cuncta disponit Dieu or donne tout a biē ¶ Et a p̄dre le mon de tel cōme il est selō son cours natu rel ce nest pas bonnement possible que ung soit souuerain monarche Et ne pourroit estre longuement Et sans raisons et causes dessus mises Encor pose quil fust fait ou par election ou par succession ou comment que fust

pour certain les difficultez seroient in nombrables et merueilleuses et les dis sencions et rebelliōs perilleuses et plu sieurs guerres et plus males q̄ quant il est aultrement sicomme il est vray semblable Car chascun de plusieurs vouldroit auoir ceste monarchie
¶ Item en mettāt que plusieurs roy aumes ou princepz soient selon ceste science et sans tel souuerain le remede ētre les guerres est q̄ chūn royaulme ou cite tiēgne iustice en soy Et ne face iniustice aux estranges et q̄ il ait puis sance darmes pour soy garder Et po⁹ resister a ceulx qui le vouldroient in iustement greuer
¶ Item non obstant ce guerres sont souuent pour la deffaulte des choses dessusdictes Et tel est le cours du mō de et linclinacion q̄ viēt des corps du ciel sur la nature de la partie sensitiue irascible et concupiscible Et mesme ment sur la vertu ou puissance irasci ble Cest adire sur celle qui commeut ou esmeut les gens a ire Et selon ce la saincte escripture prononce aulcu nesfoiz paix et aulcunesfoiz guerres Et de ce disoit le saige Omnia tēpus habent etc. Tempus belli et tempus pacis Il est vng temps de guerres et laultre de paix Et sans grant inter uualles Et selon ce prions nous dieu que il nous donne paix en noz temps Da pacem domine in diebus nostris
¶ Et parce appert que vngs faulx p̄phetes ne sont pas acroire q̄ contre

Fueillet.

ce que dit est ¿ ntre seuãgile les saictz docteurs promettent au monde vne paix generale prochaine aduenir ¿ dient que elle durera Mil ans laquelle ne peut estre se dieu ne faisoit le siecle autre que il nest Et pource scte eglise en vne oroison que elle fait por la paix temporelle prie a dieu quil nous donne la paix que le monde ne peult donner Da nobis illam quam mondus non potest dare pacẽ ¿c. Et ce que iay dit de moy en ceste question ie soumect a toute bonne correction ¶Tep.¶ Et que chascune partie puisse legieremẽt aider a lautre Et doncques de magnitude ou grandeur ou quantite de cite soit determine en ceste maniere

¶ En le plr. chapitre il determine de la qualite ¿ quantite ¿ assiete de la region ¿ de lassiete de la cite

Semblablemẽt puiẽt determiner des choses q̃ regardẽt la regiõ Et est certain q̃ tout hõe q̃ vouldroit loer vne regiõ de ce q̃ elle est de bonne qualite il diroit q̃ cest porce q̃ elle est p soy souffisãte ¿ est necessaire q̃ telle region porte toutes choses C'est a dire elle soit fertile de tout Car se toutes choses sont en elle et q̃ elle ne ait deffault de rien elle est anthertiees C'est a dire par soy souffisante ¶Glo¶ Aucunes choses sont necessaires a vivre Mais ce ne souffist pas pour dire que la region soit tresbonne Car auecques ce autres choses sont necessaires a bien viure Et tout ce doit estre en regiõ tresbõne Et oultre ce sõt autres choses nõ necessaires ou hors necessaires et de ce habũdẽt lesquelles sõt aucunement pssitables ou delectables sicomme seroient aulcunes espices aromatiques ¿ pierres precieuses et aulcunes bestes sauuages ou plantes ou telles choses estranges Mais non obstant ce que elles viennent de hors du pays neãtmoins la region doibt estre dicte par soy suffisante se elle a de soy les choses devant dictes ¶Apres ce que il a dit De la qualite de la region il parle de la quantite ¶Tep.¶ Et de multitude de gens et de quantite de paye elle doibt estre tant grande que les habitans puissent viure liberallement et actrempeement ¶Glose.¶ Car la vertu de temperãce regarde homme quant a sa personne ¿ liberte quant a autre Et dõcques la region est de bõne quantite se les habitans ont possessions dont ilz puissent auoir bon nourrissement sans trop decliner a delices. Et dont ilz puissent departir a leurs amis sans auarice. ¶Tepte.¶

¶ Mais cest terme et ceste limitaciõ de habundance quant elle est bien ou non bien nous disons que ceste chose est a cõsiderer apres plus diligeumẽt quãt mẽcion sera faicte de possessiõ ¿ de labundã ce q̃ est vers richesses en q̃lle maniere elle se doit auoir ¿ mẽt elle

⊂Le viie. liure   de politiques.   ꝑlii.

est appliquee a vsage ⸿Glo. ⸿Il parlera de ce apꝛes ou pꝛpie. chap̃ ⊂apꝛes ⸿Tex. ⸿Car moult de doubtes sõt vers ceste cõsideracion pource q̃ plusieurs traictẽt a espces de bie̾ ⸾ dune ptie ⸾ dautre Cestassauoir les vnges a tenir cite a auarice q̃ sõt trop tenẽs ⸾ les autres a delices ⸿Glo. ⸿Car selõ diuerses inclinacione̾ ⸾ pꝛplepions les vnges tendẽt a acquerir possessione̾ ⸾ pecu̾es ⸾ les autres plus a accomplir leurs desirs charnelz ⸿Apꝛes il pꝛle du siege ou assiecte de la region ⸿Tex. Et lespece ou disposition ou assiecte de la region ce nest pas fort de la dire. Mais il puiẽt apꝛẽdꝛe aucunes choses ace appꝛtenãtes de ceulx q̃ sõt espꝑs a gouuerner les ostz Car il puiẽt q̃ la region soit de sorte entree aux aduersaires ⸾ de legiere yssue a ceulx de dedens ⸿Jte aussi cõe nous auons dit q̃ il puient que la multitude de la cite puisse de legier aider vne ptie a lautre ce fut dit en la fin du chap̃ pcedẽt ⸘. Seblablemẽt de la regiõ il puiet q̃ les pties puissẽt de legier aidier vne ptie a lautre ⸿Glo. Et tout ce q̃ dit est est ainsi a entẽdꝛe que au commãcement pour tresbonne police instituer len deuroit eslire regiõ qui eust les cõdicios dessus dictes de sa nature auecques ce q̃ len lui peut aider par art et maintenãt qlcõque region est telle elle est habille selon ce a bonne police se il n'pa autre deffault ⸿Apꝛes il pꝛle de la siecte de la cite ⸿Tex. ⸿Et se il cõuient faire que la puissance de la cite

soit a souhait ⸾ a plaisãce il est chose ꝯuenable q̃ elle soit bien mise ⸾ bien assise au regart de la mer Et au regart de la region Car il conuient que vng terme ⸾ vne fin a quoy sen doit regarder soit que la cite puisse auoir aide de tous lieux ⸿Glo. Et pour ses guerres Et ce est lassiecte que elle doibt auoir au regart de la region. ⸿Tex. ⸿Et lautre terme ou fin est pour apporter les fruiz qui naissent de terre Et encores pour apporter matiere de fust ou merrien ou quelconque telle chose pour aucune operation laquelle matiere la regiõ puisse ⸾ est de legier portable ⸿Glo. Et telle lassiecte de la cite au regart de la mer ⸾ des fleuues p̃ quoy sont plus legieremẽt trãsportees les choses de celle region ⸾ celle destrange pays

⸿Du plie. chapitre il determine comment la cite se doibt auoir au regart de la mer.

Aucuns font doubte de la cõmunication q̃ cite peult auoir a la mer assauoir mon se elle est pꝛsitable ou se de ce vienẽt choses nuysibles ⸿Glo. Et ce nest pas a entẽdre quãt est de aller en mer pour peschier les poissons Mais pour aller de pays en autre par mer ⸿Apꝛes il met les nuysemens ou maulx que aucuns disoient venir de ce. ⸿Texte. Car ce que aucuns viennẽt en la cite

f. iiii

qui sont nourriz en loix et coustumes estranges aucuns dient que cest vne chose non conferente ou nupsible a bonne legislacion ¶Glo. ¶Cest adire a mettre et tenir bonnes loix Car les estranges pourroient enduyre les citoyens a leurs loix ou coustumes qui sont cotraires ou dessemblables a celles du pays ¶Tep. ¶Item q̄ vne multitude soit fcte laquelle len meete hors de la cite p vsage et frequentacion de mer q̄ se recoiue vne aut multitude de negociateur et de merchans estrāges ceste chose est a traitea bie politizer ¶Glo. ¶Car mettre hors les sies et receuoir estrāges ce nest pas seure chose mesmement po ce p estrāges la police est de legier transmue sicōe il fut dit ou p.chap Et plusieurs citez ont este destruites po receptiō de ges estranges sicōe il appt ou quit chap. du quit ape il respōd et met les vtilitez q̄ vienēt de cōication ou vsage de mer ¶Tep. Mais pose q̄ les nuysemēs dessusd̄ ne aduienēt. S. Car il mettra apes met lē les peut euiter. T. Et nest pas chose no manifeste q̄ mieux e q̄ la regiō pticipe a la mer et po seurte et po habūdāce des choses necessaires Car parce il peut pl ayd̄ier les vngs aux autrē quāt a soustenir les assaulx des aduersaires Et puiet q̄ ilz se puissēt sauuer et ayder p les deux voyes Cestassauoir et par terre et p mer po greuer leurs ennemis q̄ les vouldroient assaillir et se il ne peuent par vne voye toutesuoyes que ilz se puissent

ayder de lautre Mais se il peuent ayder de toutes les deux voyes ce sera plus bonne chose
¶Ite par ce que ilz ont participaciō amer ilz peuēt receuoir et auoir les choses quelcōques q̄ ne sont deuers eulx en leur region Et peuēt par ce enuoyer hors les choses qui croissent en leur region Et dont ilz ont a superfluite Et tout ce est a mectre entre les choses necessaires a bien viure ¶Glo. ¶Et doncques auons quatre vtilitez de vsage de mer et vne est porter les biens de la region dune partie en aultre et en la cite. ¶Item apporter daultres pays les choses qui ne sont en la region ¶Item enuoyer et vendre aux estranges ce de quoy len a superhabundance ¶Item en guerre auoir ayde de la region et ce mestier est combatre les aduersaires par mer ¶Apres il met la fin et la maniere de marchander par mer par quoy est euite vng inconuenient ou nuysement deuant touchee ¶Tep. ¶Et puiet q̄ la cite soit negociatiue ou marchande po elle ou a elle et nō pas po les autres estranges ¶Glo. ¶Cest adire pur soy garnir de ce dōt elle a mestier et nō pas pour les autres. ¶Tep. Car ceulx qui se habandōnēt a merchander a tous il fōt ceste chose affin de acquisition de pecunes Et doncques la cite qui na mestier ne besoing de participer en telle superacquisiciō cest adire de gaignier excessiuemēt en merchandise il ne conuient pas que el

le ait tel marchie negociatoire

⁋ Glo ⁋ Il veult dire que ce nest pas bien que la cite sa fin et sa principal entencion a tout marchander pour tout pour gaingner Car tel desir dacqurir oultre souffisance est contraire a bonne police pource que richesses ne sont pas la fin de bonne vie Mais sont instrumens pour ouurer selon vertu politique et parce est euite ou oste ung nuysement ou inconuenient deuant touche lequel est que une grande multitude ysse hors du pays par mer par quoy la region demeure moins seure

⁋ Apres il met remede contre les aultres nuysemens ou inconueniens

⁋ Tex. ⁋ Et nous dopons que une chose est maintenant en moult de regions et de citez Cestassauoir que les fors bours et les pors de mers et de fleuues sont aptement et conuenablement assis en telle maniere que la forteresse principal ou la cite nest parce en rien occupee ou empeschee et se nest pas la cite trop loing de telz pors Mais elle est enuironnee de murs et de telles aultres fermetures ⁋ Glo ⁋ Come sont tours quarreaulx fosses eaues etc. ⁋ Tex. Et pource se aucun bien peut estre fait pour la colication de telz pors la cite aura ce bien et se aucune chose nuysible et dommageuse en peut venir cest legiere chose a escheuer et euiter par loix et statuz qui determinent et mettent difference quelz gens de mer ne conuient pas mesler ensemble et receuoir auecques les citoyens ⁋ Glo. Car puis

que la cite est bien fermee et bien gardee les gens des pors qui sont dehors ny pourront entrer par force et len peut establir par loix que les gens estranges et quant il est bon de laisser de y entrer et quant et comment

Apres il parle de la puissance et de la multitude de gens de mer ⁋ Tex. ⁋ Et est certain de la puissance des gens deaue ou de nauiere que cest bonne chose dauoir de telz gens iusques a une multitude Car il ne souffist pas que les citoyens regardent a eulx mesmes seulement Mais puient quilz soient terribles a aucuns de leurs voisins et quil se puissent aider aussi par mer comme par terre contre ceulx qui la vouldroient greuer mais de la multitude de telles gens et de ceste puissance et grandeur quelle elle doit estre len doit regarder a la vie de la cite Car se la cite use de vie ducalit Cest adire darme de mer il est necessaire que ceste puissance soit mesuree aux actions de la cite de sa region ⁋ Glo. ⁋ Tellement que elle ne soit pas si petite quilz ny puissent deffendre garder le pays par deuers la mer et que elle ne soit pas si grande que les gens de mer soient plus puissans que les citoyens car ce seroit mal Sicomme il pourra apparoir apres ⁋ Apres il met comment ceste gent se doiuent auoir a la cite ⁋ Tex. ⁋ Et nest pas necessaire que ceste multitude de gens de aue demeurent dedens les citez Car il ne conuient pas que ilz soient partie de cite pource que tel peuple qui a dominacion

F.iiii.

en la mer et obtient le nauiere est oul/
trageux et veult estre trop franc et sōt
gent de pie ¶Glo. ¶Gens qui sōt
partie de cite sont raisonnables et or/
donnables a vertu et obeissans aulx
loix et aux princes et gens de mer sōt
cōmunement orgueilleux et mal ordō
nables aux vertus morallees Et po{us}
ce nest pas seure chose quilz aient au
ctorite en la police Car ilz sont enclis
a rebellions et a commocions
¶Tex. ¶Mais aussi comme est
necessaire vne multitude de seruans
et vne autre multitude de cultiueurs
de terre de la region semblable est ne/
cessaire a tresbonne police vie appie
ou habundance de gens de nauiere
¶Glo. ¶Et aussi comme les ser/
uans ne les laboureurs ne sont pas cy
topens ny ne sont pas telz mariniere
¶Tex. ¶Et telle habundance de
mariniere voyon nous en aulcuns
lieux sicomme en la cite de eracle Car
combien que elle soit edifiee de mēdre
quātite et plus estroite que plusieurs
autres Toutesuoyes elle replit moult
de trieres ou de galees. ¶Glo.
Trieres cest galee qui a troys ordre
dauirons Onde numeri 9p111. ven{us}
ent in trieribus de ytalia etc. ¶Apres
il recapitule. ¶Tex. ¶Et donc9̄
en ceste maniere soit determine de la
region et des portz et des citez et de la
mer et la nauiere et nous auōs dit de
la multitude cluik quel terme ou quel
le quantite elle doit auoir ¶Glo.
Ce fut dit ou p{re}. chapitre

¶Du piii. chapitre il monstre quelz
gēs sōt habilles p{ar} na{tur}e a biē politizer

OR disons maintenant quelz
ilz conuient que les cytopens
soient par nature ¶Glo
¶Ientēd des cytopens de tresbon/
ne police a quelles meurs ilz doiuent
estre enclins de leur naturelle cōplex
ion ou quelles gens sōt naturellemēt
disposees a tenir tresbonne police.
¶Tex. ¶Et ceste chose aucū peut
presque entendre ou comprendre sil re
garde aux citez des grecs qui sont a/
prouuees et a tout le circuite d̄ la ter
re en tant cōme elle est occupee de gēs
Car les gens qui sont en lieu froit et
qui sont vers europe sont plains de a
nimosite ou hardiesce et sont gens de
grant courage et sont plus deffaillās
en entendement et en art Et pource
ilz perseuerent pl{us} franchement mais
ilz ne sont pas puissans de bien politi
zer ne de tenir p{ri}ncep{s} sur leur voisis.
¶Glo. ¶Car par leur force ilz se
deffendent et gardent le{ur} liberte mais
ilz nont pas prudence pour bien gou
uerner aultres pose q̄lz optenissēt sur
eulx p force aucunesfois ¶Tex. Et
les gens q̄ sont en asie et vers tel pays
sōt plus artificieulx selon lame et pl{us}
ingenieulx mais eulx sont sans ani
mosite ou sans grant courage et sans
hardiesse Et pource ilz sont subiectz
et p{er}seuerent en seruitute Mais la gēt
ou gerre ou lignage des grecs aussi

comme il moyene selon les lieux aussi il participe ces deux choses dessusdictes Car il est de grant courrage et hardy et est intellectif ou de bon entendement Et pource il perseuere franc en liberte Et est mesmement bien politizant et est puissant de auoir princey sur tous et de tenir touz en vne police

¶ Glo. ¶ Albert dit que cest a dire en vne monarchie et dit que aristote touche icy le royaume du roy alixandre Mais sicomme il appert ou pmier chapitre monarchie vniuerselle nest pas bonnement possible et seroit iniuste Et pource quant aristote dit que le peuple de grece est ou estoit puissant de tenir princey sur tous Cest a entendre sur tous ses voisins Car ainsi disoit il deuant que ceulx de europe ne peuent tenir princey sur leur voisins pour la cause contraire

Pour ceste chose mieulx entendre il conuient premieremēt dire aucunes choses pour declarer le texte ¶ Secondement recolliger aucunes mutacions des grandes seigneuries et des meurs des pays ¶ Tiercement toucher aucunes causes de telles mutacions Quant au premier sǎuoir que les anciens cosmografes Cest adire ceulx qui ont fait description de la terre habitable sicomme pomponius plinius orosius priscianus et plusieurs autres ilz la diuisent premierement en deux parties par vne ligne qui passe de midy a septemtrion

et toute la partie deuers orient ilz lappellent asie et celle deuers occident. Il la diuisent en deux qui sont presque separees par la mer mediterrainee et de ces deux parties celle qui est vers midy et occident ilz lappellent affrique Et celle qui est vers septemtrion et occident ilz lappellent europe et mettent que grece est en europe pres dasie et de affrique Et ainsi est elle presque moyenne Sicomme il peut apparoir en sa figure.

Affrique

¶ Asie

Grece

Europe

Item les astrologiens diuisent plus proprement la terre habitable en vii. climaz par vii. lignes qui passent et sont de orient en occident et iouxte la consideracion que aristote fait icy ptholomee et haly en quadriparty mettent que ceulx q approchent vers midy cest te vers les deux premiers climaz sont plus entendens et de plus grant engin que ne sont les autres de par de ca et sont ceulx du tiers du quart et du quint climat et dit haly que aristote et gelien furēt du quint climat et met aussi difference entre ceulx qui sont vers orient et ceulx qui sont vers occident et vng mesme climat quant aux inclinacions naturelles et aux meurs

¶ Item selon les philosophes la cause pour quoy ceulx de vers septemtrion sont communement plus courageux ou impetueulx ou cruelz & mois subtilz est car ilz habundent plus en humidite et en sang Et les autz devers midy habundēt moins en telles choses Et pource ilz ont condicions contraires & sōt plus subtilz & mois hardiz ¶ Item Victrinus ou prologue du sixte livre de architectra met une semblable cōsideracion a celle q fait icy aristote & le baille largemēt & ou long & moult elegaument & finablement il sapplique aux rommains & conclud en sentence que aussi comme ou ciel le stoille de Joues est moyenne entre la chaleur excessive de lestoille de mars & la tresgrande froidure de saturne semblablement ytalie est moyenne entre septemtrion et midy et attrempee en telle maniere que par ces conseilz & p sa prudēce elle refrene la puissāce des barbarins qui sōt devers septemtriō & par sa puissance vigour et proesse elle obtient contre les conseilz & machinemēs de ceulx devers midy Et par ce la cite du peuple rommain est tellement colloquee de dieu que elle tient la seigneurie & lempire du circuite des terres Cest ce que dit Victrinus en sētence Et selon ce dit Justinien ou prohesme du code Summa rei publice tuetut &c. felix romanorū gentis omnibus anteponi nacionibus ōnibus quia dominari tam preteritis effecit temporibus quā deo propicio in eternum efficiet Mais lung & lautre fault en ceste conclusion car comme il fut dict ou vᵉ chapitre les rommains ne aultres

ne eurent oncques ceste dominacion ne de fait ne de droit. ¶ Quant au second point il est certain par experience que les grecs nont plus telle dominacion ne les meurs ou condiciōs telles comme aristote met icy ne les rommains sicomme met Victrinus Et quant il me semble considerees les escriptures que apres ce que la terre habitable fut peuplee le plusgrant principy la plus grande prosperite mondaine la plusgrande majeste en puissāce & aussi comme la fleur & la gloire de ce monde fut premierement en babilone de quoy dit orose Magna illa babilon prima post reparacionē humani generis condita Ce fut la premiere puis que le mōde fut repeuple aps le deluge & laquelle fut aps destruit par guerres et depuis deserte par nature sicomme psale avoit prophetize Item telle excellēce fut aucunesfois en egipte et de ce dict hermes et le recite saint augustin que egipte estoit limage du ciel et le temple du monde. An ignoras o asclopi q egiptus ymago sit celi. ac si dicendum est Verius terra mundi tocius est templum Et apres ce hermes prōdcie & lamente et plait la desolacion misere antique et enueillissemēt de egipte qui estoit advenir. ¶ Item aucunesfoiz telle majeste fut en perse et puis en grece et puis en rōme et apres en france et par aventure a este en autres lieux Mais non pas equale p tout ou elle a este et a ia lōg temps que lē disoit que le pays dorient

⟨Le VIIe. liure.   de politiques   plV.

estoit enueilly ⁊ vng secret prins de saint ierome se commence Quoniam vetus oriens. xx.iiii. questione secōda ⁌ Car les regions enueillisent ou quāt elles se assaimaigissent par nature. ou quant les meurs des gens sōt paruertie ⁊ le pays tourne a destruction par mauuais gouuernement ⁊ par guer/res Et selon ce quant hermes le egipcien eut pronōce plusieurs maulx ad uenir il dit a son disciple pour quoy il plouroit Et finablement il cōclud en disant ⁊ Hec est talis senectus veniet mondo Cest adire que le monde enueilleroit ⁌ Item il semble que par proces de tēps ceste chose ait procede aussi cōme par vng dyametre ou par vng bies en venant de entre vers midy et orient et en descendant et approchāt vers septemtrion Et occident et selō ce dit saint augustin q̃ deux tresgrās royaumes ⁊ trespuissās ont este vng monde Cestassauoir cellup de babiloine en orient. ⁊ au commancement du monde Et lautre cellup de rōme en occident en la fin ou vers la fin du monde Et peut estre que dauid le p/phete prononcoit prosperite et grace de dieu es parties de occident au commancement du plVIIIe. pseaulme ou il escript selon la translacion saint ierome Audite hec omnes populi auribus percipite vniuersi habitatores occidentis ⁌ Mais quant au tiers point des causes de ce nul ne doubte que la principal cause de ces choses est lordōnance et volunte de dieu mais auecq̃s ce peult sen soubz dieu assigner aucunes causes naturelles aussi comme le corps du ciel du quel bernardus siluester dit Organa sunt primi sūt instrumenta supremi Ce sont les instrumens de dieu le souuerain

⁌ Item combien que volunte ⁊ liberte des hommes soit cauṡe daulcunes telles choses ou en les faisāt ou en les desseruant par pechie toutesuoyes la sterilite de la terre ⁊ linclinacion des hommes laquelle plusieurs ensuyuēt sont causees de nature

⁌ Item verite est que pour orgueil pechie ⁊ pour couuoitise vng royaume est aucunesfoiz diuise et destruict par soy mesme et aucuesfoiz pour soy tourner a delices ⁊ a peresses dōt viēt effeminement ⁊ couardise Il est suppedite et occupe par gens estranges Mais aristote mect icy vng principe naturel qui est cause de telles meurs quant a inclinacion Et dautres parties telles choses morales ne souffisent pas pour assigner la cause du proces et de la maniere de la mutaciō des susdictes des dominacions ⁊ maiestez du monde Et pource en venāt en cause naturelle ie dis apres ainsi.

⁌ Item quant la region est atrempee en chault ⁊ en froit laquelle chose est mesmemēt au regart du cours du souleil ce est vne cause general q̃ fait a ce que la terre soit fertile ⁊ que les complexions ⁊ inclinacions des hommes soient bonnes Et est la cause que met aristote en ce chapitre ⁊ par la deffaul

Fueillet

te de ceste cause sa fleur ou gloire ou maieste du monde dessusd ne pourroit estre es parties qui sõt soubz le cours du souleil en este ne es pties trop froides pres septemtrion. Car sicomme hays en chascune des deux sont gens aussi comme sauuaiges de mauuaise complection & de meurs estranges

¶Item hors ceste cause ou auecques ceste cause la disposition de la region en soy fait moult a telle attrempance ou desattrempence pour les montaignes & pour les valees pour les palus ou mares ou deserts ou telles choses p quoy aucuneffoiz vne region qui est plus prez du cours du souleil est mois chaude ou tressoing & moins froide & attrempee sicomme len dit de triuallee pres le mõne pyborees

¶Item ces causes icy touchees ne sõt pas transmuables. Car encor est grece ou climat ou elle fut tousiours & a tel regart au cours du souleil aux mõtaignes a la mer et aux autres regiõs comme elle auoit deuant. Et doncqz cõuiẽt il mettre autres causes des variacions des seigneuries dessusdictes. Et pource len peut dire que les variacions des constellacions des autres planetes & des estoilles fichees entre elles & ou regart du souleil est cause de telle mutacion de royaumes & c. Mais assigner telles causes et declarer les plus particulierement ce appartient aux astrologiens.

¶Item encor par auenture peut len assigner vne autre cause Mais pour

la declarer len doit sauoir que le souleil est cause de chaleur quãt a propos par deux voyes. Vne est par adrescement de ses rayes sur la terre & laultre par son approchemẽt vers terre. Car sicomme dit alfraindus ou liure des impressions la challeur des planetes est plus forte quant elles sont retrogrades pource que elles sõt plus pres de lair & quant le souleil est en vng point que ilz appellẽt aux solis Adoques est il le plus loing de la terre quil peut estre & quant il est ou point opposite il est pl9 pres & entre ces ij. poins il est moyennement vne foiz plus pres autresfoiz moins selon ce quil se trait vers lung point ou vers lautre

¶Item selon les astrologiẽs le poit appelle aux solis est maintenant au commancement de cancer ou pres la ou est la tropique ou solstice deste et le point opposite est ou cõmencement de capricornus la ou est le solstice deste & le tropique dyuer

¶Item par ce sensuit que la partie de terre qui regarde le tropique dyuer p dela en telle maniere comme celle de p decza qui est bien habitable regarde le tropique deste elle est desattrempee & desordonnee en chaleur & en froideur. Car quant nous auons yuer la est este trop chault pource que le souleil est pres de terre & gecte ces ropes plus droiz et moins obliques. Et ainsi sõt iointctes les deux causes de chaleur dessusdictes. Et quant nous auons tempz deste la est yuer excessif

en froidure car le souleil est loing de la
terre ⁊ gecte sa ces rayes obliquement
Et pource il est trop semblable q̃ celle zone ou region soit inhabitable
Mais au contraire ceste partie est attrempee Car en este le souleil est loing
de terre mais ces rayes sõt plus droiz
sur nous ⁊ moins obliques ⁊ par ce est
la challeur attrempee en yuer la froideur qui seroit pour les rayes qui seroient obliques est attrempee par ce que
le souleil est pres de terre et parce appt
que ce point appellé any est cause de
lattrempẽce es regiõs dont il est pres
¶ Item les astrologiens dient que il
nest pas tousiours en lieu du zodia-
q̃ mais est meus de ung mouuement
treslong ⁊ trestardif en tant que par
auẽture de puis deux mille ou troys
mille ans il a passe seullemẽt le signe
de gemini ou pres Et selõ ce lon pourroit dire que par son mouuement il a
aussi comme amenee plus grãt attrẽpance es parties dont il est approchie
moderement Et dõcques ce que il sest-
trait vers les parties de pardeça a este cause des transmutacions des seigneuries dessusdictes quãt a venir de
vers midy vers septemtrion dont
il ne peut plus approchier ⁊ la variã-
cion des autres constellacions dessus
touchees a este cause de ce quãt a proceder deuers orient vers occident ⁊ ce
soufsise quant a p̃sẽt Car selõ auer-
roiz ou second liure du ciel ⁊ du monde fault mieulx sentir ung pou des
choses q̃ sont tresnobles ⁊ tresdignes

que sauoir moult de choses qui sont
villez et doncq̃s en retournãt a pꝛx́s
nous auons çmẽt au tẽps de aristote les grecs estoient disposez pour bẽ
politizer ⁊ gens de grant valleur ⁊ a
ce propos fait ce que met iustin en son
priẽ liure en parlant des amis ⁊ cõpaignons du roy alipãdre et dit en sẽ-
tence que chascun deulx sembloit estre ung roy Car tous estoiẽt si beaux
et habilles de corps et si fors et si saiges que quelconques ne les cõgneut
il ne cuyda pas q̃ ilz eussent este prins
en ung pays mais iugeast quilz eussent este esleuz de tout le monde
Nam eius virtutis at venacionis
erant ʋt singulos reges putares qp-
pe ea forma pulchitudo et ẽgenuitas
corporis et viriũ ac sapiencie magni-
tudo In omnibus fuit ʋt q eos cog-
nosceret nõ ex una gẽte sed ex toto terrarum orbe electos iudicaret ⁊c.
Apꝛes il met difference entre ses gens
de grece. ¶ Tex. ¶ Et les gens de
grece ont ceste mesme difference entre
eulx car les ungs ont nature aussi cõe
ung oeil C est a dire que ilz nont que
une des choses dessusdictes C estassauoir ou bõ engin ou bõ et grãt courage ⁊ hardiesce Et les aultres sont
bien meslez a une puissance ⁊ a lautre. ¶ Glo ¶ Car ilz sont ensemble
⁊ hardiz et ingenieulx ⁊ telz estoiẽt
les gens de roy alipandre comme dist
est. ¶ Tex. ¶ Et est manifeste chose
que ceulx des legislateurs qui doiuẽt
estre enagognes / cest adire meneurs

des aages a vertu il conuient quilz soient bien entendans et courageux p̄ nature. ¶Glo. ¶En latin euū c'est aage et en grec gogues c'est mener ou ducteur et doncques euagogues sōt ceulx q̄ mettēt les loix et les statuz ou ordōnances pour introduire les gens selō les aages et leurs condicions et hardiesce et en prudence et doiuent estre telz Quia plus mouet exēpla quā verba.

¶Ou pilli.chapitre il met aucunes condiciōs lesquelles doiuēt auoir les gardes de bonne police

Ece que dient aucuns il cōuient que les gardes de la police soient amiables aux paganeus et quilz soient sauuages aux non cogneus ¶Glo. ¶Ces deux condicions mettoit plato par autre maniere sicomme apres sera declare ¶Apres il met la cause de la premiere condiciō
¶Tex. ¶Le courage est ce que f̄ait amer car c'est la puissance ou vertu de lame par la quelle nous auons.
¶Glo. ¶Lame a deux puissances Une est entendement par quoy nous auons cognoissance et l'autre est volūte par quoy nous auons affection et le courage c'est la volunte et doncques le courage c'est ce par quoy nous aymōs
¶Tex. ¶Et que l'en doye estre amiables a ses cogneus il appert par signe car le courage se espresce ou esleue

et se dilate vers ceulx que il a acoustumez et vers ses amis plus que a ceulx qui ne cognoist aussi comme se il se reputast estre peu prise des non cogneus
¶Glo. ¶Car tout bon hōme sent en soy mesme que ceulx qui le cognoissēt le prisent plus que ne font ceulx qui ne le congnoissēt ¶Et pource son courage se adresce et prent plaisir auecq̄ congneus. ¶Texte.
¶Et pource ung philosophe appelle archilocus en soy complaingnāt a ses amis disoit ie a son courage ¶Glo.
¶Aussi comme se son couraige et luy fussent deux amis.car le courage c'est la volente et deux amys ont une volente Amicor̄ est idem velle et c.
¶Tex. ¶Et dit quil ne conuient pas receuoir de ces amis coups et plaies ¶Glo. ¶Il veult dire que amy ne doibt pas faire a amy mal ¶Tex.
¶Item ce que a prince en homme et seigneurie et que est franc et en tous p̄ceste puissance ¶Glo. ¶Est assauoir par le courage lequel est la volente Car liberte est en hōme par raison de la volunte laquelle est princepz racine de toute liberte Et est p̄ soy franche ¶Tex. ¶Car le couraige est ce qu'est principal et inuincible
¶Glo. ¶Le couraige ou volunte est la souueraine puissance de lame q̄ commande Et pource est elle principatiue et ne peut estre contraincte Et porce dit il q̄ elle est inuicible Et ceste liberte est plus entire et moins empeschie es bons que es mauuais Et les

¶ Le .viie. liure. de politiques f. lvii

bons sont ceulx qui sont courageux
Et qui sont de bon et franc courage z
sont sicomme dit est qui ayment leurs
congneus τ ceulx de leur police ¶ Et
doncques ilz ont vne condicion q̃ fait
ace que sen soit digne de tenir princip
ou de participer ou princep. ¶ Apres
il declaire la seconde condicion

¶ Tex. ¶ Mais que les gardes de
la police doiuent estre graues ou sau
uages aulx non congneuz Ce nest pas
bien dit Car il ne puient pas estre tel
a nul ou bere nul ne ceulx qui sont p
nature magnanimes τ de grant cou
rage ne sont pas agrestes fors a ceulx
qui sont choses iniustes ¶ Glo.
¶ Car il se portent amiablement τ
deuement aulx estranges seilz ne sont
aduersaires. Mais ilz ayment mieulx
ceulx de le² police Et po² samo² deulx
se monstrẽt ilz terribles aulx ennemys
du pays ¶ Item pource disoit pla
to que tout cheualier doit auoir deux
faces Vne benigniue aulx citoyens Et
Et lautre cruelle aulx ennemys Et
ce sont les deux condicions q̃ aristote
a tcy recites τ declarees τ ioupte ce a
vng liure appelle menon plato met
vne diffinicion telle Homo est animal
discipline perceptibile amicis benefa
ctiuũ τ inimicis male Et doncques se
lon platon cellup est vrap homme qui
fait voluntiers a ceulx doit amer
bien et aulx ennemys mal C est assa
uoir en leur donnant peine pour repri
mer leur malice.

¶ Item Virgille ou sixte liure mect

semblable doctrine en parlant au pri
ce de romme τ dit Tu regere imperio
populos romane memẽto hec t count
arles pati imponere morẽ Parcere
subiectis τ debellare supboz Les seig
neurs doiuent espargner a leurs sub
iectz τ debeller les orgueil eulx les re
belles ¶ Item a cest propos lescrip/
ture ou second liure des roys dit ain/
si Dauid sedens in cathedra τc. Ip/
se est quasi tenerximue ligni vermi/
culus Dauid estoit aussi cõme le tres
tendre vermet qui est en vng fust et
glose ordinere leppose en disant que
par le petit ver de fust lequel ver est
tresendre no⁹ signifie la vertu de cest
homme en bataille Et la modestie ou
atrempance de luy Car aussi comme
le petit ver du fust appert tendre τ fra
gille τ trespetit toutesuoyes il trespce
parfores consume ou gaste le fust qui
est tresdur et tres fort en ceste maniere
Dauid se monstroit a lostel τ entre
les siens amable ou amiable τ doux
a tous Et paisible τ humble mais en
faict publiq de bataille il se mõstroit
robuste et fort et dur et intollerable a
tous les ennemis C est adire que ne
le pouoient soustenir ne endurer. Or
appert doncques par platon et par a
ristote et par sa raison par virgille et
par la saincte escripture que tout bon
cheualier doit estre doulx et debon/
naire a ceulx de sa police et cruel τ fe
lon aulx aduersaires ces signe de no
blesse de cueur et de franchise de cou
rage Et au ptraire ceulx sõt villais

en cueur et indignes de participer en quelconque honneur qui sont durs et aspres a leurs subiectz et a leurs voi sins Et sont moult et courtoys aulx ennemis du pape hardiz et prez a batre et a piller leurs boistes couars pour les deffendre et telz ne sont pas fracs de cueur mais sont serfs par nature ou par leur mauuaistie Car sicomme dit aristote ou quart dethiques Soustenir les iniuries et despire ces familiers cest chose seruille Et me semble que ilz ont les deux faces de quoy parloit platon Tournees a la reuerse car ilz ont deuers ses leurs faces ou visaige de ly on et devers les estranges visaiges et cueur de lieure Et pource sicomme il appert en lystoire des bretons audrogenes disoit que prince qui est tel ne fait pas a amer Non est diligendus princeps qui in bello mitis est ut agnus, et in pace ferus ut leo Qui est de bonnaire en guerre et felon en palx Mais pource que il ne conuient pas estre amy a tous ceulx de la police ne a tous ses citoyens mais est expedient destre aigre et terrible a aucuns de eulx pource aristote dict apres (Tex. (Mais aucuns ont la chose deuant dicte encor plus a ceulx ou vers ceulx que ilz ont acoustumez que a autres se ilz cuydent souffrir iniustement par eulx Car quant ilz ont iniuriees par aucuns qui deussent estre leurs amis ilz sont plus courouciez par eulx que se ilz fussent estranges

(Glo. (Et ce est selon raison, car leur semble quilz ont nupsement et mal

de ceulx dont ilz cuydoient et esperoient quilz deussent receuoir benefices Et de ce sont priuez et frustez et selon ce disoit le prophete Et enim homo pacis mee in quo sperani magnificauit super me supplantacionem. Or disoit il en soy complaignant de ung de qui il esperoit bien et il luy faisoit mal.

(Tex. (Et de ce est ung dict ancien que les amys qui sont faiz ennemis quant ilz sont amis se entreamoient oultre les autres Et quant ilz sont ennemis ilz se entrehayent oultre les autres (Glo. Et encor dit len que cest tresmauuaise hayne que de freres et de gens qui ont este grans amis Et la cause est car se ung estrange me fait mal toutesuoyes il nestoit pas tenu a moy faire bien mais mon amy me rent mal pour bien et peiche en plusieurs manieres Car par ce quil me fait mal il peiche comme ung autre et auec ce il peiche par ingratitude. et si ne me guetope pas de luy Et telle chose reproche le pphete a ung en disant Si inimicus meus maledixisset mihi sustinuissem utique Et si is qui oderat me super me magna locutus fuisset abscondissem me forsitam ab eo Tu vero homo unanimis dux meus et notus meus etc. Se mon ennemy meust maldit ie leusse soustenu et par auenture ie me fusse mussie de luy mais toy quil estois mon amy et mon familier etc. Et en lystoire de thebes est ung tresnotable exemple de inimitie fraternelle (Apres il recapitule (Tex. (Adoncques est

presque determine des politizans c'est
adire des gens d'une bonne police en laquelle multitude il convient quilz soient
et quelz doiuent estre selon nature de
la region de quelle quantite et de quelle qualite elle doit estre. ¶Glo.
Il dit fere determination presque determine Car l'en ne pourroit en telle matiere tout dire ne tout declarer par raison
pour les particularitez qui aduiennent
et chient en sens et en experience. Et
pource il dit apres. ¶Tex. ¶Et ne
convient pas querir une mesme certai-
neté es choses universelles que l'en peult
declarer par raisons et es choses dont
la cognoissance est faicte par sens et p̄
experience

¶Ou pr̄c. chapitre il monstre comment aucunes choses et aucunes gens
sont necessaires a cite qui ne sont pas
parties de cite.

Aussi comme des aultres choses qui sont selon nature toutes choses ne sont pas parties
d'ung tout sans lesquelles ne peut estre
le tout pource appt que l'en ne doit pas
mettre que toutes les choses soient parties de cite qui sont necessaires a ce que
les citez soient ne aussi de quelconque
autre communion de laquelle est faicte aucune chose en son genre ¶Glo.
¶Aucune chose est necessaire a une
beste qui n'est pas partie de celle beste

sicomme la viande qui est en son ventre et aussi des autres choses naturelles ¶Et cité est une chose en partie
naturelle Sicomme il appert ou second
chapitre du premier ¶Doncques peut
estre que aucune chose est necessaire a cité que n'est pas partie de cité et ce preuue il apres par une autre raison
¶Tex. ¶Item il convient que aucune soit commune a toutes celles qui
sont parties de ung tout et que elles
communiquent en telles choses ¶Glo.
¶Et ce est la forme de ce tout sicomme
est la forme d'une beste ou de une maison ou edifice ¶Texte. ¶Pose que
elles soient a ce transmuees equalement ou inequalement ¶Glo.
¶Car l'en prepare sa matiere et dispose affin que elle participe en la forme de tout sicomme une pierre affin que
elle soit emploiee a l'edifice et de telles
parties les unes participent equalement ou tout et les autres non, mais
unes plus et les aultres mois sicomme
toute la paroy pticipe plus en la maison
que ne fait une pierre ou une late Apres
il mect de ce exemples
¶Tex. ¶Sicōme est le nourissement
ou regart d'une beste et la multitude
de sa region au regart de la cité ou aucune de telles choses ¶Glo ¶Car le
nourissement est prepare et dispose p̄ la
gestion en tant qu'il est transmueé convertí
et fait partie de la beste et semblablement au
cun de la region peult estre dispose peu a
peu jusques a tant que il est fait citoy-
en et partie de cite participe en la forme

Fueillet.

de la cite ⊕Tex. Mais quāt ii. choses
sõt ⁊ vne est pour grace de lautre,⁊ cel
le autre chose est la fin a quoy celle est
ordonnee ces deux choses ne ont rien
cōmun, mais a vne appṫiēt faire et a
lautre prēdre ⊕Tex. Cest aussi cō=
prēdre prouffit de celle q̄ est ordonnee
pour elle,⁊ q̄ luy fait prouffit,⁊ celles ii.
choses en tant comme elles ne partici
pent pas en vne forme et ne sont pas
partie dung tout ⊕Glo. ⊕Sicōe il
est de tout instrument a leuure q̄ est
par ce faicte de ceulx qui font leuure
Car nulle chose nest cōmūe a la mai
son et a ledifficur en tant comme tel
Mais lart des edifficurs est pour la
grace et affin de la maison Et pour
ce ledifficur ne son art ne ses instru
mens ne sõt pas parties de sa maison
et toutesuoyes sont toutes ces choses
necessaires pour la maison. ⊕Apres
il applique a ce propos ⊕Tex.

⊕Et pource les citez ont mestier de
possession mais possession nest nulle p=
tie de cite Et moult de choses qui ont
vie sõt pties de possession ⊕Glo. Si
cōe le Beuf,⁊ le serf seruāt ⊕Tex.
Et cite est vne cōite de choses sēbla=
bles et pour grace et affin de vie tres
bōne ⊕Glo. ⊕Selõ ce q̄ les citoyēs
eslisent viure Mais ce que il dit que ci
te est de choses semblables Cestassa=
uoir aucunement et en ce que tous sõt
citoyens ⁊ francs ⊕Or auons donc
ques que aucunes gens et autres cho
ses sõt necessaires a cite qui ne sõt pas
partie de cite Apres il met cōment les

citez ⁊ les polices different quāt a ce.
⊕Tex. ⊕Et pource q̄ felicite est tres
bōne chose,⁊ est opaciōs,⁊ psaict vsa=
ge de vertu Et il soit ainsi q̄ les vngs
participēt en elle souffisaument,⁊ les
autres vng peu,⁊ les autres neant Jl ap=
pert que cest la cause pour quoy sont
faictes plusieurs especes de cite,⁊ plu
sieurs differences,⁊ que les polices sõt
plusieurs Car les vngs honnorēt ce
ste chose cestassauoir ce la ou ilz met=
tent leur felicite par vne maniere,⁊ p
vne chose,⁊ les autres par autres ma
nieres,⁊ par autres choses ⊕Glo.
Car les vngs mettent leur felicite en
vertu,⁊ ce est la propre felicite les aut=
tres en delectacions corporelles,⁊ les aul=
tres en richesses,⁊ les autres en liberte,⁊
les autres en p̄ptir seigneurie p̄ guer
res ⊕Tex. Et selõ ce ilz mainēt autre
vie,⁊ sõt autres polices ⊕Glo. Et
pource aucūs sõt ptie de cite en vne po
lice ⁊ ne le seroiēt pas en lautre sicōe il
fut dit ou p̄mier chapitre du tiers.

Du v vi. chapitre il met q̄lles choses
et quelles gens sont necessaires a cite
et de quantes manieres

OR ꝗuient considerer quantes
manieres de choses sont sans
lesquelles cite ne peut estre et
ces choses seront trouueez en celles q̄
sont partie de cite pource q̄ elles leur sõt
necessaires Glo. Les pties de cite sõt
necessaires a cite et dōcq̄s les choses q̄
sõt necessaires a ces pties sõt necessai
res a cite. T. Et dōcq̄s auāt il prēdre

le nombre des euures ou operacions necessaires car parce sera cogneu ce q̃ nous querons. Et premierement il conuient auoir nourrissement. Glo.

Et parce il entend loperacion qui est requise pour acquerir nourrissement sicomme est cultiuer la terre. Tep. Apres sont req̃s les ars et les mestiers. Car pour viure len a mestier de plusieurs instrumens ou de choses dont lese aide. Glo. Sicõe vesture habitacion et telles choses. Tep.

Tiercement sont requises armes et est assauoir vsage darmes. Car il est necessité que ceulx qui comuniquet en police aient armes quãt aux princes et affin de contraindre les desobeissans et affin de resister a ceulx de hors q̃ sefforceroient de leur faire injustes choses. Glo. Il couient vser darmes pour deux causes pour faire les sies obeir a iustice et pour soy deffendre des estrãges. T. Ité il couient auoir aucune habundance de pecu̾s affin q̃ les habitans en aient pour leur oportunitez selon eulx mesmes et affin q̃ en apet pour leurs guerres il entend icy p pecune monnoye q̃ est necessaire en bonne police sicõe il fuit dit ou p͠e chapitre du premier et il met icy comment elle est necessaire tant pour les contractz et pour les marchãdises des singulieres cõe pour le tresor publiq̃ pour les guerres et pour les autres choses. et lopacion de faire monnoye est ung art pretenu ou second mẽbre deuant mis, mais la pacion appten͠ate a ce quart mẽbre.

vser de mõnoye et la acq̃rir et garder et distribuer. Et ultement et mesmement est lopaciõ q̃ est vers la diuine cure laq̃lle opaciõ sen appelle sacerdotal G. Cest gn̄alement loffice de tous ceulx q̃ sont ordõnez pour les diuines sacrifices en q̃lconque loy ou secte et en nostre foy ce sont ceulx q̃ nous appellons gẽs deglise. Tep. La sipte euure en nõbre z q̃ est de toutes la tres plus necessaire cest le iugement des choses cõferẽtes et des iustes entre les psones. Glo. Par iugemẽt des choses p̃ferẽtes il entend ce q̃ chiest en deliberacion z en conseil quãt a sep pedient z par le iugemẽt des choses iustes il entend le iugement des controuersies et altercacions q̃ sont entre les gẽs. Et pbien que autres choses sont necessaires a biẽ viure sicõe nourrissement et artifices toutesuoyes ceste chose est tresnecessaire a viure ciuilement et a bõne police Aps il cõclud. Tep.

Et doncques sicomme len peult dire ce sont les choses de quoy toute cite a mestier. Car cite est multitude non pas quelconque mais est multitude par soy suffisante a vie sicomme nous disons. Et se il aduiẽt que aucune des choses dessusdictes deffaille en aucune cõmunite cest simplement impossible q̃ ceste cõmunion soit par soy suffisãte. Et doncques est il necessaire que cite ait psistãce z pmanẽce p ces opaciõs dessusdictes. Glo. Or audes les opaciõs necessaires a cite z pource q̃ elles ne peulent estre faictes fors par gens il

Fueillet.

concluds apres quantes et quelles manieres de gens sont necessaires a cite.

Tiers. Et doncques il conuient auoir multitude de cultiueurs de terre qui preparent le nourrissement, co uient auoir les gens des artifices ou mestiers, et gens pour combatre, et ceulx qui ont la cure de pecunes, et ceulx de office sacerdotal et les iuges des choses necessaires ou iustes et des choses conferentes ou expedientes. Glo.

Et ainsi appert que vi. manieres de operations, et vi. manieres de gens sont necessaires a cite, etc.

Pour mieulx entendre ce que dit est, et aucunes choses qui s'en suyuent. Je fais icy question assauoir mon ce cultiuement diuin et office sacerdotal sont necessaires a cite et sembleroit que non premierement car au cuns philosophes sicomme democritus et auerroys et autres disoient que dieu n'a solicitude ne cure des choses d'icy bas. Et que il ne se entremect de noz faiz particuliers ne de noz choses en recitant ceste opinion. L'escripture dit de dieu. Nubes latibulum eius nec nostra considerat et circa cardines celi parambulat. C'est adire que dieu ne considere en rien noz choses, et se aucune cite fut ou estoit tournee en cest erreur elle ne laisseroit pas pource estre cite mesmement se elle auoit les cinq autres choses dessus mises, et principalement la derreniere mise. C'est assauoir se elle gardoit iustice et telle cite ne cuy doit auoir mestier de cultiue

ment diuin. Et doncques n'est il pas necessaire a cite.

Item les payens ydolatres ne eurent oncques cultiuement diuin mais en estoient plus loing que les dessusd quilz ne faisoient ne oroisons ne sacrifices, et estoient les ydolatres plus mauais et plus contraires on propre cultiuement de dieu. Car ilz adoroient les demones ou dyables. Quoniam dii gentium demonia. Et ne faisoient pas sacrifices mais maleficces. Et toutesuoyes ilz auoient royaumes et citez. Et selon saint augustin les romains payens aucunesfoiz gouuernoient la chose publique, et doncques ilz tenoient bonne police. Et par consequent le cultiuement diuin n'est pas necessaire a cite ne a bonne police.

Item ce cultiuement est principalement en contemplacion sicomme il appert ou x. d'ethiques. Et ceulx qui mainent vie contemplatiue sont communement hors les citez. Car vie ciuille ne leur est pas propice. Et pour ce disons nous a saint iehan baptiste. Antra deserti teneris sub annis ciuium turmas fugiens petisti, etc.

Tu es alé ou desert et as fuy la compaignie des citoyens. Et toutesuoyes se le cultiuement fust necessaire a cite tant plus seroit ung homme contemplatif tant plus seroit necessaire a cite. Item posé que oracion contemplatiue fust necessaire a cite si peult elle estre sans sacrifices sensibles ausqlz office sacerdotal est ordonne.

Car chascune des cinq manieres des gẽs dessusd̃ autre q̃ prestre peut en sa maison adorer dieu ⁊ prier de cueur ⁊ soy humilier devãt dieu sãs autre sacrifice sensible Car sicõe dit le prophete ¶ Sacrificium deo spiritus contribulatus cor contritum et humiliatũ ⁊ cetera. Et doncques ne est pas necessaire office sacerdotal

¶ Item avecques ceste contemplacion privee laquelle est amer dieu de sõ cueur se les cinq manieres des gẽs dessusd̃ aultres que prestres C'est assavoir les cultiveurs des terres les gẽs de mestier les gens d'armes les marchans et mesmement les iuges sí ilz sõt leur devoir en vie active avecques ce que dit est et ilz acomplissent les aultres commandemens divins ⁊ euvre de pitie il suffist a dieu Et semble que il ne vueille aultre sacrifice parce que il dit par son prophete ysaye ¶ Qui'a in multitudinem victimarũ vestrarum plenus sum quis quesivit hec de manibus vestris ne afferatis Ultra sacrificium frustra insensum abhominacio est michi. Itẽ il dict en sentence que il ne demande nul sacrifice sẽsible mais dit apres Aufferte malum cogitacionum vestrarum ab oculis meis quiescite agere perverse discite benefacere. querite iudicium subvenite opresso iudicate pupillo. deffendite vi duam ¶ Ostez mauvaises pensees laissez a mal faire aprenez a bien faire ⁊ faictes iustice ⁊c. Et doncques

semble que autres sacrifices ne sõt necessaires ne par consequent gens ordonnees pour les faire sicomme sont gens deglise ¶ Item aulcunes nacions se sont gouvernez aultresfois sans telle office sacerdotal sicomme celle de germanie que nous appellõs almaigne ⁊ ce appert ou sixte livre des faiz iules cezar ou il dict apres ce que il parle de galie laquelle est france ¶ Germani multum ab hac consuetudine differunt Il dit que les alemans avoient moult autre coustume que ceulx de france ¶ Nam neq̃z druides habent qui sacrificiis presint neq̃z sacrificiis studẽt. Il appelle les prestres druides ⁊ dict q̃ les alemans n'avoient nulz telz druides qui feissent les sacrifices ne ilz ne usoient de sacrifices Et doncques puis que ilz passoient et vivoient sãs telle office elle ne est pas necessaire

Mais ce non abstant le contraire est a tenir premieremẽt car selon tulles ou livre des questiõs tusculaires presque tous les anciẽs philosophes tenoient que l'ame demeure ⁊ dure apres la mort Et par la divine ordonnance reçoit plaine pour ses maulx que elle a faict en ceste vie en remuneracion pour ses merites Et a cest propos ung cõmẽtateur sur macrobe de sõpnio scipionis declaire gracieusement comment plato en p̃e volume quil feist de chose publiq̃ volut

G.iii.

Fueillet.

par ceste voye embatre et mettre es cueurs des hommes amour de iustice pour laquelle Dieu leur donne apres la mort vie bien euree. Et doncques amer Dieu et honnorer est necessaire en bonne police.

¶ Item quant a ceste presente vie tous les saiges ont tenu que les aduersitez et les prosperitez aduiennent pour les merites ou desmerites des hommes mesmement ou regart du diuin cultiuement et de ce recite titus liuius comme vng saige disoit aulx rommains regardez les nacions et vous verrez que tousiours est venu bien a ceulx qui honnorent les dieux et es aultres mal. Et est selon la saincte escripture qui dit Nullus sperauit in domino et confusus est. Et en vng autre lieu Scimus quonian diligentibus deū omnia cooperantur in bonum. Et Valerius maximus faict vng chapitre de ceulx a qui il est prins mal pour la negligence du diuin cultiuement et est intitule de neglecta religione. Et a cest propos faict le sermon que feist le duc achior a holophernes et est escript ou liure de iudich. Et chose semblable sont presques innombrables es anciennes escriptures. Et doncques le diuin cultiuement est necessaire a communite humaine pour euiter aduersitez et pour auoir prosperite.

¶ Item les sens et les cogitacions du cueur humain sont enclines et maulx des enfans en adolescēce sicomme dit la saincte escripture. Et les loix humaines ne souffisent pas a reprimer ceste malice. Car par elles ne sont pas faictes pugnicions de pechiez obscures ne de plusieurs aultres. Et pource il conuient vng iuge souuerain, cest Dieu qui tout cognoist et tous peult, et ce mect Seneque ou septe liure des questions naturelles ou il dit que pour refrener les courages de ceulx qui ne se gardent de mal faire fors par paour et pour crainte les tressaiges misdrent vng iuge sur nous qui peult prendre veniance des mesfais. Ad cohercendos imperitorum animos sapientissimi iudicauerunt. Et aliquem supra nos timeremus etc. ad conterendos ita que eos quibus innocencia non nisi metu placet posuerunt super caput vidicem. Et ace propos dict petronus primus in orbe deos fecit inesse timor. Il veult dire que vne paour qui est naturellement es hommes feist entendre premierement que aucune deite estoit et doncques la craincte de la diuine puissance est necessaire. Car len ne pourroit autrement querser bonnement ciuillement. Item selon tulles ou liure de la nature des dieux la cognoissance de la deite est en nous entee et nee aussi comme de nature et est commune presque a tous. Car sicomme il dit ou liure des questions tusculanes il nest nulle gent tant diuerse ne tant estrange qui nait oppinion de la deite. Combien que plusieurs en sentent mal. Nulla gens (ait seta nemo omniū tam immanis cuius mentem non imbuerit deorum opinio. Multi de diis praua senserant ⁊c. Et ceste chose est generalle excepte aulcuns tres deffectueulx de quoy dict le prophete. Dixit insipiens in corde suo non est deus. Et telz gens sont corrūpues en nature et sans bien faire. Et pource dit il tantost apres. Corrupti sunt ⁊ abhominabiles facti sunt non est qui faciat bonum. Et sont miserables ⁊ maleureux car il sensuit apres. Contritio et infelicitas in viis eorum. Et pource que cite nest pas communite de gens abhominables mauuais ⁊ maleureux il sensuit que en cite est necessaire la cognoissāce de dieu laquelle ne peut estre sans aucun cultiuement diuin qui est en dieu craindre amer et honnorer.

¶ Item il appert par le viii. chapitre que felicite de cite est principallement en contemplacion et ce est cultiuemēt diuin. Et doncques est il necessaire a ce que la cite soit beneuree et que elle ait bonne police.

Apres ie dy que auecques le diuin cultiuement est necessaire office sacerdotal ⁊ que aultrement ne pourroit estre souffisaument tel cultiuement ne autres choses que ie diray apres. Car en ceste vie mortel entendement humain est aussi comme enseuely ⁊ emprisonne ⁊ est oppime du corps materiel ⁊ est sicomme dit plato. Molle carnis oppressus. Et pour ce quant la plus grāde ptie des gēs pour les esmouuoir adrescie esleuer ou eschaufer ou embraser en contemplacion sont requises aucunes choses sensibles. Cestassauoir les lieux naturelz qui sont habilles ace sicomme estoiēt ou seroient le mont de sion ou de synay ou le mont sainct michiel et semblables et autres lieux. Et de vng lieu dit ouide. Crederis minime inesse loco. Il estoit tel que len cupdast que aulcune deite y habitast et les temples et autres ediffices ymages paintures paremēs vestemens reliques ou deux luminaires belles parolles beau chant beaux sons de instrumēs de musique sermons sacrificees cōgregacions communions ou communitez et telles choses. Et conuiet que toutes ces choses soient faictes solēnellement par bonne ordonnance et par beau mistere ⁊ que toutes ou grāt partie soient consacrees sacrifiees et tresnobles et excellantes et appropriees ou seruice diuin, et selon ce dict la saincte escripture des aornemēs aarō que nul estrange ne les vestoit ou q̄ telz. Male tant seullement ceulx de la lignee. Non fuerunt talia ⁊ cetera. Nō est indutus illa alienigena aliq̄ sed tantum filii ipsius soli ⁊ nepotes eius. Or est il certain que ces choses ne peuent estre faictes deuemēt et dignement sans personnes deputees a ce

Lesquelz nous disons estre doffice sacerdotal et leur appartient introduire les autres en meurs et en sciences et aussi comme les choses dessusdictes sont plus nobles que autres et sont con asccrees et appropriees a dieu par plus forte raison les personnes a ce ordonnees doivent estre treshonnorables et tresdignes Et ce est selon la sete escripte et selon toutes loiz ou sectes Et doncques les choses devant mises et mesmement lestat et la belle vie et de la doctrine des personnes qui les traictent meuvent le peuple au cultiuement divin et a bonnes meurs civilles et a amitie et union sans lesquelles choses ne peut estre bonne police Et par consequent office sacerdotal est necessaire a cite et de telle union de peuple faicte par les sacrifices nous avons exemples ou tiers livre des roys de ieroboam qui pour ceste cause feist les veaulx dorez et cetera.

OR convient respondre aux argumens contraires au premier ou fust dit que aucuns furent qui disoient que dieu ne se entremettoit des choses dicy Et que ce une cite tenoit cest erreur elle ne laisseroit pource estre cite. Je dy que si feroit Car sicomme il est dit en ce chapitre cite est communite par soy souffisante a vie et a entendre a bonne vie et la communite qui seroit en telle erreur ne auroit pas bonne vie et ne participeroit aucunement en la felicite de cite laquelle est contemplacion et divin cultiuement sicomme il appert par le viie. chapitre

Apres ie dy que telle communite ne pourroit ainsi durer car sicomme il appert par la tierce raison et par les autres devant mises a la troye partie de ceste question les malices des gens ne pourroient estre reprouvees sans le cultiuement divin Et pource combien que les philosophes dessusd tenissent cest erreur que dieu ne curoit de nous Neantmoins ilz disoient que pour corriger les meurs des hommes len doit dire et faire croire que les dieux aydent aux bons Et selon ce raconte lucain de une gent qui cuydoient que se ilz mouroient en bataille contre les rommains ilz auroient apres bonne vie et parce ilz eurent victoire de quoy dit lucain felices errore suo Ilz furent bienheureux par leur erreur et disoient ces philosophes que len doit faire croire aux gens que les dieux nuisent aux mauvais et leur faire paour de neant Aussi comme la femme qui menace son enfant du lou. Rustica dessenti parvo iurauerat ol. m. Ni taceat rapido que erit esca lupo Et semble que ung commentateur sur macrobes dit a cest propos que tulles ama mieulx a saindre que cipio avoit songe les remuneracions de ceulx qui gardent iustice que a mettre que ung ressucite les eut racontees sicomme avoit mis plato Mais selon aristote ou pe. dethiques Et selon verite len ne doit pas mentir pour faire le peuple bon ne faire mal affin que le bien

blengne et sainctise est mal
¶ Item la pfection et fin a quoy dieu
et nature ont fait entendement lequel
est la meilleur et principal de somme
ceſt cognoissance de verite Et donc
ques est ce impossible et contradictiõ
dire que nature humaine en commu
nite ne puisse actaindre ne venir a sa
parfection a sa felicite et a sa fin sans
erreur et sans ce que elle soit deceue en
sa meilleur ptie et hors de sa perfectiõ
¶ Item il sensuit par la tierce raison
deuãt mise que communite ciuille ne
peut bien estre sans estimacion de pu
nicion et de remũeratiõ apres la mort
et se lestimacion opposite estoit vraye
doncques seroit verite cõtraire et nuy
sible a communication politique laql
le est tresnaturelle et tresconuenable
a humaine creature sicõme il fut dict
ou second chapitre du premier Et ce
seroit ung dit desraisonnable.
¶ Au second ou il fut dit que les ydo
latres ne eurent oncques cultiuemẽt
diuin Mais en furent plus loing que
les autres Je dy que ilz en furent pl9
pres et mieulx disposes au vray culti
uement que ceulx qui tenoiẽt quil ne
toit nul dieu ou que dieu ne se entremes
toit de nous Car cõbien que ces pay
ens errassent et ne creussent ce que est
necessaire a vie pdurable toutesuoy
es ilz tenoyent la deite a cure des hom
mes et pugnist les iniustes et remune
re les iustes et ce souffisoit aucunemẽt
pour actaindre aux choses dessusdictes
requises a cite comme sont iustice et a

mitie Combien que le vray cultiue
ment de dieu et les vrays sacramens
soient plus propices et plus conuena
bles a vie ciuille et necessaire a vie p
durable ¶ Au tiers qui dit que les
contemplatifz demeure hors ses cites
Je dy que telz gens seullent donner aux
citez ayde et conseil sicomme il fut mõ
stre en la question du viie chapitre et
illecques fut dit que les citoyens ont
aucunes operacions contemplatiues
et plusieurs actiues Et le cultiuemẽt
diuin et loffice sacerdotal sont requis
en cite et pour les vnes operacions et
pour les autres sicomme il est declare
en ceste question
Au quart ou fut dit que chascũ peult
auoir cõtemplacion priuee en sa mai
son. Je dy que il ne souffist pas car
le peuple nen pourroit auoir assez de
contemplacion ne de vertus moral
les se il nestoit a ce adraitie par aul
cunes mouuemens sensibles et auecq̃s
ce aux assemblees qui sõt pour les sa
crifices est entre les citoyens amour et
union nourrie et gardee. ¶ Au quit
semblablement peut len dire que com
bien q̃ amer dieu et faire iustice et mi
sericorde suffisent en cite Toutesuoy
es ces choses ne seroient pas assez en
la police sans le cultiuement et loffice
dessusdicte Et a ce qui est apres alle
gue comment nostreseigneur par son
prophete disoit aux filz de israel que
il ne leur demandoit nul tel sacrifice
Mais luy displaisoient &c. Je dy pre
mierement que il vouloit par ce sign̄

fier & denoncier que les cerimonies et les sacrifices des iuifz cesserent aucunement de ihesucrist qui fut vray sacrifice? qui institua les sacramens de nostre salut.

¶ Item aucunes telz sacrifices estoiẽt mal ordonnez ainsi que len y mengeoit et buuoit a excez & faisoit on plusieurs dissolucios sicomme il appert en plusieurs pas de la saincte escripture & a la maniere des ydolatres Et pour ce disoit sainct pierre sicomme recite est en ung sl appelle Itinerariũ clementis que dieu ne voulut oncques tel sacrifice de bestes de sa propre entencion Mais pource que le peuple disrael ne se vouloit laissier dieu esleut plus q̃ ilz luy feissent que a ydoles.

¶ Item le prophete vouloit parce reprouuer lerreur dauctũs qui cupdoiẽt que dieu eut mestier de telz sacrifices Car nous les deuons faire pour nous adresceler a contemplacion et a bõnes meurs comme dit est et non pas pour ce que dieu les requiere pour suy

¶ Car sicomme il dist en lescripture Si esurieto non dicam tibi &c. Et pource dit il. Bonorum meorum nõ eges ¶ Item parce est reprouuee une autre erreur de ceulx qui par telz sacrifices cupdoient auoir perdon sans autre satisfactiõ & sãs laisser leꝯ mauuais propos. Et dece dit le sage que le sacrifice des felons sont abhominables a dieu Victime impioꝝ abhominabiles deo ¶ Item il parle iẽsecꝯ par especial contre ceulx doffice sacer

dotal Car sicomme deuant est dit ilz doiuent mener vie honnorable et vertueuse & ilz monstroient le contraire p leurs faiz et auecq̃ ce ilz estoient ydolatres selon ce qu dit la glose Or appert il p le premier chapitre du pꝛe. des ethiques que ces choses qui regardent les meurs des personnes les parolles sont moins creables que les faiz Et pource les faiz de ces prestres esmouuoient plus le peuple a incredulite et a la fin contraire de ce a quoy les sacrifices estoient ordõnez Et poꝛce telz sacrifices desplaisoiẽt a dieu Mais se ilz eussent este faiz par bonnes gens il ne les eust pas reprouuees Et poꝛce dit il en ung autre lieu Non in sacrificiis tuis arguam te holocausta aut̃ tua in conspectu meo sunt semper Je ne te reprendray pas de tes sacrifices tousiours les regarde ie ¶ Au sixte ou il fut dit que en alemagne iadis aucũes nacions nauoient ne se cultiuemẽt diuin ne loffice dessusꝰ petite est q̃ ilz auoiẽt oppinion de la deite & dit lystoire que ilz creoient seullemẽt les dieux que veoient & dont ilz sentoient ayde sicomme le souleil et la lune & le feu Mais ilz nauoient ne sacrifice ne prestre Et pource le respons quilz estoiẽt gens barbariques & destrange naciõ et conuersation ¶ Car sicomme dit lystoire ilz estoient en partie nues & en ptie couuert de peaux et sans vergõgne Et approuuoient larrecins et pillerie sur ceulx qui nestoient de leur communite & auoient plusieurs aultres

corruptelles Et pource ou leur poli/
ce estoit ou pour tyrannie ou tresmau
uaise democracie et leur communite
nestoit pas digne destre dicte cite.
Mais estoit vng sauuaige conuent
et ainsi soit dit a present de ceste ques
tion

¶En p VII. chapitre il monstre q̄ lles
ges sõt pties de cite en tresbõne police

Apres ce que ces choses sõt de/
terminees il reste considerer
assauoir mon se toutes ces o/
peracions dessusd sont a communi/
quer a touz Car peut estre que vngz
mesmes et tous soient cultiueurs des
champs ⁊ gens dartifices et conseil
liers et iuges ou q̄ sen suppose et met
te aultres gens ⁊ aultres selon chas
cune de ces euures ¶Glo. ¶Apres
il respond en general ¶Tep. ¶Et
verite est quil conuient par necessite
que aucunes de ces euures soient pro
pres et les autres communes.

¶Glo. ¶En bonne police car il se
ra declare apres comment vngs mes
mes sont gens darmes ⁊ puis sont iu
ges pseilliers ⁊ ainsi ces euures leurs
sont aulcunement communes Mais
lofficē des cultiueurs des champs lē
est toussiours propre quant au plus

¶Tep. ¶Mais ce nest pas en tou/
tes polices Car sicomme nous auons
dit deuãt il peut estre q̃ tous commu
niquent es operacions dessusdictes

Et peut estre que non Mais aucūe
en aucunes et cest ce que fait les poli/
ces estre aultres et differentes Car
es democracies tous pticipent en tou
tes officees es olygarchies au cõtrai
re ¶Glo. ¶Tout ce fut dit ou sipsi
te chapitre du tiers et comment aul/
cunes sont citoyens en vne police qui
ne seroient pas en autre police ne ci
toyens ne partie de cite ¶Tep.

¶Mais pource que nostre considera
cion presente est de police qui est tres
bonne selon laquelle cite seroit mesme
ment bien euree et nous auons dit de
uant que cest impossible que felicite
soit sans vertu ¶Glo. ¶Ce fut dict
ou premier chapitre. ¶Tep. ¶Il
appert et sensuit que en cite qui positi
ze tresbien ou qui est tresbien gouuer
nee et laquelle a en soy hommes q̄ sõt
iustes simplemēt et non pas simple
ment ⁊ non pas a supposition il ne cõ
uient pas querir citoyēs qui maynēt
vie banneusique ou non honneste ne
vie de negociacion ¶Glo. Par gēs
iustes non pas sīplement Mais a sup
position il entend ceulx qui ont soy
non iustes ⁊ les tiennent Car ilz gar
dēt proporciõnalite ou equalite mais
cest a leur proffit et non pas a bonne
fin sicomme en olygarchie et en demo
cracie ⁊ de ce fut dit plus aplain en se
pt̄. chapitre du tiers et par banneu
ses il entend gens de vil artifices et
mercenaires ⁊ p negociacion il entēd
gens qui continuellement estudient
a gaaing par marchandises

Fueillet

Tex. Car celle est vile et sub contraire à vertu. Glo. Il ne dit pas que elle soit contraire à vertu car telles euures quant est de soy ne sont pas vicieuses Mais il dit subcontraires Car gens occupez en euures seruilles et en acquerir par marchandises ne peulent bonnement ou souffisaument vaquer a euures de vertu & plusieurs telz sont aucunement couuoiteux ou aultrement vicieulx Et pource laboureurs de terre et telz mestiers sont dis mequaniques cest adire aussi comme bastars & aultres ars sont appellez liberaulx qui sont conuenables aux filz des francs & y negociacion nest pas a entendre la marchandise qui est pour garnir la cite et les citoyens Mais celle ou len est tousiours occupé pour soustenir sa vie et pour gaigner Car negocium est dit quasi negans ociu Labeur sans repos et que telz gens ne soient pas vertueulx ne par consequent citoyens le prophete le denote quant il dit Quoniam non cognoui literaturam Introibo in paciencias domini Et selon aultre translacion Quoniã non cognoui negociacionem Pource dit il que ie nay pas congneu ne exerce negociacion ie entreray en puissance de dieu Cest adire en sa vertu par moy occuper en bonnes euures & vertueuses

Tex. De les cultiueurs des champs ne doiuent pas estre citoyens Car il est mestier de vacacion & de repos de tel labeur & quant a la generacion de vertu & quant a actions politiques Glo. Par actions politiques il entend conseilz et iugemens Or conuient il que ceulx qui sont citoyens en police tresbonne ayent pouoir de participer en felicite & de acquerir et exercer vertus morales Come fortitude en faiz darmes & liberalité en magnificence et les aultres et aussi les intellectuelles Comme science contemplacion & prudence quant aux conseilz & a garder iustice & les gens dessusd qui sont continuellement occupez en labour corporelle ou en solicitude & ardeur de gaigner ne pourroit a telles choses souffisaument entendre Et doncques il ne sont pas citoyens en police tresbonne Et ce q dit icy aristote de ces trois manieres de gens se accorde a la saincte escripture & est la dit deuant des negociateurs mais de ceulx q sont baneuses ou ges de mestier ou mercenaires & de ceulx q sont cultiueurs des tres la scte escripte met diffusement ecclesiastici xxxviii Comment telz gens sont necessaires a cite Et dit apres In ecclesiam non transsilient super sellam iudicis non sedebunt Ilz ne seront pas en leglise Cest adire en la congregacion des citoyens et ne seront pas assis pour tenir iugemens ne iuridicion Et doncques par la diffinicion de citoyen mise ou premier chapitre du tiers il sensuit que ilz ne sont pas citoyens mais neantmoins aucuns telz ou leurs enfans peuent estre peu a peu disposez a aucune vertu toupte ce que fut dict ou p̃ve. chapitre ⁊ venir a estat honorable et mesmement les cultiueures des champs desquelz sont issus tres nobles cheualiers et qui nestoient pas mal pensans sicomme dit plinius ou pvitie. liure. Fortissimi viri et strenuissimi milites ex agricolis gignuntur q̃ male cogitantes. Et pource dit sepphete que nostre seigneur adrece vng poure laboureur de terre et esliue vng poure baneuse et les fait seoir auecques les princes de son peuple Suscitans a terra inopem et de stercore erigens pauperem. Et sedeat cū principibus populi sui. Mais de baneuses il nautent pas si souuent comme il fait des autres sicomme il appt par le quint chapitre du sipte

Ou p̃.vii. chapitre il met cōment aucunes parties de cite cōuiennent ensemble et monstre quelles gens doiuent estre seigneurs des possessions.

Pour ce que en cite sont la partie qui est pour les guerres et celle qui est por conseiller des choses conferentes et pour iugier des choses iustes et semblent estre mesmemēt partie de cite questiō est assauoir mon se ces choses sont a mectre et attribuer a gens autres et differens ou se len doibt donner a vng mesme ces deux offices Glo. Apres il respont Tep. Et est chose manifeste que ces choses sont a distribuer ⁊ attribuer a vng mesme en vne maniere et autres et differens en autre maniere Glo. Cestassauoir a gēs qui sont vng mesme en personnes Mais sont aultres et differens selon aage et la cause est car vne de ces euures appartient a vng aage et aultre a aultre pource que vne de ces euures a mestier de prudence et laultre de puissance et de force et pource sont elles a commectre vnes aux vngs ⁊ autres aux autres Et cest impossible que ceulx qui peuent faire violence aux citoyens ⁊ qui les peuent garder de souffrir violence soient tousiours subiectz pource conuient il que ceulx icy mesmes vsent de ceste puissance.

Glo. Il veult dire q̃ ieunes hōme qui sont fors habilles et ont pouoir de greuer la cite et de la deffendre ilz ne peuent pas estre sans office honorable comme subiectz et serfz Mais len les doibt ordonner a vser des armes Et pource dit plato in thymeo q̃ ieunesce esleuee estoit depputee a cheualerie en athenes Electa iuuētus athenis ad miliciam deputabatur

Tep. Car ceulx q̃ sōt seigneurs des armes ilz sont seigneurs de faire la police durer ⁊ parseurer ou nō durer ou demeurer doncq̃s q̃ ilz vient a vng mesme et aux vngs aux autres donner ceste police ou office Mais nō pas ensemble Mais sicōme chascun est apte ou habille Car puissāce ⁊ force est

¶ Fueillet

es plus jeunes et prudence est es plus anciens ¶ Et doncques se ces choses sont par ceste maniere distribuees a ung aage et a autre cest expedient et iuste sicomme il semble /car ainsi par ceste diuision chascun aura selon ce qͥl est digne. ¶ Glo. ¶ Car ceulx qui ont este bonnes gens darmes en leur ieunesse quant il est temps que ilz laissent telz labours ilz doiuent estre ordonnez aux conseilz et aux iugemens et selon ce nous auons en ceste normãdie soy escriptes ꝯmēt les sages cheualiers doiuent estre aux assises et aux eschiqers et faire les iugemens et cas criminelz /mais peut estre que aucuns qui ont este bonnes gens darmes nont pas grant prudence en iugemens et que autres qui nont pas este gens darmes sont tresbons aux conseilz et aux iugemens ¶ Apres il declaire que gēs doiuent estre seigneurs des possessiõs

¶ Tex. ¶ Et pour certain il conuient que les possessions soient vers ceulx icy ¶ Glo. ¶ Et que ilz en soient seigneurs Cestassauoir les gens darmes les conseilliers et iuges et aussi loffice sacerdotal sicomme il dira apres ou chapitre qui sensuit ¶ Tex.

¶ Car il est necessite que les citoyēs ayent abundance et ceulx icy sont citoyens Mais la partie banneusque ou de viles offices ne participe en riē en cite ne nul autre quelcõque partie qui ne fait euure de Vertu Et il appt par ce que nous deuõs supposer Cest assauoir car il est necessite que felicite

soit auecques Vertu et il ne conuient pas dire cite estre bien euree en regardãt en vne partie de elle Mais a tous les citoyens ¶ Glo. ¶ Cest a entendre que au plus et en telle maniere que nul membre principal de la cite ne soit quant au plus sans Vertu et sans felicite et telz sont les banneuses et les autres deuant mis Sicomme il appt par le chapitre precedent et pource ne sont il pas membre de cite en bonne police ¶ Tex. ¶ Et cest chose est manifeste que il conuient que telz citoyens soient seigneurs des possessions ¶ Glo. ¶ Car autremēt ilz ne pourroiēt excercer les euures de Vertu morales et politiques Et les autres sõt ordonnez pour seruir les citoyens

¶ Tex. ¶ Et doncques est il necessaire que les cultiueurs des terres soient serfs ou barbares ou vernacles

¶ Glo. ¶ Par serfs il entend ceulx ou les successeurs de ceulx qui ont este par guerres reduiz en seruitute Et par barbares il entend ceulx qui sont venue destrange pays pour seruir Et vernacles sont ceulx qui ont este nourriz es hostelz des citoyens en la cite ou dehors et ceulx du pays q̃ sont soucys Locaticii Mais quant les seigneurs apperçoiuent que aucuns telz sont de franche nature et enclins a euures de Vertu et honnestes ilz leur doiuent donner liberte et possessions Et ainsi dit le sage en puerbes Seruus sit satus sit tibi dilectus quasi anima tua non defraudes illum libertate nec

inopem derelinquas illum) Ton sage seruant ayme le comme ta vie ne le
deffraude pas de liberte et ne laisse pas
estre poure

L'Aultre des choses dessus nom
brees est le gerre ou la gent sacerdotal ⁋Glo. ⁋Ce fut la quinte
chose mise ou v die. chapitre
⁋Tex. ⁋Car ne cultiueur ne bannause ne doiuet estre instituee ne mis
en ordre ou office sacerdotal Car cest
chose aduenante honneste et conuenable que les dieux soient loez et honnorez des cytoiens ⁋Glo. Et se les
cultiueurs de terres sont exclus de ceste honneur les autres qui ne sont citoyens en sont exclus par plus forte
raison Car de toutes les multitudes
populaires celle q cultiue les champs
est la meilleur sicoe il fut dit ou quart
chapitre du sixte

Pour declarer et ouurir vng
peu ceste matiere len doibt sauoir q pour le diuin cultiuemet plusieurs manieres de gens sont necessaires sicomme il fut dit ou viii. chapitre du sixte Et ce touche aristote ou
tiers de rethoziques ou il recite come
vng fut appelle p despit alumeur de
lampes Car dit il tel offices la sacerdotal sont toutes euures dieu Mais lune est honnorable et lautre non
Je dy doncques que cest chapitre est a
entedre de loffice honorable de ceulx
qui traictent et ministrent les sacrifi-

ces desquelx il fut dit ou viii. chapitre du sixte que ilz sont appellez princes et roys Et doncques appartient q
ce soient gens honnorables en generacion en corps en meurs et en estat et ce
est selon raison naturelle Car les choses diuines sont tresnobles et tresdignes et doncques seroit il inconueniet
que elles fussent traictees ne procrees
ou ministrees par gens deshonnestes
ou esquelz fust aucune reprouche ou
choses dont len peust faire derision ou
desauenance et non suenable a si grat
excellence Et par ce sont exclus de tel
honneur sacerdotal gens qui ont deffaulte en natiuite qui sot illegitimes
ou mal engendrez ou de lignage vil
ou diffame ou serf.

⁋Item quicoques a en son corps vice notable ou en quantite ou en coulleur ou en figure ou deffaulte daage
ou daucun membre ou qui est imparfaict ou impotent ou qui est entache
daucune laide maladie sicomme celluy qui est epplentique ou mesel ou li-
matique Et semblablement de plusieurs autres ou qui est ydiot ou sauuaige ou bestial

⁋Item touz ceulx qui sont notez et
diffamez daucun vice ou crisme sicōme sont gens cōtencieulx bateurs homicides ou gloutons ou incontinens
ou gens inustes et touz infames comme sōt pariures et vsuriers meneurs
de femmes aucuns geugleurs et plusieurs semblables

⁋Item selon aristote encor general-

Fueillet

semēt auecques les dessusd toꝰ ceulx qui ne sont citoyens ou non cogneus ou d'office seruille comme sont les cultiueurs des terres ⁊ mercēnaires gēs de mestiers et negociateurs Et tous ceulx ne sont acoustumez de vaquer a euures de vertus Et mesmement gens de vile office appellez banauses comme sont gēs de cuysine bouchiers faiseurs de chaussement tanneurs et semblables. Et selon ce en toutes polices renommees en toutes sectes notables ont este mise loix qui declarēt particulierement plusieurs estre inhabiles a ordre sacerdotal Et comment les unges sont inhabiles a ce perpetuellement ⁊ les autres a temps selon ce que les causes sont durables Et ainsi fut iadiz en la loy des payens sicomme il peut apparoit par les hystoires ⁊ en partie appert es declaracions de seneque Et sainct ierosme en une espitre de monogamie met comment en loy des ydolatres les bygames ne pouoient estre prestres ⁊ cōment en egipte en aucūs sacrifices ilz nestoiēt pas receuz Et en la loy de moyse sont plusieurs telles inhabalitez ⁊ par especial leuitici xxi. Et en nostre police de saincte eglise sicōme il appert par plusieurs decrez anciens ou liure des consilles appelle corpus iuris ⁊ es decretales Et aucūs de ces habilitez sōt appellees irregularite Et illecques sont aucunes autres hors les dessus nommees qui furent mises par excellence de la dignite de la region cristi-ane sicōme faiz darmes et autres inhabilitez es anciens decrez Sicomme pour grace de exemple il appt en une espitre du pape innocent premier Victricio episcopo rothomagēn ou il dit ainsi Quidam ex fratribus nostris curiales vel quibuslibet publicis functionibus occupatos clericos facere contendunt ⁊c. Il veult dire que gens de court de princes ne receueurs ou gens de comptes ne doiuent pas estre mises saincz ordres Et aps dit en une autre espitre a cellup mesme Designata sunt genera de quibus ad claritatem peruenire non possunt Id est si quis fidelis militauerit si quis fidelis cau‍sas egerit Id est postulauerit si quis fidelis administrauerit de curialibus aute manifesta racio est. Il conclud des saincz ordres cheualiers aduocatz procureurs et curiaulx Car sicomme dit lapostre Nemo militās deo implicat se negociis secularibus Nul qui se donne au seruice de dieu ne se implicque ou occupe en negoces seculieres Et encores selon ceste science telz gēs ne doiuent pas auoir office qui condempne Car sicōc il fut dit en le pie. cha. du sipte gens vertueulx fuient telle office Or auons doncques selon ceste science les causes generalles originales et naturelles de inhabilite a dignite sacerdotalz ⁊ de irregularite

Mais aulcun pourroit demāder se pourete repugne a office sacerdotal, ⁊ quant a present ie dy que

pourete peut estre prise en vne manie
re pour auoir petites possessions ou
petit de chose que len acquiert & gai-
gne a petit labour honneste, & ceste po
urete voluntairement acceptee est ex
pediente pour mieulx vaquer a contemplacion sicomme il appert ou p vi.
chapitre du dixiesme dethique & telz
poures sont bien dignes de loffice dessusdicte Mais pourete est dicte aultre
ment pour indigence & mendicite en
demandant les biens dautruy pour
soustenir sa vie, & sembleroit selon ceste sci
ence q̄ telle pourete est desconuenable a
dignite sacerdotal Premierement car
selon ce quil appert en cest chapitre
ceulx q̄ sont ordonnes pour dieu loer
et seruir doiuent estre cytoyens et par
le chapitre precedent appert que les
citoyens doiuent auoir richesses & estre seigneurs des possessions Et ceulx
de loffice dessusd sont vne des troys
parties qui sont citoyens sicomme il
sera dit apres

¶ Item aristote mect apres ou v pie
chapitre comment en police tresbonne vne partie de la region ou du terri
toire doit estre assignee aux oblacions
et aux sacrifices, & ceste partie appartient a ceulx qui font les sacrifices et
& en doiuent viure Et cest ainsi selon
ce que dit sainct pol. Qui in sacrificio operantur que de sacrificio sunt
edent Et qui altari deseruiunt cum
altari participantur ¶ Ceulx qui euurent & seruent ou sacraire doiuent
estre nourriz & particper ou sacraire

ou des choses du sacraire Et doncq̄s
ilz ne doiuent pas estre mēdiās
¶ Item au p vi. chapitre ceulx doffice sacerdotal sont mis ou nōbre des
gens necessaires a cite Et telz mendians ny sont pas mis mais es tēps
anciens en toutes polices repputees
bonnes len a tousiours estudie a faire que pou de telz fussent en la police
ou nulz se len pouoit bonnement.
Et selon ce disoit vng philosophe q̄
le diuin legislateur moyses bailla au
peuple de dieu vne telle loy.
Omnio indigens & mendiens non
erit inter vos Et benedicat tibi deus
Deutronomii decimo quinto
Gardez du tout que entre vous ne
soit nul indigent et mendiant Et me
semble que de ceste loy nest pas ceri-
monial

¶ Item ou telle mendicite est de necessite par impotence ou aultre cause
ou elle est voluntaire & se elle est necessaire ou cogente cest vne infortune & vne chose desauenante combien
quelle puis estre aduenue sans pechie ou en bien faisant & que ce soit
grant bien et euure de vertuz de leur
secourir Mais se elle est voluntaire
sicomme de ceulx qui sont appellez
validi mendicantes elle est aulcunement vicieuse & reprouuee par les
loix. Et de ce fut dict ou sixte chapitre du second ¶ Et doncques tous
mendians sont nō conuenables a loffice dessusd et de ce fut dict ou p vi.
chapitre du quart.

H.i.

¶Fueillet.

※¶Item tout mendicite soit de fortune ou de volunte est ung opprobre ou reproche Et aussi comme naturellemēt triste et desplaisible ⁊ miserable et nō honneste ¶Et pource Virgille en la nombrant entre les aultres miseres dict ainsi Et turpis egestas.
C'est laide pourete de quoy l'en doit auoir naturellement Seconde Et soupte ce que est escript en la saincte escripture Mendicare erubesco Car c'est de soy pechie ou se est souuēt mais non pas tousiours peine de pechie Et selon ce dit le prophete du pecheur Nutantes transferentur filii eius et mendicent ¶Ilz prononcent que les filz du pecheur seront mendians Et au contraire il dict en ung aultre lieu que les enfans des iustes ne le seront pas Non vi iustum derelictum neque semen eius querens panē
¶Item a cest propos sont directement plusieurs anciens decretz ⁊ decretales qui deffendent expressement que nul ne soit promeu aulx sainctes ordres mesmement a diacre et prestre sans tiltre de quoy il puisse viure. la cause est car laide chose seroit et desauenante que ung tel de tel saincte ordre feist euures seruilles ou qu'il mendiast
¶Item il appert par les escriptures q̄ des le cōmancement ⁊ en tous tēps anciēs en toutes loix en toutes sectes en toutes polices qui ont este repputees bonnes estat sacerdotal a tousiours este honneste ⁊ sans mandicite Car selon aristote ou prohesme de methaphisique premierement en egipte la gent sacerdotal eut liberte de vaquer aulx sciences quant ilz eurent les choses necessaires a viure.
¶Item en lystoire de Thebes des grecs des rommains ⁊ briefuement a toutes les hystoires des payens appert ce que dit est Et pource dit aristote ou sixte chapitre du second que telz gens estoient appellez princes ⁊ roys ⁊ dire queque princes et roys en leur estat feussent mendians c'est grant absurdite ypodamus en sa police mect que la tierce partie de la region fut pour le cultiuement diuin si comme il appert ou viii.e chapitre du second Et de ce appert en plusieurs lieux en ceste science et en especial en lystoire des Bretons qui estoient en la region a present appellee engleterre appert comment enuiron l'an de grace Cent cinquante quant le roy Lucius fut conuerti en nostre foy deux vaillans docteurs consacrerent les temples des dieux en l'onne de dieu ⁊ de ses saicts Et es citez ou estoiēt archiflames ilz instituerent archeuesques ¶Et es autres citez ou lieux des flamines ilz misdrent euesques ¶Et semblablemēt recite le decret et le roy donna aulx eglises toutes les possessions et territoires des temples et encor plus
¶Et augmentault illas amplioribus ⁊ agris et aliis omniq3 libertate

sublimauit
¶Item en la loy de moyse est conte/
nu comment ceulx de cest office auoi/
ent les dismes les premices les oblaci
ons ⁊c. Et en la loy de grace ilz ont
dismes oblacions possessions ⁊c.
Et mesmes mahoumet en son alco/
ram dict souuent que len doibt payer
les dismes. Et doncques puis que ces/
te chose est ou a este ainsi generale en
tout temps ⁊ par tout il sensuit quelle
soit ainsi comme naturelle. Car ces/
te raison preuue tulles ou liure de na
ture des dieux ou liure des questiõs
tusculaines que ce que nous cognois
sons que dieux est vault dieux estre
es loix de nature. Ley nature putan
da est. Et par consequent ceste chose
ainsi naturelle a communicacion hu
maine que les gens de loffice dessus di
cte ne soient pas mendians
¶Item car raison prinse du contrai
re la chose semble de naturelle a com
munite humaine laquelle na este an/
ciennement fors en pays estranges ⁊
mal habitable entre gens barbaries
ou sauuaiges et inhabilles a bonne
conuersacion ciuille. Ne nay je pas
encor trouue es hystoires anciennes
que aulcuns ayent esleue telle pure po
urete fors vne gent appellez trogo/
dictes. desquelz dit solinus. ¶Trogo
dicte paupertate se abdicauerunt Vo
luntaria. ¶Ilz renoncoient a tous ⁊
prenoient pourete voluntaire. et que
ilz fussent telz comme dict est. Il ap/
pert par les hystoires et par les cosmo

graphes. ¶Et pource valerius maxi
mus ou premier chapitre du second li
ure approuuoit vng oncien statut de
la cite de marceille de laquelle il dict
ainsi. ¶Omnibus autem qui aliquã
religionis simulacionem alimẽta in/
herencie querunt clausas portas ha/
bet mendacem et futosam superstici
onem submouendam esse existimãs.
Il ne seuffrent entrer en leur cite nul
qui mendiast soubz espece de religion
¶Or auons doncques que quecon/
q3 mendicite est non conuenable a hõ
neur sacerdotal. ⁊ que mendicite vo/
luntaire nest pas bien seeante en bon
ne police selon ce que disoit vng pur
philosophe qui se peult appeller de tou/
tes escriptures qui saccordent a raisõ
naturelle. Je dy dõcques premieremẽt
que ce seroit a tenir selon ceste science si
comme il me semble a present sauf meil
leur oppinion ⁊ soubz toute bonne cor
rection. ¶Secondement je dy que selõ
ceste science aulcun estat lequel seroit
superflu ⁊ inutile ou perilleux en po/
lice tresbonne peut estre expedient en
police empiree au moins bonne pour
suppleer la deffaulte daulcun aultre
estat ou pour le corriger aultrement
si cõme il peult apparoir en plusieurs
chap et es liures precedẽs aussi cõme p
auenture en vne maison ruyneuse au
cũ apoial est expedient lequel seroit mal
soyant ou empeschemẽt en vne bõne
maison. ¶Et est possible que de tel es
tat soient plusieurs vertueulx et ex/
cellens et se la prophecie dune femme

Fueillet.

appelle sancta Hyldegrandis estoit trope telle chose quant elle feist la prophecie estoit a aduenir en la police de saincte eglise ⁋Tiercement ie dy que aristote ne les autres philosophes ne peurēt veoir en lumiere naturelle plusieurs choses qui sont necessaires ou proffitables au salut des ames. Mais ce estat de medicite est tel ou se il est regy en bonne police de lespecial ordonnance ou conseil du sainct esperit et selon leuangille et se il est digne donneur sacerdotal pour la diuine dispensation ou nom ce est chose par dessus raison naturelle et transcende ou passe ceste philosophie. Et parce pourroit len respondre aux rations dessus mises et dire aucune chose oultre nappartient pas a ceste science et pource il passe oultre et trop de ceste chose ce que tient saincte eglise. ⁋Apres il met comment ceste partie sacerdotal communique aux autres. ⁋Tex. ⁋Mais pource que la chose ciuille est diuisee en parties et que lune partie des citoyens est pour les armes et lautre pour le conseil et est chose decente et auenante que lē en tende au cultiuement des dieux et que ceulx qui pour temps et aage sōt hors des offices labourieuses aient repos Vers les dieux et au cultiuement diuin pource ceulx icy doncques doluēt estre assignez et depputez aux sanctificatione ou a office sacerdotalz.
⁋Glo. ⁋Car sicomme il est dit ou chapitre precedent les citoyens ieunes

et fors doluent estre aux armes et aps sont aux conseulz. Et quant ilz ont este esprouues es faiz darmes vertueulx et honnestes ou es p̄seulz eulx se doluent reppouser en contemplacion et soy delecter en dieu seruir et auoir honneur et office sacerdotal. Et en ceste maniere vne mesme gent communique en telz offices. Mais en diuers aages.
⁋Item il ne conuient pas que tous doffice sacerdotal aient este gens darmes ou gens de conseil ne que tous gēs darmes et de conseil soient apres de cest office. Mais le proces daucūs tresbōs est tel. ⁋Item il peult bien estre que vngs mesmes gens de conseil et en office sacerdotal vaquent en vne office et en aultre en temps oportunes et conuenables. ⁋Item que telz gēs doffice sacerdotal et anciens qui ont este preux cheualiers et vaillans conseilliers feussēt mendiās ce seroit grāt desordonnance de police et tresgrāt inconuenient. Et parce appert encor ce que dit est deuant.
⁋Item il appert parce texte que gēs dordre sacerdotal doluēt estre anciēs. presbiter grece latine senior interpretatur. ⁋Et la cause est car toutes passions et mouuemens de ire et de concupiscence doluent estre en eulx refrenez et appaisiez. Et selon ce determinēt les decrez laage des prestres et celluy des euesqz et q̄ ilz soiēt aages cest droit naturel. Mais determiner quel aage cest droit positif. Et de ce ne peult nul

dispenser fors par le droit appelle epy eyke pour le bien publicque ou de son office et qui le fait pour autre faueur il abuse de sa poste et nest pas digne de la tenir Apres il recapitule ⁊Cep.

⁊Et doncques dit est sans quelles choses cite ne peut estre z̄ cultiueurs de terres z gens dartifices z mercennaires sont necessaires es citez z que gens darmes et gens de conseil z gens separez sacerdotaulx sont partie de cite z comment ces choses sont diuisees et que les vnes sont tousiours separees des autres ⁊Glo. ⁊Car celles qui ne sont partie de cite nateignent oncques a celles q̄ sont partie de cite

⁊Cep. ⁊Et les autres selon ptie ⁊Glo. Cestassauoir selon diuerse partie de temps car vnges mesmes sont gens darmes en vng temps sont gens de conseil en autre etc. Mais les laboureurs de terre ne sōt en nul temps gens de conseil en police tresbonne z tout ce a este dit du p͞c̄.chapitre iusques icy

⁊Ou xxe. chapitre il met comment plusieurs des choses deuant dictes furent trouuees anciennement.

Cest chose nest pas de maintenant cogneue ne de nouuel a ceulx q ont plē de philosophie politique Cestassauoir que il conuient que la cite soit diuisee selon plusieurs genres ou manieres de gens se

parez et que la partie ordonne pc̄ les guerres soit autre q̄ celle qui cultiue les terres ⁊Glo. ⁊Car sicōme dit est ou p͞ Vie. chap tels laboureurs ne sōt pas ptie de cite en bonne police mais les gens darmes sōt citoyens z ses offices sōt tousiours separees sicōme dit est ou chapitre precedent Mais icy est vne doubte car sicōme autresfoiz a este allegue plintus dit q̄ tresfors hōmes z tresnobles cheualiers sōt engendrez de cultiueurs de terre. ⁊Jte Vegece met cōment les cultiueurs des champs sont plus a eslire pour les armes que ceulx q̄ sont nourriz es citez Et comment gens dartifices sōt inutiles pour armes les aucuns Et ment len doit eslire gens darmes daucuns aultres artifices Et il appert ou chapitre precedent que nulles gens dartifices ne sont citoyens z que gens darmes sōt citoyens et doncques gens dartifices ne sont pas gens darmes en bonne police ⁊A ce te respons et dy que de gens darmes sont deux manieres quant a propos les vnes qui ont la vertu de fortitude et la prudence ace apartenante comme sont ducz cheualiers et nobles hommes Et ces icy sōt proprement gens darmes z citoyens Mais ilz ont mestier de plusieurs autres seruans ou soudoiers desquelz ilz se aident es armes q ne sōt pas pprement gens darmes ne citoyens z est bon q̄ ilz soient au cōmancement esleuz z prins de fors laboureurs et des artifices q̄ nomme Vegece Et telz gens il les

H.iii.

Fueillet:

appelle tyrone ⁋Apres le dy que aucunes telz cultiueurs de terres et gens dartifices sont naturellemēt enclins a la vertu de fortitude et sont de franche nature et par bōnes exercitaciōs peuent estre disposez tellemēt que ilz sont dignes destre promeuz a ce quilz soient citoyens et cheualiers et capitaines ꝛc ioupte que fut dict en la fin du p viiie chap Et sēblablemēt fut dit de gens qui viuent de pasturage ou quint chapitre du sipte Mais il ne sē suit pas pource que les cultiueurs de terres ne soient separez et aultres que gēs darmes ⁋Tex ⁋Car en egipte est en ceste maniere ꝛ encores maintenant en crete Et aussi establyt par loy ceste diuision ung legislateur appelle foroneus Et en crete ung appelle mennon ⁋Glo. ⁋Apres il parle de linstitucion des conuiz ⁋Tex.
⁋Et es loix anciennes est aulcune institucion des conuiz ꝛ telle institucion fut faicte en crete quant mennon regnoit Mais les choses dytalie sont moult plus anciennes que cestes ꝛ dient les hystoires de ceulx q illecques habitoient que ung appelle ytalus fut roy de celle terre qui estoit nōmee ometrie Et pource ilz transmuerent le nom de la terre et des habitās ꝛ les appellerent ytaliens pour ometriens.
⁋Glo. ⁋Les noms des terres et de citez ont este souuent transmuees pour semblable cause et pour aultres.
⁋Texte. ⁋Et est ceste contree ou

region en europe / ꝛ toute la terre fut nommee ytalie qui est entre le sein silletique et le sein lametique.
⁋Glo. ⁋Le sein silletique est la mer qui est a la destre ditalie au regart de cy ꝛ en tel coste est iennes et celle partie de mer est ainsi dicte pour ung peril de mer appelle silla qui est entre ytalie et sicille Et le sein lametique est la mer qui a senestre et en ceste coste est Venise Et celle partie est aultrement appellee la mer adriatique et sont ces deux mers continuee oultre ytalie et elle est entre deux oultre les alz sicome il appert en la mappemonde cest en lōbardie tusquaine romanie apule calabra ꝛ cetera.
⁋Tex. ⁋Et la distance dung sein en laultre est comme ce que len peut aller en demy iour. ⁋Glose.
⁋Cest par auenture la ou la terre appelle la plus estroicte ꝛ ou il a le moins de distance. ⁋Texte.
⁋Et doncques dient les hystoires que les ometriens q estoient pasteurs ytalus les faict agricoles ou cultiueurs des champs et leur mist aultres loix Et institua premierement les conuiz ou festes et disners ⁋Et pource encor maintenant aulcuns vsent des conuiz quil institua et daulcunes de ces loix ꝛ en la region de cyraine habitoient unes gēs appelez epiti et ceulx q deuāt estoiēt ꝛ maintenāt sōt nōmez ansones ꝛ habitoient en la pige et en ponie ꝛ ungs appellez chomes hi toiēt

en sitie Et estoiēt du lignage des ōmetoiens ⊂Glo ⊂Aucūs de ces noms sont es escriptures et les aultres non mais sont muez et oubliez ⊂Tep Et doncques linstitution des conuis fut fait pmieremēt cōe dit est ⊂Glo. Albert dit q̄ telz cōuiz estoiēt es festes ⁊ es sacrifices des dieux Et recite cōmēt ii.appellez actalus ⁊ recina eues q̄s des ydoles ou liure quilz firēt du cultiuement des dieux mettent comment les gēs offroient grande multitude de hosties cest adire de bestes et autres choses dont len peut mengier des quelles Une ptie estoit aux prestres ⁊ lautre a ceulx qui les offroient⁊ faisoient leurs conuiz ⁊ disners pres des tēples en ungs lieux appellez pastaforia Onde primi machabeorum quarto Pastoforia diruta. Cestoient par auenture aussi comme sont les reffecteurs ⊂Tep. ⊂Mais la preparacion des manieres de gens de la multitude ciuile Uint premieremēt de egipte Car sostrasius fut par moult lōg temps deuant ce que menon regnast. ⊂Glo. ⊂Et mennon establist les conuiz comme dit est Et sostrasius establit en egipte que Une partie de la multitude cultiuast les champs ⁊ les autres les deffendissent ⁊ fussent gēs darmes ⊂Tep. ⊂Et doncques il conuient cuyder que les autres ordōnances ciuilles ont este presque trouuees souuent et en moult de temps ⁊ doit len plus cuydoir quelles ont este trouuees par infinitz foiz et innombrables ⊂Glo ⊂Aristote et aucūs autres mettoient que le monde neust onc ques commancement ⁊ que il durera sans fin Mais il disoient que par diluges ⁊ mortalitez ou autres pestilēces aucunesfoiz demeure trespeu de gens sicomme dit heomes et perissent les ars et les sciences et apres par succession de temps la terre est repeuplee et sōt de nouuel trouuee partie apres aultres les choses necessaires ⁊ conuenables a conuersacion ciuille Et dient que telle chose est aduenue p foiz innombrables ⁊ non obstant que dune foiz a autres sotent plusieurs milliers dans Et pource toutessoiz que aristote parle ou dit Une chose auoir este premierement trouuee il entend premiere de memoire par hystoire ou aultrement et non pas premierement simplement Car telles choses auoiēt autresfoiz este, et ceste opinion touche ou recite ecclesiastes Nichil nouū sub sole. ⁊c. Mais cest faulx⁊ ne pourroit estre prouue par raison euidente sicōme iay aultressoiz monstre par Une Dope que ie nay pas ailleurs trouuee escripte ⊂Tep. ⊂Car lindigence et opportunite des choses de quoy len auoit besoing enseigna tresoupemēt les choses necessaires a uiure ⊂Et quant len eut ces choses a lors celles qui sont a bonne aptude ou conuenables a bien uiure peurent prendre acroissement raisōnablement ⁊ pource len doit cuyder q̄ en ceste matiere a este uers les polices. G. Car pmieremēt furent trouuees lesch oses necessaires a police Et apres celles qui sont conuenables a bonne police ¶Tex. Et q̄ toutes ces choses soiēt anciēnes celles qui sont en egipte en sont signe. Car les egipciens sont tresanciens ¶Glo. Mais contre ce sembleroit estre ce que dit iustin en son second liure la ou il recite vne tresbelle disputoison qui fut iadis entre les egipciēs et ceulx de sceyche assauoir mon lesquelz estoient les plus anciens et met iustin a vne partie et a lautre tresbelles raisons naturelles par lesquelles chascun deulx disoit que son pays auoit este entre to⁹ le pmier habitable est dit que ceste contencion dura long temps et que finablement les egipciēs furent conuaincus par les fors argumens des sceychees et sōt tousiours les sceychees tenus pour les plus anciens Mais par auenture ilz furent plus longuement sans loix et sans ordonnances politiques et peut estre q̄ les egipciens firent celle ordonnāce auāt que les sceychees et selon ce aristote dit aps ¶Tex. Et eurent iadis loix et ordre politique ¶Glo. Meilleur que nul autre de tel temps ¶Tex. Et pource conuient il vser souffisaumēt des choses dessusdictes par les autres et tempter de querir et trouuer celles qui ōt este trespassees oubliees ou laissees ¶Glo. Aps il recapitule ¶Tex. Et doncques est dict deuant que il conuient que la region soit de ceulx qui participent en la police et que ilz

en soient seigneurs et est dit que il conuient que les cultiueurs des champs soient autres et distinctes des dessusdictz et quelle il conuient que la regiō soit et combien grande. ¶Glo. Et tout ce est a entendre en police tresbonne de laquelle il traicte en cest septiesme liure.

¶Du pmier chapitre il determine de la diuision de la region

Or pouient dire premierement de la distribution de la regiō et des cultiueurs des chāps quelx ilz conuient que ilz soiēt ¶Glo. Apres il met quatre suppositions. ¶Tex. Car nous ne disons pas que la possession doye estre commune sicomme aucuns ont dit. ¶Glo. Ce furent socrates et plato sicomme il fut dict ou secōd liure vers le cōmancemēt ¶Tex. Mais elle doit estre faicte commune quant a vsage amiablement. ¶Glo. Chascun doit auoir ses possessions ppres mais len en doit communiquer et departir et dōner les vnes aux autres p liberalite et par amitie. ¶Tex. Item len doit garder q̄ nul des citoyens ne soit indigens ne souffraiteux de nourissement ¶Glo. Coupte ce que fut allegue ou xviij. chapitre de lescripture qui dit Omnino indigens et mendiens non erit inter vos.

⟨Tex.⟩ ⟨Item⟩ des conuiz que ilz soient cest vne chose oportune⁊ conuenable a toutes citez bien instituees et la cause pour quoy ce nous semble nous le dirons apres. ⟨Glo.⟩ ⟨En⟩ ce ⟨ti⟩tre et quant telz conuiz sont bien ordonnez les citoyens ont par ce ensemble plus grant congnoissance familiaire amitie ⁊ confiance. ⟨Tex.⟩ Item il conuient que tous les citoyens communiquent en ces conuiz ⁊ ce nest pas legiere chose que ceulx q̃ ont petites possessions apportent et contribuent tant comme il est establi pour les conuiz et que auecque ce ilz gouuernent leur hostel. ⟨Glo.⟩ ⟨Se⟩ ilz nestoient es conuiz ce seroit occasion de diuision et de sedicion⁊ ilz ne pourroient soustenir telz despens se chascun payoit son estat. ⟨Tex.⟩ ⟨Item⟩ les despens que len fait au cultiuement des dieux sont communs a toute la cite. ⟨Glo.⟩ ⟨Car⟩ le seruice diuin est commun pour tous. Et doncques ilz doiuent estre faiz aux despens communs. Apres il procede a la diuision de la region ou du territoire. ⟨Tex.⟩ ⟨Et⟩ doncques est il necessaire que la region soit diuisee en deux parties et que lune soit propre et lautre soit commune. Et que chascune de ces deux parties soit doublement diuisee a tous. Cest assauoir que de la partie commune vne partie soit pour faire oblacion aux dieux et lautre partie soit ordonnee aux conuiz. Et de la partie qui est des singuliers vne partie soit a leurs propres necessitez ⁊ lautre a la cite. ⟨Glo.⟩ ⟨Et⟩ ainsi de la region sont quatre parties. Et nest pas a entendre q̃ ces parties soient equales ne dune maniere Mais chascun doit auoir son equalite ⁊ sa quantite deue selon ce que requiert la chose a quoy elle est ordonnee. Et en declarant ces quatre choses il me semble q̃ aristote entend par la premiere tout ce q̃ est assigne pour le diuin cultiuement. Et peult estre en troys manieres. Vne est icy mise et est que a ce soit deppute vne partie du territoire. Laultre maniere est sans assigner partie mais aucun subside sicōme dismes premices oblacions⁊ ceste maniere estoit en la loy de moyse. Et la tierce est composee de ceste que a ce soient assignees dismes oblacions ⁊ possessions et ceste est en nostre police.

⟨Item⟩ il semble selon ceste science q̃ les personnes et possessions depputees au cultiuement diuin doiuent estre franches de toutes exactions et redeuances pour la dignite et excellances des choses diuines. Et pource que telles personnes doiuent auoir repos sicomme il fut dit ou vii.e chapitre. Et pource que il semble par les hystoires que tousiours a este ainsi a toutes polices reputees pour bonnes.

⟨Item⟩ telles possessions doiuent estre de quantite moderee sans deffaulte. Car telles personnes doiuent auoir honneste estat sicomme fut dit ou vii.e chapitre ⁊ sans exces. Car aussi comme len doit ordonner que nul singulier citoyen ne se puisse enrichir excessiuement sicomme il fut monstré en le p̃t chapitre du secõd z ou p̃ viii. du tiers z p̃ vie. du quart semblablement doit len faire de chascune partie ou membre de la police

¶ Item pour ceste cause peut estre q̃ en aucune police que len donne licence a la gent sacerdotal de receuoir dõs z dacquerir a laugmentacion du cultiuement diuin au cõmencemẽt quãt ilz nont encores pas des possessions souffisaument Mais loy doit estre mise que ilz ne puissent acquerir ou tenir oultre certain terme ou mesure ¶ Et est mieulx q̃ leurs possessiõs soiẽt moderees z frãches q̃ elles fussẽt excessiues z que parce les autres parties de cité fussent menees a les molester par aucunes exactions.

¶ Ité de telles possessions ou de fruiz vne partie doit estre pour les temples et edifices Laultre pour les seruiteurs Laultre pour les gens donneur ou en cõmun selõ ce que en aucũes eglises est vne chose appelle la cõmũe ou par distributiõ laq̃lle est faicte par la loy ou par les princes sacerdotaulx selon ce que fut touché ou pii·e. chapitre du septe z ainsi soit dit de ceste partie La seconde partie du territoire est pour les conutz communs qui sont faiz aulx haultes festes des dieux ou des saictz z aux receptions nouuelles des princes et aux triumphes ou a telles choses Et la tierce est diuisee a chascun des singuliers pour les necessitez Et la quarte est prinse sur ces possessions particulieres de chascun vne portion sicomme de xx. arpens viii. ou de piii. Et dit aristote que ce est pour la cité cest adire pour la garde et deffence et aournement de la cité Or auons dõc que par le pipe. chapitre q̃ ceulx dossice sacerdotal doiuent auoir possessions z auons par cestuy commẽt elles doiuent estre moderees.

Mais pour acomplir en ceste matiere ce que appartient a science politique question peut estre cõment les gens sacerdotaulx en bonne police doiuent estre seigneurs de leurs possessions z de leurs gens et se ilz doiuẽt auoir iurisdicion et quelle Et premierement la gẽt sacerdotal de nostre foy p̃pienne ne leur iurisdicion pure espirituelle ou autre ne sont pas comprises en ceste science Car ceste dignité fut en especial instituee de celluy qui estoit z dieu et homme z plus est gardee z celle dont parle aristote fut ou seroit instituee par legislateur humain et non diuin.

¶ Item nostre dignité sacerdotal est instituee affin de beatitude z de vie p̃durable en laultre siecle z celle dont p̃ le aristote est instituee principallemẽt affin de contemplacion ou de felicité telle cõe len peut auoir en cest mõde p̃ dope natelle Et dõcques se les causes efficientes et les causes finales de nostre dignité sacerdotal z de celle dont parle ceste science sont tant diuerses z tant differentes ce nest pas merueille se la forme et la maniere du gouuernement de lune est differēte de la maniere de lautre Combien que par auenture en vne maniere et a lautre soiēt plusieurs choses conformees ou semblables ¶Et quant a present ie diray de ceste question comme pur philosophe au quel neant moins il loist alleguer toutes escriptures et mettre exemple de toutes polices et pource que aristote parle peu de ceste matiere et ne la traicte a par soy Encor ne afferme ie pas que ce que ie diray soit trop selon ceste philosophie Mais men rapporte en meilleur iugement et a toute bōne correction Et me semble que iurisdicion est la garde de iustice et selon ce quil appert en se viiie. chapitre du quint dethiques vne iustice est distributiue et autre est commutatiue Et quāt est de la iurisdicion q̄ regarde la distribution des honneurs sacerdotaulx peut estre que aucuns sont distribuez par les gens sacerdotaulx selon election et successiō de lignage ou selō autres loix Mais il sembleroit que selon aristote la distribution des tresgrans hōneurs ce cest estat et la souueraineté de la garde de celles loix appartiēt au prince de toute la police lequel nous appellons prince seculier Premierement car la gent sacerdotal est vne des troys parties ou mēbre de cite en bōne police sicō dit appt p se pxe chap. Et dōcques a ce que la cité soit vne il conuient que ces troys mēbres

soient soubz vng chief et soubz vng prince mesmement en police royal qui est le tresmeilleur et que cest prince ait la souueraineté quant a la distributiō des honneurs et des offices sur les troys membres dessusd' Cestassauoir gens darmes de conseil et gens sacerdotal Car combiē que les plus grās de lestat sacerdotal soiēt appellez princes et roys sicōme il fut dit ou viiie. du sixte cest seullemēt par methaphore et par similitude pour lexcellance de ceste dignite Et semblablement les princes seculiers sont appellez sacerdotes et de ce met plinius vne telle inscription Cesarie digni fili⁹ augustus pontifex maximus imperator Et au commancement des digestes est dit cōmēt les legislateurs seculiers estoiēt appellez sacerdotes Mais cest par similitude sicomme dit la glose Car ilz ministroient les loix qui sōt dictes tressainctes Car selon aristote loffice de roy et celle de prince sacerdotal sont autres et distinctes et est selon ce que disoit vng prophete a vng roy de iherusalem Non est tui officii ozia Et adolea incensum domino. sed sacerdotū. Et fut sil roy pugny de dieu pource que il sentremist doffice sacerdotal Car selon ceste science telle office est plus cōtēplatiue que actiue et celle du roy est plus actiue Et dōcques nappartient il pas a vne personne se nestoit par dispensacion diuine sicomme il fut dit de melchisedech Mais se passe ceste science ou par auēture par

Fueillet

faulte de gens excellentes soubz ce que dit Virgille Rex idem hominum plebi q̃z sacerdos. eneydos tercio
Item au propos principal la science ou art du roy est politique laq̃lle est architectonique Cest adire que au prince par ceste science appartient ordonner de tous ars et sciences et estas de la cite sans exception ⁊ tout ce appert par aristote ou prohesme dethiques ⁊ doncques au roy appartient ordonner sur lestat sacerdotal

¶ Item loffice du roy ⁊ celle du prince sacerdotal sõt lune au regart de laultre ainsi comme les vertus qui leur sont appropriees Et prudence politique est la ppre vertu du roy sicomme il fut dit ou quint chapitre du tiers ⁊ sapience ou contemplacion est la propre vertu du prince sacerdotal sicomme plusieurs foiz est dit Or est ainsi que prudence politique ordonne de sapience entre les autres choses de la cite Et neantmoins sapience est plus digne ⁊ meilleur que nest ceste prudence Car selon aristote ou prohesme de methaphisique nul art ne science nest plus honorable ne plus digne que methaphisique et tout ce determine aristote ou sixte dethiques ⁊ en la fin du sixte il monstre commẽt il ne sensuit pas se prudence ordonne sapience que pource elle soit plus digne et met a ce deux exemples Lune est car medicine commande ⁊ ordonne de sante ⁊ comment elle doibt estre acquise Et toutesuoyes sante est plus digne que nest

art de medicine ⁊ auecq̃s ce medicine ne commande pas a nature comment elle doibt digerer Semblablement selon aristote prudence ordonne par q̃lles gens sapience ou contemplacion sera en cite Mais elle ne regarde pas sur le fait de telle gent lequel faict ou operacion est plus digne que nest le faict de prudence.

¶ Item aristote met une aultre similitude et dit que cellup ne seroit pas a croire qui diroit que prudence politique a seigneurie ⁊ pricie sur les dieux pource quelle commande sur toutes les choses qui sont en la cite ainsi cõmes il uouloit dire que prudence na pas seigneurie ne dignite sur sapience Et si ordonne delle comme dit est.

¶ Item a ce fut mis une aultre exẽple ou dit. chapitre car il ne conuient pas que cellup qui ordonne les gens en aucun siege soit plus digne q̃ chascun dont il ordõne Car ces deux choses sõt ppossibles ⁊ compassibles ensẽble Cestassauoir que sapience a souuerainete sur prudence quant a excellence de dignite et prudẽce a souuerainete sur sapience quãt aristote a poste dordonner et depputer es personnes a sapience mais non pas quant a ordonner des choses que considerer sapience ⁊ semblable regart ont une a lautre dignite sacerdotal ⁊ par poste royal selon aristote

¶ Item ace fait en partie ce qui est recite ou decret cõment Valentinien lempereur assembla les euesques q̃ esleu rent sainct ambroise et leur dit Ca sit itaq3 pontificali sede constituite cui nos qui gubernamus imperiu sincere nostra capita sumitamus etc. Constituez tel euesque auquel nous qui gouuernons lempire soubzmettons noz testes ou noz chiefz Et parce appert que lempereur recognoist que la dignite pontifical excede de la sienne Mais ce il dit constituez ce nest pas commandement sicomme diroit ung roy payen selon ceste science Mais ce dict il comme bon catholique par benigne exortacion

¶ Item le propos principal appert encor parce que de fait en plusieurs polices qui estoient repputees bonnes les princes seculiers ont institues telles offices et de ce fut dit ou pp. chapitre du tiers comment en la police laconique les roys auoient seigneuries sur les choses appartenantes aux dieux Et dit albert q ilz auoient la disposition de la gent sacerdotal Que ad deos sicut dispositio sacerdotum etc. Ce fut en la region que est maintenant appellee apule et calabre Et apres semblablement numa pompilius et ses autres princes romains et autres princes payens sicomme il appert par les hystoires et en la loy de moyse appert par dauid et par salmon et iosaphat et autres ¶ Et en nostre loy de grace aucuns empereurs et roys sicomme il appt p ses hystoires et p les legedes des sainctes Mais len pourroit dire que telles choses ont este faictes en nostre loy selon la forme du legislateur humain et les diuins legislateurs les souffroient ou octroient estre ainsi faictes de grace ou approuuoient expressement ou taisiblement et pour le mieulx Combien que ces dignitez et honneurs doiuent estre distribuees et gouuernees par autre forme sicomme il est dit deuant Laquelle forme est baillee es saincts canons Et encor auecques ce en la loy de moise et en nostre loy de grace plusieurs roys et empereurs ont este instituez par la gent sacerdotal Et selon ceste science se les princes seculiers abusoient de la iurisdicion distributiue dessus dicte deuroit estre translatee a autre gent ou a autre estat sicomme il sera declare apres

Et quant est de la iurisdicion qui regarde iustice commutatiue Cestassauoir des causes ou controuesies reelles et psonnelles len pourroit arguer que ceste iurisdicion nappartiet pas a gent sacerdotal Premierement car selon aristote ou pme. chapitre les iuges et conseillers sont vne partie de cite autre que ne sont la gent sacerdotal et met comment ceulx qui ont este gens darmes et conseilliers et iuges doiuent apres auoir repos en estat sacerdotal Et doncques len ne doit pas commmectre a ceste gent ne faiz darmes ne iugemens.

¶ Item estat sacerdotal est ordonne pour diuin cultuement et pour contemplacion et tenir iurisdicio des causes ciuilles et politiques cest action

Fueillet

practique & cognoistre et iugier quoy est mien ou tien & de iniures ce sont negoces seculieres lesquelles donnent pl9 dempeschement a contemplacion que de ap de. Et pource dit lapostre q nul qui est depputé au diuin seruice ne se implicque en telles negoces. Nemo militans & cetera.

¶ Item determiner les questions du diuin cultiuement appartient ala gent sacerdotal Mais les questions ou querelles politiques sont a iugier par autre Car selon ce le roy iosaphat constitua iuges pour les controuersies & constitua gens sacerdotal en Herusalem Leuitas et sacerdotes. Et leur commanda que ilz iugeassent les causes de dieu & les questions de la loy. Des cerimonies et de toutes aultres telles choses. Et ceste ordonnance auecques autres faiz du roy iosaphat approuue lescripture et parce sembleroit que a ceste gent ne appartient a cognoistre comme iuges des biens ne des personnes. Mais ce non obstant le veul monstrer le contraire. Premierement car si comme il fut dit ou pipe. chapitre la gent sacerdotal doit auoir repos et en toutes polices repputees bonnes ilz ont eu & ont plaine liberté & il est certain que se eulx & leurs gens & leurs biens estoient en iurisdicion dautres ilz ne auroient pas repos sans molestació ne pure liberté.

¶ Item comme plusieurs foiz est dit ilz sont princes & roys appellez & combien que ce soit pour excellence de leur dignité auecques ce conuient il q ilz soiêt seigneurs de leurs gês & de le9 biês côme ceulx qui ont iurisdició & dominiú directum Car autrement ilz ne seroient pas princes

¶ Item selon aristote ou pp̃e. chapistre du tiers es bons temps anciens appellez heroyques ou siecles dorez les premiers roys nauoient ne seigneurie ne iurisdicion sur la gent sacerdotal ne sur leurs biens & puis que ainsi estoit en telz temps il semble que ce stoit chose iuste & aussi comme naturelle a bône côicacion humaine.

¶ Item que ceulx de cest estat aient iurisdicion & a quelle gent ilz la doiuent commettre lapostre les nous mostre qui leur dit ainsi. Secularia igitur iudicia si habueris côtemptibiles qui sunt in ecclesia illos constituite ad iudicandum. Se vous auez seculieres iugemens ceulx qui sont contemptibles en leglise constituez les a iugier. Et selon le texte precedent & selon la glose il entend par seculieres iugemês tous ceulx qui sont de questions qui ne sont de contemplacion et appert p les gens de leglise primitiue ausquelz parle lapostre auoient iurisdicion car il leur dit que ilz constituent & establissent iuges ¶ Et parce que il est dit ceulx qui sont contemptibles en leglise il entêd selon ce que dit la glose gês sages de mendre merite que les autres qui sont plus contemplatifs. Et toutesuoyes selô la glose les contemplatifs doiuent bien garder que ilz ne defaissent du tout telles operacions actiues. Et a ce sacorde ce q̄ fut dict ou .viii. chapitre.

¶ Item de fait en plusieurs polices la gent sacerdotal ont eu iurisdiction sicomme il appert par les histoires Mais a preset me souffist reciter vne ordonnance ou coustume qui fut iadis en cest pays appelle france. Et est discripte ou .vi.e liure de la guerre iul cesar en galle qui est maintenāt dicte france. Et en parlant de meurs de ceulx de galle lystoire mect entre les autres choses a cest propos que la gent ordonnee au diuin cultiuemēt & pour les sacrifices aux dieux laq̄lle gent ilz appelloient druides cognoissans presque de toutes les controuersies & des homicides & des causes des heritaiges & des mectes. Et ordonnoient des peines ou pugnicions et des remuneracions. Et se aucunes persones priuees ou vng peuple ou cōmunite ne se tient et obeist a leurs decrez et iugemens ilz leur entredient que ilz ne soiēt aux sacrifices & en tel pays celle peine estoit repputee tresgriefue.

¶ Car ceulx a qui elle est mise sont eus et tenus ou nombre des felons et des tresmauuais. hij in numero impiorum ac sceletatoꝝ habetur. Et toꝰ se departent deulx et les laissent & fuient leur estre ou habitacion et leur parolle affin que ilz ne prennent aulcun mal au dommage de leur contagion ou participacion et ne leur rent lē pas droit quant ilz le demandent & ilz sont

acteurs. Et si ne leur commet len nulle honneur ou office honnorable. Et est ce que dit lystoire quant a cest propos pour quoy il appert q̄ ou tēps de iules cesar la gent sacerdotal auoiēt en cest pays de france plus giant iurisdicion que ilz nont maintenant. Et par auenture la cause est car selon cest hystoire en cest pays estoient tant seulement deux manieres ou estatz de gēs de honneur. Cestassauoir gens darmes & gens sacerdotal & lautre peuple estoient comme serfs. Et aristote met vng autre estat de honneur q̄ est moyen & sont gens qui conseillent & iugent selon ceste hystoire la gēt sacerdotal auoient deux offices. Cest assauoir des sacrifices & des iugemēs. Et toutesuoyes selō aristote ceste gēt doiuent auoir iurisdicion sicomme il appert es raisons deuant mises.

¶ Item par ceste hystoire appert comment ilz vsoient de telles peines proprement comme sont celles que nous appellons entredit excōmunicatiō. deny ou deffence de participacion priuacion de auoir actions en iugemēt ou es cours et de estre receuz aux honneurs publiques.

¶ Item encores contient lystoire des susdict comment vng de ceste gent sacerdotaulx auoit la souueraine auctorite & comment apres sa mort ilz eslisoient vng autre souuerain & comment en certain temps de lan ilz se assembloient en la cite de chartres qui estoit aussi comme ou melieu de la re

Fueillet

gion de galle/et illecques faisoient leur conseil.

¶Item que auoient coustume de nō estre es guerres et ne payoient treu ne taille comme font aultres gens et ilz auoient repos et vacacion et franchise ou immunite de toutes choses et estoient docteurs. Et il est certain que toutes telles choses ont este en lestat sacerdotal de nostre loy de grace

¶Item sicomme fut aliegue ou pre̅ chapitre par autres hystoires et par les legendes des saincts que quant les payens furēt conuertiz a la foy de dieu les possessions et les temples qui estoient actribuez au cultiuemēt des faulx dieux furent deppute̅z et consacrez au vroy cultiuement diuin et pᵣ lestat sacerdotal que nous appellōs gens deglise. ¶Or appert doncques comment ces choses ont este tresanciennes et longuement maintenues et gardees et comment non obstant les variacions et mutacions des loyx ou sectes et des seigneuries et princepz elles sont par si long temps demorres et ont este translatees et sont passees dune loy en lautre et tousiours dure presque que en vne mesme forme por la plus grant partie pour quoy il sē ble q̅lles sont aussi comme naturellement adherentes a communicacion humaine et propres et conuenables en bonne police Et comme iurisdiction soit vne des principales des choses re citees il sensuit sicomme il semble que la gent sacerdotal doiuent auoir iuri/

sdiction selon raison naturelle. ¶Or conuient respondre aux argumens faiz au cōtraire au premier qui est fō de sur ce que aristote met autᵣ iuges que gens sacerdotal ie dy que il sem/ bleroit selon sa doctrine que aultres doiuent estre conseilliers de la police et iuges des causes mais non pas du tout. Car ce non obstant a ceulx dō neur sacerdotal appartient la iurisdi cion de leurs gens et de leurs biens et encores dautres gens es causes tou/ chans le diuin cultiuement. Au se cond ou fut dit que tenir iurisdicion est action practique qui nest pas conuenable a honneur sacerdotal Je dy que la gent sacerdotal ne sōt pas toᵍ equaulz ne dung ordre

Mais sont de diuerses offices ou cures sicomme il appert par le pitie cha pitre du sixte Et pource les plus di/ gnes ne tiennent pas en leurs person nes iurisdicion de causes fors en cas de necessite Mais les cōmectent a te/ nir a autres de mendre honneur sicō me il fut dit deuant selon la doctrine de sainct pol. ¶Au tiers pres que sē blablement fors quāt ace quil fut al legue comment le roy iosaphat ordō na que la gent sacerdotal cognuisset des causes diuines Je dy que il ne ex clud pas que ilz ne cognoissēt des au tres mesmement quant a leurs gens et leurs biens comme dit est Et se la gent sacerdotal de nostre loy de grace ont plus grant iurisdicion ou dautre maniere ce nest pas merueille sicōme iap dit deuāt considere ce quilz sōt institueʒ de dieu et quilz ont le gouuernemēt et la cure des ames Mais quelle est leur iurisdicion et comment elle se a au regart dautres et par qlles loix elle doit estre gouuernee/ ce napptiēt pas a ceste science Et finablement il me semble q̄ en iurisdicion qui regarde iustice distributiue len peut pecher et faire iniustice en deux manieres Une est en promouant les indignes. Lautre est en mettant les moins dignes ou moins conuenables deuāt les plus dignes et les plus conuenables sicōme il fut dit ou pᵉᶜ. chap̄ du tiers Semblablemēt en iurisdicion qui regarde iustice cōmutatiue len peut pecher en deux manieres Une est quāt les loix ne sont bōnes et lautre est quāt elles sōt bōnes et nō tenues Je dy dōc q̄s q̄ generallemēt toutes gēs q̄ ont iurisdicion se ilz se acoustumēt de faire iniustice en aucūe des quatre manieres dessusd ce est cause de la perdre. Premieremēt car iniustice est chose violēte et contraire a la nature de communicacion politique Et doncques ne peut elle longuement durer selon ce q̄ fut dit ou piiiᵉ. chapitre du quart et ou xxiiiᵉ. Du quint ne franche multitude qui ne est ville ou bestial ne la peut longuement endurer

¶ Item se aucun bon prince auoit institue aulcū baillif ou preuost a tenir iuridicion se apres il apperceuoit que tel iuge ne gardast iustice il le destituroit ou bailleroit sa iurisdicion en

ung autre Semblablement doit len cuyder que nostreseigneur ihesucrist de qui vient toute iurisdicion et toute poste selon lapostre oste ceste poste a ceulx qui ne sont dignes de la tenir ¶ Item ce est la sentence de ihesucrist nostre sire en leuangille qui disoit a la gent sacerdotal des iupes

¶ Aufferentur a vobis regnum et dabitur genti facienti fructus eius Le royaulme ce est adire sa poste iudicial vous sera oste et sera donne a la gent qui en sont les fruiz et la cause leur auoit este dicte iadis par amos le prophete qui leur disoit ainsi

¶ Quoniam conuertistis iu amaritudinem iudicium/et fructum iusticie in absinthium

¶ Ce sera dit il por ce q̄ vous aueʒ conuerti le fruit de iustice en amaritude de iniustice et cetera

¶ Item de fait et en police seculier et en police sacerdotal a este veu souuēt comment les iurisdicions distributiues et les autres ont este translatees et transportees de gens en gent pour telles causes ¶ Regnum de gente in gentem transfertur et cetera. ¶ Et par auenture en police sacerdotal ilz ont este ou sont diminuees ou suspences a aulcuns pour les abusions dessusdictes ¶ Et pour ce ceulx vers qui elles sont et qui les tiennent a present doiuent bien garder quilz nabusent en aulcune des quatre manieres dessusdictes. ¶ Car ilz deuroient perdre selon raison naturelle

J.ii.

Fueillet

et selon dieu Le quel se seult donner au mieulx faisant comme dit est ez en tant soit dit des possessions et de la iurisdiction et de la gent sacerdotal

On xxiie. chap il assigne cause de la diuision dessus mise et mect q̄lles gēs doiuēt estre cultiueurs de terres

Ce la diuision est ainsi faicte affin quant les deux sors ou partie de la region sōt distribuees a chascun des citoyens que tous pticipent es ungs lieux et es autres Cestassauoir en la portion propre et en la commune Car chose qui est equale requiert ceste maniere et si fait chose qui est iuste Glo. Car en ceste maniere chascun pticipe en la portion de la region appellee ppre pour ce q̄ chascun en a sa part et aussi chascun participe en la commune en tant comme ilz participent es sacrifices et es conuiz qui en sont faiz Et doncques ceste diuision est iuste et acceptable

Apres il met une autre cause

Tex. Item ceste chose est conuenable pour resister aux uoisins dune forte cite et puissante qui seroient aduersaires Car la ou les citoyens nōt ceste maniere de diuision les ungs ne reputent que trop peu auoir inimitie a leurs uoisins et les autres en curēt moins q̄ bon ne feust Glo. Car ceulx q̄ ont les terres en cōmū et prēt

les frutz en cōmū selō ce q̄ fut dict ou quint chap du second ilz ne sont pas grant force se leurs ennemis occupēt ou usurpent ung petit de leur territoire Car la chose cōmūe est de legier mise en negligence sicomme il fut dit ou tiers chapitre du second Et ceulx qui ont tout propre et nont riens en cōmun se ung singulier pert les autres nen curēt Et doncq̄s uault il mieulx que une partie de la region soit ppre et lautre commune. Tex. Et pource en aulcunes citez ilz ont une loy que ceulx qui sont uoisins et prochains des termes de la region cestassauoir ceulx que nous appellōs gēs de marchie ilz ne participent pas a lō neur des batailles que se faict contre ceulx qui sont prez de ces marches Et sont laissez aussi comme gēs qui ne peuent pas conseillier pour laffection quilz ont au leur propre

Glo. Car telles citez nōt riēs de commun Et pource que les gens de marche perdoient leurs possessiōs propres ilz seroiēt poures et ainsi ilz ne conseillerient pas la guerre entre leurs uoisins et seroient suspectes et.

Tex. Et doncques il est necessaire que la region soit ainsi diuisee pour les causes dessusdictes

Glo. Apres il met quelles gēs doiuent estre cultiueurs de terre

Tex. Et ceulx qui cultiuent la terre q̄ses ueult auoir a souhait et tresconuenables il cōuient que ce soient serfs Glo. Cestassauoir ordōnez

naturellement a oeuures seruiles et
quilz soient rudes et fors de corps car
telz sont aucuns de nature sicomme
il fut dit ou qult chapitre du premier
⁋Tex. ⁋Et que ilz ne soient pas
tous dung lignage ⁋Glose.
Ceulx sont a vng seigneur ⁋Tex.
Et que ilz ne soient pas courageux.
Car en ceste maniere ilz seront pros
fitables a leur operation et les citoy
ens seront seurs que il ne leurs feront
desobeissance ne rebellion ⁋Glo.
⁋Et ainsi sont troys condicions vne
quilz aient corps de serfs Et parce ilz
sont bons a labour ⁋Les autres sōt
quilz ne soient pas dung lignage af
fin quilz ne facent alliance contre les
seigneurs et quilz ne soient pas har
diz ne entreprenans ⁋Tex. ⁋Et
secondement gēs barbaires et verna
cles qui sōt semblables selon nature aux
dessusdis sont conuenables pour culti
uer les terres. ⁋Glo. Barbaires
sōt gens destrange nacion et verna
cles sont seruans et nourriz es maisons
des citoyēs ⁋Tex. ⁋Et de telz labou
reurs les vngs doiuēt estre propres a
ceulx qui possidēt les substāces ou les
terres en ppre Et les autres qui la
bourēt en la terre cōmune doiuēt estre
pmūs ⁋Glo ⁋Et doiuēt estre nour
riz et soustenuz des fruiz cōmūs
⁋Tex Mais en qlle maniere lē doit
vser des serfs et cōmēt il vault mie
ulx pposer et pmettre a tous serfs pmie
rement liberte nous le dirōs apres ⁋Glo.
Peut estre qil pposoit ce dire a vne p

tie de politiqs qui deust estre apres le
viiie. liure laqlle nous nauōs pas si
cōme il sera dit en la fin de le viiie. liure
Mais ie cuyde mieulx que ce soit au
premier dyconomique ou il traicte de
ceste matiere

⁋Ou piiie. chapitre il monstre cō
ment cite doit estre assise

Il conuiēt q la cite soit cōmu
ne au regart de la mer et de la
terre et de toute la region, et sē
blablement des autres choses q peu
ent estre desqlles il est dit deuāt Glo.
Ou piie. chap ⁋Tex. ⁋Et q veult
acquerir ou auoir la positiō ou assiet
te de la cite a souhait a volūte quāt
a elle mesme il pulent regarder a qua
tre choses premieremēt a la sante des
habitans Car les citez qui declinent
et regardent plus a orient et aux vēs
qui viennent dorient sont plus saines
⁋Glo. ⁋Car les expellacions ou
le vent ce qui est meu par le vent si
cōme lair et les vappeurs toutes ces
choses de tant plus demeurēt lōgue
ment soubz le regart du soleil de tāt
sont elles mieulx digerees et plus pu
rifiees et plus saines Et pource que
les vens orientes sont cōme le so
leil vers occident pource ilz demeu
rent plus soubz le souliel que ne sont
les vens doccidēt sicōme il appert
clerement ou second de metheores et

donncques sõt ilz plus saines se les aul/
tres choses sont pareilles ☞ep. Se
cõdement qlles declinēt a la partie ap
pelle bise ou septētrion car les citez q̄
sont ainsi disposez sõt pce pl⁹ fresches.
☞Glo. Car les bēs deuers septēp
trion sõt pl⁹ froiz que les autres ⁊ pl⁹
subtilz ⁊ moins mistiõnez de grosses
bappeurs et pour ce dit palladius q̄
les celiers et les graniers doiuent re/
garder vers ceste ptie de bise T. Et
des autres choses vne est q̄ la cite soit as
sise cõuenablemēt aux actions politi
ques ⁊ aux actiõs q̄ touchēt les guerres
Et quāt aux guerres il cõuient q̄ elle
soit de bõne p̄sue aux citopēs ⁊ de for
te entree ou de fort approchemēt aux
aduersaires ⁊ forte a prēdre S. De ce
fut touche ou ptie. chap ap̃s il met la
quarte chose ☞ep. Ītē il cõuiēt cõ
siderer mesmemēt q̄ lē ait souffisante
multitude deauẽs ⁊ de russeaulx ou
riuieres ⁊ ceste chose ne peut estre par
nature il est ja trouue p les anciēs cõ
ment len aura a souffisāce p̄ prepara
cion de receptacles ou reseruerrs des
eaues des pluies Et que sē ait grāt
habundāce de telz receptacles ou ci/
ternes ou puis q̄ ilz soient graniez en
telle multitude q̄ eulx ne deffaillent
oncques ⁊ q̄ ilz ne puissent estre sous/
trais de la region ☞Glo. Que il p
ait tant et en diuers lieux ⁊ si ordõ/
nez que les ennemis nen puissent tāt
oster que il ne en demeure a souffisan
ce Apres il parle de la qualite de lair
⁊ des eaues ☞ep. Et pource que

il cõuient auoir sollicitude ⁊ pen'er
de la sante des habitans ⁊ ceste cho/
se est ⁊ despēt de ce que la cite soit mise
en tel lieu ⁊ en telle disposition ou en
tel regart quelle soit bien ☞Glo.
Quant a auoir tel lieu et telle dispost
tion que il y ait bon air ⁊ paladi⁹ fait
vng chap̃ de la p̄bacion de lair De
aeris probacione Que ce ne soit pas
en parfondes ballees ⁊c Et seconde
ment quelle vse deaue saine et que lē
ait sollicitude et cure de ceste chose nõ
pas par maniere dessesoire mais pri
cipallemēt quant les choses de quoy
les gēs vsent pl⁹ quant au corps et de
lesperit cest adire de lair ou ceste nate
☞Glo. Car len vse de eaues en
biandes ⁊c. Et est necessite destre en
lair ⁊ de respirer air continuellement
et de ce plēt plus a plain les aucteurs
de medicine et dict len que mauuais
air nuist plus que mauuaise biande
Et en aucune pays les gens ne peu/
ent pas longuement biure pour les
eaues qui ne sont pas bonnes Et po̱
ce es citez qui sõt bien sages se toutes
les eaues ne sõt semblables ne en grā
de habundance il cõuient distinguer
et diuiser a part les eaues qui sõt po̱
le nourrissement Et celles q̄ sont po̱
autre opportunite ☞Glo. En plu
sieurs lieux ilz ont vnes eaues de
quoy ilz boiuentet mettent en leurs
biandes et autres pour autre vsage

¶ Du ṗviiie. chapitre il monstre cōme la cite doibt estre edifficee̅ forte

Ce qui est expedient des lieulp garnitz et fors ne est pas pour semblable maniere en toutes polices sicomme que en la cite soit ung lieu bien fort ce st chose olygarchique̅ monarchique. ¶ Glo. C est aussi comme ung chastel que tient le prince monarche ou les princes olygarchiq̅s pour tenir la cite en obeissance. ¶ Tex. Et q̃ les h̄bitaciō soiēt egau̅mēt fortes ce st chose democratiq̃. ¶ Glo. Et est a fin q̃ les vngs ne puissēt mettre ses autres a subiectiō car ilz veullēt estre tous esgaulp. ¶ Tex. Et la maniere aristocratiq̃ n est nulle de ces deulp Mais est pl9 auoir plusieurs lieulp fors. G. Ba̅ſp les princes vertueulp habitēt pour la cite garder̅ deffēdre, ⁊ pour estre assurte des populaires Apres il met quelles sōt h̄bitaciōs ppre̅ en tresbōne cite. ¶ Tex. Et la dispositiō des h̄bitaciōs familieres sēble estre plus delectable̅ pl9 pffitable aulp actiōs autres q̃ pour le guerres se elle est biē penetrable C est adire q̃ l air, ⁊ la lumiere y puisse bien entrer selon la maniere plus nouuelle, ⁊ aussi du lieu ordonne pour labitaciō des cheuaulp. ¶ Glo. Car plus anciennement ilz faisoient leurs maisons de gros uures ⁊ rudes et a petite veue mais ou temps daristote ilz les faisoient par manieres ⁊ traires pl9 bel

les, ⁊ plus aisees ⁊ auoiēt aucu̅s vne h̄bitacion pour puer ⁊ aulp pour estre sicōme il appt en lescripture des roys disrael ⁊ de iuda percutia̅ domu̅ hyemalem cu̅ domo estiuali ⁊c. Et pa̅sa dius fait vng chapitre cōmēt lune ⁊ lautre habitacio̅ doiuēt estre faicte ¶ Tex. Mais quāt est a auoir seurte pour les guerres il puiēt faire au contraire ⁊ ainsi cōme l en faisoit selon la maniere anciēne Car elles estoiēt de forte yssue, aulp estra̅ges fortes apre̅dre ⁊ a serchier aulp assaillans. ¶ Glo. L en n puoit pas de legier entrer ne yssir ne enquerir ou trouuer les choses qui estoient dedens. ¶ Tex. ¶ Et pource quāt a bonne disposition il conuient pticiper en chacune de ces deulp manieres. Glo. C est assauoir q̃ les maisōs mesmes q̃ sōt vers la circuite de la cite soient de fors murs ⁊ a petite veue deuers les champs ⁊ au contraire deuers le dedē̅s de la cite. ¶ Tex. Et qui les prepa̅ra ainsi ce sera ainsi cōme sont entre les cultiueurs des champs Vne chose q̃ aucu̅s appellēt scyscodes des vignes. ¶ Glo. Ce sont logectes que font ceulp qui gardent les vignes ⁊ les pasteurs ⁊ ont vng coste pl9 fort ⁊ sans ouuerture que ilz tournent en este contre le chault ⁊ en yuer contre le froit. ¶ Tex. Et ne doibt l en pas faire q̃ la cite soit toute de legier penetrable C est adire q̃ l en puisse legierement entrer ⁊ aller par tout selon les pttes ⁊ selō les lieulp car ainsi elle aura

J. iii.

bonne dispositiõ et quant a seurte et quant a aournemẽt ¶Glo. Elle est pl9 seure et pl9 belle se lẽ ne peult pas de legier courir p̃ tout et p̃ auenture veult ce dire q̃ les rues ne sõt pas tres longues. ¶Apres il reprouue p̃ cinq raisons loppinion de ceulx qui disoient q̃ cite ne doit pas estre close. ¶Tep. ¶Et des murs disoiẽt iadis aucuns quil ne puient pas a cite vertueuse auoir murs pour resister cõtre autres fortes citez ¶Glo. Car il les sẽbloit q̃ pour la psĩance des murs les citoyẽs seroiẽt negligẽs et remis de soy deffẽdre et de soy exerciter en armes en la vertu de fortitude ¶Tep. Mais cest vne estimaciõ ou opinion tresancienne et voit len que les citez qui ont este ainsi disposees ont este de ce redarguees seuure et de fait ¶Glo. Car pource quelles nestoiẽt pas closes elles ont este gastees et destruictes ¶Tep. ¶La verite est q̃ a ceulx ou vers ceulx q̃ sont sẽblables en puissance et q̃ ne different pas moult en multitude ce nest pas bon de tẽpter a soy sauuer p̃ la force des murs. ¶Glo. Mais doit len pssir õtre les aduersaires et nõ pas soy mussier ¶Tep. Mais pour ce q̃ il aduiẽt aucuneffoiz q̃ les iuaseurs ou assaillãs sõt en plusgrãt excess de puissãce q̃ nest la vertu humaine de peu de gens se il puient soy sauuer et garder de souffrir mal et de soustenir iniures len doibt cuyder que la tresferme forteresce des murs est vne chose tresproffitable pour les guerres

¶Item encor autremẽt est telle chose cõuenable a auoir certitude et seurte contre les assaulx pour les choses q̃ sont maintenant trouuees de saectes du trait et des engins ¶Glo. Vegece en son tiers liure mect plusieurs subtilitez engins et enseignemẽs poᷣ prẽdre vne cite ou autres lieux fors ¶Tep. ¶Item voulsoir que murs ne soiẽt enuiron les citez est sẽblable chose comme querir et voulsoir que la region soit de legier entree et q̃ lẽ voulsisse oster les mõtaignes q̃ sõt enuiron ¶Glo. ¶Et toutesuoyes il est certal q̃ plusieurs regiõs sõt pl9 seures a cause de telles mõtaignes ¶Tep. Et sẽblablemẽt aussi cõe se lẽ disoit q̃ len ne doit pas clorre de murs ses propres habitaciõs poᷣ ce q̃ il semblẽroit q̃ les habitãs aduenir ne deussẽt pas estre assez fors pour resister ¶Glo. ¶Ce seroit vne folle ymaginaciõ ¶Tep. Itẽ il ne puiẽt pas ignorer que ceulx q̃ mettẽt murs entourz enuiron leur cite il leur soist et ont faculte de deffẽdre eulx et leurs citez en chascune des deux manieres et sicõe ceulx qui ont murs et cõe ceulx qui nõt pas murs Mais aux aultres q̃ nont murs il ne leur soist pas ¶Glo. ¶Apres il mõstre cõmẽt lẽ doit auoir dilligẽce des murs etc. ¶Tep. ¶Et se la chose est en ceste maniere lẽ ne doit pas seullement faire q̃ la cite soit enuironee et ceinte de murs mais auecq̃s ce lẽ doit curer et prẽdre garde des murs affi q̃ ilz soiẽt en aournemẽt et pemẽt de la cite & aux oportunitez ou necessitez des guerres & pour les subtilitez qui sont maintenant trouuees por autres

¶ Glo. Et pource les murs doiuent estre parez & garnis de ppugnacles ou quernieaux & de guerites de tours & de engins & de telles choses si come met Vegece en son tiers liure & Victinius qui dit que entre les autres choses q̄ les tours vallent mieulx rondes que quarrees ¶ Tep. Car ainsi come les inuasans ou assaillans ont grant cure & solicitude p quelle maniere ilz pourront obtenir semblablement conuient il vser en contre eulx des cauteles & desfenses q̄ sont trouuees & estudier a trouuer des autres por soy garder ¶ Glo. ¶ Vegece met a ce plusieurs enseignemens en son tiers liure Mais il dit en la fin du quatt q̄ frequentacion & vsage de telz choses en aprent plus q̄ la doctrine ancienne ne a de ce monstre.

¶ Tep. Car au comencement les gens ne se efforcent pas & ne empriennet pas à inuaider ou assaillir ceulx que ilz sceuent estre bien preparez ¶ Glo. Car nul ne se efforce de obtenir ce q̄ il cuide q̄ luy soit impossible si come il fut dit ou pp̄viii.chapitre du quint & pource len doit garder les murs et les portes des citez & en temps de paix & en temps de guerre selon ce q̄ fut dit ou pit chapitre du sixte

¶ Ou pp̄ix. chapitre il traicte de la disposition des lieux depputez aulx choses diuines & aucunes autres

Et conuient que la multitude des citoyens soit distribuee et ordonnee es conuis ¶ Glo. ¶ Car tous les citoyens ne pourroient ensemble en vng conuis Et pource les conuient il ordonner selon plusieurs & selon leur estat & condicions par auenture aussi comme len faict maintenant es confraries ¶ Tep. ¶ Et conuient que les murs soient distinctez ou distribuez aux gens qui soient es gardes et tours & es autres lieux puenables Glo. Si come es chastiaux hors la cite ou es bastides.

¶ Et ces choses sont disposez & ordōnez en ceste maniere ¶ Laq̄lle est icy gn̄allement touchie car la specialite demeure en la discrecion des ordōneurs de la police ¶ Et les hitaciōs q̄ sont appropriez aux choses diuines & aux tresp̄cipaulx puis des anciens, cest chose bien puenable & apptenāte q̄ ilz aiet lieu puenable & noble q̄ il soit vng mesme. ¶ Selon ce q̄ fut touchie ou pp̄. chap̄. es p̄cipaulx conuis estoient en certain temps de lan es treshaultes festes des dieux & les maisōs ou lē les faisoit & les temples et les hitaciōs de la gent sacerdotal estoient en la cite en vng lieu p̄mu aussi come en vng cloistre ¶ Et tous les lieux sacrez doiuent ainsi estre excepte ceulx q̄ p la foy sont determinees & ordōnez a estre separez ou aucun aut oracle ou oratoire si come la ou le dieu apollo donnoit respōce ¶ Le temple principal & les hitaciōs dessusd estoient en lacite & selon

J.iiii.

Fueillet.

leur loy aucuns dieux auoit hors la cite aussi comme chapelles ou oratoires quilz appelloient sacella sana de lubra etc. Sicomme Venus en lieux delectables et floriz saturnus en umbres de grans bois que ilz appelloient lucos et de ce parle Victrinus et les temples ou oracles de appollo en roches ou en montaignes

¶ Item oracle proprement est la responce de dieu mais aristote prent icy oracle pour le lieu ou habitacion ou le dieu donnoit sa respõce

¶ Item ie nay pas veu es hystoires des payens que leurs dieux parlassent par voix aussi comme humaine laqlle venist de lidole ou de chose qui fust en lidolle Car sicomme dit le prophete Simulacra gencium etc. Os habent et non loquentur Mais nulcun de la gent sacerdotal parloit et disoit q̃ le dieu leur auoit ainsi respondu Et ce estoit fait en trois manieres si comme il me semble Une car es lieux consacrez aux dieux estoiẽt cauernes ou fosses dont vent yssoit tel que il y turboit les sens des approuchans et les mettoit aussi comme en extasie et en songe Et leur sembloit que ilz veoient merueilles et que le dieu parloit et respondoit a leurs questions et aucunesfoiz verite et souuent parolles doubles Et ceste maniere met expressement Virgille Eneydos vi. Et dit comment une sibille ala en sa cauerne ou boue de appollo qui transmue sa pensee ou reuele les choses auenir

Antrum in mane petit magnam cũ mentem animus que delius inspirat vates apperit q̃ futura Appollo delius/est dit de une ysle appellee delos la ou estoit ung temple dappollo Et appollo delphicus est dung aultre lieu appelle delphos et est aussi cõme nous disõs nostre dame de paris ou nostre dame de rouen

¶ Item iustin recite en son ppiiiie. liure comment par ceste maniere proprement appollo delphicus donnoit responces ou mont de paruase p ung semblable treu ou cauerne Et peult estre que telle chose fut une cauerne ou abisme qui fut appelle le paradis sainct patrice Et ioupte ce fait mencion victrinius comment quant len fouist pour faire les puiz len trouue aucunesfoiz trouz ou pertuis dont il ist mauuaiz vent et perilleux et est appelle spiritus pestiles Une autre maniere de telles responces estoit semblable et prochaine ou meslee a art magique Car ilz sacrifioient aucune beste et faisoient applicacions de parolles et de choses estranges inuocacions Et parce estoient aussi comme en extase ou en songe et auoient telles visions comme dit est Et semblable chose touche lucain ou sipte liure ¶ La tierce maniere de telle diuination estoit par regarder es entrailles des bestes sacrifiees ou au vol des oyseaulx ou de leur cry etc Et telz sors dõt v̑soient iadis les rommains selon ce quil appert par tituliniuz et par aultres

Et ces choses estoient faictes partie par nature et partie par mauuais es/ perilz Et partie par deception z ficti on z toutes doubteuses sans certai nete z perilleuses z de ce dit tulles ou liure des diuinatios. Apollo les responses sont en partie faulces z en partie propres alauenture et en partie doubteuses z obscures en telle manie re que lepposteur ameftiere dautre eppositeur se dit tulles. Et presques semblable dit Virgille des responces de cest apollo Cimea sibilla horre das canit Abages autorque remigie obscuris vera inuoluens z c. Apres aristote met quelles doiuent estre les habitateurs dessusdictes. T. Et cest lieu sera tel q̃ il ait telle position ou assiete qui soit souffisãte a apparence de vertu Glo. Cest adire que il soit de beaulte excellente et que il encline les regardãs a vertu et a de uotion aussi cõme nous disons vees cy vne eglise deuote ou vng lieu de uot Putares minime inesse loco zc. Tex. Et que il soit euident ou apparant es parties de la cite qui sõt voisines Glo. Cest adire que ledifice soit cy hault que len le voye par dessus les autres Et selon ce dit Victrinus q̃ les temples de ioues doiuẽt estre enhaulz lieu Et ainsi estoit le capitole de romme Et donc ques les sainctes edifices doiuẽt estre excellentement beaulx Et selon ce p lent les histoyres des. iii. temples en lit loyp lesquelles furent de tresgrant

magnificence cõme vng en la loy des payẽs fut le temple de dyane en ephes se lequelle fondirent les amasones z les descript plinius ou ppp vi. liure Vne autre fut en la loy de moyse le tẽ ple de salomõ descripte en la sainte es cripte. Le tiers en nostre loy de grace fut le tẽple de lctẽ sophie en estatino ble lequel est descript en noz hystoires de ceste eglise de rouen la ou il est dict Quod nõ fuit tale templum ab adã vsqz ad hodiernum diem Et ledifi a iustinien lempereur et quant il fut perfait il dit ainsi vincite salomon
Apres il parle du lieu qui doibt es tre enuiron telles habitacione.
Tex. Et est chose decente ou ad uenante ou bien sceute que soubz cest lieu soit vne chose preparee telle com me aucuns nomment circa te. talia Cest adire vne place enuiron ledifice
Glo. Cest aussi comme lestre ou cymetiere qui est pres de leglise affin q̃lle soit mieulx esuentez assez loing des autres edifices Tex. Et ce ste lieu len appelle frãc Et est pource q̃ il conuient quil soit purz nect de tou tes choses que len vent Glo.
Pource que le tumulte z la noyse de telz qui vendent et achatent pour roient empeschier la contemplacion que len fait es lieux sainctz Et pour ce que telles negociacions ne sont pas euueres vertueuses Et est loupte ce q̃ leuangille met Nostre seigneur gecla hors du temple les vendans et ache tans Tex. Et ne soit pas a q̃

fueillet

conque banneuse ¶est adire homme de ville office ne a cultiueurs de terres ne a quelconque tel parsonne approcher du sainct lieu se il le nestoit appelle des princes sacerdotaulx.
¶Glo. ¶Car po² la reuerence des sacrifices laboureurs et gens de mestier en doiuent estre loing. Et les cytoiens plus prez. Et la gent sacerdotal doiuēt estre ou lieu ou len fait ou traicte les sainctes choses comme est le cueur de lesglise. Et assez souple ce que dit sainct pol comment en la loy de moyse ceulx donneur sacerdotal entroient ou premier tabernacle et seules que tout seul entroit vne foiz en lan ou second tabernacle ¶ nest pas conuenable q autres voient les secrez des sacrifices. Et pource est il escript ou liure des nombres ¶ fust deffendu de dieu que nul ne veist les choses qui estoient du santuaire fors aaron ¶ ses filz Aaron ¶ filii eius intrabunt Alii nulla curiositate videāt que sunt in santuario &c. Apres il parle des habitaciōe familiere de la gent sacerdotal ¶ daucune autres lieux
¶Tep. ¶Et le lieu sera gracieulx se les gynasies des anciens. Cest adire les habitaciōes ou ilz epcercitoiēt ou estudiēt pour le diuin cultiuemēt ont ordre en cest lieu. Car cest chose decente ou aduenante que cest aournement soit diuise selon les aages
¶Glo. ¶Cestassauoir que les plus ancies destat sacerdotal aient les habitacions qui sont mieulx adournees

¶Tep. ¶Et que aucuns des princes sacerdotaulx demeurent vers les plus ieunes ¶Glo. ¶Cestassauoir auecques eulx ou pres deulx po² les enseigner ou corriger ¶Tep. Et que les matrones demeurent deuers les princes ¶Glo. ¶Il veult que les princes sacerdotaulx aient femes ¶ que ilz demeurent auecques eulx ¶ non pas aultre part ¶Tep. ¶Car quant la presēce des princes est deuant les yeulx des matrones et de leurs enffans elle fait aux matrones vrope verconde ¶ enffans est cause de paour ou de crainte ¶Glo.
¶Cestassauoir de paour filial ¶ nō pas de paour seruille ¶ est assauoir q̄ aucuns opposēt ceste partie de la maniere comment les gens se doiuent auoir ou temple quant ilz sont venus aux sacrifices. Mais lepposicion deuāt mise sacorde mieulx a la lettre du teple ¶ aussi car aristote parle en cest chapitre des lieux ou habitaciōs ou demeurs ¶Apres il parle daucunes autres habitacions ¶Tep. ¶Et le merchie ou la place des choses vendables il conuient que il soit aultre q̄ cestuy ¶ separe loing de cestuy
¶Glo. ¶Le merchie doit estre loig du temple ¶Tep. ¶Et auoir lieu ou synagogue cest adire de bonne venue ¶Glo. ¶En grec cy est bon et syn cest ensēble ¶ gogos cest aionniement. Et doncques en cynagogues signiffie que les dentrees puissēt estre bonnement amenees en ce lieu.

Le VIIe. liure. de politiques. lxix.

¶Tex. ¶Cest aux choses qui sont apportees de la mer et de la region Et pource que la multitude de la cite est diuisee en ceulx qui sont destat sacerdotal et en ceulx qui sont prices Cestassauoir aultres officiere ce est chose conuenable xaduenãte que les conuiz de la gent sacerdotal aient ordrexre les maisons sacrees ou sainctes ¶Glo. ¶Cestadire que les lieux ou la gent sacerdotal sõt leurs conuiz ou leurs disners doiuent estre prez du temple Et telz lieux furent iadiz appellez pastoforia sicomme il fut dit au pr̃ chap̃ du sixte Et doncques conuient il et est raisonnable q̃ la gent sacerdotal demeurẽt pres du temple separement des autres et aussi comme en vng cloistre ¶Tex.

¶Mais les habitations des prices ou officiers q̃ sont et ont la cure vers les contractz et vers les escriptures des sentences et de ceulx qui sont les conuocatiõs pour les assemblees Et quesconconque autre telle dispensatiõ et encor les habitaciõs de ceulx qui ont vne office appelle azronomie Cest a dire demessurer et diuiser les champs x ceulx dung autre office nõmee acinomie et regarde sur les edifficez x sur les voies de la cite toz ceulx doiuẽt estre constituez vers le marchie x la ou est lappmulevenue de gẽs et tel est le lieu q̃ est vers le marchie Car le lieu q̃ nous auõs dessus mis doibt estre en vacation et repos hors de tout tumulte ¶Glo. ¶Cest

assauoir celluy qui est deuers le tempse et pour la gent sacerdotal.

¶Tex. ¶Mais cest autre lieu doit estre prouchain aux actions necessaires ¶Glo. ¶Sicomme pour iugier de controuersies des contractz et pour ordonner des autres choses dessusdictes x de semblables negoces practiques et actiues. ¶Apres il parle des habitacions publiques qui sont hors la cite ¶Tex. ¶Et selon ledict ordre conuient que les habitacions qui sont enuiron la region soient distribuez car illecques sont princes ou offices Et telz officiers aucuns les appellent ylores et les aultres les nomment agronomes ¶Glo. ¶Ce sõt ceulx qui ordonnent des villages et des champs de hors la cite et de ce fut dit ou pr̃ chapitre du sixte ¶Tex.

¶Item il conuient auoir en la region lieux conseruatoires qui soient cõmune pour la garde des fruiz commune ¶Item il conuient que les lieux sacrez ou saicte soiẽt distribuez par la region les vngs aux dieux et les autres aux heroes ¶Glo. ¶Par ce quil a dit deuant que les habitaciõs de la region soient distribuez selõ ledict ordre il signifie que les lieux sacrez doiuent estre separez de tous tumultes et plus nobles que les autres hors la cite aussi bien comme en la cite Et par les dieux il entendoit le soleil et la lune et les planetes et les autres dieux desquelz parle sainct augustin ou liure de la cite de dieu et re

Fueillet

migius les diuise proprement ou cõmencement sur les deux premieres liures de marcianus capella. Et par les heroes il entendoit les ames des hommes tresuertueulx e diuins lesqlz il disoit estre deifies ou faiz dieux en la maniere que le senat de romme discerna daucuns empereurs Et a cest propos fist seneque ung petit liure appelle ludꝰ senece de morte claudii en derisiõ dune telle chose Et dõcques appert par cest texte dariste comment sans le temple principal et les autres lieux sacrez de la cite estoient hors la cite en la region plusieurs autres lieux sacrez aussi comme sont maintenant les eglises parochiaulx les moustiers et chapelles ꝛc.
Apres il se excuse de parler plus de ces choses ꝟ Tep. Mais plus demourer maintenãt e enquerir de ces choses plus diligeumẽt ne seroit pas proffitable car ce nest pas fort denier e dire telles choses Mais est plus fort de les faire Car len en peut dire e parler a Volunte et a souhait. Mais a ce quelles soient a nestre ou faictes il est mestier de fortune ꝟ Glo. Cest assauoir de richesses de puissances et dautres biens de fortune e des lieux ace conuenables. ꝟ Tep. Et pour ce nous lesserons a presẽt a parler plus de telles choses ꝟ Glo. Oraudõs doncques la disposition e la maniere des lieux establiz po' le diuin cultiuement selõ aristote

ET choses semblables ou cõformes a cestes sont ou serõt conuenables en nostre police fors ce quil mect de la bitacion des femmes de la gẽt sacerdotal premierement que la mere eglise principal de la cite soit tresbelle e tellement faicte quelle actrayt les cueurs des regardãs a vertuz e deuocion
Item quelle soit haulte e apparẽte par dessus les autres edifieee. Itẽ que enuiron soit vne belle place affin que leglise ait bon air et lumiere e qlle ne soit pas pres des autres maisõs
Item que en telle place ou estre ne soient choses vendables ne fait marchãdise Item que en ce lieu sacre ne accede ou approche nul populaire se il nest appelle par aucun de leglise
Item que les maisons de gens degliſe soient assez pres d: leglise Et que les plus anciens e les plus dignes aient les meilleurs Item que aucũs anciens soient pres des plus ieunes pour les entroduire e endoctriner
Item que les reffecteurs soient assez pres de leglise Itẽ que tous ces lieux soient separez e loing du merche et des cours e de tous lieux ou lẽ exerce actions pratiques e ou il ya tumulte ou noyse. Item que en la cite e dehors par la region soient autres lieux sainctz sicomme sont eglises parochialles moustiers chapelles ꝛc. e que ilz ensuyuent lordonnance de la principal eglise selon ce quil est possible e toutes telles choses mect aristote en

cest chapitre comme couenables oup habitacion sacres ou sacrees en police tresbonne Et doncques se les lieux et les choses non sensitiues qui sont ordonnez pour le diuin cultiuement en bonne police sont ainsi differentes des autres et plus excellent il sensupt par plus forte raison que les personnes ace depputees doiuent exceder et passer les autres en vertu et en honorablete Et se ilz estoient mis ou renc des autres ou pour leur non valoir ou par la malice des seculiers qui sussent telz comme dit osee le prophete Populus tuus sicut hii que contradicunt sacerdoti Ton peuple est contredisans aux prestres se ainsi estoit ce seroit mauuaise police Et pource dit le prophete dessusdict en prononcant la destruction de sa police et sedit peuple disrael disoit Et erit sicut populus sic sacerdos Et les prestres seront cōme les populaires Et est assauoir que cest mal ne vient pas seul se son psaye le prophete qui dit Dominus nudabit terram et dissipabit eā et affliget faciem eius: disperdet habitores eius et erit sicut populus sic sacerdos, et sicut seruus sic dominus eius dissipacione dissipabitur terrā Et direptione predabitur ꝛc. Nostre seigneur mestra affliction en terre et la vuidra de ses habitans et sera le prestre cōme le populaire ⁊ le seigneur cōme son serf et sera la terre en dissipaciō et perdicion

OR me semble q̄ aristote ne plera pl9 en cest liure de la gēt sacerdotal notablement et en especial des choses ql a de ce dcēs deuāt ce ie en applusieurs appliqes a la gēt Et a la police de saincte eglise les causes sont cestes Premierement car ceste police par soy consideree est tresnotable tant pour son diuin commancement comme pour son sainct proces p long temps comme pour les loiɔ deste appellez sainctes canons Et est assauoir que mesme selon ceste doctrine len doit bien garder comment len mue telles loip affin que len ne soit de ceulp desquelx disoit en reprouche le prophete ysaie Transgressi sont leges mutauerunt ius Et vng austre prophete Lacerata est lep Et dauid dissipauerunt legem, Ilz ont despecte les loip et mue les droiɔ ¶ Item ceste police deglise en tant comme separement cōsideree est tresprincipal et vniuersale p tout ⁊ de ces parties integrales auecques les pties des autres sont composees et faictes les polices totales des royaumes et des pays et des citez de cristiente ¶ Item elle est miroer et exemplaire a toute police seculiere et p les gens de ceste police ont este autresfoiɔ corrigees et amendes aucunes polices seculieres et mesmes royaulx si comme il appert en aucune cōsilles et par especial en la fin de le viiie. cōsil de tolecte.

¶ Item generallement le bon gouuernement de ceste police et la bonne

CFueillet

vie & saincte doctrine des suppostz delle est cause de toute bonne police seculiere & aussi la mauuaise ordonnance des gens seculiers est signe de deffault es gens de glise. Et pource dit soit crisostomus. Cum videris populum indisciplinatum scias sacerdotium non esse sanum. Quant tu verras le peuple mal discipliné sache que lestat sacerdotal nest pas sain

Item selon sainct augustin & sainct ierosme et plusieurs autres docteurs philosophie naturelle confere et ayde grandement a entendre & deffendre les articles de la foy. Et aussi proffite la philosophie moral dethiques au commancement et conseulz de dieu. Et semblablement philosophie politique peut ministrer aide au gouuernement de la police de leglise. Car ceste science nest pas si estrange delle ne si differente que en cest liure ne soient plusieurs enseignemens & consideracions qui pourroient valoir au gouuernement de leglise mesmement quant a distribution des honneurs et des benefices & quant aux loix & aux droitz & preuileges, telles choses pratiques faictes par la gent de glise. Et pource iay note aucunes des choses dessusdictes & aussi affin que len puisse aduiser et noter des autres et appliquer a la police ecclesiastique & ces causes me ont meu ace. Et aussi ce q iay amour especial a ceste police & doy auoir car ie en suys citoyen.

Du xx vic. chapitre il commance a determiner de quelles gens doit estre police tresbonne & met cinq suppositions.

OR auons a dire de tresbonne police & de quelz gens il conuient que la cite soit qui doit estre beneuree et tresbien politizee et quelles condicions telles gés doiuét auoir et est assauoir que deux choses sont par lesquelles a tous est beneureuse vne est ce que lintencion & la fin des actions soit bien mise & droictement et vne autre est trouuer les actions qui mainent a ceste fin & pource il aduiet et peut estre que ces deux choses se descordent ensemble ou que elles se accordent. Car aucunesfoiz ia soit ce que lintencion soit bonne & droicte neant moins les gens pechent en faire les choses par quoy ilz puisset acquerir telle bonne fin. Glo. Et ainsi ces deux choses ne se accordent pas Car ilz eslisent bōne fin Mais ilz ne eslisent pas moyens bons pour telle fin. Tep. Et aucunesfoiz ilz font toutes les choses qui sont propices pour acquerir la fin a quoy ilz tendent Mais ilz ont mis et esleue mauuaise fin. Glo. Et ainsi ces deux choses saccordent en mal. Tep. Et auleunesfoiz ilz peichent en vne chose et en lautre. Glo. Quāt ilz eslisent mauuaise fin & ilz ne sceuent prendre la moyenne pour venir a celle fin. Apres il met exemple de chas

cune chose par soy ¶Tex. ¶Si com
me en medicine aucunesfoiz les medi
cins ne iugent pas bien quel le corps
soit estre quant il sera fait sain.
¶Glo. ¶Sicomme quant ilz ten/
dent affin que il soit actenue et mai
gre Et ce nest pas couuenable a la sã
te de tel corps ¶Tex: ¶Et aulcu
nesfoiz ilz iugent bien de la fin Mais
ilz ne quierent pas les choses qui sõt
venir au terme et a la fin que ilz sup
posent ¶Glo ¶Sicomme se cestoit
bien que le corps fut fait actenue et ilz
ne feissent les moyens p̃ quoy ce peust
estre deuement et apoint ¶Tex.
¶Or conuient il es ars ces scieces
obtenir ces deux choses Cestassauoir
la fin et les actions qui sont pour en
tendre a la fin

¶Cest la premiere supposition

Bõne fin et moyẽs vtiles a la fin.
Mauuaise fin et moyẽs iustiles a la fi.
Bõne fin et moyẽs iustiles a la fi.
Mauuaise fin et moyẽs vtiles a la fin.

Tresbõ
Pesme
Tresmal
Mal

¶Tex. ¶Item cest chose manifes
te que tous appetent et desirent bien
viure et felicite ¶Glo ¶Car touz
appetent bien sicomme il dict au com
mancemẽt deth̃iques Mais tous ne
lisent pas trope felicite sicomme il di
ra apres ¶Tex ¶Item de ceste cho
se acquerir aucuns ont poste et habi
lite et autres aucune chose qui ace est
propre leur est deffaillãte ou pour for
tune ou pour nature Car bien viure
a mestier daucune prosperite et daul
cunes biẽs dehors ¶Glo. ¶Et au
cune sont plus naturellement encli̇s
a mal aucũs ont deffaulte des biẽs
de fortune et bonne inclinacion et les
biens de dehors conferent et valent
a felicite comme plusieurs foiz est dit
¶Tex. Mais ceulx qui sõt mieulx
disposez par nat̃e ont mestier de mo̱s
de biens de fortune Et ceulx qui sõt
moins bien disposez en ont mestier de
plus ¶Glo. ¶Suppose q̃ les vngs
et les autres aient bonne volunte
¶Tex ¶Item aucuns autres sõt
lesquelz des le commancemẽt ne quie
rent pas felicite bien ne a droit com/
bien quilz en aient la poste.¶Glo.
¶Car aucuns ont assez de biens de
fortune par quoy ilz pussent bien fai
re Mais ilz sont enclins a mal natu
rellement et ensuyuent ceste inclina
cion Et de ceulx icy dit le sage
Iniqua est nacio eoz̃ et natalis mali
cia ipsoru̧. semẽ eni̧m ipsorum ma
ledictumest ab inicio. Leur malice est
aussi comme naturelle et les aultres

℟ Fueillet

auoient poste de bien faire & par incli
nacion naturelle & par souffisāce des
biens de fortune mais ilz ont ceste pos
te perdue par mauuaise acoustuman
ce Et a telz gens dit ieremie le pphe
te Non poteris bene facere cum didi
ceritis malum Quant vous auez a
prinse a mal faire vous ne porrez bien
faire ℟Tex. ℟Item pource q̄ nous
auons proposez de veoir et sauoir q̄l
le police est tresbonne & ce est celle se
lon laquelle la cite politize tresbien &
la cite politize tresbien quāt il aduiēt
que selon la police elle actaint a felici
te et est faicte bien beneuree il sensuyt
que il ne conuient pas ignorer quelle
chose est felicite

℟Du xx dit. chapitre il recite quel
le chose est felicite & comment elle est
requise en police tresbonne.

L Es raisons que nous auōs
dictes en ethiques sont prof
fitables a ce propos Et nꝰ
auons dit & determine que felicite est
operacion et vsage de vertu leq̄l vsa
ge est parfaict & non pas par supposi
cion mais simplement ℟Glo
℟Ceste diffinicion est comme celle
qui est prise ou ixᵉ. chapitre du p̄mier
de ethiques ou il fut dit que felicite est
operacion domine selon vertu parfai
cte & en vie parfaicte. Car ce que il
dit icy vsage de vertu signifie frequē

tacion & continuacion de telle opera
cion Et cest ce que il entend en ethi
ques par ce que il dit en vie parfaicte
Apres il declaire la derzeniere partie
de ceste distinction ℟Tex. ℟Et ie
dis & entens que les operacions sont
parfaictes ou bonnes par suppositiō
lesquelles sont bōnes en tant comme
elles sont necessaires Mais ie dy que
la chose est bonne simplement laquel
le est bien selon soy. ℟Glo. ℟Apres
il met exemple des premieres operaci
ons. ℟Tex. ℟Sicomme les sentē
ces qui sont vers les actiōs iustes ou
de iustice & les tourmens et les pug
nicions car telles choses sont euures
de vertu & sont necessaires ℟Glo.
℟Cest assauoir pour oster les empes
chemens des autres euures vertueu
ses qui sont sī plement bonnes Et
doncques telles execucions de pug
nicions sont aussi comme sa potion a
mere qui nest pas bonne de soy mais
elle est necessaire a purgacion et a sā
te ℟Tex. ℟Mais ce qui est bien se
lō soy est plus eslisible car ne homme
ne cite ne ont mestier des choses q̄ sōt
seulement bonnes par supposition
℟Glo. ℟Fors aussi par supposici
on car sil nestoit nul malefacteur nul
homme ne deuroit eslire telles pugni
cions & doncques ne sont elles pas es
lisibles selon soy ℟Tex. Mais les
eslections q̄ se rapportent a honeurs
et a richesses sont tresbonnes simple
ment ℟Glo. ℟Il nentend pas tres
bonne en excellence sicomme il sera

declaire tātost apres. Mais hōneurs
⁊ richesses sont bonnes choses selon
soy ⁊ nō pas comme sont les peines
et pugnicions ⁊Tep. Et lautre cho
se est vne obteclio̅⁊ purgācio̅ de mal
Mais telles actions q̄ sont vere hon
neurs ⁊ richesses sōt au p̄traire car el
les sōt p̄paracio̅s ⁊ g̅nacions de tres
grās biēs. G. Car aut chose est pur
gier le mal p̄ pugnicio̅, ⁊ aut chose est
doner nourrissemēt a biē si cōe aultre
chose est oster du champ les rōces ⁊ les
espines, et autre chose est fumer la ter
re Et aussi comme la medicine amere
est bonne par accident Et le doulx
nourrissement est bon selon soy. sem
blablement est appinion bōne p̄ acci
dēt Et richesses sont bōnes selō elles
⁊ p̄sentent aide aux euures vertueu
ses Mais par auenture aucun pourroit cuyder q̄ p̄ ce il sensuit q̄ vng hōe
poure ou mal fortune ne pourroit es
tre bien eurex ⁊ pource dit il apres
⁊Tep. Mais celluy qui est bon et
vertueulx vsera bien, ⁊ de pourete ⁊
de maladie ⁊ dautres maix fortunes
⁊Glo. Et ce fut plus a plain decla
re au p̄ viie. chap̄ du premier dethiq̄
Et selō ce disoit Iob. Dispotee co̅kba
uit me nō enk peril p̄pter luuriātes te
nebras nec opuit facie meā caligo.
Tout la tribulacion q̄ il eust ne peust
oncq̄s offusqr le biē de luy Car p̄ tel
les j̄fortunes est p̄gneue ⁊ esprouue
lesq̄lx sōt vertueulx ⁊ lesq̄lx non Et
a cest p̄pos sainct augustin ou pmier
liure de la cite de dieu entre plusieurs

similitudes dit ainsi. Nā pari mota
exagitatū ⁊ exalat horribiliter cenū
et suauiter fragrat vnguētū vng e-
mouuement pareil fait puyr la boue
horribleme̅t ⁊ flairer souef le bō vng
nement Et p̄ ce il veult dire q̄ sembla
ble tribulacio̅ fait apparoir p̄ impaci
ence la mauuestie dung hōme et par
pacience le tresgrant bien dung autre
⁊Tep. Mais estre beneure ou auoir
beatitude est en choses p̄traires. G.
par les choses p̄traires a ce q̄ dit est il
entēd les biēs de fortūe esq̄lx est seli
cite nō pas simplemēt mais aucuneme̅t
et pource lē doibt sauoir que felicite
de vie p̄templatine peut estre auecques
maladie de corps⁊ aussi auecques def
faulte de nourrissement ou dautre ne
cessite Mais les operacions delle sōt
plus p̄saictes se len a sante souffisance Et porce pourete prinse pour indi-
ce ⁊ deffaulte nest p̄pre ne conuenable
a telle felicite Aussi cōme nō est mala
die, mais pourete prinse pour auoir Ce
de petit qui souffist p̄fere et vault a
p̄faicte felicite aussi cōe fait sante Et
semblableme̅t doit lē dire de felicite de
vie actiue Fors tāt q̄lle a mestier de
plus grans biens de fortune q̄ le p̄tepla
tiue Sicōe il appt ou v. chap̄ du ix.
dethique Et neātmoins les richesses
peuēt estre si grādes q̄ ilz sōt aulcūs
empeschemēs quant a felicite de vie
actiue Car sicōe souuent est dit elles
sont j̄strumens dont lē vse en op̄aci
ons vertueuses Et doncq̄s aussi cōe
vn j̄strumēt de musiq̄ peut estre trop

grāt semblablemēt est il de richesses Mais telle quantite de richesses pfsite a vie actiue qui seroit nuisible a vie cōtēplatiue. Et de ce fut dit ou pe vie chapittere du pe. dethiques Tep. Et que le vertueulx soit tel lequel a par sa vertu biēs qui sōt bone simplemēt si est determine selō la science moral Glo. Car ou premier et ou pe dethiques est declaire que les biens du corps et les biens de dehors ne sōt pas simplement et par faictement bōs mais les biēs de vertu Tep. Et est certain que les vsages de ces choses cestassauoir des biēs de fortūe sōt vertueulx et bōs simplemēt Glo. Car telz vsages sōt euures de vertuz les abus de telles choses sont euures vicieuses. Tep. Et pource les gens cuydēt q les biēs dehors soiēt cause de felicite aussi cōe q diroit q de citoier ou de vieler bel et biē la citoie ou la vielle fust plus cause q lart et sciēce du vielleur. Glo. Et ce est faulx car cōbien q a bōne melodie de telz sons soiēt requis bōs instrumēs toutesuoyes la sciēce et art des menestriers en est plus cause et plus principalemēt q ne sōt les instrumēs Et sēblablemēt vertu est plus cause de bōne opacio q les biēs de fortune qui sōt instrumēs Tep. Et doncq̄s est il necessaire q ces choses soiēt en police tresbōne cestassauoir les biēs de fortune et q le legislateur ppare et pcure les autres cestassauoir les biēs de vertu, car a ce q la cite soit bōne a volūte

nous desirōs la psistēce et labūdāce des biens de quoy fortūe est dame Et nous mectōs q fortune est dame de telz biēs Mais ace q la cite soit vertueuse ce nest pas euure de fortune Mais de science et de election Glo. Et pour ce q le legislateur doit pparer les biēs de vertu par bonnes loyx par disciplines et par bonne doctrine

Apres il conclud comment lē peut faire sa cite bonne Tep. Et la cite est vertueuse et bōne en ce q les citoyēs q pticipēt en la police sōt vertueulx et il nous sēble q en tresbōne police tous les citoyēs pticipent en elle Et doncq̄s doit lē cōsiderer en quelle maniere ung hōe est fait bon Car p ce peut lē faire q tous sōt vertueulx Car que aucun quelconque singulier soit vertueulx ce nest pas chose plus eslisible Glo. Mais q tous le soient cest chose plus eslisible et meilleur Tep. Mais p ce q chascū des singuliers est fait bō il sēsuyt et est fait q tous sōt bōs Glo. Il ppose cy vne doubte dece q p ce q dit aristote il sēble q touz les citoyēs en police tresbōne soient vertueulx car la police nest pas tresbōne se la multitude nest grāde si comme il appert p le pe. chapitre Et ce nest pas chose possible naturellement ne oncques nauint que tous ceulx dune grande multitude soient vertueulx Et doncques tresbonne police nest pas chose possible Et le philosophe ne doibt pas bailler doctrine practique pour instituer vne

police fainte ymaginee et aussi cōme songee laquelle ne peult estre de faict
¶Je respons ⁊ dy premierement que suppose que telle police que seroit a volunte ⁊ a souhait ne peult estre mise en estre neantmoins determiner qlle elle seroit est chose necessaire affin q̄ les legislateurs estudiēt a faire leurs polices prochaines ⁊ semblables a ceste tant comme ilz peulent Et que a cesteleur soit aussi comme signe et exemplaire Et ce appert par semblable en autres ars pratiques sicomme en medicine Car par aventure il n'est pas possible que ung corps humain soit tresparfaictemēt sain ⁊ que sa cōplexion ait ce que les medicins appellent temperamentum ad iusticiam. Et toutesvoyes ilz psiderēt ql corps ce seroit et tendent a approcher de telle complexion et de telle sante selon ce q̄ est expedient pour le corps ⁊ selon ce que il leur est possible
¶Item en pratique de geometrie selon aristote ou second livre du ciel et du monde c'est impossible de faire de matiere corruptible une chose parfaictement sperique et perfaictement polie ⁊ neātmoins chascun qui veult faire une chose sperique ou ronde ymagine telle figure ⁊ en approche au plus que il peut Apres ie dy que selon veris de toute la multitude les unes sont plus naturellement enclins a vertu et les autres non cōme plusieurs foiz est dit ⁊ pour ce en bonne police ceulx qui ne sont de leur nativite enclins a

vertu len les doit depputer a euures serviles et necessaires comme sōt cultiver les terres ⁊ marchander ⁊ oeurer de mestier. Et telz gens ne sont pas moult vertueulx car leur vie est contraire a vertu et ne sont pas ptie de cite ne citoiens en bōne police sicō tout ce fut dit ou p viic chapp. Mais les trois estatz qui sont cytoiēs c'est assavoir gens d'armes ⁊ de conseil et gens sacerdotaulx il convient quilz soient vertneulx en police tresbonne ⁊ tous nō pas si universellement sās nulz excepter Mais presque tous ou la plus grande et la plus puissante partie par laquelle est gardee ⁊ maintenue la fōrme de la police car peut estre que la malice d'ung petit nombre ne mue en rien la police ⁊ p ce que dit est appert que les trops estatz qui devroient estre citoyens en tresbonne police sont aussi vicieulx ou plus cōme les autres manieres de gens necessaires a cite sicomme se les ges d'armes ⁊ le pseillere ⁊ les gens deglise sōt autāt ou plus desloyaulx couvoiteulx dissolus que ne sont laboureurs et gens de mestier c'est matiere de mauluaise police et la police de telz gens est bien loing de police tresbonne aussi comme ung corps foirment malade n'est pas pres de perfaite sante

¶On xx viiie chapitre il monstre que trops choses sont p quoy les gens sont faic bons

k.ii.

Fueillet:

Les gens sont faitz bons par troys choses, et ces troys choses sont nature coustume raison s. Apres il declaire Tex. Car il couient estre ne comme homme et non pas come une des autres choses qui sont bestes Glo. Ce sont aucunes qui par de faulte de nature sont come bestes sans usage de raison Et sont appellez motions Non est ingendus furiosus morto peruus Et de ces icy ne couient plus parler. Tex. Car il conuient estre bien dispose et selon le corps et selon lame Glo. Cest assauoir que le corps soit de bonne complexion et de bonne habitude, et que les sens naturelz dehors et dedens qui seruent a lame soient bien disposez Tex Mais aucuns sont aux quelz il ne pfficte en riens estre netz Car les coustumes ou acoustumances les font estre transmuez Glo. Cest a dire selon albert que ilz estoient bien disposez de nature et sont faiz mauuais par coustumes Et ung autre opposteur dit au contraire que nature ne leur prouffite en rien Car elle les dispose mal mais ilz se transument en bien par acoustumance Et aucuns sont par nature disposez a une partie et a laultre equalement ou pres mais par acoustumance ilz sont transmuez aptes ou a mieulx Glo. Et ad donques les ungs ont leur sens naturel bien dispose a obeir a raison Les aultres mal et les autres moyennement Et selon celles Unges sont faiz bons a peu de chastie

ment et dacoustumance Les autres ont mestier de fort chastiement et grant acoustumance. Et les aultres sont moyens Tex. Et les bestes uiuent mesmement par nature et aucuns ou peu par acoustumance Glo. Et sont celles qui len peut duire qui ont memoire et estimacion sicome il appt ou prohesme de methaphisique come sont les chiens et les cheuaulx etc. Tex. Et home auecques ce uit par raison car home seul a raison et les bestes non Et pource conuient il que ces choses sacordent ensemble. Glo. Il couient que nature et coustume sacordet a raison a ce que ung home soit pfaict en uertu Tex. Car les gens sont moult de choses hors leur acoustumances et hors leur nature sil leur appt par raison que mieulx faire autrement que selon desdictes choses Glo. Aucuns font contre leur inclinacion naturelle et contre ce que ilz ont acoustume se il leur appert par raison que cest bien sicomme fait le continent Mais il nest pas parfaict en uertu Tex. Or auons nous determine deuant que il conuient estre par nature ceulx qui pour le temps aduenir pourroient estre menez a bien et a uertu par les legislateurs Glo. Car il fut dit ou pmier liure en plusieurs chap pmet par nature sont aucuns frances et bien nez et fut dit eu piiie chap de cest liure en qui es regidnees les gens sont mieulx nez et plus aptes a bonne police Tex. Et donques reste et demeure a dire de discipline car les gens

aprenent aucunes disciplines par af
suefaction ou acoustumāce τ aulcūs
p opr bōne doctrine ⊂Glo ⊂Il a
uūe dōchz iii.choses p quoy les gens
sōt faiz bōs Nate coustume τ raison.
Et quāt ace il a dit deuāt de nature.
Et les li, autres choses sōt p discipli
ne τ doncqz puiēt il dire de ceste disci
pline.

⊂Ou pp̄ipe. chapitre il enquiert se
les prīces et les subiectz sont faiz bōs
par vne mesme discipline

E pource que toute commu
nīte politiq̄ est de ceulx q̄ tiē
nēt le princep τ de ceulx qui
sont subgectz lē doit considerer se il
conuient q̄ ceulx q̄ tiennent princep τ
les subgectz soient autres τ trāsmue
ou se ilz doiuent estre vng mesme p
toute leur vie Car il est certain que
il conuient que la discipline se ensuy
ue selon ceste diuision ⊂Glo Car
conuient autre discipline a ceulx qui
sont vne foiz subgectz τ aultresfoiz
prīces q̄ a ceulx q̄ sont tousiours sub
gectz ou tousioure prīces ⊂Tex. Et
verite est q̄ se les prīces different des
subgectz en tant cōe nous cuydons q̄
les dieux τ les heroes differēt des hō
mes ⊂Glo. ⊂Ilz appelloiēt heroes
les ames des mors q̄ auoiēt este tres
excellens en vertu τ disoient que el
les estoient deiffiees τ demiz dieux
Semi dii. Et de ce fut dict ou pp̄e.
chapitre Apres il declaire ceste diffe

rēce ⊂Tex. Et q̄ des le cōmācement
ilz apēnt moult grāde excellēce selō
les corps et apēs selō lame ⊂Glo.
Cestassauoir q̄ le corps soit grāt sās
enormite Sicomme lescripture dit de
saul. φ ascīor erat vniuerso populo
ab humere et sursum ⊂Lē le veoit
par sur tout le peuple τc. ⊂Item q̄
le corps soit tresbel sicomme lē disoit.
Species priami digna est imperio
⊂La beaulte du roy priant estoit dig
ne dempire. ⊂Item selon lame que
il soit tresuertueulx sicomme lēn di/
soit de hector τ de agamenon
Et doncques auons des excellences
en trops choses En grandeur en be/
aute τ en bonte La premiere nest pas
necessaire en telz princes Car du trop
bel du roy alixandre dit vng acteur.
Quinqz pedum fabricata dom̄. Il
nauoit q̄ cinq piez Et le vaillāt roy
pepi fut petit de corps mais pō beau
te le prince est pl̄ agreable a la multi
tude et est signe de bonne disposition
et dinclination a vertu et a bien Et
honorabilem vultu Ce dit lescrip/
ture. Et la tierce cest excellence en bō
te τ est tresnecessaire au prince.
⊂Tex. ⊂Et tellemēt q̄ de ceste ex
cellēce des princes au regard des sub
gectz nul ne face doubte, et que elle
soit manifeste τ apperte Adoncques
est tout cler τ manifeste que mieulx
est tousiours que vng mesme tieng/
ne le princey et les aultres soient sub
gectz selō vne foiz ⊙: Cest adire sās
muer les personnes ou le lignage tant

Fueillet

comme ilz seront telz et est assauoir q̃ aurecques la principal excellence desusdicte q̃ est en vertu z prudence est requise en prince excellence damis et de richesses sicomme il fut dit en la fi du sixte chapitre. ¶Tex. ¶Mais pource que ce nest pas legiere chose de prendre ou trouuer telle difference z que les princes ne sont pas tant differẽtes des subiectz comme ung appelle cyssap disoit estre des roys q̃ sõt en iudee il est manifeste pour moult de causes q̃ cest chose necessaire q̃ tous cõmuniquẽt semblablemẽt en ce q̃ est tenir princey z estre subiectz selon partie ¶Glo. ¶C est assauoir selon partie de tẽps et donc q̃ selõ aristote cest fort de trouuer gens q̃ soiẽt dignes de tenir tousiours le princey Et pource entre ceulx q̃ sont habilles a bõne police z la ou ne sõt aucũs si tresexcellẽs la q̃lle chose est plus commune C est bien que les ungs apres tiennent le princey Et ce preuue il apres p deux raisons ¶Tex. ¶Car a gens qui sõt semblables est deu ce que est ung mesme z qui est equal ¶Glo. ¶Car puis que ilz sont semblables en dignite il doiuent equalemẽt participer en lonneur du princey. ¶Tex. ¶Item forte chose est q̃ sa police soit pmanente z durable laq̃lle est cõstituee z fondee sur choses nõ iustes quãt aux subgectz Car pource tous telz p rebeilliõ veullẽt rebeller ¶Glo. ¶Car quãt ilz cõsiderẽt q̃ ceulx les veullẽt tousiours tenir en subiection qui ne sont

pas meilleurs que eulx adõcques ilz font sedicion Et parce presque tous les royaumes anciens ont este transmuez ou anullez Car ung lignage ne dure pas tousiours en telle excellence de bonte Sicomme il appert p ce que fut dit ou sixte chapitre du premier z ou ppillie. chapitre du quint. Et se aucun disoit que telz princes qui ne sont tresbons font durer leur seigneurie par puissance Aristote oppose au contraire ¶Tex. ¶Et dire que ceulx qui sont en policeine cest adire le prince z princes z leurs complices soient tant en multitude q̃ ilz soient plus puissans que tous les autres cest une chose impossible ¶Glo. ¶Ou cas q̃ les autres q̃ sõt subgectz en plusgrande multitude sãs cõparaison sont aussi dignes comme sont les princes Mais se la multitude subiect estoit trop uille ou seruille toupte ce que fut dit ou ppillie. du tiers ce ne seroit pas impossible que aucũs indignes destre princes fussent leurs seigneurs. Or auons doncques que des gens qui sont habilles a bonne police peut estre telle difference que les princes sont tãt dignes p sus les subiectz q̃ le princey leur est deu a tousiours Et cest police royal tresbonne en excellence Mais selon aristote telle chose nest pas cõmune Et pource dit il ou ppiiiie chap du quint q̃ royaumes ne sont pas faiz souuent Et p aueture est ce la cause pour quoy il ne pse pl9 icy de la discipline de telz princes ou po2ce

quilz sont sãt bõe q̃lz nõt pas moult
mestier de discipline ou pource que il
auoit autreffoiz escript vng liure au
roy alixandre cõmẽt le roy doibt reg/
ner sicomme lẽ list en sa vie ¶Item
il appert parce q̃ dit est q̃ faire les sub/
gectz princes et telle mutacion cõe ari/
stote met icy na pas lieu en police roy
al Mais est pilleuse en toute monar/
chie et entre plusieurs exemples ung
tresnotable est en lystoire de lobsidiõ
de thebes Car plusieurs tresgrans
maulx vidrẽt dece q̃ il fut ordõne de
deux freres germains q ilz regneroiẽt
vng apres laur̃ de an en an de quoy
stacius commãce son liure en disant.
fraternitas acies alternaq3 regnas
prophanis de tartara oditis &c.
Et dõcques ceste mutacion a lieu en
autres bõnes polices et mesmement
en aristacracie et il declaire apr̃s la ma/
niere cõmẽt elle doit estre faicte Tep.
¶Or est ainsi q̃ nul ne doubte que il
ne cõuiengne que ceulx qui tiẽgnent
le princep soient differẽs des subiectz
¶Glo ¶Et que ilz soient plº dignes
car autrement la police ne seroit pas
bonne ¶Tep. ¶Et dõcques cõuiẽt
il q̃ le legislateur cõsidere en quelle ma
niere ces choses peuẽt estre faictes et
cõmẽt les subiectz pticipẽt ou princep
¶Glo. Puis q̃ ilz ne sont assez dig/
nes de se. Apres il met la maniere
Tep. Et de ceste chose fut dit deuãt
G. Car ou p viiie.c. fut touchie vne
chose semblable a celle q̃ il dira apr̃s ¶
Car nãt̃e dõnera ceste eslection en ce

q̃ elle fait en vng mesme genre ou ma
niere de gẽt vng plº ieune et l'autl̃ plº
viel desq̃lz plº chose cõuenable et aduenã
te est q̃ les vngs soiẽt subiectz cest as/
sauoir les ieunes et q̃ les autres tien/
nẽt le princep G. Apr̃s il monstre q̃ les
ieunes ne serõt pas de ce mal contẽ
pº ii. causes T. Et nul na indigna/
ciõ de estre subgect selõ aage et ne cup/
de pas estre plus vaillant ¶Glo.
Que ceulx qui sont plus anciens de
lup se il nest desraisonnable ¶Tep
¶Icem encor appert aultrement
car il doibt considerer que il obtien/
dra tel honneur quant il viendra en
aage. ¶Glo ¶Car les ieunes hõ
mes ne doiuent pas estre ducz ne prin
ces sicomme dit aristote ou tiers de
thopiques pource que ilz ne sont pas
saiges ne expers Mais quant ilz sont
plus aigez adoncques en ceste poli/
ce dont il parle ilz participent es prin/
ceps et non pas continuellemẽt Mais
a leur tour et par certain temps pres
cripe et determine par la loy selon ce q̃
fut dit ou vii. chapitre du quart
Apres il respont en la question prin/
cipal de cest chapitre. ¶Tep.
¶Et doncques lẽ doibt dire que
vngs mesmes sõt princes et subiectz
en vne maniere et sõt auts en aut ma
niere ¶Glo. Car les psonnes sont
vnes Mais ilz sont subiectz en vng
temps et apr̃s sõt princes en autre tẽps
¶Tep. ¶Et pource est il necessaire
q̃ la discipline soit vne aulcunement
et aut aucunemẽt Car lẽ seult dire

Fueillet:

que celluy qui doit bien tenir princey ou temps auenir il conuient quil ayt este premierement subgect. ⁋Glo.

⁋Et doncques la discipline est vne en tant quelle appartient aux persōnes qui sont vnes. Et en tant comme par estre bon subgect len aprent comme len sera bon prince. Et en ce que len seuffre en obeissant len aprēt que len doibt faire en commandant. Mais elle est autre en tāt comme aucunes euures appartiennēt aux princes qui nappartiēt pas aux subgectz Et pource que aulcun pourroit cuyder q estre subgect en seruitute il met apres vne distinction. ⁋Cepte.

⁋Mais sicomme il fut dit es premieres parolles ⁋Glo. ⁋Du premier liure en plusieurs chapitres ⁋Cep

⁋Ung princey est pour la grace et au proffit de celluy qui est prince Et lautre est au proffit du subiect Et ces deux manieres de princey nous disōs vng estre despotiq cest a dire sur serfs Et lautre est princey de gens francs

⁋Glo. ⁋Cest celluy qui est ou pfsit des subgectz & de cestuy il parle en cest chapitre Et se aulcun cuydoit q tous subiectz fussent dune condicion pource que francs & serfs font aulcunesfoiz euures semblables pource aristote dit apres ⁋Cep. ⁋Et aucunes des choses commandees differēt nō pas quāt aux euures mais quāt a la fin pour quoy elles sont faictes Et pource il conuient et est honneste chose a aucūs de ieunes hōmes francs

que ilz ministrent et facent moult de choses qui semblent estre seruiles ou seruices Car les actions ne differēt pas ainsi selon elles quant est a estre honnestes & non hōnestes sicōme ilz sont au regart de la fin & de ce pour quoy elles sont faictes. ⁋Glo.

⁋Car les ieunes hommes francs peuent faire hōnestement plusieurs telles choses comme font les serfs Sicōme le filz dūg cheualier peut enseller le cheual de sō pere aussi cōme fait le page mais cest pour autre fin Car cest principallement pour complaire a sō pere Et le page le fait pour paour de paine et pour esperance de gaing.

⁋Du xxv^e. chapitre il determine a quelles fins principallement doibt tendre la discipline du legislateur

Pource que nous auons dit que du prince & du citoyen et de celluy qui est tresbon homme est vne mesme vertu et quil conuient que vng mesme soit premierement subiect et apres tiegne princey ⁋Glo. ⁋Tout ce fut dit ou quart et ou quint chapitres du tiers

⁋Cep. ⁋Doncques ce que appticnt au legislatieur est traicter en qlle maniere les gens soient faitz bons & par quelles instructions ou enseignemens Et quelle chose est celle qui est fin de tresbōne vie ⁋Glo. ⁋Apres il met vne distinction necessaire au ppos (Tex. ¶Or est ainsi que de lame sont deux parties diuisees desquelles vne a raison selon soy ou en soy Lautre est sensitiue laq̈lle na pas raison selon soy ou en soy mais elle peut obeir a raison ⁊ aussi aucunesfoiz cōtredire (Glo. ¶Ces deux parties doncques sont la partie intellectiue ou entendement q̈ est raisonnable selon soy Et la partie sēsitiue qui na pas raison en soy mais elle est en hōme soubz obeissance dentendement ⁊ de raison aucunesfoiz Et se ces deux choses sont deux ames ou deux parties ou puissāce dune ame ou se elles differēt autrement et commēt ce appartient determiner a autre science q̈ a ceste Sicomme il fut dit ou ix.e. ou x.pie. chapitres du premier dethiques la ou ceste distinction fut declaree plus a plain (Tex: ¶Et nous disōs qui les vertuz de ces deux parties dame sōt les choses selon lesquelles homme est dit bon aucunemēt (Glo. ¶Il dit aucunement pour ce que homme est bon simplement bō par operacion de vertu plus que par labit de vertu sicomme il fut dit en le ix.e. chapitre du premier dethiques ⁊ ailleurs ⁊c. (Tex. ¶Et qui diuise ces parties aussi cōme nous auons dit il est manifeste en laquelle lē doit dire que est plus la chose q̈ est fin plus principal de la vie humaine car tousiours ce qui est moins bon est pour la grace ⁊ a la fin de ce qui est meilleur.

Et ceste chose est magnifeste semblablement es choses qui sont selon art ⁊ en celles qui sont selon nature. (Glo. ¶Cest a entendre es choses q̈ sōt dung genre ou dung ordre Car nature veult tousiours proceder du moins parfaict au plus parfaict ⁊ art ensuyt nature Et doncq̈ en chascune euure dart ⁊ de nature ce que est le meilleur est la fin des aultres choses. (Tex. ¶Or est ainsi que de deux parties dame dessusd celle est meilleur qui a raison selon soy (Glo. ¶Et cest la partie intellectiue Et doncques il sensuit que la fi principal ⁊ la felicite parfaicte de vie humaine est en la partie intellectiue ⁊ es vertus intellectiues Car sicomme il appert en la fi du premier dethiques des vertus les vnes sont morales qui regardent la partie sensitiue ⁊ les autres sōt intellectiues Apres il deuise les vertus intellectiues (Tex. ¶Et selon la maniere q̄ nous auons acoustume a diuiser ceste chose qui a raison selō soy est diuisee doublement en deux Car vne est raison pratique ⁊ lautre est raison speculatiue (Glo. ¶Selon ce que les vnes vertus intellectiues sont pratiques ⁊ les autres speculatiues ⁊ de toutes est determine ou sixte liure dethiques (Tex. ¶Et doncques conuient il que en la maniere dessusdicte nous disons elles soy auoir proporcionnellemēt ou semblablemēt les vnes aux autres Cest assauoir les pties de cest intellectiue qui est ainsi diuisee et les actions delle Et conuient que les actions de la partie qui est la meilleur par nature soient plus eslisibles a ceulx qui peuent aduenir a toutes telles actions ou a deux ¶Glo. Car ceulx qui pouroient auoir toutes actions practiques z speculatiues ou pose que ilz ne peussent auoir que deux vne pratique z lautre speculatiue il deuroient plus eslire la speculatiue comme la meilleur Car les operacions de vie speculatiue ou contemplatiue sont les plus parfaictes sicomme il fut plus a plain declare ou viii. chapitre ¶Tex.

¶Car tousiours a chun la chose est mesmement plus eslisible a la quelle peult ventr z actaindre la partie de luy que est tressouueraine ¶Glo.

¶Et telle chose est contemplacion a la quelle peut venir la partie dame intellectiue qui est souueraine en homme ¶Apres il met comment les choses humaines sont diuisees proporcionablement z conformement a la maniere dessusdicte. ¶Tex. ¶Et toute la vie humaine est diuisee en vaccacion z non vaccacion z en guerre et en paix z des choses faisibles par homme les vnes sont en choses necessaires et vtiles les autres sont simplement bonnes ¶Glo. ¶Par vacacion il entend repos de solicitudes mondaines lequelle repos est contemplacion ioupte ce que dit lescripture Sapienciam scribe in tempore vacuitatis Et qui minorantur actu sapienciam participet ¶Tu doibs estudier sapience en temps de vaccacion Car q moins sera occupe en faiz pratiques il apperceuera z aura sapience Et selon aristote ou sixte de thiques Sapience est contemplacion ou speculacion des choses diuines z doncques en ceste partie il entend par non vacacion labour z solicitude des choses mondaines Et par choses necessaires z vtiles il entend celles de quoy len doit vser pour autre fin que par elles comme sont richesses Et par les choses bonnes simplement il entend bien honneste que ne sont pas bien ordonnables en aultre temps sicomme biens de vertu z ceste derzeniere difference est plus a plain declairee ou quart chappitre de second liure dethiques. Or auons doncques des choses qui regardent vie humaine troys diuisions assez prochaines Cestassauoir guerre paix Item labour z repos Ité pffit et honnesteté Et vault mieulx paix que guerre repos que labour z honnesteté que proffit Car guerre est pour paix Labour pour repos et proffit pour honneur sicomme il dira tantost assez apres ¶Tex.

¶Et desquelles choses par necessite est vne mesme action ou comparaisõ comme des deux parties dame des susd z de leurs actions ¶Glo.

¶Car aussi comme lintellectiue est meilleur et est la fin de la sensitiue et speculacion de pratique semblablement est il des autres choses deuant dictes.

¶Tex. ¶Car bataille ou guerre est pour grace et affin de paix et non pas cacion de vacacion. Et les choses necessaires et utiles pour grace de celles qui sont bonnes simplement. Et donques le politique cest adire celluy qui institue et ordonne la police en mectant les loix doibt regarder a toutes ces choses et les doibt mettre selon les parties de lame dessusdicte et selon les actions delles. Et en regardent plus aux choses qui sont meilleures, qui sont fins des aultres. Et en ceste mesme maniere il doibt mettre les loix en regardant aux manieres de viure et la diuision des choses. ¶Glo. ¶Le gissateur doibt adrescier les gens a toutes bonnes operations et doibt auoir plus grande solicitude des meilleures choses et selon ce dit il apres

¶Tex. ¶Et conuient pouoir non vaquer et pouoir batailler ¶Glo. ¶Le legislateur doit faire q̄ len puisse laborer en choses mondaines et en faiz darmes. ¶Tex: ¶Mais len doibt auoir plus grande cure de mener ou auoir paix et de vaquer en repos de speculacion ¶Glo. ¶Car elle est meilleure chose que action pratiq. Sicomme il fut dit ou vii. chapitre. Et aussi est paix meilleur que guerre. Et pource albert allegue icy saint augustin qui dit Que belluz est le diminutif de bonuz et signifie petit bien et bellum cest guerre. ¶Tex. ¶Et couient pouoir faire les choses necessaires et utiles mais il conuient plus

pouoir faire celles qui sont bonnes simplement. ¶Glo. ¶Tout ce est declare deuant. Apres il conclud

¶Tex. ¶Et pource len doibt introduire a ces intentions et a ces fins ceulx qui sont encor enfans. Et tous ceulx des autres aages q̄ ont mestier dintroduction ¶Glo. ¶Len doibt mettre loix pour toutes les choses dessusd faire que les petiz et les grans se coustument a obeier a elles

¶Du xxvii. chapitre il reprouue lopinions daucune q̄ mectoient leurs loix a autre fin principal q̄ ilz ne doiuet

Mais maintenant il semble que aucune des grecs et des legislateurs politizent tresbien q̄ ont instituees ces polices et toutesvoyes ilz nont pas ordonne a tresbonne fin les choses qui regardent leurs polices ne a vertu ne tresbonne introduction mais ilz ont decline griefuement et grandement aux ordonnances qui sont utiles et pour proffit et a celles qui sont oultrageuses en subiuguer leurs voisins ¶Glo. ¶Sicomme lescripture dit de nabugodonosor qui auoit en propose de mettre tout le monde en sa subiection Dixit q3 cogitacionem suam in eo esse Et omnem terram suo subiugaret imperio

¶Tex. ¶Et de semblable opinion ont este aucuns qui ont escript apres

Fueillet

eulx en recommandent la police des lacedemones ilz fouent lintencion des legiflateurs en ce qlz firēt tous leurs ftatuz en entendant affin dauoir dominacion & seigneurie et a batailles ou guerres. ¶Glo.

¶Sicomme estoient les loix que li Bailla ligurgus & qui furent recitez ou p̄ Sir. chapitre du second. Car ilz ne sont pour disposer les ieunes hommes e endurer peines et peult estre q ilz eurēt apres autres loix encore plꝰ tendantes aux fins dessusd̄ Cestas sauoir a gaing & a guerre ¶Tep.

¶Lesquelles choses peuent estre de legier reprouuees & selon raison & sōt de fait redargueir par les euures

¶Glo. ¶Elles apparēt mauuaises par experience et par raison Apres il met leur motif. ¶Tep. Et aussi comme plusieurs gens appetēt et desirēt auoir et accroistre leur seigneurie sur moult de gens pource que ilz ont par ce moult de gens pource que ilz ont parce moult de bonnes fortunes Semblablement Sng appelle Kymbron.loe & recommāde du legiflateur des lacedemones & si sōt chascun des autres qui ont escript de leur police Car pource q ilz estoient exercitez es perilz des guerres ilz ōt obtenu princez̄ dominacion sur plusieurs gens ¶Glo. ¶Et de ce dict Iustin en sō tiers liure que parce leur cite fut fait en peu de temps puissante His igitur omnibus in breui ciuitas conualuit ita. Et cum messuim̄s

&c. Et pource ilz ordonnerēt leur police principallement a guerre & de ceste oppinion furent plusieurs autres sicōme il fut dit plꝰ aplain ou tiers chapitre Apres il reprouue ceste oppinion par Sii. causes ou raisons ou signes. ¶Tep. ¶Mais non obstāt ce que dit est il appert de fait et est certain q maintenant les lacedemōces ne ont seigneurie ne princez & ne sont beneurez ne bien fortunez ¶Glo.

¶Ainsi estoit il ou temps daristote sicomme il peut assez apparoir par iustin en son s̄pte liure & apres Et dōcques experience monstre et est signe que telle chose nest pas durable ne pmanente ¶Tep. ¶Item leur legiflateur ne fut pas bon ¶Glo.

¶Car il preferoit faict darmes deuant le diuin cultiuement & deuant tout autre discipline Et ordōnoit tout a guerre Mais nous deuons au contraire toutes autres choses faire affin de paix & de iustice Et de vacquer & entendre franchement & seurement au cultiuement diuin. Vt sine timore et de manu inimicorum nostrorum liberati seruiamus illi

¶Tep. ¶Item pose que ilz demourassent en leurs loix & que nul ne les empeschast que ilz ne vsassent delles se ilz refusoient et ne pouoient bien viure sicomme ilz firent cest vne desripsion ¶Glo. ¶Sicomme se nul ne se feist guerre ne iniure si conuenoit il selon leur loy que ilz menassent guerre iniustement a leurs voisins Car s

comme dit salustius ilz cuydoient a‑
uoir grant gloire en faisant leur em‑
pire ou princey tresgrant comment q̃
ce fut. Et ce nestoit pas bien viure et
de ce fut dit ou quart et ou sipte chap̃

¶Cep. ¶Item ilz nont pas iuste
estimacion du princey leq̃l selon eulx
le legislateur doibt honnorer. Car ilz
dient que ce est princey despotique et
cest adire tenir les subiectz en seruitu
te et ce nest pas bien dit. Car princep
qui est sur subiectz frācs est meilleur
et plus selon vertu. ¶Glo. ¶Car
mettre en seruitute les subgectz q̃ sōt
frances de nature cest violence et iniu
stice. ¶Cep. ¶Item il ne conuient
pas cuyder que la cite soit beneuree
ne que le legisteur soit a loer ou a recō
māder pource que elle peut ou il peut
preualer et obtenir pour auoir princeps
sur ses voysins car ceste opinion a en
soy nuysement pource que p ceste rai
son il sesuit que se aucun des citoyēs
estoit puissant il deuroit tempter par
quelle maniere il pourroit auoir et ob
tenir tel princey sur sa propre cite.

¶Glo. ¶Car les dessusd ne met‑
toient cause pour quoy ilz deussēt met
tre en seruitute vne cite voysine fors
seullement pource que ilz estoient les
plus fors combien que ilz fainssissent
aucunes occasions iniustes. Et par sē
blable raison vng citoyen pourroit
subiuguer ceulx de sa cite se il estoit
assez fort. ¶Cep. ¶De laquelle cho
se les lacedemones accusoient le roy
pansonias qui auoit si grant hōneur

¶Glo. ¶Et neantmoins il les
mist en seruitute et tint sur eulx prin
cey despotique et tyrannique. Et ain
si ilz le blasmoient de ce que il vsoit
sur eulx de la raison de la loy laquel‑
le loy ilz approuuoient. Et en ce ilz se
contredisoient. Apres il met vne au‑
tre raison en monstrant comment ce
ste oppinion differe de lintencion du
bon legislateur. ¶Cep. ¶Item la
police de telles loix et de telle raison
est nulle et nest proffitable ne prope.
Car les choses que il conuient que le
legislateur face et singulierement et
en commun et qui sont tresbonnes et
lesquelles il doibt imprimer et met‑
tre et embatre es amees et es cueurs des
hommes. Et qui leur appartient
sont cestes. Vne est que ilz doiuēt met
tre leur estude contre les aduersaires
et non pas penser affin de subiuguer
en seruitute ceulx qui sont indignes
de seruir. ¶Glo. ¶Et seroit chose
indigne de les faire seruir se ilz estoi
ent frances de nature. ¶Cep. ¶Et
apres conuient que len desire et appe
te princey pour la grace et affin du pʃ
fit des subgectz. Et non pas pour gra
ce et affin de despotie cest adire de prī
cep despotique. ¶Glo. ¶Car tel prī
cep est principallement au proffit des
princes et tient les subiectz en seruitu
te. ¶Cep. ¶Tercement que len
despotize sur ceulx qui sōt dignes de
seruir. ¶Glo. ¶Car aucuns sont
serfs de nature sicomme il fut dict ou
p viiie. chapitre et ou pmier liure plu

Fueillet

sieurs foiz. Et doncques auons trois choses a quoy doibt tendre lintencion du legislateur. Une est que len ne face guerre pour mectre en seruitute ses voisins mais pour soy garder que len ne serue. ¶Item que len desire domination sur les cytoiens pour leur pfit ¶Item que len face seruir ceulx q sont neiz pour seruir ¶Apres il mect Une aultre raison prinse de experience ¶Tex ¶Item les choses qui aduiennent de fait doiuent tesmoignage aux raisons dessusdictes. Cest assauoir que le legislateur doit plus estudier affin de bonne ordonnance et de paix ¶Glo. ¶Plus que aux guerres ausquelles entendoient plus les lacedemones et autres. ¶Tex.

¶Car plusieurs telles citez sont sauue tant comme celles sont en guerre. Et apres quantilz ont obtenu pricey elles perissent Car elles contrahent et cueillent ruil aussi cōe fait fer quāt elles sont a paix et elles menent vie paisible. Et la cause est pource que le legislateur ne leur a pas enseigne pouoir vaquer Cest adire bien viure en temps de paix ¶Glo. ¶Car aussi comme ung instrument de fer resplendist & reluist quant il est souuent a besongne Semblablement vie domine est clere & necte quāt il se occupe a excercite a bonnes euures Mais quant le fer est a repos le ruil le enlaidist & le gaste sicōme dit seneque a cest propos Homer si ad agricola abscōditur rubigine consumitur. ¶Semblablemēt

la vie de homme en oysinete deuient laide et obscure par ensuir concupiscences et desirs charnels. Et semblablement toute une cite selon aristote joupte ce que dit le prophete. De ciuitati sanguin cuius rubigo in ea est & rubigo eius non exiuit de ea Mais le legislateur des lacedemones et semblables ne ministrent pas soix ne discipline pour occupper les gens en bōnes operatiōs hors les tēps des guerres Sicomme il eust este licite selō ce que il est escript ou pralogue de linstitute Ut vtrumqz tempus et bellorum et pacis recte possit gubernari. Affin que lung et laultre temps soit bien gouuerne. Car le temps de paix en a partie plus grant mestier Et porce disoit salustius. p si regum & imperator Virtus in pace ita ut in bello valeret equa. villus et constancius sese res humane haberēt Se les roys et les empereurs estoient aussi vaillans en paix cōme en guerre les choses humaines en vauldissent mieux Mais pour la deffaulte de ceste chose les gens communement en temps de paix & de prosperite deuiennent effemines et perdent prudence et puissance & parce sont de legier subiuguez p estranges Et ce appert es hystoires de plusieurs royaumes & citez Et aussi dist salustius des roumains & lusitius des atheniēs en la fin de sō sipte liure Et pource aristote enseigne comment len doibt ace mettre remede ou chapitre ensuyuant.

Ou xxxiie. chapitre il met les faiz a quoy doit tendre la discipline du bon legislateur

Pource que tous doiuent tendre a vne fin et singulierement et en commun. Et que tres bon homme tresbonne police tendent a vng terme et a vne fin il conuient auoir les vertus qui sont ordonnees a vacation et repos ¶Glo. ¶Car si comme il fut dit ou .viie. chapitre la fin principal de chascun citoyen singulier et de toute la cite est contemplation laquelle est en vacation et repos Et toutes les autres vertus sont ordonnees finablement pour ceste ¶Tex.
¶Car si comme souuent dit est paix est la fin pour quoy est guerre Et vacacion ou repos est la fin pour quoy est non vacation ou labour. Et des vertus celles qui sont vtilles et profitables a vacation et a deduction C'est adire oster ennuy et tristesse ce sont celles desquelles len a mestier en vacation et en non vacation.
¶Glo. ¶Choses vtilles sont ordonnees pour aultres meilleures si come il fut dit ou xxxe. chapitre. Et selon ce les vertus pratiques sont vtilles a contemplacion et auecques ce elles sont necessaires en temps de labour Et pource dit il que len a mestier delles en vacation et en non vacation.
¶Tex. ¶Car moult de choses sont necessaires a ce que len puisse apres vacquer a contemplation. Et pour ce conuient il que la cite ait la vertu datrempance et de fortitude et de perseuerance ¶Glo. ¶Car par attrempance lestˉ est dispose a contemplacion Et par fortitude len est garde de nuysance et de empeschement Et conuient perseuerer en ces vertus Car aultrement ilz ne seroient pas parfaictes Et telle vacation appartient a ceulx qui sont partie de cite selon ce que il appert par le xixe. chapitre et non pas aux autres Et pource dit il apres. ¶Tex.
¶Mais selon le prouerbe vacation ne appartient pas aux serfs
¶Glo. ¶Car se ceulx qui sont serfs de nature ou par leur mauuestie estoient vacans ilz emploieroient leur temps en mal et en vices et non pas en euures de vertus Et pource lenˉ les doit tousiours tenir en besongne affin que ilz ne deuiennent orgueilleux et rebelles Et ce est la doctrine de la saincte escripture Seruum inclinat operaciones assidue Mitte illum in operacionem ne vacet multam enim malic~m docuit ociositas Len doibt faire les serfs continuellement labourer sans vacquer Car oysiuete leur apprent moult de mal Apres il mect quˉ les vertus sont requises aux choses dessusdictes. ¶Tex. ¶Et pource que les gens qui ne peuent soustenir les perilz forciblement sont serfs de ceulx q~ les inuadent et assaillent doncˉ q~ a non vacation est mestier de fortitude et de perseuerance Et a vacation

¶ Fueillet

est mestier de philosophie/ et a lung et a lautre temps est mestier de attrempance et de iustice ¶ Glo. ¶ A bonne cite est mestier de la vertu de fortitude pour les guerres qui sont ou peuent estre Et a cõtemplacion ou scence diuine a mestier philosophie naturelle Et les autres vertus sont necessaires pour toutes ces choses Et mesmement attrempance et iustice

¶ Tex. ¶ Mais elles sont plus necessaires a ceulx qui sont a paix et vacans en temps que a ceulx qui ont guerre Car la guerre les contrainct a estre iustes et a euures de attrempance et fruiction et vsage de prosperite et de bonne fortune Et a quet ou reposer en paix les fait plus estre iniurieulx

¶ Glo. ¶ Et ce peut assez apparoir parce que il dit ou second de rethoriq̃ des meurs des gens selon les fortunes.

¶ Une doubte sur les choses dessusd.

Mais par auenture aucũ pourroit doubter de ce que il dit q̃ guerre contrainct les gens a estre iustes et a euures de attrempance et sensuit pource que il dit que eulx sont meilleurs en temps de guerre q̃ en temps de paix Et le contraire sẽble estre vroy p raison ou de fait p experience. ¶ Premierement de iustice. Car len ne pourroit si bien entendre a garder iustice ne si bien ptraindre les gens a la faire en temps de guerre cõ

me en temps de paix Et a cest ppos sainct augustin et sainct ierosme alleguent vng ancien prouerbe qui dit ainsi Inter arma silẽt leges Les loix se taisẽt et ne ont lieu entre les armes Et pource psaie le prophete met ensẽble cõme vertu cõpaigne paix et seurte et iustice pax et securitas et cultus iusticie Car paix et iustice sont aussi comme deux amyes/et selon ce dict le prophete Iusticia et pax osculate sũt

¶ Item de fait sen voit commẽt par guerres sont faictes pilleries robberies exactions prisons tourmens homicides arsons depopulacions et maulx innombrables Et pource sainct ierosme en vne espitre quant il la raconte plusieurs miseres qui en son temps estoiẽt par guerres Il conclud en vsãt des vers du poete et dit ¶ Non michi lingue si centũ sint ora q̃ centum ferrea. Vox omnes captor̃ dicere penas Omnia cesorum percurrere nomina possim Il veult dire que nul ne pourroit expmer les maulx et les douleurs qui lors estoient. ¶ Item semblablement en guerre plus que aultrefoiz sen fait plusieurs desattrempances sicomme violer femmes gaster vins et viandes et telles desordõnances et doncques il semble que iustice et attrẽpance ne sont pas en tẽps de guerre plus que en temps de paix sicomme dict aristote.

¶ Responce.

Ie respons et diz premierement que combien que les hystoires mettēt plusieurs manieres de guerres Toutesuoyes deux me souffisēt a p̄poz Une est appelee ciuille ou mixte de hostille et de ciuille ⁊ est p̄ ceulx de sens Bellū intestinū Et est quāt aucūs de la cite ou du royaume se esdres sent traictreusemēt ētre le biē publiq̄ ou p̄ soy ou auecques estranges telle diuisiō ⁊ telle guerre est cause de la dissolutiō ou empirement de la police Et de plusieurs grandes iniq̄tez ⁊ iniustices Et de telle guerre p̄cludent les raisōs dessus mises Et ce appt assez p̄ ce q̄ sainct ieroesme dit quāt il racōte les maulx dont maintenāt est faicte mētiō il p̄clud et dit Quod nō dicto p̄ncipū q̄ ꝟ religiosissimi Sz scelere semibarbari accidēt proditorii qui nostris contra nos operibus armauit inimicos Tout ce mal dit il est aduenu non pas pour la vie des princes qui sont tresreligieux ⁊ bōs mais par liniquite dung mauuais traictre qui de noz richesses a noz ēnemys armez cōtre nous ⁊ a cest propos dit une decretale Dissencioēs ⁊ scādala prauis actibus additū preparant odia suscitant ⁊ illicitis moribꝰ ausū prebent Telles dissenciōs dōnēt Voyez hardiement a mauuaises meurs Or auez dōcques p̄ quelle guerre les gēs sōt faiz pires Mais aultre guerre est appellee hostille contre gens estrāges qui sefforcēt de subiuguer iniustemēt le royaume ou la cite Et adoncques les princes quant par leur prudence et de leur bon conseil ilz congnoissent

comment les seigneuries sont perdues ou transmuees pour iustice Ilz estudient ⁊ mettēt plus grande peine a bien garder iustice et parce les subiectz sont moins iniurieux Et auecques ce l̄en les faict armer ⁊ exerciter en operacions de fortitude ⁊ leissier opsiueté ⁊ parce ilz sont plus attrempez Et cessent de suyuir leurs concupiscences Et pensent deulx garder et deffendre ⁊ apprennent prudence Car sicomme dict lescripture. Vexacio intellectum dabit. Et selon ce fut dict ou p̄. viie. chapitre du second que vie de gens darmes a moult de parties de vertu Or appert doncques que par telle guerre les gēs sont faiz meilleurs Mais sicomme dict est la premiere dicte est contraire a iustice ⁊ de elle est a entendre ce que fut allegue Inter arma silēt leges. Et daultre partie en temps de bōne paix iustice est plus seurement exercee Et selon ce lescripture mect ensemble paix et iustice. Et aussi len peut entendre plus liberallement au diuin cultiuement en temps de paix Et selon ce dict une decretale. q̄ non nisi pacis tempore bene colitur pacis auctor Mais toutesuoyes en temps de paix les gens declinent pl9 legierement en plusieurs vices que en temps de guerre secondement dicte Et pource aristote dit apres.

Texte Et doncques ceulx desquelx il semble que ilz oeuurent tresbien ⁊ q̄ ilz vsēt de toutes choses

L.i.

beneurees ou apptenantes a felicite ilz ont mestier moult de iustice et de moult datrempance Sicõme seroiẽt aucuns se ilz sont telz comme les poethes dient estre es isles des beneurez.

☙ Glo. ☙ Les poethes diẽt q̃ illecqes abundent tous biens Et sur leurs diz se fondirent ceulx qui par truffe plẽt de la terre de coquagne ☙ Exp. Car ces icy auoient mesmement plus mestier de philosophie a datrempance ẽt de iustice ẽ tant comme ilz seroiẽt vaccans en repos ẽ en habũdãce de telz biẽs ☙ Glo. Et doncqe selõ aristote plus forte chose est garder le peuple de cheoir en vices Et de deuenir mauuais en temps de prosperite q̃ en tẽps de aduersite mesmemẽt se laduersite ou infortue nestoit trop epcessiue selõ ce q̃ fut dit ou primo ethic. c. du premier dethiqe Et aussi bien q̃ le cultiuemẽt diuin soit plus solẽpnellement fait sẽblablement en tẽps de prosperite toutesuoyes aduersite ẽ tribulacion fait auoir recours a dieu par deuocion

Cum occideret eos querebant eum ẽ diluculu reuertebãt ẽc. Et a cest prpos disoit seneque en ses declamacions. q̃ magis colũt deos miseri q̃ beati. Les meschãs adouroient les dieux plus que les bien fortunez Et aristote in libro de mondo fait mẽcion dũg diluge de feu qui fut en orient du teps du roy pheton Et dit que adoncques les gens mesmement adourerent la deite ☙ Vbi fidelium genus honorauit vel adorauit precipue numen

Et met aristote comment les filz apportoient leurs parens anciẽs en finant deuant le feu Et la flaume qui venoit en maniere dung fleuue ou dune mer se deuisa ẽ departit Et diuertit dune part et dautre Et garda les ieunes hõmes ẽ leurs parens sãs ce que ilz eussent lesion ☙ Seruault iuuenes illesos cum parentibus ☙ Et cest deluge descript ouide ẽ aultres poethes par maniere de fable Mais plato in tymeo dit que ce ne fut pas fable mais pure verite ☙ Apres il cõclud son propos en adioustant vne raison ☙ Exp. ☙ Est magnifeste que la cite qui ou temps aduenir doibt estre beneuree ẽ bonne ou vertueuse il conuient que elle participe es vertus dessusd̃ Car cõe laide chose soit nõ pouoir vser des biens que lã a encores est ce plus laide chose que lẽ nen puisse vser quant lẽ vacque et lẽ est en repos Mais que les gens semblent estre bons quant ilz ne vaquent pas et quant ilz ont guerre Et que ilz soiẽt pechans quant ilz sont en paip et vacans cest chose seruille. ☙ Glose. ☙ Et par quoy ilz sont dignes destre mis en seruitute Et aussi aduiẽt souuent si comme dit est Or conuient doncques en police tresbõne auoir loip et statuz ẽ les tenir sicõe q̃ nul ne maine vie oyseuse

☙ Item que nul ne despende le sien epcessiuement en superfluitez de mẽgier ou boire ou de esbatemẽs ou cointises. ☙ Item que tous ceulx qui se

enpurent et qui suyuent leurs concu
piscences par incontinence∗ desattre
pance et dissolutions Et ceulx q̃ sont
iniurieulp soient pugnis et chasties.
Item que tous soient occupes en bō/
nes operacions tant comme il est pos
sible les ūges en labour et es arts ne
cessaires les autres es offices hōnes/
tes les auts en exercitacion des fais
darmes affin q̃ lē ne soit pas despro/
ueu ne iṇ expert se guerre cōmēcoit
Les autres en estude de philosophiẽ ⁊
ou seruice diuī ⁊c. Itẽ q̃ nul ne se puis
se acroistre ou enrichir fors modere/
mēt ⁊ a mesure Car p̃ ce est reprouue
cōuoitise liustice ⁊ sediciō Et les cau
ses pour quoy telle chose est tresexpedī
te ⁊ la maniere cōmēt elle peult estre
faicte appert ou pñẽ. chap̃. du tiers
⁊c ou p̃ v̄t. du quart Et en plusieurs
autres lieux. ⁊ doncques a telles cho
ses ⁊ a sēblables doit estre lestude du
legislateur ⁊ du prince

Mais pource q̃ le prīce ne pourroit
soy si grāt labour prēdre il
puiet q̃ il ait p̃uos⁊ pseilliers ⁊ quāt
ace lē doit regarder auculēs regles en
tre lesq̃lles por cause de peple il me sē
ble q̃ vne telle est q̃ il ne prēgne de sō
p̃eil gēs q̃ sōt coustumiers de mētir.
Car se il les oit volūtiers il naura ia
bon hōe pres de soy sicōe dit la sc̄te es
cripture p̃ceps q̃ libēter audit verba
mēdacii oēs ministros h⁊ ipios. Et
dece fut dit pt̃ apñt ou v̄iī. cha. du
quart Itē il ne doit pas prēdre gēs q̃
quierēt pñcipallemēt la pmociō ⁊ le

pffit de eulx ou de leurs amis, car il
puiet q̃ auculesfois ilz p̃seillēt contre
le bien publique ⁊ du prince Et pour
ce disoit saint gregoire en sō registre.
Nul dit il ne peult estre plus loyal a
toy conseillier que celluy qui nayme
pas le tien mais toy Nullus tibi fide
lior ad consilien du⁊ esse potest: q̃ qui
non tua sed te diligit

Et len les peut souuent asse⁊ cong/
noistre par leures fais A fructibus
eor̄. pgnoscetis eos. Item il doibt
eslire gens de grant prudēce ⁊ expers
⁊ qui ont a cueur le bien publique et
plusieurs Car si comme dict le sage.
Multitudo sapiēcium sanitas est or
bis terrarum. La multitude des sa/
ges est la sante et bon estat du mōde
Et par ce appert que ieunes hom/
mes ne sont pas ace conuenables
Car encor ne sont ilz pas prudens ne
expers Et pource dit len Consilluz
iuuenum rohoam fecit egenum

Item se aulcuns sont sans gran/
de industrie et qui ne sont pas moult
eloquens ne grans praticiens, mais
quilz soient excellens en bonte et en
prodomie il est expedient que ilz soi/
ent aux conseulz Car la tresbonne
affectiō ⁊ la saincte volunte que ilz
ont les adresse a eslire bonnes voyes
Et vrayes conclusions ⁊ bons moy/
ens Et a cest p̃pos en parlant de ele
ction des conseilliers lescripture dit
ainsi Anima viri sāncti enūciat aliq̃n
do vera magis q̃ septem circōspecto
res sedētes in excelsū ad speculādum

L.ii.

℄ Fueillet.

dame du sainct homme prõnũce au/
cuneffoiz verité plus que sept hõm
mes circõspectz de grãde auctorite ⁊
eler voyãs aux besongnes Itē quāt
au prince pource que aucunesfoiz les
gens sõt fors a cōgnoistre il doit auec
q̃ sa bonne diligence prier dieu deuo
tement ⁊ faire prier que il luy dõne gra
ce de eslire bõs cōseilliers ⁊ de les croi
re ⁊ ce est la doctrine du sainct esperit en
plāt de lelection des cōseilliers q̃ sãs
moyen apres lauctorite maintenāt al
leguee dit ainsi In his omnibus dep
care altissimũ Et dirigat in veritate
viã tuam prie dieu que il te veulle
adrescier en toutes tes choses ℄ Et il
doit en toutes manieres exorter les
⁊ adiurer que ilz dõnerõt cōseil iuste
⁊ expedient po˘ la chose publiq̃ chas
cun selon son auis liberallement ⁊ frā
chement sans ce q̃ le prince monstre ne
par fait ne p̃ signe ne deuãt ne apres
que il ait desplaisãce de la deliberaci
on de quelcõques deulx ne de tous ne
de leur correction Et q̃ ilz hõnorent
chascun selon sa merite Da illi hono
rem secūdam meritum suum Et se
par ces choses ⁊ par telles auecques
la discipline que aristote met apres se
les princes gouuerneroient leurs po
lices leurs seigneuries dureroient en
bõne p̃sperite Aps̃ il repete vne cõclu
sion ⁊ recapitule ℄ Tex. Et pource
il ne puiēt pas estudier ne mettre son
entēdeau vertu ainsi comme fõt ceulx
de la cite de lacedemones Car ilz ne
different pas des autres en ce que ilz

ne cuydent que les tresplusgrãs biēs
humains soiēt ceulx mesmes que les
autres cuydēt Mais ilz different des
autres plus en mectāt p̃ quelle vertu
ces biens peuent estre faiz ou acquis
℄ Glo. ℄ Car les legislateurs des
lacedemones aussi comme les autres
legislateurs disoient que felicite hu
maine est en viure selon vertu

℄ Mais ilz ne mettoient loy ne disci
pline principallement fors po˘ la ver
tu de fortitude et pour guerre Et au
tres vertus sont plus necessaires en
temps de paix et meilleurs ℄ Tex.

℄ Et dõcques appert par les choses
deuant dictes que aucuns biens sont
plus grans que biens de guerre ⁊ q̃
ces biens sõt en fruiction ⁊ en operaciō
Et que des vertuz celle est la meil
leure qui est pour soy mesme ℄ Glo.
Si comme la vertu de sapience et cõ
templacion est meilleur que la vertu
de fortitude aussi cõme paix est meil
leur que guerre Car guerre est fortitu
de sont po˘ paix ⁊ po˘ cõtēplacion.

℄ Du pp̃liiii. chap̃ il declaire lordre
de p̃ceder en faisant les citoyēs bons

O R conuient speculer ⁊ consi
derer en q̃lle maniere ⁊ p̃ q̃l
les choses ce sera fait.℄ Glo.
C'est assauoir p̃ quoy l'ē peut estre be
neure et bō ℄ Tex̃ Et nous auōs di
uise deuāt q̃ a ce est mestier de nature
et de acoustumāce et de raisō S. Ce
fut declare ou xx̃viii.chap̃ T. Et

nous allons determinez deuant du
ne de ces choses ⸿eſtaſſauoir que il
conuient q̃ ceulx qui ſont ou ſeront ci
toyens ſoiẽt p̃ nature ⸿Glo. ⸿Jl fut
dit ou .ũi. chapitre q̃mẽt les gẽs ſõt
mieulx diſpoſez p̃ nature en vne regiõ
q̃ en autre ⁊ fut declaire ou pmier li
ure en pluſieurs chap̃ q̃mẽt aulcuns
ſõt ſerfs p̃ nature ⁊ ont corps de ſerfs
Et ſont mal habilles a opaciõ hõ
norables, ⁊ les autres ſõt ace plus ha
billes Et aps aſſez toſt ſera declare
cõmẽt le legiſlateur peut faire ap̃s a
ceſte habilite naturelle ⸿Tep. Or te
ſte ⁊ demeure a conſiderer ſe lẽ doibt in
ſtruire ⁊ introduire les gens pmiere
ment en raiſon auãt q̃ en acouſtumã
ce Car il couiẽt q̃ ces deux choſes ſoi
ent cõſonãtes ⁊ accordables p̃ tres bõ
ne pſonance ou concorde ⸿Car il aduient
ſouuẽt q̃ raiſõ ceſtaſſauoir la ptie in
tellectiue peche q̃ elle deſuoye ou diſ
corde de bonne ſuppoſition ⸿Glo.
Ceſt adire de la bonne diſpoſition q̃
la pſonne auoit de nature, ⁊ de ſa natiui
te ou gnacion ⸿Tep. Et ſi elle eſt
menee hors bõne voye p̃ ſimilitudes
et par apparẽces ⸿Glo. Et donc
ques vng homme p̃ faulces appar/
ces decline a mal contre la bõne incli
nacion que il auoit des le pmãcemẽt
⁊ de nature Et dit icy albert que par
ce appert que ariſtote ne vouloit pas
que linclinacion que vng homme a
par la conſtellacion de ſa natiuite im
poſe neceſſite ou contraigne. Car
il peut par ſa liberte faire au contrai

te Et albert allegue ce que dit ptho
lomee Vir ſapiens dominabitur in
aſtris ⁊c. Et ce que Meſſealleck dit.
Sapiens homo iuuat celeſtem circu
lum ſicut ab agricola iuuatur terra
aratione et ſeminacione: Jlz veul
lent dire que le ſage homme reprou
ue la mauuaiſe inclinacion ſe il a du
ciel et faict ap̃ de ala bonne inclinaciõ
⸿Apres il mect la maniere de lordre
que len doibt tenir ⸿Tep.
Et ceſte choſe eſt magnifeſte ⸿eſtaſ
ſauoir car premieremẽt auſſi comme
en autres choſes il eſt manifeſte com
mẽt gñacion eſt au cõmancement et
vne fin eſt cõmancement ou principe
dautre fin ⸿Gla ⸿Sicõ le corps eſt
la fin pour quoy eſt generation et la
me ſenſitiue eſt la fin pour quoy eſt le
corps ⁊ lame intellectiue eſt la fin p̃
quoy eſt la ſenſitiue ⸿Tep ⸿Et en
nous qui ſommes hommes raiſon et
entendement ceſt la fin de nature.
⸿Glo. ⸿Ceſtaſſauoir des opera
cions de nature ⸿Tep. ⸿Et aces
choſes ceſt aſſauoir a raiſon ⁊ enten
dement il conuient preparer la gene
racion et leſtude de bonnes acouſtu
mãces ⸿Glo. ⸿p̃ gñacion il entẽd
nature Et donques le legiſteur doibt
diſpoſer ſes gens ſelon nature ⁊ ſelõ
couſtume, ⁊ apres ſelon entẽdement
et raiſon ⸿Tep. ⸿Item auſſi cõe
le corps ⁊ lame ſõt deux choſes ſẽbla
blement de lame ſont deux pties celle
qui eſt irraiſonnable ⁊ ſenſitiue et cel
le qui a raiſon en ſoy ceſt lintellectiue

L.iii.

¶ Fueillet:

Et de ces deux parties sont deux habitz ou deux vertuz selon le nombre de elles. Ung habit est de lappetit sensitif Et lautre de lappetit intellectif
¶ Glose. ¶ Les habitz ou vertus qui regardent plus lappetit sensitif ce sont les vertus morales qui sont faictes par acoustumance. Et les vertus intellectuelles regardent sentedement et sont faictes et engendrees par doctrine et par raison. Et tout ce appt ou comacement du second de Ethiques
¶ Tex. Mais aussi come le corps est auant que lame p gnitacion aussi est la ptie irracionelle et sensitiue auant que celle q a en soy raison. Et ceste chose appt parce q courage et volunte cest adire la puissance irrascible et concupiscence sont es enffans tantost come ilz sont neiz. Mais usage de raison et entendement sont mis en fait et en euure quant les enffans ont procede en temps et en aage. ¶ Glo. Et ne conuient pas icy disputer se lame sensitiue est ou corps auant que lintellectiue aussi come le corps est auant que il ait ame sesitiue. Car il souffist quat a propos que les operacions de lame sensitiue sont les premieres auant que celles de lintellectiue. ¶ Tex. ¶ Et pource la cure et la solicitude du corps est necessaire pmierement auant que celle de lame. Et apres la cure du corps est necessaire celle de lappetit sensitif Et la cure de cest appetit est pour grace et affin de lentendement. car pour cest entendemet sont toutes les autres choses appartenantes a lame
¶ Glo. ¶ Or auons doncques si comme souuent dit est troys choses p quoy len est fait bon et sont nature coustume et raison. Et est nature quant au corps coustume quant a la sensitiue raison quant a lintellectiue
¶ Tex. ¶ Et doncques il conuient que le legislateur voye et considere au comacement en quelle maniere les corps de ceulx qui sont a nourrir seront faiz tresbons et tresbien disposez Et premierement len doibt curer et prendre garde de mariage quant il doibt estre fait. Et quelz doiuent estre ceulx desquelz il conuient faire copulacio nupcial. ¶ Glo. ¶ Car la bonne nature des mariez et laage deulx est cause en grat partie de la bonne disposition des corps de leurs enffans.

¶ Du pppetit. chap il determine de laage de ceulx q se doit marier

Quat a ceste communication de mariage il couient mettre loy en regardant a ceulx q a marier. ¶ Glo. ¶ Quat a la qualite des persones. ¶ Tex. ¶ Et ou tepz de les vnir et ioindre ensemble ou en qlle ilz pourroient viure ensemble affin que ilz aient conuenience en aages et ung mesme temps ¶ Glo. ¶ Cestassauoir q les mariez puissent estre ensemble par vne espece de tepz q sot conuenables a chascu des deux

pour faire generacion Et pource ari
stote met apres huyt consideracions
que le legislateur doibt auoir en met
tant loip qui regardent le temps de
mariage ⁋Tep. ⁋Il doibt l'en regarder que leur puissance ne se descor
de pas Car se lomme estoit puissant
de engendrer ou a euue de generaci
on,⁊ la femme non puissante ou se la
femme estoit puissante et lomme non
telles choses font auoir dissencions
ensemble et diuersitee.
⁋Glo. ⁋Car se lung estoit trop
ieune,⁊ laultre non ou trop viel ce ne
seroit pas bien ⁋Et pource conuient
il que leurs aages soient deuement p̄
porcionnez. ⁋Tepte. ⁋Item l'en
doibt regarder a la succession des enfans Car il conuient que les enfans
ne faillent pas que ilz naident a leurs
parens quant ilz sont en aages auci
ennes,⁊ en telles aages la grace,⁊ l'ai
de quilz pourroient auoir de leurs pe
tiz enffans seroit sans proffit et aussi
seroit layde quilz pourroient faire a
leurs enffans ⁋Glo. ⁋Et pource
le legislateur doibt ordonner que l'en
nacte de pas a soy marier tāt que l'en
soit viel Car les parens et les enfās
ne pourroient aider les ungs aux au
tres puis que les parēs seroiēt impor
tēes p vieillesse⁊ les enfās po' cause de
ieunesce ⁋Tep. ⁋Item ce n'est pas
bien que les parens et les enffans soi
ent tresprochains selon aage.
⁋Glo. ⁋Et parce est a entendre q̄
l'en ne les doit pas marier tresieunes

⁋Tepte. ⁋Car telz ieunes parēs
ont moult de desplaisance de ce que
leurs enffans sont molt vercōdeux
pource que ilz sont aussi comme de lē
aage Et aussi quant ilz sont pchaīs
en aage a leurs parēs ilz se complaig
nent de la dispensacion quilz leur sōt
⁋Glose ⁋Les enffans qui sont
presque aussi aagez comme leurs parens les en craignent et prisent molt
Et communement ilz ne sont pas cō
tens du nourrissement et de l'aide que
leurs parens leur font ⁋Or auons
doncques que les aages des mariez
doluent estre proporcionnez⁊ que ilz
ne doiuēt pas estre trop viels ne trop
ieunes ⁋Apres il met vne considera
cion generalle. ⁋Tep. ⁋Item du
commencemēt de ceste matiere nous
sommes venus a ce que il conuiēt fai
re que les corps des enfans nez soiēt
disposez a la volunte du legislateur.
⁋Glo. ⁋C'est adire que ilz soiēt
de bonne complexion ⁊ de bonne habitude ⁊ habilles a bonnes operacio-
ons. ⁋Tep. ⁋Et presque toutes
les cōsideracions sōt vers vne cure.
⁋Glo. ⁋C'est assauoir affin que
les enffans soient de bonne nature cō
me dit est ⁋Tep ⁋Item la fin der
reniere de generacion ou de pouoir
engendrer est determinee quāt au pl'
si comme l'en peut dire aux hommes
au nombre de lxx. ans ⁊ aux femes
a cinquāte. ⁋Glo ⁋C'est a entēn
dre de comū coure, car aucūs perdēt
ceste puissāce auāt ces tmes ⁊ aucūs

L.iiii.

les contiennent oultre Et pource dit il sicomme len peut dire

¶Item est a entendre es regions ou les gens viuẽt par aage souffisant

¶Item la femme a plus brief temps car elle est de plus froide nature

¶Tep. Et pource il conuient descendre en regardant en cest tempez a ces termes quant a prendre le cõmancement du mariage selon aage

¶Glo. Et est affin que sommez la femme viennent en vng temps ensemble a ces termes Car aultrement vng auroit pouoir de engẽdrer quãt lautre seroit ia impotent ¶Tep

¶Item la coupple charnel des bien ieunes est mauuaise a procreacion de fans ¶Glo. Et que il soit mauuais et nupsible ce prouue il apres par cinq raisons ¶Tep. Car en toutes bestes le faon ou le fruit des ieunes est impfaict et sont gñatiues de femelles Et est le faon ou fruit delles petit selon forme et figure. et pource conuiẽt il par necessite que il soit ainsi es hommes ou en nature humaine. ¶Glo.

¶Car quant le masse ou la femelle sont trop ieunes ilz sont encores impfaictz Et pource leur engendreure est impfaicte Mais assigner les causes especialles de telles choses appartient aux naturieurs Et ne peuẽt pas bien estre expzimees en francoys propzement et courtoisement ¶Tep.

¶Item nous auons a ce vng argument ou signe car en quelconques citez ou len teisse habiter ensemble les ieunes filz et les ieunes filles ou toutes celles qui sont mariez les gens de telles citez sont impfaictz et petiz de corps ¶Glose ¶Et sicomme dict est dire les causes dece appartiẽt a science naturelle et medicine Et nõ pas a ceste, mais souffist supposer q̃ ainsi est ¶Tep. ¶Item aulcunes ieunes femmes ont plus de douleur a enffanter. ¶Et plusieurs de elles meurent en tel faict Et pour ce dict se que vng oracle ou oratoire fut fait pour telle cause pour faire oblaciõs Car moult de femmes perissoient p ce que len les marioit trop ieunes et ne venoient pas leurs fruiz a pfectiõ

¶Glo. Les ieunes femmes grosses ou leurs amis pour elles aloient a vng temple ou oratoire ordõne pr faire oblaciõs et veuz et prieres a vng dieu ou a vne deesse affin que il leur aidast a enfanter Et pour telle chose les rommains adouroient vne deesse appellee lucine Lucina dea partus. Aussi comme en nostre foy les femes reclamẽt saincte margarite ¶Tep

¶Item que len face les femmes premierement habiter auecques les hõmes quãt elles sont plus aagees cest chose expediente quant a la vertu da trempance et a continence Car celles qui ont vse de compagnee de hõmes quant elles estoient iouuencelles sõt moins attrempees que ne sont les autres ¶Glo. Et de ce dit il en problesmes Et la cause dece est car la memoire de la delectacion que elles eurent en tel aage de ieunesce est fort imprimee en elles et les esmeut apour suir telles delectacions. ¶Tex.

¶Item les corps des ieunes hommes sont egenez & est faict empeschement a leur croissance quant ilz font telles choses ou temps que ilz deussent encores croistre. Car ou temps que homme doit comecer a auoir compaignee a femme est determine et ne excede pas moult le temps de sa croissance. ¶Glo.

¶Car en temps de adolescence le nourrissement est conuerty a substance & croissance et nature est empeschee en ce en copple charnel. Mais quant lomme est pcreu adoncques se peult faire sans lesion. Apres il applique ce que dit est en mettant vne aultre consideracion. ¶Tex. ¶Item pource est il couenable q les femes soient mariees enuiron laage de xviii. ans Et les hommes enuiron xxxvii. ans ou petit plus ou petit moins. Car en tel de temps sera la coiugacion ou le mariage conuenable quant les corps des deux personnes sont pfaitz. ¶Glo.

¶En quantite & en vertu. ¶Tex. Et au proffit de la procreacion de enfans laquelle conuient estre faicte en temps conueuables. ¶Glo. ¶Apres il met vne autre vtilite en consideracion. ¶Tex. ¶Item se la generacion commence estre faicte es temps dessusdictz selon raison la succession des enfans sera sans mauuaises humeurs. ¶Glo. ¶Car le pere et la mere sont lors en bonne vertu pour faire generation proffitable & de bonne nature. ¶Tex. ¶Et es aultres temps quat lomme est au nombre de lxx. ans selon aage est la resolut ¶Glo. ¶Car ilz ne habundent plus en humeurs ne en vertu ne la femme aussi oultre .l. ans Et pource ilz sont impotens pour generacion bonne et pour autres choses et ont mestier de laide de leurs enfans. ¶Tex. ¶Et doncques il dit du temps quant il conuient mariage estre faict. ¶Glo.

¶Et doncques selon aristote mariage est tres proffitable pour auoir enfans bien coplexionnez et bien disposez par nature Et quant a la femme de xviii. ans a .l. Et quant a lomme de xxxvii. ou enuiron iusques a lxx Et ainsi ilz durent ensemble en bonne puissance generatiue par xxxii ans ou xxxiii. ans Et cest a entendre en lieux ou pais bien attempez. Et nest pas a entendre que len ne puisse engedrer deuant le temps dessusdict & par auenture apres. Mais ce ne seroit pas communement si bon fruict Et aussi le legislateur peut bien souffrir & tolerer que mariages soient plustost pour la malice des complexions ou des meurs des gens & pour euiter plusieurs inconueniens. Mais il doit a son pouoir tendre exporter & enduire les citoyens par loix & par doctrines ace q les mariages soient faiz es temps dessusdictz tant comme il est possible Et que len garde chastete et continence es temps precedens

⟨ Du xxx v̄e. chapitre il determine de la disposition du temps et des personnes quant a faire bonne g̃nacion.

⟨ E des choses qui sont vers la disposition de lair il conuient vser des temps desq̃lz plusieurs v̄sēt bie͂ encor maitenãt. Et determinent que ceste commemoracion ou mixtion ou coniunction charnelle soit faicte en yuer. ⟨ Glo. ⟨ Car elle est meilleur p̃r generacion en te͂ps froit que en temps chault pource que la froidure de lair faict tenir chaleur dedens le corps et la faict estre plus forte. ⟨ Et selon ce dit ypocras que les ventres sont plus chaulx en yuer que en este. Et en este la chaleur de lair Apit porros resoluit etc. Et p̃ ter plus de ce appartient aux naturiens et medicins. ⟨ Tex. ⟨ Et quãt a la procreacion des enffans il couiẽt que les parens regardent aux choses qui sont dictes par les medicins et a celles qui sont dictes par les philosophes naturelz. Car les medicins mettent et dient souffisaument les temps esquelz les corps sont bien disposez a ce que dit est. Et les naturieus determinent des vens. et soient plus ceulx de bise que les vens de laultre partie deuers midi. ⟨ Glo. ⟨ Car les vẽs deuers bise ou septemption sont plus froys plus purs et plus sains que les autres sicom̃e il fut dit ou ppiue. cha pitre. Et pource quãt ilz sont le te͂ps est mieulx disposé pour faire bõne generacion. Apres il determine de la disposicion des corps. ⟨ Tex. ⟨ Mais en quelle maniere aucuns corps doiuent estre disposez affin que ilz soient niesmement proffitables pour ceulx qui seront engendrez ce appartie͂t pl9 a ceulx qui sceuue͂t ce que est en la discipline. ⟨ Glo. ⟨ Cest assauoir a medicine selon vng eppositeur.

⟨ Tex. ⟨ Et souffist dire de ce maintenant grossement. ⟨ Glo. ⟨ Albert eppose ceste partie non pas de quantite de corps comme fait vng aultre eppositeur. Mais de epercitaciõ ou la sbour corporel. Et dit que par discipline aristote entend vng liure que feist pitagoras ou il monstre comment len doit demener son corps selon les sons de musique sicomme dancer baler etc. Et que ce proffite a sante et a puissance generatiue. ⟨ Tex.

⟨ Car labit des cha͂pions nest pas bon pour habitude politique a bonne disposition de corps ne a sante ne a procreacion dēsffans. ⟨ Glo. ⟨ Car parce que il dit habit de champions vng eppositeur entend trop grande quãtite de corps. Car les esperiz sont trop espartiz. Et aucuns trop loing du cueur en si tresgrant corps. Et p ce il est moins bien dispose. Et albert par abit de champion entend epercitacion epcessiue et trop trauaulx comme luicte etc. Car tel labour est nuysi ble aux choses dessusdictes. ⟨ Tex.

⟨ Et aussi le corps qui est mal dispo

se et a mestier de cures ⁊ de medicines nest pas bon pour faire generacion Mais celluy qui est moyen en ces choses ℂGlo. Cestassauoir en quantite selon vng expositeur ℂEt selon albert cest se moyen en exercitacion ⁊ labour corporel et tout est veoir
ℂTex. ℂEt coment q̃ se corps ait habit tel Cestassauoir que il scuffre labeurs mais les labeurs quil scuffre ne doiuent pas estre violens ne a vne seulle chose sicomme est le labeur des champions. ℂGlo. ℂQui ne labourent fors a luictier Et les courciers a courir car la variacion des labeurs est plus proffitable ℂTex. ℂMais doiuent estre aux actions ou en actions appartenantes a ceulx q̃ sont frances ℂGlose. ℂNon pas a fouyr ou beschier Et telz labeurs qui appartiennent aux sers sicomme il fut dit ou vij. chapitre Mais en exercitacion darmes ⁊ en autres telles choses ou en esbatemens honnestes, ℂTex. ℂEt doibt estre semblablement quant aceraux homes ⁊ aux femmes Car il conuient que les femmes grosses qui ont fruict ou ventre aient cure⁊ solicitude du corps,⁊ que elles ne soient pas peresceuses ⁊ sans mouuement ⁊ que elles ne vsent pas de viandes subtiles ℂGlo. ℂCar le fruict qui est en leur ventre ne participeroit pas bien en tel subtil nourrissement Mais assigner les causes plus aplain appartient aux medicis ⁊ quant est du premier enseignement

pource que telles femmes sont plus pesantes⁊ plus griefues que autresfoiz il met apres comment len les doit faire exerciter ℂTex. ℂEt ce pourra faire legierement le legislateur se il comande que elles facent chascun jour aucun voyage ou pelerinage a la reuerence des dieux ⁊ des deesses q̃ ont le honneur de genrracion ℂGlo. ℂCestassauoir aulx dieux ⁊ aulx deesses que len requiroit ⁊ adouroit pour auoir generacion ou pour le salut du fruit sicomme preapus vulcanꝰ venꝰ lucina⁊ telz dont parle saict augustin ou quart de la cite de dieu Et aristote nentend pas q̃ telz dieux leur aidassent Mais q̃ le labour q̃ilz auoient en telz voyages leur estoit proffitables et au fruict de leurs ventres
ℂTex. ℂMais pour entendement ⁊ science acquerir il conuient au contraire demener son corps plus paresceusement ℂGlo. ℂCar sicomme il est dit ou viij. de phisique lame est faicte sage en reposant Apres il rent cause de lenseignement deuant mis.
ℂTex. ℂCar les choses qui sont engendrees Cestassauoir les fruis q̃ sont en la femme prennent nourrissement delle aussi comme choses q̃ naissent de terre ℂGlo. ℂEt pource aussi comme se grain en la racine prent mieulx nourrissement quant la terre est eschaufee semblablement fait le fruit en la femme se elle est faicte chaude p̃ mouuemēt ⁊ p̃ labour attrempe

⟨Du xxx Vie. chap ii traicte des remedes contre lexcessiue multitude denffans.

De la reseruacion & du nourrissement des enffans quant ilz sont neiz est faicte loy que nul ne soit nourry q̃ a deffaulte daucun membre ⟨Glo. ⟨Du daulcũ sens naturel sicomme aueugle manchet &c. Et dit vng eppositeur que ceste loy nest pas a entendre sĩplemẽt que len lessast mourir telz enffans Mais que len ne les nourisse pas si diligemment comme les autres q̃ sõt habilles de corps Mais selon albert ceste loy estoit en aucun pays simplement entendue sicomme en esclauonnie Et leur raison estoit Car mieulx est non viure que viure en misere Et selon ce disoit aristote en elenches. q̃ bonum est mactare patres intriual/le Estoit vng pays ou ilz repputoient que cestoit bien de occire ces vieulx parés, et dit albert q̃ il vit telle chose empres polone ou il estoit al le messagier de court de rõme. Apres aristote parle de multiplicacion des autres ⟨Tex. ⟨Mais pour multitude denffans euiter vne ordonnance ou coustume daucunes gens ou paiens est telle que nul des engẽdrez ou enffãs ne soit reserue ou garde oultre certain nombre Car il conuient que la multitude ou procreacion des enfans soit determinee. ⟨Glo. Car sicomme souuent dit est cite est multitude de quantite moderee Et la region est de quãtite certaine Et ne souffiroit pas po² nourir multitude grãdement excessiue mais conuiendroit que tous ou vne grant partie fussẽt poures & de ce se ensuyuroient plusieurs maulx & inconueniens sicõme il fut dit ou vii^e. chapitre du second. Et pource aucuns legislateurs tẽpterent iadis a mettre remedes contre telle multiplicacion sicomme de non nourir les deffectueulx cõme dit est Et auecques ce quant aux aultres vng remede que il touche apres

⟨Tex. ⟨Et se enffans en multitude souffisante sont faiz & neiz a ceulx qui sõt combinez ensemble & mariez pour ceste procreacion il conuiẽt faire & procurer auortement des aultres auant que le fruit ait sens & vie Car par sentir et viure est determine se le fruict est faict ou perfaict.

⟨Glo. ⟨Et doncques aucuns paiens ordonnerent iadis que quant les parens auoiẽt assez denffans que apres se la femme fust grosse len procurast auortemẽt auant que le fruit eust vie pour euiter homicide Car selon verite tãt plus tart est mis remede en telle chose tant est plus grãt mal sicomme qui actendroit que les enffãs fussent nez & apres les laisseroit mourir ou les occiroit ce seroit tresgrant mal Sicomme fist le roy pharaon en egipte des filz des hebrieulx

⟨Item procurer auortement quãt le fruict a ia vie est mal Mais par a

uenture non pas tant comme le occire quant il est ney.

¶Item procurer telle chose auāt q̄
le fruict ait vie est moīs mal Et toutesuoyes tout ce est mal ne aristote ne
mect icy telle chose fors en recitant
et en monstrant icy deuy maulx leq̄l
est moīs mal Et pource aristote met
apres autres remedes cōtre trop grā
de multiplicaciō Et auecques ce des
se temps des payens aucunes habilles a mariage estoient consacrees au
diuin cultiuement en perpetuelle virginite Et en nostre police ceulx q̄ sōt
aux saīns ordres ꝛ les religions sōt
obligez a tenir chastete. Et encores
sont autres remedes qui furent touchiez ou ipē. chap̄ du second Et aucu
nesfoiz dieu et naꝛe appetissent le mō
de p̄ mortalitez ou par guerres ou ilz
inclinent vne partie de elle a aller ha
biter en autre regiō Mais a ceste cho
se napartient fors des prouisions ou
remedes que le legislateur peut faire
en tel cas par humaine prudence Et
pource aristote met apres vng autre
remede. ¶Tex. ¶Item le commā
cement de laage ou quel il cōuient cō
mencer a faire coniugacion ou maria
ge est determine a lomme ꝛ a la femme Et aussi est le temps determine
comblen ilz doiuent seruir a procreacion denffans Glo. ¶Ce fut declaire ou chapitre precedēt et encoꝛ se
ra tantost ¶Tex. ¶Car les enfans des vieulx aussi comme ceulx
des ieunes sont imparfaictz en corps

ꝛ a entendement Et sont selon entendemēt alimes Glo. ¶Selō vng
eppositeur cest a dire en estat ou en
arresꝛz est quant aux peres qui sont
en vieillesce de moīs vif engin Et al
bert le rapporte aux filz ꝛ dit q̄ alimes
ce est folꝛ de petit entendement Car
pource que ilz sont engendrez quant
les peres sōt refroidiez ilz sōt de chas
tiue complexion quant aux corps
Et anime sequitur corpora ¶Tex
Mais quant a plusieurs Glo.
¶Et non pas vniuersellement car
peut estre que vieilles gens engēdrēt
vng enffant de bonne nature

¶Tex. ¶Et laage de faire gene
racion aucūs des poethes ont escript
par sepmaines iusques vers le tēps
de .l. ans Glo. ¶Car sept sepmai
nes saines sont plix. ans Tex
¶Affin quant cest aage est excede
de quatre ans ou de .v. il conuiengne
leissier la chose qui fait a magnifeste
generacion ¶Glose. ¶Albert sey
pose de laage des femmes qui portēt
siques a cinquāte ans si comme il fut
dit ou chapitre precedent Mais ie ma
corde a vng autre eppositeur selon le
quel len doit entendre que le terme de
faire tresbonne generacion quant a
lomme est lx. ans Et commance en
xxxvii. ans comme dit est deuant
Et de la femme a xviii. ans Et dōcq̄s
ques le temps de la femme sine enui
ron xxxv. ans ou xxx. vii. ans Et
ainsi sōt enuiron xviii. ans ou ilz sōt
en bonne vigueur pour faire tresbon

Fueillet

ne generacion male ou chapitre precedent estoient mis quant a generacion ppli. ans ou enuiron Et pource
il mect icy ceste restraincte, c'est remede contre trop grande multiplicació
Car se les mariez sont ensemble seullement quant a generacion p le tēps
dessusdict leur fruict sera tres bon, et nō
pas en trop grande multitude
¶Tex. ¶Mais se ilz font apres telle operation il conuient que ce soit par
grace et affin de sante ou pour aucune telle cause. ¶Glo. ¶Sicomme
pour euiter fornicacion ou pour faire
vng a lautre satisfaction etc. Apres
il met vng autre remede necessaire
¶Tex. ¶Et la copulacion char-
nel qui est a autre femme que a la sie-
ne, et de femme a autre homme que au
sien est faicte hors que touchier aultre
est chose simplemēt non bonne
¶Glo. ¶Vng autre texte a semper
et est a dire q̃ telle chose est tousiours
mauuaise ¶Tex. ¶Et ne doit lē
nullement regarder entre tant cōme
le mariage est ce que il est appelle mariage ¶Glo. ¶Car du regart viēt
la contemplacion, et ce que il dit icy est
selon leuāgille ou nostre seigneur dit
Qui viderit mulierem ad concupis-
cendum eam. Jam mechatus est ea
in corde suo Qui regarde femme par
concupiscence il fait ia en son cor fornicacion ¶Tex. ¶Mais ce temps
de percreacion denffans ¶Glo.¶C'est
a dire le mariage ¶Tex. ¶Se il appert que aucun face telle chose il doit

estre dampnisse par inhonoracion ou
deshonneur decent ou conuenable a
pechie ¶Glo. ¶Sicomme de infa-
me ou dautre pugnicion selon la loy
que le legislateur aura mise sur ce Et
doncques est euitee excessiue multiplicacion denffans parce que vng hōme ne doibt auoir que vne femme et
ne doibt cognoistre charnellement autre ne elle autre hōme que se sien.

Pour declarer ceste matiere il
me semble que aucuns se com-
plaignēt de nature et aucūs se
plaignēt des legislateurs de nature
Car aux bestes comme bonne mere
elle pouruoit tantost contre faim cōtre froit et contre autres nuysemens et
leur donne ou plumes ou poil ou escailles ou telles choses por destēmes
Et leur donne aduis et puissance de
querir leur nourrissement Et les armes dedens ou de cornes ou de ōn-
gles pour elles deffendre et de visce-
ce pour fuir Mais aussi comme tri-
tre marastre elle gecte homme se iour
de sa natiuite tout nu a la nue impotent et plain de miseres et qui riens ne
sceit par nature fors plourer Ceste
complainte descript moult noblemēt
plinius en son viie. liure sicomme fut
allegue en le viiie. chapitre du premier ¶Item aucuns se complaig-
nent des legislateurs car les bestes
chascune en son espece habitent ense-
ble charnellement les masles aux femelles indifferement selon leur appetit Et il est aduis a aucuns que sem-

ƀable licence auoit donnee nature a homme et a femme Mais la malice des legislateurs a ceste chose restraincte en mettant loix que ung ne puisse aller a plusieurs ne se pere a sa fille ne se frere a sa seur ⁊ plusieurs telles prohibicions ⸿Ceste complainte descript ouide ⁊ met on xe. liure comment une appellee biblis desiroit espouser son frere Et disoit Dii ne pē suas hidere sorores sit saturnus opē ⁊c. Les dieux eurent leurs seurs a espouses Et apres plus a plain ou ixe liure ouide recite de mirra qui vouloit amer son pere Et alleguoit comment une beste couoit de son pere Fit equo sua filia coniunx ⁊c. Et disoit apres Felices ꝗ sunt ista licent humana malignas cura dedit leges Et quot natura remittit inuida iura negant Ce que nature concede et octroye les droiz enuieusx le denient Et dit apres que ung pape est ou le pere prent la fille ⁊ le filz prent sa mere ⸿Et pietas geminacio crescit amore.

Apres la premiere complainte ie dy que toutes ses peualitez ⁊ indigeces dessus toucheez nature les donne a homme a son tresgrant bien Car premierement ce que enffans en ieunesce il a necessite de ayde Et mesmement de ces parens de ce et pource est cause amitie filial et paternelle Et aussi est parce nourrie ⁊ consormee amitie de mariage ⁊ fraternelle et comunicacion de maison ou domesticq̃

⸿Item pource que plusieurs telles indigencees durent par tout la vie est necessaire communicacio ciuille Car de amū cours ung hōme seul ne pourroit viure sans layde dune bien grande multitude Et pource sicomme plusieurs foiz est dit cite est multitude p̄ soy souffisante et est chose naturelle ⁊ tresbonne Et ne peut bien estre sans amitie et iustice ⁊ autres vertu⁹ ⁊ a reꝑ scieces lesq̃lles choses sont tresexcellāmēt bōnes ⁊ esq̃lles ne pticipēt pas les bestes Et donceq̃ humaine creature ne se doibt pas de nature cōplaindre qui par telles indigences la maine ⁊ enduit a si tresgrans biens ⁊ a auoir dominacion sur les bestes ⁊ la responce a ceste complaincte qui sembloit estre impartinente donne voye de respondre ala seconde complaincte ala quelle ie dy que pour les indigēce deuant dictes les enffans ont mestier de leurs parens quāt a nourrissement et a doctrine par long temps Et selon ung eppositeur en cest chapitre iusques a laage de xxxvii. ans Car lors est temps que le filz soit marie sicomme il fut dit ou chapitre precedent Et apres cest temps le pere ⁊ la mere pour lipotence deulx ont mestier de laide des enffans Et pource conuient il que lamitie dentre les parens ⁊ les enffans soit perpetuelle et ferme Laquelle chose ne pourroit bien estre sans certainete de la lignee et ce est une des causes naturelles pour quoy une femme ne doit auoir q̃ ung

Fueillet

homme ne par consequent vng homme que vne femme Et pour euiter excessiue multiplicacion & pour paix domestique & pour autres causes q̃ furent touchiez ou .viii. chapitre de le .viii. dethiques

¶ Item ce que lindigence que les enfans ont des parens dure iusques a tant ou pres que les parens ont indigence ou mestier de layde des enffans Et lamitie que les parens ont lung a lautre pour cause de la lignee & pour le mutuel subside que ilz ont lung de lautre & la cõtinuacion de la communicacion domestique sont causes naturelles que compaignee de mariage doit estre perpetuelle a vie.

¶ Item pource coupple charnel est principallement ordonne de nature pour generacion il sensuit que nul ne doibt cõgnoistre charnellement autre femme q̃ celle qui est ordonnee auec luy pour generacion Et est par mariage sicõme dit est Et pour les causes dessusdictes et parce appert que fornicacion ou concubinage est illicite & peche & contre raison naturelle Et ne sõt pas les loix bonnes qui telles choses approuuent ou concedent & octroyent (scilicet comme sont aucunes loix romaines Et dece dit sainct ieroesme Alie sunt leges cesarum alie ihesu cristi Aliud popinianus aliud paulus noster precepit apud illos viros impudicitie frena laxantur Il veult dire que en cest cas les loix de ihesucrist sont aultres car elles mettent que fornicacion est

peche & dõcques par ce que est deuãt dit appert que ceste philosophie est plus selon dieu & selõ raison que ne sont aucunes loix ciuilles Et pource le legislateur combien que il seuffre fornicacion pour euiter plus grant mal, toutesuoyes ce ne doibt pas estre sãs mõstrer que ce est mal Et sans blasmer ne du tout sans aucune pugnicion si comme seroit habilite a cheualerie ou a estat sacerdotal ou a aucun tel honneur publique. ¶ Item de mariage les especes de amitie de lignage en cõmunicacion humaine & pour la difference de ces especes damitiez & des autres dont il fut dit en le .viii. liure de thiques & des reuerences & obligaciõs differētes qui sont es amitiez mariage ne peut estre par raison naturelle entre personnes prochaines de lignage Sicomme il fut determine plus a plain ou quart chapitre du secõd Et fut dit que selõ saict gregore telz mariages ne sõt pas proffitables pour lignee Et comment ceulx sont infortunez qui appetent tel coupple, et appert en lescripture de absalon le filz du roy dauid & en listoire de thebes du roy edippus qui espousa sa mere & en eut deux filz Et combien que ce fut par ignorance toutesuoyes de ce vindrent plusieurs horribles maulx.

Et ainsi parce que dit est & parce que fut dit ou quart chapitre du quart appert response a la seconde complainte. ¶ Item il appert assez que adultere est contraire au bien de mariage

et de generacion dessus mis Et auec
ques ce il a en ce iniustice tresgrande.
Et pource selon droit naturel il doit
estre grieuement pugny sicome dit a
ristote en la fin de cest chapitre Tale
quid agens dãpnificetur inhonoracti
one decenti ad peccatũ Mais les loix
qui taxent les pugnicions sont posi
tiues Et peuent estre raisõnablemẽt
plus rigoureuses en vng pays que
en autre. et en vng temps que en au
tre selon la difference et variete des
inclinaciõ et des meurs et des estatz
des gens Et plusieurs telles loix sõt
en droit ciuil et en droit canon et en la
sctẽ escripte Et doncques selõ ceste phi
losophie fornicaciõ et inceste et adulte
re sõt contraires a droit naturel. Car tel
droit regarde seullement humaine cre
ature Et ceulx q dient qil est cõmũ
aux bestes parlent trop improprmẽt.
Car droit et iustice sõt vers vne cho
se Et entre les bestes ne est droit ne iu
stice ne iurisdiciõ ne autre vertu mo
ralle ou intellectuelle fors p similitu
de ou p methaphore.

¶Ou xxxviie. chapitre il determi
ne cõmẽt les petiz enffans doiuẽt estre
nourriz et gouuernez quãt aux corps

LEn doit cuyder et supposer q
le nourrissemẽt fait grãt dif
ferẽce quãt a la puissãce des
corps Glo. Car sicõ dit aristote ou
second liure De gñacione epiiß de su
mus et nutrimur Nous sõmes des cho

ses mesmes dõt nous sõmes nourriz
Et ce appert a ceulx q cõsiderẽt ce q est
fait p les bestes ou p les gens q ont cu
re et volũte de enduire es corps habi
lite a force et abatre Car ilz sõt nour
rissemẽt de lait habundant pource q
il est mesmement et tresgrandement
nourrissemẽt familiare au corps.

¶Glo. Cest le meilleur nourrisse
mẽt q soit ou corps pour petiz enffãs
le plus propice et de ce rent les causes a
uicẽne Et mesmemẽt lait de femme et
de celle q a meilleur complexiõ q est pl'
saine Et p especial celluy de la mere
Car il est plus sẽblable et plus natu̾l
a sõ enssãt q a autre Et a cest propos
agellius en son viie liure recite com
mẽt vng philosophe appelle fauori
nus monstroit aux parẽs et au mary
dune noble femme p plusieurs tresbel
les raisõs naturelles cõmẽt lẽffãt de el
le deuoit estre nourry de sõ lait por mi
eulx auoir la natuȓ et les meurs de elle
de son lignage Et entre les autr̃es cho
ses il met ceste experience ou exemple
que les aigneaulx qui sõt nourriz de
lait de chieure ont pource sa laine plus
dure et plus grosse, et les cheureaulx
qui sont nourriz de lait de brebis ont
pource le poil plus dougie plus mol et
plus soef. Et sans vin por mala
dies euiter G. Ce peut estre ẽtẽdu q
les enfãs ne doiuẽt pas estre nourriz
de vi car selõ auicenne ce les deposeroit
a plusieurs maladies Et peult estre
ẽtẽdu q vi ne soit pas mesle ou lait q
lẽ dõne aux effãs car selõ les medicis

Fueillet.

tel nouriſſemēt diſpoſe le corps a me
ſe tirir. Et ne ſcey ſe le vin eſtoit de tel
le nature comme autre de quoy il eſt
eſcript en canthiques. Bibi vinum
meū cū lacte meo ⸿Tex. ⸿Et il eſt
expedient de faire que les enffans aient
aucūs petiz mouuemēs affin que les
mēbres ne deffluent ou ſoient moins
fermes pour la tendreur de eulx
⸿Glo. Car p̄ telz mouuemēs eſt eſ
meue la challeur naturelle Et cōſume
les humeurs ſupflues ⁊ p̄ ce les mē
bres ſōt plus fors ⁊ plus agiles ⁊ p̄
ce nourices les deportent ⁊ les font al
ler et dit auicenne que len leur doibt
faire oyr chant ou ſone de muſique
⸿Tex. ⸿Et maintenant aulcu
nes gens vſent de vnges inſtrumens
mecaniques ⁊ artificiaulx qui fōt les
corps de telz enffans imperuertibles
ou droiz ⁊ bien formes ⸿Glo. ⸿Ce
ſōt telz inſtrumens cōe ceulx q̄ n9 ap
pellōs bers ou les enffās ſōt couchiez
⁊ liez les membres drecciez ⁊ meuz et
berciez ou branlez ⁊ ſelectent en ce
⸿Tex. ⸿Et il eſt expedient aux
petiz enffans que ilz ſoient acouſtu
mez aux froiz tantoſt Car ceſte cho
ſe eſt meſmement grandement proffi
table a ſante et aux actions ou faitz
de guerres ⸿Glo. ⸿Car la challeur
naturelle enforce de ce ⁊ ſōt apres pl9
durs ou froit ⸿Tex. ⸿Et pource
entre moult de barbares ⁊ de eſtran
ges nacions eſt telle couſtume que les
vnges ſauent ⁊ plungent les enffans
nouuellemēt nez en vng fleuue froit

ou en vne eaue froide Et les aultres
ont couſtume de les eueloppez en vne
choſe froide ſicomme font les celces
⸿Glo. ⸿Ce ſont les gens dune re
gion Et le lauement deſſuſdict eſtoit
ſēblable a ce que nous baptizōs main
tenant les enffans, mais ilz faiſoient
pour autre cauſe comme dit eſt
⸿Texte. ⸿Car toutes cho
ſes qui ſont poſſibles a acouſtumer
tātoſt des le commancement mieulx
eſt de les acouſtumer tantoſt ⁊ le ha
bitude ou diſpoſition des enffans eſt
bien apte ou bien habille pour lacou
ſtumer de degre en degre ou petit en
petit a lexercitacion ou lexercitez
des froiz pour la calidite ou challeur
qui eſt en eulx ⸿Glo. ⸿La challeur
naturelle eſt grāde en telz enfās ⁊ en
cor eſt elle enforcie et confortee par le
froit dehors fors que il ne ſoit violent
ne trop cōtinue Car il la corrūperoit
⸿Tex ⸿Car il eſt expediēt de fai
re telle cure ⁊ ſēblablement ou p̄mier
aage Glo. Ceſt ſelō vng expoſiteur
iuſques a iii. ans ⸿Tex. Et en laa
ge q̄ enſuit iuſq̄s en tāt q̄ les enffans
aiēt v ans Ce neſt pas biē de les a
mener ou mettre a aprandre ne a la
bourer neceſſaires aſſi q̄ telles choſes
ne peſchēt le croiſſemēt. G. Car la
fatigaciō ou trauail des eſpiz en eſtu
diāt ⁊ le trauail du corps en fort labou
rāt ēpeſche la digeſtiō ⁊ le nouriſſe
mēt. Et p̄ce ilz doiuēt auoir tāt
de mouuemēt q̄ ilz fuiēt la p̄ce ⁊ im
mobilite ou ſetardie des corps puiēt

instituer que ceſt mouuement ſoit p̄
autres actions que par labeurs neceſ/
ſaires ⸿Glo. ⸿Cōe ſōt ceulx leſq̄lz
ſont ceulx q̄ lẽ appelle ouurieres deſ
bras ⸿Tex. ⸿Et p̄ ieu ou eſbate
ment Et ouiēt que ce ſoit p̄ telz ieux
q̄ ne ſoiēt pas illibetaulx ou Villats
et q̄ ne ſoient pas trop labourieux ne
trop remis ou trop Vers repos
⸿Glo. ⸿Et doncq̄s telz gēs dot/
uēt eſtre ſans Villãnie et ſãs grãt tra
uail et nõ pas en repoſãt ou en ſeant.
⸿Tex. Itẽ les prīces ou maiſtres q̄
lẽ appelle pedonomes. ⸿Glo. Il eſt
dit de pedos q̄ eſt enffãt et de monos
q̄ eſt regle Et ſōt ceulx qui ſōt ordon
nez pour regler et gouuerner enffãs
⸿Tex. ⸿Doiuēt auoir cure et ſo
licitude des parolles et des fables cõue
nables pour oyr aux enffãs q̄ telles el
les ſõt et de q̄lle quãtite ⸿Glo. Car
aſſi q̄ ilz aprēnēt a mieulx p̄ler ſẽ leẽ
doit racõter aucunes choſes legieres
et delectables et veritables et nõ pas
fables q̄ ont appence d' Verite.car a
couſtumãce de oyr telles fauſces cho
ſes en enffãce dõne ap̄s treſgrãt em
peſchemēt a p̄gnoiſſãce de Verite ſicõ
me dit auerroys on p̄logue de metha
phiſique Mais telles fables cõe de la
Vie regnart et cõe celles q̄ ſõt en eſope
et en amõet ſont adire puenables a
enffãt car elles ne ſõt pas cauſes der/
reur ⸿Tex. Car toutes telles cho
ſes il les ouiēt faire auſſi cõe preãbu
les ou diſpoſitiõs aux puīracions q̄
les enffãs autõt ou tẽps aduenir

Et pource ouient il q̄ pluſieurs ieux
q̄ ilz font ſoiēt imitaciõs et ſimilitu/
des des choſes que ilz eſtudirent et ſe
ront apres ⸿Glo. ⸿Si comme ſe
ilz deuoient eſtre gens darmes Eſt
bien q̄ enffans ilz ſe eſbatent a traire
ou a courir es baries ou a telles cho
ſes et auſſi des autres operaciõs car
len fait pl9 delectablement ce dont lẽ
a fait a ieuneſſe le ſemblable ⸿Tex.
⸿Item aucunes ne ſõt pas a droit q̄
deteſtent en leurs loyx ce q̄ len deffēt
aux enffans que ilz ne plourent Car
telles deffences cõferent et proffitent
a la croiſſãce ou croiſſement des enf/
fans Car p̄ ce eſt faicte aucunement
ex̄cercitaciõ au corps Car la deſcẽ
cion des eſpertz dõne force a tos ceulx
q̄ labouiẽt en ceſte choſe aduiẽt aux
enffãs quãt lẽ leur denee ou deffẽd
que ilz ne plourent ⸿Glo. ⸿Car
quant ilz plourēt ſes eſpilz ſe dilatẽt
et eſptẽt Et pce eſt plus fieble la chal
leur de dedēs le corps Mais quãt ilz
ont appetit de plourer et ilz ne oſent
ilz retiennent leurs eſperitz plus en/
ſemble Et parce eſt la chalieur nutri
tiue plus forte Car Vertu q̄ eſt Vnie
et enſẽble eſt pl9 fort q̄ elle neſt eſp̄le
Virt9 Vnita forcior ē ſeipſa diſperſa.

⸿Du xxx Viiie. chapitre il traicte
du gouuernement des enffans quãt
ace qui regat de lame

M.iii.

℟Fueillet:

Les pedonomes & gouuer/neurs des enffãs doiuẽt psiderer la deductiõ dessusd' Et aut chose aussi c'est assauoir q̃ ilz ne soiẽt ou querẽt auecq̃ les serfs fors le moie q̃ se pourra Car en tel aage dessface & iusq̃s a .vii. ans il est necessaire q̃ ilz aiẽt leur nourrissemẽt a lostel Et doncques selon raisõ lẽ peut dire que se ilz sõt tãt soit peu auecq̃s serfs ilz prendrõt ou apprẽdrõt illi beralite ou deshonnestee par les choses que ilz orrõt & verrõt Glo. Et doncques les pedonomes c'est adire ceulx qui regulent les enffans les doiuent garder que ilz ne conuersẽt auecques pages ne auecques valletz de cupsine ne auecques gẽs ou ilz ne apprendroient ne bien ne honneur mais mal Et ilz retiennent de legier ce que ilz en oent & voent en tel aage Et selon ce dit chotonnet Cum bonie ambula Tep. Item il cõ uient que le legislateur e'termine de la cite et mette hors du tout lait par ler & deshonneste aussi comme quelcõ que aut villaine chose Glo. Et est selon la doctrine sainct pol qui des fend lait parler Turpis sermo de ore vestro non procedat. Tep. Car de dire quelcõque laide chose est faicte de legier q̃ lẽ est pres de la faire Glo. Et c'est ce q̃ ysidore fu ge inhonesta verba vanus eni sermo cito polluit mẽte & facil9 agit qd' libẽ ter audit Tep. Et mesmemẽt le legislateur doiut faire q̃ les ieunes

gẽs ne diẽt ne oyẽt ou escoutent rien tel Glose. Car en tel aage les choses que ilz oent & voent leur sont nouuelles Et pce elles sõt admira cion & de ce est causee delectacion Et dire leo et opr en faict auoir memoire & le memoire et la delectacion encline les enffans a les faire Apres il dit de quelles manieres doiuent estre telles loiy Tep. Et se aulcun appt estre disant ou faisant aulcune telle chose denee ou deffendue se il est frãc et il ne ait encores aulcune dignite ou estat honnorable il doit estre pugny. Et pource de seoir soy a table es con uiz ou d'aucune des aultres deshon nestacions ou estre batu Glo. Les ieunes hõmes qui estoiẽt reprins de vilain pler ou d'autre deshõnestee ne auoient pas lieu honnorable aux disners ou conuiz desquely fut faict mencion ou pp̃e. chapitre et en plu sieurs autres et aucũs estoient batuz et estoit aussi comme les moyens sont mis a la selecte ou batus en chapitre. &c. Tep. Mais ceulx qui sont de plus anciẽ aage que cestuy doiuẽt estre pugnys pour telles choses p ins hõnoracion illiberallees & seruilles a fin de les villener Glo. Et ilz sõt acoustumez & diffamez de laide ment pler d'aucune deshonestee lẽ les doit inhabiliter ou priuer de office hõ norable ou les contraire a aulcune operacion seruille desauenante ou nõ decente a leur estat Car le aage & le stat agrieue le pe hie

¶ Texte. ¶ Item pource que nous exterminons et deffendons dire quelconques de telles choses laides il est manifeste que il conuient ordonner ou deffendre que les enffans ne voyent pointures et parolles escriptes deshonnestes Et doncques aux princes appartient auoir cure et prendre garde que nulle imitacion ou similitude de telles actions deshonnestes ne soit en ymage entaillie ne en pointure.

¶ Glo. ¶ Car par regarder telles choses les enffans sont meuz a penser laides et ordes Apres il met exception

¶ Tex. ¶ Neant moins es temples de aulcuns dieux qui sont telz que la loy leur attribue ribauldie ¶ Glo.

¶ Sicomme Venus priapus balcanus etc. desquelz saint augustin fait mencion plusieursfois ou liure de la cité de dieu ¶ Tex. ¶ Car a regarder telles choses la loy le seuffre aller ceulx qui ont aage plus pourueu Et que ilz doiuent honorer telz dieux par cultiuement deu et pour eulx et pour leurs enffans Mais que les plus ieunes y oisent la ce nest pas bien

¶ Glo. ¶ Aristote ne approuue pas la loy en ce que elle attribue aux dieux telle ordure et laidure Mais en ce que elle ne seuffre pas que les enffans les voyent et ce est en son propos

¶ Tex. ¶ Item len doibt mettre loy que ilz ne soient pas regardeurs de comedie iusques atant que ilz aient saage ou quilz soient communiquer es conuiz ou entre les anciens

¶ Glo. ¶ Comedies estoient engieux que len faisoit en publique et se desguisoient les gens et prenoient faulx visaiges et recitoient personages de choses villaines et deshonnestes faisoient rethiguemens et laides contenances sicomme len seult faire es cheualiz Et doncques selon aristote le doibt garder que les enffans ne voyent telles choses pour les causes dessusdictes ¶ Tex. ¶ Item de pureté et de tout nuysement qui vient de telles choses la discipline les doit toujours faire impassibles Cest adire qui ne ayent ou souffrent tel nuysement.

¶ Glo. ¶ Car le legislateur doibt faire que par discipline ilz soient occupez bonnes choses et parce ilz ne vacqueront pas a telles deshonnestetez.

¶ Tex. ¶ Et nous auons maintenant faicte mencion de ces choses briefuement en passent oultre Apres il conuient plus determiner delles Et premierement se il conuient mettre discipline pour les ieunes gens ou se il ne le conuient et en faisant doubte ou question de quelle maniere elle doibt estre

¶ Glo. ¶ De ce sera dit en le .viii. liure. ¶ Tex. ¶ Mais selon le temps present nous auons de ce fait memoire en tant comme elle estoit necessaire.

¶ Du .xxxix. chap. il reprouue une oppinion et distigue des aages et met ordre de proceder apres.

Par auxke ne disoit pas bien de telle chose ung appelle theodorus Lequel saignoit astenece de tragedie.

M. iiii.

¶Fueillet.

¶Cestoit ung lieu ou len faisoit contenances mouuemens et parolles ou rimes des choses cruelles et horribles et laydees. ¶Tep. ¶Car il ne souffist oncques que nul fust mis ou introduict deuant soy en telz lieux q̃ fust ancien Mais disoit ostez moy ces villains ypocrites aussi comme se les theatres Cest adire ses lieux ou len faisoit telles choses fussent appropriez aux premiers oremens ou aux premieres audicions ¶Glo. ¶Cest adire aux ieunes gens Et ce nestoit pas bien dit Car sen y disoit plusieurs laydes choses Et pource sont telz lieux dis tragedies de a tragos qui est bouc Car ung bouc qui est orde beste et puante estoit le loyer de celluy q̃ mieulx faisoit telle office aussi comme en cest pays de normandie len donne au mieulx luictant ung mouton ou ung beuf Et le lieu ordonne pour les comedies et pour les tragediez auoit nõ treatra Et est dit de theoros qui est speculer ou regarder ¶Tep.

¶Et telle chose aduient aux collocutions ou derelites et aux sentences ou operacions des choses Cest assauoir q̃ nos amos toutes choses premieres ¶Glo. ¶Cest adire dont nous auons premiere experience et cognoissence et pour ladmiracion que nous auons comme dit est. ¶Tep. ¶Et pource il conuient faire que aux ieunes enffans toutes choses leur soyent estranges qui sõt mauuaises Et mesmement quelcõque chose qui pourroit faire infection ou adhesion.

¶Glo. ¶Cest adire aux quelles les enffans ce adherdent et acoustument de legier par concupiscẽce pour delectacion sicomme letherie et ribaudie &c. ¶Tep. ¶Et quant ilz ont passe cinq ans il conuient en deux autres ans iusques a vii. faire q̃ ilz soyent regardeurs des disciplines lesq̃lles il conuient que ilz aprennent apres ¶Glo. ¶Sicomme se il est bon que ilz soient gens darmes que ilz voysent regarder les ioustes et telles choses Et se ilz doiuent estre gens de cõseil que ilz voisent aux cours et a lescolle regarder la maniere et ainsi des aultres choses Apres il deuise les aages.

¶Tep ¶Et deux aages sõt aus quelles il est necessaire que la discipline soit diuisee Une est apres vii. ans iusques a pubescence ou adolescence.

¶Glo. ¶Sicques a piiii. ans ou enuiron ¶Tep. ¶Et ung aultre est de pubescence iusques a xxi. an Et ceulx qui deuisent les aages par septaines ne dit pas bien quãt a moult de choses Car il conuient contresuyr ou ensuyr la diuision de nature

¶Glo. ¶Aulcuns disoient que le premier aage dure iusques a sept ans Le second siques a piiii. Laultre iusques a vingt et ung et ainsi oultre ¶Mais communement selon nature les enffans ont ung estat les trops premiers ans Et ung aultre

Le viiie. liure de politiques xci.

les deux ensuyuans Et vng aultre les deux aultres Apres iusques a vii. ans Et vng aut siques a xiiii. Et vng autre iusques a xxi. Et vng autre plus loing iusque s a xxxvii Mais ce nest pas a entendre precisement ne generallement Car selon diuers complexions les vngs sauancent les aultres tardent et les vngs plus et les autres moins

¶Tex. ¶Et tout art et tout discipline veult suppleer ce q̃ fault a nature ¶Glo. ¶Sicõme se en laage de sept ans vng nestoit pas assez agille len le doibt faire exerciter et habiliter par art et par discipline Et ceulx qui sont habilles encor est leur habilite menee a perfection par art et par doctrine ¶Apres il met ordre de proceder ¶Tex. ¶Et doncques conuient premierement considerer se aux enffans est a faire aulcun ordre ou cure de discipline ¶Et apres assauoir mon se il est expedient que len face ceste cure en commun ou selon propre maniere laquelle chose est faicte maltenant en plusieurs des citez

¶Glo. ¶En aucunes citez estoiẽt lieux communs comme escolles pour exerciter les jeunes hommes et pour aprendre les ars et les sciẽces et en aucunes citez chascun faisoit ses enffans apprendre apart. ¶Tex. ¶Tiercement len doit considerer quelle il conuient que ceste discipline soit

¶Glo. ¶Et ce sera en le viiie. liure qui ensuyt.

¶Cy fine le viiie. liure de politique

H.iiii

Fueillet:

¶ Cy commence le VIII. liure de politiques ou quel il determine de la discipline des ieunes gens apres laage de VII. ans Et contient pIIII. chapitres Ou premier chapitre il monstre que la discipline des ieunes gens est necessaire a bonne cite, et que elle doibt estre commune.

Il ne doubte que aulx legislateurs appartient negocier et entēdre mesmement a la discipline des ieunes gens ¶ Glo. ¶ Et ce preuue il par deux raisons ¶ Tep. ¶ Car es citez ou ceste chose ne est faicte les polices sont parce bleciees et egarees pource que il conuient politizer Cest adire disposer les gens a chascune police Car en chascune police les meurs ou la coustume qui lup est conuenable cest ce par quoy communement la police est gardee et au commancemēt instituee Sicomme les meurs ou la coustume de democracie cest ce qui regarde democracie Et la coustume olygarchiq regarde olygarchie Et tousiours tresbōne coustume ou meilleur coustume est cause de meilleur police ¶ Glo. ¶ Car sicomme plusieurs foiz est dict Vnes gens sont naturellement habilles a vne police et autres a autre Et pource le legislateur doit mettre loix selō lesquelles les ieunes gens soient discipline, et acoustumez aux meurs couenables a la meilleur police a quoy ilz sont enclins ou habilles Et parce la police sera plus permanente et plus estable ¶ Tep.

¶ Ite en toutes puissances et a tous ars aucunes choses sont esquelles il conuient estre deuant enseigne et introduit et acoustume pour les operacions de chascune telle puissance ou art ¶ Glo. ¶ Par puissance il entēd industrie acquise de sauoir ou pouoir faire aucune chose sicomme de tournoyer ou iouster de compter ou de saillir, etc. Et telles choses qui ne sōt pas proprement ars mais semblables ¶ Tep. ¶ Et appert que aussi conuient il estre introduict et acoustume aux actions de Vertus ¶ Glo. ¶ Cestassauoir de Vertu moralle et politique ou ciuille et mesmement en bonne police ¶ Apres il monstre par trops raisons que telle discipline doit estre commune cestassauoir par loy ou selon loix communes.

¶ Tep. ¶ Et pource que de tous les citoyens est vne fin ordonnee au bien de la cite il appert par necessite que la discipline doit estre vne mesme de toutes ceulx qui sont ou qui seront citoyens ¶ Glo. ¶ Len ne doibt pas par ce entendre que tous aprennent vne chose Car vng aprent vne chose et autre autre mais la discipline est vne et commune quant au bien et a la felicite de la cite a laquelle le legislateur doibt tout disposer par loix publiq̄.

⟨Tex.⟩ ⟨Et conuient que la cure de ceste discipline soit commune et non pas faicte a part et separeement si comme chascun cure maintenant de ses enfans et leur enseigne et apprent diuisement telle propre discipline comme bon luy semble ⟨Glo.⟩ ⟨Ilz faisoient aussi en aucunes citez sans ce que de telle discipline fust mise soy commune Et sans ce quilz eussent exercitacion ou escolle publique ⟨Tex.⟩

⟨Et des choses qui sont communes il conuient faire que lestude ou la discipline delles soit commune ⟨Glo.⟩ Et les ars les vertus les sciences sont communes en tant comment elles sont pour le bien commun et pour la fin commune de toute la cite ⟨Tex.⟩ ⟨Item auecques ce il ne conuient cuyder que aucun quelconque des citoyens soit a soy ou pour soy Mais tous sont pour la grace de la cite Car la cure ou ordonnance de chascune partie est nee et ordonnee a la cure ou pour la cure de son tout ⟨Glo.⟩ ⟨Car vne cite ou vne communite est aussi comme vng corps du quel les membres ou parties seruent lung a lautre Et principallement a leur tout iouxte que met saict pol Et sicomme il fut plus aplain declare ou quart chapitre du quint Et pour ce dict tulles que nous ne sommes pas nez seullement pour nous Mais pour noz amys et pour le pays Non solum nobis nati sumus etc. Apres il met la tierce raison qui est par signe ⟨Tex.⟩

Item pource et en ce sont soez les fa ce de monce Car ilz sont le plus de lestude vers la discipline de leurs enfans et en common ⟨Glo.⟩ ⟨Ce peult assez apparoir es loyx que leur bailla ligurgus qui furent recitees ou premier chapitre du second. ⟨Tex.⟩ ⟨Et doncques est ce chose manifeste que len doit mettre loyx de la discipline et que ceste discipline doit estre faicte en commun. ⟨Glo.⟩ ⟨Ce peult assez apparoir es loyx

⟨Du second chapitre il determine en general quelle doibt estre la discipline des ieunes hommes.

L⟨En ne doibt pas ignorer quelle est la discipline des ieunes hommes ne en quelle maniere il conuient que ilz soient enseignez ou introduiz Car len faict maintenant doubte de ceste chose sicomme il appert par les euures Cestassauoir par les oppinions Car tous ne sont pas dacort en vne chose laquelle ilz cuydent que les ieunes gens doient aprendre ne quant a les ordonner a vertu ne quant a vie tresbonne ⟨Glo.⟩ ⟨Car les vngs cuydent que ce est mieulx de les faire aprendre rethoricque les autres dient medicine les autres chanter etc. ⟨Tex.⟩ Et nest pas certain a plusieurs assauoir mon se len doibt plus ordonner les enffans a entendement Cestassauoir a speculatiue et

¶ Fueillet

contemplacion ou aux meurs de la/
me. ¶ Item la consideracion de la
discipline ordonée a vie actiue & plai
ne de turbacion ¶ Glo. ¶ pour la
diuersite des oppinions ¶ Texte.
¶ Et nul ne a certainete seil conuiēt
estudier vers les choses qui sont tres
bonnes a vie corporelle ou vers celles
qui tendent a vertu ou vers celles
qui sont superfluees ¶ Glo. ¶ Si
comme sont aucunes possessions ou
cunes & delectacions Car les vngs
disoient que la discipline doit tendre
a auoir les necessitez corporelles Jou
xte ce que dit chatonnet Cum tibi sī
nati nec opes tunc artibus illos In/
strue q possint inopem deffendere vi
tam Et aucunes introduisent leurs
enffans en auarice sicomme disoit Ju
uenal des inisnes en la plinie. satire
pres le commencemēt Sponte tamē
iuuenes imitantur cetera solam In
niti quoq auariciam epcercere iubē
tur Il dit que les inisnes ptraignoiēt
leurs ieunes enffans a epcerciter aua
rice Et la discipline daucune estoit a
delectacions sicomme des epicuriens
Et des autz a subiuguer leurs voi/
sins par guerre sicomme les lacedemo
nes Et ainsi plusieurs tendoiēt a di
uerses fins ¶ Tex. ¶ Et toutes ces
choses ont prins aucuns iuges
¶ Glo. ¶ Cestassauoir philosophes
et legislateurs desquelz les vngs te/
noient vne oppinion & autres autres
¶ Tex. ¶ Item des disciplines q
tendent a vertu encor ne est riens ac

corde Car tous ne honnorēt pas vne
vertu ¶ Glo. ¶ Comme la plus
tresbonne Car les vngs dient ou di
soient que ce est vertu actiue & les au
tres disoient q cest vertu contempla
tiue ¶ Tex. ¶ Et pource conuient
il par raisō que ilz se diuersifiēt quāt
a lestude ou discipline delles ¶ Glo.
¶ Car puis que les fins sont diffe/
rentes il conuient que les disciplines
pour quoy len est dispose a celles fins
soient differentes Et ainsi sont tou/
chees les oppinions et discors de plu
sieurs Apres il monstre en general en
quelles choses len doit introduire les
enffans des cytoiens & en quelles nō
¶ Tex. ¶ Il nest ce pas chose im/
manifeste ne de quoy il soit doubte q
il conuient les ieunes enffans estre en
seignez & introduiz en aucunes des
choses vtilles ou proffitables
¶ Glo. ¶ Chose vtille est ordon/
nee pour autre chose meilleur Bien
vse len pour autre. ¶ Tex. ¶ Et
est chose manifeste que il ne conuient
pas que ce soit en toutes Et appert p
ce que les euures liberalles sont diui
sees ou distinctees de celles qui sont il
liberalles Et pource conuient il que
les filz des citoyens participent en tel
les euures seulement de celles quelz q
conques sont vtilles Lesquelles ne
fōt pas bānause cellup qui participe
en elles Et conuient cupder que leu/
ure est bannause Et lart et la doctri/
banause quelcōques sōt inutiles aux
vsages & aux actiōs de vertu le corps

ou fame (e)fitue ou lentement des filz des frans ou des citoyens Et pour ce telz ars quiconques q̃ font le corps estre pis disposé nous les appellons baunauses (e) opéracions mercennaires Car elles sont la pensée non vacante (e) depresse ou deprimée.

☙ Glo. ☙ Ceulx qui sont telles euures nont pas repos ne temps de vaquer ou penser a speculacion ne a chose honneste Et ce entend aristote par pensée non vaccante

☙ Item telles operacions les font penser aux choses villes (e) au gaaing et non pas aux choses nobles Et pour ce dit il que elles sont la pensée depresse Et telles opacions sont bouchiers telliers pelletiers porteurs (e) ouuriers de bras (e)c. Et sont euures seruilles (e) dictes illiberalles ☙ Tex ☙ Et participer en aucunes sciences liberalles s(e)ques a aucuns termes ne est pas chose illiberale Mais bien appartenãle aux filz des frans mais treslonguement (e) assiduement continuer iusq̃ alaperfection ou mettre en elles sa perfection ceft vne chose nuisible aueques les nuisemens deuant ditz

☙ Glo. ☙ Aucunes operacions sõt ordonnees (e) proffitables aux biens du corps (e) sõt bonnes Mais elles sõt quant au plus seruilles et doiuent estre faictes par gens qui sont serfs p nature sicomme il fut dit ou premier liure plusieurs fois Et autres operacions sont pour le bien de lame (e) aussi ars et sciences (e) sont dictes liberalles Et sont de deux manieres ☙ Car les vnes sõt vertus (e) euures de vertu (e) sont simplement honnestes Et les autres disposent ou preparẽt aux vertus et sont vtilles (e) pour euure de vertu comme sont pour leur fin Et en ceste maniere aucunes exercitacions preparent a la vertu de fortitude (e) estude mathematiques a la vertu de contemplacion ou de sapience Mais en ces operacions et ars (e) sciences vtilles nest pas la fin et la p̃fection ou felicité de vie humaine Et pource dit aristote que continuer treslonguemẽt en elles est chose nuysible Et la cause est car ce est curiosité Et la vie est briefue, et pour ce lẽ ne doit pas occuper son temps en telles choses fors en tant cõme elles sont necessaires ou vtilles aux euures de vertu Et a cest propos seneques fist vne espitre ou il reprẽt ceu'x' qui se tenõ(t) et trop longuemẽt en gramaire (e) en logique ☙ Tex ☙ Item il a moult grãt difference pour la grace de quelle chose ou pour quelle fin aucun fait ou on aprent telles choses Car se ce est po soy mesmes ou pour ses amis ou pour vertu ce nest pas chose illiberalle

☙ Glo. ☙ Sicomme qui aprent medicine pour garder sa sãte ou celle de ses amis ou pour vertu sicomme furent saint cosme (e) sainct dampen ou q̃ aprent les loix pour faire iustice

☙ Tex ☙ Mais qui fait ceste mesme chose pour autre chose ce est vng fait mercennaire (e) seruille.

Fueillet

☙Glose. ☙Sicomme qui aprent ou use de medicine et des autres ars et sciences pour gaingner
☙Tex. ☙Et doncques les erudicions ou doctrines deuāt mises peut estre a une fin ou a autre ☙Glo
☙Et selon ce faire les ou aprēdre est chose liberalle ou a loer ou chose seruille et deshonneste. Car combien q̃ la chose soit de soy liberalle. Toutesuoyes len la peut faire illiberallemēt Et sēblablement il fut dict ou ppn̄l chapitre du Vlle. que ung hōe peult faire honnestement œuures qui sōt sēblables a œuures seruilles.

☙Ou tierce chapitre il met iiii. choses en quoy il entroduist les filz des citopēs et declaire pour quoy quāt a une

L es choses que les filz des citopēs ont acoustume a aprēdre sont aussi comme quatre Cestassauoir les bōnes art luctatiue et musiq̃ Et la quarte est art pcreatiue Et apprennent luctatiue aussi comme conferente et proffitable a la Vertu de fortitude ☙Glo ☙Tout ce sera declare plus a plain apres Et luctatiue est dit de luicter et est prise icy pour toute exercitacion proffitable a sante et bonne dispositiō de corps et a faiz darmes comme luictes ioustes tournoiz etc. Et pcreatiue est art de pourtraire de figurer et depraindre.

☙Tex. ☙Mais de musique aucuns seroient doubte ☙Glo. ☙Cestassauoir mon se les filz des citopēs la doiuent aprendre ☙Tex. ☙Car maintenāt plusieurs participent en elle et la suyuent pour grace et affin de delectacion Et les autres instituerēt musique au commencement en discipline ou comme discipline ☙Glo.
☙Sicomme orpheus et pitagoras qui trouua les proporcions des sons accordables. Et pource musique est mise entre les sciences mathematiq̃s Et est speculatiue et appartenante a felicite speculatiue ou a contemplatiue pour la cause que il met tantost apres ☙Tex. ☙Et ce fut pource que souuent est dit ☙Glo. ☙Ou vie. liure ☙Tex. ☙Cestassauoir pource que nature humaine ne quiert pas seullement non vacquer a vertu ne a droit. Cest adire a labourer selon vie actiue. mais auecques ce que elle puisse bien vacquer. cest adire reposer en vie contempsatiue Car ce est le principe de tous ☙Glo ☙Par cest principe il entend la fin principal de vie humaine Car ceste fin est premiere en intencion et des le commācemēt len doibt pposer de venir a elle et mettre la aussi comme le signe au quelle len traict la saiecte Sicōme il ut dit ou premier chapitre dethiques Et ceste fin est en ptēplaciō sicōme fut dict ou vie. chapitre du vlle. ☙Tex.
☙Et conuient que de rechief nous disons dess/ce Et doncques se il auient

eslire toutes les deux pour certain vacquer est plus eslisible que non vacquacion ¶Glo. ¶Par vacquer il entend operacion contemplatiue & non vacquacion il entend operacion actiue ¶Tex. ¶Car nous deuons querir finablement ou pour fin la chose laquelle quant nous la faisons il nous conuient vaquer ¶Glo. ¶Cest a dire office de operacion actiue ou pratique ¶Tex. ¶Mais nous ne faisons pas ceste chose a nous iouant Car il conuiendroit par necessite que ieu fust la fin & la felicite de nostre vie Et ce est impossible ¶Glo. ¶Sicomme fut a plain declare en le pre. chapitre du pr. dethiques Et encor mect il icy apres vne raison a cest propos. Car se felicite estoit en delectacion de ieux de esbatement il sensuyroit que elle fust plus en vie actiue que en vie contemplatiue sicomme il declaire apres Et se contraire fut dit plusieurs foiz ou vii. liure ¶Tex te. ¶Car len doibt plus vser de ieux en non vacacion. C estassauoir en vie actiue pource que cellup qui laboure a mestier de repos Et ieu est pour grace & affin de repos ¶Glo. ¶Car cest aussi come vng repos sicomme fut dit ou xv. chapitre du quart dethiques. ¶Tex.
¶Et non vacquer est auecques labour & fatigacion ou trauail. Et pource il conuient entroduire ieux & que len garde et considere temps conuenable a vsage de ieux & que sen amaine ou pregne ieux aussi comme pour

grace de fermacie ou comme medicine la patiue Car la remission ou cessacion de telle mouuement & de tel labour est a lame pour delectacion et si luy estoit repos ¶Glo. ¶Car en operacions de vie actiue pratique est a estude et pensee laboutieuse et en ce les esperiz sont meuz et les sens naturelz Et ceulx de hors Et ceulx de dedens trauaillent et sont lassez & de ce vient peine & tristesse Et pource aussi comme par medicine la patiue est fait remede contre replepion de humeurs semblablement de delectacion est remede contre ceste tristesse Et pource dit chatonet Interpone tuis interdum gaudia curis vt possit animo quemuis sufferre laborem Entrepose ioye a telz cures si soufferas mieulx peines dures Et mesmement de sectacion qui en ieux & en sons de musique est ace conuenable Car parce les esperiz sont diuertiez & se departent de la pensee curieuse et sont recrees resetilliez & reconfortez Mais operacion contemplatiue ne a mestier de telle soraine sicomme il declaire apres
¶Tex ¶Mais vaquer a en soy delectacion & felicite et viure beneurement, et ceste chose ne ont pas les gens non vaccans Mais ceulx q̃ sont vacans et contimplatifs Car cellup q̃ est non vaccant il est non vaccant pour grace daucune fin laquelle il na pas encor ¶Glo. ¶Car sicomme il fut dit ou xxpii. chap du vii. non vaccacion ou labeur est pour vaccacion ou

repos en cõtemplacion aussi comme
guerre est pour paix ou affin de paix
C Texte. Mais felicite est fin la/
quelle tous cuydent estre non pas a/
uecques tristesse Mais auecques de/
lectacion Et tous ne mettent pas ce
ste delectacion en vne mesme chose
mais chascun la mect selon ce quil de
sire pour soy & selon son auis ou oppi
nion. Glose. Car les vngs se
delectẽt & mettẽt felicite en richesses
les autres en cõcupiscences &c. si cõe plusi
eurs foiz dit est C Tex. Et cellup q̃
est tresbon mect ceste delectacion selõ
tresbõ auis & tresbonne oppinion et
est cellup qui est tenu de tresbõe.

C Glo C Et parce appert que p̃
faicte felicite cõtemplatiue nea mes/
tier de ieup ne de sõs de musique car
elle a en soy delectacions tresmesleu/
ses sicomme fut dit ou viie. chapitre
du p̃. dethiques & selon ce que dit les
cripture ecclesiastici ps. Hinũ & mu
sica letificant cor.et super vtraq̃ sa
piencie Il veult dire que la delectaci
on qui est en amer sapience est plus
grãde que celle qui est en boire ou en
oyr sons de musique Et sapience cest
contemplacion sicomme il appert ou
si p̃te & ou p̃. liure dethiques. Apres
il monstre comment aucunes discipli
nes disposent a contemplacion.

C Tex. Et pource appert mani
festement que il cõuient aucunes cho
ses a prendre & estre introduit ou en/
seigne en elles quant est a la deducti
on ou deduit ou delectaciõ q̃ est en va

cation ou en contemplacion C Glo.
Aucunes disciplines vallent & cõ
ferent a preparer lentendement a pẽ
sees nobles et haultes sicõme sõt cel
les qui sõt des choses diuines Et tel
les sont les sciences naturelles & ma
thematique car par la beaute et par
la grandeur des creatres est cogneue
excellence du createur sicomme dit le
sage A magnitudine speciei & creatu
re &c. Et a ce confere musique specu/
latiue & aussi elle prepare a contẽpla
cion sicomme sera dict apres. Et est
plus delectable & plus legiere a apr̃ẽ
dre & ne requiert pas experiences pre
cedẽtes Et pource est elle mise entre
les quatre disciplines precedentes ap
partenantes a ieunes hommes Et
est ordonnee a vacacion & a repos et
non pas a pratique tant comme sont
les autres C Tex. Et conuient
que cestes condicions & doctrines ou
disciplines soient pour grace de elles
mesmes Mais celles qui sõt et seruẽt
a non vaccacion ou pratique sont ne
cessaires & pour la grace des aultres
choses C Glo. Aucuns ars et sci
ences sont necessaires a vie humaine
& autrement ne sont bonnes et sont
moins nobles & moins honnestes se
lon soy que ne sont autres qui sont de
lectables & bonnes de soy non neces
saires Et selon ce dit aristote ou pro
hesme de methaphisique que toutes
autres sciences sont plus necessaires
que elle mais nulle ne est plus hõno
rable C Tex. Et porce les anciẽs

ordonnerent ainsi que en erudicion ou pour condicion ou discipline non pas comme necessaire ¶Glo. ¶Tant de moult ne tellement cõe sõt les aultres trops Et ce declaire il apres par raison et par auctorite ¶Tep. ¶Car elle ne a nulle telle chose côme est chose vtille sicomme les lettres C'est a dire sauoir escripre est vtille et vault a pecuniatiue et a œconomie c'est a dire a gouuernement d'ostel et a doctrine Et a mouit des actions politiqz ¶Glo. ¶Les lettres fut sa premier nommee des quatre disciplines dessꝰ mise ¶Tepte. ¶Item procreatiue ou art de pourtraire est vtille a mieulx iuger les œuures des gẽs d'artifice ¶Glo. ¶Et procreatiue fut deuant mise la quarte discipline Et vault a congnoistre se vng ediffice ou vng vaissel ou ymage est bien figure et musique non ¶Tep. ¶Item ne musique n'est pas comme luctatiue la quelle est vtille et vault a sante et a force de corps et nous ne voyõs que nulles de ces choses soit faicte p musique ¶Glo. ¶Ou viegne de musique si principalement ne si communement Car en aucune cas musique est proffitable a sante sicomme dict catupnus et autres aucteurs de medicine. ¶Tep. ¶Et doncques reste ou demeure que elle est pour la deduction ou deduit ou delectacion qui est en vaccacion Car ce est ce que a quoy il semble que les anciens la produirent et establirent comme discipline Car eulx lor donnerent en la deduction ou pour la deduction laquelle ilz deuoient apprendre aux enffans des francz ¶Glose. ¶Et pource musique fut mise vne des vii. ars liberaulx Car les ars et œuures seruiles sont plus necessaires et plus vtilles que ne sont les autres qui sõt honnestes et liberalles ¶Tep ¶Et por ce homerus poetiza en disant ainsi ¶Glo ¶Aristote recite trops vers ou parties de vers qui estoient en la poesie ou liure de homerus Mais ce ne sõt pas vers en latin Et est le tepte obscur et different en plusieurs liures ¶Tep ¶Que s'en esioist de musique aussi comme de estre appellee a disner ¶Glo. ¶Par auenture il voudroit dire que elle n'est pas necessaire au disner Mais elle donne, ce se aux disnans et est belle chose et delectable Et de ce dit l'escripture Sicut in fabricacione auri signum est smaragdi sic numerus musicoꝝ in iocundo et moderato vino. Aussi comme l'esmeragde est bien seante a sor aussi sont les musicies en vng disner ioyeulx et sobre ¶Tep. ¶Item il dit soit ainsi que aucuns autres sont qui musique appellẽt nature caritatiue et amiable aussi cõme celle qui de toꝰ delecte ¶Glo ¶Et par ce veult dire que elle est seullement de sa nature pour delectacion et non pas pour vtilite ou proffit ¶Tep. ¶Item homerus en autres vers ou poesmes en parlant en la personne de vlipes dit

Fueillet

soit ainsi que adoncques ceste deduction de musique est tresbonne quant les gens sont ioyeulx z assemblez sur les tectes des maisōs z ilz oyent le rousignoul qui est resident pres du lieu ou ilz sont. Glose. C'est selon ung tepte lequel ung eppositer dict est prop z me semble que il dit bien Et tout est a monstrer que musique est pour delectacion honneste nō pas pour proffit comme dict est Mais de ce que il dit quant les gens sōt sur les tectz des maisons ce est pource que en plusieurs lieux les gens se assemblēt sur les terraces des maisons pour disner ou pour eulx esbatre ou pour aultre chose iouxte ce que dit nostreseigneur Quod in aure auditis predicate super tecta Apres il conclud
Tex. Et doncques appert q̄ les filz des francs doiuent estre entroduitz z enseignez en aucune discipline non pas comme en discipline utille ne comme necessaire, mais comme liberalle et honeste Mais assauoir mōse ceste discipline est vne seulle ou se elles sōt plusieurs et quelles elles sōt z quellement ce sera dit apres. Mais de ce nous est tant deuant manifeste maintenant que nous auons par les anciens ung tesmoignage des doctrines ou disciplines deuant mises Car musique nous fait ceste chose euidente Glo Pource que les anciens le ont mise comme discipline nō pas vtille ou necessaire mais comme liberalle et honneste Et ce est a entē

dre tāt de la musique speculatiue cōe de la sensible Car vne et laultre sont treshōnorables z tresliberalles quāt est de soy Car elles ne sont pas de leur nature ordonnables pour soutenir a necessite humaine ne aussi pour acquerir gaaig Car ce est vne fin moīs honnorable Et maintenant aucune z plusieurs en abusāt appliquēt musique a delectacions deshonnestes et z aucunes a gaaig et aussi des autres ars z scieces liberalles et fut dit ou secōd chapitre que ce est chose mercennaire z seruille mais encores voyons nous que aucunes par plus grande abusiō prostituent z deshonnorēt moult pl̄s dignes choses sicomme sōt ceulx qui appliquēt et sōt affin de gaaing messes ou le sacrement de cōfession ou autres Et pource selon ceste science nul ne doit estre promeu a honneur sacerdotal q̄ a mestier de gaaingner sicōe il fut dit ou pl̄ē chap̄ du vii.

Du quart chapitre il monstre pour quoy len doibt introduire les enffans es aultres troys disciplines.

Ce conuiēt encor que les enffans apprennent aucunes autres des disciplines vtilles non pas seullement pour le proffit ou vtilite qui luy peut venir de ce Sicōme lerudicion ou doctrine des lettres Glo C'est assauoir escripre ou tire laquelle chose est vtille a pecuniatiue et a autres choses sicomme fut dit ou chapitre precedent Et ne le doit len pas aprendre seullement pour ceste vtilite ⟨Tex.⟩ Mais pource que par les lettres sont faictes moult de autres erudicions et doctrines ⟨Glo.⟩ Car sans elle len ne peut bonnement aprendre les sciences ⟨Tex.⟩ Semblablement les enffans doiuent aprendre a pcreacion non pas seullement afin quilz ne pechent en leurs propres choses Et quilz ne soient deceuz quant a toutes choses qui regardent achat et vendicion des vasseaulx ou de telles choses Mais ilz la doiuent aprendre pource que elle fait homme speculatif et bien consideratif de la beaute qui est vers le corps ou es corps

⟨Glo.⟩ Sicomme fut touchie ou chapitre precedent pcreatiue est ce par quoy len scet faire ou cognoistre vne chose bien figuree soit pointure ou ymage ou maison ou personne Et donques les nobles enffans doiuent plus aprendre a cognoistre telle chose pour soy delecter en considerant la beaute des figures et la proporcion des parties des corps que pour suit par ce ou pour acquerir gaaing ⟨Texte.⟩

Car querir par tout ce que est vtille ou prouffit ou gaaing ce nest en rien conuenable ne appartenant a ceulx magnanimes et frans ⟨Glo.⟩ Car le magnanime ne regarde pas a vtilite Mais a honneste sicomme il appert ou vi.e chapitre du quart de

thiques Apres il commence a traictier de luctatiue ⟨Tex.⟩ Et pource que nous auons deuant dit manifestement monstre ⟨Glo.⟩ Ce fut ou .xpplii. chapitre du viii. ⟨Tex.⟩ Assauoir mon se les enffans doiuent auant estre introduiz par acoustumance ou p raison et se ilz doiuent estre introduiz es choses que regardent le corps auant que en celles qui regardent lentendement Et par ces choses deuant dictes appert quilz sont premierement a introduire en luctatiue et en pedonomie Car de ces deux choses vne fait et prouffite a qualite et disposition du corps lautre aux euures ⟨Glo.⟩ Sicomme il fut touche ou chap. precedent luctatiue et toute exercitacion que est pour faire le corps sain et fort et dur et habille aux labeurs que len seuffre en faiz darmes Et pedonomie est reguleement des enffans quant aux meurs sicomme fut dit ou xxxviii. chapitre du viii. Et pource dict il icy que elle prouffite aux euures.

⟨Ou quint chap. il met comment les enffans doiuent estre introduiz en luctatiue et repret de ce vne oppinion

Maintenant aucunes des citez qui semblent auoir mesmement cures solicitude des enfans il leur impriment et font auoir habitathletique Cest adire a exercitacion trop dures et trop fortes.

n.i.

¶Glo. ¶Si comme lucter & porter pierres & vestir armeures pesātes ou faire telles choses ¶Tex. ¶Pource quoy ilz leur tollēt ou ostēt beaute & croissement ou croissance de corps ¶Glo.

¶Car les enffans ont les membres tendres et est leur nature grevee & le nourrissement empeschie par telles fortes exercitacions ¶Tex.

¶Et ceulx de lacedemones ont mesmement peschie en ceste chose car ilz font leurs filz estre feraulx. ¶Cest adire de cōdicion de bestes sauvages aussi cōme se ce fut chose proffitable a la vertu de fortitude ¶Glo.

¶Car ilz faisoient leurs filz nourrir es chāps & petitemēt & labourer & estre mal vestuz & mal couchiez & telles dures choses Sicōme il appert par les loix de ligurgus leur premier legislateur Lesqlles recite iustin en son tiers liure et dece fut dit ou p̄Bie. chapitre du tiers et ce faisoient ilz affin quilz fussēt plus durs aux armes Apres il reprouue ceste oppiniō p liiii. raisons.

¶Tex. ¶Cōbien que sicomme plusieurs foiz est dit len ne doit pas mettre cure ne tout faire pour tendre a vne vertu & mesmement len ne doit pas du tout regarder a ceste ¶Glo.

¶Car sicome il appert par le pp̄ltie chapitre du septiesme le legislateur doibt enduire ou faire introduire les gens en plusieurs vertus & non pas seullement en fortitude Et les lacedemones ne tendoient fors a ceste. Et encor non pas bien sicomme il decla-

re apres ¶Tex. ¶Item suppose q̄ il couenist tendre seullement a ceste vertu les citez dessusdc̄es ne ont pas trouue la maniere Car nous ne voyons en autres bestes ne en gens que es tressauuages soit fait ou acquise fortitude Mais plus en celles qui sōt plus de bonnaires & plus soueures

¶Glo. ¶Et es teptes qui me semblēt les plus propes il ya seulorības & plus soueures & plus domestiques ou damestiqs mais les aultres teptes ont leonines morib9 cest adire es gēs ou es bestes qui ont meurs de lyon Et que en elles est plus fortitude Car les bestes ont meurs et vertuz par similitude & selon ce disons que le coq est liberal & la turtre chaste & le lyō hardy &c. Or auons dōcques que les enffans qui sōt nourriz durement & estrangement ne sont pas parce dispozez a bōne fortitude Car mesmes les bestes domestiques sont de meilleur force que ne sōt les sauuaiges sicomme les chiēs qui ont victoire sur les loups & sont aucune gēs septētrion qui ont victoire sur les lyons & ont indignacion de combatre contre bestes de mendre force & telz ii. chīes furent presentees au roy alixandre Et semblablement vng cheual bien nourry vault mieulx en vng bō fait que vng aut. ¶Item plinius en le viii.e liure dict que deux cens chiens ramenerent vng roy deexil et se combatoient contre les resistans & faict moult mencion de vngs gens qui

firent vng ost ou vne bataille premierement de chiens en vne guerre ⁊ recite plusieurs autres merueilleux faiz
de chiens ⁽Texte⁾ ⁽Item moult
de gens sont qui prest de occir hōmes
⁊ de les mengier Sicomme aulcune
de ceulx qui sont vers vne region ap
pellee ponthue⁊ sont nommez achey
et emochy Et en aucunes autres nacions mesmement ceulx qui ne sont
gens de mer ⁽Glo⁾ ⁽Ce sont gēs
qui habitent en pais plains de boucages ⁊ mal habitables Et telz sont
en aucune partie de hybernye
⁽Tex⁾ ⁽Et aucuns estudient plꝰ
a latrecins ou a rappine. ⁽Glo.
⁽Et selon lystoire de iules cezar ou
siptie liure telz estoient ilz en son tēps
en germanie ou en alemaigne.
Apud eos latrocinia non hunc infamam que extra fines ciuius q̃ ciui
tatis fuerit atq̃ ea iauentutis exer
cende ⁊ desidie minime de causa fieri
predicant Ilz auoient les ieunes hō
mes pillir hors leur territoire pour a
prendre la guerre ⁽Tex⁾ ⁽Mais tel
les gens ne participent pas en la ver
tu de fortitude ⁽Glo. ⁽Car tous
dessusdictz sont cruelz ⁊ desloyaulx
et sans misericorde Et aussi cōme sau
uages ⁊ ne sont taillies ou habillies a
auoir victoire sur gens qui ont prudence et bonne ordonnance sicomme
il peult apparoir par ce que fut dict
ou piie. chapitre du septiesme
⁽Apres il met la quarte raison prin
se de experience. ⁽Texte.

⁽Item nous sauons bien ceulx mes
mes de lacedemone, tant comme ilz
ont assiduement continue telz labeurs
ilz ont preualu ⁊ obtenoient contre
les autres Mais maintenant ilz sōt
defaillans ⁊ moins puissans que ne
sont les aultres gouuernemens lucra
tifs ⁽Glose. ⁽Aussi comme seroient tournoiz ioustes ⁊ telles choses ⁽Tex. ⁽Et en faiz de guerre
Car ilz ne different pas des aultres
en les sourmontant pource que ilz vi
uoient ⁊ exercitoient en ceste manire dessusdicte Mais pource seullemēt
que ilz se efforcoient ⁊ combatoient
contre ceulx qui nauoient oncques
estudie en exercitacion appartenāt
a guerre. ⁽Glose. ⁽Les lacededemones estoient dures aspres ⁊ cru
elz ⁊ introduiz en faiz darmes desor
donnement comme dit est Et obtenoient sur gens qui ne sauoient rien
de guerres Mais leurs voisins furēt
exercitez en soy deffendant de eulx
ilz furent meilleurs gens darmes q̃
les lacedemones ⁊ leur osterent leur
dominacion ⁊ lauoient ia perdue ou
temps de aristote sicomme il appert
ou prpīie. chapitre du septiesme Et
est maintesfoiz aduenu que plusieurs
ont eu victoire ⁊ ont obtenu sur aultres non pas pour leur proesse, mais
pour la feblesce ou inexperience des
aduersaires lesquelz auoient aprins
victoir ⁽Texte ⁽Et pour ce
il conuient introduire ⁊ ieunes hom
mes en exercitacion qui soit bonne ⁊

Fueillet₃

non pas ferable ou cruelle τ ſauuaige
Car ne leur loip ne autre beſte ſau/
uage ne agoniʒeroit ou ẽprẽdroit ſoy
combatre en aucun bon peril Mais ce
feroit plus cellup qui eſt bon homme
Glo. Et ſemblablement ceulx
qui ont apriſe cruaultez τ ſont impe
tueux τ fors ilz ne ſont pas hardiz de
bonne maniere Mais ſont aucuneſfoiz
couars en bons faiz τ autreſfoiz met
tẽt leur vie en peril ſans cauſe Et po⁹
ce lou pte ce q̃ dit eſt le doit les enffãs
q̃ ſõt a eſtre gẽs darmes epcerciter et
nourrir tellemẽt q̃ ilz ne ſoient ne fai/
bles ne effeminez ne frians ou delica/
tifz ne couars ne ignorãs Mais fors
τ durs τ hardiz p meſure τ areſtez et
bië apriſ ſãs crudelite ſãs ĩpetuoſite
Et ſãs fureur fors quãt tẽps en peut
ſelõ ce q̃ fut dit ou v.e. chap du tiers
dethiques Tep. Et de ceulx q̃
reuolẽt ou mettẽt les enffãs treſgrã/
demẽt ou treſlõguemẽt a ces epcerci
tacion corporelles Et ce ſõt ceulx q̃ met
tẽt ſãs pedagogue ou maiſtre q̃ leur
mõſtre les choſes neceſſaires ilz ſont
les enffãs baunauſes Ceſt adire ru/
des de corps τ de engin τ ſelon veri/
te ilz les ſõt ptilles ſeullemẽt a vng
eu ure poſitiõ Glo. Ceſtaſſauoir
ferir τ frapper quãt ilz ſõt en bataille
lourdemẽt et rudemẽt Tep. A ce
ſte euure ilz ſõt mois ptilles q̃ ne ſõt
les aultres ſicomme de la parolle ou
du prouerbe Glo. Lequel eſtoit
ſelon ce q̃ dit albert q̃ il vault mieulx
combatre par raiſon que par ferocite

ou force impetueuſe Et ſe on diſoit
que telles gens ont eue autreſfoiz vi
ctoire ariſtote reſpond apres Tep.
Et ne conuient pas iugier de ce p
les choſes premieres ou qui ſont aue
nues iadiz Mais par celles q̃ ſõt mai
tenant Car les gẽs ont maintenãt diſ
cipline de ptreagoniʒer Ceſt adire de
ſoy deffendre τ cõbatre cõtre leurs ad
uerſaires τ ilz nes les auoient pas de/
uãt Glo. Solinus dit que diſcipli
ne de batailler ou cõbatre fut pmiere
mẽt trouuee en crete. et pluſieurs ont
aps de ce fait liures τ eſcript ſi cõe dit
vegece le q̃l bailla ceſte doctrine τ tres
diligemẽt et ordõnemẽt Et fronto
recuillit en vng liure pluſieurs ſub/
tilitez τ cautelles faictes en guerre leſ
quelles ſõ appelle Stratogemata
Aps il met lordre dintroduire les enf
fãs en luctatiue Tep. Or auons
donc q̃ auſſi cõe choſe peſſe ou prope
que il puient vſer de diſcipline lucta/
tiue et en quelle maniere et ſiques a
pubeſcence Ceſt adire ſiques a laage
de pliii. ans ou de pv. Len leur doibt
apporter ou faire legieres epcercite/
mens et nourriſſement ſouffiſãt Et
doibt len reiecter τ leur oſter choſes
violẽtes τ les labeurs q̃ ſõt a neceſ/
ſite Glo. Sicõe houer τ becher
τ telz labeurs q̃ appertiënẽt a gẽs ſerfs
Tep. Auſſi q̃ nul empeſchemẽt ne ſoit
a leꝛ croiſſemẽt Glo. Car telz forɜ
labeurs les ſõt cours et gros et rudes
et courbes et empeſchent le nourriſſe/
ment cõme dit eſt Tep. Et app̃

par ung signe que nest pas petit que les excercitacions ou labeurs peulēt instituer a faire ceste chose Car es excercitacions olīpiques Cestassauoir a celles que len faisoit ou mont appellé olimpus Ung seul auoit victoire contre deux ou troys hōmes et enfans pource que len oste aux ieunes hōmes leur puissāce quāt len les fait labourer contre leur volunte en excercitemens necessaires. ¶ Glo. Sicōme cultiuer terres ou aultres fors labeurs q̄ griefuent nature et la cōplexion ¶ Tex. Mais quāt ilz ont passe laage de pubescēce ou troys ans apres ¶ Glo. Cest aussi cōme enuiron p̄uiii. ans ¶ Tex. Et ilz sōt habilles a autres erudiciōs ou disciplines adoncq̄s est ce chose cōuenable q̄ len submette laage q̄ ensuyt aux labeurs et au nourissement plus sec et aux viandes plus seches ¶ Glo. ¶ Car ilz sōt plus fors et plus durs que deuāt et peuent sans greuance soustenir plꝰ fortes excercitaciōs sicomme sōt iousters et tournoys ¶ Tex. ¶ Et ne conuient pas ensemble labourer quāt a lentendement Et quant au corps Car chascun de ces deux labeurs est ney ou dispose a faire lextraire de laut. Car le labeur du corps empesche lentendement et cellup de lentendement empesche le corps ¶ Glo. ¶ Cest a dire les excercitaciōs q̄ pssitēt a faire le corps plꝰ fort et plus agille ne sont pas pssitables pour lestude ne au ptraire la solicitude de lestude ne pssile pas

a la dispositiō du corps dessusd. et ne peut biē faire ces deux choses ensēble

¶ Ou sixte chapitre il retourne a declarer pour quoy et cōmēt se doit aprendre musiq̄ et ppose q̄stiōs et argumēs

Nous auōs deuāt ppose aucunes doubtes de musiq̄ raisōnablemēt Et est biē de les resumer et pduire affin q̄ p ceste maniere soit fcte entree aux raisōs ou opiniōs q̄ aucūs dirēt q̄ plent de elle ¶ Glo. Ces doubtes auāt ies furēt mises ou tiers chap̄ ¶ Tex. Car ce nest pas legiere chose de discuter delle ne de sauoir q̄lle puissance elle a ne pour grace de q̄lle chose ou a q̄lle fin il cōuiēt pticiper en elle ou vser de elle Assauoir mon se ce est pour grace et affin de ieu et de repos aussi cōme le vse de dormir et de purescē ¶ Glo. ¶ Car en dormant le corps repose et le sens dehors et quant len a beu lame est delecte Quia vinum letificat cor hominis ¶ Tex. ¶ Car ces choses icy ne sōt pas vertueuses selō soy mais elles sōt delectables Et anecques ce elles sōt cesser solicitude ou soussi sicomme disoit ung poete euripedes. ¶ Glo. ¶ Car sicōme dit lescripture vinū et musice letificāt cor vir̄ et musiq̄ eleescēt le cueur Et p ce cesse solicitude et triste pensee. ¶ Et de boire par especial dit le sage en puerbes q̄ le vin fait oblier aux gēs leur pourete et leurs douleurs ¶ Date sincerem merentibus
ħ.iii.

Et vinū hic qui amaro sunt animo bibant et oblivisscentur egestatis sue et dolores nō recordabūt amplius. T. Et pource aucūs ordōnēt a ce musique et dsēt sēblablemēt de toutes ces choses cestassauoir de vin de purescēt de musiq S. De boire vi sōt iii. manieres vne est sās purescē ce appente et p auctē ceste appelle le vi Autre est si ques a purescē appente et la tierce est purescē epcessiue q fait pdre sēs et aduis et de cest nest pas a entendre cest tepte Et doncques aucūs tenoiēt q ces choses sont seullemēt pour delectaciōs corporelles et pour oster soussi. Et plusieurs en vsēt ainsi nō pour autre fin si cōe le prophete reprouche a ceulx de therusēlē en disāt Cythara et lira etc.et vinū in puiulis vestris et op9 dñi nō respicitis vous aues les instrumens de musique en voz puis ou disnerez ne regardez pas a leuure de dieu nea biē propterea captiu9 ductus est popul9 me9 etc. T. Et aucūs mectēt saltaciō entre ces choses Glo. P saltaciō il entēd tripudier ou treschter caroler ou dancer Et dit albert que pitagoras fist vng liure de telles choses q est appelle liber de tripudio et gesticulaciō T. Et doncqs nest ce pas legiere chose de sauoir se musique est pour les fis dessusd ou se elle est pl9 pour tendre ou pour deualer a vertu selō aucune chose Aussi cōme se mult q eust puissācē de faire bonnes meurs et bonne qualité en lame de cellup q est acoustūe a soy esiouyr de elle a droit en la maniere cōme epcercitatiue fait le corps bien disposez de bonne qualite Glo. Et selō ce vne fin de la discipline de musiq seroit q elle disposast lame a vertu aussi cōe epcercitacion dispose le corps a sante

Tep. Et musique confere et vault aucune chose a deduction et a prudēce,car prudēce a mectre la tierce de choses dessusd. S. Il me semble que par deduction il entēd la delectaciō et la plaisance que lē a en pensees speculatiues ou ptemplatiues Aussi comme lieu est en soy delecter en oyr en veoir ou sentir aucunes choses de hors Et doncqs sōt trops fins pour quoy musique peut estre vne est ieu et oster solicitude autre est deduction Et la tierce est preparer et disposer lame a bonnes pensees de vie actiue. Et est ce que aristote appelle icy prudēce Et de ces choses sera dit pl9 a plain Apres il argue q lē ne doit pas aprēdre musique comme ieu Tep. Et nest pas chose non manifeste q les ieunes hommes ne doiuent pas estre entroduiz en musique pour grace de dieu Car en la aprenant il ne grieue pas pource que lē aprent auecques tristesce. Glo. Elle ne quiert ieu fors pour delectaciō et en apprenāt lē y a peine et labeur Apres il argue que ilz ne lapprēnēt pas pour deduciō T. Ité il ne puiet pas attribuer deduction a enfance a tel age car la fi nest pas puenable encor a cellup q est imparfait S. La fi principal de vie hūaine est en contemplacion comme souuēt est dit ou viii. liure Et en ce est deductiō cōe dit est ꝛ telle fin laq̈lle est felicite est en aage pfaicte sicōe il appert ou ixe. chap du premier dethiq̈s Ap̃s il recite vne autre oppinion et argue contre (Tep (Mais p auēte il sembleroit a aucūs q̄ lestude des enffās en musique fust pour grace ꝛ aussi de ieu au tēps aduenir quāt ilz seroiēt faiz hōes ꝛ pfaictz Glo. Et ainsi ilz ne lapprennent pas pour la delectacion q̄ ilz ont en ses apprenāt Mais po̧ celle q̄lz aurōt apres en vsāt de musique Tep. Mais se la chose est telle il ne appt pas cause pour quoy il leur cōuiengne appr̃ēdre musiq̄ ne pour quoy ilz ne peussent faire aussi comme sōt les roys de perse et de medee q̄ sont faire ceste chose par autres Et en ce pr̃ēnent delectacion et erudicion ou consideracion Glo. Car ilz faisoient chāter deuāt eulx ꝛ sōner instrumens a iugleurs et a telles gēs Ap̃s il met vne replique mais le translateur dit que il luy est aduis q̄ icy fault texte Et me semble que ce doibt estre en sentence que ceulx qui ont aprise musique en enffance se doiuent plus delecter en elle quant ilz sont aagez que les autres (Tep. (Car il est necessaire q̄ ceulx facent mieulx vne euure qui sont autresfoiz faicte Et q̄ en sceuent lart ꝛ qui ont mise leur cure long temps a apprendre seullemēt (Glo. (Et doncques se doiuent plus delecter en musique ceulx qui

sont aprise en enffance ou en ieunesse Car len delecte plus en ce que len a coustume sicomme dit aristote ou second de rethorique Apres il argue contre (Texte. (Et se il conuiēt que les cytoiens labourēt a telles choses doncques conuiendroit il q̄ eulx labourassent aux negoces qui est en preparer les potages ꝛ ce est inconueniēt Glo. Car ce apptiēt aux queux ꝛ nō pas aux seigneurs Et doncq̄s aussi cōe il nē cōuiēt pas apr̃ēdre a estre queu pour soy delecter es viandes ꝛ pour iugier de elles Sēblablemēt il ne conuient pas auoir apr̃ise musiq̄ pour soy delecter en elle Apres il argue que il ne conuient pas apprendre musique pour acquerir bōnes meurs (Tep (Et ceste mesme doubte ou raison est se len disoit que il conuient apr̃ēdre musique pour les meurs faire meilleures Car pour quoy cōuient il que eulx lappr̃ēnent ne peuent ilz pas esioyr ou delecter eulx a droit et biē iugier de musique par oyr les autres (Glo. (Cest interrogant et veult dire que sans apprendre musique len se peult delecter ꝛ iugier en Aussi comme il a dict deuant que len iuge bien des potages lesq̈lz len ne sauroit faire (Tep. Sicōe les lacedemanes qui ne aprennent pas musiq̄ ꝛ toutesuoyes ilz dient que ilz peuēt biē iugier des melodies les bōnes et les nō bōnes Glo. Ap̃s il argue par troys raisōs q̄ il ne puiēt pas apr̃ēdre musiq̄ pour deductiō. E. Et par ceste

N.iii.

mesme raison se len doit vser de musi
que a bonne diuination (z a deductiō
liberalle quel mestier est il que les no
bles enffans le aprennēt ne peuent
ilz pas soy delecter en ce que les aut́s
vsent de elle ⟨Glo. ⟨Il veult di
re que si peuent z par oyr bonne musi
que estre disposez en bonnes penseez
(z nobles speculatiues et delectables
(z ce entend il p deduction Et par di
uinacion il entend contemplacion en
especial des choses diuines Et pour
ce vse len de musique ou diuin office
⟨Tex. ⟨Item il soit (z fait bien
considerer a cest propos lestimacion
que nous auons des dieux. Car es
escriptures des poethes len ne trouue
pas que iupiter chante ne citoise.
⟨Glo. ⟨Et selon les payans ce
stoit le souuerain des dieux Et disot
ent les poethes que les autres dieux
chantoient(z sonnoient instrum̄es de
uant iupiter ou ioues pour luy faire
plaisance Et presque semblablemēt
sont aucunesfoiz quāt a ce les angetz
en pointure ⟨Tex. ⟨Item nous
appellōs telz menestrelz baunauses
Cest adire villes personnes
⟨Glo. ⟨Cest presque aussi cōe nꝯ
appellōs aucūs pallare (z ne sōt pas
gens de honneur ⟨Tex. ⟨Et fai
re telles choses ne appartient pas a
a homme de bien se il nestoit pure ou
se il ne se iouoit Mais par auenture
nous considerons apres ceste cho se.
⟨Glo. ⟨Et ainsi a argue en cest
chap sans riens determiner

⟨Du viij.chapitre il commance a
determiner la verite (z mect commēt
musique vault a troys fins

La premiere question est assa
uoir se len ne doibt pas met
tre que musique soit discipli
ne ou se len le doibt mettre Et que el
le peut quant aux troys choses dont
nous auons fait doubte Assauoir se
elle est discipline ou se elle est ieu ou
deduction ⟨Glo. ⟨Cest adite se mu
sique vault a bonnes meurs ou a es
batemens ou a speculacion Apres il
respond ⟨Tex. ⟨Et semble raisō
nablemēt que elle est ordōnee en tou
tes ces choses Car ieu est pour grace
et affin de repos Et est necessaire que
le repos de la tristesse soit dilectable
laquelle len a eue par les labeurs et
cest repos est vne medicine. ⟨Glo.
⟨Et ce fut declare plus a plain ou
tiers chapitre. Or auons doncques
que musique est proffitable en manie
re de ieu pour oster la tristesse des la
beurs procedens Apres il monstre cō
ment musique vault a deduction
⟨Tex. ⟨Item ce est chose confes
see (z vraye que il a conuient mettre
comme deduction ou pour deduction
Car il ne conuient pas seullement a
uoir ce que est bon Mais auecques ce
que est delectable Car felicite est com
posee de ces deux choses ⟨Glo.
⟨Car delectacion est annexee par
necessite a operacion de felicite Sicō

me il appert en le pie. chapitre du pe
de ethiques. Et doncques tout ce que
est cause de acroistre bonne delectaci
on vault a deduction laquelle est repos et plaisance en speculacion & con
templacion. ¶Tex. ¶Et tous disons que musique est une des choses
qui sont tres delectables/la musique
qui est nue/celle qui est auecques me
lodie. ¶Glo. ¶Je cuyde que par mu
sique nue il entend de musique specu
latiue laquelle considere les proporcions armoniques des sons/et est une
des quatre sciences mathematiques
selon ce que dit Boece en sa musique
Et est une speculacion tresgrandement delectable en tant que ceulx qui
bien l'entendent se tienent a peine de
retourner a elle/et tant plus y pensent
et tant plus leur plaist. Mesmement quant
considere comment les proporcions
daucunes notables figures geometri
ques sont parties de proporcions armoniques de musique/sicomme ie de
monstray en ung traictie appelle al-
gorismes de proporcions.

¶Item selon les anciens philosophes
les quantitez les qualitez les mixti-
ens des elemens du monde/et des corps
du ciel sont faictes et disposees selon
proporcions armoniques. Cestassauoir selon celles mesmes esquelles sont
les accors de musique. Et ce appellent
sainct augustin et Boece musique mon
daine pource que les parties/et choses
du monde dessus dit sont aussi comme
concordablement consonantes selon

les proporcions de musique.
¶Item pitagoras plato boece/et plu
sieurs autres tenoient que les corps
du ciel par leur mouuement sont une
melodie/et de ce declaire macrobee plus
a plain en recitant comment les theo
logiens mettoient & assignoient es
corps celestielz & en leurs mouuemens
les accors de musique. Et par auenture aucun penseroit que de ce disoit
iob en sescripture. Concensum celi
quis dormire faciet. Qui sera dict il
dormir l'accort du chant du ciel aussi
comme il voulsist dire que la melodie du ciel dure sans cesser.

¶Item les anciens tenoient que les
ames des bons apres la mort se delectent en ceste musique celestiel. Et dit
macrobeus que pource les philosophes
instituerent que l'en chantast en portant les mors a leur sepulture & car
il croient et cuident que les ames re-
conassent a la doulceur de la musique
du ciel. ¶Item selon verite ceste mu
sique celestiel nest pas en son ne sen
sible. Et ce determine aristote ou second liure du ciel et du monde. Et de ce
dit cassidore sicomme il me semble. q
eciam tacio tantum anime non dedit
sz auribus mortalium nature non p
bidit. ¶Il veult dire que cest chose
que l'en ne peut oyr mais l'en la peut
penser en raison. ¶Car cest une ine
qualite raisonnable et concordable ou
amiable qui est es corps du ciel ou en
leurs mouuemens selon celles proporcions mesmes selon lesquelles sont

Fueillet

les consonnancies de musique sensible Et de ce le dizaultresfoiz en vng traictie que ie fiz de la commensurablete des mouuemens du ciel Et doncques selon les auciens philosophes en la cōsideracion de ceste musique celestiele intellectuelle Et en la contemplacion de celluy qui est de elle cause pricipal efficiente et final ce delectēt les ames des bons apres la mort auecques les intelligences Aussi comme len se delicte en vng tresdoulx chant Et pour ce disoit plato sicomme recite macrobes que es esperes du ciel en chascune est sa propre serene Singulas ait sprenes sigulis orbibus insidere Et siren en grec signiffie chantant a dieu des causes Et estoit presque semblable a ce que nous disōs ou preface de la messe que les angelz chantēt deuāt dieu hympne de musique Or auons doncques comment musique speculatiue et intellectuelle est cause de delectaciō et de consolacion Et la musique sensible donne occasion de cōsiderer de la speculatiue Et auecques ce elle prepare lune a contemplacion Et pour ce Vse len delle ou diuin cultuement et est delectable sicomme il dict apres

Sep. Et de ce disoit vng poete appelle museus que chāter est tresdelectable chose aux hōmes Et par ce les gens prennent et mettēt musique es conuius ou assemblees et es deductions comme chose qui peut donner leesce Et doncques aucun cuyderoit que il conuiēt les plus ieunes introduire en elle Car des choses delectables toutes celles qui ne sōt pas nuysibles sont conuenables et propices nō pas seullement a la fin mais a ueque ce a repos. Glo. Par la fin il entend felicite laquelle est opacion sicomme il appert en le pie. chapitre du pe. dethiques Et doncques ace est propice delectacion Car delectacion p̄fait soperaciō sicomme il appert ou Viie. chapitre du pe. dethiq̄ Or auons dōcques que musique est bonne pour ieu et pour deduction et sont deux choses differētes sicomme il appert des le commancemēt de cest chapitre Et me semble que elles different ainsi Car ieu est seullemēt po͛ remede et delectacion contre tristesse Et est vng repos et recreacion Mais deduction nest pas principallement pour oster tristesce Mais est delectacion qui esmeut et excite le courage a pensees nobles et hōnestes et a speculacion et principallement a contemplacion des choses diuines et a toutes ces choses Vault musique comme dit est Apres il retourne a declarer q̄ musique Vault comme ieu. Sepe.

Et pource que il aduient peu de foiz que les gens soient faiz attaignans en la fin ilz se reposent souuent Glo. Se len Venist tantost et sans labeur a la fin principal a quoy len tend len ce delectast en celle fin Mais plusieurs labeurs penibles sōt deuant requis lesquelz len ne peult assiduement continuer Et pource cō

uient il que les gens reposent
¶Tex. ¶Et vsent de ieux et non a plus Mais que seullement pour delectacion ¶Et doncques reposer es delectacions qui viennēt de musique est chose vtille ⁊ proffitable ¶Glo
¶C'est a dire a vraye fin et a vraye felicite Apres il met comment ⁊ pour quoy plusieurs quierēt ieux pour autre fin ¶Tex. ¶Mais il aduient aux gens que ilz sont fin ou mettent leur fin en ieux Car par auēke la si a en soy vne delectaciō mais aulcūs ne quierent pas quelcōques fin delectable ¶Glo ¶C'est assauoir la vroye fin ¶Tex. ¶Et prennent ceste cōme ceste ou pour ceste ¶Glo. ¶Ilz prennent pour leur felicite la delectacion qui est en ieux Et ce est mal car elle est de sa nature ordonnee pour repos affinque len retourne aux operacions de vertu la ou est vroye felicite
¶Tex. ¶Et prennent celle delectacion qui est en ieux cōme fin pour ce que elle est fin des actions ¶Glo.
¶C'est vng repos comme dit est
¶Tex. ¶Et que elle a vne similitude a la vroye fin Car sa fin nest pas eslisible pour grace dautres choses auenir ¶Glo ¶Car toutes aultres operacions sont pour felicite ¶Et elle est la derreniere fin⁊ pour soy et non pas pour autre ¶Tex.
¶Et telles delectacions qui sōt es ieux selon telles gens ne sōt pas pour grace⁊ affin daucunes des choses auenir.mais pour grace de labeure de

uant faiz ⁊ dē tristesse oster Et ce est la cause pour quoy ilz quierent leur felicite estre faicte par telles delectacions ¶Glo ¶Et ont en ce leur intencion plus que en operacion de vertu Et ce fut reprouue ou tiers et en le pr̄. chapitre du pr̄. dethiques Apres il met la tierce fin a quoy musique vault ¶Tex. ¶Et quant est de communiquer en musique nō pas seullemēt pour ceste cause maintenāt dicte ¶Glo ¶Car ce nest pas vser de musique a vne des iii. fines deuant mises Car prendre la pour ieu seullement ⁊ mettre en elle sa felicite cest abus ¶Tex. ¶Mais pource que elle est vtille ⁊ proffitable a repos sicōme il semble et non pas encor seullement a repos Mais len doibt enquerir assauoir mon se par auenture aucune nature ou cōdicion de elle est pl9 honnorable que selon loportunite deuant dicte ¶Glo ¶C'est assauoir que pour donner delectacion ⁊ repos de tristesse ¶Tex. ¶Et que il conuiengne participer en elle ou vser de elle non pas seullement pour la commune delectacion de laquelle to9 ont les sens ou le sentemēt Car musique a en soy delectacion naturelle ⁊ pour ce le vsage delle est amp a tous aages ⁊ a toutes meurs ¶Glo. ¶Et semblable chose dit Boesce en sa musique Et macrobes met moult alegaumēt comment elle est amiable a nature en tant que il ne est cueur si felon ne si aspre qui ne se delicte en chāt et mes

Fueillet

mes oyseaulx et bestes. Ita anima delectamentis canticis occupatur. Et nullum sit tam inutile tam asperum pecus quod non oblectamentor talium teneatur effectu. Aues quoq3 etc. Mais cest a entendre selon comū cours car aucuns ne se delectent pas en musique pour trops causes. Une est pour ce que ilz sont de leur nate tresrudes et tresagrestes et ont ung vice lequel est appelle insensibilite par les expositeurs ou pp v. chap du tiers dethique Une autre cause est pr la ferōte ou fierte et felonie et malignite de leur courage qui est tant grande que ne beau parler ne beau chanter ne les peult a debonnarir ne reduire a doulceur ou a misericorde sicomme nous auōs en exemple en lescripture de holofernes auquel les citez venoient au devant chantant et instrumens de musique Et toutesuoyres ilz ne le pouoit mouoir a pitie Ducentes choros cum tibiis et tympanis nec ista tamen facietes ferocitatem eius pectoris mictigare potuerunt. La tierce cause est excessive tristesse aucunesfoiz accidentale sicomme nous lisons de iacob qui ne pouoit prendre confort de ioseph son filz lequel il cuydoit estre mort et aulcunesfoiz naturelle. Car aussi comme ung peu deaue aniue et embrasse le feu semblablement musique enforce et acraiict telles tristesses. Et selō ce dit une glose sur psaie le prophete q̄ musique faict les liez plus liez et les tristes plus tristes. Musica si letum inue-

nerit letiorē facit si tristem tristiorem reddit. Texte. Mais auecques ce il conuient veoir et considerer se elle pfere ou vault et pfiste aux meurs et a lame et ce sera declare se il est ainsi que nous sommes disposez et faiz telz ou quelz par elle

En le viii. chap il declaire en general cōmēt musique fait aux meurs

Et que nous serons faiz telz ou quelz et disposez par musique ce est manifeste et appert p moult de choses et qui sont autres et differentes. Glo. Et ce declaire il apres par deux signes. Tex Et ne appert pas pou pour les melodies que len fait en olimpe. Car elles sont tellemēt faictes que elles fōt les ames estre rauies. Et rauissemēt est passion de aucunes des meurs qui sont vers lame ou en lame. Glo. Olimpe estoit ung mont en grece et illecques faisoit len exercitacions corporelles pour habiliter les iunes hommes aux armes, et selon albert par les sons de musique qui estoient la faiz ilz estoient aussi comme rauis et faiz plus ioyeulx et de meilleres perance et plus hardiz. Mais selon ung autre expositeur illecques estoit le temple de ioues. Et par la musiq̄ dont len vsoit es sacrifices les gens estoient rauiz a deuocion. Et de cest vsage allons nous en escripture cõment en la dedicacion de lestatue nabugodonosor len sonnoit tons instrumens de musique Et peult estre que aristote entend de la musique des excercitacions et de celle des sacrifices Car ces deux selon verite estoient faictes en olimpe

¶Item rauissement est quant lame est menee par aucune chose hors elle aussi comme par violence a ce a quoy elle nestoit pas encline ou plus isnellement ou plus impetueusement a ce a quoy elle estoit encline que elle ne fust autrement Et aucunesfoiz si tresfort q̃ le sens dehors sicõe oye et veue sont suspens et cessent de leur operacion Et se retraient les esperitz et sont reclins dedens Et aucunesfoiz p art magique et naturellement sicomme iay declare autresfoiz en vng traictie appelle de difformitate qualitatum. Et aucunesfoiz par divin miracle si comme il fut dit de saint pol ¶Apres il met vng autre signe a son propos. Mais sicõme dit vng expositeur cellui qui translata cest liure de grec en latin dit que en lexemplaire de grec apres ces motz Ad huncaut~ Estoit vne espace et y failloit texte Et aussi vne autre espace apres ces motz Compacientes et sint Et parce appt que cest texte est imparfaict Mais il semble que la sentence doit estre ceste

¶Tex. ¶Item toutes gens communement sont faiz compasciens et ont compassion par la imitacion ou representacion qui est faicte en eulx sans autre chose fors par rimes et par melodies ¶Glo. ¶Len doit sauoir que il ne prent pas rimes aussi cõme len vse communement en franczoys de cest mot Et est quant les clausectes ou couppees sõt dung mesme nõbre de sillabes Et de semblable terminaison, mais il entend par rime toute mesure conuenable ou des sons en prolacion ou prononciacion ou semblables ¶Et pource touz mectres sont rimes Et sont de moult de manieres sicõme declare priscian en vng liure appelle de metris tercianis Et selon vng aucteur en musique sõt iiii. choses Metrum. Melos. Gestus. Metrum le mectre cest la mesure. Melos la melodie ce sont les accors. Gestus le port cest le mouuem~t du corps ou des membres Or aude doncques p cest texte que rimes et melodies meuent les gens a compassion et refren~t leur fureur Et a cest propos Boece en sa musiq̃ recite plusieurs beaulx exemples Et nous en auons vng notable ou liure des roys comment toutefoiz que dauid sonnoit sa harpe ou citolloit deuãt le roy saul le mal esperit se despartoit de saul Spiritus nequam Et est dict en la musique de guido que aucunes dyables sont qui ne peuent endurer musique Qui musicam substinere non valent Apres il declaire la cause pour quoy musiq̃ dispose et prepare aux meurs.

¶Tex. ¶Et pource que musique

Fueillet

est vne des choses qui sont delecta/
bles Et que vertu moralle est en soy
esioir e apmer chapir adroit e slcōe il
apptient il appert e esuyt que il nest
chose que len doye aussi aprendre ne
a quoy len doye si acoustumer soy cōe
a soy esioir en bonnes meurs et en bō
nes actions
Glo. Car sicomme fut dit ou
viiie. chapitre du xe dethiques delec
tacion parfait les operacions Et par
le tiers chapitre du second dethiques
appert que esioir e delecter soy en bon
nes euures est signe de vertu acquise
Texte. Or est ainsi que les si/
militudes des meurs sont mesmemēt
vers les propres natures qui sont es
rimes et es melodies sicomme sōt les
similitudes de mansuetude ou de bō
natrete e de fortitude e de attrempā
ce Et de toutes les choses contraires
a cestes Et de toutes aultres choses
moralles Glo. Aristote veult
arguer ainsi ce semble quāt deux cho
ses sōt sēblables q se delectent en vne
autre luy est delectable les melodies
sont sēblables aux actiōs des meurs
Et doncques est eppedient pour bō
nes meurs de soy delecter a droit et
deuement en melodies etc. Et que ilz
aient similitude aux meurs il declar
re apres par signe Tex. Et ce
appt p les euures ou par experience
Car ceulx qui oent telles choses sont
parce transmuez selon lame Glo
Et ce est pour la similitude que
les melodies ont aux possessiōs vers

lesquelles sont vices e vertus Et se
lon ce aucune musique meut les gēs
a pitie autre a ire aut a incōtinēce etc.
Et se delecte plus chascun en la mu/
sique qui a plus de similitude a ses
meurs sicōme declare Boesce en sa mu
sique e pource est il bon de soy acou
stumer a bonne musique oyr et entē
dre sicomme il declare apres Tex.
Et acoustumance de soy contris
ter e de soy esioir en choses sēblables
aux meurs est pres dece que est soy cō
trister e esioir de ce que appartient a
vertu Et est aussi comme se aucun se
esioist en regardant lymage de aulcū
autre nō pas pour autre cause Mais
seullement pour sa forme de celluy q
lymage represente il conuient par ne
cessite que la vision ou regart de cel
luy de qui il voit lymage luy soit selō
soy delectable Glo. Et donc
ques semblablement celluy qui se de/
lecte es melodies qui sont semblables
aux vertus ayme les vertus Apres
il declare coment les similitudes des
meurs ne sont pas moult es aultres
choses sensibles e comment elles sōt
es melodies Et ce declaire il par sig
nes Mais il touche la cause en ses p/
bleumes e est pource que les operaci
ons moralles sont mouuemens de la
me et choses successiues Et ainsi les
sons sont auec mouuemens e sōt cha
ses successiues desquelles vne partie
est apres laultre selon temps par ne
cessite Et pource dit aristote en pro
bleume que telle action fait acoustu

mance et ne est pas ainsi tant de couleur ne de oudeur ne des autres choses sensibles fors en tant comme il sera dit apres. ⁋Tex. ⁋Et verité est que es choses sensibles aultre que est son n'est aucune similitude aux meurs sicomme es choses que l'en peut toucher et en celles que l'en peult gouster mais es choses visibles est elle fieblement car les figures sont telles C'est assavoir semblables aux meurs mais ce'st ung peu. ⁋Glo. ⁋Et non pas tant comme les melodies ⁋Tex.

⁋Et toutes bestes communiquent en tel sens ⁋Glo. ⁋C'est assavoir en voyement Mais combien que presque toutes communiquent en oyr toutes voyes elles ne se delectent pas toutes en musique ⁋Tex ⁋Item ces choses icy ne sont pas similitude des meurs Mais les figures faictes et les couleurs sont signe de meurs Et ce est en tant comme en regardant le corps l'en vient en la cognoissance des passions ⁋Glo ⁋Sicomme muer couleur est signe de ire ou de paour ou de verconde Et generallement le inge des meurs par la philozomie comme par signe et non pas pource que la figure ou la couleur soient semblables a vertu ou a vice ne cause de telles choses en celuy qui les regarde fors en la maniere qui s'ensuit ⁋Tex.

⁋Et non pas tant seullement quant a ce Mais en tant comme il a difference en la speculacion ou vision de telles choses. ⁋Glo ⁋C'est assavoir quant aux pointures Car regarder pointures laides et deshonnestes est cause et signe de mauuaises meurs Et de ce fut dit ou penultime chapitre du viii^e. Et pource il ne conuient pas que les ieunes gens regardent les poitures ou ymages que faisoit ung appelle pauson Mais celles que faisoit polignot ou aucunes aultres moraulx de ceulx qui faisoient pointures ou ymages entailliez ⁋Glo.

⁋Il appelle moraulx ceulx qui faisoient pointures ou ymages representans choses honnestes desquelles le regart mouuoit a bonnes pensees et a bonnes meurs Et selon verité peut estre que les couleurs seulles mouuoient les gens a aucunes passions. Mais non pas tant comme fait musique Car mesme musique meut aucunes bestes sicomme il sera dit apres Et par auenture aussi font les couleurs mais non pas tant Et a cest propos fait ce que dit le scripture ou premier liure des macabees comment leurs aduersaires monstroient aux elephans le ius des grapes rouges et des meures pour les aminer et acuiser a la bataille Et elephantibus ostenderunt sanguinem vue et mori ad acuendum eos in prelium.

⁋Du ix^e. chapitre il declaire en especial comment diuerses manieres de musique disposent diuerses passions ou meurs

Fueillet

Ais ces melodies sont imitaci/
ons ou similitudes des meurs
 ce est manifeste Car tantost
que la nature des armonies ou melo
dies sont differentes il aduient que
ceulx qui les oyent sont disposez aul/
trement & differement et ne ce ont pas
en une maniere a chascune ou regart
de chascune de elles mais sont aucu/
nes aux quelles ou par lesquelles les
gens sont disposez a estre compaignons
& plus courtoys ou piteux sicomme
par la musique ou melodie appellee
miptolidisce. ¶Glo. ¶Cest une
maniere de chanter ainsi appellee pour
ce que ung qui auoit nom mixto la
trouua et qui estoit de la cite de side
laquelle estoit pres de thyrus & de sy
don et telle musique est piteuse et est
aussi comme lamentacion Et de tel
chanter usoient les paians en com/
plaignant les mors Et de ce fait men
cion ezechiel le prophete & dit Ecce
ibi sedebant mulieres plangentes a/
donidam Les femmes du peuple dis/
rael chantoient en complainte la mort
de adonide qui fut amy de venus et
estoit ydolatre & abhominacion

¶Item albert recite saint augustin
qui disoit. Planctum didonis sine plan
ctu audire non potui/ La royne dydo
mourut pour lamour de eneas sicom/
me escript Virgille Et de ce fut faic/
te une lamentacion que saint augu/
stin ne pouoit oyr sans estre meu a pi
tie & a compassion.

¶Item le peuple de dieu usoit aul/
cunes foiz de ceste musique Sicom/
me il appert par lescripture qui dict
que les chanteurs et les chataresses
repliquoient par long temps les la/
mentacions que feist ieremie du roy
iosias ppres ace Luxerunt eum ihe/
remias, maxime cui9 omnes cantato
res & cantatrices usq3 impfctam di
em lamentaciones super iosiam re
plicantur &c. ¶Tex. Mais aux
autres ou p les autres melodies les
gens sont disposez plus messeement
en leur pensee sicomme par les melo/
dies qui sont remisses ¶Glose.

¶Ce sont celles qui sont plus doul
ces et plus ioyeuses et telle musique
estoit appelle lidiste pource que len
usoit en la cite de lyde ¶Tex.

¶Et len est dispose en maniere & p
bonne constance mesmement a une
autre ou par une autre & semble que
des hermonies ou melodies celle seul
le qui est appelle doriste face telle cho
se ¶Glo. ¶Elle estoit appelle dori
ste pource que len usoit de elle en la ci
te de dor ou region de laqlle lescriptu
re fait mencion ¶Tex. Et les hermo
nies ou melodies q len appelle frigestes
sont les gens rauiz ¶Glo. ¶De ce st ra
uissement fut dit ou chapitre precedent
& elles sont dictes frigees Car len usoit
delles en la terre de frigie la ou fut
troye la grande. ¶Texte. ¶Et de
ce dict bien ceulx qui ont fait philo/
sophie & ont escript de cest ieup de mu
sique Car ilz prennent tesmongna
ge a le urs raisons de euures & de eppe

riences ¶Glo. ¶Or auons doncq̃ quatre manieres de melodies Mipto lidistes qui est selon vng expositeur du viii.ton Et lidiste qui est du quint ton Et doriste du premier Et frigiste du tiers tõ Et celle des autres tõs estoiẽt denommez de cestes auecques cest mot ppo (sicomme celle du second ton ppodoriste est du quart ppfrigiste.tc. Item il semble selõ aristote que elle disposent les gens a quatre choses C'est assauoir.

Miptolidiste	a compassion
Lidiste	a concupiscence.
Doriste	a vertu
Frigiste	a trez hardiesce.

¶Apres il parle a cest propos de la difference des rimes ou des mesures.
¶Texte. ¶Et en ceste maniere se ont les choses qui sont vers les rimes et mesmes de pronunciacion Car les vnes ont maniere plus esta ble Et les anltres plus motiues Et de toutes ces rimes ou mesures les vnes sõt plus charchãtes ou p9 vil les Et les aultres plus liberalles
¶Glo. ¶Ainsi auons deux diuisions vne est que de chanter ou de dã cer aucunes mesures sont plus tardi ues & les autres plus hastiues. La se conde est que des vnes & des autres aucunes sont plaisantes a gens ru raulx et deshonnestes & desplaisant a gens honnestes Et les aultres sõt

au contraire lesquelles il appelle libe ralles Et selon ce ilz disposẽt les gẽs a diuerses meurs Apres il conclud
¶Tex. ¶A doncques par ces cho ses appert que musique peut faire au cune des meurs de lame telle ou quel le & se elle peut ceste chose faire il ap pert que len doibt les ieunes gens en seigner et introduire en elle Et auec ques ce la doctrine de musique est cõ grue & conuenable a la nature petite et tendre Car les ieunes pour cause de laage ne souffrent pas de leur vo lunte rien qui soit indelectable ou tri ste & musique est vne des choses qui sont delectables a nature.
¶Glo ¶Et doncques lẽ les doit introduire en elle pour deux causes Vne car elle vault aux meurs laul tre car elle est delectable.
¶Tex. ¶Et semble que de natu re humaine aux armonies et aux ri mes soit vne cognacion ou cousina ge et affinite ¶Glo. ¶Et pource quant les ames se delectent modere ment en bonne musique Et la sceu uent congnoistre cest signe que elles sont bien disposees. Et est ioupte ce que dit le prophete. Beatus populus quis scit iubilacionem ¶Le peuple est benneure qui sceit hault chant
¶Texte. ¶Et pour ce grand multitude de sages dit les vnges q̃ lame est vne armonie Les aultres q̃ elle a en soy armonie ¶Glose.
¶C'est adire chose bien en trempee

D.i.

Fueillet.

ꝑ proporcionnee selon les proporciõs des accors de musique Et cest oppinion tenoit plato et plusieurs autres Et la reprouue aristote ou premier liure de lame Et ilz estoient meure a ce pource que lame bien disposee se delecte quant a la sensitiue a oyr armonies Et quant a lintellectiue a consideer les proporcions armoniques si comme il fut dit ou viie. chapitre Mais pource ne conuient il pas que elle soit composee de proporcions et de nombres comme disoient les anciēs

¶ Ou pe. chapitre il mõstre que len doit aprēdre musique de voix ꝯ dinstrumens ꝯ en pareille maniere.

OR conuient maintenant dire assauoir mon se il conuient q̄ vngs mesmes aprennent estre chantans ꝯ assauoir ouurer de la main quant aux instrumens ou nõ sicomme len auoit doubte deuant

¶ Glo. ¶ Cest assauoir ou sixte chapitre ou il fut argue que noꝛ par ce q̄ les roys de perse ne sauoient chãter musique ꝯ y autres exẽples ꝯ raisõs Apres il respond ꝯ mõstre q̄ sil conuient par deux raisons ¶ Tex Et est chose manifeste q̄ quãt a ce que les gēs soiēt aucunemēt disposez et faitelz ou q̄ilz il a moult grãde differẽce se aucū cõmutque es euures ou non. Car ce est vne chose īpossible ou tresforte q̄ ceulx qui ne ont cõique es euures soiēt bõs iuges de telles euures ¶ Glo. ¶ Et par ce il veult conclure que len ne pourroit pas bien iuger de musique q̄ ne auroit aucunement vse de elle Et ne est pas semblable de saueurs sicõme il fut argue ou sixte chapitre Car iuger de melodies de musique est trop plus forte chose q̄ iuger des saueurs Et doncques les gens doiuent vser de musique en ieu nesce pour mieulx iuger de elle quãt ilz sont plus aagez ¶ Tex. ¶ Item auecques ce il conuiēt que les enffãs aient aucune occuppacion Et doibt len cuyder que la chose est bien faicte que feist architas Et est vng instrument appelle plataige lequel len dõne ou baille aux enffãs affin que ilz ne destruisent ou depecient aucunes des choses de la maison. ¶ Glo. ¶ Peut estre que cestoit vng instrumēt de musique aussi comme est vng psalterium ou les enffans se sbatoiēt affin que ilz ne feissent aucun mal Et est dict de platon en grec qui est latum en latin ce est large Et de ce est dit plat en francoys ¶ Tex.

¶ Car ce q̄ est ieune ne peut reposer ¶ Glo. Pource q̄ les esperiz en tel aage sõt mouuez ¶ Tex ¶ Et doncques cest ieu entre les autres est cõuenable aux petiz enffans Mais la discipline de linstrument appelle plataige appartiēt a ceulx des ieunes q̄ sõt plus grans ¶ Glo. ¶ Les petiz enffans se peuent iouer a tel instrument

sans art Mais les grans doiuent apren
dre a iouer par art ⁌Tex. ⁌Et
doncques par telle chose appert que
les enffans sont a introduire en mu
sique tellement que communiquent es
euures ⁌Glo. Cestassauoir en vsant
de elle en chantant et en sonnant in
strumens Apres il met la maniere de
ce quant a deux choses. ⁌Tex.
⁌Et nest pas forte chose a determi
ner quel vsage de musique est auenant
et apptenant selon les aages qlz nont
aussi nest pas de souldre et respondre a
ceulx q dient q la cure ou vsage de mu
sique est baunause et villaine ou vil
tain ⁌Glo. Aps il declare le pre
mier point ⁌Tex. ⁌Premierement
car il quiet pticiper es euures affin q
len puisse iugier delles et pource quet
ilz q les gens vsent de euures tant com
me ilz sont ieunes Mais quant ilz sont
plus aages ilz doiuent delaisser les eu
ures Et doiuent pouoir bien iugier
delles et soy essioyr a droit de elles por
lintroduction qui leur a este faicte en
ieunesce ⁌Glo. ⁌Et doncques en
ieunesce len doist aprendre et vser de
musique Apres len la doit escouter et
iugier et se delecter en elle deuement
pour les causes deuant mises ⁌Apres
il declaire le second point contre ceulx
qui reprouuent du sont musiq ⁌Tex.
⁌Mais de limpetracion ou reprou
che daucuns qui blasment musique
en disant que elle fait les enffans es
tre baunauses ou villes personnes ce
nest pas fort de souldre ou respondre

a ce qui considere si ques a combien
ceulx qui politizent et tendent a ver
tu politique doiuent communiquer es
euures de musique ⁌Glo. ⁌Car len
ne doit pas pseuerer es euures de mu
sique si ques en aage parfaict ne con
tinuellement sans autres expercitaci
ons Et ne conuient il sauoir la pfai
ctement ⁌Tex. Et en quelles melo
dies et en quelles rimes ilz doiuent puit
hr et auecques ce en quelx istrumens lin
troduction ou erudicion doit estre
faicte Car il est trop semblable que
ces choses ont difference Et en elles
est la solucion et lincrepacion ou re
prouche de musiq deuant mise ⁌Glo.
⁌Aps il met la solucion en general p
distinction ⁌Tex. ⁌Car aucune
chose ne empesche que aucun meufe
a maniere de musique ne facent ce que
dit est ⁌Glo. Cestassauoir les enf
fans baunauses et disposez a vices pl
q a vertu ⁌Tex. Et doncques est ce
chose manifeste q il couient q la doctri
ne et erudicion de musiq ne face empes
chement aux actions politiq q sont
auenir ⁌Glo. ⁌Sicome q feroit ses
ieunes homes trop longuement demou
rer en musiq ilz en seroient moins ha
billes aux pseulx publiques ⁌Tex.
⁌Et q elle ne face le corps baunause
Et de condicion seruille et inutille aux
operacions des guerres et aux excers
citemens politiq ⁌Glo. Sicome fait
vsage de musiq q dispose les gens a
moleste et a concupiscece ou deshones
tete sicome est chant de villains Et
D.ii.

Fueillet.

ouide en ces espitres fait mencion de la musique qui retraict les gens de faiz darmes par laq̃lle Briseis en daĩ/ soit a achilles son amāt a retourner de lost en disāt Tucius est iacuisse tho ro tenuisse puellam, trayciam digi/ tie increpuisse liram quam manibus clipeum̃ acute cuspidis hastam Et galleā pressa sustinuisse coma
Elle Veult dire que ce est plus seur de iouer de la harpe empres samie q̃ porter les armes ⟨Tex⟩ Et ainsi abuiēt il a ceulx q̃ premierement bõt a Vsage de musiq̃ ãpe ilz Vont a la doctrine ou introductiõ Glo. Car auāt q̃ ilz sachēt q̃lle musique est bõ ne ou non ilz Vsent de celle q̃ nest pas proffitable ⟨Tex⟩ Et ce aduiēt Vere serudiciõ ou doctrine Glo Cestadire q̃ lē ognoist p doctrine la quelle musiq̃ est Bōne ⟨Tex⟩ Mais ceulx q̃ tēdēt maintenāt aux agoni/ zaciõs ou exercitaciõs po² Victoire ne ont pas laboure en ce Glo. Cest assauoir en doctrine de musiq̃. Tex Mais ceulx q̃ tendēt aux euures mer ueilleuses e superflues qui sont main tenāt Venues auāt exercitaciõs Et apres ce telz gens Viennēt de exerci taciõs a la doctrine de musique
⟨Glo⟩ Et ilz deussent faire p au/ tre ordre ptraire ⟨Tex⟩ Mais ilz doiuent telle chose apr̃ẽdre siq̃ a tāt t tellemēt q̃ ilz se puissēt esioyr de bõ nes melodies e de bõnes rimes ou me tres e nõ pas seullemēt de ce q̃ est cõ mun de musiq̃ siõe sont aulcūes des

autres bestes Et la multitude des gēs Villes ou des Villains e des enf fans Glo Toutes ces choses se delectēt en musiq̃ e lã sētēt cõfusemēt Mais ilz ne ognoissēt pas les melo dies Et albert recite eustrace qui dit q̃ se les opseaulx ne se delectassent en chant ilz ne quaquatassent pas ain/ si tout le iour Et plinius dit q̃ le daul/ phin ayme musique et recite commēt Vng appelle arion leq̃l les mariniers Souloient iecter en la mer leur reqist que il se laissassent auant iouer de sa citolle Et adoncques les daulphĩs se assemblerēt au son ⟨Et sicomme il fut iecte Vng daulphin le retent sur son dos e le porta sauf siques a ter Et par le liure de iob appert q̃ les cheuaulx se estoissoient et en hardis/ sent en la guerre par le son des instru mens de musique Exultat audacter in occursum pergit armatis ⁊c. Vbi audierit sonitum Buccine dicet Bach iob xxxix. pcul adorat bellū

⟨En le plẽ. chapitre il monstre de quelx instrumēs de musique lē y doit Vser e de quelx non.

P Ar ces choses maintenāt dcēs appt de qlx istrumēs lē doit Vser Car les fistules ne sõt pas a amener ou a mettre en discipli ne ne quelconque autre instrumēt se hinque Sicomme est la cythare ou aucun autre telinſtrumēt. ¶Glo. pource q̄ les inſtrumēs de muſiq̄ ſont muez p̄ proces de tēps. Et viennent ſouuent nouueaulx et non nouueaulx lēn ne peut a p̄prement ſauoir quelz eſtoient les inſtrumens de muſique nommez es eſcriptures anciennes. Mais toutesuoyes il ſemble que il entēd par fiſtules ceulx ou lē ſouffle de la bouche ſicomme ſont de flageoul la trompe la cornemuſe etc. Et par a tant neſtoit pas trouue ceſluy que nous appellons orgues. Et de lault tre ou len touche des mains ſās ſouffler aucune de la nature du ſon enclinent et mennent a incontinence et luxurite ou deſhonneſtete ſicomme la quiterne. Et ces icy il appelle les kiniques. Et ſelon albert ſeniques Car len en vſoit es taurnes et es ieux deſhōneſtes appellez ſceniques dōt ſainct auguſtin fait ſouuēt mēcion. ¶Tex. ¶Mais ſē doit vſer de ceulx q̄ tcōq̄s ſōt les auditeurs meilleurs en meurs et au regart de ieu de muſique ou dautre. ¶Glo. ¶Apres il mōſtre q̄ lē doit vſer de fiſtules pour aux choſe q̄ pour diſcipline a bōnes meurs. Tex. Ité vſage de fiſtules neſt pas choſe moralle mais eſt pluſ choſe excercitatiue. Et pource lē doit vſer en telz tēps eſq̄lz tēps ſa conſideracion de leurs ſons peuēt faire purificaciō plus q̄ doctrine. Glo. P purificaciō il entēd purgacion dauſcune paſſion ſi comme de paour ou de ire ou dautre paſſion. Et la trompe que len appelle

en latin Buccina et telz haulx inſtrumens puriffient de paour et mennēt a hardieſce et a ire et a fureur. Et par ceſte commocion vſage de entendement eſt empeſchie Ira impedit animum etc. Et pource len vſe de telz inſtrumens es guerres es tournois plus que en autres choſes. ¶Tex. ¶Item nous pouons mettre et dire auecques ce q̄ p̄ telz iſtrumes aduiēt le contraire de diſcipline. ¶Glo. pour la cōmocion deuāt dcté. Et pource q̄ cōmuēment ceulx qui en iouēt ſont mal diſciplinez en meurs. ¶Tex. Et fut denee ou deffēdue fiſtulacion par raiſon. Et pource ceulx qui furēt deuāt nous ont biē fait en ce q̄ ilz ont reprouue luſage de elle quāt aux ieunes hōmes q̄ ſont frans. ¶Glo. ¶Car il neſt pas reprouue du tout mais il fut deffendu q̄ les nobles enffās ne appreſiſſēt a iouer de telz iſtrumēs. ¶Tex. ¶Cōbiē q̄ premierement ilz euſſēt vſe de elle. ¶Glo. ¶Ceſtaſſauoir de fiſtulaciō cōe de diſcipline liberalle. Aps il met la cauſe po quoy les anciēs la laiſſerēt. ¶Tex. Car por les habūdāces de biēs q̄ ilz eurēt apres ilz furent faiz plus Baccans et eurent plus leur courage a vertu. ¶Gloſe. ¶Apres il declaire pour quoy les nobles enffans apprenoiēt anciennement de telz inſtrumes Et pour quoy ce fut reprouue. ¶Tex. Ité es p̄miers tēps et encor apres les gens ſauoient peu de choſes. Et auoient veu peu de faiz de euures ou de

D.iii.

Fueillet.

epperiences et signoient toute doctrine sans discerner ou mettre difference Mais enqueroient sur tout & de tout Et pource ilz amenerent & mistrent musique fistulatiue ou de fistules en disciplines ou doctrines Car en lacedemone ung qui menoit sa carolle ou sa dance iouet du fistule Et ceste maniere vint apres en athenes. Et pource plusieurs des enffans frans ou nobles participoient en ce & iouoient des fistules, et ce appert par le cicle que crissippus establit a ung appelle elisanchi de qui auoit bien mene la karolle ¶Glo. ¶Crissippus fut ung philosophe Et par ceste tiscle par auenture est a entendre une escripture que fist crissippus a la recommandacion de cest flageoller Et est assauoir que chorus propremēt cest carolle Mais une glose en la fi du psaultier dit que cest une concorde de plusieurs voix humaines ¶Chorꝰ est tempata vocū humanaꝝ collectio Et plꝰ propremēt chorus est une collectiō ordōnee de gēs poꝛ chanter Et est ioupte ung vers que saint augustin recite Et seti emiscent blanda modulamina chori. Et aussi nous disons Quod chorus batu& &c. Et chorꝰ signiffie le lieu ou se fait telle collectiō ou assemblee sicomme le choꝛ de leglise Et donc̃ ce ce mot est equiuoque ¶Tep ¶Et apres ce fistule fut reprouuee pour ce que les gens par experience porent mieulx iugier que le chose tend a vertu & quelle non ¶Glo. ¶A cest proposest une fable en le pi͛.liure doui de qui met comment ung dieu appelle tinolus fut esseu iuge entre le dieu appollo pastoral qui iouoit de la harpe & ung dieu pastoral ou rural appelle pan qui iouoit du chalemeaulx pour iugier lequel faisoit mieulx Et il sentencia que la harpe est a preferer Jubet tinolus cithare submictre causas ¶Et pource que ung roy appelle midas disoit le contraire les dieu muerent les oreilles en aureilles dasnes Et ouide prent pour ung citharees lire mais selon ysaie ce sont deux instrumens Cithara & lira in conuiuis vestris &c. Et peut estre que cythara cest citolle & lira harpe.

¶Tep ¶Et semblablement moult daultres instrumens anciens ont este reprouuez sicomme ceulx qui estoient appellez pitides & barbati ¶Glo. ¶Remigius en son comentsue mercian dit que barbatum est dit de barit qui est elephāt Car cest instrument est de puire Mais albert dit barbati et selon luy ce sont aussi comme cornemuses & pitides comme tymbales ¶Tepte. ¶Et ceulx qui sont a la delectacion des escoutans & de ceulx qui en vsent sicomme septigoues & trigoues et iambi et tous ceulx qui ont plus mestier de science manuelle ¶Glo. Car les nobles enffans ne doiuent pas estudier assauoir les ieux des instrumens qui sōt foꝛs aprendre ne soy occuper en ce ne en ceulx qui sont a tresmauuaise

delectacion Ung eppositeur dit q̃ sep
tigoue estoit ung instrumẽt q̃ auoit
vii.angles ou vii.cordes Et trigoue
trops.et iambus deup cordes nescio.
¶Apres il retourne a reprouuer ses
fistulees. ¶Texte. ¶Item ce que
fut dict par les anciens es fables est
dit raisonnablement Car ilz dient q̃
quant pallas la deesse eut trouve et
regarde les fistules r ceulp qui les
sonnoient elle gecta les fistulles Et
la fable ne dit pas mal qui mect que
la deesse feist ceste chose Car elle fust
contristee r courroucee pour la des/
honnestete de la face des fistuleurs
¶Glose. ¶Car ilz enfloient leurs
ioues r leur visaige laidemẽt en souf
flant en leurs fistulles
¶Texte. ¶Et la fable ne le dict
pas seullement pource Mais trop sẽ
blasle que ce est pource que erudiciõ
ou doctrine de fistulacion ne est rien
ou ne fait rien quant a entendement
Et nous attribuons a pallas scien
ce et art ¶Glo. ¶Pallas est dea sa
pience ilz l'appelloient la deesse de sa
gesce Et pource selon la fable les fis/
tules luy desplaisoient Car apren
dre a iouer de telz instrumens ne pr̃
fite pas Mais nuist a science r a ver
tu Apres il reprouue aucuns autres
Iustrumens ¶Tex. ¶Et pource q̃
nous reprouuons ses operatiõs dau
cuns instrumens nous reprouuons
le ieu de telz.ñque Et disons et appel
lons ieu telz.ñque cellui que lon fait
es agonizacions ou epercitacions

¶Glo. ¶Ung texte ont tilz.ñchũ
autres tignieũ autres de lunchũ Et p
auenture ce estoiẽt telz instrumes cõe sõt
tabours r naquaires r trompes des/
quelz lẽ vsoit en epercitaciõ ago/
nistiques q̃ estoiẽt cõe sõt luictes iou
stes tournoiz Et aussi es chantres
ou places la ou lẽ faisoit aucũs ieup
deshonnestes appellez sceniques.
¶Tex ¶Car en ce que aucun euure
de ces instrumens il ne euure pas de
vertu pour soy mesmes Mais affin
de faire delectacion aup escoutãs Et
encor est ceste delectacion horreuse
C'est adire deshonneste r enuyeuse
aup bõs Et pource nõ ne iugeõs pas
q̃ ceste opacion soit appente a ceulp
qui sont francs et liberaulp ou nobles
Mais elle est plus seruille Et voyõs
que telz menestrelz sont faitz bannau
ses C'est adire villes personnes r des
honnestes Car lentencion et la fin
que ilz prennent est mauuaise.
¶Glo. ¶Car ce est pour gaingner
en faisãt plaisãce aup auditeurs Et
ce reprouue il apres p signe ¶Tex.
¶Car tel menestrel est acoustume de
muer sa musique quãt cellui qui les/
coute r qui considere la musique esle
ennuye Et pource cellui qui escoute
telz instrumens C'est adire telz ieu
gleurs les fait telz ou quelz Et leur
corps aussi pour les mouuemens de
eulp. ¶Glose. ¶Briefuement
il veult dire que ilz muent aucune
ment leur musique r varient les me
urs et la mesure et les mouuemens

D.iiii.

Fueillet.

de leurs corps et les contenãces tout en regardant comment ilz pourront plus plaire aux auditeurs par adulacion et pour gaaingner Et pource ne est ce pas office de gens honnestes ne que nobles enffans doiẽt aprendre Et telz iugleurs muent souuent en musique moins bonne Car aucunes fois selon le prouerbe se beau chãt en nuse Et a cest propos dict ouide que iupiter solut oyr la grosse fleute apres la vieille post qz thelin placuit fistula rauca ioui.

¶ Ou ptĩ. chap il monstre en gñal de quelle musique len doit vser

OR conuient encor considerer vers les armonies et vers les rimes et sĩplement et quãt a erudicion ou doctrine assauoir mõ se len doit vser de toutes armonies et de toutes rimes ou se elles sont a diuiser Et de celles qui labourent ou qui sont ordonnees a erudicion ou doctrine assauoir mõ se nous mettõs quãt ace vne mesme determinapson ou sil conuient mettre de ce aucune determinapson ou tierce ¶ Glo ¶ Car len vse daucunes melodies ou rimes lesquelles len ne aprent pas a faire Et pource il note icy difference entre vsage et erudicion ou doctrine ¶ Et enquiert se vne determinoison doibt estre de vsage de melodies en monstrãt desquelles len doibt vser Et vng autre vsage de rimes Et vne aultierce determinotsõ de ces choses apredre en monstrant lesquelles len doit aprẽdre et lesquelles non Apres il met autres choses qui sont a considerer

¶ Tex ¶ Et pource que musique est en faction ou operacion de melodie ou de rimes sicomme nous voyõs il ne conuient pas ignorer ne de lune chose ne de lautre quelle puissance elle a a discipline de bonnes meurs Et cõuient sauoir se musique qui est biẽ melodizee est plus essisible que celle qui est bien rimee ¶ Glo ¶ La musique qui est excellente en bons accors est bien melodizee Et celle qui est excellente en bõne mesure de notes et de sillabes est bien rimee ¶ Apres il mect vne epausation ¶ Tex ¶ Et donc ques comme ainsi soit que plusieurs cuydent que aucuns des musiciens qͥ sont maintenant ayent moult de choses biẽ dictes en ceste matiere Et aussi aucuns de ceulx ont dit de ce cõe de philosophie en discipline ¶ Glo.
¶ Aucuns auoient traicte de la musique pratique laquelle considere des accors de meufs des temps des couleurs et de telles choses Et aucuns auoient traicte de la musique speculatiue qui est philosophie et discipline et considere la nature et la qualite des proporcions des sons ¶ Tex.
¶ Nous laisserons a present a ceulx qui vouldroient enquerir de ces aucteurs la disquisition ou consideraciõ

qui est en musique par les parties sin
gulieres Et diuiserons maintenāt le
galement ou generallement les manieres de musique seullement z dīōs
de elles ⁋Glo. ⁋Apres il deuise les
manieres de musique selon leurs effectz ⁋Tex. ⁋Et pource nous ac
ceptons z approuuons la diuisiō des
melodies en la maniere que aulcuns
qui sont approuues en philosophie
les diuisent z dient que les vnes sont
morallees les autres sont pratiques z
les autres sont rauissement Et ces
philosophes mettēt la nature des ar
monies conuenientes ou puenables
a chascune de ces choses Et mettent
vne a vne partie z autre a autre
⁋Glo. ⁋Les melodies sont moral
les qui disposent a bonnes meurs Et
telles sont celles du meus appelle do
riste Et celles sōt pratiques qui pur
gent daucune passion sicomme de ire
ou de frenesie Et telles sont celles du
meus appelle lidiste Et celles qui sōt
rauissement z mettent les gens aussi
comme en eptasie sont celles du meus
appelle frigiste. Et de ces meus fut
dit ou ixe. chapitre Et p auēture les
achāteurs vsotent de ceste tierce mu
sique Et selon ce achanter est dict de
chāter Car par ce ilz partissent z par
turbent les sens et des gēs z des bestes Et aucunesfoiz sans application
daucune male chose sicomme dict lu-
cal Mens haus ti nulla sanie polluta
venenī epcātata perit Et ouide met
comment circe disoit Carmine can

de politiques. L. viii

tantum, quantū quoqz gramine pos
sum Elle pouoit au tant par chant
ou paroles comme par herbes Et
le prophete faict mencion du serpent
qui estouppe ses oreilles affin que il
ne oye la voix des enchanteurs Et
les causes de la maniere comment tel
le chose peut estre naturellement Ie
mis en vng traictie appelle de diffor
mitate qualitatum ⁋Apres il mect
les fins pour quoy len vse de musiq
⁋Tex. ⁋Et nous disons que il
ne conuient pas vser de musique pr
vne seulle vtilite mais pr plusieurs
faiz Car len vse de elle pour grace
de ieu z pour purificacion et nous di
sons maintenāt simplement de puri
ficacion Mais nous en dirons de rechief quant nous parlerons des choses qui sont en art poetique ⁋Glo.
⁋Purificacion est purgacion dau
cune passiō nuysible sicomme fut dit
ou chapitre precedent ⁋Tex.
⁋Et tiercement len vse de musique
a deduction ou pour deduction
⁋Glo. ⁋Cest delectacion en specu
lacion sicomme fut dit ou tiers cha
pitre Apres il conclud desquelles me
lodies len doit vser. ⁋Tex. ⁋Et
est chose manifeste que len doibt vser
de toutes armonies ou melodies quāt
est a remission de labeur z a repos
⁋Glo. ⁋Car toutes melodies sōt
delectables a gens de bonne nature
les vnes plus les aultres moins
Et parce est assouagie la tristesse et
labeur precedent.

Fueillet

Melodies   Morales
                Pratiques
                Qui sōt rauissemēt

⁌Tep. ⁌Mais quant a discipline len doit vser mesmement des armonies morales ⁌Glo. ⁌Qui disposent a bonnes meurs Et est ce q̄ plato appelloit musique bien moriginee (Musicam bene moratam) Sicomme recite Boece et appuleius ⁌Tep

⁌Et pour faire ouyr ceulx qui labourent de main len doit vser les armonies pratiques et celles qui sōt rauissement ⁌Glo. ⁌Car telle musique les anime a bien ouurer τ diminue paour ou ire ou autre passiō Et fait alliegement du traual Et pour ce aucuns qui cheminent τ sont de pie font iouer des instrumens pres deulx ou chanter ⁌Tep ⁌Car la passion qui est faicte par musiq̄ vers aucūes ames peut estre faicte en toutes Mais elle differe en ce que elle est es vnes moins τ es autres plus Si comme misericorde et paour et auecques ce rapt ou rauissement ⁌Glo. ⁌Car musique bien composē meut chascun qui escoute mains vng plus τ autre moins Et de sa nature elle reduit et ramaine chascune passion immoderee ou excessiue au moyen selon ce que la musique est composee Et p̄ ce en purgant vne passion elle imprime et engendre ou accroist sa contraire sicomme en purgant ire elle engendre misericorde Et au contraire en rabatent trop grāt misericorde elle cau

seire Et semblablement est de paour τ de hardiesce ⁌Tep. ⁌Car aucunes sont en cest mouuemēt auenāment ⁌Glo. ⁌Cest adire que par musique ilz sont muez de bonne maniere sicomme il declaire apres

⁌Tep ⁌Et nous les dyons es melodies sacrees ou faictes que quāt aulcuns ont vse de cestes melodies lors de ce q̄ ilz estoient courroucies et aprez leurs ames sōt restituees aussi comme se elles eussent sorti ou eussēt acquise purification par ceste medicine. ⁌Glo. ⁌Par les melodies sacrees il entend la musique dont lē vse au diuin cultiuement Car elle estoit telle que elle estoit ou assouagoit toute mauuaise passion es ames de bonne nature. Mais non pas es aultres aussi comme la medicine ne peult bien ouurer en corps de complexion mauuaise de natiuite ou corrumpue p̄ accident Et semblablement est de musique ou regart de lame Et a cest propos est ce que fut dit ou vii. chapitre des trois causes qui empeschent que lame ne se delecte en musique.

⁌Item ceste musique sacree disposoit a contēplacion Et pource en fait la saincte escripture tressouuent mencion Cantate domino canticum nouum τc. Et poūrce Helyseus fist iouer du psalteriū deuant luy affin que il fust par ce meu a deuocion τ en auoit inspiracion ou vision prophetiq̄ sicōme il appert ou quart liure des roys.

⁌Dixit helyseus adducite michi

saltem cum q̄ caueret saltē fctā eſt ſuper eum manus dominī ⁊c. Et nous liſons de saincte cecile que quant les orgues ſonnoient elle chantoit a dieu en son cueur Et de muſiq̄ ſpirituelle a q̄uoy la ſenſible diſpoſe ⁊ enduit dit saict pol q̄ amoneste q̄ lē chāte a dieu en son cueur Loquentes vobis met ipſis in pſalmis et hympnis et canticis ſpiritualibus cantantes ⁊ pſallentes in cordibus veſtris domino ¶ Tex. ¶ Et eſt neceſſité que ceſte meſme medicine ſeuffre ceulx qui ſont miſericordiables ⁊ ceulx qui ſont paoureux ⁊ generallement les autres qui ont paſſions en tāt que chaſcun participe en aucune de telles paſſions ¶ Glo. ¶ Et doibt len ſauoir que en la saincte eſcripture miſericorde ſignifie pitié ⁊ vertu preſque telle comme ſont manſuetude Mais en philoſophie morale elle ſignifie vne paſſion naturelle auſſi comme ſōt ire paour ⁊ erubeſcence ſicomme il appert ou ſecond de rethoriq̄ ¶ Tex. ¶ Et a tous telz eſt faicte par muſique vne putificacion et ſont allegiez daucune paſſion auecques delectacion Et ſemblablement les melodies puriſicatiues mōſtrent ou ſont la region eſtre non nuyſible aux hommes ¶ Glo. ¶ Je cuyde que les teptes ne ſont pas bien corrigiez en ceſte partie Exhibent innocuam regionem hominibus Et ſelōg vng expoſiteur ce eſt pource que telle muſique reprime les paſſions pour leſquelles les gens de la region pourroient iniurier ⁊ nuyre les vngs aux autres ¶ Tex. ¶ Et pource ceulx qui traictent les agonizateurs Ceſt aſſauoir ceulx qui ſont maiſtres des exercitacions telles comme ſont iouſtes ⁊ tournoiz doiuent mectre la muſique de laquelle ilz vſēt en telles armonies et en telles melodies ¶ Glo. ¶ Affin que elle reprime les mauuaiſes paſſions ⁊ les mauuaiz mouuemens de ceulx qui ſe exercitent Melodie eſt ſans mixtion de ſons ⁊ eſt ce que nous appellons plain chant Et armonie eſt en bonne mixtion de ſons ⁊ eſt ce que aucuns appellēt deſchant Mais communement len prēt lung pour laultre

¶ Ou viiie. chapitre il declaire comment len doibt vſer de melodies

Des ſpectateurs ceſt adire de ceulx qui eſcoutent la muſiq̄ ſont deux manieres car vng eſt franc bien enſeigné ⁊ laultre eſt bien honnereux ⁊ malgracieux Et auſſi comme compoſé quant a lame de meurs mercennaires ⁊ baunaiſes ou villaines Et de telles meurs ſeruilles lē doit pource aſſigner a telles gens Ceſtaſſauoir aux vngs ⁊ aux autres agonizacions ou exercitacions Et ſpectacions ou audicions de melodies qui leurs ſoient conuenables a repos ¶ Glo. ¶ Ceſt adire a deſectacion et a lieu. Car lieu est vng repos comme souuent est dit (Glo Car aussi comme des ames les vnes sont discorées ou distraictes hors de labitude qui est selon nature Semblablemēt transgressions des armonies et de melodies sont faictes lesqlles sont regdes ou regneureuses et distraictes (Glo Car sicōme dit aristote en philosomie les ames ensuyuant les corps Et mesmement lame sensitiue Et pource que aucans sont de complexion destraicte et disconueniente a bonne nature humaine eulx sont selon lame sēsitiue gēs seruilles rudes et agrestes ou mal gracieux et maussades Et semblablement sont aucūs sons de musique mal proporcionnez et conuenables a leur nature Car sicomme fut dit ou ix. chapitre musique a a lame aussi comme vng cousinage ou vne affinite

(Tep. Et chascun luy fait delectacion la chose qui est conueniente selon sa nature ou a sa nature

(Glo Et pource ceulx qui sont de bonne nature se delectent en bonnes melodies Et les autres rudes se delectent en melodies villaines ou sauuages et agrestz Et selon ce dit ouide du dieu appelle pan Calamis aggrestibus insonat illi barbarico q̄ mi dā carmine deluit etc. Le roy mida se delectoit en telle musique barbarique et pource fut pugny sicomme fut recite en se pe. chapitre Et sont aucunes villains qui ameroient plus ovr

la tabour de vanues que le douly son dung bon insteument (Tep (Et pource len doit donner paste aux maistres des agonizacions ou exercitacions que ilz vsent daucune telle maniere de musique couenable aux spectateurs C est a dire a ceulx qui escoutent (Glo. (Car se ce sōt villains len doit vser de musique et dinstrumens aggrestes. (Tep. (Mais quant a lieu len doit vser sicomme dit est de melodies moralles et de telles atmonies C est assauoir des morales (Glo. (Ce fut ou chapitre precedent et par seul il entend esbatemēt liberal qui dispose et prepare a discipline et a bonnes meurs (Tep.

(Et telle est la musique appelle doriste sicomme nous auons dit deuāt.

(Glo. (Ce fut dit ou ixe. chapitre et fut ceste musique trouuee en la region de dor dont il fait mencion ou liure de iosue Et regtonibz dor luy ta mare et est ceste musique meilleur que les autres sicomme sera dit apres Apres il reprouue vne oppinion de plato qui parloit en sa police en la persōne de socrates (Tep (Et si conuient receuoir aucune autre musique Et en vser se ainsi est que ceulx qui ont communique en exercitacion de philosophie et de la discipline qui est vers musique la nous aient approuuee Et socrates en sa police ne dit pas biē en ce que il recoit et approuue seulement musique frigiste auecques celle qui est de meusdoriste (Et auecqs ce quant est des instrumens il reprouue fistulle ⸿Glo. ⸿Il fut dit en le p̃t͞e. chapitre quelz instrumens sont fistulles ⸿Et doibt len sauoir ioupte ce que fut dit ou lx̃e chapitre que de musique sont troys meufs principaulx qui estoient appelle frigiste doriste et lidiste Et fut dit pour quoy ilz estoient ainsi nommez ⸝ et de quelz tous ilz sont Mais de la gent de lyde raconte iusti en son premier liure que apres ce que ilz se furent rebellez contre le roy cyr̃e et que ilz furent vaincus seconde foiz len leur osta et deffendit les armes Et leur fut commande que ilz se excercitassent en ars de ieu et de lethe ries ⸝ et parce ilz furent effeminez ⸝ per dirent leur vertus anciennes Et in luxuriam lapsos oculum ⸝ desidia supauit Et lors ilz trouuerent la musique pource nommee lidiste laquelle encline a incontinence ⸝ a molece ⸝ a iolliete Et pource plato reprouue telle musique sicomme recite Boesce qui se complaint de ce que en son temps la musique ancienne gracieuse et honeste ⸝ plaine nestoit pas en vsage Mais estoit venu auant vne musique nouuelle variee et p̃mipte ⸝ et non belle Mais aristote reprouue icy plato quant a aultre chose ⸿Tex

⸿Car entre les armonies la frigiste a telle mesme puissance ou vertu que la fistule a entre les instrumens Car tous deux prouocquent ⸝ et meuuẽt a ire ⸝ et sont cause de passion

⸿Glo. ⸿Sicomme de fureurs pour la maniere de leur mouuement Et doncques puis q̃ ces deux choses ont vng mesme effect plato ne deust pas approuuer vne ⸝ et reprouuer laultre

Apres il declaire comment elles ont conuenience ⸿Tex ⸿Et la poesie magnifeste ceste chose Car tout petulance ou impetuosite et tout tel mouuement est mesmement en fistules entre les autres instrumens Et entre les armonies telle chose est faicte mesmement es melodies du meuf frigiste ⸿Glo. ⸿Et pource telles melodies sont conuenables a telz instrumens ⸝ et autres a autres

⸿Tex ⸿Et aucune prennent pour ce declarer vne chose auenante ou conuenable Et est car ilz confessent que la musique des instrumens appellez iambiques ou tranniques sont de meuf frigie ou frigiste ⸿Glo. ⸿Et telz instrumens estoient vne maniere de fistules. ⸿Tex. ⸿Et de ce dient moult dexemples ceulx qui ont considere vers ses sons par lequel len ot ⸝ et escoute Et qui ont consideré autres choses Et fut vng musicien appellé philoxenus ⸿Glo ⸿Boesce en sa musique fait mencion dung appelle aristoxemus ⸿Tex ⸿Qui se esforca de faire ces fables ⸝ de les chanter a tel instrument iambique en musique doriste ⸿Glo. ⸿Il vouloit faire chãt de meuf doriste a tel instrument qui estoit vng fistulle et il nest pas cõuenable a telle musique mais a musique de meuf frigiste.

Fueillet

¶Texte. ¶Et il ne fust pas puissant de ce faire Mais cheoit de telle nature doriste en armonie ou musique frigicte laquelle est conuenente a tel instrument ¶Glo ¶Et doncques plato qui approuuoit musique frigiste ne deuoit pas reprouuer les fistulees qui sont propres pour telle musique Apres il mõstre par deux raisõs lexcellence de musique doriste.
¶Tex. ¶Et de armonie ou musique doriste tous confessent que elle est aussi comme tresestable Et que elle a en soy meurs virille Cest adire appartenãt a homme ¶Glo. ¶Pour ce que elle dispose en bonnes meurs et a vertu ¶Tex. ¶Item nous louõs le moyen qui est entre deux superhabundances et disons que il auient cest moyen psupr ¶Glo. ¶Ce fut declare ou second liure dethiques ou fut dit que toute vertu est ou moyen aussi comme liberalise est entre estre trop large et estre trop tenant ¶Tex. Et la musique doriste a ceste nature ou regart des autres armonies
¶Glo. ¶Car celles qui sont frigistes sont plus reglees et plus mouuãtes Et celles qui sont lidistes sõt plus molles et plus remisses Et les doristes sont ou moyen Et de ce fut dit ou ixe. chapitre Et par auenture les iii. tetracordes dont parle boece sont selon ceste diuision et sont dyathoniq et cromatique et en armonique. Et toutes ces choses pourroit len sauoir p vng liure de musique qui souloit

estre au liege ¶Tex. ¶Et doncqs est ce chose manifeste que il conuient plus introduire les plus ieunes en melodies dories ou doriste

¶Du pliiie. chapitre il monstre comment en diuers aages len doibt vser de melodies differentes

L en doibt cõsiderer deux choses Vne est ce que est possible Lautre est ce que est auenant ou conuenient car il conuient a chascun traictier ou faire les choses q̃ luy sont possibles ou auenantes et biẽ seantes ¶Glo ¶Car aucune operacion est bõne de soy Mais tel homme est auquel elle nest pas bonnemẽt possible ¶Item aucune est bonne de soy et possible a vng homme Mais elle nest pas bien seante a la personne si comme que vng trop donnast a vng prince vng petit don Apres il applique a cest propos. ¶Tex. ¶Et en ceste maniere ces choses sõt determinees par les aages Car chanter ou oyr armonies reglees nest pas legiere chose a gens anciens et qui ont vescu par long temps Mais lors a telles gens conuiennent celles qui sont remisses de leur nature ¶Glo.
¶Les armonies reglees sõt du meuf frigiste sont mouuantes et accuees et pource ne les peuent pas pronuncer vielles gens qui ont la voix fieble et

cassee Et aussi telle musique ne leur est pas bien seante ne dancer selon elle Mais les armonies remisses qui sont du meuf lidiste leur sont mieulx seantes a faire et plus plaisante a oyr et plus conformes a leur aage ¶Tex.

¶Et pource aucuns de ceulx q̄ ont considere des musiques sont bien en ce que ilz dient p̄tre socrates et le blasment de ce que il reprouua les armonies remisses et disoit que elles ne sont pas bonnes a discipline et les prenoit ou disoit estre aussi comme inebriatiuees ou en purantes Et comme speculance ou impetuosite ne fut pas selon la puissance de puresce Est a dire comme se puresce ne faisoit pas impetuosite Et puresce fait impetuosite

¶Glo. Plato qui parloit au nom de socrates failloit icy en deux choses premierement en ce que il disoit que les armonies remisses sont les gens aussi comme purees Car puresce est cause de impetuosite Et telles armonies non Mais les armonies regdes sont causes de ce et telles sont les frigistes ¶Item il failloit ainsi que il les reprouuoit du tout Et pource dit aristote apres ¶Tex. ¶Mais les armonies remisses sont plus conuenables a ceulx qui sont anciens et ont passe aage Et pource conuient il que laage aduenir des plus anciens touche et sente telles armonies et telles melodies et use de elles ¶Item se aulcune de telles armonies est qui soit decente ou auenāte a laage des enffans pour

ce que elle peut auoir ou faire aournement et entendement encores ne est elle pas a reprouuer et celle des armonies qui est dict lidiste semble estre mesmement telle ¶Glo. ¶Selon eustrace ou premier liure dethiques aristote auoit trop la dent et le cueur a reprimer platon Et plato en sa police comme dit est reprouuoit musiq̄ lidiste Et pource aristote met icy que elle est conuenable a vielles gens et a petiz enffans Car a telz enffans elle est bien seante et ce est ce que il entend par auoir aournement et est legiere a aprendre ¶Et pource dit il Et en tendement mais apres en pubescence quant la voix est muee la musique frigiste leur est plus conuenable mesmement a ceulx qui se disposent aux armes Et au moyen aage la dotiste et en vielles lidiste come dit est. Item len peut dire que la frigiste est cōuenable aux guerres la doriste en leglise et la lidiste aux noces.

¶Tex. ¶Et doncques appert que len doit faire ou garder quant a discipline ces trois choses Cest assauoir ce que est moyen et ce que est possible et ce que est decent et auenant.

¶Glo. Par le moyen il entend q̄ la musique ne soit pas trop regde ne trop remisse ne trop aspre ne trop molle Et parce que est possible il entend que les personnes la puissent prununcier legierement sans difficulte Et parce que est decent il entēd quelle soit bien seant a laage et condicion

Fueillet

et estat des personnes. Finablement le translateur dit apres que les aul/tres choses ou le demourant de ceste euure il nauoit pas encor en grec. Reliqua huius operis in greco nondum inuent. Aussi comme sil voulsist dire que ce nest pas la fin ne tout ce que aristote escript de politiques. Et de ce fut touche en la fin du ppit. chapitre du viii. liure. etc.

Cy finist le viii. liure de politiques

Cy commence la table du vie vii
et viiie liures de politiques Et premierement au vie liure il determine de
linstitution des especez de democracie
et de olygarchie, et met ses princeps
ou offices des polices, et est aussy cõe
perfection et acomplissement du quart
liure, et cõtiẽt viiii. chaps. Au pmier
chap il propose son intẽtion fueillet ii
Au second cha. il met ses suppositiõs
et condicions et proprietes de democracie fueillet iii.
Au tiers chap. il traicte vne question
de droit de democracie fueillet v.
Au quart cha. il determine de quelles
gens et de quelle maniere est la meilleur espece de democracie fueillet vi.
Au quint chap il monstre par quelles
loyx doit estre instituee la meilleur democracie, et parle de multitude de populaires fueillet viii.
Au vie chap il traicte de linstitution
des autres especes de democracye, et
principalement de la quarte en la enforcant fueillet x
Au vii. cha. il traicte de linstitution
de la quarte et derniere espece de democracye en la affiebliant et relachãt.
fueillet xi
Au viii. chap il determine de linstitucion des olygarchies fueillet xiii
Au ix. cha. il traicte en especial de linstitution des plus mauuaises olygarchies fueillet xiiii.
Es quatre chapitres ensuiuant il determine des princes, et met en cestuy
ceulx qui ont regard sur les cõtraulx
fueillet xvi

Au xi. chap il traicte de princey ou
office quil condẽne et punist
fueillet xvii.
Au xii. cha il met princeps et sur les
guerres, et sur les contes, et sur tous
princeps fueillet xviii
Au xiiie. chap il determine des princeps quilz sont ordonnez pour le cultiuemẽt des dieux, et recapitule et met
autres princeps ou offices moins necessaires fueillet xx

Cy ensuit la table du viie liure de
politiques ou quel il determine cõmẽt
la police qui est tresbonne simplemẽt
doit estre instituee, et contient xxiiii.
chapitres. Au premier chapitre il mõstre quelle vie est tresbõne fz xxi
Au second chap. il met quelle cite est
beneuree et tresbõne, et propose troys
questions fueillet xxiii.
Au tiers cha il repete ceste question la
quelle est la meilleur vie actiue ou cõtemplatiue, et argue aux parties, t a
vne ptie de laquelle derreniere
fueillet xxiiii
Au quart cha. en respondant a la derniere question il reproue ceulx q mettent la felicite de cite en subiuguer
estranges comment que soit fe xxvi
Au ve chap. il monstre en quoy dient
bien et en quoy mal ceulx qui preferẽt
vie contemplatiue a vie actiue et
ceulx qui mettent le cõtraire
fueillet xxvii.
Au vie. chap. il oste vng doubte qui
pourroit estre contre ce que fut dit au
quart chap. fueillet xxviii
ã i.

Au viie chapitre il monstre que felicite de la cite et de chun singulier sont principalemēt en contemplation fueillet xxix

Sensuiuēt aucuns argumēs cōtre les choses deuant dictes fueillet. xxx
Au viiie chap̄ il enquiert de la q̄ntite de cite et reprouue vne opinion de ce fueillet xxxii
Au ixe chap il determine la verite de quantite de cite fueillet xxxiii.
Au xe chap̄. il met et assigne les termes de quantite de cite se. xxxiii
Au xie cha il determine de la qualite et quātite et assiete de la region, et de lassiete de la cite fueillet xli
Au xiie chap il determine cōment la cite se doit auoir au regart de la mer fueillet xlii.
Au xiiie chap il monstre quelz gens sont habiles par nature a bien politizer xliii
Au xiiiie cha il met aucunes condicions lesquelles doiuent auoir les gardes de bonne police fueillet xlvii
Au xve chap il monstre comment aucunes choses et aucunes gens sont necessaires a cite quil ne sont pas pties de cite fueillet xlviii.
Au xvie cha il met quelles choses et quelles gens sont necessaires a cite et de quantes manieres fueillet xlviii
Au xviie cha il monstre quelles gens sont partie de cite en tresbonne police fueillet liii.
Au xviiie cha il met cōmēt aucunes parties de cite cōmuniquēt ensemble et monstre quelles gens doiuent estre seigneurs des possessions se. liiii
Au xxe cha il met cōment plusieurs des choses deuant dictes furent trouuees anciennement fueillet lviii
Au xxie chap il determine de la diuision de la region fueillet lix
Au xxiie cha il assigne cause de la diuision dessus mise et met quelles gēs doiuent estre cultiueurs de terres fueillet lxiiii
Au xxiiie chap il monstre cōment cite doit estre assise
Au xxiiiie chap il monstre cōment la cite doit estre edifiiee et forte se. lxvi
Au xxve chap il traicte de la disposition des lieux depputez aux choses diuines et aucunes autres se lxvii
Au xxvie cha il cōmēce a determiner de quelles gens doibt estre police tres bonne, et met cinq suppositions fueillet lxx
Au xxviie chap̄. il rec̄te quelle chose est felicite et comment elle est requise en police tresbonne fueillet lxxi

Au xxviiie chapitre il monstre que trois choses sont par quoy les gens sont fais bons fueillet lxxiii

Au xxixe chap il enquiert se les princes et les subgectz sont fais bons par vne mesme discipline fueillet lxxiiii

Au xxxe chapitre il determine a quelles fins principalement doit tēdre la discipline du legislateur fueillet lxxv

¶ Au xxxi. chap il reprouue lopinion dauculis qui mettoient leurs loix a autre fin principal que ilz ne doiuent fueillet   lxx vii
Au xxxii chap il met les fais a quoy doit tendre la discipline du bon legislateur fueillet   lxxix
¶ Au xxxiii. cha. il declaire lordre de proceder en faisant les cytoiens bons fueillet   lxxxi.
Au xxxiiii. cha. il determie de laage de ceulx que len doit marier fe. lxxxii
Au xxx v chap il determine de la disposition du téps des psonnes quãt a faire bonne generation fe lxxxiiii.
Au xxx vi cha. il traicte des remedes contre lexcessiue multitude denfans: fueillet   lxxxv
Au xxx vii cha il determine commét les petis enfans doiuét estre nourris et gouuernez quant au corps fueillet   lxxxviii
Au xxx viii. cha il traicte du gouuernement des enfans quant a ce qui regarde lame   lxxxix
Au xxxix. cha. il reprouue vne opinion et distingue les aages et met ordre de proceder apres. fueillet   xc

¶ Sensuit la table du viii.e liure de politiques ou quel il determine de la discipline des ieunes gens aps laage de sept ans. Et cótient viii. chaps.
Au premier chapitre il monstre que la discipline des ieunes gés est necessaire a bonne cité, et quelle doit estre cómune fueillet   xci
Au second chap il determine en general quelle doibt estre la discipline des ieunes hommes fueillet   xcii
Au tiers cha. il met quatre choses en quoy len itroduit ses filz des cytoiés et declaire pour quoy quant a vne fueillet   xciii
Au quart cha. il monstre pour quoy len doit introduire les enfans es autres trois disciplines fueillet   xcv.
Au quint cha il met cóment les enfás doiuent estre introduis en lucratiue, et reprent de ce vne opinion. fe. xcvi
Au vi. chap il retourne a declairer pour quoy et comment len doit apredre musique, et propose questions et argumens fueillet   xcviii
Au vii. chap il commence a determiner la verite, et met cóment musique vault a trois fin fueillet   xcix
Au viii. chap il declaire en general cóment musique fait aux meurs. f. Li
Au ix cha. il declaire en especial comment diuerses manieres de musique disposent diuerses passiós ou meurs: fueillet   Liii
Au x. chapitre il móstre que len doit apredre musique de voix et dinstrumens et en pareille maniere fe. Liiii
Au xi. chap il móstre de quelx instrumens de musique len doit vser, et de quelx non fe.   Lv.
Au vii. chap il monstre en general de quelle musique len doit vser fe. Lvii
Au viii. cha. il declaire comment len doit vser de melodies fe.   Lix
Au viiii. chap il monstre commét en diuers aages len doit vser de melodies differentes fueillet   Lx

ã ii.

¶La table des notables du vie viie et viiie liures de politiques en recueillant les motz dessusditz et les autres sont aux fois motz apres
¶Action
Comment operation contemplatiue est meilleur et plus digne que nest action ou operation de vie actiue ou viie liure ou viie chap. fe   vii
Que la vie qui participe en ces deux operations est la meilleur ou viie liure ou vii. chapitre fueillet   vii
¶Assemblee
¶Comment es assemblees et es cours len ne doit pas tousiours tenir ce que dit la plus grãde partie, mais ce que dit la plus saine partie ou vie liure ou tiers chap fueillet   vi
Cinq cautelles pour affermer et maintenir mauuaise democracie ou vie liure ou vie chap. fe   v
Sept cautellez pour affermer & maintenir democracie ou vie liure ou vii. chap. fueillet   vii
Comment il couient plus grande cautelle et plus grãde industrie a garder vne mauuaise police que vne bonne mesmemẽt la ou vng seul ou vng petit nombre tiennent le princey ou vi. liure ou viii. chap fueillet   viiii
Deux ou trois beaulx exemples a ce propos ou vi. liure ou viii. cha fueillet   viiii
Six cautelles pour instituer & affermer olygarchie ou vi. liure ou ix cha fueillet   xv.
Que len doibt garder les murs et les portes des citez en temps de paix, ou

sixte liure ou vii⁹. chap fueillet   xix
Pour quelle multitude et de quelles gens cite doit estre dicte grande: Et pour quelle nõ ou viie liure ou viiie. cha fueillet   xxxiii
Commẽt cite peut tant apetisser quelle en vault moins en tant que ce nest plus cite: Et aussy tant croistre quelle en vault moins en tant que ce nest plus cite ou viie liure ou ix. cha. fueillet   xxxiiii
Quelle est la plus petite quãtite que cite puisse auoir, et quelle est la plus grande, et quelle est la moienne, et quelle est la meilleur ou vii. liure ou x chap fueillet   xxxv
Comment bõne cite ne se doit pas occuper en marchandise ou viie liure ou vii⁹ cha fe   xliii
Que vsaige darmes est necessaire en cite pour deux causes. Pour faire obeir les siens a iustice: Et pour les garder et defendre des estranges, ou vii. liure ou xvi. chap fe   li
Comment six manieres de gens sont necessaires a cite: Cestassauoir cultiueurs de terres, gens de artifice ou de mestier, marchans, gens darmes, gens de conseil, et gens sacerdos ou vii. liure ou xviie cha. fe   lii
Comment cite bien assise pour la sante des habitans doit decliner a orient & a septẽtrion ou vii. liure ou xxiii chap. fueillet   lxxii.
¶Comment len doit diligemẽt curer de auoir bon air et bonnes eaues en cite bien ordonnee ou vii. liure ou xxiiie chap. fueillet   lxv

¶ Cinq raisons a monstrer que ceulx ne ont pas bonne opinion, qui dient que cite ne doit pas estre close de murailles ne forte par dehors ou vii. liure ou xxviii. chap fueillet   lxvi
Comment bastars ne doiuent pas estre cytoiens en bonne police ou sixte liure ou vi. cha. fueillet   v
Que gens de mer ne doiuent pas estre cytoiens ne demourer en la cite quant est en police tresbonne ou vii. liure ou vii. cha. fe.   liii
Comment en police tresbonne cultiueurs de terres ne gens de mestier ne marchans ne sont pas cytoiens ou vii. liure ou ix. cha. fe.   lvi
Que les cytoiens doiuent estre seigneurs des possessions ou de la region et territoire, et non pas ceulx qui ne sont cytoiens ou vii. liure ou xviii. chap fueillet   liiii
Et appert ou xix. chap. fe.   lv
quelz sont cytoiens et quelz non
Que en police tresbonne trops estatz sont cytoiens C'estassauoir gens d'armes et gens de conseil et gens sacerdotal ou vii.e liure ou xix.e chapitre fueillet   lvi

¶ Concille
¶ Du concille general de la poste du pape ou vi.e liure ou vii. chap fueillet   xix
Concilier vi. regles que le pñce doit garder vers ses conseillers ou vii. liure ou xxxii. chap fe   lxvii

¶ Contemplation
¶ Que contemplation est plus digne selon soy que n'est operation de vie actiue ou vii liure ou vii. chap fueillet   xxxi

¶ Conuictz
De institution des conuitz publiques ou vii. liure ou xx.e chap fe   lix

¶ Cruelltez
¶ Recitation dung exemple que met Virgile de la cruaulte d'un tyrant ou sixte liure ou vii. chap fe.   vii
Que en aucun pays les gens menguent les gens ou viii.e liure ou v.e chap. fe   xcvii
Comment en aucun pays ilz appouuoient larrecins et pilleries sur tous estranges ou viii. liure ou quit chap fueillet   xcvii

Question assauoir men se cultiuemēt diuin et gent sacerdotal sont necessaires a cite (et en police Et illecques sont assignees les causes pour quoy ilz sont necessaires ou vii.e liure ou v.e chap fueillet   l
Commēt une partie de la region ou chose equiualente doit estre ordōnee pour le diuin cultiuemēt ou vii liure ou xxi. chap fe.   lxii
De dix proprietez appartenantes et conuenables aux edifices et aux lieux depputez pour le diuin cultiuement ou vii. liure ou xxv. chap. fe   lxiii
Et de cest cultiuement appert sur ce mot gent sacerdotal

¶ Cultiueurs de terres
¶ Que la meilleur de toutes multitudes populaires est celle qui est de gens qui sont cultiueurs de terres

a iiii.

ou sixte liure ou quart chapitre
fueillet   vii
Comment telz gens sont habiles a
ce que eulx soient gouuernes selon la
meilleur espece de democracie ou vi.
liure ou quart cha. se   vii
Que telz laboureurs sont moins ma
chinatifz et moins couuoiteux et
moins ambicieux et plus obeissans
que autre multitude ou sixte liure
ou quart cha. fueillet   vii
Commét anciennement telz gés ont
soustenu paciément tyrannies et oly
garchies ou vi. liure ou quart cha
fueillet   vii
Commét la police a quoy ilz sont ha
bilez doibt estre instituee ou vi. liure
ou quart chap fueillet   vii
Commét anciennemét selon les loix
du bon temps nul laboureur ne pou
oit posseder ou tenir terre oultre cer
taine quantite ne vendre ne obliger
son heritaige ou vi. liure ou v. chap
fueillet   ix
Comment en police tresbonne culti
ueurs de terres ne gens de mestier ne
marchans ne sont pas cytoiens
ou vii. liure ou xviii. chap
fueillet   liii
Que la vie de telz gens est subcôtrai
re a vertu ou vii. liure ou xvii. cha
fueillet   liii
Que telles gens ne doiuent pas estre
iuges ne conseillers ou vii. liure ou
xvii. chap. fueillet
Comment aucuns de telz gens ou
de leurs enfans sont venus a estat de
cytoiens, et aucuns ont este vaillans

cheualiers ou vii. liure ou xviii cha
fueillet   liii.
Comment les cultiueurs des terres
en bonne police doiuent estre gens
serfz ou barbaires ou vernacles
ou xviii. cha. ou vii. liure
fueillet   lvi.
Commét cultiueurs de terres en bon
ne police doiuét estre gens sefz ou bar
bares ou vernacles ou vii. liure ou
xviii. cha. se   lvi.
Commét cultiueurs de terres et mer
cennaires et gens de mestier et mar
chans doiuent estre exclus de hôneur
sacerdotal ou vii. liure ou xix. chap.
fueillet   lvi.
Commét en police tresbonne culti
ueurs de terres sont necessaires: et ne
sont pas cytoiens ou vii. liure
ou xix. cha. se

Commét len doit faire cultiueurs
de terres gens qui aient trois condi
tions. Une est qlz soient serfz de cors
et durs a fois. Laultre est que ilz ne
soient pas dun lignage Et la tierce
est que ilz ne soient pas courageux
ou vii. liure ou xviii chap
fueillet   lviii
Que cultiueurs de terres sont habil
lez a estre gouuernez selô la meilleur
espece de democracie ou vi. liure
ou quart chapitre
fueillet   vii

Comment telle police doit estre insti
tuee ou sixte liure ou quart cha
fueillet   vii.

Cinq cautelles pour affermer et maintenir mauuaise democracie ou sixte liure ou vii chap̃ fe   vii
Comment en democracie cest peril aux riches que le menu cõmun soit trop poure ou sixte liure ou vii. chap̃. fueillet   vii

⸿ Egipte

Que la terre degipte fut tresanciennement habitee, et que ceulx de seiche sont encor plus anciens ou viie liure ou xxe chapitre fueillet   lviii
Six regles que le prince doit garder en election de ses cõseillers et vers ses conseillers ou vii. liure ou xxii. chap̃ fe   lxxxi

⸿ Enfans

Que les enfans sont faiz bons par trois choses lesquelles choses sont nature, coustume et raison ou vii. liure ou xxxviii. chap̃ fe   xc
Plusieurs remedes contre trop grande multiplication denfans ou vii. liure ou xxxvi. chapitre fueillet   lxxxvi
Comment cest grant bien de acoustumer aux petis enfans a endurer froit ou vii. liure ou xxxvii. chap̃ fueillet   lxxxviii
Que anciennemẽt en plusieurs pays len mettoit et moilloit et plõgoit les enfans nouuellemẽt nez en vng fleuue ou en vne eaue froide aussy cõme len les baptise maintenant, mais ce estoit pour autres fins ou vii. liure

ou xxx vii. chap̃ fe   lxxxviii
Que les enfans des cytoiens ne doiuent pas conuerser auecques serfz, et pour quelle cause ou vii. liure ou xxx viii. chap̃ fe   xc
Que len doit garder ses enfans de dire et descouter villain parler et de regarder villaines paintures ou vii liure ou xxx viii. chap̃ fe   xc

⸿ Comment lait et villain parler et paintures et ymages qui representẽt villaines choses et deshonnestes doiuent estre defendues et deneez par le legislateur et sur certaines peines ou vii. liure ou xxx viii. cha. fe.   xc

⸿ Que len doit garder ses enfans de estre aux ieux ou esbatemens esquelx len dit parolles villaines ou esquelx len fait contenãces laides ou deshonnestes ou vii. liure ou xxx ix. chap̃ fueillet   xc

Comment en police tresbonne les enfans des cytoiens ne doiuent pas apprandre euures ou ars illiberalles ne seruiles, sicomme sont celles que font gens de mestier et laboureurs et mercennaires ou viii liure ou second chap̃. fueillet   xciii

Que telles euures font la pensee depresse et moins habille a operations nobles et honnestes car elle est par ce occupee en chetiues choses et en miseres ou viii. liure ou second chap̃ fueillet   xciii

a.iiii

¶ Que len ne doit pas demourer longuement es ars liberaulx ne mettre
en ce sa pfectiõ ou viiie liure ou secõd
cha. fueillet   pxiii.
Comment pour disposer les enfans
aux armes il ne les douient pas nour
rir durement ne les faire exerciter en
fors labours ou viiie. liure, ou quint
chap. fueillet   pcvii
¶ Exemples a cest propos de bestes
princes et des sauuaiges et de la nature noble de aucuns chiens au viii.
liure ou quint cha. fueillet   pcvii
Commēt le nourrissemēt et lexercita
cion des esfans pour les disposer aux
armes doiuēt estre ordonnez et mode
rez ou viiie liure ou quint chap
fueillet   pcvii
Cõmēt cest expedient que les enfans
apiennent de musique, t en chant ou
en voix et en instrumens ou viiie liure ou ve chap fueillet   lv
Quelle musique les enfans doiuent
apiendre et quelle non Et iusques a
quel terme ou viiie liure ou ve.
chapitre fueillet   lv
¶ Excellence
Quelle excellence doiuēt auoir ceulx
qui doiuent tousiours tenir les princeps ou viiie liure ou xxixe chap
fueillet   lxv
Que telle excellence nest pas cõmune
ment ou viie liure ou xxixe chap
fueillet   lxv
Et ou quint liure ou xxviiie chap.
fueillet
Comment plusieurs ont obtenu sur
autres nõ pas pour ce que ilz fussent

bons en armes, mais pour ce que les
autres nestoient pas en ce exercitez
ou viiie liure ou quint chap
fueillet   pcvii.
Comment telz gens qui auoient obtenu succumboient apres quāt les ad
uersaires auoient este exercitez en armes ou viiie liure ou quint cha
fueillet   pcvii
Comment bonne nature et les biens
de fortune conferent t valent a felici
te ou viie liure ou xxvie cha. fe   li.
Quelle pourete vault et canfere a fe
licite de vie contemplatiue et quelle
non ou viie liure ou xxviie cha
fueillet   lviii
Quelles richesses conferent t valēt
a felicite de vie actiue et quelles non
ou viie liure ou xxviie cha. fe. lviii
¶ Fleurs de lis
En quel pais et paur quelle cause
aucuns portoient iadis paremens de
fleurs de lis ou viie liure ou tiers cha
fueillet   xxv
¶ Fornication
Commēt fornication t concubinage
et incest et adultere sont contraires a
droit naturel ou viie liure ou xxvie.
chap. fueillet   lxxi
Que en espaigne furēt anciennemēt
bonnes gens darmes ou viie liure
ou tiers chap fueillet   xxv
Que gēs darmes sont necessaires en
cite ou viie liure ou vie chap.
fueillet   li
Que gens qui viuent de pasturaige
sont naturellement habilez aux armes ou vie liure ou quint chap

fueillet ix.e
Que des cultiueurs de terres sont
venuz tresbons cheualiers ou viie li
ure ou xviie chap fueillet liii
Que ceulx qui sont seigneurs des ar
mes ont la domination et la maistri
se de faire la police durer ou nō durer
ou viie liure ou xviiie cha.
fueillet lv
Commēt en police tresbonne gens
darmes et gens de conseil et gens sa
cerdotal sont cytoiens ou viie liure
ou xixe chap fueillet lvi.
Commēt len doit nourrir les enfans
affin que eulx soiēt bons aux armes
ou viiie liure ou quint chap
fueillet xcvii

Gens de mer
Que en police tresbonne, gēs de mer
ne doibuent pas estre cytoiens ne de
mourer en la cite ou viie liure ou vii
cha. fueillet xlii
Que gens de mer sont cōmunement
oultrageux & inobediens ou viie li
ure ou viie chap fueillet xlii
Que telz gens sont exclus dhonneur
sacerdotal ou viie liure ou xixe chap
fueillet lvi
Que gens de mestier ne sont pas cy
toiens en bonne police ou viie liure
ou xviie cha. fe liii
Et ou tiers liure ou quint cha.
fueillet
Que la vie de telz gens est subcōtrai
re a vertu ou viie liure ou xviie
chap fueillet liii
Et de ce ou tiers liure ou sixte cha
fueillet

Que telz gens ne doibuent pas estre
iuges ne conseillers ou viie liure
ou xviie chap fueillet liii
Et ou tiers liure ou quint chap
fueillet
Et ou viie cha. fe v
Commēt prestres sont appelles prin
ces et roys ou viie liure ou viiie chap.
fueillet xx
Et de ce ou quart liure ou xxie chap
fueillet
Que le diuin cultiuemēt & gent sacer
dotal sont necessaires en cite ou viie.
liure ou xviie cha. fe l
Que labouueurs de terres & mercen
naires et gens de mestier & marchās
doiuent estre exclus de hōneur sacer
dotal ou viie liure ou xixe cha.
fueillet
Plusieurs condicions p lesquelles len
est inhabile a hōneur sacerdotal selō
ceste science ou viie liure ou xixe chap
fueillet
Les aultres originelles et naturelles
inhabilites a dignite sacerdotal & de
irregularite ou viie liure ou xixe.
cha. fe lvi.

Que mendicite nest pas decente ne
cōuenable a estat sacerdotal selon
Aristote ou viie liure ou xixe cha
fueillet lvi
Et ou quart liure ou xviie chap
fueillet
Que gens sacerdotal sont cytoiēs en
bonne police ou vii. liure ou xix.
cha. fueillet lvi
Commēt les possessions des gens sa
cerdotaulx doiuent estre de quantite

souffisante et moderees et franches, ou vii.e liure ou xxi.e chap
fueillet lxii.
Question assauoir mon se la gent sacerdotal doiuent auoir iurisdicion, ou vii.e liure ou xxi.e chapitre
fueillet lxii.
Quelle iurisdicion et quelle maniere et quel estat auoient la gent sacerdotal en cest pais de france anciennemēt quant ilz estoient paiēs et ydolatres ou vii.e liure ou xxi.e cha. fe. lxii.
Comment les princes sacerdotaulx auoient femmes appeliez matronez qui demouroient auecques eulx ou vii liure ou xxv. cha. fe. lxviii.
Que la gent sacerdotal doiuent exceder les autres en vertu et honorableté ou vii. liure ou xxv. cha
fueillet lxviii.
Commēt cest grant mal et destructiō de police quant la gēt sacerdotal sont aussy cōme les populaires ou vii. liure ou xxv. chap fe. lxviii.
Et de ce soubz cest mot cultiuement diuin: et soubz cest mot police deglise
Comment ceulx de grece furent aucunesfoiz naturellement deposez a bien politizer ou bien gouuerner, et auoir domination sur les regions voisines ou vii liure ou viii. chap fe. pliiii
Commēt appliquer a gaing ou faire pour gaing choses q̄ sont de leur nature honnestes est abusion ou vii. liure ou tiers chap. fueillet pciiii
Que nul ne doit estre promeu a estat honnorable qui a mestier de vser de son estat ou office pour gaing ou viii

liure ou tiers chap fe. pciiii.
Cōment en vie humaine sont guerre et paix, labeur et repos, prouffit et hōnesteté et que paix vault mieulx que guerre et repos que labeur et honneur que prouffit ou vii. liure ou xxx. cha fueillet lxxvi
Que la principal intention de legislateur ne doibt pas estre a subiuguer plusieurs gens ou plusieurs pais par guerre ou vii. liure ou xxx. chap
fueillet lxxviii
Et aussi de ce ou tiers chap
fueillet
Quelles loix sont expediētes en tēps de paix ou vii. liure ou xxxi. cha
fueillet lxxviii
Cōmēt et pour quelle cause plusieurs citez se gardent et durent par ce que elles ont guerres, et perissent quant elles ont paix ou vii. liure ou xxxi. chap. fueillet lxxviii.
Comment vne maniere de guerre fait les gens deuenir meilleurs: Et vne autre les fait estre pires et pour quelles causes ou vii.e liure ou xxxii. chap. fueillet lxxx
Comment les bons temps anciens nul cultiueur de terre ne pouoit vendre ne obliger son heritaige, ne tenir en oultre certaine quātité ou vi.te liure ou quint chap. fe. ix.
Et de ce soubz ce mot possessions
Et soubz ce mot richesses
Que cultiueurs de terres ne gens de mestier ne marchans ne doiuent pas estre iuges ne conseillers en bonne police ou vii.e liure ou xvii.e cha fe. viii

¶ Iurisdicion
Question assauoir mon se la gent sacerdotal doiuent auoir iurisdicion
ou viie liure ou xxie cha.
fueillet   lxvi
Quelle iurisdicion auoient la gent
sacerdotal en cest pays ou temps des
paiens ou viie liure ou xxie chap
fueillet   lxvi
Comment ceulx qui ont iurisdicion
en peuent abuser en quatre manieres
ou viie liure ou xxie cha.
fueillet   lxvi
Que ceulx qui abusent en aucunes
de ces quatre manieres ne sont pas
dignes de la tenir et couient que ilz
la perdent dedans brief temps ou
viie liure ou xxie chap
fueillet   lxvi
Que selon les loix du bon temps les
cultiueurs des terres ne pouoient tenir grandes possessions ou sixte liure
ou ve chapitre fueillet   ix.
Quelles loix sont expedientes en
temps de paix ou viie liure ou xxxii
chap fueillet   lxxix
Come aprendre loix ou mediane, ou
autre science a fin de gaing est chose
illiberale et seruile ou viiie. liure ou
second chap fueillet   vii
viii. consideratios que le legislateur
doit auoir en mettant loix qui regar
dent laage et le temps du mariage
ou viie liure ou xxxiiii chap
fueillet   lxxxiii
Que la principal entention du legis
lateur ne doibt pas estre a subiuguer
autres gens par guerre, mais a garder que son peuple ne soit subiugue p
autres Et a gouuerner les cytoiens
a leur prouffit et les serfz au prouffit
de soy et des cytoiens ou viie liure
ou xxxie chap fueillet   lxxviii
Question assauoir mon se ce est chose
iuste et expediente que ung homme
mortel soit prince & monarche sur to9
autres ou viie liure ou ve chap
fueillet   xxxviii
Comment telle monarchie nest pas
bonnemēt possible et quelle nest iuste
ne expediente ou viie liure ou ve.
chap fueillet   xxxviii.
Que de toutes multitudes populai-
tes la meilleur sont cultiueurs de terres ou sixte liure ou quart chap
fueillet   vii
¶ La meilleur multitude apres sont
ceulx qui viuent de pasturage ou vi
liure ou quint chap
fueillet   ix
Les autres multitudes populaires
sont mauuaises et sans euure de ver
tu ou vie liure ou quint chap
fueillet   ix
De quatre multitudes principaulx
et de quatre manieres de gens ordōnez pour les guerres ou vie liure
ou ixe chap fueillet   xv
Quelle multitude doit auoir la souuerainete sur les princes ou vie liure
ou viie chap fueillet   xix.

¶ Par quelle multitude et de quelles
gens cite doit estre dicte grande Et
pour quelle non ou viie liure ou
viii chap fueillet   xxviii

plusieurs remedes contre trop grande multitude denfans ou de peuple,
ou viii. liure ou xxx vi.chapitre
fueillet   lxx viii.
¶Tout ce que sensuit de musique est
ou viii.e liure
¶Que musique est delectable a tous
aages et a toutes meurs ou vii.e
chap fueillet
Les causes et empeschemens pour quoy
aucuns ne se delectent en musique ou
vii.e chapitre fueillet
Comment les ames sont rauies p mu
sique ou viii.e chapitre
fueillet   Cii.
Comment se delecter en musique deu
ment vault et prouffite en bonnes
meurs ou viii.e chap. fueillet   cii
Que les ames ont aussy comme vne
affinite a musique ou ix.e chap.
fueillet   Ciii
Comment cest expedient que les enfans aprennēt de musique et de voix
et de instrumens ou ix.e chap
fueillet   ciiii
Quelle musique les enfans doiuent
aprendre et quelle non et iusques a
quel terme ou x.e chap fe   ciiii
Comment aucunes bestes se delectent
en musique et oyseaux et poissons, et
mesmemēt le daulphin. et de ce vng
bel exemple ou x.e cha. fe   cv
Quelz instrumens de musique sont re
prouuez cōme inutiles a discipline
en le xi.e chap fueillet   cvi.
Comment trois manieres de melodies sōt, les vnes morales et de meuf
douste, les autres practiques, et sont

du meuf lydiste. Et les autres rauis
santes et sont de meuf frigiste ou vi.e
chap fueillet   cviii.
Comment bonnes melodies purgēt
de toutes excessiues passions ceulx q̄
sont de bōne nature ou vii.e chap.
fueillet   cviii
Comment elles ne peuēt bien ouurer
en gens de nature mauuaise ou cor-
rompue ou vii. chap fueillet cviii.
Comment bonnes melodies mainēt
a contemplation et a deuotion ou
vii. chap se.   cviii
Commēt rudes villains se delectent
en autre musique que ne font ceulx q̄
sont de franche nature ou viii. cha
fueillet
Comment et en quel lieu fut trouuee
musique lydiste et a quoy elle encline
ou viii. chap fueillet   cx
Comment et pour quelles causes mu
sique dorysiste est la meilleur de toutes
ou viii. chap fueillet   cx
¶Commēt sen doit vser de diuerses
melodies et en diuerses aages et en
diuerses choses ou viiii. chap
fueillet   cxi
De cinq princeps ou offices ou sixte
liure ou p. chap fueillet
Vne autre maniere de princey ou vi
liure en le pi. chap. fueillet
Cinq expediens pour le princey ou
office qui condēne ou vi. liure en le
pi. chap. fueillet
Que nul office publique nest a bailler a mauuaises gens ou sixte liure
ou vii. cha. fueillet   cviii
¶De trois manieres de princeps ou

offices ou ⁊iie liure ou ؛viie cha. fe. pix
Que les deputez aux comptes publiz
ques ne doiuent pas auoir autre offi
ce ou ⁊iie liure ou viie. chap fe   pix.
☙En quelles regions sen peut faire
fortes olygarchies ou ⁊iie liure ou
ixe chap fueillet   pB

☙Ordonnance.
Que les ordonnāces ciuiles et les ars
et les scēces ont este es temps passes
plusieurssoiz trouuees ou retrouuees
Et plusieurs foiz sont peries ou este
oubliees ou ⁊iie liure ou xxe chap.
fueillet   lxiii
☙Que len doit garder les enfans de
dire et doūt ⁊illain parler ou deshō
neste ou ⁊iie liure ou xxx⁊ie. cha
fueillet   lxxx⁊i
Que sait parler ou ⁊illain doit estre
defendu par le legislateur et sur cer
taines peines ou ⁊iie liure ou
xxx⁊iiie chap fueillet   xc

☙Pasteurs
Que les meilleurs populaires apres
ceulx qui cultiuēt les terres sōt ceulx
qui ⁊iuent de pasturage ou ⁊ie liure
ou quint chap fueillet   ix
Que telles gens sont habiles aux ar
mes ou ⁊ie liure ou quint chap.
fueillet   ix
Comment iadis plusieurs de telz fu
rent bons guerroieurs ou ⁊ie liure
ou quint chap fueillet   ix
Commēt bastars ne doiuēt pas estre
cytoiens en bonne police ou ⁊ie liure
ou ⁊ie chap fueillet   p
☙Les causes pourquoy en exposant
cest liure a este souuent faite mention
de la police et de la gent de leglise ou
⁊iie liure ou xx⁊e chap. fe   lx⁊iii
Et de ceste police appert soubz cest
mot cultiuement diuin Et soubz cest
mot gent sacerdotal
Que les gens cytoiens doiuent estre
seigneurs des possessions de sa regiō
ou ⁊iie liure ou x⁊iiie chap.
fueillet   liiii
Et il appert ou pixe chap fueillet
sesquelz sont cytoiens ou non
Que les possessions de la gēt sacerdo
tal doiuēt estre de quātite souffisante
et franches ou ⁊iie liure ou xxie cha
fueillet
Item des possessions richesses   lxi
☙Pourete
Cōtre ceulx qui recōmandēt pourete
non deuement ou second liure ou ⁊ie
et ou p⁊iie cha. fueillet
Et de ce ou quart liure ou p⁊ie.
chap fueillet
Que pouurete ou mendicite nest pas
cōuenable a estat sacerdotal selon ari
stote ou ⁊iie liure ou pixe chap.
fueillet   lxi
Quelle pourete ⁊ault et confere a fe
licite de ⁊ie contemplatiue et quelle
non ou ⁊iie liure ou xx⁊iie cha.
fueillet   lxiii
☙Que le prince doit exceder tous les
autres en ⁊ertu morale et en puissan
ce/mais plus en puissance que en ⁊er
tu ou ⁊iie liure ou ⁊ie cha fe xx⁊iii
Que le prince doit congnoistre la ⁊a
leur et la dignite des personnes a qui
il distribue les biens et les honneurs
Et que ce ne peut estre dune multitu

de tresgrande ou vii.e liure ou v.e cha. fueillet xxvii
Question assauoir mon se ce est chose iuste et expediete que vng home mortel soit prince & monarche sur tous autres ou vii. liure ou v.e chapitre fueillet xxxvi
Comment tout bon prince et tout bon cheualier doit estre amiable aux siens et terrible aux aduersaires, et belles allegations a cest propos ou vii. liure ou viiii.e chap fueillet xlvii.
Comment ceulx qui ont condicions cōtraires sont de meschant et de seruile nature ou vii.e liure ou viii. chap. fueillet xlvii
En quelles polices len doit muer les princes et en quelles non ou vii.e liure ou xxix.e chapitre fueillet lxiiii
Que le prince doit auoir este subgect ou vii. liure ou xxix. chap. fe lxiiii
Et ou tiers liure ou quart & quint
Quelle excellence appartiēt a ceulx q̄ doiuēt tousiours estre princes ou vii liure ou xxix.e chap fueillet lxiiii
Que telle excellence nest pas cōmunement ou vii. liure ou xxix. chap & ou quint liure ou viiii. cha. fe.lxiiii
Que lentētion du prince ne doit pas estre a subiuguer plusieurs pays & conquerir par guerre, mais a garder que son peuple ne soit subiugue par gens estrāges. Et a gouuerner les cytoiēs a leur proufit et les serfz au proufit de soy et des cytoiens ou vii. liure ou xxx.e chap se lxxvi

¶ Prince sacerdotal
De ce soubz ce mot prince ou quart liure en plusieurs chapitres
Que prestres estoient iadis appellez prices et roys ou vi.e liure ou viii. cha fueillet xx
Et sont appellez princes ou vii.e liure ou xxv.e chap se. lxviii

¶ Prouffit
Comment len doit gouuerner les gēs du plat pays qui veult prandre grāt prouffit sur eulx ou vi.e liure ou quit chap. fe ix

¶ Prosperite
Commēt cest plus forte chose de tenir le peuple bon en temps de prosperite, que en temps de aduersite ou vii.e liure ou xxxii.e chap fueillet lxxix.
Commēt len ne doit pas faire punicions publiques fors le moins que se peut bonnement ou vi.e liure ou vii. chap se vii
Que le prince doit exceder les autres en vertu et en puissance ou vii.e liure ou vi.e chap fueillet xxviii
Comment en police tresbonne vne partie de la region doit estre cōmune et lautre propre et cōmēt chūne de ces parties doit estre diuisee en deux ou vii.e liure ou xxi. cha. fe lxi
Comment vne partie de la region ou chose equiualente doit estre ordonnee pour le diuin cultiuemēt ou vii liure ou xxi. chap fueillet lxi

¶ Responses des dieux
Par quelles manieres se dieu apollo et les aultres dieux donnoient leurs responses ou viii.e liure ou xx v.e cha fueillet lxix.
Commēt telles responses estoiēt plai

nes de deceptions et perilleuses ou
viii. liure ou xxve chap fueillet lxix
Que ceulx qͥ ont des richesses moien
nemēt et abondance de vertu viuēt
plus delectablemēt que ne font ceulx
qui ont grant abondance de richesses
⁊ moins de vertu ou viiie liure ou
pmier cha. fe xcii
Comment tresgrandes richesses sont
nuysibles a bien viure et pour quelle
cause ou viie liure ou pmier chap
fueillet xcii
Quelles richesses cōferent et valent
a feliate de vie actiue et quelles non
ou vue liure ou xxviie cha. fe lxxv
Item des richesses soubz ce mot

℅ Moiens en richesses

Et soubz ce mot Possessions
Que royaume peut estre trop grant /
et que ce nest pas bien de le croistre ex
cessiuement pose que len se peust faire
iustement ou viie liure ou ve cha.
fueillet xxxvii
Item vne autre cause peut estre prise
ou viie liure ou ve. chap fe xxxvii
℅ Que en bonne police cultiueurs de
terres doiuent estre serfz et barbaires
ou vernacles ou viie liure ou xviiie
chap. fueillet lx
Que len ne doit pas souffrir que serfz
soient oyseux ou viie liure ou xxxiie.
chapitre fe lxxx
Et de serfz soubz ce mot liberte et
seruitute

℅ Seruile

Commēt ce nest pas chose hōnorable
de demāder euures seruiles ou viie
liure ou quint chap fe xxviii
Commēt aucunes operatiōs sembla
bles a operations seruises ne sōt pas
seruises car elles sont faictes pour hō
neste fin et ses peuent faire gens hon
nestes ou viie liure ou xxix. chap
fueillet lxv
Et de ce au viiie liure ou second
chap fueillet xcviii
Comment aprendre a vser de voix /
ou de medicine ou dautre scieēce pour
gaing est chose mercennaire ⁊ seruise
ou viie liure ou secōd cha. fe. xxviii

℅ Soit

Commēt aucunesfois est expediēt fi
ner et determiner les choses p sort ⁊ a
la fortune ou vie li. ou tiers ca. fe. vi
Et de ce soubz ce mot election
Vng exemple de virgile cōmeut fort
tyrāniser fait finer la tyrānie ou vi
liure ou viie chap fe xii

℅ Translation de princeps

Comment la souueraine maiesté tēpo
relle est la plus grande seigneurie ou
la plus grāde gloire mondaine a este
translatee de part en autre ⁊ p quel
proces ou viie liure ou viiie. chapitre
fueillet pliiii
Des causes naturelles de telles trās
mutations ou translations Et des
causes de la maniere des proces ou
viie liure ou viiie cha fueillet lviii

℅ Vie actiue

Question assauoir mon quelle est la
meilleur en ce mōde ou vie actiue ou
vie contēplatiue ou vii. liure ou vii
chap. fe xx
Que la vie qͥ pticipe es dieux cestassa
uoir vie actiue et cōtemplatiue est la
meilleur ou vii. li. ou viie ca. fe. xx
En la questiō dessusdite sōt plusieurs

choses bien notables ⁋Vie contemplatiue. ⁋De ce soubz cest mot vie
actiue ⁊ soubz ce mot contēplation ⁋Viure delectablement ⁋Que ceulx q̃ ont
des biens temporelz moiēnemēt et abondance de vertu viuent plus delectablemēt
que ne font ceulx qui ont grant habondance de telz biens et deffaulte de vertu: ou
viie liure au premier chap̃ fueillet xviii. ⁋Finis tabule.

⁋Sensuit le repertoire des capers du vie viie et viiie liures de politiques

a
Cy commence
Au xxxie chap̃
Cinq raisons
Cinq cautelles

A
fueillet blanc
Cy commence
les polices
ordonner

B
ilz les diuisent
moins semblables
petit nombre
ou dommaiges

C
sur les chateaulx
sont appellez
ilz sont appellez
nombres sont

D
ainsi ont fait
de non boire
loix et de iustes
different

E
Glo. Quelle
a moyse
de Estapres
a aucuns que

F
que cuident que

soubz lup
est appliquee
le ait tel

G
presque deter
le nombre des
Car chūne
en sentent

H
pourete peut
sublimauit
dispenser
en sprte

I
Jay dit deuant
naturellement
Du xxiiie
ate ⁊ aux

K
declaire tantost
police fainte
aprennent
quilz sont

L
mettent plu
enpurent
nous auons
pour faire

M
ꝗ de generation
instituer

Tepte Item
les deux

N
lire laquelle
furent vng
par vng
est en cō

O
riences. Glo
sans art
aucun autre
delectation

⁋Sensuit de ycono
miques
A blanc
le pmier chap.
de perfection
ambiaeux

B
sicōme dist
toutes choses
en petites

C
autem adiuuimus
que ou il
de son honneur
Et aucunes

DD
aucuns sont
son fait
qui est femme

Fueillet

Cy commance le liure appelle yconomique lequel compo∫a aristote/z ou quel il determine de gouuernement de maison Et contient deux petiz liures parcialz.

Du premier il determine generallement de toutes les parties de maison et de toutes les communicacions qui sont en maison et contient vii.chapitres.

Le premier chapitre est le proheme ou il met son intencion et declare aucunes choses qui sont en son propos.

Du second chapitre il mect en generalles parties materielles de maison et traicte en especial de la partie appellee possession

Du tiers il determine de communicacion nupcial ou de mariage

Du quart il mect enseignemens pour le mary au regart de la femme.

Du quint il mect enseignemens au regart des serfs

Du sixte il determine de deux pties ou especes dyconomique.

Du vii. il determine de deux autres especes ou parties dyconomique.

Le premier chapitre est le pheſme ou il met ſon intention et declaire aucunes choſes qui ſont a ſon propos principal

conomique et politique ne differẽt pas ſeulemẽt tãt cõe differẽt maiſon et cite les qlles choſes ſõt ſubiectes ou les matieres de ceſtes ſciẽce. Car maiſon eſt dece de quoy traicte pconomiq̃ et cite eſt ce de quoy traicte politiq̃. Mais auecq̃ ce elle different. En ce q̃ politiq̃ eſt de pluſieurs princes. Et pconomique eſt dune monarchie. Glo. Car ſicõe appert p le viii. chapitre du tiers de politiques troys eſpeces ſõt de bõne police en vin. Ceſt aſſauoir en royaulme vng ſeul tient le ſouuerain princey et eſt monarchie. Et en chaſcune des deux autres q̃ ſõt ariſtocracie et cõmune police pluſieurs tiẽnẽt le princey. Mais en toute bonne pconomie vng ſeul eſt ſeigneur. Et poꝛce eſt elle dce monarchie de monos en grec q̃ eſt vng. et de archos qui eſt price ou ſeigneur et eſt celluy q̃ len appelle en latin pater familias.

Pour mieulx entẽdre ceſt liure len doibt ſcauoir que ſciẽce moralle eſt poꝛ reguler les opacions huainnes voluntaires. Et poꝛ les adꝛeſcier a bien et aduertir. Et de ceſte ſcience icy ſõt troys pties. Vne eſt dicte ethique de ethos en grec q̃ eſt murs ou acouſtumance et de pcos qui eſt ſcience. Et aucuns lappellẽt monoſtique de monos en grec qui eſt vng. et de pcos qui eſt ſcience non pas quelle ſoit de vie ſolitaire. Mais pource que par elles vng homme ſe ſceit gouuerner abſolument et generallement en tãt cõe hõe et non en eſpecial cõme partie de maiſon ou de cite. Lautre partie eſt dicte pconomique de pcos en grec q̃ eſt ymage ou ſignes de monos qui eſt regle. et de pcos qui eſt ſcience. Car par elle ſceit le principal de la maiſon faire ſignes et reigles ou oꝛdonnãces de gouuerner ſa famille et a ſoy ou regart de ſa famille. La tierce partie eſt politique qui eſt ſcience de gouuerner cite et grandes communitez. de laqlle eſt dit ſouffiſaument au liure de politique.

Item ſelon oꝛdꝛes de doctrines ethique eſt la premiere ſcience morale. Et pconomique la ſeconde. Et politique la tierce. Et pource apꝛes ethiques ariſtote traictie dy conomique ou premier liure de politique. Et traicte apꝛes es autres de communicaciõ politique. Mais pour plus complectement baillier ceſte ſcience ceſt liure eſt apꝛes politiques auſſi comme pour ſuplemẽt et pour declaration et parfectiõ de ce que fut traictie ou premier liure de politiques. Combien que pco

Fueillet

nomique psoit souffisamment traictie en tant comme elle regarde politique & que ce liure soit apres politiques il appert par ce que sera dit en la fin du quint chapitre ¶ Or auons doncques en ce tepte deux differences entre yconomique et politique Apres il met entre elles vne conueniece ¶ Tex. ¶ Or est a iuste que des ars aucunes sont distinctes tellement que vng mesme art ne fait pas la chose Et vse de chose faicte sicomme sont la harpe et le soner ¶ Glo. ¶ Car vng art est de faire la harpe & autre art de vser delles de la faire sonner ¶ Tex. ¶ Mais a politique appartient constituer & faire la cite des le comacement & vser bie delle apres ce que elle est faicte Et appert aussi dyconomique q̃ cest art par quoy lin peult acquerir & instituer maison & vser delle ¶ Glo. Et doncques aristote ne prent pas icy cite ne maison pour les edifices et pour les murs Car politique et yconomique ne sot pas ars mecaniques ne de telles choses mais il prent cite pour comunite ciuille auecques les appartenances toupte ce que il est dict au premier chapitre du tiers de politiques Et que cite est vne multitude de citoyens Et prent maison pour comunite domestique ou dostel auecq̃s les ordonnances apptenates Et selon ce il enquiert apres q̃lle ordre a yconomique a politique ¶ Tex. ¶ Et doncques cite est pluralite de maison & de heritaiges et de possessions en habu

dace de bien viure ¶ Glo. ¶ Ceste diffinicion est telle en sentence come celle q̃ est ou second chapitre du premier de politiq̃s Apz il approuue p deux raisos ¶ Tex. ¶ Car il est certain q̃ quant les gens ne peuent auoir ceste chose la comunite est dissolute & deffaicte ¶ Glo. Car en bonne police les citoyes viuet bie selon verite Et en mauuaise police ilz viuent bie selon opinion et quat ne peuet bie viure ne selon opinio & apparece ne comunicacio ne peut durer & doncq̃s bie viure est requise a cite ¶ Tex. ¶ Te bie viure est la cause pour quoy les ges comeuuent & couersent ensemble & la chose q̃ est cause de quelcoques choses est et est science celle chose est subst̃ace de ce de quoy elle est cause ¶ Glo. ¶ Quat il dit de subst̃ace cest adire q̃ elle est necessaire ac q̃ telle chose soit et doit estre approuuee a la diffinicio delle Et doncq̃s bie viure qui est la principale cause pour quoy on comuniq ciuilement doit estre mise a la diffinicion de cite Et apres il conclud q̃lle ordre ont ces sciences ¶ Tex. Et pour ce appert que yconomique est pmier deuant politique car maison est partie de cite ¶ Glose ¶ Et doncques yconomique pcede politiq̃ pource q̃ maison de quoy elle traicte est approuuee en la diffinicion de cite dot traicte politique Et ainsi pource que maison est ptie de cite & la partie precede le tout en ordre de generacion combien que le tout soit deuant sa partie en ordre

de perfection ⟨Texte⟩ ⟨Et doncques conuient voyr et considerer dyconomique et q́lle est l'euure d'icelle.

Ou second chap̄ il met en g̃nal les p-
ties materielles de maiso et traictie en
especial dr̄ la partie appelle possessio

Se maison est ptie de cite selon humain entendemẽt auss-
si possession est partie de maison G. Il entend p maiso co̱munique
domestiq aueccq́s les appr̃n. T. Et
cõe ainsi soit q̃ de chascune chose la nature est trouuee p cognoissance en ces
pties tres petites sẽblablemẽt est il de
maison G. Car de chascune chose q̃
est opose la cognoissãce de ces parties
la fait cognoistre Et doncques conuient il cognoistre les pties de maiso
Et por ce ce dit il apres T. Et de ce
disoit ung appelle esiodus q̃ en maison couiẽt q̃ le seigneur soit premieremẽt et sa femme et le beuf q̃ aire la terre Et ceste chose cestassauoir le beuf.
Et premierement pour grace des enfans et aussi dauoir nourrissemẽt et lautre chose ce est sa fẽme, et pour grace des
enfans ⟨Glo⟩ ⟨Pour les percepuoir et
nourrir Et sicõe il appt ou pmier cha
pitre de politiqus le beuf q̃ aire est es
poures gens en lieu de ministre ou de
serf Et doncques ces trops pties sõt
necessaires a maison quelconque tãt
soit petite ou poure Cestassauoir le

seigneur et la fẽme et q̃ les serue Car
la femme ne doit pas estre serue sicõe
il appert ou premier chapitre de politiques Et se aucune de ces trops dеf-
failloit en une hostel ce ne seroit pas
maison complectement et propremẽt
selon la premiere institucio̱ naturelle
Mais seroit maison impfaicte et diminue et comme chose inutile et tron-
chie ⟨Item⟩ plusieurs autres choses
et parties sont necessaires et puenables
a maison Mais sont les premiers les
plus principalles ⟨Tep⟩ ⟨Et por
ce il puiẽt ordonner et disposer biẽ les
choses q̃ sont quãt a traicter de la fẽme Cestassauoir quelle doit estre faicte bonne p bonne instruction et par
bõ enseignement ⟨Glo⟩ ⟨Et de ce se
ra dit ou second liure ⟨Tep⟩ ⟨Et
de la possession la premiere cure est de
celle q̃ est selon nature et celle cy est selon na̱e q est laboratiue Cestassauoir
en laborant la terre Et la scõde chose
est de choses q̃ sen traicte de terre sicõe
il est en la cure methaliq̃ C̄est a dire
des metaz et de telles choses ⟨Glo.
Car sicõe il appt p le pr̃ chapitre du
premier de politiques des possessions
ou richesses les unes sont naturelles
sicomme sõt les fruiz de terre et les autres artificielles comme or et argent
et telles choses ⟨Glo⟩ Aps il prou
ue p trops raisons q̃ la cure de possession q̃ est en cultiuemẽt de terre est la
premiere T. Et la cure geogiq̃ cest a
dire de cultiuer la terre ⟨G⟩ Elle est
dicte yconomique de ge en grec q̃ est

A.iii.

terre ⁊ de orge q̃ est culture ou labour Et selon ce vng liure de Virgille est appellé georgiques Et mesmemēt la premiere pour ce q̃lle est iuste, car elle nest pas faicte p̃ inhũanite ne p̃ violēce sicōe est la cure dacq̃sition q̃ est p̃ bataille ou p̃ guerre ¶ Glo. ¶ En vng texte a sicut Bellite ⁊ en laultre sicut venacite sicōe dacq̃sition faicte par vener Et nest pas a entendre q̃l ne soit aucune acq̃sitiō par vener ou par guerre qui est iuste Car sicomme il appert ou ṽ. chapitre du premier de politique la premiere guerre iuste selon nature est contre les bestes ⁊ cōtre aulcuns hommes ¶ Mais toutesvoyes acquisition sans telle violence est plus naturelle Et mesmement par cultiuer la terre Sicomme il declaire apres. ¶ Texte. ¶ Et ceste cure ou acquisition est des choses qui sont selon nature Car a toutes choses le₂ nourrissement est ⁊ vient naturellement de leur mere Et pour ce dont viēt nourrissemēt a hō̄e de la terre ¶ Glo. ¶ Et selon ce les poetes appellēt la terre la grande mere Si comme virgille q̃ dist Salue magna parens frugũ ⁊ saturnia tellus Et ouide dit que les pierres sōt les os de la grande mere laquelle est la terre Magna parēs terra et lapides in corpore terre Ossa reor dici Et en la saincte escripture est dit p̃saz in diem sepulture in matrē omnium Et doncques ainsi comme lenffant est nourry du laict de sa mere na⸗e hũaine est

nourrie des fruiz de la terre et est chose naturelle ¶ Tep ¶ Item la cure de cultiuer la terre confere et vault moult a la vertu de fortitude Car elle nest pas comme sont les eu〈u〉res ou ars sabtiles Cest adire de forgier ou de telz fors mestiers qui font les corps inutilles a fortitude Mais ceste cure les faict puissans pour aller hors pour labourer Et plus puissās a soustenir perilz contre les ennemis ou aduersaires. ¶ Glose. ¶ Troys manieres de nourrissemē̄s ⁊ de exercitacions ou labours sont Car aulcuns sont nourriz trop delicatiuement ⁊ trop en repos Et par ce sont effeminez moulz fiebles ⁊ inutilles aux armes ¶ Et les aultres sont nourriz trop durement ⁊ par trop fors labours Et par ce sont sauuaiges et aggrestes ou rudes ou fiebles ou inhabilles a bōs faiz darmes Mais les autres qui sont nourriz ⁊ exercitez en labours moyennement sont habilles a biē Et es pays ou es terres ne sont pas trop fortes a labourer pour arer ou pour beschier les cultiueurs des terres entre les aultres multitudes populaires sont plus tost comme dit est Et selō ce dit plinius ou v̰. dit liure que tresfors hōmes ⁊ tres vaillans cheualliers sont engendrez des cultiueurs de terre ⁊ qui pensent tres peu de mal Item il appt̃ par le quart chapitre ou sipte liure de politiques. comment telles gens sont moins machinatis̃e moins couuoiteux moins ambicieulx et plus obeissãs que qlcõ que autre multitude populaire. Et pource Virgille ou second liure de georgique descript lettre et recõmande moult la vie ⁊ lestat de telz cultiueurs de terres ⱺ fortunatos nimiũ sua si bona nouerit agricolas ⁊c. Et dõc ques raisonnablemẽt ceste cure ou acqsicion doit estre la premiere car elle est iuste et est natrelle ⁊ dispose a biẽ

Tep. Et ces choses ou cures ou possessiõs sont tãt seullemẽt hors de maisõ G. Et est assauoir les terres labourables ⁊ les minieres ou quartieres Et pce il denote q autres possessiõs sõt dedẽs la maisõ dont il dira apres.

Du tiers chap il determine de cõmunicacion de mariage

Aux hões la pmiere cure doit estre a chũn de sa fẽme ou espouse G. Car aps le seigneur la fẽme est la pmiere cõe cõpagnie Secondemẽt sont les enffãs ⁊ tiercemẽt les serfz ⁊ les possessiõs Aps il declare q ceste cure doit estre premiere pour lix cõdicions q sont en cõmunicacion nupciale ou de hõe ou fẽme plus que en autres cõmunicacon domestiq car elle est natrelle raisõnable amiable ⁊ pfittable diuine et cõuenable Tep. Car mesmemẽt et deuãt toute la cõmuicaciõ de la femelle ⁊ du masle ensẽble est natrellemẽt Car nous le sup/

posons p ce q nous auõs dit en antes liures G. Cestassauoir ou second liure de lame et ou liure de gnacion des bestes ⁊c. Et que nature a faicte et destre ouurer moult de choses de ceste maniere G. Cest assauoir plusieurs suppostz telz cõe pere et mere p gna/ cion soupte ce q dit lescriple Crescite et multiplicamini ⁊c Et est dit ou second liure de lame q cest chose tresnaturelle Natalissimũ eni opũ in viuẽtibus facere alterũ Et a ce hommes et bestes ont appetit naturel

Tep. Sicomme a chascune des autres bestes et toutesuoyes cest impossible q la femelle sans le masle et q le masle sãs la femelle face ceste chose Glo Cestassauoir q il est impossible p natre Mais non pas quãt a la puissance infinite et diuine q est p desus natre. Tep. Et poce de necessite la societe ⁊ cõpagnie drulx est en cõmunicacion il sensuit q ceste cõmunicacion est natrelle Et pource dit la lop au cõmãcemẽt des digestes q mariage est droit naturel Jus naturale est marie femine coniũctio quã nos matermonium appellamus Et ce est a entẽdre q mariage est naturel nõ pas de necessite de nature aussi comme le feu art Mais nature encline en ce et volunte la complit Et aultrement que es bestes mues sicomme il appt tantost apres p la second condicion

Tepte Item es autres bestes ceste chose est sans raison ou sans entendement et seullement pour grace

A.iiii.

Fueillet

et affin de commue pticipacion de nature Mais es hommes et es bestes plus prudentes ceste chose est plus de articulee Glo. Et doncques premierement a nature humaine ceste chose ou commuicacion est par nature et raison Et ainsi nature comune aux hommes et aux bestes Et nature est propre a homme laquelle est raison qui encline homme ace Et par consequent elle est plus naturelle a nature humaine que en aultre espece Item elle est plus dearticulee Car les autres bestes habitet indifferaumet en une espece le masle et la femelle sans esiection et sans usage de raison Mais il aduient souuent q̃ deux ieunes gens homme et feme ayment lung lautre en especial par election et plaisance de cueur et damour qui est anecques usage de raison Combien que aucunesfoiz elle ne soit pas selon droit raison Et selon ce ouide fist ung liure de art de tel amour laqlle nest pas entre les bestes Mais aucunesfoiz est chaste amour Et prepare a mariage Et se pechie est en elle cest vice humain Mais aller indifferaumet a quelconque sans autre amour que pour acomplir sa concupiscence cest vice bestial

¶Item encor est ceste communicacion aultrement dearticulee que selon raison naturelle ung seul doibt auoir une seule sicomme il appert par le xxx. chapitre du viii. liure de politiques Et doiuent estre dung estat ou condicion ou pres et non pas prouchain de lignage sicomme il appert par le quart chapitre du second de politiqs Et telles choses ne sot pas entre les bestes mues

¶Item ce que il dict au texte et les bestes plus prudentes sicomme par auenture les tuertres ensemble ont ceste comunicacion pl⁹ dearticulee q̃ les autres Et nest pas a entedre q̃ ilz aiet propre prudece q̃ est une vertu Mais ilz sont dictes prudetes p similitude et ipropmet Apres il met q̃ ceste pmunicacion est amiable Tex. Item en pmunicacio de masle et de femelle gnallemet appoissẽt pl⁹ les ay des q̃ ilz sont lung a lautre et les amitiez et les opacios q̃ sont et euurẽt ensẽble Sicõe nous voyõs aulcũs oyseaulx q̃ sentraident a faire leurs nyz et a nourrir leurs petiz oyseaulx ¶Tex Mais toutesuoyes telles choses apparoissent pl⁹ en nate huaine Car le masle et la femelle font les opacions ensẽble et sont lung pour lautre non pas seullemet pour grace et affin destre ou de viure Mais pour grace et affin de bien viure ou de bien estre

¶Glose ¶Cestassauoir selon vertu et amitie de mariage laqlle oprent toutes les causes et damitiez especes sicomme il appert par le viii. chapitre de le viii. dethiques Car elle a en soy bien utile et bien delectable et bien de vertu et double delectacio Cestassauoir charnelle et vertueuse ou sensitiue et intellectiue. Ite cest amitie singuliere charnelle est entre vng seul ⁊ vne seulle sicōme dict est et appert par les raisons qui furent touchiez ou p̄ viii. chapitre du viii. dethiques Et se aucuns ont eu plusieurs femmes cestoit pour opportunite de multiplicacion de lignee ou p̄ dispensation diuine ou hors droit cōuenable a nature humaine ¶ Item ceste amitie est permanente ⁊ stable ⁊ sans departement sicomme il appert par le xx. vi. chapitre du viii. de politiques Et est louee ce q̄ dit lescripture Quod deus ꝯiunxit homo non separet ¶ Item elle est tresgrande sicōme denote lescripte ou liure des roys en disāt que ionatas estoit plus amiable que femme Amabilis sup amorē mulierū Et le sage dit ainsi Species mulieris epilarat faciem virt sut ⁊ sup omnē ꝯcupiscencia hois ducet desideriū Ecclesi. xxx vi. Itē de lamour p̄cedēte dont est plꝰ deuāt dist q̄ iacob seruit par lespace de vii. ans pour lamour de rachel Et luy sembloit le temps brief pour lamour qui estoit grande Et selon ce dist lescripture porce lessera vng hōe pere ⁊ mere et il se adherera a sa fēme Car lapostre ꝯmande q̄ chascū aime sa femme cōe soy mesmes ¶ Item encor appert p ce q̄ nature mist delectacion de couple charnel es bestes tant seullemēt por cause ⁊ affin de gn̄aciō Mais elle mist aux gēs telle delectaciō pour la cause dessusdicte et pour acroistre ⁊ ꝯtinuer amitie ⁊ garder entre homme et fē

me Et de ce est signe ce que dit plinius q̄ nulle femelle de putes q̄ elle a cōceu ⁊ est prenante ne appete tel couple charnel fors tant seullement femme. ¶ Item la plus grande vnite est cause de plus grande amitie Et pource fut dit ou quint chapitre du second de politiques que deux amis desirēt estre vne chose Du peut len dire que le mary ⁊ la femme sont plus pres de vnite que masle ⁊ femelle et aultres especes pource que la premiere fēme fust formee de la coste de son mary Et ne fust pas ainsi dautres bestes Et porce dist lescripture que les mariés sont deux en vne char Or auons doncques comme ceste communicion est amiable Apres il met comme elle est proffitable.

¶ Item la nature des filz nest pas seullemēt porce sa ministremēt de nature Glo. sicomme es bestes aus quelles nature administre lignie seullemēt por la ꝯtinuaciō des especes. Mais auecq̄s ce elle est pour cause de vnite ou de proffit Car ce q̄ les parēs quāt ilz estoiēt puissās ont fait ou firēt a leurs enffās quāt ilz estoiēt impotens ilz raportent dece ⁊ recoiuent dece le pffit en leur vielesse quant ilz sōt faiz impotēs. Car sicōe il peult appoir p le p̄ptiē. chap du vii. dethiques les enffās ꝯmunemēt au mestier de leurs parēs tāt por nourrissemēt cōe pour doctrine iusq̄s au tēps ou presque les parēs ont mestier de layde de leurs enffans pour cause de fieblesce de impotence & ces aides ou pfitz des pares aux enffás & des enfãs aux parens ne peut bõnemēt estre faiz se les parens ne sont cõioins ensemble par mariage ou aient este. Et doncques ceste communicacion est proffitable. Apres il met cõe elle est diuine. ¶Tex. ¶Item auecques ce nature est periode ou circulaciõ de generacion es suppostz pticulieres mais est continue tousiours en estre quant a sõ espece. G. Cest a dire q̃ p ce dure tousiours en espece hũaine p perio de est a entendre cõtinuacion de gñaciõ. Et est dit de pery en grec q̃ est enuirõner ou circuit & de odos q̃ est voye. Car ceste continuacion de gñacion est causee soubz dieu de la circulaciõ ou mouuemēt du ciel. Et ainsi periode signifie le temps ou la duraciõ dune chose. Et porce q̃ nature ne peut pas faire q̃ chascun hõe vng p nõbre ou en nombre dure tousiours toutesuoyes elle faict la communicacion p espece ou espece. Glo. Car chascune chose appete naturellemēt la cõtinuacion de son aistre. Et nature ne peut faire vng hõe tousiours viure. Et porce elle ptinue laistre et la nature dung hõe ou son sēblable en espece p gñaciõ & est selõ lescripte q̃ dit que le pere mort est aussi cõe sil ne fust pas mort. Car il y a leisse son filz sēblable a luy. Mortuus est pater illius & quasi nõ est mortus simile eni sibi relinq̃t post se. Et sicõe dit aristote ou secõd liure de lame ainsi est il de toutes choses vi

uātes afsi q̃ elles pticipēt en estre ppetuelle & diuine & imortelle selõ ce q̃lle peut. Et ce dit aristote porce q̃ ppetuitez & imortalitez sont choses diuines. T. En ceste maniere la nature de lũg et de laut cest a sauoir du masle et de la fēme sut deuāt ordõnee ou pordonnee de chose diuine ou de p dieu a cõmulicacion. G. Et mesmemēt en nature hũaine de laq̃lle dieu a especialle solicitude & cure. Et doncq̃s selõ le philosophe mariage est dit diuine or dõnãce. Et a ce accorde ce q̃ dit nostre sauueur q̃ dieu feist pictiõ Mõ ergo deb piũ pñt &. Et aussi il fut ne en mariage & fut presēt aux nopces la ou il fit le pmācemēt de ces signes p vng gracieux & ioyeulx miracle en muāt leau en bon vin. Et pce il approuua mariage cõe chose saincte laq̃lle dieu benyt des la pmiere creaciõ. Masculū & femināb deb creauit eos & bñdixit illis. Et est mariage vng sacramēt et donc q̃s est ceste chose diuine. Apres il met cõe cest q̃uenable chose. T. Itē il puiēt q̃ toutes les choses prises & req̃ses a ceste chose aient vertu p̃fitable et puenable a elle mais aucues de ces vertus ou puissãce sont a choses contraires et toutes uoyes elles sõt puenientes ou puenables a aucues choses. G. Cest a sauoir acq̃sitiõ & puersaciõ de mariage. T. Car nature a fait lung pl9 fort cest lomme et lautre pl9 feible cest la fēme. Et q̃ lautre p sa force face reuerence ou deffēce. Glo. Et pce la fēme se garde de mal faire. Et

le mary garde soy et elle de mal souf/
frir et ce est une utilite Aps il met lau
tre ¶Tep. Et affin que lung quiere
et procure les choses que sont hors lostel
ce est le mary et que lautre saulue et gar
de celles qui sont dedens ce est la fême
Et puiez que lung cest le mary soit puis
sât et fort et robuste a opacion Et lau
tre est fieble aux negoces dehors et lo
mee est pire ou non disposé a repos et
meille ou mieulx disposé a repos aux
mouuemês ou a plusieurs labours
G. Et doncques lôme est plus chault plus
fort et plus actif Et la fême est plus froi
de et plus fieble et plus passiue Et ceste
contrariete ou uariete les ont enclines
a diuerses opacions lesquelles leur sôt pr
fitables et couenables pour uiuer en/
sêble Et pource quât ceste contrariete
ou dissimilitude est naturellemêt et selô
meurs bien pporciônee elle est doulce
et delectable Et selô ce disoit le sage que
home et fême que sôt côsentâs ou bien accord
ensêble cest une chose plaisâte a sô es
perit aprouuee et louee de dieu et des
hômes Et me semble que cest aussi com
me en musique la dissimilitude et ine
qualite de sons fait bon accort et bon
ne consonance quât elle est deuemêt
pporciônee Et p auenture en significa/
ence de ce ordôna nature que uoix de hô
me au regart de uoix de fême est co
munemêt en la pporcion de son qui fait
la meilleur psonance ce est double et est
appelle dyapason en musique
¶Je a ceste propos ouide ou liure de
art de amer met comme la uigne est

de economiques li.

fieble et seche et ne se peut p soy souste
nir et porter fruit et c. quant elle est cô
iûcte a labre elle est soustenue et port
fruit Et sêblablemêt dit il de la fême
au regart de lomme Et doncques ceste
cômunication est delectable et profita
ble et est tres couueniête Et pource dit
lescripture Amicus et sodalis in tem
pore conueniêtes et super utrosque mu
lier cû uiro Apres il met difference et
conuenience entre les parês et les en
fans ¶Tep. ¶Et des filz la generaciô
propre et lutilite est commune ¶Glo
Car les parens sont la generaciô des
enffans Et les enffâs ne engendrêt
pas leurs parens Et doncques la ge
neracion est propre aux parês et ce est
la difference Et doncques les parês
aydent aux enffans en leur ieunesse
Et les enffans aydent a leurs parês
en leur uieillesse Et pource dit il que
Utilite est commune et ce est la conue/
niêce ¶Tep. ¶Car aux ungs ap
partient nourrir et aux autres enseig
nier ¶Glo ¶Une epposition est car
il appartient aux enffâs nourrir leurs
parens Et aux parens enseignier
leurs enffans Cest assauoir en ieu/
nesse ¶Une aultre epposicion est que
il appartient aux unges ou a une nour
rir les enffans Cest assauoir aux me
res ou aux aultres enseignier les en
bonnes meurs Cest assauoir au pere
toutce que dit lescripte Et si filii tibi
sût erudi illos Or auôs doncques cô
pmunicacion de masle et de femelle est
en espece humaine de ordonnâce diuine

Fueillet.

non pas seulemēt por cause de gńa/
ciō cōe aup autres bestes mais auec
q̄ ce por cause de mutuelle ap de ꝯ se/
lon ce q̄ dieu dist au cōmācemēt q̄ ce
nestoit pas bō q̄ hōe fust seul ⁊ q̄ il se/
roit ūne chose sēblable a luy q̄ luy ay/
deroit Nō est bonū hoīez esse solū fa/
ciamꝰ ei ablutoriū simile sibi.

¶Du quart chap il mect enseigne/
mēs pr le mary au regart de sa fēme

Et dōcq̄s le mary doit auoir
pmieremēt auctorite ⁊ gar/
der les loix ⁊ regles de sa fē/
me ⊙. Et sōt en ce cha. iiii. reigles ou
enseignemēs ꝉ. Une est car il ne la
doit pas iniurier car en ceste maniere
ou p ce il fera q̄ le sera pas iniurie p
elle ⁊ ceste chose ensuit cōe loy ¶ Glo.
Car cōmuēmēt la femme est meue ⁊
coursee ꝯtre sō mary quāt il luy faict
iniure Et se peult dire mieulx q̄ cest
une loy ꝯmune cestassauoir q̄ le ma/
ry ne doit pas iniurier sa fēme. Et ce
cy mist pitagoras ⁊ ple de ii. manie/
res de liures. ꝉ. Car sicōe dient ceulx
q̄ ensupuēt ūng philosophe appelle
pitagoras ce nest pas chose aduenan
te de cuyder q̄ lē doiue iniurier sa fē
me aussi cōe une seruāte q̄ lē auroit a
menee dūg puure hostel ⊙. Qui trai
ctie de sa fēme aussi cōe sa seruāte ou
sa garce lon sy fait iniure Car sicōe
il fut dit ou premier chapitre de poli
tiq̄s fēme serf ou serue sōt choses dif/
ferātes p nase mais entre les barba/

res ilz ont tout en ūng ordre fēme et
serf et est mal Et porce selō la saincte
escripture ⁊ selō aristote la fēme est cō
paingne ⁊ nō pas serue. Aps il mect
une autre iniure. ꝉ. Et auecq̄s ce
les ꝓūctiōs charnelles de hōe q̄ sōt
faictes dehors Cestassauoir aux au/
tres fēmes sōt iniures ⊙. Et est mal
selō aristote qui mect expressemēt ou
pꝑ viē. chap de viii. de politiq̄s Aps
il met le secōd enseignement ¶ Tep.
Itē quāt ē de ꝯgnoistre sa fēme char
nellement le mary doibt faire quel/
le nait pas de ce deffaulte ⁊ ne doibt
pas tant de ce faire q̄ se ne se peult cō
tenir sil aduenoit q̄ le mary fust aussi
cōe ūng de ceulx q̄ sōt absēs ¶ Glo.
Sicōe sil estoit malade ꝉ. Mais il
doibt de ce user tellement qui souffist
a la femme lup presēt et nō present.
Glo ¶ Car se il estoit de ce trop absti
nent la fēme pourroit traire soy ūers
ūng autre Et sau ꝯmācemēt il fre
quēte moult telle chose quāt apres il
seroit absēt ou cōe absent la femme q̄
auroit acoustume telle chose ne se por
roit ꝯtenir Aps il met le tiers enseigne
mēt ¶ Tep ¶ Itē ce q̄ esiodus dit est
biē tost assauoir q̄ ce est chose ꝯuena/
ble ⁊ eppediente a hōme qui prengne
⁊ espouse femme pucelle Cest adire
ieune daage affin q̄ luy enseigne bon
nes meurs Car auoir meurs dessem
blables cest une chose qui nest en riēs
amiable ⊙. Car amitie ne peut estre
ēs psonnes q̄ ont volūtez cōtraires
Et telz sont ceulx dont les meurs

¶ Le premier liure.   de yconomiques   vii.

sõt mal proporcionnes z discordables
Et quãt la femme est ieune le mary
la peut mieulx doctriner a sa volũte
que se elle estoit plus aagee. Apres il
met le quart enseignement. Tep. Itẽ
quant est laournemẽt de maries aus
si cõe il ne conuient pas quilz approchent ensemble par mariage esleues
en meurs semblablemẽt il ne cõuiẽt
pas quilz soient esleuees en habiz de
leurs corps. Glo. Selõ vne ex
posicion esleues cest adire differens z
discordans. Et doncques ilz doiuent
estre conformes en meurs et en habit
Car se le mary estoit trop coint on di
roit quil aymeroit vne autre z aussi
de la femme. Et par auenture il veult
dire qlz ne doiuẽt pas estre esleues ne
orgueilleux ne en meurs ne en appa
rence de vestemens. Tep. Car en
tel apparement q̃ ont homme z la fẽ
me q̃ sont ensẽblees p̃ mariage tel aour
nement ne differe en riens des parol
les q̃ lẽ sceut faire es tragedies. Glo.
Cest adire tel espces de coinctise est
laide chose z deshoneste aussi cõe sont
les parolles de tragedies ou selõ vne
autre expposicion telle chose donne a
cheison de plẽr en mal sicõe lẽ ple en
tragedies. Et sõt dictes rimes de cho
ses villaines z deshonnestes. Et est
dit de tragos en griec q̃ est bouc vne
beste puant. Et en signes des ordes
parolles z diffamees q̃ lẽ disoit en tel
les rimes lẽ donnoit vng bouc.

¶ Ou quint chapitre il met enseig
nemens au regart des serfs.

Des possessions et la p̃miere
z la plus necessaire est celle q̃
est tresbõne z tres principale.
Et ce est hõe. Glo. La femẽ les
enffãs ne sont pas p̃premẽt possessions, mais il appt p̃ le tiers chapitre
du premier de politiq̃s q̃ le serf est pos
session proprement et vng instrumẽt
vif et qui se meust p̃ soy. Et est simple
mẽt et absolumẽt la chose du seigneur
Et pource dit lapostre. Seru9 dño suo
stat aut cadit. Tep. Et porce ce est
bon p̃premẽt dordonner p̃mieremẽt
q̃ les serfs soiẽt vertueulx et bons
Glo. Et ce nest pas a entẽdre de vertus
p̃fectes mais de telles vertus comme
serfs peuẽt z doiuẽt auoir. Et ce fut
determine et declare ou p̃vie. chapi
tre du premier de politiq̃s. Apres il
met vne distinction. Tep. Et tou
tes voyes des serfs sont ii. especes le cu
rateur z lopateur. Glo. Car selõ
ce q̃ appt p̃ le premier et p̃ le quit cha
pitres du p̃mier de politiq̃s aucuns
sont serfs de natre et p̃ natre. Et nont
pas prudẽce de considerer z regarder
qui est a faire. Mais ilz sont rudes et
fors et telz sont operateurs z font les
euures seruilles z ont mestier daucũ
qui les ordonne z adresce. Et qui leur
commande ce quilz doiuent faire. Et
tel est appelle curateur ou pcureur
Car sicomme il appt ou quint chap

Fueillet.

du viie. de politiques Cōmāder choses et euures seruilles nest pas chose hōnorable Et pource sicōe il appt ou viie. chap du premier de politiqz les seigneurs puissās entēdēt a opaciōs hōnorables Et ont leurs procureurs qui pmādēt aux serfs ꝯ en politique tantost deuant est allegue ung prouerbe ancie q̄ serfs est deuāt serf ꝯ seigneur deuāt seigneur/car tel curateur est moyen entre le seigneur ꝯ ceulx qui sōt ppremēt serfs ꝯ est seigneur au regart deulx Et serfs au regart du seigneur ꝯ ce est en grande maisō car en petite maisō le seigneur tiēt le lieu du curateur Aps il met ung enseignemēt au regart des serfs. T. Et pource que nous voyōs que les doctrines disposent les ieunes hōes ꝯ les sōt telz ou telles q̄ il est necessaire q̄ lē nourisse le serf q̄ doibt ordonner les autres Et que lē luy monstre des euures les plus liberalles ausq̃lles il doit entēdre. Glo. Le curateur ou procurateur de la maison lequel aucuns appellēt pconome cest expedient q̄l soit nourry a lostel du seigneur Et quil soit introduit en euures plꝰ liberalles ꝯ plus honnorables que ne sont celles q̄ font ceulx q̄ sōt serfs p nature Et quil soit prudent pour faire lonneur ꝯ proffit de lostel Et le bon plaisir du seigneur Et dōcqs la chose familiaire sera en bōne psperite selō ce q̄ dit le sage Seruus aut̃ sapiēti psperi erunt actus Aps il met ung aultre enseignemēt q̄ regarde les serfs opatifz. Tex.

Jtē lē doit auoir telle maniere de parler aux serfs ꝯ tellemēt les traicter q̄ lē ne leꝰ dpe ou face iniure ꝯ q̄ lē ne les seuffre estre dissolus. G. Car se tu es trop familier et trop de bōnaire a son serf il sera fait orgueilleux ꝯ sicōe dit le sage Lapa manꝰ illi et querit libertatē. Jl ne vouldra seruir ꝯ se tu luy fais iniures il se reuēgera ou il se fuira sicōe dit le sage Si le serf a eū iniuste in fuga puertet Et selon ce q̄ fut dit ou v. vie. chapitre du second de politiqz cest grāde maistrise de tenir ges serfs en bōne obeissance Mais lē doit regarder leurs cōdiciōs ꝯ leurs meurs ꝯ les tenir en tel moyen que lē ne soit vers eulx trop rigoreux ne trop mol ꝯ a ce tendent les enseignemens qui sont apres. Tex. Jtem les serfs ou seruiteurs q̄ sōt plus liberaulx lē les doit honnorer. Glo. Ce sōt les curateurs q̄ ne sōt pas serfs par nature Mais participent grandement en raison ꝯ en vertu ꝯ hōneur est loyer de vertu selō aristote ou quart dethiques Et pource lē les doit hōnorer aymer iouxte ce q̄ dit la sage Seruus sensatus sit tibi delictus quasi anima tua. Lē doit aymer ung sage seruant cōe sa vie car il est plus digne destre seigneur q̄ les filz se ilz sōt folz Seruꝰ sensatus dōabit stultis filiis. Tex Et aux serfs operateurs on leur doit donner plus de viande. Glo. Car ilz ne pticipēt en vertu q̄ poy ou nyēt ꝯ ont plꝰ cure de pffit q̄ de hōneur Et pource quilz labourent fort corps rellement plus de humeur est consumee et gastee en leur corps par quoy ilz ont mestier de plus grant nourrissement Et de plus grosses viandes Et de ce dit le sage Cibaria et virga et onus asino panis et disciplina et opus seruo A lasne a mãger la verge et le fais aup serfs le pain et discipline et besongnier ☞Tep. ☞Item pour ce q potacion de vin ou de boire vin fait iniurieup mesmes ceulp q̃ sõt frãs et de franche volunte ou a nature Et que moult de gens se departent de bõnes euures ou des bõs pour boire vin sicomme firent ceulp de calcedone en vng ost ☞Glo. ☞Peut estre q̃ pour ce q̃lz furẽt pures ilz desobeirẽt a leurs capitaines et furent desconfiz Et plusieurs ostz ont este desconfiz pour auoir trop beu Car le vin par ces fumees parturbe le sens et mesmes des gẽs raisonables Et encor plus de gens serfs qui ont poy de raisõ Et qui boiuent oultre mesure quant lẽ leur donne Et parce sont faiz par esceup et endormis et inobedien̄s ou iniurieulp.

☞Tep. ☞Il est chose manifeste que de ce lẽ doit dõner a ses serfs ou nyẽt ou peu q̃ Cestassauoir de vin et de tout nourrissemẽt delicatif Car q̃ sen acoustume en ieunesse lẽ ses trouue aps contumap et rebelles sicõ me dit le sage Qui delicate a puericia nutrit seruũ postea sensiet eũ cõtumacẽ

☞Tep. ☞Item trops choses sont besongne peine ou correction et viure ☞Glo. ☞Ces trops choses doiuẽt

estre distribuees aup serfs et leur appartiẽt Et cest selõ lescripture alleguee Panis et disciplina et opus seruo

☞Tep. ☞Et autre chose cestassauoir non pugnir le serfs q̃ quil ne besongne et quil ait son viure cest ce q̃ se fait iniurieup ☞Glo. ☞Et quãt ilz sont nourriz en oysiuete Car qui ne laboure ne doibt pas mengier sicõme dit lapostre Et a cest propos aristote ou vii. chapitre du septiesme dethiques allegue vng prouerbe ancien Non est seruus vacans Le serf ne doit pas estre longuement oysieup et est selon lescripture qui dit Mitte seruum in operacione ne vacet multam enim miliciam docuit ocioſıtas Oysiuete les fait mauuaiz

☞Tep. ☞Et vne aultre chose cestassauoir faire les euures et auoir peines ou punicions et nõ auoir sõ viure cest chose violente et que fait et est cause de debilite ou feiblece ☞Glo. ☞Et doncques reste q̃ lẽ doit dõner au serf euures a faire et viure souffisant Et ce declaire il apres par deup raisons ☞Tep. Car cest impossible sauoir dñacion sur son serf sãs luy dõner louier Et au serf son louier et son viure ☞Glo. Car le serf cõe dit est cest possession et instrumẽt de seigneur et ne peut auoir des biẽs de fortune riẽs q̃ soit sien en tãt cõe serf dõcq̃s quãt loyer ne luy est deu fors sõ viure Mercces fructus ventris Et est a entendre du serf opatif q̃ est serf naturellement. ☞Tep.

☞Item aussi comme aup aultres

Fueillet.

gens quāt len ne fait bien aulx bons ⁊ len ne faict retribution de bonte et pugnicion de malice ilz sōt faiz pires en ceste maniere est il dit des serfs. ¶Glo. Et encor plus car les serfs nont pas tant de vertu ou de raison qui les reprouue quant len leur donne occasion de mal faire et des autres qui sont frans de nature encores sont tres peu qui ne deuiennent mauuais ou moins bons quant ilz voient que len nest remunere pour bien faire ne pugny pour mal faire Et qui puis estre que les bons ne sōt deprimez ⁊ les mauuais auanciez Ecce ipsi peccatores ⁊ abundantes in seculo obtinuerunt diuicias ⁊c. Et pource disoit le prophete que a peu que il nauoit erre ⁊ soy party de la bonne voye Mei autem pene moti sunt pedes pene effusi sunt gressus mei ¶Et de thomas de cautorbie disoit vng quil deuoit bien estre loue car il osa estre bō en mauuais temps ⁊ soubz dur prince. Debet laudari quoniā sub principe duro temporibus qz malis ausus est esse bonus Et pource les princes doiuent souuerainement entēdre a pugnir les mauuais ⁊ honorer les bons Car parce il peut faire le monde bon ou mauuais Car sicomme il appert ou p vii. chapitre du tiers dethiques de la vertu de fortitude es citez ou gens paoureux ⁊ couars sont sans honneur ⁊ vittuperez ⁊ ou les forez bonnes gens darmes sont honorez pour certain illecques sont trouuez gens excellens en telle fortitude Et aussi est il des aultres vertus et des ars Et dece dit sinatus en vne epistre ¶Vetus sciencia est artes honore nutriri eam nostre etatis confirmauit vsus nemo enim belli motus aut domi clarus exortem premii sensiit industriam Ita enim dignus fructꝰ tribuitur eandem viam cappeffera, bz spes preparatur Et pource dict le sage que deux choses luy desplaisent bon homme darmes qui a deffault p pourete ⁊ homme bien sense dont len ne tient compte ¶In duobus contristatur cor meum ⁊c. vir bellatur deficiens par inopiam. ⁊ vir sensatus contemptus Et de ce dit vng. 6. de Bourges que les prelas de son temps corrumpoient le college de saicte eglise parce quilz ne curoient des bons estudians ⁊ promouoient adulteurs ⁊ leur lignage ⁊ autres par mauuaises faueurs Apres il conclud son enseignement ¶Tex. Et parce il conuiēt deliberer ⁊ distribuer dignemēt ⁊ iustement aux serfs chascune des choses Cestassauoir et vestemens ⁊ repos peines ou pugnicions Et conuient ce faire par parolles et par eures. ¶Glose. Car tel est q̄ craīt estre blasme et est assez pugni de parolles et vng autre est de pire nature qui ne peut estre doctrine de parolle. Et dece dit lescripture Seruus verbis non potest erudiri Et quod dices intelligit ⁊ respondere contempnit Et pource il conuiēt corriger de fait sicōme dit le sage en vng aut lieu seruo maliuolo tortura; cōpedes Et donc ques pugnicion et viāde et toutes les choses dessusd leur doiuēt estre distribuez selō leurs meurs ↋ selō leurs cōdiciōs ↋. Et q̄ lē ensuyue la vertu ou maniere des medicīs en la vertu de la medicine Car farmacie cest a dire medicine lapatiue nest pas viāde po² la p̄tractez Ie cuyde q̄ en cest mot propter p̄tinuitatē les teptes sōt corrūpu̲z ↋ sōt les oppositeurs moult empeschier de exposer ceste clause / mais quāt a p̄pos il souffist dire q̄ telle medicine nest pas nourissemēt Mais est pour la corriger ↋ doncques la q̄uiēt moderer ↋ faire pl9 forte ou pl9 sieble selō la qualite replepiō ↋ Vertus p̄plepiō du corps Et sēblablement la peine q̄ lē dōne au serf nest pas nourissemēt du corps et sēblablemēt la p̄eine q̄ lē donne au serf nest pas nourissemēt mais est po² le corriger doit estre pl9 grāde ou pl9 petite ↋ moderee selō la p̄diciō de serfs Et aussi doiuent estre modere̲es les autes choses sicō viā de labour repos ↋c. ↋Item apres il met le sipte enseignemēt ↋Tep Item entre les gētes ou manieres des serfs ceulx sont tresbōs q̄ ne sōt paoureux ne tresforz Car les vngs et les autes sont mauuaisemēt pource q̄ ceulx q̄ sont trespaoureux ne peuent souffrir ou soustenir labour ne paine et ceulx qui sont plains de ire et courageux ne obeissent pas bien / Glo. Et doncques ceulx q̄ sōt disposez moienemēt

et ne sōt pas siebles ne trop doubtās labour ne trop forz ne trop fiers sont bons pour estre serfs opatis ↋. Ite il puiēt en tous ou a tous mettre fin. Glo. Cestassauoir en tour leurs labours ou en toutes les choses dessusdictes mettre fin et mesure et a tous serfs Et ce est chose iuste ↋ moderee q̄ liberte soit mise leur merite ou soper ou desserte car ad donc veullēt labourer quant la deserte est determine ↋ le temps determine ↋Glo. Quant a cest p̄pos iii. de manieres serfs sōt car aucun est serf opateur ↋ serf naturellement Et q̄ opposeroit ceste partie de telz serfs liberte seroit prinse pour repos et recreacion Car tel serf ne doit auoir liberte p̄premēt dicte Mais expedient ↋ iuste chose est q̄l serue sicōme il fut dit ou quit chap̄ de politique. Et de ce dit le sage Seruum inclinat opaciōes assidue Il doit assiduemēt estre tenu in humilite ↋ en opaciōs seruilles Ite aucū est de natē franc ↋ serf par violēce ou p̄ poureté ou p̄ aute infortune Et a tel doit estre donnee liberte aps certain tēps determine sicōme il fut p̄mande aux filz disrael en sancti n testament Si pauptate cōpulsus vēdiderit se tibi frater tuus ↋Ite sicōme deuāt est dit aucun est serf curateur ou dispensate² Et quāt il est bon on luy doit donner a certain terme plaine liberte et tel merite quil puisse aps viure cōme seigneur de maison Et pource dit le sage Seruus sensatus sit tibi delict9 quasi anima tua

B.i.

Fueillet.

nō defraudes istiū libertate nec inopē de reliquas istū. Len luy doit dōner liberte ⁊ nō souffrir q̄l soit poure et ces enseignemēs aristote touche ⁊ pmet adire apres en la fin du ꝓ pr̄lt. c. du Vii de politiq̄s ꝑ quoy il appt q̄ cest liure est apres politiq̄s iouxte ce q̄ fut dict ou premier chap de cest liure

⸿ Ou Vi. chap il met ꝑties formelles dy conomiq̄ ⁊ determine de ii. di/ celles

L Es especes q̄ doit consider cellup q̄ est yconomie sont iiii lesq̄lles il puiēt auoir Vers les choses de la maison Car il puiēt estre puissāt ou auoir possibilite de q̄tir ou acquerir Itē il puiēt q̄ les choses soient grādes Car se ce nestoit utilite de les acquerir seroit nulle Itē q̄ en elles ait aournemēt ou ordōnāce Itē vsage S. Cest adire q̄ le sache Vser des choses deuemēt T. Car ꝓ grace ⁊ asst de ce auōs nous mestier delles S. Cestassauoir pour en vser deuement Or auōs dōcq̄s iiii. espe/ces dindustrie q̄ sōt req̄ses en gouuer nemēt de maison Cestassauoir acq̄si tiue ꝑseruatiue ordinatiue ⁊ vsual ou dispēsatiue Apres il determine de chascune ⁊ pmierem̄ēt de acq̄sitiue Cep.

Toutefuoyes il puiēt chascune des choses distigner ⁊ ꝑsiderer ⁊ q̄ celles q̄ portēt fruit soiēt plꝰ q̄ celles q̄ ne por tēt pas fruict S. Aucū es choses por tēt fruict sicōe la terre ⁊ aucū es bestes ⁊ autes nō sicōe vaisselle dor ou dar/

gēt ou telz ioyaulx Et dōcq̄s lē doit plꝰ curer de acq̄rir celles qui portent gaīg ou fruict q̄ les autes Et ce sceuēt biē faire ceulx q̄ sōt exps en acq̄rir richesses Et en ceste maniere ou selō ce les opacios doiuēt estre distribuez Car les appellacions des seruiteurs doiuēt plꝰ estre ordōnez a acq̄rir choses q̄ portēt fruict ou gaīg q̄ les autes Et les manieres de acq̄rir siples ⁊ cōposees sōt mises ⁊ exprimees en le Viii ⁊ ix. chap du ꝑmier de politiq̄s Apres il traicte de iduſtrie ꝑseruateur ou de garder Tex Et quāt ala garde des choses acq̄ses il est chose licite ⁊ bōne Vser des enseignemēs de gēs de pse ⁊ de laconie S. La region de pse fut aussi denomine dung roy appelle perseus Et laconie estoit la ꝑtie dytalie ou sōt apule ⁊ calabre et fut iadiz appelle la grāde grece S. Itē la dispōn ou ordōnance de ceulx de actiq̄ est ꝓfitable S. Actiq̄ cest la region ou est la cite dathenes T. Car quāt ilz achetēt ilz retribuent S. Cest adire q̄ ilz payēt ⁊ ne prēnēt riēs a creāce ou selō vne aut expōn ilz retribuēt cestassauoir q̄lz reuēdēt les choses Vielles ⁊ les iutiles Apres il met vne aut de letduſtrie T. Et la pōn ou bōne assiete du grenier nest pas en mettre entre les autes plus petite dispōn ou ordonnāces S. Car elle fait grandemēt a la ꝑseruacion des fruiz ⁊ doibt decliner a regarder a septētriōn ⁊ a oriēt sicōe dit Victorinus Tex. Et les enseignemēs de ceulx de perse sōt q̄

toutes choses soiẽt ordõnez au seigneͬ
ſcᷣ ſoutes les choses regardẽt a luy ⁌
Cest adire ᷓ toᵘˢ enffãs et seruãs prẽ
nẽt garde au seigneͬ du ᷓl le gouuer/
nemẽt de lostel deſpẽt pͥcipallemẽt
sicõe il declaire aps ᵱ iiii. anciẽs puer
bes ⁌. Et ung saige appelle dyon
en plãt dũg ᷓ auoit nom dyoniſⁱᵘˢ di
soit ᷓ nul hõe ne cure ſẽblablemẽt les
choses eſtrãges ᷣ les siẽnes pͪpres ⁌
Les choses de la maiſõ ſõt pͪprement
du seigneͬ ᵱbiẽ ᷓ les enffãs ᷣ les serfs
en aiẽt nourriſſemẽt ᷣ chũn naturelle
mẽt ayme plᵘˢ ce ᷓ est siẽn pͪpre sicõ il
appͭ p le tiere chap̃ du secõd de poli/
tiᷓs Et chũn a plᵘˢ cure ᷣ solicitude
de ce ᷓl ayme ⁌. Et poͬ ce de toutes
choses ᷓ doiuent estre faictes ᵱ luy
Cestaſſauoir p le seigneͬ il puiẽt ᷓ il
ait la cure ⁌ Il dit faictes p luy poͬ
ce ᷓ aucues appͭiẽnẽt a la fẽme sicõ
il sera dit aps ⁌. Item le puerbe du
perſiaͫ est bõ ᷣ celluy du libiẽ ⁌ Lo
perse est une regiõ et libie est une au
tre ou ces puerbes furẽt trouuez ⁌.
Car ung de ceulx icy cestaſſauoir le
pſiaᷠ quãt lup demande ᷓlle est ce ᷓ
en grece plᵘˢ ung cheual il dict ᷣ reſ/
põd ᷓ loeil du seigneͬ. ⁌. Car quãt
le seigneͬ uoit souuẽt ſõ bon cheual
les Barlez sont plᵘˢ curieux de le bien
garder ᷣ aiſſi des autͬs choses ⁌. Itẽ
libiẽ quãt luy demãda ᷓl fiens estoit
tres bõ Il dit ᷓ leſtrace du seigneͬ ⁌.
Il Douloit dire ᷓ quãt le seigneͬ uiſite
souuẽt ses terres et les laboure ilz en
Dalẽt mieulx aiſi cõe ilz ſõt de biẽ ſe

mer les terres Aps il met iiii. enſeig/
nemẽs ⁌. Et dõcᷓs il puiẽt les cho
ses estre gardees mais autͤ doit gar/
der le seigneͬ ᷣ autͤs la fẽme afſi ᷓ les
euures de lune ᷣ de lautͤ diſpõ cest aſ
sauoir de lõme ᷣ de la fẽme soiẽt diſtͥ
guees ou diuisees ⁌. Car il appͭ p
le tiere c. du secõd de politiᷓs ᷣ chũn
a plᵘˢ cure ᷣ solicitude dece ᷓl ayme ᷓ
le mary doit plus curer des choses de
hors ᷣ la fẽme des choses dedẽs Et
appͭ p le pͭiii. c. de le viii dethiᷓs ᷓ le
mary doit laisser a sa fẽme aucũes cho
ses ᷓ luy ſõt appͭtn̄ ⁌. Et ceste cho
se ou distinction est peu de fois a faire
quãt es petites ordõnãces. ⁌. Car
il nya force de celles petites choses le
ᷓl les face ou leᷓlles garde le mary
ou la fẽme ⁌. Mais elle est souuẽt a
faire ces choses ᷓ ſõt souz cure cest a
dire dõt lẽ doit auoir cure ᷣ solicitude
Car se les choses ne apparẽt biẽ diſ/
tͥctemẽt les seruãs ne peuẽt ensuir ou
faire selõ le plaisir du mary ᷣ de la fẽ
me se ne est la cure ou garde des cha
ses ne en autͤs euures ⁌ Car tãt est
mieulx faict ᷣ mieulx garde quant
chaſcũ sceit dͤmineemẽt ce ᷓ la faire
ᷣ ce ᷓl a ngarder ⁌. Itẽ cest chose im
possible cest adire tres forte ᷓ les ſupaͥ
triteurs cest adire les seruãs ᷓ ſõt des
curateurs ᷣ ſõt sur les autͤs soit curi
eux ᷣ aiẽt bõne solicitude se les seig/
neurs ſõt negligẽs. ⁌. Et parce il
dõne a entẽdre cest enseignement ᷓ
les seigneurs soient dͥligens de bien
garder leurs choses ᷣ le cuͭpᷞ ᷓ p les
B.iii.

¶ Fueillet.

seigneurs il entende le mary ⁊ la femme ⁊c. Itē cōe les choses q̄ ensuyuēt soient a vertu ⁊ pffitables a bonne disposition il ouiēt les seigneurs estre pmieremēt leues auant q̄ les serfs et dormir les des premiers G. Car sicōme dit est ilz doiuent estre songneux Et solicitude est cause de veiller sicōe dit le sage Solicitudo auffert sōpnū ⁊c. Itē ilz doiuēt faire q̄ la maisō ne soit oncques sās garde aussi cōe lon doit estre en la cite ⁊tē q̄ lon ne laisse autre passe ou blie quelconque chose quil puiengue faire ne de nupt ne de iour. Glo. Car pbien q̄ la nupt soit ordōnee pour repos toutesuoyes aucunesfoiz il puient ouurer de nupt Et pource dit il apres ⁊ey Ite toutesuoyes len se doit leuer de nupt car cest chose vtille ⁊ pffitable a sante ⁊ a bonne dispsition a philosophie Glo. Et pmieremēt cest a entendre es temps ⁊ es regiōs ou les nupz sont longues car en yuer elles sōt pl⁹ longues es pties deuers septēptriō q̄ es pties deuers midy Et en este aussi pl⁹ courtes aussi es pties deuers septēptriō Ite soy leuer de nupt auant q̄ la digestion soit faicte nupt moult ⁊ debilite le corps Mais soy dormir a pres ce q̄lle est faicte aussi nupt Car la chaleur dedens se mecte a psumer la naturelle humeur Et deseche le corps ⁊ dispose a maladie Ite des ordures du ventre elle esleue fumees q̄ sōt au chief mauuaises dispōs Et psēt ⁊ empeschēt les ses naturelz Et ppse/

quēt lentēdemēt q̄ despend des sens en son opacion Et donc̄q esp ptraire il sensuit q̄ soit leuer la digestiō faicte pffit a sāte ⁊ a bōne dispō des ses ⁊ opacion de lentēdemēt cestassauoir a estude ⁊ a philosophie ⁊ auecq̄s ce la nupt est pl⁹ paisible ⁊ sōt les sens moins distraiz q̄ de iour p quoy lētēdemēt est mieulx dispose a speculaciō ⁊ a cōtēplaciō des choses diuines soupte q̄ dit lescripte Cū enī q̄etū silēciū tenerent oīa ⁊ nox in suo cursu medium iter hēret Ite ce pffit moult a bō gouuernement de hostel Et poúce le sage dit de fēme vertueuse q̄ elle se tenoit de nupt Muliere forte q̄s inueniet ⁊c. Et nocte surrepit paterfamilias epitat seruos suos ad opacionē Vsī īn e sopo Vigilare potētis secere seruo²m.

Du vii. chap il determine de deux autres pties ou especes dyconomie

ⒺN petites choses la maniere de vser des fruitz laq̄lle ont ceulx de lāgue actiq̄ est profitable mais en grādes choses fruitz psumez sōt ⁊ despēduz en les diuisates pties q̄ suffisēt a vng an ou a trops mois G. Ceulx de la lāgue actiq̄ estoiēt les gēs de la regiō ou est athenes Mais q̄lle maniere ilz auoiēt a la ptie en pconomie appelle vsual ou dispsatiue il ne appt pas cleremēt p le texte car il est brief ⁊ obscur Et les expositeurs sōt discordās et semble que ilz abnulent Et par auenture que telles gēs en petites choses cestassauoir

en petites yconomies ou en petit mes
naige prenoient garde combien ilz pou
uoient despendre & selon ce distribuoient
a leurs familles pour chascun iour cer
taine porcion Mais en riches hostelz
ilz distribuoient pour vng mois ensem
ble & tout fut despendu en vne sepmai
ne len ny pourroit pas bien mettre reme
de come en vng riche hostel. Toutes
voyes come que ce soit len doibt considerer
sa reuenue ou despense ou son gaaing
Et selon ce moderer la dispence telle
ment q len ne deuiengne poure Car ce
seroit prodigalite et que len despese libe
rallement sans auarice & sans faire
grant tresor Car plusieurs thesau/
risent en leur male auentur sicome dict
le sage Et alia infirmitas pessima q
vidi sub sole diuicie pseruatur in ma
lum dni tui Car richesses sont Tey
Instrumet dont len sayde a bien vi
ure sicome il appert ou p̃ vi°. chapitre du
p̃°. de thiques Et doncqz aussi com
me len doit vser dung instrument et
nest pas bon q il soit trop grant Sem
blablement len doibt vser de riches/
ses et trop grandes richesses nupsent
a bien viure sicome il appert ou pmier
chap du viii°. de politiques Et mode
rer cest instrumet & vser de luy deue
ment requiert bone diligence Et vne
especial prudence appelle yconomiq̃
vsual ou dispensatiue de laquelle ari
stote se passe icy briefuement pource
que delle peut assez apparoir par ce
que fut dit ou quart liure de thiques
es chapitres ou traicte de liberalite &

magnificence & des vices opposites
Apres il traict de lespece appelle ordi
natiue qui est de lordonnance & aour
nement de la maison ¶Item lusage &
ordonnance des vtenciles ¶Glo.
Sicōe sont robes liures et ioyaulx
¶Tey ¶Tant de ceulx de quoy lē
vse chascun iour comme de ceulx de
quoy len ne vse pas souuent len les
doibt bailler aux curateurs qui ont
a regarder sur ces choses & sur la gar
de delles siques a tant faire quilz ai
ent la garde delles siques a temps &
affin que au temps mis il appare qui
est serf et q̃ fault ou fraut ¶Glo.
Cest adire q̃ telz seruās curateurs q̃
sōt soubz les seigneurs & sur les serfs
opateurs doiuēt receuoir telles cho
ses p inuētoire & rēdre cōpte a certain
terme affin q̃ le seigneur voie se tout est
bien garde Aps il ple de lordōnāce des
lieux ¶ Ité la maisō doit estre faicte
et pposee a la garde des choses et a la
sante ou salut des habitans ie dy des
choses sicōe de viure et des vestemēs
ou robes quel lieu leur est expedient
pour la garde des choses seiches G.
Sicōe sōt les blez ¶ Et en q̃l reqret
les choses mortes G. Sicōe le vin ¶
Item des autres choses q̃l lieu est ex
pedient aux choses q̃ ont vie et aux
serfs & aux enffans & aux femelles &
aux masles & aux esttanges et aux
citoyēs ¶Glo. ¶ostel doibt estre
teliemēt ordōne que bestes & seruās
chāberiers & hostes et filz & filles da
me & seigneur q̃ chūn ait lieu quenable
B.iii.

Fueillet.

selon ce q̄ l est possible ⁊ a l onneur ⁊ proffit ⁊ a la seurte de tout l ostel. Et ce vient de la discrecion ⁊ industrie de cellup q̄ ordōne telles choses. ¶ Tex. Ité quāt a sāte il cōuient que le lieu froit soit pour este ⁊ le chaut poᵘ yuer ¶ Glo. Et pource dient les medicines q̄ les sages se tiēnēt chaudemēt en yuer ⁊ froidement en este. Et selō ce la saincte escriptᵉ fait mencion du roy elgon q̄ se seoit en son celier d este ⁊ en autres liures met omēt les roys de iherusalē auoient vne maison poᵘ yuer ⁊ autre pour este. ¶ Tex. Et est bon q̄ ceste maisō soit large ouuerte vers bise ou septēptrion car les vēs sont plᵘˢ sains q̄ ceulx deuers midy et ont moins de vappeurs ⁊ de fumes grosses. Et pource les chābres ⁊ les salles doiuent estre plus larges. C est adire plus ouuert ⁊ auoir plus de fenestres vers bise que vers midy mes memēt es regiōs q̄ ne sont pas excessiuement froides. ¶ Tex. Ité es grādes pconomies ou es grans hosteix vng huissier ou portier sēble estre pfitable q̄ soit inutile es autres euures ⁊ que il soit pour le salut de ceulx qui entrent en l ostel ⁊ qui en pssent.

¶ Glo. Affin q̄ nul ny entre pour mal faire ⁊ q̄ l adresse les allans ⁊ les venans ⁊ soit estre inutile a autres euures. Car ce n est pas biē q̄ l eisse la la porte. Et doibt estre ancien pour mieulx cognoistre les gens ⁊ pour sauoir respōdre ⁊ de tel office fait plusieurs foiz mencion la saincte escripte

⁊ vne ordre de saincte eglise et ainsi appelle hostiarius. ¶ Tex. ¶ Item la maniere que l e a en actique est conuenable quant a bon vsage des vaisseaulx. Car il vult q̄ chascū soit mis en son lieu ⁊ se il est fait en ceste maniere chascū vaisseau sera trouue prestemēt ⁊ ne cōuiendra pas querir.

¶ Glo. Or auons nous doncques de l ordonnance ⁊ acroissement de la maison quāt aux vtencilles ⁊ quāt aux ediffices ⁊ aux lieux. Et quant a huissier ou portier ⁊ quant a la vaisselle

¶ Le second liure.   ¶ De yconomiques   ¶ ii.

¶ Cy commance le second liure dy
conomique au quel il est deter
mine en especial et plus pplectement
de cōmunicacion nupcial ou de maria
ge. Et contient viii. chapitres.

¶ Du premier chapitre il determine
comme la femme se doit auoir au re
gart des choses autres que son mary

¶ Du second chapitre il monstre cōm
ment la femme se doibt auoir au re
gart de son mary

¶ Du tiers il mōstre que le mary doit
mettre cure ou solicitude a faire que
la fēme soit tresbonne.

¶ Du quart chap̄ il mōstre p̄ qlles loix
et cōe le mary doit faire q̄ sa fēme soit
bonne

¶ Du quīt. chap̄ il met encorres aultz
enseignemēs pour faire la fēme bōne

¶ Du vi.e il met et pserue aucūes cho
ses deuāt dictes par sentences dauls
tres sages

¶ Du vii.e chap̄ il mōstre q̄ le mary et
la femme doiuēt estre dung courage
et dune volunte

¶ En le viii.e chap̄ il mōstre en speci
al aucūes choses en quoy les maries
doiuent estre dune volunte et a quel
le fin.

¶ Du premier chapitre il determine
comme la femme se doibt auoir au re
gart des choses autres que sō mary

Il conuient que la
fēme ait dīlaciō et
seigneurie sur tou
tes les choses q̄ sōt
dedēs la maison et
q̄lle ait la cure de
toutes les choses selō les loix escrip
tes ¶ Glo. Aristote met en cest chap̄
vi. regles et ceste premiere est a enten
dre q̄ la femme ait la cure et la garde
et ordōnance des choses q̄ sont auāt
lostel Mais non pas de toutes vni
uersellement Sicomme des tresores
du mary ou de telles choses ¶ Item
il nest pas a entendre q̄lle ait telle do
minaciō q̄lle les puisse allieuer. Vē
dre fors aucunes petites. Et pource
dit il selon les loix q̄ les legislateurs
soubstiēt loix et statuts sur telles cho
ses ¶ Tex. ¶ Item elle ne doit souf
frir q̄ nul entre en sa maison se le ma
ry ne le cōmāde ¶ Glo. Cest a dire
contre sa volūte. Et ce monstre il ap̄s
par trops raisons. ¶ Tex. ¶ Car
elle doit craindre mesmemēt les pol
les des fēmes de hors q̄ sōt a la corrup
cion de lame ¶ Glo. Selle souffroit
hommes estranges entrer et conuer
ser a lostel ses voisines en parleroiēt
en mal Et peut estre que ainsi entēd
il q̄ fēmes estranges ny entrent pas
car ilz pourroient corrumpre les bō

℟ Fueillet

nes meurs delles p̄ leūrs maluaiz sã
gaiges ℃. Jtē et affin q̄lle seulle sa/
che les choses q̄ aduiēnent dedens la
maisō G. Car il cōuient que toutes
les meilleures facēt ou souffrēt aucu
nes choses priueez et ne apptiēnent
pas q̄ estrāgiers les voyēt ℃. Item
si aucune chose senestre ou mal apoi
est faicte pour ceulx qui entrent en la
maison le matȳ a cause ōtre sa fēme
G. Cestassauoir de la blasmer A p̄s
il met vne autre regle ou enseignemēt
℃. Jtē ce est bō quelle soit dame des
despens q̄ len fait aux festes, zaux cō
uiz les q̄lles festes ou despences le ma
ry suffre z veult estre sctes G. Car
cōe souuent est dit elle doit garder et
disp̄ēser les choses de lostel au bon p̄f
sit ou plaisir de son mary z a ses amis
Et pource q̄ fēme est naturellement te
nante elle fait les despens pl9 mode/
reement z le mary est epcuse se la cho
se nest plus grande ℃ Tep. Jtem
quelle vse de despencez de vestemēs
mendre q̄ les loix de la cite ne cōman
dent ou souffrēt G. Len seult mettre
loix es citez q̄ telles choses ne passēt
certain terme ou mesure Et vne bō
ne femme ne doibt pas pceder sīq̄ a
cesle mesure Car il sembleroit que en
cores passeroit elle oultre se nestoit la
loy. Et quelle moderast coincsise et
telles choses p̄ cōtrainctes et nō pas
de volunte ℃ Tep. Et doit conside
rer q̄ curiosite de queirr vestemēs dif
ferēs des autres en excellēce de beau
te ne multitude dor ne fait tāt a ver

tu de femme cōe fait modestie z entrē
pance de desir de vie honneste et p̄po
see ou bien ordonnee ℃ Glo. Cē dit
multitude dor car aucū paremēs de
femes estoient dor ou dorez Et dece
fait mencion lescripte Cū ornata fu
eris mouili aureo ℃. Car chascun
tel aournement est a lactoy de courta
gez orgueil, et selle sen garde elle sera
moult pl9 certaine q̄ iustes louanges
luy serōt retribuees a sa vieillesse z a
elle et a ses filz ℃ Glo. Car selle ex/
cedoit en cointise il sembleroit quelle
ne fust pas chaste z despendroit par
quoy ses enffans seroient moins ri/
ches Et doncques p̄ ceste moderaciō
elle sera moins substraicte en son ma
ry Cōsidit in ea cor viri sui Et au
tres est plus proffitable a ses enffās
et seront louez p̄ le bien dēlle Mais
pource ne se doit elle pas vestir ne te
nir villainemēt et cōe serue mais hō
nestemēt et moiennement selō son es
tat ℃ Tep. Jtē il puient doncq̄s
q̄ la femme mette en son couraige q̄l
le ait dīnaciō de telles choses ordōne
ment Car cest chose indecente et des/
auenante au mary de sauoir les cho
ses q̄ sōt faictes dedens la maison
℃ Glo. Cl ne doit pas particulie
remēt soy entremettre de aournemēt
de sa femme ne de ses socies ne des cho
ses qui sont a val lostel ℃ Tep
Jtem q̄ en toutes autres choses elle
entendra obeir a son mary Et quelle
ne veult auoir les choses ciuilles
℃ Glo ℃ Sicomme sont les p̄seulz

⁋ les deliberacions de la cite ⁊ar le ꝯseil de femme nest pas de grāt value sicōe il appt p le p̄ vi͞e. chap̄ du p̄mier de politicꝗs ⁊t mesmement en telles choses ⁊. Ite q̄lle ne veuille p̄faire aucūes des choses q̄ aux nopces apptiennent ou mariage de ses enfans Glo. Aristote ne deffend pas q̄lle ne soit appelle a ce mais la p̄fection appartient au mary mesmemēt lelecti on des p̄sonnes et quant a douaire ⁊ quāt au ꝯsētement. ⁊. Mais quāt le tēps le requerra cest chose ꝗuenable q̄lle baille hors ⁊ recoiue en lostel ces p̄pres filz ou les filles G. Elle doit receuoir les femmes de ces filz ⁊ tenir ⁊ nourrir tāt q̄ les filz soiēt emācipez ⁊t doibt bailler ses filles a leurs espoux en estat hōneste ⁊. Et adoncq̄s obeisse a sō mary ⁊ ait delibe̅racio̅ auec luy Cest a dire q̄lle saccorde fina blement en telles choses a la delibe̅racion de sō mary ⁊. Ite se il ꝯmande il ꝗuient q̄lle obeisse ⁊ q̄lle ait ceste oppinion que ce nest pas tant laide chose de hōme a faire ou parfaire au cunes des choses q̄ sōt dedens lostel cōme ce est a la femme de faire les choses q̄ sōt dehors G Car selle vouloit estre maistresse quāt a grādes choses dehors lostel il sembleroit q̄lle voul̄droit estre aussi comme seigneur ⁊ dame Et seroit plus grāde abusion que se le mary voulsoit estre maistre ou se tremettroit daulcunes des choses de lostel appt̄n a la femme

Du second chap̄ il monstre commēt la femme se doibt auoir au regart de son mary

Ais pour certai̅ cest chose decente aduenante ⁊ appten̅te q̄ femme bien ꝓposee bien ordonne prengne les meurs de sō mary Et quelles les expose ⁊ impose a sa vie cōe loip ⁊ reigles Et ait oppi̅nion que de ces meurs ⁊ ces loip luy furent imposees de dieu quāt son mary ⁊ elle furēt ꝓioinctz ensēble p mariage ⁊ p fortune G. Cest a ētēdre des meurs q̄ ne sont pas vicieuses sicōe en veiller et dormir et boire et mēger sobremēt ⁊ en telles choses car quāt au temps et au lieu et a la quantite ⁊ en la qualite des choses et aux autres circunstances elle se doibt ꝓformer a la volunte de son mary Et en ce elle faict le plaisir de dieu sicōe il appt p le texte Car adoncq̄s les mariages estoient faiz es temples p la gent sacerdotal qui commādoient de p dieu a la femme ceste obeissance Et de ce que il dit et par la fortune len doit scauoir q̄ nature encline a mariage et il est acomply par consentement de volunte Mais que cestuy ait este en partie ⁊ cōmunement a fortune. ⁊ Et selle seu ffre et porte paciement et hū blement elle gouuernera de legier ⁊ legierement sa maison Et si non elle a ura plus fort a faire G. Car si ainsi est que le mary veuille vne chose et el le veuille lautre ilz seront a descort

¶ Fueillet

Aps il met vng autre enseignemēt. T. Et pource est ce chose aduenāte et apptenāte q̄ se soit dung courage aueucq̄s son mary Et se accorde a luy q̄ se serue toupte son vouloir non pas seullement quāt il eschiet q̄l diet a psperite des choses et autꝭ gloire S. P̄ psperite il entend richesse τ pour autͤ gloire il entēd hōneur T. Mais mesme en aduersite S. Aps il met la maniere. T. Cestassauoir sil aduenoit q̄l eust deffaulte daucunes choses de hors quelle luy secourist ou a la maladie de son corps ou a manifeste ignorāce de lame. S. Elle luy doit obedir en iiij. manieres de aduersitez de infotūc Cestassauoir des biens de hors des biēs du corps et dꝭs biēs de lame T. Et quelle dyt toustours tresbonnes pol.es (τ luy face seruice et obeissance en choses aduenātes et apptesfors q̄lle ne face q̄lconque chose layde ou villaine ou q̄ ne soit digne ou appten a elle et sil a pechie en aucūe chose vers elle p̄ passiō et mouurmēt de la me elle ne doit auoir memoire dece ne soy ꝑ plaidre de riē aussi cōe sil neust ce fait mais doit mettre τ tenir toutes ces choses estre faictes pour cause de maladie et de ignorāce et des pechez accidens S. Par ces pechez il entēd les douleurs les courroup et ptbacions des infotūcꭓ et des parties des choses dehors mais en la maniere indicte ne seirēt pas la femme de ioꝭ ne plusieurs autꭓ Et ne sōt pas souuēt trouuees femmes s̄ vertueuses Et

pource dit le sage. Mulierem fortem qꝰ inueniet pcul. Et de vltimis finibus pciū eius Apres il prouue que dit est p̄ iij. raisons T. Car de tant cōe aucun obeira et seruira plꝰ diligement a vng autre en ses aduersitez il aura et trouuera plus grande grace vers cellup q̄ sera guery quāt il sera deliure de sa maladie S. Et donꝗꝭ la femme selle fait ce que dit est elle sera grādement en la grace et en lamo̅ de son mary Aps il met ace la sede raison prise dustraire T. Item se le mary nest pas bien disposee la femme ne obeisse ace q̄l luy māde fors quāt il sera cure de sa maladie il sentira τ appceura moult pl' ce que elle faict aura Et p̄ ce apptient bien quelle tiengne telle chose. S. Car quāt il sera guery il aura mieulx vsa ge de raisō Et p̄ me̅moire il saura bien psiderer la desobeissance delle et deffaulte Aps il met le tiers enseignement T. Mais en autres choses cestassauoir en p̄speritez elle doit moult plus diligeāment obeir a seruir que selle eust este achetee et ainsi fust venue a lostel Sicōe len achete vne serue chamberiere p̄ pecune T. Car elle fut achetee p̄ grans pris Cestassauoir par societe de vie. S. Siques a la mort sans separer τ non pas atemps cōme chāberiere louet ou cōe serue achetee que len peult reuendre T. Et pour cause de la pcreacion denffans Lesquelles choses sont telles que nul ne pourroit estre faicte plus grande ne plus saincte ⚜. C'est assavoir en yconomie ou en p̄municacion domestiq̄. Car societe de mariage q̄ est p̄creaciō dē ffās les q̄lles choses sōt telles cho se saincte τ diuine sicōe il appt par le tiers chap̄ du premier liure. Et doncq̄s doibt la fēme mieulx obeir que la chāberiere en chose apptenē. Mais nō pas a œuures seruilles. Ap̄s il retour ne a prouuer le tiers enseignemēt par vne tierce raisō ⚜. Itē vne fēme sel le auoit vescu auecq̄s vng hōe ben eure ou bien fortune τ en p̄sperite sa bonne renōmee ne seroit pas sēblable mēt ne en tant deuulguee ne tāt pu bliee. ⚜. C'est assavoir cōe selle auoit bonne p̄pagnee a vng mary mal for tune τ en aduersite ⚜. Car combien q̄ ce ne soit pas peu chose que nō vser bien de p̄sperite τ non soy auoir hum blemēt ⚜. Ce n'est pas peu de chose quāt a estre blasme mais c'est grande chose quant a estre loue de bien vser en. Car sicōe il appt ou v.e cha. du quart dethiques c'est fort de bien por ter bonnes fortūes sās vertu ⚜. T. Toutes uoyes bien souffrir τ biē sou stenir aduersite est vne chose moult pl̄s honorable et p̄ cause, car nō faire quelconque chose laide en tēps q̄ lēn seuffre moult de douleurs et de iniu res ce vient de couraige fort et vertu eulx ⚜. Sicōe il appt par le xix.e. chap̄ du viii.e. de politiq̄ et p̄ le p̄v.e. du premier dethiques. Et pource sont recommandez en l'escripture iob et thobie. Ap̄s il met le quart enseig

nemēt ⚜. Et doncq̄s est ce chose ad uenante τ p̄ueniente que fēme adore τ deprye que son mary ne viengne et chee en aduersite ⚜. Et p̄ ce appt cō me aristote introduist et amoneste fēme a deuocion τ a dieu prier et doubter ioulte ce que dit le sage. Mulier ti mens deū ipsa laudabit. Apres il re tourne declarer par sa raison deuant mise. ⚜. Et s'aucune chose de mal luy aduient elle doit iugier que en ce est la tresbonne et tresgrande louāge de femme sobre. ⚜. Car p̄ soustenir ad uersitez pacientemēt τ gracieusement el le desert honneur et gloire ioulte que dit le sage. Mulieres graciose inueni ent gloriam. ⚜. Et doit cuydoir que vne appelle altiste n'eust oncques ac quise si grande gloire ne vne aultre appelle penelope n'eust oncques deser uy tant ne si grandes louāges selles eussent vescu auecques fēmes beneu rez ou bien fortunez. Mais les aduer sitez de leurs mariz amicti τ vlixes leur appareilleret τ preparerēt imor tel τ perpetuel memoire. ⚜. Altiste fut fēme de amicti τ penelope de vl pes ⚜. Car pource quelles furent loyalles et iustes a leurs hōmes τ ad uersitez elles ont este honnorees de dieu non pas sans cause ⚜. Apres leur mort elles furent repputees com me sainctes τ receues en la p̄paigniee des dieux ⚜. Car en verite c'est le giete chose de trouuer participaulx en prosperite. Mais en aduersite ne veullēt communiquer femmes fors

Fueillet

celles q̄ sont tresbonnes. ¶ Glo. Et q̄ ayment leurs mariz de bonne amour Car sicomme dit tulles es aduersitez esprouue len son vray amy Et selon lescripture len ne congnoist pas son amy en psperite Mais celluy qui est ennemy se monstre en aduersite Non p̄ gnoscetur in bonis, non abscōdet in malis inimicus. Apres il mect vne pclusion T. Et po² toutes ces causes il apptient et est chose aduenāte q̄ femme honnore son mary moult plus en tel cas Et quelle ne ait pas en vercūde se a sa saincte chastete ne sensupuent richesses et aul̄s biens ce que disoit hercules ¶ Glo. ¶ Le tex̄te fut mal translate icy ou est corrumpu icy endroit Car il est differaumēt es liures ⁊ sans pstruction ⁊ en aulcune est nomme orpheus Et est droy sēblable que orpheus feist vng liure ou quel en la personne de hercule il disoit en sentence que femme ne doibt pas auoir vercunde de seruir son mary en aduersite pose q̄ par ceste vertu elle ne viengne a aucune prosperite de biens de fortune Et ceste auctorite allegue icy aristote Apres il recapitule ¶ Tex. Et doncques coūtēt il que femme se garde en telle maniere de loip ⁊ de meurs cōe dit est grossement.

Du tiers chap̄ il monstre que le mary doit mettre cure ou solicitude a faite que la femme soit tresbonne.

L E mary doit mettre cure a trouuer loix et regles qui soient a sa femme en vsage Et de manieres semblables en meurs G. Cest adire que les meurs de la fēme soient proporcionnelz ⁊ accordables aux meurs de lomme selon ce q̄ fut dit ou chap̄ precedent et ou tiers chap̄ du premier Car sicomme dit le salge cest vne chose app̄uuee de dieu ⁊ du monde que le mary ⁊ la femme sont dung psentemēt et dung accort Apres il prouue sa principal conclusion par ii. raisons ¶ Tex ¶ Car elle est venue en la maison cōe pagne et procreacion de filz ou denffans et compaigne de vie. ¶ Glose. ¶ Car ilz ne doiuent departir fors par mort, et dece dit lescripture que femme peiche q̄ laisse son mary Mulier relinquens virum suū peccabit ¶ Ne le mary ne la doit laisser nisi ⁊c. car elle nest pas serue mais compaigne sicōme disoit adam de eue Mulier quā dedisti michi sociam ⁊c. ¶ Tex. ¶ Affin quelle laisse apres son filz ou enffans qui auront les nōs de son mary ⁊ delles q̄ les auront engengiez ¶ Glo. Car les filz portēt le nom ou surnom ou aucune denotacion du pere sicomme len souloit dire en ceste normandie richard le filz de rogier ⁊ aucūesfoiz de la mere Et ont renōmee selon la memoire de leurs parens ¶ Tex ¶ Et doncques quelle chose pourroit faire hōe de sa vie pēsee plus sctē ou pl̄s diuine ¶ Glo. ¶ Vng tepte a sanctus et auſſi adiuuimus.⸿ Teẋ. Que procreer ou engendrer filz ou enffans de femme tresbonne et trespecieuſe Glo ⸿ Auſſi cõme ſil diſoit que hõme ne pourroit faire plus saincte choſe. Et ce eſt a entendre des choſes qui regardent communication de maison. Car operation contẽplatiue eſt plus saincte et plus diuine.⸿ Et doncques le mary doit mettre diligence que la femme ſoit bonne affin que les enfans ſoient meilleurs. Apres il met le bien ǧ peut venir des enfans.⸿ Teẋ.⸿ Lesquelz filz ſerõt paſteurs τ auſſi cõme tresbons, chaſtes τ loyaux et gardes de la vieilleſſe du pere et de la mere. ⸿ Glo.⸿ Car auſſi cõme le paſteur garde et defend ſes ouailles ſemblablement doiuent faire filz et filles a leurs anciens parens.⸿ Teẋ. Et ſeront conſeruateurs ou gardes de toute la maiſon.⸿ Glo. Et ceſt ſelon leſcripture ǧ dit. Mortuus eſt pater et quaſi non eſt mortuus. ſimile enim ſibi reliquit poſt ſe /⁊c. Reliquit enim defenſorẽ dominũ contra inimicos et amicis reddentem gratiã. Quant le pere eſt mort il eſt auſſi cõe ſil ne fuſt pas mort. Car il laiſſe apres ſoy ſemblable a ſoy ǧ defend et garde la maiſon contre les ennemis τ rend graces aux amis du pere. Apres il met la ſeconde raiſon ⸿ Teẋ.⸿ Item car ſe les enfans ſont bien et adroit nourris et introduis par le pere τ par la mere τ quilz vſent des enfans ou facent les enfans vſer τ ſoy auoir ſainctement et iuſtemẽt ⸿ Glo. Sainctemẽt quãt a dieu ou vers dieu, et iuſtemẽt quãt aux hõmes. Et adõcques ſerõt faiz bons auſſi cõme a bon droit et a bonne cauſe, et ſilz ne obtiennẽt ceſte choſe ilz ſouffreront deffaulte ⸿ Glo. Ce peut eſtre ẽtẽdu des ẽfans ǧ auroiẽt deffaulte de ſens τ de bonnes meurs ſilz neſtoiẽt chaſtiez en ieuneſſe, car ſi cõme il appert par le p̃mier chap̃. Du iie des Ethiques tresgrãde differẽce a de ſoy acouſtumer a vne choſe ẽ ieuneſſe ou a autre. Et de ce depent toute la vie. Et pour ce dit le ſaige. filii tibi ſunt, erudi illos et curua illos a pueritida eorũ. Lẽ doit enſeigner ſes filz et chaſtier de leur enffance, et meſmemẽt car ilz ſont ignorãs. Et pour ce dit le ſaige. Stulticia colligata eſt in corpore pueri: τ virga diſcipline fugabit eã. Lẽ les fait ſaiges p̃ diſcipline et auerques ce ilz ſont enclins a mal, ſelon leſcripture qui dit ⸿ Senſus eñ et cogitatio cordis humani proni ſũt ad malum, ab adoleſcentia ſua ⸿ Item le texte peut eſtre expoſe des parens qui auront deffaulte en leur vieilleſſe au commencement ilz introduiſſent leurs enfans tellemẽt quilz ne demeurent mauuais. Car mieulx vault mourir ſans ẽfans, que laiſſer les mauuais ſelon ce que dit le ſaige. ⸿ Vtile eſt mori ſine filiis: pluſq̃ reſinquere filios impios. ⸿ Et doncques les parens doiuent induire les enfans a bien par bonne diſcipline et par bone vie et bonnes meurs ⸿ Apres il met comment les parens doiuent auſſi ce faire par exemple.

e.i

Te. Car se les parens ne doiuent a leurs parens exemple de bonne vie, ilz pourront auoir, cest a dire pretendre pure et excusable cause vers leurs parens. Glo. Ilz se excuseront de ce quilz ne sont bons. Car les enffans prennent garde a leurs parens et ensuyuent voulentiers leurs faiz. Patrem sequitur sua proles. Et len dit communement telle est la mere telle est la fille. Item ilz se excuseront de ayder aux parens qui ont este negligés de les nourrir a droit: combien que par aduenture ces causes ne les excuseront pas du tout selon verité, mais selon apparence. Tex. Et doiuent les parés auoir paour que finablement leurs filz ne les aient en despit et que ilz ne soient cause de la mort des parens de leur destruction ou mort par ce que ilz ne viuent pas bien. Glo. Et peut estre exposé quilz seront cause de la mort des parés: car ilz ne leur vouldront secourir en leur vieillesse pour ce que ilz seront mauuais. Item ce peut estre exposé des parés car la malice de leur vie et de leur doctrine est souuent cause de la mort des enfans. Et de ce recite B. de Burges que vng que len menoit pendre requist quil baisast sa mere et lup attacha le nez aux dens en disant quelle estoit cause de sa mort. Et lescripture dit que le filz se complaignoit du pere selon ce: de patre impio. conuertuntur filii. Apres il conclud. Tex. Et pour ce il appartient au mari qui ne laisse ou trespasse riens q̃ face a la doctrine de sa femme, affin que ioupste leur possibilité ilz puissent procréer et engendrer enfans aussy comme de tresbons parens. Glo. Car sicõ il appert par le vi.e chap. du premier de politiques. communement de bons parés viennent bons enfans. Et doncques le mary doit auoir sollicitude et cure que sa femme soit bonne. et ce prouue autoste apres par la tierce raison. Tex. Item se cultiueur de la terre ne trespasse ne laisse rien q̃ lup couienne en estudiant affin quil consume et mette sa semence en tresbonne terre. Et mesmement quelle soit tresbien cultiuee, car il expectant ou attendant que ainsy et p ce lup sera fait et redu tresbõ fruict et voille pour ceste terre quelle ne puisse estre gastee. Et sil cõuient que en ceste matiere et pour ce il meure en soy combatent aux ennemis: telle mort est mesmement et grãdemẽt honoree. Glo. Car ce est pour iustice et pour garder ce de quoy len doit viure. Tex. Et doncques puis que si grãde estude et diligẽce est faicte pour la viande du corps que en plusieurs textes apres ces motz. Pro corporis esca sensuit. ad quã a͠ie semen consumitur. quid sibi pro suis liberis &c. Cest a dire que a ce est consumee la semence de lame pour laquelle les expositeurs entendent les esperitz et la pensee qui est moult grãde en tel labour de terre. Mais selõ vne autre lt̃re et mieulx se me sẽble apres ces motz. Pro carpis esca sesuit q̃pe pro seruoꝛ filioꝛũ mr̃e ãq̃ nutrice in quam anime semen dispẽsatur corpoꝛa est adhibenda. Et ce ay ie translaté, et cuidoy

¶ Le second liure　　　　ōeconomiques　　p̄ Vi.

que ou il ya seruoꝛū il doit auoir suc
rū filioꝝ ꝛc. T. Quelle merueille
est ce se toute entẽce ẽt a mettre ꝛ tou
te estude est affaire au mary pour sa
mere ꝛ nourrisse de ses enffans sicōe
monstre aggellis par tresbelles rai/
sons sicōme il fut touche ou xxxViii.
chapitre du Viii. de politiques Et en
laquelle la semence de lame est dispen
see G. Selon B. de Bruges par ceste se
mence peult estre entendue la bonne
moniciō que le mary fait asa femme
Car dece Vient le fruict de Vertu ꝛ sōt
bonnes euures Et est touite ce que
dit leuangille Seme est Verbū dei.
Et ꝑ auenture ꝑ ce est entendu le ger
me de lōme ꝑ sequel germ̄ est semẽce
de Vie ꝛ ame cest Vie Anima est Vita
Et dōcques se sē met grāt cure a fai
re la terre bonne ou sen seme semence
de Viande de tāt plus doit ōn estudi
er de faire la femme bōne de laquelle
len attend fruict de Vie Et ceste ex͛po
sition est ꝯcordable au texte. Aꝑes il
met la quarte raison G. Jtem que ꝑ
ceste seulle chose toute chose mortelle
participe sur le fait de imortalite ou
de perpetuite S. Cestassauoir en sai
sant generacion Et doncques si lom
me met diligence ace par quoy il a bō
nourrissement et duree a sa Vie seulle
ment il doit moult plus curer que ce
soit bien par quoy il participe selon es
pece en si noble chose comme est per͛pe
tuite Et ce est gnāciō sicōme il ap͛
pert par le tiers cha du premier ꝛ par
ꝯsequent il doibt bien curer que la se

me soit bonne en̄ q̄ il fait si digne cho
se Aꝑes il met la quinte raison
¶ Cep ¶ Jtem toutes les peticiōs
ꝯoꝛoysons tant comme ilz sont par
manentes des paternes G. Selon
Vne ex͛position cest adire pour ses pa
ternes ꝛ sont les prieres que ses enf/
fans font tant comme ilz Viuẽtꝛ sōt
permanens pour seures paternes. car
anciennement ilz faisoient tressolep/
nelz epecques et sacrifices pour leurs
parens sicōme il appert par les hys
toires ꝛ met Virgille ou quinte de o/
uide comment eneac celebꝛa solemp/
nellement le annel de son pere Annis
exactus completur mensibus oꝛbis
ex qui reliquias domū q̄ ossa paren
tis condipimus terra ꝛc. Et aꝑes est
comme il pꝛomist a faire de ce remem
bꝛance chascun an Jam q̄ dies nisi
fallor adest quan̄ semper acerbum sē
per honoꝛatum sit dii Voluistis ha
bere Et a ceste ex͛position se accoꝛde
Vne autre lettre q̄ en lieu de oꝛatioēs
paternoꝝ met oꝛatioēs pueroꝝ Et
cecy est grāde reproucheꝛ a nos q̄ aus
trape creance se nous ne prions pour
noz pꝛedecesseurs Sācta ergo et salu
bꝛis est cogitacio p̄ deffūctis eꝓare
Et doncques chascū doibt moult cu
rer dauoir bōne lignie qui dece face sō
deuoir et par consequent que sa fem
me soit bonne mais selon Vne aultre
ex͛position ꝑ ces motz oꝛdōee pater
noꝝ sōt a entēdꝛe oꝛoisōs q̄ les parēs
charnelz ꝛ les pꝛ̄es q̄ sōt parēs espi
rituelz faisolēt poꝛ lōmeꝛ poꝛ sa feme

E.ii.

Fueillet.

quāt ilz assemblotent p̄ mariage Affin q̄lz eussent bonne lignee aussi cōe maintenāt len les benoist et mesmement la fēme ⁊ fait lē oroisōs ⁊ ce q̄ sensuit saccorde a vne eppositiō ⁊ a laut̄
℄ Tex. Et doncq̄s ceulx q̄ ces choses ptēpnent ou q̄ les ont en despit et ney tiennēt cōpte il sēble q̄lz naīet cure des dieux G. Ne des oroisōs diuines et cōe autffoiz est dit aristote ne mettoit q̄ vng seul dieu mais il ple selon le cōmun peuple q̄ mettoit plusieurs dieux Apres il met la dif̄.raisō.
T. Jtē et pource les dieux deuāt lesq̄lz le mary sacrifia et occist sacrifices et espousa sa femme ⁊ si bailla a elle hōneur moult pl̕ q̄ a autre apres ses parens G. Car en tel temps len solēpnisoit le mariage es tēples deuāt les ydoles et le mary offroit et sacrifioit ⁊ tuoit aucune beste ⁊ iuroit et permettoit quil feroit et garderoit honneur a sa fēme Et encor maltenāt en cest pays dit hōe a la femme quant il espouse dece aneau le te honnore Et sēble q̄ telles choses q̄ ont este repputees bōnes ⁊ tenues telles ou sēblables en toutes loix en tout tēps soient aussi cōme loix natrelles Or auons dōcques que le mary doibt honneur a sa femme ⁊ nul nest a honnourer sil nest bon Et doncques doibt il faire a son pouoir q̄ sa femme soit bōne.

Du quart chap̄ il monstre par quelles loix et comme le mary doit faire q̄ sa fēme soit bonne

Sobre femme de tresgrāt hōneur est celle doit q̄ sō mary lup garde chastete G. Car il est tenu ace cōe dit ē ⁊ cellup fait en ce tresgrāt honneur Et sil ne cure de q̄lconque femme plus ne tāt comme de elle mais ait estim racion et cup de ⁊ la tienne deuant toutes autres ppre aime et loyalle G. Cest vng enseignemēt lequel il prouue apres p trops raisons T. Car se la fēme p̄gnoist et a ppcoist q̄ sō mary soit amiable a elle ⁊ q̄l se parte vers elle loyaumēt et iustement de tant estudiera elle plus a estre telle et sera vers son mary iustement loyalle G Apres il met comme ses honneurs sont differens. T. Et doncques ne appartient il pas que hōe prudēt ignore ⁊ ne sache q̄lz hōneurs prudent ignore ⁊ ne sache quelz honneurs sōt deuz a ses parēs ne q̄lz a sa femme ne quelz sōt propres ⁊ auenās a ses enffans affin q̄ en ce⁊ pce il retribue a chascun les choses q̄ sōt siennes il soit fait iuste et saict. Glose.
Car sicomme il appt pl̕ a plain ou premier chapitre du lxe. dethiq̄s Autre hōneur est deue au pere ⁊ aultre a la mere et aultre a sa femme ⁊ autre a ses freres ⁊ autre a autres C Jtē car chascū seuffre et porte mesmemēt mōlt griefuemēt quāt lē le priue

Le second lture.   de yconomiques   ꝑ Vii.

de son honneur G Car honeur est la tresmeilleur chose de tous les biēs de hors sicōme il apppt ou xiiie.c. du quart desthiqs T. Et mesmemēt se aucun donne moult daultes choses en ostāt a celluy a q̄ il donne ses propres choses il ne prendra pas telz dons en gre S. Car chūn ayme mieulx le sie ppre et ne veult pas estre iniurie. T. Et riens nest plus grāt ne plus ppre a femme au regart de son mary q̄ societe ou ꝑgnee honnorable ⁊ loyal G. Et doncques se elle estoit desfrau dee ⁊ ꝑdoit ceste chose elle seroit triste et troublee Et curreroit moult daul tres choses Et pource lostel ꝓit a hō te T. ep. Item) car ce nest pas cho se aduenante ne apptenante a hōme de saine pensee q̄l met sa semence par tout la ou il eschoit Glo. Et ne luy chaut ou ne puiēt sicōe sont les sodo mittees T. Ne q̄ il mette sa propre se mence indifferentmēt a chascune fē me de qui il aprouche G. Apsil met ace troys causes pour troys inconue niens q̄ sensuyueroient T. Affin que les mal engēdrez et iniqs ne soiēt fai ctes choses sēblables sicōme aux filz francs et legitimes G. Car il les cō uiēdroit appeller filz et les nourrir, ⁊ cest selō aucues septes ou il ya filia Et selon les autres ou il ya similes len peut dire ainsi T. ꝓ affin que les filz q̄ sōt diffames q̄ forliguent font mauuaises et iniqs ne sōt sēbla bles aux filz francs ⁊ q̄ sōt legitimes G. Car continuellemēt les filz sōt se

blables au pere ⁊ les unes aux autres et les femes sōt mauuaises q̄ sabādō nēt a ceulx q̄ ne sōt leurs maris Et ainsi auons le premier inconuenient doublement translate et expose. T. Et affin q̄ la femme ne soit priuee de son honneur G. Ce seroit le secōd in cōueniēt T. Et affin q̄ de ce ne soit adtoinct ou ne viēne reprouche aux filz legitimes C est tresgrande villā nie a ung hōe quaton luy peult dire q̄ sa mere ne fust pas chaste Et hōme doit estre plus vertueulx q̄ sa fēme Et pource ꝑ auente selon verite ⁊ se lon raison encorres est ce plus grāde reprouche quāt lon luy peut dire que son pere ne tint a sa femme ne foy ne loyaulte ⁊ q̄l fut ung ribault T. Et doncqs de ces choses est deue au ma ry reuerence cest adire cure auecques diligence.

Du quint chap il met encores autes enseignemēs pour faire la fēme bōne

C Est chose decente auenāte ⁊ appartenāte que lomme ap prouche de sa fēme bien ꝓpo see G. Quāt a bōnes meurs ⁊ quāt au fait de gnacion Car ou c. precedēt aristote a monstre cōme le mary ne doit toucher autre femme que la sien ne en cest c. il met ꝑmieremēt ꝑinet il doit approucher de la sienne T. A uecqs grāde honestete et modestie et actrēpāce ⁊ auecqs vercūde ⁊ hōte en

C.iii.

Fueillet.

luy donnant parolles de couple charnelle cõe il appt̃iẽt a euure gn̄atiue q̃
est de bõne maniere z licitez hõneste.
S. ¶Car s'il approuchoit delle trop
hardiemẽt z sãs bercũdez auecques
polles deshõnestes z en maniere dissolue il la feroit trop hardie z la feroit
encline a lcõtinẽcez a appeter aut hõme et n'est pas maniere de gẽs chastes
Mais de hões incõtinẽs z bes folles
femes Apz il met ung ault ensigne-
mẽt T. Itẽ il doit bser bers elle de
molt grãt modestie ou atrẽpãcez de
molt de soy a luy metãt z pdõnãt les
pechiez petitz z bolũtaires S. Si cõ
aucũes negligẽces de faulsees ou sim
plesses q̃lle fait pr la fragilite du sexe
car s'il bouloit tout pugnir asprement
il seroit mal z pechie et auroit trop a
faire T. Itẽ selle peiche en aucũe chose p ignorãce S. C'est a entẽdre de ce
q̃lle doibt sauoir car autremẽt elle ne
pecheroit pas T. Itẽ il la doit amõ-
nester tellemẽt quil ne luy face pas a-
uoir paour z craincte q̃ soit sãs bercũ-
de z sãs reuerãce auecq̃s amour S.
Et ce declaire il apz T. Itẽ q̃l ne soit
pas negligẽt ou reuers ou rigoureux
S. Car s'il estoit trop de bonnaire z
trop mal et il luy laissoit faire toutes
ses boluntez sans soy faire douter
elle bouldroit auoir seigneurie sur
luy z la disp̃seroit z luy seroit c̃otrai-
re selon ce q̃ dit le sage Mulier si p̃ua-
tũ habeat c̃otraria est biro suo Et s'il
estoit trop dur z la tenoit trop soubz
pie elle cõceuroit en son courage ire

et mauuaises pẽsees et pourroit faire
eschauderz grãde pfusion a tout sos-
tel selõ ce q̃ dit le saige Mulieris ira est
irreuerencia et pfusio magna Car si
comme il dit il n'est plus grant ire q̃ de
femme Nõ est ira sup irã mulieris zc.
Et pource puient il tenir le moyen et
cest moyen n'est pas ung bers toutes
mais est bersifie en molt de manieres
selõ les differãces des applep̃idõs de inclinaciõs de meurs z des p̃dicõs des
femes Car p auẽture aussi cõe des ber
ges une est droicte tellemẽt q̃ on ne la
peut ployer ne tourner ne p force ne p
trẽper en eaue Itẽ une austre est tortueuse z cornue q̃ l'en ne peult dresser
par force ne par tremper mais romperoit auant Item autres sont moyennes en molt de manieres car les unes
peuẽt estre dressies legieremẽt les autres a difficulte Itẽ les unes p biolẽce z les aultes p trẽper ou p les ii. manieres Et apz ce q̃lles sõt dressees les
unes se tiẽnẽt droictes z les oures nõ
Mais retournẽt tãtost z sõt tortueu-
ses et boiteuses Itẽ de chascũe de telz
pdicions z de plusieurs ensemble les
unes berges p lc̃ip̃et p bensẽble z les
autes mois en moult de maniẽs, et au
si me sẽble presq̃ semblablemẽt en ptie ẽ
de femes a entẽdre p la droicte la bonne z la cornue ou la tortueuse celle qui
est encline a mal et p biolẽce rigueur
et p la tremper la traicter doulcemẽt.
Car aucunes z peu sont si tres bõnes
q̃ ne par rigueur ne par blandissemẽt
l'en ne les pourroit actraire a mal.

Et aucunes ſõt ſi treſmalignes que en nulle maniere lõ ne les pourroit faire bõnes τ les autᵉs ſõt moyẽnes mõlt de differẽtes ſelõ la ſimilitude deuãt miſe mais la natᵉτ pdiciõ de fẽme eſt tres forte a pgnoiſtre et aulcuneſſoiz ſe Varie occultemẽt dune maniere en autre Varii ſiue Vagi ſũt greſſ⁹ illi⁹ τ inueſtibiles. Lõ ne peult pgnoiſtre les ppos de la penſee de ſa fẽme Et pource a bien gouuerner ſa fẽme et a la faire bonne ſil eſt poſſible eſt reqſe au mary tres grãde induſtrie τ bõne diligẽce Aps il declaire le tiers enſeignemẽt q̃ fut deuãt mis. Car telle paour ou craincte q̃ eſt ſans Vercõd τ ſans reuerance eſt paſſion et maniere que la folle a a ſon mary chalant Mais aimer et craindre equalement auec q̃ Vercũde et chaſtete τ ce q̃ doit faire fẽme frãce a ſõ ppre mary Glo. Et ſelõ la ſẽtẽce du ſage Vercũde de ſage fẽme eſt gracieuſe choſe Noli diſcedere a muliere ſẽſata gracia cũ Vercundia illius ſup aurũ. Car de paour ou de craincte ſõt deux eſpeces Vne eſt auecq̃s Vercõnde ou hõte ou reuerãce de laq̃lle Vſẽt les filz ſobres a lez pere Et les citopẽs honneſtes et bien compoſez en meurs a leurs benignes recteurs τ gouuerneurs. Et ce q̃ lõ appelle en latin timor filialis. timoꝛ caſt⁹ Craincte filial eſt chaſtete τ par telle paour doubte dieu les angelz τ les ſainctes ſicõ dit leſcripture Timebunt angeli. Mais Vne autᵉ eſpece de craincte ou de paour eſt

auec honte et iniuſte Sicomme les ſerfs ont leᵉ ſeigneurs et les cytoiẽs aux thyrans iniurieux τ iſques. Il entend des ſerfs qui ſont en ſeruitute p Violence τ contre leur Volunte et leur nature Et ceſte paour ou crainte eſt appelle ſeruile Timor ſeruilis Et auſſi les dyables craignẽt noſtre ſeigneur Demones credũt et tremũt Et donc ques le mary doit faire a ſon pouoir q̃ ſa fẽme le doubte ſelõ la pmiere eſpece de crainte ou de paoꝛ Aps il met Vng autre enſeignemẽt q̃ eſt ainſi cõe pcluſion des deſſuſd. Qͥtẽ de toutes ces choſes il doit eſlire les meilleures τ faire q̃ ſa fẽme ſoit cõcordable et louable a luy τ ppre. Lõ cordable en Volũte loyalle en operaciõ ppre ſãs ce q̃ lie ayme auec charnellemẽt. Aſſi q̃ lle ne Vſe pas moins de bõnes opacions ſup p̃t τ ſup nõ p̃t mais face touſiours auſſi cõe ſil eſtoit p̃t τ q̃ lup et elle ſoiẽt auſſi cõe curateurs τ gardes des choſes cõmũes de la maiſõ τ de loſtel Et quãt lõme eſt abſẽt q̃ ſa fẽme ſete et apparcoiue q̃ nul neſt meilleur a elle ne pᵉ moderee en la traictãt ſeignemẽt ne pls ppre ſãs traire ſoy Vers autre. Et dõcqs lé mary la doit gouuerner tellemẽt τ faire tãt a ſon pouoir q̃ le ait ceſte oppinion. Et q̃ il mõſtre ceſte choſe au pmẽcemẽt en regardãt touſiours au biẽ pmũ de loſtelᵖ biẽ q̃ lle ſoit nouice τ peu ſaichãt en telles choſes. Selon Vne eppõ il Veult dire q̃ le mary doit enſeigner ſa fẽme

Fueillet.

au commancemēt Et selon vne aut̄ expositiō il veult dire que la femme se doibt monstrer estre telle cōe dit est T. Jtē lōme a dn̄acion mesmement a soy S. C'est adire q̄l soit seigneu̇r de soy en reprimāt ses cupiscences (z ses ires (z en regulāt ses faiz p̄ raisō T. Item sera bon recteur (z gouuerneur de toute la vie domestiq̄ et enseignera la femme vser de telles choses S. Car quant le seigneur de lostel q̄ est maistre gouuerneur (z exemple a tous est bon selon chascun et fēme et enffās (z seruiteurs en doiuēt mieulx valoir Mais selon vne autre exposition q̄ ne me semble pas si bonne par ce q̄il dit q̄ le mary soit bien seigneur de fēme Or auōs doncq̄ en cest cha. vi. enseignemēs p̄² faire la fēme bōne

(Du vie. chap̄ il met et cōserue aucunes choses deuant dictes par sentēnces dautres sages

Par homerus le poete ne honnora oncques amitie pour paour ou crainte q̄l eust sās vercunde ou honte Mais p̄ tout ou il p̄le de telle chose il veult q̄ len ayme auecques modestie ou attrempance auec q̄s vercunde S. Aristote met en cest chap̄ allegacions desq̄lles vee z (y la premiere (z pour la mieulx entendre len doibt sc̄auoir q̄ a nisie pour bien honneste et selon vertu ne paour ne crainte filial chaste ne sont oncques

sans vercunde (z reuerāce Mais amitie pour delectacion ou pour gaaing sont sans telles choses Et pource ne loue pas telles amours crainctes homerus q̄ fut tresexcellent poete grec et nest a mettre lobsidion de troye et virgille lensuit en partie T. Jtē lē doibt doubter (z craindre en la maniere que disoit elene qui disoit ainsi au roy priamis tresamp sōt tu es a moy terrible S. Il denote parce tresgrans de craincte T. Et appartient a moy trop craindre et redoubter et parce ne vouloit autre chose dire fors q̄elle le deuoit aymer auecques craincte (z vercunde S. Helene fut celle que paris le fil z priam⁹ osta a son mary menelaus et parce p̄ mā ca la guerre dōt trope fut destruicte (Apres il met la tierce allegacion pour quoy il appert que le mary doit craindre sa femme T. Item vlipes disoit a nausique sa femme ces parolles toy femme iay eu de toy tresgrāt admiracion (z ce grain tresgrandemēt S. Selon vng hystoire vlipes fut perilly en mer Et se traict vers nausique q̄ estoit fille du roy affin q̄elle luy feist aȳde (z luy disoit ces parolles sicōe dit homerus et n'estoit pas sa femme T. Et homer⁹ tient et estime q̄ lomme et la femme se doiuent auoir en ceste maniere lung a laut̄ Et cuyde q̄ ce soit biē fait p̄² tous les deux sil z ont ou se contiēnēt tellemēt S. Apres il enseigne raison a ce et peut estre que cestoit la raison que faisoit homerus T. Car nul ne

¶ Le second liure.　　　　de yconomiques　　　xix.

ayme oncques celluy qui est pire ou moins bon que soy ou de soy Et ne la oncques en admiracion et ne le doubte pas ou crainct auecques certude ou reuerance G. L'en peut bien aymer vng que l'en cuyde moins bon de soy mais ce n'est pas auecques reuerence T. Mais ces passions ou condicions aduiennent a ceulx qui sont l'ung et l'autre meilleurs G. Car il est possible que l'ung excede de l'autre en aucune vertu et est excede en autre bien qu'il ne fait a l'autre et l'autre aussi a semblable oppinion T. Et q̃ sont benignes par nature et tousiours sont moindres en science G. C'est adire moins malicieux T. Et repputent meilleurs a soy Glo. C'est adire que chascun repute que l'autre luy est meilleur q̃ il mesme n'est a l'autre et c'est signe de tresgrant amitie. Apres il met vne autre allegacion T. Item Vlixes eut cest habit en ceste condicion a penelope sa femme et ne pecha oncques en riens en son absence G. C'estassauoir a penelope pource que son mary luy monstroit sigrant amour auecq̃s reuerance elle se garda chastement et honnestement long temps luy absent et luy estant en l'obsidion ou en la mer de quoy vng appelle matheus de Vldicima qui met triffla l'ystoire de thobie en vng liure quil feist de doctrina versificandi dit ainsi. Penelope merum festinat gracia forme purpura declarat dixat acernus opum Apres il met vne autre conformacio

prinse du contraire T. Mais agamenõ G. Il fut duc ou capitaine de l'ost contre ceulx de troye T. Pour vne appelle criseus pecha vers sa feme en leglise. C'estassauoir en l'assemblee publique Car celle femme criseus qui estoit capitaine prinse en guerre et non bonne mais barbare et serue il disoit estre telle quelle ne deffailloit en riens en vertu de cleomestra G. C'est adire quelle n'estoit pas moins bõne cleomestra sa femme T. Et il ne disoit pas bien, car cleomestra auoit enffãs de luy legitimes et ne pouoit iustemẽt cohabiter ou auoir compaignee a criseis car cõment peut ce estre iustemẽt luy qui auoit prinse a femme p̃ violence auant q̃l sceust que elle seroit ou come elle se porteroit deuers luy G. Et daut̃ ptie ce ne peut estre sãs faire disloyaulte a sa feme T. Ite la fille du roy athlas G. Il fut roy d'afrique et tresgrant astrologien et pource faignent les poetes quil porte le ciel T. Pria Vlixes ql habitast et peust auecques elle et luy promectoit quelle le feroit tousiours immortel G. Et que ia ne mourroit et peut estre quelle le promettoit et cuydoit ce faire par astrologie et par art magicque et par la vertu des dieux T. Mais Vlixes ne presuma oncques trahir ne faulcer l'affection et dilection et foy que auoit a sa femme affin quil fut fait immortel Et cuydoit et repputoit que ce seroit tresgrant peine pour luy sil deseruoit auoir immortalite et il fut

Fueillet

mauuas G. Or auons doncques cõsideré aristote & homerus approuuoient et louent lintencion & le ppos de Vlipes q̃l ne vouloit toucher autre q̃ sa femme pour auoir vie p̃petuelle Et aymoit plus moʒir q̃ pecher poʒ tousiours vi ure Et repputoit la plus grãde pei/ ne q̃ peut estre q̃ viure en pechie Ma/ ximã penã arbitraris ꝛc. ¶ Jtē il ne voulut oncques gesir auecq̃s vne nõmee circe mesmemẽt pour le salut de ces amis G. Les teptes ꝑmus õt ainsi Nam cũ circe iacere noluit nisi propter amicoꝝ salutem Et ceulx q̃ se opposent selon ceste lettre dient quil se accorda a gesir auecq̃s circe mais ce fut pour sauuer ses cõpaignons Et vng oppositeur dit q̃ le tepte est cor̃ rumpu sicõe en plusieurs autz lieux Et ie le cuyde pour deux raisõs Vne est que Vlipes reffusa tel marchié nõ obstãt que len luy promist immorta/ lite pour soy Et dõcques il ne se fust oncques ace accoʒdé pour la vie tres̃ perilleuse dautre Jtem selon aristote len ne doit oncques faire mal affin q̃ bien en viengne Et dõcques il ne al legast pas en approuuant q̃ Vlipes eust fait desloyaulte et mentir sa foy pour sauuer ses cõpaignons Et pour ce le tepte doit estre ainsi Nam cũ cir ce iacere noluit edã propter amicoꝝ̃ salutē. Et ainsi say ie trãslate/ mais poʒce mieulx entẽdre len doibt sauoir car cõe recite saict augustĩ ou ꝑ viii li ure de la cité de dieu circe fut tresrenõ mee en art magicque Et tenoient les

papes que quãt Vlipes & sa gent vin dient par tempeste de mer la ou elle es toit elle mua en bestes les cõpaignõs de Vlipes Et fait sainct augustin mẽ cion de plusieurs autres mutacions. Et selon verite les mutacions ne fu rent pas telles Mais par auentꝛe au cũs pouoiẽt estre pturbeez et alienez en leur disposition na kelle et en leurs sens na kelz ꝑ malefice et ꝑ enchante ment entãt q̃lz cuy dẽt estre loupes ou poʒcs ou cheuaulx ꝑ aucũl tẽps et au cũne ꝑ maladie sicõe sont ceulx q̃ son appelle vulgairemẽt garzons & telz malefice se fist circe aux cõpaignõs Vli pes Mais ce cõtregarde de ce par vne herbe laq̃lle vng hõe luy auoit bail/ lee Et dõcques circe luy promettoit a remettre ses cõpaignons eu leur pre mier estat sil se cõsẽtoit a elle. Mais il luy respõdit q̃ en leur premier estat luy pourroit sembler pl9 doulce q̃ son pays Bien quil fust aspre G. Peult estre quelle luy ꝑmettoit plus beau pays & meilleur q̃ celluy dont il estoit Mais il amoit plus a retourner a sa femme & a son pays T. Et oʒa Vlip es et voulut plus estre pl9 moʒtel de veoir son filz et sa fẽme q̃ viure Glo C est assauoir pdutablemẽt Mais le doubte q̃ ceste clause soit transposee & doit estre apres ces motz Et quil fut mauunis en la response q̃l fist a la fil le du roy athlas Car il amoit plus es tre moʒtel & veoir sa fẽme q̃ estre im moʒtel sãs la veoir Et si ceste clause est en son oʒdre len pourroit dire que ctrce aueccq̃z le salut de ses amis luy pmettoit immortalite Mais il ama mieulx la maniere dessusd T. Et en ceste maniere Vlixes gardoit a sa fẽme ou vers sa fẽme sa foy sermẽt pour les q̃lles sopaultez il receuoit equalemẽt de sa femme G. Car elle luy gardoit bõne foy aussi comme il faisoit a elle

⁋Du viie. chap il mõstre q̃ le mary et la femme doiuent estre dung coura ge et dune volunte

Que lõ doibt tresgrandement et mesmemẽt hõnorer chaste societe ou cõpaignee de hõme ou de fẽme en mariage il appt p ce q̃ recite lacteur en loroison q̃ feist Vlixes a nausique ou po² nausiq̃ G. Ce fut vne fille de roy a laq̃lle Vlixes eust reffuge et recours et elle le recueillit quãt il fut perilly en la mer, sicõme il fut touche on. c p̃cedẽt Tex. Car il ora et pria les dieux q̃ luy voulsissẽt donner a nausique mary et maison et vnanimite et pcorde de circe a sõ ma ry Et non pas quelconque vnanimi te mais bõne G. Car sicõ dit tulles la premiere loy damitie est q̃ nous ne demandons a noz amis fors choses honnestes Prima lex amicicie est vt ab amicis honesta petamus Tex. Car elle mesme disoit que nul plus grãt bien nest en gẽs q̃ quãt le mary et la fẽme sõt pcordables en voluntez en gouuernant la maison G. Et cest selon lescripte q̃ dit q̃ trops choses sõt approuuees deuant dieu et deuãt les

hommes p cordes de freres amour de prochains et hõme et fẽme dung cõ sentemẽt et dune volunte Apres il de/ claire q̃lle vnanimite ou pcorde ilz doiuẽt auoir T. Jtẽ il appt apres par lacteur cest homer⁹ q̃ ne loe pas vna nimite ou pcorde q̃ le mary et la fẽme ont ensẽble laq̃lle est faicte vers mal uais seruices ou vers mauuaises o/ peracions Mais celle q̃ est iustement piocte en mariage et en prudẽce G. Car selon ce q̃ appt p le vie. chap du viie. de thiq̃s vertu moral ne peut estre sãs prudẽce ne prudẽce sãs ver tu morale T. Et signifie q̃ les mariez doiuent gouuerner la maison par vo luntez G. Concordables en biẽ car pcorde en mal nest pas de vraye con corde et est ptraire a bõ gouuernemẽt et q̃ troye amitie et nest pas pmanen te ne durable sicõ il appt p le viie.c. du ixe. de thiq̃s Aps il met les biẽs et les pffiz q̃ viennent de ceste vnani mite T. Jtẽ homer⁹ disoit que quãt ceste dilectiõ et amour est faicte mõlt de tristesses sõt faictes aux ennemis G. Car il leur desplaisoit de la pros/ perite des mariez et en ont enuie T. Et en ceste pcorde sont faictes moult de ioyes aux amis G. Apres il mect vng aut pffit T. Jtẽ les amis orõt pl⁹ voluntiers a cest acteur homer⁹ comme disant choses vrayes Cestas sauoir que quant le mary et la femme sont en pcorde vers choses bonnes il est necessaire que les amis de lung et de lautre soient a concorde ensemble.

Fueillet

Glo. Mesmement quant aux choses q̃ regardẽt les mariez et mesmemẽt en autres choses sont les amis plus ꝓcordables pour lamitie q̃ est entre ces maries Apres il met le tiers pffit T. Ité pource q̃ p ce ilz sont fors ilz sõt terribles a leurs ennemis ⁊ pfitables a leurs amis G. Car quant ilz sont eulx et leurs amis dune ptie ⁊ dautre unis par accorde ilz en sont plꝰ puissãs Quia virtus unita fortior est seipsa dispsa Apres il mect les maulx q̃ viennent du cõtraire Tex. Et se ilz sont a discort les amis serõt differãs ⁊ non pas ꝓcordables Glo. Ité il puiendra q̃ les mariez soient enfermez Cestadire fiebles et peu puissans Tep. Ité ceulx sentiront mesmement les maulx q̃ viennent de ce ⁊ de telle discorde G. Apres il ꝓclud en declarant q̃ile unanimite il conuiẽt auoir T. Et lacteur cestassauoir Hometus en ses choses icy ꝓmande manifestemẽt q̃ les maries doubiẽt ou deffẽdẽt lung a lautre ⁊ euitẽt ensẽble choses qui sont mauuaises et choses non chastes ou villaines G. Le mary ne doit pas souffrir a la femme faire nulle telle chose ne la femme au mary quelle puisse T. Et doiuẽt seruir⁊ administrer lung a lautre indifferaument ioupteleur poǔoir choses q̃ soient chastes ⁊ honnestes ⁊ qui soient iustes G. Car sans differance et sans faintise chascun doit mettre peine a sõ pouoir q̃ lautre face bien

En le .viiie. chap il monstre en especial aultres choses en quoy les maries doiuẽt estre en une volunte et a quelle fin

Et premierement doiuẽt estudier a auoir toutes cures de leurs parens G. Car si cõe il fut dit ou .p. 8e. ⁊ ou derren. ca. de se viiie. et ou tiers chap du ixe. de thiques lẽ est tenu a ses parens par dessus tous sauf dieu T. Et q̃ le mary cure des parens de sa fẽme nõ pas moins q̃ des siens et aussi la fẽme des parẽs de sõ mary G. Le mary est plꝰ tenu a ses pprꝭ parẽ q̃ a ceulx de sa fẽme Mais nõ obstãt il doit mõstrer aussi bon semblant aux parens delle cõe aux siens et plus et nest pas ypocrisie ou faulcete mais est bien faicte. Et est parce manifeste lamitie q̃ la a sa femme ⁊ sẽblablement doit faire la fẽme aux parẽs de son mary ⁊ cest le premier enseignement de cest chap. T. Ité ilz doiuent faire quilz ayent aussi cõme bonne cure ⁊ sollicitude de leurs enffãs de leurs amis et de toute la maison G. Car toutes les grãdes choses sont ꝓmues a lung ⁊ a lautre mais plꝰ principalemẽt apptiennent au mary T. Item q̃ chascun de ces deux sefforcent ⁊ mectẽt cure ⁊ peine a passer lautre en ce quil soit cause q̃ plꝰ de biens soient faiz p luy ape cõmun proffit de la maison ⁊ q̃ chascun se paine destre le meilleur ⁊ le plꝰ iuste G. Et que ung ne se entend ne epcu se en riens de lautre en laissent a faire bien Mais face chascun a son pouoir le mieulx non pas par enuie Mais p̃ talousie de vertu et de iustice ⁊. Itẽ que chascun laisse orgueil et gouuerne sa maison adroit ⁊ ait maniere hũble et debonnaire S. Ce dit il affin que nul des mariez ne se donne gloire par dessus lautre porce se il a fait aulcun grant bien Mais tousiours repute que encores deust il mieulx faire et que lautre fait mieulx Apres il met la fin pour quoy len doit garder telz enseignemens ⁊. Affin que quant il viendront en vieillesse ⁊ ilz seront deliures de benefice S. Cest a dire que quant ilz ne pourront plus estre bien facteurs a leur famille ne leur faire pfit ⁊. Et de moult du cures et de cõcupiscences ⁊ de desirs charnelz qui sont faiz aucũesfoiz en ieunesse ilz ayent a respondre lung a lautre a leurs filz ou enfãs sequl des eulx a este cause de plusieurs biens a la maison dõt chascun deulx a este fait receueur a la maison ⁊ gouuerneur S. Et que chascune altercacion ne soit pas contencieuse tellemẽt reppute auoir plꝰ de biẽs ⁊ que chascun attribue a lautre auoir fait plus de biens ⁊. Et se len puisse sauoir tantost ou cõmẽt le mal qui en seroit aduenu par fortune ou le bien par vertu S. Se aulcun bien est aduenu au gouuernemẽt de lostel les enfans doiuent supposer q̃ ce nest pas aduenu par le vice des parens aussi lung de lautre mais q̃ ce

este p̃ infortune et le biẽ qui est aduenu les enfans le doiuent attribuer a la vertu des parẽs ⁊ le mary a la vertu de la femme et la femme a la vertu de son mary ⁊. Et quelles choses qui aura vescu il en rapportera et aũra des dieup tresgrant merite S. En vng tẽple est qui viperit Cest assauoir qui viuera en bõnes euures En vng autre tẽple et qui vicerit Cest adire q̃ aura victoire en faisant plus de biẽs ou victoire sur les infortunes ⁊ par pacience. Et est soupte ce que dit nostreseigneur plusieurs en apocalipse qui vicerit ⁊c. Et par ce appert que aristote croit que ceulx qui font biẽ en ont tresgrande remuneracion de dieu Car combien que il dit des dieux cest selon le commun p̃ler qui estoit lors Car il ne tenoit q̃l ne fust lors seullemẽt vng dieu sicõme il appert ou pͥe de methaphisiq̃. ⁊. Si cõme pindarus disoit q̃ telz gens ont le cor doulx a soy S. Pindarus fut vng saige philosophe et poethe ⁊ par ce vouloit dire q̃ la memoire de la bõne vie q̃ telz gens ont menee leur faict auoir vne tresdoulce delectacion au cueur sans amertume des remors de conscience Et pource les bonnes euures q̃ len fait en ieunesce sõt aussi cõme vng tresor pour auoir lope⁊ paix en vile ⁊c ce q̃ dit le prophete Custodi ignorancia et vide equitate quoniam sunt reliquie homini pacifice Garde ignorance ⁊ garde equite car ce sont reliques a homme paisible

Fueillet

Et doncques vng homme qui a bien vescu auecques sa bonne femme fine ses iours delectablement et a paix de cueur cest selon lescripture qui dit Mulier fortis oblectat virum suum et amicos vi te illius in pace implebit. Et tel home est beneure en ce monde selon ce que dit maximien felip que meruit in tranquilla ducere vita Et se to stabiles clau dere siue dies T. Et lesperance des mortelz gouuerne moult de maniere de volunte S. Le disoit pindarus et est selon vng texte ou il dit et spes mor taliu Cest adire que lespance que les gens mortelz ont en la diuinite gouuerne leur volute Mais selon autre texte il dit et spes immortaliu Et est adire que lespance que len a de obtenir choses im mortelles aps la mort ou lesperance que len a aux dieux immortelz gouuerne la volunte Item cest selon vng texte ou il dit Multiplice volutate guber nat Et est adire que telle esperance gou uerne moult de manieres de vertu et de volunte Or semble doncques par ce que dit est que selon aristote et pin darus ceulx que bien viuent en leur bon nepose en entendat a receuoir de dieu double merite et double remuneracion vne a psnt que est lesse de cueur et paix de pscience Et lautre aduenir donc ques ilz ont esperance et se touche ari stote ou quint chapitre du ipe. dethi ques quant il dit opacion Et cu dele ctabiles memorie et fatoru spes bone Les memoires des bonnes euures pas sees sont delectables et les esperances

des choses aduenir sont bonnes Et en ce il denote double felicite Vne a psnt et lautre en future soy pcordant a la saincte escripture qui dit au bon home Beatus et bene tibi erit Car selon la glose cest adire quil est bien eure de pre sent p grace et sera apres p gloire Et cest double bien au fin que regarde la me Mais apres il met vne autre fin qui regarde le corps des mariez T. Mais le second bien est affin que quant ilz seront venuz en vieillesce ilz soient peuz ou nourriz p leurs filz ou enfas beneuremet S. Cestassauoir hones tement et delectablemet Car pbien que filz et filles soient tenuz a leurs pares et ne leur peuent assez recompenser tou tes suoyes leur sourent ilz de plus gra de volunte en leur impotence come les parens leur ont fait pns de biens quat ilz estoient en leur bonne puissance Aps il recapitule et pclud T. Pour lesqu les choses il est bien puenable que home et la feme psiderent en propre et en commun S. Car aucunes choses sont pro pres au mary et aucunes sont ppres ala feme et aucunes comunes aux ii. ou a tou te la maison T. Justement et a tous tant aux dieux come aux homes S. En obeis sant aux loix diuines et aux loix huai nes Et en rendent chascu ce que est sie selon le commandement de dieu qui dit Reddite que sunt cezaris ceza ri et que sunt dei deo Sep. Et apptiet que lome tant come il a dieu pside re et pese moult de soy auoir iustemet a sa feme et a ses filz et a ses pares

¶Glo. En attribuant ou faisant et faisons a chascun les honneurs et les biens que len luy doit faire iouxte ce que fut dit ou quart chapitre. Et me semble que les textes sont corrompus en ceste partie ou est dit. Eu qui habet vitam. Et ny a pas bonne construction.

¶Cy finist yconomicques

¶Cy commence la table des eppositions des fors motz de politiques.

En chascun art et en chascune science sont aucuns termes ou motz propres a tel art, et a telle science. Et pour ce les motz qui sont propres a ceste science de politiques ou qui ne sont pas en comun parler sont icy apres exposez et mis en table selon lordre de la .b.c. Et non pas tous, car aucuns sont exposez en leurs lieux et souffist.

¶Actif de ce en ce mot action
Action est operation qui demeure en celluy qui la fait: sicome veoir et oyr et entendre. Et faction est operation qui oeuure en matiere dehors: sicomme edifier et faire drap et selon ce ung instrument est dit actif par lequel riens nest fait fors lusaige de luy: sicome ung chapperon ou ung gan. Et celluy est actif par lequel autre chose est faicte: sicomme la plume de quoy len escript. ¶Item action est dicte de operation qui regarde vertu morale et oeuure practique. Et ainsi action est distinguee contre contemplacion laquelle est operation qui regarde daucunes vertus intellectuelles, desquelles fut determine ou vi.e liure dethiques. Et selon ce nous disons que ung homme est actif ou contemplatif et que sa vie ou son operation ou sa vertu est actiue ou contemplatiue. Et aucunesfoiz contemplation est appellee action, sicôme ou vii.e liure ou quint chap. ou aristote dit que felicite est action, mais est en prenât action largement et generalemêt pour quelzconques operations

¶Auton est celluy qui est franc en tant que il nest pas contrainct daler au guet

¶Agonie Agonization et agonisement sont une chose laquelle est exercitation pour faire les corps agiles et fors, et mesmement pour les disposer a faitz habiles et a faiz darmes: sicomme sont luctes et ioustes et tournoys et telles choses. Et est dicte agonie pour ce que len faisoit aucune telle chose en ung champ ou circuite tout rond. car en grec agon cest rondesse sans angle. Et agonie est prins aucunesfoiz pour labeur de pêsee fort et angoisseux, mais ce nest pas en cest liure

¶Agonizer est faire agonie

¶Agronomes sont officiers qui ordonnent daucunes choses hors la cite aux champs, et est dit de ager en latin qui est champ, et de nomos en grec qui est regle

Agronomie est loffice des agronomes. Aknines cest a dire sans acuissete de engin, et telz sont ceulx q̃ ont lentendemẽt rebour et obscur

Anarchie est quant len franchist aucuns serfs et met en grans offices. Et est dit de ana en grec qui est enuiron et de archos qui est prince

Andries sont conuis, est disners pour honnorer ceulx q̃ se sont monstrez hõmes bons et vertueulx pour le bien publique. Et est dit de andros en grec qui est hõme. Et par aduẽture selon ce terence appella vne de ses fables andrie Terentius in andria

Androhalgachie et bonte de hõme car en grec andros cest hõme et hagaton cest le bien bon.

Atarchie est par soy souffisante. Cest a dire auoir tout ce quil fault pour bien viure selon possibilite humaine et est dit de archos en grec q̃ signifie ce mesme ou celle chose, et de archia qui est souffisance

Autharkes est dit de autarchie et est la cite ou region autharkes ou par soy souffisante en laquelle len trouue tout ce qui conuiẽt a bien viure

Architectonique Architecton en grec est le maistre de seuure en edifier. Et est dit de archos qui est prince, et de tecton q̃ est tect ou maison. et par semblance politique est dicte architectonique Car elle ordonne sur toutes choses appartenans a vie humaine, sicõme il fut dit en vne question en sa fin du viie chap. du viiie liure.

Aristocracie est vne espece de police selon laquelle ou en laquelle vng petit nombre de persõnes bõs et vaillans tiennẽt le princep, et ont domination sur la cõmunite, et entendent a gouuerner au prouffit cõmun Et est dit de aros en grec qui est vertu, et de archos qui est prince ou princep Car cest princep de gẽs vertueulx

¶ Aristocratique est chose appartenãt a aristocracie

¶ Aristocratizer est ouurer et faire selon aristocracie

¶ Armonie est concorde de plusieurs voix differẽtes. Et est ce que aucũs appellent deschant Et melodie est beau plain chant, mais cõmunemẽt on prent vng pour lautre, et comme tout vng

¶ Astinomie est vng office qui regarde sur les edifices et sur les voix de la cite

Baunause tout homme qui fait oeuures seruiles ou deshonnestes et viles ou ordee. et a fin seruile, et pour gaing il est dit baunause Et aucuns sont a ce enclins de nature ou selon les corps que ilz ont. gros et rudes ou mal formez, ou selon les ames sensitiues pour aucune mauuaise disposition des sens de dedans Et telz len seult appeller villains natifz. Et aucuns sont telle oeuure contre leur inclination pour mauuaise acoustumance et par leur misere ou par infortune Et tous sont aussy côme ceulx que nous appellôs soulliars ou paillars ou villains.

¶ Baunausie est ce que fait le baunause, sicôme conroier, cuire, ou houer, ou bechier.

¶ Baunausique est chose appartenant a baunause

¶ Barbare ou barbarin: Aucuns appellent barbaires tous ceulx qui sont de estrange langue, et selon ce dit lescripture les egipciens barbaires au regard des ebrieux ¶ In exitu israel de egipto domus iacob de populo barbaro. Et neantmoins selon Aristote ou xx.e chap. du viii.e liure les egipciens eurent tresanciennement loix et ordre politique mais a parler plus proprement et absolumêt barbaires ou barbarins sont gens estranges et de mauuaise côuersatiô, ou pour la nature du pays qui est desordonnee en chaleur ou en froidure, ou pour la nature du pays, ou pour la corruption de leurs meurs p mauuaise vie. Et telz gens ont polices mal ordonnees, sicôme il fut dit ou pmier chap. du pmier liure ¶ Et ceulx qui se tiennent auecques vne p

tie tant comme ilz la cuidêt la mieulx fortunee. et sont contre quant ilz cuident se contraire. ilz sentent ceste nature a mauuaistie barbarique, selon Titus liuius qui dit ainsi. Barbarici animi est cum fortuna mutare fidem

¶ Boulin en grec cest conseil

¶ Bouleu est cellui qui a poste de cômunicquer en aucun temps ou princey consiliatif ou iudicatif. Cest a dire qui peut aucuneffois auoir voix et aucune auctorite es conseilz ou es iugemês de la cite ou de partie delle

¶ Concionateur est cellui q propose les besongnes es assemblees et au peuple

¶ Commune police est la ou vne grâde multitude tient le princey au prouffit publicque aussy côme en aristocracie vng petit nôbre tient le princey: et en royaume vng seul le tient et tout au prouffit publicque, et ceste police est bonne et aristocracie est meilleur: et royaume est tresbône. Et ceste police aristote lappelle thymocracie ou viii.e chapi. du viii.e dethiques Mais en cest liure il lappelle police p comun nom: et pour faire differêce ie lay tousiours nômee comune police.

¶ Compugnation est communication ou aliance de gens de diuerses citez pour soy entre aider côtre autres en fait de guerre Et est ce que les rômains apelloient iadis societe.

¶ Contemplation propremêt est côsideration et pensee de choses diuines.

Delphique delphos est ung lieu ou estoit ung sollennel tēple apollo sa ou ceulx de cest païs de frāce lors appellez galles surēt iadis desconfis/sicōme raconte iustin excellentement en son xxiiiie. liure. Et en ce lieu sen faisoit ou vendoit on instrumens dōt len se aidoit de ung a plusieurs offices/ et cōe de plusieurs par aduenture aussy cōme en lieu de cousteau et de marteau/ et de lime/ et estoit appellé glaiue delphique. Et dit aristote ou pmier liure au pmier chap que nature ne fait nulle chose telle cōme le glaiue delphique. Et p ce concluid que elle ne fait pas ung hōme habile a plusieurs choses/mais ung a vne et autre a autre.

Deduction en cest liure signifie la delectation et le deduit ou soulas que len a en contemplation/ et en speculation

Demagogue est qui par adulation ou flaterie demaine le cōmun peuple a sa voulenté et qui les esmeut a rebellion contre les princes ou prince. et tel fut ung en flandres appellé iacques dartenelle. Et est dit de demos en grec q̄ est menu peuple/et gogos qui est meuuement.

⁋Demagogizer est faire oeuure de demagogne.

Democracie est vne espece de police en laquelle la multitude populaire tient le princep a leur proppe prouffit et nest pas bonne police Et olygarchie ou les riches qui sont en petit nombre le tiennēt est pire/et tyrannie est tresmauuaise. Et de democracie est determiné ou tiers liure ou ixe chapitre/ et ou quart liure ou quart chapitre. Et est dit de demos en grec qui est peuple/ et de archos q̄ est prince ou princep

⁋Democratique est chose pertiēt en a democracie

⁋Democratizer est faire oeuure de democracie

⁋Demos est menu peuple ou menu commun

Demurgique est la partie de la cité qui assigne a chūn des populaires son office. Et est dit de demos qui est peuple/ et de origin ou virgin qui est adressement ou adressier Et cest mot ou semblable est souuēt en ung liure que feist saint hyremer premier euesque de lyon

Despotes: ung seigneur a deux manieres de subietz. les ungs francz/ les autres serfz. et au regard des francz il est prince pconomique/ et cōme pere Mais au regart des serfz il est dit despotes

Despotie est princep ou seigneurie sur serfz Et se ilz sont iustement serfz tel princep est iuste. Et se ilz sont en seruitute iniustemēt par violence ou par fraude ce est princep despotique olygarchique ou tyrannique ou semblable. Et pour ce fut il dit ou tiers liure et ou viie chapitre que aucun princep despotique est iuste/et aucun non.

Despotique est chose appartenant a despotes et selon ce est

son fait ou sa seigneurie dit ou dicte despotique. ¶ Despotizer est tenir despotie ou gens en seruitute, ou tenir princey despotique.

Dyachetes est dit a dya en grec qui est deux, et de chetes qui est position ou estre mis. et est celluy qui est estre deux et moien en richesses qui nest pas tresriche ne poure

Difference est ung mot commun: mais il est aucunesfois prins en especial pour chascune partie de diffinition, excepte la pmiere qui est appellee genre. Sicōme se diffinition de cheual estoit telle: Cestassauoir beste a quatre piedz qui peut hynnir z hannir. En ceste diffinitiō cest mot beste cest le genre: et auoir quatre piedz cest vne differēce. et qui peut hannir. Cest vne autre difference.

Diffinition est vne oraison qui declaire dune chose que ce est. Et est diffinition composee de genre et difference ou differences sicōme dit est en cest mot difference Et telz nos sont termes ou motz de logique

Dionisiauhe estoient reuy ou esbatemēs que len faisoit aux festes dung dieu appelle liber qui fut anciennemēt nōmē dyonisius. et fut vng roy de thebes, sicomme dit remigius en son comment sur marcian.

Dorie ou doriste les saiges anciennemēt distinguerēt trois manieres de musique, sicōme il appert au viii liure ou ix et ou viii chaps Et la meilleur de ces trois est appellee musique dorie ou doriste pource

que elle fut trouuee ou que len vsoit delle en vne cite ou region appellee dor. de quoy lescripture fait mention ou liure de iosue. Et regionibus dor iuxta mare

Effories estoient grans officiers en sacedemone z auoiēt grande puissance. Et estoiēt appellez princes. et de leur puissance appert ou second liure ou y viii chapitre

Efforie est lassemblee ou la court ou office des effories aussi cōme len diroit le parlemēt ou le senat. Et ceste efforie institua tressaigemēt le roy thopompe en sacedemone, sicōme il appert ou quint liure ou xx de chapitre

Eglise est assemblee ou congregation faicte pour auoir aucune deliberation Et en ceste mesme maniere en vse la saincte escripture aucunesfoiz

Ephebie Ephebes sont beaux ieunes filz sans barbe. Et ephebie estoit le lieu ou telz enfans masles estoient deppuiez pour sodomie ainsi cōme en vng bordeau, sicōme il appert ou second liure des machabees. Et telle abusion abhominable faisoient aucuns paiens laquelle chose saint pol deteste en lespitre que il escript aux rommains.

Equiarches estoiēt appellez les cappitaines des gēs darmes a cheual Et est dit de equus en latin qui est cheual et de archos en grec qui est prince

DD.ii

Euagogues. Les legislateurs
doiuent estre euagogues. C'est
a dire meneurs de aages, ou que ilz
meuuent ou introduisent les gens p̃
loir selon leurs aages. Et est dit de
eu qui est aage, et de gogos qui est
duction ou mouuement

Ensynagogue. Vng lieu est dit
ensynagogue auquel se peut
legierement apporter les choses ou me
ner sans difficulte. Et est dit de eu
en grec qui est bon, et de sin qui est en
semble, et de gogos qui est duction
ou mennement ou mener

Exercitatiue est art et maniere
de soy mouuoir & de frequēter
aucun mouuemēt corporel pour sāte
ou pour esbatement, ou pour soy ha
biliter a faiz darmes ou aucune telle
chose & aucunesfoiz par similitude ex
ercitatiue, ou exercitation est prins
pour labeur de lame. Et selon ce dit
Chaton Exerce studium quis per ce
peris artem

Factif et faction, de ce en cest mot
action

Feral ung homme est dit feral
qui est felon et ireux et discole
et qui a meurs semblables a beste sau
uaige. Et est dit de fera en latin qui
est beste sauuaige.

Fistulation fistule fistuler gene
ralement a parler fistulez sont
tous instrumēs de musique ou il cō
uient souffler de bouche, sicomme la
fleute, la cornemuse, la trōpe et telles
choses. et fistuler est sonner telz instru
mens. et fistulation c'est le son deulx

Frigie ou frigiste de musique
sont trois manieres principa
les. Une mosse nōmee lydiste dont se
ra dit apr̃s. Lautre moyūete & tropde
appellee frigie ou frigiste pour ce que
elle fut trouuee ou que l'en vsoit d'elle
ou pais de frige la ou fut troie la grā
de. Et lautre musique apellee dorpe
sicomme il fut dit deuant

Genre est la premiere partie de
diffinition, sicomme il fut dit
en cest mot diffinition

Gerasie. geros en grec c'est sait
ou sacre. Et de ce est dit ge
rasie. et signifie sanctite ou saint col
lege

Gynnasie est exercitation de
corps ou de engin comme lu
cter disputer, & aussi c'est le lieu ou l'en
fait telle chose. Et est dit de ginos en
grec qui est sucte ou labour

Gynnastique est chose apparte
nant a gynnasie. Et mesme
mēt art de sauoir telles exercitatiōs
corporelles est dit art gynnastique

Gynnothonomos estoit ung offi
ce sur la discipline ou doctrine
de femmes et sur l'aornement de elles
Et est dit de gynnos ou gynnothos

qui est femme en grec et de nomos qui est regle

Gynothocracie est office de iuridicion tenue par femmes Et est dit de gynos en grec qui est femme et de archos qui est prince ou princep ou office

Habit est une qualite en lame dune personne, par quoy elle est encline en aucune operation. Et pour ce une vertu ung vice ung art une science et chune telle chose est habit. et cest mot est commun en science morale

Heros Les paiens appelloient heroes les ames de ceulx qui auoient este tresexcellens en vertu et en bien. et disoient que ilz estoient deifiez ou faiz dieux Ou selon aucun demi dieux semidii. Et en leur viuant mesmes estoient aucuns appellez dieu heroes

Honnorablete en ceste science est gouuerner honestement sa chose familiaire et propre, et tenir estat. Et pour ce ceulx qui tiennent grant estat et le peuent faire sont de grande honorablete, et les moiens sont de la petite honnorablete, et les poures petis populaires ne sont de nulle honorablete

Yconomique est cellup qui ordonne et dispense les choses appartenates a ung hostel ou a une maison

Yconomie ou yconome est art ou industrie de telles choses bien ordonner et bien dispenser

Ydios en ceste science ne sont pas gens simplement folz et sans usaige de raison, mais sont simples gens sans sauoir malice, sicome sont aucuns laboureurs de terres

Ieronomes sont officiers qui gardent les registres publiques et telles choses. Et est dit de ieron ou geron en grec qui est sacre ou saint Et de nomos qui est regle, et ioupte ce es loix romaines telz officiers sont nommez preuostz des sainctz escrins. Prepositi sacroru scriniorum

Illegal est cellup qui ne veult garder les loix ordonnees pour le bien publique et cellup qui ne tient pas bien ses conuenans et telz gens.

Iores sont autrement appellez agronomes. Et de ce appert en cest mot agronomes

Incontinent est cellup qui a science et voulente et puissance de bien faire, mais quant la tentation vient il se depart de la bonne voie et excede les metes de droit et raison

Infinie chose qui na ne terme ne fin et est dicte infinie

Iracionnelle. La prtie de lame qui nest pas raison en soy: cest assauoir la sensitiue est dicte iracionnelle.

Kalogagathon ou kalothoaga

DD.iii

ton est par soy bon. Et est dit de halos en grec qui est bon. Et de agathon q̃ est tresbon, et est aussi cõme tresbien bon

K osmoy estoit ung office tel cõme estoit essonie dont est dit devant. Et est dit de kosmos en grec q̃ est aornement, car la cite estoit bien paree de telz officiers

L egislateur est cellup qui fait et met et ordõne et publie la loy. ou qui les interprete.

L egislation c'est l'euvre du legislateur lequel trouve les loix, ou les promulgue ou les auctorise

L ydie ou lydiste c'est une espece de musique q̃ est molle et souef ue et est appellee lydie ou lydiste sicõme il fut touche en ce mot frigie. Et est dicte lydie ou lydiste, pour ce que elle fut trouvee en la cite de lyde. Et la maniere comment ce fut est mise au viiie livre ou viiie chapitre

L uctative est industrie de lucter mais il signifie generalement toutes exercitations corporelles telles comme signifie agonie dont est dit devant

M elodie est doulx chant. Et est dit de melos en grec qui est doulx et de odos qui est chant. Et de ce fut dit en ce mot armonie.

M ercennaire est cellup qui fait besongne pour loyer de pecune ou de equivalent.

M onarche est cellup q̃ ung seul tient le souverain princep sur une cite ou sur ung pais. Et est dit de monos en grec qui est ung. Et de archos qui est prince ou principaute.

M ixolydiste une maniere de musique fut appellee mixolydiste pource que ung nõme mixte la trouva en la cite de lyde. et est une musique piteuse et planctive comme lamentation

N avarches sõt capitaines sur gens d'eaux pour guerre sicõme sont admiraulx. Et est dit de navis en latin qui est nef. Et de archos en grec qui est prince

M onarchie est la police ou le princep que tient ung seul et sont deux especes generaulx de monarche. Une est royaulme, et l'autre est tyrannie

O beliscolisme est cellup q̃ fait deux pars ou trois de petis artifices, et est dit de obolisco en grec qui est haste ou broche sicõme dit sait Ierosme. Et de lisisma qui est ung petit vaisseau cõme une cuiller ou une saliere. Et doncques oboliscolisme est cellup q̃ fait plusieurs telles choses

O bolostatique est de obolus qui est une maniere de monnoye. Et est dit de stare qui est ester, ou de statuere qui est establir et ordonner. et est une espece de pecuniative c'est a dire d'acquisition de pecune par change ou par mutation de monnoie sicõme il appert ou premier livre ou viiie chapitre

Olygarchie est vne des sip especes generales de police mises ou viiie et ou ixe chap. du tiers liure Et est la ou les gens riches et puissans qui sont en petit nombre tiennent le princey ou gouuernent a leur propre proufit et contre le proufit publique Et est police pire que nest democracie et moins mauuaise que tyranie. et est dit de olygon en grec qui est peu ou petit nombre Et de archos qui est prince

⁋Olygarchique est chose ou fait de olygarchie

⁋Olygarchiser est maintenir ou enforcer olygarchie au proufit des princes et au dommaige du peuple, et du bien commun

Olympiade estoit vng esbatement et exercitation que len faisoit en vng mot appellé olympus ou olympe Et estoit aussi comme sont tournoiemens et ioustes et luctes. Et estoit fait de cinq en cinq ans

Olympique est chose faicte ou mont de olympe.

Passion en ceste science est mouuement de lame selon lappetit pour poursuir ou fuir aucune chose a quoy sensuit delectation ou tristesse et est ce mot commun en science morale.

Pecuniatiue est art ou industrie dacquerir pecunes ou richesses Et de ce sont quatre especes sicomme il appert ou premier liure ou viie chap.

Pedonomes sont ceulx qui sont ordonnez pour reigler et gouuerner enfans: et est dit de pedos en grec qui est enfant et de nomos qui est regle

Pedonomie est office de pedonomes. Pantharchie est princey de cinq princes. Et est dit de pentha en grec qui est cinq, et de arthos qui est prince

Peregrins sont gens estranges passans marchans ou autres Et est dit de pergo en satin qui est aler

Periode est le temps de la duracion dune chose temporelle, et est dit de pery en grec qui est enuiron: et de odos qui est fin en vne signification

Phylancies estoient conuiz et disners come len seult faire es confraries Et est dit de philos en grec qui est amour. Car en telz conuiz estoit amour nourrie

⁋Phylanton signifie en grec soymesmes Et est dit de philos en grec qui est amour

Phylantropos signifie en grec aymant hommes: car phylos cest amour, et antropos cest homme

Phylarches sont ceulx qui ordonnent comment len doit fuir en bataille quant il est de ce necessité, et signifie en grec aussy comme declinant le princey

Poemeson. Poesies sont similitudes faintes et mesmement en vers et en metres Et ceulx qui font telles choses sont appellés poetes car poesis en grec cest fiction

⁋Poetizer est faire poeme

Policeine est le souuerain princep policeine est lordōnance de la police. policeine est la police, et est ung mot auſſy comme equiuoque

Policie est lardonnance du gouuernement de toute la comunite ou multitude ciuille. Et police est lordre de princeps et offices publiques Et est dit de polis en grec qui est multitude ou cite

Politique est chose appartenāt a police ou science de police: car icos en grec cest science

Politizer est disposer les gens a police ou maintenir police

Pomtophilon cest amy des mauuais Et est dit de pompto en grec qui est mauuais et de philos qui est amour

Pocagogides ce sont ceulx qui sont ordōnez de par les tyrās pour escouter que les subgetz ne facēt nulles machinations contre les princes ne contre leur gouuernement en quelzconques assemblees grādes ou petites Et signifie en grec auſſi comme opans de oreilles anciennes. auribus escouteurs

Potentat est quant le prince ou princes se attribuent plaines postes et vsent de puissāce et de voulente ou de nouuelles loix que ilz sōt a leur plaisir et nō pas des loix anciēnes et iustes. et est auſſy cōme ce que len dit de plenitudine potestatis Et est chose reprouuee en ceste science

Potestatiue. La police est dicte potestatiue et la domination potestatiue quāt le prince ou les princes vsent de plaine poste sans loy

Preteur est quiconques a voix a iugier ou a tenir vne court, ou vne auditoire Et par especial celui est dit preteur qui tient sa presidence en la court, mais es loix romaines preteur est prins autremēt Et aucunes citez vsoient de cest mot encor en autres manieres.

Pretoire generalemēt est assemblee de gens tenans iurisdictiō, et est ce que len appelle la court. et aucuneſfoiz en especial cest la court souueraine dont len ne peut appeller Et aucuneſfoiz est prins pour le lieu ou la court siet et ou len tient iurisdiciō

Prince est celluy qui tient princep, ou qui participe en tenir princep.

Princep est la poste ou auctorite ou domination et seigneurie du prince Et est ce qui est en latin appelle principatus. Et en ceste science cest mot est assez prins largement, car sicomme il appert ou quart liure par le xxie chapitre tous offices sont ditz princeps q̄ ont poste de conseiller des choses publiques ou de faire iugemens ou de commander. Et mesmement commander est chose plus propre et plus appartenant aux princes Et pour ce les souuerains princes sont appellez empriers, car imperare est commander

Pritanees ainsi estoient appellez aucuns princes sacerdotaulx aussy comme aucuns sont ditz primas ou archeuesques

Protractiue est art ou industrie de pourtraire de figurer et de paindre.

Purification est prins au viii. liure pour purgation de lame en obstent de elle exces daucune passion sicomme de ire ou de paour ou de fol amour appelle amor heroes

Relegation est pris en cest liure largement pour toutes manieres de exil ou de bannissement.

Rimes Ce mot nest pas prins en ceste science aussy comme len en vse communement en francois quāt les clausettes ou couppes sont dung mesme nombre de syllabes et de semblable terminaison. Mais rigme est toute mesure conuenable de syllabes et de sons ou prolation ou pronunciacion ou en chose semblable. et pource tous mettres sont rigmes / et sont de moult de manieres sicomme declaire puisaan en vng liure appelle de metris terendanis Et pour ce nulle bonne musique ne est sans rime ne sans melodie, sicomme il appert par le vii^e. chapitre du viii^e liure.

Sacerdotal Sacerdos estoit anciennement cellup ou celle qui faisoit, traictoit, ministroit ou contribuoit les sacrifices. et de ce est dit office sacerdotal qui est appartenant a telles gens Et ceulx qui sont depputez a tel office sont appellez gens sacerdotal Et les choses qui a ce appartiennent sicōme vestement sacerdotal possession sacerdotal

Saltation en cest liure signifie danser, tripudier, caroler et telles choses de quoy Pytagoras fist vng liure sicōme dit albert

Sedicieux cellup qui est plain de sedicion est dit sedicieux, ou qui fait voulentiers sedicion

Sedicion est diuision dissention conspiration, machination ou coniuration et rebellion occulte ou apperte contre le prince ou princes ou de vne ptie de la communite contre lautre Et aduient communement que murmure precede sedicion

Syngores ainsi estoient appellez les maistres des comptes publiques. Et est dit de sin en grec qui est auecques ou ensemble, car ilz assemblent les petites et plusieurs parties et font sommes. et en aucuns lieux ilz sont appellez maistres rationaulx

¶ Sophisme est raison ou ordonance qui appert vraye ou bonne mais elle nest pas telle.

Sophisme de police est quant len fait aucune ordonance laquelle de prime face appt bonne ou len la fait apparoir bonne p faulses couleurs, et neātmoins elle est mauuaise et piudiciable a la communite et au bien public que, et les couleurs ou raisons p quoy len croit ou fait croire quelle soit bonne sont appellees sophismes politiques. Spectateur signifie cellup q opt et escoute et considere les sons de musique.

Speculation est pensee et consideration de choses appartenans aux sciences naturelles et mathematiques ou semblables. Et contemplation est consideration des choses appartenans a science diuine Et aucunesfois speculation est pris pour contemplation. tout ce que dit saint pol Reuelata facie domini speculantes.

Tyrant est dit de deux ou de trois manieres, et semblablement tyrannie et tyranniser. Premierement tyrant est vng seul qui tient le princey ou la monarchie a son propre prouffit et contre le bien publique

Item quiconques tient princey ou office et gouuerne a son propre prouffit contre le bien publique soit vng seul ou pluseurs il peut ou peuent estre dit ou ditz tyrant ou tyrans, et selon ce dit aristote ou second liure ou xxiie chapitre que vng peuple estoit comme tyrant, et ou quart liure au viiie chapitre il dit que olygarchie est comme tyrannie. Et iustin met en son quart liure comment en vng temps dix tyrans gouuernerent les atheniens Item len appelle tyrant celluy qui fait aucune crudelite, sicomme len dit que dyoclecian et maximian furent tyrans contre les xpiens. Et toutesuoies il appert par les hystoires que ilz ne feroient pas leur propre prouffit au bien publique selon leur entencion

Tyrannie est princep ou police ou domination ou fait de tyrant

Tyrannique est chose ou fait de tyrant

Tyranniser est tenir princey tyrannique ou tyrannie, ou faire oeuure de tyrant

Trieraches sont les maistres ou les patrons de galees Et est dit de trieris en grec qui est nef pour guerre a trois ordres dauirons, et de archos qui est prince et est escript en la prophecie de balaam. Venient in triribus de ytalia et cetera.

Vacation est cessation ou repos de operations actiues ou pratiques Et est ordonnee selon raison pour operation speculatiue ou contemplatiue

Vernacles sont seruās qui ont estez nourriz es hostelz des seigneurs, ou q ont estez louez et ne sont pas proprement serfz

Aucuns autres motz grecs ou estranges sont en cest liure mais ce nest pas seulement vne foiz ou deux, et sont exposez en leurs lieux Et pour ce nestoit mestier ou necessite de les mettre en ceste table sicomme thalios ou premier liure ou viie chapitre, et epiticus ou quint liure ou xxxiiie chapitre et plusieurs autres.

Le present liure de politiques fut acheue le viiie iour daoust Mil quatre cens quatre vings et neuf. Par Anthoine Veral demourant a paris sur le pont nostre dame a lymage saict Jehan leuangeliste, ou au palais en la grāt salle au pres de la chappelle ou on chāte la messe de messeigneurs les presidens

> PO̅ DROVOCQVER IHS TA GR̅AT MISERI
> CORDE E TOVS PECHEVRS FAIRE GRACE ET PARDON
> EN TT HOMME VERRO HVMBLE MET
> TE RECORDE CE QVI LVI AH̅ENT DE TOI PAR O OM

Absence du dernier feuillet, portant la marque typographique de Vérard, constatée le 2 mai 1860.

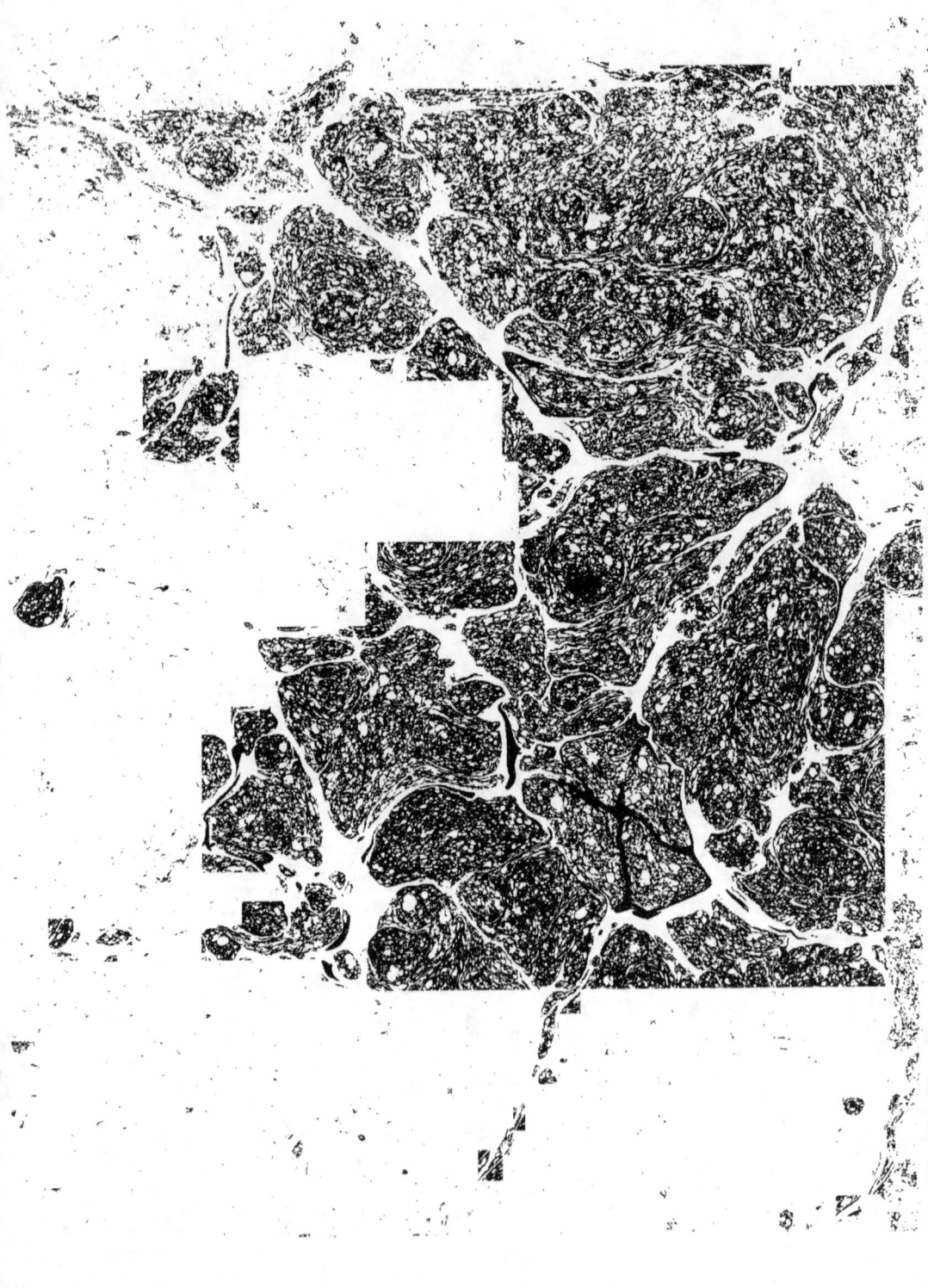

www.ingramcontent.com/pod-product-compliance
Lightning Source LLC
Chambersburg PA
CBHW052035290426
44111CB00011B/1512